中国口岸年鉴

（2016 年版）

国家口岸管理办公室主管
中国口岸协会主编

中国海关出版社

图书在版编目（CIP）数据

中国口岸年鉴：2016年版／中国口岸协会主编．—北京：中国海关出版社，2016.12
ISBN 978-7-5175-0180-0

Ⅰ.①中… Ⅱ.①中… Ⅲ.①通商口岸—中国—2016—年鉴 Ⅳ.①F752.5-54

中国版本图书馆CIP数据核字（2016）第307825号

中国口岸年鉴（2016年版）

ZHONGGUO KOU'AN NIANJIAN (2016 NIAN BAN)

作　　者：中国口岸协会
责任编辑：李　多　左桂月
出版发行：中国海关出版社
社　　址：北京市朝阳区东四环南路甲1号　　邮政编码：100023
网　　址：www.hgcbs.com.cn
编 辑 部：01065194242-7529（电话）　　01065194231（传真）
发 行 部：01065194221/4238/4246（电话）　　01065194233（传真）
社办书店：01065195616（电话）　　01065195127（传真）
http://store.hgbookvip.com（网址）
印　　刷：北京新华印刷有限公司　　经销：新华书店
开　　本：889mm×1194mm　1/16
印　　张：62.25　　字数：1680千字
版　　次：2016年12月第1版
印　　次：2016年12月第1次印刷
书　　号：ISBN 978-7-5175-0180-0
地图审图号：GS（2016）3109号　　地图编制：测绘出版社
定　　价：300.00元

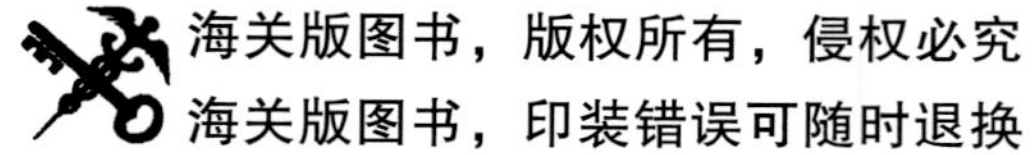

《中国口岸年鉴》（2016 年版）编辑委员会

编 辑 说 明

一、《中国口岸年鉴》（2016 年版）是由国家口岸管理办公室主管，由中国口岸协会主编的一部全面、翔实记录中国口岸发展状况的编年书，是一部具有基础性、史料性、权威性的工具书。

二、本版年鉴收录了 2015 年度国家口岸管理工作概要、查验管理工作概要、全国口岸运行情况通报，全国 295 个一类开放口岸建设及运行情况，以及香港、澳门、台湾地区口岸运行情况和主要数据。同时，还收录了权威部门提供的全国口岸重要贸易统计数据及 2015 年度各口岸主管部委新颁布实施的口岸工作法规和全国 31 个省、自治区、直辖市口岸分布示意图。

三、本版年鉴引用的各类数据和资料均截至 2015 年年底。全国进出口贸易统计资料，由海关总署综合统计司提供。其他统计数据，分别来自海关、边检、检验检疫和各省级口岸办公室。由于各部门职能不同，数据统计口径、范围和方法亦有所不同，因此，本书中有些数据不尽一致。

四、本年鉴从 2015 年版起对《全国口岸运行统计表》中的口岸分类方式进行了调整，将所有口岸分成空运口岸、海运口岸、内河口岸、公路口岸、铁路口岸五大类，不再按照区域进行分类。

五、本年鉴从 2016 年版起对《全国口岸运行主要数据》中的货币单位依据人民币货币国际化潮流，只以人民币为货币单位，不再提供美元值数据。

六、本版年鉴的稿件资料，主要由各有关部委及各省、自治区、直辖市口岸办公室汇总提供。年鉴在编辑过程中，得到了国家口岸管理办公室、国家电子口岸委办公室、公安部出入境管理局、交通运输部海事局、海关总署办公厅、海关总署综合统计司、国家质检总局通关司，以及各地口岸办公室、各口岸查验单位的大力支持与配合，在此一并表示诚挚感谢！

七、本版年鉴在全书体例、资料收集等方面还有许多不尽如人意之处，加之编辑水平有限，疏漏或瑕疵在所难免，敬请广大读者予以批评指正。

《中国口岸年鉴》（2016 年版）编辑委员会

2016 年 8 月

序

口岸是国家的门户。党中央、国务院历来十分重视口岸工作。改革开放以来，为满足日益增长的对外经贸、人员往来的需要，国家投入了大量人力物力进行口岸建设，已经形成沿海沿江水运、航空和内陆边境立体化的开放口岸体系。口岸开放与全方位、宽领域、多层次的对外开放格局基本相适应，为促进对外经济贸易和国际交往的发展起到了重要的保障作用。

当前，进一步提高口岸工作效率的要求更为紧迫。经济全球化对口岸工作必然会提出更多更高的新要求，为适应参与国际竞争的需要，我国口岸工作要全面贯彻“三个代表”重要思想，落实十六大提出的“发展要有新思路，改革要有新突破，开放要有新局面，各项工作要有新举措”的要求，结合我国口岸工作的实际，紧紧围绕提高口岸工作效率，加快通关速度，处理好把关与服务的关系，为促进对外经济贸易和国际交往发展作出新贡献。为提高口岸工作效率，国务院曾在深圳进行口岸管理体制改革试点。1998年政府机构改革，对口岸管理体制作了重大调整。2001年，国务院办公厅为推广口岸电子执法系统和提高口岸工作效率相继发出了两个文件。今年5月，国务院批准海关总署等8部门在上海召开了提高口岸工作效率现场会。我国口岸要通过建立“大通关”机制，提高工作效率，改变传统管理模式，整顿和规范进出口秩序，促进口岸管理各部门转变职能、改进服务、提高管理水平，形成适应我国社会主义市场经济发展需要的新的口岸管理和运行机制，提供与发达国家相类似的口岸通关服务。

中国口岸协会从新世纪开始组织编撰《中国口岸年鉴》，是一件很有意义的工作。它不仅直接记录口岸管理运行的资料和数据，而且是在我国加入“WTO”以后，书写中国口岸深化体制改革、努力提高工作效率、为“大通关”服务的历史。

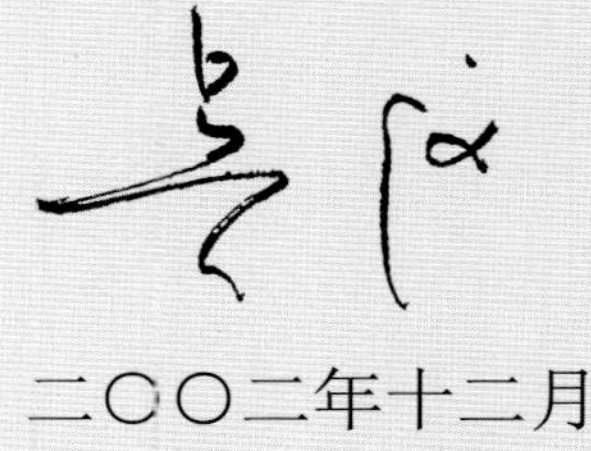

二〇〇二年十二月

改革领跑者，开放新标杆

中国(上海)自由贸易试验区管委会保税区管理局
China (Shanghai) Pilot Free Trade Zone

中国（上海）自由贸易试验区保税区域范围涵盖上海外高桥保税区、上海外高桥保税物流园区、洋山保税港区和上海浦东机场综合保税区4个海关特殊监管区域，规划面积28.78平方千米。其中，1990年设立上海外高桥保税区；2003年设立上海外高桥保税物流园区，是中国较早的保税物流园区；2005年设立洋山保税港区，是中国较早的保税港区；2009年设立上海浦东机场综合保税区，是率先实现区港一体化运作的空港型综合保税区。2009年，上海市决定对上述特殊监管区域实施统一的地方行政管理，设立上海综合保税区。

2013年9月29日，中国（上海）自由贸易试验区挂牌成立，承担起为全面深化改革和扩大开放探索新路径、积累新经验的重要使命。经过两年多的改革试点，上海自贸试验区在建立与国际通行规则相衔接的基本制度框架上，取得了重要的阶段性成果。2014年12月，新设广东、天津、福建3个自贸试验区，并将上海自贸试验区扩展到陆家嘴金融片区、金桥开发区片区和张江高科技片区等区域。

作为自贸试验区的先行先试区，保税区域充分发挥自贸试验区制度创新和海关特殊监管区域功能创新的叠加优势，按照开放度高、便利化优、叠加效应佳的要求，聚焦制度创新，全面落实《中国（上海）自由贸易试验区总体方案》和《中国（上海）自由贸易试验区深化方案》。

在投资管理方面，根据准入前国民待遇、负面清单以外内外资一致等原则，建立以负面清单管理为核心的投资管理制度，提升投资便利化水平。

在贸易监管方面，充分借鉴国际经验，逐步形成“一线放开、二线安全高效管住、区内自由”的贸易监管制度架构，提高贸易便利化和监管国际化水平。

在金融改革方面，在坚持宏观审慎、风险可控的前提下，推进自贸试验区与上海国际金融中心联动建设，逐步建立以人民币资本项目可兑换、人民币跨境使用、利率市场化、外汇管理改革为重点的金融制度框架和监管体系，服务实体经济发展。

在事中事后监管方面，着眼于转变政府职能，按照市场经济和更加开放的要求，逐步建立一套由基础性制度、专业监管制度等组成的事中事后监管制度体系，高效、透明、规范地维护市场秩序，防范系统性风险。

目前，以负面清单管理为核心的投资管理制度已经建立，以贸易便利化为重点的贸易监管制度平稳运行，以资本项目可兑换和金融服务业开放为目标的金融创新制度基本确立，以政府职能转变为导向的事中事后监管制度基本形成，在建立与国际投资贸易通行规则相衔接的基本制度框架上，取得了重要的阶段性成果。同时，随着自贸试验区制度创新红利的逐步释放，保税区域经济运行逐步趋稳向好，经济规模继续保持领先。1~10月份，区内企业经营总收入同比增长2.5%，其中商品销售额同比增长3.7%，工商税收同比增长4.2%。单月新设企业保持在800家左右，占自贸试验区新设企业数一半以上。

2016年，保税区管理局将继续聚焦制度创新，深化功能拓展，进一步提高区域的开放水平和国际竞争力，不断增强企业感知度和获得感，努力将制度创新转化成为发展动力，为全面深化改革和扩大开放、服务上海“四个中心”、科创中心建设作出贡献。

集装箱检测装备

集装箱检测装备是由上海瑞示公司设计并制造，是一款高品质多功能的集装箱检测设备；主要用于集装箱检测，并可以满足不同客户的定制需求。

卓越品质 彰显实力

我们的客户已遍及海关、民航、城市轨道交通、铁路、公路、港口、体育场馆等……

CCPIT PATENT AND TRADEMARK LAW OFFICE

中国国际贸易促进委员会专利商标事务所

中国国际贸易促进委员会专利商标事务所是中国历史悠久、规模较大的综合性知识产权事务所之一。全所现有人员600余名，其中专利代理人及商标代理人共274名，这些代理人中有72名具有律师资格，致力于为国内外客户在专利、商标、著作权、域名、商业秘密、商业外观等知识产权相关领域提供咨询、申请、调解、行政保护和诉讼服务。事务所总部设在北京，在纽约、东京、慕尼黑、香港、广州和上海分别设有代表处。

事务所的客户来自于工商业各个领域，既有刚起步的创业公司也有大型跨国企业，通过数十年的实践，事务所已经成功为客户获得了大量专利和商标注册，并帮助数以千计的专利及商标权利人行使权利。凭借着丰富的法律经验和技术专长，事务所能够满足客户在知识产权保护各个方面的需求。

事务所的服务宗旨是以较低的成本，为客户提供优质、高效和可靠的个性化服务。事务所致力于不断提高案卷管理系统的可靠性和灵活性，努力提高质量控制机制的有效性。根据案件的需要，组织具有不同专业背景的代理人组成服务团队对案件进行深入讨论。事务所鼓励代理人积极主动工作，为客户提供有创造性的建议和有价值的解决方案。

总部地址：
北京市复兴门内大街158号远洋大厦F10层　邮编：100031
电话：010-66412345、68516688　传真：010-66415678、66413211
电子邮件：mail@ccpit-patent.com.cn

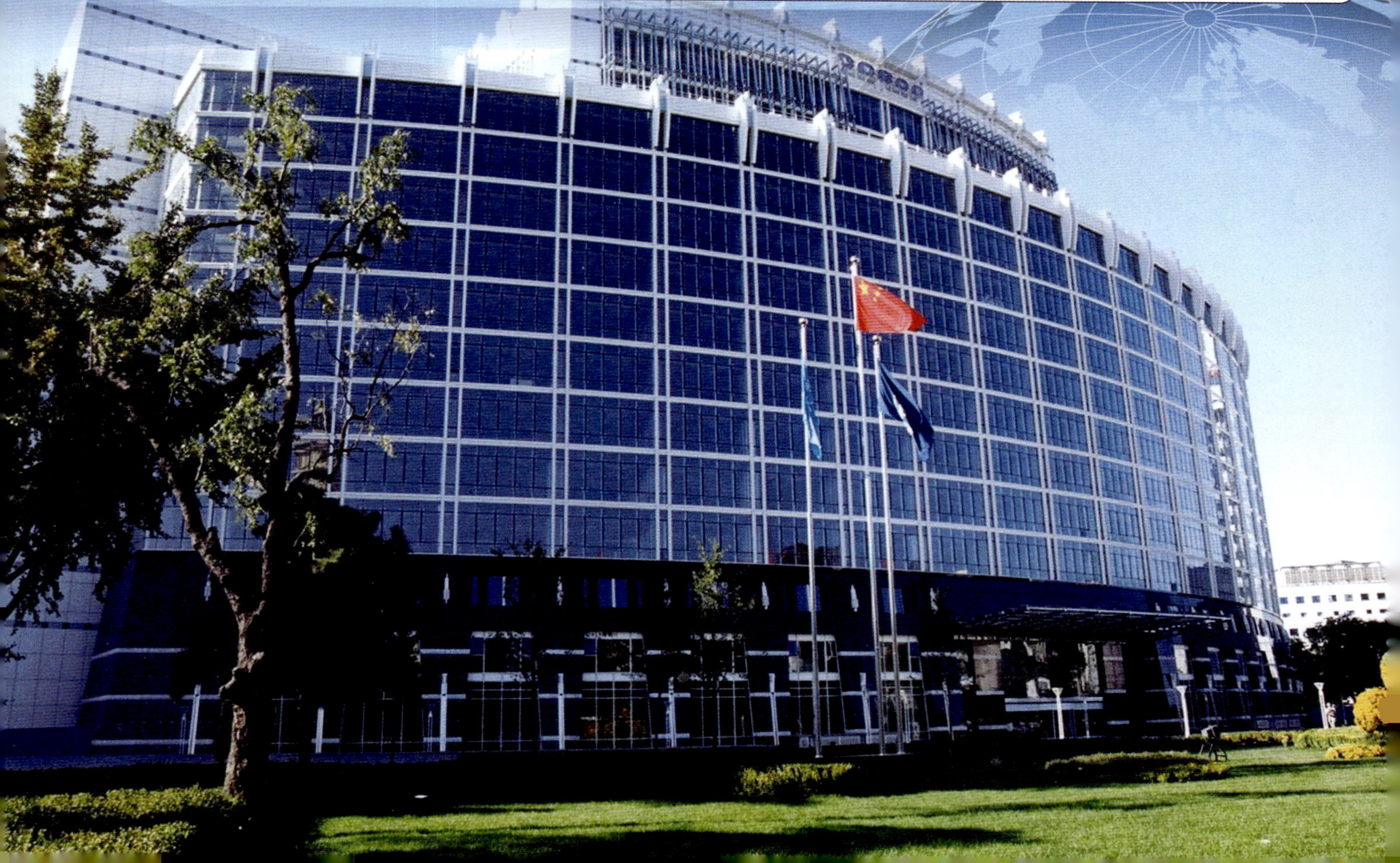

IKEA®

INTER IKEA SYSTEMS B.V.

英特-艾基系统有限公司

宜家

荷兰的英特-艾基系统有限公司（INTER IKEA SYSTEMS B.V. ,以下称宜家公司）拥有独特的销售家具及家居用品概念，在此概念下所有商品都以“IKEA”商标销售。宜家公司同时拥有一个独特的用于其宜家商场内餐厅的“宜家食品概念”。IKEA概念始于20世纪40年代初期，当时宜家公司的创办人 Ingvar Kamprad 于瑞典一个小镇成立IKEA家具公司。“IKEA”之名取自宜家公司创办人的姓名Ingvar Kamprad及其成长时居住的农场Elmtaryd和村庄Agun-naryd的缩写。宜家公司的商业模式为以特许经营权制度运营，只有已与宜家公司签署合约的授权特许经营商可以使用IKEA概念，包括“IKEA”商标。

在华语地区，宜家公司精心为IKEA选取了对应的中文商标——“宜家”。宜家公司拥有IKEA、宜家、IKEA、IKEA及IKEA FAMILY商标，这些商标在许多国家包括中国注册于不同的商品和服务上。目前，共有300多家IKEA（宜家）商场分布于世界超过40个国家和地区，以IKEA、宜家、IKEA及IKEA之商标出售广泛系列家具及家居用品，并提供广泛的服务，及引入“IKEA FAMILY”会员计划。在中国，首家IKEA（宜家）商场开设于1998年。截至2015年9月30日，中国内地共有18家IKEA（宜家）商场，分别位于北京（四元桥、西红门）、上海（北蔡、宝山及徐汇）、广州、成都、深圳、南京、大连、沈阳、天津、无锡、宁波、重庆、武汉、西安及杭州。这些商场的地址可在宜家公司网站 www.ikea.com/cn上找到。在中国，宜家公司并不授权在特许IKEA（宜家）商场以外的任何地方售卖附有IKEA、IKEA及IKEA商标的商品，或使用IKEA、宜家、IKEA、IKEA、IKEA FAMILY等商标或商号。所有IKEA（宜家）商场都采用独特的蓝色和黄色为其装饰设计标志，IKEA（宜家）商场还拥有多项显著的特色，例如在店内的规划及店内陈列商品的方式。

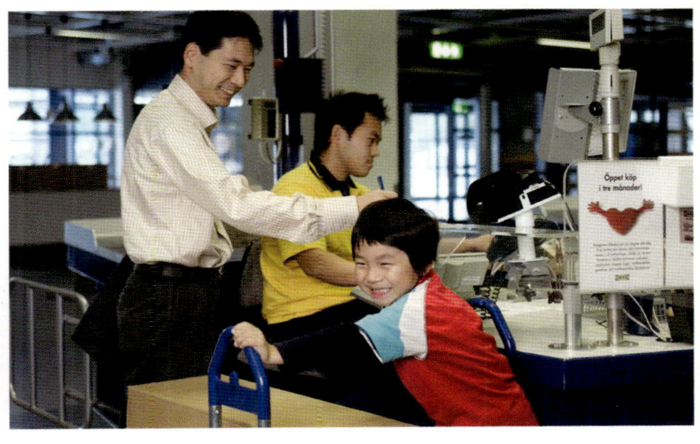

宜家公司十分重视保护其知识产权。在中国，宜家公司曾向行政部门作出投诉，在人民法院提出诉讼，对与IKEA、宜家、IKEA及IKEA商标相同或相近的商标申请提出异议或申请无效、撤销该种商标注册，对含“IKEA”或“宜家”的域名作出投诉等。近年来，中国各地海关不懈地为宜家公司查验假冒货品，并及时通知宜家公司，以帮助宜家公司即时申请措施阻止假冒商品出境。

联系方式
Legal.Affairs@inter-IKEA.com

伊顿公司

全　球　动　力　之　源

伊顿公司是一家多元化动力管理公司，致力于提供高效节能的解决方案，帮助客户更有效地管理电力、液压和机械动力。伊顿在许多工业领域都是全球技术领先者，包括应用于电能质量、配电和控制、电力传输、照明和电线的产品、系统和服务，工业设备和移动工程机械所需的液压动力元件、系统和服务，商用航空航天所需的燃油、液压和气动系统，以及帮助卡车和汽车提升性能、燃油经济性和安全性的动力及传动系统。目前，伊顿公司拥有约10.3万名员工，产品销往175个国家和地区。如需更多信息，请访问公司网站www.eaton.com。

1993年，伊顿签订了一份生产转向器和液压马达产品的合资协议，自此进入中国市场。2004年，伊顿将其亚太总部自香港迁至上海。目前，伊顿的所有电力、航天、液压和车辆等业务集团均已在中国开展商业项目。另外，伊顿目前在中国的苏州、常州、泸州、宁波和无锡等城市设有27个生产基地及4所研发中心。伊顿在中国生产的品牌中有许多重要的标志：

EATON　伊顿　EATON

除上述重要的EATON标志外，伊顿公司还拥有其他品牌，如CULTER–HAMMER、CH标志和Xpole标志等。同时，伊顿及其子公司持有的品牌还包括MEM、Moeller、Cooper、Bussman等。以下是伊顿及其子公司的部分重要商标：

Cutler-Hammer

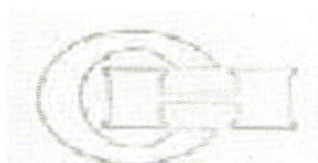

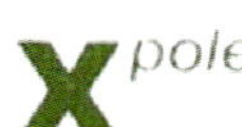

B-Line

Crouse-Hinds

Bussmann

LUMARK　BUSS　LynxPOWER　Edison　MAGNUM

LOW-PEAK　PRE-formance　Steeler　POWERMATE

Cooper Power　Aeroquip　VICKERS

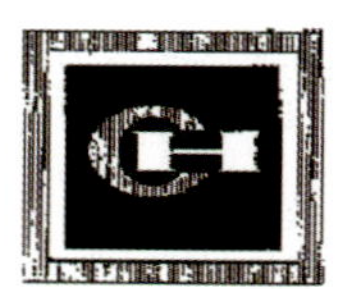

Halo

这些商标均已在海关登记备案以保护其合法权益。

伊顿商标在部分产品中的使用：

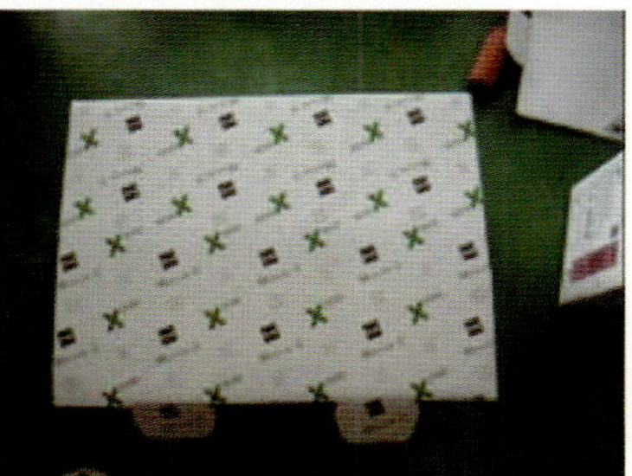
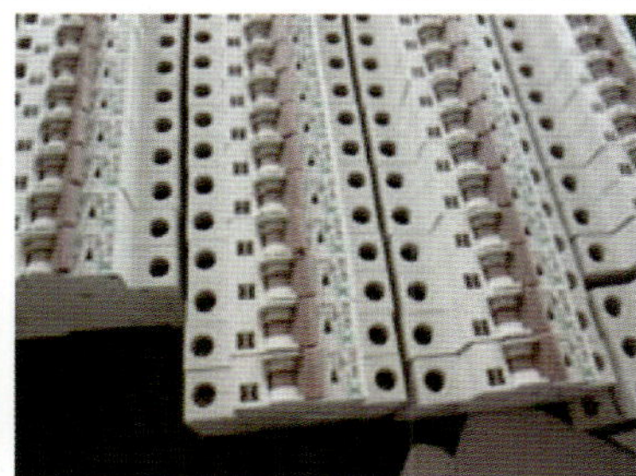
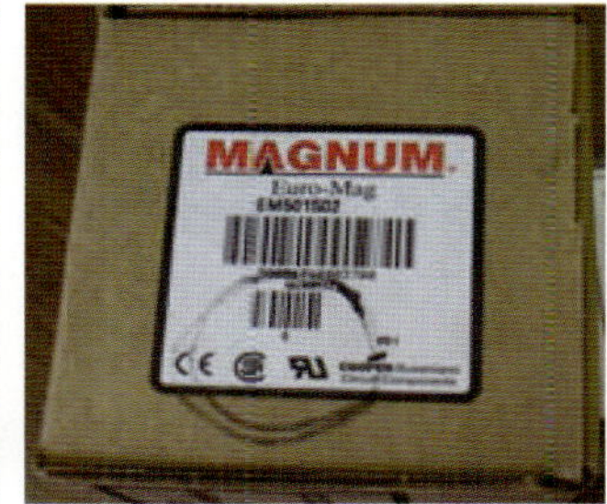

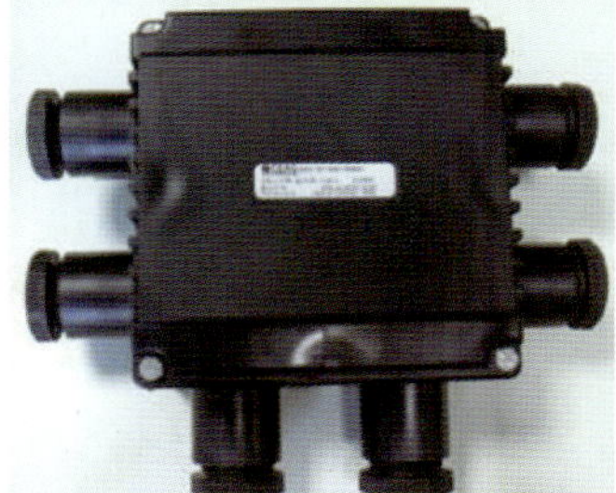
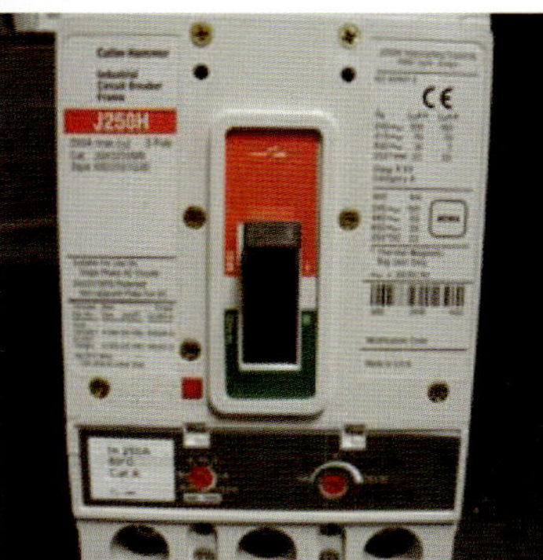

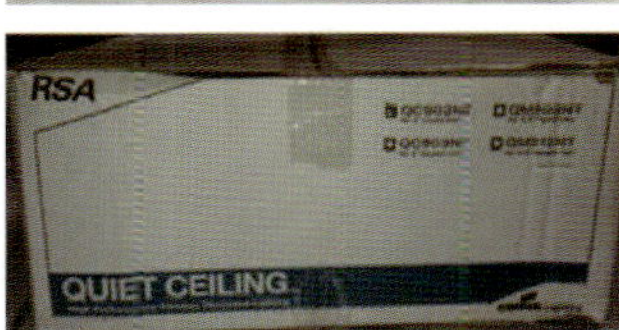

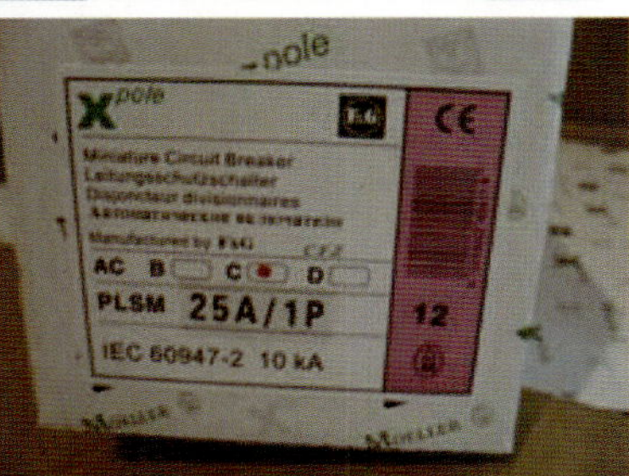

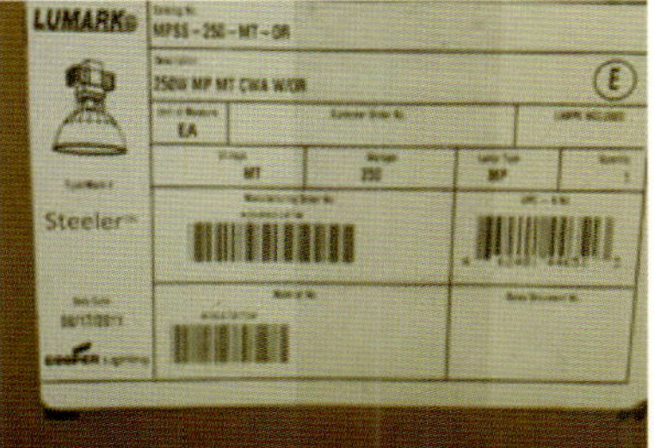

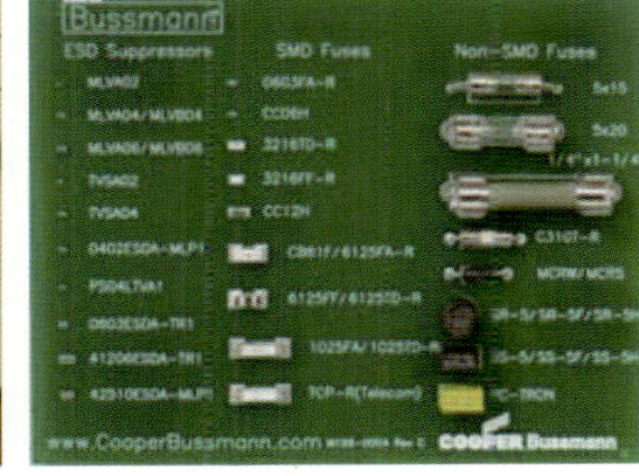

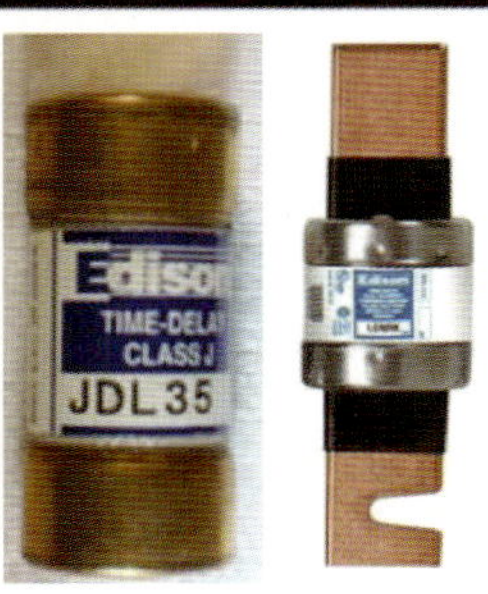

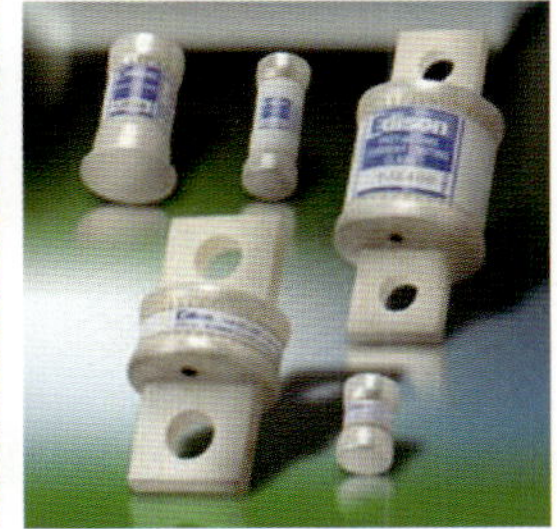

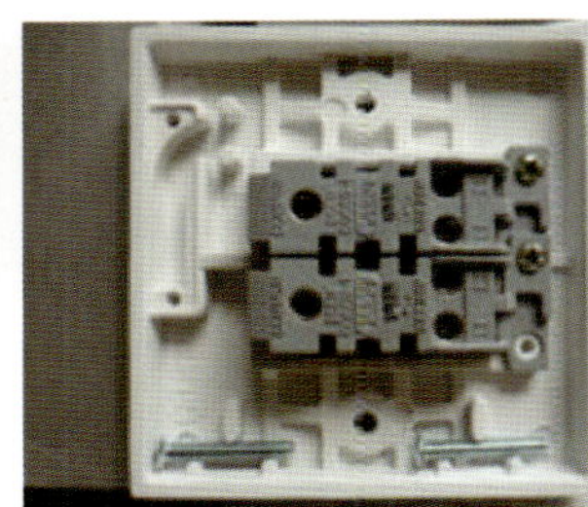
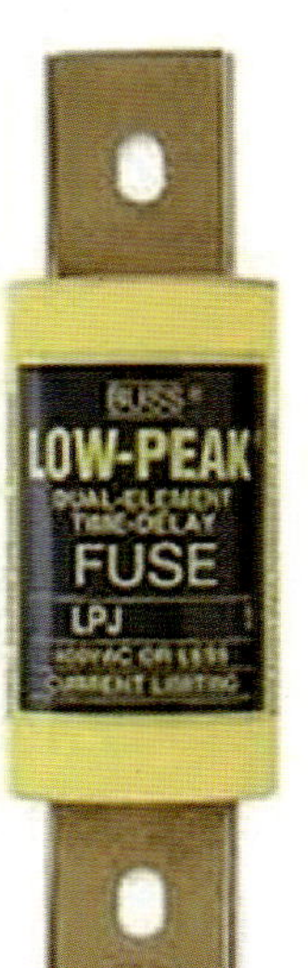

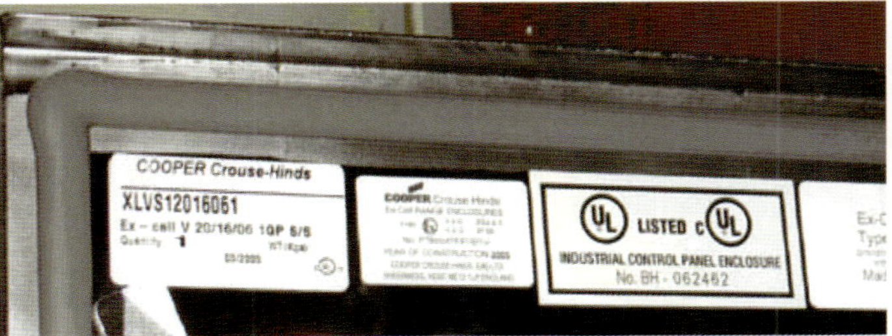

主要备案商标

CHANEL

N°5

COCO

CHANEL

香奈儿股份有限公司

“ 我要成为未来的一部分。” 香奈儿女士曾如是说。这种雄心壮志与远见卓识的结合，造就了 CHANEL 这个独特的品牌。从 20 世纪初创立伊始，香奈儿品牌超越了当代的设计语言，在时尚、香水与美容产品、腕表与高级珠宝各个层面，不断发展传承，直至今日。

最初，香奈儿以一家小小的女帽店起家，然后迅速建立起自己的时尚事业。她所提倡的，是一种全新的“ 生活方式 ”，既赋予女性行动的自由，又不失温柔优雅。在她的设计下，时尚进化为现代、年轻、简洁、实用与理性。斜纹软呢外套、2.55 包、山茶花、双色鞋等，香奈儿写下一个又一个传奇。

香奈儿的创作跨越了传统概念的“时尚”。她曾说：“我要一款设计过的香水。” 在这个概念的引领下，嘉柏丽尔 · 香奈儿与俄罗斯宫廷调香师恩尼斯 · 鲍合作推出了一款抽象香调的香水，集合了 80 多种香氛——这，就是传奇的 N°5 香水。香奈儿女士更以她自由、自主的生活方式，为独立的现代女性设计了实用有效的美容护肤品。

香奈儿以丰富的创意，不断拓展全新领域。1932 年“Bijoux de Diamants”钻石珠宝的设计，为未来的香奈儿腕表和高级珠宝开启无限灵感泉源。2000年，香奈儿腕表将高科技精密陶瓷与香奈儿永恒优雅的气质巧妙地融为一体，推出了黑色 J12，接着又在 2003 年发布了 J12 白色腕表。自此，J12 腕表成为引领新时代制表的现代经典。

今天，香奈儿以强大的管理及创作团队为后盾，已形成 3 个独立却相辅相成的业务领域——时装及配饰、香水与美容护肤品、腕表及高级珠宝，传承了嘉柏丽尔 · 香奈儿优雅的现代精神，在各个领域不断续写新的美丽篇章。

旗下主要产品

服装、手袋、各式小皮具、配饰、
鞋帽、围巾、太阳眼镜、光学眼镜、
香水、彩妆及护扶品、腕表、高级珠宝。

GS Yuasa Corporation
杰士汤浅株式会社

1 杰士汤浅株式会社概要

杰士汤浅株式会社（GS YUASA CORPORATION）是原汤浅株式会社和原日本电池株式会社于2004年合并而成的。本公司至今有90多年的历史，长期从事蓄电池的研究、开发与生产，引导全球蓄电池的发展，其“汤浅YUASA”蓄电池享誉全球，是日本较大的电池制造商之一。截至2014年，杰士汤浅占全球汽车电池市场份额的7%（3 300万个）；占全球摩托车电池市场份额的24%（5 300万个）。

杰士汤浅在全球各地设有20多家生产工厂，用铅量约占全球的18%，主要产品有阀控密封铅酸蓄电池、汽车起动性蓄电池、摩托车用蓄电池及锂电池等，产品畅销全球，并在日本国内及海外都获得了一致好评。

杰士汤浅在全球17个国家和地区共有37家子公司从事生产和销售活动，产品覆盖海、陆、空等领域。杰士汤浅在世界范围内与各国及地区的企业开展合作，在世界电池行业中拥有较高的知名度。

2 全球事业活动

杰士汤浅在全球17个国家及地区(中国大陆、中国台湾、越南、印度尼西亚、泰国、印度、巴基斯坦、马来西亚、澳大利亚、新西兰、美国、英国、德国、法国、意大利、西班牙、土耳其）共有37家子公司从事生产和销售活动。特别是在以中国为中心的亚洲各国生产及销售活动中，获得了很高的评价。

3 中国区事业活动

杰士汤浅在中国国内还拥有广东汤浅蓄电池有限公司、天津汤浅蓄电池有限公司、汤浅蓄电池（顺德）有限公司等子公司，主要负责在中国生产和销售汤浅蓄电池及其他电力方面的产品。

● 广东汤浅蓄电池有限公司

广东汤浅蓄电池有限公司成立于1996年，是日本汤浅株式会社在中国大陆唯一的生产“YUASA”（汤浅）NP、NPL、UXH、UXL系列阀控式密封铅酸蓄电池的大型生产基地，全面采用日本汤浅最先进的铅酸蓄电池制造技术，秉承日本汤浅将近一百年的专业开发、研究、制造铅酸电池的许多技术经验。

广东汤浅为杰士汤浅的“YUASA”（汤浅）品牌产品在中国的生产、销售、扩大影响力发挥了重要作用，它近五年来的产品销量非常可观，并不断攀升，还获得了慈善工作、消费者服务等各方面的荣誉证书，并在中国拥有近30家代理商，几乎遍布中国各大省市。

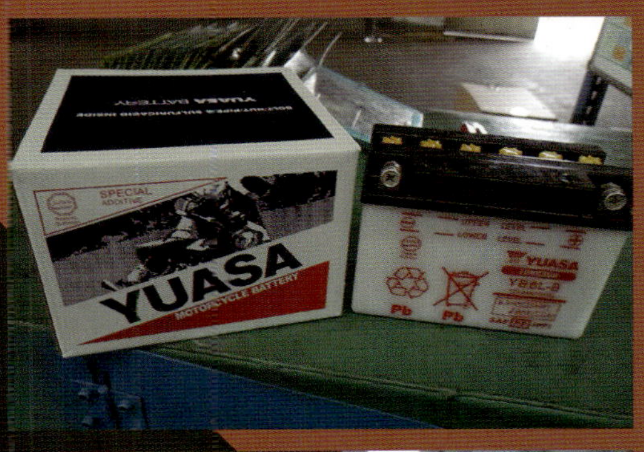

● **天津汤浅蓄电池有限公司**

天津汤浅蓄电池有限公司成立于1994年，是天津市蓄电池厂和杰士汤浅株式会社共同建立的合资企业。天津汤浅蓄电池有限公司一直从事摩托车、沙滩车及摩托艇用蓄电池的生产和销售。

● **汤浅蓄电池（顺德）有限公司**

汤浅蓄电池（顺德）有限公司成立于2002年。公司从日本、美国、加拿大等著名的厂家引进高自动化的生产、检测设备，全面采用日本汤浅先进的铅酸蓄电池的制造技术，秉承日本汤浅将近一百年的专业研究、开发、制造的技术经验，以严密的工艺控制系统和质量保证体系、优质的原材料生产高性能铅酸蓄电池。产品使用注册商标“YUASA”，为国内汽车制造企业。同时，公司生产的汽车电池遍布全国各地，出口到日本、欧洲等国家、地区。

杰士汤浅与其在中国的分公司不断发展壮大，共同致力开发宣传“YUASA”（汤浅）产品，使其逐渐成为中国消费者熟知的高品质电池的代表。

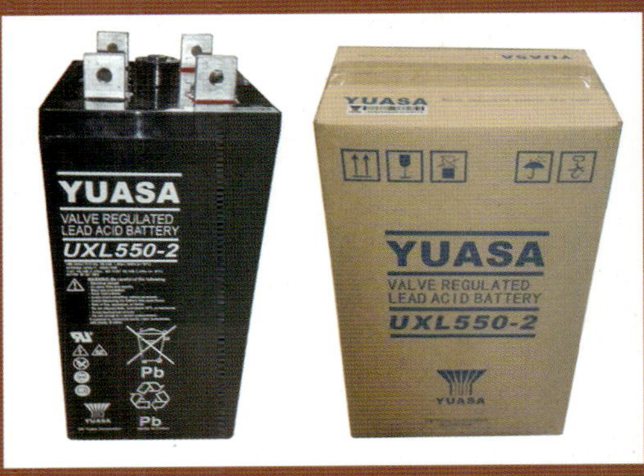

4 知识产权保护方针

“YUASA”商标很早就在世界各国注册保护，目前已在132个国家注册。1978年就在中国进行商标申请，于第二年注册成功，商标号为第99684号。现在包括YUASA和汤浅在内的商标在中国已注册20多个。

广东汤浅蓄电池有限公司

联系人：梁结婷（技术部）
地址：中国广东省佛山市顺德区大良飞鹅岗
邮编：528300
电话：0757-22630965
传真：0757-22624441
邮箱：liangjieting@gdyuasa.com

中国外运北京公司

SINOTRANS & CSC BEIJING COMPANY

中国外运北京公司成立于1962年，目前拥有9家全资子公司和3家分公司，拥有高素质的物流专业人才队伍，从业人员近1200人。中国外运北京公司以国际货运代理、仓储运输和会展服务为业务主线，形成了由仓储、水运货代、铁路货代、非贸货代、会展货代、供应链物流、公路运输为主营业务的全方位、立体化、综合性的业务体系，成为了一家具有优势资产、优秀团队、重要客户、创新能力的综合型物流企业。

公司主要服务的关口为北京和天津，是拥有北京市内道路运输经营许可证较多的单位之一。公司已连续多年获得认证企业证书、A类信用企业证书，以及“质量诚信企业”称号。

总经理:徐旭

北京外运陆运公司

北京外运陆运公司成立于1972年，位于北京市丰台区，总占地面积28万平方米，是经批准的一级国际货运代理企业，是北京市“十二五”规划的综合物流园区之一。

北京外运陆运公司拥有各类库房40栋，主要包括高站台物流库和多层楼库，公司拥有各类装卸机械及运输车辆20部，具有封闭式货场2万平方米及4.5千米的铁路专用线，可为客户提供各类货物的国际国内发运、到达、中转及相关配套服务。公司可提供国际进出口货运代理、业务咨询、协议签订、报关报检、装车发运等服务。同时，代理各类集装箱、铁路整车经由国际铁路联运，自满洲里、阿拉山口、二连浩特、深圳北、绥芬河、丹东、凭祥等口岸出口至俄罗斯、中亚、蒙古、朝鲜、中国香港等国家和地区，以及各口岸进口货物与国内铁路运输的业务。

北京外运陆运公司是北京市具有海运、陆运进出口通关能力的口岸物流企业，其位于丰台口岸综合楼，驻有国家海关与检验检疫机构，可完成进出口货物的报关报检、查验放行手续。为配合日常的通关业务操作，公司设置了海关监管区，区内拥有近万平方米的集装箱堆场及监管仓库。自2009年国家工商行政管理总局档案库项目正式运营以来，公司已先后与10余家企业合作，发展档案库面积达1万余平方米。联系电话：010-63874440。

公司运输车辆

铁路专用线

北京外运物流中心

北京外运物流中心始建于1975年，位于北京市朝阳区金盏乡楼梓庄，处于朝阳、顺义、通州三区的交汇处，紧邻东五环，占地面积33万平方米，拥有库房102栋，月吞吐量约1.5万吨。主要经营仓储保管（展览品海关监管仓库、恒温库和普通仓储）、装卸服务、普通运输、国际货运代理、市内配送安装、各种展会的现场施工、工厂搬迁或搬家 、非贸物品（私人物品）包装运输、货代、报关报检等业务。经过40年的经营和发展，目前已经成为一个面向全社会服务的大型综合性物流企业，可为国内外客户提供高效、快捷、完整的现代化物流服务。

北京外运物流中心拥有一支专业化的运输队伍，可根据客户的商品种类、性质及每日出货量规划配送路线并调派不同车型，从而满足客户的不同需求。多年来，北京外运物流中心一直奉行“精细包装、注重安全”的操作标准，优质地完成了每一项工作，赢得了客户的高度好评，获得了“北京市城市货运绿色车队”“交通安全先进单位”和“节能低碳优秀组织”等光荣称号。联系电话：010-84314181。

北京外运陆运公司平面图

中国外运北京公司

SINOTRANS & CSC BEIJING COMPANY

北京外运三间房仓库

北京外运三间房仓库始建于1964年，位于北京市中心东侧，距京津公路4千米、朝阳门10千米，占地面积10万平方米，是北京外贸系统的综合性仓库、全国“五优”仓库，于2013年获得北京市朝阳区安全生产标准化认证。

北京外运三间房仓库拥有配套的汽车、叉车、吊车、升降机等各种机械设备，整合了从商品出关的公路运输、在库存储，到养护保管、分拨分拣、装卸劳务、配送、快递的“一条龙”式服务。同时，利用信息化仓储软件系统给客户提供快捷、便利、高效的仓储服务，从而进一步巩固客户对企业仓储服务的认可度与忠实度，以稳定仓库出租率。另外，电子监控设备分布于全库区各个角落，实施24小时监控并有专人监管，同时配有专职及义务消防队，保障了仓库的运行安全。

仓库目前主要储存各大专业公司的几十个大类商品，并代办物流配送及快递业务，提供24小时服务，可随时接待客户。联系电话：010-65761140。

北京外运会展服务有限公司

北京外运会展服务有限公司从事展品运输业务至今已有50年的历史，代理过5 000多个来华展览会、出国展览会、技术交流会等不同类型的展会物流业务。公司每年承揽近200个境内外展览会的报关运输工作，承担着北京地区80%以上展览会的报关、报检、展品运输及现场操作任务。公司在北京各大展馆都设有自己的办事机构，可以随时为主办单位和参展商提供优质、便捷的服务。

北京外运会展服务有限公司是中国较早加入国际展览物流商会（IELA）的国际货运代理公司，是目前北京地区规模

会展装卸

会展现场

库区配备消防设施

较大且能够承接超大型展览会展品报关运输业务的国际货运代理企业。公司拥有专业报关运输人才近50人，专业知识技术强，经验丰富，能熟练处理国际展品报关、报检及展品运输业务。同时，依托于中国外运北京公司强大的物流体系支持，拥有齐全的运输车辆及装卸机械，拥有专业的海关监管仓库及监管运输车队，可为主办单位及参展商提供货物“门到门”的订舱、报关、清关、仓储运输、进出馆操作、留购退运、代办展品ATA单证册等全程优质便捷的服务。

北京外运会展服务有限公司是目前在中国举办的规模较大的来华展览会——中国国际机床展览会的运输总代理。自1991年开始，至今已成功完成了11届中国国际机床展的运输及现场操作任务，赢得了主办单位和广大国内外展商的认可和信任。公司还是北京工程机械展、煤炭展的独家运输总代理，北京国际汽车展的分代理，这些超大型展览会的成功举办，印证了公司强大的服务能力和市场地位。联系电话：010-84601638。

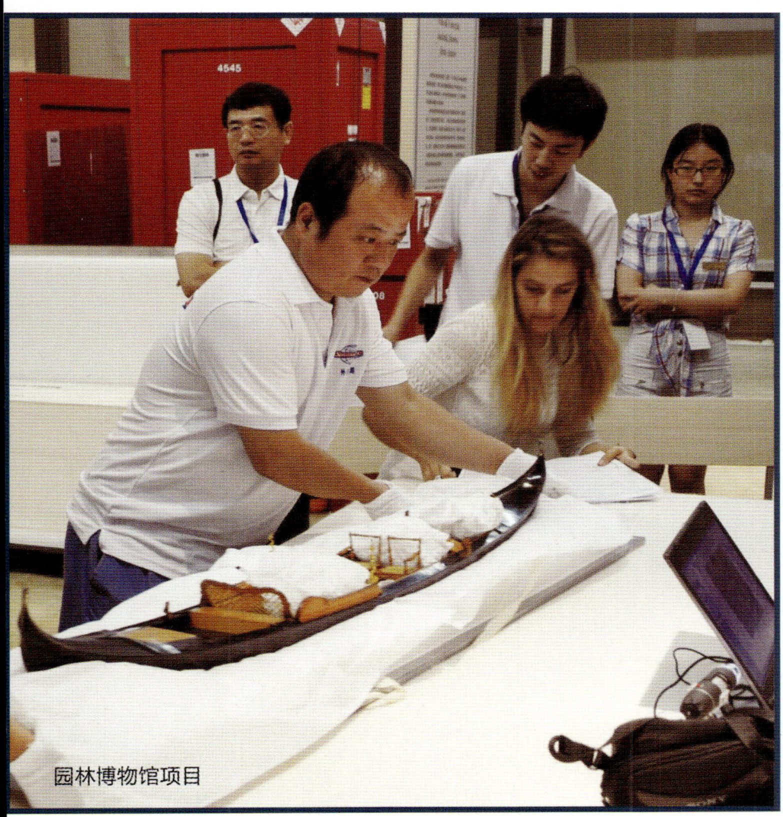
园林博物馆项目

北京外运国际货运代理有限公司

北京外运国际货运代理有限公司有着优良的资产和专业化的员工队伍，承继了外运公司50余年从事物流运输服务所积累的丰富的经验、强大稳固的客户基础和享誉业界的品牌，成为中国外运北京公司发展货代业务的旗帜。

公司主要从事海运代理报关及运输业务，凭借良好的信誉，公司装有由海关授权的预录入系统，以提高报关和清关效率。作为一家有着丰富经验和实力的企业，多年的工作实践造就了一批有着良好个人素质和丰富工作经验的员工，这些条件都为加快报关和通关效率提供了必要的条件。公司丰富的业务经验使得其有着极强的应急能力，时刻为客户提供优质、一流的服务。

公司秉承“服务创造价值”的理念，以人为本、团结奋进，为客户提供“安全、迅速、准确、节省、方便、满意”的综合性服务，进而实现“融通世界、和谐发展”的目标。联系电话：010-87625044。

非贸业务

中国外运北京公司从事私人物品包装、运输业务的历史非常久远，是北京较早从事相关业务的公司之一。公司的非贸物品包装运输业务已在北京市场经营近30年，拥有过硬的包装技术和一支完善的操作队伍，目前业务量排在北京私人物品包装运输市场的前列。公司可对包装、搬迁、展会布展、珍品包装、展架制作等特种物流进行深层次运营，通过强大的国际货运代理网络，可为留学生、外教、外籍在华企业、使馆、移民及出国工作人士提供专业化的私人物品国际运输服务解决方案，提供门到门的国际行李托运及国际搬家服务。联系电话：010-84317886。

随着当今社会需求的不断变化，中国外运北京公司以市场和客户需求为导向，利用中国外运长航集团和中国外运股份有限公司的网络优势和丰富的行业经验，不断整合资源，拓展物流服务范围，提高综合性服务能力，为客户提供了最优化的物流解决方案。中国外运北京公司的宗旨就是为客户提供安全、高效、及时的整体供应链物流服务。

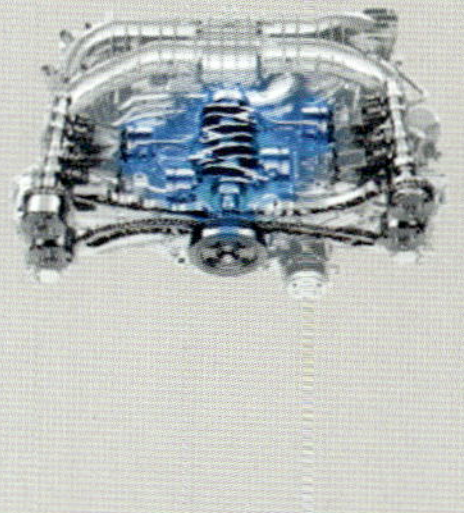

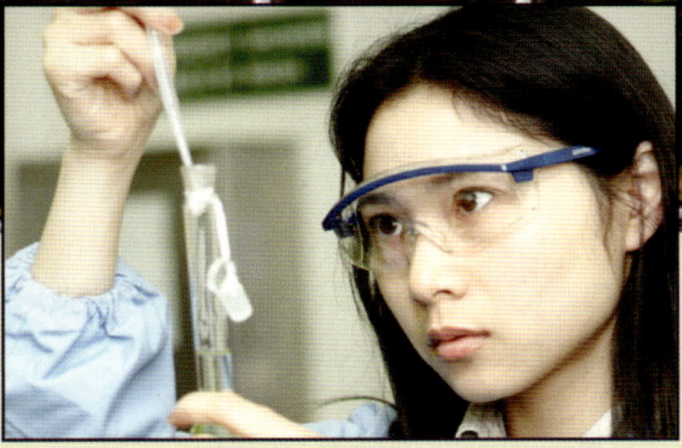

中美上海施贵宝制药有限公司

SINO-AMERICAN SHANGHAI SQUIBB PHARMACEUTICALS LTD.

中美上海施贵宝制药有限公司(英文简称SASS)，是改革开放后较早的中美合资的现代化制药企业，为上海较早建立的合资企业之一。

中美上海施贵宝制药有限公司毗邻国家级闵行经济技术开发区，占地54 000平方米，建筑面积22 000平方米，注册资金1 844万美元，投资总额4 628万美元。

中美上海施贵宝制药有限公司自1985年10月18日开业至今20多年来，依法经营，持续发展，是中国制药行业中颇具影响力的合资企业。

中美上海施贵宝制药有限公司秉承“研发并提供创新药物，帮助患者战胜严重疾病”的企业使命和“灵活、负有企业家精神、负责任”的企业文化，重视发挥企业的社会责任，积极参与各项社会公益活动，具有良好的企业形象和品牌知名度。公司连年被评为上海市文明单位、上海较佳工业企业形象单位及全国“十佳”医药合资企业荣誉、经认定的高级认证企业。

中美上海施贵宝制药有限公司完全按照国际现代化优良药品制造规范GMP标准进行生产和管理，设施先进，工艺先进，管理先进，产品先进，先后通过美国、加拿大及新西兰的药政审计，药品获准出口；通过国家GMP及ISO14001审计。并严格遵循药品特点，按照现代营销理念和商业行为准则开展市场营销活动，在行业内和社会上享有良好声誉。

中美上海施贵宝制药有限公司主要生产和销售美国百时美施贵宝公司的处方药及OTC品牌产品，包括各种剂型的心血管类药物（如：开博通、蒙诺、格华止）；抗生素类药物（如：泛捷复、马斯平等）；治疗乙肝类药物“博路定”；解热镇痛类药物“百服宁”系列及多种维生素系列产品（金施尔康、小施尔康）等30余个品牌。

公司地址：上海市闵行区剑川路1315号
邮政编码：200240
电话总机：021-64302740
传　　真：021-64301498
公司网站：www.bms.com.cn

广州锐正知识产权服务股份有限公司

REGENT IP CORPORATION

广州锐正知识产权服务股份有限公司（REGENT IP CORPORATION，以下简称“锐正股份”）创立于2000年，专注于为国内外客户提供专业的知识产权维权业务，是中国较早从事知识产权维权业务的公司。从2002年至今，更是结合互联网的力量，在全国范围内展开知识产权保护、海关培训、线上线下知产调查等服务，为客户提供整体专业的知识产权维权解决方案，以达到维护客户的知识产权不被侵权人利用营利、提升权利人品牌知名度、提高权利人企业的市场份额等目的。

锐正股份已为超过200家国内外知名企业服务，服务对象横跨奢侈品、电子产品、机械产品等多个领域，其中54%是世界500强企业，并与其保持长期友好合作关系。锐正股份拥有遍布全国范围的调查团队和专业的外语（英文和日文）客服团队，维权网络覆盖珠三角、长三角及北京周边各一二线城市，能高效地打击侵权行为，维护客户知识产权。

2015年，锐正股份整合资源、扩大业务、加强自理，于12月2日成功挂牌全国中小型企业股份转让系统（亦称“新三板”），证券代码为834578，并成为较早登陆新三板的知识产权维权公司，希望能借助资本的力量壮大企业，为知识产权保护行业出一份力。

锐正股份始终坚持高质量、高效率、高信誉的企业服务宗旨，奉行注重质量、忠实客户的企业原则。作为会员，公司积极参与国际范围联盟（IACC）、国际商标协会（INTA）、广东省知识产权保护协会组织的活动，并积极配合各地相关部门开展维权打击活动和专项会议，赢得来自各合作者的一致好评。

今后，锐正股份将吸纳更优秀的人才，不断壮大团队与坚持创新，给客户提供更专业、更优质、更全面的知识产权维权服务。

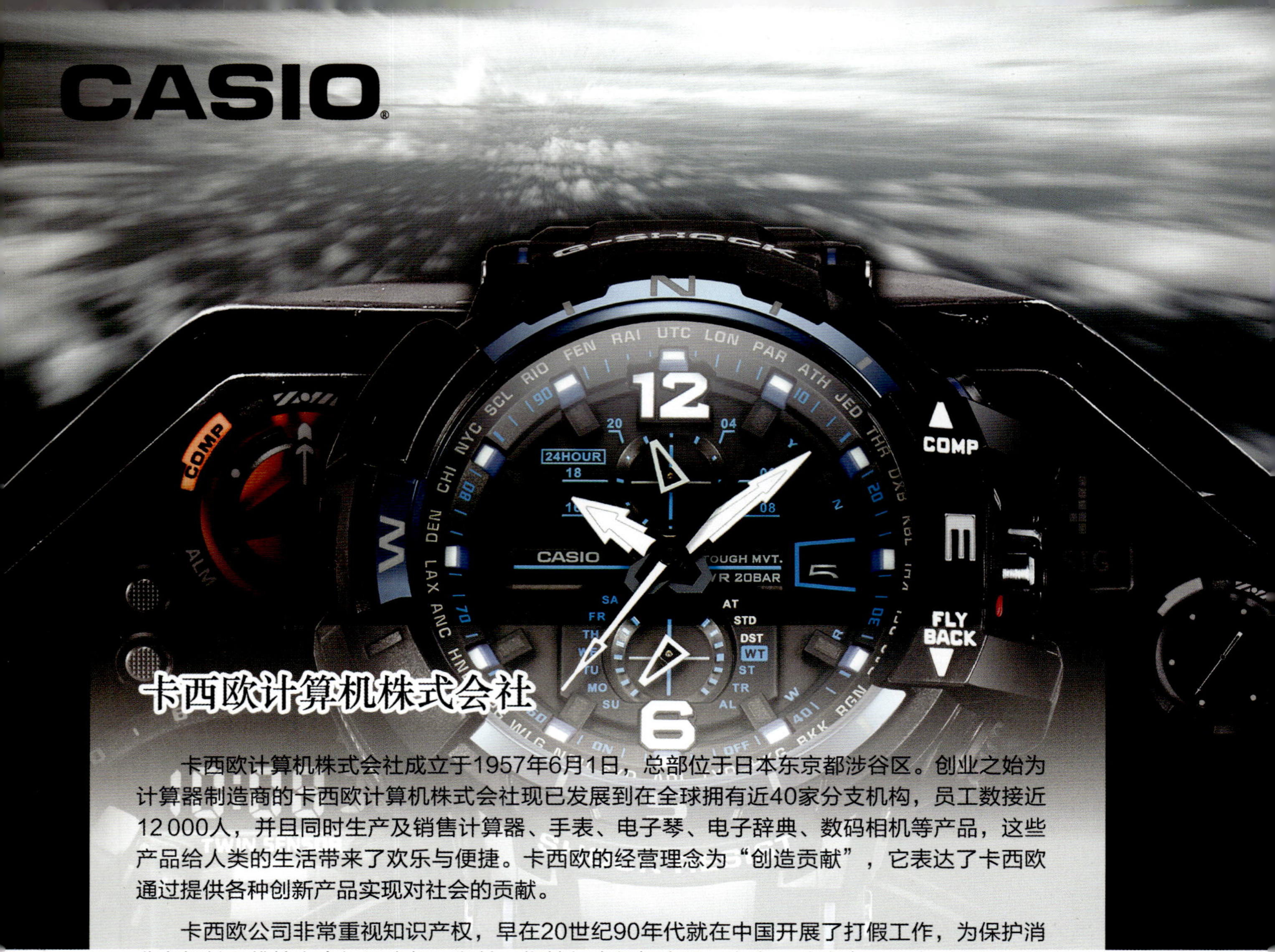

卡西欧计算机株式会社

卡西欧计算机株式会社成立于1957年6月1日，总部位于日本东京都涉谷区。创业之始为计算器制造商的卡西欧计算机株式会社现已发展到在全球拥有近40家分支机构，员工数接近12 000人，并且同时生产及销售计算器、手表、电子琴、电子辞典、数码相机等产品，这些产品给人类的生活带来了欢乐与便捷。卡西欧的经营理念为“创造贡献”，它表达了卡西欧通过提供各种创新产品实现对社会的贡献。

卡西欧公司非常重视知识产权，早在20世纪90年代就在中国开展了打假工作，为保护消费者权益和维护自身知识产权，坚持不懈地打击侵权产品。在卡西欧诸多产品中，受假冒品侵害较多的产品是计算器和手表。近年来，在中国各地海关的不懈努力下，卡西欧知识产权边境保护工作开展得卓有成效。

卡西欧公司的正品出口路径：计算器产品通过深圳海关、黄埔海关及拱北海关出口，手表类产品仅通过深圳海关出口。

卡西欧公司的主要注册商标

CASIO　S-V.P.A.M.　EDIFICE　G-SHOCK　EXILIM

计算器
手表
电子琴
电子辞典
数码相机

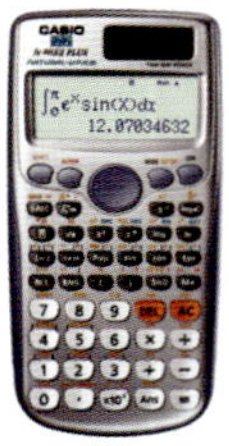
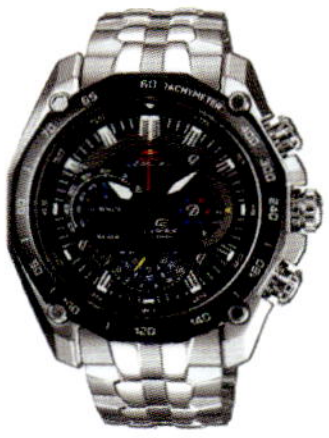
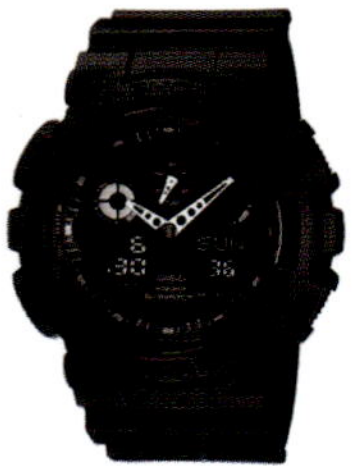
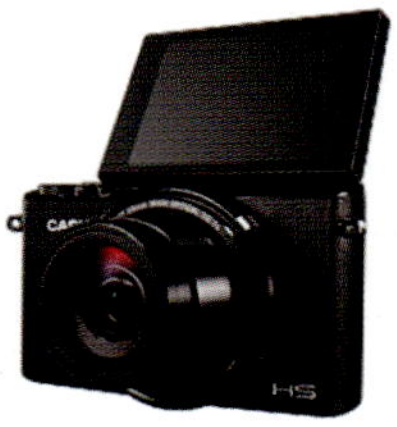

卡西欧（中国）贸易有限公司法务知识产权部

地址：上海市普陀区凯旋北路1188号环球港B座11楼　电话：021-61974898（分机：295、290）　E-mail：casio.ip@casio.com.cn
邮编：200062　传真：021-61974890

MONCLER

蒙 克 雷 尔 股 份 公 司

MONCLER公司于1952年诞生于法国小镇Monestier de Clermont，总部设立于意大利，是一个坚持传承历史传统，勇于引领时代潮流的国际化品牌。一直以来，MONCLER都是羽绒的代名词。其羽绒服产品款式设计新颖时尚、色系丰富靓丽，一改传统羽绒服臃肿厚重的形象，可谓集优雅、时尚、轻薄、保暖于一身。随着时间的推移，MONCLER羽绒服在外观、设计和风格上与时俱进，但仍然忠实于对最初风格的信念。

蒙克雷尔的主要商标

MONCLER

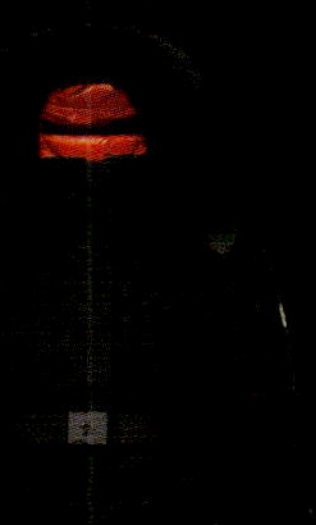

MONCLER品牌的早期发展与极限体育运动密不可分。第一件MONCLER羽绒服制造于1954年，其出众的技术使其一经上市立刻大卖。同年，MONCLER为意大利乔戈里峰登山队提供登山器材。1955年，MONCLER为法国喜马拉雅登山队提供技术支持。1968年，在法国格勒若布尔举办的冬季奥运会上，MONCLER成为法国国家滑雪队官方赞助商。20世纪80年代，随着MONCLER品牌的发展，其在年轻一代中掀起了全世界范围的时尚热潮。

MONCLER始终秉承专注舒适与品质的信念，并致力于将该信念不断注入到人们日常生活的每一刻。在品牌信念的支撑和指引下，现如今，MONCLER的产品范围由只针对运动市场扩展至适合各个类型、年龄、个性、文化、场合需求。

MONCLER非常看重中国市场的发展，在中国已拥有近20家精品店。与此同时，MONCLER高度重视其知识产权的保护，投入中国市场后即进行了备案，以保障MONCLER公司的合法权益不受侵犯。

MONCLER品牌保护联络代表（中国）

北京珩瑜律师事务所

地址：北京市朝阳区东三环中路7号北京财富中心写字楼A座316室

电话：010-65330055 传真：010-65330590

Nikon 尼康

尼康简介

尼康株式会社创立于1917年，至今已有90多年历史。在“信赖和创造”的企业理念引导下，积极开展以光学产品的开发和销售为主的各项事业，并以此奠定了发展基础。尼康以始终不渝的坚定决心，将主要精力投入增进品牌价值的创新活动，最终以富有创造力的高品质产品及服务不断赢得全球客户的信任。坚守理念，继续奋进，尼康的蓝图日益宏伟！

- *为客户提供超出预期的新价值。*
- *支持企业不断发展的是对不断突破原有技术的创新力，以及所有员工强烈的责任感。*
- *将尼康对光学应用的理解发挥到极致，指引尼康走向不断变革的崭新未来。*
- *保持诚信为社会繁荣作出贡献。这是尼康应有的姿态，也是尼康的未来梦想，它表明了一切：满足期待，超越期待。*

现在，尼康已把中国作为全球重要的市场之一。在不断发展的中国市场上，完善从市场运作到销售、服务的整套经营体制。在“信赖和创造”的企业方针下，尼康还将通过自身的先进技术，积极推动中国的影像事业，为中国市场带来更多魅力产品和优质服务。

事业内容、产品介绍

尼康以光利用技术和精密技术为基础，致力于发展应用广泛的先进技术、产品和服务。通过这样的方式，尼康在全球范围内为社会提供支持，推动孕育未来的前沿事业，实现各地人们的梦想。

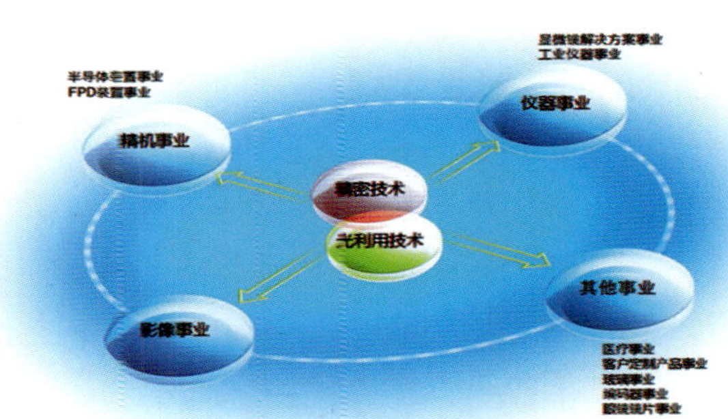

海关总署备案商标 （商标权利人：尼康株式会社）

尼康	Nikon	
第09类 T2010-18445 第21类 T2011-21668	第09类 T2015-38964 第21类 T2015-38965	第09类 T2014-35132 第21类 T2014-35133

LITEON®

光宝电子（天津）有限公司

LITE-ON ELECTRONICS (TIAN JIN) CO.,LTD.

光宝电子（天津）有限公司坐落于天津市武清开发区，系台港澳法人独资，注册资本6 650万美元，投资总额19 950万美元。公司成立于1995年10月，1998年1月1日迁至福源道11号新厂运营,占地面积77 250平方米，建筑面积54 491平方米，在厂人员1 819人。光宝电子（天津）有限公司之母公司——光宝科技股份有限公司，系中国台湾较早上市的电子公司，所生产的包含电脑显示器、键盘、光盘机等多项产品在内的光电产品，以致力于发展成为全球3C整合的领航家的目标享誉业界。

光宝电子（天津）有限公司是全球优秀光电产品制造商，主要生产贴片型发光二极管、光电耦合器等系列高新技术产品，产品广泛应用于电脑及周边设备，通讯产品及消费电子产品等领域。公司以诚信、创新、品质为经营理念，实行人性化管理，为员工提供完善的培训和个人发展规划，及优越的就业环境和丰富的文体生活。经过20年的发展，员工人数由成立初期的350人发展到至今约2 000人的规模。年产值超过10亿元人民币，产品销往欧洲、美国、日本、韩国等发达国家和地区，客户遍及世界知名IT企业。公司于1995年4月通过了ISO9002质量管理体系认证，2004年10月通过ISO9001/TS16949质量管理体系认证，2004年2月通过ISO14000和OHSAS18000体系认证，2008年12月通过 QC080000 & Sony GP环境禁用物质管理体系认证，2009年11月通过了ISO14064-1温室气体排放管理体系认证。2013年12月取得安全生产证书,并于2014年11月取得清洁生产认证。2008年光宝电子（天津）有限公司成为评定的AA类企业；2015年7月获得AEO高级认证企业证书。2015年连续第13年被授予“天津市出口50强企业”荣誉称号。

古德里奇航空结构服务（中国）有限公司

Goodrich Aerostructures Service (China) Co., Ltd.

位于天津空港经济区自由贸易区内的古德里奇航空结构服务（中国）有限公司（以下简称古德里奇）隶属于美国联合技术航空航天系统，是国内一家致力于CFM56/V2500/RB211/CF34/B787-GEnx系列发动机短舱专业维护、修理和大修（MRO）的外资企业。作为中国的发动机短舱OEM（原制造厂）维修厂，古德里奇能及时分享OEM在发动机短舱维修设计、维修方法等方面的技术信息、修理方案，以及OEM全球其他修理厂在发动机短舱维修方面积累的经验。中国客户在国内就能便利地享受到修理站提供的覆盖空客、波音等各个系列飞机发动机短舱的优质维修服务。

作为全球先进的飞机发动机短舱维修企业之一，古德里奇获得了中国CCAR-145维修许可证（编号D.101654）、美国联邦航空局FAR-145维修许可证（编号33BY496B）、欧洲航空安全局EASA-145维修许可证（编号145.0579），并陆续获得国内各大航空公司的承修商批准证书。

古德里奇拥有符合国际标准的发动机短舱维修厂房、维修设施，包括各类先进的大型维修设备，如大尺寸热压罐、大型无损探伤设备、OEM测试型架、OEM模具等，适用于各种机型发动机短舱及零部件的维修。

目前古德里奇已有20多家客户，涵盖了中国南方航空公司、东方航空公司、中国国际航空公司、四川航空公司、海南航空公司、厦门航空公司、深圳航空

公司、天津航空公司、春秋航空公司、成都航空公司、山东航空公司、奥凯航空公司等。此外，公司客户还包括国内外各大飞机租赁公司，已修理完毕的发动机短舱部件总数量已近千个。

古德里奇将以客户为中心，全面发展维修能力，提高服务品质，为客户提供高质高效、方便快捷的服务。

中国免税品（集团）有限责任公司

CHINA DUTY FREE GROUP

中国免税品（集团）有限责任公司（简称中免集团）于1984年正式成立，是经授权在全国范围内开展免税业务的国有专营公司，按照“四统一”管理政策（统一经营、统一进货、统一制定零售价格、统一制定管理规定），对全国免税行业实施统一管理。

经过30年的快速发展，中免集团先后与全球逾300家奢侈品牌建立了长期合作关系，向出入境旅客、国际海员、外交人员及海南离岛旅客提供涵盖30多个大类上千个品种的免税品购物服务，在全国30个省、市、自治区（包括香港、澳门和台湾地区）和东南亚暹粒、西哈努克港等地设立了涵盖了机场、机上、边境、客运站、火车站、外轮供应、外交人员、邮轮和市内的九大类型200多家免税店，现已发展成为世界上免税店类型较全、单一国家零售网点较多的免税运营商。

2004年，中免集团与中国国际旅行社总社实施战略重组，共同组建中国国旅集团有限公司，成为一家隶属于国务院国有资产监督管理委员会的、以旅游及免税为主业的中央企业。国旅集团的成立为中免集团带来了更大的发展机遇和平台。

2011年，中免集团海南离岛免税业务成功运营，开启了中国免税业的新篇章。中免集团三亚市内免税店是中国较早的离岛免税店，营业后取得了良好的社会效应和经济效应，迅速成为三亚旅游的新名片。2014年9月，总投资超过50亿元的全球较大的免税商业综合体——三亚国际免税城建成开业，成为中国免税发展史上的又一座里程碑。免税城以免税为主题，融商业、餐饮、娱乐、休闲、购物于一体，总建筑面积约12万平方米，汇聚了近300个国际知名品牌，涵盖了香水化妆品、服装服饰、皮具箱包、手表首饰、食品百货等众多品类、超10万个时尚单品。免税城旗舰店云集，包括卡地亚（Cartier）、雅诗兰黛（Estee Lauder）、迪奥（Dior）等在内的大牌都将其店面打造成亚太乃至全球范围的品牌旗舰店。三亚国际免税城的开业，标志着中国离岛免税政策正焕发着更为强大的生命力，标志着中免集团在大规模品牌招商引进、大型零售平台运营管理等方面的能力得到了极大的提升，也让中国免税行业的发展提高到一个新的高度。

三亚国际免税城

中免集团遵照国有企业“走出去”战略方针，借鉴国际惯例，致力于开放经营，拓展海外业务。中免集团先后在香港、澳门和台湾地区成立子公司，成功开设金门离岛免税店、外轮供应业务，设立邮轮免税店。同时，成立柬埔寨中免公司，作为海外业务的拓展平台引领中免集团免税业务国际化和多样化经营。2014年12月，柬埔寨的市内免税店——吴哥免税店正式开业，这是中免集团在大中华区以外地区开设的较早的市内免税店，该店也成为柬埔寨较奢华的商场。2015年12月，中免集团在柬埔寨成功开设第二家市内免税店——西哈努克港免税店，进一步推进了公司的国际化进程。

吴哥免税店

此外，中免集团还运营着中国国内较早以“免税”为核心，兼顾跨境电子商务及高端商品销售的电子商务平台——中免商城（www.zhongmian.com），致力于打造一个100%品牌授权、足不出户尽享免税价格的线上综合商城，使更多消费者享受到完善的线上购物体验。目前，中免商城已与众多国际品牌携手合作，陆续推出服装鞋靴、精品箱包、眼镜配饰、化妆品、香水香氛、母婴保健等10余个品类。

杭州机场免税店

展望未来，中免集团将全面整合资源，继续深化体制改革，创新经营机制，积极向主业相关领域延伸，引领中国免税业不断做大做强。

烟台保税港区

概 况

2009年9月7日，烟台保税港区正式批复设立，是全国第13家、山东省第2家保税港区，也是按照“功能整合、政策叠加”要求的以出口加工区和临近港口整合转型升级形成的保税港区。2010年7月30日一期监管设施通过国家11部委验收组的联合验收， 2011年1月12日正式开关运作。2015年全区完成外贸进出口139.3亿美元，在全国保税港区中位居前列。

规划建设

烟台保税港区规划控制面积7.26平方千米，分为两个区块：区块一（东区）面积为5平方千米，包括原出口加工区A区0.7平方千米和烟台港4.3平方千米；区块二（西区）面积2.26平方千米，即位于烟台经济技术开发区内的原出口加工区B区。一期封关面积为4.86平方千米，其中区块一3.05平方千米，区块二1.81平方千米。一期封关区域内已完成了区内海关监管设施及“七通一平”，区内设施配套齐全。在区内可开展保税存储，国际转口贸易，国际采购、分销和配送，国际中转，检测和售后服务维修，商品展示，研发、加工、制造，港口作业等功能业务。

投资环境

烟台保税港区位于烟台市城区北部，外与日韩隔海相望（距离韩国235海里，距离日本529海里），内与城区紧密相连，距烟台火车站1千米，半小时可达烟台蓬莱国际机场，北接沈海高速，与烟大铁路轮渡仅一网之隔，距离市区中心商圈不到2千米。

烟台保税港区是真正实现区港一体化运作的海关特殊监管区域，货物下船即可入区。烟台港是中国环渤海港口群主枢纽港之一，以集装箱、矿石、煤炭、油品为四大主营货种。已开通内外贸集装箱航线50条，月均航班300班左右，经烟台港可连接环渤海地区、长三角地区、珠三角地区主要港口，可承接世界各地货物。2015年烟台港化肥出口量、铝矾土进口量等指标位居全国前列。

烟台保税港区开关运作后，加快港口集装箱码头及后续配套工程建设，推进航线开辟，促进货源集聚，着力打造大进大出、快进快出的国际物流通道。一期封关区域内的集装箱泊位已全部形成作业能力，集装箱年吞吐能力由150万标箱扩大到500万标箱以上。近年来，港口作业区新建设通用仓库3万平方米、保税仓库5000平方米、后方堆场16万平方米，进一步促进区域功能升级。捷时达物流产业园、中外运物流场站和益通仲伯物流保税仓储等一批高标准、特色化、专业性大型保税仓储设施已经或即将投入使用，将有力提升产业集聚和功能承载水平。

政策优势

烟台保税港区不仅叠加保税区、出口加工区、保税物流园区所有的政策和功能，而且还增加港口功能，享受“免税、退税、保税、免证”及便捷监管等特殊优惠政策，是名符其实的“政策高地”。其主要优惠政策为：境外货物入港区保税；国内货物入港区视同出口，实行退税；港区内企业之间的货物交易不征增值税和消费税等。保税港区实行全域封闭化、信息化、集约化监管，实行园区管理、卡口管理、港口管理“三位一体”的监管模式，一次申报、一次查验、一次放行的“三个一次”的通关模式，信息流与货物流相统一，通关管理与港口联网相统一，关区代码与贸易方式相统一的“三个统一”运作模式。

功能定位

坚持从区域经济发展的全局和高度着眼，紧紧围绕建设“区域性贸易中心、航运中心、高技术产业中心”和“东北亚枢纽港”的发展目标，以保税物流为重点，以国际商品展示为突破口，以高端高质高效新兴产业为引擎，以港口航线开辟、货源培育为保障，努力打造在国内外有较大影响力的区域性物流中心、特色突出的商品展示交易中心、高效便捷的航运服务中心和产业聚集的临港产业集群，在政策功能运用、产业转型发展和先行先试上更好地发挥引领带动作用，为区域经济发展提供有力政策支撑。

产业发展

烟台保税港区开关运作以来，依托特殊政策功能，大力发展保税加工、保税物流和保税服务，已初步形成了东区以港口作业和保税物流为主、西区以保税加工制造为主的产业发展格局。一是大力发展跨境电子商务，积极探索“互联网+外贸”。将发展跨境电子商务作为优先战略，目前跨境电商交易、通关服务、通关管理和集中监管中心“三平台、一中心”全部到位，7月29日海运直购进口业务启动运行，年内审核验放进口电商物品7万多票，货值2 200多万元人民币。以跨境贸易电子商务产业园为载体，推动马来西亚紫兆集团跨境电商展示体验中心，韩国GPN、G-MARKET等跨境电商项目入区经营。深化与阿里巴巴“聚划算”网、台湾跨境电子商务产业发展协会的战略合作，目前区内格恩迪目前区内格恩迪公司引进的荷兰爱活有机超市已登陆“天猫国际”，康宝国际奶类展示中心搭建的塔菲克母婴网已将奶粉跨境电商进口业务拓展到郑州、宁波、杭州等试点城市，捷时达全球购、好怡搜等跨境电商交易平台即将投入运行。二是加快特色产业发展，着力打造特区品牌。聚力打造“保税+展示交易”模式，依托区内国际葡萄酒、进口乳制品、国外工业名优产品和保健食品等五大展示中心，吸引了世界葡萄酒交易中心中国区分中心，以及德国、日本、韩国、中国台湾商品展示中心等项目在区内入驻。在扩大区内展示规模的同时，积极运作保税港区进口商品万达店等10多家区外展馆建成运营，推动国际商品展示业务由内到外、由点到面的突破。三是狠抓骨干企业培育，确保外贸稳定增长。积极引导海港物流等骨干进出口企业广开业务渠道，在化肥受到影响的情况下，拓展以铜精矿、煤炭、石油焦等为主的大宗货物保税业务；大力扶持格润时代、利时德、杜奥尔等加工贸易企业调整产品结构，开拓新兴市场。同时，会同海关、检验检疫等驻区机构，通过开辟港口大宗货源保税物流业务绿色通道、减免物流收费、出台外经贸奖励政策等措施，扶持重点外贸企业发展，推动港口扩大进出口业务，确保外贸稳定增长。四是推进重点项目建设，夯实发展根基。在捷时达物流港悦大厦、益通仲伯物流仓储项目等一批综合体投入使用的基础上，重点推进中水海丰冷链物流、欧洲零点采购交易中心、尧舜电子二期厂房等项目启动建设，以搭建多功能综合平台为载体，为全区功能优化升级提供硬件支撑。

创新工作

立足于服务区域经济发展和功能创新，抢抓机遇先行先试，加快政策功能产业升级，着力打造新的政策高地。一是加快复制推广上海自贸区创新制度。自贸区“统一备案清单”“批次进出，集中申报”“简化无纸通关作业随附单证”“集中汇总纳税”“选择性征收关税”等制度相继在区内落地实施，后续第二批海关监管创新制度也在加紧复制实施，为区内企业发展注入了强劲动力。同时，成立专门工作班子，加大力度推进保税港区信息化系统和卡口设施升级改造，为更好地复制推广自贸区制度成果、发挥好保税港区政策功能提供保障。二是积极打造服务企业发展软环境。实行对企业零距离服务和限时解决问题工作制度，千方百计帮助企业解决在融资、生产经营中遇到的实际困难和问题。2015年帮助企业解决厂房租赁、通关报检、招工困难、货物滞港等问题50多件；主动对接市商务局、工商局等部门，第一时间落实企业审批、变更等新政，简化审批手续、加快办理效率，进一步减轻和降低企业生产经营成本。

青岛森麒麟轮胎股份有限公司

Qingdao Sentury Tire Co., Ltd.

 公司概况

青岛森麒麟轮胎股份有限公司总部位于中国青岛，2009年7月正式投产运行，致力于绿色、高品质、高性能的高端半钢子午线轮胎及航空轮胎的研发与生产。公司旗下拥有森麒麟（SENTURY）、路航（LANDSAIL）和德林特（DELINTE）三大轮胎品牌，目前已建成中国青岛、泰国两大轮胎生产基地，已具备年2700万条半钢子午线轮胎产能。

公司先后通过了ISO9001、ISO/TS16949、ISO14001和OHSAS18001等体系认证，全面覆盖产品研发、原料供应、生产过程、物流管理、销售管理、售后服务、环境保护、员工职业健康安全等各个环节；以“承载期望，严抓细管，持之以恒，追求卓越”的质量方针贯彻生产全过程，先后获得中国CCC、美国DOT、欧盟E-mark、欧盟R117、巴西INMETRO、海湾国家GCC、印度尼西亚SNI、印度BIS、尼日利亚SONCAP、乌拉圭LATU等多项产品认证；并通过审核成为高新技术企业、国家级检测中心、青岛市企业技术中心、青岛市工业设计中心及青岛市航空轮胎工程实验室。

 工业4.0

作为轮胎产业转型典范企业，公司建立并成功运营了轮胎工业4.0智慧工厂。通过独创的厂房及设备规划安排，依托独特的“森麒麟智能管理系统”，使公司在各环节运行的世界上先进的轮胎生产检测设备得以发挥最大效能；实现了轮胎生产的智能化、自动化、信息化、个性化，将人、机、料、工艺、质量、能源等信息资源互通、互联、互感，形成业务处理网络化、生产过程自动化、系统控制的智能化；单台设备的产出率提升50%，合格率达到99.8%，用工成本较同规模传统企业降低了75%，用地面积节约50%。

公司产品规格系列齐全，有PCR轿车胎、UHP超高性能运动胎、大尺寸SUV胎、CUV城市多功能汽车胎、C型商务轻卡胎、A/T全路况越野胎、H/T城市路面越野胎、M/T泥地越野胎、雪地胎（镶钉/非镶钉）、RFT缺气保用胎（冬季/夏季）、冬夏两用四季胎、自修复轮胎、赛车胎等15类核心产品1300多种规格。

企业亮点

公司始终坚持“自主研发、持续创新、着眼未来”的研发理念，从美国、德国、荷兰、意大利、日本等国家整套引进先进的研发、生产、检测设备，以拥有国际一线轮胎研发经验的精英团队为依托，持续研发轮胎产品，多项研发成果处于领先地位。

是一家可以生产冬夏两用真正四季胎的自主轮胎企业。

是同时生产房车赛赛车胎、F4赛车胎、达喀尔拉力赛专用胎的自主轮胎企业。

是一家可以批量生产和稳定销售34英寸及扁平比20系列轮胎的自主轮胎企业。

是一家可以批量生产全系列缺气保用轮胎（防爆胎）的自主轮胎企业。

是一家可以生产达到欧盟标签法滚动阻力A级、湿滑A级、噪音66dB(超静音）产品的自主轮胎企业。

是一家取得民用航空轮胎适航证的自主轮胎企业，也是世界上屈指可数的掌握航空轮胎核心技术的轮胎企业。目前森麒麟航空轮胎适配波音737-300/400/600/700/800/900ER型号飞机前后起落架的轮胎产品已通过全部测试，并已开始军用航空轮胎的研发与生产。

全球销售网络

公司坚持“用真诚合作铸造紧密、长久的共赢关系，成为彼此最值得信赖的合作伙伴”的合作理念，积极开拓国内外市场，客户网络遍布亚洲、北美、中南美、欧洲、非洲、大洋洲等150多个国家和地区，并已成为江淮汽车、华晨金杯、华晨中华、华晨鑫源、北汽银翔、众泰汽车、力帆汽车、四川汽车、华泰汽车、潍柴嘉陵川江、吉利知豆、南京金龙、御捷等汽车厂家的主流供应商。

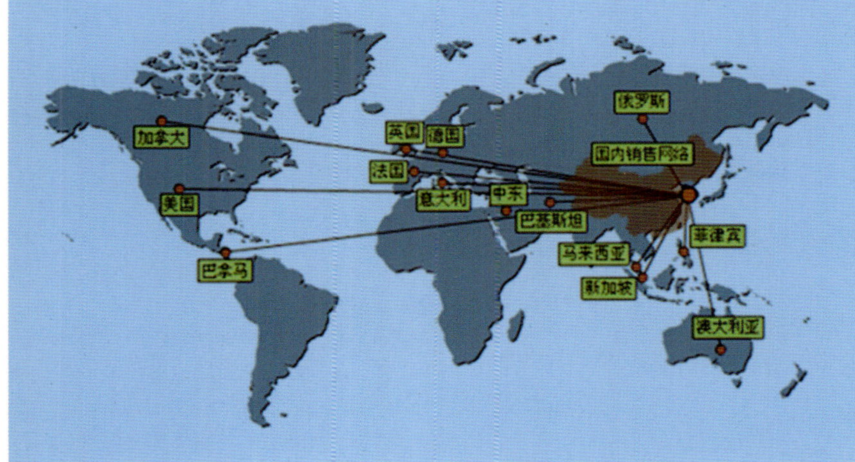

“一带一路”战略实施

公司坚持全球化布局战略，“一带一路”泰国样板工程——森麒麟轮胎（泰国）有限公司已于2015年8月底正式投产运行，这也是目前世界上先进的轮胎工业4.0智慧工厂；2017年将建设森麒麟美国轮胎生产基地，目前筹备工作已经开启，届时森麒麟三大轮胎生产基地将形成5 000万条半钢子午线轮胎的年产能；2019年还将建成包括民用航空轮胎及军用航空轮胎在内的年8万条航空轮胎产能。中国、泰国、美国轮胎生产基地将与航空轮胎生产基地一同打造完成森麒麟的“3+1”核心发展战略。

“我们的所有努力都是为了提供一种更安全、更舒适的生活体验，持续将最优质产品呈现给每一个人。”这是森麒麟始终坚持的企业使命，也是森麒麟始终如一的郑重承诺。

链通价值 传递健康

Integrating wealth, distributing health

科园信海以“诚信”之道，以“海”之包容，携手国内外著名医药企业，用专业高效与创新服务连通健康产业，传递优质产品，绘制和谐生活。

至诚于心，创新于行，打造持续发展的高效供应链服务型医药流通企业

www.kyxh.com

北京科园信海医药经营有限公司成立于1999年，注册资金33 307万元。是一家集医院药品销售、跨区域商业分销、疫苗分销、医疗耗材及器械分销、零售及患者服务、进口保税、IT解决方案、第三方物流于一体的大型综合服务性医药经营企业，2011年正式成为上药集团旗下全资子公司。

自成立以来，公司确立了“以人为本、诚信为先、追求卓越、开拓创新、团结协作、共同发展”的经营理念；把致力于医药供应链的整合和服务创新，不断提升医药产品流通和使用的高效率作为使命；以市场和客户为导向，以高素质人才队伍和优秀企业文化为根本力量，以科学规范、完善高效的运作系统为基础，不断将企业做大做强，业务区域由北京辐射到全国。

公司始终坚持将高品质的服务和产品质量作为生命线。2002年公司成为北京市GSP认证企业。2005年顺利通过北京市药品监督管理局疫苗经营范围验收，成为北京市获得疫苗经营许可企业之一。2007年通过了ISO9001-2001认证。2010年通过了ISO9001-2008质量管理体系认证，建立了ISO9001-2008与GSP相结合的质量管理体系。2013年，国家正式实施新版GSP，公司通过新版GSP认证。另外，先后通过了多家跨国企业的冷链管理国际质量认证。

公司拥有符合GSP管理要求的现代物流仓库及温控、报警设备，设施齐全的现代冷藏、冷冻库，在首都国际机场综合保税区设有满足进出口要求的保税仓库（含冷藏库、冷冻库），各类库房总面积近3万平方米。通过SAP-WMS系统构建的物流信息集成平台，具有高度集成性和扩展性，采用先进的IT技术，通过无线网络、手持终端、移动射频和条形码识别等技术，使仓库管理水平达到国内先进水平。通过GPS系统的构建，对所有运输车辆进行实时配送调度，并提供冷链产品配送的实时温度监控。经批准具备第三方物流资格。连续多年中标成为北京市CDC储备配送一类及应急疫苗的配送单位，并共同摸索及探讨出了一整套适合新模式下运作的储运管控体系。

公司先后获得北京市纳税A级企业、纳税千强企业、北京市个人所得税代扣代缴先进单位、北京市质量工作优秀推进企业、北京市和谐劳动关系先进单位、丰台区突出贡献企业、丰台区精神文明单位、中关村科技园丰台园十佳企业、经济发展突出贡献企业、文化创新优秀企业、公益事业先进单位等荣誉称号，为区域经济及社会和谐发展作出应有的贡献。

作为一家医药经营企业，在追求回馈社会高质量、高品质的医疗增值服务之外，还承担起了更多的社会责任。捐资助学、扶弱济困，尤其在自然灾害和公共卫生危机发生时，慷慨解囊、积极捐助、奉献爱心，并成为药材储备保障单位。

伴随着科园信海进口业务的迅速增长，2014年合作的进口厂家达到0余家，进口品规90余种，其中冷链产品已达到20余种。在海关稽查验方面，达到了海关管理、企业经营管理和贸易安全的要求，成为高级认企业。

公司长于提供医药产品流通、进出口通关、保税增值、冷链仓储、快速送等一体化服务，依托成熟高效的信息化物流与仓储管理体系，以及与相部门的良好业务关系，可有效降低客户的通关成本，提升通关与配送效，第一时间收发货，第一时间入库保存，第一时间送达指定地点，确保产质量全程无忧。

核心业务推荐——代理进口服务

药 品	原料药
生物制品	保健品
疫苗	生物标准品
医疗器械	常规生化试剂
诊断试剂	免疫学产品
医用设备	实验室设备/耗材

科园信海拥有丰富的进口资源及海外客户网络，与默克、默沙东、辉、葛兰素、施贵宝、百特、费森尤斯、丹麦灵北等顶尖制药企业均保持着期稳定的合作关系。科园信海擅长专业处理品名繁多、归类困难、商检障的医疗产品，可做到报关材料准备、产品信息备案、进口单证准备、开具关单、开具特殊物品审批单、完税和代垫进口杂费、全国快速配送等整套务，以及药检、清关、口岸消毒处理。

核心业务推荐——进口保税仓储业务

公司在北京天竺综合保税区注册有独立法人资格的保税仓储物流公司。

保税区是目前中国开放程度较高，较接近于自由贸易区的一类海关特殊监管区域，可实现进境保税仓储，实现进境备案付汇、转口贸易、区内贸易免税，支持不同产品分批到货统一报关的要求，支持集中到货分批报关，产品在保税区可无限期存储。

核心业务推荐——进口保税增值服务

药品三级监管码关联：信息化管理，在药品的流通环节和销售环节记录药品识别码，实现药品的随时跟踪和溯源。

贴标：特设独立工作区，按照国内医药产品流通要求，对进口产品进行重新贴标，以方便顺利配送销售。

喷码：设定电子监管码的标准操作流程，专人专项管理。

重新包装：公司是联合国救援项目的全球第2家物流合作伙伴，各项采购药品均在此重新包装。

代办报关报检申报文件：全程为客户代办进口药品通关单、免税证书、特殊物品出入境审批单、进出口许可证等相关文件的申报工作，省时省力。

联系方式

地址：北京市丰台区南四环西路186号四区汉威国际广场1号楼7~9层
邮编：100070
电话：010－83632666、83632888
传真：010－83632777
网址：www.kyxh.com

北汽福田国家级研发中心　德国研发中心

企业简介

北汽福田汽车股份有限公司（简称福田汽车）是中国品种较全、规模较大的商用车企业。成立于1996年8月28日，1998年6月在上海证券交易所上市，股票代码600166。现有资产300多亿元，员工近4万人，产销量位居世界商用车行业前列。2016年度，福田汽车品牌价值达1005.65亿元，位居汽车行业第四位，商用车领域排名靠前。

北京是福田汽车的全球总部所在地，也是福田汽车的创新中心和业务管理与运营中心。此外，福田汽车在国内的北京、山东、湖南等10多个省、市拥有整车和零部件基地；在日本、德国、印度、俄罗斯等国家拥有研发分支机构；在印度、俄罗斯、泰国设立了事业部，在全球20多个国家设有KD工厂，产品出口到80多个国家和地区。

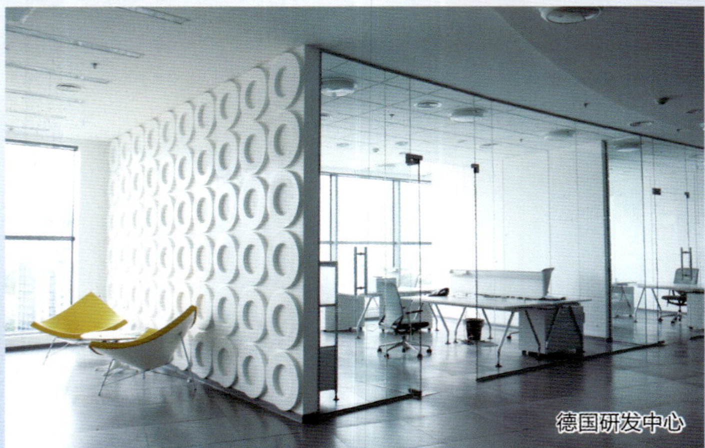
德国研发中心

黄金价值链

福田汽车在全面发展商用车及乘用车的同时，注重将商用车全系列发展构建的黄金价值链（包含技术、管理、供应链、生产制造、分销和服务等）延伸开发至相关联的产业。汽车与新能源汽车、工程机械、新能源、金融、现代物流、信息技术服务六大产业共同构成了黄金产业链。并打造企业“4×4”核心竞争力，链合戴姆勒、康明斯，集成德美中三方优势技术，接轨德国工业4.0，同步世界的中、高端产品，致力于为用户提供产品全生命周期服务。

哥伦比亚工业部部长参观哥伦比亚KD工厂

绿色新能源

在节能与新能源汽车领域，福田汽车一直紧跟新能源汽车的技术潮流，不断开发出更节能环保的产品并进入商业化运营。节能与新能源汽车已经覆盖卡车、客车和多功能汽车等各个领域，产销节能与新能源汽车近万辆，成为中国新能源汽车产销量较多的企业。

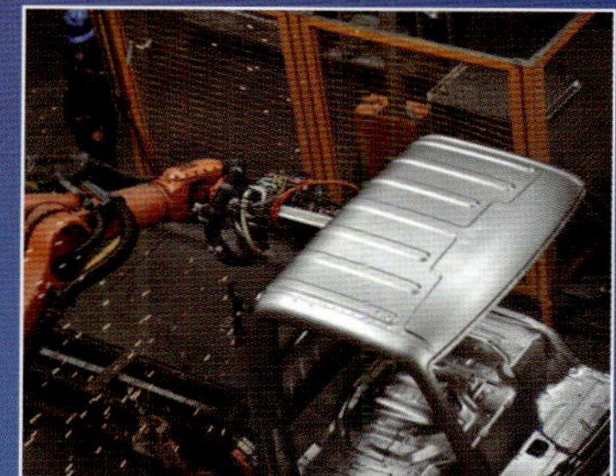

社会公益活动

在企业快速发展的同时，福田汽车在社会公益方面始终不懈耕耘，累计捐款捐物近6 000万元。此外，福田汽车联合联合会和国内部分核心媒体共同发起成立了社会公益组织——福田汽车媒体爱心联谊会（简称FMG），并利用FMG持续贡献爱心，创新了企业公益行为的实现途径。

企业荣誉

福田汽车曾先后荣获“汽车产品出口质量安全示范企业”“中国名牌产品”“全国质量管理先进企业”“中国商用车品牌”“中国制造行业内具成长力的自主品牌企业”“优秀消费者关系奖”“全国自主创新典型企业”等荣誉称号。

2020战略

在战略布局上，福田汽车正在全面实施“5+3+1”战略，在俄罗斯、印度、巴西、墨西哥、印度尼西亚五个国家分别建立年产10万辆汽车的工厂，突破北美、欧盟、日韩等三个最发达地区市场，积极实施全球化战略。

企业愿景

现在福田汽车以打造“世界级主流汽车企业”为战略目标，坚持“转型与整合增长、创新与互联互通”两个指导方针，矢志成为时尚科技与人文环保高度融合的综合性国际汽车企业，进入世界汽车企业十强，成为高科技、现代型的世界品牌。

福田汽车是中国汽车行业自主品牌和自主创新的中坚力量。自成立以来，福田汽车以令业界称奇的“福田速度”实现了快速发展，累计产销汽车近800万辆。目前福田汽车旗下拥有AUMAN、AUMARK、VIEW、TOANO、SAUVANA 、TUNLAND、AUV、LOXA等汽车产品品牌。

AUMAN（欧曼）——重卡 福田戴姆勒

AUMAN，福田戴姆勒汽车中重卡产品品牌，致力于为第三方物流提供整体解决方案。长期坚持以产品和服务为核心竞争力，不断创新、超越，创造了重卡行业的奇迹。

AUMARK（欧马可）——世界AUMARK 福田康明斯

AUMARK，福田汽车中高端轻卡产品品牌，为满足全球用户高效、无忧的城市物流追求所设计，整合世界级康明斯动力，以科技、人性、环保等理念，打造中高端轻卡品牌。AUMARK产品现有C/TX系列，全面满足各层次物流载货需求。

VIEW（风景）——超越大空间

VIEW，福田汽车 VAN 类产品品牌，中国轻客品牌，现旗下拥有 CS2/C2 系列。以创新技术和以人为本的设计理念，分别满足不同消费群体对高效商务、短途客运、轻载货运、休闲旅游等功能的需求。

TOANO（图雅诺）——来自德国的商务伙伴

TOANO，德国斯图加特汽车研发中心研发，秉承德国精良品质，搭载康明斯卓越动力，引入德国质量管理体系，在无接触、自动化、零排放的智能工厂精益制造的时尚外观、动力强劲、安全可靠、智能科技的新一代商务车，为用户提供高端商务接待和城市物流运输的全方位全天候的运输解决方案。

SAUVANA（莎瓦纳）——势不可挡的自由力量

SAUVANA,传承北美SUV优秀基因，集结美国科技团队，整合美国领先造车理念，链合全球顶级供应链体系，与发动机巨擘美国康明斯通力打造全新硬派大SUV，美式越野生活方式。

TUNLAND（拓陆者）——心无垠 驾无疆

TUNLAND， 福田汽车皮卡类产品品牌，以创新之心链合全球科技，秉承欧洲设计理念，将每一位用户纵情前路的激情与成功的梦想注入车的每一个细节。其高贵典雅、大气而成的气质，注定成为穿梭在都市间的强者，其超强越野性能亦能让你在荒漠丛林里游刃有余。

AUV（欧辉）——科技承载价值 绿色引领未来

AUV,以中国自主研发全承载技术为核心，外形演绎尊贵经典，是集绿色理想与智慧科技于一体的新能源汽车践行者。

AUV是同步全球优势核心动力，以创新科技打造的中高端品质大中客车产品，用先进的全承载、新能源技术为客运、公交、旅游客户提供安全、可靠、环保的客运解决方案。已经形成了大中型城市客车、城间客车、专用校车三大类完整的产品系列。

LOXA（雷萨）——品质创造未来

LOXA,通过提供高价值的混凝土成套设备整体解决方案，成就全球中高端泵送机械用户的价值理想。LOXA是福田汽车整合全球科技，运用一体化的研发、设计、制造、服务体系，精心打造的科技领先、品质可靠、服务便捷、高收益的专业设备，在标准化、人性化、智能化等方面与世界标准同行，为全球用户提供高价值泵送成套设备整体解决方案。现旗下拥有搅拌车、泵车、搅拌站、车载泵、拖泵、背罐车、干混砂浆车七大产品系列。

奥凯航空有限公司
OKAY AIRWAYS COMPANY LIMITED

奥凯航空有限公司是经批准的民营航空企业。奥凯航空于2005年3月11日开航。总部设在北京，下设天津分公司和湖南分公司，在天津、长沙、西安、哈尔滨、烟台、阿拉善盟设有运营基地。

2016年2月17日，奥凯航空董事长王树生与波音民用飞机集团总裁兼首席执行官雷蒙德·康纳（Ray Conner）在新加坡航展上签署12架波音737飞机订单。其中包括中国航空公司首次订购的波音737MAX-9机型，奥凯航空将成为该机型的国内启动用户。

截至2016年6月，奥凯航空拥有33架飞机（19架B737系列客机、1架B737系列货机、13架新舟60飞机），累计执飞100多条国内外航线，运送旅客超过1 980万人次。

目前，奥凯航空已成为总资产超过70亿元、年营业收入30亿元以上的航空运输企业。经营范围包括国内（含港澳台）航空客货运输业务，至周边国家的国际航空客货运输业务，并入选北京市重点总部企业名录。

奥凯航空一直致力于成为中国优秀的民营航空企业，遵循公司合法经营，依法纳税的宗旨。随着公司运力的不断增长，奥凯航空进出口业务规模也以每年20%~30%的幅度增长，几年来奥凯航空有限公司进出口业务严格按照海关有关法律法规操作，规范申报。2015年，被授予高级认证企业证书，这是对奥凯航空进出口工作的充分肯定，同时也对今后的工作提出了更高的要求。奥凯航空将以此为契机完善进出口工作业务流程，提升业务能力，继续自觉遵守国家法律法规，如实申报，依法纳税，守法经营，履行企业诚信守法的义务。

目　录

江西省

山东省

河南省

湖北省

重庆市

四川省

贵州省

云南省

西藏自治区

第六篇 全国口岸运行主要数据

第七篇 附 录

各地区开放口岸索引

北京市开放口岸

天津市开放口岸

河北省开放口岸

山西省开放口岸

内蒙古自治区开放口岸

辽宁省开放口岸

吉林省开放口岸

黑龙江省开放口岸

上海市开放口岸

江苏省开放口岸

浙江省开放口岸

安徽省开放口岸

福建省开放口岸

江西省开放口岸

山东省开放口岸

河南省开放口岸

湖北省开放口岸

湖南省开放口岸

广东省开放口岸

广西壮族自治区开放口岸

海南省开放口岸

重庆市开放口岸

四川省开放口岸

贵州省开放口岸

第一篇

口岸综合

2015 年国家口岸管理工作概要

国家口岸管理办公室

2015 年，国家口岸管理办公室深入贯彻落实党的“十八大”和十八届三中、四中全会精神，紧紧抓住加强口岸工作顶层设计的“牛鼻子”，着力推进中央领导关心、社会各界关注、事关口岸发展长远和全局的重点工作，取得积极成果。年内，国务院口岸工作部际联席会议制度建立，《国务院关于改进口岸工作支持外贸发展的若干意见》出台，“单一窗口”在沿海地区口岸基本建成；珠海查验机制创新试点方案确定，试点工作启动；国家“十三五”口岸发展规划和口岸查验基础设施建设标准的编制工作接近完成，《口岸工作条例》基本成熟具备报批条件。

一、推动建立国务院口岸工作部际联席会议制度并召开第一次全体会议

落实全国口岸工作座谈会精神，积极推动建立国务院口岸工作部际联席会议制度。经反复做工作，与 21 个部门就建立国务院口岸工作部际联席会议制度达成共识，争取国务院办公厅支持，国务院 6 月 5 日批复同意建立国务院口岸工作部际联席会议制度。

以汪洋副总理为召集人的部际联席会议制度的建立，是加强对口岸工作的组织领导，强化部门协作配合的重大举措。

为发挥部际联席会议制度作用，及时解决当前工作中的迫切问题，在深入调查研究、广泛征求意见基础上，提出了召开部际联席会议第一次全体会议的建议并认真做好会议筹备工作。8 月 28 日，部际联席会议第一次会议顺利召开，汪洋副总理主持会议并作重要讲话。会议总结了全国口岸工作座谈会召开一年来的工作进展，部署了下一阶段口岸重点任务，审议通过了《国务院口岸工作部际联席会议议事规则》《国务院口岸工作部际联席会议成员单位数据共享和使用管理办法（试行）》《珠海口岸查验机制创新试点方案》，取得圆满成功。

二、推动出台《国务院关于改进口岸工作支持外贸发展的若干意见》并认真组织落实

《国务院关于改进口岸工作支持外贸发展的若干意见》（以下简称《若干意见》）经与有关部门多轮沟通、几番修改，于 3 月 18 日提交国务院常务会议审议通过，李克强总理亲自签批，于 4 月 1 日印发。《若干意见》是落实 2014 年召开的全国口岸工作座谈会精神，在新形势下进一步加强和改进口岸工作、促进外贸发展的纲领性文件，能及时出台意义重大。

《若干意见》出台后，国家口岸管理办公室及时做好黄胜强主任参加国务院政策例行吹风会的政策解读工作，并通过中国海关网站积极开展政策宣传，取得良好效果。同时，及时抓好《若干意见》的贯彻落实，印发了任务分工方案，明确了责任部门和完成时间，跟进工作进展。

三、组织开展沿海地区国际贸易“单一窗口”建设

2015 年，切实加大指导和协调力度，“单一窗口”建设取得实质性进展，基本完成国务院要求年内在沿海地区口岸建成“单一窗口”的任务。天津、福建、广东上线早见效快；浙江、江

苏、山东、辽宁下半年陆续上线，运行稳定；河北、海南、广西筹备工作顺利，不久即可上线。

年内，按照汪洋副总理批示和于广洲署长的要求，认真做好“单一窗口”数据标准化和简化工作，经过反复论证，提出了数据协调和简化的建议书，党组研究通过后拟提交国务院口岸工作部际联席会议第二次会议审议。同时，注重完善和拓展“单一窗口”应用功能，优化口岸监管执法流程和通关流程，推动上海国际贸易“单一窗口”1.0 版上线运行，并召开了现场经验交流会，在沿海地区口岸总结推广经验。重视“单一窗口”宣传工作，制订了宣传方案，通过在中央主要媒体集中开展宣传，扩大了影响力。与联合国有关机构联合举办“单一窗口”研讨会，扩大在国际上的影响力。年内，还会同商务部认真做好上海试点经验在全国自贸区的推广工作，“单一窗口”作为自贸区制度创新重要成果，被选定为自贸区“最佳实践”案例首位。

四、进一步扩大口岸开放

紧紧围绕“一路一带”、长江经济带等发展战略，科学制定 2015 年口岸开放审理计划并认真开展审理工作。经审理，报经国务院批准新开和扩大开放口岸 15 个（其中新开口岸 8 个，扩大开放口岸 7 个）。同时，完成验收项目 7 个，办理港口、机场、陆路边境临时开放事项近百件。年内，认真配合国务院港澳办做好粤澳新通道内地口岸区和港珠澳大桥口岸设置工作，指导广东省研究制订了粤澳新通道内地口岸区具体设置方案，有序推进港珠澳大桥口岸开放审理工作。

五、加快推进《口岸工作条例》立法工作

在 2014 年工作基础上，结合全国口岸工作座谈会精神和国务院出台的口岸工作两个重要文件，会同海关总署政法司加快推进《口岸工作条例》立法工作。年内先后 3 次征求国家相关部门的意见和建议，并进一步征求了各省（自治区、直辖市）的意见建议。对反馈的立法意见反复研究，会同政法司逐条沟通，与有关部门逐条磋商，最终形成相对成熟的《口岸工作条例》草案，拟提请署务会研究通过后报国务院法制办。目前，海关总署政法司正在按立法程序征求署内外的意见。

六、研究起草国家“十三五”口岸发展规划

结合改进口岸工作、促进外贸发展的新形势，按照全国口岸工作座谈会和国务院口岸工作部际联席会议第一次会议要求，倾力推进国家“十三五”口岸发展规划的编制工作。年初制订工作方案，年内按计划、分阶段推进，通过开展政策解读、调研走访，形成《“十三五”时期口岸运量指标设置》《“十三五”航空口岸发展专题研究》《“十三五”内陆口岸发展专题研究》《简化行政审批制度释放口岸发展活力》《口岸大通关建设》等 5 个课题研究报告。在此基础上完成了规划（草案）的起草工作，待充分征求意见修改完善后拟提交国务院口岸工作部际联席会议第二次会议研究。“十三五”口岸发展规划比较充分地贴近了新形势，分析了新情况，提出了新目标，规划了新路径。

七、组织制定国家口岸查验基础设施建设标准

口岸查验基础设施建设标准问题，地方呼声高、部门争议大，涉及各部门的利益，推动难度很大。年初，根据全国口岸工作座谈会精神，充分研究论证制定国家口岸查验基础设施建设标准的复杂性和紧迫性，同时为确保建设标准制定的科学性和有效性，采取政府购买服务方式开展工作。年内，组织召开了口岸查验单位专家会议，议定编制任务和思路，确定了工作方案和研究报告大纲；指导开展口岸实地调研，研究提出了航

空、铁路、水运和公路等四类口岸建设标准的具体方案，在此基础上形成建设标准讨论稿。通过广泛开展调研、开会集中研讨、主动上门沟通、积极寻求支持，地方、部门间有关分歧逐步弥合，认识逐步统一。当前，建设标准讨论稿待进一步修改完善后，将提交国务院口岸工作部际联席会议第二次会议审议。

八、积极推动“三互”大通关改革

一是积极推动落实国务院《落实“三互”推进大通关建设改革方案》，会同公安部、交通运输部、国家质检总局等口岸查验主管部门，在东莞市召开了“三互”大通关改革现场会，在全国总结推广东莞“三互”大通关改革经验，各地因此进一步加深了对“三互”的理解，普遍加快了工作步伐；二是会同中央编办和口岸查验主管部门，通过多次实地调研、召开专题会议，研究起草了珠海口岸查验机制创新试点方案，经国务院口岸工作部际联席会议第一次全体会议审议，年内国务院业已印发。此后，及时组织召开了试点方案落实工作推进会，抓紧研究制订试点方案的实施方案，确保2016年11月前圆满完成试点任务；三是为切实减轻企业负担、促进外贸发展，积极协助推动口岸查验配套服务费改革，配合财政部和海关总署内有关司局深入开展调研论证。《财政部、海关总署等六部委联合印发关于免除查验没有问题外贸企业吊装移位仓储费用试点工作的通知》下发后，会同有关部门对试点工作认真开展督导。

九、深入开展口岸国际合作

一是开辟了中蒙俄三方口岸合作的新局面。年内，从“一带一路”和中蒙俄经济走廊建设的国际合作大局出发，深入研究加强中蒙俄三方口岸合作的必要性和可行性，主动提出加强三方口岸合作的目标和路径，通过努力做工作，赢得蒙俄双方的积极响应，促成在上海合作组织乌法峰会期间，于广洲署长与俄罗斯边界建设署署长、蒙古国海关总局局长在中俄蒙三国元首见证下，共同签署了《关于中俄蒙边境口岸发展领域合作的框架协定》。该协定的签署，为中蒙、中俄边境口岸合作开拓了领域，为中蒙俄经济走廊建设提供了保障。

二是丰富了双边口岸合作的新内容。顺利召开了中蒙边境口岸管理合作委员会第一次会议、中俄运输分委会口岸工作组第十八次会议和中越陆地边境口岸管理合作委员会第三次会议，还会同越方开展了中越边境口岸云南段的联合调研和越老边境劳保—登沙湾口岸“一个门、一点停”快速通关查验模式的考察。在双边合作框架下，与对应国家口岸主管部门围绕边境口岸开放、基础设施建设、通关时间安排、进出境环节收费及探索创新口岸通关模式等议题开展了深入磋商，达成广泛共识，解决了一系列问题，取得了积极成果。尤其中蒙边境口岸管理合作委员会第一次会议的成功召开，为中蒙边境口岸的长远合作打开了局面、奠定了基础。

总结全年工作，虽取得重大进展，但问题也有，主要是口岸大通关协调的领域虽然拓宽，但深度不够，解决问题的手段不多，效果不明显。另外，队伍建设方面，跟进新形势、学习新知识抓得不紧，业务素质的提高仍有余地。

2015年国家电子口岸建设概要

国家电子口岸建设协调指导委员会办公室

2015年，国家电子口岸办按照中央全面深化改革要求，认真贯彻国务院口岸工作部际联席会议各项指示，围绕口岸管理部门“信息互换、监管互认、执法互助”（简称“三互”），优化信息共享共用机制，加快落实《电子口岸发展“十二五”规划》（以下简称《规划》），积极推进跨部门综合应用项目，支持和促进全国电子口岸建设，深入推进跨境电子商务发展，各项工作均取得了积极成效。

一、以“三互”大通关为目标，加强跨部门信息共享

实现口岸相关部门信息共享共用，是深化口岸协作、改进口岸通关服务的基础。依托电子口岸平台，推动“单一窗口”、关检合作“三个一”等重大改革项目，在口岸管理部门间互联互通和信息共享方面取得新突破。

（一）完善信息共享共用机制

根据汪洋副总理的指示，起草《国务院口岸工作部际联席会议成员单位数据共享和使用管理办法（试行）》，并于2015年8月汪洋副总理主持召开的国务院口岸工作部际联席会议第一次全体会议上审议通过，会后以国务院口岸工作部际联席会议办公室名义印发，在成员单位间建立起数据共享长效机制。

（二）统筹推进“单一窗口”建设

研究提出“单一窗口”总体技术框架方案，推动开展数据协调与简化、“单一窗口”统一认证，及电子口岸数据共享等工作，支持指导全国地方开展“单一窗口”建设。截至2015年年底，上海、福建、广东、天津、山东、辽宁六省（市）率先建成“单一窗口”并与中国电子口岸实现互联互通，江苏、浙江、海南、广西、云南等其他沿海及内陆省份正在开展相关联调工作。

（三）配合实施关检合作“三个一”

积极沟通协商海关总署和国家质检总局有关方面，推动关检合作“三个一”统一版“一次申报”系统的技术实施工作，2015年3月31日在京津两地试点，2015年4月30日在全国关区正式上线使用。在总结评估试点使用情况的基础上，对系统进行优化和整合，于2015年11月30日推出新版“一次申报”系统。目前，海关统一版“一次申报”系统已推行到除上海关区外的全国所有关区。

二、推动《规划》落实，做好电子口岸建设

2015年，继续发挥电子口岸协调机制和平台作用，重点围绕《规划》落实、进出口企业综合资信库建设等方面开展工作，跨部门联网应用项目建设取得新进展。目前，中国电子口岸已实现与17个部门、23家商业银行联网，开发跨部门联网应用项目41个，日均交换各类单证140万笔，累计交换共享数据达21.8亿条。

（一）《规划》重点建设任务基本完成

全力推动各部门加快完成《规划》建设任务，其中21项中央层面重点建设任务已基本完成，7项地方层面重点任务也已全部完成，在优化口岸监管与服务、改善通关软环境、支持外贸发展等方面取得明显成效。

（二）加快进出口企业综合资信库建设和应用，积极融入国家社会信用体系建设

为落实《规划》要求，依托电子口岸“共

建、共管、共享”合作机制，由海关总署牵头，10个部委发挥各自信息资源优势，共同建设完成进出口企业综合资信库一期，为实现口岸管理部门网络化联合监管和科学决策创造条件。现根据计划已启动资信库二期建设，探索拓展资信库应用范围，提高资信库数据挖掘和分析能力，扩展资信库应用深度，为进出口企业营造了更加公平公正的口岸通关环境。

（三）积极支持地方电子口岸建设

向全国地方电子口岸建设管理部门下发《关于加强地方电子口岸建设的指导意见（初稿）》，征求地方意见建议，并开展地方电子口岸建设情况调研。先后与山东、福建、河北、广东、新疆、西藏、天津等省（自治区、直辖市）就地方电子口岸平台建设进行交流，提出建设指导意见。系统建设方面，中国电子口岸已向地方电子口岸开放了经营单位、申报单位、提运单号、通关状态等22个数据项，支持地方电子口岸综合服务应用项目建设。此外，全国已建成“单一窗口”的地区与中国电子口岸互联互通陆续取得新进展，有力地支持了地方对外贸易发展。

三、积极推进跨境电子商务服务试点工作

一是牵头协调海关总署业务部门及署外有关部门支持跨境电子商务服务工作，包括杭州综合试验区建设、跨境电子商务零售进口税收政策制定、海峡两岸电子商务经济合作实验区设立等。

二是支持指导地方开展跨境电子商务服务试点。会同海关总署有关业务司室开展跨境电子商务零售进口统一版系统建设工作，部署系统对接与切换相关工作；开展出口统一版系统应用总结评估工作，进一步完善出口统一版系统；推动统一版系统的应用推广工作。

三是牵头对8个跨境电子商务服务试点城市开展跨境电子商务服务试点总结评估及验收工作。

四是组织开展跨境电子商务试点调研工作。实地考察电商企业和监管现场，了解试点城市业务发展情况、存在的问题及有关建议。

五是开展跨境电子商务国际交流合作。加强与俄罗斯、韩国、我国台湾地区等国家和地区海关及亚太经合组织交流，积极推动跨境电子商务国际交流与合作。

据统计，2015年出口方面已有23个城市先后开展零售出口业务，验放清单约1.84亿份，出口金额约118.7亿元，分别较2014年同期增长4倍和4.9倍；进口方面，7个试点城市验放清单1.15亿票，进口金额约176亿元，分别较2014年同期增长27倍和16倍。另外，业务峰值不断刷新，“双十一”当天进口验放清单约320万票。

下一步，电子口岸办将继续推动开展“单一窗口”数据元标准化、统一认证、数据共享等工作，按照国务院落实“三互”的要求，加大跨部门联网应用项目的推进力度，将各项建设任务落到实处。

国家口岸办大事记（2015 年）

国家口岸管理办公室

1 月 6 日

江苏淮安机场作为空运口岸对外开放通过国家验收。

4 月 1 日

国务院印发《关于改进口岸工作支持外贸发展的若干意见》（国发〔2015〕16 号），共分 6 个部分 22 条，围绕改革口岸工作管理机制，改进口岸通关服务，改善外贸发展环境，充分发挥口岸在服务开放型经济发展方面的重要作用等方面提出了一系列目标和要求，是当前和今后一段时期加强和改进口岸工作，支持外贸发展的指导性、纲领性文件。

5 月 12 日

国口办主任黄胜强在越南老街省参加中越陆地边境口岸联合调研活动，双方实地考察河口公路口岸、铁路口岸及坝洒通道，并就落实中越联合公报精神，进一步发挥中越陆地边境口岸基础设施建设和管理，提升两国边境口岸开放合作等问题交换意见。

6 月 4 日

国口办主任、中蒙边境口岸管理合作委员会主任黄胜强与蒙古国海关总局局长、委员会蒙方主任巴・岑格乐在呼和浩特共同主持召开中蒙边境该口岸管理合作委员会第一次会议，双方围绕落实两国元首 2014 年签署的《中蒙联合宣言》，就推动边境口岸开放、加强基础设施建设、规范和清理口岸收费、商签中俄蒙关于口岸发展领域合作协议、开展边境口岸联合检查、建立边境口岸查验机构间的协作关系等议题开展深入磋商，达成有关共识并签署会议纪要。

6 月 5 日

国务院正式批复同意建立口岸工作部际联席会议制度。联席会议由中央编办、外交部、国家发展改革委、工业和信息化部、公安部、财政部、环境保护部、交通运输部、农业部、商务部、人民银行、海关总署、国家税务总局、国家工商总局、国家质检总局、港澳办、林业局、铁路局、民航局、外汇局、总参谋部 21 个口岸相关部门和单位组成，国务院副总理汪洋担任召集人，国务院副秘书长江泽林和海关总署署长于广洲担任副召集人。联席会议办公室设在海关总署，由国家口岸管理办公室承担联席会议日常工作。

6 月 25 日

江苏扬州泰州机场作为空运口岸对外开放通过国家验收。

6 月 30 日

上海国际贸易“单一窗口”1.0 版全面上线运行。上海国际贸易“单一窗口”1.0 版全面覆盖货物进出口申报、运输工具申报、支付结算、企业资质、贸易许可和信息查询等六大功能模块，参与单位扩大到海关、检验检疫、海事、边检、商务、国税、外汇、食药监、林业（濒管）等 17 个口岸和贸易监管部门。

国家口岸管理办公室在上海组织召开沿海地区口岸“单一窗口”建设现场交流会，黄胜强主任出席会议。会议详细介绍了上海国际贸易“单一窗口”1.0 版各项功能、操作流程和运营维护机制，各沿海地区口岸办汇报了本地区“单一窗口”建设进展情况，“单一窗口”国家建设工作组成员单位就做好下一阶段建设工作提出了意见和建议。交通运输部海事局，海关总署改革办、关税司、监管司、科技司、数据中心，国家质检总局通关司，以及北京、上海、天津、河北、内蒙古、辽宁、江苏、浙江、安徽、福建、山东、广东、海南、广西（省、市、自治区）口岸办相关负责人参加会议。

8 月 5 日

江苏南通机场作为空运口岸对外开放通过国家验收。

8 月 26 日

国口办主任、中俄运输分委会口岸工作组组长黄胜强与俄罗斯边界建设署副署长、口岸工作组俄方组长博罗金在北京共同主持召开口岸工作组第十八次会议，双方围绕推动落实《中国海关总署、俄罗斯边界建设署、蒙古国海关总局关于边境口岸发展领域合作的框架协定》，加快推动黑瞎子岛（大乌苏里岛）公路口岸开放进程，继续推进公民自驾 8 座以下小车辆经部分边境口岸出入边境限定区域，优化口岸工作制度，加强基础设施建设等 15 个议题深入磋商，达成共识并签署会议纪要。外交部、公安部、交通运输部、国家质检总局、铁路总公司有关司局，国口办，海关总署监管司、国际司，内蒙古、吉林、黑龙江口岸办负责人，以及俄罗斯联邦政府相关部门、与我国毗邻的俄方边境省区代表参加会议。

8 月 27 日 ~28 日

内蒙古自治区满都拉公路口岸扩大开放为常年开放口岸通过国家验收。

8 月 28 日

国务院口岸工作部际联席会议第一次全体会议在京召开。联席会议召集人、国务院副总理汪洋主持会议并作重要讲话。中央编办、外交部、国家发展改革委等 21 个联席会议成员单位的有关负责人参加了会议。会上，联席会议副召集人、海关总署署长于广洲汇报了自 2014 年口岸工作座谈会以来口岸工作的总体情况和下一阶段工作任务与建议。会议审议通过了《国务院口岸工作部际联席会议议事规则》《国务院口岸工作部际联席会议成员单位数据共享和使用管理办法（试行）》及《珠海口岸查验机制创新试点方案》。

9 月 10 日

广西平孟公路口岸对外开放通过国家验收。

9 月 14 日

国口办主任黄胜强在东莞出席全国“三互”大通关改革现场会。黄主任对地方政府积极统筹协调，在口岸管理和服务保障方面主动发挥职能作用，驻粤口岸查验部门大力改善口岸通关环境，积极推动“三互”大通关改革所作出的贡献表示充分肯定，并就各地口岸管理部门更好地发挥职能作用助推“三互”大通关改革提出意见。

9 月 16 日

国口办主任黄胜强应中越陆地边境口岸管理合作委员会越方邀请，赴越南广治省老保（越南）—沙湾拿吉（老挝）口岸调研，实地考察该口岸越老双方“一站式、一点停”通关查验模式。中越陆地边境口岸管理合作委员会越方副主席、越南边防部队司令部口岸局局长黎青松，国口办，海关总署监管司，南宁、昆明海关相关负责人，以及国家质检总局通关司，广西、云南省口岸办相关负责人陪同参加调研。

10 月 28 日

国口办主任黄胜强与越南国防部边防部队副司令兼参谋长黄春战在北京共同主持召开中越陆地边境口岸管理合作委员会第三次会议，双方总结第二次会议以来双边合作情况，就商签两国口岸发展领域合作协定、边境口岸开放、规范口岸进出境环节收费、维护口岸进出境秩序、研究口岸通关模式创新及发挥两国边境地方口岸管理部门作用、2016 年工作计划等议题充分交换意见，达成广泛共识，并共同签署会议纪要。外交部、国防部、公安部、交通运输部、国家质检总局有关司局，国口办及海关总署监管司、国际司相关负责人，广西、云南口岸办及越方对口部门负责人参加会议。

海关总署副署长孙毅彪、国口办主任黄胜强在北京共同会见越南国防部边防部队副司令兼参谋长黄春战。孙副署长受于广洲署长委托向黄副司令一行来访表示热烈欢迎，并充分肯定中越陆地边境口岸管理合作委员会第三次会议取得的积极成果，希望双方共同努力，充分发挥委员会机制作用，继续加强口岸领域交流互鉴，不断取得合作新成果，促进两国边境省区经贸的共同发展和人员往来。

11 月 13 日

国口办主任黄胜强在上海主持会议，布置启动上海“单一窗口”申报数据协调与简化专项工作。黄主任指出，数据协调与简化工作是深入推进“单一窗口”建设的重要抓手和切入点，希望各参与部门进一步统一思想、形成合力共同推进该项工作。海关总署有关部门、上海海关相关负责人，以及上海市口岸办、上海电子口岸办有关负责人参加会议。

11 月 17 日

江苏如东洋口港口岸对外开放通过国家验收。

11 月 18 日

江苏启东港口岸对外开放通过国家验收。

11 月 27 日

“单一窗口”申报数据协调与简化专项工作取得阶段性成果。国家口岸办组织召开“单一窗口”申报数据标准化和简化阶段性成果汇报会，会议听取了“单一窗口”数据协调与简化的基本原则、工作进程和阶段性成果等汇报，初步审议了《国际贸易单一窗口数据元目录（货物申报）》和《推进国际贸易单一窗口数据协调与简化建议书》，并要求结合报关单结构修改、“金关二期”已有数据元标准及“单一窗口”在全国复制推广的未来建设需求，进一步完善和改进“单一窗口”货物申报数据元目录。海关总署有关部门负责人参加会议。

12 月 29 日 ~31 日

沿海地区“单一窗口”全部实现系统上线运行，国务院部署任务按期基本完成。

第二篇

口岸查验监管

2015年出入境边防检查工作概要

中华人民共和国公安部出入境管理局

2015年，全国边检机关认真贯彻落实十八届三中、四中、五中全会精神和公安部党委工作部署，围绕“五个先锋”工作目标，坚持问题导向，着力提升能力，在改革创新、口岸管控、服务质量、业务建设等方面取得新进步，迈上新台阶。全年共检查出入境人员5.23亿人次，同比增长6.72%；检查出入境交通运输工具2 616.17万辆（艘、列、架）次，同比增长0.96%；查获偷渡人员3 252人次，同比增长9.49%，顺利完成了各项工作任务。

【大力推进边检管理改革，服务经济社会发展】 公安部出入境管理局主动研究“一带一路”、周边基础设施互联互通等国家发展战略，在加快沿边开放、推动边境跨境合作区等方面主动提供政策支持。积极参与国务院《落实“三互”推进大通关建设改革方案》和《关于改进口岸工作支持外贸发展的若干意见》等改革文件的研究起草工作。指导各地边检机关参与地方“单一窗口”建设试点工作，统一规范了边检机关接入“单一窗口”平台的信息端口、信息报送标准及信息接收渠道。积极支持天津、上海、广东、福建自贸区建设及中韩、中澳等自贸区谈判，出台支持上海科创中心建设系列出入境政策措施，为上海科创中心建设提供便捷的出入境环境和服务。

适应出入境形势发展需要，积极创新优化边检查验政策。按照国务院转变职能简政放权的要求，取消了核发航行港澳船舶证明书，进一步规范了5项边检行政审批事项。取消查验机组人员前往国签证和公务机机组人员备案手续。推动北京首都国际机场试行24小时过境免办边检手续政策落地。推进在广西桂林机场口岸对东盟10国旅游团实施144小时入境免办签证。扩大外国人72小时过境免签政策，在厦门等5个机场实施外国人72小时过境免签政策。推出邮轮旅客免签及游艇出入境改革等配套政策。出台简化外轮移舶等4项海港边检措施，大力推进“港口边检综合管理信息系统”建设。大力推进自助通关建设，取消自助信息备案纯查控环节，优化自助通关采集点的设置，保障电子台胞证自助通关，自助通关人员比重不断提高。2015年，全国口岸新建自助通道97条，自助通关人数达到2.05亿人次，占总出入境人数的39.3%，比2014年提高了16个百分点。

推动往来港澳边检政策创新，全力服务对港澳台工作大局。优化内地居民赴港澳旅游政策，平稳实施深圳居民赴港个人游“一周一行”政策，确保内地与香港之间的正常通关秩序。推进青茂口岸“合作查验、一次放行”通关模式实施，商澳门治安警察局确定工作方案，启动自助通道研发工作。配合中编办、国家口岸办等部门开展创新珠澳口岸通关模式调研，推动出台《珠澳口岸查验机制改革试点方案》。指导深圳、珠海总站深入研究广深港高铁、港珠澳大桥口岸通关模式及口岸区域设置问题。稳妥做好往来台湾证件电子化，取消台湾居民来往大陆签注，启用电子版台湾居民来往大陆通行证。

全面开展提高边检服务水平“回头看”活动。公安部出入境管理局会同边防管理局部署全国边检机关集中开展提高边检服务水平“回头看”活动，共派出2批4个工作组对20个边检站进行了实地督导和外部评价，评价结果显示出入境旅客对边检专业能力、服务态度好评率在98%以上，通关速度、通关秩序、标志清晰、执法公正等4项好评率指标在96%以上。

【严厉打击非法出入境活动，确保口岸安全有序】 公安部出入境管理局继续加大打击非法出入境力度，部署开展打击藏匿交通工具偷渡专项工作。全国边检机关加强口岸管控和船舶出境前清舱工作，陆路口岸边检站开展口岸管控安全隐患排查，研究完善货车查验场地监管措施，深圳、珠海边检总站开展打击藏匿车体偷渡活动。开展口岸限定区域划分管理工作调研，修订完善口岸限定区域管理规定。优化国际刑警组织遗失被盗证件数据库（SLTD）数据查询使用工作，实现全国空港旅客预报数据（API）与SLTD数据自动对接比对、定时在线更新功能，在全国陆、海、空港口岸边检站全面启用查询比对国际刑警组织遗失被盗证件数据库。

全国边检机关圆满完成全国“两会”、博鳌亚洲论坛、抗战胜利70周年纪念活动、西藏自治区成立50周年及新疆维吾尔自治区成立60周年等重大活动边检安保工作，尤其是抗战胜利70周年纪念活动安保期间，制订印发专项工作方案、通知对具体工作提出明确要求，多次召开视频调度会，部署加强管控措施，确保重要敏感时期各项边检安保措施落到实处。此外，自2014年8月以来，全国边检机关配合有关部门加强对来自埃博拉疫区国家人员的管控，落实每日信息通报制度，加强内部安全防范，顺利完成埃博拉疫情防控工作。

【推进法治化、专业化、信息化建设，提高边检职业化水平】 提升边检机关依法履职能力。公安部出入境管理局积极配合推进中央设定地方实施行政审批事项清理工作，做好规范和改进国务院部门本级行政审批事项有关工作，编制审批事项服务规范、服务指南，确保行政审批依法设定、规范实施。规范边检执勤执法工作。规范枪支弹药携运许可等4项行政审批事项的服务规范，统一了受理单样表、申请人满意度评价样表等式样。研究制定边检权力清单，指导深圳等总站建立公职律师制度。研究规范边检执法办案简易程序，取消“一表通”。部署9个边检总站清理自制执勤执法证件表单，取消执法单证67项，进一步简化了边检手续单据，规范了办理程序，减轻了服务对象负担。组织对历年业务文件进行合法性审查清理工作，清理文件3 705份。

大力加强证研能力建设。推动证研工作规范化建设，研究制定证件真伪认定、证件样本采集、证件研究专业技术资格评定等3个工作规范，推动证研机构纳入实验室资质认定体系。有效发挥证研网的作用，对各地上传的伪假证件案例信息，第一时间进行研究分析，并在全国发布，及时为一线执勤提供预警信息。研发具有自主知识产权的出入境证件样本库系统，收录204个国家和地区的证件样本1 871本（份）、图片17 157张。积极为外单位提供证件鉴别支持，派员赴俄罗斯、津巴布韦、泰国、阿联酋等四国，为我国驻外使领馆人员提供证件鉴别培训。

加强一线执勤人员证件查验能力培训。汇总整理了部分国家护照样本、识别要点及典型案例等信息，组织全国边检机关学习培训；建立24小时值班制度，对各地发现的疑难证件，随时提供证件真伪鉴别工作支持。举办2015年中欧警务培训伪假出入境证件鉴别培训班和伪假证件远程视频教学，提高一线执勤人员伪假证件识别能力。2015年，全国边检机关共查获40余名持伪假证件或冒用他人证件的涉恐嫌疑人员。

【开展国际交流合作，提高中国边检国际影响】 公安部出入境管理局派员参加了2015年APEC商务人员流动专家组会议、国际刑警组织第22届亚洲地区会议、中塔特警联合反恐演习筹备会、中老边界联委会第十三次会议等，积极参与相关议题研讨，参与国际移民规则的研究修订等工作。积极筹备2016年国际边检论坛，初步制订了工作方案，确定了邀请国家范围、会议主题、论坛议题及初步议程等，并积极开展前期筹备联络工作。派员赴国际刑警组织法国里昂总部就SLTD相关工作进行交流，赴荷兰进行证件研究工作交流，首次出访埃塞俄比亚、阿联酋两国移民边检机关，进一步深化与相关国家在边检移民领域的交流合作。北京、天津、上海总站与韩国仁川、济州、釜山入境事务所进行互访交流学习，北京、上海、广州出入境边防检查总站开展与德国、澳大利亚等相关通航口岸移民边检部门间的交流、互访，深化了边检机关与国外同行的务实交流合作内容。深圳、珠海出入境边防检查总站加强与港澳边境联络和会晤机制。现役陆地出入境边防检查站与毗邻国家口岸边检机关广泛开展共同提高服务水平活动，取得良好效果。

2015年海事工作回顾

中华人民共和国交通运输部海事局

2015年，全国海事系统全面贯彻党的“十八大”和十八届三中、四中、五中全会精神，深入贯彻习近平总书记系列重要讲话精神，以“三化”建设为统领，以转制改革为动力，围绕水上交通安全监管中心工作，抓改革促发展、抓队伍强素质、抓政风树形象，全面尽职履责，较好地完成了各项任务和目标，确保了水上交通安全基本稳定，为推进水运经济和“四个交通”发展发挥了重要的作用。

【水上交通安全形势持续稳定】 2015年全国共发生运输船舶水上交通事故212.5件，死亡失踪222人，沉船96艘，直接经济损失3.49亿元，同比分别下降18.3%、10.1 %、31.9%和上升34.6%，成绩来之不易。一是安全监管措施更加丰富。大力推进网格化动态监管和电子巡航，内河船员管理改革全面铺开，开展VTS（船舶交通服务）覆盖区零事故行动，安全监管工作成效明显。二是服务大局作用更加突出。制订实施《珠三角、长三角、环渤海（京津冀）水域船舶排放控制区实施方案》，推进南海岛礁灯塔建设，落实取消船舶港务费，为经济社会发展作出了积极贡献。三是发展基础更加坚实。制定实施《推进法治海事建设的意见》，建成两级数据中心基础框架，智慧海事建设取得实质性突破。四是全面从严治党和软实力建设成效更加明显。全面加强党风廉政建设，扎实开展“三严三实”专题教育，积极配合巡视及回访工作，从严管理监督干部敢于亮剑，海事党风政风行风有明显好转。

【水上安全监管凸显新成效】 一是系统加强源头治理。科学实施船舶定线制和沿海航路规划，不断优化通航环境，船舶航行效率明显提升。开展航运公司安全与防污染管理体系运行情况综合评价，深化企业安全主体责任落实。加强船舶检验机构资质审核，船舶法定检验水平不断升级。成功举办海员大会和船员技能大比武活动，促进了船员队伍素质的整体提升。开展水上交通安全知识进校园、“安全生产月”、“世界海员日”、“世界环境日”等活动。二是严格做好现场监管。实行船载危险货物动态监管，试点实施长江干线危险化学品运输全程监控，推广船舶船员协同系统，动态监管力度和水平明显提升。加强对到港低标准方便旗船舶管理，持续提升船舶适航性能。三是深入开展隐患排查。部署实施“四类重点船舶”和“六区一线”重点水域安全监管措施，进一步完善了风险防范和预控机制。组织开展“打非治违”、危险化学品船舶运输安全隐患排查等专项治理活动，及时排除安全隐患。有序推进老旧运输船舶及单壳油轮提前报废更新，有效降低了水上交通安全事故风险。四是应急能力明显增强。一批重要的应急基地建成并投入使用。完善突发事件应急处置协调机制，不断加速巡航救助一体化进程。成功处置“雅典娜”轮自沉、“巴莱里”轮触礁等重大事故，配合海军完成在亚丁湾、索马里的护航任务，圆满完成“11·22”胶州湾海域陆源溢油清污，积极参与“马航370”失联客机搜寻、“中建南”项目护航保障、海上接回我国在越南人员等应急任务，有力保障重大事件的科学应急处置，充分展现了勇于担当、能打硬仗的海事形象。

【落实改革取得新突破】 一是体制改革不断深化。直属海事系统全面落实“三定”（即定机构、定职能、定编制）方案，顺利完成核编转制，优化调整了航保、后勤管理体制，建立了海事技能训练中心、船舶动态监控中心、发展战略研究中心、溢油应急中心、船舶油污损害理赔事务中心等支撑保障机构，进一步强化了三级管理、四级架构的海事行政格局。二是简政放权取得实效。积极落实党中央、国务院深化改革重要决策部署，取消和下放了19项海事行政审批项目，占原有项目数的比重达45.3%，有效激发了市场活力。推进行政审批制度改革，完善备案管理等措施，加强事中事后监管，持续推动了海事职能转变。落实取消船舶港务费等14项行政事业性收费，全系统每年减征费额达50多亿元，切实减轻了航运企业负担，有力促进了水运事业发展。三是管理模式全面优化。发布海事管理权力清单和政务公开指南，有效规范海事权力运行。推进基层执法机构改革，增强了现场监管能力。

【依法行政取得新成果】 一是法规体系不断完善。坚持依法行政，立法先行，制定、修订部门规章28件次，推动出台41项国家和行业标准，法律框架体系不断健全，立法能力和水平显著提升。二是执法行为不断规范。强化执法资格管理，优化执法业务流程。探索构建行政执法裁量体系。严格行政备案、执法协查、案件移送等执法程序，持续提升执法行为文明规范水平。三是执法监督不断强化。切实加强执法督察队伍建设，严格实施规范性文件合法性审查，扎实开展海事行政执法评议考核，完善了执法监督机制。四是内部管理不断精细。完善海事履约机制，建立直属海事履约体系。推进实施直属海事年度考核。适应财政预算管理改革，加强审计监督。规范海事执法执勤车船使用管理，严格经济实体管理，海事内部管理制度化、规范化水平明显提升。

【海事服务水平迈上新台阶】 一是对接国家重大战略。组织开展了渤海中西部水域锚地、航路共享研究，统筹优化京津冀海事管理。建立中国—东盟海事磋商机制，开展中国—东盟海事培训教育合作，细化了服务国家“三大战略”的举措。建成“华阳礁”与“赤瓜礁”两座南海大型灯塔，积极响应了国家重大决策部署。推动北斗卫星导航系统纳入全球无线电导航系统，实现了北斗系统国际化战略的突破。二是服务经济社会发展。积极支持口岸开放、临港经济开发、重大涉水工程建设，主动服务自贸区、海西经济区建设，有效服务了区域经济发展。全面保障亚信峰会、青奥会、博鳌亚洲论坛等重大活动水上交通安全。推进船舶减排和清洁燃料应用。加强规费征稽管理，健全完善征管机制。三是丰富便民利民举措。推行“一站式服务”，提高了行政服务效能。开发应用海事AIS（船舶自动识别系统）信息服务及导助航平台，惠及港航企业等航海用户。基本建成海事门户网站群，提高了政府信息公开效率。推动《2006年海事劳工公约》正式批约。

【设施装备水平跃上新高度】 一是信息技术应用取得新成果。建立了船舶、船员等统一的基础数据库，业务数据全面汇聚，促进了信息资源共享和业务协同，坚实了海事“大数据”应用基础。拓展数据应用，实现部分业务数据与相关单位的交换共享，免费为社会公众提供船舶、船员、AIS等信息查询服务，拓展了海事服务内涵。完成海事协同管理和综合服务平台开发建设，初步实现“统一门户、一次认证、全网通行”，坚实了“智慧海事”建设升级的基础。二是装备设施建设取得新突破。5 000吨级巡航救助船投入使用，基本建立了适应实际需求的海事船舶体系。全国共建成44个VTS中心、158个雷达站，监管覆盖水域达7万多平方千米。沿海已建成船舶溢油应急设备库13个，溢油应急处置能力显著提升。实现水上安全通信系统、船舶动态监测重点水域全覆盖。三是航海保障能力取得新提升。管理维护的沿海航标达14 095座，适时调整优化航标配布，稳步推进航标标准化建设。推广船舶AIS设备应用，有效运行402座AIS基站。出版发行北极东北航道航行指南，编制出版507幅港口航道图，航海测绘能力和助导航服务水平大幅提升。

2015 年海关工作概要

2015 年，在党中央、国务院的坚强领导下，全国海关同心协力、攻坚克难，各项工作取得新的进展。

一、服务国家发展战略有力有为

制订海关支持“一带一路”战略实施方案，组织召开“一带一路”海关高层西安论坛。深化署地合作，出台支持新疆维吾尔自治区、福建“一带一路”核心区建设措施。积极推进多式联运发展，促进国际物流大通道建设。继续支持京津冀协同发展、长江经济带等国家战略实施。有效落实西部大开发、东北振兴等重点区域发展战略。

创新自贸试验区海关监管服务。新推出支持上海自贸试验区 8 项创新制度，出台支持广东、天津、福建 3 个自贸试验区各 25 条具体措施。新一批 11 项海关监管创新制度在全国复制推广。

积极发挥口岸服务开放大局作用。报请国务院批准印发改进口岸工作支持外贸发展的意见。推动口岸工作部际联席会议机制正式建立并发挥作用。开展“十三五”口岸规划编制。年内新开和扩大开放口岸 15 个。中俄蒙等边境口岸合作取得积极成效。

加强海关国际合作。积极参与国家重大外事活动和高层对话机制，深化双边、多边、区域及与港澳台海关合作，全年共签署 32 份海关合作文件，其中 17 份在国家领导人见证下签署。大力推进 AEO 合作，目前已同 31 个国家和地区实现互认，其他合作项目务实推进。加强驻外机构建设，胜选世界海关组织（WCO）税贸司司长职位。

二、重点领域改革取得重大进展

“三互”大通关建设迈出坚实步伐。国际贸易“单一窗口”试点在沿海地区全面展开。“一站式作业”稳步推进，关检合作“三个一”继续深化。海关区域通关一体化和检验检疫一体化协同推进。启动珠海查验机制创新试点。出台口岸单位数据共享和使用办法，电子口岸建设取得新进展。

区域通关一体化改革实现全国海关全覆盖和五大板块区区联动，大大降低跨关区通关时间和成本。无纸化通关改革覆盖所有业务现场和领域，向全流程通关无纸化推进。

“双随机”改革深入开展，随机布控率达到 78%，随机派员查验达到 100%。“双随机”工作经验做法得到国务院充分肯定并在全国推广。

特殊监管区域整合优化取得阶段性成果。牵头制订特殊监管区域整合优化方案并报国务院批准实施。推动召开全国特殊监管区域现场会。全国 160 个特殊监管区域已整合优化为 124 个。完善加工贸易管理模式，加工贸易转型升级示范区、试点城市创新发展。

金关工程二期全面实施，信息化管理水平不断提高，对重点改革项目的支持保障作用明显。大型监管查验设备配备得到加强，新增和更新 H986 设备 101 套。

三、执法效能进一步提升

实际监管取得实效。全年监管进出口货物 39.5 亿吨，同比增长 1.4%。优化查验率指标，着力提升查验针对性有效性。移动查验单兵作业改革试点稳步推进。行李物品、寄递物品监管更加严密，“水客”治理成果得到巩固。全面开展监管场所规范管理和清理整顿。进出境运输工具、舱单管理系统全面推广。风险实战能力全方位提升。后续监管和企业信用管理成效明显，年内稽查追补税51.26亿元，同比增长36%，高信用企业达到4万家。口岸反恐维稳等边境保护作用充分发挥。知识产权海关保护成效明显。

税收征管质量和税政研究水平有效提升。面对1980年恢复征税以来最严峻的税收形势，全国海关迎难而上，勇于担当，全力以赴打好税收“攻坚战”，坚持综合治税，坚决不征“过头税”，全年征税15 094亿元，圆满完成调整后的税收预算目标，为中央财政收入付出了巨大的努力，成绩来之不易。积极研究提出关税调整建议48项，被采用29项。报送扩大进口、增加税源建议，得到国务院领导肯定。

打击走私取得重大战果。“五大战役”大规模专项查缉行动成果丰硕，受到国务院领导充分肯定。全年立案侦办走私犯罪案件2 242起，案值494.9亿元，其中涉税千万元以上的重特大走私犯罪案件186起，缴获各类毒品8.4吨、枪支3 442支。“网上缉私”“缉私战区”作战模式实战效果显著。反走私综合治理取得新进展，部际联席会议作用进一步发挥。推动建立“陆海联动”打击走私新机制。

四、支持外贸稳增长出实招见实效

认真落实国务院促外贸稳增长部署。结合海关实际，研究出台18项海关支持措施，对20个直属海关开展专项督查，确保政策切实落地。海关总署和各海关领导带队深入开展外贸大调研，广泛听取意见建议，全力帮助企业排忧解难。

促进新型贸易业态发展，支持大众创业、万众创新。在8个城市开展跨境电商监管创新试点。大力支持外贸综合服务平台、市场采购贸易等新业态发展。开展贸易多元化试点工作，鼓励融资租赁、汽车平行进口等新型外贸模式发展。

为企业减负增效。取消企业信用评定的规模门槛，惠及更多中小微企业。进一步降低出口查验率，非侵入式查验比例不断提高。全面清理并规范进出口环节收费。在广东、上海等地开展对查验没有问题的企业免除吊装、移位、仓储等费用试点，帮助企业降低成本。

充分发挥海关统计分析和信息作用。加强进出口监测预警，加大分析研判力度，及时报送旬报、月报，每月发布外贸出口先导指数，动态反映外贸质量效益。开展联合监督防控，有力遏制虚假贸易蔓延。深入开展政策研究，积极建言献策，得到国务院领导肯定。向中办、国办报送了一批高质量的信息、报告。

五、法治海关建设成果显著

简政放权成效突出。取消12项、下放3项海关行政审批事项，全部取消非行政许可审批事项，超过国务院设定的部门清理目标。精简内部核批事项，取消和下放各26项，压缩管理层级95项。实行行政审批“一个窗口”，事中事后监管同步得到加强。

依法行政水平不断提高。加强执法规范化建设，完善海关行业标准体系，海关标准化工作整体效能得到提升。建立海关权力清单、责任清单，海关行政执法责任制进一步健全。扎实推进执法统一性建设，出台规范行政裁量权意见，制定20项裁量标准和规制措施。强化复议应诉监督职能，开展“以案说法”，海关执法行为进一步规范。

法治基础更加扎实。海关法律法规体系“立改废释”长效机制初步建立，重点领域立法有序推进，规范性文件管理全面加强，开展立法复核2次。公职律师和法规专家队伍建设得到加强，法治宣传教育深入开展，“六五”普法成果显著。创新政务公开方式，充分发挥“12360”海关服务热线作用，打造“阳光海关”。

六、队伍建设得到全面加强

党建工作卓有成效。巩固党的群众路线教育实践活动成果，全面落实从严治党要求，在全国海关处级以上领导干部中扎实开展“三严三实”专题教育，党员干部执法为民意识得到增强，队伍作风明显转变。建立健全党建工作领导机制，落实基层党建工作责任制，各级单位主要负责人基层党建述职评议考核工作逐步推开。

思想政治工作蓬勃开展。组织“中国梦”和社会主义核心价值观学习，集中开展“海关榜样”等评选活动，大力宣传红其拉甫海关等一批先进事迹。支持基层单位文化设施建设，群众性文化活动丰富多彩。

准军事化海关纪律部队建设扎实推进。深化内涵学军，开展内务规范强化月活动和纪律作风集中整治，抓好优良纪律作风强化和日常养成，“四好”科室建设取得新成效。深入开展岗位练兵和技能比武，进一步树形象、强素质、练精兵。

领导班子建设不断加强。认真落实《党政领导干部选拔任用工作条例》，出台海关干部选拔任用、交流、竞争性选拔和隶属海关关长管理“1+3”4项制度并组织培训。突出党性教育，重点抓好新提任署管干部和年轻正处级领导干部的点名调训。坚持“好干部”标准，规范干部交流、突出基层导向，领导班子结构不断优化。落实从严管理要求，认真执行领导干部个人有关事项报告和抽查核实制度，组织开展选拔任用工作检查，扎实开展重点问题专项治理。

干部队伍建设取得新进展。扩大专家制度试点，新评任三个层次海关专家194人。开展平时考核试点，强化日常管理评价。推进专业技术类公务员分类管理和职务与职级并行试点工作，完成海上缉私职能划转及人员移交，顺利完成基本工资调标。

“瘦上强下”成效明显。优化人力资源配置和机构设置。探索隶属海关功能化改造试点。一年来各单位共精简机关人员1 950人，机关人员比重由27.2%降至19.57%，基层一线执法人员占基层人员的比重由79.2%提高到84.4%，一线执法力量得到有效增强。

七、党风廉政建设和反腐败工作扎实有效

持续正风肃纪。严格落实中央八项规定精神，持续聚焦“四风”查找整改问题，深化廉政教育，抓早抓小加强日常监督，党员干部拒腐防变能力不断增强，党员意识、纪律意识、规矩意识、法治意识进一步提高。

压紧压实“两个责任”。各级党组（党委）率先垂范，履行主体责任意识普遍增强，落实主体责任工作制度初步建立。开展查办腐败案件体制机制改革试点，深化“三转”，纪检监察机构履行监督责任的作用更加明显。

强化执纪问责。纪检监察机构聚焦主业，加强纪律审查，坚持“一案双查”，切实开展责任追究。查处违反中央八项规定精神12件，涉及15人。

督审作用更加彰显。“基层自控、职能监控、专门监督”三道防线不断增强。交叉审计、任中审计、专项审计稳步推进，创新实施联动督察、在线督察、随机督察。实行审计决定及整改结果“双公开”。全年完成审计项目125个。

巡视工作得到加强。制定出台3项工作制度，巡视组长库基本建立。全年完成对13个单位党组织的巡视，巡视工作更加规范，监督作用明显增强。

2015年出入境检验检疫工作概要

中华人民共和国质量监督检验检疫总局通关司

2015年，全国出入境检验检疫系统深入贯彻党的“十八大”和十八届三中、四中、五中全会及中央经济工作会议精神，坚持“四个全面”战略布局，进一步深化改革，推进依法治检，突出创新驱动，强化风险防控，进一步抓质量、保安全、促发展、强质检，主动适应经济发展新常态，努力创造检验检疫工作新水平，圆满完成各项工作任务。

一、全力提升质量水平促进经济提质增效

着力凸显技术服务和质量基础作用，全面加强质量宏观管理。开展第二届中国质量奖评选，联合38个中央国家机关组织50余万家企业开展全国“质量月”活动，“质量之光”公众评选广受关注；落实对地方政府质量工作考核，深入推进质量提升四大专项行动；突出重点产品和企业，围绕儿童用品等10类重点产品开展质量提升行动；对重要产品加大监督抽查力度，制定发布234类产品抽查实施规范和《全国重点工业产品质量监督目录》，全年产品质量国家监督抽查合格率达到91.1%，制造业质量竞争力指数达到83.34，网络销售产品专项抽查产品合格率为71.3%。建立输非商品质量海外监测网，参加国务院“清风行动”，重点打击查处输非商品假冒伪劣行为，输非不合格商品批次下降42.7%。对旅游、网购、快递等11个服务行业及华东地区城市公共服务开展质量监测。完善电子商务标准体系，建立实施电子商务认证制度，促进跨境电子商务发展。实施品牌培育与提升工程，加大品牌培育、推广和保护力度，开展品牌价值测算，对750个品牌进行价值测算，新建全国知名品牌示范区10个和各类质量安全示范区135个，不断提升品牌的质量示范作用。

二、严守底线维护群众利益和国门安全

加强口岸检验检疫，提升有毒有害物质和疫情疫病传入传出风险防控水平，着力维护人民群众利益和国门安全。全年共查验出入境交通工具24 448万架（艘、节、列）次，出入境集装箱2 347万标箱，出入境货物982万批次，出入境物品、行李、邮包、快件8.0亿件；检疫查验出入境人员4.91亿人次。在国境卫生检疫方面，共发现有传染病症状者10.1万人次，确诊传染病1.80万例，截获医学媒介生物3.3万批次557万只，妥善处置核与辐射超标事件1.3万起，做好朝觐群众卫生检疫保障工作，严防埃博拉出血热、中东呼吸综合征疫情传入，其中埃博拉疫情防控成效写入2015年政府工作报告，全系统共有6个先进集体、15个先进个人受到国务院表彰。在进出境动植物检疫方面，共截获有害生物5 958种104万次，同比分别增长9.1%和29.7%，其中检疫性有害生物359种10.3万次。开展“绿蕾”专项行动，共截获非法携带、邮寄进境的植物种子种苗2.2万批次8.06万千克，发现有害生物1.4万批次；联合开展“眼镜蛇三号”行动，截获象牙制品、鳄鱼皮等濒危物种150余批。在进出口食品安全监管方面，共检出不合格进口食品1.5万批，退运或销毁2 595批，将184家进口食品企业列入“黑名单”，暂停7个国家和地区138家境外食品企业产品输华。在进出口商品安全监管方面，截获不合格进口商品

7.2 万起，其中不合格进口消费品 2.4 万批，同比增长 54.9%；对 2 028 起不合格商品采取退运或销毁措施，处置 7 起进口危险化学品泄漏事件；部署开展“口岸天平行动”，严厉打击掺杂使假等贸易欺诈行为，其中 53 批获得赔偿，挽回经济损失 1 006 万美元。

三、全面深化改革，加快监管体制机制创新

坚决落实中央全面深化改革的决策部署，大力推进简政放权、放管结合、优化服务，继续推进检验检疫监管体制改革和机制创新。持续推进法制建设，逐步完善法律规范体系，出台《质检总局关于全面深入推进法治质检建设的意见》，配合全国人大完成食品安全法修法工作，加快推进电子商务法、进出口食品安全条例、检验检测机构管理条例等法律法规立法研究工作，共制定部门规章 8 部，修订 13 部，废止 6 部，完成一类规章立法计划，清理规范性文件 1 027 件，废止 33 件。不断推进行政审批制度改革，全系统累计提出取消下放行政许可 16 项（国务院已批准 9 项），达到总数的 1/2，取消 4 项职业资格认定许可，将 4 项前置审批全部调整为后置审批，其中全面下放进口食品检疫审批获国家领导人肯定。加快推进权力清单和责任清单制度建设，完成直属检验检疫局“两个清单”的审核发布工作，推进随机抽查工作，加强行政复议和应诉工作，认真开展业务督查查找工作风险。推进检验检疫业务互联互通，成立信息化协调推进小组和大通关信息化建设领导小组，发布《落实“三互”检验检疫大通关信息化总体规划》，完成中国电子检验检疫（E－CIQ）主干系统软件设计及开发，整理《协调制度》编码 1.3 万条、CIQ 代码 3.3 万条、检测项目 2.9 万条、检测项目分类代码8 604条、检测方法 39.4 万条、法规标准 39.4 万条，基本达到业务全覆盖。加快建设国家质检总局云计算中心，设计构建支撑互联互通、事中事后监管的质检云服务大平台等项目。做好法检目录调整工作，共涉及《协调制度》编码 27 个，对 5 个《协调制度》编码的监管条件进行了调整，结合海关商品编号调整情况对法检目录内编码进行对应调整，共涉及 400 余个《协调制度》编码。

四、服务区域发展和对外开放国家战略

充分发挥检验检疫职能优势，研究制定多项支持措施，服务区域发展和对外开放的国家战略。贯彻落实国务院自贸试验区总体方案，首批 8 项上海自贸试验区检验检疫创新制度已经全部得到复制推广，进一步提高了事中事后监管能力和水平。加快推进广东、天津、福建自贸试验区建设，出台《关于深化检验检疫监管模式改革支持自贸区发展的意见》，提出 22 条支持措施，举办中国自贸试验区检验检疫创新发展论坛，积极组织开展监管制度创新研究。大力促进全国各类特殊开放区域发展，印发《特殊监管区域检验检疫工作流程规范》，统一和规范出口加工区、保税区、综合保税区、保税港区和跨境工业园区等特殊监管区域的检验检疫工作流程。制定出台《质检总局关于进一步支持东北振兴的意见》，促进区域协调发展、协同发展、共同发展。服务自贸区战略实施，扎实做好自由贸易协定实施工作，推动中韩、中澳签署自贸协定，全面履行自贸区原产地证签证管理职责，共签发自贸区原产地证书 323 万份，货值 1 365 亿美元，帮助企业减免关税 73 亿美元，其中在推进中国装备、过剩产能产品、传统劳动密集型产品等向“一带一路”沿线的 25 个国家和地区出口方面减免海外关税 56 亿美元，选择首批 102 家中国优势出口企业进行“一厂一策”重点帮扶。服务“一带一路”国家战略，制定出台《关于推进“一带一路”建设工作的意见》，建立中欧班列沿线检验检疫合作机制，支持返程货物贸易，促进中欧班列扩量、增效。

五、全面推进检验检疫通关一体化

落实中央关于深化改革和推进大通关建设的部署，由点到面、由区域到全国，在京津冀、丝绸之路经济带、长江经济带、泛珠三角、东北及内蒙古四省区实施检验检疫区域通关一体化基础上，以“通报、通检、通放”“出口直放、进口直通”为目标，正式启动全国检验检疫通关一体化，形成覆盖所有直属检验检疫局的通关一体化格局。一体化系统试运行后共办理相关业务13.7万批次，出口货物通关放行时间每批节省0.5天，成本节约100元，进口货物通关放行时间每批节省1天，成本节约300元，其中长江经济带检验检疫一体化得到习近平总书记肯定。大力推进检验检疫无纸化，实施报检无纸化，开展检验检疫全程无纸化试点，阶段性成效明显。在京津冀地区创新进口动植物源性生物材料监管模式，服务生物医药发展，完善进口食品5个“一体化”工作模式。

六、不断提升对外贸易便利化水平

着力提升对外贸易便利化水平，在降费、提速、增效等环节发力，促进优进优出、快进快出。在连年大幅减免检验检疫行政事业性收费基础上，又减免收费2.08亿元，降幅达6.1%。成立“单一窗口”检验检疫业务工作组，制订“单一窗口”检验检疫工作方案，指导全系统推进国际贸易“单一窗口”建设。大力推进国际电子证书工作，加强对外交流协作，进一步扩大中国检验检疫电子证书国际影响，与俄罗斯等多国签署合作协议，加快系统优化整合。推进内陆地区进口食品指定口岸改革，批准肉类、水产品指定口岸20多个，新批准水果、粮食指定进境口岸80个。推动欧亚食品安全大通道建设，与“一带一路”沿线进出口食品贸易逆势上扬，增长10.2%。做好服务保障，为对外劳务人员提供健康咨询、健康评估、预防接种、归国后疾病排查服务。

七、充分发挥职能作用，支持新兴业态发展

充分发挥检验检疫职能，通过职能转变促进新兴贸易业态发展。研究出台促进跨境电子商务发展意见，支持（杭州）跨境电子商务综合试验区发展，研究制定系列政策措施，明确了跨境电商经营主体及商品备案工作规范，加快跨境电商经营主体及商品备案工作规范，加快跨境电子商务检验检疫监管系统建设。支持江苏海门、浙江海宁等地发展市场采购贸易方式。推进生态原产地产品保护工作，积极推进制度建设和立法，研究制定出台规范性文件，促进生态原产地保护工作规范发展，加大与商务部等国家部委合作力度，联合推进保护工作，新增生态原产地保护产品81个，推动9个区县开展生态原产地产品保护示范区建设，形成政府引导、部门联动、企业为主的良好开局。

八、落实中央部署，开展口岸查验机制创新

积极落实中央要求，及时部署降低出境商品口岸查验比例，除法律法规规定及发生重大质量安全事件等特殊情况外，口岸检验检疫机构对一般出境商品口岸查验率由5‰降低到2.5‰，重点查验商品由5%降低到2.5%。研究制定提高口岸查验针对性、有效性措施，在广东南沙开展试点。落实国务院《落实“三互”推进大通关建设改革方案》要求，参与制订《珠海口岸查验机制创新试点方案》，推进口岸查验工作机制创新，进一步提升口岸通关便利化水平。

第三篇

全国口岸运行情况

第三章

[illegible]

2015 年度全国口岸运行情况通报

国家口岸管理办公室

截至 2015 年年底，全国共有经国务院批准开放的口岸 295 个，其中水运口岸 135 个（海运口岸 80 个，内河口岸 55 个），空运口岸 70 个，铁路口岸 20 个，公路口岸 70 个。全年通过口岸进出的货运总量达 31.84 亿吨，同比减少 2.8%。其中，水运口岸 30.51 亿吨，同比减少 2.6%；铁路口岸 0.36 亿吨，同比减少 16.3%；公路口岸 0.89 亿吨，同比减少 5.3%；空运口岸 0.08 亿吨，同比减少 11.1%。出入境人员 52 222 万人次（未含持边民通行证进出的人员），同比增长 6.6%。其中，公路口岸 37 663 万人次，空运口岸 11 798 万人次，水运口岸 2 260 万人次，铁路口岸 502 万人次。出入境交通工具 2 633.8 万辆（艘、列、架）次，同比增长 1.6%。其中，汽车2 507.9万辆次，船舶 42.8 万艘次，飞机 78.3 万架次，火车 4.8 万列次。

2015 年，受世界经济复苏不及预期，外需低迷，国际金融市场波动较大，大宗商品价格持续走低等因素的影响，全年经口岸进出的外贸货运量出现下降，但同时进出境人员和运输工具数量保持稳步增长。

海运口岸外贸货物运量约为 26.83 亿吨，同比下降 2.8%；内河口岸外贸货物运量约为 3.67 亿吨，同比下降 0.6%。全国主要水运口岸运量均呈现不同程度的下降，但也有部分地区口岸运量呈逆势增长态势。例如，山东省海运口岸全年外贸货运量为 6.72 亿吨，同比增长 2.72%，主要来自原油、成品油进口的大幅增加；江西省内河口岸外贸货运量也保持 30% 以上的快速增长，主要得益于国家长江经济带发展战略和口岸“三互”大通关的改革。

虽然水运口岸的运量在下降，但总体看，水运口岸的外贸货运量占全国口岸运量的 95.8%，运量优势仍然明显（见表 1）。

表 1　2015 年不同类型口岸运行数据统计表

	外贸货物（万吨）	进出境人员（万人次）	进出境运输工具（艘、辆、架次）
海运口岸	268 320	1 840	329 948
内河口岸	36 739	419	98 208
公路口岸	8 891	37 663	25 078 643
铁路口岸	3 583	502	48 497
航空口岸	841	11 798	783 170
合计	318 374	52 222	26 338 466

列全国水运口岸运量的前 5 位分别是上海、青岛、唐山、天津、石臼（见表 2）。

表 2　2015 年排名前 5 位水运口岸情况表

省份	口岸名称	进出口货运量（吨）			2015 年排名	2014 年排名
		合计	进口	出口		
上海	上海	275 886 545	149 869 514	126 017 032	1	2
山东	青岛	275 442 686	212 059 496	63 383 191	2	1

续表

省份	口岸名称	进出口货运量（吨）			2015 年排名	2014 年排名
		合计	进口	出口		
河北	唐山	274 733 130	255 823 318	18 909 812	3	3
天津	天津	242 265 755	174 200 873	68 064 882	4	4
山东	石臼	197 178 027	185 658 775	11 519 252	5	6

2015 年通过全国航空空运口岸出入境人员为 1. 18 亿人次，同比增长 14. 8%。内陆各主要航空空运口岸出入境人员均有不同程度增加，表现突出的是中西部地区。成都航空空运口岸 2015 年出入境人员同比增加 26. 9%，在全国航空空运口岸中排名第 4 位，比 2014 年又攀升一个位次。少数航空空运口岸虽仍未达到规定的运量标准，但同 2014 年相比出入境人员数量大幅增长，如青海省西宁航空空运口岸，2015 年出入境人员 31 399人次，同比增长 10 余倍，呈现良好发展态势（见表 3）。

表 3　中西部地区航空口岸出入境人员增长情况

省份	口岸名称	2015 年（人次）	2014 年（人次）	增幅（%）
四川	成都机场	4 074 359	3 209 584	27
云南	昆明机场	2 316 439	1 963 154	18
重庆	重庆机场	2 224 199	1 769 122	26
湖北	武汉机场	1 886 970	1 385 416	36
陕西	西安机场	1 685 460	1 111 472	52
湖南	长沙机场	1 646 380	1 203 950	37
河南	郑州机场	1 236 377	916 861	35
新疆	乌鲁木齐机场	1 005 205	917 586	10
广西	南宁机场	995 523	822 696	21
江西	南昌机场	502 250	284 892	76
安徽	合肥机场	483 999	326 170	48
山西	太原机场	402 501	385 845	4
贵州	贵阳机场	401 179	289 889	38
甘肃	兰州机场	138 156	105 086	31
宁夏	银川机场	71 778	68 770	4
西藏	拉萨机场	45 703	28 838	58
青海	西宁机场	31 399	2 348	1 237

出入境人数居前 5 位的空运口岸分别是上海、北京、广州、成都、杭州（见表 4）。

表4　2015年排名前5位航空口岸情况表

省份	口岸名称	出入境人员（人次）			2015年排名	2014年排名
		合计	入境	出境		
上海	上海机场	33 355 084	16 646 023	16 709 061	1	1
北京	首都机场	23 230 389	11 668 730	11 561 659	2	2
广东	广州机场	11 387 365	5 685 308	5 702 057	3	3
四川	成都机场	4 074 359	2 042 263	2 032 096	4	5
浙江	杭州机场	3 932 658	1 980 882	1 951 776	5	4

2015年边境地区公路口岸外贸货物运量为0.65亿吨，同比减少5.8%；边境地区铁路口岸外贸货物运量0.36亿吨，同比减少16.3%。虽然少数边境口岸运量增加，但从总体来看，边境地区口岸运量继2014年出现下降后，呈现持续下滑态势（见表5），主要源于国内对大宗商品（主要是煤炭、棉花等）需求的减少，如内蒙古甘其毛都口岸，原煤进口量降到2011年以来最低。

表5　2015年主要边境陆路口岸运行情况统计表

口岸类型	省份	口岸名称	2015年运量（吨）	2014年运量（吨）	增幅（%）
公路口岸	新疆	霍尔果斯	22 186 557	21 490 437	3
	新疆	阿拉山口	12 036 975	10 872 000	11
	内蒙古	甘其毛都	9 008 604	14 464 228	-38
	云南	瑞丽	4 548 119	3 631 070	25
	云南	河口	2 074 710	1 842 828	13
	广西	友谊关	1 628 157	2 905 840	-44
	内蒙古	二连浩特	1 438 585	2 299 607	-37
	辽宁	丹东	1 393 039	1 280 000	9
	黑龙江	绥芬河	621 997	656 555	-5
	内蒙古	满洲里	613 309	617 196	-1
	广西	东兴	527 032	355 626	48
	吉林	圈河	333 131	249 547	33
	吉林	珲春	324 138	244 192	33
	吉林	图们	56 542	87 000	-35
	西藏	樟木	35 306	621 997	-94

续表

口岸类型	省份	口岸名称	2015 年运量（吨）	2014 年运量（吨）	增幅（%）
铁路口岸	内蒙古	满洲里	12 594 955	14 497 706	-13
	内蒙古	二连浩特	7 866 245	8 260 599	-5
	黑龙江	绥芬河	7 760 936	7 430 311	4
	新疆	阿拉山口	5 215 349	10 872 378	-52
	吉林	珲春	1 152 879	617 235	87
	广西	凭祥	404 061	426 934	-5
	辽宁	丹东	178 148	280 215	-36
	吉林	图们	96 845	146 683	-34

2015 年全国海运口岸运行情况统计表

序号	省份	口岸名称	进出口货运量(吨)			排名	进出口集装箱(箱次)	排名	出入境人员(人次)			排名	出入境运输工具(艘次)	排名
			合计	进口	出口				合计	入境	出境			
1	上海	上海	275 886 545	149 869 514	126 017 032	1	24 119 436	1	2 671 046	1 326 078	1 344 968	2	24 553	3
2	山东	青岛	275 442 686	212 059 496	63 383 191	2	8 505 185	3	375 445	192 451	182 994	10	11 625	9
3	河北	唐山	274 733 130	255 823 318	18 909 812	3	15 003	44	101 962	52 431	49 531	26	4 859	17
4	天津	天津	242 265 755	174 200 873	68 064 882	4	3 930 479	6	883 554	444 840	438 714	6	11 073	11
5	山东	石臼	197 178 027	185 658 775	11 519 252	5	188 513	20	154 824	79 758	75 066	22	2 833	25
6	浙江	宁波	194 298 030	148 261 168	46 036 862	6	10 114 536	2	233 760	128 591	105 169	15	11 546	10
7	浙江	舟山	106 946 035	102 505 297	440 738	7	6 339	47	158 258	80 237	78 021	20	6 339	15
8	山东	岚山	103 247 518	100 959 763	2 287 755	8	4	59	68 598	37 029	31 569	30	3 400	21
9	江苏	连云港	84 308 480	74 283 129	11 825 351	9	728 628	10	183 148	96 406	86 742	18	5 200	16
10	辽宁	大连	83 303 609	59 413 155	23 890 454	10	3 082 878	8	244 856	117 252	127 604	14	9 021	12
11	广东	湛江	77 408 237	71 899 704	5 508 533	11	142 399	23	46 683	24 921	21 762	34	2 573	28
12	辽宁	营口	73 374 747	58 387 515	14 987 233	12	74 842	33	118 724	56 352	62 372	24	3 369	22
13	广西	防城	61 108 259	54 193 616	6 914 643	13	121 123	24	57 936	31 386	26 550	31	3 013	23
14	福建	厦门	60 214 686	30 950 357	29 264 329	14	4 192 258	5	2 217 526	1 106 472	1 111 054	4	22 360	4
15	山东	烟台	48 144 753	38 709 548	9 435 205	15	478 789	13	326 255	163 975	162 280	11	3 621	20
16	山东	龙口	41 824 169	36 464 211	5 357 958	16	109 070	27	52 649	27 920	24 729	32	2 780	26
17	广东	盐田	37 337 893	10 834 747	26 503 146	17	7 007 376	4	198 506	96 612	101 894	16	12 769	8
18	广东	蛇口	36 086 552	17 832 757	21 253 795	18	3 713 211	7	3 220 074	1 344 204	1 875 870	1	61 453	1
19	福建	泉州	34 532 623	33 292 759	1 239 864	19	172 000	21	171 538	85 247	86 291	19	4 576	18
20	福建	福州	32 342 083	26 559 056	5 783 027	20	678 426	12	114 715	57 649	57 066	25	4 315	19
21	广东	南沙	29 139 209	18 627 632	10 511 577	21	2043 218	9	421 735	203 474	218 261	8	13 175	7

续表 1

序号	省份	口岸名称	进出口货运量(吨)			排名	进出口集装箱(箱次)	排名	出入境人员(人次)			排名	出入境运输工具(艘次)	排名
			合计	进口	出口				合计	入境	出境			
22	广西	钦州	27 624 181	23 484 665	4 139 516	22	54 520	35	24 701	12 757	11 944	39	1 245	37
23	河北	黄骅	22 125 144	22 119 186	5 958	23	2 451	54	8 511	3 928	4 583	52	387	52
24	海南	洋浦	21 876 289	18 353 612	3 522 677	24	28 758	39	40 567	21 158	19 409	37	2 886	24
25	广东	惠州	17 455 813	16 646 781	809 033	25	1 036	56	23 910	10 298	13 612	40	2 332	31
26	广东	珠海	16 482 005	15 144 659	1 337 347	26	98 742	28	42 326	19 971	22 355	35	2 332	30
27	广东	湾仔	15 932 566	302 107	15 630 459	27	154 363	22	910 696	356 907	553 789	5	25 641	2
28	广东	水东	14 714 475	12 818 230	1 896 246	28	22 524	41	18 838	9 301	9 537	44	1 176	40
29	河北	秦皇岛	14 376 532	10 083 434	4 293 097	29	91 524	30	85 826	42 442	43 384	28	1 829	35
30	辽宁	丹东	14 018 081	12 822 120	1 195 961	30	80 808	31	189 668	93 535	96 133	17	2 406	29
31	福建	漳州	11 659 748	6 853 516	4 806 231	31	111 984	25	19 321	9 551	9 770	43	1 005	41
32	广东	阳江	10 572 341	10 519 224	53 117	32	4 111	52	9 214	4 603	4 611	51	433	50
33	山东	莱州	10 534 601	9 075 306	1 459 295	33	40 236	36	10 178	5 313	4 865	48	572	47
34	广西	北海	10 180 021	8 091 783	2 088 239	34	27 025	40	21 575	10 246	11 329	42	1 188	39
35	福建	宁德	10 110 847	7 299 223	2 811 625	35	9 556	45	14 978	7 629	7 349	45	819	44
36	辽宁	锦州	9 433 266	5 924 348	3 508 918	36	5 115	50	10 714	5 290	5 424	46	582	45
37	浙江	乍浦	9 108 174	7 316 395	1 791 779	37	391 811	15	21 787	10 891	10 896	41	1 198	38
38	福建	秀屿	8 848 154	8 756 227	91 928	38	15 944	43	6 867	3 738	3 129	53	274	55
39	广东	万山	7 669 456	166 922	7 502 533	39	0	60	41 806	20 897	20 909	36	1 984	33
40	广东	潮阳	7 608 034	7 562 675	45 359	40	6 196	48	10 052	5 042	5 010	49	519	48
41	山东	威海	7 146 498	4 275 849	2 870 648	41	696 049	11	312 990	157 583	155 407	12	1 907	34
42	江苏	大丰	7 043 426	6 685 870	357 556	42	35 663	37	10 512	5 968	4 544	47	581	46
43	山东	东营	5 183 261	3 722 990	1 460 271	43	425 867	14	6 718	3 483	3 235	54	395	51

续表 2

序号	省份	口岸名称	进出口货运量(吨)			排名	进出口集装箱(箱次)	排名	出入境人员(人次)			排名	出入境运输工具(艘次)	排名
			合计	进口	出口				合计	入境	出境			
44	广东	汕头	4 254 697	2 533 505	1 721 192	44	366 954	16	30 661	14 899	15 762	38	2 685	27
45	广东	潮州	4 203 137	4 109 025	94 113	45	3 649	53	3 723	1 769	1 954	59	185	59
46	海南	八所	3 650 091	2 910 775	739 317	46	16	58	4 264	1 876	2 388	58	206	57
47	山东	蓬莱	3 599 651	2 363 572	1 236 078	47	8 291	46	9 437	4 732	4 705	50	499	49
48	浙江	温州	3 588 688	3 127 423	461 265	48	75 001	32	4 959	1 376	3 583	56	242	56
49	海南	海口	2 978 461	2 594 565	383 897	49	57 294	34	93 623	46 448	47 175	27	1 003	42
50	浙江	台州	2 798 445	2 082 960	715 485	50	109 428	26	51 713	30 383	21 330	33	2 144	32
51	广东	汕尾	2 141 874	2 131 154	10 720	51	4 312	51	4 406	2 409	1 997	57	362	54
52	广东	深圳	2 055 284	867 364	1 187 920	52	250 475	17	787 499	366 621	420 878	7	14 289	6
53	辽宁	葫芦岛	1 193 352	503 795	689 556	53	0	60	221	29	192	61	11	61
54	山东	石岛	1 026 401	459 183	5 676 219	54	244 265	18	295 651	147 373	148 278	13	1 432	36
55	广东	九州	745 587	271 535	474 053	55	193 985	19	2 334 370	1 175 462	1 158 908	3	15 255	5
56	山东	龙眼	694 955	307 601	387 354	56	95 785	29	148 105	74 087	74 018	23	905	43
57	广东	广海	521 666	241 814	279 852	57	33 229	38	72 902	36 686	36 216	29	6 969	13
58	海南	三亚	511 437	17 504	493 933	58	708	57	157 720	78 733	78 987	21	192	58
59	广东	莲花山	161 130	100 744	60 387	59	0	60	408 560	197 013	211 547	9	6 416	14
60	广东	揭阳	93 217	4 565	88 652	60	18 538	42	0	0	0	62	0	62
61	海南	清澜	89 324	24 816	64 508	61	1 127	55	620	290	330	60	73	60
62	广东	广州	75 448	64 976	10 473	62	5 536	49	0	0	0	62	0	62
63	山东	潍坊	6	0	6	63	0	60	5 688	2 706	2 982	55	368	53
64	广东	大亚湾	0	0	0	64	0	60	0	0	0	62	0	62
65	广东	南澳	0	0	0	64	0	60	0	0	0	62	0	62

续表 3

序号	省份	口岸名称	进出口货运量(吨)			排名	进出口集装箱(箱次)	排名	出入境人员(人次)			排名	出入境运输工具(艘次)	排名
			合计	进口	出口				合计	入境	出境			
66	广东	西冲	0	0		64		60	0	0	0	62	0	62
67	福建	平潭	开放未满 3 年						123 974	59 257				
68	江苏	如东	开放未满 3 年											
69	江苏	启东												
70	广西	江山	(同防城一并统计)											
71	广西	企沙												
72	广西	石头埠	(同北海一并统计)											
73	天津	渤中	(同天津一并统计)											
74	辽宁	旅顺新港	(同大连一并统计)											
75	辽宁	庄河												
76	辽宁	长兴岛												
77	广东	赤湾	(同蛇口一并统计)											
78	广东	妈湾												
79	广东	东角头												
80	广东	梅沙	(同盐田一并统计)											

2015 年全国内河口岸运行情况统计表

序号	省份	口岸名称	外贸货物吞吐量(吨)			排名	进出口集装箱(箱次)	排名	出入境人员(人次)			排名	出入境运输工具(艘次)	排名
			合计	进口	出口				合计	入境	出境			
1	江苏	张家港	69 819 894	54 782 936	15 036 958	1	350 811	5	78 622	31 200	47 422	7	4 270	8
2	江苏	太仓	5 1921 271	48 171 131	3 750 141	2	829 626	1	62 945	31 407	31 538	9	3 265	11
3	江苏	南通	48 438 438	37 700 432	10 738 005	3	228 838	10	50 182	21 176	29 006	12	2 631	12
4	江苏	江阴	23 861 588	20 889 387	2 972 201	4	50 002	25	20 800	10 302	10 498	22	1 121	20
5	江苏	镇江	23 359 832	17 681 289	5 678 543	5	111 761	15	30 775	14 630	16 145	16	1 651	17
6	江苏	南京	20 858 209	9 545 220	10 912 989	6	745 596	2	31 469	16 987	144 82	15	1 542	18
7	黑龙江	漠河	16 436 952	16 436 947	5	7	0	39	16	8	8	39	4	39
8	湖北	武汉	15 700 120	12 510 684	3 189 436	8	296 360	7	0	0	0	41	0	41
9	安徽	马鞍山	15 618 408	14 735 958	882 450	9	104 028	17	575	65	510	35	46	35
10	江苏	常熟	13 489 688	9 682 809	3 806 879	10	215 204	11	28 480	14 845	13 635	18	1 689	16
11	江苏	扬州	8 843 998	5 038 448	3 805 550	11	135 138	14	13 636	6 177	7 459	25	737	25
12	重庆	#重庆	7 589 760	5 574 149	2 015 610	12	398 263	4	0	0	0	41	0	41
13	江苏	泰州	5 629 597	4 273 438	1 356 159	13	79 897	19	22 292	9 962	12 330	21	1 252	19
14	江苏	如皋	5 232 937	4 758 458	474 479	14	3 413	34	10 417	5 087	5 330	26	541	28
15	江苏	常州	4 526 432	3 381 455	1 144 977	15	105 972	16	4 637	2 400	2 237	30	265	32
16	广东	#高明	4 356 737	1 249 236	3 107 501	16	236 385	9	65 613	31 613	34 000	8	4 053	9
17	广东	#中山	4 176 461	963 894	3 212 567	17	688 709	3	1 365 978	658 940	707 038	1	19 837	1
18	广东	#肇庆	3 421 105	2 273 338	1 147 767	18	187 102	12	36 920	22 636	14 284	14	4 698	7
19	安徽	铜陵	2 746 106	2 545 769	200 337	19	13 084	31	603	99	504	34	48	34
20	广东	#江门	2 656 085	943 198	1 712 887	20	337 221	6	124 890	63 301	61 589	5	5 896	5
21	广东	虎门	2 464 247	1 930 561	533 686	21	28 290	28	456 561	153 051	303 510	4	13 271	2

续表1

序号	省份	口岸名称	外贸货物吞吐量(吨)			排名	进出口集装箱(箱次)	排名	出入境人员(人次)			排名	出入境运输工具(辆、艘次)	排名
			合计	进口	出口				合计	入境	出境			
22	广东	#南海	2 367 597	1 879 158	488 439	22	260 384	8	41 116	22 505	18 611	13	5 359	6
23	安徽	芜湖	2 156 575	824 275	1 332 300	23	152 381	13	1 407	465	942	33	106	33
24	广东	新会	1 849 912	1 024 205	825 707	24	77 758	20	14 146	7 269	6 877	24	1 712	15
25	湖北	黄石	1 753 934	1 627 081	126 853	25	17 435	30	0	0	0	41	0	41
26	江西	九江	1 086 261	504 104	582 157	26	65 076	23	0	0	0	41	0	41
27	湖南	城陵矶	938 189	654 808	283 381	27	53 196	24	65	26	39	38	5	38
28	安徽	池州	864 148	720 875	143 273	28	7 590	33	436	113	323	36	32	36
29	广西	#梧州	738 847	347 383	391 464	29	49 148	26	8 105	4 386	3 719	28	979	23
30	广东	#三埠	643 641	174 516	469 125	30	43 980	27	8 132	3 945	4 187	27	1 002	22
31	广西	#贵港	597 877	351 838	246 039	31	11 453	32	3 307	1 286	2 021	32	463	30
32	广东	#鹤山	595 225	235 206	360 019	32	69 586	21	61 377	30 416	30 961	10	1 959	14
33	广东	#新塘	549 783	341 551	208 233	33	67 984	22	3 622	3 126	496	31	498	29
34	广西	#柳州	517 179	513 202	3 977	34	2 044	36	80	24	56	37	10	37
35	黑龙江	同江	319 168	282 998	36 170	35	0	39	50 295	24 175	26 120	11	1 117 +7 608	21
36	黑龙江	黑河	310 623	196 732	113 892	36	2 314	35	705 823	352 021	353 802	2	10 135 +29 983	4
37	广东	#斗门	306 103	118 089	188 014	37	87 987	18	27 988	14 480	13 508	19	752	24
38	广东	#容奇	217 847	129 391	88 456	38	0	39	676 861	336 351	340 510	3	11 091	3
39	安徽	安庆	216 987	79 017	137 970	39	19 701	29	13	13	0	40	1	40
40	黑龙江	萝北	72 064	68 181	3 883	40	0	39	29 043	15 145	13 898	17	654 +4 289	27
41	黑龙江	抚远	59 622	46 710	12 912	41	0	39	85 191	42 608	42 583	6	2 322	13
42	黑龙江	呼玛	48 436	48 401	36	42	0	39	0	0	0	41	0	41
43	黑龙江	佳木斯	21 179	19 693	1 487	43	8	38	0	0	0	41	0	41

续表 2

序号	省份	口岸名称	外贸货物吞吐量(吨)			排名	进出口集装箱(箱次)	排名	出入境人员(人次)			排名	出入境运输工具(辆、艘次)	排名
			合计	进口	出口				合计	入境	出境			
44	黑龙江	嘉荫	5 948	5 948	0	44	0	39	0	0	0	41	0	41
45	黑龙江	饶河	5 330	4 079	1 251	45	0	39	24 755	12 396	12 359	20	698 + 1 277	26
46	黑龙江	富锦	2 016	2 016	0	46	0	39	0	0	0	41	0	41
47	黑龙江	哈尔滨	1 267	1 197	70	47	253	37	0	0	0	41	0	41
48	云南	景洪	238	238	0	48	0	39	15 830	7 539	8 291	23	3 946	10
49	黑龙江	逊克	0	0	0	49	0	39	7 948	3 971	3 977	29	394 + 5 165	31
50	云南	思茅	0	0	0	49	0	39	0	0	0	41	0	41
51	吉林	大安	0	0	0	49	0	39	0	0	0	41	0	41
52	黑龙江	孙吴	0	0	0	49	0	39	0	0	0	41	0	41
53	黑龙江	绥滨	与富锦一并统计											
54	黑龙江	桦川	与佳木斯一并统计											
55	江苏	靖江	开放未满 3 年						24 026	11 880	12 146		1 154	

表注:口岸名称前带“#”的为仅限国轮进出口岸。

2015 年全国公路口岸运行统计表

序号	省份	口岸名称	进出口货运量(吨)			排名	出入境人员(人次)			排名	出入境运输工具(辆次)	排名
			合计	进口	出口		合计	入境	出境			
1	新疆	霍尔果斯	22 184 557	21 574 746	609 811	1	215 480	117 780	97 700	22	54 518	22
2	广东	皇岗	14 815 067	5 784 651	9 030 416	2	36 741 004	16 929 523	19 811 481	4	8 567 565	1
3	内蒙古	#甘其毛都	9 008 604	7 985 376	1 023 228	3	322 395	161 340	161 055	18	233 468	14
4	内蒙古	#策克	7 713 277	7 709 940	3 337	4	237 649	118 919	118 730	20	185 194	15
5	广东	文锦渡	6 206 815	1 717 956	4 488 859	5	5 739 659	2 601 894	3 137 765	6	1 824 234	5
6	云南	瑞丽	4 548 119	3 387 953	1 160 166	6	874 008	423 319	450 689	14	2 265 617	4
7	云南	河口	2 074 710	603 112	1 471 599	7	1 447 968	719 654	728 314	10	163 842	17
8	新疆	#老爷庙	1 971 135	1 580 133	391 003	8	24 091	12 073	12 018	38	23 410	30
9	广东	横琴	1 838 517	95 364	1 743 153	9	7 664 259	3 744 175	3 920 084	5	1 001 121	6
10	广西	友谊关	1 628 157	807 509	820 648	10	923 846	459 340	464 506	13	3 936	49
11	云南	磨憨	1 592 672	862 712	729 960	11	708 899	349 672	359 227	16	367 561	9
12	云南	#腾冲	1 542 819	1 476 043	66 776	12	35 403	17 328	18 075	36	128 013	19
13	内蒙古	二连浩特	1 438 585	43 852	1 394 733	13	1 113 348	558 478	554 870	11	439 719	8
14	广东	福田	1 182 651	761 037	421 614	14	292 371	146 545	145 826	19	283 645	11
15	吉林	#南坪	937 992	918 097	19 894	15	722	359	363	58	48 330	23
16	广东	深圳湾	892 371	383 050	509 321	16	41 503 885	20 956 400	20 547 485	3	3 884 745	2
17	内蒙古	珠恩嘎达布其	761 902	647 691	114 211	17	88 158	44 141	44 017	28	63 713	21
18	黑龙江	绥芬河	621 997	403 053	218 944	18	745 192	365 271	379 921	15	65 560	20
19	内蒙古	满洲里	613 309	159 762	453 547	19	23 984	11 957	12 027	39	177 309	16
20	广东	珠澳工业区	558 460	255 327	303 133	20	146 523	782 955	684 568	9	37 879	26
21	广西	东兴	527 032	139 029	388 003	21	3 974 081	1 991 133	1 982 948	7	142	55
22	云南	#孟定	526 002	368 597	157 405	22	156 744	77 662	79 082	24	256 770	13
23	内蒙古	#额布都格	504 458	449 197	55 262	23	58 619	29 261	29 358	31	39 319	25

续表 1

序号	省份	口岸名称	进出口货运量(吨)			排名	出入境人员(人次)			排名	出入境运输工具(辆次)	排名
			合计	进口	出口		合计	入境	出境			
24	广东	沙头角	444 143	143 971	300 172	24	3 827 197	1 891 662	1 935 535	8	826 097	7
25	新疆	塔克什肯	43 229	360 729	71 800	25	61 552	30 790	30 762	30	15 742	35
26	新疆	吐尔尕特	385 698	31 568	354 130	26	40 975	20 337	20 638	34	30 402	27
27	新疆	伊尔克什坦	380 856	22 666	358 191	27	38 015	18 989	19 026	35	25 489	29
28	吉林	圈河	333 131	83 584	249 547	28	379 586	189 893	189 693	17	128 777	18
29	吉林	珲春	324 138	79 946	244 192	29	17 021	8 321	8 700	43	17 023	34
30	新疆	吉木乃	300 418	268 019	32 399	30	98 353	48 845	49 508	27	6 267	44
31	黑龙江	#东宁	290 216	104 995	185 221	31	234 178	122 494	111 684	21	30 039	28
32	云南	天保	284 233	254 509	29 724	32	203 964	103 014	100 950	23	41 085	24
33	内蒙古	#满都拉	239 186	205 441	33 745	33	45 402	22 787	22 615	32	21 865	32
34	吉林	#长白	223 796	162 562	61 234	34	6 866	3 438	3 428	50	8 436	40
35	新疆	#都拉塔	187 808	112	187 696	35	20 167	9 478	10 689	42	12 445	37
36	云南	打洛	173 583	30 501	143 082	36	1 102 084	552 348	549 736	12	290 000	10
37	云南	#畹町	164 223	129 986	34 236	37	29 442	14 770	14 672	37	261 370	12
38	新疆	巴克图	147 801	29 181	118 620	38	116 573	58 487	58 086	25	17 594	33
39	吉林	#三合	145 321	89 844	55 477	39	7 579	3 784	3 795	49	9 073	38
40	广东	拱北	142 658	4 016	138 642	40	120 434 256	61 492 791	58 941 465	1	2 927 731	3
41	吉林	#古城里	96 473	79 025	17 449	41	1 522	755	767	54	5 625	45
42	新疆	卡拉苏	81 615	496	81 119	42	14 111	6 963	7 148		12 388	
43	新疆	红其拉甫	55 524	6 247	49 277	43	9 976	5 138	4 838	47	8 031	41
44	内蒙古	#室韦	49 963	49 963	0	44	4 697	2 348	2 349	51	4 493	47
45	内蒙古	#黑山头	47 749	47 116	632	45	15 009	7 571	7 438	45	6 932	43
46	广西	#龙邦	40 722	12 390	28 332	46	10 572	5 351	5 221	46	0	57
47	黑龙江	#虎林	37 556	34 956	2 600	47	16 130	8 599	7 531	44	4 267	48

续表 2

序号	省份	口岸名称	进出口货运量(吨)			排名	出入境人员(人次)			排名	出入境运输工具(辆次)	排名
			合计	进口	出口		合计	入境	出境			
48	广西	#水口	36 011	15 250	20 762	48	22 718	11 393	11 325	40	0	57
49	西藏	#樟木	35 306	1 051	34 255	49	20 233	8 495	11 738	41	8 837	39
50	吉林	#临江	32 813	19 860	12 953	50	1 964	950	1 014	53	3 763	50
51	吉林	#开山屯	22 821	9 836	12 985	51	1 283	644	639	56	2 990	52
52	内蒙古	#阿日哈沙特	21 868	1 120	20 748	52	63 135	31 663	31 472	29	14 536	36
53	西藏	#吉隆	16 319	44	16 275	53	2 638	1 163	1 475	52	4 985	46
54	黑龙江	#密山	14 610	6 515	8 095	54	41 137	20 728	20 409	33	3 583	51
55	云南	#金水河	12 058	7 325	4 733	55	8 123	4 211	3 912	48	22 763	31
56	吉林	#沙坨子	11 959	5 342	6 617	56	1 145	565	580	57	1 262	53
57	新疆	#乌拉斯台	876	414	463	57	203	43	160	59	65	56
58	新疆	#红山嘴	215	155	60	58	1 358	710	648	55	358	54
59	内蒙古	阿尔山	125	0	125	59	1 981	1 048	933		543	
60	西藏	#普兰	43	0	43	60	0	0	0	60	0	57
61	广西	#平孟	0	0	0	61	102 600	51 300	51 300	26	7 102	42
62	广东	罗湖	0	0	0	61	83 166 384	41 090 421	42 075 963	2	0	57
63	吉林	# 集安	0	0	0	61	0	0	0	60	0	57
64	甘肃	#马鬃山	0	0	0	61	0	0	0	60	0	57
65	新疆	#木扎尔特	0	0	0	61	0	0	0	60	0	57
66	新疆	#阿黑土别克	0	0	0	61	0	0	0	60	0	57
67	辽宁	丹东	开放未满 3 年				136 437	64 159	72 278		149 172	
68	云南	#勐康					31 213		15 403			
69	云南	都龙	开放未满 3 年									
70	广西	#爱店										

表注:口岸名称前带“#”的为双边口岸。

2015 年全国铁路口岸运行统计表

序号	省份	口岸名称	进出口货运量(吨)			排名	出入境人员(人次)			排名	出入境运输工具(列次)	排名
			合计	进口	出口		合计	入境	出境			
1	内蒙古	满洲里	12 594 955	11 693 626	901 329	1	26 522	11 354	15 168	11	7 888	3
2	内蒙古	二连浩特	7 866 245	7 086 306	779 940	2	189 862	95 687	94 175	4	7 999	2
3	黑龙江	绥芬河	7 760 936	7 601 367	159 569	3	204 665	110 756	93 909	3	7 837	4
4	新疆	阿拉山口	5 215 349	2 728 272	2 487 077	4	40 328	21 063	19 265	10	7 554	5
5	吉林	珲春	1 152 879	1 152 682	197	5	3 202	1 607	1 595	15	899	9
6	广西	凭祥	404 061	19 399	384 662	6	61 512	34 183	27 329	8	1 809	6
7	云南	河口	371 505	102 642	268 863	7	8 088	4 125	3 963	14	13 92	8
8	辽宁	丹东	178 148	84 259	93 889	8	136 491	67 894	68 597	5	1 422	7
9	吉林	图们	96 845	44 241	52 604	9	19 121	9 542	9 579	13	202 +5 438	14
10	河南	郑州	80 190	19 683	60 507	10	0	0	0	17	0	15
11	上海	上海站	79 586	2 977	76 608	11	119 511	52 681	66 830	6	349	12
12	北京	北京西站	15 915	3 648	12 268	12	66 548	31 720	34 828	7	358	11
13	黑龙江	哈尔滨	10 487	1 866	8 621	13	0	0	0	17	0	15
14	吉林	集安	1 924	1 924	0	14	20 387	10 236	10 151	12	304	13
15	广东	肇庆	277	80	197	15	56 787	31 465	25 322	9	730	10
16	广东	广州	119	26	93	16	3 645 913	1 839 498	1 806 415	1	8 028	1
17	广东	佛山	112	58	54	17	0	0	0	17	0	15
18	广东	东莞	5	3	2	18	409 155	199 485	209 670	2	0	15
19	广东	深圳	0	0	0	19	2 626	1 270	1 356	16	0	15
20	新疆	霍尔果斯	开放未满 3 年				5 708	3 015	2 693		1 928	

2015 年全国空运口岸运行统计表

序号	省份	口岸名称	出入境人员(人次)			排名	进出口货运量(吨)			排名	出入境运输工具(架次)	排名
			合计	入境	出境		合计	进口	出口			
1	上海	上海机场	33 355 084	16 646 023	16 709 061	1	3 541 624	217 845	3 323 779	1	209 991	1
2	北京	首都机场	23 230 389	11 668 730	11 561 659	2	1 767 067	311 946	1 455 122	2	123 020	2
3	广东	广州机场	11 387 365	5 685 308	5 702 057	3	1 570 660	173 918	1 396 743	3	81 272	3
4	四川	成都机场	4 074 359	2 042 263	2 032 096	4	172 420	25 860	146 560	6	22 897	6
5	浙江	杭州机场	3 932 658	1 980 882	1 951 776	5	85 821	4 625	81 197	12	25 963	4
6	福建	厦门机场	3 018 040	1 505 795	1 512 245	6	223 356	83 992	139 364	4	22 391	7
7	山东	青岛机场	2 882 728	1 444 574	1 438 154	7	106 773	28 723	78 050	11	21 654	8
8	广东	深圳机场	2 460 702	1 222 640	1 238 062	8	138 510	26 183	112 327	7	23 734	5
9	江苏	南京机场	2 331 960	1 179 890	1 152 070	9	112 956	13 525	99 431	10	13 434	13
10	云南	昆明机场	2 316 439	1 159 610	1 156 829	10	27 096	14 354	12 741	15	18 725	9
11	重庆	重庆机场	2 224 199	1 108 916	1 115 283	11	122 710	23 629	99 081	9	15 486	11
12	天津	天津机场	2 191 204	1 097 042	1 094 162	12	191 144	89 320	101 825	5	18 012	10
13	湖北	武汉机场	1 886 970	945 317	941 653	13	42 941	7 279	35 662	14	1 3473	12
14	陕西	西安机场	1 685 460	844 466	840 994	14	23 713	16 480	7 233	16	10 505	18
15	湖南	长沙机场	1 646 380	821 974	824 406	15	8 623	5 785	2 837	22	10 702	17
16	福建	福州机场	1 600 017	797 603	802 414	16	13 226	13 226	0	19	11 207	16
17	辽宁	大连机场	1 562 577	773 245	789 332	17	45 065	18 872	26 193	13	12 842	14
18	辽宁	沈阳机场	1 561 836	776 821	785 015	18	12 127	6 907	5 220	20	9 956	19
19	河南	郑州机场	1 236 377	612 411	623 966	19	132 937	24 588	108 349	8	11 904	15
20	浙江	宁波机场	1 078 733	545 056	533 677	20	14 775	5 236	9 539	17	8 565	21
21	新疆	乌鲁木齐机场	1 005 205	499 009	506 196	21	13 706	3 323	10 384	18	8 840	20
22	广西	南宁机场	995 523	498 749	496 774	22	346	310	36	38	8 051	22

续表 1

序号	省份	口岸名称	出入境人员（人次）			排名	进出口货运量（吨）			排名	出入境运输工具（架次）	排名
			合计	入境	出境		合计	进口	出口			
23	黑龙江	哈尔滨机场	798 929	399 887	399 042	23	1 365	1 172	193	30	6 320	23
24	吉林	延吉机场	638 928	310 555	328 373	24	149	4	145	42	4 217	27
25	山东	济南机场	626 937	315 614	311 323	25	0	0	0	53	5 302	25
26	福建	泉州机场	591 862	301 264	290 598	26	104	40	64	44	4 874	26
27	吉林	长春机场	568 338	286 079	282 259	27	3 678	3 547	131	26	3 977	29
28	海南	海口机场	567 139	283 860	283 279	28	4 109	2 655	1 454	25	4 203	28
29	山东	烟台机场	536 023	265 868	270 155	29	8 999	5 988	3 011	21	5 659	24
30	江苏	无锡机场	504 549	257 543	247 006	30	1 573	525	1 048	29	3 936	30
31	江西	南昌机场	502 250	251 255	250 995	31	1 168	561	607	32	3 188	33
32	安徽	合肥机场	483 999	242 937	241 062	32	1 716	1 209	507	28	3 548	31
33	广西	桂林机场	466 185	230 906	235 279	33	135	96	39	43	3 058	34
34	山西	太原机场	402 501	201 610	200 891	34	1 215	1 196	20	31	2 947	35
35	贵州	贵阳机场	401 179	200 705	200 474	35	724	304	420	35	3 545	32
36	山东	威海机场	364 125	182 361	181 764	36	1 999	559	1 440	27	2 813	36
37	河北	石家庄机场	362 902	179 708	183 194	37	6 215	518	5 698	23	2 540	38
38	浙江	温州机场	311 903	156 289	155 614	38	720	547	173	36	2 598	37
39	广东	揭阳机场	277 350	140 179	137 171	39	859	540	319	33	2 203	39
40	湖南	张家界机场	238 249	119 452	118 797	40	0	0	0	53	1 703	41
41	海南	三亚机场	236 342	115 265	121 077	41	4 451	1 477	2 974	24	2 138	40
42	江苏	盐城机场	201 281	101 483	99 798	42	343	96	247	39	1 669	42
43	内蒙古	呼和浩特机场	165 873	83 197	82 676	43	752	723	29	34	1 330	43
44	江苏	徐州机场	140 213	70 325	69 888	44	103	65	38	45	1 201	44
45	甘肃	兰州机场	138 156	68 701	69 455	45	0	0	0	53	941	47
46	安徽	黄山机场	123 976	62 876	61 100	46	0	0	0	53	996	46
47	黑龙江	牡丹江机场	121 112	59 645	61 467	47	5	0	5	50	1 013	45

续表 2

序号	省份	口岸名称	出入境人员(人次)			排名	进出口货运量(吨)			排名	出入境运输工具(架次)	排名
			合计	入境	出境		合计	进口	出口			
48	宁夏	银川机场	71 778	35 970	35 808	48	206	157	49	40	462	51
49	西藏	拉萨机场	45 703	21 913	23 790	49	191	136	55	41	180	59
50	广东	#湛江机场	45 498	22 335	23 163	50	31	30	1	48	552	48
51	云南	丽江机场	32 143	15 986	16 157	51	0	0	0	53	345	53
52	青海	西宁机场	31 399	15 701	15 698	52	57	55	2	46	258	55
53	广东	#梅州机场	29 266	14 492	14 774	53	1	1	0	52	487	50
54	河南	#洛阳机场	28 887	13 968	14 919	54	6	6	0	49	182	58
55	黑龙江	佳木斯机场	25 287	11 465	13 822	55	0	0	0	53	340	54
56	内蒙古	海拉尔机场	19 822	9 759	10 063	56	0	0	0	53	434	52
57	内蒙古	满洲里机场	18 506	10 526	7 980	57	48	36	12	47	501	49
58	湖北	#宜昌机场	16 545	8 299	8 246	58	4	4	0	51	120	62
59	福建	#武夷山机场	14 835	7 463	7 372	59	0	0	0	53	173	60
60	广西	#北海机场	12 430	6 080	6 350	60	0	0	0	53	167	61
61	新疆	喀什机场	10 773	6 299	4 474	61	389	371	18	37	183	57
62	云南	西双版纳机场	10 060	4 994	5 066	62	0	0	0	53	237	56
63	黑龙江	齐齐哈尔机场	1 058	583	475	63	0	0	0	53	6	63
64	江苏	常州机场	101 451	50 886	50 565	开放未满 3 年					846	
65	江苏	扬泰机场	18 746	9 171	9 575						153	
66	江苏	淮安机场	7 859	3 848	4 011						40	
67	江苏	南通机场	5 579	2 613	2 966							
68	浙江	义乌机场										
69	江苏	连云港机场										
70	甘肃	敦煌机场										

注:口岸名称前带“#”标志的为限制性航空口岸。

第四篇

各地口岸运行管理

北 京 市

口岸名称	批准开放时间	开放状态
首都国际机场空运口岸	1958.3	国际常年
北京西站铁路口岸	2009.11	国际常年

口岸数量及分布

截至2015年年底，北京市有经国务院批准的对外开放口岸2个，分别为北京空运口岸（北京首都国际机场）和北京陆路（铁路）口岸（北京西站铁路口岸）。

口岸运行数据

2015年，北京口岸出入境人员达2 329.70万人次，同比增长5.22%。其中，入境1 170.00万人次，同比增长5.35%；出境1 159.60万人次，同比增长5.09%。北京空运口岸出入境人员2 323.00万人次，同比增长5.36%；出入境飞机起降132 613架次，同比增长5.45%，其中入境66 583架次，同比增长5.43%，出境66 030架次，同比增长5.47%；72小时过境免签旅客达19 905人次，同比下降0.56%。北京西站铁路口岸出入境人员6.65万人次，同比下降27.72%。

北京口岸海关监管货物为4 274.30万吨，同比增长103.37%。其中，海关监管进口货物4 134.60万吨，同比增长110.97%；海关监管出口货物139.70万吨，同比下降1.60%。海关征收关税及代征税467.70亿元，同比下降3.11%。

口岸综合管理

【首都国际机场先行先试离境退税政策】 2015年7月1日起，北京作为全国首批城市，在首都国际机场开始实施境外旅客购物离境退税政策。

【北京新机场对外开放申报前期准备工作】 北京市人民政府口岸办公室会同各相关单位，以可研报告为总纲，以3个方案为主线，分阶段稳步推进北京新机场对外开放申报工作。制订了《北京新机场口岸非现场设施建设方案》《北京新机场口岸非现场设施立项建设主体方案》《北京新机场口岸相关单位机构设置和人员编制方案》，在此基础上，完成了新机场对外开放可研报告的制定工作。

【平谷国际陆港口岸功能进一步拓展】 继2014年11月平谷国际陆港获批成为临时对外开放口岸和进口肉类指定口岸后，2015年1月又获批进口水产品指定口岸。

【丰台货运口岸集装箱国际联运功能正式恢复】 按照“搭建平台促路企合作”工作模式，成功将停运4年的丰台货运口岸铁路专用线集装箱运输功能恢复，实现了集装箱货物口岸内办理到发作业。

【通州口岸建设取得突破性进展】 2009年9月，北京市政府专题会议同意朝阳口岸外移至通州马驹桥物流基地，并加快推动通州口岸建设项目。2015年11月3日，通州口岸项目首期两块物流用地已被口岸建设主体北建通成国际物流有限公司摘取。12月8日，北控集团和天津港就合作开发北京通州口岸和天津港北京进出口专用堆场、仓储设施项目正式签约，成立天津港北建通成国际物流有限公司，实现京津两市口岸运营企业互相投资口岸项目，利用经济纽带促进口岸合作发展。

【北京电子口岸平台升级改造项目完成立项】 按照北京市编办（市编办函〔2015〕3号文）《关于调整市电子口岸建设领导小组办公室的函》的要求，北京电子口岸建设领导小组办公室由北京海关调整至北京市人民政府口岸办公室。按照北京市信息化项目升级改造立项程序和有关要求，2015年完成了北京电子口岸平台升级改造项目立项和部分项目招标工作。

口岸监管与服务

【北京边检总站积极推广自助通关助力提高服务水平】 2015年，北京边检总站继续深入推广自助通关服务，38条边检自助通道共验放出入境人员约117万人次，同比增长3.6倍。积极派遣人员主动上门服务，陆续为国航、海航、南航、东航等机组员工及部分外航机组员工，共计

2 600 名机组员工、5 000 余本出入境证件办理了指纹备案采集。

【北京边检总站服务水平指标继续保持世界前列】 根据国际机场协会（Airport Council International，ACI）测评，2015 年北京首都机场边检站 ACI 评价情况总体平稳，月度、季度数据及排名均较 2014 年有提升。特别是第一季度，在世界 29 家吞吐量在 4 000 万以上机场当中，“出港边检等候时间”“礼貌与乐于助人”“抵港边检”三项 ACI 指标排名分别位居世界第 2 位、第 1 位和第 1 位。“新华信”独立调查机构数据显示，其所监测的五项指标——服务态度、通关速度、通关秩序、熟练程度、通关设施，好评率都有上升，实现了连续前两个季度“零差评”。

【北京边检总站探索出入境数据后台分析和综合研判，提高精准打击能力】 2015 年，北京边检总站积极适应口岸管控新形势，把“基础工作信息化、信息工作基础化”作为着力点，主动加强出入境数据信息碰撞比对和深度应用，找准前台查验和后台核查中需重点关注人员，排查发现大量疑似变换身份的涉案在逃人员和涉嫌持用伪造、无效证件的外国人，为边检查验工作提供了情报信息支持，有力地维护了口岸安全稳定。

【北京边检总站主动纳入口岸防恐处突联动机制，提高应急响应能力】 北京边检总站积极协调首都机场管理单位，明确边检在警用装备进场、巡查警力进出控制区的工作提供便利，为履行边检机关在口岸限定区域管理法定职责创造了条件。将边检总站防恐处突工作纳入机场应急救援场外驰救的重要组成部分，巡查警力将成为首都机场的一支处突力量。在北京西站陆路（铁路）口岸与北京西站公安分局、铁路派出所建立防恐处突联合机制，与北京西站管委会开展联防联控工作。

【北京首都国际机场试行 24 小时直接过境旅客免办边检手续政策】 2015 年 4 月 15 日零时起，北京首都机场口岸试行 24 小时直接过境旅客免办边检手续政策。为确保政策顺利落地实施，北京边检总站会同首都机场股份有限公司、中国国际航空公司、首都机场空港地面服务有限公司 3 家单位签署了《北京首都国际机场实行 24 小时国际—国际直接过境免办边检手续合作备忘录》，并与北京市口岸办和北京市公安局出入境管理局签署了管控合作协议，建立了 24 小时过境旅客未经边检同意非法入境的协查机制，明确了管控职责任务。北京边检总站先后开展了封闭隔离改造国际中转区域，研发国际中转旅客信息采集系统，规划布设正常通行流程和应急处置办法，培训相关人员业务技能等多项工作，确保了政策顺利实施。经过积极推广，国际中转旅客平均通关速度从 45 秒减少到 10 秒，全年共有 419 306 人次的出入境人员享受到此项便利政策，有力推进了首都国际机场航空枢纽建设。

【北京海关继续深化京津冀区域通关一体化改革，启动区域通关一体化改革区区联动工作】 2015 年 6 月 25 日，北京关区首票“一体化区区联动”报关单办理了通关手续，进口商品为铁矿粉，进口口岸为连云港，申报货值为 907 万美

元，实现了“区域通关一体化”向“全国一体化”的迈进。2015年1～12月，京津冀进出口报关单总量为423.30万票。其中，企业选择一体化方式申报12.30万票，占比为2.90%，较2014年提高了1.30%，比为有所提升；口岸清关390.90万票，占比重92.30%。北京地区2015年一体化申报占比为3.80%，高于区域内平均水平。

【北京海关推进关检“三个一”覆盖到北京海关所有监管现场和所有商品】 认真落实海关总署要求，推动完善关检联动机制，与北京市口岸办、北京国检局共同研究制订了《2015年北京口岸继续全面推进关检合作“三个一”工作实施方案》，并且优化系统，实现与企业ERP系统对接，报关报检数据自动导入，大幅提高录入效率，提升系统易用性。加强了宣传培训，与报关代理企业建立对口联系机制，选派联络专员到企业驻点服务，指导企业解决通关问题，提高企业参与积极性。认真做好全国统一版“一次申报”系统先期试点工作，确保系统顺利上线运行，为系统在全国推广应用积累经验，发挥示范作用。

【北京海关大力促进跨境电商健康发展】 积极优化跨境电子商务公共信息服务平台海关端，稳步推进相关监管工作。针对跨境电子商务海关监管中出现的新情况、新问题，从法律法规、管理模式、监管手段及税收征管等方面全面调研、认真研究，深入京东、亿赞普、敦煌网、燕文、万邑通等重点跨境电商企业，了解企业需求和通关过程中遇到的问题；针对跨境电商监管工作中存在的海关、税务、检验检疫、外汇管理、信息系统建设等问题，广泛听取相关管理部门意见和建议，力求实现与各相关部门协同推进。按照海关总署要求，督促各监管现场针对跨境贸易电子商务实行“全年无休日、24小时内办结海关手续”，对跨境贸易电子商务通关时间时限要求落实情况进行实时监控。

【北京海关推进空港贸易便利示范区建设】 协调北京首都国际机场股份有限公司积极向中国民用航空局争取增开国际航线，2015年新增国际航点17个。创新运用通程航班“全委托”查验作业模式，带动通程航班和国际中转旅客量分别增加6.20%和25.00%，航空公司保障人员大幅下降50.00%，节约机场改造资金近亿元。协调地面代理机构建立“共享货栈”“通道式货栈”作业模式，进一步提升口岸货运处理能力。2015年共监管进出境航班、人员和货物同比分别增长4.70%、8.90%和0.40%。试行境外旅客离境退税政策，优化离境退税流程设计。创新空运整车进口工作模式，打造空运整车口岸“汽车飞行通道”，2015年全年共进口整车564辆，是2014年的2.60倍。积极支持保税航材租赁维修业务发展，全年新增租赁贸易备案飞机50架次。

【北京出入境检验检疫局全面实施“三通”“两直”】 2015年，北京出入境检验检疫局制订了《北京出入境检验检疫局全面推广“通报通检通放”工作方案》，并在门户网站下发《关于在北京地区全面推广“通报通检通放”工作模式的通知》。通过系统改造升级和流程再造，对检验检疫风险程度较低的入境货物，按照高信用等级报检企业的需求，自主选择目的地机构报检并查验和口岸机构报检目的地机构查验两种模式，实现“就近申报、就近检验、就近取证”。北京辖区内高信用等级报检企业在出口货物时，经检验检疫合格，可以自主选择辖区机构或口岸机构领取检验检疫证单。实施“三通”突破了传统的口岸申报—转单辖区的工作模式，变“单选”为“可选”，解决了北京辖区内转单时间长、企业两头跑的难题，为企业节约库存成本。“两直”即出口直放和进口直通。对区域内生产的出口货物（散装商品、危险化学品及其包装等少数商品除外），经产地检验检疫合格后，除按产地局要求进行必要的风险监控措施外，天津口岸不再进行查验，直接出具“通关单”。对符合条件的出口企业，与海关联合实施无纸化通关，产地检验检疫机构直接将电子通关单数据发送至口岸海关，企业无须办理口岸换证手续，实现口岸“零等待、零成本”。对进口货物，通过改进已有电子转检系统，在京津两地率先实施进口直通，对清单外的货物，在天津口岸实施必要的检疫处理后，企业可直接向北京辖区的各检验检疫机构报检，进一步缩短口岸滞留时间，京津两地转检信息传递由 1 ~2 天缩短至 1 小时内。2015 年 3 月，在京津进口直通的基础上，将该模式复制到河北，京津冀通关一体化工作全面铺开。

【北京出入境检验检疫局完善传染病疫情防控体系，筑牢口岸卫生安全关】 北京出入境检验检疫局加强对埃博拉出血热、中东呼吸综合征、脊髓灰质炎等传染病疫情的防控，改变以往主要依靠入境排查模式，通过采取从严防控重点航班、从严落实防控措施、从严实施交通工具查验和卫生处理、从严排查有症状人员、切实加强与相关部门沟通合作、切实加强防控人员调配和物资储备、切实加强防控检测技术支持、切实加强疫情防控对外宣传等 8 项措施，构筑了涵盖境外、空中、列车、口岸和境内的立体化传染病疫情防控体系。2015 年共转运埃博拉出血热留观人员 40 例，居全国口岸之首；发现来自中东呼吸综合征疫区有症状人员 46 人。率先研发的国境口岸入境人员检验检疫信息采集系统，可在 4 秒内形成包括旅客个人信息、申报信息、测温图像的电子档案，将重点航班的排查时间由 1 小时缩短至 20 分钟，为疫情防控提供可追溯保障，并首次与京九直通车沿线 5 个直属检验检疫局（河北、河南、湖北、湖南、广东）联合开展随车检疫。

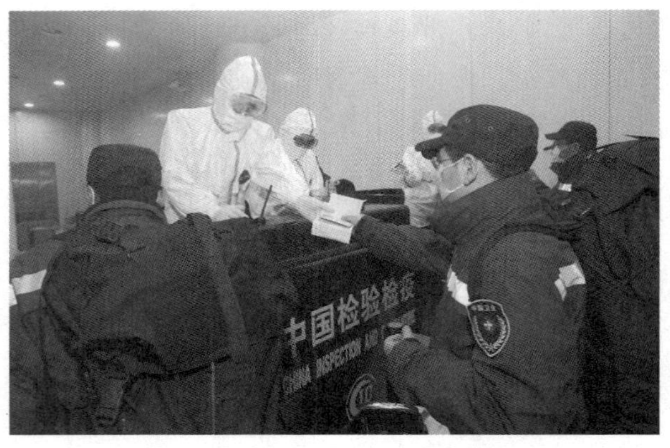

【北京出入境检验检疫局加强进境动植物疫病疫情监测，维护国门安全】 2015 年，北京出入境检验检疫局共截获进境植物有害生物 250 种 2 140 种次，同比分别增长 35. 14% 和 29. 93% 。其中，截获检疫性有害生物 22 种 439 种次，同比种类增长 29. 41% 、种次下降 1. 35% 。从智利进口羊驼中检出牛病毒性腹泻抗原阳性 6 头，Q 热抗体阳性 3 头；从澳大利亚进口奶牛中检出副结核病抗体阳性 2 头。上述动物均作捕杀销毁处理。

通过加强与海关、邮政部门的沟通协调，借助“一机双屏”，增加查验设施等手段，扩大进境邮寄物查验覆盖范围，实现了工作时间内对所有查验场地的进境邮寄物全过机查验。2015 年邮检截获禁止进境物 3 410 批次，其中动植物及其产品 3 029 批次，是 2014 年的 6. 10 倍。众多截获物品中包括外来生物箭毒蛙、植物种苗繁殖材料、多肉植物及活体昆虫等高风险物品。

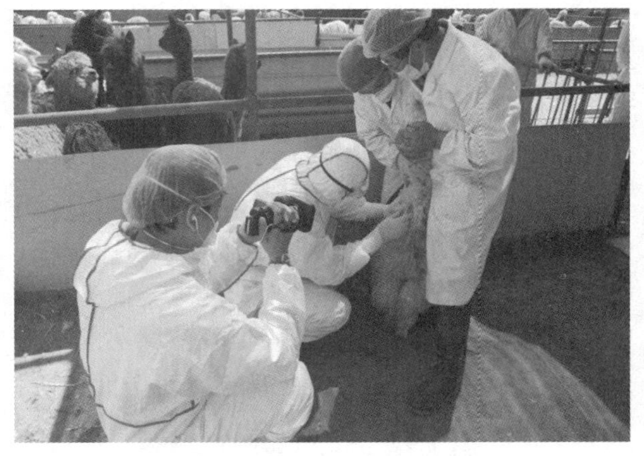

【北京出入境检验检疫局完善“中关村模式”，扶持生物医药产业发展】 2015 年 12 月，进境动植物源性生物材料和特殊物品监管“中关村模式”获国家质检总局年度“质检创新”奖。“中关村模式”主要包括两方面改革内容：一是对进境生物材料监管改革，二是构建特殊物品创新全流程一体化监管模式。进境生物材料监管改革主要包括“简、免、放、助”四方面内容。“简”，即对 24 个大类动植物生物材料开展授权审批，审批由 2 级 6 个环节缩减为 1 级 2 个环节，时限由 20 个工作日缩短为 3 个工作日，许可证有效期延长至 12 个月，并准许核销；“免”，即对四大国际细胞库和八大类动物诊断试剂实施审批免办，减免进境动物诊断试剂、四级风险产品和指定细胞库细胞系的输出国官方卫生证书要求；“放”，即京津冀三地在国内首次开展SPF动物遗传物质准入，放宽进境SPF鼠隔离检疫要求；“助”，即构建服务平台，量身打造一次报检、一次查验、一次放行的“一站式服务”绿色平台，实施信息化监管。构建特殊物品创新全流程一体化监管模式主要包括以下内容：一是构建特殊物品全流程监管一体化平台，开展高风险产品集中查验、低风险产品远程查验，从报检到放行最快仅6.5小时；二是实施审批单无纸化，实行“一次审批，多次核销”，审批时限由20个工作日缩短至3～5个工作日；三是对入境高风险血液、含血液质控品和人体组织等特殊物品开展风险评估。2015年12月18日，全国首家“一站式”特殊物品及生物材料进出口公共服务平台——中关村生命科学联合创新服务中心正式启动运行。

开放口岸

【北京空运口岸（北京首都国际机场）】 北京空运口岸是中国地理位置最重要、规模最大、设备最齐全、运输生产最繁忙的大型国际航空港，为全球第二大机场；不仅是中国首都北京的空中门户和对外交往的窗口，还是中国民航最重要的航空枢纽，也是中国民用航空网络的辐射中心。

北京首都国际机场地处东经116°35′04″，北纬40°04′48″，位于北京市区东北方向顺义区境内，距离天安门广场25.35千米。首都机场于1958年3月2日投入使用，共有3座航站楼：1号航站楼于1980年1月1日启用，现有13个近机位登机口；2号航站楼于1999年11月1日投入使用，现有34个近机位登机口；3号航站楼于2008年2月29日投入使用，现有87个近机位登机口。北京首都国际机场成为中国第一个拥有3座航站楼，双塔台、3条跑道同时运营的机场。此外，还有位于3号航站楼西侧的首都国际机场专机候机楼，以及位于专机候机楼西南侧的首都国际机场公务机候机楼。

北京首都国际机场拥有远近机位363个，2条4E级跑道，1条4F级跑道，是中国国内仅有的两座拥有3条跑道的国际机场之一。截止到2015年年底，首都机场拥有覆盖最广的国内航线网络和日益强大的国际及地区航线网络，总计94家航空公司入驻首都机场运行，其中国内航空公司24家，国外（地区）航空公司70家，联通全世界64个国家（地区），包括国内通航点140个、国际（地区）通航点129个。近年来，首都机场荣获国际机场协会（ACI）机场服务质量最佳进步奖、4 000万级以上最佳机场第二名、亚太最佳机场第三名、ACI总干事机场卓越服务奖等一系列殊荣。同时，首都机场开通了通程航班行李直挂服务试点，大力推进了与星空联盟、天合联盟和寰宇一家的战略协同与合作。2013年1月1日，首都机场成为国内首个实行72小时过境免签政策资格的机场，2015年4月15日正式实施24小时过境旅客免办边检手续。

2015年，北京空运口岸出入境旅客2 323.03万人次，同比增加5.36%。其中，出境旅客1 156.16万次，入境旅客1 166.87万人次。

2008年7月23日，北京天竺综合保税区获得国务院批复（国函〔2008〕64号），总体规划面积5.94平方千米，成为全国首家依托空港口岸设立的综合保税区。2010年12月，天竺综合保税区港区一体化功能启动，首都机场货物流转效率全面提高。综合保税区内一级货站总占地面积28万平方米，相比旧货站面积扩展近60%，年设计吞吐量由原来的34万吨扩展到超过100万吨；进口二级监管库从原有的1.20万平方米扩展至4.60万平方米，出口拼装区面积从1万平方米扩展到1.50万平方米，收货场地宽度从60米扩展到150米，极大地提高了出口拼装区同时接收货物的能力。

【北京陆路（铁路）口岸】 北京西站铁路口岸位于北京市西三环莲花桥以东的莲花池东路，南邻莲花池公园，北接中华世纪坛，地处北京西部的交通枢纽位置。北京西站铁路口岸经国务院批准，于2003年10月1日起临时开放。该口岸运行北京直通香港列车（T97次、T98次），隔日到发各一对，运行时间不到24小时。北京西站铁路口岸拥有1 160平方米的联检大厅，由原来的软卧候车室临时改造而成，内驻有海关、检验检疫和边防检查3家联检单位。

2009年11月24日，国务院正式批复铁道部和北京市人民政府，同意北京西站铁路口岸正式对外开放。2012年11月，北京市口岸办上报北京市人民政府的《北京西站铁路口岸正式开放实施方案》获批。

2015年，北京西站铁路口岸出入境旅客6.65万人次，同比下降27.72%。其中，出境旅客3.48万人次，入境旅客3.17万人次。

原二类口岸

【北京朝阳口岸】 北京朝阳口岸位于北京东南东四环路与京沪高速公路交汇处，毗邻北京经济技术开发区，通过京沪高速公路与天津港相连。1994年10月，朝阳口岸经北京市政府批准正式开放，专门服务于北京地区企业的海运进出口贸易，主要承担北京地区海运集装箱货物进出口通关查验及相关业务，是海关总署和国家质检总局批准的北京地区海运进出口货物监管通道，同时也是交通运输部批准的海运集装箱中转站。

朝阳口岸占地78.20万平方米，其中进出口监管仓库1.69万平方米，公共保税库0.31万平方米，冷藏库0.09万平方米，监管装卸平台0.36万平方米，集装箱堆场3.20万平方米；设有海关H986集装箱检测系统、检验检疫隔离区及熏蒸处理系统、海关电子闸口及朝阳口岸物流通关服务电子信息平台等。

2009年9月，北京市政府专题会议同意朝阳口岸外移至通州马驹桥物流基地，并加快推进通州口岸建设项目。2015年11月3日，通州口岸项目首期两块物流用地已被口岸建设主体北建通成国际物流有限公司摘取。12月8日，北控集团和天津港就合作开发北京通州口岸和天津港北京进出口专用堆场、仓储设施项目正式签约，成立天津港北建通成国际物流有限公司，实现京津两市口岸运营企业互相投资口岸项目，利用经济纽带促进口岸合作发展。

2015 年，朝阳口岸海关监管集装箱量 11.61 万标箱，同比增长 1.55%；海关征收关税及代征税 120.51 亿元，同比下降 4.43%。

【北京丰台货运口岸】 北京丰台货运口岸是于 1994 年 5 月 12 日经北京市人民政府批准正式对外开放的内陆铁路货运口岸。其地处京城西南丰台区内，东距广安门 9 千米，西离卢沟桥 2 千米，南傍京广铁路线，北邻京石高速公路，与北京西客站只相距 5 千米，口岸内建有 4.5 千米铁路专用线与石景山南站联通。

丰台货运口岸内驻有海关、检验检疫和报关行等执法机构和服务单位，具备完善的口岸运营、查验、服务功能。口岸总占地面积 0.37 平方千米，拥有包括海关监管库在内的平库房 29 栋、楼库 2 栋，集装箱堆场面积 2 万平方米；铁路站台 2 座，面积 1 万多平方米，站台罩棚8 400 平方米，站台货位 60 个。此外，拥有齐全的运输吊装设备，先进的安全监控、调湿调温、消防设备等，设有专业消防队，配备了先进的通信设施，可以通过 DDD、IDD 方式进行国内国际各项业务联络。

北京丰台货运口岸北运货物可经满洲里、二连浩特、丹东、绥芬河、阿拉山口等口岸出境，南运货物可从广州、深圳、珠海口岸到香港、澳门，也可以通过陆海、公路铁路联运方式走亚欧大陆桥与亚欧各国相连，进口货物可分拨至我国东、西、北、中原等大部分地区，并同各个口岸联通配合。

2015 年，丰台货运口岸海关监管货物 1.78 万吨，同比增长 2.81%；海关征收关税及代征税 9 872 万元，同比增长 1.75%。

【北京平谷国际陆港】 北京平谷国际陆港位于京津冀交界处，海陆空铁交通条件便利，便于实现多式联运。其所在的马坊物流基地是北京市重要的海运通道，是北京市“十一五”“十二五”规划中重点规划建设的物流基地之一，也是北京市唯一正式纳入中关村国家自主创新示范区的物流基地。

2010 年 3 月，平谷国际陆港正式开关运营，主要服务于北京市 14 个区县，以及天津、河北、内蒙古、山西等地区，一直以打造成为服务首都的主要海运口岸，服务首都的展示交易平台、服务首都的物流配送基地，首都现代物流产业集聚区目标而建设发展。平谷国际陆港已建成 1.80 万吨全自动立体冷库，1.20 万平方米电子商务大厦，2 万平方米联检大楼，0.20 万平方米查验楼，1.80 万平方米监管仓库和查验平台，5.10 万平方米监管堆场，H986 海关查验设施，检验检疫无害化处理设施。截至 2014 年 12 月，还有 14.4 万吨全自动立体冷库，5.2 万平方米展示交易中心，9 万平方米标准化仓库，5 万平方米办公设施，10 万平方米标准化仓库正在建设。2014 年 11 月 3 日，国家质检总局正式下文批复平谷国际陆港的肉类指定口岸资质。2014 年 11 月 17 日，国家口岸办正式批复北京平谷国际陆港为临时口岸对外开放。2015 年 1 月又获批进口水产品指定口岸，进一步完善了平谷国际陆港的口岸功能。

2015年，平谷国际陆港海关监管集装箱量为3.07万标箱，同比下降1.29%；海关征收关税及代征税20.26亿元，同比下降4.21%。

北京市口岸大事记

1月1日

首都国际机场2号航站楼国际转国际最短衔接时间（MCT）从120分钟优化至100分钟，缩短16.67%；国内转国内最短衔接时间（MCT）从90分钟优化至60分钟，缩短33.33%。

1月15日

北京海关、北京出入境检验检疫局、市商务委、市政府口岸办联合组织召开了“三个一”企业宣传推介会。会上介绍了“三个一”通关模式内容和目前实施进展情况，就易速版、九城版、榕基版企业客户端代表分别进行了推介，并宣读了“三个一”公告，向企业公开承诺“三个一”不增加企业通关费用。关检部门和客户端代表针对系统安装和后续服务等有关事宜进行了详细的解答。

2月3日

国家质检总局副局长张沁荣、农业部副部长牛顿，阿根廷农牧渔业部部长卡洛斯·卡萨米格拉先生、阿根廷驻华大使馆农业参赞傲马先生出席了在北京出入境检验检疫局动物隔离场举行的阿根廷赠送国礼马交接仪式。

2月9日

中共中央政治局委员、国务院副总理马凯到首都机场视察民航春运保障工作，并慰问一线工作人员。交通运输部部长杨传堂、民航局局长李家祥、北京市副市长张延昆，以及国务院有关部门负责人陪同视察。

2月15日

程红副市长受北京市主要领导委托拜会海关总署于广洲署长，代表市委市政府感谢海关总署、北京海关为推动京津冀区域协同发展，促进首都口岸体系建设，提升贸易便利化水平，保障平安北京建设等方面给予的大力支持，同时表示希望海关总署继续在口岸开放、跨境电子商务发展等方面给予支持。于署长表示海关将深入贯彻落实党的十八届三中、四中全会和中央领导重要指示精神，支持北京“四个中心”建设，继续和北京市密切配合，深化全国区域通关一体化改革，服务首都科技、文化创新，支持总部经济、服务贸易、中关村建设等重点工作，对接北京经济社会发展目标，不断优化完善各项改革举措。

2月16日

国务委员、公安部部长郭声琨在民航局局长李家祥、公安部副部长刘彦平等相关部门领导陪同下，到首都机场视察指导春运安保工作，并亲切慰问分局民警、武警和安检人员等春运安全保障工作人员。

4月15日

首都机场正式实施24小时过境旅客免办边检手续。

6月18日

国家质检总局、公安部、国家卫计委、国家旅游局、国家宗教局五部委联合督导组到首都机场口岸考察中东呼吸综合征疫情防控工作。

6月26日~7月1日

由市政府口岸办牵头组织协调口岸各相关单位圆满完成《亚洲基础设施投资银行协定》签署仪式和特别财长会议抵离迎送工作，共迎送参会人员120批254名。迎送VIP贵宾73批188人，其他参会代表47批66人。其中，迎送副总理级代表团6个24人，正部级代表团43个110人。

7月1日

北京作为全国首批城市，在首都国际机场开始实施境外旅客购物离境退税政策。

8月15日~9月1日

由北京市政府口岸办牵头组织协调口岸各相关单位圆满完成了北京国际田联世界田径锦标赛首都机场抵离迎送任务，共迎接抵京代表1 985批4 974人，其中运动员代表748批2 863人，非运动员代表1 185批1 989人，贵宾代表52批122人，涉及203个国家和地区；累计接待离京代表 1 786 批 4 559 人。

9 月 15 日

台湾“移民署”署长莫天虎一行在公安部出入境管理局局长郑百岗陪同下到北京边检总站参观访问。

9 月 17 日～18 日

北京、上海、广州、香港四地机场海关第一次执法工作会议在北京召开，与会各方分别就监管、打私工作进行经验交流和成果分享，就进一步优化联系配合机制提出意见和建议，并赴首都机场海关监管现场参观调研。该会议标志着内港四地机场海关定期会晤制度正式启动，有助于进一步密切跨地区、跨关区执法协作，实现信息互联互通，建立联防联控网络，更加有效地打击跨境走私等违法犯罪活动。

12 月 8 日

在第七届投资北京洽谈会上，通州口岸经营主体北京北建通成国际物流有限公司与天津港集团正式签约，天津港集团出资购买通州口岸项目 10% 的股份，同时北控集团和天津港集团各出资 50%，成立天津港北建通成国际物流有限公司，在天津自贸区内建设北京进出口专用堆场、仓储设施。京津两市口岸运营企业互相投资两市口岸项目，以经济纽带寻求口岸运营方面合作的空间，促进京津口岸开展全方位合作。

12 月 18 日

全国首家“一站式”特殊物品及生物材料进出口公共服务平台——中关村生命科学联合创新服务中心（简称“北平台”）正式启动。

12 月 20 日

首列从德国发出的铁路集装箱国际联运专列抵达北京石景山南站，并于 12 月 22 日通过铁路专用线分两批次运至丰台货运口岸内通关。该专列从德国起运，通过满洲里口岸入境整列直通北京，全部运输时间为 16 天，共 44 个 40 英尺集装箱，总货重 290 余吨，货值约 475 万欧元。本次专列是北京丰台货运口岸恢复集装箱国际联运功能以来首次运输的集装箱进口国际联运专列。

（撰稿人：乔志诚、徐敬松、谭峰、徐戈、庞珂、唐茜茜、朱明源、王晓祎、张义臣、王海红）

2015 年北京市口岸流量统计表

口岸类型	口岸名称	货运量（万吨）				集装箱量（万标箱）				人员（万人次）				交通工具（辆、艘、架、列次）			
		出口	进口	合计	同比（%）	出口	进口	合计	同比（%）	出境	入境	合计	同比（%）	出境	入境	合计	同比（%）
空运口岸	北京首都机场口岸	137.21	4 022.52	4 159.73	112.15			0.00		1 156.16	1 166.87	2 323.03	5.36	66 030	66 583	132 613	5.45
	分计	137.21	4 022.52	4 159.73	112.15			0.00		1 156.16	1 166.87	2 323.03	5.36	66 030	66 583	132 613	5.45
陆运口岸 公路口岸	北京平谷口岸	0.33	18.67	19.00	-4.33	0.12	2.95	3.07	-1.39			0.00				0	
	北京朝阳口岸	0.97	92.82	93.79	-21.44	0.27	11.33	11.61	1.57			0.00				0	
	分计	1.31	111.48	112.79	-19.00	0.39	14.28	14.68	0.94			0.00				0	
陆运口岸 铁路口岸	北京丰台铁路口岸	1.22	0.56	1.78	2.49			0.00				0.00				0	
	北京西站铁路口岸			0.00				0.00		3.48	3.17	6.65	-27.66			0	
	分计	1.22	0.56	1.78	2.49			0.00		3.48	3.17	6.65	-27.66			0	

续表

口岸类型		口岸名称	货运量（万吨）				集装箱量（万标箱）				人员（万人次）				交通工具（辆、艘、架、列次）			
			出口	进口	合计	同比（%）	出口	进口	合计	同比（%）	出境	入境	合计	同比（%）	出境	入境	合计	同比（%）
水运口岸	海港口岸				0. 00			0. 00			0. 00			0				
		分计			0. 00			0. 00			0. 00			0				
	河港口岸				0. 00			0. 00			0. 00			0				
		分计			0. 00			0. 00			0. 00			0				
合计			139. 74	4 134. 56	4 274. 30	103. 37	0. 39	14. 28	14. 68	0. 94	1 159. 65	1 170. 04	2 329. 69	5. 22	66 030	66 583	132 613	5. 45
同比（%）			-1. 57	110. 97			-17. 69	1. 57			5. 09	5. 35			5. 47	5. 43		

（北京市口岸办提供）

2015 年北京海关主要数据统计表

项目		2015 年	同比（%）
进出口货运量（万吨）	合计	4 274.30	103.37
	进口	4 135.56	110.97
	出口	139.74	-1.57
进出口贸易总值（万美元）	合计	9 568 865.00	-5.90
	进口	6 120 710.00	-5.80
	其中：江、海运输		
	铁路运输	6 627.00	5.20
	汽车运输	915 409.00	-11.30
	航空运输	5 198 674.00	-4.80
	邮件运输		
	其他运输		
	出口	3 448 155	-6.20
	其中：江、海运输		
	铁路运输	1 853	-29.30
	汽车运输	23 679.00	-21.90
	航空运输	3 422 623.00	-6.00
	邮件运输		
	其他运输		
税收（万元）	两税合计	467.69	-3.11
	关税入库		
	进口环节税入库		

（北京海关提供）

2015 年北京市口岸出入境主要数据表

<table>
<tr><th colspan="3">项目</th><th>2015 年</th><th>2014 年</th><th>同比（%）</th></tr>
<tr><td rowspan="14">出入境人员
（人次）</td><td colspan="2">出入境人员总数</td><td>23 296 875</td><td>22 140 500</td><td>5. 20</td></tr>
<tr><td colspan="2">入境人员</td><td>11 700 410</td><td>11 106 180</td><td>5. 40</td></tr>
<tr><td colspan="2">出境人员</td><td>11 596 465</td><td>11 034 320</td><td>5. 10</td></tr>
<tr><td colspan="2">出入境旅客</td><td>21 717 139</td><td>20 676 123</td><td>5. 00</td></tr>
<tr><td colspan="2">出入境员工</td><td>1 579 736</td><td>1 464 377</td><td>7. 90</td></tr>
<tr><td rowspan="5">中国公民</td><td>小计</td><td>16 174 087</td><td>14 235 892</td><td>13. 60</td></tr>
<tr><td>大陆（因公）</td><td rowspan="2">14 881 230</td><td rowspan="2">12 926 104</td><td rowspan="2">15. 10</td></tr>
<tr><td>大陆（因私）</td></tr>
<tr><td>港澳居民</td><td>785 512</td><td>786 620</td><td>-0. 10</td></tr>
<tr><td>台湾同胞</td><td>507 345</td><td>523 168</td><td>-3. 00</td></tr>
<tr><td colspan="2">外籍人员</td><td>7 122 788</td><td>7 904 608</td><td>-9. 90</td></tr>
<tr><td colspan="2">从海港出入境人数</td><td></td><td></td><td></td></tr>
<tr><td colspan="2">从陆港出入境人数</td><td>66 548</td><td>91 996</td><td>-27. 70</td></tr>
<tr><td colspan="2">从空港出入境人数</td><td>23 230 327</td><td>22 048 504</td><td>5. 40</td></tr>
<tr><td rowspan="5">交通运输工具
（辆、艘、架、列次）</td><td colspan="2">总计</td><td>123 381</td><td>115 525</td><td>6. 80</td></tr>
<tr><td colspan="2">船舶</td><td></td><td></td><td></td></tr>
<tr><td colspan="2">飞机</td><td>123 017</td><td>115 159</td><td>6. 80</td></tr>
<tr><td colspan="2">火车</td><td>364</td><td>366</td><td>-0. 50</td></tr>
<tr><td colspan="2">机动车辆</td><td></td><td></td><td></td></tr>
</table>

（北京出入境边防检查总站提供）

2015 年北京市出入境检验检疫业务统计表

项目		货物检验检疫				交通工具				集装箱量（标箱）		发现动植物疫情		货物通关		出入境人员查验（人次）	健康检查及预防接种（人次）			
		批次	金额（万美元）	检验检疫不合格																
				批次	金额（万美元）	船舶（艘）	飞机（架）	火车（列）	汽车（辆）	合计	检出问题	种类数	种次	批次	金额（万美元）		健康检查	艾滋病监测	发现病例	预防接种
本年累计		189 635	1 230 325	3 636	12 648	0	122 043	4 268	0	148 181	3	254	2 147	197 156	1 565 508	24 010 769	69 488	70 340	5 043	125 323
其中	出境	16 690	108 008	33	281	0	60 786	2 134	0	0	0	1	1	23 934	135 967	12 016 007	49 358	47 377	3 789	125 323
	入境	172 945	1 122 317	3 603	12 367	0	61 257	2 134	0	148 181	3	253	2 146	173 222	1 429 541	11 994 762	20 130	22 963	1 254	0
同比（%）		-5.25	-16.89	-28.2	-47.03	-	6.14	5.36	-	1.39	-	30.26	28.33	0.77	-7.72	8.72	-6.85	-8.66	-6.61	-3.81
其中	出境	-13.5	-29.05	-83	-83.75	-	6.26	5.02	-	-	-	-83.33	-91.7	13.62	16.23	9.17	-3.02	-8.33	9.7	-3.81
	入境	-4.36	-15.5	-26	-44.16	-	6.02	5.7	-	1.39	-	33.86	29.2	-0.78	-9.5	8.28	-15.1	-9.33	-35.6	-

（北京出入境检验检疫局提供）

天 津 市

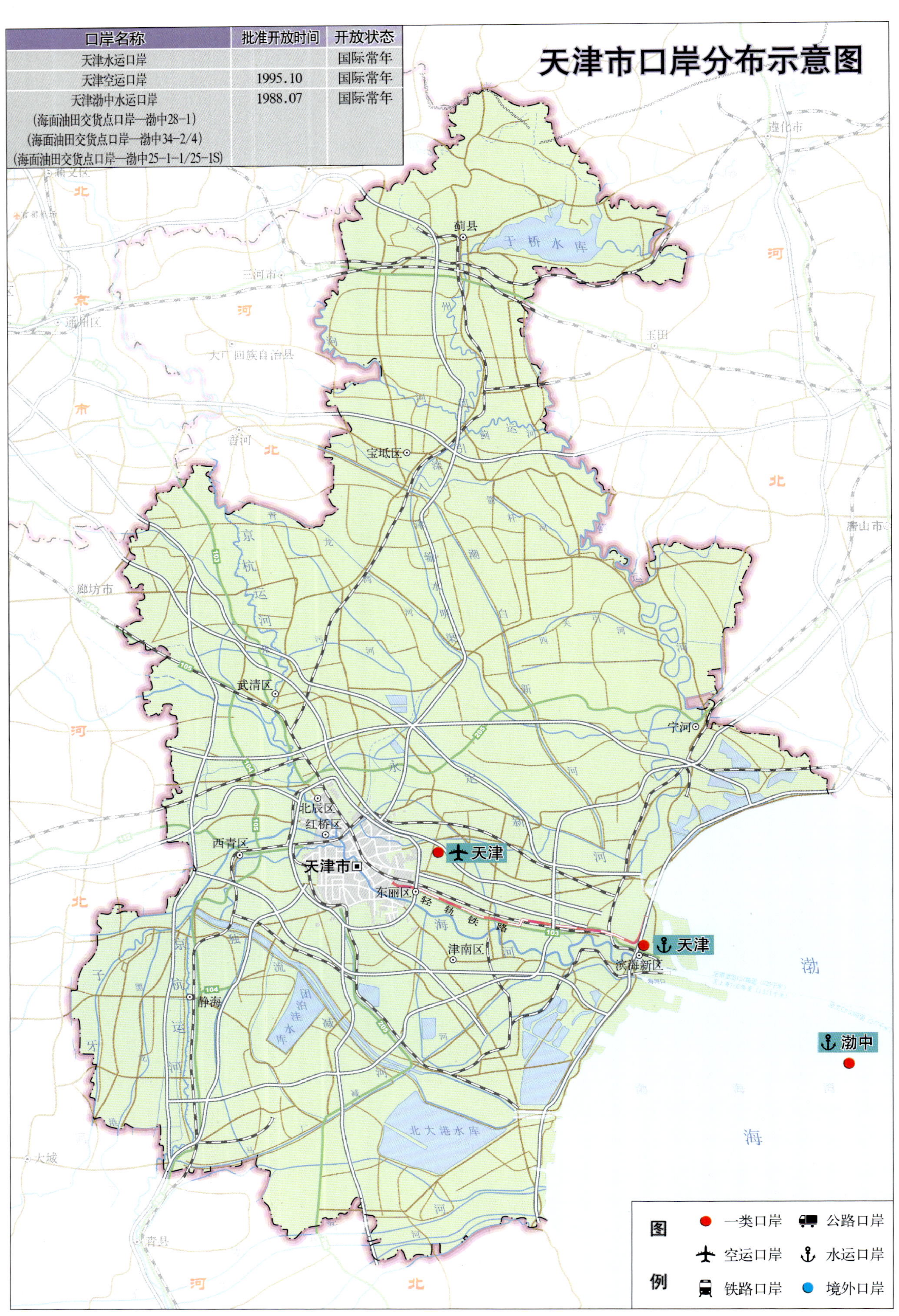

口岸名称	批准开放时间	开放状态
天津水运口岸		国际常年
天津空运口岸	1995.10	国际常年
天津渤中水运口岸 （海面油田交货点口岸—渤中28-1） （海面油田交货点口岸—渤中34-2/4） （海面油田交货点口岸—渤中25-1-1/25-1S）	1988.07	国际常年

口岸数量及分布

截至2015年年底，天津市有经国务院批准的对外开放口岸3个，分别为天津空运口岸（天津滨海国际机场）、天津水运（海港）口岸、渤中水运（海上石油交货点）口岸。

口岸运行数据

天津口岸是中国北方最大的综合性口岸，陆域面积132平方千米，拥有集装箱、矿石、煤炭、焦炭、石油及制品、钢材、大型设备、滚装汽车、液体化工、液化天然气、散粮、国际邮轮等专业化生产性泊位157个，其中万吨级以上泊位113个。

2015年，天津口岸进出口贸易值为1 874.29亿美元，同比下降17.9%。其中，进口879.99亿美元，同比下降25.8%；出口994.30亿美元，同比下降9.4%。

天津水运（海港）口岸外贸货物吞吐量为2.99亿吨，同比增长1.2%。其中，进口2.01亿吨，同比下降1.2%；出口9 788.41万吨，同比增长1.4%。外贸集装箱吞吐量为737.17万标箱，同比下降1.2%。天津空运口岸（天津滨海国际机场）出入境货邮吞吐量为12.57万吨，同比下降9.2%。

天津口岸出入境人员达307.47万人次，同比增长44.7%。出入境交通工具达4.08万艘（架）次，同比增长13.8%。

口岸综合管理

【国际贸易单一窗口建设实现重大突破】 2015年7月1日，天津国际贸易“单一窗口”正式运行，实现了“互联网+”免费报关和港口服务，在全国率先实现了免费报关的重大突破，国务院自贸试验区工作部际联席会将其列为可在全国范围推广的21项可复制改革试点经验之一。“单一窗口”实现通关业务与互联网相融合，企业在“单一窗口”一个平台办理报关、报检等口岸业务，有效地降低了通关成本，提高了通关效率，优化了口岸服务，对促进区域通关一体化，推进实现口岸部门信息互换、监管互认、执法互助，提升天津口岸通关和贸易便利化水平具有重要意义。“单一窗口”信息系统的平稳运行保障了天津港‘8·12”事故期间口岸手续通过网上正常办理，为稳定口岸通关秩序发挥了重要作用。“单一窗口”逐步完善、运行平稳，已建成涉及11个单位的5项通关服务功能、9项港口服务功能及130多项在线查询和办事服务功能。截至2015年12月底，“单一窗口”总应用企业256家，报关78.67万票，报检1 460票，联检核放出入境船舶1.81万艘次。

【服务自贸试验区建设取得积极进展】 完善京津冀海关区域通关一体化和检验检疫通关业务一体化改革。京津冀区域通关一体化模式已经在全国推广，并实现区区联动；检验检疫通关业务一体化模式在全国检验检疫系统推广。

优化无水港网络布局。天津与内地合作建设无水港25个，分布在9个省、自治区、市，实现了华北地区全覆盖、西北地区基本覆盖，还拓展到中部地区和东部沿海地区，形成以天津港为核心、以无水港为重要节点的海陆物流网络。2015年，内蒙古巴彦淖尔无水港正式开港运营，无水港运营总数达到19个，全年集装箱运营量超过31万标箱。完善天津港与无水港之间在途运输，货物运输监管模式进一步简化，天津港与内陆口岸通关协作得到进一步推动，大力促进了无水港发展。

提升超大超限货物通关、运输、口岸服务等综合能力。研究制定了天津口岸提升超大超限货物通关运输和口岸服务综合能力的措施并组织实施。

加快电子口岸升级发展。制订天津电子口岸升级发展建设方案，实现了口岸查验部门对出入境船舶审批结果的信息共享，推进企业运营信息系统与口岸执法监管系统对接，天津电子口岸全年处理通关信息报文 1 287.7 万条，国际航行船舶集中申报 2.07 万艘次，正班出入境航班集中申报 1 280 架次。

【大通关服务水平得到明显提高】 研究制定推进大通关改革的工作措施。贯彻国务院文件精神，出台了《天津市人民政府办公厅关于改进口岸工作支持外贸发展的实施意见》。

继续实施 7×24 小时通关服务。2015 年，海关、检验检疫局非工作时间加班累计 5.33 万人次，受理报关 35.85 万票，受理报检 7.12 万批次。

全面推进无纸化通关。2015 年，海关无纸化报关单量超过报关单总量的 97%；检验检疫出口报检 100% 实现无纸化，190 家企业正式开展进口无纸化报检。

空运口岸功能进一步完善。部分国家外国人 72 小时过境免办签证政策落地实施，新增客货运定期航线 18 条，公务机楼投入试运行，形成 T1 航站楼国际区通关业务改造方案。全年圆满完成 23 批次 133 人次国内外政要的通关保障工作。

国际邮轮通关保障能力进一步提高。东疆邮轮母港实行团体旅客散客式验放，实现团体旅客散出散入、随到随检、快速通关。2015 年，共接待国际邮轮 96 艘次，进出境旅客 43.2 万人次。

“一站式”通关服务机制不断深化。天津国际贸易与航运服务中心安全稳定运行，驻中心窗口服务单位作风建设进一步加强，通关环境建设等事项满意度达 99.8%。航运服务中心全年受理进出口报关单量 115.01 万票，贸易值 1 076 亿美元，占天津口岸进出口贸易值的 57.4%。受理出入境报检 47.55 万批次，进出境通关单 20.69 万票，海事行政项目审批业务总量 11.66 万件；办理集装箱手续 1 411.1 万标箱。

【口岸服务区域经济发展能力进一步增强】 服务“一带一路”国家战略。推进“一带一路”沿线无水港或物流节点建设。服务推动天津新港北集装箱中心站建设。与北京、内蒙古等 17 个省、自治区、直辖市的口岸部门共同签署《丝绸之路口岸区域协作满洲里宣言》，建立了服务“一带一路”口岸合作机制。

服务京冀重点企业通关。对北京 100 家、河北 300 家重点企业开展口岸服务，解决了一批企业实际问题。

促进口岸服务区建设和发展。北辰和静海口岸服务区加快建设，服务区县开放型经济发展。

【口岸扩大开放取得新成果】 2015 年，实现 7 个口岸泊位正式对外开放。天津港南疆港区中海油 LNG 码头、大沽口港区 2 号和 3 号粮油码头等 7 个泊位实现正式对外开放，为优化口岸产业布局，提升口岸承载能力提供支撑。

推进新建港区对外开放。海关在大港港区设立机构，检验检疫局在大港港区、北塘港区设立机构，为开展口岸业务奠定基础。大港港区“一站式”通关服务场所具备进驻条件，北塘港区（中心渔港）“一站式”通关服务场所投入使用，临港经济区（二期）通关服务场所完成主体结构施工。

【健全协同高效的口岸工作运行机制】 天津口岸大通关协调工作机制进一步完善，成立了由天津市口岸办、天津海关、天津出入境检验检疫局、天津海事局、天津边防检查总站、天津港（集团）有限公司、天津滨海国际机场等部门组成的大通关工作推动组。立足改善口岸环境、提高通关效率、降低企业通关成本、提升天津口岸综合服务水平，研究通关难题，调研收集企业意见，协调处理通关问题，推动天津口岸服务水平进一步提升。

口岸监管与服务

【天津边防检查总站着力优化边检服务，强化口岸管控，深化边检管理改革】 天津边检总站优化通关服务，不断提高边检服务水平。主动服务国家发展战略，推出了服务保障天津自贸区建设发展的“六项措施”，推动了天津机场口岸 72 小时过境免签政策落地，推进了“单一窗口”建设。积极落实部局关于简化船舶边检手续的新举措，细化了落实措施和操作流程，提高了船舶通关效率。

深化管理改革，着力提升边检管理效能。推行多方共管机制，与天津市口岸办联合印发了《关于深化港口边检管理改革加快推进“多方共管”的实施意见》，与30家码头企业签订了《对外开放码头共管工作协议书》，编制了《国际航行船舶在港自管职责》。推出信用管理机制，研发了信用管理评价系统。目前，多方共管机制被列入天津自贸试验区第二批制度创新清单，信用管理机制被纳入天津市对外开放口岸诚信体系建设整体范畴。

严密管控措施，全力确保口岸安全稳定。强化口岸反恐，完善了反恐预案和工作措施，建立健全了对外协作机制，突击提升了反恐能力。严厉打击非法出入境活动，重点加大了对乘邮轮出境后滞留不归案件的查处力度。全年查获违法违规人员200余人次，审查遣返遣送人员近1 500人次。加大口岸查布控工作力度，查获各类在控对象200余人次。

聚焦警务实战，圆满完成天津市“9·3”安保、“8·12”事故应对处置等重大敏感任务。健全应急处突机制，强化实战训练演练，加强对外沟通协作，圆满完成了“9·3”安保任务，妥善处置了2起邮轮旅客霸船事件。“8·12”事故发生后，面对1人牺牲、12人受伤、121名民警和3个边检站财产不同程度受损的灾情，迅速行动、周密组织，全力做好事故应对和善后处置工作，确保了勤务正常运行、口岸通关顺畅。

【天津海事局全面落实建设服务型政府要求，服务质量与效能不断提升】 天津海事局服务国家重大战略迈出新步伐，积极落实服务天津自贸试验区举措。简政放权、优化服务取得积极进展。深化行政审批制度改革，建立了天津海事权力清单制度，实现了行政审批“单一窗口”，取消和下放行政审批事项及事权29项。服务地方海洋经济取得显著成效。保障了天津港相关泊位新改扩建、天津港复式航道和30万吨级航道等4条航道顺利通航，圆满完成了“碧海行动”任务，助推天津港实现跨越式发展。国际航行船舶进出口岸电子查验系统进一步完善，海事查验实现全面无纸化通关。组建星级邮轮监管团队，实施邮轮“一站式”通关服务，助力天津邮轮产业发展迈上新台阶。服务天津市能源结构优化，保障了国内首个LNG项目浮式存储再气化装置的安全顺利投入运营。完成了2个溢油应急设备库建设，天津海上应急处置力量布局更加合理。

【天津海关京津冀区域通关一体化改革掀开新一轮序幕】 天津海关为全国海关提供了可复制的成熟经验，惠及三地企业6万余家。先后推出3批29项自贸试验区监管创新制度措施，带动了融资租赁、保税展示交易等新型业态蓬勃发展。正式启动天津国际贸易“单一窗口”，在全国率先实现免费报关，进一步推进了口岸各部门的信息互换、监管互认和执法互助。关检合作“三个一”实现全覆盖。分类通关、通关无纸化、固体废物圈区监管等改革，显著提升了关区监管水平。抢抓机遇，助推天津成功获批跨境贸易电子商务试点城市。取消、下放7项行政审批事权，优化执法领域内部核批，在全关12个业务现场建成“一个窗口”，有力推进了简政放权。

立足国家总体发展战略，充分考虑天津发展的实际需要，始终如一地支持地方经济发展。建立滨海新区综合业务现场，“一站式”通关服务再次升级。现场业务处本部进驻天津滨海高新区，靠前助力自主创新示范区战略的实施。全面推广“汇总征税”模式，助力汽车平行进口，为企业节支增效。天津市首家享受入仓退税政策的出口监管仓库落户武清。积极支持天津市重大项目建设，审批各类减免税项目货值100.53亿美元，减免税款98.31亿元。查处侵犯知识产权案件759起，6次入选“中国知识产权海关保护典型案例”和“品保委典型案例”，居全国海关前列。12360热线共接受咨询19.53万人次，日均接受咨询量由2010年的47人次增加到2015年的242人次。关区注册企业增至16 258家，同比增长24.47%，高信用企业增至1 078家；同比增长89.4%。

【天津出入境检验检疫局落实检验检疫通关

一体化，提升口岸通行速度】 天津出入境检验检疫局按照国家质检总局关于全国检验检疫通关一体化部署，京津冀三地直属检验检疫局联合制订《京津冀区域检验检疫“两直”工作方案》，于2015年11月1日起在京津冀区域全面实施“出口直放、进口直通”通关模式。实现了检验检疫业务的前推后移和口岸内地分工更优化，取得了通关效率提升和企业省时省力省钱的双赢。

为提升天津口岸货物通行速度，于2015年8月1日印发通告，在天津港全面实施电子放行取消提货单盖章。通过电子放行系统实现检验检疫业务系统与港务EDI中心数据对接，直接向天津港务部门发送电子放行指令，港务部门凭电子放行指令办理提货放行，企业无须再到检验检疫部门办理相关放行手续，为企业节约了交通和时间成本。

会同天津海关联合印发《2015年继续全面推进关检合作“三个一”工作方案》。通过加强关检协作，保障“一次申报”系统正常运行，提升“一次查验”货物数量，进一步提高“一次放行”效率，打造天津口岸便利通关环境。

开放口岸

【天津空运口岸（天津滨海国际机场）】 天津空运口岸位于天津市东丽区，距天津市中心13千米，距天津港30千米，距北京134千米。天津滨海国际机场是我国区域枢纽机场和国际航空物流中心，是国家一类口岸，是滨海新区开发开放的重要组成部分。天津滨海国际机场共有进出境人员边检查验通道28条，海关出入境申报通道8条，检验检疫出境查验通道1条、入境查验通道2条，设有出入境口岸签证处。天津滨海国际机场飞行区等级4E级，跑道2条，高峰架次为每小时28架次，可满足各类飞机起降。天津空运口岸现有一级货站3家，库房面积合计6.6万平方米，年货运处理能力73万吨。天津空运口岸货物出入境查验监管区域共有7个，其中海关5个、检验检疫局2个。

2015年，天津滨海国际机场航线航班营销成效显著，全年新增、恢复及加密客运航班92条，新增、加密货运航线10条。实现旅客吞吐量1 431.4万人次，同比增速为18.6%，初步统计在全国机场排名由2014年的第24位提升至第20位，首次进入前20名；同比增速在全国千万量级机场中排第1位。其中，新增出入境定期客运航线9条，国际、地区旅客吞吐量为215.8万人次，同比增长38.4%；航空旅游旅客超过500万人次，同比增长14.9%，再创历史佳绩。

【天津水运（海港）口岸】 天津水运（海港）口岸位于渤海湾海河入海口，地处京津城市带和环渤海经济圈交汇点，是我国北方最大的人工深水港。

天津水运（海港）口岸对外开放水域面积1 590平方千米，国家批准对外开放码头岸线长148千米。天津港口岸分为一港八区及中心渔港。目前，东疆港区、南疆港区、北疆港区、大沽口港区、海河港区等5个港区口岸正式对外开放。天津港生产性泊位为157个，规划设计货物通过能力4.3亿吨、集装箱吞吐能力1 125万标箱，2015年实际运营规模超过5亿吨、1 400万标箱。

【渤中水运（海上石油交货点）口岸】 渤中水运口岸是中国海洋石油渤海公司海面交货点，可停靠国际航线船舶，直接出口海面交货点生产的原油。中国海洋石油渤海公司是我国最早从事海上油气田开发、生产的国有大型工业企业。该企业成立于1966年1月7日，是中国海洋石油总公司下属历史最长、规模最大的地区公司。该公司主要负责渤海海域石油天然气资源的勘探、开发、生产、运输与产品销售，并提供基地设施、工程技术和劳务服务，从1980年开始实行对外合作以来，成功地坚持合作与自营方针，建立了具有渤海特色的现代油公司管理体制，能够按照国际惯例组织各类油气田的开发和生产作业。中国海洋石油渤海公司海面交货点因业务变动，现无法查找运行数据。

天津市口岸大事记

1月1日

按照财政部、国家发展改革委联合下发的《关于取消、停征和免征一批行政事业性收费的通知》，天津港口岸对100总吨以下内河船和500总吨以下海船的船舶港务费、船舶登记费予以免征。

1月

天津口岸“船舶防污染作业管理系统”上线试运行。

4月

天津港北疆溢油应急设备库正式启用。

4月21日

中国（天津）自贸试验区举行挂牌仪式。

6月4日

天津滨海国际机场举行波音B787首航仪式。

7月1日

天津国际贸易“单一窗口”正式上线运行，天津口岸实现了“互联网+”免费报关和港口服务，在全国率先实现免费报关的重大突破。

7月

天津港东疆溢油应急设备库正式启用，标志着天津市海上一次溢油控制清除能力超过1 000吨，提前完成了国家“十二五”规划目标。

8月11日

财政部副部长胡静林一行到天津出入境检验检疫局调研口岸查验工作情况。

8月12日

天津港“8·12”瑞海公司特别重大火灾爆炸事故发生。

8月13日

国家审计署调研组到天津出入境检验检疫局调研天津口岸通关便利化情况。

8月19日

天津市常务副市长段春华到天津口岸视察“8·12”特别重大火灾爆炸事故应急处置情况，现场慰问了坚守口岸一线的干部职工。

10月1日

按照国务院文件要求，天津港口岸船舶港务费正式全部免征。

10月8日

“8·12”事故中受损的天津国际贸易与航运服务中心经过抢修全面恢复运行，标志着天津口岸全面恢复了通关便利化。

11月1日

京津冀区域全面实施“出口直放、进口直通”通关模式。

12月29日

天津跨境电子商务信息化综合服务平台成功通过测试运行。

（撰稿人：赵倩）

2015 年天津市口岸流量统计表

口岸类型		口岸名称	货运量（万吨）				集装箱量（万标箱）				人员（万人次）				交通工具（辆、艘、架、列次）			
			出口	进口	合计	同比（%）	出口	进口	合计	同比（%）	出境	入境	合计	同比（%）	出境	入境	合计	同比（%）
空运口岸		天津滨海国际机场	4.82	7.75	12.57	-9.20					109.40	109.70	219.10	38.50	1.17	1.17	2.34	30.80
		分计	4.82	7.75	12.57	-9.20					109.40	109.70	219.10	38.50	1.17	1.17	2.34	30.80
水运口岸	海港口岸	天津港口岸	9 788.41	20 100	29 888.41	1.20	364.38	372.79	737.17	-1.20	43.86	44.48	88.34	62.80	0.89	0.89	1.78	-3.20
		分计	9 788.41	20 100	29 888.41	1.20	364.38	372.79	737.17	-1.20	43.86	44.48	88.34	62.80	0.89	0.89	1.78	-3.20
	河港口岸																	
		分计																
合计			9 793.23	20 107.75	29 900.98		364.38	372.79	737.17		153.26	154.18	307.44		2.06	2.06	4.12	
同比（%）																		

（天津市口岸办提供）

2015 年天津海关主要数据统计表

项目		2015 年	同比（%）
进出口货运量（万吨）	合计	19 637.96	-7.2
	进口	11 885.65	-13.5
	出口	7 752.32	4.5
进出口贸易总值（万美元）	合计	18 742 900.0	-17.9
	进口	8 799 938.6	-25.8
	其中：江、海运输	6 909 547.7	-26.4
	铁路运输	5 097.6	-36.2
	汽车运输	142.9	-96.7
	航空运输	1 873 572.3	-22.5
	邮件运输	368.3	-25.1
	其他运输	11 209.8	-78.8
	出口	9 941 441.1	-9.4
	其中：江、海运输	8 683 186.1	-9.5
	铁路运输	42 353.9	-53.0
	汽车运输	5 259.2	38.2
	航空运输	1 140 055.7	-1.4
	邮件运输	177.4	-42.2
	其他运输	70 408.5	-45.9
税收（万元）	两税合计	1 647.5	-23.1
	关税入库		
	进口环节税入库		

（天津海关提供）

2015 年天津口岸出入境主要数据表

<table>
<tr><th colspan="3">项目</th><th>2015 年</th><th>2014 年</th><th>同比（%）</th></tr>
<tr><td rowspan="15">出入境人员
（万人次）</td><td colspan="2">出入境人员总数</td><td>307.5</td><td>212.5</td><td>44.70</td></tr>
<tr><td colspan="2">入境人员</td><td>154.2</td><td>106.9</td><td>44.20</td></tr>
<tr><td colspan="2">出境人员</td><td>153.3</td><td>105.6</td><td>45.10</td></tr>
<tr><td colspan="2">出入境旅客</td><td>253.7</td><td>171.4</td><td>48.10</td></tr>
<tr><td colspan="2">出入境员工</td><td>53.7</td><td>41.2</td><td>30.50</td></tr>
<tr><td rowspan="4">中国公民</td><td>小计</td><td>242.1</td><td>155.9</td><td>55.30</td></tr>
<tr><td>内地居民</td><td>233.8</td><td>147.7</td><td>58</td></tr>
<tr><td>港澳居民</td><td>2.53</td><td>2.46</td><td>3</td></tr>
<tr><td>台湾同胞</td><td>5.8</td><td>5.72</td><td>13.10</td></tr>
<tr><td colspan="2">外籍人员</td><td>65.3</td><td>56.6</td><td>15.30</td></tr>
<tr><td colspan="2">海港出入境人数</td><td>88.3</td><td>54.3</td><td>62.80</td></tr>
<tr><td colspan="2">陆港出入境人数</td><td></td><td></td><td></td></tr>
<tr><td colspan="2">空港出入境人数</td><td>219.1</td><td>158.2</td><td>38.50</td></tr>
<tr><td colspan="5"></td></tr>
<tr><td rowspan="5">交通运输工具
（万辆、艘、架、列次）</td><td colspan="2">总计</td><td>2.91</td><td>2.45</td><td>18.60</td></tr>
<tr><td colspan="2">船舶</td><td>1.11</td><td>1.09</td><td>1.10</td></tr>
<tr><td colspan="2">飞机</td><td>1.8</td><td>1.36</td><td>32.60</td></tr>
<tr><td colspan="2">火车</td><td></td><td></td><td></td></tr>
<tr><td colspan="2">机动车辆</td><td></td><td></td><td></td></tr>
</table>

（天津出入境边防检查总站提供）

2015 年天津市出入境检验检疫业务统计表

项目	货物检验检疫				交通工具				集装箱（个）		发现动植物疫情		货物通关		出入境人员查验（人次）	健康检查及预防接种（人次）			
	批次	金额	检验检疫不合格																
			批次	金额（万美元）	船舶（艘）	飞机（架）	火车（列）	汽车（辆）	合计	检出问题	种类数	种次	批次	金额（万美元）		健康检查	艾滋病监测	发现病例	预防接种
本年累计	288 523	4 705 960	19 139	752 524	10 377	20 970			2 397 016	16 687	401	22 220	400 161	6 338 211	2 841 842	20 766	19 803	5 988	20 907
其中 出境	64 221	386 575	488	6 284	4 978	9 961			208 316				135 620	806 805	1 374 704	15 743	14 620	5 255	20 873
其中 入境	224 302	4 319 385	18 651	746 240	5 399	11 009			2 188 700	16 687	401	22 220	264 541	5 531 406	1 467 138	5 023	5 183	733	34
同比（%）	-21.85	-29.95	6.88	-18.69	3.87	29.11			67.05	8.20	14.25	31.13	-14.75	-26.30	31.27	-8.21	-9.00	9.67	6.59
其中 出境	-13.65	-19.04	-18.94	34.72	7.40	29.68			-9.01				-27.58	-33.14	32.27	-8.11	-10.15	19.38	6.57
其中 入境	-23.92	-30.78	7.78	-18.96	0.82	28.59			81.49	8.20	14.25	31.13	-6.23	-25.19	30.34	-8.51	-5.59	-30.72	21.43

（天津出入境检验检疫局提供）

2015 年天津海事局进出港船舶统计汇总表

船舶类别	进港船舶							出港船舶						
	艘数（艘）	总吨（吨位）	总载重量（吨）	载客量（客位）	船员人数（人次）	货物到达量（吨）	旅客到达量（人）	艘数（艘）	总吨（吨位）	总载重量（吨）	载客量（客位）	船员人数（人次）	货物发送量（吨）	旅客发送量（人）
总　计	187 665	538 882 524	675 240 641	7 911 260	762 361	218 894 781	295 061	196 125	558 490 423	690 758 812	7 590 219	883 596	247 243 689	296 008
中国籍船舶	178 962	226 616 714	248 607 776	7 560 892	499 930	45 352 004	54 181	187 220	237 724 136	250 657 314	7 239 851	614 179	165 842 313	55 281
其中外贸船	429	8 311 195	12 700 184		8 912	6 068 801		475	8 551 669	12 041 793		9 936	3 927 950	

（天津海事局提供）

河　北　省

河北省口岸分布示意图

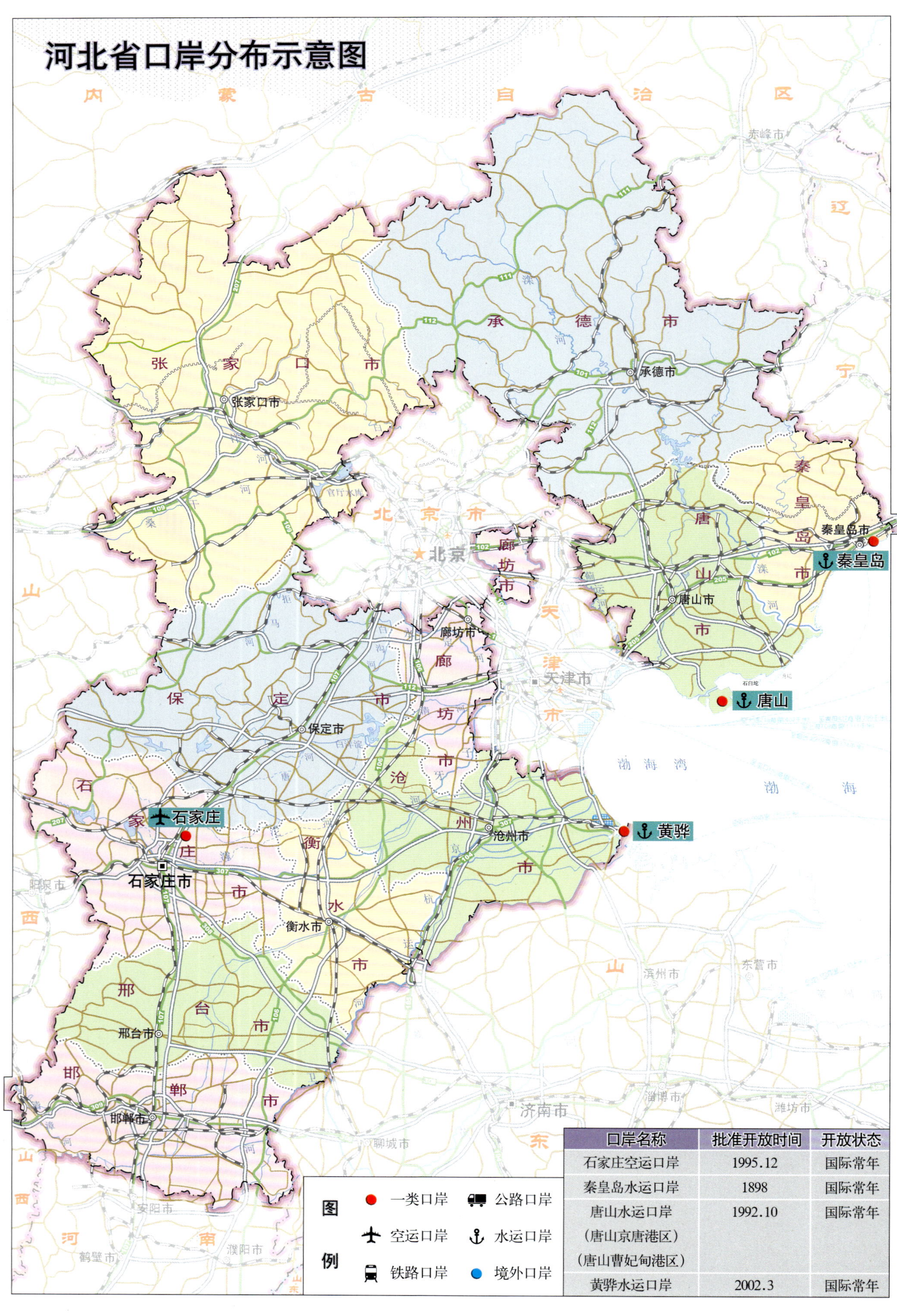

口岸名称	批准开放时间	开放状态
石家庄空运口岸	1995.12	国际常年
秦皇岛水运口岸	1898	国际常年
唐山水运口岸 （唐山京唐港区） （唐山曹妃甸港区）	1992.10	国际常年
黄骅水运口岸	2002.3	国际常年

口岸数量及分布

截至2015年年底，河北省有经国务院批准的对外开放口岸4个。其中，航空口岸1个，即石家庄空运口岸（石家庄正定国际机场）；水运（海港）口岸3个，分别是秦皇岛、唐山、黄骅海港口岸。

口岸运行数据

【水运口岸外贸货运量持续增长】 2015年，河北省水运（海港）口岸完成货运量9.1亿吨，同比下降4.4%。其中，秦皇岛水运（海港）口岸完成2.5亿吨，同比下降9.1%；唐山水运（海港）口岸完成4.9亿吨，同比下降1.58%；黄骅水运（海港）口岸完成1.7亿吨，同比下降5.09%。受国内经济形势影响，三大港货运量均出现下行趋势。受国际大宗商品降价、河北省出口产品附加值低等因素影响，河北省年度进出口总额（货值）下降。

2015年，河北省进出口总额为3 192.40亿人民币，同比下降13.40%。其中，进口总额1 150.30亿元人民币，同比下降22.80%；出口总额2 042.10亿元人民币，同比下降7.00%。

2015年，全省外贸货运量完成3.07亿吨，同比增长5.23%。其中，秦皇岛水运（海港）口岸完成1 529.5万吨，同比增长0.90%；唐山水运（海港）口岸完成2.75亿吨，同比增长4.67%；黄骅水运（海港）口岸完成1 699.64万吨，同比增长9.44%。外贸货运量的增加显示出河北省口岸开放对外向型经济发展的拉动作用。唐山水运（海港）口岸新建设8个码头泊位正式对外开放启用；国家批复同意黄骅水运（海港）口岸综合港区部分泊位临时对外开放延期，从政策上保障外贸合法运营；2015年7月16日国务院批复黄骅港口岸综合港区正式对国际船舶开放，以及河北省电子口岸上线运行等一系列重要举措，为河北省外贸货运量增加提供了强有力支撑。

【水运（海港）口岸集装箱运输快速增长】 2015年，河北省水运（海港）口岸完成集装箱吞吐量347.48万标箱，同比增长34.74%。其中，秦皇岛水运口岸完成45.05万标箱，同比增长8.82%；唐山水运口岸完成252.25万标箱，同比增长51.29%；黄骅水运口岸完成50.18万标箱，同比增长59.81%。外贸集装箱完成22.48万标箱，同比增长19.44%。其中，秦皇岛水运口岸完成19.92万标箱，同比增长16.2%；唐山水运口岸完成2.52万标箱，同比增长51.3%；黄骅水运口岸完成0.04万标箱，首次突破外贸标箱零纪录。

【石家庄空运口岸继续保持快速增长】 2015年，石家庄空运口岸累计开通国际（地区）客运航线17条，开通货运航线3条；进出港航班2 852架次，同比增长59.96%；进出旅客35.11万人次，同比增长81.54%；进出港货物6 239.6吨，同比增长9.47%。2015年增长的主要因素有：一是有效解决了查验部门人员编制不足的问题，提高了查验服务能力，为航空口岸运量增加提供了保障；二是北京与石家庄基本实现同城化，机场、高铁互成配套，快捷高效运送旅客，石家庄机场成为首都机场的主要分流机场，输送首都机场过剩客流；三是随着石家庄经济条件逐步提高，大众乘机旅行需求增加。这些因素不仅促使河北省航空口岸运量大幅增加，口岸运载能力、服务水平也得到了较大提升，航空口岸未来发展前景十分乐观。

口岸综合管理

【口岸开放进一步深化】 2015年7月16日，国务院正式批复黄骅港口岸综合港区扩大开放，这是河北省口岸开放史上的重大突破，对河北省腹地经济最具拉动作用的东南部出海通道就此打开。综合港区正式开放主要有两个显著特点：一是口岸开放范围大，综合港区口岸获准开放的范围达956.6平方千米，岸线38.3千米，泊位29个，基本上涵盖了黄骅港现有码头和可利用岸线，可满足港区中长期发展的需要；二是查验编制增加148个，为口岸开放提供了查验保障。

【唐山水运（海港）口岸功能进一步完善】 唐山水运口岸共有6个泊位通过了验收对外启用，包括京唐港区第四港池通用散杂货泊位工程（1个20万吨级泊位）、曹妃甸港区通用散货泊位二期工程（包含7万吨级、5万吨级和3.5万吨级散货泊位各1个）、矿石码头三期工程（包含2个25万吨级矿石卸船泊位），新建泊位的开放，使唐山水运口岸功能进一步完善、通过能力进一步提升。此外，丰南港区对外开放正式列入国家口岸开放年度审理计划，9月下旬，相关基础资料编制完成，扩大开放申报工作正式启动。

【石家庄空运口岸进一步加大开放力度】 石家庄正定国际机场获准开展口岸签证工作，填补了河北省没有外国人口岸签证点的空白，极大地方便了外国人来往河北，实现了河北省与世界的“无缝对接”。石家庄空运口岸相继开通了至首尔、台中、曼谷等旅游包机新航线，原有航线的飞行航班也得到大幅度的加密。

2015年，石家庄空运口岸共完成地区和国际航线进出港航班2 582架次，同比增长44.81%；出入境旅客首次突破35.11万人次，同比增长81.54%；出入境货物6 239.6吨，同比增长9.47%

【山海关机场连续9年实现临时开放】 山海关机场季节性临时开放再次获得国家口岸办批复，成为国内唯一连续9年实现季节性临时开放的机场。9年来，出入境通关保持零差错，共有近300架次旅游包机及3.5万多人次外国旅客出入境，直接旅游收入4亿多元，成为河北省发展涉外旅游经济新的增长点。

【石家庄综合保税区通过省级预验收】 石家庄综合保税区于2014年9月15日经国务院批复同意设立。经过一年多的奋战，石家庄综合保税区顺利完成了基础设施建设任务。2015年12月30日，河北省联合预验收工作组听取了石家庄综合保税区的建设情况汇报，实地检查了综合服务中心办公楼、主卡口、查验区等场地及配套设施，观看了视频监控及卡口集装箱自动验放过程，并沿巡逻道巡查了围网、监控、报警等设施。经过认真评审后，联合预验收工作组认为，石家庄综合保税区2.86平方千米区域范围内的基础设施和监管设施，基本符合海关特殊监管区域验收标准，可以通过预验收。石家庄综合保税区将向产业依托型综合保税区发展，以保税加工功能为主，以保税物流功能为支撑，以保税服务功能为配套，并拓展跨境电商等创新服务功能，强化对外开放平台和国际通道功能。石家庄综合保税区项目西邻正定国际机场，南邻正定高铁站，是集机场、高铁、高速公路为一体的空港、空铁复合型综合保税区，规划面积5平方千米，批准面积2.86平方千米，其中围网面积2.58平方千米。拟入区项目共有53个，其中已开工项目2个；拟入区项目中，保税加工类项目13个，国际贸易及保税物流项目25个，保税服务项目15个；已经开工项目及拟入区项目占地面积已超过总批准面积的50%。石家庄综合保税区建设将进一步推动石家庄及河北省外贸经济健康稳定发展，增强石家庄对冀中南地区经济的辐射带动效应。下一步，综合保税区将在加大招商引资力度、承接产业转移等方面下工夫，加快引进好项目、大项目，注重培育新兴贸易业态，发挥保税区的综合优势，将综合保税区打造成经济效益好、辐射带动效应强的对外开放桥头堡。

【口岸区域通关改革不断深化】 在深入实施京津冀通关一体化的基础上，河北省正式启动了“区区联动”区域通关一体化改革，区域通关一体化改革范围已扩大到全国，真正实现了全国跨区域的互联互通、互认共享、便捷通关，进出口企业在通关中的运输成本降低30%。全面推进关检合作“三个一”，已将“三个一”推广至关区所有通关现场、所有依法需要报关报检的货物，企业可减少约30%的关检重复申报项目，申报时间节省三成，查验环节时间和费用节省近半。通关作业无纸化改革全面铺开，无纸化报关单覆盖率已达到95%以上。

【秦仁航线平稳运营】 经过10多年的培育，秦仁航线已步入平稳运营轨道。2015年4月21日，秦仁海运开始自行管理船舶，积极开发、维护货源市场，保持了良好的发展势头。2015年，秦仁航线完成货运量2.93万标箱，同比增长7.40%；完成客运量4.54万人次，同比增长27.60%，为拉动口岸及腹地经济作出了新的贡献。

【电子口岸建设】 2015年7月24日，河北省政府下发了《关于加快推进“互联网+”电子口岸建设的实施意见》，确定电子口岸建设方案，成立电子口岸监督指导委员会；9月6日，电子口岸公司注册成立；10月12日，项目一期招投标工作顺利完成；2015年12月31日，河北省电子口岸上线试运行启动仪式在河北信投集团成功举行，这标志着河北省电子口岸正式运营，实现了河北省国际贸易“单一窗口”的基本功能，开启了口岸建设发展信息共享、数据共赢的信息化新时代，口岸综合管理和公共服务能力将实现质的飞跃。

2015年9月，河北省电子口岸平台正式启动建设，按照“政府主导、联合共建、统筹规划、分步实施、财政支持、实体运作、资源共享、安全规范”的原则，遵循“互联网+电子口岸”的建设理念，坚持省政府提出的“不以赢利为目的、服务企业为宗旨”的建设要求，历时4个月时间建成基础平台。虽然项目起步晚、底子薄、难度大，但最终实现标准高、建设快、成效好。目前，河北省电子口岸关检合作“三个一”、船舶统一申报、综合查询等一期项目系统功能已正式上线开通，得到企业的积极响应，开通当天共注册企业24家，其中货代企业18家，船代企业6家；完成海关查验指令11条，检验检疫查验指令12条；完成船舶进口申报数据9条，出口申报数据4条。

河北省电子口岸平台上线运行后，将进一步促进口岸相关管理部门间的“信息互换、监管互认、执法互助”，优化通关流程，大幅提高进出口企业通关效率，为支持河北省外贸发展，落实京津冀协同发展、国家“一带一路”战略奠定良好基础。在未来的发展中，河北省电子口岸将加快跨境电商、多式联运和金融服务等后期项目的开发建设，尽快建设成为集口岸通关执法管理和相关物流商务服务为一体的大通关、大物流、大外贸统一公共信息平台。

口岸监管与服务

【河北省边防总队服务口岸扩大开放】 全力支持河北沿海港口及航空口岸新增或扩大对外开放。对属于边防总队审批的对外开放水域内新增对外开放泊位、航空口岸新增对外航线的项目，主动靠前服务，优化审批验收流程，在政策依据、法律法规许可的前提下给予最大限度的工作支持。优先服务秦皇岛西港东迁、山海关船厂扩建、唐山京唐港36~40号码头、曹妃甸集装箱码头、弘毅二期、矿石码头三期等泊位的新增对外开放泊位审批。对属于公安部审批的，申请临时开放或扩大开放的项目，积极配合省政府有关部门向上级申报，提高口岸开放审批效率。当前重点支持北戴河机场、三女河机场、邯郸机场申请临时对外开放工作。

【河北省边防总队推进电子口岸建设】 全力支持电子口岸建设，并在省政府的领导下，积极参与电子口岸建设，推进国际贸易“单一窗口”建设，推动河北省外贸稳定增长和转型升级。重点做好海港船舶网上报检系统功能开发、河北边检网上办事平台融入对接工作，进一步完善出入境船舶网上报检、登轮登陆证件预约办理、中外旅游团预报预检（分团申请）、执勤执法流程网上公开等功能，进一步优化通关流程，缩短办理边检手续时间，为口岸企业节省运营成本，有效提升通关效率。

【河北省边防总队改进口岸通关服务】 进一步规范边检执勤执法流程和执法行为，强化执法监督，加强边检执法公开的系统性、及时性，进一步规范和公布通关作业时限，营造稳定、透明、可预期的执法环境。逐步完善“党委政府领导、边检机关主导、船方和企事业单位参与”的综合管理模式。在地方政府发文明确区域范围的基础上，制定口岸限定区域管理具体实施办法，维护口岸良好的出入境秩序。加快推进移动执勤、勤务指挥室、边检协管员等勤务模式改革。推进智能监控、智能验证台、自助查验通道建设，提升口岸通关信息化水平。

【河北省边防总队保障口岸安全畅通】 深化与海关、检验检疫、海事局等口岸查验单位的协作，加快实现信息互换、监管互认、执法互助，扩大联合执法、联合查验范围，推动在防控暴恐、应对突发事件、打击走私、反偷渡等方面的合作，进一步提升口岸整体安防管控和依法治理能力，确保口岸运行安全、高效、畅通。规范布控查控流程，密切与省高级人民法院、省人民检察院、省公安厅、省国家税务局、省国家安全局等单位的协作配合，开通24小时办理边控手续的紧急“绿色通道。”

【河北省边防总队提升边检服务水平】 深化和巩固8年来提高边检服务水平工作成果，开展提高边检服务水平“回头看”活动。持之以恒地抓好服务理念、专业素质、职业精神建设，推动边检专业化、法治化、信息化建设。各边检站主动参与地方政府组织的行风评议活动，落实边检社会监督员联席会议制度，努力成为法治政府和服务型政府建设的先锋，改革创新的先锋，维护国家安全和社会稳定的先锋，提升国家形象的先锋，增强国家软实力的先锋。当前重点抓好京冀曹妃甸协同发展示范区边检示范岗建设。

【河北省边防总队推出网上办事平台】 为进一步优化通关流程，提升通关效率，2015年河北边防总队自主研发了“河北边检网上办事平台”，并先后组织多次宣传推介活动，着力提高平台的知名度和使用率。7月份，河北省发展改革委推出“河北省互联网+”电子口岸建设工作后，总队积极响应、主动作为，全力推进边检网上办事平台与电子口岸的联通对接，多方协调解决网上报检数据权限等问题，力争做到办事平台和电子口岸的完美融合、无缝对接，打造“一站式”通关服务模式。

【河北海事局促成唐山港曹妃甸港区进靠40万吨级矿石船，助力河北港口迈入“大船时代”】 保障40万吨级超大型船舶安全靠泊曹妃甸，是河北省委省政府交给海事局的一项政治任务。海事局将此事作为服务地方经济建设、支持河北港口快速发展的一项大事来抓，积极谋划，多方协调，全力做好40万吨级超大型船舶安全靠泊曹妃甸的各项准备工作。一是与交通运输部天津水运工程科学研究院联合开展了唐山港曹妃甸港区满载进出40万吨级散货船通航适应性研究；二是专门行文向交通运输部和中国海事局报告曹妃甸进靠40万吨级超大型船舶的重要性，争取交通运输部及中国海事局在政策及资金方面给予支持；三是与河北省交通运输厅、曹妃甸区政府、唐山曹妃甸实业港务有限公司、唐山港引航站、中海散货运输有限公司等有关单位多次就曹妃甸进靠40万吨级超大型船舶存在的问题和安全保障措施进行专题研讨，并制订了实施方案；四是与大连海事大学合作，编制了《40万吨级船舶靠泊唐山港曹妃甸港区通航安全评估报告》，根据老铁山水道至曹妃甸深水航路的水文情况、潮汐特点，组织制订了40万吨级超大型船舶进港的安全保障方案；五是与中央电视台等国家级媒体、水运报和交通报等行业媒体联系，积极宣传河北沿海水运经济发展、曹妃甸港深水大港的独特优势和超大型船舶靠泊的重要性。

为确保40万吨超大型矿石船首航曹妃甸万无一失，提前对天气和航路进行了摸排，制定了多项具体措施，全力保障船舶进出港安全。2015年11月15日，40万吨级超大型矿石船舶“Berge Everest”轮经减载安全靠泊曹妃甸港矿石三期码头5号泊位，创造了26.38小时完成卸载34.4万吨，平均每小时1.3万吨的国内最高纪录。

【河北海事局协调推进黄骅港综合港区散货港区20万吨级航道通航】 黄骅港综合港区、散货港区开发建设是实现河北沿海率先发展的强力支撑，其20万吨级航道工程是河北省委省政府要求的与黄骅港20万吨级矿石码头工程、邯黄铁路工程同步建设、同步投入运营的重点项目。20万吨级航道的建设和通航一直是河北省领导高度关注的重要事项。为此，河北省副省长姜德果专门组织召开协调会，就20万吨级航道通航事宜提出具体要求。由于该航道狭长（56.8千米），现有的监管设施不能满足安全监管的实际需要，加之航道部分航段位于天津海事局辖区内，航道通航面临着诸多实际困难和具体问题，需要多方沟通协调方能加以解决。

海事局按照河北省领导指示要求，全力推进航道验收有关事宜。一是7月和9月先后两次与地方政府、港方、引航机构等单位召开通航核查验收协调准备会，并向河北政府进行了书面专题汇报；二是多次召集沧州渤海新区管委会、黄骅港引航站、沧州港务集团有限公司等单位进行研讨，就航道通航存在的问题及解决方案逐项进行责任分工、具体落实；三是考虑到锚地选划、船舶交通管理系统（VTS）雷达站建设等航道通航前存在的具体问题难以在短期内得以解决的实际情况，积极向中国海事局汇报了有关工作，并与天津海事局进行沟通协调，拿到了由海事局主持通航验收的交通运输部海事局的委托。2015年10月20日，黄骅港综合港区、散货港区20万吨级航道工程临时通航通过了专家核查验收，标志着黄骅港正式迈入可停靠20万吨级船舶的大港行列。

【石家庄海关服务河北协同发展具体措施】一是加快海关特殊监管区域整合优化。为协同发展搭建开放平台和载体，加快海关特殊监管区域建设发展。积极争取国家早日批准设立黄骅港综合保税区。配合有关市政府加大招商引资力度，切实提高秦皇岛、廊坊出口加工区土地利用率，支持曹妃甸综合保税区引进辐射带动能力强的大型项目入区，实现上规模、上效益、上水平。加快石家庄综合保税区预验收整改和正式验收申报，推动武安保税物流中心（B型）、唐山港京唐港区保税物流中心（B型）加快建设。支持条件成熟的地区设立保税物流中心、保税仓库或出口监管仓库等保税监管场所。加快复制推广自贸试验区海关监管创新制度。全力支持河北争取天津自贸试验区向曹妃甸新区、渤海新区和正定新区等扩区。复制推广一批自贸试验区海关监管创新制度，以改革创新引领市场需求，推动河北省开放型经济向开放前沿对标进位。支持河北省内开发区深化改革加快发展，在扩大开放上取得明显进展。加快推动海关特殊监管区域业务多元化，支持区内企业开展融资租赁、保税研发、保税维修、委内加工、保税展示交易等新型业务，增强区域发展活力。为京津产业转移的适宜项目向河北省海关特殊监管区域集中提供指导和服务。支持石家庄、曹妃甸综合保税区开展跨境贸易电子商务，帮助企业利用跨境电子商务扩大出口，为河北省跨境电子商务示范基地和示范企业创建提供助力。支持曹妃甸综合保税区、秦皇岛出口加工区等发展大宗散货保税交易，打造铁矿石、煤炭等大宗散货交易平台，促进河北省沿海大港由集疏大港向贸易大港转型升级。二是全面深化海关改革，为协同发展营造便捷通关环境。深化区域通关一体化改革，在完善京津冀及省内区域通关一体化改革的基础上，积极参与全国海关区区联动改革，支持企业按照实际物流需求，自由选择申报、纳税、放行地点，自主选择通关方式。优化报关单随附单证电子化递交方式，推进内部作业单证流转审批无纸化作业，实现进出口报关单无纸化率90%以上。深化“三互”大通关建设。加强与口岸各管理部门的合作，推进关检“一次申报、一次查验、一次放行”，共同营造高效便捷的通关环境。积极参与河北“互联网+”电子口岸建设，支持在秦皇岛口岸开展电子口岸试点工作。依托电子口岸推进“单一窗口”建设，推动申报数据标准化和业务流程再造，实现信息互换、监管互认、执法互助。深化海关监管查验机制创新。充分运用科技手段，逐步提高非侵入查验比率。实施“选查分离”“查处分离”和布控查验“双随机”工作机制，增强查验针对性和有效性，提升通关效率。做好北京

—张家口冬奥会、中国—中东欧国家地方领导人会议、唐山世园会等重大国际活动通关服务工作，展示河北省开放发展新形象。深化进出口环节收费治理，取消预归类、纸质和电子代理报关委托书、电子口岸后续服务及面向自理报关企业的数据传输处理等收费项目；对收费实行正面清单管理，坚决做到清单之外无收费。根据海关总署统一部署，开展“免除查验没有问题企业吊装、移位、仓储费用”有关工作。三是支持国家战略和政策落地，为协同发展做好精准帮扶。支持河北省融入“一带一路”战略。配合口岸主管部门，做好全省口岸扩大开放规划等工作，推动秦皇岛港、唐山港、黄骅港等港口集群发展，支持河北省打造“一带一路”渤海湾衔接枢纽；支持石家庄机场开辟新航线和开展国际空运货物直接进出口业务，建设区域性航空快件集散中心；支持设立石家庄国际邮件互换局（交换站），开展国际邮运业务；支持开通“石新欧”“冀蒙俄”国际货运班列。探索完善过境货物海关监管模式，推动秦皇岛、唐山过境业务发展，服务中俄蒙经济走廊建设。创新海关监管制度，支持河北省开展国际产能和装备制造合作，支持用好用足进出口优惠政策。结合河北省产业转型升级方向，积极开展税政调研，在国家税则调整中发出河北声音、反映河北诉求，为河北省特色行业、重点企业发展争取更多政策支持。切实把政策性退税和减免税政策落实快、落实好，积极加强与主管部门的沟通，及时办理减、免、退税，发挥优惠政策在引导转型升级、污染治理等方面的作用。支持重点园区和优势产业发展，全力支持河北“三区一基地”建设，对新一代信息技术、生物医药、高端装备、节能环保等重点企业、重点项目，主动提供海关政策法规咨询，量身打造个性化支持服务。加大“经认证的经营者”（AEO）企业认证工作力度，指导省内更多外贸企业通过认证，享受国际海关AEO互认安排带来的制度性通关便利。研究探索海关出境加工货物管理模式，支持沧州巴斯夫循环经济项目开展出境加工业务。四是全面履行把关服务职责，为协同发展提供服务保障，提高海关统计服务水平。及时准确反映河北省外贸运行的基本状况、主要特点、发展趋势和有关规律，并从海关角度提出对策建议。为摸清河北省企业出口“外流”情况提供数据支持，增强促使企业出口“回流”工作的实效性。加强对河北省进出口份额的监测和预警，为政府科学决策服务。提高打击走私效能，有效遏制重点领域走私势头，维护河北省公平公正的贸易秩序；进一步加强与打私办、公安、海事、海警、环保、食药监局等有关部门的联系配合，推动完善反走私综合治理长效机制；依托缉私战区作战模式，加强与京津海关的执法联动，为河北省开放型经济发展营造法治化营商环境。

【石家庄海关业务现场实现行政审批“一个窗口”】 2015年行政审批改革力度进一步加大，在全关区各业务现场实现了行政审批“一个窗口”统一受理，取消了所有非行政许可审批项目。针对业务改革中风险变化转移的新动向，不断完善相关业务领域的配套制度，简政放权与加强事中事后监管协调推进。清理和简化海关内部核批事项，不断拓展“放、管、服”（简政放权、放管结合、优化服务）的内涵和实效。京津冀区域通关一体化改革不断深化，关区内通关一体化改革稳步实施，在全国海关范围内实现了区区联动，通关效能进一步提高。关检合作“三个一”有序推进，全国统一版“一次申报”系统顺利上线，关检联络员机制初步建立。通关作业无纸化改革任务圆满完成，报关单无纸化率达到95%以上。改革收到了预期效果，在提高通关效率、降低通关成本、促进经济发展等方面发挥了积极作用。

【河北出入境检验检疫局优化外贸经济发展环境】 推进简政放权。进一步简化已经下放权限的行政审批程序，优化审批流程，改进行政审批受理、审查、决定、送达等环节，提高审批效率，缩短审批时间。原有审批职能的归口处室制定并下发《行政审批作业指南》，提高审批服务质量，推进“一个窗口”受理，落实办理时限承诺制，真正方便外贸企业办理相关业务。

用足惠企政策。加强自贸协定原产地政策研究，开展自贸协定优惠关税待遇、生态原产地产品认证、原产地规则和原产地证书签证要求等方面的宣讲、培训、一对一上门服务等活动，帮助企业充分利用现有的自贸区各项优惠政策。严格落实暂停征收出口商品检验检疫费政策，完善收费公示，规范收费管理，坚决杜绝超范围、超标准收费，确保减免优惠政策落到实处。

支持创新驱动。充分发挥“河北省大型科学仪器资源共享服务联盟”“全国煤炭检测联盟”理事长单位的作用，以河北出入境检验检疫局拥有的37个国家检测重点实验室、区域中心实验室和地方常规实验室的三级实验室网络架构，为保定中药材、箱包、针织品，承德食用菌，平乡童车，清河羊绒，辛集革皮，枣强裘皮、唐山陶瓷等地方特色产品的质量提升和产业升级提供技术支撑，促进省特色产业转型发展。

【河北出入境检验检疫局提高检验检疫服务效能】 培育出口竞争新优势。着力推进出口食品农产品、工业产品质量安全示范区建设，探索开展国家级、省级政府主导型及省级企业主导型等不同类型示范区建设，发挥示范区内示范企业带动效应，促进辖区优势产业转型升级。继续推进出口鲜梨标准示范园建设，全面提升出口鲜梨质量，完善多部门合作机制，帮助企业扩大鲜梨等农产品出口市场。

提升认证监管水平。在出口食品企业全面推行实施HACCP计划，进一步扩大采信第三方认证范围。通过采信企业自我声明、年度质量安全报告、HACCP认证信息，进一步优化备案监管模式，推进备案监管工作提质增效。促进出口食品企业全面推行HACCP。举办出口食品备案企业HACCP培训活动，帮扶企业全面建立实施危害分析与关键控制点管理体系。

强化国外技术性贸易措施研究应对。继续开展出口企业遭遇国外技术性贸易措施影响调查，密切关注国外最新的法规、标准等技术性贸易措施的制定修订状态，及时发布相关技术性贸易措施信息，加速检测技术研发步伐。结合河北省特色产业发展需要，有针对性地加强跟踪研究，通过函评、会评等形式对国外通报提出高质量评议意见，组织开展技术性贸易措施知识培训和宣讲，深化技术性贸易措施的应对分析，帮扶企业合理应对国外技术性贸易措施，减少外贸企业的损失，推动越来越多的河北产品进军国际市场。

服务进口促进战略。支持与河北省产业发展密切相关的原料类商品进口。积极跟进各地内陆港和进境皮张、棉花等大宗商品集中查验场建设，深入推进河北再生资源加工园区进口废物原料查验口岸直通工作。开发进境固体废物原料信息管理系统，实现入境信息闭环管理。落实“前推后移”检验监管机制，加强进口机电产品质量监管。实现辖区进口汽车销售网点监管全覆盖，掌握进口汽车不良质量安全信息，加强进口商、制造商监管与质量反馈，落实进口汽车制造商的质量召回责任。

支持检验检疫指定口岸建设。积极推动黄骅港、曹妃甸口岸进口澳大利亚屠宰牛试点口岸建设，支持秦皇岛口岸进口水果指定口岸、黄骅港进境粮食指定口岸建设，督促秦皇岛港进境粮食集装箱查验点完成整改工作，推进曹妃甸口岸木材处理区考核验收，支持河北肉类、水产品指定存储冷库和进口肉类指定口岸建设，促进河北省口岸能力的提升。

【河北出入境检验检疫局创新检验检疫监管模式】 加快自贸区经验复制推广。加快推进上海自贸区8项检验检疫制度的复制推广工作。及时对接天津自贸区建设，加强与天津出入境检验检疫局交流沟通，关注天津自贸区推出的与检验检疫有关的创新制度。落实好动植物检疫审批合并核销、低风险出入境特殊物品分批核销及动植物检疫许可证有效期由半年延长到1年等便利化措施。

深化检验检疫监管模式改革。以风险分析为基础，以合格假定思维全面推进检验监管模式改革，建立以事中事后监管为主的信用管理制度。采用更加广泛的合格评定方式，科学设定验证比例，优化工作流程，剔除影响外贸物流的环节和过程。研究创新轨道交通、工程机械、仪器仪表等高端装备制造业出口监管模式，服务重点商品“走出去”和外贸新业态的健康发展。

支持跨境贸易电子商务发展。完善跨境电子商务检验检疫监管体系，实现跨境电子商务信息全申报，全面监督跨境电子商务质量状况，加强信息收集；关注疫病疫情，对重点商品实施抽查，探索以问题导向、监督抽查为抓手的事后监管措施。规范跨境电子商务检验检疫监管区域的建设，进一步提升跨境电子商务监管效率，大力支持石家庄机场进出境邮件、快件监管区建设，促进4个内外贸结合试点县跨境电商的发展。

【河北出入境检验检疫局提升通关便利化水平】 继续深化通关模式改革。认真履行对外服务承诺和预约工作制，急事急办、特事特办，确保在规定时限内完成检验检疫工作。在已经实现“智能化放行”“无纸化申报”和“通关单无纸化”的基础上，在企业诚信、分类管理、监管有效的前提下，积极扩大河北企业在京津冀区域内出口直放的数量和占比，探索推进检验检疫全程无纸化，升级智能化放行方式，进一步提高通关速度，降低企业成本。

全面完善放行模式。充分利用集中审单系统、电子监管系统开展流程再造和进一步优化，结合食品和动植物产品进出口企业分类管理的实施逐步完善进出口商品的检验检疫流程和工作规范，针对不同的检验监管模式采取申报放行、验证放行、抽样放行、监管放行等放行方式，实现检验监管模式与通关模式无缝链接。

强化部门合作。继续全面推进关检合作“三个一”，实现关检双方信息互换、监管互认、执法互助的目标。积极参与河北电子口岸建设，将大通关核心流程整合到河北电子口岸平台。推进“单一窗口”建设，依托电子口岸信息平台，实现进出口货物通关统一受理界面、统一服务平台和统一流程标准，提高进出口申报、放行效率。

推进信息化建设。加强信息化建设，实现检验检疫业务互联互通，推进“京津冀检验检疫一体化”信息化建设，促进京津冀业务对接。加快口岸信息化建设，建立河北海港、空港口岸检验检疫信息化平台和入境电子闸口，完成六省区数据交换平台建设，建立检验检疫空运快件电子监管系统、旅客携带物信息管理系统，强化检验检疫监管手段，提高通关效率。加快“数字动植检”建设，提高进境粮食检验检疫管理水平及外来有害生物远程鉴定和食品农产品质量安全示范区管理水平。

【河北出入境检验检疫局全力服务河北发展战略】 积极服务京津冀协同发展战略。继续深化京津冀检验检疫一体化进程，扩大出口直放范围，全面实施“进口直通”，积极推进“三通、四放、五统一”，支持地方政府内陆港建设，助推“政府主导、企业运营”的内地检验检疫查验点布局，促进京津冀物流产业发展。

主动融入“一带一路”发展战略。加强与“一带一路”相关地区的区域合作，复制推广“三互”“三通”通关模式，力争实现“进口直通”，大力支持企业扩大先进技术设备、关键零部件进口。严格执行进口煤炭质量要求，加强对铁矿石、原油、废物原料的质量监测。

服务河北扩大开放。大力复制推广上海自贸区经验，扶持秦唐沧口岸发展，打造亚欧大陆桥重要的出海口。支持曹妃甸、石家庄、黄骅港综合保税区建设。启动2016年唐山世界园艺博览会的前期工作，加快景观植物进口指定口岸和隔离检疫场（圃）建设。

开放口岸

【石家庄空运口岸（石家庄正定国际机场）】 石家庄空运口岸于1995年2月建成，当年实现国际通航，1996年3月正式对外开放。2010年6月，国家民航局与河北省签署《关于加快推进河北民航发展的会谈纪要》，确定石家庄机场为国内唯一一个航空大众化试点机场，是首都机场的备降机场和分流机场，是中国联合航空河北分公司、河北航空有限公司、春秋航空公司、中国货运邮政航空公司基地，是河北省重要的空中交通门户和对外开放窗口，现已发展成中国北方重要的国际航空货运中转基地。

石家庄正定国际机场飞行区等级为4E级，跑道全长3 400米，宽60米，可保障A380、B747、AN225各类大型飞机起降。石家庄机场T1候机楼面积为5.5万平方米，停机坪总面积21万平方米，停机位31个，消防等级达到八级，可满足年旅客吞吐量500万人次需要。即将投入使用的T2候机楼面积为15.40万平方米，停机坪面积40多万平方米，停机位38个，货运区面积2.5万平方米，届时石家庄机场年旅客吞吐能力将达到2 000万人次，货邮吞吐能力达到25万吨，综合保障能力大幅提升。

“十一五”期间，石家庄机场客流量年均增长45%，居全国省会机场第一。2010年客流量同比翻一番，创造了中国民航业内独有的“石家庄机场发展模式”，2013年石家庄机场客流量突破500万人次。

为适应河北省与东亚、东南亚的交流需求，石家庄机场进一步加大了国际和地区航线的开发力度，先后引进了韩国济州航空、釜山航空、真航空、德威航空以及捷特亚洲航空公司，开通了石家庄—首尔、石家庄—济州、石家庄—釜山、石家庄—襄阳、石家庄—普吉岛、石家庄—曼谷等17条国际和地区客运旅游包机航线。

按照“零距离换乘”“无缝隙衔接”的综合交通枢纽要求，石家庄机场不断拓宽航空服务范围，构建便捷、畅通、高效的地面交通网络体系，在保定、衡水、邢台、沧州等冀中南8个城市（县区）建立了异地城市候机楼，营业部覆盖全省9个城市及北京市，开通直达冀中南7个地（市）的旅客直通班车，免费接送北京、山西等地团队旅客，2013年运送京晋团队旅客人数达到20万人次。

2012年12月26日，纵贯南北的京广高铁全线贯通，同日石家庄机场推出国内第一家由机场主导的空铁联运产品——“石家庄机场空铁快线”。一年间运送空铁换乘旅客突破15万人次。在这里，旅客不用出站即可办理值机、安检、候机、行李托运等乘机手续，搭乘机场免费摆渡车3分钟就可到达候机楼。石家庄机场正在成为航空旅客进出北京的第二通道。

“十二五”期间，石家庄机场全力拓展国际货运市场，大力发展独联体国家、欧洲、中东地区国家货运业务，逐步建立覆盖欧洲、俄罗斯、独联体、东亚、东南亚、中东及我国台湾、香港的国际和地区货运航线，年货邮吞吐量突破12万吨。

2015年，石家庄机场年客流量突破590万人次，同比增长5.36%，保持持续稳定增长态势；保障国际和地区客运航班2 852架次，同比增长59.96%；完成国际和地区旅客吞吐量35.11万人次，同比增长81.54%；完成国际（地区）货邮吞吐量6 239.6吨，同比增长9.47%。

【秦皇岛水运（海港）口岸】 秦皇岛口岸开通于1898年，至今已有100多年历史，是以能源运输为主的综合性国际贸易港口，也是当今世界最大的煤炭输出港和干散货港。其共有海岸线11.7千米，水域面积222平方千米，陆域面积10.8平方千米，辖秦皇岛港、新开河港、秦山化工港、山海关船厂港和大腈纶码头等五大港区。

秦皇岛港是全国第一家煤炭现货交易市场，形成了集煤炭现货交易服务、信息服务、物流服务及金融服务于一体的市场体系。交易市场发布的环渤海动力煤价格指数已成为全国唯一的极具权威，涵盖国内外的煤炭价格指数，煤炭枢纽港的地位得到了巩固。

秦皇岛港东港区以能源（煤炭、油品）运输为主，西港区以杂货、集装箱装卸运输为主。现有泊位55个，可停靠15万吨级船舶。库场面积130多万平方米，拥有专业化的港口设施、高效的装卸机械、先进的生产工艺，可承运各类件散杂货。集装箱码头拥有5万吨级专用泊位3个，可接卸第6代集装箱船，码头堆场宽敞。秦皇岛港年设计通过能力达75万标箱，2条总长2 000米的铁路装卸线可直达码头和场站，货运成本低廉，同时，具备危险品货物作业资质。秦皇岛口岸拥有集装箱外贸、内贸航线10条。其中，外贸航线有日本和韩国两条直达航线，同时有外贸公共内支线中转到达世界主要港口；内贸航线覆盖全国主要沿海港口并提供优质的运输服务，形成秦皇岛口岸液体、散杂货、集装箱运输的竞争优势。口岸集疏港条件优越，各港区均可与京沈高速路、102和205国道及秦承公路相接，秦山、京山、京秦、京沈、大秦铁路集疏港货物可直达港内堆场、仓库、码头泊位船前，最大限度地减少物流环节，降低物流成本。经济腹地包括东北、华北和西北各省及自治区。

2015年，秦皇岛口岸货物吞吐量完成2.51亿吨，同比下降9.06%；外贸进出口完成1 539.7万吨，同比增长1.70%；集装箱完成50.1万标准箱，同比增长20.98%；进出境旅客完成8.6万人次，同比减少5.60%。

【黄骅水运（海港）口岸】 黄骅水运口岸位于沧州市以东约90千米处，东经117°48′，北纬38°17′，是河北省沿海地区性重要港口，是我国北方主要的煤炭装船港之一。黄骅港规划2万~20万吨级及以上泊位120多个，远期形成5亿吨的吞吐能力。目前，黄骅港已建成生产性泊位33个，最大靠泊能力20万吨。黄骅港由煤炭港区、综合港区、散货港区和河口港区4个港区组成。

黄骅港煤炭港区工程是神华集团投资建设的国家重点建设工程，现有专业化煤炭装船泊位17个，杂货泊位2个，液体化学品泊位1个。目前航道水深已达-14.0米，航道底宽270米，已满足5万吨级船舶重载双向通航的要求。煤炭港区杂货码头于2000年7月开工建设，2003年年底建成，2004年6月投入运营，规模为两个1.5万吨级泊位，设计年吞吐量90万吨。煤炭港区油品码头由原化学品码头改造而成，规模为一个2万吨级泊位，设计年吞吐量300万吨。

黄骅港综合港区共规划建设29个泊位。起步工程2009年3月开工建设，主要包括44千米10万吨级航道，8个10万吨级的散杂和多用途泊位，总投资127亿元，于2010年8月建成通航。

黄骅港综合港区二期工程于2011年3月30日开工建设，主要包括20万吨级航道及防波堤延长工程，4个15万~20万吨级矿石泊位，2个5万~10万吨级集装箱泊位，5个5万~10万吨级煤炭泊位，2个10万吨级原油泊位及储备，2个5万吨级液体化学品专业泊位，1个10万吨级粮油泊位。

截至2015年年底，河北港口集团2个20万吨级矿石泊位已经建成运营，总投资14亿元的河北钢铁集团2个5万吨级通用散杂泊位开始运营，总投资7亿元的美国嘉吉集团1个10万吨级通用散杂货泊位已建成，20万吨级航道工程已完成，邯黄铁路已通车。黄骅港综合港区一、二港池封闭区吹填工程基本完工。黄骅港综合保税区正在加快建设，已正式签约入区项目6个，总占地面积约39.13万平方米，总投资超9.2亿元。

2011年以来，黄骅港吞吐量已连续4年突破亿吨。2011年，综合港区4个通用散杂货泊位投运当年吞吐量突破千万吨，刷新了国内新建港口首年吞吐量的最高纪录。2012年，两个多用途码头集装箱泊位一举突破10万标箱，创国内港口集装箱码头当年投运新纪录。特别是2014年、2015年集装箱吞吐量迅猛增长，连续突破30万标箱、50万标箱大关，创造了开通4年来，一年一个新台阶的骄人业绩。2015年共接卸外轮260艘次，外贸货物1 699.64万吨，同比增长9.40%。

【唐山水运（海港）口岸】 位于唐山南部沿海，下设京唐港区和曹妃甸港区，是我国北方新兴的极具活力和发展潜力的现代化国际港口。2013年，唐山港全国港口排名第8位，全球港口排名第10位。

唐山港京唐港区位于唐山市东南部，距市区80千米，规划面积88平方千米，规划建设6个港池。其于1989年启动开发建设，1992年10月经国务院批准为开放口岸，1993年正式对外国籍船舶通航。截至2015年年底，已建成一号、二号两个港池，三号、四号、五号港池部分完工。现有件杂、散杂、多用途等1.5万~2万吨级泊位35个，航线通达国内120多个港口，与50多个国家和地区的港口建立了业务往来关系。运营货种涵盖煤炭、钢铁、矿石、水泥、原盐、粮食、纯碱和集装箱等。

曹妃甸港区，东距京唐港区33海里，北距唐山市区80千米，是渤海沿岸唯一不需开挖航道和港池即可建设30万吨级大型泊位的天然港址。曹妃甸港区2003年启动开发建设，2005年试通航，2009年1月获得国务院批准扩大开放为一类口岸，2012年8月正式对外开放。依据规划，曹妃甸港区重点建设进口矿石、原油、天然气和煤炭等专业泊位、大型化码头，最终可建成生产性泊位260余个，形成5亿吨以上的综合通过能力，建成中国北方最大的能源原材料集疏港。2013年，4个25万吨级矿石泊位、1个30万吨级原油泊位及22个4万~10万吨级干散货泊位建成并投入试运营。

唐山水运（海港）口岸规划将形成以曹妃甸港区、京唐港区为核心，丰南港区为补充，分工合作、协调互动、共同发展的总体发展格局。曹妃甸港区规划港口岸线长122.6千米，可建设各类泊位428个；京唐港区规划港口岸线长44.5千米，可建设各类泊位140余个；丰南港区规划港口岸线长25千米，可建设各类泊位66个。预测到2020年和2030年，唐山港的吞吐量分别为5.80亿吨和7.10亿吨。

2015年，唐山港全港完成货物吞吐量4.90亿吨，同比减少1.58%。其中，外贸吞吐量2.75亿吨，同比增长4.67%；集装箱吞吐量152.25万标箱，同比增长37.33%。

原二类口岸

【石家庄内陆港】 石家庄内陆港是河北省政府批准建立的内陆港口，为河北省第一批物流示范项目。

石家庄内陆港一期工程占地面积27.2万平方米，仓储面积19 322平方米，保税监管区14 400平方米，堆场、道路总面积94 744平方米，铁路堆场35 000平方米，海关联检大楼9 585平方米。

目前，石家庄内陆港已基本具备港口口岸功能、现代物流功能、多式联运功能、管理信息系统应用功能和生产生活服务功能，通过联检大楼一站式服务，开展报关、报检、通关、查验、仓储、堆存、订舱、配货、运输等业务。

石家庄内陆港是冀中能源峰峰集团控股的由4家股东组成的股份制公司，公司下设河北冀津国际物流有限公司、河北四诚贸易有限公司、报关行公司3个子公司。

石家庄内陆港具有突出的资源优势和发展优势，医药、纺织、粮油、钢铁等支柱产业优势明显，可为内陆港提供丰富的物流资源。

石家庄内陆港位于石家庄经济技术开发区，区位优势明显，北临石德线、307国道和石黄高速，西临京珠高速和石环线，南临青银高速，距机场25千米，地理位置优越，交通便利。

2015年，石家庄内陆港集装箱运量为57 339标箱，外贸集装箱为22 075标箱。

河北省口岸大事记

1月1日

中国海关办公平台（HB2012）正式在石家庄海关上线运行，顺利实现HB2004到HB2012的平稳切换。

按照财政部、国家发展改革委《关于取消、停征和免征一批行政事业性收费的通知》要求，小微船舶（100总吨及以下的河船，500总吨及以下的海船）的船舶港务费及船舶登记费予以免征。

1月26日

与美国船级社开展业务交流活动，就PSC检查和有关案例进行研讨和交流。

2月13日

河北海事局被交通运输部选定为全国8个安

全生产风险管理试点单位之一，也是海事系统唯一一家试点单位。

河北省口岸办向国家口岸办上报《关于山海关机场2015年继续临时对外开放的请示》。4月29日国家口岸管理办公室批复同意山海关机场2015年临时对外开放，开放时间为自5月1日至10月31日。

4月1日

河北海事局成为船员考试7.0版全国首家试点单位。

5月20日

河北海事局在年度政府网站绩效评估中被评为“交通运输行业优秀政府网站”。

6月2日~4日

河北海事局作为承担交通运输部海事局压载水公约履约跟踪和研究单位，派员参加中日政府间第11次海上安全与防污染会议。会议围绕港口国监督检查、压载水公约及船舶能效规则等议题进行了学术交流。

6月29日

成功处置唐山和秦皇岛海域3艘砂石运输船险情，遇险16人全部获救。中央电视台、河北电视台、人民网、新华网、河北日报、河北青年报、中国经济网、网易、新浪、凤凰网等主流媒体对险情救助进行了报道或转载。

7月1日

石家庄关区行政审批“一个窗口”受理工作正式运行。

8月20日

河北海事局组织召开辖区PSCO与日本船级社开展业务交流和案例研讨会。会上，日本船级社驻中国办事处介绍了日本船级社业务开展情况和国际海事最新动态，并就相关PSC检查案例进行了讨论。

9月1日至9月3日

河北海事局受交通运输部海事局指派，参加北太平洋海岸警卫队论坛组织（NPCGF）成员国间举行的海上污染应急通信演习。

9月24日

曹妃甸海事监管基地工程正式施工。

10月1日

按照财政部、国家发展改革委《关于取消有关水运涉企行政事业性收费项目的通知》要求，自2015年10月1日零时起，取消船舶港务费、特种船舶和水上水下工程护航费、船舶临时登记费、船舶烟囱标志或公司旗注册费、船舶更名或船籍港变更费、船舶国籍证书费、废钢船登记费等7项中央级设立的行政事业性收费。

10月11日

交通运输部部长杨传堂在河北省政府副省长姜得果陪同下视察河北局溢油中心、东港海事处。

10月20日~22日

河北海事局派员代表中国参加西北太平洋行动计划海洋环境应急与反应区域活动中心2015年专家会议。

10月30日

交通运输部海事局统一建设的海事协同管理平台及综合服务平台在河北海事局推广上线运行。

12月3日

河北海事局编写的《关于SOLAS公约第III章“弃船前阶段”目标和功能性要求》的提案经过交通运输部专家评审并提交国际海事组织船舶与设备分委会（SSE）第3次会议。

12月30日

石家庄综合保税区通过预验收。石家庄海关与河北省政府共同签署《石家庄综合保税区基础和监管设施预验收纪要》。

（撰稿人：高雅平、谷保林、杨朝辉、张栋、赵华新）

2015 年河北省口岸流量统计表

口岸类型		口岸名称	货运量（万吨）				集装箱量（万标箱）				人员（万人次）				交通工具（辆、艘、架、列次）			
			出口	进口	合计	同比（%）	出口	进口	合计	同比（%）	出境	入境	合计	同比（%）	出境	入境	合计	同比（%）
空运口岸		石家庄机场	6 168.90	70.70	6 239.60	9.79			0.00		18.14	16.87	35.01	81.80	1417.00	1435.00	2852.00	60.00
空运口岸		分计	6 168.90	70.70	6 239.60	9.79			0.00		18.14	16.87	35.01	81.80	1417.00	1435.00	2852.00	60.00
陆运口岸	公路口岸				0.00				0.00				0.00				0.00	
陆运口岸	公路口岸	分计			0.00				0.00				0.00				0.00	
陆运口岸	铁路口岸				0.00				0.00				0.00				0.00	
陆运口岸	铁路口岸	分计			0.00				0.00				0.00				0.00	
水运口岸	海港口岸	秦皇岛港	19 724.40	5 355.90	25 080.30	-9.10	24.91	25.18	50.09	20.98	4.40	4.20	8.60	-5.60	939.00	892.00	1 831.00	3.30
水运口岸	海港口岸	唐山港	1 993.46	24 644.18	26 637.64	4.67	0.17	2.35	2.52	51.29	4.84	5.28	10.13	-29.8	2 816.00	2 969.00	5 724.00	-0.08
水运口岸	海港口岸	黄骅港		1 699.64	1 699.64	0.09	0.01	0.01	0.03		0.61	0.69	1.30	17.50	130.00	130.00	260.00	6.99
水运口岸	海港口岸	分计	21 717.86	31 699.72	53 417.58	0.82	25.09	27.54	52.63	0.22	9.85	10.17	20.03	-0.10	3 785.00	3 991.00	7 776.00	-0.03
水运口岸	河港口岸				0.00				0.00				0.00				0.00	
水运口岸	河港口岸	分计			0.00				0.00				0.00				0.00	
合计			27 886.76	31 770.42	59 657.18		25.09	27.54	52.63		27.99	27.04	55.01		5 202.00	5 426.00	10 628.00	
同比（%）			3.59	0.10	0.70		0.19	0.27	0.23		0.34	0.31	0.33		0.08	0.10	0.09	

（河北省口岸办提供）

2015 年石家庄海关主要数据统计表

项目		2015 年	同比（%）
进出口货运量（万吨）	合计	35 979.68	14.02
	进口	33 445.01	11.88
	出口	2 534.67	52.44
进出口贸易总值（万美元）	合计	5 148 671.90	－1 419.65
	进口	1 854 817.70	－2 360.00
	其中：江、海运输	1 708 089.80	－2 397.72
	铁路运输	6 036.60	8 851.15
	汽车运输	9 827.20	－1 186.49
	航空运输	129 702.90	－1 838.60
	邮件运输	242.50	－215.32
	其他运输	918.70	－8 595.55
	出口	3 293 854.10	－782.97
	其中：江、海运输	2 892 902.90	－657.26
	铁路运输	21 541.00	－3 394.72
	汽车运输	79 843.90	－2 413.23
	航空运输	298 848.30	－1 180.82
	邮件运输	3.60	－6 667.50
	其他运输	714.40	3 819.51
税收（万元）	两税合计	295.13	－3 000.00
	关税入库	15.12	3 200.00
	进口环节税入库	280.01	－3 100.00

（石家庄海关提供）

2015 年河北省口岸出入境主要数据表

项目			2015 年	2014 年	同比（%）
出入境人员（人次）	出入境人员总数		559 201	395 560	41. 39
	入境人员		278 509	198 798	40. 10
	出境人员		280 692	196 762	42. 66
	出入境旅客		389 616	235 925	65. 14
	出入境员工		169 585	159 635	6. 23
	中国公民	小计	434 363	280 320	54. 95
		内地居民（因公）	55 238	56 042	−1. 43
		内地居民（因私）	370 878	216 275	71. 48
		港澳居民	832. 00	1 884	−55. 84
		台湾同胞	7 415	6 119	21. 18
	外籍人员		124 838	115 240	8. 33
	从海港出入境人数		196 299	184 864	6. 19
	从陆港出入境人数		0. 00	0. 00	0. 00
	从空港出入境人数		362 902	210 696	72. 24
交通运输工具（辆、艘、架、列次）	总计		9 615	8 691	10. 63
	船舶		7 075	6 874	2. 92
	飞机		2 540	1 817	39. 79
	火车		0. 00	0. 00	0. 00
	机动车辆		0. 00	0. 00	0. 00

（河北省公安边防总队提供）

2015 年河北省出入境检验检疫业务统计表

项目		货物检验检疫				交通工具				集装箱（标箱）		发现动植物疫情		货物通关		出入境人员查验（人次）	健康检查及预防接种（人次）			
		批次	金额（万美元）	检验检疫不合格		船舶（艘）	飞机（架）	火车（列）	汽车（辆）	合计	检出问题	种类数	种次	批次	金额（万美元）		健康检查	艾滋病监测	发现病例	预防接种
				批次	金额（万美元）															
本年累计		105 546	298. 10	3 141	608 502. 14	6 117	2 693	0. 00	0. 00	58 947	649	423	3 623	51 364	2 561 672	537 880	32 842	32 496	21 613	30 808
其中	出境	83 390	42. 01	508	2 347. 64	2 952	1 338	0. 00	0. 00	16 069	0	9	0	40 976	179 418	269 225	29 008	29 013	19 269	30 791
	入境	22 156	256. 09	2 633	606 154. 50	3 165	1 355	0. 00	0. 00	42 878	649	415	3 623	10 388	2 382 254	268 655	3 834	3 483	2 344	17
同比（%）		1. 38	-42. 93	37. 34	-22. 18	-4. 93	47. 16	0. 00	0. 00	5. 22	92. 58	79. 24	78. 12	122. 45	-31. 21	39. 97	7. 18	10. 54	11. 29	-19. 90
其中	出境	-0. 49	-13. 84	99. 22	76. 21	-1. 70	47. 19	0. 00	0. 00	-19. 51	0. 00	0. 00	0. 00	214. 33	135. 72	45. 8	6. 94	9. 87	10. 51	-19. 90
	入境	9. 09	-32. 13	29. 58	-22. 35	-7. 75	47. 12	0. 00	0. 00	18. 91	92. 58	75. 85	78. 12	3. 32	-34. 68	34. 58	9. 04	16. 45	18. 2	-29. 17

（河北出入境检验检疫局提供）

2015 年河北海事局进出港船舶统计汇总表

船舶类别	进港船舶							出港船舶						
	艘数（艘）	总吨（吨位）	总载重量（吨）	载客量（客位）	船员人数（人次）	货物到达量（吨）	旅客到达量（人）	艘数（艘）	总吨（吨位）	总载重量（吨）	载客量（客位）	船员人数（人次）	货物发送量（吨）	旅客发送量（人）
总计	75 420	594 484 084	1 018 506 864	243 298	926 340	296 052 416. 41	299 917	78 236	596 780 394	1 015 808 203	243 059	1 006 094	543 099 176. 61	53 687
中国籍船舶	71 245	390 289 520	636 304 650	243 298	841 469	41 011 864. 63	299 917	74 088	394 571 372	637 387 004	243 059	920 840	524 811 053. 81	53 687
其中外贸船	281	7 671 527	13 083 526	29 528	9 836	5 920 811. 85	9 836	222	5 395 244	6 757 573	29 528	7 008	1 650 568. 37	9 494

（河北海事局提供）

山 西 省

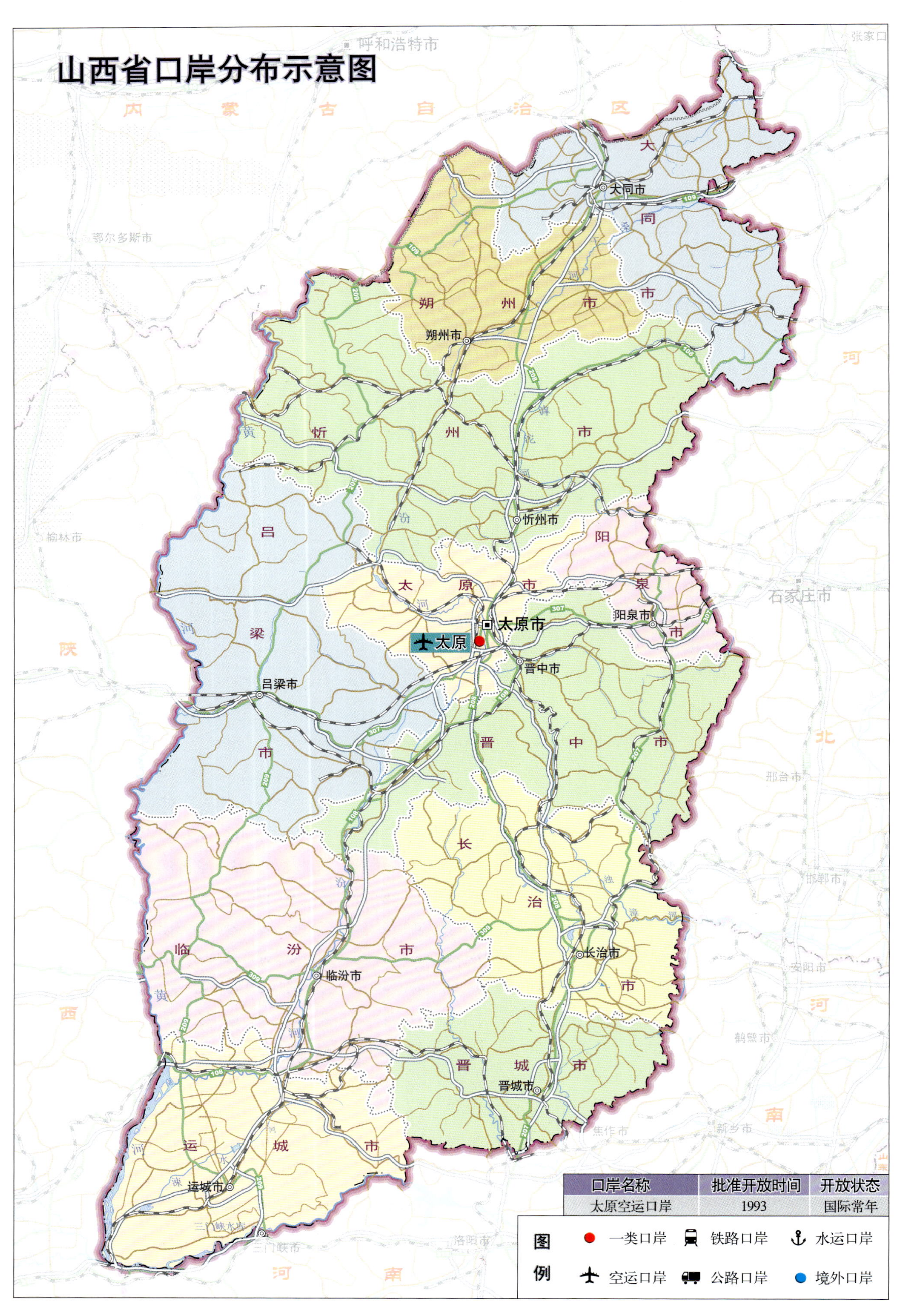

口岸名称	批准开放时间	开放状态
太原空运口岸	1993	国际常年

口岸数量及分布

截至2015年年底，山西省有经国务院批准的对外开放口岸1个，即太原空运口岸（太原武宿国际机场）。

口岸运行数据

2015年，山西省空运口岸进出境人员402 501人次，进出境飞机2 947架次，同比人员增长4.32%，架次基本持平。其中，太原空运口岸出入境人员391 046人次，出入境飞机2 830架次，同比人员增长3.62%，架次基本持平；进出口货运量373吨，同比减少32.05%。此外，大同空运口岸（临时开放）进出境人员11 455人次，进出境飞机117架次，同比分别增长35.31%和10.38%。

口岸综合管理

【山西省人民政府召开全省口岸工作座谈会】 2015年2月3日，山西省人民政府召开全省口岸工作座谈会，山西省副省长王一新出席会议并作重要讲话，山西省政府盛佃清副秘书长主持会议。会上，山西省经济和信息化委员会张华龙主任传达了全国口岸工作座谈会精神并汇报山西省口岸工作，太原、大同、运城市政府分管领导和民航、铁路、边检等部门相关负责人进行了发言。山西省口岸工作领导组成员（23家单位）参加会议。

【国家口岸管理办公室主任黄胜强来晋调研】 2015年5月7日，山西省副省长王一新在太原会见了海关总署党组成员、国家口岸办主任黄胜强一行。

王一新希望国家口岸办进一步支持和指导山西口岸建设，将大同、运城、长治、五台山、吕梁、临汾机场空运口岸和太原铁路口岸纳入国家“十三五”口岸开放发展规划，适应山西开放型经济发展需要。

黄胜强转达了于广洲署长关于支持山西开放型经济发展的指示，介绍了《国务院改进口岸工作支持外贸发展若干意见》精神，并表示国家口岸办将全力支持山西扩大对外开放，把山西作为国家“十三五”内陆口岸开放重点予以政策支持，促进山西不断扩大对外开放和经济社会发展。

【圆满完成“活力澳门推广周·山西太原”通关保障任务】 2015年6月26日，“活力澳门推广周·山西太原”在太原成功举办，山西省口岸办圆满地完成了澳门代表团330多人在太原机场的入出境通关保障任务。

为做好本次通关保障工作，山西省口岸办专门召集山西省商务厅、山西省公安边防总队、太原机场海关、太原机场出入境检验检疫局和山西省民航机场管理局召开了航空口岸保障工作协调会议。山西省口岸办要求各联检单位在规定的范围内尽可能提供通关便利，全力支持做好贵宾礼遇及口岸查验工作。

【国务院批复同意在太原武宿国际机场开展口岸签证工作】 2015年7月14日，国务院批复同意在太原武宿国际机场开展口岸签证工作，外国人来太原、来山西旅游、投资、洽谈贸易等，将可享受‘落地签”待遇。这将对太原构建国际化营商环境、山西扩大开放发挥积极作用。

【山西省人民政府出台《山西省人民政府关于加强和改进口岸工作支持外贸发展的实施意见》】 2015年12月8日，为认真贯彻落实《国务院关于印发落实“三互”推进大通关建设改革方案的通知》（国发〔2014〕68号）和《国务院关于改进口岸工作 支持外贸发展的若干意见》（国发〔2015〕16号）精神，实现山西省由单一空港向陆空立体衔接、内陆腹地向开放前沿的转变，建立适合山西省省情的大通关管理体制机制，推动外贸稳定增长和转型升级，山西省人民政府出台了《山西省人民政府关于加强和改进口岸工作支持外贸发展的实施意见》。

口岸监管与服务

【山西省公安边防总队积极增补警力，助力地方经济发展】 面对山西省近年来口岸出入境客流大幅增长的通关新常态，山西省公安边防总队积极应对客流增长、边检任务量增加带来的用警压力，多次向上级机关和有关部门请示汇报山西口岸扩大开放的现实情况，通过不懈努力，争取到30人的新增编制和10名执法士官，有效缓解了一线执法执勤警力不足的问题，为服务保障山西省口岸扩大开放提供了强劲动力。

【山西省公安边防总队严密口岸管控，构筑维稳防控体系】 山西省公安边防总队强化信息研判预警，每月进行口岸管控风险动态评估和预警，提前做好处置准备，做到口岸管控关口前移。制定印发《重点人员检查指引》和《不准入出境人员办案指南》等执法执勤规定，提高口岸管控的针对性和实效性。抽调勤务中队战士组建应急处突班，增强口岸处突和快速反应力量，增配武装防暴警械，实行限定区域卡口监护、外围流动巡查和便衣暗查相结合的警戒布局。主动走访协调，与国保、反恐、口岸联检及机场公安局等单位和部门签订联防协作协议，逐步形成“信息联通、协作联勤、沟通联动、防范联处”的“四联”协作机制，建立了“相互协查、相互配合、相互联动”的“三互”防控体系。2015年共查获在控人员20人，查处各类出入境违法违规案件21起21人，有力维护了山西省口岸的安全稳定。

【山西加入丝路一体化海关改革板块】 2015年3月31日，海关总署正式发布2015年第9号公告，决定自2015年5月1日起启动丝绸之路经济带海关区域通关一体化改革，山西与山东、河南等九省（自治区）共同被海关总署纳入丝绸之路经济带区域通关一体化改革板块。此举将打破地域限制和海关关区界线，在沿线9个省（自治区）的10个海关（青岛、济南、郑州、太原、西安、兰州、银川、西宁、乌鲁木齐、拉萨海关）形成“十关如一关”的通关一体化格局。

这项改革实施后，企业将有更大的自主选择权，可根据自身需求，选择申报口岸、通关模式和查验地点。过去，山西企业如从青岛口岸进口货物，要么在青岛办理口岸清关手续，要么办理转关手续并使用监管车辆运输，要么具备“属地申报”资格在太原海关申报。改革后，企业可选择向太原海关或者青岛海关申报，放行后企业凭借电子放行信息直接从口岸提取货物，不需使用海关监管车辆运输。需要查验的货物，可以自主选择在青岛关区或者在太原关区查验。

这种“十关如一关”的通关模式，将使山西企业无论在10个海关中的哪个海关现场办理业务，都享受同样的待遇和标准。这一改革不仅最大限度地尊重企业的自主选择，为企业省却往返奔波之苦，还将打通山西企业贯穿丝绸之路经济带的通关高速路，带动全省实现高层次对外开放，促进与沿线其他国家之间的互联互通，建设国际物流大通道。

【山西出入境检验检疫局首次引进检疫犬，开启山西口岸检疫查验新模式】 2015年1月，山西出入境检验检疫局首次引进的两只检疫犬在太原武宿国际机场正式上岗开展入境动植物产品携带物查验，实现了“人—机—犬”三位一体检疫查验模式，提高了太原空运口岸的动植物疫情风险的防控能力，为国门安全提供了有力保证。

【太原机场出入境检验检疫局认真落实“三互”，积极推进大通关建设】 太原机场出入境检验检疫局采取8项措施推进大通关建设：一是对航空器实施海关、边防、检验检疫联合登机检查的“一站式”查验；二是对携带物实施与海关共享的“前台共同查验、后台分别处置”的“一机双屏”模式；三是与边防共享重点航班和重点人群信息，在疫情防控方面实施重点防控模式；四是对通关货物实施与海关一次报检、一次查验、一次放行的“三个一”模式；五是与其他检验检疫局实施通报、通检、通放的一体化通关模式；六是积极参与政府主导的“单一窗口”建设；七是建立口岸监管执法互助机制，完善案件通报移交制度；八是创新口岸通关模式，积极推行“申报放行”“验证放行”“抽样放行”“监管放行”等新模式。

【太原机场出入境检验检疫局快速部署严防马达加斯加和美国鼠疫传入】 根据国家质检总局2015年9月2日发布的《关于防止马达加斯加和美国鼠疫传入的警示通报》，太原机场出入境检验检疫局快速部署措施。一是强化检疫查验，对美国和马达加斯加相关人员加强体温监测和医学巡查，对与美国和马达加斯加相关的货物进行严格的卫生检疫查验，尤其是对咳嗽、咳痰、出血、发热、头痛、胸痛等症状者进行详细医学排查；对发现有鼠类、蚤类或相关痕迹的，立即进行除鼠和灭蚤处理。二是加强卫生监督，对太原机场口岸进行严格的卫生监督，采取放置捕鼠笼等各种有效措施除鼠灭蚤，清除孳生场所，降低鼠密度，防止鼠、蚤在口岸传播疾病。三是强化个人防护，要求口岸一线检验检疫人员现场检验检疫过程加强个人防护意识，做好防护措施。四是加强对码头、堆场协检人员的培训，将疫情信息及时通报协检人员，强化码头、堆场协查的疫情上报机制，严防鼠疫传入。

【太原机场出入境检验检疫局服务太原空运口岸便利通关8项措施】 一是统一思想，正确处理把关与服务的关系，寓把关于服务之中，积极帮扶太原空运口岸对外开放，提高服务山西对外开放的有效性。二是坚持发展理念，正确对待国门生物安全与发展的关系，在发展中逐步规范。三是与山西省旅游局联合召开全省国际旅行社负责人座谈会，要求旅行社及导游积极宣传国家法律法规及外来有害生物对我国农林牧渔业的危害，减少出入境人员携带《中华人民共和国禁止携带、邮寄进境的动植物及其产品和其他检疫物名录》中规定的禁止进境物。四是组织召开《中华人民共和国禁止携带、邮寄进境的动植物及其产品和其他检疫物名录》中规定的禁止进境物风险分析会，统一标准、统一手法，严查高风险禁止进境物的携带，对经过高温或深加工处理的数量少、风险低的检疫物经教育后予以放行。五是采取更加灵活的抽查验方式，即根据航班、季节、疫情等不同情况所进行的风险评估结果决定采用一般抽查形式或重点查验方式。一般查验形式开箱（包）率控制在10%以下。六是采用显示屏宣传、航空器上发放宣传资料等多种形式，加强对《中华人民共和国禁止携带、邮寄进境的动植物及其产品和其他检疫物名录》的宣传，提高出入境人员自觉遵守国家法律法规的自觉性，减少旅客不必要的损失。七是继续坚持24小时工作制，出入境人员、货物、运输工具随到随检，随检随放，全天候服务。八是采取措施，严格管理、严格要求，积极支持国内外航空公司新增国际航班、新开国际航线的开航，为太原空运口岸进一步对外开放作出应有的贡献。

【山西出入境检验检疫局积极应对中东呼吸综合征疫情】 山西出入境检验检疫局认真落实国家质检总局中东呼吸综合征疫情防控工作部署。疫情发生后，第一时间召开了中东呼吸综合征疫情防控工作紧急会议，部署了防控工作，研究制订了《山西出入境检验检疫局口岸中东呼吸综合征疫情防控工作方案》，相关部门各负其责，启动了口岸应急预案。同时，积极协调山西省疾控中心，建立山西出入境检验检疫局保健中心、机场出入境检验检疫局、山西省疾控中心合作机制，就开展中东呼吸综合征疫情及今后其他传染病疫情防控工作中的深度合作签署了《联防联控工作框架协议》。

【山西出入境检验检疫局建立口岸联防联控机制】 在山西省疾控中心和山西出入境检验检疫局建立联防联控合作模式的带动下，太原市疾控中心主动提出和山西出入境检验检疫局口岸机构建立《突发急性传染病联防联控工作框架协议》，协议中除了制定详细的联席会议机制、信息通报机制、资源共享机制、相互支持机制、科研培训机制外，特别建立了“突发事件驻守机制”，明确提出今后在应对突发急性传染病疫情和生化恐怖事件等复杂情况时，省、市疾控中心将关口前移，派员驻守口岸，和太原机场出入境检验检疫局、保健中心组成三人小组联合执行疫情监测排查等应急任务。

【山西出入境检验检疫局不断提升贸易便利化水平】 一是积极推动、融入检验检疫一体化建设。2015 年 9 月 1 日正式在山西省内实施“通报、通检、通放”一体化通关模式，企业可根据需要自主选择在山西省范围内的任何一个检验检疫机构办理报检、缴费、放行、领取证单等手续。2015 年 9 月 24 日起，正式融入全国检验检疫通关一体化，符合相关条件的山西进出口货物，可通过出口直放、进口直通，减少货物在沿海、沿边口岸的滞留时间。2015 年共办理省内“三通”92 批，“出口直放”2 534 批，“进口直通”92 批。山西出入境检验检疫局于 2015 年 10 月经国家质检总局批准，正式纳入京津冀检验检疫一体化协同发展框架。二是深化关检“三个一”合作，将“三个一”模式应用于全省所有通关场所。2015 年实现“一次申报”232 批，“一次查验”31 批，“一次放行”38 批，加快了口岸放行速度。三是推行检验检疫无纸化工作。受理报检、出证放行实现电子化作业方式，推行原产地签证无纸化申报，实施出入境特殊物品卫生检疫审批证书电子核销，深化与海关的通关单联网核查机制。

开放口岸

【太原空运口岸（太原武宿国际机场）】 太原武宿国际机场距市区 13.2 千米。太原空运口岸于 2004 年经国务院批复同意扩大对外国籍飞机开放，并于 2005 年 1 月通过国家正式验收。2007 年 11 月，太原武宿机场更名为太原武宿国际机场，为国内省会级干线机场，是北京首都国际机场的备降机场。太原武宿国际机场场区占地面积为 588.7 万平方米，飞行区等级指标为 4E 级，跑道长 3 600 米，宽 75 米，站坪 34 万平方米，机位 43 个，可起降 B747 机型，同时满足 F 类 A380 备降需要。新建的 T 2 航站楼于 2008 年 7 月投入使用，面积为 5.5 万平方米，其中国际厅面积 1.8 万平方米。T1 航站楼经过改造，面积为 2.6 万平方米，并于 2014 年 1 月 1 日启用。新货运楼于 2010 年 4 月投入使用，总建筑面积 12 417 平方米，其中海关监管货运库约 2 000 平方米。截至 2015 年 12 月，太原空运口岸开通了 21 条固定及临时国际和地区航线，可直达韩国、泰国、日本、印尼、越南、我国港澳台地区等 8 个国家和地区，通航城市 20 个。

【大同空运口岸（临时开放）】 大同空运口岸（大同云岗机场）于 2013 年 7 月 31 日获国家口岸办批准临时开放，截至 2015 年年底已连续 6 次获批继续临时开放。目前开通大同至我国香港、韩国仁川航线。

大同云冈机场于 2006 年 1 月正式通航，占地面积 144 万平方米，飞行区等级指标为 4C 级，可起降 B737－300 及以下机型，跑道长 3 000 米，宽 45 米，站坪 2.4 万平方米。为了满足口岸开放的需要，按照正式空运口岸的标准和要求，2013 年对 T1 航站楼进行了全面改造，为联检单位配置了必要的查验设备。改造后的航站楼室内面积 4 255 平方米，调整了航站楼的室内布局，修建了边检、海关、检疫业务通道和办公用房。室外新建停车场 3 730 平方米，基本具备了空运口岸正式开放的条件。

海关特殊监管区域

【太原武宿综合保税区】 太原武宿综合保税区于 2012 年 8 月 26 日经国务院批准设立，是具有口岸、物流、加工等功能的实行封闭管理的海关特殊监管区域，属国家级特定功能区。该区位于山西太原经济技术开发区东、武宿国际机场西，规划面积 2.94 平方千米。

太原武宿综合保税区一期开发建设面积约 1.75 平方千米，围网面积约 1.46 平方千米。2013 年 9 月 16 日，一期开发建设面积为 1.75 平方千米的基础和监管设施建设项目顺利通过国家十部委联合验收组验收。同年 12 月，开始封关运行。

太原武宿综合保税区主要开展保税加工、保

税物流、保税服务等业务，定位为生产中心、销售中心、结算中心、物流配送中心、检测和售后服务维修中心及研发中心等六大中心，可以开展的主要业务内容为：存储进出口货物和其他未办结海关手续的货物，国际转口贸易，国际采购、分销和配送，国际中转，检测和售后服务维修，商品展示，研发、加工、制造，经海关批准的其他业务等。

2015 年 1～12 月，太原武宿综合保税区监管货运量 11 万吨，监管进出区货值达 111.7 亿元，与 2014 年同期相比增长 1.1 倍。

【山西方略保税物流中心】 山西方略保税物流中心是 2008 年 12 月 26 日经国务院授权，海关总署、财政部、国家税务总局、国家外汇管理局“四部委”联合审批的全国首批 17 家扩大试点的保税物流中心之一，也是山西省首家保税物流中心（且具有民营特色的保税物流中心）。2009 年 6 月 16 日，山西方略保税物流中心通过国务院验收并封关运营。中心内建有联检服务大厅、口岸作业区、承载万吨装卸大列的铁路站台、钢材交易区、融资监管区、露天物料堆场和高标准的现代化加工车间，能为进出口企业和现代物流企业提供进口保税、出口监管、海铁陆多式联运、物流融资、信息咨询和流通性简单加工等政策性功能服务。

2015 年，方略保税物流中心物流综合平台累计办理报关报检业务 725 票，同比增长 3.5%；监管进出口货物总值 9 272 万美元，同比下降 55.8%；监管货物总量 6 400 吨。物流服务方面，共实现散货吞吐量 196 万吨，同比增长 87.2%；集装箱吞吐量 29 865 标箱，同比下降 18.8%。该中心业务已发展到我国香港、台湾地区以及欧洲、美国、澳大利亚、南非、新加坡、哈萨克斯坦、蒙古等 11 个国家和地区，货物涉及铁、铜、铬、镍等有色金属矿，石油钻探设备，各类机械电子设备，食品及添加剂，聚苯醚等化工产品，铸管铸件，镁铝合金，果汁等 27 个品种。

方略保税物流中心二期工程已建成山西最大、全国为数不多的多功能、复合型物流场站。其中，1 050 米铁路专用线 6 条，高标准堆垛站台 8 个，高标准仓库 14 万平方米已部分投入使用；综合应用网络信息平台已上线运行，保税物流中心的卡口已竣工；园区路网建设已结束。与此同时，购置了正面吊、龙门吊、装载机、挖掘机等先进的专业物流设备，组建了公路运输和海关监管运输车队。其他开工项目，如“集装箱物流中心站”改扩建工程、保税物流中心基础工程、液态物流中心站工程等，也正在稳步推进。截至 2015 年年底，方略保税物流中心已开通了至连云港的“五定班列”和至二连浩特边境口岸的货运专列，成为山西省晋南、晋东南地区最大、最集中的陆路运输场站。

山西省口岸大事记

2 月 1 日

太原空运口岸开通了太原—泰国甲米航线。

2 月 3 日

山西省副省长王一新在山西省政府常务会议室主持召开全省口岸工作专题会。

2 月 6 日

山西省口岸办召开报送国家“十三五”口岸发展规划意见座谈会。

4 月 14 日

山西省口岸办召开口岸协调会，会议讨论东航拟开飞太原到韩国 5～8 月份夜航相关内容及“活力澳门推广周·山西太原”活动相关通关保障事宜。

6 月 26 日

“活力澳门推广周·山西太原”在太原成功举办，山西省口岸办圆满地完成了澳门代表团 330 多人在太原机场的入出境通关保障任务。

7 月 1 日

太原至泰国曼谷的国际定期客运航线正式运营。班期为每周一、三、五，由东航山西分公司执飞。

7 月 14 日

国务院批复同意在太原武宿国际机场口岸开

展口岸签证工作。

8 月 1 日

太原至越南岘港的国际客运航线正式运营。班期为每周三、六，由越南航空公司执飞。该航线为太原空运口岸首次执飞。

9 月 24 日

太原机场开通太原—烟台—名古屋航班，班期为每周四、日。

10 月 1 日

大同云冈机场开通至韩国仁川临时航线，这是大同机场首次开通韩国航线，也是大同机场开通的第一条国际航线，该航班由东方航空公司执飞。

11 月 23 日

从澳大利亚引进的 241 头种牛从太原空运口岸成功入境。这是山西省首次从国外以空运方式引进种牛，也是 2015 年国内较大规模的一次种牛空运入境。

12 月 8 日

山西省政府出台《山西省人民政府关于加强和改进口岸工作支持外贸发展的实施意见》。

（撰稿人：宋晓徽、雷满、牛煜、乔溪）

2015年山西省口岸流量统计表

口岸类型		口岸名称	货运量（万吨）				集装箱量（万标箱）				人员（万人次）				交通工具（辆、艘、架、列次）			
			出口	进口	合计	同比（%）	出口	进口	合计	同比（%）	出境	入境	合计	同比（%）	出境	入境	合计	同比（%）
空运口岸		太原空运口岸			0.037 3	-32.05	0.044 4	0.309 9	0.354 3	-76.87	19.586 2	19.518 4	39.104 6	3.62	1 416	1 414	2 830	-0.50
		大同空运口岸（临时开放）									0.574 8	0.570 7	1.145 5	35.31	59	58	117	10.38
		分计			0.037 3	-32.05	0.044 4	0.309 9	0.354 3	-76.87	20.161	20.089 1	40.250 1	4.32	1 475	1 472	2 947	-0.1
陆运口岸	公路口岸																	
		分计																
	铁路口岸																	
		分计																
水运口岸	海港口岸																	
		分计																
	河港口岸																	
		分计																
合计					0.037 3	-32.05					20.161	20.089 1	40.250 1	4.32	1 475	1 472	2 947	-0.1
同比（%）																		

（山西省口岸办提供）

2015 年太原海关主要数据统计表

项目		2015 年	同比（%）
进出口货运量（万吨）	合计	589.84	-56.4
	进口	571.85	-56.4
	出口	17.99	-54.9
进出口贸易总值（万美元）	合计	212 371.19	-37.1
	进口	206 131.69	-37.3
	其中：江、海运输		
	铁路运输		
	汽车运输		
	航空运输		
	邮件运输		
	其他运输		
	出口	6 239.50	-26.3
	其中：江、海运输		
	铁路运输		
	汽车运输		
	航空运输		
	邮件运输		
	其他运输		
税收（万元）	两税合计	113 000.44	-65.52
	关税入库	16 799.64	-55.00
	进口环节税入库	96 200.80	-66.87

（太原海关提供）

2015 年山西省口岸出入境主要数据表

项目			2015 年	2014 年	同比（%）
出入境人员（人次）	出入境人员总数		402 501	385 843	4. 32
	入境人员		201 610	193 115	4. 40
	出境人员		200 891	192 728	4. 24
	出入境旅客		377 986	362 831	4. 01
	出入境员工		24 515	23 012	6. 53
	中国公民	小计	367 206	360 638	1. 82
		内地居民（因公）	483	4 773	-89. 88
		内地居民（因私）	322 897	317 847	1. 59
		港澳居民	11 875	12 006	-1. 09
		台湾同胞	31 951	26 011	22. 84
	外籍人员		10 780	25 205	-57. 23
	从海港出入境人数				
	从陆港出入境人数				
	从空港出入境人数		402 501	385 843	4. 32
交通运输工具（辆、艘、架、列次）	总计		2 947	2 950	0. 10
	船舶				
	飞机		2 947	2 950	-0. 1
	火车				
	机动车辆				

（山西省公安边防总队提供）

2015 年山西省出入境检验检疫业务统计表

项目	货物检验检疫				交通工具				集装箱（标箱）		发现动植物疫情		货物通关		出入境人员查验（人次）	健康检查及预防接种（人次）			
	批次	金额（万美元）	检验检疫不合格		船舶（艘）	飞机（架）	火车（列）	汽车（辆）	合计	检出问题	种类数	种次	批次	金额（万美元）		健康检查	艾滋病监测	发现病例	预防接种
			批次	金额（万美元）															
本年累计	12 752	162 285	99	2 923		2 947			3 471	72	97	206	4 662	82 014	402 501	6 770	6 867	106	10 641
其中 出境	10 582	58 309	21	26		1 475			444				3 678	1 992	201 610				
其中 入境	2 170	103 977	78	2 897		1 472			3 027	72			984	62 022	200 891				
同比（%）	4	-6.4	-58.6	-91.7		-0.1			-17.9	-66.7	-46.1	-57.3	91.3	53.3	4.32	-8	-7.5	-49.8	-0.6
其中 出境	10.3	0	-48.8	-89.4		-0.1			-3.7				183.36	163.85	4.24				
其中 入境	-18.7	-9.6	-60.6	-91.7		-0.1			-19.64	-66.7	-46.1	-57.3	-13.6	35.1	4.4				

（山西出入境检验检疫局提供）

内蒙古自治区

口岸数量及分布

截至2015年年底，内蒙古自治区有经国务院批准的对外开放口岸16个。其中，空运口岸3个，分别是呼和浩特空运口岸（呼和浩特白塔国际机场）、满洲里空运口岸（满洲里西郊国际机场）、海拉尔空运口岸（海拉尔东山国际机场）；陆路（铁路）口岸2个，分别是二连浩特、满洲里铁路口岸；陆路（公路）口岸11个，分别是满洲里、二连浩特、策克、甘其毛都、珠恩嘎达布其、满都拉、额布都格、阿日哈沙特、黑山头、室韦、阿尔山公路口岸。其中，对俄罗斯口岸有4个，对蒙古国口岸有9个。

口岸运行数据

2015年，内蒙古自治区口岸进出境货运量为6 581.6万吨，同比下降7.1%。其中，进境货运量为4 099.96万吨，同比下降14.4%；出境货运量为970.09万吨，同比下降4.5%；转口货运量为1 511.55万吨，同比增长18.4%。对俄罗斯口岸进出境货运量为3 043.98万吨，同比增长0.2%。对蒙古国口岸进出境货运量为3 537.62万吨，同比下降12.6%。

全区口岸进出境客运量为428.29万人次，同比下降8.4%。其中，进境客运量为214.48万人次，同比下降8.3%；出境客运量为213.81万人次，同比下降8.5%。对俄罗斯口岸进出境客运量为131.57万人次，同比下降23.7%。对蒙古国口岸进出境客运量为296.72万人次，同比增长0.5%。

全区口岸进出境交通工具为126.7万列（辆、架）次，同比下降6.9%。其中，进境63.27万列（辆、架）次，同比下降6.7%；出境63.11万列（辆、架）次，同比下降7.2%；转口交通工具为3 262列，同比增长12.4%。对俄罗斯口岸进出境交通工具为24.98万列（辆、架）次，同比下降17.3%。对蒙古国口岸进出境交通工具为101.72万列（辆、架）次，同比下降3.9%。

2015年，全区口岸货运量同比下降7.1%。进口的主要商品为原煤、木材、各种矿石和矿石粉等，同比有所下降；出口的主要商品为矿产品及建材、轻工品、果蔬等，同比有所下降。货运量下降一方面是受到国内煤焦市场疲软态势的影响，另一方面是受到卢布和图格里克大幅贬值的影响。同时，受到经济下行、卢布贬值的影响，与2014年相比，进出境的人员及交通工具数量也都有所减少。

2015年内蒙古自治区各盟市进出口统计表

盟、市	进出口额（亿美元）	出口额（亿美元）	进口额（亿美元）	累计比2014年同期增减（%）		
				进出口	出口	进口
总值	127.49	56.54	70.95	-12.4	-11.6	-13.1
呼伦贝尔市	29.89	12.26	17.63	-18.3	-26.2	-11.6
满洲里市	27.74	10.82	16.92	-15.6	-17.3	-14.4
巴彦淖尔市	25.71	4.24	21.47	-9.3	33.8	-14.7
呼和浩特市	20.72	12.48	8.24	-5.6	0.5	-13.5
包头市	15.53	8.88	6.65	-13.9	-30.1	24.8
锡林郭勒盟	11.50	5.44	6.06	-27.9	-22.1	-32.5
二连浩特市	11.33	5.33	6.00	-27.2	-21.3	-31.8
赤峰市	7.79	1.82	5.97	-9.0	35.9	-17.3

续表

盟、市	进出口额（亿美元）	出口额（亿美元）	进口额（亿美元）	累计比 2014 年同期增减（%）		
				进出口	出口	进口
鄂尔多斯市	7.12	5.83	1.29	-1.4	22.9	-47.9
通辽市	4.35	3.44	0.91	1.3	-12.2	140.8
阿拉善盟	2.66	0.64	2.02	-0.2	5.8	-2.0
兴安盟	1.02	0.70	0.32	-21.5	-24.73	-13.0
乌兰察布市	0.74	0.36	0.38	56.7	6.5	176.3
乌海市	0.46	0.45	0.01	153.4	157.2	18.4

表注：按出口额排序。

口岸综合管理

【科学谋划口岸发展】 根据国家编制全国“十三五”规划的总体部署及自治区经济体制和生态文明体制 2015 年改革要求，对全区各口岸规划、基础设施建设及服务配套设施建设等情况进行了详细调研和梳理，形成《国家“十三五”口岸发展规划有关情况和意见的报告》，由自治区人民政府报海关总署。制订《加大内陆和沿边口岸开放、探索口岸差别化管理实施方案》，编制《内蒙古自治区口岸基础设施建设规划（2015～2020）》《内蒙古自治区“十三五”口岸发展规划（初稿）》，起草《内蒙古自治区口岸服务办法（初稿）》。对公路口岸公共服务设施建设工作重新定位，编制专项实施方案。完成制定《内蒙古自治区人民政府关于发展空港经济的指导意见》的深化改革任务，完成《内蒙古自治区参与中蒙俄经济走廊建设实施方案（初稿）》。

【加大口岸建设投入力度】 争取国家发展改革委下达自治区国家开放口岸查验设施建设中央预算内资金共 2 400 万元，自治区配套口岸（陆港）基础设施建设补助资金 1 亿元。为进一步加强口岸基础设施建设，投入新增地方政府债券资金用于全区口岸基础设施建设，一批口岸重点项目得到有力支持。

【加强电子口岸建设】 内蒙古口岸视频监控指挥中心初步建成一级视频指挥中心。完成了数据中心主机房建设，内蒙古电子口岸网站已上线试运行。开展内蒙古“单一窗口”建设，部署了“一站式”申报系统建设工作。推进电子口岸物流服务平台、口岸云平台和内蒙古跨境电商服务平台三大技术平台建设工作。

【加快推进口岸开放步伐】 《中蒙边境口岸及其管理制度协定》执行情况第五轮司局级会晤同意在协定中新增设乌力吉—查干德勒乌拉公路口岸，以及策克—西伯库伦、甘其毛都—嘎顺苏海图、珠恩嘎达布其—毕其格图、阿尔山—松贝尔等 4 对铁路口岸，并将满都拉—杭吉、额布都格—巴彦呼舒、阿日哈沙特—哈比日嘎扩大为常年开放口岸。满都拉口岸实现常年开放，阿日哈沙特和额布都格口岸实现全年临时开放。配合中蒙两国外交部开展确定乌力吉公路口岸、策克和甘其毛都铁路口岸跨境通道位置的会晤工作，确定了乌力吉公路口岸、策克铁路口岸跨境通道位置。推动锡林郭勒盟阿巴嘎旗边民通道开通取得积极进展。阿尔山机场实现临时开放，开通了阿尔山—乌兰巴托临时客运包机业务。

【拓展丰富口岸功能】 赤峰保税物流中心实现封关运营。满洲里综合保税区获得国务院批准。巴彦淖尔内陆港启动运营，鄂尔多斯、乌兰察布、乌海、阿拉善内陆港建设取得明显进展。满洲里多式联运海关监管中心获得海关总署批准。会同呼和浩特海关提出《内蒙古自治区保税物流中心（B 型）设立意见》，在西部盟市规划建设保税物流中心。依托沿边口岸开放优势，开展跨境经济合作区建设，二连浩特—扎门乌德跨境经济合作区相关规划和建设工作顺利开展。规范边民互市贸易发展，起草《内蒙古自治区边民互市贸易区暂行规定》。协调出入境检验检疫局申报额布都格、阿尔山为进口粮食和饲草指定口岸，珠恩嘎达布其口岸为进口畜产品指定口岸，破解“走出去”企业产品回运难题。为满洲里、二连浩特申报药品指定口岸，为二连浩特铁路口岸申报整车进口口岸。申请蒙古国边民自驾车入出境二连浩特口岸。

【落实“三互”推进大通关建设改革方案】 协调推进“三互”大通关建设，积极配合联检单位开展“三互”工作。满洲里海关、呼和浩特海关和内蒙古出入境检验检疫局签署了《关于推进“三互”深化合作共促外经贸发展合作备忘录》《继续全面推进关检合作“三个一”合作备忘录》。研究制定并由自治区政府出台了《内蒙古自治区人民政府落实“三互”推进大通关建设实施意见》。满洲里口岸首先启动了“三互”通关模式，确定二连浩特口岸为自治区“三互”大通关建设改革试点口岸并召开推广现场会，甘其毛都和策克口岸实现“三个一”查验模式。

【开展多领域多渠道多层次交流】 在国家口岸管理办公室支持下承办中蒙边境口岸管理合作委员会第一次会议。筹备并完成中俄内蒙古自治区段边境口岸联合检查和工作会晤，签署会议纪要。参加中俄总理定期会晤运输合作分委会口岸工作组第十八次会议。完成中蒙东部边境口岸联合检查和工作会晤并签署会议纪要。组织联检部门同蒙古国食品农业部、海关和口岸总局就农畜产品通关能力建设、跨境旅游等事项在阿尔山口岸进行考察。配合蒙古国有关部门召开蒙古国自由贸易区情况推介会。

加强口岸区域协作，跨区域口岸合作取得积极进展。6 月中旬在满洲里召开丝绸之路口岸区域协作会议，16 个省、自治区共同签署了《丝绸之路口岸区域协作满洲里宣言》，并在会议期间推出了《‘一带一路’进行时——走进满洲里》现场直播节目。积极推动锡林郭勒盟与辽宁省、兴安盟与吉林省开展区域合作。推进阿拉善盟商务局、策克口岸管委会与宁夏口岸办签订三方合作协议。

口岸监管与服务

【内蒙古自治区公安边防总队深挖潜力创新举措，着力提升边检服务效能】 一是服务地区经济社会发展。紧紧围绕国家“丝绸之路经济带”战略和自治区“一堡一带”建设规划，主动融入自治区向北开放桥头堡建设大局，从支持口岸开放、推动边境区域经济合作、保障跨境能源便捷通关、助力跨境旅游产业升级、加快人员自助通关进程、推行涉外企业诚信通关机制、推行鲜活产品优先验放、全力推动口岸通关一体化、深化俄蒙涉外协作机制、全力确保口岸安全稳定等 10 个方面研究推出具体措施，进一步创新边检勤务模式，拓展边检服务空间。二是跟进做好口岸对外开放。依据部局通知要求，进一步规范口岸开放秩序，确保口岸开放与边检工作形成良性互动。跟进鄂尔多斯伊金霍洛机场、二连浩特赛乌素机场、阿尔山机场临时开放和满都拉口岸扩大开放等工作，在口岸开放工作中主动介入、积极作为，紧紧抓住口岸开放、航线增加等有利时机，积极参与口岸基础设施和边检配套设施建设，优化完善查验环境，协调升级查缉装备，确保服务保障能力与口岸建设发展同频共振。三是全面加强公共关系建设。建立和完善边检站年度服务承诺发布报告和外部综合评价制度，组织全区边检站开展提高边检服务水平工作“回头看”及外部评价，每月设立“边检咨询日”，打造“警地互动”和“窗口服务”品牌。

【内蒙古自治区公安边防总队任务创新管理，构建顺畅通关模式】 一是稳步推进边检勤务改革。进一步加大二连浩特边检站勤务改革试点建设经验推广力度，强力推进以“综合指挥、情报导侦、专业查缉、诚信通关、警务联动”五大体系为支撑的勤务改革创新工作。指导并鼓励各边检站大胆探索、先行先试，区分对俄对蒙、东部西部、量大量小等不同特点，因地制宜，选准重点方向和突破口。在全区空港口岸推行边检“零等待”通关，完善团组分散通关机制，提高出入境航班通关效率；在铁路货运口岸创新推出铁路货检诚信查验模式和风险评估综合管理机制；在公路口岸为诚信企业交通运输工具提供“直通车”通关待遇，为旅游团队通关推出“提速车”服务，进一步细化“中国公民专用通道”、“台外专属引导”、紧急救助和绿色专用通道等便利查验措施，与口岸重点出入境企业建立联络员工作制度，提供“一对一”边检服务。二是着力提升信息化技术应用水平。加快数字边检建设，参与部局“陆港边检勤务指挥系统”试点研发工作，自主研发执勤人员绩效管理系统，牵头并圆满完成了部局指定的北方四省区“网络学院”运营维护保障任务。加快智能验证台、自助验放通道、智能指纹验讫章柜和验讫章自动识别管理系统、高清面相采集、梅沙系统指纹验证登录等边检智能验证设施建设步伐。三是深化涉外警务协作。总队及全区边检站通过会谈会晤、现场联合办公、直通电话、信函往来等形式，定期相互通报口岸及边境地区各类情报信息，不断深化执法互助、跨境救助、联合维权、业务交流、现场办公、联合处突等方面的务实合作，积极向俄蒙边防传递合作执法、协作共赢理念。举办了第二期蒙古国边防业务研修班，对蒙古国边防总局21名执勤人员进行了培训，持续提升中国边检机关品牌形象。与俄方确定了便利“一日游”团队通关、完善国际传真联络制度、深化情报信息交流、建立双方公民投诉快速响应、通报反馈制度等具体合作事项。目前已在满洲里—后贝加尔口岸设立了赴俄“一日游”旅游团及车辆专用通道，24 小时给予优先查验。满洲里边检站与俄罗斯边检机关启动紧急跨境联合维权机制，帮助无赴俄签证的中国公民及时往返俄罗斯后贝加尔口岸，利用庭审视频专线参加了俄罗斯法庭庭审，维护我国公民合法权益。

【内蒙古自治区公安边防总队强化口岸防控体系建设，全面提升口岸管控维稳水平】 一是严格查控确保底线不失。从严抓好《查控工作规范》贯彻落实，严格执行查控工作 24 小时值班和双人布控制度，实时对梅沙系统运行状态进行跟踪监测，对重要数据进行了备份，确保运行正常。全面加强与自治区有权交控部门的工作联系。建立和完善“前台检查询问，后台审查处理”的双线工作模式，加大前台发现的可疑人员后台照片查控比对工作力度，提高对不法分子和潜入潜出人员的发现和打击能力。二是凝聚合力织密防控网络。加强与公安厅、国家安全局、检验检疫局、海关等单位的协作机制（合作备忘录）的落实，构建内外紧密、配合密切、联防联控的口岸立体管控体系。积极与俄罗斯、蒙古国边检机关开展业务交流与培训合作，加强与对应俄蒙边防机构在情况通报、信息共享、执法培训、遣返救助、敏感节点联合管控等方面的合作，提高共同应对边境口岸突发事件快速反应和联合处置能力。三是明确重点强化口岸管控。进一步健全完善风险评估和重大勤务、敏感节点形势研判制度，形成常态化和敏感时期管控工作方案。持续强化口岸 24 小时快反处置能力，在各口岸执勤现场建立快反班组，依托实战教学全面提高官兵应急处突、预警防袭、控制抓捕、隔离驱散等实战处置技能，重点敏感时期轮值整装备勤，不断强化官兵快速反应和协同配合能力。根据口岸维稳形势需要，启动专项行动，通过加强信息收集研判、严密口岸限定区域管控、严格入出境查验查控、开展联合处突演练等工作措施，持续加大对出入境人员、交通运输工具及其携带行李物品的检查抽查力度，严密防范涉恐人员及违禁物品蒙混入境。

【呼和浩特海关助力建设充满活力的沿边经济带】 一是支持跨境电子商务发展。积极协调北京海关顺利开通呼和浩特白塔机场国际空港快件业务。2015 年监管邮、快递物品 79.5 万件，同比增长 76.4%。二是统筹布局综合保税区和保税监管场所。积极推动鄂尔多斯、乌兰察布综合保税区申建，支持呼和浩特出口加工区转型升级。三是支持二连浩特重点开发开放试验区建设。支持二连浩特边民互市贸易区封关运作，量身制定互市商品清单和监管服务措施。支持二连浩特跨境经济合作区申建工作，探索在该区域内推广复制自由贸易试验区监管制度创新。支持企业在重点开发开放试验区内申请建立保税监管场所。四是高效服务首届中蒙博览会。保证了从蒙古国入境的展品和参会人员的快捷便利通关。

【呼和浩特海关全面深化改革，不断增强海关服务自治区开放能力】 一是全面落实简政放权有关政策。按照海关总署部署，取消了“加工贸易备案（变更）、外发加工、深加工结转、余料结转、核销、放弃核准”和“进境货物直接退运核准”事项，下放了“减征、免征关税及进口环节海关代征税审批”“减免进口货物滞报金审批”“关税及进口环节海关代征税延期缴纳审批”事项，同时取消了“报关员资格核准”“报关单修改、撤销审批”两项行政审批项目。关区所有业务现场启动行政审批“一个窗口”改革。二是全面推进区域通关一体化改革。改革实施以来，通关效率明显提升，进口通关时间与2014年同期相比缩短1.29小时，出口缩短0.29小时。三是全面落实“三互”推动大通关建设。在二连浩特口岸启动旅检公路、铁路出境现场和客车出境通道的“一站式作业”试点项目。在呼和浩特市白塔机场国际快件业务现场实行关检合作“一站式作业”改革，实现“共用监管场所、共用监管设施，联合查验、一次放行”。

【呼和浩特海关大力提升通关效率，助力企业减负增效】 一是创新监管通关作业。以信息化无纸通关作业模式替代传统手工作业通关模式，报关单全程无纸化率达到92%，覆盖关区所有业务现场和业务领域。全面推广分类通关和风险管理作业模式，对辖区进出口企业实施差别化管理，资信好、风险低的企业实现快速通关。积极推进关检合作“三个一”试点工作，“一次申报、一次查验、一次放行”合作模式实现中蒙常年开放口岸的全覆盖。为边境一线口岸增配监管查验设备H986大型检查系统5套，小型H986乘用车检查系统2套，其他监管设备142件，总值达1.5亿元。二是推广便捷通关模式。在二连浩特等对蒙古国重点口岸通关现场设立果蔬绿色审核通道加快放行，对被布控货物也为其优先办理查验手续，防止此类商品在口岸滞留时间过长给企业带来损失。在呼和浩特空运口岸对鲜活农产品、文化产品等国家扶持产业的进出口提供24小时通关便利，快速验放进口活畜包机及自治区政府与其他国家和地区文化交流活动的展品。针对关区口岸大宗散装货物居多的情况，对同一收（发）货人、同日（同一进出口日期）、同批（同一合同号项下同一商品品名）、同一口岸、同一运输方式（公路货运车辆）的进出口货物，采用一份报关单向海关集中申报的模式。三是优化中蒙海关合作机制。利用中蒙边境地海关联络官会晤、隶属各口岸海关季节性业务会晤等联络渠道，畅通中蒙海关沟通交流，帮助解决“走出去”企业遇到的通关问题。深入推进中蒙联合监管，第一阶段统一载货清单作业已全面覆盖关区各常年开放口岸，2015年7月第七次中蒙海关联合监管工作会议议定将统一载货清单作业扩大至满都拉口岸—杭吉口岸，并决定在二连浩特—扎门乌德公路口岸试点中蒙海关载货清单电子数据交换项目，启动中蒙海关“查验结果”互认的论证研究。

【呼和浩特海关开展务实服务，深入落实惠企政策】 一是全面清理收费项目。按照国家发展改革委、财政部、海关总署等七部委《关于进一步清理和规范进出口环节收费的通知》要求，对进出口环节收费情况开展自查。取消海关预归类服务、纸质和电子《代理报关委托书》、安全产品后续服务、舱单数据传输处理费、代办企业电子口岸入网手续费等收费项目。对进出口环节经营服务性收费实行正面清单管理，对于经营服务项目、服务内容、收费依据、收费标准等，均在收费场所的醒目位置进行了公告。二是主动融入自治区企业信用体系建设。定期向自治区企业信用体系建设平台提供进出口企业相关数据信息。落实海关总署为促进通关便利、稳定外贸增长实施的高级认证企业评定和企业类别特殊调整相关政策，做好《中华人民共和国企业信用管理暂行办法》政策宣传，完成自治区首家高级认证和一般认证企业的认证工作。全面实施“企业协调员制度”，为关区高信用企业配备协调员，提供“预约式服务”“上门服务”等个性化服务。

【满洲里海关认真贯彻落实重点改革任务】“三互”大通关建设稳步推动。与满洲里出入境检验检疫局、满洲里边防检查站分别签订了《关于落实口岸关检“三互”合作的协议》，建立了10项合作机制，各异地隶属分关办事处分别与检验检疫局和边防检查站建立了沟通协调和联系配合机制。关检合作“三个一”实现突破，关区符合条件的通关业务现场、所有有业务的报关企业、所有进境法检商品全部纳入关检合作“三个一”范围，关区一次申报率达到了100%。区域通关一体化改革全面推进。紧跟海关总署决策部署，加强与东北及内蒙古各兄弟海关间合作，积极落实合作事项，加快区域通关一体化进程。自2015年4月26日区域通关一体化实施以来，共办理通关一体化报关单13.7万票。汇总征税改革顺利实施。全年，受理汇总征税报关单58票，征收税款41.75万元，通关时效提高50%，有效降低企业经营成本。推广税费电子支付业务名列前茅。全年，关区总税单票数为15.9万票，电子支付税单为15.6万票，支付比率达到98%，高出全国海关平均支付比率6个百分点，居全国海关第2名。通关作业无纸化改革继续推进。通关作业无纸化覆盖关区所有口岸业务现场，无纸化率为96.03%；每日对无纸化签约企业进行审核，全年共签约企业48 176家、解约企业72家。

【满洲里海关全力支持地方社会经济发展】积极支持中欧班列东线通道建设。实现对国内主要经济区域的全面辐射。经满洲里口岸出境的中欧（俄）国际集装箱货运班列已有14条。量体裁衣扶持企业持续发展。推行根据企业库存材积征收保证金的库存征保改革，节省企业保证金62.9%，降低企业运营成本，提高通关时效；建立“大客户”企业服务机制，开展“个性化”指导服务。特殊监管区域（保税监管场所）规划建设稳步推进。满洲里综合保税区顺利获批；赤峰保税物流中心保税展示交易业务正式运行；“两仓”设立数量大幅增加，已批准设立保税仓库6家并验收3家，批准设立出口监管仓库5家并验收1家。互贸区功能进一步拓展，全年监管互贸区进出境旅客15 784人次，监管出区商品573吨，监管出境商品475.1吨。税政调研成果凸显。谷氨酸钠、玉石（软玉）原石两项税则修订建议通过海关总署审核，并上报国务院税委办。满洲里关区首批享受优惠税率的蒙古国天然饲草从额布都格口岸进口。开放平台取得突破。满洲里机场口岸免税商店正式通过验收投入运营；海关多式联运监管中心获批设立；阿尔山海关实现设关；额布都格口岸、阿日哈沙特口岸实现临时常年开关，沿边小口岸基础设施得到进一步改善。

【内蒙古出入境检验检疫局全面落实国务院、国家质检总局稳增长措施，促进自治区外贸增长】 制定和落实稳增长系列措施。重点从提升自治区对外开放水平、拓展口岸功能、推进开发开放试验区建设、助推中欧班列发展、促进中俄蒙资源领域合作、推动“走出去”战略实施、促进贸易便利化、落实减免费政策、维护国门安全和构筑生态安全屏障等方面制定了服务自治区向北开放和外贸发展的5方面19条措施。积极推进简政放权。积极推进检验检疫业务改革和流程再造，取消一批审批项目，推进权力清单和责任清单建设，把报检大厅改造成办事大厅，推出“一站式”服务和政务公开、检务公开，彻底清理涉企收费项目，全面提升窗口和职能服务的效能。

【内蒙古出入境检验检疫局切实加强质量安全宏观管理，推动进出口商品质量提升】 构建“放、管、治”三位一体的质量提升格局。促成将口岸检验检疫综合能力建设、进出口商品质量保障体系、口岸核心能力建设和疫病疫情联防联控等作为“质量兴区”“质量强区”重要考核内容，纳入政府质量考核范围，突出检验检疫工作地位。构建质量共管机制。落实企业质量主体责任，与质监局建立了“互联互通、共管共治”工作机制，形成合力，共促质量提升，共管质量安全。积极构建前伸后移的进出口闭环监管模式。探索出口产品“合格假定＋问题导向”、进口产品“风险管理＋事中监管＋事后追溯”的闭环监管模式，强化事中事后监管和追溯调查、召回、通报、信息发布等后续监管措施的应用。积极推进质量安全示范区建设。加强对已有出口示范区规范管理，建设以乳制品、螺旋藻、番茄酱、羊绒、稀土产品、硅铁为重点的出口食品和工业品质量安全示范区。强化进出口商品质量安全和风险监控工作。重点加强对进口矿产品、儿童用品及出口危险化学品及其包装、稀土产品和新材料、食品接触材料等敏感商品的监管把关，检出率大幅度提升。

【内蒙古出入境检验检疫局严守安全底线，切实保障国门安全】 突出安全底线思维，当好国门卫士。加强中东呼吸综合征等重大疫情防控工作。加强对重点入境人群、物品、交通工具检疫，密切关注疫情动态，建立应急预防，严防疫情传入。圆满完成驻利比里亚维和警察及包机的检疫任务。严格疫情风险和反恐防控。以口岸为重点和依托，严格疫情风险防控和应急处置，完善各类应急预案，组织应急演练，加强口岸查验，杜绝违禁物品出入境。在满洲里从俄罗斯入境旅客行李中截获手枪和子弹等违禁物品。积极探索新型疫病疫情防控模式。以“绿蕾行动”为契机，开展安全隐患排查和专项治理，有害生物截获率大幅度提升。建立和完善与俄、蒙共同防控疫情的合作机制，加强对俄、蒙疫情监控和信息收集，积极探索境外预检模式，将风险防范向境外延伸，降低国门安全风险。加强对高风险进出口商品质量安全监管。加强对危险化学品、废物原料、旧机电及大宗资源性商品的检验监管，对进口煤炭等加强质量监管，维护国家经济安全。

【内蒙古出入境检验检疫局积极服务国家“一带一路”发展战略和自治区向北开放战略】 加强政策研究工作。主动申请国家质检总局确定了“中蒙俄经济走廊检验检疫发展战略研究”课题，课题顺利通过评审，部分研究成果已转化为自治区2016年的重点工作安排。积极助推国家“一带一路”战略实施。主动会同国家质检总局有关司局和中欧班列始发地各检验检疫机构，召开了“中欧班列与检验检疫便利化”推进会，为“苏蒙欧”“渝满欧”“郑蒙欧”等中欧班列量身订制了检验检疫直通放行模式，采取内地与口岸互为一二线的新型分线管理模式和出口直放、进口直通模式，促进经满洲里、二连浩特中欧班列提速、扩量、增效。多措并举，保障“中蒙博览会”在呼和浩特顺利开展，确保“中蒙博览会”圆满成功。服务自治区农业“走出去”战略。充分利用俄蒙自然资源和农牧业资源富集及自治区的区位优势，从国家政策、检疫准入、境外疫情信息、境外种植企业管理、回运农作物疫情防控、落地加工和检验检疫监管等多方面深入研究，制定切实可行的支持措施和监管办法，推进农业“走出去”企业回运农产品准入，并推动扩大规模和品种，为农业“走出去”战略实施开辟新径。积极推动蒙古国饲草进口。积极协调国家质检总局给予政策支持，及时开展疫情调查和风险分析，完善相关口岸检疫除害设施建设，三管齐下做好工作，确保蒙古国饲草安全顺利进口，有效解决了牧区饲草进口的迫切需要。积极支持自治区引进动物优良品种。主动适应自治区畜牧业发展新常态，为自治区引进国外优良种畜，打造引进优良种畜西部空中走廊，推动自治区畜牧业品种和产业结构调整，向品牌化、高端化升级作出重要贡献。2015年羊驼、马匹进口数量创历史新高。积极支持中俄蒙在资源领域的战略合作。围绕口岸过货通关、物流贸易和落地加工三大功能，探索对进口大宗资源性能源性商品检验放行、预检放行、验证放行、信用放行等多种快速验放模式，提高放行效率，缩短口岸滞留时间，加快通关速度，缓解口岸压力。针对进口木材、煤炭、铜精矿、铁矿石和出口建材、水泥等数量大、检验检疫程序和数据处理复杂等实际，加大信息化手段应用，通过非侵入式查验等科技创新手段提高通关效率。突出创新驱动，推进贸易便利化。与呼和浩特、满洲里海关共同签署了《关于推进“三互”深化合作共促外经贸发展合作备忘录》，“三个一”统一版系统全面上线运行。主动协调并参与东北三省及内蒙古、沿黄河丝绸之路“9+2”、中欧班列沿线检验检疫一体化合作机制，形成“一片一纵一横”的一体化合作格局，实现“通报、通检、通放”，有效提高便利化水平。打造推广复制自贸区政策升级版。按照国家质检总局加快推广复制上海自贸区8项检验检疫创新制度的要求，重点在满洲里、二连浩特国家重点开发开放试验区、满洲里综合保税区、二连浩特中蒙跨境经济合作区、呼伦贝尔中俄蒙合作先导区复制和推广，实行分线、差别化管理。

开放口岸

【呼和浩特空运口岸（呼和浩特白塔国际机场）】 呼和浩特白塔国际机场位于内蒙古自治区首府呼和浩特，距市中心14千米，1958年10月1日建成通航，1991年经国务院批准对外开放，同年3月开通至蒙古国首都乌兰巴托的航线，成为我国起降国际定期航班的机场之一。2004年呼和浩特白塔国际机场进行扩建，新建机场建筑面积37.4万平方米，可供35架飞机同时停放；航站区新建航站楼5.45万平方米，年吞吐量为300万人次，新站坪机位达32个，机场飞行区等级为4E级。截至2015年年底，白塔国际机场开通国际、地区航线16条。其中，固定航线6条，分别为呼和浩特—蒙古国乌兰巴托、呼和浩特—日本名古屋、呼和浩特—中国香港、呼和浩特—中国台北、呼和浩特—中国台中、呼和浩特—中国高雄；季节性航线10条，分别为呼和浩特—韩国济州岛、呼和浩特—韩国仁川、呼和浩特—韩国首尔、呼和浩特—韩国清州、呼和浩特—韩国襄阳、呼和浩特—韩国釜山、呼和浩特—泰国普吉岛、呼和浩特—泰国曼谷、呼和浩特—泰国甲米、呼和浩特—俄罗斯伊尔库茨克。2015年，呼和浩特空运口岸开通了澳大利亚墨尔本—新加坡—呼和浩特货运包机航线，主要运输澳大利亚种羊。

2015年，呼和浩特空运口岸进出境客运量为18.9万人次，同比增长68.9%；进出境货运量3 676吨，同比增长266.9%；进出境航班1 583架次，同比增长33.3%。

呼和浩特出口加工区于2002年6月21日经国务院批准设立，位于呼和浩特经济技术开发区金川工业园区，规划面积2.2平方千米，2007年12月28日正式封关运作。按照整体规划、分期开发的原则，一期开发建设1.038平方千米。2015年，呼和浩特出口加工区积极开展申建综合保税区工作。加工区积极尝试开展保税物流、保税展示、保税交易等业务，重点扶持内蒙古外运保税物流有限公司、内蒙古中昊物流有限责任公司两家物流企业发展。2015年呼和浩特出口加工区亿元以上项目两个，分别为内蒙古晟纳吉光伏材料有限公司1.5GW扩产项目、内蒙古爱瑞斯通信技术有限公司年产35万台空气净化型加湿器项目。

【满洲里空运口岸（满洲里西郊国际机场）】 满洲里西郊国际机场距满洲里市区9千米，与中俄国界线最近距离约7千米，2004年11月28日启用，2005年2月正式通航并于同年实现临时开放。机场候机楼面积2万平方米，跑道2 800米，机场飞行区等级为4D级，3条廊桥，可满足国内国际进出港旅客200万人次，高峰小时1 400人次的需求。2009年5月22日，满洲里空运口岸正式对外开放。2010年8月，开通了满洲里至伊尔库茨克临时国际航班，并于2010年9月被中俄双方正式纳入国际航线直飞点。已开通满洲里—俄罗斯赤塔、满洲里—俄罗斯伊尔库茨克、满洲里—俄罗斯乌兰乌德、满洲里—俄罗斯克拉斯诺亚尔斯克、满洲里—蒙古国乔巴山、满洲里—蒙古国乌兰巴托航线，并于2014年增开了满洲里—俄罗斯新西伯利亚、满洲里—韩国仁川航线，使满洲里空运口岸直飞国家达到3个。2015年，口岸免税店建成并投入运营。

2015年，满洲里空运口岸进出境客运量为4.37万人次，同比下降11.2%；进出境飞机1 013架次，同比下降4.1%。

【海拉尔空运口岸（海拉尔东山国际机场）】 海拉尔东山国际机场距市区5千米。1953年3月，中苏间正式开通并成立中苏航空股份公司海拉尔航空站，航线为苏联赤塔—海拉尔—朝鲜平壤。1955年苏方将股份移交中方，由中方单独经营。1959年该航线取消，口岸随之关闭。1988年，呼伦贝尔盟开展经济体制改革试验区建设，恢复海拉尔空运口岸。1995年9月15日，国家口岸办以国口办字〔1995〕34号文件同意海拉尔空运口岸正式对外开放。经过多年的建设，机场口岸基础设施已日趋完善，已经成为内蒙古东部地区规模最大、功能最完善、业务最繁忙的机场，飞行区达到4D级标准，跑道达2 800延长米，可起降波音767－300以下机型的飞机。

截至2015年年底，海拉尔空运口岸已开通北京—海拉尔—俄罗斯赤塔、海拉尔—蒙古国乔巴山—蒙古国乌兰巴托、海拉尔—俄罗斯伊尔库茨克、海拉尔—中国香港、海拉尔—中国台北、海拉尔—韩国首尔、海拉尔—蒙古国乌兰巴托、海拉尔—中国澳门、海拉尔—日本箱根、海拉尔—日本名古屋、海拉尔—日本岩手、海拉尔—日本福冈、海拉尔—日本大阪、海拉尔—日本神户、海拉尔—日本熊本航线。

2015年，海拉尔空运口岸共进出境飞机414架次，同比下降28.6%；进出境人数为2.24万人次，同比下降36.2%。

【满洲里陆路（铁路）口岸】 满洲里陆路（铁路）口岸位于中俄41号界标处，与俄罗斯后贝加尔斯克铁路口岸相对应，是我国规模最大的铁路口岸，也是中俄贸易最大的通商口岸，承担了中俄贸易60%的货运量。满洲里陆路（铁路）口岸于1901年开通，距今已有百年的历史。现有宽准轨到发编组线51条，其中宽轨24条，准轨27条；口岸站换装线、专用线等线路90余条；宽轨列车会让站1个。自2007年以来，口岸过货量就已经突破2 400万吨，目前的口岸换装能力已经不能满足口岸发展的需要。为此，满洲里市启动了满洲里新国际货场建设。满洲里新国际货场占地面积约15平方千米，一期投资33亿元，是由中铁集装箱公司、俄罗斯伊利托集团等多家国内外知名企业共同出资建造，主要包括铁路物流中心、煤炭散装货场、汽车专业货场、集装箱专办站、矿石散装货场和化学危险品等专业货场。投入使用后，铁路口岸站场布局资源配置将会更加合理，铁路口岸年综合换装能力可达7 000万吨。

满洲里陆路（铁路）口岸查验手段先进，通关作业信息化程度高。配有钴60火车自动检查系统，列车电子监控系统，放射性检测仪等现代化设备设施。建立了覆盖各监管场区的网络系统，实现了进出口货物远程监控和查验信息的同步传输。各货代报关企业与海关、检验检疫局、铁路车站实现了微机联网。海关与铁路车站实现了舱单的网络传输。满洲里铁路车站与俄罗斯后贝加尔车站间实现了电子数据交换。配备了多种性能先进的现代化换装设备，能够满足各种进出口货物的换装仓储需求。

满洲里陆路（铁路）口岸进口货物主要有木材、原油、化工、纸类、化肥、铁矿砂、合成橡胶等。货物流向全国29个省、直辖市、自治区。出口货物以轻工产品、机电产品、矿产品、石油焦、食品、建材等为主。利用口岸优势，满洲里口岸扩大口岸跨区域合作，形成以“苏满欧”为代表的14条中欧班列线路，全年开行口岸跨境班列604列，集装箱量为50 286标箱，总货值达97.1亿元。

2015年，满洲里铁路口岸进出境货运量2 872.13万吨，同比下降0.1%。其中，进出境货运量前3位分别为木材、铁矿砂、化肥，分别占进出境货运量的26.6%、7.8%、3.5%。进出境客运量为2.64万人次，同比下降80.1 %；进出境火车1.1万列次，同比增长10%。

【二连浩特陆路（铁路）口岸】 二连浩特陆路（铁路）口岸位于内蒙古自治区正北部集二线终端，中蒙815号界标附近，与蒙古国扎门乌德市相距9千米，是我国与蒙古国接壤的唯一铁路口岸，对应蒙古国东戈壁省扎门乌德铁路口岸。1956年，随着中、蒙、苏（北京—乌兰巴托—莫斯科）三国国际联运通车，口岸正式对外开放。二连浩特口岸自古就是我国内陆通往北亚、东欧最近最便捷的通道。其通过京包线与天津港相连，是日本、东南亚及其他邻国开展对蒙古国、俄罗斯及东欧各国转口贸易的理想通道，是目前蒙古国走向出海口的最便捷通道，也是我国向北开放的前沿阵地和重要的进出口商品集散地。该口岸主要进出口货物有铁矿石、木材、铜矿粉、原油、水泥等，蒙古国70%的果蔬和日用品经由该口岸运入。

二连浩特陆路（铁路）口岸功能齐全，查验设备先进，现有宽准轨线路169条，建有世界上最大的散堆装货场、列车换轮库，拥有世界一流的H986货运列车检验系统。2006年起口岸实行24小时通关，年吞吐能力达1 000万吨。2015年，经口岸进出境的中欧班列共77列次，其中出境50列次，入境27列次；进出口货物种类主要是窗帘、玩具、灯具、染色布、离心泵、服装、轮胎等，主要运抵国为德国、芬兰、波兰、俄罗斯。

2015年，口岸进出境货运量为1 078.8万吨，同比增长2.5%；进出境客运量为19.01万人次，同比下降18.1%；进出境火车达0.8万列次，同比下降5.9%。

【满洲里陆路（公路）口岸】 满洲里陆路（公路）口岸于1998年投入使用，是我国唯一实行24小时通关的国际公路口岸。口岸分为旅检区和货检区，旅检通关大楼共分为3层，一层为出入境人员的候检大厅，二层为出境大厅，三层为入境大厅，楼内共开设十进十出人员通道；货检区开设三进三出6条货车通道，使满洲里公路口岸的年通过能力达到人员1 200万人次，车辆120万辆次，货物600万吨。货检区出口主要是以蔬菜、水果为主，占出口总量的85%；进口主要是以废钢和木材为主，占进口总量的90%。目前，我国有29个省份的蔬菜、水果经由这里出口到俄罗斯，最远可以到达俄罗斯的圣彼得堡和莫斯科等地，成为我国开拓俄罗斯农产品市场的桥头堡。

公路口岸主体建筑有货检大楼、旅检大楼、部队兵营、会晤站，以及相配套的公路口岸交易市场、海关监管区等。口岸封闭区集通关、查验、仓储运输、生活服务于一体，可一次性完成报检报关、税费征缴业务。2015年8月，满洲里国际公路口岸进行扩能升级，项目总投资概算10.3亿元，建设工期为2015年至2017年。

2015年，满洲里陆路（公路）口岸进出境货运量为141.46万吨，同比下降0.7%；进出境客运量为116.8万人次，同比下降18.5%；进出境车辆为17.74万辆次，同比下降25.6%。

【二连浩特陆路（公路）口岸】 二连浩特陆路（公路）口岸位于中蒙边界815号界标处，与蒙古国扎门乌德隔界相望。二连浩特陆路（公路）口岸旧通道于1992年开通试运营，是在中蒙两国铁路员工通勤通道的基础上改建的，只有一条客货混用通道，基础设施、查验条件非常简陋。2000年6月，为改变二连浩特公路口岸的落后面貌，经上级批准，二连浩特扩建公路口岸。公路口岸新联检通道位于国门西侧，工程总投资5 600万元，总占地面积为34.3万平方米，设计最大通过能力为货运240万吨、客运300万人次。

二连浩特公路口岸主要设施有联检大楼3 889平方米，海关特检区货检大楼274平方米，货运报关楼534平方米，边检营房2 100平方米，以及相配套的口岸监管区。通道北出口与蒙古国边境相接，南出口经市区与208国道相连。东西两条次干线与友谊路相连接，新建联检区设有四进四出八通道，实现客货分流。公路口岸新联检区集通关查验、仓储运输、生活服务于一体，可一次性完成报关报检和稽费征缴工作。新建公路口岸的运营，从根本上改变了老口岸功能单一、设施落后的状况，极大地提高了公路口岸的过货能力和通关效率，为二连浩特市改革开放、经济发展奠定良好的基础。2015年，口岸进出口物流园区二期工程中环宇国际物流园区二期建设检验检疫集中检验场所、海关出口监管仓库等硬件服务设施已全部完工并投入使用，汇通国际物流园区二期建设办公区、商铺、库房完工并投入使用。

2015年，二连浩特公路口岸进出境货物为323.9万吨，同比增长6.6%；进出境人员为163.0万人次，同比下降2.7%；进出境车辆为43.9万辆次，同比增长1.1%。

【甘其毛都陆路（公路）口岸】 甘其毛都公路口岸位于中蒙边界第703号界标处，距乌拉特旗政府海流图镇133千米，与蒙古国南戈壁省汉博格德县嘎顺舒苏海图口岸相对。1989年12月，自治区人民政府批准甘其毛都为中蒙边境贸易的临时过货点，1990年2月实现首次过货。1992年6月，国务院正式批准甘其毛都为一类季节性双边口岸，并于1992年7月正式进行首次季节性开关。2007年9月，国务院以国函批复甘其毛都口岸为双边常年开放的边境公路口岸，2009年6月通过国家组织的常年开放正式验收。口岸年设计过货能力为3 000万吨，年旅客通行能力为100万人次。口岸对应的蒙古国南戈壁省总面积60%以上的地下都有煤矿资源，已探明煤储量530亿吨，铜矿储量位居世界前列。其中，塔本陶勒盖煤田探明储量64亿吨；奥云陶勒盖铜矿初步探明为亚洲最大的铜矿，名列世界第4位，该铜矿平均品位0.63%，最高品位4%。

2015年，口岸基础设施进一步加强，硬件水平不断提升。对口岸出境车辆待发区及疏港公路封闭工程进行建设，矿能产品通道改扩建完成总体规划设计，入境重载公路完工。口岸通用机场基础设施建设完成并试飞成功。进口活畜隔离场所开工建设。临河—甘其毛都一级公路已动工建设。海关H986车辆快速检测系统查验、视频监控室建成启用，出入境检验检疫局煤铜化验室启动运行，联检楼、边防检查站执勤现场办公楼维修和地下水患治理工程全部完工。呼和浩特海关与内蒙古出入境检验检疫局在甘其毛都口岸共同启动“一次申报、一次查验、一次放行”合作。委托国家发展改革委国际合作中心编制了中蒙（甘其毛都—嘎顺苏海图）跨境经济合作园区发展规划。

2015年，甘其毛都公路口岸完成进出口货运总量725.1万吨，同比下降43.3%；实现进出口贸易总值22.0亿美元，同比下降20.6%；出入境人员32.6万人次，同比下降22.6%；出入境车辆23.35万辆次，同比下降24.78%。口岸进口煤炭大幅减少成为影响口岸进出口贸易整体下行的主要原因。

巴彦淖尔市现代农畜产品（B型）保税物流园区位于内蒙古自治区规划的重点沿黄沿线经济带——呼包鄂金三角和蒙晋陕能源富集区的辐射地带，紧邻呼包银和京津冀经济圈，区位优势显著，交通条件便利。2015年7月，临河区政府出资回购了海关监管场所，并委托临河区城投公司以监管场所的使用权为股份采取PPP模式与北京嘉友国际物流公司合作，成立巴彦淖尔市临津物流有限公司来经营监管场所。2015年8月，临津物流公司与天津港（集团）公司签订了陆港通关合作协议，2015年12月9日正式通关运营，实现了与天津港的无缝对接。

【策克陆路（公路）口岸】 策克公路口岸位于内蒙古阿拉善盟额济纳旗中蒙边界第572号界标处，距额济纳旗府所在地达来呼布镇60千米，与蒙古国南戈壁省西伯库伦口岸相对应，是内蒙古第三大口岸，同时也是内蒙古、陕西、甘肃、宁夏、青海五省区所共有的陆路口岸。1992年3月经自治区人民政府批准为对外开放的二类口岸，2005年6月国务院批准为中蒙双边性常年开放口岸，是中蒙两国最为重要的贸易通道之一。其对外辐射蒙古国南戈壁、巴音洪格尔、戈壁阿尔泰、前杭盖、后杭盖5个畜产品、矿产资源较为富集的省区，这些地区蕴藏着金、铜、铝、铅等多种丰富的贵金属矿藏资源，距蒙古国那林苏海特煤田仅46千米。

2015年，策克口岸经济开发区完成“十三五”规划初稿。口岸总体规划正进行修编前评估。《策克口岸边境经济合作区可行性研究》已上报国务院。口岸经济开发区管委会委托中国国际经济交流中心完成了课题“构建中蒙策克—西伯库伦跨境经济合作区研究”和“西线中蒙俄经济走廊国家战略研究”。加快口岸基础设施与通关信息平台建设，积极推进边境经济合作区、互市贸易区、保税仓库建设，实现与蒙古国海关联合监管及工作载货清单的统一。

2015年策克公路口岸进出境货物为762.3万吨，同比下降5.8%；出入境人员为26.0万人次，同比增长8.8%；出入境车辆为18.4万辆次，同比下降2.4%。

【黑山头陆路（公路）口岸】 黑山头公路口岸位于俄罗斯赤塔州和呼伦贝尔市交界的额尔古纳河东岸，中俄边界第91号界标处，与俄罗斯赤塔州旧粗鲁海图口岸相望，向南连接满洲里口岸，向北与室韦口岸相连，向东距额尔古纳市区62千米，距黑山头镇12千米，距口岸22千米的俄罗斯普里阿尔贡斯克区有公路、铁路通往俄罗斯腹地，口岸临界的俄罗斯后贝加尔边疆区拥有极其丰富的森林、石油、天然气、铅锌矿石、煤炭、木材等矿产资源。黑山头公路口岸是于1989年经国务院批准设立的国家开放口岸，1991年正式实现双边性常年开放。根据当时贸易的需要，采取边开通边建设的办法，口岸过货经历了冰上—木桥—永久性水泥桥过货的发展过程。经过20多年的发展，逐步形成以进出口贸易为主，以旅游、服务业为辅的口岸经济发展模式。

2015年，黑山头口岸完成电子口岸规划，额尔古纳海关、额尔古纳边检站各自按行业要求进行了电子口岸建设并于10月份完工。对口岸原界碑进行重新选址建设。

2015年黑山头公路口岸进出境货运量为17.4万吨，同比增长8.2%；进出境人员为9.2万人次，同比增长20.5%；进出境交通工具为4.1万辆次，同比增长35.7%。

【室韦陆路（公路）口岸】 室韦公路口岸位于中俄界河额尔古纳河中游东岸第111号界标处，南距额尔古纳市区168千米，北距莫尔道嘎镇90千米，西隔额尔古纳河与俄罗斯奥洛契口岸相对，两口岸相距1千米，两口岸码头相距仅200米。室韦口岸于1989年经国务院批准为双边性常年开放口岸，1991年2月1日正式对外开放。2001年10月建成室韦—奥洛契口岸界河大桥，实现了常年通关过货。室韦口岸相对应俄罗斯赤塔州东北部9个市区，矿产资源十分丰富，以黄金开采最为发达，铅、锌、铁、铜等矿产资源也有相当储量，森林资源更为丰富，木材储积量达4.5亿立方米。该地区公路发达，离西伯利亚大铁路相距200多千米，内陆交通也十分便利。

2015年，口岸客货联检厅竣工。室韦—奥洛契口岸增加客运通道工作得到俄方大力支持，待俄方口岸基础设施完善后试运行。同时，俄方承诺根据出入境货运量的增加将随时延长室韦—奥洛契口岸的通关时间。呼伦贝尔市和俄罗斯后贝加尔边疆区双方就室韦—奥洛契口岸建设跨额尔古纳河补充桥梁的问题达成一致。

2015年，室韦公路口岸进出口货运量为

13.1 万吨，同比增长 8.5%；进出境客运量为 2.9 万人次，同比下降 15.2%；进出境车辆为 2.04 辆次，同比下降 8.9%。

【阿日哈沙特陆路（公路）口岸】 阿日哈沙特公路口岸位于呼伦贝尔市新巴尔虎右旗阿日哈沙特镇境内，中蒙边界第 1495 号界标处，与蒙古国东方省克尔伦县哈比日嘎口岸相对应，是我国对蒙古国开放的重要口岸之一。1990 年实现了首次过货，1992 年 3 月国务院批准阿日哈沙特公路口岸为双边季节性一类口岸，每年 1 月 6 日至25 日、4 月 1 日至 10 月 31 日开关，2013 年实现常年开放。阿日哈沙特公路口岸进口货物主要是铅锌粉、铁矿石和民族工艺品服饰，出口货物主要是农蔬、建材、家电、摩托车、机械设备和日常生活用品。

2015 年，口岸开工建设进出境旅检通关大楼，并上报了口岸进出境通道、查验区货场、国门等建设项目。全年进出口货运量为 11.5 万吨，同比下降 0.3%；进出境客运量为 7.2 万人次，同比增长 61.1%；进出境交通工具为 1.4 万辆次，同比增长 57.6%。

【额布都格陆路（公路）口岸】 额布都格公路口岸地处内蒙古自治区呼伦贝尔新巴尔虎左旗阿木古郎镇西南 18 千米，中蒙边界第 1423 界标处，与蒙古国巴彦呼舒口岸隔河相望。1991 年5 月经批准设立临时过货点，1995 年升格为一类季节性开放口岸，2009 年 2 月国务院批准为双边季节性口岸。2014 年，经国家口岸办同意，额布都格口岸于 6 月开始对大庆境外项目实行 7 天通关，8 月 20 日对公众实施全年临时开放，工作时间为每周一至周五 8 时至 17 时。额布都格口岸对应的蒙古国东方省石油、盐、畜产品和水产品等资源极为丰富。口岸进口货物以饲草、水产品、煤炭、废旧金属、大庆塔木察格油田设施设备为主，出口货物以副食品、电器、建材、农机产品为主。

2015 年，口岸开展了货物监管场所续建工程，主要包括地面硬化，监管仓库、雨棚仓库建设和监管区围栏围封。积极申报进口粮食储运加工基地项目工程，前期立项、土地勘察、用地规划许可及农业设施用地审批工作均已完成。与蒙草抗旱公司签订框架合作协议，以 PPP 模式共同建设进口粮食、饲草配套基础设施。

2015 年，额布都格公路口岸进出口货运量为 57.1 万吨，同比增长 105.3%；进出境客运量为 5.8 万人次，同比增长 91.4%；进出境交通工具为 3.9 万辆次，同比增长 101.0%。

【阿尔山陆路（公路）口岸】 阿尔山公路口岸位于兴安盟阿尔山市天池镇，距离阿尔山市 45 千米，在中蒙边境第 1382 ~ 1383 号界碑之间，与蒙古国东方省松贝尔口岸相对应。1992 年经内蒙古自治区人民政府批准开放为二类季节性口岸。2012 年 3 月，国务院批准阿尔山口岸为国际性季节开放口岸，2012 年 12 月通过国家级验收。2013 年 7 月 15 日至 10 月 1 日，阿尔山口岸实现首次临时集中开放。

阿尔山口岸区位优势明显，规划建设的阿尔山—乔巴山铁路是第四条连接欧亚大陆的铁路大通道，也是连接东北亚地区的重要枢纽。阿尔山至乔巴山铁路已列入《中国铁路网中长期规划》《中国东北地区振兴规划》和蒙古国铁路重点发展规划。打通“两山”铁路，可以形成东起图们，西连蒙古国、俄罗斯，贯通整个东北亚新的欧亚大陆桥。

2015 年，阿尔山口岸通过国家质检总局口岸核心能力建设考核；积极推动粮食饲草指定口岸建设工作，已建成检验检疫监管库、熏蒸房、焚烧炉和消毒通道等基础设施，安装了地重衡、X 光机、门式放射性检测门等现代化查验设备。2015 年 6 月 1 日至 9 月 30 日口岸开放期间，口岸累计出入境人数 1 896 人次，进出境车辆 550 辆次。

【珠恩嘎达布其陆路（公路）口岸】 珠恩嘎达布其公路口岸位于内蒙古自治区锡林郭勒盟东乌珠穆沁旗嘎达布其镇境内，中蒙边境第 1046 号界标处，与蒙古国苏赫巴托省毕其格图口岸相对应。1992 年经国务院批准开放为国家一类季节性口岸，2004 年 9 月《中蒙边境口岸及其管理制度协定》确认为国际性常年开放口岸，2006 年 8 月经国务院同意扩大为国际性常年开放的边境陆路口岸，2008 年 1 月正式实现国际性常年开放，成为内蒙古自治区继二连浩特、满洲里之后第三个实现常年开放的国际性口岸。珠恩嘎达布其口岸对内辐射东北、华北，具有连接东西、纵贯南北的地缘区位优势。其对外辐射矿产和动植物资源极为丰富的蒙古国苏赫巴托省、东方省、肯特省，是蒙古国、俄罗斯等内陆国家便捷的出海口之一，也是京津唐地区通往俄罗斯、蒙古国最便捷的通道。

2015 年，口岸启动以提升口岸检验检疫能力为重点的快速检验检疫综合实验楼、牧草熏蒸库、进口检疫场所、综合服务区、电子口岸系统平台、嘎达布其镇基础设施、检验检疫设备采购等 7 个项目。珠恩嘎达布其口岸国际物流园区获自治区政府批准，并委托内蒙古规划设计院对口岸及物流园区进行总体规划。与锦州港签署了两地建立经常性联系合作机制协议。口岸恢复进口蒙古国活马，实现蒙古国商品牧草进口。

珠恩嘎达布其公路口岸进口货物主要是原油、煤炭，出口货物主要是机械设备、建筑材料。

2015 年，口岸进出境货运量为 125. 2 万吨，同比增长 3. 3%；出入境人员为 9. 89 万人次，同比增长 0. 9%；出入境车辆为 7. 20 万辆次，同比增长 1. 0%。

【满都拉陆路（公路）口岸】 满都拉公路口岸位于内蒙古自治区包头市达尔罕茂明安联合旗（简称达茂旗）满都拉镇，中蒙边境第 757 号界标处。1992 年，满都拉口岸被自治区人民政府批准为二类季节性对外开放口岸，2002 年 12 月 23 日实现首次开放。2009 年 2 月，满都拉口岸被国务院批准为国家级双边性季节开放口岸，2012 年 12 月正式通过国家验收。2015 年 4 月，国务院同意满都拉公路口岸扩大对外开放，口岸性质为双边性常年开放公路客货运输口岸，8 月 28 日通过国家验收，12 月 1 日正式开放。

满都拉公路口岸处于呼（和浩特）包（头）鄂（尔多斯）经济辐射圈内，是距自治区首府呼和浩特市和最大的工业城市包头市最近的陆路口岸，区位优势十分明显。口岸对应的蒙古国杭吉口岸位于蒙古国东戈壁省，矿产资源非常丰富，有额勒苏泰铁矿、阿嘎如特铁矿、杭格呼德尔铁矿、艾勒巴音焦煤矿。口岸主要进口商品有电煤、焦煤、原材料、铁矿石、无烟煤等，出口货物以机械设备、建材为主。

2015 年，口岸“五进五出”货运专用通道竣工，并启用“两进两出”通道，口岸过货能力每年达到 500 万吨以上，全部启用后每年达到 1 500万吨以上。报关报检综合服务大厅主体基本完工，并改造联检楼、旅检通道、口岸限定区域、游客通道等区域的监管设施，提高口岸现代化管理水平。

2015 年，满都拉公路口岸进出口货运量为 23. 92 万吨，同比增长 13. 3%；进出境客运量为 7. 17 万人次，同比增长 95. 9%；进出境车辆为 2. 18 万辆次，同比增长 51. 4%。

包头市国际集装箱中转站是经商务部批准的集口岸、国际货代、国际国内公铁物流、快递、国际验箱资质等功能于一体的国际集装箱内陆中

转站，是和天津港（集团）有限公司共同投资建设的“无水港”项目，是包头及周边地区的“国际出海口”。其占地面积26.6万平方米，铁路专用线1 515米，集装箱堆场6.28万平方米，海关监管仓库6 658平方米，普通仓库3 000平方米，停车场8 000平方米，综合业务大楼6 500平方米；有海关监管集装箱牵引车42台、普通及特种货物运输车辆383台，集装箱装卸及配套作业设备25台，自备集装箱6 000组。2015年，包头市国际集装箱中转站吞吐量达141.69万吨，报关票数为208票。

内蒙古自治区口岸大事记

2月27日

蒙古国国家交通运输部部长吉日嘎拉塞亨及蒙古国国家铁路运输公司技术人员一行4人，就中蒙甘其毛都至嘎顺苏海图口岸跨境铁路建设事宜，赴甘其毛都口岸进行考察调研。

3月9日

全区商务和口岸工作会议在呼和浩特召开。自治区政府副主席云光中出席会议并作重要讲话。

3月16日

隶属满洲里海关的阿尔山海关正式成立，并正式开关对外办理业务。

3月18日~19日

国家质检总局副局长、党组副书记梅克保在内蒙古考察质检工作，并出席内蒙古局干部大会。国家质检总局人事司有关负责人在干部大会上宣读了质检总局党组关于内蒙古局主要负责人任免的决定。詹少彤任内蒙古出入境检验检疫局党组书记、局长，免去周永生内蒙古出入境检验检疫局党组书记、局长职务。

3月23日

国务院批复同意设立满洲里综合保税区，满洲里综合保税区成为内蒙古自治区首个综合保税区。

4月10日

满洲里海关、满洲里边防检查站、满洲里出入境检验检疫局签署合作备忘录，确定了海关、边检、检验检疫局“三互”合作的各项机制，在满洲里口岸启动“三互”通关模式。

4月14日

蒙古国政府首席顾问普·照日格图巴雅尔带队的毕其格图口岸专项工作组，与东乌珠穆沁旗政府就中蒙珠恩嘎达布其—毕其格图口岸建立自贸区事宜举行会谈。

4月17日

内蒙古自治区政协副主席梁铁城，自治区商务厅副厅长、口岸办主任郭刚一行赴珠恩嘎达布其口岸进行实地调研。

4月21日

内蒙古出入境检验检疫局、呼和浩特海关、满洲里海关签署《全面深入推进关检合作“三个一”合作备忘录》。

4月25日

内蒙古自治区政协副主席梁铁成率部分政协委员和自治区商务厅、交通运输管理局等部门负责人组成调研组赴策克口岸进行实地调研。

5月12日~15日

由内蒙古自治区口岸办常务副主任李春生带队，与俄联邦边界建设署西伯利亚局副局长马·尤·尤里耶夫对双方公路、铁路口岸和俄罗斯赤塔空运口岸、海拉尔空运口岸、满洲里空运口岸进行了实地检查并举行工作会晤。

6月1日

二连浩特出入境检验检疫局与二连浩特海关在二连浩特铁路口岸正式实施出入境货物通关单无纸化模式。

6月4日~5日

中蒙边境口岸管理合作委员会第一次会议在呼和浩特市举办。中方代表团团长为海关总署党组成员、国家口岸办主任黄胜强，蒙方代表团团长为蒙古国海关总局局长巴·岑格乐。

6月3日

由国家能源局煤炭司、国家质检总局检验监管司及商务部有关司组成的调研组到满洲里就进口俄罗斯煤炭检验检疫有关情况进行专题调研。

6月10日

内蒙古自治区政府主席巴特尔一行赴满都拉口岸指导工作。

6月15日

蒙古国驻呼和浩特总领事宾巴道尔吉一行考察阿尔山口岸，并与外事、商务和口岸部门座谈交流。

6月16日～17日

“丝绸之路口岸区域协作会议暨中俄欧集装箱运输便利化研讨会”在满洲里召开。

6月23日～24日

蒙古国食品农业部副部长波·巴图照日格一行考察了阿尔山—松贝尔口岸。

7月1日

辽宁、吉林、黑龙江和内蒙古四省区检验检疫一体化正式启动。

7月3日

蒙古国海关总署署长巴·岑格乐一行4人，在内蒙古自治区党委副秘书长、办公厅主任兼自治区向北开放工作领导小组副组长包广林和自治区商务厅副厅长、口岸办主任兼自治区向北开放工作领导小组办公室主任郭刚的陪同下，联合调研检查了甘其毛都口岸和蒙方嘎顺苏海图口岸。

7月7日

策克口岸正式启动“一次申报、一次查验、一次放行”模式。

7月12日～16日

广东省政府副省长招玉芳带队赴海拉尔区、阿尔山市和满洲里市调研考察，探讨开通“粤满俄”班列。

7月16日

来自蒙古国首都乌兰巴托的MR8861次航班降落在二连浩特机场，标志着二连浩特—乌兰巴托航线复航。

7月28日

由内蒙古自治区口岸办主办的落实“三互”推进大通关建设改革现场会在二连浩特市召开。

8月4日

蒙古国匈奴航空公司的福克50飞机，从乌兰巴托经过2小时40分钟飞行降落在阿尔山机场，标志着阿尔山—乌兰巴托航线首航成功。

8月7日～8日

商务部副部长高燕率调研组就二连浩特—扎门乌德中蒙跨境经济合作区建设和对蒙务实合作进行调研。

8月10日～14日

受国家口岸办委托，内蒙古自治区人民政府口岸办公室代表团与蒙古国海关总局代表团组成中蒙口岸联合检查工作组，对珠恩嘎达布其—毕其格图、阿尔山—松贝尔、额布都格—巴彦呼舒、阿日哈沙特—哈比日嘎等口岸进行实地检查，共同研究解决中蒙两国口岸建设和管理中存在的问题。

8月15日～17日

蒙古国国会议员、食品农业部部长布尔玛赴阿尔山市，就跨境农牧业产业合作考察调研。

8月20日

中蒙俄铁路沿线城市行政长官工作会谈在二连浩特市召开，会议就推动陆桥沿线地区基础设施互联互通，促进三国口岸通关便利化、人文交流合作，打造中蒙俄经济走廊建设等方面进行了广泛深入的交流与探讨。中国河南郑州市，中国内蒙古乌兰察布市、二连浩特市，蒙古国中央省、蒙古国乌兰巴托市等中蒙俄铁路沿线城市代表还共同签署了《关于进一步加强中蒙俄铁路沿线城市合作的倡议书》。

8月27日

以国家口岸办为组长的国家验收组赴满都拉口岸，对满都拉口岸常年开放进行验收。

9月8日

民盟中央副主席龙庄伟一行到策克口岸调研。

9月24日

由内蒙古自治区口岸办组织的全区口岸工作座谈会在呼和浩特召开。

11月19日

二连浩特口岸“三互”大通关改革第一阶段试点项目启动仪式在公路口岸小车出境联合机检

中心主控室举行，标志着内蒙古首个“三互”大通关改革第一阶段试点项目成功启动运行。

12 月 8 日

外交部边海司副司长周安伟率外交部、总参测绘局、铁路等部门负责人组成的考察组，与蒙古国外交部国际法局局长铁木尔一行，就策克铁路口岸和乌力吉公路口岸过境通道选址进行实地考察。

12 月 9 日

满洲里至俄罗斯阿巴坎航线正式通航，该航线由俄罗斯伊尔航空公司执飞，每周三飞行一班。

（撰稿人：崔振杰、陈瑶、梁洁、王洪涛、包冬梅）

2015 年内蒙古自治区口岸流量统计表

口岸类型		口岸名称	货运量（万吨）				集装箱量（万标箱）				人员（万人次）				交通工具（万辆、艘、架、列次）			
			出口	进口	合计	同比（%）	出口	进口	合计	同比（%）	出境	入境	合计	同比（%）	出境	入境	合计	同比（%）
空运口岸		呼和浩特									9.45	9.42	18.87	68.9	0.08	0.08	0.16	33.3
		满洲里									2.24	2.13	4.37	-11.2	0.05	0.05	0.10	-
		海拉尔									1.12	1.12	2.24	-36.2	0.02	0.02	0.04	-28.6
		二连浩特									0.17	0.12	0.29	-	0.004 5	0.004 5	0.009	80
		鄂尔多斯																-
		分计									12.98	12.79	25.77	18.31	0.15	0.15	0.31	3.33
陆运口岸	公路口岸	满洲里	126.86	14.51	141.37	-0.7					58.44	58.38	116.82	-18.5	8.87	8.87	17.74	-25.61
		二连浩特	317.61	6.33	323.94	6.6					82.41	80.61	163.02	-2.7	21.96	22.01	43.97	1.06
		甘其毛都	11.92	713.21	725.13	-43.3					16.3	16.32	32.62	-22.6	11.65	11.69	23.34	-24.8
		策克	0.24	762.07	762.31	-5.8					13	13	26.00	8.8	9.22	9.22	18.44	-2.4
		珠恩嘎达布其	28.90	96.30	125.20	3.3					4.91	4.98	9.89	0.9	3.6	3.6	7.20	1
		黑山头	3.34	14.01	17.35	8.2					4.56	4.65	9.21	20.5	2.03	2.07	4.10	35.7
		室韦	1.51	11.62	13.13	8.5					1.43	1.47	2.90	-15.2	1.02	1.02	2.04	-8.9
		满都拉	3.38	20.54	23.92	13.3					3.58	3.59	7.17	95.9	1.09	1.09	2.18	51.4
		额布都格	6.14	51.03	57.17	105.3					2.92	2.88	5.80	91.4	1.98	2	3.98	111
		阿日哈沙特	7.36	4.21	11.57	-0.2					3.61	3.64	7.25	61.6	0.72	0.73	1.45	57.6
		阿尔山									0.09	0.1	0.19	18.75	0.03	0.03	0.06	50
		分计	507.26	1 693.83	2 201.09	-19.58					191.25	189.62	380.87	-6.92	62.17	62.33	124.50	7.97
	铁路口岸	满洲里	144.57	1 216.01	2 872.13	-0.10					1.29	1.35	2.64	-80.10	0.39	0.39	1.10	10.00
		二连浩特	140.00	938.80	1 078.80	2.50					8.29	10.72	19.01	-18.10	0.40	0.40	0.80	-5.90
		分计	284.57	2 154.81	3 950.93	0.78					9.58	12.07	21.65	-40.60	0.79	0.79	1.58	-14.59

续表

口岸类型	口岸名称	货运量（万吨）				集装箱量（万标箱）				人员（万人次）				交通工具（万辆、艘、架、列次）			
		出口	进口	合计	同比（%）	出口	进口	合计	同比（%）	出境	入境	合计	同比（%）	出境	入境	合计	同比（%）
合计		970.09	4 099.96	6 581.60						213.81	214.48	428.29		63.11	63.27	126.70	
同比（%）		-4.50	-14.40	-7.10						-8.50	-8.30	-8.40		-7.20	-6.70	-6.90	

表注：1. 满洲里铁路口岸货运量 2 872.13 万吨，其中出口 144.57 万吨，进口 1 216.01 万吨，转口 1 511.55 万吨，以及转口交通工具 3 262 列，未列入分项表中。
2. 货运量合计数中包括陆港中转货运量 429.58 万吨，其不在分项统计数据中。

（内蒙古自治区口岸办提供）

2015 年呼和浩特海关主要数据统计表

项目		2015 年	同比（%）
进出口货运量（万吨）	合计	3 346.50	-4.2
	进口	3 079.70	-0.3
	出口	266.80	-34.3
进出口贸易总值（万美元）	合计	658 160.30	-22.3
	进口	500 513.50	-21.9
	其中：江、海运输	85 926.50	12.8
	铁路运输	149 147.30	-29.3
	汽车运输	259 523.60	-25.3
	航空运输	5 901.30	-10.4
	邮件运输	2.20	69.2
	其他运输	12.60	384.6
	出口	157 646.80	-23.2
	其中：江、海运输	14 281.60	-62.7
	铁路运输	37 366.10	-18.3
	汽车运输	92 983.00	-15.2
	航空运输	931.60	-4.9
	邮件运输	26.30	-58.9
	其他运输	12 058.20	13.2
税收（亿元）	两税合计	53.22	-8.5
	关税入库	3.35	13.3
	进口环节税入库	49.87	-9.5

（呼和浩特海关提供）

2015年满洲里海关主要数据统计表

项目		2015年	同比（%）
进出口货运量（万吨）	合计	1 374.00	-6.50
	进口	1 254.50	-7.30
	出口	119.50	-2.66
进出口贸易总值（万美元）	合计	434 222.6	-3.09
	进口	317 484.3	-3.53
	其中：江、海运输		
	铁路运输	270 805.1	-11.96
	汽车运输		
	航空运输		
	邮件运输		
	其他运输		
	出口	116 738.3	-31.56
	其中：江、海运输		
	铁路运输	51 214.6	-14.73
	汽车运输		
	航空运输		
	邮件运输		
	其他运输		
税收（万元）	两税合计	275 522.22	-7.25
	关税入库	16 531.89	-0.3
	进口环节税入库	258 990.32	-7.76

（满洲里海关提供）

2015年内蒙古自治区口岸出入境主要数据表

项目			2015年	2014年	同比（%）
出入境人员（人次）	出入境人员总数		4 150 504	4 463 622	-7.01
	入境人员		2 075 784	2 228 237	-6.84
	出境人员		2 074 720	2 235 385	-7.19
	出入境旅客		3 437 748	3 614 409	-4.89
	出入境员工		712 756	849 213	-16.07
	中国公民	小计	740 422	737 012	0.46
		内地居民（因公）	110 042	116 489	-5.53
		内地居民（因私）	591 109	586 591	0.77
		港澳居民	9 445	5 242	80.18
		台湾同胞	29 826	28 690	3.96
	外籍人员		3 410 082	3 726 610	-8.49
	从海港出入境人数				
	从陆港出入境人数		3 917 750	4 296 776	-8.82
	从空港出入境人数		232 754	166 846	39.50
交通运输工具（辆、艘、架、列次）	总计		1 205 852	1 308 384	-7.84
	船舶				
	飞机		2 874	2 902	-0.96
	火车		15 887	17 246	-7.88
	机动车辆		1 187 091	1 288 236	-7.85

（内蒙古自治区公安边防总队提供）

2015 年内蒙古自治区出入境检验检疫业务统计表

项目		货物检验检疫				交通工具				集装箱（标箱）		发现动植物疫情		货物通关		出入境人员查验（人次）	健康检查及预防接种（人次）			
				检验检疫不合格																
		批次	金额（万美元）	批次	金额（万美元）	船舶（艘）	飞机（架）	火车（列）	汽车（辆）	合计	检出问题	种类数	种次	批次	金额（万美元）		健康检查	艾滋病监测	发现病例	预防接种
本年累计		228 678	807 396	13 720	36 872	0	2 855	459 584	1 169 897	83 909	3	158	18 454	215 786	711 393	3 926 294	21 731	21 827	4 167	16 858
其中	出境	61 699	219 440	1 186	1 350		1 417	180 648	584 665	42 050	3			47 204	75 712	1 959 572	19 000	19 061	3 724	16 858
	入境	166 979	587 955	12 534	35 522		1 438	278 936	585 232	41 859		158	18 454	168 582	635 681	1 966 722	2 731	2 766	443	0
同比（%）		-3.9	-20.5	761.0	1 516.0		3.7	-13.7	-7.3	-23.0		116.4	332.4	-2.83	-16.1	-4.1	-37.7	-38.2	-9.0	-45.7
其中	出境	-2.5	5.8	1 189.13	2 149.43		3.7	-14.4	-7.8	-22.8		-100	-100	-5.79	12.03	-3.9	-41.4	-42	-11	-45.7
	入境	-4.5	-27.3	734.49	1 498.65		3.8	-13.2	-6.8	-23.6		119.4	332.6	-1.97	-18.58	-4.2	10.3	11.8	12.2	-100

（内蒙古出入境检验检疫局提供）

辽 宁 省

口岸数量及分布

截至2015年年底，辽宁省有经国务院批准的对外开放口岸13个。其中，空运口岸2个，分别是沈阳空运口岸（沈阳桃仙国际机场）、大连空运口岸（大连周水子国际机场）；水运（海港）口岸9个，分别是大连、庄河、旅顺、长兴岛、营口、丹东、锦州、葫芦岛、盘锦海港口岸；陆路（铁路）口岸1个，为丹东铁路口岸；陆路（公路）口岸1个，为丹东公路口岸。

口岸运行数据

2015年，辽宁省口岸外贸进出口货运量达24 107.90万吨，同比增长7.62%。其中，外贸进口17 151.10万吨，同比增长10.62%；出口6 956.80万吨，同比增长0.88%。出入境旅客达344.40万人次，同比增长2.14%。其中，水运口岸27.10万人次，同比减少19.82%；陆路口岸25.50万人次，同比增长4.08%；空港291.80万人次，同比增长4.63%。集装箱运输完成1 837.80万标箱，同比减少1.15%。其中，外贸528.8万标箱，同比减少2.62%。口岸进出口货物总值为1 155.52亿美元，同比减少16.86%。其中，进口594.11亿美元，同比减少22.83%；出口561.41亿美元，同比减少9.45%。

2015年，辽宁省进出口总值为960.82亿美元，同比下降15.68%。其中，出口508.40亿美元，同比下降13.48%；进口452.42亿美元，同比下降18.03%。

口岸综合管理

【口岸开放成果显著】 2015年1月，辽宁丹东陆路（公路）口岸（新建鸭绿江公路大桥）对外开放得到国务院批复，口岸性质为国际性常年开放公路客货运输口岸。丹东公路口岸对外开放是辽宁省融入国家“一带一路”发展战略的重要项目，对实施辽宁沿边地区开发开放具有重要意义，公路口岸尽早建成并投入使用，在扩大开放、与周边国家基础设施互联互通、实现国家外交战略目标中的地位重要。2015年3月，为加快推进丹东陆路（公路）口岸开放进程，辽宁省口岸办召集省直有关部门、丹东市政府及所属相关部门，在丹东市召开落实国务院批复丹东陆路（公路）口岸对外开放相关工作协调会议，进一步明确口岸监管设备、仪器、交通工具和人员配备情况，落实口岸建设资金渠道和时限等问题，加速推进口岸建设进程。2015年6月，辽宁盘锦水运（海港）口岸对外开放得到国务院批复。盘锦港是东北亚经济圈与环渤海经济区的融汇处，是辽宁沿海经济带区域性重要港口，是“辽蒙欧”“辽满欧”国际通道最近的出海口，区位优势、产业优势、交通优势明显。盘锦港对外开放对于新一轮东北老工业基地振兴和“中蒙俄经济走廊”建设具有重要意义。2015年12月3日，辽宁省口岸办组织了盘锦水运（海港）口岸对外开放省级预验收，并向国家口岸办申请盘锦水运（海港）口岸对外开放的正式验收。

丹东机场实现临时对外开放，开通丹东—首尔临时客运包机航线。通航期间，各查验监管机关和相关单位严密监管、密切配合，保证了口岸安全、顺畅运行。开放期间，共完成国际航班80架次，出入境旅客5 911人次。辽宁丹东至韩国首尔航线的开通，为鸭绿江国际旅游节、中韩摄影作品展、韩国旅游文化周及体育赛事等系列活动提供了保障，为中韩两国、丹东—首尔两地经贸往来提供了极大的交通便利。

大连长兴岛港、营口港仙人岛港区、盘锦港均实现临时对外开放。锦州港口岸扩大开放以辽宁省政府文件上报国务院审批。这些口岸的开通、设立和临时开放，为进一步优化辽宁口岸布局，实施辽宁沿海经济带开发开放战略，推进新一轮东北老工业基地振兴提供了重要保障。

【口岸通关改革深入推进】 为深入贯彻落实《国务院关于印发落实“三互”推进大通关建设改革方案的通知》（国发〔2014〕68号），辽宁省继续贯彻《辽宁省人民政府关于推进口岸通关便利化的指导意见》。2015 年 7 月，国务院口岸工作部际联席会议办公室印发了《落实“三互”推进大通关建设改革方案任务分工》的通知。其中，涉及省级政府需要推进的工作分别为“加大内陆和沿边地区口岸开放力度，探索实行口岸差别化管理”和“因地制宜、动态调整口岸开闭关时间，拓展 24 小时通关服务”。辽宁省分别制定了相应的落实措施，明确责任单位和完成时限，沈阳海关、大连海关分别与辽宁出入境检验检疫局签署了“三互”工作合作备忘录，确定了关检合作打造关检信息交换及共享平台等 14 项具体内容。大连海关与辽宁出入境检验检疫局还在丹东、营口建立了“三互”合作通关试验区，并将试验成果陆续向辽宁省各关区推开。

大连海关、沈阳海关积极推进区域通关协作，自 5 月 1 日起，东北和内蒙古四省区内 6 个海关全面启动区域通关一体化改革，打破地域限制和关区行政界线，着力营造高效、便捷的通关环境，全面实现六关如一关的通关一体化格局。企业可根据实际需要自主选择口岸清关、转关、区域通关一体化等任何一种通关方式，减少了通关时间、节省了托管费用，外贸企业享受到通关便利及改革红利。辽宁出入境检验检疫局积极推进东北和内蒙古四省区检验检疫通关一体化，通过了东北和内蒙古四省区检验检疫通关一体化工作方案，7 月 1 日东北和内蒙古四省区实现检验检疫通关一体化。

【积极推进电子口岸和国际贸易“单一窗口”建设】 辽宁省口岸办会同大连海关、沈阳海关、辽宁省公安边防总队、辽宁出入境检验检疫局、辽宁海事局及辽宁省内相关单位，在充分深入企业调研的基础上，组织制定了《辽宁电子口岸建设成员单位数据共享和使用管理办法》《辽宁电子口岸政务项目管理办法》《辽宁国际贸易“单一窗口”建设工作方案》等 3 个文件，制订了 2015 年实施方案，完成“一般贸易货物进、出口申报，船舶进出口岸联网核放，舱单申报与跨部门共享，通关状态综合信息查询”4 个项目的研发工作，并于 10 月 30 日在沈阳举行了辽宁国际贸易“单一窗口”建设推进会暨“单一窗口”试运行的启动仪式，社会各界反响良好。据试点企业测算，企业申报效率提高 50% 以上，录入人工成本减少约 1/3。

【积极开展口岸进出口环节收费清理整顿工作】 辽宁省政府召开专题会议部署相关工作，省口岸办、对外贸易经济合作厅、财政厅、物价局等四部门联合下发了《关于在全省开展“清理进出口环节收费”和“规范口岸中介代理市场”工作的通知》，严格清理和规范进出口环节收费工作。一是完成了进出口环节收费普查。辽宁省 7 个相关口岸市政府，驻辽口岸查验主管机关，财政、物价、交通等省直部门分别在各自领域开展了收费普查，基本做到了收费项目、收费主体和收费内容全覆盖。二是实施建立进出口环节收费目录清单。按照《关于进一步清理和规范进出口环节收费的通知》（发改价格〔2015〕1963 号）中“由中央和省两级财政、价格部门编制目录清单”要求，省财政、省物价等部门严格按照法律、行政法规和国家、省有关政策，对进出口环节行政事业性收费、政府性基金及实施政府定价（或指导价）的经营服务性收费提出清理审核意见，明确收费项目管理权限。三是加强了进出口环节收费监督管理。辽宁省政府要求各市政府、各相关部门执行进出口环节收费目录清单制度的督导检查，所有涉及的进出口环节收费目录清单及具体实施情况纳入各地区、各部门政务公开范畴，通过政府网站、公共媒体、进出口工作区域实时对外公示公开，接受社会广泛监督。

口岸监管与服务

【辽宁省公安边防总队推动边检工作在促进经济发展增速上实现新跨越】 辽宁省公安边防总队紧紧围绕国家“一带一路”建设和加快辽宁沿边地区开发开放等战略部署，全力支持“一桥两岛”重点建设开发项目，全力承担沈阳、大连部分外国人 72 小时过境免签查验任务，积极参与设立丹东中朝边民互市贸易区、登岸游、水运口岸扩大开放可行性研究及大连庄河港、旅顺港扩大开放可行性研究论证，多方协调召开省政府鸭绿江大桥警卫任务移交协调会并推进鸭绿江大桥警卫任务移交、边境禁区范围划定等相关工作，多次派员对盘锦港口岸基础设施检查情况进行调研指导，支持丹东机场、安民、盘锦港、长兴岛港申请继续临时开放，配合大连长兴岛、庄河、旅顺港扩大开放工作，做好丹东国门湾及营口港扩大开放等口岸验收相关准备工作，配合辽宁省政府在盘锦召开盘锦港口岸对外开放省级预验收工作会议。积极贯彻落实公安部提高边检服务水平便民利民措施，全面推行鲜活产品优先验放、跨境警务合作等创新服务举措，社会反响明显。积极参与辽宁国际贸易“单一窗口”建设，努力助推辽宁外向型经济与世界接轨，实现“东北老工业基地”全面振兴。与海关、检验检疫等部门联合推进“三互”工作，努力实现信息互换、监管互认、执法互助。积极配合大连、营口市政府举行了大连、营口口岸落实“三互”推进大通关建设启动仪式，分别签署了《落实“三互”推进大通关建设合作备忘录》和《落实“三互”推进大通关建设实施方案》；配合大连市政府在大连周水子国际机场举行了大连空港口岸落实“三互”推进大通关建设启动仪式，与大连空港口岸各联检单位及大连机场集团签署了《“三互”推进大通关建设协作协议》，有力推动了大连、营口口岸贸易便利化水平进入新的阶段和层次。

【辽宁海事局监管服务双驱动，助推口岸新发展】 辽宁海事局认真贯彻落实习近平总书记“四个着力”的新要求，抢抓新一轮东北振兴机遇，积极对接融入“一带一路”国家战略，在辽宁沿海经济带开发开放中主动发挥海事作用和专业优势，助推口岸发展。一是加快职能转变，依法推进简政放权，推进许可便民。2015 年，辽宁海事局在取消下放 13 项行政许可项目的基础上，下放分支海事局事权 14 项，下放海事处事权 5 项；2015 年 10 月 1 日起，全面取消往来辽宁沿海港口的所有船舶的船舶港务费、特种船舶和水上水下工程护航费等 7 项中央级设立的行政事业性收费项目，每年为水运企业减轻负担约 2 亿元；下放海员证办理权限，全面实行国际、港澳台、国际河流段航线船员个人申办海员证。自 2015 年 3 月，开通运行“辽宁海事直通船员”政务公众微信平台，为广大船员、船东、船员服务机构、培训机构提供全面的信息查询及业务咨询服务。二是提升服务质量，促进港航经济发展。2015 年，辽宁海事局与大连市、营口市政府分别签署了《共同落实“三互”推动对外开放合作备忘录》；支持和配合辽宁省国际贸易“单一窗口”建设，加强与大连海关、辽宁出入境检验检疫局、辽宁省公安边防总队等口岸查验单位沟通与合作，推动船舶出口岸联网核放、舱单申报与跨部门共享、通关状态综合信息查询项目的实施；对海事综合信息平台进行升级改造，与辽宁电子口岸合作开发“海事综合查询系统”，完成与国际贸易“单一窗口”平台标准化接口的无缝对接；推进船舶防污染相关作业网上审批系统建设，实现船载危险货物无纸化申报审批；做好“辽蒙欧”“辽满欧”“辽海欧”国际联运通道的通关服务和通航保障工作，提高大连港大窑湾核心港区的集装箱船舶及大型船舶靠离泊效率和航道通航效率。三是强化安全监管，保障贸易海上运输安全。深刻吸取天津港“8 · 12”特别重大火灾爆炸事故教训，加强辽宁辖区船载危险货物监管，开展船舶载运危险货物安全专项整治活动，组织开展船载危险化学品事故应急联合演习 3 次；完善辽宁省事故应急反应体系，编制首个沿海省份《辽宁省海上船舶载运危险化学品事故应急预案》；与辽宁省海洋与渔业厅签订海上搜救联动合作协议，联合在沿海各市对 2 400 余名渔业从业人员开展海上安全警示教育培训活动；组织开展辖区海上应急演练 7 次，首次与韩国中部海洋警备安全本部开展海上搜救通信演习，深化与邻近国家海上搜救国际合作。

【大连海关服务经济发展职能作用凸显】 一是推出实效措施力促外贸稳定增长。针对地区外贸实际，大连海关迅速推出促进辽宁外贸增长的15项措施，得到辽宁省主要负责人的批示肯定，相关做法被省政府主要领导批示印发全省参阅借鉴。进一步强化统计的监测预警作用，全年报送统计分析337篇，获中央领导批示3次，被海关总署要情采用31篇。二是深化改革提升贸易便利化水平。拓展思路，创新手段，加快推进区域通关一体化、“三互”试点、一站式通关服务中心建设、口岸物流监管等改革，协助地方政府申建大连多式联运监管中心得到批准，以新型监管模式促进通关便利化。三是创新服务新型贸易业态发展。积极配合地方政府加快推进跨境电子商务发展并取得突破，国务院正式批准大连设立跨境电子商务综合试验区。完善跨境电子商务出口监管流程，探索推进跨境直购，形成监管方案。牵头完成创新软件服务外包监管署级课题研究，服务外包保税手册办理翻倍增长。丹东地区出境加工试点进展顺利，成为地方经济增长新亮点。支持鞍山西柳内外贸结合试点，多次实地调研，在硬件规划和政策执行方面做出前期规划。

【沈阳海关促进辽宁老工业基地振兴实现新跨越】 2015年，沈阳海关在“一带一路”“东北振兴”国家战略中找准自身定位，锐意进取、扎实工作，不断培育外贸竞争新优势，全力支持辽宁老工业基地振兴。组织开展“认清新形势、把握新常态、找准新定位、谋划新发展”四新大调研活动，确定促进辽宁外贸出口稳定增长3个方面21项具体工作任务，主动融入“一带一路”战略，积极支持“沈满欧”国际货物班列开通运行，开辟对外经贸合作新通道。成功实现葫芦岛跨境电子商务的申报、结汇和退税3项功能；与北京海关开展跨关区合作，采用“葫芦岛—北京首都国际机场”转关运输模式，帮助企业打通葫芦岛经北京出境的快件物流渠道。正式启动东北地区区域通关一体化改革，实现“一地注册、全国报关”。巩固关检合作“三个一”改革成果，深入推进大通关建设，锦州口岸国际贸易“单一窗口”正式启动试运行。积极落实“三互”要求，在沈阳桃仙机场空港启动关检“三互”合作示范区。通关作业无纸化改革覆盖关区所有通关现场，集中汇总征税改革成效显著。创新属地管理职能实现方式改革，优化调整“空中申报、理货验放”“提前申报、运抵验放”的通关监管模式。积极促进沈阳空港新兴业态的发展，支持沈阳桃仙国际机场拓展航线；促进机场国际快件业务健康发展；成功促成沈阳空港口岸设立进境免税店设立。提供量体裁衣式服务，帮助企业解决实际困难，促进航空产业健康发展；支持汽车产业转型升级；支持装备制造业企业出口。以推进简政放权为抓手，取消行政审批8项，承接海关总署下放的审批事项7项。积极推进海关特殊监管区域复制推广上海自贸区海关监管创新制度，配合做好沈阳综合保税区新B区筹建工作，协调推动辽阳佟二堡堡盛公共型保税仓库建设并顺利通过验收。对辖区监管场所进行全面清查整顿，开展危险化学品安全监管专项核查，切实维护口岸安全。深入推进反走私综合治理，积极开展“五大战役行动”，成功查获东北地区首例新型毒品恰特草走私案件，涉案恰特草达1 800千克，涉及欧、非、亚、美四大洲，已启动国际执法合作程序。

【辽宁出入境检验检疫局重创新、求实效，全面提升把关服务效能】 2015年，辽宁出入境检验检疫局以“法治建设年”为载体，大力提升报关服务效能。率先实现东北和内蒙古四省区检验检疫通关一体化，在全国通关会议上介绍经验，得到国家质检总局和省政府充分肯定，《新闻联播》节目作了报道；牵头东北四局召开“深入推进检验检疫一体化工作会议”。先行先试推动关检“三互”落实。与大连海关和沈阳海关签署合作备忘录，成立落实“三互”工作领导小组，在大连、丹东和营口地区开展落实“三互”推进大通关建设，建立关检“三互”合作示范区，牵头召开东北地区“六关四检”落实“三互”推进大通关建设会议。积极参与“单一窗口”建设。深入推进通关模式改革。与大连海关、沈阳海关合作，指导企业广泛应用统一版

"一次申报"系统，逐步扩大"三个一"覆盖的企业和产品范围。积极出台服务措施。制定出台新形势下促进外贸出口工作21条具体措施，认真清理并规范口岸收费工作，全年降低检验检疫收费9 758万元。发挥优惠原产地证作用，帮助企业减免关税2.86亿美元。推动特色产业发展。专题研究与英特尔项目支持措施。支持口岸扩大开放。主动服务"一带一路"国家战略，支持"辽满欧""辽蒙欧""辽海欧"等中欧国际物流通道建设。深入推进简政放权，取消进口旧机电备案和重要出口商品注册登记。全面下放CCC免办审批权限。采信HACCP认证、国家级示范区名录、食品生产许可和企业自我声明，推行"一个窗口"对外、"一站式"服务，指导企业积极应对贸易壁垒，对俄罗斯注册取得重大突破。全面推广上海自贸区首批8项检验检疫改革措施。对进境动植物检疫审批实施负面清单制度，开展大连口岸进口汽车检验结果采信工作，开展出入境特殊物品风险评估，支持大连申报自由贸易区并参与制订申报方案。提升口岸安全把关能力。指导沈阳机场、大连机场、大连港、大连旅顺港、丹东港5个口岸获得进境水生动物指定口岸资质；落实埃博拉出血热和中东呼吸综合征疫情防控各项措施，落实"6+6"口岸反恐防范工作模式，持续巩固提升口岸核心能力；丹东空港、盘锦港通过省预验收；开展"绿蕾"行动，被国家质检总局评为"绿蕾"专项行动先进单位；指导全国进口轮毂的检验工作。

开放口岸

【沈阳空运口岸（沈阳桃仙国际机场）】 沈阳空运口岸位于辽宁省沈阳市东陵区桃仙镇，距沈阳市中心22千米，为国家民用一级机场。机场于1985年开始筹建，1989年4月16日正式启用。机场跑道长3 200米，宽45米，飞行区等级为4E，现有停机位79个，其中登机桥位30个，远机位47个，公务机位2个。机场净空条件良好、功能齐全、设备先进，可保障国内外大型客、货机使用。机场拥现有3座航站楼（T1、T2航站楼停用）。T1航站楼设计年旅客吞吐量90万人次。1995年开始二期工程扩建，2001年12月T2航站楼投入使用，T2航站楼设计年旅客吞吐量606万人次。2011年开始T3航站楼施工建设，2013年8月T3航站楼投入使用，T3航站楼设计年旅客吞吐量1 750万人次。

2015年，沈阳桃仙国际机场航线共有153条，其中国内航线122条，国际及地区航线31条。全年新增航线15条，其中国内航线10条，港澳台地区航线1条，国际航线4条（含加班包机）。国际及地区新开通的城市有远东航空执行至台湾清泉岗和马公，俄罗斯艾菲航空执行至莫斯科，印尼鹰航执行包机至巴厘岛，南行执行包机至日本静冈及美国动力航空执行包机至关岛。

2015年，沈阳空运口岸旅客吞吐量为1 268万人次，其中国际和地区出入境旅客为146.2万人次，同比增长2.96%；出入境航班为9 944架次；进出口货物为9 851.60吨。

【大连空运口岸（大连周水子国际机场）】 大连空运口岸位于大连市西北部，始建于1972年10月，从军民合用机场发展建设成为民用机场。1973年4月开航，1985年经国务院批准对外开放。该机场距大连市中心10千米，距沈大高速公路5千米，交通运输网络十分便利。机场占地面积345万平方米，飞行跑道长3 300米，候机楼面积13.50万平方米，停机坪面积66万平方米，符合4E级I类国际机场标准，可供除

A380 外各种大型飞机安全起降。大连空运口岸已开通航线 146 条，其中，国际（地区）航线 39 条；与 13 个国家、100 个国内外城市通航，国内外 36 家航空公司在大连周水子国际机场运营。大连周水子国际机场成为通往日、韩、俄的重要门户，至东京、大阪、首尔 3 条日韩航线占其国际运量的 80% 以上。

2015 年，大连空运口岸旅客吞吐量为 1 415.30万人次，同比增长 4.44%，其中国际（地区）航线出入境旅客 145.10 万人次，同比增长 5.99%；纯货邮吞吐量为 13.70 万吨，同比增长 3.01%。

【丹东陆路（铁路）口岸】 丹东陆路（铁路）口岸通过鸭绿江大桥与朝鲜新义州口岸相连，地点在铁路丹东站。该口岸分为客运和货运两部分。1954 年中朝两国签订了铁路联运协定，开通北京至平壤、平壤至莫斯科往返直通国际联运旅客列车，经停丹东站，每周二、四、五、日出境，一、三、四、六入境。国际联运货物列车每天有 4 对进出境，主要货种为煤炭、木材、矿石、水泥、粮食等。2001 年 11 月 24 日，中朝两国签订了《中朝边境口岸及其管理制度的协定》，明确规定：铁路口岸允许持有效护照及签证或边境通行证的双方公民、货物和运输工具通过；允许持有效护照及签证的第三国公民、货物和运输工具通过；铁路口岸每日的开放时间按中朝双方间有关协议中的铁路运行时刻表执行，不受双方规定的节假日和边境口岸每天开放时间的限制。铁路丹东站有楼舍万余平方米，站台、货场等 2 万平方米，日均办理列车 600 多辆，年货物吞吐量为 400 万吨，年旅客输送量达 200 多万人次。

2015 年，丹东陆路（铁路）口岸进出口货物为 17.6 万吨，同比下降 37.81%。其中，进口 8.20 万吨，出口 9.40 万吨。出入境旅客为 13.60 万人次，同比增长 13.90%。其中，进境 6.90 万人次，出境 6.70 万人次。

【大连水运（海港）口岸】 大连港始建于 1899 年，距今已有百余年的历史。1960 年 6 月经国务院批准正式对外开放。大连港居西北太平洋的中枢，是正在兴起的东北亚经济圈的中心，是该区域进入太平洋、面向世界的海上门户。大连港口港阔水深，不淤不冻，自然条件非常优越，是转运远东、南亚、北美、欧洲货物最便捷的港口。大连港开放水域为 346 平方千米，陆地面积为 15 平方千米，现有港内铁路专用线 150 千米，仓库 30 万平方米，货物堆场 180 万平方米。大连港与世界上 160 多个国家和地区、300 多个港口建立了海上经贸航运往来关系，开通集装箱航线 121 条，其中外贸航线 92 条，内贸航线 29 条，基本覆盖全球主要航区。2015 年，集装箱“永盛”轮成功实现了北极东北航道往返双向通行，开辟了大连港为起点的中国往返欧洲新航线。优化和开辟集装箱班轮航线，增加集装箱班列线路和内陆干港，实现水水中转运量 343 万标箱；拥有海铁联运集装箱班列 17 条，每周密度达到 60 余班以上，打通了以大连为起点经俄罗斯通往欧洲国家的“新亚欧大陆桥”铁路通道，2015 年海铁联运量达到 35 万标箱。大连已成为中国重要的集装箱海铁联运和海上中转港口，大连港拥有 45 万吨级原油码头和 30 万吨级矿石码头。其与美国的奥克兰港、休斯敦港，加拿大的温哥华港，日本的北九州港、横滨港、伏木富山等港结为友好港。

大连港按功能划分为6个生产作业区。一是大港区。位于大连市中心区，靠近繁华的人民路地段，是大连港的发源地。拥有生产泊位26个，港区综合通过能力为1 143.40万吨/年，经营货种有杂货、内贸集装箱、邮轮、滚装等，另外还从事客运生产。二是大连湾港区。有杂货泊位8个，客运滚装泊位1个，年通过能力645万吨，主要经营货种为煤炭、玉米、特资、杂货和滚装货。三是大窑湾港区。其是我国规划建设的四大国际深水中转港之一，是大连港运输国际集装箱的专业化港区。拥有14个集装箱泊位，码头年设计通过能力420万标箱；汽车滚装泊位3个，年通过能力80万辆。四是鲇鱼湾港区。拥有原油泊位6个，年通过能力6 908万吨；成品油泊位26个，年通过能力2 966万吨。主要经营进出口原油、出口成品油。五是大孤山南港区。拥有杂货泊位1个（15万吨级），主要从事钢铁、玻璃、汽车、矿建材料等货物的装卸，码头通过能力1 000万吨。六是大孤山西港区。主要是货主码头，有泊位24个。其中，北良企业码头有泊位6个，是粮食加工运输专业码头，为东北最大的大米综合利用区、粮食中转筒仓区、物流加工区、粮油食品仓储区、粮油食品加工区、物流配送区、综合物流区、配套服务区等，年通过能力1 000万吨；大连石化公司码头4个泊位，年通过能力1 000万吨；福佳大化石油化工有限公司2个泊位，年通过能力662万吨；逸盛大化石化有限公司3个泊位；大连大洋船舶工程有限公司修造船企业7个泊位；大连东方精工船舶配套有限公司码头2个泊位。

2015年，大连水运（海港）口岸完成货物吞吐量4.14亿吨，同比下降1.43%，其中外贸货物吞吐量13 022.6万吨，同比增长3.92%。集装箱吞吐量944.90万标箱，同比下降6.74%，其中外贸510.40万标箱，同比下降2.80%。

【营口水运（海港）口岸】 营口水运口岸位于渤海湾东北岸、辽河的入海口。口岸包括沿辽河的营口老港区、沿渤海的鲅鱼圈港区和仙人岛港区3个港区。营口老港区于1864年通航，至今已有150多年的历史，1984年经国务院批准对外开放。鲅鱼圈港区是营口港的核心港区，以矿石、煤炭、集装箱、钢材、油品、粮食、商品汽车等运输为主，1982年国家批准建设，1984年开工建设，1988年对外开放。仙人岛港区于2008年经国家批准建设，主要以油品、化工品等液体散货和通用散、杂货运输为主，目前30万吨级原油码头及80万立方米罐区已投入运营。

营口港陆域面积2 000万平方米，其中鲅鱼圈港区1 400万平方米，营口老港区100万平方米，仙人岛港区500万平方米。营口港现有库房40万平方米，堆场610万平方米，储罐341万平方米，筒仓120万平方米；拥有占地552.3万平方米的营口港保税物流中心及海关监管仓库，集装箱、汽车、煤炭、粮食、矿石、钢材、大件设备、成品油及液体化工品和原油等九大货种专用码头，其中矿石码头、原油码头为30万吨级，集装箱码头可以靠泊第5代集装箱船，总通过能力为13 580万吨。

营口港码头岸线长度16 581米，现有泊位78个，其中鲅鱼圈港区57个，营口港区14个，仙人岛港区7个。现有泊位中万吨级以上泊位59个。鲅鱼圈港区现有深水航道宽度230米，底标高－18米，长度19.40千米，可满足15万吨级以下船舶全天候通航，30万吨级矿石码头的船舶乘潮通航，3万吨级以下的船舶可双向航行。仙人岛港区航道现有30万吨级航道，宽度300米，底标高－22.50米，长度约27.85千米。

营口港已经同50多个国家和地区140多个港口建立了通航业务关系，现有东亚航线、日本关东航线、韩国釜山航线、韩国仁川航线（国际客货班轮航线）、东南亚航线外贸直航航线5条，以及多条通过大连、天津、青岛、上海、宁波、南沙等国内主要港口进行国际中转的外贸内支线。集装箱内贸航线已覆盖南沙、黄埔、蛇口、汕头、上海、烟台、宁波、日照等沿海主要港口。散杂货内贸航线主要分布在上海、青岛、江阴、宁波、舟山、温州、泉州、钦州、厦门、深圳、湛江及广州等地。营口港现有散杂货定线航线分精品定线班轮及普通定线班轮两种等级，精品定线班轮已达30艘。散杂货外贸航线是韩国、日本、朝鲜、新加坡、伊朗、印度等国家和地区，以及澳大利亚、巴西、美国、荷兰、意大利、英国、加拿大等欧美国家及南北美洲部分国家和地区。港口主要通航国家及地区为韩国、日本、印度、澳大利亚、巴西、新加坡、缅甸、比利时、越南、荷兰、菲律宾、美国、加拿大、英国等。内外贸航线每月达到530余航班。

营口港交通便捷，沈大高速、哈大公路沿港区而行，长大铁路直通码头前沿，与港内11条1 050米铁路装卸线相连。现已开通营口港至哈尔滨、大庆、长春、德惠、公主岭、四平、松原、佳木斯、牡丹江、绥芬河等40多条海铁联运集装箱班列和经满洲里连接欧亚大陆桥、经二连浩特直达蒙古国的国际集装箱班列。

2015年，营口水运（海港）口岸完成货物吞吐量3.38亿吨，同比增长2.37%。其中，外贸进出口货物吞吐量7 903.40万吨，同比增长8.80%。集装箱吞吐量592.10万标箱，同比增长5.56%。其中，外贸13.20万标箱，同比增长5.60%。

【锦州水运（海港）口岸】 锦州水运口岸位于渤海西北部的锦州湾北岸，是渤海西北部400千米海岸线重要的对外开放国际商港，是辽宁省重点发展的区域性重要港口。锦州港1985年12月经国务院批准建设，1986年10月开工建设，1990年10月正式通航，同年12月被国家批准为一类开放口岸，成为中国第49个对外开放口岸。锦州港笔架山港区现有水陆域面积6 845万平方米（仅规划水域，不含航道、锚地），规划陆域面积2 400万平方米，已建成陆域面积1 000万平方米，主要由石化作业区、粮食及件杂货作业区、集装箱综合作业区、油品作业区、专业化散货作业区等组成。锦州港现有主航道水深-17.9米，为15万吨级航道。全港规划码头岸线总长14 018米，现有岸线总长6 275米，堆场总面积310.7万平方米。全港共有各类泊位24个，其中生产性泊位23个，21个为万吨级以上深水泊位。目前，锦州港有外贸集装箱内支线2条（大连、天津），内贸航线16条，同世界上80多个国家和地区建立了通航关系。

2015年，锦州水运（海港）口岸完成货物吞吐量9 192万吨，同比下降3.44%。其中，外贸进出口货物吞吐量1 001.30万吨，同比增长3.29%。集装箱吞吐量81.90万标箱，同比下降6.83%。其中，外贸0.6万标箱，同比下降25.00%。

【丹东水运（海港）口岸】 丹东水运（海港）口岸是中国海岸线最北端的国际贸易商港，

是天然不冻良港，辖大东（海港）和浪头（河港）两个港区。现有生产性泊位28个，拥有粮食、矿石、煤炭、油品、集装箱、客滚、散杂、通用等专业泊位，配套的专业化、自动化装卸系统及货物存放库场，港口年综合吞吐能力达亿吨。目前已与日本、韩国、俄罗斯、美国、巴西、印度等70多个国家和地区的90多个港口开通了散杂货、集装箱、客运航线。2014年1月，丹东港30万吨级矿石泊位建成并投入使用，新增泊位年通过能力1 000多万吨，丹东港已步入全国大型港口行列。

2015年，丹东水运（海港）口岸完成货物吞吐量15 021.80万吨，同比增长9.19%。外贸进出口货物吞吐量1 766.8万吨，同比增长42.40%，其中进口1 569.70万吨，出口197.10万吨。集装箱吞吐量182.90万标箱，同比增长9.39%，其中外贸4.60万标箱，同比下降2.10%。

【葫芦岛水运（海港）口岸】 葫芦岛水运口岸位于辽宁沿海最西端，海岸线长258千米。葫芦岛港始建于1908年，1984年经中央军委和国务院批准，葫芦岛港开始军民合用，联合开发。2000年4月经国务院批准实现了国轮外运，成为国家一类口岸。2005年3月，葫芦岛港移址迁建至柳条沟港区。2010年11月，葫芦岛港通过国家口岸扩大开放验收，实现了对外国籍船舶开放。

2015年，葫芦岛水运（海港）口岸货物吞吐量为925.9万吨，同比增长2.3%。其中，外贸运输完成20.2万吨，同比下降62.7%。

在葫芦岛水运（海港）口岸柳条沟港区，葫芦岛港集团有限公司已建成投产5座散杂泊位（分别为1个2万吨级、1个3.50万吨级和3个5万吨级），2个油品泊位（3万吨级成品油泊位和5 000吨级石化泊位）及配套罐区工程已完工并投入试运行。2015年，完成货物吞吐量440.70万吨，同比下降26.8%。

在葫芦岛水运（海港）口岸绥中港区，绥中港集团有限公司已建成投产3个5 000吨级通用泊位，2015年完成吞吐量56.67万吨，完成建设投资8亿元；绥中发电有限责任公司现有2个3 000吨级散货泊位，2015年完成吞吐量220.52万吨，同比下降19.7%。

在葫芦岛水运（海港）口岸北港港区，葫芦岛北龙港口有限公司现有生产泊位3个（2个5 000吨级散货泊位，1个3 000吨级散货泊位），2015年完成吞吐量180.09万吨，同比增长396%；渤海船舶重工有限责任公司2015年完成吞吐量27.94万吨。

【盘锦水运（海港）口岸】 盘锦水运口岸位于辽东湾湾底，地理坐标为东经121°59′，北纬40°41′，是可全年通航的现代化海港口岸，也是辽宁沿海地区性重要港口和东北及蒙东地区最近的出海口之一。盘锦港于2009年开始建设，2010年9月28日正式投产。现有5万吨级以上泊位18个，其中通用泊位12个，多用途泊位2个，油品泊位3个，化工品泊位1个，另有6个5万～10万吨级泊位正在建设。2015年6月，国务院批复同意盘锦港口岸对外开放。

盘锦港规划利用12 100米自然岸线，形成39 000米码头岸线，可布置80～90个万吨级泊位，通过能力超过3亿吨。港区码头前沿水深－14.5米，航道为5万吨级，水深－12.6米，正在开展25万吨航道和30万吨原油码头建设。

盘锦港陆域面积4 470万平方米，拥有22万立方米油品罐区，6 000米管廊带，100万平方米货物堆场，2万平方米查验仓库，6万平方米保税仓库、出口监管仓及50万平方米保税物流中心。目前，主要从事油品、散杂货、件杂货、集装箱的接卸、仓储、物流等业务，同时依托港口优势，发展多元产业，构建物流、经贸、燃供、保税、仓单质押、大宗商品电子交易等业务为一体的港口综合服务功能。其中，盘锦港大宗商品电子交易平台可为客户提供辽东湾沿海各港口的煤炭、玉米、钢材、矿石、化工品、油品等大宗商品市场行情及交易信息，可进行交易、仓储、结算业务，享受税收减免等优惠政策。

盘锦港口岸拥有便利的公路、铁路网络，火

车可直接入港，是渤海湾所有港口中铁路物流成本最低的港口。目前，盘锦港已与国内主要港口建立业务联系，国内主要船公司已在盘锦港开设航线，现已开通盘锦至宁波、上海、乍浦、潍坊、京唐、泉州、福州等多条集装箱航线，主要作业货种有粮食、化工原料及制品、化肥及农药、建材、钢铁等。已建成通辽、法库、辽中、齐齐哈尔等4个陆港，并已开通盘锦港—满洲里—莫斯科集装箱国际班列，同时经内蒙古二连浩特到达欧洲的第二条中欧班列正在筹备开通中。

2015年，盘锦水运（海港）口岸完成货物吞吐量3 443.80万吨，同比增长10.10%，其中外贸进出口货物吞吐量235.90万吨，同比增长28.40%；完成集装箱吞吐量35万标箱，同比增长16.70%。

【旅顺新港水运（海港）口岸】 旅顺新港水运口岸位于辽东半岛最南端，与山东半岛隔海相望，海岸线长度169千米，是天然不冻港是沟通辽东半岛和山东半岛的“黄金水道”。2006年8月16日获得国务院批复为一类口岸对外开放，2009年11月20日通过国家验收，2010年1月6日正式对外开放。目前，旅顺新港口岸有2个开放杂货泊位，辖区内中远川崎船舶工程有限公司、大连今冈船舶工程有限公司、大连滨海船舶修造有限公司码头实现口岸临时开放。

2015年，旅顺新港水运（海港）口岸货物吞吐量为2 609.20万吨，同比增长2.70%，其中外贸货物吞吐量142.80万吨，同比增长24.93%。

【庄河水运（海港）口岸】 庄河水运口岸位于辽东半岛东侧南部，海岸线总长235千米，是黄海、渤海沿岸距日本、韩国最近的港口，滨海公路横贯东西，建设中的东北东边境铁路直达俄罗斯。目前，港口有泊位10个，分别是庄河港1万吨级杂货泊位1个，5 000吨级杂货泊位1个，1 000吨级客滚泊位1个；庄河电厂煤码头3.5万吨级泊位1个；陆岛运输码头泊位6个。庄河港口岸对外开放于2007年9月12日获得国务院批准，2009年11月18日通过国家验收。2010年1月20日，庄河港口岸正式对外开放。

2015年，庄河水运（海港）口岸完成货物吞吐量490万吨，同比下降11.39%；完成客运量22万人次，同比下降40.54%。

【长兴岛水运（海港）口岸】 长兴岛水运口岸位于辽东半岛西侧中部、渤海东岸，规划总面积502平方千米，由长兴岛、西中岛、凤鸣岛、交流岛、骆驼岛5个岛屿组成，是中国第五大岛，长江以北第一大岛。2005年11月26日，长兴岛临港工业区管委会和党工委挂牌成立，2010年4月25日国务院批准长兴岛升级为国家级经济技术开发区。2010年6月13日，辽宁省政府决定在长兴岛设立辽宁省综合改革试验区。2011年7月30日，国务院下发《关于同意辽宁大连长兴岛港口岸对外开放的批复》。目前，长兴岛港口岸有公共港区、大连港长兴岛30万吨级原油码头、恒力石化、浦项板材及大连船舶重工修造船基地码头实现临时开放。

2015年，长兴岛水运（海港）口岸完成货物吞吐量2 261万吨，同比增长12.77%。其中，内贸货物1 111.40万吨，外贸货物1 149.60万吨。

大连市

【口岸运行数据】 2015年大连口岸完成进出口商品总值796.86亿美元，同比下降15.80%。其中，出口395.14亿美元，同比下降7.0%；进口401.72亿美元，同比下降23.0%。完成进出口货物吞吐量8 663.37万吨，同比增长11.45%，其中出口2 383.80万吨，进口

6 279.57万吨。出入境检验检疫货物 210 526 批次，同比减少 6.86%；检验检疫货值总额 351.35 亿美元，同比减少 21.13%。

【东北地区海关、检验检疫区域通关一体化改革率先在大连正式启动】 5 月 1 日，以大连口岸为主开展的东北地区海关区域通关一体化改革正式开通运行。此次实施的东北地区海关区域通关一体化对企业没有任何类别限制，四省区内在海关注册的 4 万多家外贸企业将享受到“四省（区）如一家”“六关如一关”的通关便利，据测算，可降低通关成本三成左右。东北地区海关区域通关一体化改革也是东北地区“三互”工作建设的主要切入点。7 月 1 日，辽宁出入境检验检疫局牵头组织的东北四省区检验检疫一体化启动仪式也成功举行。

【大连市政府与大连海关、辽宁出入境检验检疫局、辽宁省边防总队、辽宁海事局签署落实“三互”，推进大通关建设合作备忘录】 6 月 17 日，大连口岸落实“三互”推进大通关建设在大窑湾码头正式启动，这种通关新模式将实现一次报关、一次查验、一次放行，缩短货物通关时间，降低企业通关成本，这一创新举措开创了全国口岸系统整体启动落实“三互”推进大通关建设的先河。国家口岸办副主任白石、大连市政府市长肖盛峰出席启动仪式并讲话。启动仪式上，市政府与大连海关、辽宁出入境检验检疫局、辽宁省公安边防总队、辽宁海事局签署《大连口岸落实“三互”推进大通关建设合作备忘录》，大连港集团与大窑湾海关、大窑湾出入境检验检疫局、大窑湾边防检查站、大连海事局签署《大窑湾口岸落实“三互”推进大通关建设合作备忘录》。

在仪式上，国家口岸办白石副主任指出，大连市政府认真贯彻落实国务院的部署，建立健全大通关建设的协调和保障机制，落实和强化工作责任，积极协调解决改革实施中跨部门的重大问题，全面启动落实“三互”推进大通关建设，标志着大连口岸贸易便利化水平进入了一个新的阶段，将在全国各口岸大通关建设中发挥积极的示范作用；大连市各口岸单位立足地区实际、积极探索、相互支持、主动作为，在“三个一”试点、落实“三互”推动区域通关一体化改革等领域，开展了卓有成效的合作，为支持辽宁乃至东北地区的新一轮振兴作出了积极贡献。白石副主任还提出，国家口岸办将认真总结大连的工作经验，并向全国口岸推广。大连市政府肖盛峰市长强调：国务院提出的落实“三互”推进大通关建设改革方案 是在我国外贸发展进入稳增长、调结构、提质量的新常态下，指导口岸建设的纲领性文件。推进“信息互换、监管互认、执法互助”合作大通关建设，是大连口岸发展史上一座重要的里程碑，对提升大连口岸的核心竞争力和辐射力，促进大连东北亚国际航运中心建设具有重要意义，希望各口岸查验单位以此为起点认真贯彻党的十八届三中全会精神，全面深化通关体制改革，紧密结合大连实际，进一步优化通关流程，提高通关效率，在实施“单一窗口”和区域通关一体化建设等方面走在前列，进一步提升大连口岸的核心竞争力和辐射力。

【“中华泰山号”邮轮以大连港为始发港首航日本】 8 月 17 日，满载 900 多名旅客的“中华泰山号”邮轮以大连港为始发港首航日本。为做好“中华泰山号”邮轮的通关服务保障工作，大连市政府多次召开协调会，有关部门领导亲临现场指导工作，积极听取游客对大连邮轮港建设的意见。在做好安全保障工作中，大连港客运站自筹资金在旅检通道上安装了一台 X 光机，确保旅客上船携带行李 100% 的过机检查安全。另外，为方便旅客候船休息，客运站临时搭建了旅客候船大厅和旅客办票窗口。当天，在保障“中华泰山号”邮轮通关现场，口岸各单位共出动人员 120 余人次、摆渡车辆 5 台，确保了通关现场秩序井然有序，通关畅通顺利。国际旅检通道从下午4:30开始通关作业，傍晚6:00通关完毕。908 名旅客出境通关时间用时 1.5 个小时，创下了大连港旅客出境通关的最好纪录。

邮轮旅游作为旅游高端产品，在欧美地区已盛行多年，随着中国经济的快速发展，邮轮旅游也逐步走入国人生活。目前，国际邮轮市场每年平均以10%的速度在增长。“中华泰山号”邮轮以大连港作为始发港首航日本，标志着邮轮旅游将逐步走入大连乃至东北地区的人民生活，拉开了大连港作为邮轮港序幕，开启了以大连港为节点的邮轮旅游“自由行”模式，必将为大连经济和社会发展注入新动力。

【大连海港国际客运旅检通道落实“三互”启动】 8月14日，大连海上国际客运旅检通道落实“三互”改革启动仪式在大连港国际候船厅举行，拉开了大连港国际客运口岸关检双方在“三互”框架下深化合作，联手打造一流通关环境的序幕。大连市港口口岸局、旅游局，大连海关，大连出入境检验检疫局及港航企业领导出席了启动仪式。海上国际客运是大连国际航运中心的重要组成部分，大连港客运站国际候船厅是大连口岸的重要形象性窗口，每年从大连通过海运出入境的旅客达10余万人次。此次大连港湾海关和大连出入境检验检疫局港湾办事处联手打造的新的通关协作模式以有效监管高效服务为原则，变“串联”执法为“并联”执法，重新整合了执法空间，开辟了专门的联合查验区域。新的通关协作模式最大的亮点是将关检双方原有的“一机两屏各自查验”工作机制进一步升级为“一机双岗联合查验”，关检人员共用一台X光机进行判图分析，发现问题后可同时进行处置，避免了旅客二次开箱接受查验，从而有效缩短了旅客通关时间，大幅降低了执法风险，对进一步推动口岸查验单位间的通关协作及监管信息和资源的共享具有标杆性的作用。

“大仁”航线、大连港客运站作为率先享受到口岸查验单位落实“三互”改革成果的企业，都给予了高度的评价，认为“三互”实施不仅提高了旅客的通关速度，降低了企业经营成本，而且提升了大连口岸的形象和影响力。

辽宁省口岸大事记

1月5日

辽宁丹东公路口岸（新建鸭绿江公路大桥）对外开放得到国务院批复。

1月19日

大连海关隶属长兴岛海关举行开关仪式。

3月31日

辽宁省副省长邴志刚到一站式通关服务中心（港湾）、大窑湾海关和辽宁电子口岸调研。

4月28日

海关总署副署长鲁培军在大连考察指导东北地区海关区域通关一体化改革推进工作。

5月14日

大连海关与辽宁出入境检验检疫局在辽宁丹东举行“关检协同推进‘三互’（即信息互换、监管互认、执法互助）现场会”，国家质检总局副局长梅克保、海关总署副署长吕滨、辽宁省副省长邴志刚出席会议，并共同见证了《丹东地区海关、出入境检验检疫局“三互”合作试验区实施方案》的签署，这标志着关检“三互”合作通关试验区在丹东正式建立。

6月7日

国务院批复同意盘锦港口岸对外开放。

6月12日

中欧班列（营口港—华沙）在营口港举行开行仪式。

6月16日

盘锦市政府与满洲里市政府签订了口岸合作协议。

6月17日

大连口岸落实“三互”推进大通关建设启动仪式在大窑湾“三互”联合监管场所举行。

7月1日

伴随着东北四省区检验检疫一体化的正式实施，东北地区海关与检验检疫实现真正意义上的互联互通。

8月6日

“营口港—斯洛伐克多布拉”中欧国际直达班列正式开通。

10月15日

丹东海关积极做好中朝边民互市贸易区启动仪式工作。

10 月 18 日

“盘满欧”集装箱国际班列正式开通，发出首列盘锦港—满洲里—莫斯科班列。

10 月 30 日

辽宁国际贸易“单一窗口”试运行启动仪式在沈阳举行。

12 月 3 日

盘锦港口岸对外开放通过省级预备验收。

12 月 10 日

大连空港口岸落实“三互”推进大通关建设启动仪式顺利举行。

12 月 17 日

东北及内蒙古地区六海关落实“三互”推进大通关建设工作会议在大连召开。

12 月 21 日

盘锦市攻府与二连浩特市政府签订了口岸合作协议。

12 月 30 日

大连海关隶属盘锦海关举行开关仪式。

（撰稿人：徐雷、孔晓东、姜文佳、杨威、杨家乐、高杰、严柏林、徐林、王晓云、张学忠、陈京雁、李宁、冀旭）

2015 年辽宁省口岸流量统计表

口岸类型		口岸名称	货运量（万吨）				集装箱量（万标箱）				人员（万人次）				交通工具（辆、艘、架、列次）			
			出口	进口	合计	同比（%）	出口	进口	合计	同比（%）	出境	入境	合计	同比（%）	出境	入境	合计	同比（%）
空运口岸		沈阳	0.4	0.5	0.9	0.0							146.2	2.9				
空运口岸		大连	1.7	1.5	3.2	0.0							145.1	5.9			2.3	4.5
空运口岸		分计	2.1	2.0	4.1	0.0							291.3	4.4				
陆运口岸	公路口岸	丹东	112.4	23.6	136.0	6.25							13.4	-0.7			14.9	0.6
陆运口岸	公路口岸	分计	112.4	23.6	136.0	6.25												
陆运口岸	铁路口岸	丹东	9.4	8.20	17.60	-37.81							12.1	10.0			0.1	
陆运口岸	铁路口岸	分计	9.4	8.20	17.60													
水运口岸	海港口岸	大连	4 453.1	8 569.5	13 022.6	3.92			510.4	-2.78								
水运口岸	海港口岸	营口	1 714.5	6 188.9	7 903.4	8.84	13.2	+5.60										
水运口岸	海港口岸	丹东	197.1	1 569.7	1 766.8	42.40			4.6	-2.13								
水运口岸	海港口岸	锦州	403.8	597.5	1 001.3	3.29			0.6	-25.0								
水运口岸	海港口岸	葫芦岛	20.2		20.2	-62.66												
水运口岸	海港口岸	盘锦	44.2	191.7	235.9	28.42												
水运口岸	海港口岸	分计	6 832.9	17 117.3	23 950.2	7.69			528.8	-2.6			27.1	-19.8			1.5	
合计			6 956.8	17 151.1	24 107.9	7.62			528.8	-2.6			343.9	1.9			18.8	1.1
同比（%）																		

（辽宁省口岸办提供）

2015年大连海关主要数据统计表

项目		2015年	同比（%）
进出口货运量（万吨）	合计	18 004.8	13.8
	进口	13 715.4	14.5
	出口	4 289.4	11.6
进出口贸易总值（亿元）	合计	6 614.4	-16.1
	进口	3 295.6	-22.8
	其中：江、海运输	3 017.8	-24.1
	铁路运输	3.8	58.2
	汽车运输	51.8	-5.5
	航空运输	207.7	-4.4
	邮件运输	0.5	-23.1
	其他运输	14.0	-24.8
	出口	3 318.8	-6.4
	其中：江、海运输	2 977.2	-7.4
	铁路运输	58.9	29.9
	汽车运输	114.7	-10.9
	航空运输	143.3	23.7
	邮件运输	7.5	-7.3
	其他运输	17.2	-50.7
税收（亿元）	两税合计	493.1	-25.3
	关税入库	81.8	-24.4
	进口环节税入库	411.3	-25.5

（大连海关提供）

2015年沈阳海关主要数据统计表

项目		2015年	同比（%）
进出口货运量（万吨）	合计	1 037.6	0.4
	进口	632.8	0.7
	出口	404.8	0.1
进出口贸易总值（万美元）	合计	568.49	-16.9
	进口	393.76	-14.3
	其中：江、海运输	305.05	-14.7
	铁路运输	41.41	-25.2
	汽车运输		
	航空运输	47.09	3.2
	邮件运输	0.21	-39.2
	其他运输		
	出口	174.73	-20.4
	其中：江、海运输	121.14	-31.5
	铁路运输	5.09	-28.9
	汽车运输	0.02	-73.2
	航空运输	47.43	30.6
	邮件运输	1.05	-10.0
	其他运输		
税收（万元）	两税合计	100.2	-2.0
	关税入库	27.2	-2.2
	进口环节税入库	73.0	-2.0

（沈阳海关提供）

2015 年辽宁省出入境检验检疫业务统计表

项目		货物检验检疫				交通工具				集装箱（标箱）		发现动植物疫情		货物通关		出入境人员查验（人次）	健康检查及预防接种（人次）			
		批次	金额（万美元）	检验检疫不合格																
				批次	金额（万美元）	船舶（艘）	飞机（架）	火车（列）	汽车（辆）	合计	检出问题	种类数	种次	批次	金额（万美元）		健康检查	艾滋病监测	发现病例	预防接种
本年累计		295 832	5 483 348.6	10 319	549 733.8	14 332	22 436	9 378	120 663	4 137 833	15 636	616	3 021	322 617	5 087 637.67	4 013 246	67 020	65 334	18 946	58 336
其中	出境	169 746	1 421 313.6	1 313	10 114.63	7 451	11 282	4 635	63 810	1 375 851	1	14	17	191 025	1 513 283.34	2 034 310	57 324	56 316	17 354	58 190
	入境	126 086	4 062 035	9 006	539 619.17	6 881	11 154	4 743	56 853	2 761 982	15 635	602	3 004	131 592	3 574 354.33	1 978 936	9 696	9 018	1 592	146
同比（%）		-5.25	-20.71	27.41	-18.757	-4.55	4.55	-13.47	-0.53	-26.07	50.23	-14.66	59.42	-10.24	-23.52	1.69	3.54	2.11	-42.75	0.18
其中	出境	-3.02	-10.23	48.03	-64.27	-3.78	3.65	-15.73	2.97	-29.73	-75	-33.33	240	-8.95	-12.54	1.71	4.43	4.01	-40.06	0.45
	入境	-8.09	-23.82	24.88	-16.767	-5.36	5.48	-11.15	-4.19	-24.1	50.28	-14.97	58.94	-12.05	-27.37	1.68	-1.43	-8.34	-61.6	-52.29

（辽宁出入境检验检疫局提供）

2015 年辽宁海事局进出港船舶统计汇总表

船舶类别	进港船舶							出港船舶						
	艘数（艘）	总吨（吨位）	总载重量（吨）	载客量（客位）	船员人数（人次）	货物到达量（吨）	旅客到达量（人）	艘数（艘）	总吨（吨位）	总载重量（吨）	载客量（客位）	船员人数（人次）	货物发送量（吨）	旅客发送量（人）
总计	186 328	680 128 970	726 111 767	13 781 238	1 658 973	224 444 765	4 914 648	186 392	683 471 369	729 641 361	13 767 959	1 687 543	228 718 565	5 031 549
中国籍船舶	176 172	427 393 357	353 825 103	13 659 212	1 524 785	96 169 373	4 805 286	176 178	427 686 798	352 470 079	13 646 054	1 535 310	187 770 265	4 919 218
其中外贸船	1 676	8 312 126	11 693 809	1 788	16 591	5 276 121	1 788	1 718	8 646 470	12 198 675	1 112	18 888	2 967 354	1 112

（辽宁海事局提供）

吉 林 省

口岸数量及分布

截至2015年年底，吉林省有经国务院批准的对外开放口岸17个。其中，空运口岸2个，分别是长春空运口岸（长春龙嘉国际机场）、延吉空运口岸（延吉朝阳川国际机场）；陆路（铁路）口岸3个，分别是集安、图们、珲春铁路口岸；陆路（公路）口岸11个，分别是图们、南坪、珲春、圈河、长白、临江、三合、开山屯、古城里、沙坨子、集安公路口岸；水运（河港）口岸1个，是大安港；公务通道1个，是双目峰。中朝边境口岸14个，中俄边境口岸2个。

口岸运行数据

2015年，吉林省口岸进出境货运量为324.2万吨，同比增长13.8%；货值90.6亿美元，同比下降22.5%；税收入库124.39亿元，同比增长16.20%。其中，进境货运量272.63万吨，同比增长15.1%，出境货运量51.63万吨，同比增长7.4%。进出境人员为214.81万人次，同比增长8.3%。进出境交通工具为24.36万辆（列节、架）次，同比增长0.6%。其中，公路口岸进出境交通工具22.88万辆次，同比增长1.8%；铁路口岸进出境交通工具4 371列节次，同比下降37.6%；航空口岸进出境交通工具8 194架次，同比增长14.3%。监管进出境邮（快）递物品134.3万件，同比增长25.1%。

口岸综合管理

【口岸开放取得新成绩】 集安公路口岸于2014年获批对外开放，口岸国门建设项目于2015年9月开工建设，投资400万元，已完成主体工程量的70%，预计2016年完成。为保证吉林省集安市赴朝鲜旅游的正常开展，吉林省口岸办协调国家口岸办开通了中国集安—朝鲜满浦界河公路大桥临时过客通道。为支持吉林省对外开发开放，吉林省口岸办协调口岸各查验单位开通了图们凉水—朝鲜稳城岛临时公务通道，为中朝双方勘测提供通关保障。中俄珲春—马哈林诺铁路口岸运行良好，货运量达到112.7万吨；12月18日，珲春铁路口岸首次进口小麦面粉，丰富了珲春铁路口岸货运品类。为完善中俄珲春—克拉斯基诺公路口岸功能，吉林省口岸办与俄罗斯远东边界局共同推动中俄小型车辆过境通行工作。长春铁路内陆港口岸作业区恢复运行，为“长满欧”中欧班列稳定运行提供有力保障。长春空运口岸新开通国际定期和定期旅行包机航线7条，实现每周54.5个往返班次；实现吉林省国际货运包机运输零的突破，2015年下半年对俄货运包机运行42架次，承运跨境电商出口货物686吨。长春—符拉迪沃斯托克—长春公路跨关区实行便捷运输。延吉空运口岸于2015年5月正式开展落地签证业务，2015年先后开通延吉—韩国大邱、延吉—韩国务安、延吉—朝鲜平壤等包机航线，首次开通延吉—日本大阪航线。

【推进口岸基础设施建设和改造，提高通关效率】 吉林省口岸办组织省内9个开放口岸20个查验设施建设改造项目向国家口岸办申报，并积极与国家口岸办沟通，纳入国家边境转移支付因素；发挥吉林省省级口岸改造资金引导作用，向重点口岸、重点项目倾斜，进一步改善通关条件；协调各联检部门创新口岸监管方式，通过属地管理、前置服务、后续核查等方式将口岸现场执法前推后移，扩大集中申报、提前申报范围，推进无纸化通关改革，缩短通关时间，节约企业通关成本；在重点口岸实施的鲜活产品“绿色通道”“一次申报、一次查验、一次放行”“东北四省区一体化通关通检”改革，极大地方便了企业，使通关效率不断提高。

【抢抓对俄机遇，畅通对俄通道建设】 吉林省口岸办协调珲春市政府和东北亚铁路集团加快铁路口岸基础设施和查验设施建设，扩能后铁路口岸已具备400万吨/年的换装能力，2015年口岸过货量达112.7万吨；不断改进通关工作制，满足人员和货物通关需求，协调联检部门在珲春铁路口岸实行每周7天12小时工作制，珲春公路口岸在“十一”期间实行无假期通关，接待中外游客9 050人次，同比增长57.6%，极大地方便了广大游客通关需求；推进中俄小型车辆自驾车辆通行，支持珲春两次利用ATA方式口岸通关后，在俄境内通行；组织吉林省交警总队、吉林省边防总队、长春海关、吉林出入境检验检疫局5家单位赴满洲里市对中俄小型车辆过境通行工作实地学习，合力推进珲春口岸小型车辆通行工作；协调联检部门，支持开通对俄跨境货运包机线路，截至2015年11月末，已航行37班次，运送700多万件包裹；发挥对俄罗斯协调机制作用，将吉林省对俄口岸相关问题列入中俄总理定期会晤口岸工作组第十八次会议议题，从国家层面推进了相关工作，利用吉林省口岸办与俄远东边界局会商机制，加强日常对俄口岸问题的解决。

【内贸货物跨境运输取得突破进展】 吉林省口岸办积极协调珲春市政府和承运企业做好运输前的各项准备工作，协调联检部门和目的港为内贸货物跨境运输提供通关便利化，推动承运企业尽快开展跨境运输，在各方共同努力下，中断运行两年的吉林珲春经朝鲜罗津港到上海的内贸货物跨境运输航线于2015年6月11日恢复运营，实现了每10天一班的定班运输，打通了一条更加便捷的海运通道，对推动互联互通建设，落实国家“一带一路”战略具有重要意义。

【吉林电子口岸平台建设稳步推进】 吉林省政府投入150万元用于吉林电子口岸公共服务平台运行改造，该公共服务平台先期为跨境电子商务平台提供数据交换，门户网站已经上线运行，目前成为各相关单位发布外贸进出口信息，外贸企业查询通关信息的主要渠道；完成了关检合作“三个一”系统研发工作，待联调联试完成后即可正式运行。

【“三互”大通关改革不断深入】 为全面落实国务院“三互”大通关建设工作要求，创新研究通关模式改革。吉林省口岸办协调吉林省长春市、吉林市、图们市口岸办为南坪口岸试行“一站式”通关模式改革投入100万元资金，召开了吉林省推进“三互”大通关改革启动仪式及现场会，实现了边防、海关、检验检疫三部门在同一窗口联合办公，对出入境车辆实行一站式查验，自动闸口一杆式放行，单车通关时间由原来的10多分钟，缩短到20秒以内，大大提高口岸通关效率；长春海关和吉林出入境检验检疫局在圈河口岸开展“一站式作业”试点，减少了6个通关环节，高峰时缩短通关时间近三成，实现了关检统一申报和执法互助；延吉空运口岸实现关检“三互”合作通关，对口岸现场布局和软硬件设施进行改革，开展通道合一、标志统一、政务公开同步、监管设施共用、人工共同查验的“一站式”作业尝试。

长春海关全面推进区域通关一体化改革。5月1日，东北地区区域通关一体化系统顺利切换，截至2015年年底，长春海关通过一体化通关系统受理进出口报关单共计6.95万票，节约物流成本20%～30%。继续推进通关作业无纸化改革，共签约无纸化企业5.69万家，其中吉林省省内企业1 734家；长春关区无纸化申报报关单94 499票，无纸化率达到97.78%，超过海关总署规定的90%的目标。

长春海关与吉林出入境检验检疫局密切配合，稳步推进关检合作“三个一”改革，共同研究制定全面推进关检合作“三个一”工作的实施方案，部署安装统一版“一次申报”系统企业共计78家。在系统内，关区企业通过广州版和统一版“一次申报”系统申报报关单19 188票，“一次查验”199票，“一次放行”1 238票；在系统外，关检双方共同查验放行报关单960票，共同查验放行进出境运输工具17.50万辆次。

【主动融入“一带一路”，畅通中欧班列】 中欧班列（长满欧）线路是吉林省主动融入“一带一路”建设，畅通对外运输大通道建设的重要内容，它的稳定持续运营，为吉林省创造了直接贯通欧洲的国际大通道，是吉林省服务外向型经济的重要公共平台。吉林省具备“海、陆、空、铁”多式联运的天然区位优势，长春是联合国《政府间陆港协定》中明确的中国617个国际陆港城市之一、“2015年‘一带一路’最具竞争力城市”综合排名第四、“一带一路”战略中明确的重要节点城市、“长吉图”国家战略的核心城市。“长满欧”班列以长春为起点，以多式联运方式有效连接大连港、营口港、丹东港、天津港等沿海沿边出境口，初步形成以长春为中心的东北亚辐射圈；以德国施瓦茨海德为起点，在欧洲境内已完成六国13个站点的网络铺设，做到随时收货，定时发运；沿线国家也已逐步开通了俄罗斯境内及中亚部分国家的到发货。该线路于2015年8月31日实现双向试运行，进出口货物426个标箱，货运量约9 229吨，进出口货值3 750万欧元。

【保税区建设成绩显著】 长春兴隆综合保税区适应经济新常态，以国务院办公厅下发的《加快海关特殊监管区域整合优化方案》为引领，积极融入国家“一带一路”战略，紧紧围绕综合保税区的产业定位及政策平台优势，充分发挥特殊区域的独特功能，全力推进高端装备制造、特色产品加工、现代物流、国际贸易四大产业招商引资工作，着力培育跨境电商、大数据中心及新能源汽车三大战略性新兴产业。2015年一般贸易业务额实现2.5亿美元，业务增长速度位列长春关区第一；跨境电商全年实现近1 000万票包裹出口，业务额在国内跨境电商出口的试点城市中位居第三。与大连港、长春龙嘉国际机场实现区港联动，畅通物流通道建设；招商引资成绩显著，谋划了铁路联运内陆港、进口冷链物流、跨境电商直销、国际资源的加工贸易4个战略性平台项目。同时，基础设施不断完善，园区项目承载能力有效提高，累计投资80亿元完成了综合保税区及配套区征地、拆迁和基础设施建设，修建了总长度46.6千米、铺装面积112万平方米的24条市政道路，形成标准厂房13.5万平方米、公共保税仓库3.97万平方米、集装箱堆场4万平方米的建设规模。

口岸监管与服务

【吉林省公安边防总队政策措施跟进及时，助推开发开放成效明显】 吉林省公安边防总队深入贯彻落实国务院加快沿边地区开发开放的若干意见，跟进口岸开发开放重点任务实施，部队服务保障范围更加多元。一是路桥建设保障有力，出台服务保障路桥建设8项措施，主动跟进跨境江桥维修工程和中朝电站建设，加大跨境工程施工期间口岸限定区域的管控力度。二是经济合作区建设跟进及时，出台《服务经济合作区建设指导意见》，科学预期中朝、中俄边贸“快进快出”发展态势，定期发布口岸入出境数据和口岸安全形势报告，提出合理化建议。三是通关协作水平明显提升，深入开展口岸顺畅通关活动，发挥边检机关中朝公安、安全代表机制和中俄三级代表机制作用，先后与朝鲜、俄罗斯边检机关签订《共同提高边检服务水平工作协议》13份，协调完成434名中籍滞留朝鲜游客入境、集安旅游大巴事故人员通行检查、朝鲜防控MERS病毒单方面禁止外国人入境期间的口岸管控工作。

【吉林省公安边防总队重点领域重点支持，促进边贸往来效果显著】 吉林省公安边防总队盯住重点领域集中施策，顺应边贸往来的发展需求，开展通关服务改革创新。一是跨境旅游通关更为顺畅。定期开展入出境旅游数据统计分析，部署开展出境文明旅游宣传活动，印制含有旅游信息和边检服务热线的便民服务册，积极推广政府旅游产品，推广使用旅游团信息互联网报检系统，实现旅游团信息互联网预检，旅游团团员自由通关。二是边贸企业通关更为便捷。成立总队服务“三重一小”企业领导小组，出台12项便民利民措施，在所有陆路口岸实行鲜活产品优先通行政策，实行边防证件无收费办证制度，开通“大企业直通车”，实行预约提醒、绿色通道、引导咨询等多项服务。三是大型会议活动保障更为有力。东博会、图洽会期间，成立服务保障小组，建立信息通报机制，在长春、延吉等9个重点通行口岸设立专用通道，公布24小时边检服务热线，发放中、英、韩文《通关服务指南》，提供边检政策法律咨询，先后为来自29个国家和地区的214家世界500强和大型跨国公司近5万参展人员提供了优质的通关服务。

【长春海关深化海关改革，全面提升综合监管效能】 为提高监管效能，长春海关强化业务基础建设，首次召开关区业务例会，规范海关监管场所（区域）建设和管理；加快推进关区物流平台建设，积极推进运输工具管理系统应用，规范取消关区内转关模式和开展转运分流查验操作，统一执法标准；加强舱单系统应用和分析，推进关区邮递业务信息化建设；强化综合治税，加强税收入库管理，做好税收调研预测和税收分析，建立税收动态分析调研机制；完善批量复审工作机制，优化原产地、审价工作机制和职能管理运行模式，强化加工贸易和减免税管理；加强统计监测预警，提升监测预警分析深度和广度，强化政策研究辅助政府领导决策。

【长春海关关警协作继续保持打击走私高压态势】 2015年长春海关强化专项打击力度，深入开展“五大战役”“紫光”“以打促税”百日攻坚战等专项行动，严厉打击重点区域、重点行业、重点渠道、重点商品走私活动；强化关境保护等非传统职能，集中开展枪爆物品大清查行动；深化综合治理，完成缉私局入序省公安厅序列工作；加强与国税、公安等单位的协作配合，强化“以打促税”，查发出口骗退税案件线索4起。发挥“党政军警民”五位一体合力治边、联合打私优势，强化对非设关地走私活动的打击管控措施。加强国际合作，与俄罗斯远东缉私海关开展强化情报线索交换和案件协查。

【长春海关服务地方经济，全力推动长吉图开发开放战略实施】 长春海关全力支持吉林省在长吉图区域打造前中后三位一体的海关特殊监管区域布局，支持长春兴隆综合保税区和珲春出口加工区加快发展建设，复制推广上海自贸区多项创新制度和优惠政策；支持吉林市保税物流中心（B型）建设，推动尽早封关运作。积极推动落实内贸货物跨境运输海关先行先试政策，累计运行9个航次，货运量约8 588吨，货值约1 884万人民币。支持对朝鲜“出境加工”业务扩展，拓展对朝“出境加工”业务。积极推进跨境电子商务健康发展，支持长春市政府申报跨境电子商务进口试点城市和延吉空港快件中心建设，支持开通长春—莫斯科跨境电商货运包机。支持吉林省重点行业、重点项目发展，推广“汇总征税”的税收征管新模式，开展高速动车和汽车产业重点领域税政研究，有4项涉及高铁和汽车零部件商品调整税率的建议被国务院关税税则委员会采纳，为吉林省高铁和汽车企业年节省生产成本达4.65亿元。

【吉林出入境检验检疫局口岸核心能力建设和疫情防控工作扎实推进】 吉林出入境检验检疫局分两次对口岸核心能力长效机制建设情况进行动态复核，对已经通过验收的口岸，进行再验收，同步推进口岸卫生检疫实验室建设，加强口岸卫生检疫督导、培训、竞赛、演练及调研工作。针对2015年俄罗斯滨海边疆区动物疫情频发的情况，协调口岸各部门启动应急措施，严防疫情传入吉林省。2015年5月，吉林出入境检验检疫局在获悉韩国确诊3例中东呼吸综合征确诊病例后，立即在全省口岸部署疫情防控工作，相继开展风险研判和风险预警，启动联防联控工作机制，强化防控重点环节，开展重点口岸督导检查，加强防控物资储备等相关工作，成功处置了2例突发事件，检疫发现并医学排查41例有症状病例，向地方卫生部门移交6例，有效降低了中东呼吸综合征传入风险。为做好口岸埃博拉出血热疫情防控工作，吉林出入境检验检疫局认真开展非洲留学生寒暑假期间离校和返校的统计调查工作，加强驻马里维和部队归国的检疫查验工作。为加强口岸医学媒介生物监测工作，吉林出入境检验检疫局开展中朝古城里—三长里医学媒介跨境监测工作，采集鼠类样本送技术中心卫生检疫实验室进行病原检测。

【吉林出入境检验检疫局深入助推对外贸易增长】 吉林出入境检验检疫局推进东北四省区

检验检疫机构实现“三互”大通关及“通报、通检、通放”“出口直放、进口直通”的一体化通关放行模式。2015年7月1日，正式启动实施东北检验检疫一体化，吉林省企业使用一体化平台报检货物量占四省区总批次的一半。助力吉林省实施“走出去”战略，对省内6家境外农业项目种植企业、27万吨产品实施境外预检；推荐16家［C1］企业获得“一带一路”沿线国家注册；服务国家自由贸易区战略实施，实现中国与新西兰、冰岛、韩国、澳大利亚自贸协定原产地证签发“零”突破。支持吉林省加快长吉图先导区建设，创新监管模式，推动进境指定口岸建设，珲春公路、珲春铁路、圈河、长白、古城里5个口岸8批次获批进境粮食、水生动物、冰鲜水产品指定口岸，长春兴隆综合保税区获批建设进境肉类指定转关查验场。

开放口岸

【长春空运口岸（长春龙嘉国际机场）】 长春空运口岸位于吉林省长春市与吉林市之间，地处长春市九台东湖镇与龙嘉镇交汇处，距长春市区21千米，为国家开放口岸。口岸于1992年4月开通。长春空运口岸最初设立于大房身机场。2005年8月26日正式迁入长春龙嘉国际机场。长春龙嘉国际机场为国内干线机场，占地320万平方米，飞行等级为4D级，跑道长3 200米，宽45米，可起降大中型客机。航站楼占地4万平方米，站坪近机位7个，远机位5个。空运口岸登机桥3个，出境通道10个，入境通道12个，设有海关报关大厅、监管仓库，年旅客吞吐量为320万人次，年设计起降飞机32 231架次。高峰期可吞吐旅客1 700人/小时，货邮量56 700吨。口岸国际联检部门办公楼建筑面积为4 500平方米。

长春空运口岸现有17条国际和地区航线，涉及7个国家和地区，2004年10月，国务院正式批准长春空运口岸开展落地签证业务。

2015年，长春空运口岸实现进出境旅客56.84万人次，飞行3 977架次。长春空港口岸已成为吉林省通向世界的重要交通枢纽。

【延吉空运口岸（延吉朝阳川国际机场）】 延吉空运口岸位于延边朝鲜族自治州首府延吉市西南郊区，距市区5千米。机场占地面积3.7万平方米，跑道长2 600米，道面厚34厘米，现已达到国际4C级机场标准，可飞行空客320、330、319，波音737、TU—154等大中型飞机，波音747等大型客机可减载飞行。通信、导航系统均采用国内外较先进设备，性能优良。延吉机场航站楼建筑面积为16 970平方米，分国内、国际两部分。其中，国际部分面积6 007平方米，国际联检厅功能齐备，查验通道设有出入境各6个通道，能够满足30万人次出入境旅客的需要。

目前，延吉空运口岸已开辟了延吉—首尔、延吉—符拉迪沃斯托克（海参崴）两条国际航线。口岸设有海关、边防检查站、出入境检验检疫局等机构。

2015年，延吉空运口岸实现运输进出境旅客达63.89万人次，进出境交通工具4 217辆次。延吉空运口岸现已成为我国与韩日及俄罗斯人民友好交往的重要空中通道。

【集安陆路（铁路）口岸】 集安铁路口岸

位于吉林省集安经济开发区，始建于1946年，设计通关能力为30万吨。对应口岸是朝鲜民主主义人民共和国满浦口岸，是我国对朝三大铁路口岸之一。

近年来，口岸累计投入建设资金2 457万元，先后完成了集安铁路口岸联检楼建设工程、口岸区外部环境整治工程、海关监管中心及国际物流仓储区建设工程，使集安铁路口岸基础设施更加完善、功能结构更加完备、开放管理更加规范、通关环境更加优化，综合效能显著提高。集安铁路口岸的重要配套设施，总投资1 340万元的集安海关监管中心及国际物流仓储区于2009年开始运营。该中心占地面积7万平方米，与火车站物流中心相连，铁路专用线、龙门吊、装卸车、地重衡及各种监管设备配置齐全。

2015年，集安铁路口岸实现货运量1.89万吨，进出境人员1.92万人次，进出境车辆1 606节次。

【图们陆路（铁路）口岸】 图们铁路口岸是国家开放口岸，与朝鲜咸境北道稳城郡隔图们江相望，通过铁路口岸可直达朝鲜的罗津港、清津港，经朝鲜豆满江铁路可达俄罗斯远东地区，是吉林省与朝鲜进行贸易往来的主要通道。

该口岸始建于1932年，1933年正式开设商埠。有铁路大桥与朝鲜南阳相连，铁路桥全长439.96米（中方230.20米），年过货能力为500万吨。1954年开始开通国际联运，是我国列车通往朝鲜或经朝鲜铁路连接俄罗斯铁路的客货运输线，货物联运能力为250万吨/年。1985年，中、朝、日三国“小路桥”运输开通，中朝之间每月对开7对列车，每年经口岸铁路过境桥出境物资达150万吨以上。1992年，图们—朝鲜南阳—朝鲜豆满江—俄罗斯哈桑铁路线开通运营，打开了我国对俄铁路运输的又一通道，该线路1995年停运。1997年8月，图们—罗津边境游旅客列车临时开通，2000年停运，期间接待游客1.2万人次。

图们铁路口岸拥有全国一等编组站，站内共有编组线24条，包括12条调车线，其中编发线3条；到发线11条，客运线5条；1条走行线，日均编组能力达1 300辆，日均发客货车30多列。

2015年，图们铁路口岸实现入境货物9.33万吨，人员713人次，交通工具实现1 876节次。

【珲春陆路（铁路）口岸】 珲春铁路口岸位于吉林省延边朝鲜族自治州珲春边境经济合作区南侧铁路换装站内，总建筑面积为215万平方米（其中查验设施面积3 976平方米），站区占地面积为1 226 580平方米，从城西到接轨处的占地面积为217.7万平方米。

口岸距离俄罗斯卡梅绍娃亚换装站 28.3 千米（境内 8 千米，境外 20.3 千米），卡梅绍娃亚换装站到马哈林诺铁路口岸 12 千米。初期货物年换装和查验能力为 50 万吨，旅客年查验能力为 50 万人次；中期货物年换装和查验能力为 250 万吨，旅客年查验能力为 100 万人次。1993 年 4 月初，铁路动工兴建。1998 年 12 月 17 日经国务院正式批准，口岸为国家开放口岸。2006 年 6 月至 2007 年 10 月，投资 300 多万元兴建了珲春铁路口岸综合服务楼，建筑面积为 2 109 平方米，占地面积 3 000 平方米。2013 年 12 月 17 日，珲春—马哈林诺铁路口岸正式恢复了国际联运。经过维修改造，该口岸换装能力已达 400 万吨/年。

2015 年，经珲春铁路口岸运输货物 112.71 万吨，进出境人员 3 202 人次，交通工具 889 列次。

【图们陆路（公路）口岸】 图们公路口岸与朝鲜咸境北道稳城郡隔图们江相望，是我国对朝鲜的第二大陆路口岸，年过货能力为 60 万吨。

1933 年，民国政府设图们税关并正式开设商埠；1941 年，建成图们—南阳之间国际大桥，全长 514.92 米（中方 98 米）；1945 年开始建立双方边民的探亲制度，并开展了易货贸易。1950 年 2 月，海关总署将图们税关改为中华人民共和国图们关，管理图们公路、铁路口岸进出口货物和珲春、龙井分关；同年 9 月，国家在图们口岸正式设立边防检查站。1954 年开通国际联运，素有“东北亚第一大陆桥”之称。1985 年，新建图们公路口岸联检楼等口岸设施。2004 年 4 月，开通了图们—朝鲜稳城步行游。为了满足多国合作开发和大通关的需要，2006 年新建了图们公路口岸联检大楼，面积为 8 000 余平方米，设施标准已达到国际化通道式综合联检大楼水准。

2015 年，图们公路口岸实现入境货物 5.52 万吨，出入境人员达 2.72 万人次，交通工具实现 5 327 辆次。

【南坪陆路（公路）口岸】 南坪公路口岸坐落于吉林省延边朝鲜族自治州和龙市（县）南坪乡（镇），距和龙市区 50 千米。口岸始建于 1951 年，是当时中国志愿军后勤补给的重要驿站通道，抗美援朝战争结束，一直作为两国边民探亲访友的口岸，每年物资与人员往来数量较少。改革开放以后，随着中朝两国贸易往来的增多，南坪口岸基础设施建设及配套设施逐步完善，通关能力得到明显提高。口岸年均过货量为 300 吨，客运量为 4 万余人，交通工具出入境为 3.5 万辆次。口岸现修建有联检大厅、查验综合楼、海关仓库等设施总计6 310平方米。

与南坪口岸对应的朝鲜咸镜北道茂山郡，矿产资源极其丰富，以矿铁开采最为发达，铁矿储量居亚洲前列。随着中朝两国经贸往来的逐步发展，经贸互补、资源相互配置已经成为两国发展的必然趋势，南坪口岸已经逐步成为专业化的铁矿石及其产品材料进口基地，成为吉林省乃至我国沿边开放带建设战略的重要一翼。

2015 年，南坪公路口岸实现进出境货物 93.8 万吨，进出境旅客 5.68 万人次，进出境交通工具 48 464 辆次。

【珲春陆路（公路）口岸】 珲春公路口岸

是吉林省唯一对俄罗斯国际公路口岸。该口岸位于延边朝鲜族自治州珲春市区东南部，占地面积4.8万平方米，距市区14.1千米。口岸对面是俄罗斯克拉斯基诺口岸。口岸距俄罗斯克拉斯基诺镇28.5千米，距俄波谢特港42千米，距俄扎鲁比诺镇63千米，距俄斯拉夫扬卡港105千米，距俄符拉迪沃斯托克（海参崴）170千米，距俄纳霍德卡340千米，距东方港350千米。中俄边界线长246千米。

1988年5月10日，国务院批复同意开放珲春长岭子口岸为边境贸易口岸。1990年8月27日，国务院口岸领导小组正式批准将珲春长岭子口岸更名为珲春口岸，同年10月1日起执行。1993年4月4日，国务院批准该口岸为国家开放口岸，允许第三国人通行。1998年5月5日，口岸开始正式过客，现已开通至俄罗斯扎鲁比诺、海参崴等地的旅游线路。2000年4月28日，开通了珲春（中国）—扎鲁比诺（俄罗斯）—束草（韩国）客货陆海联运航线。出口韩国的货物为农副产品、土特产、工艺品等，进口货物为膨化食品、家用电器、轻工产品等。年设计过货能力为60万吨，年过客能力为60万人次。2004年8月11日，国务院批准珲春口岸开展落地签证工作。2005年10月21日开始，口岸正式实施落地签证，极大地方便了外国客人来访，贸易往来日渐活跃。2008年10月25日，开通中、日、韩、俄四国陆海联运航线。

2015年，珲春公路口岸实现进出境货物12.67万吨，进出境旅客26.67万人次，进出境交通工具20 661辆次。

【圈河陆路（公路）口岸】 圈河公路口岸位于吉林省延边朝鲜族自治州珲春市区东南部，坐落在圈河与图们江汇合处，占地面积4.2万平方米，对面是朝鲜元汀口岸。圈河口岸历史上曾经是重要通商口岸，新中国成立后一直作为原二类口岸运行，是中朝边民探亲往来的重要通道。在圈河口岸和元汀口岸之间有一座12孔钢架结构公路大桥，始建于1936年，1937年开通使用，桥长518米，宽6.6米，承载能力30~40吨，由中、朝两国各管一半。

1981年9月，在中、朝双方公安、安全总代表参加的第13次例会上，根据中方意见，双方研究决定自1982年1月1日起暂时关闭圈河口岸。1995年9月4日，随着图们江下游地区国际合作开发步伐的不断加快，经吉林省政府批准，恢复开通了圈河公务通道，同年10月7日开始过货，10月10日迎来首批来自韩国的集装箱货物进口。11月10日，开通了由圈河口岸经朝鲜罗津港至韩国釜山的陆海联运航线，出境货物为布料、木制品、生铁、明太鱼丝，入境货物为膨化食品、布料、纺织机械等。1998年12月17日，国务院正式批准圈河口岸为国家开放口岸。经对老口岸重新建设，现建有联检大楼、货物海关监管仓库、卫生检疫等口岸基础设施。口岸年设计过货能力为60万吨，年设计过客能力为60万人次。2001年投资302万元，维修加固了该桥中方一侧的桥墩，延长了使用寿命。圈河口岸距图们江入海口36千米，距市区43千米，距朝鲜罗先市51千米，距罗津港51千米（6米宽沙石路），距朝鲜先锋港36千米，距清津港127千米，是我国直接进、出朝鲜罗先自由经济贸易区的唯一陆路通道。2015年，中朝圈河公路大桥开始新建。随着国务院长吉图开发开放先导区规划的实施，圈河口岸正成为吉林省对外通道的桥头堡。

2015年圈河公路口岸实现入境货物37.52万吨，出入境人员达47.59万人次，交通工具实现128 026辆次。

【长白陆路（公路）口岸】 长白公路口岸位于吉林省长白朝鲜族自治县长白镇境内，地处鸭绿江开放带的中心地段，与朝鲜两江道首府惠山市惠山口岸相对应，是鸭绿江上游第一个陆路边境口岸。

长白口岸设立于1952年，原属于原二类口岸，2007年8月10日被国务院批复升格为国家开放陆路口岸。口岸设有长白边防检查站、长白海关、长白出入境检验检疫局。口岸与朝鲜惠山口岸由149米长的中朝国际公路桥连接。

目前，长白口岸占地面积40 600平方米，已建成联检大楼、国门、监管货场，有先进的查验配套设施，实现了通路、通电、通水、通暖、通讯、通有线电视，极大改善了联检机关各部门办公条件和环境，进一步完善了通关环境，实现了就地报关、电子报关，提高了通关效率，满足了通关现代化、便利化需要。进口商品主要有原木，板方材、卫生筷子、雪条棒等木制品，铜、金、钼、铅、锌等各种矿产品，松子等野山果，中药材等；出口商品主要有大米、玉米、白面等农副产品，还有电力、汽柴油、机器设备、机电产品、建筑材料、纺织服装、各种日用品等。目前，口岸开放发展贸易方式也由原始的易货贸易向现代的加工、补偿、转口贸易，合资、合作、合营贸易方式转变。长白口岸的开放，有力地促进了经济、文化各项事业快速发展。长白口岸已成为对朝内陆地区贸易往来的重要通道。

2015年，长白公路口岸实现进出境货物20.04万吨，进出境旅客4.15万人次，进出境交通工具10 018辆次。

【临江陆路（公路）口岸】 临江公路口岸于20世纪40年代末建立，1950年10月经国务院批准为国家级开放口岸。为全面提升口岸整体功能，临江口岸对联检综合楼、国门、人行天桥等基础设施进行重新建设和改造。2009年新建9 605平方米的联检综合楼已投入使用，国门和人行天桥建设2011年年底正式投入运营。新建出入境查验场地占地1万平方米，监管场地建设项目占地1万平方米。改造后的临江联检综合楼及国门、人行天桥总建筑面积为11 056平方米［C2］，年过货量50万吨，过客30万人次，进出口额5 000万美元左右。中朝国际大桥项目正在与朝鲜方面进行洽谈选址建设。届时，临江口岸基础设施将焕然一新，一座现代化的新型口岸将屹立于祖国的鸭绿江畔。

2015年，临江公路口岸实现进出境货物3.28吨，进出境旅客0.75万人次，进出境交通工具2 300辆次。

【三合陆路（公路）口岸】 三合口岸位于吉林省延边朝鲜族自治州龙井市东南部距市区48千米的三合镇，始建于1930年，属于双边客货运输口岸，1950年建立了三合口岸联检机构。三合国境桥始建于1941年，桥身全长300米，其中中方桥长151米，宽6米。三合口岸设计年过货量30万吨，年过客量15万人次。口岸进出口商品主要是粮油、农产品、五金、矿粉、杂货等。三合口岸与朝鲜咸镜北道会宁市隔江相望，距朝鲜清津港仅86.8千米，是中方口岸中距离朝鲜清津港最近的口岸。

2015 年，三合公路口岸实现入境货物 13.92 万吨，出入境人员 1.51 万人次，进出境交通工具 3 802 辆次。

【开山屯陆路（公路）口岸】 开山屯公路口岸位于吉林省延边朝鲜族自治州龙井市以东 38 千米的开山屯镇，于 1951 年 7 月设立，属于双边客货运输口岸。开山屯口岸国境桥始建于 1933 年，是一座公路、铁路两用桥。桥梁全长 327.7 米，其中中方桥长 165.7 米，公路桥桥面宽 3.5 米，铁路桥桥面宽 2.2 米。当时设计的公路桥是仅用于人行，不能通行车辆，抗战结束后口岸铁路桥停用，1993 年为开展边境贸易的需要，吉林省政府批准开山屯口岸桥维修后准许货运车辆通行。开山屯口岸设计年过货量 10 万吨，年过客量 5 万人次。开山屯口岸与朝鲜咸镜北道稳城郡三峰区隔江相望，距朝鲜清津港仅 120 千米，距罗津港 96 千米（曾有铁路相连），具有明显的交通地域优势。口岸进出口商品主要是粮油、农产品、五金、海产品、杂货等。

2015 年，开山屯公路口岸实现进出口货物 1.96 万吨，进出境旅客 0.48 万人次，进出境交通工具 2 932 辆次。

【古城里陆路（公路）口岸】 古城里公路口岸位于吉林省延边朝鲜族自治州和龙市南部图们江北岸的崇善镇，距和龙市 80 千米，距朝鲜大红丹郡 24 千米，距朝鲜惠山市 175 千米，地理环境优越，是吉林省延边朝鲜族自治州对朝鲜两江道的唯一口岸。口岸始建于 1929 年，1988 年 4 月经吉林省人民政府批准，临时经古城里口岸进出口货物。1995 年 5 月，经吉林省人民政府批准，南坪海关、图们检验检疫局南坪办事处抽调部分工作人员临时进驻古城里口岸进行监管。同年 9 月 15 日，全长 76 米、宽 9 米的永久性钢筋混凝土国境桥正式开通。2007 年 8 月，国务院批准古城里口岸为开放口岸。

自 2007 年古城里口岸获国务院批准升级后，吉林省开始对口岸基础设施进行全面建设。2008 年总投资 1 029 万元，新建口岸联检楼；2009 年完成联检楼装修、口岸区域内拆迁等工作；2010 年，总投资 517 万元，完成征地面积 12 000 平方米，建筑面积 1 000 平方米，并对口岸监管查验场地、口岸封闭、地面硬化进行全面建设，当年 9 月竣工。现在的古城里口岸总面积为 31 000 平方米，建设面积 5 000 平方米。

随着口岸通关环境的优化，口岸的进出口货物量、货值、进出境人员大幅上升。进口主要货物以木材为主，目前古城里口岸已成为吉林省从朝鲜进口木材的重要口岸。

2015 年，古城里公路口岸实现进出口货运量 9.6 万吨，进出境人员 1 万人次，进出境交通工具 6 016 辆次。

【沙坨子陆路（公路）口岸】 沙坨子公路口岸位于吉林省延边朝鲜族自治州珲春市区西部，占地面积 3.1 万平方米，距珲春市区 11 千米，对面是朝鲜赛别尔口岸。沙坨子公路口岸大桥始建于 1936 年，该大桥总长 423.62 米（中方 351.25 米），内径宽为 6.1 米，有 47 孔（中方

39孔，朝方8孔)。2007年9月30日，国务院正式批准该口岸为开放口岸。

沙坨子口岸自建立初期一直是中朝两国边民间贸易口岸。改革开放前，主要为双方边民探亲往来服务。沙坨子口岸距朝鲜庆源郡4千米，朝方一侧路面为沙石路，宽6米。

1949年1月1日成立沙坨子海关。口岸初期模式为两国边民往来的通道，1953年经吉林省政府批准为原二类口岸。1985年2月18日，海关总署决定将沙坨子支关改为沙坨子海关，并于同年开始过货。2010年为提升口岸功能，扩大开放能力，开始对口岸现场进行全面改造，改造项目包括改建联检楼、硬化口岸场地、封闭口岸、完善场地和货物仓储仓库等口岸基础设施，过货能力可达20万吨，过客能力可达20万人次，口岸占地面积2万平方米，项目已于2012年年底竣工。

2015年，沙坨子公路口岸实现入境货物1.08万吨，出入境人员0.36万人次，进出境交通工具1 249辆次。

【双目峰公务通道】 双目峰公务通道位于吉林省延边朝鲜族自治州安图市境内，与朝鲜两江道三池渊郡口岸相对，距长白山天池20千米，距安图市二道白河镇65千米，距朝鲜三池渊郡35千米，是中朝两国边界线上唯一的陆路通道，是《中华人民共和国政府和朝鲜民主主义人民共和国政府关于边境口岸及其管理制度的协定》中所列的15个边境口岸之一，1985年被国家批准为双边公务通道，只允许中朝双方公务人员和边贸货物通行。2009年9月，双目峰公务通道被国家口岸办批准为临时口岸，通行范围扩大到允许中朝双方因私旅游人员过境，季节性开放。双目峰公务通道现建有口岸联检楼一座，建筑面积300平方米，通行道路为8米宽土质路面；临时海关监管仓库1个，建筑面积1 000平方米；过境旅客服务中心1个，建筑面积500平方米；查验单位工作人员宿舍，建筑面积450平方米；已完成23千米通信光缆、供电线路的架设；联检通道已封闭，联检楼办公设备、查验设施已安装完毕，可满足联检单位工作的需要。目前，吉林省边防总队在双目峰驻有边防大队，代行边防检查职能，待海关、检验检疫派驻人员后即可开展业务。

【大安水运（河港）口岸】 大安港口岸是1990年12月3日经国务院批准的吉林省唯一的开放内河口岸。

大安港口岸位于大安市城区北4千米的嫩江右岸，对岸是黑龙江省的肇源县，作为水陆码头已有80多年历史，俗称“老坎子”码头。1958年正式建港，后几经扩建，形成了布局合理、配套齐全，具有一定规模的港口，主要外贸对象为俄罗斯。从大安港顺流而下经嫩江、松花江、黑龙江省的同江港进入黑龙江，上可到达俄罗斯布拉戈维申斯克，下经下列宁斯科耶、哈巴罗夫斯克（伯力）、共青城、尼古拉耶夫斯克（庙街）港进入日本海。航道从每年4月15日开航，至11月5日终航，航期为200天，航期内可往返16个航次；至黑河港（俄方为布拉戈维申斯克港）全程1 800千米，一次往返加在港时间共18天，航期内可往返9个航次；至俄哈巴罗夫斯克港全程1 300千米，一次往返加在港时间共14天，可往返12个航次。从1992年起，该口岸停止过货。

【老虎哨水运（河港）口岸】 老虎哨口岸属于原二类口岸，位于通化市所属的集安市榆林镇，距集安市市区 68 千米，隔鸭绿江与朝鲜渭源郡相望。1986 年 1 月 1 日经吉林省政府批准，设为地方口岸。老虎哨口岸开通初期只通行中朝两国边民、公务人员。1990 年 12 月开始临时过货，出境货物主要有淀粉、玉米、豆油、汽油、柴油及日用品等，入境货物主要有木材、钢材、蚕茧等。1995 年，该口岸由原来的单一旅客出入境改为客货水运口岸。目前该口岸正在向国家申报开放为国家口岸。

吉林省口岸大事记

2 月

驻朝鲜大使李进军一行到图们口岸视察指导工作。

5 月

延吉空运口岸正式开展落地签证业务。

5 月 29 日

全国政协副主席兼秘书长张庆黎到图们口岸调研。

9 月 15 日

由中国驻朝鲜大使李进军与朝鲜副外相朴明国分别代表中朝两国政府，在朝鲜外务省签署《中朝图们—南阳口岸新界河公路桥建桥协定》。

10 月 16 日

南坪口岸“一站式”智能通关查验系统正式启动。

（撰稿人：韦海鸥、马海林、胡鸣、周广仁）

2015 年吉林省口岸流量统计表

口岸类型		口岸名称	货运量（万吨）				人员（万人次）				交通工具（辆、艘、架、列次）			
			出口	进口	合计	同比（%）	出境	入境	合计	同比（%）	出境	入境	合计	同比（%）
空运口岸		长春					28.61	28.23	56.84	11.70	1 983	1 994	3 977	2.58
		延吉					33.13	30.76	63.89	25.7	2 106	2 111	4 217	28.0
		分计					61.74	58.99	120.73	18.7	4 089	4 105	8 194	14.3
陆运口岸	公路口岸	珲春	1.76	10.91	12.67	86.3	13.34	13.33	26.67	-11.9	10 326	10 335	20 661	19.3
		圈河	23.21	14.31	37.52	31.4	23.73	23.86	47.59	2.9	63 991	64 035	128 026	6.0
		沙坨子	0.60	0.48	1.08	14.9	0.18	0.18	0.36	16.3	625	624	1 249	5.0
		图们	2.70	2.82	5.52	-36.2	1.37	1.35	2.72	-1.0	2 664	2 663	5 327	-28.6
		三合	5.45	8.47	13.92	-49.6	0.76	0.75	1.51	-13.6	2 219	1 583	3 802	-40.7
		开山屯	1.16	0.80	1.96	-24.1	0.24	0.24	0.48	持平	1 466	1 466	2 932	-10.3
		南坪	2.00	91.80	93.80	10.4	2.84	2.84	5.68	5.6	24 233	24 231	48 464	6.5
		古城里	1.70	7.90	9.60	-13.4	0.50	0.50	1.00	-26.4	3 008	3 008	6 016	-36.8
		临江	1.30	1.98	3.28	-19.4	0.37	0.38	0.75	-2.8	1 150	1 150	2 300	-16.5
		长白	6.06	13.98	20.04	11.6	2.08	2.07	4.15	14.9	5 009	5 009	10 018	-5.6
		分计	45.94	153.45	199.39	3.2	45.41	45.50	90.91	-2.2	114 691	114 104	228 795	1.8
	铁路口岸	图们	4.78	4.55	9.33	-36.7	0.04	0.03	0.07	-22.2	935	941	1 876	-23.9
		珲春	0.02	112.69	112.71	85.4	0.16	0.16	0.32	39.1	445	444	889	57.6
		集安	0.38	1.51	1.89	-32.8	0.95	0.97	1.92	5.4	803	803	1 606	-60.0
		分计	5.18	118.75	123.93	58.2	1.15	1.16	2.31	7.5	2 183	2 188	4 371	-37.6
水运口岸		老虎哨	0.51	0.43	0.94	-19.8	0.43	0.43	0.86	-12.9	1 108	1 108	2 216	-31.6
合计			51.63	272.63	324.26	13.78	108.73	106.08	214.81	8.30	122 071	121 505	243 576	0.6
同比（%）			7.40	15.09			7.91	8.62			1	1		

（吉林省口岸办提供）

2015 年长春海关主要数据统计表

项目		2015 年	同比（%）
进出口货运量（万吨）	合计	378	7.4
	进口	313	7.6
	出口	65	6.3
进出口贸易总值（万美元）	合计	906 216	-22.5
	进口	761 384	-24.6
	其中：江、海运输	625 248	-24.3
	铁路运输	29 608	51.7
	汽车运输	55 069	-3.6
	航空运输	50 911	-21.9
	邮件运输	186	34.6
	其他运输	362	27.3
	出口	144 832	-8.7
	其中：江、海运输	33 943	72.7
	铁路运输	3 126	-38.6
	汽车运输	103 936	-20.2
	航空运输	2 996	12.4
	邮件运输	285	-12.8
	其他运输	547	-9.0
税收（万元）	两税合计	1 243 913	-16.2
	关税入库	378 950	-18.1
	进口环节税入库	864 963	-15.4

（长春海关提供）

2015年吉林省口岸出入境主要数据表

<table>
<tr><th colspan="3">项目</th><th>2015年</th><th>2014年</th><th>同比（%）</th></tr>
<tr><td rowspan="14">出入境人员（人次）</td><td colspan="2">出入境人员总数</td><td>2 129 077</td><td>1 967 987</td><td>8.18</td></tr>
<tr><td colspan="2">入境人员</td><td>1 058 242</td><td>971 433</td><td>8.93</td></tr>
<tr><td colspan="2">出境人员</td><td>1 070 835</td><td>996 554</td><td>7.45</td></tr>
<tr><td colspan="2">出入境旅客</td><td>1 739 868</td><td>1 550 759</td><td>12.19</td></tr>
<tr><td colspan="2">出入境员工</td><td>143 661</td><td>109 778</td><td>30.86</td></tr>
<tr><td rowspan="5">中国公民</td><td>小计</td><td>1 430 316</td><td>1 439 340</td><td>-0.63</td></tr>
<tr><td>内地居民（因公）</td><td>58 055</td><td></td><td></td></tr>
<tr><td>内地居民（因私）</td><td>1 339 664</td><td></td><td></td></tr>
<tr><td>港澳居民</td><td>9 807</td><td>920</td><td>965.97</td></tr>
<tr><td>台湾同胞</td><td>22 790</td><td>16 452</td><td>38.52</td></tr>
<tr><td colspan="2">外籍人员</td><td>505 741</td><td>528 647</td><td>-4.33</td></tr>
<tr><td colspan="2">从海港出入境人数</td><td>0</td><td>0</td><td>0</td></tr>
<tr><td colspan="2">从陆港出入境人数</td><td>921 811</td><td>950 883</td><td>-3.05</td></tr>
<tr><td colspan="2">从空港出入境人数</td><td>1 207 266</td><td>1 017 104</td><td>18.69</td></tr>
<tr><td rowspan="5">交通运输工具（辆、艘、架、列次）</td><td colspan="2">总计</td><td>242 814</td><td>234 833</td><td>3.39</td></tr>
<tr><td colspan="2">船舶</td><td>0</td><td>0</td><td>0</td></tr>
<tr><td colspan="2">飞机</td><td>8 194</td><td>6 558</td><td>24.94</td></tr>
<tr><td colspan="2">火车</td><td>1 423</td><td>1 692</td><td>15.89</td></tr>
<tr><td colspan="2">机动车辆</td><td>233 197</td><td>226 583</td><td>2.91</td></tr>
</table>

（吉林省公安边防总队提供）

2015 年吉林省出入境检验检疫业务统计表

项目		货物检验检疫				交通工具				集装箱（标箱）		发现动植物疫情		货物通关		出入境人员查验（人次）	健康检查及预防接种（人次）			
		批次	金额（万美元）	检验检疫不合格		船舶（艘）	飞机（架）	火车（列）	汽车（辆）	合计	检出问题	种类数	种次	批次	金额（万美元）		健康检查	艾滋病监测	发现病例	预防接种
				批次	金额（万美元）															
本年累计		59 430	411 257	3 534	11 153	0	6 246	35 374	216 120	60 524	721	140	759	28 235	158 804	2 013 124	41 242	41 268	6 312	22 107
其中	出境	35 387	199 005	1 269	4 807	0	2 126	17 709	107 896	4 709		3	1	11 040	36 871	1 016 182	34 052	34 078	5 405	22 106
	入境	24 043	212 252	2 265	6 346	0	4 120	17 665	108 224	55 815	721	140	758	17 195	121 933	996 942	7 190	7 190	907	1
同比（%）		-23.83	-19.17	35.71	134.17	0	-12.5	162.98	0.53	-19.33	-47.68	-18.6	-29.66	0.34	-24.15	9.49	-1.35	-1.52	-0.87	-22.07
其中	出境	-11.9	-12.48	43.55	90.71	0	-39.86	164.00	0.13	-15.59		-50.00	-50.00	-11.56	-5.41	9.31	-5.26	-5.44	10.32	-22.08
	入境	-36.49	-24.57	31.69	183.04	0	14.35	161.98	0.94	-19.63	-47.68	-17.16	-29.62	9.84	-28.44	9.68	22.61	22.61	8.10	

（吉林出入境检验检疫局提供）

黑 龙 江 省

口岸数量及分布

截至2015年年底，黑龙江省有经国务院批准的对外开放口岸25个。其中，空运口岸4个，分别是哈尔滨空运口岸（哈尔滨太平国际机场）、齐齐哈尔空运口岸（齐齐哈尔民航机场）、牡丹江空运口岸（牡丹江海浪机场）、佳木斯空运口岸（佳木斯机场）；陆路（铁路）口岸2个，分别是哈尔滨、绥芬河；陆路（公路）口岸4个，分别是东宁、绥芬河、密山、虎林；水运（河港）口岸15个，分别是哈尔滨、佳木斯、桦川、绥滨、富锦、抚远、同江、萝北、嘉荫、逊克、孙吴、黑河、呼玛、漠河、饶河。中俄边境口岸15个。

口岸运行数据

2015年，黑龙江口岸进出口货运量达2 454.1万吨，其中进口货运量2 377.7万吨，出口货运量76.4万吨。按口岸类别看，铁路口岸进出口货物771.3万吨，公路口岸进出口货物88.4万吨，水运口岸进出口货物84.4万吨，空运口岸进出口货物15.3万吨，管道运输1 494.7万吨。进出境客运量308.1万人次，其中进境153万人次，出境155.1万人次。

口岸综合管理

【口岸开放与扩大开放取得积极进展】 积极跟踪推进洛古河临时过货通道、抚远深水港临时对外开放及同江水运口岸东部作业区、漠河水运口岸扩大开放和黑瞎子岛公路口岸工作。截至2015年年底，洛古河临时过货通道临时开放事宜已纳入第18次口岸工作组会谈纪要，双方表示将继续加以推进；抚远深水港于2015年5月1日实现了临时对外开放，据海关统计，2015年经该码头通关的货物达5.96万吨，同比增长49%；漠河水运口岸石油管道作业区扩大开放、同江水运口岸东部作业区扩大开放工作，已征得驻黑龙江省口岸及有关部门同意并请示国务院批复。黑瞎子岛公路口岸设立工作已进行外交换文，确立了口岸坐标，并纳入国家“十三五”口岸发展规划。

【加强与俄方口岸管理部门合作】 由于黑龙江省以边境口岸为主，涉及口岸运行的相关问题绝大多数与俄方有关，因此加强与俄方的沟通联络是口岸能否顺畅运行的关键。近年来，黑龙江省商务厅非常重视与俄方口岸主管部门的合作，与俄联邦边境建设署远东局建立了工作联络机制，保持良好的工作关系，双方经常就口岸工作制、口岸工作同步、口岸通关存在的问题及时沟通，定期通报交换口岸运行情况，解决双方在通关环节上出现的问题。2015年以来，黑龙江省口岸办与俄边境建设署远东局共举行3次工作会谈，会谈中就双方口岸运行需要解决的问题交换了意见。一是落实绥芬河公路口岸13小时无午休工作制度，使一直困扰双方口岸的压车压站现象得到了有效缓解。二是漠河对面俄方一侧加林达口岸关闭多年，目前俄方已开始着手研究加林达口岸恢复重建工作。三是同江水运口岸对面俄方一侧［C1］下列宁斯阔耶口岸自2014年开始对口岸基础设施和查验配套设施进行改造，在俄方改造前和改造中，多次与俄方沟通协调，保证了口岸正常通关。

【口岸通道建设取得积极进展】 自2007年以来，黑龙江省已陆续在中俄同江—下［C2］列宁斯阔耶口岸、饶河—波克罗夫卡口岸、黑河—布拉戈维申斯克口岸、萝北—阿穆尔泽特口岸间共计开通4条跨境冬季浮箱固冰通道，这4条浮箱固冰通道的开通，不但延长了上述口岸冬季运营时间，还提高了运营安全性，同时也增加了口岸客货运量。与此同时，同江铁路口岸、黑河公（铁）路口岸设立及黑河跨江索道、黑河地下输汽管道等工作也在稳步推进。

【通关便利化工作及口岸实现“三个一”推进工作全面启动】 一是为推动黑龙江省口岸通关便利化，提高口岸通关效率和服务水平，黑龙江省商务厅与各查验单位联合下发了《黑龙江口岸通关便利化实施工作方案》，并率先在绥芬河口岸试运行。二是为落实国务院关于改进口岸工作支持外贸发展的若干意见，黑龙江省口岸办在广泛征求省直相关部门、各查验单位意见基础上，起草了《关于落实国务院改进口岸工作支持外贸发展的若干意见有关情况的报告》并上报陆昊省长。各查验单位均结合各自职能提出了翔实的整改落实措施，省领导批复后，下发至各口岸所在地政府及相关部门。

【电子口岸建设稳步推进】 为发展黑龙江省跨境电子商务，推行“三个一”通关模式，落实“三互”工作措施，按照省领导指示，2014 年黑龙江省商务厅在与查验部门共同研究黑龙江省电子口岸建设规划基础上，赴吉林等兄弟省区进行实地调研，制订并上报了黑龙江省电子口岸“十二五”规划实施方案。目前，投资近 2 000 万元的电子口岸建设取得了实质性进展，软硬件设备招标已全部结束并正在进行对接调试，机房建设已近尾声，2015 年年底前，全省电子口岸平台搭建工作全面竣工并投入使用，为 2016 年开展“三互”大通关、跨境电子商务建设奠定了坚实基础。

【三互大通关工作有序开展】 按照国务院关于实施口岸“三互”改革方案的要求及省领导的批示，黑龙江省口岸办积极与有关部门沟通，召开了全省口岸“三互”大通关专题协调会，在广泛征求和听取各查验部门及地方政府意见后，完成了全省口岸“三互”大通关实施方案，以省政府名义下发；派员参加国家口岸管理办公室在广东东莞举行的“三互”大通关现场会，学习了解了全国“三互”大通关试点工作经验，并就黑龙江省如何开展“三互”大通关建设向省领导起草了专题工作报告，按省政府要求就黑龙江省政府拟召开的“三互”大通关会议起草了会议方案。

口岸监管与服务

【黑龙江海事局强化管理，提高口岸监管水平】 一是加大现场安全监管力度。监管手段不断改善，加强了 AIS、CCTV、VHF 等先进科技监管手段建设，积极探索电子巡航，提高了口岸水域春季凌汛、夏季洪汛和秋季雾霾等重点时段的水上交通安全预警预控能力。强化口岸重点时段、重点水域监管，加强对冰封期、流凌期、明水期、节日长假及黄金周、国庆节等重点时段的水域监管。不断提高巡航工作质量，加强现场签证管理，提高船舶航行安全保障系数。根据辖区国际航线航行船舶种类、用途和管理方式，对客船、货船进行分类管理，重点强化了国际航线中、外水翼高速客船和外轮的现场安全监管，加大危管防污监管力度。二是加强对俄罗斯气垫船安全监管。认真开展气垫船安全检查，加强现场监管，加强船员培训教育，向气垫船经营人、船员、旅客宣传气垫船航行安全知识和注意事项，确保了气垫船国际客运的安全。三是加强浮箱固冰通道监护。积极做好中俄浮桥搭建的监护和服务工作，充分发挥行业优势和专业技能，全面履行海事职能，坚持靠前服务，主动参与搭建浮桥的各项工作，严把现场勘查关，严把施工作业关，严把安全管理关，严把信息沟通关，与俄方海事部门、中方查验部门、地方政府及相关职能部门、营运公司做到全面对接，为固冰通道搭建和拆除工作提供全程监护和服务，保证浮桥搭建安全。四是加强界河防污工作。落实中俄双方签署的联合机制内容，修订完善了水上交通安全情况通报、信息交换、水上水下活动联合监护等多项制度，坚持贯彻执行《中俄界河水上安全和防止船舶污染水域合作备忘录》，加大危管防污监管力度。

【黑龙江海事局构筑东方水上能源之路】 俄罗斯秋明油田液化石油气从同江口岸的进境运输，是黑龙江能源引进布局的关键环节。2015 年，佳木斯海事局结合“中蒙俄经济走廊”东部陆海丝绸之路建设战略，从江海直达运输海事监管职责角度，提出了打造黑龙江陆海丝绸之路两条支线，即陆路向西至秋明油田实现对俄能源进口，海路向东至鞑靼海峡出海。针对通过浮箱固冰通道运输石油气罐式集装箱尚无先例的实际，佳木斯海事局采取措施破解难题，2015 年 2 月 12 日，首批载运 65 吨液化石油气罐式集装箱的车辆经中国同江哈鱼岛口岸浮箱固冰通道安全进境，开创了首次冬季批量俄罗斯液化石油气运输的新局面，标志着黑龙江省构筑起俄罗斯能源水路运输四季大通道。2015 年共运输液化石油气 20 批次 1 175.6 吨（经浮箱固冰通道运输 18 批次，共计 891 吨），有力地促进了地方经济的发展。黑河海事局还为中俄原油东线管线、黑河“三江四岛”建设等国家战略工程提供了优质服务。

【黑龙江海事局服务能力不断提升】 一是在大黑河岛口岸继续实行“无午休”“无假日”和旅检现场“5 +2”工作制，以及开关时间与俄方同步、全年重大节日正常开关的工作机制，促进口岸繁荣。二是在“穿越大界江”中俄橡皮艇拉力赛、中俄两岸共庆“胜利日”水上烟花燃放活动、“中俄儿童互访”、五大连池“圣水节”、漠河“北极光节”等大型涉水活动中主动进行监护，确保活动圆满举行。三是合理安排辖区营运船舶检验时间，保证船舶第一时间开航运营，帮扶港航企业发展。四是积极推进海事业务网上申报工作，开通了黑河海事局官方微博和微信公众号，利用新兴网络媒介第一时间供查海事政务资讯。

【黑龙江海事局对俄交流合作不断深化】 一是佳木斯海事局与俄罗斯犹太自治州紧急情况总局正式签署了《中华人民共和国佳木斯海事局与俄罗斯联邦犹太自治州紧急情况总局界河水上突发事件应急预案》，有效处置发生在中俄两国双方管理的界河（黑龙江）通航水域范围内，涉及中俄双方的相关水上突发事件。预案的签署深化了中俄双方界河水域的水上突发事件应急处置，对提高双方应急处置协调反应，最大限度地控制水上突发事件造成的损害起到了重要的作用，有效地保障了两国公众的生命财产安全，也服务了中俄两国沿江地方的经济社会发展。二是黑河海事局与俄联邦布拉戈维申斯克市国家港口检查局、国家航行监督局建立了直接联系，正式确立了双方交流合作的组织机构和联系方式，广泛开展日常交流活动，共同做好界河沿岸重点港口及开放口岸船舶航行安全管理工作，推进中俄两国海事部门对界河船舶的监管力度迈上新台阶。三是黑河海事局与俄联邦阿穆尔州紧急情况事务总局继续创新界河合作。双方共同开展了界河水上突发事件应急处置课题研究，签署并落实了中俄界河首个预防、应对界河水上突发事件和信息交流的合作协议。同时，双方开展了中俄界河双语应急值班报警平台建设，初步尝试每周值班通话制度。

【黑龙江海事局水上搜寻救助保障能力得到新提升】 一是黑河海事局举行了 2015 年中俄界河应急联合演习，此次演习是中俄两国自 2009 年以来在黑河进行的第四次应急联合演习。演习首次采用无脚本的形式，首次进行了潜水员探伤科目演练。此外，黑河海事局还在黑河旅检口岸水域组织开展了国际航线客运船舶消防救生演习。通过一系列演习，提升了辖区国际航线客船及乘客自救能力和海事执法人员水上应急救助技能水平，提高了海事部门与中俄两国各部门之间应急救援配合的默契程度。二是佳木斯海事局组织开展了以“共建平安水域，铸造精忠界河”为主题的水上突发事件应急联合演习并在鹤岗市萝北县名山口岸水域成功举行，由鹤岗市人民政府、黑龙江海事局、黑龙江省边检总站联合主办，萝北县人民政府、佳木斯海事局和萝北边防检查站联合承办，并邀请俄罗斯犹太自治州紧急情况总局。俄两国政府部门 28 个单位参加，两国 19 艘船舶参演。这次演习是全国为数不多的界河反恐与人命救助、船舶消防、水域防污染相结合的联合演习。演习的顺利完成有力地保障了辖区水运从业人员和船舶的安全，推动了口岸的安全保障能力建设和地方经济社会的和谐、可持续发展。三是 2015 年 10 月 28 日，佳木斯市水上应急指挥中心暨佳木斯市水上安全治理委员会办公室挂牌成立。水上安全治理委员会办公室下设的应急指挥中心集 CCTV、VHF、AIS 等现代化监控设备于一体，拥有12块独立分区功能的高清显示屏，可对佳木斯市17个包括重要开放港口、重点水域及船舶、水上浮动设施等区域进行24小时不间断监控。中心占地面积400余平方米，由应急值班室、应急设备展厅、常务会议室、值班员宿舍等组成，承担着水上突发事件应急处置、人命救助及水上防污染工作应急指挥的职能，便于指导各市县水上安全治理委会开展工作，为口岸安全监管工作提供了有力保障。四是为促进口岸工作更好开展，黑龙江海事局加强装备和信息化建设，完成了黑河海事局指挥中心和机房的改造，搭建了包括电子沙盘、短信平台等在内的全方位预警预报平台。五大连池工作船码头和黑河基地前期工作正在稳步推进。

【哈尔滨海关打造“四心”品牌服务企业发展】 一是依托区域通关“门到门”式服务，主动走访企业了解通关难题，吸引属地企业回归，落实关企协调机制，真情服务“心贴心”。二是稳步推进通关作业无纸化、区域通关一体化等改革措施，推动简政放权，取消下放审批事项，围绕企业合理需求开展工作，优化通关监管环境，发挥职能“要用心”。三是成立重大项目海关政策咨询服务组，实行行政审批项目“一个窗口”受理，为企业提供“量体裁衣”式全程服务，坚持首问负责制和“一次告知、两次受理”原则，杜绝窗口服务“踢皮球”现象，强化关员服务意识，真诚沟通“有耐心”。四是以关区“纪律作风建设年”活动为契机，在海关业务现场实行“值班长”制度，开展“晒执法依据，晒通关流程，晒审批时限”活动，加大关务公开力度，与诚信守法企业建立快速反应联络机制，为企业提供紧急通关服务，企业通关“更顺心”。

【黑龙江出入境检验检疫局守好安全底线，维护国门安全】 黑龙江出入境检验检疫局发挥联防联控作用，全力防控埃博拉出血热疫情，未发生输入病例。加大对中东呼吸征（MERS）疫情防控力度，累计排查来自疫区人员65 674人次，发现有传染病症状者16例，黑龙江省委书记王宪魁批示黑龙江检验检疫局“宣传并防控工作做得好”。联合中国检科院和俄罗斯远东兽医研究所在全省10个边境口岸开展边境地区非洲猪瘟疫病监测。备案出口植物源性食品原料种植场100家、种植面积372万亩，集中检查10类备案进口食品标签320份。强化进出口食品安全监管，评审出口食品备案企业46家，注销38家。开展在俄罗斯种植杂粮杂豆回运风险分析工作，完成全省进出口食品安全风险监控计划，首次对进境蜂蜜实施重点项目检测。检出不合格进出口食品350批6 485吨。对全省50家企业管理体系认证活动进行监督检查。制定黑龙江出入境检验检疫局跨境电子商务检验检疫监管指导意见，对跨境电商实行企业信用管理和商品集中申报、分批核销，共监管出境电商商品895.42万件，入境品3.42万件，货值8 075.5万美元。2015年，全省系统共检验检疫出入境货物18.84万批，货值100.47亿美元。检出不合格货物1.93万批，货值1.61亿美元。检疫出入境交通工具41.24万批，集装箱2.94万标箱。查验出入境人员287万人次，监测体检6.4万人次，发现病例1.95万人次。签发检验检疫证单24.75万份；签发各类产地证2.48万份，金额11.7亿美元。

【黑龙江出入境检验检疫局服务发展大局，推动外贸转型】 黑龙江出入境检验检疫局结合实际出台关于加强进口工作，促进经济稳定增长，优化全省发展环境，支持“龙江丝路带”建设等一系列工作意见。服务哈欧班列国际货运顺利开通运营，采取“进口直通”“出口直放”查验模式，协调入境货物直接到哈尔滨内陆港实施检验检疫，验放速度进一步加快。指导新建5个进境粮食指定口岸，核准境外园区种植企业68家，回运“走出去”返销粮食44.5吨。哈尔滨太平国际机场和同江口岸获批成为全省首批进口冰鲜水产品指定口岸。推动对俄罗斯出口猪肉企业由2家增至4家，协调俄方增设2个肉类进口口岸，累计对俄出口猪肉357批8 822吨，货值2 886万美元。在黑龙江大庄园食品有限公司指导筹建黑龙江省首个进口肉类查验场。配合省政府成功主办2015中国国际奶业展览会暨乳业合作大会，并将其长期落户黑龙江。举办第3届“中国哈尔滨国际珠宝玉石博览会”，推动成立中俄宝玉石文化产业公司，运营中俄宝玉石文化创意产业园。完善中俄检验检疫区域合作机制，配合国家质检总局推进中俄总理框架下标准计量认证和检验监管常设工作组第十三次会议、动植物检验检疫和食品安全常设工作组第四次会议相关事项落实。第二届中俄博览会期间，协助国家质检总局与俄方举行中俄进出口食品农产品技术会谈，由黑龙江出入境检验检疫局牵头主办了中俄技术规范合作研讨会，进一步推动中国高新技术、机电农畜等产品打入俄方市场。参加哈巴罗夫斯克微生物与流行病学研究所成立90周年庆典及学术交流活动，双方在疫情联防联控、科研合作及进出口食品检验检疫等方面进一步达成共识。在全省抽取120家企业开展对俄罗斯技术贸易措施损害调查，完成国家质检总局“俄白哈高速铁路技术性贸易措施体系研究及我国的应对措施”政研课题和《2014应对俄罗斯技术性贸易措施年度报告调查报告》，翻译俄白哈技术法规3份，编译《风险信息专报》61期。

【黑龙江出入境检验检疫局深化改革创新，夯实事业基础】 黑龙江出入境检验检疫局深入推进法治建设，完成“六五”普法教育培训。推进行政审批制度改革，完成省局权力清单、责任清单和权力运行流程图编制工作，确认行政职权8类49项，形成权力运行流程图47份。制定东北四省区检验检疫执法工作一体化工作规范。全省系统行政处罚共计4起，无一起行政复议和行政诉讼。复制推广上海自贸区8项检验检疫创新制度。推动东北四省区检验检疫一体化正式实施，累计通关货物5 973批，货值26 773万美元。全面实施“三个一”业务改革，全省报检企业端“一次申报”系统安装升级，全年无纸化通关货物15.81万批次。出台黑龙江出入境检验检疫局［C3］《建设“互联网+国检”服务平台行动计划》。加强口岸核心能力建设动态管理，在东宁口岸举办全省系统首届口岸核生化应急处置技能竞赛。牵头制定全国口岸动植检规范化建设考核验收标准，创新提出黑龙江检验检疫局“六化”建设目标并有序组织实施。联合省人社厅、团省委举办植物有害生物鉴定专题培训及技能大赛。争取国家质检总局同意建设10个食品区域性中心实验室。全省系统实验室资质检测能力突破10 500项次。与省科技厅共同发起成立黑龙江省检验检测服务创新联盟。配合通关业务改革，加强“三个一”和检验检疫一体化信息化保障。开发黑龙江出入境检验检疫局信息服务平台和微信公共服务平台，移动执法网络扩展到全省系统，省局新综合实验用房智能化建设基本完成。

开放口岸

【哈尔滨空运口岸（哈尔滨太平国际机场）】
哈尔滨太平国际机场位于哈尔滨市西郊，1987年7月1日经国务院批准对外开放，1989年9月22日正式对外开放使用。机场总占地面积332万平方米，航站楼面积6.70万平方米，可满足年旅客吞吐量666万人次，高峰小时3 000人次，每日飞行180架次的需要。停机坪面积33万平方米，可满足18架宽体大型客机的停放和维护，可用近机位13个，远机位8个。哈尔滨太平国际机场地处东北亚中心位置，是东南亚至北美航线的最佳经停点，也是中国东北地区乃至东北亚的重要空中交通枢纽之一。

2015年，哈尔滨空运口岸进出境客运量79.8万人次。

【齐齐哈尔空运口岸（齐齐哈尔民航机场）】
齐齐哈尔民航机场位于市区东南13千米处，1987年开始建设，2009年12月8日通过国家验收正式对外开放。齐齐哈尔机场是黑龙江西部地区的航空枢纽，机场等级为4C级，属军民合用机场。机场主跑道长2 600米、宽45米，客机坪面积2.50万平方米，候机楼面积7 200平方米，分国际、国内区域，年可容纳旅客70万人次，货邮物1.50万吨。机场先后开通了至北京、上海、广州、黑河、沈阳、大连、青岛、海拉尔等航线，还开通了齐齐哈尔至俄罗斯布拉格维申斯克、克拉斯诺亚尔斯克国际包机航线。

【牡丹江空运口岸（牡丹江海浪机场）】 牡丹江海浪机场位于牡丹江市西南郊9千米处，是黑龙江省东南部地区重要的交通枢纽，1985年9月2日正式运营，1996年被国务院批准为国家开放口岸。目前，飞行区等级为4C，装备有I类精密进近灯光系统、仪表着陆系统和全向信标台，主跑道为2 600米×60米×45厘米，能满足B-757以下中型客机昼夜起降。候机楼面积8 200平方米，设有国际联检厅，进出港通道各1条，配有较先进的广播系统、航班显示系统、旅客自动离港系统和录像监控系统。停机坪面积36 000平方米，设有4个停机位（D类1个，C类3个），停车场面积11 400平方米，设计年旅客吞吐量为50万人次。

2015年，牡丹江空运口岸进出口货运量为11.5万吨，进出境客运量为12.2万人次。

【佳木斯空运口岸（佳木斯机场）】 佳木斯机场距市区9千米，是日伪时期遗留的机场。1992年经国务院批准对外开放，2009年经国家验收正式对外开放。目前，为4C级支线机场，是黑龙江省东部地区重要机场。佳木斯空运口岸曾多次飞行俄罗斯哈巴罗夫斯克包机，并于2010年6月开通了佳木斯至韩国首尔的国际航班。在稳定飞行佳木斯至哈巴罗夫斯克、佳木斯至韩国首尔空中航线的基础上，并逐步向俄罗斯腹地延伸。

2015年，佳木斯空运口岸进出口货运量为0.5万吨，进出境客运量为2.5万人次。

【哈尔滨陆路（铁路）口岸】 哈尔滨内陆港是国务院1996年9月24日批准的全国第一个内陆口岸试点，办理国际集装箱业务。1997年7月11日通过国家验收，同年8月1日正式对外开放使用。货场占地面积10万平方米，拥有6条铁路到发线，装卸作业便利，堆存能力充足，通关功能完善，可以办理20英尺和40英尺国际集装箱运输业务，年吞吐量为10万标箱。哈尔滨内陆港于1998年11月30日延伸到满洲里、绥芬河口岸，实现了国际集装箱直通过境运输，形成南接沿海、北连边陲的多式物流网络，成为黑龙江及其周围腹地最大的集装箱集散地。

【绥芬河陆路（铁路）口岸】 绥芬河铁路口岸位于绥芬河—满洲里铁路与俄罗斯远东铁路的接轨处，绥芬河东与俄罗斯滨海边疆区接壤。铁路口岸地处要道，陆海联运可到达日本新潟、横滨，韩国的釜山，美国的西雅图等地区，处于东北亚经济区中心位置。绥芬河铁路车站现为一等站，业务性质为客、货运输站，主要办理国际联运货物运输和国际、国内旅客运输，以及自站货物的到发、装卸等作业。有南、北两个站场，管辖绥阳（为二等站）、宽沟两个中间站。绥芬河铁路口岸站年设计综运能力为1 000万吨/年，绥芬河铁路口岸实际换装能力已经达到1 300万吨，其中进口能力为1 050万吨，出口能力为150万吨，地起能力为100万吨。

2015年，绥芬河铁路口岸进出口货运量为771.3万吨，进出境客运量为18.8万人次。

【东宁陆路（公路）口岸】 东宁公路口岸与俄罗斯波尔塔夫卡公路口岸相对，位于黑龙江省东南边陲三岔口朝鲜族镇。1989年12月经国家批准为开放口岸，1990年3月中苏两国政府换文确认为双边客货公路运输口岸，同年5月正式对外开放。1992年11月中俄两国政府换文开通旅客运输，陆续开通了东宁至俄罗斯近邻城市的旅游业务。1994年1月中俄两国政府再次换文确定为双边公路客货运输口岸。2006年6月开通了口岸落地签证业务，2008年8月开通了客运7天12小时无午休工作制，2009年4月开通了异地办证业务。

2015年，东宁公路口岸进出口货运量为25.4万吨，进出境客运量为23.3万人次。

【绥芬河陆路（公路）口岸】 绥芬河公路口岸与俄罗斯波格拉尼奇内口岸相对，位于黑龙江省绥芬河市东部，是301国道的起点，与俄罗斯滨海边疆区毗邻，距俄对应口岸城市波格拉尼奇内区16千米。绥芬河公路口岸于2000年9月16日由国务院批准正式对外开放，现在实行12

小时无间断通关工作制。口岸占地面积为19.70万平方米，口岸设计运能为年过货物100万吨，过客50万人次。

2015年，绥芬河公路口岸进出口货运量为58.2万吨，进出境客运量为76.1万人次。

【密山陆路（公路）口岸】 密山公路口岸与俄罗斯图里洛格口岸相对，位于黑龙江省密山市当壁镇中俄界湖兴凯湖的西北岸1.50千米处，距密山市区38千米。密山公路口岸始建于1992年，1992年4月10日密山至图里洛格口岸公路桥竣工通车首批过货。1993年6月正式开通，每周开关6天。口岸设有4条进出口货物检验通道，两条出入境旅客查验通道。口岸年过货能力在50万吨以上，过客能力在30万人次以上。

2015年，密山公路口岸进出口货运量为1.4万吨，进出境客运量为4.1万人次。

【虎林陆路（公路）口岸】 虎林公路口岸与俄罗斯马尔科沃口岸相对，位于虎林市区东南58千米处。1992年10月，中俄两国外交部正式换文确认开通虎林—马尔科沃口岸，1993年5月18日虎林—马尔科沃口岸正式开通。虎林公路口岸处于南起绥芬河、北到同江的600千米扇状沿边开放带的中点位置，具有一岸对两区（俄滨海和哈巴）、辐射半径大的特点，设计日通车能力700辆次，年过客能力100万人次，年过货能力260万吨，是一个不受流冰期限制的可全天候均衡过货的口岸。

2015年，虎林公路口岸进出口货运量为3.4万吨，进出境客运量为1.5万人次。

【哈尔滨水运（河港）口岸】 哈尔滨河港口岸，位于哈尔滨市区的东北部，地处松花江中游南岸，是我国八大内河港之一，也是我国东北地区内河最大的水陆换装枢纽港，年营运期平均在210天左右，封冻期约为150天，是一个典型的季节性生产港口。哈尔滨港有人工直立码头1 454延长米，铁路专用线6股5 870延长米，设有14个千吨级泊位，年吞吐能力为450万吨，日通过能力为2万吨。哈尔滨港是1958年3月经国家主席刘少奇同志批准对苏联开放的内河水运口岸，1989年7月1日经国务院批准作为国家开放口岸恢复对外开放，经松花江、黑龙江与俄罗斯远东地区的下列宁斯阔耶、波亚尔科沃、哈巴罗夫斯克、共青城、布拉戈维申斯克、尼古拉耶夫斯克等7个大中港口城市相连。

【佳木斯水运（河港）口岸】 佳木斯河港口岸位于市区内松花江中下游南岸，沿松花江上行可达哈尔滨港，下行可达富锦、同江，进入黑龙江后可直达俄罗斯的下列宁斯阔耶、哈巴罗夫斯克、共青城等开放港口，是1989年经国务院批准正式对外开放的内河口岸。目前，拥有千吨级泊位15个。1992年中俄两国签订协议，中方船舶可经俄罗斯阿穆尔河下行，经尼古拉耶夫斯克港出海，开展国际江海联运业务。目前，佳木斯河港口岸采取冬季浮箱固冰通道和夏季轮渡两种过境方式开展汽车运输。

【桦川水运（河港）口岸】 桦川河港口岸位于佳木斯东部松花江下游南岸，松花江干流贯穿境内96.5千米，上行可至佳木斯、哈尔滨，下行可至绥滨、富锦、同江、抚远，顺流直下可东出鄂霍次克海进入太平洋沿岸各国，具有得天独厚的发展外向型经济优势。1994年经国务院批准对外开放。桦川港口岸深水区域为1.5千米，明水期可泊千吨位江海联运船或内河船，天然船坞可泊千吨驳船10艘。港口内设有船站一处，年吞吐量50万吨；码头4个，即粮食杂货码头1个，航运公司码头1个，石油码头1个，煤炭码头1个。目前该口岸尚未正式开通使用。

【绥滨水运（河港）口岸】 绥滨河港口岸位于黑龙江省东北边陲绥滨县城，地处松花江下游北岸，1995年经国务院批准对外开放开展国际客货运输。口岸上行可通佳木斯、哈尔滨等港口，下行可达富锦、同江等港口，与富锦港隔江相距15千米。沿黑龙江继续下行经俄罗斯阿穆尔河，可通过尼古拉耶夫斯克入海，进入鞑靼海峡及日本海，江海联运的货物可直达日本、韩国等太平洋沿岸国家和地区。该口岸检查检验工作暂由富锦水运口岸检查检验单位承担，近年来由于松花江枯水，加之对外贸易规模较小，进出口货运量不大，均统计在富锦水运口岸。

【富锦水运（河港）口岸】 富锦河港口岸位于松花江下游南岸，自然条件优越，是具有千米岸线的深水良港，1989 年 7 月经国务院批准为国家开放口岸。港区内有 6 个3 000吨级泊位和 7.62 千米的铁路专用线连接码头，集输条件较好，进口大宗货物实现了国际水铁联运“一条龙”。港区面积近 5 万平方米，日装卸能力可达 3 000吨，年货运量在 30 万吨左右。富锦口岸检查检验机关和服务部门机构齐全，查验设施完备。联检机关还承担着鹤岗市绥滨口岸的查验任务。

【抚远水运（河港）口岸】 抚远河港口岸位于抚远县抚远镇，口岸距所对应的俄罗斯远东第一大城市——哈巴罗夫斯克市口岸航道距离仅 65 千米，乌苏镇距离俄罗斯西伯利亚大铁路在远东地区最大编组站卡杂科维茨沃只有 2.50 千米。1992 年 5 月经国务院批准对外开放。抚远口岸港区拥有各类码头泊位 28 个，码头岸线总长 2 300 延长米。

2015 年，抚远水运口岸进出口货运量为 5.9 万吨，进出境客运量为 8.4 万人次。

【同江水运（河港）口岸】 同江港分为东西两港。西港距俄罗斯哈巴港水上距离 272 千米，距俄罗斯下列港水上距离 35 千米，岸线总长1 991.8米，是松花江最末端港口，口岸陆域面积 48 万平方米。可通行 3 000 吨级船舶，通航期为 6 个月，主要功能是进出口货物运输。港区内有 10 个泊位，铁路专用线 4.80 千米。东港位于同江市区东北 38 千米的哈鱼岛西北端，与俄罗斯下列港一江之隔，水上最近距离仅为 1 千米，距俄罗斯哈巴港 240 千米，规划岸线总长度为9 157.71米，规划口岸陆域面积为 520 万平方米，在夏季有船舶运输、汽车轮渡运输，冬季有国际汽车运输，流冰期有气垫船运输，实现了全年通关。

2015 年，同江水运口岸进出口货运量为 35.3 万吨，进出境客运量为 4.9 万人次。

【萝北水运（河港）口岸】 萝北水运口岸位于黑龙江省东北部，小兴安岭和三江平原接壤处，1989 年经国务院批准对外开放。萝北口岸基础设施齐全，名山港拥有现代化煤炭专用码头、木材专用码头和滚装式轮渡码头各 1 座，吞吐能力为 45 万吨。其中，煤炭专用码头每小时可装运原煤 400 吨，是黑龙江沿岸最大的煤炭输出港。

2015 年，萝北水运口岸进出口货运量为 7.1 万吨，进出境客运量为 2.9 万人次。

【嘉荫水运（河港）口岸】 嘉荫水运口岸位于黑龙江省北部边陲嘉荫县城朝阳镇，距县城中心 9.5 千米处的黑龙江南岸，与俄罗斯犹太自治州帕什科沃口岸隔江对应，航道距离 14 千米。1989 年经国务院批准对外开放。口岸港口线总长 650 延长米，设客运、木材、滚装、综合 4 个码头，对应 8 个泊位。正常水位可停靠 3 000 吨级驳船，枯水期也可停靠 1 000 吨级驳船，并配备了各种装卸设备，修建了通港道路、输变电线路和通讯线路，年吞吐量为 75 万吨。明水期开展水上船舶运输，冰封期开展冰上汽车运输。船舶沿黑龙江上行可达黑河、漠河等港口，下行可达同江、抚远等港口。

【逊克水运（河港）口岸】 逊克水运口岸位于黑龙江中游南岸逊克县奇克镇，与俄罗斯阿穆尔州对应口岸波亚尔科沃隔江相距 12 千米。1989 年经国务院批准对外开放。口岸拥有旅客联检大厅 1 650 平方米，边检营房 1 500 平方米，口岸综合办公楼 2 200 平方米，建筑立壁式码头 60 延长米，边检办公楼 2 500 平方米。逊克口岸年出入境旅客能力为 5 万人，年吞吐货物能力 5 万吨。

2015 年，逊克水运口岸进出口货运量为 4.8 万吨，进出境客运量为 0.8 万人次。

【孙吴水运（河港）口岸】 孙吴水运口岸位于黑龙江省北部边陲孙吴县，坐落在黑龙江中游南岸的四季镇，距孙吴县城 54 千米，距俄罗斯阿穆尔州对应口岸康斯坦丁诺夫卡 27 千米。上行可达黑河及俄罗斯布拉戈维申斯克港，下行可抵逊克及俄罗斯波亚尔科沃港。1993 年经国务院批准对外开放。该港口江面水丰宽阔，为天然深水港，枯水期也可停靠千吨驳船。港口岸线总长528延长米，建有综合性客货栈桥式码头及粮食、石油、煤炭、木材专用码头，可同时停靠5个千吨级驳船作业，装卸及相关设备齐全，年吞吐量为30万吨。1998年12月中俄总理定期会晤委员会运输合作分委会口岸工作组第二次会议上，俄方曾建议暂不开放康坦丁诺夫卡—孙吴口岸，该口岸目前尚未正式开通使用。

【黑河水运（河港）口岸】 黑河水运口岸位于黑龙江省北部边陲，中俄界河黑龙江上游末端南岸黑河市内，隔江与俄罗斯阿穆尔州首府布拉戈维申斯克口岸相对，双方货运码头相距3 500米，客运码头相距750米，是中俄边境水运口岸中运输距离最近的对应口岸。1982年1月经国务院批准对外恢复开放，1994年1月经中俄两国政府确认为国际客货运输口岸。2004年4月经国务院批准开展口岸签证工作。由该口岸经布拉戈维申斯克可与俄罗斯西伯利亚大铁路和贝阿铁路连接，经其空中航线可与俄罗斯国内各大城市相通；由该口岸沿黑龙江水道下行，还可抵达中俄各开放港口直至日本海沿岸各国港口。

2015年，黑河水运口岸进出口货运量为30.9万吨，进出境客运量为70.4万人次。

【呼玛水运（河港）口岸】 呼玛水运口岸位于黑龙江省西北边陲呼玛县城呼玛镇，与俄罗斯阿穆尔州施马诺夫斯克区乌沙科沃口岸隔黑龙江相望，航道距离19千米。1993年经国务院批准对外开放，港口岸线总长410延长米，设有客运、工作船、木材、综合、简易码头，对应8个开放泊位。已实现机械化或半机械化换装，年货物吞吐能力可达50万吨，旅客通过能力可达20万人次。1998年12月中俄总理定期会晤委员会运输合作分委会口岸工作组第二次会议上，俄方曾建议暂不开放呼玛—乌沙科沃口岸。鉴于中俄经贸合作形势发展需要，2005年至2008年该工作组第八至第十次会议上，双方确认对开放该对口岸予以关注，并要根据两国现行法律予以解决。随后两国地方政府多次协商通报情况，中方已做好开通准备工作，俄方仍在做开通报批工作。

【漠河水运（河港）口岸】 漠河水运口岸位于黑龙江省西北边陲漠河县，黑龙江上游的连茵，为我国最北端的口岸，同俄罗斯阿穆尔州斯科沃罗季诺区对应口岸加林达隔江相望，相距只有500米。1989年4月经国务院批准对外开放。该口岸江段水流充沛，可停靠千吨级货轮。岸线总长842延长米，设有木材、综合、粮食码头，对应4个泊位。占地面积近万平方米，建有900平方米联检楼，1 104平方米综合楼，635平方米旅检厅，100平方米货检厅，还有1 000平方米全封闭或半封闭仓库各1座，并备有100吨地中衡，8吨和20吨汽车吊各1台，年设计通过能力20万吨以上。

【饶河水运（河港）口岸】 饶河水运口岸位于黑龙江省东部中俄界河乌苏里江中段，双鸭山市饶河县镇南7.5千米。与俄罗斯对应口岸的波克洛夫卡口岸隔江相望，直线距离470米，距比金市35千米，距哈巴罗夫斯克市263千米。1989年经国务院批准对外开放。口岸通关能力年货运量为100万吨，日过客2 000人次；拥有联检大楼4 700平方米，双向四通道客货检通道，查验、通讯、监控设施完备。

2015年，饶河水运口岸进出口货运量为0.4万吨，进出境客运量为2.4万人次。

黑龙江省口岸大事记

2月12日

首批载运65吨液化石油气罐式集装箱的车辆经中国同江哈鱼岛口岸浮箱固冰通道安全进境，开创了首次冬季批量俄罗斯液化石油气运输的新局面。

2月28日

“中欧”（哈尔滨—俄罗斯）国际铁路货运班列正式开通。该班列自哈尔滨发出，经满洲里铁路口岸出境，开往俄罗斯比克良。

4月9日~10日

哈尔滨海关与俄罗斯远东海关局在俄乌苏里

斯克市举行口岸监管通关问题工作组和贸易统计数据交换工作组会议。

4 月 19 日

黑龙江省委书记王宪魁率领省政府考察团从哈尔滨口岸出境前往我国台湾地区考察。

5 月 1 日

抚远深水港实现了临时对外开放。

5 月 5 日

根据《黑龙江海事局关于转发取消、停征和免征一批行政事业性收费的通知》要求，对黑河大岛口岸承担旅客运输的气垫船（100 总吨以下内河船）免征船舶港务费。

5 月 7 日

黑龙江省委书记王宪魁率代表团从绥芬河公路口岸出境并对口岸进行视察。

6 月 18 日

2015 中国黑河至俄罗斯布拉戈维申斯克市国际客运航线船舶消防救生演习在大岛口岸港区举行。

6 月 30 日

由佳木斯海事局协同多部门多警种在佳木斯口岸成功举行佳木斯市有史以来第一次水天立体消防、救生演习。

8 月 1 日

哈尔滨空运口岸实施 72 小时过境免签政策。

8 月 1 日

“一带一路”陆路口岸万里行主题宣传活动启动会在黑河举行。

8 月 17 日

十一届全国政协副主席、党组成员兼秘书长、前黑龙江省委书记钱运录一行到黑河大岛国际客运口岸开展工作调研。

9 月 15 日

由鹤岗市人民政府、黑龙江海事局、黑龙江省边检总站联合主办，萝北县人民政府、佳木斯海事局和萝北边防检查站联合承办，并邀请俄罗斯犹太自治州紧急情况总局，成功举行水上突发事件应急联合演习。

佳木斯海事局与俄罗斯犹太自治州紧急情况总局正式签署《中华人民共和国佳木斯海事局与俄罗斯联邦犹太自治州紧急情况总局界河水上突发事件应急预案》。

10 月 11 日

海关总署署长于广洲、副署长孙毅彪在哈尔滨出席“中蒙俄经济走廊”黑龙江陆海丝绸之路经济带沿线中俄海关、口岸、铁路部门联席会议。

（撰稿人：张晓红）

2015 年黑龙江省口岸流量统计表

<table>
<tr><th colspan="2" rowspan="2">口岸类型</th><th rowspan="2">口岸名称</th><th colspan="4">货运量（万吨）</th><th colspan="4">人员（万人次）</th></tr>
<tr><th>出口</th><th>进口</th><th>合计</th><th>同比（%）</th><th>出境</th><th>入境</th><th>合计</th><th>同比（%）</th></tr>
<tr><td colspan="2" rowspan="5">空运口岸</td><td>哈尔滨</td><td>0.8</td><td>1.7</td><td>2.5</td><td>30.7</td><td>39.8</td><td>40.0</td><td>79.8</td><td>36.9</td></tr>
<tr><td>齐齐哈尔</td><td>0.8</td><td></td><td>0.8</td><td>64.6</td><td></td><td></td><td></td><td></td></tr>
<tr><td>牡丹江</td><td>4.1</td><td>7.4</td><td>11.5</td><td>3.4</td><td>6.2</td><td>6.0</td><td>12.2</td><td>15.9</td></tr>
<tr><td>佳木斯</td><td>0.5</td><td></td><td>0.5</td><td>-5.5</td><td>1.4</td><td>1.1</td><td>2.5</td><td>1.9</td></tr>
<tr><td>分计</td><td>6.2</td><td>9.1</td><td>15.3</td><td>30.8</td><td>47.4</td><td>47.1</td><td>94.5</td><td>-2.3</td></tr>
<tr><td rowspan="8">陆运口岸</td><td rowspan="5">公路口岸</td><td>东宁</td><td>18.5</td><td>6.9</td><td>25.4</td><td>-7.4</td><td>11.1</td><td>12.2</td><td>23.3</td><td>-17.3</td></tr>
<tr><td>绥芬河</td><td>19.4</td><td>38.8</td><td>58.2</td><td>11.1</td><td>31.8</td><td>44.3</td><td>76.1</td><td>16.7</td></tr>
<tr><td>密山</td><td>0.8</td><td>0.6</td><td>1.4</td><td>-15.2</td><td>2.1</td><td>2.0</td><td>4.1</td><td>111.9</td></tr>
<tr><td>虎林</td><td>0.2</td><td>3.2</td><td>3.4</td><td>34.3</td><td>0.7</td><td>0.8</td><td>1.5</td><td>14.8</td></tr>
<tr><td>分计</td><td>38.9</td><td>49.5</td><td>88.4</td><td>5.2</td><td>45.7</td><td>59.3</td><td>105</td><td>872.2</td></tr>
<tr><td rowspan="3">铁路口岸</td><td>哈尔滨</td><td></td><td></td><td></td><td></td><td></td><td></td><td></td><td></td></tr>
<tr><td>绥芬河</td><td>15.1</td><td>756.2</td><td>771.3</td><td>4.8</td><td>16.9</td><td>1.9</td><td>18.8</td><td>73.4</td></tr>
<tr><td>分计</td><td>15.1</td><td>756.2</td><td>771.3</td><td>4.8</td><td>16.9</td><td>1.9</td><td>18.8</td><td>73.4</td></tr>
<tr><td rowspan="18">水运口岸</td><td rowspan="2">海港口岸</td><td></td><td></td><td></td><td></td><td></td><td></td><td></td><td></td><td></td></tr>
<tr><td>分计</td><td></td><td></td><td></td><td></td><td></td><td></td><td></td><td></td></tr>
<tr><td rowspan="16">河港口岸</td><td>哈尔滨</td><td></td><td></td><td></td><td></td><td></td><td></td><td></td><td></td></tr>
<tr><td>佳木斯</td><td></td><td></td><td></td><td></td><td></td><td></td><td></td><td></td></tr>
<tr><td>桦川</td><td></td><td></td><td></td><td></td><td></td><td></td><td></td><td></td></tr>
<tr><td>绥滨</td><td></td><td></td><td></td><td></td><td></td><td></td><td></td><td></td></tr>
<tr><td>富锦</td><td></td><td></td><td></td><td></td><td></td><td></td><td></td><td></td></tr>
<tr><td>抚远</td><td>1.2</td><td>4.7</td><td>5.9</td><td>49.0</td><td>4.2</td><td>4.2</td><td>8.4</td><td>-45.0</td></tr>
<tr><td>同江</td><td>3.1</td><td>32.2</td><td>35.3</td><td>10.2</td><td>2.6</td><td>2.3</td><td>4.9</td><td>-41.0</td></tr>
<tr><td>萝北</td><td>0.4</td><td>6.7</td><td>7.1</td><td>41.7</td><td>1.4</td><td>1.5</td><td>2.9</td><td>-19.7</td></tr>
<tr><td>嘉荫</td><td></td><td></td><td></td><td></td><td></td><td></td><td></td><td></td></tr>
<tr><td>逊克</td><td></td><td>4.8</td><td>4.8</td><td>359.2</td><td>0.4</td><td>0.4</td><td>0.8</td><td>223.7</td></tr>
<tr><td>孙吴</td><td></td><td></td><td></td><td></td><td></td><td></td><td></td><td></td></tr>
<tr><td>黑河</td><td>11.4</td><td>19.5</td><td>30.9</td><td>-51.9</td><td>35.3</td><td>35.1</td><td>70.4</td><td>-15.0</td></tr>
<tr><td>呼玛</td><td></td><td></td><td></td><td></td><td></td><td></td><td></td><td></td></tr>
<tr><td>漠河</td><td></td><td></td><td></td><td></td><td></td><td></td><td></td><td></td></tr>
<tr><td>饶河</td><td>0.1</td><td>0.3</td><td>0.4</td><td>-32.8</td><td>1.2</td><td>1.2</td><td>2.4</td><td>-61.7</td></tr>
<tr><td>分计</td><td>16.2</td><td>68.2</td><td>84.4</td><td>-55.6</td><td>45.1</td><td>44.7</td><td>89.8</td><td>-23.1</td></tr>
<tr><td colspan="3">管道运输</td><td>1 494.7</td><td>1 494.7</td><td>2.9</td><td></td><td></td><td></td><td></td><td></td></tr>
<tr><td colspan="3">合计</td><td>76.4</td><td>2 377.7</td><td>2 454.1</td><td></td><td>155.1</td><td>153</td><td>308.1</td><td></td></tr>
<tr><td colspan="3">同比（%）</td><td>-40.5</td><td>1.3</td><td>-0.8</td><td></td><td>1.5</td><td>3.1</td><td>2.3</td><td></td></tr>
</table>

（黑龙江省口岸办提供）

2015 年哈尔滨海关主要数据统计表

项目		2015 年	同比（%）
进出口货运量（万吨）	合计	26 101 093	4.9
	进口	25 326 108	7.7
	出口	774 985	-42.7
进出口贸易总值（万美元）	合计	1 193 649	-45.2
	进口	866 898	-36.8
	其中：江、海运输	22 607	-10.7
	铁路运输	94 236	-3.9
	汽车运输	37 753	123.8
	航空运输	18 179	-12
	邮件运输	137	38.5
	其他运输	693 985	-42.6
	出口	326 752	-59.5
	其中：江、海运输	35 028	-39.4
	铁路运输	36 359	-38.2
	汽车运输	227 405	-66.5
	航空运输	26 260	151.2
	邮件运输	3	-69.4
	其他运输	1 697	0
税收（亿元）	两税合计	77.25	-41.29
	关税入库	1.42	8.94
	进口环节税入库	75.83	-41.79

（哈尔滨海关提供）

2015 年黑龙江省口岸出入境主要数据表

项目			2014 年	2015 年	同比（%）
出入境人员（万人次）	出入境人员总数		304.52	309.08	1.50
	入境人员		151.12	154.12	1.98
	出境人员		153.40	154.96	1.02
	出入境旅客		273.99	276.80	1.03
	出入境员工		30.53	32.27	5.72
	中国公民	小计	146.67	175.55	19.69
		大陆（因公）	8.10	8.47	4.57
		大陆（因私）	134.83	162.74	20.70
		港澳居民	0.51	0.25	-52.11
		台湾同胞	3.23	4.09	26.90
	外籍人员		157.85	133.53	-15.41
	从海港出入境人数		84.80	66.28	-21.84
	从陆港出入境人数		142.18	148.15	4.21
	从空港出入境人数		77.54	94.64	22.05
交通运输工具（万辆、艘、架、列次）	总计		16.91	18.26	8.02
	船舶		1.56	1.53	-2.05
	飞机		0.63	0.77	21.16
	火车		0.74	0.78	6.15
	机动车辆		13.97	15.18	8.65

（黑龙江省公安边防总队提供）

2015 年黑龙江省出入境检验检疫业务统计表

项目		货物检验检疫				交通工具				集装箱（个）		发现动植物疫情		货物通关		出入境人员查验（人次）	健康检查及预防接种（人次）			
		批次	金额（万美元）	检验检疫不合格		船舶（艘）	飞机（架）	火车（列）	汽车（辆）	合计	检出问题	种类数	种次	批次	金额（万美元）		健康检查	艾滋病监测	发现病例	预防接种
				批次	金额（万美元）															
本年累计		188 397	1 004 731	19 302	16 076	16 133	7 628	253 662	135 000	29 360		242	12 797	161 962	868 829	2 871 078	63 659	63 567	19 536	11 305
其中	出境	43 045	155 879	239	478	8 060	3 962	126 831	67 779	14 880				20 415	43 356	1 439 737	61 589	61 495	19 064	11 299
	入境	145 352	848 852	19 063	15 598	8 073	3 666	126 831	67 221	14 480		242	12 797	141 547	825 474	1 431 341	2 070	2 072	472	6
同比（%）		5.75	-35.58	152.51	124.17	-17.04	22.56	-0.36	16.14	213.14		30.83	196.98	7.21	-37.33	1.42	-7.53	-7.37	64.11	-7.28
其中	出境	-0.28	-5.04	1.7	4.18	-17.7	22.02	-0.34	16.51	200				11.25	-13.46	1.04	-7.38	-7.22	62.4	-7.28
	入境	7.67		157.3	132.37	-16.38	23.14	-0.37	15.78	227.9		30.83	196.98	6.66	-38.22	1.8	-11.73	-11.57	186.06	0

（黑龙江出入境检验检疫局提供）

2015 年黑龙江海事局进出港船舶统计汇总表

船舶类别	进港船舶						出港船舶					
	艘数（艘）	总吨（吨位）	总载重量（吨）	载客量（客位）	货物到达量（吨）	旅客达到量（人）	艘数（艘）	总吨（吨位）	总载重量（吨）	载客量（客位）	货物发送量（吨）	旅客发送量（人）
总计	219 488	53 893 652	31 362 043. 70	4 895 458	30 680 825. 70	4 830 885	219 239	53 966 724	14 054 158. 20	4 859 533	13 288 944. 20	4 824 661
中国籍船舶	215 458	52 742 839	30 985 867. 10	4 771 515	30 304 649. 10	4 706 942	215 214	52 822 601	14 002 978. 20	4 745 870	13 237 764. 20	4 710 998
其中外贸船	4 133	1 281 626	140 116. 13	157 689	140 116. 13	157 689	4 139	1 284 378	101 542. 16	165 906	101 542. 16	165 906

（黑龙江海事局提供）

上　海　市

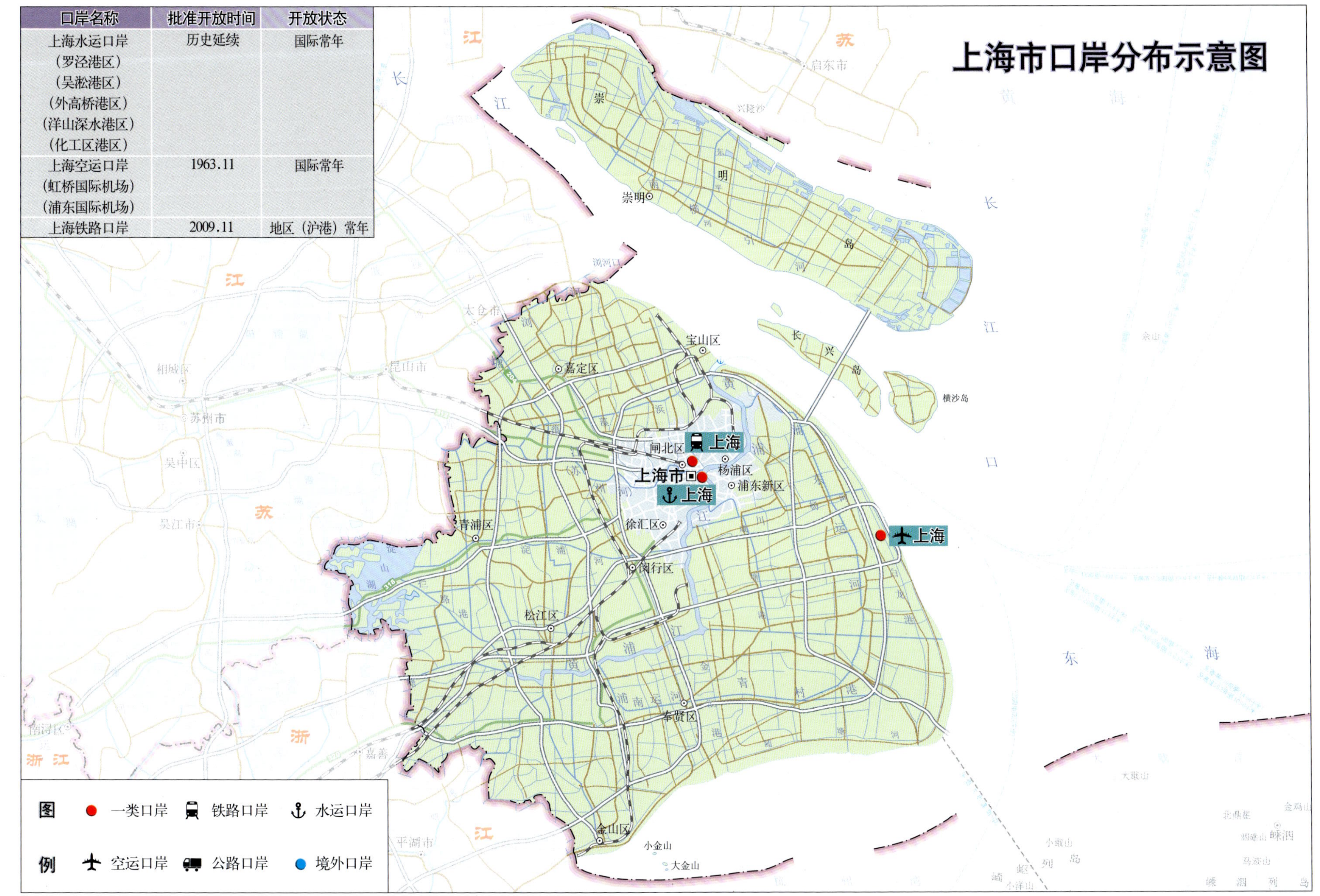

上海市口岸分布示意图

口岸名称	批准开放时间	开放状态
上海水运口岸 （罗泾港区） （吴淞港区） （外高桥港区） （洋山深水港区） （化工区港区）	历史延续	国际常年
上海空运口岸 （虹桥国际机场） （浦东国际机场）	1963.11	国际常年
上海铁路口岸	2009.11	地区（沪港）常年

口岸数量及分布

截至2015年年底，上海市有经国务院批准的对外开放口岸3个，分别是上海水运（海港）口岸、上海空运口岸（上海虹桥国际机场、上海浦东国际机场）和上海陆路（铁路）口岸。上海水运（海港）口岸形成了包括黄浦江沿岸、长江上海段、杭州湾北岸和洋山深水港区四大开放水域，95座码头，308个泊位的开放格局；上海空运口岸形成了包括浦东、虹桥两大国际机场，共3座开放航站楼、5条跑道和一个公务机基地的开放格局；上海陆路（铁路）口岸位于铁路上海站，是连接上海与香港的陆路出入境口岸。

口岸运行数据

2015年，上海口岸进出口货物总值为67 821.8亿元（占全国进出口货物总值245 849亿元的27.6%），同比下降3.3%。其中，出口40 596.4亿元，同比下降2.4%；进口27 225.4亿元，同比下降4.5%。上海关区进出口货物总值为50 838.2亿元，同比下降4.2%，其中出口31 065.7亿元，同比下降3.3%；进口19 772.4亿元，同比下降5.4%。上海市进出口货物总值为28 060.9亿元，同比下降2.1%。其中，出口12 228.6亿元，同比下降5.3%；进口15 832.3亿元，同比增长0.5%。

上海口岸货物吞吐量为38 087.4万吨，同比下降1.1%。其中，水运口岸货物量37 797.1万吨（占上海港货物吞吐总量7.17亿吨的52.6%），同比下降1.1%；空运口岸货邮量290.3万吨（占上海航空港货邮吞吐总量370.4万吨的78.4%），同比增长2.1%。进出口集装箱吞吐量为3 170.4万标箱（占上海港集装箱吞吐总量3 653.7万标箱的86.8%），同比增长4.3%。

上海口岸出入境人员为37 562 586人次，同比增长13.9%（出入境旅客34 113 414人次，同比增长14.3%）。其中，空运口岸出入境人员34 680 348人次，同比增长13.2%（出入境旅客32 358 564人次，同比增长13.6%，占上海航空港旅客吞吐总量9 916.9万人次的32.6%）；水运口岸出入境人员2 757 014人次，同比增长26.5%（出入境旅客1 638 921人次，同比增长35%）；铁路口岸出入境人员125 224人次，同比减少16.3%（出入境旅客115 929人次，同比减少17.4%）。

上海口岸出入境交通运输工具为244 000艘（架、列次），同比增长8.1%。其中，上海口岸出入境船舶25 557艘次，同比增加1.7%；出入境飞机218 077架次，同比增长9.0%；出入境列车366车次，与2014年持平。

口岸综合管理

【编制《上海口岸发展“十三五”规划意见》】 按照国家口岸办部署和上海市相关要求，编制上报了《上海口岸发展“十三五”规划意见》。“十三五”期间内，上海口岸发展按照市委市政府关于口岸工作的部署和上海“十三五”规划总体要求，更加注重服务上海“四个中心”和“科创中心”建设，特别是与贸易、航运中心建设进一步融合和协同发展；更加注重在“一带一路”“长江经济带”等国家战略中发挥主动服务和带动作用；更加注重积极主动落实国务院《关于落实“三互”推进大通关建设改革方案》和《关于改进口岸工作支持外贸发展的若干意见》；更加注重体现体制机制改革创新，加快建立与国际高标准投资贸易规则相一致的制度体系。

【制定《落实“三互”改进上海口岸工作，推进大通关建设改革的实施意见》】 为贯彻国务院《落实“三互”推进大通关建设改革方案》和《关于改进口岸工作支持外贸稳定发展的若干意见》要求，上海口岸制定了《落实“三互”改进上海口岸工作推进大通关建设改革的实施意见》，经上海口岸工作领导小组会议审议通过后推进实施。该意见提出了加快推进国际贸易单一窗口建设、创新大通关协作机制和模式、深化自贸区贸易便利化改革创新及成果推广、集约利用口岸设施和加强信息化建设、贯彻国家战略加快推动区域大通关合作、改善口岸环境和提升口岸服务能力、完善综合保障和加强口岸安全畅通、加强组织领导等8个方面22项措施。

【上海国际贸易“单一窗口”1.0版和2.0版先后上线运行】 在国家试点工作组的支持和指导下，上海推进组全力推进“单一窗口”建设。“单一窗口”1.0版、2.0版先后上线运行，功能包括货物进出口申报、运输工具申报、贸易许可办理、税费办理、企业资质办理、信息查询6类，覆盖到口岸通关各环节，并进一步延伸到国际贸易管理的相关环节。同时，积极推进“单一窗口”数据协调和简化。共同参与单一窗口建设的单位有20家。2015年全年在单一窗口平台开户各类企业超过1 200家，通过申报大表进行报检报关作业约14万票，检验检疫全申报系统实现整体切换，完成申报超过220万票，办理船舶离港手续近1万艘次，申报用户覆盖主要船舶代理企业。

【开展政府承担查验作业服务费试点】 2015年9月15日起在上海港港区内开展政府承担查验作业服务费用试点，对海关查验没有问题的进出口集装箱（重箱）货物查验（固体废物除外），免除企业向上海港务集团缴纳查验作业服务费，包括吊装、移位、仓储等费用（含开箱、掏箱费用）。截至2015年年底，海关查验进出口集装箱（重箱，不包括固体废物）17.2万标箱，查验没有问题的16.5万标箱，为企业节约成本7 922.4万元。

【深化大通关建设协作，推进长三角区域通关一体化】 2015年，上海、南京、杭州、宁波和合肥海关按照海关总署统一部署，继续深入推进长江经济带区域通关一体化改革，实现了长三角区域内企业可自主选择申报地、通关方式和查验地。2015年，长三角区域通过一体化模式申报业务量已占长江经济带的九成以上，接近全国报关单总量的一半。上海、江苏、浙江、宁波和安徽出入境检验检疫局按照国家质检总局统一部署，全面推进长江经济带检验检疫一体化。2015年8月17日起，长江经济带沿线正式实施出口直放和无纸化通关机制，为企业带来每单节省100元、通关提速5小时的便利。2015年10月16日起，以“出口直放、进口直通”为主要内容的检验检疫通关一体化在长江经济带全面实施。长三角区域内五关五检签订了《全面推进关检合作“三个一”工作方案》，上线了全国统一版本的一次申报客户端，有效推动了关检合作“三个一”工作。江浙皖沪四省市海事部门2015年9月份在上海召开“六区一线”长江口重点水域海事监管区域联席会议，全面推进海上运输专项整治、危险化学品运输安全监管等方面合作。四省市边检部门根据合作备忘录要求，联手研究并推动互通共享港口登轮人员和交通工具管理信息。

【推进国际航运中心综合信息平台建设】 平台主要建设内容包括口岸云数据中心、公共数据交换系统、门户网站、“一单两报”系统、跨区域通关协同系统和船舶动态系统共6个业务应用系统。2015年建设完成“一单两报”系统、跨区域通关协同系统、船舶动态系统等功能模块，完成口岸数据中心建设和电子口岸平台系统迁移工作，进一步优化门户网站，丰富网站内容，形成大数据量的航运主题数据库，为进一步加强口岸信息共享和航运大数据分析，提升口岸运行效率奠定了坚实基础。

【上海水运口岸新增码头（泊位）对外开通启用】 2015年，上海水运口岸2座企业专用码头和4个泊位通过验收对外开通启用。一是宝山钢铁股份有限公司全天候成品码头，该码头2个泊位，其中外侧为5万吨级泊位，泊位长420米；内侧为5 000吨级泊位，泊位长282.5米，码头设计年通过能力282.6万吨。二是中国石化上海石油化工股份有限公司6号泊位，泊位长285米，设计靠泊能力3.5万吨级，年通过能力250万吨。三是上海外高桥造船海洋工程有限公司运出码头，码头长250.5米，设计靠泊能力

5 000吨级，年通过能力33.4万吨。这两个专用码头对外开通启用，使上海水运口岸对外开放码头增加到了95座共308个泊位。此外，按照《上海口岸服务条例》和《上海口岸开放范围内作业区临时接靠办理规程（试行）》的有关要求，全年有8座码头和1处锚泊点临时接靠国际航行船舶，确保了上海电煤供应、生产建设、科研考察等需求。

【加快推进浦东、虹桥国际机场基础设施建设】 根据上海航空枢纽战略规划，上海将建设以浦东机场为主、虹桥机场为辅的复合型航空枢纽。2015年，浦东机场三期扩建工程取得初步设计评审报告和桩基初步设计批复，年内实现桩基工程开工；东机坪工程年内完成土方卸载，开始浅层地基处理施工；南机坪年内基本完成道面施工。浦东机场T1航站楼完成行业验收，第四跑道完成行业验收并已投入运行，第五跑道已完成土方卸载工程。虹桥机场年内实现T1航站楼A楼土建结构封顶及实现T1交通中心正式开工建设。

口岸监管与服务

【上海边检总站探索推进边检管理创新】 上海边检总站积极谋划延长外国人72小时过境免签时限、扩大适用口岸和停留区域范围等便利政策，争取相关政策在上海率先实施。起草了对部分国家人员实施144小时过境免签政策和外国旅游团乘坐邮轮入境15天免签政策的实施方案。支持上海科技创新中心建设。积极参与“上海国际贸易单一窗口”建设，在上海各海港口岸全面启用船舶申报功能。分别在吴淞边检站、外高桥边检站、洋山边检站、金山边检站和崇明边检站辖区增设综合执勤队或办证点，方便船舶公司、代理人员就近办理边检手续，实现了海港口岸边检通关“零等候”。积极配合上海中国邮轮旅游发展实验区战略，对挂方便旗的中资邮轮给予更多通关便利。在全国率先开展邮轮检查改革试点，简化外籍邮轮出入港手续和船员临时入境手续，对随原邮轮返回的中国内地居民免盖入境验讫章，对随访问港邮轮入境并随轮出境的外国籍和台湾旅客免加盖出境验讫章，上述举措已在全国推广。大力支持上海航空枢纽港建设，充分发挥自助查验通道功能，将浦东机场入境边检自助查验通道由15条扩容至20条。2015年，利用自助查验通道入境人员达到114.8万人次，同比增加178.7%，在浦东机场单日和全年客流分别突破12万人次和3 000万人次，均创历史新高的情况下确保了口岸的安全畅通，为进一步提升通关效率提供了有力保障。同时，为支持上海国际航运中心建设，进一步缓解上海邮轮港日益增长的旅客通关压力，2015年，上海出入境边防检查总站在全国率先在上海国际客运中心和吴淞口国际邮轮港边检执勤现场分别建设了10条和16条自助查验通道。12月16日起，在吴淞口国际邮轮港试运行自助通道查验系统，并于2016年1月1日正式启用。

【上海边检总站加强区域通关合作】 继续加强与江苏、浙江、安徽、上海等地公安出入境管理部门的协作配合，不断完善外籍人员遣返、非法出入境案件调查和嫌疑人员身份核实等工作机制。2015年向长三角地区出入境管理部门移交数起非法出入境案件，通报被境外移民机关遣返的人员情况，协助苏、浙、皖、沪公安机关接收境外被遣返人员、回国投案自首在逃人员，协助各地遣返查获的在华“三非”外国出境人员230余人次。在公安部部署开展的“猎狐2015”专项行动中，利用上海边检机关的技术和人才优势，对全国在逃人员信息系统中涉嫌经济犯罪的网上追逃人员进行全面排查，严密防范、严厉打击在逃经济犯罪人员变换身份从口岸蒙混出入境，发现多名在逃经济犯罪人员涉嫌变换身份，并及时将有关情况向相关部门予以通报。

【上海边检总站完成重大活动边检及安保任务】 通过建立健全外国人入境审查、重点人员检查工作机制，加强与地方反恐等部门的联系协作，强化分析研判，狠抓关键环节，加强人身和行李物品检查等方式，推动口岸反恐查堵工作取得新成效，圆满完成全国“两会”、抗战胜利70周年纪念活动、首届“上海国际游艇节”“世界花样滑冰锦标赛”“中国—中东欧国家第五届经贸论坛”等重大会议、活动期间的安保和边检工作。

【上海边检总站构建提高边检服务水平工作新常态】 扎实开展提高边检服务水平工作“回头看”活动，认真查摆、整改存在的问题。强化边检服务品牌宣传，运用“互联网+”思维模式，将传统媒体与新媒体有机结合，组织开展“中国边检·阳光国门”服务品牌现场集中宣传活动。全年在主流媒体上刊发新闻稿件4 100余篇，网上宣传浏览量达20余万次。通过总站门户网站发布各类信息600余篇，官方微博“@上海边检”处理网友咨询500余件，为广大网友提供了及时准确的政策、业务咨询服务，年内总站微博“粉丝”数已超过74万，在《2015年上半年人民日报政务微博影响力报告》公布的“上海政务微博影响力榜”上成功入围“上海十大公安系统微博”，位列第四。在2015年提高边检服务水平外部评价活动中，总体满意率为98.12%，连续两年保持在98%以上。

【上海海事局开展自贸试验区新一轮监管服务创新】 在深化自贸区海事改革创新过程中再推出8项举措，更大程度地激活航运市场主体的活力和更好地发挥海事部门依法有序监管作用的有机结合、协调统筹。一是在国际贸易“单一窗口”中实现国际航行船舶进出口岸海事查验全程电子化。二是探索建立高效率的船舶登记流程，逐步实现船舶不停航、零待时办证。三是加大贸易运输便利化支持力度，在自贸试验区水域（洋山深水港水域）放宽船舶通航能见度限制，实现在上海洋山深水港全面推进船舶在能见距离500米以上时正常进出港；能见距离200~500米时，2 000标箱以上集装箱船舶进出上海洋山深水港开展通航试验。四是允许外资船舶管理公司试点在自贸试验区开展船员外派业务，积极争取交通运输部海事局的授权许可并开展试点。五是增强执法透明度，引入负面清单管理理念，建立目标船检查和船舶滞留标准清单。六是提升贸易运输周转效率，推行船长告知书制度。七是创新事中事后监管理念，推行国际航行船舶联合检查制度，由船公司管理人员共同参与船舶安全检查，推进阳光执法，促进船公司提升主体责任意识，提高安全管理能力。八是建立船舶信息电子报告及规费电子支付系统，船舶通过“洋山海事APP”船舶电子签证模块申报电子动态后，可实现规费网上电子支付。目前系统已正式上线，共计5家航运企业13艘船舶进行试用。

【上海海事局持续跟踪推进自贸试验区内试点进程】 2015年，在国际航行船舶驶离洋山港口岸查验过程中推行“先许可、后查验”试点8 754艘次。5月25日，上海海事局实现辖区内国际航行船舶进出口岸海事查验全程电子化，截至2015年12月底，上海海事局共计核发“国际航行船舶出口岸许可证”电子证书2 652艘次；采用集约式登轮检查方式检查360余艘次；实施防污染作业远程电子检查，减少登轮检查1 752艘次；接受港内安全作业电子报备共计1 500艘次。

【上海海事局积极协调浦东新区市民中心新设海事窗口】 自贸试验区扩区后，浦东新区市民中心将成为自贸区各区域办事最便捷、条件最成熟的地点之一。上海海事局主动思考、靠前站位，积极协调浦东新区市民中心新设海事窗口事宜，更好地支持上海自贸区扩区建设，服务上海国际航运中心发展，进一步推动上海海事局简政放权、转变职能、优化服务进程。2015年10月8日，浦东新区市民中心海事窗口正式运行，标志着上海海事局为自贸区内航运企业提供便捷高效的海事服务“1+4”格局形成。

【上海海事局全面实施国际航行船舶口岸查验电子化】 2015年5月25日，上海海事局结合对船舶代理的诚信化管理机制，推出国际航行船舶进出口岸查验业务电子化。船舶代理只要将国际航行船舶的进出口岸信息通过EDI平台发送至上海海事局，上海海事局审核通过后，即可将相关办理结果以电子数据的形式发送至船舶代理，无须船舶代理携带大量的申请材料到政务窗口办理口岸查验手续，节省了船舶代理的时间和精力，提高了船舶的通关效率。上海海事局实行口岸查验的电子化，在给船舶代理带来便利的同时，并没有降低口岸查验的审核标准。在实施口岸查验电子化的同时，上海海事局通过事后抽查的形式，对船舶代理的申报行为进行事后监管。此次口岸查验电子化工作结合上海海事局船舶代理诚信管理机制开展，对存在不良记录的船舶代理不提供口岸查验电子化的便利，从而引导船舶代理企业自律。自2015年5月25日实施以来至12月，上海海事局共向辖区内国际航行船舶核发“国际航行船舶出口岸许可证”电子证书2 652艘次。

【上海海事局全面提升上海国际航运中心船舶通航能力】 自2012年7月1日首次成功实现洋山港主航道双向通航试验以来，截至2015年9月30日，累计双向通航440次，涉及船舶932艘次；洋山港每昼夜码头泊位候船时间由原来的14小时缩短至7小时，泊位利用率提高了12%。从2015年5月20日起，上海洋山深水港全面推进船舶在能见距离500米以上时正常进出港；能见距离200～500米时，2 000标箱以上大型集装箱船舶进出上海洋山深水港开展通航试验。与上海交通委和上港集团通力合作开展长江口深水航道通航能力提升研究，突破长江口深水航道超大型船舶双向通航能力的“瓶颈”，提升船舶双向通航交会宽度，力争实现交会两船总宽度达到90米。洋山深水港主航道实现双向通航、大型集装箱船舶在能见度不良天气下进出上海洋山深水港的全面推进和“长江口深水航道通航能力提升研究”项目的开展，将全面提升洋山深水港通航功能，充分发挥长江口深水航道的效益和辐射作用，巩固上海港作为国际第一大港的地位，并依托黄金水道，推动长江经济带进一步发展。

【上海海事局加强区域合作共同维护长江口重点水域水上安全形势稳定】 2015年5月14日，崇明海事局北支办事处与南通海事局启东海事处、海门海事处就信息共享、执法互助、应急联动等方面达成合作协议，并将开展深度的海事监管合作，以期实现“1＋1＋1大于3”的成效。9月1日下午，“六区一线”长江口重点水域海事监管区域联席会议在上海举行。来自沪、苏、浙、皖直属及地方海事局共计20余名代表参加了会议。会上提出相关海事部门要在内河船非法从事海上运输专项整治、省际客运船舶和水上危险化学品运输安全监管、辖区交界区域VTS监管、海上搜救应急、打击超载行为、推广诚信管理等方面加强合作，提出在长江口重点水域实现信息互换、监管互认、执法互助的工作目标，建议以成立工作组的形式加强沪、苏、浙、皖直属及地方海事机构的合作，从直属局、分支局多层次建立协调联络机制，增强信息互通和执法联动，充分共享各类数据和信息，不断提高长江口重点水域海事监管能力，确保水上交通安全形势持续稳定。

【上海海关推出深化自贸区改革8项新制度】 上海海关研究推出涵盖简政放权、功能拓展、通关便利3个方面共8项力度更大的改革创新制度，继续保持上海自贸区的先发优势。包括海关执法清单式管理、“一站式”申报查验作业、“一区注册、四区经营”、美术品便利通关、归类行政裁定全国适用、商品易归类服务、离岸服务外包全程保税监管、大宗商品现货市场保税交易8项创新制度。

【上海海关推进自贸区海关创新制度复制推广工作】 在2014年全国复制推广14项上海自贸区创新制度基础上，2015年，再在全国复制推广7项创新制度，占海关总署新一批11项推广制度的63.6%。同时，主动对接上海“四个中心”发展战略，自贸区扩区前后陆续出台“支持促进浦东承接自贸试验区辐射进一步扩大开放的23项改革措施”及推动深化自贸区改革、支持推进浦东总部经济、国产大飞机制造、上海跨境电子商务示范园区、中国邮轮旅游发展实验区、虹桥航空服务创新试验区、徐汇“西岸文化走廊”、松江及普陀国际贸易平台等一系列亮点项目发展。

【上海海关推进自贸区货物状态分类监管改革试点】 针对“口岸货物、保税货物、国内货物”3种状态，创新推行“分类监管、分账管理、标志区分、联网监管、实货管控、风险可控、信息共享”的海关监管模式，完成系统开发、关企联网等配套工作，指导企业做好管理系统、仓储场地的改造建设，推动货物状态分类监管“物流配送”模式先行启动试点。截至2015年年底，试点企业已从1家拓展至18家，货物从食品拓展至汽车、有色金属、制造业原料等多种类型。完成国内货物进出区运作1 382票，货值9.6亿元。

【上海海关推出8项措施全力支持上海科创中心建设】 从服务国家战略、支持上海“创新驱动、转型发展”大局出发，统筹推动自贸区海关制度创新与科创中心建设，针对上海科创中心建设实际，推出8项具体支持措施，包括支持建立张江空运货物服务中心，实施科技创新企业个性化通关服务，优化科技创新企业海关监管模式，支持各类创新主体开展协同创新，支持科技创新中心设立保税仓库，完善离岸服务外包保税监管措施，加强科技创新企业知识产权保护，落实税收优惠政策支持重大科创项目建设。

【上海海关深化长江经济带海关区域通关一体化改革】 推动长江经济带海关建立了风险统一防控、审单集中管理、现场海关错位监管的一体化通关格局，基本实现了“12地通关如同一关”。改革扩大到长江经济带所有特殊监管区域、保税物流中心及保税仓库，全面覆盖一线进出境、二线进出区环节，企业整体通关和物流费用较传统转关模式平均降低27.5%。改革拉动了区域外贸稳定增长，2015年长江经济带各海关受理一体化报关单3 478万票，占全国总量的49.2%；长江经济带进出口总值占全国的42.2%，占比上升1.3个百分点。

【上海海关推动快件国际转运业务发展】 优化完善信息系统，增加异常数据监控警示功能，开展大数据传输测试，为业务发展预留潜力；加强中转集拼快件进出境记录数据管理，严格按照出境理货记录核销进境记录，有效防范未实际出境等风险。2015年，共监管中转集拼快件总运单197票，分运单43.1万票，共计2 835吨，同比分别增长36.8%、4.4倍和6.2倍。

【上海海关推进“境外旅客离境退税”工作】 为“境外旅客离境退税”工作及时配置相关设备和配套网络，细化验核业务作业流程，确保手续办理快速准确。协商税务等部门增设海关出境物品“负面清单”，进一步提升风险防范效能。通过12360官方微博等新媒体手段，加大对进出境旅客的政策宣传力度，扩大社会知晓度，营造良好工作氛围。2015年，共办理境外旅客购物离境退税海关现场验核业务1 900票，完税价格总计1 273.86万元，申请退税金额140.12万元。

【上海海关推进“自主报税、自助通关、自动审放、重点稽核”改革试点】 稳步扩大试点关区、试点企业、业务类型和商品范围，参与试点企业由最初的3家增加到12家，业务适用模式由“分送集报”拓展到更多模式，并将部分一般贸易报关单及涉证商品纳入试点。截至2015年年底，累计受理“三自一重”业务单证1 229票，货值合计26.2亿元，征收税款4.5亿元。

【上海海关促进整车进口贸易便利化取得实效】 加强与主要进口企业的联系沟通，根据企业进口计划变动情况，及时做好价格预审核、价格备案等工作，进一步提升通关效率。在关区主要进口口岸和海运集中申报点开设通关“绿色窗口”，第一时间受理整车进口申报，快速处置急难问题。向企业大力推广汇总征税等改革项目，落实“汽车证明联前置打印”等配套便利措施。2015年，上海口岸进口汽车整车41.2万辆，货值1 088.6亿元，征税704.4亿元，进口量首次跃居全国首位。

【上海海关全面实行行政审批“一个窗口”受理制度】 在政仁路办公楼和各隶属海关、派驻机构报关大厅分别设立“海关行政审批受理窗口”。其中，政仁路办公楼“一个窗口”统一受理4项直属海关负责事项；各派驻机构、隶属单位“一个窗口”统一受理本单位依法应当受理的全部行政审批事项，并视情保留原有审批受理点。同步开展对全部行政许可事项设立依据、条件、单证及流程的公示指引，实行办理时限承诺制，打造“一口对外、高效便捷”的绿色审批通道，构建“实时公开、全程透明”的阳光审批机制。

【上海海关税则调研采纳率保持全国首位】 组织全国海关开展税则研究工作，提出的建议中共有29条被国务院关税税则委员会纳入《2016年关税实施方案》。上海海关围绕促进外贸进出口、引导境外消费回流等工作重点，与上海市财政局、经信委等部门密切配合，从汽车、民生消费品等重点领域着手开展税政研究，上报数和采纳率均居全国海关首位，共有14条政策建议获关税税则委员会采纳，占全国海关的48%，建议包括为电动汽车专用零件、纸尿裤、家用滤水装置设置进口暂定税率等内容，惠及上汽集团、博世、碧然德等国内外企业。

【上海海关做好全球最大的迪士尼商品旗舰店通关服务】 充分发挥企业协调员作用，及时掌握旗舰店商品通关需求。主动协调上海检验检疫、质监等部门，研究制订货物进口整体通关方案，保障通关有序顺畅。提供优质高效服务，指定专人专窗即时办理通关业务，加班加点提供上门查验等便利服务措施。上海迪士尼商品旗舰店正式营业前，累计办理通关业务29批次，涉及卡通玩偶、手提包等90余种商品共81吨，货值979万元，涉税274万元，为其2015年5月20日如期对外营业提供有力保障。

【上海海关、上海出入境检验检疫局深入推进“三个一”】 在应用关检“三个一”系统基础上，将“三个一”功能纳入上海国际贸易“单一窗口”，企业通过“单一窗口”即可实现“一次申报”，进一步提升申报便利性。开展自贸区“一站式申报查验制度”试点，明确在自贸区内对符合关检联合查验条件的货物共同确定查验比例，在“关检联合查验”场地上实施“一次查验”，提高作业效率。开展关检联合督查，建立关检联席领导小组，全面梳理可实施关检合作“三个一”的通关现场，共同检查推广进度和效果，推动改革有力落实。2015年，“一次申报”数量增长了7倍，关检受理“一次申报”货物240.8万批；实施“一次查验”2.5万批，“一次放行”240.1万批，参与企业共186家，业务量均居全国前列。

【上海出入境检验检疫局实施自贸试验区海运进境集装箱空箱检验检疫便利化措施】 2015年10月30日，上海出入境检验检疫局对外发布公告，将于2015年11月1日起正式实施中国（上海）自由贸易试验区海运进境集装箱空箱检验检疫便利化措施。此项措施为落实“少检多放”的便利化举措，对主动提出申请并符合条件的企业给予减少抽检比例、允许实施港外查验等，以提升自贸区口岸集装箱运作效率，降低航运企业物流成本。

【上海出入境检验检疫局推出“十检十放”新模式】 上海出入境检验检疫局为进一步推进贸易便利化，充分融入分类管理、诚信管理、风险管理理念，建立全方位、多层次、分梯度的“十检十放”货物监管新模式——先检后放、通检通放、即检即放、少检多放、快检快放、空检海放、外检内放、他检我放、边检边放、不检就放。“十检十放”牢牢抓住了上海口岸的重点领域、关键环节、敏感商品，释放出巨大的改革红利，受到国家质检总局、上海市委市政府有关领导的高度评价，更受到进出口企业的热烈欢迎，并首次被写进上海市委全会工作报告。

【上海出入境检验检疫局启动供邮轮食品监管新政】 2015年10月18日，在宝山检验检疫局监管下，首批两个集装箱货柜的过境食品顺利直供皇家加勒比“海洋量子号”邮轮。这是上海出入境检验检疫局为支持邮轮经济发展而推出的“以过境模式对供邮轮食品监管”的全国第一单。该批2个40尺集装箱（含一个冷冻箱）自美国迈阿密起运，于10月18日运抵吴淞口国际邮轮港码头，检验检疫工作人员按照要求，现场开展冷链温度检查、货证相符、木包装查验、检疫处理等检疫查验和卫生监督工作，确认合格后直接送上“海洋量子号”邮轮。

【上海出入境检验检疫局实施首批平行进口汽车检验】 2015年6月2日，上海出入境检验检疫局对首批两辆“平行进口”汽车进行检验，该批车辆持有商务部首份备注“平行进口”字样的自动进口许可证。针对这一情况，上海出入境检验检疫局从制度设立、检验监管到后续监管，明确平行进口车平台、进口商责任，建立质量安全事件应急处置方案，并完善维修、召回、三包保障体系，形成全流程全覆盖的平行进口汽车质量监管体系。

【上海出入境检验检疫局推进自贸区进境水果指定口岸运营工作】 2015年6月17日，上海自贸区进境水果指定口岸正式运营启动仪式在上海洋山深水港举行，这也是国家质检总局批准的第一个针对自贸区设立的具有跨境电商功能的进境水果指定口岸。上海出入境检验检疫将从优化全过程监管、提升全天候服务、开展全方位合作三管齐下，建设好洋山进境水果指定口岸，为洋山港打造亚太地区进口水果展示、交易集散中心，再创新模式、再作新贡献。

【上海出入境检验检疫局发布上海地区进口CCC产品贸易便利化举措】 2015年10月19日，上海出入境检验检疫局和上海市商务委联合发布上海地区进口CCC产品贸易便利化举措，并向首批34家企业颁发“进口CCC产品诚信示范企业”证书。即日起，首批34家诚信示范企业在上海口岸进口CCC产品时，将享受“一次审批、多次放行，一次确认、三年有效，直通放行、诚信监管”等6项贸易便利化举措。作为自贸区改革创新的重要举措之一，在首批34家进口CCC产品诚信示范企业中，上海自贸区内企业28家，占80%以上。新政实施后，预计为这些诚信示范企业每年降低物流成本1 500万元以上，大幅缩短进口CCC产品港口停留时间。

【上海出入境检验检疫局与中国疾控中心建立合作实验室】 2015年11月19日，中国疾病预防控制中心病毒病预防控制所与上海出入境检验检疫局签署了联合建立“境外输入病毒性传染病联合实验室”合作协议。这是质检系统第一家与中国疾病预防控制中心联合建立的合作实验室。通过这一实验室的建设，双方将在病毒性传染病输入与传播风险评估、病原学与流行病学研究及溯源、快速检测技术、毒株库、质控品及标准化技术体系建立和应急处置与防控策略等方面开展合作研究，能进一步提高卫生检疫实验室的整体检测效能，有效提升口岸执法保障技术能力。

【上海出入境检验检疫局创建首个公共检验检测认证服务平台示范区】 2015年12月14日，经国家认监委批准，首个国家级“公共检验检测认证服务平台示范区”落户上海浦东新区。由上海出入境检验检疫局和上海市质监局联合推荐的浦东新区“国家公共检验检测认证服务平台示范区”将利用上海自贸区的先行先试政策，发挥国际化程度高、产业集聚度强、服务业体系完善等优势，重点发展面向国际国内两个市场的检验检测认证服务业，吸引国内外知名机构入驻，打造检验检测、认证、科研、生产一体化模式，引导检验检测认证产业向规模化、品牌化、专业化发展，提升其对经济转型升级的先行带动作用，营造国际化的营商环境，为全国提供可复制、可推广的示范经验。为支持示范区建设，上海出入境检验检疫局在《关于推动浦东改革创新进一步扩大开放合作备忘录》及“24条”的基础上，再推出支持检验检测认证制度创新、开展汽车平行进口CCC认证制度改革试点、开展“互联网+检验检测认证”虚拟应用、推广电子商务认证试点示范、鼓励检验检测认证一体化发展、促进检验检测认证第三方采信6项措施。

开放口岸

【上海空运口岸（虹桥国际机场、浦东国际机场）】 上海空运口岸是中国目前最大的空运口岸，包括虹桥国际机场和浦东国际机场。目前，上海是中国内地唯一拥有两座对外开放国际机场的城市。截至2015年年底，上海空运口岸形成了虹桥、浦东两大国际机场，3座对外开放航站楼，5条跑道和1个公务机基地的开放格局。

上海虹桥国际机场位于上海西郊，距市中心13千米。虹桥机场始建于1921年，1963年11月经国务院批准扩建为国际机场，次年4月开通上海至巴基斯坦卡拉奇国际航线，以后经过多次改扩建。虹桥国际机场拥有两座航站楼（其中T2航站楼为国内航班），2条4E级跑道，1个国际公务机基地。目前主要开通至日本、韩国等城市和中国香港、澳门、台湾等地区航线。2015年，虹桥国际机场起降飞机25.66万架次，旅客吞吐量为3 908.46万人次，货邮吞吐量为43.37万吨。出入境公务机航班为1 300余架次，出入境公务机旅客为5 800余人次。

上海浦东国际机场位于上海浦东长江入海口南岸滨海地带，占地面积40平方千米，距上海市中心约30千米。1999年，上海浦东国际机场建成通航，并经国务院批准作为上海空运口岸的重要组成部分对外开放。浦东国际机场拥有两座航站楼，4条跑道，3个货运区，世界三大快递业巨头（UPS、FedEx、DHL）悉数入驻设立快件转运中心。2015年，浦东国际机场起降飞机44.92万架次，旅客吞吐量为6 008.5万人次，货邮吞吐量为327.02万吨，货邮吞吐量连续第8年位居世界第三。

2015年，上海空运口岸进出口货邮吞吐量为290.3万吨（占浦东、虹桥两大机场货邮总吞吐量370.4万吨的78.4%），出入境旅客3 235.86万人次（占两机场旅客吞吐量9 916.9万人次的32.6%），出入境飞机21.81万余架次（占两机场飞机起降70.58万架次的30.9%）。截至2015年年底，共有96家国内外航空公司开通了上海的定期航班（其中国内26家，国际及港澳台地区70家），航线通达47个国家和地区的255个通航点（其中，国际及港澳台地区118个）。

【上海水运（海港）口岸】 上海水运（海港）口岸位于中国海岸线中部，长江与东海交汇处，是中国最大海港和常年对外开放水运口岸。

上海水运口岸最早形成的一批对外开放码头主要分布在黄浦江中、下游东西两岸。改革开放以后，特别是20世纪90年代以来，伴随着浦东开发开放和上海新一轮城市发展规划，上海迈开了建设国际航运中心步伐，一些坐落在黄浦江沿岸的老码头逐步退出和外移，先后在长江上海段、杭州湾北岸和小洋山岛新建了一批新港区、码头并对外开放。1993年11月，上海外高桥港区一期码头建成并对外开放，随后二期至六期码头陆续建成对外开通启用。2002年6月，作为上海国际航运中心建设的核心组成部分——洋山深水港区开工建设。2005年12月，洋山深水港区一期工程竣工正式对外运营，从此结束了上海没有深水港的历史。接着，洋山深水港二期和三期集装箱码头又先后建成并投入运行。2014年12月，洋山深水港区四期工程正式开工建设，计划于2017年建成投产。目前，洋山深水港集装箱码头总岸线长5 600米，共拥有16个深水集装箱泊位，设计吞吐能力达930万标准箱。截至2015年年底，上海水运口岸形成了包括黄浦江沿岸、长江上海段、杭州湾北岸、洋山深水港区四大开放水域，95座码头，308个泊位的对外开放格局。

2015年，上海水运口岸进出口货物吞吐量为3.78亿吨（占上海港货物吞吐总量7.17亿吨的52.6%），进出口集装箱吞吐量为3 170.4万标箱（占上海港集装箱吞吐总量3 653.7万标箱的86.8%）。全年进出上海口岸国际航行船舶4.2万艘次，其中进出国际邮轮688艘次，出入境邮轮旅客164万人次。自2010年起，上海港集装箱吞吐量已连续6年排名世界第一。

【上海陆路（铁路）口岸】 上海铁路口岸位于上海火车站南端。2003年9月，根据CEPA协议，上海设立铁路上海站临时口岸。同年10月1日起，开行上海—香港（九龙）隔日往返直通式旅客列车。2009年11月，国务院批准正式设立上海铁路口岸。2013年4月27日，上海陆路（铁路）口岸通过国家验收宣布对外开放。上海陆路（铁路）口岸是长三角地区唯一的陆路出入境口岸。截至2015年年底，上海铁路口岸全年出入境列车366车次，出入境旅客11.59万人次。

海关特殊监管区域

改革开放以来，依托口岸开放，经国务院批准，上海陆续设立了一批海关特殊监管区域。1990年6月全国第一个保税区——外高桥保税区诞生；2000年4月上海松江出口加工区成为全国第一批出口加工区之一；2005年12月我国第一个保税港区——洋山保税港区封关运行；2009年7月，国务院批准设立上海浦东机场综合保税区。2013年8月，国务院批准设立中国（上海）自由贸易试验区，范围包括外高桥保税区、外高桥保税物流园区、洋山保税港区和上海浦东机场综合保税区等4个海关特殊监管区域，总面积28.78平方千米。2014年12月28日，全国人大常委会会议通过决定，上海自贸试验区范围扩至陆家嘴金融片区、金桥开发片区和张江高科技片区。扩容后的上海自贸区面积由28.78平方千米扩大至120.72平方千米。

截至2015年年底，上海共有5类10个海关特殊监管区域，分别为洋山保税港区、浦东国际机场综合保税区、外高桥保税区、外高桥保税物流园区和松江、金桥、青浦、漕河泾、闵行、嘉定等6个出口加工区，封关运行面积近34平方千米。

上海口岸大事记

1月16日

全国质检工作会议和上海自贸试验区创新制度复制推广会议在上海召开。

3月1日

《上海海事局安全与防污染诚信管理办法（试行）》全面实施。

3月5日~13日

上海海事局在东海海区开展第一阶段跨辖区联合巡航执法行动，首次与江苏、浙江、福建、长江海事局联合组织开展跨辖区巡航执法行动。

3月10日

上海出入境检验检疫局与上海海关、上海机场集团、东航物流、上海电子口岸办、国际航空运输协会签署《共同推进上海航空电子货运发展倡议书》。

4月15日

上海海关联手检验检疫部门在上海国际会展中心对7辆进口参展整车实施联合查验。这是上海海关开启展览品“联合查验、一次放行”新模式后的首票进境物资。

4月24日

全国口岸查验基础设施建设标准编制工作中期交流座谈会在上海召开，海关总署党组成员、国家口岸办主任黄胜强出席。

5月25日

上海海事局正式实施国际航行船舶进出口岸查验电子化。

5月28日

2015年上海口岸工作领导小组会议召开，会议对本市贯彻落实国务院《关于落实“三互”推进大通关建设改革方案》《关于改进口岸工作支持外贸稳定发展的若干意见》做了研究部署。

6月18日

上海出入境检验检疫局与上海自贸区管委会联合召开政策发布会，正式推出上海国检支持自贸区新一轮发展的24条举措。

6月30日

上海国际贸易“单一窗口”1.0版上线运行，海关总署党组成员、国家口岸办主任黄胜强出席启动仪式。

8月19日

上海出入境边防检查总站崇明边检站正式启用位于崇明岛上的边检办证窗口，为代理办理船舶、船员入出境手续及登轮人员办理上下外国籍船舶和搭靠外轮手续提供便利。

8月21日

亚太示范电子口岸网络及其运营中心在上海揭牌。

9月24日

上海出入境边防检查总站召集法航、荷航、国航等13家相关航空公司及机场地服，东航中转部、东航外航服务中心的负责人召开24小时直接过境免办边检手续专题会议。

10月16日

由上海出入境检验检疫局牵头的长江经济带通关业务一体化，在长江经济带12个直属出入境检验检疫局全面启动。

10月20日

首届中国自贸试验区检验检疫创新发展论坛在上海召开，4个自贸试验区内的7个检验检疫局签署了合作联动机制备忘录。

10月28日

川渝沪大通关合作第八次联席会议在上海召开，研究对接“一带一路”和长江经济带国家战略实施。

11月11日

上海港口岸扩大开放长兴岛作业区（长兴岛东岸）口岸查验配套设施通过预验收。

11月25日

中共中央政治局常委、国务院总理李克强在中共中央政治局委员、上海市委书记韩正，市委副书记、市长杨雄的陪同下，考察上海自贸试验区。

12月29日

长三角区域大通关建设协作第八次联席会议在上海召开。中共上海市委常委、常务副市长屠光绍、浙江省副省长孙景森等出席会议。

（撰稿人：张强）

2015 年上海市口岸流量统计表

口岸类型		口岸名称	货运量（万吨）				集装箱量（万标箱）				人员（万人次）				交通工具（辆、艘、架、列次）			
			出口	进口	合计	同比（%）	出口	进口	合计	同比（%）	出境	入境	合计	同比（%）	出境	入境	合计	同比（%）
空运口岸																		
空运口岸		分计			290. 30	2. 10							3 468. 0	13. 20			218 077	9. 0
陆运口岸	公路口岸																	
陆运口岸	公路口岸	分计																
陆运口岸	铁路口岸																	
陆运口岸	铁路口岸	分计											12. 50	－16. 30			366	
水运口岸	海港口岸																	
水运口岸	海港口岸	分计			37 797. 10	－1. 10	1 366. 30	1 331. 50	3 170. 40	4. 3 0			275. 70	26. 50			25 557	1. 70
水运口岸	河港口岸																	
水运口岸	河港口岸	分计																
合计					38 087. 40		1 366. 30	1 331. 5	3 170. 40				3 756. 20				244 000	
同比（%）					－1. 10				4. 30				13. 90				8. 10	

表注：集装箱量合计数 3 170. 4 万标箱，包括内支线 472. 6 万标箱。

（上海市口岸办提供）

2015 年上海海关主要数据统计表

项目		2015 年	同比（%）
进出口货运量（万吨）	合计	17 933.2	-6.2
	进口	8 743.5	-9.8
	出口	9 189.7	-2.6
进出口贸易总值（万美元）	合计	81 878 585.7	-5.2
	进口	31 820 589.7	-6.5
	其中：江、海运输	16 161 235.0	-14.3
	铁路运输	45 643.3	-40.7
	汽车运输	124 723.0	-13.9
	航空运输	15 406 647.9	5.0
	邮件运输	7 139.0	-19.7
	其他运输	75 201.6	-70.2
	出口	50 057 996.[illegible]	-4.3
	其中：江、海运输	37 677 240.8	-5.6
	铁路运输	37 152.4	-39.7
	汽车运输	95 307.7	-16.7
	航空运输	12 091 130.7	0.7
	邮件运输	1 626.7	-34.4
	其他运输	155 537 8	-28.7
税收（万元）	两税合计	3 538.2	-5.7
	关税入库	798.4	-9.1
	进口环节税入库	2 739.8	-4.6

（上海海关提供）

2015 年上海市口岸出入境主要数据表

<table>
<tr><th colspan="3">项目</th><th>2015 年</th><th>2014 年</th><th>同比（%）</th></tr>
<tr><td rowspan="14">出入境人员
（人次）</td><td colspan="2">出入境人员总数</td><td>3 756. 3</td><td>3 296. 7</td><td>13. 9</td></tr>
<tr><td colspan="2">入境人员</td><td>1 872. 3</td><td>1 639. 5</td><td>14. 2</td></tr>
<tr><td colspan="2">出境人员</td><td>1 884</td><td>1 657. 2</td><td>13. 7</td></tr>
<tr><td colspan="2">出入境旅客</td><td>3 411. 4</td><td>2 984. 6</td><td>14. 3</td></tr>
<tr><td colspan="2">出入境员工</td><td>344. 9</td><td>312. 1</td><td>10. 5</td></tr>
<tr><td rowspan="5">中国公民</td><td>小计</td><td>2 598</td><td>2 161</td><td>20. 2</td></tr>
<tr><td>大陆（因公）</td><td></td><td></td><td></td></tr>
<tr><td>大陆（因私）</td><td></td><td></td><td></td></tr>
<tr><td>港澳居民</td><td></td><td></td><td></td></tr>
<tr><td>台湾同胞</td><td></td><td></td><td></td></tr>
<tr><td colspan="2">外籍人员</td><td>1 158. 3</td><td>1 136</td><td>2. 0</td></tr>
<tr><td colspan="2">从海港出入境人数</td><td>275. 8</td><td>217. 9</td><td>26. 6</td></tr>
<tr><td colspan="2">从陆港出入境人数</td><td>12. 5</td><td>14. 9</td><td>-16. 1</td></tr>
<tr><td colspan="2">从空港出入境人数</td><td>3 468</td><td>3 063. 7</td><td>13. 2</td></tr>
<tr><td rowspan="5">交通运输工具
（辆、艘、架、列次）</td><td colspan="2">总计</td><td>24. 4</td><td>22. 56</td><td>8. 1</td></tr>
<tr><td colspan="2">船舶</td><td>2. 55</td><td>2. 51</td><td>1. 7</td></tr>
<tr><td colspan="2">飞机</td><td>21. 81</td><td>20. 01</td><td>9</td></tr>
<tr><td colspan="2">火车</td><td>0. 036 6</td><td>0. 036 4</td><td>0. 55</td></tr>
<tr><td colspan="2">机动车辆</td><td>0</td><td>0</td><td>0</td></tr>
</table>

（上海出入境边防检查总站提供）

2015 年上海市出入境检验检疫业务统计表

项目	货物检验检疫				交通工具				集装箱（标箱）		发现动植物疫情		货物通关		出入境人员查验（人次）	健康检查及预防接种（人次）			
	批次	金额（万美元）	检验检疫不合格 批次	检验检疫不合格 金额（万美元）	船舶（艘）	飞机（架）	火车（列）	汽车（辆）	合计	检出问题	种类数	种次	批次	金额（万美元）		健康检查	艾滋病监测	发现病例	预防接种
本年累计	1 686 700	1 478.95	88 728	696 318	25 144	221 922	4392		976.12	26.53	1094	151 935	1 756 069	12 055 140	3 784.6	70 693	64 665	129 700	71 500
其中 出境	163 300	74.75	1 249	5 534	13 316	112 304	2196		28.5				531 907	2 032 132	1 895.72	25 120	23 987	46 076	71 431
其中 入境	1 523 400	1 404.2	87 479	690 783	11 828	109 618	2196		947.62	26.53	1094	151 935	1 224 162	10 023 008	1 888.89	45 573	40 678	83 590	29
同比（%）	0.47	-12.11	50.23	10.93	9.05	8.92	-0.54		5.30	5.30	-3.10	-44.33	-12.47	-9.09	14.05	-13.42	-4.18	-7.12	-13.96
其中 出境	-8.77	-14.00	262.50	574.64	12.21	9.63	-0.54		-20.64				-33.70	-32.44	15.12	-35.30	-18.24	-28.24	-13.68
其中 入境	1.57	-12.06	49.07	-11.50	5.69	8.19	-0.54		6.35	5.30	-3.10	-44.33	1.67	-2.24	12.99	6.42	6.62	10.87	-90.49

（上海出入境检验检疫局提供）

2015年上海海事局进出港船舶统计汇总表

船舶类别	进港船舶							出港船舶						
	艘数（艘）	总吨（吨位）	总载重量（吨）	载客量（客位）	船员人数（人次）	货物到达量（吨）	旅客到达量（人）	艘数（艘）	总吨（吨位）	总载重量（吨）	载客量（客位）	船员人数（人次）	货物发送量（吨）	旅客发送量（人）
总计	93 746	1 097 095 396	1 275 401 729	3 807 022	1 464 304	346 460 561.7	1 893 665	103 126	1 102 859 068	1 280 649 104	3 805 175	1 622 374	211 715 154.7	1 906 758
中国籍船舶	73 439	221 931 679	283 571 561	3 164 877	724 983	182 671 171.1	1 078 309	82 771	223 761 192	284 474 612	3 163 030	886 374	71 586 909.45	1 084 302
其中外贸船	862	18 899 677	19 002 417	32 705	20 539	6 504 042.57	5 111	1 015	20 530 048	24 090 446	32 705	23 703	4 846 883.51	7 288

（上海海事局提供）

江　苏　省

口岸数量及分布

截至2015年年底，江苏省有经国务院批准的对外开放口岸25个。其中，空运口岸9个，分别是南京空运口岸（南京禄口国际机场）、徐州空运口岸（徐州观音国际机场）、盐城空运口岸（盐城南洋国际机场）、无锡空运口岸（无锡硕放国际机场）、常州空运口岸（常州奔牛国际机场）、淮安空运口岸（淮安涟水国际机场）、扬泰空运口岸（扬州泰州国际机场）、南通空运口岸（南通兴东国际机场）、连云港空运口岸（连云港白塔埠机场 未验收运行）；水运（海港）口岸4个，分别是连云港、如东、启东、大丰海港口岸；水运（河港）口岸12个，分别是南京、南通、如皋、张家港、镇江、江阴、扬州、泰州、太仓、常熟、常州、靖江河港口岸。

口岸运行数据

2015年，江苏省水运（海港、河港）口岸共完成外贸运量37 094.99万吨，同比增长0.06%；集装箱运量达到699.57万标箱，同比增长10.62%。空运口岸出入境旅客为3 175 965人次，同比增长19.8%；货运量141 039.7吨，同比增长94.4%。

2015年江苏省水运（海港、河港）口岸外贸运输情况表

	外贸运输量（万吨）		集装箱运输量（标箱）	
	自年初累计	同比（%）	自年初累计	同比（%）
全省合计	37 094.99	0.06	6 995 701.50	10.62
连云港	9 991.88	-9.46	2 647 580.00	-1.37
南通	3 841.71	10.40	310 265.25	-0.90
如皋	484.15	-30.40	0.00	0.00
张家港	5 980.50	9.90	502 674.25	-4.10
南京	1 849.00	-6.30	855 000.00	19.50
镇江	2 060.70	-7.60	147 612.00	-8.70
江阴	1 537.95	15.40	65 256.00	-9.00
扬州	824.50	1.80	285 045.00	8.60
泰州	969.07	-15.40	79 000.00	15.50
靖江	75.00	10.30	0.00	0.00
太仓	6 629.99	24.10	1 534 884.00	42.20
常熟	1 480.06	4.42	229 879.00	1.51
常州	409.32	-26.50	136 623.00	20.20
大丰	961.16	37.03	201 878.00	95.64

2015 年江苏省空运口岸外贸运输情况表

	出入境旅客（人次）	同比（%）	货运量（吨）	同比（%）
全省合计	3 175 965	19. 8	141 039. 7	94. 4
南京空运口岸	2 330 000	22. 9	139 000	107. 2
徐州空运口岸	140 213	-7. 4	98	5 912. 30
盐城空运口岸	201 203	23. 48	368. 7	5
无锡空运口岸	504 549	14. 7	1 573	-67. 6

口岸综合管理

【扩大口岸开放】 扬泰空运口岸（扬州泰州国际机场）、南通空运口岸（南通兴东国际机场）分别于 2015 年 1 月 6 日、3 月 11 日经国务院批复对外开放，并分别于 6 月 25 日、8 月 5 日通过国家验收。至此，江苏省有 8 个空运口岸均实现了对外国籍飞机开放，16 个水运（海港、河港）口岸实现对外国籍船舶开放。2015 年，全省开放水域内共有 10 座码头获得江苏省政府批准对外开放。

【拓展口岸功能】 随着口岸开放数量的增加和已开放口岸的功能不断挖掘、拓展，江苏省口岸管理工作更加规范和完善。凡设立口岸的各市地方政府均成立了口岸综合管理部门，各地口岸查验机构设立也比较健全；建立了相应的口岸管理工作机制，强化了对地方口岸工作的管理与协调，制定出台促进外贸发展的有效措施，口岸收费更加透明。部分口岸所在地地方政府还设立了口岸发展资金，用于深入持久地开展口岸文明共建活动，以加强对口岸管理工作的统筹协调，不断改善、优化口岸通关环境。

【电子口岸平台建设平稳推进，政府服务项目运行良好】 “通关信息查询系统”“国际航行船舶进出口岸申报系统”“机场旅客团队出境申报系统”“江苏关检‘三个一’”“江苏省电子口岸微信平台”“船载危险货物船舶防污染作业监管服务平台（一期）”“江苏省电子口岸客户服务呼叫中心”“船港货综合信息服务平台”“检验检疫无纸化全申报平台”等项目运行稳定，“加工贸易服务平台”在部分地区试运行，“液货船信息服务系统”“检验检疫口岸物流监管平台”“船载危险货物船舶防污染作业监管服务平台”等一批项目运行正全面推进。

【全面推进长三角区域通关合作】 推进长江经济带区域通关一体化改革，实现了长三角区域内企业可自主选择申报地、通关方式和查验地。江苏与上海、浙江、宁波和安徽出入境检验检疫局按照国家质检总局统一部署，全面推进长江经济带检验检疫一体化。长江经济带沿线正式实施出口直放和无纸化通关机制，为企业带来每单节省 100 元、通关提速 5 小时的便利。紧紧围绕“单一窗口”建设这一工作重点，结合本地区实际，精心规划，抓好落实。太仓、常熟实现“单一窗口”上线运行。

加强了长三角区域通关合作，以电子口岸作为统一的信息平台，加快推进江苏省国际贸易“单一窗口”的建设。2015 年，江苏省、上海市、浙江省、安徽省四省市口岸办、边检、海关和检验检疫共同签署了《全面推进关检合作“三个一”工作方案》，口岸管理部门研究制订了《关于协作推进长三角国际贸易单一窗口建设的工作方案》，有力推进了区域通关合作，整合通关资源，创新通关模式，简化通关手续，降低通关成本，改善通关环境。

口岸监管与服务

【江苏省公安边防总队立足实情、统一标准，

促进全省边检执法执勤规范化运转】 2015年，江苏省公安边防总队全面提升边检基础建设和执法服务水平。针对可能出现的执法裁量不一致、处理畸轻畸重及同案异罚、宽严失度等问题，在《出境入境管理法》和公安部文件规定的裁量标准基础上，对各类违法违规情形边检执法裁量进行细化，研究出台《江苏边检执法裁量细化标准（试行）》，统一全省边检各类行政工作、常遇案（事）件的处置流程和处罚标准。汇编出台《江苏总队海港边检勤务常遇问题工作指引》和《江苏总队空港边检勤务常遇问题工作指引》，进一步规范一线执法执勤人员基本勤务动作和空、海港口岸边检常遇问题处置流程。一是深化创新、注重实效，助推全省边检勤务改革高效化。依托海港边检勤务综合指挥系统平台，对口岸管理资源和通关流程进行优化整合，在全国范围内率先成熟推出边检“一证通”服务机制，实现边检“长期登轮许可证”省内“一地办证、全省通关”的服务目标。二是面向实战、打牢根基，推动全省各级业务练兵实战化。面对日趋繁重的边检勤务，坚持向素质要警力、要战斗力，全年常态化开展业务岗位练兵活动，狠抓站值班领导、科领导、检查员三级岗位人员和机关业务参谋素质能力建设。南京、常州机场边检站创新研发3D勤务处突流程教学演示系统和智能EPAD学习系统，张家港边检站斥资4 000万元打造边检综合教学培训基地，有力提升现有教学硬件实施条件。三是统筹调配、优化警力，确保全省边检队伍建设正规化。为进一步提高检查员队伍整体专业素质，总队共组织全省20余边检业务骨干赴职改边检机关开展学习交流活动6次，先后深入广州出入境边检总队白云、黄埔、天河边检站，上海出入境总队上海机场边检站等业务量较大单位调研，强化队伍管理。部署全省边检机关探索建立“边检协管员队伍”，通过参照政府公共服务机构运行模式，试点推行“地方政府边检专职岗位”，实行由边检负责招录、培训、使用、管理，地方政府负责保障的运行机制，全面缓解一线执勤压力。

【江苏海事局服务发展成果显著，监管能力持续提升】 全力支持长江南京以下12.5米深水航道一期、二期工程建设，保障沪通铁路大桥等重点工程施工、通航安全，实现了桥区施工水域零事故。大力推进船舶应用船用岸电和LNG燃料，助推长江江苏段LNG水上加注站建设。支持连云港30万吨级航道二期工程建设，促进南通通州湾及常熟铁黄沙港区开发开放，服务江苏沿海滩涂围垦和风电场建设。开展港口码头“未批先建”专项整治工作，进一步规范水运工程建设市场行为。严格执行“简政放权”要求，积极推行便利行政相对人的措施。协助部局出台便利船员十大服务举措，得到港口和航运企业好评；全局办理船舶登记3 008艘次，帮助企业在建中船舶抵押融资7.6亿元，有力促进了航运经济和全省现代制造业发展。同时，全力推进江苏海事局固定翼无人机项目，组织完成无人机科研验证飞行。8艘12米高速玻璃钢巡航救助艇和2艘11米玻璃钢巡逻艇建造完成并交付使用，30米级巡航救助指挥船完成主船体建造，1艘沿海40米级B型巡逻船和4艘内河40米级巡航救助船均已建造近半。连云港VTS改扩建和南通沿海VTS完成系统调试，泰州VTS中心搬迁并投入试运行。船舶监管相关应用系统建设与改造工程初设通过部局审查，电子口岸、微门户、“船港通”等系统投入试运行，海事4G－LTE专网建设、GIS系统升级改造等工作全面推进。

【南京海关深入推进区域通关一体化改革，“单一窗口”改革取得阶段性成效】 南京海关一体化报关单比率居全国海关前列，江苏企业在长江沿线九省二市通关更为便利。关检合作“三个一”覆盖关区所有业务现场，80%符合条件的报关单一次放行；在连云港、张家港率先启动关检合作示范区试点，15项举措获海关总署、江苏省领导肯定。“单一窗口”改革取得阶段性成效，进出境船舶“一次申报”覆盖全省所有水运口岸。上海自贸区19项创新制度全面复制实施，政策红利落地见效；迅速对接海关总署新11项自贸区创新制度，加强宣传引导，全力推广落实。率先开展加工贸易监管一体化试点，全面启动“一点接单、多点验放”改革，“一次申报、分步处置”、主动披露、多查合一等改革先行先试，在严密监管的同时促进通关高效顺畅。同时，深入推进通关无纸化改革，进出口货物通关时间平均缩短10小时。下调出口查验率至3%，有效支持企业扩大出口。推动56家企业通过海关信用认证，企业享受更多贸易便利。开展关检“百千万”活动，关区各级干部赴300余家企业现场办公，为近万家企业提供宣传、咨询等服务。邀请全国和省级人大代表、政协委员到关区考察调研，为关区300家重点企业配备海关客户联络员140余人，积极打造12360、金钥匙等服务品牌。

【南京海关开展启运港退税业务，打造长江中下游中转枢纽】 南京海关助力江苏抢抓“一带一路”战略机遇，争取赋予中哈（连云港）物流基地物流配送、转口贸易等功能，支持多式联运监管中心获批设立，促进“苏满欧”“连新亚”等国际班列增班扩源。优化长江流域水运监管模式，在南京、太仓等口岸开展启运港退税业务，支持打造长江中下游中转枢纽。开展国际海关AEO互认，支持江苏企业“走出去”。加快特殊监管区域整合优化，省内7个出加区升级为综合保税区，保税展示交易、融资租赁等新业务纷纷落地，苏州工业园区贸易多元化试点稳步推进。推动省内5个开放口岸通过国家验收，支持张家港整车口岸开展平行进口试点。全面推广跨境电子商务试点，争取南通海门叠石桥市场采购贸易方式政策落地。

2015年，南京海关共监管进出境货物3.3亿吨，货值3 296.6亿美元，同比分别增长2.5%和下降2.9%；监管出入境人员428.1万人次，监管邮递、快递物品5 826.3万件，同比分别增长16.4%和94.6%；查获各类毒品8 915.7克，弹药1 250发，濒危物种223批次、各类违禁印刷品和音像制品3 833件，侵犯知识产权货物和物品5.92万件。全年实征税款1 328.29亿元。

【江苏出入境检验检疫局持续深化改革创新取得新突破】 设立业务模式、检验监管机制、行政审批制度、口岸标准化建设和企事业单位改革等5个改革专项组，明确了20项具体改革任务。同时，集中全省系统力量打造12个改革创新样板点，着力推动改革创新成果复制和推广。在2014年实现苏北五市一体化的基础上，在全国系统率先启动全省检验检疫通关业务一体化，全面实施“沪苏一体化”，实现出口直放、进口直通，并与山东、河南、内蒙古等局联合开展通关一体化业务。集成“智慧检务”“集中审单”“电子监管”“e检通”、CIQ2000等5个系统，打通了报检数据化、审单自动化、放行电子化等8个环节，实现了从报检到查验放行的全过程无纸化。主动承接国家质检总局口岸标准化工作试点，以旅邮检规范化示范口岸建设为突破口，设计完成了标志标牌、设施设备、信息化系统、工作规范等4套标准，并试点实施，实现了基础设施标准化、程序规范化、手段信息化。

【江苏出入境检验检疫局加快改革步伐，狠抓质量提升】 一是以质量提升为抓手，加快构建质量共治新格局。全省新增4个国家级出口质量安全示范区，示范区总数占全国的1/5。率先出台质量约谈工作规定，约谈对象做到地方政府、检测机构、行业协会、生产企业全覆盖。与武汉大学合办宏观质量研修班，培育人才队伍，在系统内大力普及、推广宏观质量管理的知识理念。综合运用传统媒体和新媒体，开展质量月、食品安全宣传周等活动，举办“质量共治”行动新闻发布会20多次，发布微博、微信500余条，开设报刊、网络专栏12个，营造良好的舆论氛围。二是出台了适应外贸发展新常态、支持全省外贸稳定增长的16项举措。针对江苏外贸的严峻形势，适时推行“柔性执法”“首犯不罚”，着力清理规范进出口环节收费，公布收费清单，要求各项费用“能不收就不收、能减免则减免”，并继续发放3 000万元实验室检测券，全力为企业减负增效。与南京海关联手打造全国关检合作示范区，确定连云港、张家港为试点单位，出台“三个一”“单一窗口”建设试点工作方案，全面推进大通关建设。

【江苏出入境检验检疫局服务口岸核心能力建设，建立联防联控机制】 大力推动国家进境指定口岸建设，目前江苏省有9个口岸34个查验点获批相关资质，国家实施指定口岸制度的粮食、种苗、水果、肉类、冰鲜水产和汽车（整车）等6类产品在江苏实现全覆盖。全面复制推广上海自贸区制度，制订出台8个专项方案，在全省范围进行复制推广。扶持苏州工业园区获准全国首个执行上海自贸区特殊物品卫生检疫监管政策试点。从业务准备、平台支撑和模式创新三方面入手，助推海门叠石桥获国务院批准列入市场采购贸易方式试点。深化口岸核心能力建设，张家港国际卫生港复核认证顺利通过国家质检总局专家组评估。探索设置综合查验岗，构建大口岸查验机制，为“双随机”奠定基础。组织开展“绿蕾行动”和“眼镜蛇三号行动”，有力打击非法携带邮寄种苗和濒危物种的违法行为。完善进出口食品风险管理体系，实现供港食品合格率100%。建立地方部门联防联控机制，开展联合应急处置演练，提升了实战能力，妥善应对埃博拉、中东呼吸综合征等重大疫病疫情。对辖区内730家企业、口岸储存场地进行拉网式摸排清查，检出危险化学品包装泄漏10余起，问题企业36家，被国家质检总局发布警示通报的数量占全国总量75%。

开放口岸

【南京空运口岸（南京禄口国际机场）】 南京禄口国际机场位于南京市江宁区禄口镇，于1997年7月1日正式通航，是中国重要的干线机场。1997年11月经国务院和中央军委批准对外开放。2005年4月，南京禄口国际机场被世界卫生组织（WHO）评为国际卫生机场，2008年12月5日通过国家航空安全审计。机场T2航站楼于2014年7月12日正式启用，飞行区等级将提升至4F级，可起降包括A380在内的所有机型。2015年，南京禄口机场口岸全年完成入出境人员233.2万人次，同比增长22.9%；入出境飞机13 389架次，同比增长16.2%。邮运口岸国际快递达2 196万件，同比增长93.2%。

2015年，南京禄口国际机场新开通至洛杉矶、莫斯科、静冈、福冈、曼谷等14条国际航线，并推进实施外国人72小时过境免签政策。2015年7月9日，南京市政府批准成立南京市部分外国人过境免签服务管理协调小组，9月10日政策正式实施，9月20日迎来首批过境免签外国人。

【徐州空运口岸（徐州观音国际机场）】 徐州观音国际机场于1997年正式通航，2008年经国务院批准对外开放。机场位于徐州市东南方向睢宁县双沟镇境内，距离徐州市区45千米，南临104国道，北靠盐徐高速公路，地面交通十分便利。机场目前占地面积253.3万平方米，航站楼面积2.4万平方米，跑道长3 400米，停机坪6.3万平方米，停机位9个，配备先进的双向I类盲降系统、助航灯光设施和通信导航设备，具备全天候开放条件。总投资15.5亿元的观音机场二期改扩建工程已于2014年12月26日开工建设，计划新建一座3.4万平方米的国内候机楼，改造现有候机楼为国际厅，新建一条平行滑行道，新建停机位8个，扩建站坪8万平方米，并完善相关配套设施建设等。

2015年，徐州观音国际机场已开通至首尔、高雄、曼谷、香港、台北、大阪等6条国际（地区）航线和至成都、大连、广州、深圳、厦门、长沙、南宁、海口、福州、三亚、贵阳、丽江、重庆、昆明、桂林、沈阳、哈尔滨、乌鲁木齐、银川、秦皇岛等26条国内航线，完成起降航班11 067架次，同比增长0.5%；完成旅客吞吐量131.84万人次，同比增长4%；完成货邮吞吐量7 039.4吨，同比增长10.7%。其中，已开通国际（地区）航线6条，每周19个航班，全年出入境人员为14.02万人次，国际货运吞吐量为98吨。2015年，观音机场和口岸联检单位保障国际临时公务包机20架次。2015年8月，观音机场进口食品（乳制品）和进口食用水生动物指定口岸获国家质检总局验收。

【盐城空运口岸（盐城南洋国际机场）】 盐城南洋国际机场位于江苏省盐城市亭湖区南洋镇境内，始建于1958年，1984年经国务院和中央军委批准为军民合用机场。1996年盐城市人民政府新征土地约16.67万平方米，自筹资金1.20亿元建设盐城民航站。2000年开通民航班机，2009年正式对外开放。机场飞行区等级为4C级，跑道长2 800米，可保障波音737、空客320等中等机型起降。盐城南洋国际机场主要航班航线有至韩国首尔、中国香港、中国台湾、日本等国际（地区）航线和至北京、上海、广州、昆明、长沙、西安、武汉、沈阳、哈尔滨、厦门、深圳、天津、南京、成都、杭州等国内航线，是苏北地区国际和地区航线数量最多的机场。

2015年，盐城空运口岸安全保障航班8 840架次，实现旅客吞吐量85.2万人次，实现货邮3 005.7吨，同比分别增长59.7%、61.1%、39%。机场旅客吞吐量增幅列全省第一，货邮增幅列全省第二。其中，出入境航班1 668架次，同比增长38.9%；出入境旅客201 203人次，同比增长23.48%。

【无锡空运口岸（无锡硕放国际机场）】 无锡硕放国际机场位于江苏省无锡市东南方硕放镇，距无锡市中心16千米，距苏州市区25千米，始建于1995年，2004年2月18日正式开通民用航班，2007年9月28日启用新航站区。机场飞行等级为4D级，可满足波音757及以下机型全载起降。2009年实施跑道加厚工程，可满足波音747型飞机减载起降的要求。2015年1月19日，二期新航站楼全面投入运营。2014年无锡空运口岸扩大开放至2015年年底，机场已先后引进韩亚航空、吴哥航空、真航空、香港快运、大韩航空、中华航空、复兴航空、菲亚航空、越捷航空、连城航空、远东航空、立荣航空、德威航空、泰新航空等14家外籍航空公司，开辟了包括台北、香港、澳门、、高雄、澎湖、曼谷、大阪、首尔、新加坡、暹粒、卡里波、甲米、芽庄、江原道、美娜多、清州等16条国际（地区）航线，通达49个国内外主要城市，暑运高峰日航班量最高达133架次，平均客座率78.3%，平均载运率71.3%。

2015年，无锡空运口岸共安全保障运输航班起降3.85万架次，完成旅客吞吐量460.9万人次，货邮吞吐量8.9万吨，同比分别增长7.7%、10.3%和下降7.3%。

【常州空运口岸（常州奔牛国际机场）】 常州奔牛国际机场位于常州市新北区罗溪镇，距市中心20千米，始建于1963年，1986年3月开通民航航班。2014年2月21日，国务院批准对外开放。常州机场飞行区等级为4E，可起降除空客A380以外的所有飞机；停机坪面积16万平方米，可停放飞机20架；航站楼建筑面积3.8万平方米，拥有先进、完善的民航、口岸、安全及其他配套设施。口岸通关服务环境良好，设计年旅客吞吐量490万人次，年货邮吞吐量20万吨，高峰小时起飞19架次，是长三角地区重要的客货运国际机场。

2015年，常州空运口岸旅客吞吐量为181.08万人次，同比下降2.69%；货邮吞吐量为1.76万吨，同比下降3.36%；起降26 347架次，同比增长17.43%。其中，出入境人员总数10.69万人次，同比增长637.63%；出入境旅客10.03万人次，同比增长686.21%；国际起降861架次，同比增长727.88%。

【淮安空运口岸（淮安涟水国际机场）】 淮安涟水国际机场位于江苏省涟水县保滩镇，距淮安市中心22千米。于2009年3月开工建设，工程按照满足年旅客吞吐量60万人次需求建设，跑道长为2 400米，飞行区近期等级为4C，兼顾D类，远期为4E。有5个停机位，机型以B737、A320系列机型为主，兼顾D328、CRJ200、ERJ145等支线飞机使用。航站楼面积14 700平方米，其中国际候机楼面积7 200平方米。淮安涟水机场于2010年9月26日正式通航，2012年11月国家口岸办批准同意淮安空运口岸实现临时开放；2012年12月23日，开通了淮安至香港包机航班；2013年，淮安涟水机场列入国家口岸开放年度审理计划；2014年8月10日，国务院下发《关于同意江苏淮安涟水机场对外开放的批复》（国函〔2014〕109号），同意淮安涟水机场作为空运口岸对外开放；2015年1月6日，涟水机场空运口岸开放顺利通过国家验收。陆续开通至北京、上海、广州、西安、沈阳、大连、天津、云南、厦门、哈尔滨国内航线及至中国台北、中国香港和韩国等国际（地区）航线，运营情况良好。

2015年，淮安空运口岸共安全保障运输航班起降5 009架次，完成旅客吞吐量50.48万人次和货邮吞吐量3 754吨。

【扬泰空运口岸（扬州泰州国际机场）】 扬州泰州国际机场是由扬州、泰州两市按8:2比例投资合建的民用机场，总投资20.81亿元。机场飞行区等级指标为4C，预留4D发展空间，跑道长2 400米（800米延长工程正在建设中），宽45米，站坪机位13个，航站楼面积31 305平方米，其中国际功能区面积8 219平方米，配套建设通信、气象、医疗、消防救援等辅助设施。

2012年5月通航以来，已开通了国内20个热点城市航线。2015年共安全保障各类飞行30 614架次，同比增长33.36%；完成旅客吞吐量87.1万人次，同比增长23.36%；完成货邮6 169.4吨，同比增长28.73%。航班平均客座率每年以4个百分点上升，2015年达到80.59%，航线补贴每年持续下降，发展势头良好；主业辅业齐头并进，运营收支基本持平，成为江苏省内中小机场一个新的亮点。

2015年1月6日，国务院正式批复同意扬州泰州机场对外开放。2015年6月4日，江苏省口岸办组织相关单位对扬州泰州机场进行口岸开放省级预验收。5月25日，扬泰机场开放顺利通过国家级验收，扬泰机场从此迈入国际机场行列。

2015年9月24日，机场首航韩国，并陆续开通至中国香港、泰国航班及至中国台湾、中国澳门包机，为扬州城庆2 500周年献上了一份大礼。

【南通空运口岸（南通兴东国际机场）】 南通兴东国际机场位于南通市通州区兴东街道，距市中心直线距离约18千米，与沈海、沪陕等高速公路连接。南通兴东机场于1993年正式通航，是江苏省较早通航的纯民用机场，也是上海周边空域条件优良的民用机场。机场飞行跑道长3 400米，飞行区等级指标为4D，并兼顾E类飞机的起降要求，现有停机坪面积10万平方米，11个停机位，航站楼总建筑面积14 200平方米，其中国内航站楼面积6 000平方米，国际候机楼8 200平方米，是一栋独立二层建筑。

2015 年 3 月 11 日，南通空运口岸（南通兴东国际机场）对外开放获国务院批准，6 月 24 日通过省级预验收，8 月 5 日通过国家验收，10 月 2 日开通首条国际航线，实现“当年获批、当年验收、当年正式对外开放”。机场现已开通至北京、天津、广州、沈阳、深圳、青岛、厦门、武汉、成都、大连、温州、郑州、南京、长沙、重庆、南昌、昆明、福州、兰州、泉州、三亚、南宁、桂林和首尔、济州岛、大阪、名古屋、台湾、曼谷近 30 个城市航线。

2015 年，南通空运口岸完成旅客吞吐量 116.2 万人次，同比增长 24.6%；完成货邮吞吐量 3.6 万吨，同比增长 13.0%；出入境人员总数为5 122人次，出入境飞机为 56 架次。共安全保障各类飞机起降 22 537 架次，其中保障航班 12 382 架次，同比增长 13.4%。

【连云港水运（海港）口岸】 连云港水运口岸地处我国沿海中部，江苏省东北部、黄海海州湾西南岸。港口始建于 1933 年，1956 年对外国籍船舶开放，1973 年开始大规模建设。经过多年的建设与发展，连云港现已成为全国沿海 25 个主要港口、12 个区域性主枢纽港之一，长三角地区 7 个国家级综合运输枢纽之一。连云港依托独特的区位优势，成为苏北、鲁南及中西部地区最便捷的出海口岸，对外贸易和交通运输的重要通道，是亚欧大陆间国际集装箱水陆联运的重要中转港口。连云港口岸南联长三角，北接渤海湾，隔海东临东北亚，西连中西部地区以至中亚，是“沟通东西、连接南北”的重要战略枢纽。以郑州为起点，中西部到连云港，铁路运距比到青岛近 500 千米，比到日照近 300 千米，比到上海近 480 千米。从连云港经陆桥运输到欧洲，相比原有的陆上运输通道缩短了 2 000 千米运距，比绕道印度洋和苏伊士运河的水运距离缩短了 1 万千米。连云港口岸是江苏最早对外开放的口岸。目前，连云港拥有 1 个国家海港开放口岸，47 个开放性生产泊位，赣榆、徐圩等新建港区实现临时开放。

2015 年，连云港水运口岸实现港口吞吐量 21 075.21 万吨，同比微增。完成集装箱 500.92 万标箱，同比增长 0.08%。完成外贸运量 9 991.9万吨，同比下降 2.20%。其中，外贸出口完成2 237.7万吨，同比增长 6.61%；外贸进口完成7 754.2万吨，同比下降 13.24%。出入境船舶7 919艘次，同比增长 12.14%。其中，出境船舶 2 719 艘次，同比下降 31.61%；入境船舶 5 200艘次，同比增长 68.50%。海港出入境人员 238 194 人，同比上涨 19.10%。其中，出境人员 55 046 人，同比下降 43.5%；入境人员 183 148 人次，同比增长 78.83%。

【大丰水运（海港）口岸】 大丰水运口岸位于江苏 1 040 千米海岸线港口空白带的中心位置，东经120°46′1″、北纬 33°16′18″，利用此海域特有的潮汐通道“西洋深槽”建设深水码头，“西洋深槽”水深稳定，15 米等深线宽 3 ~ 4 千米，长 55 千米，与外海深水贯通，可进出 10 万吨级船舶。大丰水运（海港）口岸区位优势明显，集疏运体系完善，是国家交通运输部规划填补沿海港口空白带的项目，是江苏省沿海重点建设的三大港口之一，2006 年 6 月 13 日被国务院批准为国家开放口岸，2007 年 9 月 20 日正式对外开放。大丰水运口岸与韩国、日本一衣带水，距釜山港 420 海里、长崎港 430 海里、上海港 250 海里、连云港港 120 海里，毗邻盐城机场、南通机场、沿海高速、新长铁路、通榆运河，构成了海陆空体系完善的集疏运网络。苏通长江大桥通车后，已成为江苏沿海重要的交通枢纽和物流中心。

作为上海港的喂给港、连云港港的组合港，大丰港目前已建成并对外开放了一期码头、二期码头、大件码头、石化码头、集装箱码头、通用码头等 6 座码头，16 个万吨级泊位。2016 年 1 月，大丰港汽车滚装码头建成试运营。已开通至国内各大港口航线，至韩国仁川港、釜山港、光阳港、平泽港、木浦港的国际集装箱班轮航线，至日本的门司港、博多港航线，至俄罗斯的木材航线，与中国台湾基隆港直航，可经上海港、宁波港中转至世界各大港口的国际航线，并开辟了大丰港至宁波港、上海港、青岛港的外贸内支线。

2015 年，大丰水运口岸完成货物吞吐量 7 093.7万吨，同比增长 69.75%；完成集装箱 20.19 万标箱，同比增长 95.64%。

【南京水运（河港）口岸】 南京水运口岸地处长江下游，距吴淞口 360 余千米，港辖区沿长江两岸分布，南岸全长 104.2 千米，北岸全长 91 千米，2010 年航道维护水深已达 10.5 米，可满足 3 万吨级海轮常年通航，5 万吨级海轮乘潮通航。1986 年 3 月，经全国人大常委会批准，南京港对外国籍船舶开放。

2015 年，南京水运口岸完成进出口货运量 1 849万吨，同比减少 6.3%；进出口集装箱 85.5 万标箱，同比增长 19.5%；入出境（港）船舶数 2 596 艘次，同比增长 12.6%。

【南通水运（河港）口岸】 南通水运口岸地处长江和沿海“T”形经济发展带的交汇点上，是我国发展综合运输的沿海主枢纽港、上海国际航运中心北翼的重要组成部分。1982 年南通水运（河港）口岸经国务院批准对外开放，现与世界上 100 多个国家和地区的 300 多个港口通航。南通水运（河港）口岸拥有长江岸线 219 千米，其中干堤岸线 166 千米，洲堤岸线 53 千米，可建万吨级深水泊位的岸线 30 多千米；拥有海岸线 216 千米，其中可建 5 万吨级以上深水岸线 40 多千米。口岸共建有 11 个港区，沿江有如皋、天生、通州、任港、狼山、富民、江海、通海、启海 9 个港区，沿海有洋口、吕四 2 个港区。地处腰沙—冷家沙海域的通州湾港区正在规划中，即将成为第 12 个港区。作为长江北岸由海入江的第一港，长江上第一座万吨级泊位、5 万吨级泊位、10 万吨级泊位均在此诞生。南通港“十二五”期间累计完成建设投资 100 多亿元，新增码头泊位 129 个，目前总码头泊位数达到 289 个。全港万吨级以上泊位达到 111 个，5 万吨级以上泊位达到 81 个，10 万吨级以上泊位达到 29 个，最高靠泊等级泊位为 20 万吨级散货泊位，居长江沿线各港口之首。长江主航道流经南通水运（河港）口岸，沿江拥有营船港航道、天生港航道两条专用航道。沿海拥有洋口港区烂沙洋南航道、北航道，吕四港区小庙洪航道建成通航。

南通水运（河港）口岸经过 30 多年的发展建设，对长江沿线的辐射带动作用进一步增强，长江中上游和苏北地区货物总量的 70% 在此中转。随着如东洋口港、启东港口岸于 2015 年 11 月 17 日 ~18 日分别通过国家验收对外开放，南通已拥有南通港、如皋港、如东洋口港、启东港 4 个开放水运口岸。南通辖区江、海沿岸对外开放泊位截至 2015 年年底增至 72 个。

2015 年，南通水运口岸完成货物吞吐量 2.2 亿吨，与 2014 年持平。从货种情况看，占据南通港半壁江山的煤炭及金属矿石出现下降，影响了港口吞吐量的快速增长。口岸外贸运量完成 4 325.86万吨，同比增长 3.6%。集装箱吞吐量完成 75.85 万标箱，同比增长 6.7%。外贸集装箱总量为 31.3 万标箱，与 2014 年持平。国际航行船舶进出口岸达 4 116 艘次，同比增长 7.3%。

【如皋水运（河港）口岸】 如皋水运口岸位于长江三角洲北翼，“长寿之乡”江苏省如皋市最南端，与张家港隔江相望，距上游江阴港 36 千米、南京港 200 千米，距下游南通港 24 千米、上海港 120 千米，距离入海口 223 千米。如皋港现有长江岸线 48 千米，其中深水岸线约 17.56 千米，人工港池岸线 14.20 千米。截至 2015 年年底，共有已开放泊位 17 个，其中公用泊位 6 个，化工泊位 5 个。

2015 年，如皋水运口岸完成外贸货物吞吐量 486.1 万吨，同比下降 30.2%；集装箱 2.84 万标箱，同比增长 147%。进出口岸的外贸货物主要以大宗散杂货和危险化学品为主，散货货种主要为煤炭、金属矿石等，危险化学品主要货种为基础油、棕榈油等。散货业务主要来源于如皋港务集团有限公司码头，该公司建有 5 万吨级以上公用泊位 4 个，有大型门吊 15 台，大型装载机 18 台，后沿堆场近 70 万平方米，是长江北岸重要的货物集散地，2015 年度完成散杂货外贸吞吐量 371.83 万吨。危险化学品业务主要来源于诚晖石化等4家石化企业，2015年度危险化学品外贸吞吐量109.4万吨。目前，如皋水运（河港）口岸已经成为华东地区重要的且极具发展潜力的危险品仓储、中转基地，拥有各类大小储罐233个，已具有200万立方米的储存能力和每年2 000万吨的吞吐能力。

如皋水运（河港）口岸初步形成了船舶海工、现代物流、石材三大产业集群。船舶修造企业加快转型升级，部分企业向海洋工程深度拓展；现代物流集聚发展，随着保税物流中心（B型）获批和国际集装箱航线正式开通、苏中国际集装箱码头正式开港，贸易中心的优势和功能不断发展壮大；投资125亿元的东升石材产业城围绕高端石材生产加工、交易中心和综合配套服务三大板块加快建设，将成为中国长三角和华东地区高档石材产业战略总部、研发设计中心、加工示范基地、物流交易中心。

【张家港水运（河港）口岸】 张家港水运口岸东距上海吴淞口146.5千米，西离南京港219.4千米，南与杭嘉湖地区相连，北通苏北各港。港口面江、傍河、通海，具有水水中转优势，可承接钢材、木材、化工品、粮油、煤炭、集装箱、件杂货等不同货种的中转储运。随着全省大交通格局的形成，港口陆路运输网络不断健全，自港口出发，1小时车程可覆盖苏州、无锡、常州、南通，2小时车程可到达上海、南京、杭州。港口岸线西起长山（与江阴交界），东至东沙（与常熟接界），全长80.4千米，其中主江岸线63.6千米，深水岸线约40千米。岸线顺通，10米以下深水贴岸，不冻不淤，并有江心福姜沙作天然屏障，是得天独厚的避风良港。口岸年平均气温15.2℃，相对湿度76%，每秒风力3.8米，属亚热带海洋性气候。作为苏州、无锡、常州地区对外开放的重要门户，港口拥有富庶的经济腹地和区港一体的自然条件。

2015年，张家港水运口岸完成货物吞吐量2.5亿吨，同比增加4.4%，其中金属矿石7 438万吨，煤炭及制品5 976万吨，钢铁3 417.5万吨、化工原料及制品1 181万吨，矿建材料1 473.1万吨，粮食722.2万吨，木材480.3万吨，化肥及农药272万吨，石油天然气及制品106.8万吨，水泥76.7万吨，机械设备32.8万吨。外贸运量5 980.5万吨，同比增加9.9%，其中外贸进口3 969.2万吨。依托汽车整车进口口岸、化工品交易中心、纺织原料市场、进口消费品市场、进口肉类指定口岸等特色载体，口岸汽车整车、液体化工品、羊毛、棉花、肉类、红酒等特色货种进口量持续位居全省同类口岸之首。集装箱运量为100.6万标箱，同比增加1.5%。货物吞吐量连续6年超过2亿吨，保持全省领先，居全国县域口岸首位；外贸运量和集装箱运量在长江港口位列前茅。

【镇江水运（河港）口岸】 镇江水运口岸位于长江与京杭运河两条黄金水道的十字交汇处，上距南京87千米，下距长江入海口279千米。1986年经国务院批准对外开放，是我国沿海25个主要港口和两岸海上直航大陆63个港口之一，是国家主枢纽港和长江三角洲地区重要的对外开放口岸。

镇江市规划港口岸线总长126千米，其中深水港口岸线75.10千米。截至2015年年底，已利用港口岸线42.71千米，其中深水岸线32.36千米。现有生产性泊位169个，设计通过能力1.32亿吨，其中集装箱通过能力100万标箱。口岸下辖高资、龙门、谏壁、大港、扬中、高桥、新民洲7个港区，主要经营煤炭、矿石、钢材、豆类、植物油、木材等散杂货及集装箱业务，是长江中上游地区大宗物资江海中转效益最佳区段，具有江海直达和海江河转运的区位优势。12.5米水深航道已基本具备通航能力，5万吨级船舶可常年通航，具备深水码头成片规模开发建设的条件，具有持续发展的广阔空间。镇江港与沪宁城际铁路、京沪高速铁路等铁路主干线相连接，沪宁高速、扬溧高速、沿江高速、312国道、104国道等公路主干线连接各大港区，润扬大桥连接大江南北，泰州长江公路大桥穿越镇江港扬中港区，港口距南京禄口国际机场仅1小时车程，集疏运条件畅通便捷，是多种运输方式交汇的中转枢纽港和物流中心港。

镇江水运（河港）口岸共有对外开放泊位43个，已与世界上70多个国家近300个港口建立外贸运输业务，建有镇江综合保税区、中远物流保税仓库、金东纸业保税仓库、惠龙港务出口监管仓库、李长荣化工液体化学品保税罐等特殊监管区域。

2015年，镇江水运口岸共完成货物吞吐量13 010.1万吨，外贸吞吐量2 275.7万吨，集装箱吞吐量38万标箱。

2015年镇江水运（河港）口岸货物吞吐量情况

	2015年
一、港辖区货物吞吐量（万吨）	13 010.01
公用码头	6 876.45
货主码头	6 133.65
二、外贸货物吞吐量	2 274.40
公用码头	1 525.66
货主码头	748.74
三、集装箱（万标箱）	40.71
港务集团	40.18
货主码头	0.53

【江阴水运（河港）口岸】 江阴水运口岸东距上海180千米，西至南京204千米，沿江深水岸线长达35千米，处于长江A、B级航道分界点，是江海河联运、水公铁换装的天然良港，也是无锡地区唯一的出海通道。1992年5月20日，经国务院批准，江阴水运口岸正式实现对外开放。2009年江阴港跨入亿吨大港行列。至2015年年底，江阴水运口岸建有千吨级以上泊位91个，其中万吨级以上泊位47个（10万吨级码头泊位4个），最大靠泊能力达15万吨级，年设计货物总吞吐能力约8 243万吨，石化仓储能力近300万立方米。目前，江阴港口岸共有40个泊位对外国籍船舶开放。

江阴水运口岸与日本、韩国、中国台湾等国家和地区开通了集装箱直达航线，与上海外高桥和洋山港开通了天天班外贸内支线。2015年内外贸航线达52条，其中内贸航线33条，外贸内支线19条；件杂货航线27条，其中内贸航线12条，外贸航线15条，为上百家江阴及周边规模企业打造了畅通高效的物流通道。

2015年，江阴水运口岸完成货物吞吐量1.26亿吨，集装箱吞吐量45.74万标箱，同比分别增长1.12%和下降12.47%。其中，外贸吞吐量完成1 537.95万吨，同比增长15.35%，主要进出口货种为化工品、金属矿石、钢铁、石油及制品、煤炭。

【扬州水运（河港）口岸】 扬州水运口岸位于江苏中部、长江下游北岸、江淮平原南端，地处长江和京杭大运河交汇处。1992年11月29日，扬州水运口岸经国务院批准成为开放口岸。

扬州境内长江岸线有81千米，其中开放岸线近70千米。沿江有仪征、广陵、江都、邗江一市三区和国家级扬州经济技术开放区。

扬州水运口岸布局为“一港三区”，主港区为六圩港区，江都港区、仪征港区分列两翼，具有广阔的经济腹地和江海河联运的区位优势，共有各类码头泊位45个，其中万吨级以上泊位31个，开放泊位22个。六圩港区现有万吨级泊位8个，以集装箱运输为主，兼顾木材、煤炭、铁矿石等大宗散货；江都港区距扬州市区36千米，现有万吨级泊位13个，以件杂货为主；仪征港区距扬州市区29千米，现有万吨级以上泊位10个，是一个以液体化工为主的专业港区。近年来，港区后方扬州化学工业园区迅速崛起，众多大型化工项目落户园区。

扬州水运口岸已与全球50个国家和地区的120个港口有货物中转往来，每周有30多个航班从扬州至上海的外贸集装箱支线运输，40多个航班从事内贸集装箱支干线运输，通达世界50个国家和地区的120个港口，为江苏苏北、苏中地区从“运河经济”迈向“江海经济”架起了金桥。

2015年，扬州水运口岸完成货物吞吐量9 300万吨，集装箱吞吐量52万标准箱。其中，外贸运量 824.5 万吨，外贸集装箱量 28.5 万标准箱。

【泰州水运（河港）口岸】 泰州水运口岸地处江苏中部、长江下游北岸，是长江中上游西部地区物资中转运输的重要口岸，是江海河联运、铁公水中转、内外贸运输的节点，是上海组合港中的配套港、国际集装箱运输的支线港和喂给港。泰州水运口岸以泰州港高港、泰兴两个港区为主体，共有长江岸线 44 千米，已全线对外开放。常年通航靠泊万吨级海轮，与世界上 60 多个国家和地区的 70 多个港口有运输往来，可承接钢材、木材、化工品、粮油、煤炭、集装箱、件杂货等不同货种的中转储运，是全国木材、钢材、粮油、化工品等货物的重要中转港和国际贸易商港。2015 年，口岸货物吞吐量达 1.68 亿吨。

泰州水运口岸于 1992 年 11 月经国务院批准设立，原隶属扬州口岸运行。2001 年 8 月，随着泰州各口岸查验机构的设立，江苏省政府同意泰州口岸单列运行。靖江水运（河港）口岸于 2012 年 11 月经国务院批准设立，2013 年 8 月通过国家口岸办组织的验收后，从泰州水运（河港）口岸单列运行。2015 年，泰州水运（河港）口岸和靖江水运（河港）口岸进出境货运量为 1 747.57万吨，同比下降 14.9%。其中，进口 1 441.05万吨，同比下降 19.8%；出口 306.54 万吨，同比增长 19%。集装箱进出境运量 7.9 万标箱，同比增长 15.5%。其中，进口 1.1 万标箱，同比增增长 15.5%；出口 6.8 万标箱，同比下降9.3%。此外，监管进出境船舶 3 423 艘次，同比下降 8.3%；监管进出境船员 66 168 人次，同比下降 6.8%。

【太仓水运（河港）口岸】 太仓水运口岸位于江苏省东南部、长江入海口南岸，距上海、苏州市区均约 60 千米。太仓港是郑和七下西洋起锚地，地处长江和沿海交汇处，拥有 38.8 千米长江岸线和 12.5 米深水航道，是难得的天然良港，自 1992 年开发建设以来，先后被国家定位为上海国际航运中心重要组成部分、集装箱干线港、江海联运中转枢纽港，被江苏省确定为重点建设的“江苏第一外贸大港”，江苏省、苏州市经济社会发展和促进苏南现代化建设的重要依托。太仓水运口岸共规划港口岸线 28.20 千米，分鹿河、新泾、荡茜、浮桥、茜泾 5 个作业区，主要功能为：重点服务于长三角及长江沿线地区，以集装箱干线运输和铁矿石、煤炭中转运输为主，相应开展石油化工品中转储运，并兼顾临港产业开发。

截至 2015 年年底，太仓港水运口岸已建成码头泊位 78 个，其中万吨级以上泊位 34 个，集装箱泊位 10 个；设计吞吐能力 1.35 亿吨、435 万标箱，比 2010 年新增生产性泊位 33 个，新增通过能力 4 554 万吨。2015 年，全港完成集装箱吞吐量 371 万标箱，货物吞吐量 2.04 亿吨，外贸货物吞吐量 6 630 万吨，同口径集装箱吞吐量、货物吞吐量和外贸货物吞吐量是 2010 年的 2.5 倍以上，跃升为长江集装箱运输第一大港、长江外贸第一大港、全国木材进口第一口岸、长江进口铁矿石第一大港，名列全球百强港口第 47 位。口岸已开辟各类集装箱航线 176 条，其中近洋航线 20 条，是 2010 年的 2 倍，挂靠日本、韩国和中国台湾地区 15 个港口；内贸航线 44 条，覆盖沿海 19 个主要港口；长江（运河）航线 73 条，长江沿线 7 个省（市）46 个港口集装箱集并至太仓港出海；开辟了每 8 小时一班至洋山港五定“太仓快航”，使太仓港至洋山港集装箱班轮航线达到每周 40 班并实现“公交化”运营。太仓港已基本建成近洋直达集散中心、内贸转运枢纽、远洋中转基地。争取国家发展改革委、财政部、交通运输部同意，执行与上海外高桥港区同等的管理措施和政策，成为全国唯一一个享受海港管理政策的内河港口。获批进口水果、粮食指定口岸资质，获批筹建进口肉类指定口岸。江苏省政府批准在太仓港开展国际贸易“单一窗口”等4项试点。建成投运了口岸集中查验中心、太仓港信息中心、危险品堆场，在苏州工业园区、高新区、昆山等地建立“无水港”，与上海港实现通关通检一体化，成为起运港退税扩大试运行港口，打造了与上海外高桥同等的口岸通关环境。

【常熟水运（河港）口岸】 常熟水运口岸位于苏州市北部长江南岸，东倚上海，南连苏州，西邻无锡，北与南通（港）隔江相望，拥有32.1千米长江主江堤岸线，进港航道总长16.5千米。1996年经国务院批准为开放口岸，是苏州港组成部分，以散货、件杂货、集装箱运输为主，主要为长江沿线及周边地区经济发展和对外物资交流服务。经过多年发展，常熟口岸已成为接轨上海、对接长江经济带建设的重要地带和重要窗口，也成为常熟市经济发展和沿江产业布局的重要支撑。

截至2015年年底，常熟口岸已建成码头泊位59个，其中万吨级以上泊位24个；对外开放泊位26个，其中万吨级以上泊位17个，最大靠泊能力10万吨级；设计年吞吐能力5 156.4万吨。2015年，常熟口岸完成货物吞吐量8 507.1万吨，外贸量1 480.6万吨，集装箱38.98万标箱，进出港航行国际航线船舶2 926艘次，同比分别增长5.7%、4.5%、2.5%和11.6%，目前，常熟港纸浆、钢材、木材、化工原料、煤炭、矿物性建材、金属矿石等特色货种及大宗货物吞吐量稳步增长，货种特色鲜明，已成为长三角区域重要的钢材进出口中转基地和华东地区最大的纸浆集散基地。

【常州水运（河港）口岸】 常州水运口岸位于常州市新北区境内，长江南岸，北隔长江与泰兴相望，上距南京长江大桥167千米，下至上海吴淞口180千米。2001年4月经国务院批准对外国籍船舶开放，拥有较完善的开放配套设施和良好的口岸通关服务环境，是长江下游地区重要的集疏运进出口通道。拥有对外开放的万吨级长江深水泊位9个。其中，集装箱专用泊位2个，年可接卸集装箱30万标箱；液体化工品专用泊位3个，可接卸液体化工品种类50多个；散货及件杂货泊位4个。

2015年，常州水运口岸完成货物总吞吐量3 619.32万吨，同比增长9.22%，其中外贸运量409.32万吨，同比下降36.46%；全年集装箱运量为21.69万标箱，同比增长12.45%，其中外贸集装箱13.66万标箱，同比增长20.25%；国际航行船舶为527艘次，同比下降16.08%；出入境人员为5 071人次，同比下降21.47%。

【靖江港水运（河港）口岸】 靖江港水运口岸地处长江下游北岸，上海与南京中间地段，江苏沿海与沿江经济带T形交汇处，地理位置优越。拥有开放岸线47.78千米，其中宜港岸线40.1千米；分夹港、八圩、新港3个作业区，规划泊位数达110个，总通过能力达2.1亿吨。

靖江港口岸于2012年11月经国务院批准设立，2013年8月通过国家口岸办组织的验收后正式对外开放，现有对外开放码头14个，共31个万吨级以上泊位，其中盈利港务、龙威粮油港务分别获批木材和粮食进境指定口岸，口岸形成了船舶修造、粮食、木材、石化、金属、矿石六大产业。

2015年，靖江水运口岸成为江苏省长江北岸首个县级亿吨港，完成港口货物吞吐量1.07亿吨，其中外贸848万吨；进出国际籍船舶为1 497艘次，进出境人员为30 922人次。

江苏省口岸大事记

1月

常熟特殊监管区获国务院批复升级为综合保税区。

1月6日

国务院批复同意扬泰空运口岸开放。

1月31日

国务院以国函〔2015〕13号文件批复同意常州出口加工区和武进出口加工区整合优化为综合保税区。

2月7日

国家质检总局专家组对镇江口岸恢复进境肉类资质进行了现场考核验收，认为镇江港国际集装箱码头进口肉类指定口岸条件符合要求。2015年5月获得国家质检总局的批准并公布。

2月16日

常州国际机场至老挝万象的国际首航圆满完成，这是华东地区首条直飞老挝的国际航线。

3月

江阴出入境检验检疫局与上海海事大学共建的国际航行船舶压载水研究中心已正式启用。这是全国口岸首家压载水专业研究中心。

5月1日

江阴电子口岸国际航行船舶“单一窗口”平台正式启用，标志着江阴口岸进出境国际航行船舶申报真正实现了“一点录入、数据分送”。

5月15日

国务院副总理马凯率工信部部长苗圩、国务院副秘书长肖亚庆及财政部等中央十部委领导到常州出口加工区，调研新能源汽车推广应用情况。江苏省省长李学勇、副省长徐南平，常州市委书记阎立、市长费高云等陪同视察。

5月28日

盐城南洋机场将开通盐城—日本（静冈、大阪）国际航线和盐城—桂林国内航线，每周4班，由北京首都航空公司空客A319机型执飞。

8月7日

丹阳雄特牧业获得进境屠宰肉牛指定口岸资质。该项目建成后，将成为江苏省内最大的进口牛肉屠宰基地，配合即将建成的大型冷链物流基地，这将让镇江市成为江苏乃至我国南方最大的进口肉牛加工、冷鲜肉分销中心。

8月11日

太仓口岸国际贸易“单一窗口”成功上线试运行。

9月7日

经国家质检总局批复，太仓港取得筹建肉类进口口岸资质。

12月1日

江阴电子口岸移动业务平台（安卓版）和电子卡口系统共同启用，两者系江苏省内首创，在全国也保持领先水平。

12月2日

镇江综合保税区通过南京海关会同省发展和改革委员会、省财政厅、省国土资源厅、省出入境检验检疫局等十部门组成的联合验收组正式验收。

12月10日

常州综合保税区和武进综合保税区双双通过海关总署授权南京海关组织的联合验收。

12月25日

镇江扬中润华物流有限公司获得了全国进境粮食指定口岸资质，这是继中储粮镇江粮油有限公司、镇江港务集团有限公司后的第三家获批企业，镇江口岸也成为全国大宗农产品特别是粮谷类重要进境口岸之一。

2015 年江苏省口岸流量统计表

口岸类型		口岸名称	货运量（万吨）				集装箱量（万标箱）				人员（万人次）				交通工具（辆、艘、架、列次）			
			出口	进口	合计	同比（%）	出口	进口	合计	同比（%）	出境	入境	合计	同比（%）	出境	入境	合计	同比（%）
空运口岸		南京			13.9	107.2							233	22.9				
		徐州			0.01	5 912.3							14.02	-7.4				
		盐城			0.037	5							20.12	23.48				
		无锡			0.16	-67.6							50.45	14.7				
		分计			14.10	94.4							317.60	19.8				
陆运口岸	公路																	
	铁路																	

续表

口岸类型		口岸名称	货运量（万吨）				集装箱量（万标箱）				人员（万人次）				交通工具（辆、艘、架、列次）			
			出口	进口	合计	同比（%）	出口	进口	合计	同比（%）	出境	入境	合计	同比（%）	出境	入境	合计	同比（%）
水运口岸	海港口岸	连云港			9 991.88	-9.46			264.8	-1.37								
		大丰			961.16	37.03			20.2	95.64								
		分计																
	河港口岸	南通			3 841.71	10.4			31.1	-0.09								
		如皋			484.15	-30.4			0	0								
		张家港			5 980.5	9.91			50.3	-4.1								
		南京			1 849	-6.33			85.5	19.58								
		镇江			2 060.7	-7.6			14.8	-8.7								
		江阴			1 537.95	15.4			6.5	-9								
		扬州			824.5	1.87			28.5	8.6								
		泰州			969.07	-15.4			7.9	15.5								
		靖江			75	10.3												
		太仓			6 629.99	24.1			153.5	42.2								
		常熟			1 480.06	4.42			23	1.51								
		常州			409.32	-26.5			13.7	20.2								
		分计			37 094.99	0.06			699.6	10.62								
合计																		
同比（%）																		

（江苏省口岸办提供）

2015 年南京海关主要数据统计表

项目		2015 年	同比（%）
进出口货运量（万吨）	合计	32 853. 4	2. 5
	进口	25 801. 2	-0. 3
	出口	7 052. 2	14. 6
进出口贸易总值（万美元）	合计	33 747 857. 7	-2. 2
	进口	16 910 085. 5	-7. 6
	其中：江、海运输	9 980 383. 5	-13. 5
	铁路运输	41 066. 7	171. 2
	汽车运输	870 338. 1	7. 9
	航空运输	6 016 842. 5	1. 4
	邮件运输	1 454. 8	-27. 7
	其他运输		
	出口	16 837 772. 1	3. 8
	其中：江、海运输	9 843 618. 5	4. 0
	铁路运输	201 630	18. 8
	汽车运输	863 287. 3	25. 5
	航空运输	5 911 192. 4	0. 6
	邮件运输	18 044	30. 8
	其他运输		
税收（万元）	两税合计	13 282 900. 1	-3. 9
	关税入库	1 886 641. 4	-3. 0
	进口环节税入库	11 396 258. 7	-4. 1

（南京海关提供）

2015 年江苏省口岸出入境主要数据表

项目			2015 年	2014 年	同比（%）
出入境人员（人次）	出入境人员总数		3 912 100	3 391 780	15.34
	入境人员		1 967 842	1 700 749	15.70
	出境人员		1 944 258	1 691 031	14.97
	出入境旅客		3 193 168	2 719 344	17.42
	出入境员工		718 932	672 436	6.91
	中国公民	小计	3 242 918	2 786 244	16.39
		内地居民（因公）	295 631	283 944	4.1
		内地居民（因私）	2 481 849	2 068 986	19.95
		港澳居民	136 122	119 336	14.07
		台湾同胞	329 316	313 978	4.89
	外籍人员		669 182	605 536	10.51
	从海港出入境人数		593 312	598 343	-0.84
	从陆港出入境人数		0	0	0.00
	从空港出入境人数		3 318 788	2 793 437	18.81
交通运输工具（辆、艘、架、列次）	总计		48 460	43 927	10.32
	船舶		27 063	26 253	3.09
	飞机		21 397	17 674	21.06
	火车		0	0	0.00
	机动车辆		0	0	0.00

（江苏省公安边防总队提供）

2015 年江苏省出入境检验检疫业务统计表

项目	货物检验检疫				交通工具				集装箱（标箱）		发现动植物疫情		货物通关		出入境人员查验（人次）	健康检查及预防接种（人次）			
	批次	金额（万美元）	检验检疫不合格		船舶（艘）	飞机（架）	火车（列）	汽车（辆）	合计	检出问题	种类数	种次	批次	金额（万美元）		健康检查	艾滋病监测	发现病例	预防接种
			批次	金额（万美元）															
本年累计	661 804	9 044 495	42 353	1 856 196	29 208	20 831			3 180 558	44 502	2 208	334 537	621 937	8 919 035	3 858 657	123 435	122 952	59 753	73 663
其中 出境	368 484	2 053 628	8 212	37 329	14 416	10 442			1 454 939	79	107	217	222 707	1 593 070	1 916 494	103 500	103 069	46 707	72 866
其中 入境	293 320	6 990 866	34 141	1 818 866	14 792	10 389			1 725 619	44 423	2 202	334 320	399 230	7 325 966	1 942 163	19 935	19 883	13 046	797
同比（%）	-4.15	-10.94	28.46	1.01	3.98	18.45	-100.00		1.12	-15.36	-12.35	112.87	11.91	-4.95	12.90	3.90	4.00	-16.34	-14.00
其中 出境	-4.01	-2.78	78.52	78.71	4.46	17.55	-100.00		-1.43	-49.39	46.58	-23.32	57.69	24.83	13.16	3.75	3.71	-15.01	-14.53
其中 入境	-4.29	-13.08	20.34	0.12	3.53	19.36			3.38	-15.26	-10.34	113.12	-3.69	-9.63	12.64	4.67	5.53	-20.80	96.31

（江苏出入境检验检疫局提供）

2015 年江苏海事局进出港船舶统计汇总表

船舶类别	进港船舶							出港船舶						
	艘数（艘）	总吨（吨位）	总载重量（吨）	载客量（客位）	船员人数（人次）	货物到达量（吨）	旅客到达量（人）	艘数（艘）	总吨（吨位）	总载重量（吨）	载客量（客位）	船员人数（人次）	货物发送量（吨）	旅客发送量（人）
总计	1 131 327	1 825 797 822	2 328 346 906	151 909 934		986 800 371	9 213 938	1 132 433	1 833 921 147	2 340 650 551	151 910 269		516 624 942	9 366 303
中国籍船舶	1 112 082	1 445 347 678	1 702 534 555	151 886 638		731 916 921	9 201 576	1 113 036	1 448 151 122	1 706 572 092	151 886 973		468 225 843	9 353 711
其中外贸船	2 001	19 174 707	26 824 920	38 024	46 286	13 513 423	22 146	1 870	19 002 589	26 364 301	38 024	46 396	5 077 447	18 847

（江苏海事局提供）

浙　江　省

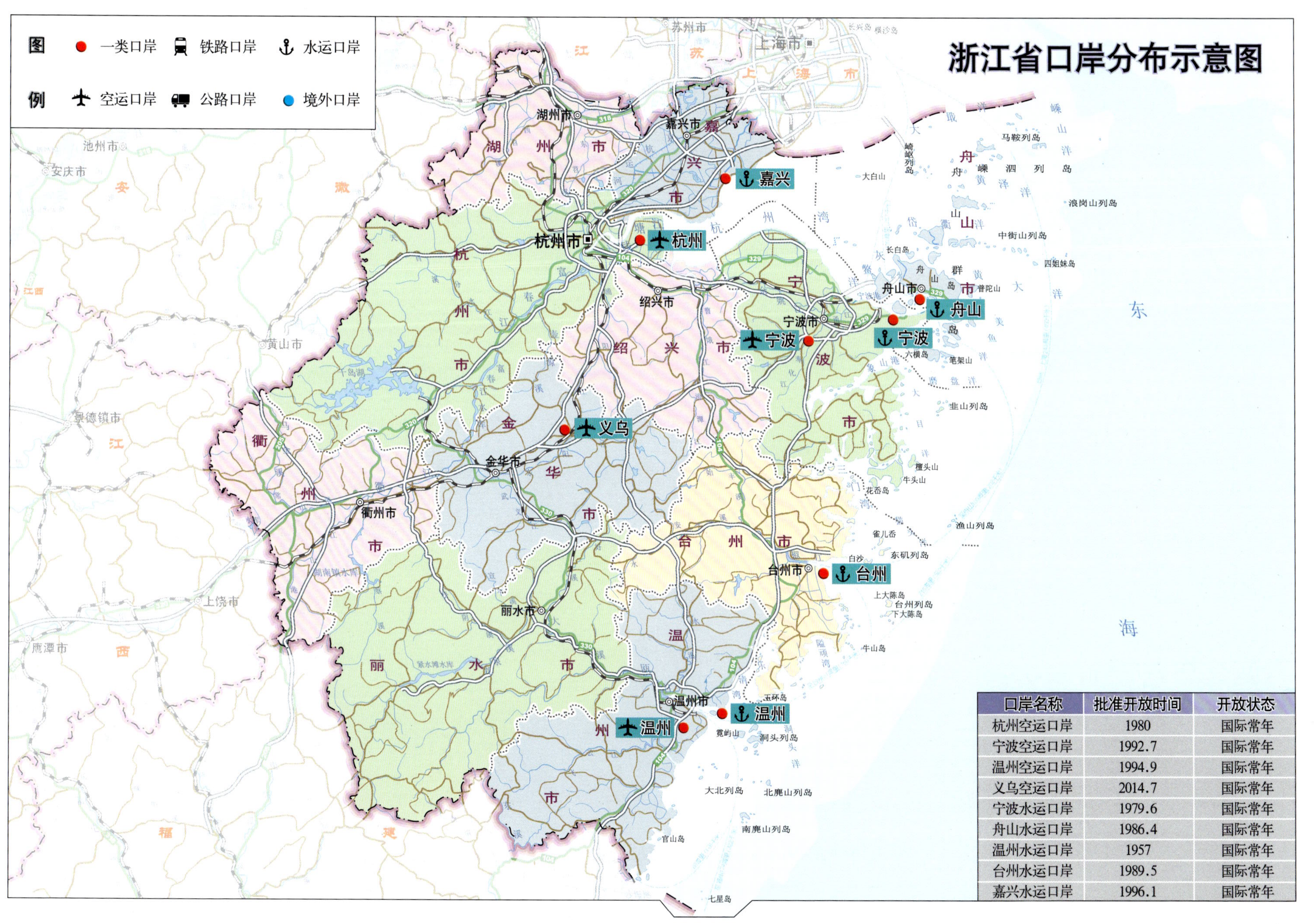

口岸名称	批准开放时间	开放状态
杭州空运口岸	1980	国际常年
宁波空运口岸	1992.7	国际常年
温州空运口岸	1994.9	国际常年
义乌空运口岸	2014.7	国际常年
宁波水运口岸	1979.6	国际常年
舟山水运口岸	1986.4	国际常年
温州水运口岸	1957	国际常年
台州水运口岸	1989.5	国际常年
嘉兴水运口岸	1996.1	国际常年

口岸数量及分布

截至2015年年底，浙江省有经国务院批准的对外开放口岸9个。其中，空运口岸4个，分别是杭州空运口岸（杭州萧山国际机场）、宁波空运口岸（宁波栎社国际机场）、温州空运口岸（温州龙湾国际机场）和义乌空运口岸（义乌国际机场）；水运（海港）口岸5个，分别是宁波、舟山、温州、台州、嘉兴海港口岸。

口岸运行数据

2015年，浙江省空运口岸共完成出入境旅客501.38万人次，同比增长16.71%；出入境飞机37 126架次，同比增长19.47%；进出口货运量12.94万吨，同比增长1.09%。其中，杭州空运口岸完成出入境旅客367.3万人次，出入境飞机25 612架次，进出口货运量11.32万吨，同比分别增长19.24%、21.68%、1.93%；宁波空运口岸完成出入境旅客101.5万人次，出入境飞机8 565架次，进出口货运量1.52万吨，同比分别增长11.83%、12.97%和下降6.17%；温州空运口岸完成出入境旅客29.04万人次，出入境飞机2 598架次，进出口货运量959吨，同比分别下降5.42%、增长6.56%和14.99%；义乌空运口岸完成出入境旅客3.54万人次，出入境飞机351架次。

2015年，浙江省5个水运（海港）口岸共完成进出口货运量42 893.07万吨，同比增长2.04%；进出口集装箱运量1 751.43万标箱，同比增长7.52%；入出境船舶31 755艘次，同比增长8.16%。其中，宁波水运（海港）口岸完成进出口货运量30 203.63万吨，进出口集装箱运量1 673.91万标箱，入出境船舶16 574艘次，同比分别增长1.62%、7.14%、4.91%；舟山水运（海港）口岸完成进出口货运量10 610.77万吨，进出口集装箱运量21.72万标箱，入出境船舶11 333艘次，同比分别增长4.9%、49.7%、27.9%；温州水运（海港）口岸完成进出口货运量360.59万吨，进出口集装箱运量12.95万标箱，入出境船舶971艘次，同比分别下降15.78%、6.23%、11.65%；台州水运（海港）口岸完成进出口货运量757.9万吨，进出口集装箱运量5.9万标箱，入出境船舶2 139艘次，同比分别下降11.7%、增长28.5%、下降10.5%；嘉兴水运（海港）口岸完成进出口货运量955.18万吨，进出口集装箱运量36.95万标箱，入出境船舶738艘次，同比分别增长6.01%、9.83%和下降25.15%。

2015年浙江省进出口货值统计表

	进出口值（亿元）	出口值（亿元）	进口值（亿元）	同比（%）		
				进出口	出口	进口
全省合计	21 566.22	17 174.23	4 391.99	-1.12	2.28	-12.50
省级公司	448.31	347.32	101.00	-11.26	-11.62	-9.98
杭州市	3 684.12	2 760.72	923.40	0.38	5.09	-11.48
宁波市	6 239.90	4 436.58	1 803.32	-2.94	-1.21	-6.94
温州市	1 208.26	1 061.82	146.44	-5.35	-6.81	6.85
湖州市	633.27	549.36	83.91	3.19	1.56	15.31
嘉兴市	1 928.38	1 422.42	505.96	-6.94	-2.10	-18.29
绍兴市	1 854.80	1 683.55	171.25	-12.91	-7.87	-43.39
金华市	3 044.63	2 958.71	85.92	19.48	21.42	-22.97

续表

	进出口值（亿元）	出口值（亿元）	进口值（亿元）	同比（%）		
				进出口	出口	进口
衢州市	274.20	204.67	69.52	0.34	15.45	-27.57
舟山市	726.34	383.95	342.39	-4.09	8.23	-14.94
台州市	1 313.44	1 168.23	145.21	-3.18	-1.71	-13.58
丽水市	210.56	196.90	13.66	17.85	21.52	-17.89

口岸综合管理

【口岸开放】 按照海关总署要求，编制完成《浙江省“十三五”口岸发展规划有关情况和意见》。根据规划，“十三五”期间，浙江省拟开放水运、空运和陆运口岸项目共62个，其中水运口岸拟扩大开放宁波港、舟山港、温州港、台州港和嘉兴港5个水运（海港）口岸共22个港区59个项目，包括117座码头（144个泊位）、10座船坞船台；空运口岸拟对外开放舟山普陀山机场；陆运口岸拟对义乌铁路口岸实行临时开放并争取正式开放；金华浙中公铁联运港项目拟列入国家“十三五”口岸发展规划。

保障一批重点码头对外启用和临时开放。义乌铁路西站首次实现临时开放，是2015年浙江省口岸开放工作的一个亮点。这一开放对于深化义乌国际贸易综合改革试点，打通国际贸易通道，构建国际贸易便利化体系，推进全球小商品贸易中心和国际陆港城市建设具有重要意义。义乌铁路西站也由此成为浙江省第一个陆路（铁路）临时口岸，标志着浙江省的口岸格局进入了“海陆空”全方位发展的新阶段。此外，2015年浙江省水运（海港）口岸共有5个码头、4个船坞实现对外启用，分别是舟山水运（海港）口岸金海重工股份有限公司4座码头、4座船坞，太平洋海洋工程（舟山）有限公司30万吨级舾装码头；共有12个码头（场站）实现25批次临时开放，分别是宁波水运（海港）口岸穿山港区中宅煤炭码头、宁波光明通用码头、浙江液化天然气（LNG）接收站码头、宁波港鑫东方燃供仓储码头、象山石浦港区新港码头，舟山水运（海港）口岸舟山港综合保税区本岛分区配套码头、舟山亚泰船舶修造工程有限公司码头、舟山中天重工有限公司码头船坞、舟山武港码头有限公司码头、舟山惠群远洋渔业发展有限公司码头，嘉兴水运（海港）口岸平湖独山港区港务有限公司码头，台州水运（海港）口岸三门枫叶船舶修造有限公司码头船坞。

大力提升空运口岸开放层次。一是切实加强空运口岸开辟新航线政策扶持力度。审议通过了2015年杭州空运口岸新开辟国际航线专项资金拨付计划、预算等方案，对新修订的《引导和培育杭州空运口岸新开国际航线专项资金管理办法》进行了审议。二是对杭州空运口岸各查验单位要求增加协（管）检员经费事宜积极协调落实。针对杭州空运口岸国际业务量快速增长与口岸查验力量明显不足这一突出矛盾，经调研了解有关省市口岸情况后，浙江省政府批复同意从2016年起提高杭州空运口岸查验单位协管（检）员保障经费，并纳入部门预算。三是按照国务院有关文件要求，及时回复同意杭州空运口岸实施144小时过境免签政策的意见并协助浙江省公安厅做好相关工作。2015年，浙江省空运口岸共新开通国际（地区）航线21条，具体为：杭州空运口岸新开通7条国际航线（定期航线6条，包机航线1条），分别是杭州至丹麦哥本哈根、西班牙马德里、日本函馆、越南芽庄和胡志明市（经停南宁）、柬埔寨西哈努克港、美国关岛，其中杭州—哥本哈根航线是浙江省首条直达北欧的国际航线，杭州—马德里航线是华东地区首条直达西班牙的国际航线；宁波空运口岸新开辟了宁波至德国法兰克福，意大利罗马，日本静冈、大阪、名古屋，中国台湾全货机等6条国际（地区）航线，其中宁波—罗马航线是宁波首条直达欧洲的国际航线；温州空运口岸新开通6条国际航线，分别是温州至日本大阪、静冈，韩国襄阳，越南芽庄，泰国苏拉塔尼航线和青岛—温州—越南岘港首条中转国际航线；义乌空运口岸新开通义乌至韩国首尔、泰国曼谷2条国际航线。

不断拓展口岸功能。杭州空运口岸、宁波空运口岸和舟山水运（海港）口岸舟山港综合保税区获批进口冰鲜水产品指定口岸资质。杭州空运口岸、宁波空运口岸、温州空运口岸和宁波水运（海港）口岸象山石浦港区获批进境水生动物指定口岸资质。宁波水运（海港）口岸北仑港区获批进境集装箱粮食指定口岸资质。至此，宁波口岸成为全国指定口岸资质最全、进口农产品指定口岸资质“全覆盖”的口岸之一。杭州空运口岸和舟山水运（海港）口岸进境水果指定口岸获批立项，舟山水运（海港）口岸进口冷冻肉类指定口岸获准筹建，进境澳大利亚屠宰肉牛指定隔离检疫场项目落户宁波和舟山，浙江省首个获准筹建的内陆地区进口肉类指定查验场落户金华。台州水运（海港）口岸获批转关运输特殊货物后，台州市金属资源再生产业基地正式启用。

【口岸大通关建设】 出台《浙江省人民政府关于改进口岸工作推进大通关建设的实施意见》，这是今后一个时期指导浙江省口岸大通关建设的规范性文件。积极推进浙江国际贸易“单一窗口”建设。成立了浙江省“单一窗口”建设工作推进组，下设业务组和技术组，形成了浙江省“单一窗口”建设工作机制；2015年5月正式启动“单一窗口”建设，8月底编写完成“单一窗口”建设方案并上报国家口岸办备案。为避免浪费和重复建设，把“单一窗口”建设的工作重点放在两大电子口岸（浙江电子口岸、宁波电子口岸）的项目改造和资源整合优化上，力求形成两大电子口岸平台联合共建“单一窗口”的工作局面。2015年9月，浙江宁波国际贸易“单一窗口”平台上线试运行，上线的关检合作“三个一”、船舶入出境联网核查、加工贸易“单一窗口”3个核心项目解决了企业在办理相关业务时需要多次往返各监管单位、重复录入等重要问题。主要由浙江电子口岸承建的浙江国际贸易“单一窗口”门户网站和一般贸易进出口货物申报及船舶进出口岸联网核查2个试点项目正在全力建设中。

深入推进长三角区域大通关建设协作。一是大通关协作机制进一步完善。推动长三角区域大通关建设协作联席会议、联络员会议和专题会议务实化，注重围绕区域通关中重点、热点、难点问题及重大事项发挥沟通协调作用。浙江省作为联席会议2015年的轮值方，除了召开3次联络员例会外，还于8月和11月分别在浙江温州和江苏太仓组织召开了长三角区域“单一窗口”专题研讨会和现场观摩会，沪、苏、浙、皖四省市口岸主管部门共同研究制订了《关于协作推进长三角区域国际贸易单一窗口建设的工作方案》。二是口岸城市群合作项目进一步推进。舟山干支线“水水中转”业务不断拓展，2015年累计完成集装箱吞吐量78万标箱。湖州地区“水水中转”业务发展迅速，安吉川达码头进口集装箱吞吐量2015年首次突破25 000标箱。金华至宁波“海铁联运”集装箱班列开通，兰溪至宁波再出口到南美、东南亚、非洲等国家的“海铁联运”集装箱班列开通。义乌至宁波“海铁联运”发展迅速，2015年共运送7 376标箱，同比大幅增长401%；义乌至上海“空陆联运卡车航班”2015年出口小商品71票，出口货物121.01吨。合肥至宁波“铁海联运”进入试运行阶段；宁波北仑港至安徽马鞍山港的铁矿石运输专线开通，舟山港与马鞍山港签署了战略合作协议。三是区域通关一体化改革进一步深化。长江经济带检验检疫通关一体化正式启动，结合无纸化通关机制，为企业带来每单节省100元、通关提速5小时的便利。海关通关一体化、通关无纸化深入推进，2015年长三角区域海关通关一体化模式申报业务量已占长江经济带的九成以上，接近全国报关单总量的一半。关检合作“三个一”深入开展。

继续深化丝绸之路经济带沿线区域通关协作。浙江出入境检验检疫局与新疆出入境检验检疫局签署推进“义新欧”班列常态化运行合作备忘录。“义新欧”中欧班列（义乌—马德里）实现双向常态化运行，新增华沙、柏林、路易斯堡、巴黎4个上下货站点，2015年共往返运行36个班列，发送2 192标箱。其中，去程31个班列，发送1 988标箱；回程5个班列，发送204个标箱。“义新欧”班列（义乌—中亚）发送3 018个标箱。“甬新欧”班列2015年累计运输3 046标箱，货运总量3.3万吨，货值约3.16亿元。

【贯彻落实海港一体化战略，口岸监管一体化加快推进】 2015年8月，浙江省委根据中央精神和浙江省实际，做出整合全省沿海港口及有关涉海涉港资源和平台，组建浙江省海洋港口发展委员会（以下简称“浙江省海港委”）和浙江省海洋港口投资运营集团（以下简称“浙江省海港集团”），加快海洋经济和港口经济一体化、协同发展的重大决策。8月28日，浙江省海港集团在舟山揭牌成立，开始对浙江省内的五大海港进行整合，先行整合宁波港和舟山港。9月29日，浙江省委书记夏宝龙为宁波舟山港集团揭牌，标志着宁波—舟山港实现了以资产为纽带的实质性一体化，也标志着浙江省海洋港口一体化发展迈出了关键一步。宁波舟山港集团由原宁波港集团和舟山港集团通过股权等值划转整合组建而成，将通过对资产等各个要素的深度整合，加快推进港口综合规划、基础设施建设、重点港区开发、海事航运服务、口岸监管5个一体化，真正实现“建设更大规模的东方大港”的目标。12月20日，中国（浙江）大宗商品交易中心获国务院批复设立，这是国内唯一由国务院批准设立的大宗商品交易管理与监督中心。该中心由浙江省海港集团全资，宁波大宗商品交易所重组后将成为该中心全资的交易所，舟山大宗商品交易所重组后将成为由该中心控股的交易所。12月24日，宁波舟山港年集装箱吞吐量首次突破2 000万标准箱，这是宁波舟山港实质性一体化后取得的重要成果，宁波舟山港由此成为继上海港、新加坡港、深圳港、香港港之后全球港口“超2 000万俱乐部”的第5个成员，浙江省委书记夏宝龙按下第2 000万只集装箱的起吊按钮。2015年，宁波舟山港完成货物吞吐量8.9亿吨，继续位居全球第一；完成集装箱吞吐量2 062.7万标箱，首次超过香港港位居全球第四，增幅居全球十大港口首位。2015年年底，浙江省海港委获中央编办批准组建，将划入相关涉海涉港行政职责，其中包括划入浙江省政府办公厅的口岸管理职责等，并管理浙江省海港集团和宁波舟山港集团。

加快推进口岸监管一体化。成立口岸监管一体化工作组，赴杭州、绍兴、义乌、宁波、舟山等地深入一线开展调研，形成《宁波舟山港口岸监管一体化调研报告》，建议2016年在宁波舟山港进行口岸监管一体化试点，试点内容主要是简化口岸监管部门对国际航行船舶在宁波舟山港内移动所办理的各种手续，将其作为同一港口内移泊处理；优化进出口货物在宁波舟山港两个口岸之间移动的通关、通检手续办理流程，简化转关手续，扩大转检范围。该调研报告得到浙江省分管省领导的高度肯定。根据口岸监管一体化调研情况，分别与杭州海关、宁波海关，浙江出入境检验检疫局、宁波出入境检验检疫局、浙江省公安边防总队、浙江海事局等就口岸监管一体化进行座谈磋商，有效推动口岸监管一体化有关举措的落实。其中，海关部门创新宁波港与舟山大浦口码头保税油跨关区供应监管模式，实现供油、受油两地海关无缝对接，每次供应时间减少1～2个工作日；检验检疫部门通过检验检疫一体化改革举措，使进口货物在浙江省内由“两次报检”改为“一次报检”；浙江省公安边防总队通过努力，使入境外籍船舶在境内移泊取消边封得到公安部认可，并从2016年开始实施；浙江海事局对简化宁波舟山港内移泊船舶进出口岸手续表示支持，并将会同其他口岸查验单位同步实施宁波舟山港进出口岸便利措施。

【口岸基础设施、配套设施建设】 义乌陆路（铁路）口岸规划用地约130.87万平方米，口岸西区用地约14.33万平方米，传统铁路物流作业区用地约27.67万平方米，口岸配套区用地约65.73万平方米。一期工程于2015年8月开工建设，一期工程用地面积约11.20万平方米，总建筑面积2.28万平方米，投资约1.5亿元，主要包括查验平台、监管仓库、集装箱堆场、检验检疫场地、停车场、联检大楼等。

杭州空运口岸（杭州萧山国际机场）国际中转厅改造项目建成投用，改造内容包括设置隔离、架设室外坡廊、建设休息室、扩大候机区域和联检区域等；在落实G20峰会筹备工作方面，截至2015年年底，专用停机坪及滑行道已开始浇筑道面，专用候机楼已结顶并开始装修，专用迎宾道路已基本建成。宁波空运口岸（宁波栎社国际机场）检验检疫大楼、南辅楼工程完工。温州空运口岸（温州龙湾国际机场）国际中转厅建成投用，总面积约1 800平方米；口岸联检单位新办公大楼正式建成；东海第一救助飞行队温州基地建成投用，这是继舟山之后浙江省第二个东海第一救助飞行队基地，填补了温州市“空中救援”的空白，大大增强了温州空运口岸的应急救援保障能力。义乌空运口岸（义乌国际机场）飞行区改造工程获批立项，改造项目是跑道向南延长500米，总长度增至3 000米，采用不停航施工方案。

宁波水运（海港）口岸大榭招商码头海关查验场地修复改造完成，梅山港区海关查验场地大棚项目开工建设。温州水运（海港）口岸状元岙港区二期工程开工建设，新建3个5万吨级（兼靠10万吨级）集装箱泊位及相应配套设施；乐清湾港区口岸联检单位办公生活用房改造、装修完毕，堆场、海关监管场所、隔离围网及卡口建设正加快推进；大小门岛港区与温州陆域重要连接线——大门大桥建成通车，为下一步扩大开放打下良好基础。嘉兴水运（海港）口岸最主要的口岸查验配套设施项目——嘉兴港通关服务中心累计完成投资6 118多万元；嘉兴港两翼的现场查验临时过渡监管点（独山和海盐现场监管点）已装饰完毕，符合查验单位进驻条件。

【特殊监管区建设】 海关特殊监管区已成为浙江省外贸进出口的重要集聚地、集聚先进制造业的重要平台、现代物流的重要中心、改革创新的重要实践区。2015年11月24日，浙江省政府在杭州召开了“全省海关特殊监管区工作会议”，这是继2008年之后浙江省政府召开的又一次海关特殊监管区工作会议。会议对海关特殊监管区建设提出了新要求：一是要在加强统筹规划上下工夫，推动形成布局优化、错位互补发展的格局；二是要在培育新型贸易业态上下工夫，推进跨境电子商务等新型贸易业态的发展，促进区域产业链条延伸和转型升级；三是要在提高招商引资质量和水平上下工夫，进一步深化产业研究，明确产业发展定位，继续吸引国际投资；四是要在加快监管制度创新上下工夫，积极争取国家有关部门出台先行先试的政策措施，推进监管方式的改革和创新；五是要在完善保障体系上下工夫，要建立协作配合机制和考核制度，优化特殊监管区营商环境。

金义综合保税区获批设立。这是全国首个以跨境电子商务为特色的综合保税区，也是继舟山、嘉兴之后，浙江省第3个综合保税区。金义综合保税区位于金义都市新区，距离金华市区、义乌市区均在20千米以内，规划面积1.79平方千米，分两个区块，通过封闭的道路相连。一期建设面积1平方千米，主要建设口岸作业区、保税加工区、保税物流区和综合服务区及区间道路；二期建设面积0.79平方千米，主要建设保税加工区、保税物流区和国际贸易区及区间道路。项目申报进程中即完成了全国首个跨境电子商务综合保税区概念性规划、项目建筑设计方案，体现了“金华特色”；适应“互联网+”背景，满足跨境电子商务B2B、B2C、B2B2C及O2O等方式采用的集货备货模式对仓储物流的高要求，努力走出一条以“仓储物流+商贸服务+高附加值加工业”为主要功能的低碳新型综合保税区3.0版发展之路，这体现了“金华模式”；金义综合保税区可研报告仅用20天完成，并通过国家有关部委评审，体现了“金华速度”；包括产业基础、规划条件、用地情况、财务报表等一整套完备的申报材料，被作为今后全国综合保税区申报样本，成为“金华范本”。

杭州富阳保税物流中心（A型）获批筹建。这是浙江省首个A型保税物流中心。杭州富阳保税物流中心位于富阳口岸“无水港”向杭州东洲综合码头租用的7.27万平方米海关监管场所中，紧邻富春江航道，公路、水路交通便捷。杭州东洲综合码头港航物流设施完备，整体建设面积20 256平方米，配备标准化仓库12 916平方米，堆场7 340平方米。富阳口岸“无水港”是杭州关区进口转关集装箱运量最大的内陆口岸，2011~2015年期间转关集装箱运量年均达18万多标箱，其中2012年最高达到20.09万标箱。杭州富阳保税物流中心是公用型保税物流中心，建成后将对大杭州地区及浙西广大地区的开放型经济发展产生积极的推动作用。宁波镇海保税物流中心（B型）通过国家验收，作为国内唯一一家以液化品为主要经营品种的保税物流中心，它的建成投用将为宁波港发展成为国际液化品中转港打下坚实的基础。宁波镇海保税物流中心占地面积29万平方米，区域内已建有各类液化储罐32个，总容量为21.44万立方米，可储存各类液体化工品、油品。

义乌国际邮件互换局（交换站）正式启用，业务范围包括金华、衢州、丽水（不含青田），开辟了浙中国际邮件进出口新通道，为义乌市打造跨境电子商务物流高地提供了强大支撑。2015年7月15日，义乌国际邮件互换局过渡工程开工建设。项目一期用地面积14 614平方米，仓储面积10 022平方米，其中国际邮件互换局4 320平方米，国际快件监管中心2 851平方米，跨境电子商务监管中心2 851平方米。义乌国际邮件互换局12月23日通过杭州海关正式验收，12月31日正式启用，实现“当年申请、当年获批、当年建设、当年启用”的目标。宁波国际邮件互换局（交换站）获批，宁波成为国家启动新审批标准后，首个成功获批设立国际邮件互换局的城市，也是浙江省继杭州、温州、义乌之后，第4个设立国际邮件互换局的城市。早在2013年，宁波启动海曙区跨境电子商产业园区建设时，就在园区内布局建设国际邮件互换局。园区一期工程占地1.4万平方米，建筑面积1.3万平方米，于2014年建成交付。园区内设有物流、仓储、通关、办公等功能区域，其中国际邮件互换局生产办公场所2 000平方米，配套中转仓储面积6 000平方米。海关、检验检疫、邮政速递物流公司等单位已入驻，博洋集团、太平鸟、京东商城、中铁互联、敦煌网等电子商务企业已先后集聚于此。宁波国际邮件互换局的设立，可为宁波市发展跨境电子商务创造更为便利的条件，加快推进宁波市国际贸易的转型发展。

【电子口岸建设】 2015年，浙江省口岸办牵头组织了对浙江电子口岸信息平台政务项目建设和运行管理的考核，考核报告提交浙江省财政厅作为核拨浙江电子口岸年度维护资金的依据。2015年，浙江电子口岸有限公司秉承“以政务建设为核心，物流信息化和电子商务两翼齐飞”的发展战略，在国家跨境电子商务服务试点、中国（杭州）跨境电子商务综合试验区建设、义乌国际贸易综合改革试点、长三角区域通关一体化等国家级、省级重点试点示范项目建设方面取得突破。截至12月31日，浙江电子口岸上线运行政务商务项目75项，累计注册用户总数超过16万家，门户网站日访问量突破5.84万次，帮助企业节约通关成本10亿余元；平台传输报关单3 862.66万票，提单2 592.29万份；门户网站“政务咨询”栏目实时回答企业咨询累计10.41万条；967209免费客服热线7×24小时为企业答疑解惑，累计回答问题58.51万个。

在政务建设方面，一是优化升级大通关平台，参与长三角区域通关一体化工作。完成杭州关区区域大通关平台优化重构，确立了以舱单为核心的物流监控体系，建设转关无纸化及通关一体化模式，开发完善国际中转箱、空箱管理、流程可视化功能，优化全局和重点风险监控预警功能，拓展与第三方平台互联互通的能力，提高了无纸化自动作业效率，实现了杭州关区内“一站式”通关作业，以及与宁波关区的无纸化转关作业。二是建设并完善浙江省内特殊监管区域信息化系统。完成嘉兴综合保税区A区及B区、温州保税物流中心的信息化系统和智能卡口系统建设。三是配合杭州海关开展上海自贸区14项海关监管创新制度复制推广工作与H2010系统的对接调试工作。完成了“先进区后报关”“区内自行运输”“保税展示交易”“批次进出/集中申报”“货物流转自行运输”“简化统一进出境备案清单”“简化通关作业随附单证”“监管仓储联网”等创新制度复制，并逐步在杭州关区内推广。四是服务义乌国际贸易综合改革试点复制推广。根据国务院办公厅《关于促进进出口稳定增长的若干意见》（国办发〔2015〕55号）要求，承建海宁皮革城市场采购贸易联网信息平台，于2015年10月28日首单成功测试，实现了市场采购贸易联网信息平台可复制可推广。五是在浙江省口岸办牵头协调下推进浙江国际贸易“单一窗口”平台建设。根据《浙江国际贸易“单一窗口”平台一期项目实施方案》和《浙江国际贸易“单一窗口”平台一期项目建设方案》，完成与宁波电子口岸平台的联调工作。

在物流信息化方面，建设并运营维护国家交通运输物流公共信息平台，承接国家重大战略项目落地。截至2015年12月31日，平台已互联中、日、韩三国18个港口、20个大型物流信息平台、30个物流园区、1万余个物流信息系统，服务企业40万家，与2014年相比增加14.3%，其中制造业28%、商贸业17%、交通运输及仓储业55%，年服务物流货值13.5万亿元，年降低社会物流成本5.5亿元，节约信息化投入费用3亿元，助力浙江省货车空载率下降30%。2015年，浙江电子口岸有限公司承建的交通运输物联网信息行业唯一国家级工程技术研发中心承担了国家科技部支撑项目建设，研究物流公共信息平台应用服务模式和关键技术，形成交通运输物流信息服务体系。

在电子商务方面，一是推动跨境电子商务服务试点复制推广。承建的中国（杭州）跨境电子商务综合试验区·空港园区跨境电子商务通关服务平台于2015年2月9日上线运行；2015年11月25日，杭州跨境电子商务服务试点项目通过海关总署、商务部、国家质检总局等部委联合验收。截至2015年12月31日，平台累计传输出口申报单量9 106.57万票，实现出口交易额5.99亿美元；累计传输个人物品进口申报单2 045.04万票，实现进口交易额34.63亿元人民币；已接入天猫国际、银泰网、考拉海购、中外运电子商务、洋东西、全麦网、顺丰优选、鲜生活、苏宁易购等333家电商平台，银联、支付宝、连连科技等33家支付平台，中国邮政速递、顺丰速运、菜鸟网络、泛远物流等55家物流企业，汉达、心怡等67家仓储服务企业，融易通、浙江物产电商等外贸综合代理服务企业。二是承担中国（杭州）跨境电子商务综合试验区“单一窗口”平台建设任务。2015年6月1日，综合试验区“单一窗口”平台上线运行，实现“一次申报、一次查验、一次放行”，满足“信息互换、监管互认、执法互助”，实现了与海关、国检、工商等政府部门及相关电商、物流、支付企业系统互联互通，覆盖跨境电子商务B2C和B2B货物贸易的政务服务。

针对浙江省进出口企业向“省长信箱”反映在办理中国电子口岸IC卡时存在的问题，浙江省口岸办及时召集浙江省商务厅等6家联审单位专题研究协调优化办理流程，形成了中国电子口岸IC卡网上联审系统的方案，极大地提高了进出口企业办理中国电子口岸IC卡的效率。嘉兴港EDI系统2015年9月基本建成。该系统与嘉兴国检的报文已开发测试完成，与浙江电子口岸的连接正在进行当中，与嘉兴海关的对接也在商定之中。

【中国（杭州）跨境电子商务综合试验区建设】 2015年3月7日，国务院批复同意设立中国（杭州）跨境电子商务综合试验区，这是全国首个跨境电子商务综合试验区。6月29日，浙江省政府召开“中国（杭州）跨境电子商务综合试验区建设推进大会”，正式发布《中国（杭州）

跨境电子商务综合试验区实施方案》，吹响了全面建设综合试验区的“进军号”。10月9日，国务院副总理汪洋来杭州到综合试验区视察调研时，充分肯定了综合试验区工作进展，并给予“士别三日当刮目相看”的高度评价。

2015年，综合试验区建设取得了阶段性成效。一是创新构建了以“六体系两平台”顶层设计框架为核心的制度体系。“六体系两平台”即信息共享、金融服务、智能物流、电商信用、统计监测和风险防控“六体系”及线上单一窗口和线下综合园区“两平台”。二是建立了以跨境电子商务B2B为主导的产业体系。顺应“互联网+外贸”发展趋势，把跨境电子商务B2B作为突破口，从2015年7月中旬开始实施“做大做强跨境电子商务B2B专项行动”，用3个月时间引导传统外贸和制造业企业上线经营，仅在阿里巴巴国际站经营的杭州企业数就超3 500家，新增有实绩企业超1 500家，逐步形成独具特色的“杭州模式”。2015年，杭州跨境电子商务交易规模从2014年不足2 000万美元快速增至34.64亿美元，其中出口22.73亿美元，进口11.91亿美元，拉动杭州外贸出口增长5.4个百分点。三是逐步形成了线上线下深度融合的跨境电子商务生态圈。在线上，已建立覆盖B2C和B2B的“单一窗口”平台，初步形成“电子围网”，链接金融、物流、第三方综合服务平台等构建出“数据底层”，再加上阿里巴巴一达通等一站式外贸综合服务平台形成“交易底层”，叠加集聚跨境电子商务发展动能；在线下，采取“一区多园”布局方式，加快产业集聚，推动区域特色优势与跨境电子商务融合发展。综合试验区获批后，线下产业园区从“一区三园（下城、下沙、空港园区）”扩容到“一区多园”，新增临安、江干、萧山、余杭园区。

下沙园区主要承载跨境电子商务进口试点业务。2015年实现跨境电子商务进口业务1 492万单，交易金额25.2亿元；引进跨境电子商务企业125家，其中30个平台电商、66家垂直电商和29家服务电商；服务平台上备案的海外电商达到400家，备案品类已超9 000个。下城园区是全国首个跨境电子商务产业园。截至2015年，累计出口包裹5 329万余个、价值21.7亿元，累计进口包裹186万余个、价值2.56亿元；共入驻不同类型的跨境电子商务企业70余家，其中2015年引入21家。空港园区于2015年2月9日开园，先后开通了网购保税进口、直邮进口和集货进口业务，跨境B2B、B2C出口业务和O2O业务。2015年实现跨境电子商务平台销售额13.24亿元。其中，进口业务完成249.9万单，货值4.3亿元；出口业务完成12 541.5万美元。阿里巴巴产业带上线企业322家，累计交易金额7 925.16万元。

【金华跨境电子商务试点工作】 一是跨境通关业务有序推进。2015年出境邮件共计982.44万件，其中EMS1.62万件，e邮宝333.4万件，国际小包647.42万件；日均流量2.69万件，同比增长2.22倍，通关量在全国试点城市中持续保持前列；出口货值达6 977.14万美元，同比增长4.71倍。为实现跨境电子商务出口、进口双向平衡，依托金义综合保税区及尖峰保税仓库，通过杭州跨境电子商务综合试验区的服务延伸，采用“整进散出”（金义综合保税区进境、分拣、杭州仓库发货）模式、“空运直邮”模式实现跨境进口，初步形成跨境电子商务进口业务实施方案。二是成立跨境通关公司。为了促使“跨境通”走向规范化、正常化，2015年5月7日成立了金华市金义跨境电子商务发展有限公司，11月该公司获浙江省商务厅认定为第一批省级重点培育外贸综合服务企业。三是打通电子商务“商路”通道。2015年7月27日，新疆邮政跨境物流园合作项目正式签约，一条从金义都市新区出发，经新疆转关，通过哈萨克斯坦“境外仓”发往世界各地的商业快递通道正式打通。四是推进跨境电子商务培训。联手FM104.4金华之声以电波形式开展跨境电子商务免费培训。与金华市网络经济局、“赢在网络”经济节目、金义都市新区管委会、金义网络经济学院和金华全拼电商管理有限公司合作，推出跨境电子商务基础人才免费专题培训，组织一批零基础的创业者、就业者到实训基地免费学习。

口岸监管与服务

【浙江省公安边防总队创新通关服务举措】 集中开展中国边检服务品牌集中宣传暨《西游新编》宣传推介活动。建设边防网上办事大厅，以"一站式服务管理"为目标，集成网上报检、船期发布、诚信管理等应用模块，实现在线申请办理、远程证件打印、备案审核、诚信管理等"一站式"服务。北仑边检站升级完善"天天马士基""天天－M35"等边检绿色通关项目，使边检服务全面覆盖了亚洲、欧洲、非洲、美洲、大洋洲等整个航线网络，显著缩短码头靠泊时间，有效减少待港燃油消耗，实现"船舶到港零待时、手续办理零等候、执勤服务零距离"服务目标。梅山边检站支持和保障汽车整车进出口业务增长点建设，深化出口汽车堆场区、限定区、船舶区三区一体的"大区域管理"边检勤务模式，实现汽车检查、起运、装船、加固等作业无缝对接。舟山边检站全力支持舟山海洋旅游业和国际邮轮母港建设，建立大宗商品通关"定制化"服务，推动保税燃料油加注"便捷化"通关，推行集装箱船舶"诚信化"管理，全力打造"通关集约化、管理规范化、服务定制化"通关环境。台州边检站落实口岸开放菜单式服务，固化"锚地提前办结服务、远洋渔船出境靠前服务、诚信经营优待服务"通关举措，推出简化境外船舶在港期间移泊手续，免办境外船舶在港修造船厂停泊维修期间登轮证、搭靠证等相关举措。大麦屿边检站推出"两岸万名旅客无障碍通关""口岸绿色救助站""边检—志愿者联合服务队"等举措，落实第三方对台湾边检服务群众满意度测评，积极跟进对台湾直航两岸自驾游业务探索，培树了"忠诚奉献好科长""对台服务先锋岗"等一批边检服务典型。

【浙江省公安边防总队严密口岸管控】 秉持"边检机关维护好口岸安全稳定就是最好服务"的理念，部署各边检站严格落实口岸安全风险评估和形势分析研判制度，进一步完善突发情况处置预案，强化装备和力量保障，尤其在敏感重要节点，加强值班备勤，强化实战演练，严把口岸管控关，切实维护口岸安全稳定。根据公安部、浙江省公安厅"猎狐2015"专项行动的统一部署，组织开展"猎狐2015"边检人像比对专项勤务，进一步强化在逃犯罪嫌疑人查缉管控。2015年累计审查追逃人员153名，比对照片45 000余张，核查各类记录40 000余条，比对出高度疑似人员11名，确认5名。杭州边检站处理各类违法违规案件652起589人次，查获偷渡、在控、在逃案件和人数均居全国首位，连续第八年被公安部评为提高边检服务水平工作先进单位。

【浙江省公安边防总队积极服务重大活动通关保障】 严密制订"第二届世界互联网大会"专项勤务保障方案，明确对外联络协调、专包机要客检查、枪弹手续办理、应急处突等相关预案和流程，抽调骨干力量组成专机检查勤务专班，先后圆满完成巴基斯坦总统、俄罗斯总理、哈萨克斯坦总理、汤加副首相等9架客货运专包机、201名参会代表、107名机组人员、10余支枪支弹药的边防检查和通关礼遇便利任务。此外，还圆满完成"首届中国—中东欧国家投资贸易博览会""第21届义乌国际小商品博览会"等重大展会边防检查任务。根据公安部统一部署，圆满完成"公安部跨境引渡电信诈骗嫌疑人"出入境边防检查勤务。在浙江片区，86名公安民警在杭州空运口岸出境至柬埔寨，成功押解78名嫌疑人回国。

【由宁波海事局提交的《船舶能效能效规则PSC检查导则》在亚太地区实施】 2015年3月16日，东京备忘录发布第7号通告，要求各成员国实施《船舶能效规则港口国监督检查（PSC）导则》，标志着首个由我国主导制定的导则正式成为国际标准，在亚太地区实施。该导则由交通运输部海事局委托浙江海事局制定，宁波海事局具体承担业界调研和起草等相关工作，前后历时近两年。2014 年 11 月，在新西兰召开的东京备忘录第 25 次委员会上，我国正式向大会提交导则，经修改完善后，最终落地成为国际标准，标志着中国海事在国家发展战略引导下参与并影响国际海运行业标准的能力和水平上了一个新台阶，在国际舞台上将发出更为响亮的声音。2015 年 10 月，由宁波海事局提交的《中国联合东京备忘录成员向 IMO 提交船舶能效规则 PSC 检查导则》在亚太地区港口国监督备忘录（TOKYO MOU）第 26 次委员会会议和第 9 次技术工作组会议获得审议通过。东京备忘录计划在 2016 年召开的国际海事组织海洋环境保护委员会第 69 次会议上提交导则，推动其由亚太区域技术标准成为全球技术标准。

【舟山海事局助推舟山市江海联运融入长江经济带建设】 一是落实浙江海事局与舟山市人民政府签署的《共同推进舟山海洋经济发展、加快浙江群岛新区建设战略合作协议》，加快推进舟山全天候深水航道、锚地、港口作业船舶基地及各类港航配套设施建设；充分利用“安全畅通文明”航区创建平台，定期与地方政府、有关部门及到港船舶企业座谈，广纳意见建议。二是不断深化口岸查验单位战略合作机制。以“优化通关环境、优化口岸服务、优化协作配合”为主线，加强信息联络和执法联动，服务港区作业安全便捷高效。三是持续提高电子信息化应用水平。将 AIS 与 CCTV、VHF 和 VTS 等资源有效整合，及时发现、有效消除海上险情隐患，充分利用 AIS、CCTV 对舟山港区特别是进出港航道、重点锚地、禁锚区等水域实施电子巡航，及时发布航区及附近海域大风大雾等恶劣气象、沉船等信息。同时，将现场执法和电子监控相结合，积极为进出港江海联运船舶提供服务，确保港区安全生产。四是开辟绿色通道，落实优化服务举措。通过实施随时预约安检机制、24 小时进出口查验制度、特殊情况预约处置等多项措施，确保船舶航行运输“零待时”；保持与船方、码头和船舶代理等各方的沟通联系，及时提供海事安全监管优质服务；采取差别式安检选船机制，给予先进合格船舶优惠措施，引导公司加强船舶规范化管理；针对江海联运船部分船员原为内河船员，海上实操经验不足的问题，组织经验丰富的安检员对其培训江海联运船安全管理知识。

【舟山海事局支持国际海事服务基地建设】 2015 年年初，舟山市政府印发《舟山国际海事服务基地建设实施方案》。舟山海事局对照方案，理清工作思路，重点扶持六大基地建设，圆满完成各项任务。一是服务保税燃料油供应基地。优化保税燃油供油作业口岸申报审批查验流程，完成对夜间供油船靠泊作业的评估，提供 7×24 小时通关、危险品申报、电子签证等服务。2015 年保税油外锚地供应 179 艘次，合计 157 779 吨，仅次于上海、江苏，位列全国第三。二是服务中国海员技能大比武活动基地。健全工作机制、明确职责分工，优化赛程安排、更新场地设施、做好新闻宣传及优化接待服务，圆满完成第三届全国海员技能大比武各项工作，IMO 官方网站头版头条对大比武进行了宣传。舟山成为中国海员技能大比武活动永久举办地。三是服务外贸配送基地。进一步规范外轮供应相关业务流程，推进“一船多能”业务常态化。配合企业探索供应船舶“一船多能”集约经营模式，联合船检部门对供油船舶装货处所进行现场核查，确保供油船舶在不影响船舶稳性的情况下兼带保税货物，并明确供油船不得装载其他危险货物，供油作业期间不进行货物转驳作业等安全作业要求。四是服务海岛休闲基地。培育邮轮客源市场，拓展邮轮航线和班次，拉长邮轮产业链，启动综合补给服务。支持舟山港综合保税区配套码头外贸内支线业务发展，密切关注舟山水上飞机等新兴项目的发展，确保朱家尖国际邮轮码头常态化运作。五是服务舟山船舶修造基地建设。继续落实舟山南部与宁波相邻水域船厂修造船舶的管理便利化措施，支持并协调设置六横港区大型作业船舶待泊及安全应急处理锚地，探索新建船舶登记办理“直通式”模式，做好在建船舶抵押技术咨询服务。六是服务远洋渔业基地建设。引入“一船一报”特殊管理方式支持惠群公司远洋渔业码头临时接靠外国籍船舶，积极向上级海事部门申请开展海员证签发业务并获得批准。

【杭州海关全力助推浙江省海洋经济发展示范区与舟山群岛新区建设】 一是主动加强对接。成立由关长任组长的对接服务浙江省重大改革发展事项领导小组，统筹江海联运服务中心、国际绿色石化基地、国际海事服务基地、远洋渔业基地等重点项目建设的对接服务，主动开展规划建议、前期论证工作，撰写多篇调研报告。二是积极改革创新。根据需向国家争取的重点支持政策责任分工，在海关总署的支持下，舟山海关先后在关检合作“三个一”、简化舟山港综合保税区进出境备案清单申报手续、跨关区保税燃油直供、保税燃油外锚地供应、同税号保税燃油调和试点等开展监管创新。三是推动口岸新业务开展。助推舟山金塘大浦口码头国际中转业务发展，简化国际中转箱在两地码头间的短驳手续，2015 年杭州海关在该业务项下共监管国际中转箱 14 023 标箱；支持温州至俄罗斯海上直航航线于 7 月 1 日顺利开通；促进湖州内河国际集装箱支线业务快速发展。四是服务舟山国际保税燃油供应中心建设。开展港外锚地供油等业务试点。2015 年舟山口岸实现保税供油量 94 万吨，同比增长 41%，居全国口岸前三，同时跨关区调拨保税油 287 万吨，同比增长 28.1%，成为国内最大的保税油料调拨基地。五是支持国家远洋渔业基地建设。指导基地加强海关监管场所建设，支持基地在符合监管条件的前提下实现临时开放。2015 年杭州海关为远洋渔业项目减免两税 5.69 亿人民币，同比增长 20.79%。

【杭州海关持续推动义乌国际贸易综合改革】 推动“市场采购”贸易方式顺利实施。一是实现“旅游购物”向“市场采购”方式的平稳过渡。推动地方政府加快市场采购联网信息平台建设，保障“旅游购物”向“市场采购”方式的平稳过渡。“旅游购物”方式 5 月 1 日停止实施，“市场采购”方式成为义乌小商品出口的主要通道。截至 2015 年年底，义乌“市场采购”方式报关单为 27 万份，占总报关单量的 82%；出口额 283.9 亿美元，同比增长 59.7%，占义乌市出口总额的 83.9%。二是助力小商品规范高效出口。开展转关无纸化试点，实现义乌、金华转关宁波出口的小商品 100% 无纸化；开通“义乌—宁波北仑港”铁海联运新通道，确保铁海联运集装箱“当天到，当天走”；试点应用安全智能锁、“移动施验封终端”等科技设备，大幅缩短施验封时间。三是促进义乌国际贸易综合改革成果推广。将浙江海宁皮革城列入“市场采购”贸易方式试点范围。2015 年，杭州海关共监管出口义乌小商品 48 万票，货运量 83.9 万标箱。

支持义乌国际邮件互换局和国际邮件交换站建成启用。一是加强组织领导，健全责任落实机制。建立专事“义乌国际邮件互换局和国际邮件交换站建设’的项目协调推进工作组，制订并实施《杭州海关关于支持义乌国际邮件互换局和国际邮件交换站建设的方案》，多次陪同浙江省市有关领导赴海关总署汇报工作，确保义乌国际邮件互换局和交换站于 2015 年 5 月 22 日顺利获批。二是加强对海关监管所涉软硬件建设的职能指导。多次开展工作调研，确保监管场地既符合海关管理要求，又便于邮政企业业务操作。同步开发应用进出境邮件信息化监管系统，实现邮件监管信息化管理。三是同步支持义乌跨境电子商务发展。2015 年义乌海关共验放跨境电子商务出口清单超过 1 300 万票，货值超过 3.5 亿元。12 月 31 日，义乌国际邮件互换局正式启用，实现“当年申请、当年获批、当年建设、当年投入使用”，小商品出口包裹可以在义乌完成全部监管手续，物流时间至少缩短 1 天。

稳步推进“义新欧”中欧班列运行。一是扩展多式联运渠道，增加“义新欧”班列集聚效应。开辟“义新欧”中欧班列通关专窗，向周边地区拓展“公铁联运”业务，支持企业在周边省市属地申报出口，通过公路转关至义乌，再通过班列转关出口至中亚、欧洲。二是为“义新欧”回程货物打造便捷通关平台。设立“义新欧”服务专窗，实行 7×24 小时预约通关模式，与口岸海关建立联系配合机制，固化跨关区通关、转关操作流程，确保班列货物国内段通关顺畅。三是积极支持地方政府争取义乌铁路口岸临时开放的申报工作。学习借鉴西安、郑州等地铁路口岸建设的成功经验，对监管区域内功能区块设置、道路交通组织、监管设施标准等提出建设性意见。2015 年杭州海关共监管“义新欧”中欧班列进出口货物 5 242 标箱，同比增长 69%，实现每周 1 ~2 列、回程每 2 月发车 1 次双向常态化运行。

【杭州海关大力支持中国（杭州）跨境电子商务综合试验区建设】 制度创新，着力构建适应跨境电子商务发展的监管通关体系。一是根据跨境电子商务业务特点，总结实践经验，于 2015 年 10 月 20 日制订并实施了《中国（杭州）跨境电子商务综合试验区海关监管方案》，成为全国首个契合跨境电子商务发展的完整监管方案。二是顺应杭州跨境电子商务蓬勃发展的势头，在全国最早开展跨境电子商务零售出口业务、跨境电子商务直购进口业务试点、跨境电子商务 B2B 出口业务试点，增强跨境电子商务对外贸拉动的实际作用。三是研究创新跨境电子商务 B2C 进口业务的税收征管模式，实施“集中纳税，代扣代缴”，海关凭电商企业出具的保证金或银行保函按月集中征税，方便企业和个人便捷缴纳税款。四是积极推进综合试验区跨境电子商务清单统计试点，将放行结关后的货物清单数据作为海关贸易统计数据的原始资料。2015 年，杭州海关共验放综合试验区跨境电子商务零售出口商品 6 171 万单，货值 25.9 亿元（汇总申报已结关报关单金额 21.9 亿元）；B2B 出口货物 30 单，货值 312.7 万元；进口商品 1 933 万单，货值 32.3 亿元。

流程创新，持续提升跨境电子商务通关效能。一是率先将关检合作“三个一”“三互”要求应用于跨境电子商务监管，实现跨境电子商务进出境货物、物品监管作业关检合作“一次申报、一次查验、一次放行”。二是根据跨境电子商务全程信息化的特点，为跨境电子商务量身打造涵盖“企业备案、申报、征税、查验、放行、转关”等各个环节的无纸化流程，实现全程通关无纸化。三是首创跨境电子商务零售出口“清单核放、汇总申报”通关模式，经国务院确认成为跨境电子商务零售出口的全国标准通关模式，同时在此基础上设计实践“清单申报、清单核放”通关模式，企业直接以“货物清单”办理跨境电子商务零售出口商品通关手续，不再需要汇总生成“出口货物报关单”，进一步便利跨境电子商务零售出口商品通关手续。四是创新跨境电子商务退换货流程，允许电子商务企业申请退换货，退回的商品在原申报单海关放行之日起 30 日内运抵特殊监管区域（保税物流中心）或海关监管场所，保税进口模式在商品退回后同时调整账册数量。

服务创新，着力支持综合试验区“六体系两平台”建设。一是推进跨境电子商务“单一窗口”建设，向综合试验区“单一窗口”开放海关预录入系统的申报接口，支持“单一窗口”登录认证的用户通过“单一窗口”向口岸管理相关部门一次性申报，同时开放通关状态数据，实现企业、个人自主在“单一窗口”平台上查询相关状态数据，助推信息共享体系建设。二是向电商信用体系开放企业信用等级数据，支持电商信用体系及风险防控体系建设。三是以跨境电子商务交易数据为基础，园区统计和部门行政记录为补充，形成跨境电子商务多方联动统计机制，协助地方政府建立跨境电子商务统计监测体系。四是克服人力资源高度紧张的困难，坚决落实国务院对跨境电子商务通关时间的要求，从杭州关区各业务现场选调 35 名业务骨干增配到综合试验区各跨境电子商务通关作业现场，确保“全年 365 天无休，24 小时内办理海关结关手续”。

【杭州海关扎实开展业务改革创新】 全面深化通关作业改革。一是全面实现通关无纸化。2015 年报关单无纸化率达 95%；开展“市场采购”报关单转关无纸化试点，实现义乌、金华转关至宁波出口的小商品 100% 无纸化；继与检验检疫部门实现通关单无纸化联网之后，于 2015 年 5 月 1 日起取消了用于出口退税的纸质报关单证明联签发，9 月 21 日起实现了报关单修改撤销作业无纸化。二是稳步推进关检合作“三个一”。于2015年9月完成全国统一版“一次申报”系统全面切换使用，“一次申报”业务量居全国海关首位。三是积极参与通关一体化改革。2015年受理一体化报关单108.4万份，同比增长7.8%。完成“杭州海关大通关平台”升级改造，一体化报关货物在上海、宁波口岸实现电子化放行操作。7月1日起，海关区域通关一体化改革实现了京津冀、长江经济带、“泛珠”四省、丝绸之路经济带、东北地区5个区块间的互联互通。

认真推动海关特殊监管区域和保税监管场所整合优化。一是优化浙江省特殊监管区域的整体布局。出台《杭州海关支持海关特殊监管区域整合优化的实施意见》，配合地方政府做好保税区域场所整合优化工作，促成嘉兴综合保税区于2015年1月31日获批整合、金义综合保税区于10月21日获批、富阳保税物流中心（A型）于11月19日获批，温州保税物流中心（B型）于12月9日通过预验收。二是创新保税区域场所监管模式。深入推进委内加工试点工作，务实稳妥地开展上海自贸试验区14项海关监管创新制度的复制推广工作，其中“保税展示交易”等10项有实际需求的已在杭州关区顺利推广。三是推动舟山港综合保税区平稳发展。支持舟山港综合保税区功能拓展，2015年复制推广上海自贸区监管创新制度5项，开通集装箱对日直航航线和“沿海支线”，促进“海外仓”项目常态化运作。2015年舟山港综合保税区及其配套码头的海关监管货运量达19.86万吨，货值19.74亿元。

持续提升规范化管理水平。一是扎实推进法治海关建设。在杭州关区47个现场实现行政审批“一个窗口”受理，推进取消31项、下放20项、简化11项内部核批事项；完成权力清单和责任清单梳理工作，清理规范性文件和管理制度327项；完成杭甬两关执法统一协作议题18项。二是积极推广安全智能锁试点应用。2015年8月4日监管首票使用安全智能锁的转关货物，实现对转关运输的全程可视化、智能化监控。三是稳步推进“双随机”工作。逐步提高非侵入式查验比例，2015年进出口平均机检率达到39.8%。四是开展海关监管场所、海关特殊监管区域和保税监管场所海关安全管理责任落实情况专项检查。从严抓好各类海关监管场所的安全管理，2015年未发生安全事故。五是加大海关知识产权保护力度。2015年办理知识产权侵权案件404起，查扣涉嫌侵权货物699.24万件，案值2 093.86万元，义乌海关荣获世界知识产权组织“中国商标保护金奖”。

【宁波海关深化业务改革推动国际贸易便利化】 深入推进区域通关一体化、通关无纸化改革。2015年，宁波海关共接受一体化报关单申报388.3万票。宁波审单分中心作为长江经济带区域3个审单分中心之一，共审结一体化报关单38.7万票，占区域专业审核报关单总量的27.3%。启动出口集装箱电子化放行试点，打通出口货物无纸化通关的“最后一公里”，实现出口货物通关全程无纸化，出口集装箱放行电子化试点报关单量占宁波关区同期出口报关单总量的99%以上；逐步扩大电子化放行试点适用范围，除失信企业外，均可办理电子化放行手续。每票出口货物平均办结放行时间缩短至15分钟，2015年出口平均通关时间仅为1小时左右，处于全国领先水平。2015年，宁波关区15个业务现场全部实现通关作业无纸化，参与企业超过11.5万家，审核进出口通关作业无纸化报关单368.06万票，占进出口报关单总量94.8%，其中出口无纸化比率为97.45%，进口无纸比率为58.23%。

全国首创出口货物担保放行制度，推出汇总征税制度。为减少出口企业因归类异议产生的滞港时间与经济损失，宁波海关在全国率先实施出口货物担保放行政策，并覆盖全关区。2015年，宁波海关共担保放行出口货物报关单775票，同比增长3.08倍，惠及企业276家。2015年7月27日，宁波海关按照海关总署的统一部署，全面推行“汇总征税”新模式，改变了以往“逐票审核，先税后放”的征管模式，不仅使通关效率大幅度提升，还可引导企业在规范申报的基础上提高资金使用效率，有效为外贸企业“减负”。

2015年，宁波海关共审核汇总征税报关单2 516份，占同期报关单总量的2.41%，涉及税款5.16亿元，单票汇总征税货物通关时间较一般货物降低70%以上。

科技引领监管，开创智能查验时代。宁波关区已完成8台H986设备的建构，将口岸所有集装箱码头全部纳入机检查验作业范畴。在全国海关率先实施“分散过机，集中审图”模式。此外，在“大数据”的基础上，开发了“机检智能审图系统”和“宁波海关企业产品信息备案系统”，充分发挥非侵入式查验快速高效的优势。2015年，宁波海关机检查验票数比率为33.57%，机检查验箱量（自然箱）比率已达到44.54%，机检直接放行率达85.28%。“机检智能审图系统”自2015年10月25日上线运行以来，已分析机检图像6 526张，审核报关单5 297票；“企业备案系统”已备案44家企业，共涉及出口商品603项。在推进机检查验的同时，积极建立“双随机”抽查机制，在推广“双随机”的过程中，努力探索“互联网+”时代监管新模式，自主研发了多个计算机应用系统，通过流程再造，在“双随机”基础上增加随机复查复验，逐步实现“智能随机”抽查全覆盖。2015年，随机布控查验报关单量占总出口查验单量的82.4%，在查验派单、复查复验环节基本实现100%全随机覆盖，随机复查复验的比率达到同期查验量的1.38%。

【宁波海关助推宁波市跨境贸易电子商务发展】 一是优化创新监管流程。全程实施信息化、智能化监管，通过电子订单、电子支付单、电子运单、电子税单等方式实现全程无纸化操作。引进风险管理理念，设置风险参数，对低风险的申报单实现计算机自动审核，计算机审核比率达到97%，有效提高通关效率。二是搭建便捷的信息化平台。牵头完善跨境电子商务服务平台和通关作业系统，新增电商企业在电子商务服务平台完成注册后，只需与海关通关作业系统进行一次对接，即可开展业务，大大提高系统运行效能。三是实施“全年无休日、24小时内办结海关手续”措施。克服人员紧张的困难，自2015年5月15日起实行“全年无休日、24小时内办结海关手续”制度，每周需加班14人次112小时。四是完善海关监管制度。修订《宁波海关跨境贸易电子商务进境商品监管办法》，探索企业分类管理模式，在申报单自动审核、包裹查验等方面实施差异化管理，同时明确试点企业权利和义务，营造“守法便利、违法惩戒”的良好氛围。五是扩大试点范围。2015年在栎社保税物流中心、梅山保税港区、慈溪出口加工区陆续试点开展保税备货业务，宁波栎社国际机场“一般进口”业务于2015年8月18日试点运行；从2015年5月27日和7月16日起，先后推出了出口B2B、B2C模式试点。六是加快推进国际邮包业务开展。促进宁波国际邮件互换局兼交换站获批，争取尽快开展国际邮件业务。

2015年宁波市跨境电商进出口总货值约80.3亿元，海关累计审核跨境电子商务进口申报单1 397万票，货值29.3亿元，同比分别增长8.7倍和6.9倍。进口业务3种模式中，进口备货模式1 368.5万票，货值28.85亿元，同比分别增长8.5倍和6.8倍；进口集货模式0.86万票，货值223.8万元；一般进口模式28.5万票，货值4 807.9万元。进口业务共签约电商企业300多家，出口业务参与企业40余家；新增消费者607.5万名，同比增长5.8倍。累计审核跨境电子商务出口申报单1.1万票，货值51亿元。

【宁波海关助推宁波港海铁联运业务发展】 一是主动作为，创新业务模式。支持开通宁波至新疆的海铁联运双向班列，尝试建立“甬新欧”铁路运输口岸通关协调机制，与阿拉山口和霍尔果斯口岸达成货物即到、即期换装的合作。推出“水转铁国际联运”新模式，进出口货物自宁波港由船舶运往辽宁营口港，再在营口港换装铁路运输经满洲里口岸至俄罗斯等“一带一路”北翼沿线各国，较之传统转运方式，出运周期减少约7天，企业运输及通关成本节省约30%。开通宁波—西安首批海铁联运“批量中转”模式，允许船公司以一列火车为一票申报单进行批量申报，货物在宁波港的中转时间从平均10天缩短为2～3天，极大缓解了宁波港货物堆放压力，为企业节省大量物流成本，平均每个集装箱能节省费用约1 000元。支持内陆再生园区建设，江西鹰潭至宁波的废金属转关许可成功获得海关总署批准，为鹰潭至宁波海铁联运班列的开通提供了政策保障，该进口通道成为中国内陆地区首条进口固体废物国际运输通道。截至2015年年底，已开通海铁联运的城市达35个，其中浙江省内8个，辐射浙江、江西、安徽、湖北、陕西、新疆、川渝、甘肃等地。

二是强化服务，提供全程便捷通关。针对海铁联运货物船期紧、外贸形势严峻、企业压力大等现状，加快转关封志异常单证反馈核实速度，保证正常单证当天放行，最大限度地减少货物在港区的滞留时间。提前核对，提高结关核销速度，将出口海铁联运货物纳入“出口预配舱单”管理模式，将报关数据与舱单数据的核对工作提至出口放行之前，加快结关核销速度，提高结关核销率，方便企业办理结关后退税等相关手续，解决企业后顾之忧。据估算，企业结关核销时间比之前平均提前2天。同时，在业务现场开辟海铁联运快速通道，实行“全天候、无假日”加急通关，进一步提升海铁联运通关效率。

三是灵活调运，提升海铁联运运营效率。针对宁波港区码头分布相对分散，铁路货物装卸后不能及时在港区其他码头装船出运的实际情况，开发应用“宁波海关物流监控系统—转码头子系统”，实现货物在港区“一点装卸，多码头装船出运”的灵活调运，减少货物在港区滞留时间。对转场货物使用安全智能锁，实现货物施封/验封自动化，货物在途运输监管全程可视化。对满足条件的境内铁路运输出口转关货物不施加海关封志，简化海关作业手续。

【浙江出入境检验检疫局促进通关便利化，创新通关机制上有新突破】 一是继续全面推进关检合作“三个一”工作。印发《杭州海关 浙江出入境检验检疫局关于2015年继续全面推进关检合作“三个一”工作方案》。在辖区全面上线全国统一版“一次申报”系统，与杭州海关密切合作赴嘉兴水陆口岸现场解决统一版参数调试和操作使用方面的问题。推进“一次查验”工作，组织开发完成“内河水运口岸快速查验系统”。2015年实现“一次申报”10 022批，“一次查验”6 943批，“一次放行”13 039批。二是积极开展无纸化报检试点工作。无纸化报检平台部署上线，相继在浙江出入境检验检疫局杭州机场办事处和湖州、嘉兴、台州、衢州、舟山等分支出入境检验检疫局开展危险品及危包、竹木制品、罐头、出口电子转单换发通关单、入境木质包装、入境非法检货物等业务的无纸化报检试点工作。在义乌出入境检验检疫局试行全程无纸化工作，对所有市场采购备案单位（共29家）实施全流程无纸化。三是开展“通报通放”工作。制定《浙江出入境检验检疫局“通报通放”工作规范（试行）》，自2015年7月1日起在辖区内全面实施“通报通放”工作模式。探索应用集中审单管理系统的改派单功能，率先实现辖区内“通报通签通放”。国家质检总局完成业务系统一体化功能升级后，“通报通签通放”业务切换至国家质检总局业务系统实现。7～12月，辖区内部共实现“通报通签通放”1.97万批13.67亿美元。其中，进口6 192批7.99亿美元，出口13 482批5.68亿美元。四是加快推进检验检疫一体化改革。与宁波出入境检验检疫局、新疆出入境检验检疫局签署一体化合作备忘录。浙沪实现“出口直放”“进口直通”和无纸化通关，其中“出口直放”为企业节省通关时间约50万小时、成本1 224万元。浙甬实现“出口直放”11.27万批，直放率从2014年的28.7%上升到2015年的75.6%，为企业节省通关时间约45万小时、成本1 127万元。启动长江经济带检验检疫通关一体化改革。2015年免收检验检疫费用1.22亿元，利用优惠原产地证为相关企业减免关税13亿美元。签发全国首份中澳自贸协定优惠原产地证书，仅在2015年第一轮降税期的11天内，就签发中韩、中澳优惠原产地证书2 325份，为浙江省出口企业减免关税约2 237万元。降低出口食品抽检率，检验流程时限缩短70%，企业仓储、检测费用下降50%。在全国范围内率先与上海、北京等口岸对接，实现对特殊物品的“三互”监管模式。

【浙江出入境检验检疫局严把国门安全，保障社会民生更加有力】 一是守护口岸公共安全。迅速应对埃博拉、中东呼吸综合征等重大疫情，妥善处置3例中东呼吸综合征疑似病例，圆满完成第二届世界互联网大会口岸安全保障任务。积极筹建世界卫生组织国际旅行卫生合作中心分中心，舟山口岸创建“国际卫生港”获国家质检总局批复同意，义乌空运口岸核心能力建设通过国家质检总局考核验收。口岸检出传染病345例，特殊物品不合格17例，全国首次在口岸发现并拒绝外籍严重精神病旅客入境。二是守护生态环境安全。国门生物安全防御技术体系建设有序推进，新布点29个动植物检疫现场实验室，国门生物安全和疫情防控展示厅建成投用。截获植物有害生物1 175 种24 077种次，同比分别增长14.19%、42.49%，8种检疫性有害生物为全国首次截获。旅邮检口岸截获禁止进境物14 464批次，同比增长48.31%；检出有害生物848批次，同比增长35.90%。“绿蕾”行动截获非法进境植物种子种苗249批次，检出有害生物445批次，被评为全国系统“绿蕾”专项行动先进单位。检出不合格进口废物原料2 505批7.9亿美元，不合格铁矿399批次2 649万吨。全国首次退运进口澳大利亚氟超标动力煤。三是守护产品质量安全。开展进口婴幼儿配方乳品、燕窝注册专项监管和进口有机产品认证信息入境验证，拦截2 737批不合格进口食品，召回2 815辆进口汽车，监管1 226万件网购保税食品类出入境快件。舟山口岸检出不合格进口原油14批，重量超万吨。排查进出口危险化学品企业300多家，检出输非不合格货物1 296批，查处制售假冒伪劣商品案件15起。加大进口消费品监督抽查力度，进口儿童安全座椅不合格检出案例获中央电视台报道。

【浙江出入境检验检疫局助推跨境电子商务发展，科学监管有新作为】 一是建立了一套制度。出境实施“前期备案、提前监管、后期跟踪、质量监控”监管，入境实施“提前申报备案、入区集中检疫、出区分批核销、质量安全追溯”。根据国家质检总局要求，将对该制度进一步提炼总结，成为全国可复制可推广的跨境电子商务检验检疫监管制度。二是完善了一套体系。在跨境电子商务产品实施全申报基础上，完善跨境电子商务产品质量安全监控体系，实施风险目录清单管理，风险目录清单由相关业务专家在风险评估的基础上发布，定期更新。具体实施过程中重点关注高风险敏感商品，并实施安卫环项目符合性验证监测。已着手建立全国第一张跨境电子商务重点商品和重点监管项目清单，为全国跨境电子商务检验检疫监管提供参考。三是建成了一个中心。在国家质检总局的支持和指导下，通过近半年的建设，国家质检总局跨境电子商务进出口工业产品质量安全风险监测杭州分中心已建成并通过验收。接下来，将集中全力建设跨境电子商务检验检疫产品质量安全风险国家监测中心。四是开发了一个系统。初步建成了基于“单一窗口”模式的跨境电子商务检验检疫监管信息化系统。该系统可以实现全流程检验检疫监管，覆盖B2B、B2C、C2C、M2C等主要贸易方式。向国家质检总局建议在该系统上升级扩容，逐步完善，形成全国统一版的监管系统。五是形成了一定的社会影响力。2015年7月10日，国家质检总局出台支持中国（杭州）跨境电子商务综合试验区的16条意见，浙江出入境检验检疫局印发贯彻落实16条意见的实施方案，并召开新闻发布会进行解读。中央电视台对此进行了报道，社会反响强烈。

【宁波出入境检验检疫局服务宁波“港口经济圈”建设取得新进展】 支持宁波口岸开发开放，服务宁波舟山港一体化，助力宁波舟山港2015年集装箱吞吐量首次突破2 000万标箱。不断拓展口岸功能，在进境水果、肉类、种苗指定口岸和罗汉松特定口岸的基础上，助推北仑港进境集装箱粮食、宁波空港进口冰鲜水产品及进境水生动物、象山石浦港进境水生动物等 4 个指定口岸资质获批，实现进口农产品指定口岸资质"全覆盖"。推动梅山口岸成为全国进口罗汉松数量最大口岸，进口数量占全国的 37.6%，协助地方政府打造进境植物优质种质资源交易平台；帮扶企业建成冷链库容近 20 万吨，成为浙江最大、华东主要进口冷链物流集散地；推动进口澳大利亚肉牛项目落户宁波。相比 2013 年，2015 年宁波水运（海港）口岸进口农产品批次增加 57.1%，货值增加 10.4%。资源性农产品进口促进社会健康发展，粮食进口提升宁波港战略地位，冷链产品丰富宁波及周边生活质量，优质种苗种禽促进农业产业结构调整和三农发展。宁波检验检疫局据此撰写的专报信息《积极助推进境农产品指定口岸"全覆盖"的做法与建议》得到宁波市领导肯定。打造集中查验平台，新增检验检疫监管场库 1 家，对 12 家检验检疫监管场库进行续延考核；天津港"8 · 12"特别重大火灾爆炸事故发生后，对 2 家危险品场库开展专项监督检查。深化与港务、交通、海事部门合作，4 月召开 2015 年检验检疫海事交通联席会议，8 月与宁波港股份有限公司签署《深化检港合作打造港口经济圈合作备忘录》，共同推动"港口经济圈"建设，提升口岸贸易便利化水平，促进区域经济科学发展。

【宁波出入境检验检疫局深化通关业务改革】推进区域检验检疫通关一体化改革。在 2014 年试点的基础上，全面实施宁波口岸义乌进口货物直通放行，2015 年义乌进口货物直通放行共 104 批 411.3 万美元；与江西、宁夏、福建等地出入境检验检疫局加强合作，拓展宁波港揽货区域，其中 5 月 5 日与江西出入境检验检疫局签署关于进口货物直通放行的合作备忘录，共同扶持江西鹰潭（贵溪）铜产业循环经济基地发展，实现对宁波口岸进口目的地为江西的进口货物直通放行；8 月 17 日实施长江经济带检验检疫出口通关一体化模式；9 月 7 日与浙江出入境检验检疫局签署《推进宁波—舟山港一体化合作备忘录》，落实宁波舟山港一体化下的履职需求；9 月实现宁波检区"通报、通签、通放"；10 月 16 日启动长江经济带检验检疫进口通关一体化模式；11 月 10 日试点浙甬进口直通；11 月 19 日启动全国检验检疫通关一体化改革。2015 年，宁波地区出口货物在其他口岸出口直放共 1 689 批，货值 2 334万美元；其他地区出口货物在宁波口岸出口直放共 43 636 批，货值 21.8 亿美元；其他地区进口货物在宁波口岸进口直通共 107 批，货值 422.8 万美元。

推进检验检疫无纸化改革，初步实现以"报检无纸化 + 查验无纸化 + 通关无纸化 + 放行无纸化"为特征的检验检疫全程无纸化工作模式。建立健全无纸化报检管理制度，建设开发无纸化报检信息化系统，全面实现宁波地区出入境货物/包装无纸化报检；开发查验无纸化系统，实现现场查验无纸化、即时图片传输、即时结果登记、即时通关放行和专家远程技术支持等功能；自 9 月 1 日起全面实施出入境货物通关单无纸化，通关单无纸化率由原先的 80% 上升至 100%；完善物流监控系统保障和电子闸口放行机制，12 月 18 日起取消纸质小提单放行，全面实行电子闸口放行无纸化。全面无纸化实施后，每批货物至少可以为企业节约通关成本 200 元，缩短通关时间半个工作日，一年可节约近 4 万个工作日和千万元，逾千家企业受益。

推进检关合作"三个一"工作。印发《2015 年继续全面推进检关合作"三个一"工作方案的通知》。推进国家质检总局统一版"一次申报"系统上线，共举办 8 期免费"一次申报"系统上线培训，131 家代理报检和 868 家自理报检企业共 1 259 人次参加培训；推进关检共同查验区设置，扩大"一次查验"业务覆盖面，在共同查验区查验的货物全部实现"一次查验"；开发查验无纸化系统，推进"即查即放"，12 月在大榭出入境检验检疫局试点查验无纸化系统；完善"一次放行"，推进放行无纸化，12 月 15 日起全面实施入境集装箱货物提货单放行无纸化。2015 年，宁波口岸共受理"一次申报" 1 339 批，实施

“一次查验”11 229批，实施“一次放行”122 845批。国家质检总局统一版“一次申报”企业开通94家，实际使用28家；“一次查验”业务范围扩大到宁波口岸进口废物原料、冷链产品、集装箱危险化学品、跨境电子商务产品、出境市场采购商品及梅山口岸所有进口货物和物品；“一次放行”覆盖到宁波口岸所有进口货物和物品。

【宁波出入境检验检疫局强化疫情把关，严守国门安全】 2015年，宁波口岸共截获有害生物795种45 262种次，总种次同比增长7.6%，包括检疫性有害生物79种1 893种次。其中，在全国首次在进口乌克兰玉米中截获向日葵茎溃疡病菌（Diaporthe helianthi），在荷兰进境空集装箱中截获欧洲苹虎象（Rhynchites bacchus），在美国进境空集装箱中截获剑麻象甲（Scyphophorus acupunctatus），国家质检总局据此对外进行检疫通报；分别从美国进境高粱和苜蓿草中截获检疫性有害生物——葡萄茎枯病菌（Phoma glomerata）和鳞球茎茎线虫［Ditylenchus dipsaci（khn）Filipjev］，国家质检总局据此2次发布预警通报进行全国预警。两批大米被实施退运，其中一批为一般贸易缅甸大米，重475吨，涉及金额14万美元，另一批为跨境电子商务贸易台湾大米，重41.6吨，涉及金额129万人民币。开展“绿蕾”专项行动，截获各类非法入境的植物种子种苗及其他植物繁殖材料共计14批次22.41公斤，包括决明子、葡萄籽、亚麻籽、胡萝卜、黄秋葵、水稻等植物种子，以及花卉根苗、槟榔树苗等植物繁殖材料，均依法进行销毁处理。

启动“口岸核生化评估应急处理中心”建设。确立“一个中心、两大平台、七个口岸现场工作部”的三级总体组织框架和“侦”“防”“消”“管”一体化的口岸核生化监管处置模式；完成生物安全三级P3实验室、核与辐射侦检实验室建设可行性报告和建设方案，并上报国家质检总局；在镇海口岸探索集现场指挥、物资管理、培训实践于一体的口岸核生化现场侦检工作部标准化建设模式；招录核物理专业人员，派员参加国家质检总局核生化培训班，承办国家质检总局口岸核与辐射监测设备校准及使用培训班，派员参加核生化专题培训和实战演练。2015年8月25日，国家质检总局授予宁波出入境检验检疫局“国家口岸核生化评估应急处理中心”牌匾。

继续开展“十二五”江浙甬沪口岸区域医学媒介生物联合监测（监测时间从2011年4月至2015年10月）。5年间，宁波口岸共捕获医学媒介生物67 574只，其中鼠289只，蚊22 412只，蝇44 844只；发现口岸新纪录蝇类16种（其中浙江分布5种）、蚊种3种，捕获4只鼠类检测出流行性出血热病毒阳性。在入境检疫对象监测中，共捕获蝇783只，蚊15只，蜚蠊69只。通过5年连续监测获得的基础数据资料为开展宁波口岸医学媒介生物防控工作提供了保障，实现了宁波口岸媒介监测和鉴定检测一体化、日常监管和应急处置一体化、人才队伍和业务能力一体化3项成效。

开放口岸

【杭州空运口岸（杭州萧山国际机场）】 杭州萧山国际机场位于杭州市东部萧山区，机场面积10平方千米，距杭州市中心27千米，是我国干线机场、国际定期航班机场和浙江省最大的机场。机场拥有两条跑道，长度分别为3 600米和3 400米，可起降目前世界上最大的民航客机空客A380。机场航站楼面积37万平方米，值机柜台204个，自助值机35个；机坪面积140万平方米，其中客机坪面积112万平方米，货机坪面积28万平方米，飞行区等级4F；停机位共127个，其中客机位101个（包括远机位52个，廊桥机位49个），货机位26个，能满足年旅客吞吐量3 300万人次、货邮吞吐量80.5万吨、航班起降量26万架次的保障需求。杭州萧山国际机场于1997年7月动工新建，2000年12月正式建成通航。2003年9月，国务院批复同意杭州空运口岸扩大对外国籍飞机开放。2004年3月，杭州空运口岸通过国家验收正式对外开放。2007年

11月，杭州萧山国际机场二期扩建工程开工。2010年7月，建筑面积9.6万平方米的新国际航站楼完工并投入使用，飞行区站坪及道面面积22.66万平方米，近机位8个，远机位12个，出发层设计44个国际值机柜台。2012年12月底、2013年1月初，第二国内航站楼和第二条跑道（北跑道）相继投入使用。杭州萧山国际机场内建有独立的口岸工作园区和完善的口岸设施及功能（包括落地签证、台胞签注点等），实行“5+2”工作制和24小时通关。截至2015年年底，杭州萧山国际机场航点总数达到131个。其中，国内航点94个；地区航点6个，分别是香港、澳门、台北桃园、台北松山、高雄小港、台中清泉；国际航点31个，分别是阿姆斯特丹、巴黎、哥本哈根、马德里、关岛、多哈、东京成田、大阪、冲绳、静冈、函馆、首尔仁川、釜山、济州、清州、务安、新加坡樟宜、吉隆坡梳邦、亚庇、巴厘岛、卡里波（长滩）、曼谷素万纳普、曼谷廊曼、普吉、清迈、甲米、岘港、芽庄、胡志明、暹粒、西哈努克港。平均每周出入境计划航班量达300班（600架次）。

2015年，杭州萧山国际机场完成客流量2 835.44万人次，同比增长11.1%，其中出入境旅客367.3万人次，同比增长19.24%；完成航班量23.21万架次，同比增长8.8%，其中出入境航班量2.56万架次，同比增长21.68%；完成货邮量42.49万吨，同比增长6.6%，其中进出口货运量11.32万吨，同比增长1.93%，进出口快件417.92万件，同比增长27.46%。客、货、航班增速在全国十大机场中分别排名第5位、第3位和第3位。客、货总量排名继续保持国内机场第10位和第7位，出入境客流量排第5位。

【宁波空运口岸（宁波栎社国际机场）】 宁波栎社国际机场位于浙东鄞西平原，距宁波市中心约12千米，是国内重要的干线机场。机场占地面积近2 503万平方米，现有跑道长3 200米、宽60米，可满足波音747等大型飞机起降。飞行区等级为4E级。机坪占地面积14.2万平方米，有16个停机位，其中7个近机位。候机楼总建筑面积4.35万平方米，按年旅客吞吐量380万人次、高峰小时1 700人次的要求建设。地下车库1.33万平方米，可停262辆小车；经整改扩建后的地面停车场总面积约2.5万平方米，可停靠512多辆小车和12辆大客车，另有货站及其他周边停车位约300个。货站临时改扩建工程新建国际货站11 965平方米；改建完成国内货站10 643平方米，临时货代业务用房1 748平方米，国内分拨棚1 000平方米，国际分拨棚960平方米；扩建卡车监管仓库至2 270平方米。2015年12月2日，宁波栎社国际机场三期扩建工程正式开工，将新建11.24万平方米的T2航站楼，5万平方米货运站，1.4万平方米快件中心和1.5万平方米货运业务用房；新建5.5万平方米交通中心，实现航站楼与地面交通、轨道交通的综合换乘；新建34.5万平方米的停机坪及配套设施，使停机位达72个。1992年7月，宁波空运口岸经国务院批准正式对外开放，宁波—香港直达航班开通；1998年11月，宁波—澳门—台北/高雄航线开通；1992年年底，国际航空货运业务开通；2005年3月1日，宁波—香港全货机航班正式开通。2005年4月1日，宁波空运口岸扩大对外国籍飞机开放获国务院批准，9月2日通过国家验收。2006年4月22日，首条定期国际航线宁波—韩国首尔航线开通。截至2015年年底，宁波栎社国际机场共开通国际（地区）客运航线18条。

2015年，宁波栎社国际机场完成旅客吞吐量685.5万人次，同比增长7.8%，其中出入境旅客101.5万人次，同比增长11.83%；完成航班量5.61万架次，同比增长4.11%，其中出入境航班量8 565架次，同比增长12.97%，出入境全货机898架次；完成货邮吞吐量8.76万吨，同比增长7.36%，其中进出口货运量1.52万吨，同比下降6.17%，进出境快件单量406.2万票（不含个人物品类快件），同比增长82.1%，重9 726.2吨，同比增长57.1%。

【温州空运口岸（温州龙湾国际机场）】 温州龙湾国际机场前身是温州永强机场，位于浙江省三大中心城市之一的温州市龙湾区，地处温州东南瓯江口，濒临东海，距离温州市中心21.7千米，辐射浙江温州、台州、丽水和福建宁德4个地区约16万平方千米、2 000多万人口，周边300千米范围内没有大型机场，是大陆离台湾空中航距最近的机场，航程只有50多分钟，具备打造对台湾桥头堡和“跳板城市”的时空条件，具有发展航空运输业得天独厚的区位优势。温州龙湾国际机场是国内二级民用机场，占地面积约278.80万平方米，飞行区等级为4D（兼顾4E），现有1条长3 200米、宽60米的跑道和1条3 200米平行滑行道，场址净空条件及控制区范围保护良好，高峰小时可起降28架次，可保障A330－200及以下机型起降，能够满足年旅客吞吐量1 500万人次的容量要求；候机楼总面积3.65万平方米，其中国内候机楼面积2.3万平方米，国际候机楼面积1.35万平方米；停机坪面积15.4万平方米，停机位25个，登机廊桥8座。温州龙湾国际机场于1987年5月开始建设，1990年7月12日建成通航。1994年9月，温州空运口岸获国务院、中央军委批准对外开放（限中国籍飞机飞港澳地区），1995年开通温州至澳门航线，1996年开通温州至香港航线。2011年6月，国务院批复同意温州机场对外国籍飞机开放，2012年7月通过国家验收正式对外国籍飞机开放。设计能力可满足年旅客吞吐量1 300～1 500万人次的新建T2航站楼暨温州东片综合交通枢纽正在建设中。截至2015年年底，温州龙湾国际机场累计通航城市为99个。其中，国内80个；地区4个，分别是香港、澳门、台北、高雄；国际15个，分别是韩国首尔、济州、清州、襄阳，泰国曼谷、普吉、素叻他尼，菲律宾卡里波，印度尼西亚巴厘岛，越南岘港、芽庄，柬埔寨暹粒，日本大阪、静冈，意大利罗马。每周入出境航班已超过70架次，日均入出境航班达10架次以上。

2015年，温州龙湾国际机场完成旅客吞吐量736.05万人次，同比增长8.21%，在浙江省内民用机场居第2位，其中出入境旅客29.04万人次，同比下降5.42%；完成航班量6.18万架次，同比增长4.57%，其中出入境航班量2 598架次，同比增长6.56%；完成货邮吞吐量7.26万吨，同比增长5.52%，其中进出口货运量959吨，同比增长14.99%。

【义乌空运口岸（义乌国际机场）】 义乌国际机场位于义乌市西北，距市中心5.5千米，始建于1970年，1991年4月正式开通民用航班。义乌机场历经4次改造和扩建。2007年为满足“中国义乌国际小商品博览会”需要，义乌机场原国内航站楼改造为临时国际厅，增设国际离、到港流程，建筑面积从2 800平方米增加到6 250平方米，国际候机区面积4 500平方米，其中国际出发厅3 321平方米，国际到达厅885平方米。2013年10月，根据空运口岸对外开放的条件，新建国际航站楼12 830平方米，拆除临时国际厅并建设国际停机坪14 157平方米，扩建停车场4 700平方米。2014年10月，新建联检大楼6 476.2平方米，边防执勤点2 972.82平方米，由原国内货站改扩建成的临时国际货站1 268.36平方米。义乌机场飞行区技术等级4C，可满足B737、A320等机型起降，停机坪面积60 000平方米，12个中型客机机位。从2007年开始，经国家口岸办批准，义乌机场连续6年实现临时开放，期间开通义乌至香港客运包机，每次开通时间为3个月或6个月。2014年7月31日，国务院批复同意义乌空运口岸对外开放，10月13日义乌空运口岸通过国家验收，12月19日正式开通义乌至香港航班。2015年2月开通义乌至曼谷客运包机；8月7日开通义乌至韩国首尔航线；11月25日，通过国家口岸核心能力验收。2015年，义乌国际机场完成出入境旅客3.54万人次，出入境飞机351架次。

【宁波水运（海港）口岸】 宁波港位于我国历史文化名城和著名沿海港口城市——宁波市，地处我国海岸线中部，南北海岸线和长江“T”形结构的交汇点上，是我国著名的深水良港，是我国对外贸易的重要水运（海港）口岸。宁波港自然条件得天独厚，内外辐射便捷。向外直接面向东亚及整个环太平洋地区，海上至香港、高雄、釜山、大阪均在1 000海里之内；向内不仅可连接沿海各港口，而且通过江海联运，可沟通长江、京杭大运河，直接覆盖整个华东地区及经济发达的长江流域，是中国沿海向美洲、大洋洲和南美洲等港口远洋运输辐射的理想集散地。1979年6月，国务院正式批复宁波港对外开放。宁波港由甬江、镇海、北仑、大榭、穿山、梅山、象山、石浦八大港区组成，已与世界上100多个国家和地区的600多个港口通航，全球排名前20位的国际班轮公司都已登陆宁波水运（海港）口岸。

2015年，宁波港累计完成货物吞吐量51 004.5万吨，同比下降3.12%，其中外贸货物吞吐量30 203.63万吨，同比增长1.62%；完成集装箱吞吐量1 982.43万标箱，同比增长6.01%，其中外贸集装箱吞吐量1 673.91万标箱，同比增长7.14%。主要货种完成情况：进口原油5 113.9万吨，同比增加4.3%；进口初级形状塑料275.6万吨，同比增加12.2%；进口二甲苯274.9万吨，同比增加5.2%；进口铁矿砂3 013.9万吨，同比减少7.1%；进口液化石油气313.7万吨，同比增加23.5%。

【舟山水运（海港）口岸】 舟山港地处我国东部海岸线与长江水道的交汇处，背靠长三角经济腹地，面向太平洋，是东部地区和长江流域重要的对外开放海上门户和通道。舟山水运口岸于1986年4月经国务院、中央军委批准对外开放。目前已经形成六横、定海、沈家门、金塘、岑港、马岙、白泉、岱山、衢山、嵊泗、洋山11个港区，开放面积1 344.8平方千米，口岸监管点45个（其中油品码头监管点9个，集装箱码头监管点1个，散杂货码头监管点3个，粮食监管点2个，矿砂监管点1个，煤炭监管点2个，国际客运码头监管点2个，外籍船舶修理企业24家），外轮联检锚地15个，保税仓库18家。2014年10月13日，舟山群岛国际邮轮港正式开港。

2015年，舟山港完成货物吞吐量3.79亿吨，同比增长9.3%，其中进出口货运量达1.06亿吨，同比增长4.9%；完成进出口集装箱吞吐量21.72万标箱，同比增长49.7%；完成进出境船舶11 333艘次，同比增长27.9%，其中外国籍船舶进出境9 501艘次，同比增长38.6%；办理进出境人员手续22.27万人次，同比增长66.1%；完成外籍船舶修理1 795艘次，同比增长10.9%；完成保税燃油直供量94.2万吨，同比增加41.7%，位列全国口岸第三；完成保税油调拨量287万吨，同比增加28.1%，居全国口岸第一。主要进口货种：矿产品5 666.96万吨，同比增长5.2%；原油2 3[illegible]9.96万吨，同比下降3.6%；煤809.09万吨，同比下降14.1%；大豆383.49万吨，同比略有增长；成品油539.82万吨，同比增长42.7%。主要出口货种：船舶38艘；原油58.67万吨，同比增长27.28%；成品油94.94万吨，同比增长3.85%；船舶非主机配件近30万吨，同比增长48.22%；水产品2.43万吨，同比增长41.73%。

【温州水运（海港）口岸】 温州港处于全国海岸线的中间节点，位于全国最早开放的14个口岸城市之一的温州市，由状元岙港区、乐清湾港区、大小门岛港区3个核心港区及瓯江港区、瑞安港区、平阳港区、苍南港区4个辅助港区组成。1957年，温州港口岸经国务院批准对外开放，1964年8月27日首艘外轮日本“东宫丸”号抵运温州。改革开放后，温州港口岸陆续开放了龙湾码头、龙湾石化码头、小门岛油气中转码头、七里港区码头等8个码头、22个泊位。“十一五”时期，温州港开始由“瓯江时代”向“东海时代”迈进，实现由河口型港向近海深水港、地区性港向沿海枢纽港、集装箱喂给型港向重要支线港发展的三大历史性转变。“十二五”期间，温州港加快重点项目建设，乐清湾港区一期工程完成整体施工并顺利实现开港运营；作为温州首座跨海特大桥的大门大桥实现全桥合拢；七里港区二期工程完成道路堆场交工验收并投入使用，为温甬沪“三港”深化合作打下良好基础。2014年2月，温州港口岸扩大开放获国务院批准，共获批岸线3 966米、泊位13个，这是温州港由“瓯江时代”向“东海时代”全面跨越的重要标志。2014 年 12 月，温州港状元岙港区扩大开放通过国家验收。经过多年的发展，温州水运（海港）口岸已经逐步成为浙西南、赣东、闽北等地区对外交流的重要海港口岸。集装箱航线已开通至台湾近洋干线 1 条，至宁波—舟山港、上海港的外贸内支线 3 条，外贸集装箱航线通过直达及内支线与德国、英国、意大利、俄罗斯、美国、南非、阿联酋、日本、韩国、印度、新加坡、中国香港及台湾地区等 80 个国家和地区开展航运业务。内贸集装箱航线可抵达全国沿海及长江流域港口。

2015 年，温州港完成货物吞吐量 8 490.42 万吨，同比增长 7.5%，其中外贸货物吞吐量 360.59 万吨，同比下降 15.78%；完成集装箱吞吐量 56.03 万标箱，同比下降 7.2%，其中外贸集装箱吞吐量 12.95 万标箱，同比增长 6.23%，外贸重箱出口 5.11 万标箱，同比下降 9.22%；入出境船舶 971 艘次，同比下降 11.65%。主要货种完成情况：煤炭及制品 2 150.76 万吨，同比下降 4.4%；石油、天然气制品 455.85 万吨，同比增长 8.2%；金属矿石 289.72 万吨，同比增长 1%；钢铁 192 万吨，同比增长 16.2%；矿建材料 2 528.54 万吨，同比增长 19.7%；水泥 733.82 万吨，同比增长 50.7%；粮食 3.56 万吨，同比下降 41.6%。至台湾集装箱航线完成 28 733标箱，同比增长 37.62%。至俄罗斯远东航线自 2015 年 7 月 1 日开辟以来，仅运行 6 个航次，完成 327 标箱。

【台州水运（海港）口岸】 台州港位于浙江中部沿海，地处我国海岸带中段，是浙中沿海的水运枢纽，海岸线 745 千米，占浙江省的 28%。2001 年交通部批准台州市港口统一更名为台州港，实现“一城一港”、港城同名的发展格局。台州港由海门、大麦屿、健跳、临海、路桥和温岭等 6 个港区组成。台州水运口岸（原名海门港口岸）系水运海港一类口岸，由海门港区和大麦屿港区组成。海门港口岸于 1983 年 11 月经国务院批准开展国轮外贸运输业务，1989 年 5 月国务院批准海门港口岸对外轮开放，并经验收合格后于 1990 年 10 月 1 日对外开放。此后，国务院、浙江省人民政府根据台州对外开放需要，陆续批准临海红光液化气专用码头、大陈岛海上水产品交货点两个二类口岸，现并入台州水运口岸统一管理。2008 年 4 月 18 日，国务院批准浙江海门港口岸更名为台州港口岸及大麦屿港区扩大开放。2011 年 9 月，大麦屿港区通过国家对外开放验收，同年 12 月对外开放。台州水运（海港）口岸现有开放水陆域面积 770 平方千米，范围包含健跳、临海、海门、黄岩、路桥和温岭港区；现有开放泊位 14 个，其中海门港区有 5 000 吨级外贸泊位 4 个（其中 5 000 吨级集装箱专用泊位 2 个）、3 000 吨级外贸泊位 5 个，大麦屿港区有 7.4 万吨级外贸专用泊位和 7 万吨级多用途外贸泊位各 2 个，外贸货物堆场总面积 31.6 万平方米，建有 8 个口岸监管场所。2014 年 6 月 30 日，大麦屿港区对台湾海上直航客货滚装码头对外启用工作顺利通过验收，并于 7 月 11 日对外启用。目前，大麦屿港区对台湾客货运直航已实现常态化运行，2015 年完成入出境船舶 91 艘次，入出境旅客 24 238 人次，同比分别增长 19.7% 和 45.9%；对台湾货运直航进出境集装箱 194 个标箱。

2015 年，台州港共完成货物吞吐量 6 236.8 万吨，同比增长 3.1%，其中外贸货物吞吐量 767.9 万吨，同比下降 11.7%；完成集装箱吞吐量 155 515 标箱，同比增长 0.8%，其中外贸集装箱 58 956 标箱，同比增长 28.5%；完成出入境船舶 2 139 艘次，同比下降 10.5%；引领国际航行船舶 3 080 艘次，其中大型船舶 138 艘次，引航总吨位 1 543 万吨。主要货种完成情况：矿建 2 354.4 万吨，煤炭 1 369.6 万吨，其他（主要是滚装轮渡和集装箱）1 345.5 万吨，钢铁 324.7 万吨，水泥 468.5 万吨，石油 188.2 万吨，机电 148.9 万吨，同比分别增长 11.4%、下降 5.0%、增长 2.0%、下降 2.2%、增长 5.7%、增长 0.6%、下降 7.8%。矿建材料连续 5 年保持增长，从 2011 年的 1 076.6 万吨增至 2 354.4

万吨，比 2011 年增长 118.7%，实现了 5 年翻番；煤炭吞吐量不断减少，从 2011 年的 1 766.5 万吨降至 1 369.6 万吨，比 2011 年下降 22.5%。

【嘉兴水运（海港）口岸】 嘉兴港（原名乍浦港）位于浙北地区的杭州湾北岸，地处沪、杭两市中间的嘉兴市境内，是浙江北部唯一的出海门户，是全国海河联运主要港口之一，毗邻上海浦东，陆上距上海 95 千米、杭州 117 千米、嘉兴 43 千米，海上距上海 122 海里、洋山港区 53 海里、宁波港 74 海里。嘉兴港自东向西由独山、乍浦、海盐三大港区组成。其中，乍浦港区 1993 年 3 月经批准开办国轮外贸运输业务，1994 年 5 月获批临时接靠外国籍船舶，1996 年 1 月经国务院同意对外国籍船舶开放，2001 年 4 月正式通过国家验收对外开放。2014 年 12 月 24 日，国务院批复同意乍浦港口岸更名为嘉兴港口岸并扩大开放独山、海盐港区。截至 2015 年年底，嘉兴港共有对外开放码头 8 座（泊位 12 个，其中万吨级以上泊位 11 个），临时对外开放码头 1 座（泊位 4 个）；已与日本、韩国、俄罗斯、美国、沙特阿拉伯、伊朗、澳大利亚、英国、荷兰、南非等 40 多个国家和地区的近百个港口建立了运输往来。作为宁波港、上海港的喂给港，嘉兴港集装箱业务可覆盖全球运输网络。

2015 年，嘉兴港完成货物吞吐量 6 273.42 万吨，同比下降 8.82%；完成集装箱吞吐量 122.78 万标箱，同比增长 6.2%，集装箱吞吐量列浙江省第 2 位；完成外贸货物吞吐量 955.18 万吨，同比增长 6.01%，其中进口货物 716.11 万吨，同比增长 5.1%，出口货物 239.07 万吨，同比增长 8.9%；完成外贸集装箱吞吐量 36.95 万标箱，同比增长 9.83%，其中进口集装箱 21.45 万标箱，同比增长 9.6%，出口集装箱 15.5 万标箱，同比增长 10.20%。从进出口货物情况看，嘉兴港外贸货物以进口为主，出口货物以集装箱运输为主。外贸进出口货物前 3 位的分别为：适箱货物 519.6 万吨，化工品 247.1 万吨，油品类 127.7 万吨，同比分别增长 11.1%、13.3%、下降 11.4%。

宁波市

【口岸运行主要数据】 2015 年，宁波港累计完成货物吞吐量 51 004.5 万吨，同比下降 3.12%，其中外贸货物吞吐量 30 203.63 万吨，同比增长 1.62%；完成集装箱吞吐量 1 982.43 万标箱，同比增长 6.01%，其中外贸集装箱吞吐量 1 673.91 万标箱，同比增长 7.14%；完成入出境船舶 16 574 艘次，同比增长 4.91%。宁波空运口岸（宁波栎社国际机场）出入境飞机 8 565 架次，同比增长 12.97%；出入境旅客 101.5 万人次，同比增长 11.83%；进出口货运量 1.52 万吨，同比下降 6.17%。宁波铁路监管点累计完成集装箱吞吐量 3 748 标箱，同比下降 31.25%；“海铁联运”完成散杂货运输 2 010 万吨，集装箱 17.05 万标箱。

2015 年，宁波口岸进出口总值为12 018亿元，同比下降 10.5%。其中，出口 8 784 亿元，同比下降 1.3%；进口 3 234 亿元，同比下降 28.4%。异地企业经宁波口岸进出口总值为 7 273.1亿元，同比下降 15%，占同期宁波口岸进出口总值的 60.5%。其中，浙江省内异地企业经宁波口岸进出口总值为 4 381.2 亿元，同比下降 4.4%；杭州、绍兴和台州企业位居浙江省内异地企业在宁波口岸进出口值前 3 位，分别进出口 924.4 亿元、908 亿元和 815.9 亿元。

2015 年，宁波市实现外贸进出口总值 6 239.9亿元人民币，同比略降 2.9%。其中，进口为1 803.3亿元，同比下降 6.9%；出口4 436.6 亿元，同比下降 1.2%，再次出现负增长。进出口、进口、出口分别优于全国 4.1 个百分点、6.3 个百分点和 0.6 个百分点。以美元计，宁波市外贸进出口总值1 004.7亿美元，再破千亿美元，同比下降 4%。其中，进口 290.4 亿美元，同比下降 8%；出口 714.3 亿美元，同比下降 2.3%。

【口岸综合管理】 加强口岸研究工作。编制完成《宁波口岸“十三五”发展规划》《浙江宁波国际贸易单一窗口建设工作方案》，出台《宁波市人民政府关于加快推进宁波市跨境贸易电子商务发展的指导意见》，形成一批有影响力、操作性强的调研成果。稳步推进口岸开放，实现宁波水运（海港）口岸穿山港区中宅煤炭、港鑫东方、光明通用、LNG 接收站 4 座码头和象山石浦港区新港码头临时开放；协调推进梅山口岸汽车进口工作；宁波空运口岸（栎社国际机场）国际（地区）客运航线共计达 18 条，年出入境旅客流量首次突破 100 万人次大关，顺利获批进境水生动物、进口冰鲜水产品指定口岸资质；宁波国际邮件互换局（交换站）正式获批。深化国际卫生港创建，先后两次组织专家对各港区创卫工作进行检查、督察、指导，协调推进全港创卫工作。深入推进口岸中介代理企业诚信体系建设，通过表彰、宣传、组织企业高管赴清华大学培训等方式，积极做好 2015 年评选出的 48 家口岸中介服务诚信企业动态跟踪管理工作；进一步完善宁波市口岸中介企业信用评估平台，该平台已纳入"信用宁波"建设的范畴。加强口岸宣传工作，与宁波日报、宁波电视台、宁波电台、宁波网、宁波晚报等主流媒体逐一签订宣传合作框架协议，对宁波市口岸打私办网站进行改版升级，继续办好《宁波口岸信息》《宁波口岸》等内部刊物。

【强化大通关协作机制，提高口岸贸易便利化水平】 推进区域通关一体化改革试点。推动宁波海关开展改革评估工作，提高执法统一性；实施以出口直放、进口直通为主要内容的检验检疫一体化新模式，全面实行义乌、江西进口货物直通放行。全面深化关检合作"三个一"通关模式。在共同查验区域查验的货物全部实现了"一次查验"，并将"一次查验"业务范围从原先的宁波口岸进口废物原料增加至冷链产品、集装箱危险化学品、跨境电商产品、出境市场采购商品及梅山口岸所有进口货物和物品；"一次放行"已覆盖到宁波口岸所有进口货物和物品。建设国际贸易"单一窗口"。2015 年 9 月 1 日浙江宁波国际贸易"单一窗口"平台正式上线。加快推进通关无纸化改革。宁波口岸进出口无纸化报关单比率达 97%；实施出口放行电子化，99% 的报关单实现电子化放行；2015 年 8 月 1 日起全面实施无纸化报检，9 月 1 日起全面实施通关单无纸化。推进监管业务改革。海关部门简化审批手续，优化作业流程，全面完成上海自贸区 14 项海关创新监管新政策的复制；检验检疫部门深化行政审批改革，取消、下放和精简内部审批项目，全面完成上海自贸区 8 项检验检疫创新制度的复制。推进梅山口岸贸易便利化示范区建设。完成《宁波梅山保税港区创建口岸贸易便利化示范区总体方案》，并着手实施。

【拓展跨境贸易电子商务，形成新型产业发展格局】 加快推进跨境电子商务业务模式创新、复制和推广。协调各监管部门加大监管政策创新突破力度，推出一批适应宁波市跨境贸易电子商务特点的监管政策，实现"保税备货""保税集货"和"一般业务"3 种进口模式全覆盖，2015 年宁波市跨境电子商务进出口总额达 81.95 亿元人民币。扩大宁波跨境电子商务试点影响力。借助甬港论坛、台湾"双港论坛"、中东欧投资贸易博览会等平台，加大宁波本土跨境电子商务企业与境内外大型贸易商、平台商对接力度，先后引进了包括蜜芽宝贝、敦煌网等一批知名跨境电子商务企业，并积极拓展与阿里巴巴天猫国际等大型平台商开展战略合作。建立与跨境电子商务发展相配套的要素保障机制。切实强化以市长为组长、分管市长为副组长的领导负责制；建立跨境电子商务专项扶持资金，宁波市政府已确定跨境电子商务专项扶持资金每年 2 000 万元以上，并逐年建立稳步增长机制。此外，宁波市已初步形成以宁波保税区、海曙跨境贸易电子商务产业园区、宁波电商城江北园区等出口产业集聚区为主体，以宁波国际会展中心、宁波保税区等地建设进口商品展示交易平台为辅的多点支撑、多极集聚的产业发展格局，实现电子商务与特色产业融合发展。

【电子口岸建设】 2015 年，出入境船舶单一窗口、宁波加工贸易公共服务平台、电子口岸开放平台、宁波口岸领域企业诚信系统（一期）、船载危险货物申报及适装审批系统、宁波海关企业产品信息备案系统、检验检疫企业信息服务系统7个宁波电子口岸政府推进项目获批立项。12月9日，宁波市加工贸易公共服务平台上线运行，标志着宁波市加工贸易“单一窗口”正式启动。

宁波海关深化与宁波电子口岸的技术合作，打造以物联网技术为核心的物流、查验全过程智能化管控体系，研发AIS、GPS、安全智能锁、可视化物流监控系统等，实现对运输工具、监管场所、进出口货物的全面监控，提高进出口物流效率，降低企业成本。主动全面下调电子口岸安全产品销售价格，取消数字证书备案数据变更、数字证书更新两项数字证书服务性收费项目，累计有20 000余家进出口企业受惠，为企业节省进出口费用140多万元。2015年共办理企业入网3 665家，同比增长5.29%；制发IC卡24 432张，同比增长17.61%。入网企业覆盖地域已延伸至浙江省内各个地市及江西、安徽、福建、江苏、四川等省份。

【促进航运交易发展，融入国家“一带一路”建设】 推出“海上丝路”航运综合指数。2015年10月23日，正式在波罗的海交易所官方网站发布由宁波航运交易所编制的海上丝路宁波出口集装箱运价指数（NCFI）。这是波罗的海交易所历史上首次发布其他机构的指数。加快航运交易发展。先后成功举办国际航运及大宗商品交易论坛，对外发布《浙江航运经济监测分析报告》，正式上线宁波航运服务业信用信息查询平台，不断扩大宁波市航运服务产业的影响力。截至2015年年底，宁波航交所实现交易额50.3亿元，同比增加34.13%。加快构建高端航运服务业集聚区。宁波市口岸打私办牵头对航运中心二期招商工作开展协调联络，制订相关工作方案，落实招商资金，并借助“上海宁波周”及在香港举办的甬港航运产业合作论坛等平台，对航运中心二期开展专门的招商推介。

浙江省口岸大事记

1月1日

宁波口岸全面实行义乌进口货物直通放行制度，为义乌国际贸易综合改革试点注入强劲动力。

1月13日

宁波水运（海港）口岸梅山港区正式对国际航行船舶开放，为梅山保税港区实现跨越式发展奠定了坚实基础。

1月20日

国务院副总理汪洋莅临浙江电子口岸，视察指导中国（杭州）跨境电子商务综合试验区“单一窗口”平台建设工作。海关总署署长于广洲、商务部国际贸易谈判代表兼副部长钟山、国务院副秘书长毕井泉等领导陪同。

3月7日

国务院正式批复设立中国（杭州）跨境电子商务综合试验区。这是全国首个跨境电子商务综合试验区。

3月11日

义乌市政府与上海铁路局签署战略合作协议，共同推进义乌铁路西站物流中心建设。

3月18日

浙江省省长李强莅临浙江电子口岸，视察指导浙江省大通关公共服务平台、中国（杭州）跨境电子商务综合试验区“单一窗口”平台、国家交通运输物流公共信息平台建设运营维护工作。

3月23日

全国人大财经委员会副主任委员吕祖善莅临浙江电子口岸，视察指导中国（杭州）跨境电子商务综合试验区“单一窗口”平台建设工作。

3月30日

“全省口岸工作座谈会”在杭州召开。浙江省副省长梁黎明出席会议并作重要讲话。

4月1日

浙江省委书记夏宝龙到舟山专题调研舟山江海联运服务中心和舟山群岛新区建设推进情况。

4 月 14 日

中国人民武装警察部队政治委员孙思敬上将到浙江省公安边防总队北仑边防检查站执勤现场视察调研。

4 月 16 日

海关总署署长于广洲、副署长胡伟在宁波听取杭州海关、宁波海关关于推进跨境电子商务发展的工作汇报，并到宁波申洲针织有限公司、宁波北仑港三期码头实地调研。

4 月 24 日

“中华泰山”号邮轮驶离舟山群岛国际邮轮港，开启了为期6天的台湾环岛游航程，也开启了舟山群岛新区邮轮母港时代，标志着舟山国际邮轮港正式进入常态化运作。

5 月 8 日

长三角区域大通关建设协作第七次联席会议第一次联络员会议在湖州安吉召开。

5 月 10 日

舟山市出台《舟山群岛新区口岸外轮联检锚地交通艇使用管理办法》（试行），解决外轮锚地联检交通用艇的矛盾和问题。

5 月 15 日

宁波出入境检验检疫局和江西出入境检验检疫局在宁波签署《关于进口货物直通放行的合作备忘录》。这对加快推进宁波口岸功能向长江经济带内陆地区延伸，推动江西鹰潭（贵溪）产业循环经济基地发展，实现长江经济带检验检疫一体化建设具有重要意义。

5 月 16 日

全国政协副主席何厚铧到舟山国家远洋渔业基地视察调研。

5 月 18 日

浙江省省长李强与西班牙政要在马德里铁路集装箱货运站共同见证了“义新欧”红酒专列启程，标志着“义新欧”中欧班列实现双向常态化运行。

5 月 25 日 ~27 日

中共中央总书记习近平到浙江视察，首站选择舟山群岛新区。他指出，舟山港口优势、区位优势、资源优势独特，其开发开放不仅具有区域性的战略意义，而且具有国家层面的战略意义。

5 月 28 日

由东方航空公司执飞的“宁波—罗马”航线顺利实现首航，该航线是宁波空运口岸（宁波栎社国际机场）开通的首条洲际航线。

6 月 1 日

由浙江电子口岸有限公司承建的中国（杭州）跨境电子商务综合试验区“单一窗口”平台上线运行。这是综合试验区获批后的首个落地试验成果。

6 月 2 日

《浙江省人民政府关于报送国家“十三五”口岸发展规划有关情况和意见的函》（浙政函〔2015〕50 号）报送海关总署。

6 月 8 日 ~12 日

首届“中国—中东欧国家投资贸易博览会”在宁波举行。这是中国与中东欧国家首个以投资贸易为主题的综合性博览会，也是宁波参与“一带一路”建设的国家级名片，将开启宁波口岸与中东欧贸易往来的新起点。

6 月 18 日

全国人大常委会外事委员会主任委员傅莹到浙江省公安边防总队义乌边防检查站视察。

6 月 18 日

西班牙前首相何塞·路易斯·罗德里格斯·萨帕特罗一行来义乌参加丝绸之路经济带城市国际论坛活动，活动期间参观了义乌铁路西站。

6 月 29 日

浙江省政府召开中国（杭州）跨境电子商务

综合试验区建设推进大会，正式发布《中国（杭州）跨境电子商务综合试验区实施方案》，意味着吹响了全面建设综合试验区的“进军号”。浙江省省长李强出席大会并讲话。

6月

义乌市陆港事务与口岸管理局成立，将整合义乌市物流办和口岸办的相关职能，落实港口、口岸、物流等方面的具体事务。

7月1日

温州水运（海港）口岸开通“温州—俄罗斯东方港”海上直航集装箱班轮航线。该航线是状元岙港区扩大开放后的首条外贸航线，填补了温州港与俄罗斯地区通航的空白。

7月7日

国家质检总局出台《关于支持中国（杭州）跨境电子商务综合试验区发展的意见》，发布了16条新政支持综合试验区先行先试。

7月18日

亚洲规模最大、设施设备最先进的机场快件运输枢纽基地（顺丰速运杭州枢纽基地）在杭州萧山国际机场正式投运，总建筑面积8.8万平方米。

7月20日

宁波铁路货运北站海关监管场所通过验收，正式投入运营。新铁路货运北站是上海铁路局所辖的三省一市中规模最大、设备最完善的铁路货运站，将成为宁波—中亚经贸往来的重要交通枢纽。

7月22日

一批由杭州环宇文化创意有限公司申报的玩具、家具通过中国（杭州）跨境电商综合试验区“单一窗口”平台向杭州海关申报出口，成为全国首批通过跨境电商B2B模式出口的货物，也标志着杭州海关在全国率先启动了跨境电商B2B出口业务试点工作。

7月28日

浙江省委书记夏宝龙到舟山新区国际邮轮港码头视察调研。

8月7日

舟山水运（海港）口岸金海重工股份有限公司码头船坞对外启用。

8月10日

长三角区域“单一窗口”建设座谈会在温州召开。

8月14日

温州对外开放口岸限定区域范围正式划定，并以温州市政府名义对外发布公告。

8月27日

国家副主席李源潮到义乌视察调研，在义乌国际商贸城五区西班牙商品中心了解“义新欧”中欧班列情况。

浙江省省长李强到舟山国际远洋渔业基地视察调研。

9月1日

浙江宁波国际贸易“单一窗口”上线。

9月3日

杭州空运口岸（杭州萧山国际机场）正式开通“杭州—丹麦哥本哈根”航线，这是浙江省首条直达北欧的航线。杭州由此成为继北京、上海之后，国内第3个直飞哥本哈根的城市。

9月7日

浙江出入境检验检疫局和宁波出入境检验检疫局在杭州签署《关于深化检验检疫一体化合作积极促进浙江省开放型经济发展》合作备忘录。

9月14日

宁波出入境检验检疫局在辖区全面实施检验检疫“通报、通签、通放”一体化通关模式。

9月29日

浙江省委书记夏宝龙为宁波舟山港集团揭牌。宁波舟山港集团的成立，标志着宁波—舟山港实现了以资产为纽带的实质性一体化，也标志着浙江省海洋港口一体化发展迈出了关键一步。

澳门特别行政区行政长官崔世安到舟山国家远洋渔业基地调研。

10月16日

以“通报、通检、通放”为基础、以“出口直放，进口直通”为主要内容的长江经济带检验检疫通关一体化新模式全面实施。

10月19日

杭州海关发布《中国（杭州）跨境电子商务综合试验区海关监管方案》，标志着海关方面支持综合试验区建设的15条优惠政策全部落地。

10月20日

宁波出入境检验检疫局和宁夏出入境检验检疫局在宁夏银川签署《深化业务合作工作机制备忘录》，共同服务两地外向型经济发展。

10月21日

国务院批复同意金华设立金义综合保税区。这是全国首个以跨境电子商务为特色的综合保税区，也是浙江省继舟山、嘉兴之后第3个综合保税区。

10月28日

浙江海宁皮革城"市场采购"贸易试点启动。由浙江电子口岸建设并运营维护的海宁皮革城"市场采购"贸易联网信息平台正式上线运行。

11月23日

宁波跨境贸易电子商务服务试点项目顺利通过海关总署等国家有关部委联合验收组的验收。宁波成为全国首个通过跨境贸易电子商务服务试点项目验收的试点城市。

11月24日

浙江省政府在杭州召开全省海关特殊监管区工作会议。浙江省副省长梁黎明出席会议并作重要讲话。会议要求全省海关特殊监管区在促进经济转型升级中主动有为，在推动经济国际化中率先发展，充分发挥全省开放型经济发展的先行区和示范区作用，为全省开放型经济发展作出更大贡献。

11月25日

古巴港口发展及物流服务研修班考察团一行30余人到宁波国际航运服务中心就宁波"一带一路"建设、国际航运、仓储物流、港口建设、通关通检、电子口岸、货物查验等方面开展学习交流。

11月26日

海关总署正式批准富阳东洲岛设立杭州富阳保税物流中心（A型）。这是浙江省首个A型保税物流中心。

11月30日

舟山水运（海港）口岸太平洋海洋工程（舟山）有限公司30万吨级硒装码头对外启用。

12月4日

东海第一救助飞行队温州基地建成并正式进驻，这是继舟山之后浙江省第二个东海第一救助飞行队基地，填补了温州市"空中救援"的空白，大大增强了温州空运口岸应急救援保障能力。

12月7日~11日

由国家质检总局和宁波市政府联合主办的世界卫生组织《国际卫生条例》口岸合作中心中国—西太东盟"船舶卫生证书"国际培训班在宁波举办。这是全球首个面向西太东盟的国际航行"船舶卫生证书"培训班。来自文莱、柬埔寨、菲律宾、韩国等10个国家和地区的近30名国际学员参加了培训。世界卫生组织官员丹尼尔博士出席开班仪式。

12月9日

宁波市加工贸易公共服务平台正式上线运行，标志着宁波市加工贸易"单一窗口"正式启动。

12月15日

宁波出入境检验检疫局开始实施提货单放行电子化，标志着宁波口岸检验检疫报检通关放行无纸化改革打通了最后关节，关检合作"一次放行"已具备条件。

12月16日

宁波镇海保税物流中心（B型）顺利通过海关总署、财政部、国家税务总局、国家外汇管理局的联合验收。

《浙江省人民政府关于改进口岸工作推进大通关建设的实施意见》（浙政发〔2015〕39号）印发各市、县（市、区）人民政府，省政府直属单位。

12月20日

国务院批复设立中国（浙江）大宗商品交易

中心。这是国内首个由国务院批准设立的大宗商品交易管理与监督中心。浙江省内的宁波大宗商品交易所重组后将成为该中心全资的交易所，舟山大宗商品交易所重组后将成为由该中心控股的交易所。

国家口岸办批复同意义乌铁路西站作为临时口岸对外开放。由此，义乌铁路西站成为浙江省第一个陆路（铁路）临时开放口岸。

12 月 24 日

在宁波舟山港穿山港区集装箱码头 6 号泊位，浙江省委书记夏宝龙按下起吊按钮，一只身披红装的集装箱被稳稳吊起并装上“拉文纳”轮，宣告宁波舟山港年集装箱吞吐量首次突破2 000万标箱，这是宁波舟山港实质性一体化后取得的重要成果。宁波舟山港由此成为继上海港、新加坡港、深圳港、香港港之后全球港口“超2 000万俱乐部”的第 5 个成员。

12 月 28 日

乘坐宁波至香港 KA641 次航班的邢先生幸运地成为 2015 年宁波栎社国际机场第 100 万名出入境旅客，标志着宁波空运口岸（宁波栎社国际机场）年出入境客流量首次突破百万大关。

杭州空运口岸（杭州萧山国际机场）正式开通“杭州—西班牙马德里”航线，这是华东地区首条直达西班牙的国际航线。

12 月 31 日

义乌国际邮件互换局（交换站）正式投入运营，开辟了浙中国际邮件进出口新通道，为义乌市打造跨境电子商务物流高地提供了强大支撑。

（撰稿人：汪岸天、金志华、陈加恩、陈展、宋鸿昌、蒋亦翔、王静、潘思蔚、周燕华、陈丽萍、周小锋、汤军、邱琳、李奕晨、赵华明、汤征国、程斐、王登科、程芝娟）

2015 年浙江省口岸流量统计表

口岸类型		口岸名称	货运量（万吨）				集装箱量（万标箱）				人员（万人次）				交通工具（辆、艘、架、列次）			
			出口	进口	合计	同比（%）	出口	进口	合计	同比（%）	出境	入境	合计	同比（%）	出境	入境	合计	同比（%）
空运口岸		杭州航空口岸	9.83	1.49	11.32	1.93					193.28	196.10	389.38	19.02	12 736	12 876	25 612	21.68
		宁波航空口岸	0.93	0.59	1.52	-6.17					53.37	54.51	107.87	11.57	4 270	4 295	8 565	12.98
		温州航空口岸	0.02	0.08	0.10	14.99					15.56	15.63	31.19	-0.42	1 296	1 302	2 598	6.56
		义乌航空口岸									1.90	1.99	3.89		176	175	351	
		分计	10.78	2.16	12.94	1.09					264.11	268.22	532.33	16.95	18 478	18 648	37 126	19.47
水运口岸	海港口岸	宁波港口岸	10 896.97	19 306.66	30 203.63	1.62	843.84	830.07	1 673.91	7.14	10.97	13.44	24.41	5.21			16 574	4.91
		舟山港口岸	612.00	9 998.77	10 610.77	4.90	1.41	20.32	21.72	49.70	7.80	8.02	15.83	36.84			11 333	27.90
		温州港口岸	49.24	311.35	360.59	-15.78	7.06	5.89	12.95	-6.23	0.36	0.14	0.50	-10.75			971	-11.65
		台州港口岸	87.80	680.10	767.90	-11.66	2.89	3.01	5.90	28.48	2.13	3.04	5.17	13.04			2 139	-10.54
		嘉兴港口岸	239.07	716.11	955.18	6.01	15.50	21.45	36.95	9.83	1.09	1.09	2.18	-26.09			738	-25.15
		分计	11 885.08	31 012.99	42 898.07	2.04	870.69	880.74	1 751.43	7.52	22.35	25.73	48.08	12.22			31 755	8.16
	河港口岸																	
		分计																
合计			11 895.86	31 015.14	42 911.00	2.04	870.69	880.74	1 751.43	7.52	286.45	293.95	580.41	16.55			68 881	13.98
同比（%）			4.58	1.20	2.04		5.84	9.24	7.52		17.31	15.81	16.55				13.98	

（浙江出入境检验检疫局提供）

2015年杭州海关主要数据统计表

项目		2015年	同比（%）
进出口货运量（万吨）	合计	14 126.4	3.7
	进口	12 298.35	1.8
	出口	1 828.05	17.8
进出口贸易总值（万美元）	合计	9 307 974.2	1.2
	进口	3 487 521.45	-30.4
	其中：江、海运输	3 176 368.07	-33.1
	铁路运输	466.56	41.2
	汽车运输	4 883.22	3.0
	航空运输	305 284.21	17.1
	邮件运输	519.39	-31.5
	其他运输		
	出口	5 820 452.75	39.0
	其中：江、海运输	5 533 430.95	41.9
	铁路运输	30 417.52	25.8
	汽车运输	894.28	-53.5
	航空运输	210 483.9	-18.6
	邮件运输	45 226.09	1 722.0
	其他运输		
税收（万元）	两税合计	3 361 762.47	-28.8
	关税入库	331 415.92	-6.3
	进口环节税入库	3 030 346.55	-30.6

（杭州海关提供）

2015年宁波海关主要数据统计表

项目		2015年	同比（%）
进出口货运量（万吨）	合计	15 031.94	-2.54
	进口	11 336.22	-2.94
	出口	3 695.72	-1.27
进出口贸易总值（万美元）	合计	19 351 226.98	-0.11
	进口	5 210 946.49	-0.29
	其中：江、海运输	4 970 844.39	-0.31
	铁路运输	125.39	
	汽车运输	32 282.41	-0.30
	航空运输	198 383.24	0.29
	邮件运输	0.21	0.43
	其他运输	9 310.86	1.93
	出口	14 140 280.49	-0.02
	其中：江、海运输	13 948 831.1	-0.02
	铁路运输	19 686.28	-0.45
	汽车运输	43 978.26	-0.25
	航空运输	89 333.59	0.68
	邮件运输		
	其他运输	38 451.27	-0.39
税收（万元）	两税合计	4 873 426.76	-28.67
	关税入库	378 253.64	-4.17
	进口环节税入库	4 495 173.11	-30.17

（宁波海关提供）

2015 年浙江省口岸出入境主要数据表

项目			2015 年	2014 年	同比（%）
出入境人员（人次）	出入境人员总数		5 804 061	4 980 042	16.55
	入境人员		2 939 514	2 538 195	15.81
	出境人员		2 864 547	2 441 847	17.31
	出入境旅客		5 055 303	4 300 212	17.56
	出入境员工		748 758	679 830	10.14
	中国公民	小计	4 852 811	4 062 218	19.46
		内地居民（因公）	253 648	225 506	12.48
		内地居民（因私）	3 860 704	3 134 542	23.17
		港澳居民	283 597	266 425	6.45
		台湾同胞	454 862	435 745	4.39
	外籍人员		951 250	917 824	3.64
	从海港出入境人数		480 767	428 387	12.23
	从陆港出入境人数				
	从空港出入境人数		5 323 294	4 551 655	16.95
交通运输工具（辆、艘、架、列次）	总计		59 103	52 225	13.17
	船舶		21 977	21 150	3.91
	飞机		37 126	31 075	19.47
	火车				
	机动车辆				

（浙江省公安边防总队提供）

2015 年宁波市出入境检验检疫业务统计表

项目	货物检验检疫				交通工具				集装箱（标箱）		发现动植物疫情		货物通关		出入境人员查验（人次）	健康检查及预防接种（人次）			
	批次	金额（万美元）	检验检疫不合格																
			批次	金额（万美元）	船舶（艘）	飞机（架）	火车（列）	汽车（辆）	合计	检出问题	种类数	种次	批次	金额（万美元）		健康检查	艾滋病监测	发现病例	预防接种
本年累计	269 240	5 701 772	20 237	319 349	12 028	8 554			12 404 283	75 812	758	41 235	307 683	4 508 679	1 319 689	5 206	5 068	906	5 477
其中 出境	121 927	499 986	1 025	6 317	5 307	4 264			5 039 842	0	0	0	218 783	796 641	641 125	3 412	3 375	619	5 386
其中 入境	147 313	5 201 786	19 212	313 032	6 721	4 290			7 364 441	75 812	758	41 235	88 900	3 712 038	678 564	1 794	1 693	287	91
同比（%）	-16.1	-32.7	16.7	-31.7	3.5	13.1			9.1	13.9	-11.6	13.1	-23.6	-35.2	10.3	-20.1	-19.9	3.8	7.5
其中 出境	-20.8	-30.6	-26.7	-42.9	11.4	12.7			13.9				-30.8	-33.4	12.0	-19.1	-19.2	3.3	7.6
其中 入境	-11.8	-32.9	20.5	-31.5	-2.0	13.4			6.0	13.9	-11.4	13.2	2.6	-35.5	8.7	-22.0	-21.3	4.7	1.1

（宁波出入境检验检疫局提供）

2015 年浙江省出入境检验检疫业务统计表

项目	货物检验检疫				交通工具				集装箱（标箱）		发现动植物疫情		货物通关		出入境人员查验（人次）	健康检查及预防接种（人次）			
	批次	金额（万美元）	检验检疫不合格																
			批次	金额（万美元）	船舶（艘）	飞机（架）	火车（列）	汽车（辆）	合计	检出问题	种类数	种次	批次	金额（万美元）		健康检查	艾滋病监测	发现病例	预防接种
本年累计	661 276	4 240 385	19 783	622 662	9 891	26 827			966 750	5 028	997	6 591	359 594	3 264 766	4 481 831	50 270	50 079	57 762	54 087
其中 出境	584 107	1 749 212	4 010	11 767	4 544	13 411			324 963	1	2	1	299 498	958 010	2 226 369	38 518	38 403	43 857	53 760
其中 入境	77 169	2 491 172	15 773	610 895	5 347	13 416			641 787	5 027	995	6 590	60 096	2 306 756	2 255 462	11 752	11 676	13 905	327
同比（%）	-3.54	-24.23	1.15	-0.02	3.01	13.31			12.86	-2.39	2.26	-21.48	102.79	-18.79	17.97	1.27	2.1	0.73	-3
其中 出境	-6.27	-6.78	-11.38	-6.56	7.88	13.24			8.26	-88.89		-66.67	130.23	79.02	18.02	-3.27	-2.29	-0.78	3
其中 入境	23.7	-33.03	94.27	-24.59	-0.8	13.39			15.35	-2.24	2.26	-21.46	27.24	-33.81	17.92	19.66	19.8	5.83	-2.68

（浙江出入境检验检疫局提供）

2015 年浙江海事局进出港船舶统计汇总表

船舶类别	进港船舶							出港船舶						
	艘数（艘）	总吨（吨位）	总载重量（吨）	载客量（客位）	船员人数（人次）	货物到达量（吨）	旅客到达量（人）	艘数（艘）	总吨（吨位）	总载重量（吨）	载客量（客位）	船员人数（人次）	货物发送量（吨）	旅客发送量（人）
总数	634 741	1 432 997 047	1 819 875 164	67 774 698	5 265 032	557 382 449	25 328 055	629 908	1 426 750 593	1 814 170 769	67 081 705	5 145 976	284 274 421	25 026 311
中国籍船舶	616 944	562 803 237	643 872 045	67 735 212	4 894 108	279 921 927	25 311 873	612 168	558 768 566	641 380 833	67 044 875	4 775 571	225 652 176	25 010 161
其中外贸船	1 404	22 168 283	27 200 418		26 444	10 666 475		1 318	21 013 751	24 557 668		25 032	1 982 268	

（浙江海事局提供）

安 徽 省

口岸名称	批准开放时间	开放状态
合肥空运口岸	1990.3	国际常年
黄山空运口岸	1992.9	国际常年
芜湖水运口岸	1980.2	国际常年
铜陵水运口岸	1993.1	国际常年
安庆水运口岸	1996.1	国际常年
池州水运口岸	2005.7	国际常年
马鞍山水运口岸	1990.10	国际常年

合肥
黄山
芜湖
铜陵
安庆
池州
马鞍山
合肥市
淮北市
宿州市
亳州市
阜阳市
蚌埠市
淮南市
滁州市
六安市
马鞍山市
芜湖市
铜陵市
池州市
安庆市
宣城市
黄山市
南京市
徐州市
图例
一类口岸
铁路口岸
水运口岸
空运口岸
公路口岸
境外口岸

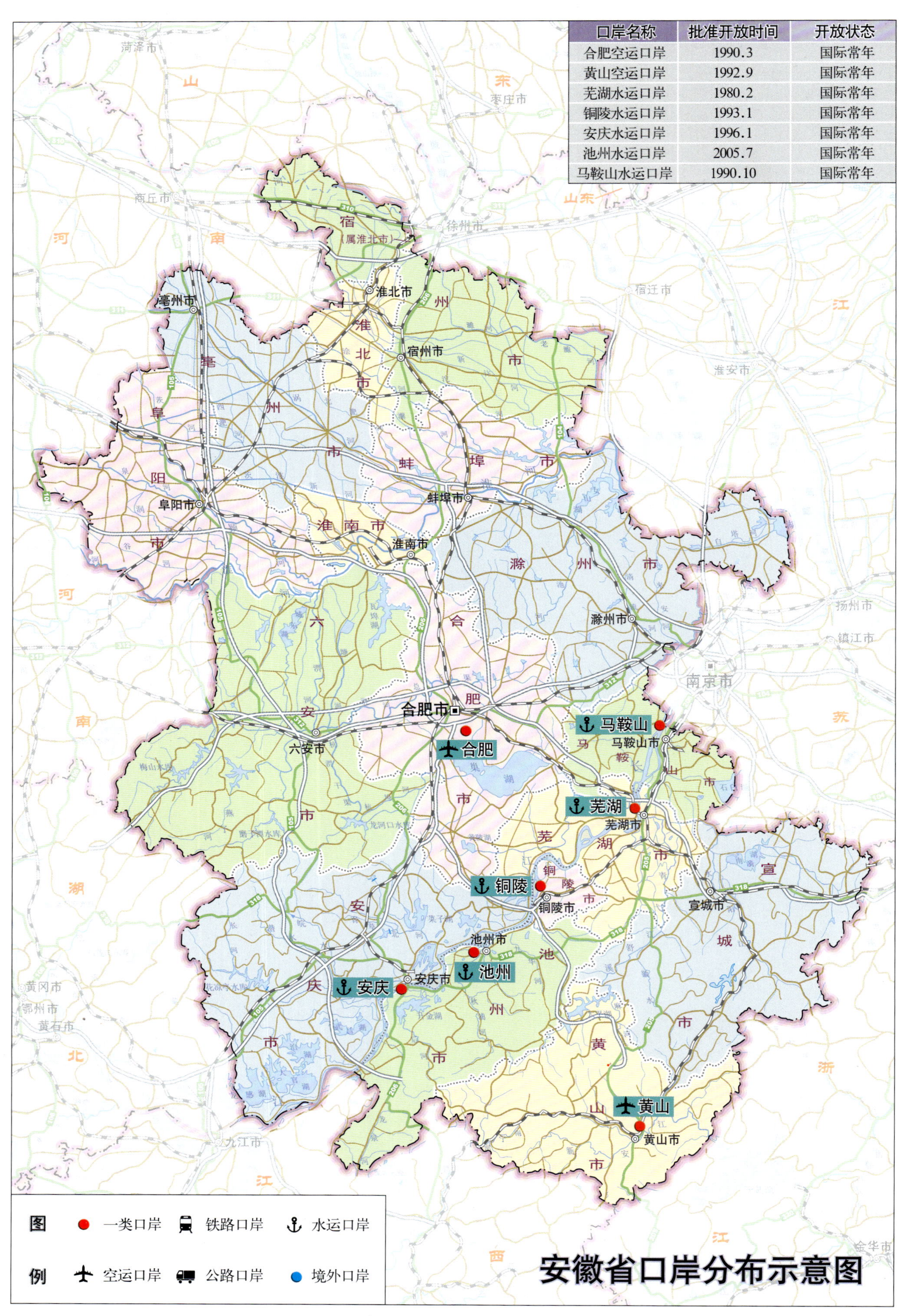

安徽省口岸分布示意图

口岸数量及分布

截至2015年年底，安徽省有经国务院批准的对外开放口岸7个。其中，空运口岸2个，分别是合肥空运口岸（合肥新桥国际机场）、黄山空运口岸（黄山屯溪国际机场）；水运（河港）口岸5个，分别是芜湖、安庆、铜陵、池州、马鞍山河港口岸。

口岸运行及数据

据海关统计，2015年1~12月安徽省口岸完成进出口货运量2 414.26万吨，同比增长26.8%。其中，进口2 080.97万吨，同比增长25.6%；出口333.29万吨，同比增长34.2%。口岸进出口货值128.86亿美元，同比下降0.5%。其中，进口货值75.77亿美元，同比下降5.1%；出口货值52.09亿美元，同比增长7%。国际集装箱运量84.7万标箱，同比增长52.5%。到港船舶5 517艘，同比增长44.4%。其中，外籍轮268艘，同比下降9.2%。据边检统计，全省空运口岸完成进出境人员60.8万人次，同比增长43%；进出境航班4 547架次，同比增长38%。

2015年安徽省口岸进出口（出入境）运量总统计表

类别	单位	累计运量		
		2015年	2014年	同比（%）
1. 货运量	万吨	2 414.26	1 904.63	26.8
其中：进口	万吨	2 080.97	1 656.35	25.6
出口	万吨	333.29	248.27	34.2
2. 货值	万美元	1 288 636.83	1 295 301.08	-0.5
其中：进口	万美元	767 698.58	808 621.83	-5.1
出口	万美元	520 938.25	486 679.25	7.0
3. 客运量	人次	607 975.00	425 199.00	43.0
其中：入境	人次	305 813.00	214 341.00	42.7
出境	人次	302 162.00	210 858.00	43.3
4. 到港船舶	艘	5 517.00	3 821.00	44.4
其中：外籍轮	艘	268.00	295.00	-9.2
5. 集装箱	个	846 966.00	555 265.00	52.5
其中：重箱	个	368 574.00	264 932.00	39.1
6. 飞机	架次	4 547.00	3 294.00	38.0
其中：外籍飞机	架次	2 068.00	1 262.00	63.9

2015 年安徽省各口岸进出口（出入境）运量统计表

单位：万吨、人次

口岸名称	累计运量								
	2015 年	2014 年	同比（%）	其中直运			其中转关		
				2015 年	2014 年	同比（%）	2015 年	2014 年	同比（%）
马鞍山	1 568. 90	1 244. 14	26. 1	99. 8	105. 29	-5. 2	1 469. 10	1 138. 85	29
铜陵	299	274. 1	9. 1	14. 3	18. 2	-21. 4	284. 7	255. 9	11. 3
芜湖	239. 71	154. 1	55. 6	183. 78	154. 1	19. 3	55. 93	0	100
池州	90. 1	73. 78	22. 1	22. 45	23. 38	-4	67. 65	50. 4	34. 2
安庆	56. 39	71. 34	-21	56. 39	71. 33	-20. 9	0	0	0
蚌埠	140. 71	81. 6	72. 4	0	0	0	140. 71	81. 6	72. 4
阜阳	6. 8	5. 57	22. 1	0	0	0	6. 8	5. 57	22. 1
合肥（水运）	12. 65	-	-	0	0	0	12. 65	-	-
合肥（空运）	483 999	326 170	48. 4	-	-	-	-	-	-
黄山	123 976	99 029	25. 2	-	-	-	-	-	-

2015 年安徽省各口岸进出口集装箱运量统计表

单位：标箱

口岸名称	累计集装箱运量					
	2015 年	2014 年	同比（%）	其中重箱		
				2015 年	2014 年	同比（%）
合计	846 966	555 265	52. 5	368 574	264 932	39. 1
马鞍山	103 631	74 777	38. 6	103 631	74 777	38. 6
铜陵	243 94	20 911	16. 7	13 268	11 332	17. 1
芜湖	501 368	402 631	24. 5	167 244	138 158	21. 1
池州	12 255	10 155	20. 7	7 803	6 027	29. 5
安庆	41 934	30 943	35. 5	25 277	18 790	34. 5
蚌埠	11 595	9 889	17. 3	11 595	9 889	17. 3
阜阳	6 595	5 959	10. 7	6 595	5 959	10. 7
合肥	145 194	-	-	33 161	-	-

2015 年安徽省各口岸出入境船舶、飞机统计表

单位：艘、架次

口岸名称	累计到港船舶、飞机					
	2015 年	2014 年	同比（%）	其中外籍船舶、飞机		
				2015 年	2014 年	同比（%）
合计	5 517	3 821	44.4	268	295	-9.2
马鞍山	921	841	9.5	42	60	-30.0
铜陵	330	143	130.8	58	80	-27.5
芜湖	2 064	1 862	10.8	149	133	12.0
池州	314	304	3.3	18	22	-18.2
安庆	747	671	11.3	1	0	100.0
合肥	1 141	-	-	0	0	0.0
合计	4 547	3 294	38.0	2 068	1 262	63.9
合肥	3 548	2 437	45.6	1 129	408	176.7
黄山	999	857	16.6	939	854	10.0

口岸综合管理

【口岸管理体制机制创新工作】 积极贯彻落实《国务院关于印发落实“三互”推进大通关建设改革方案的通知》（国发〔2014〕68 号文件），会同合肥海关、安徽出入境检验检疫局制定《安徽省落实“三互”推进大通关建设改革工作方案》，报经省政府批准以皖政办〔2015〕32 号文件印发，中央驻皖查验单位、省直相关单位和各市共同推进口岸管理信息互换、监管互认、执法互助。在加快建设国际贸易单一窗口、优化口岸通关便利化服务、推进口岸安全联防联控、优化口岸开放布局、畅通国际物流大通道、推进通关诚信体系建设等 6 个方面开展各项工作。马鞍山、铜陵水运口岸和合肥新桥国际机场等部分地区试点开展“监管互认、一站式作业和多部门执法互助”工作，全力推进“三互”大通关建设。

【加快口岸开放】 根据安徽省政府安排和《海关总署关于请报送国家“十三五”口岸发展规划有关情况和意见的函》（署岸函〔2014〕219 号）要求，上报省政府以皖政秘〔2015〕91 号文件正式报送国家口岸办，申报池州九华山机场空运口岸开放，合肥、蚌埠、阜阳 3 个陆路（铁路）口岸开放，马鞍山、芜湖、铜陵、池州和安庆 5 个水运口岸扩大开放争取列入国家“十三五”口岸发展规划。按照国家“十二五”口岸发展规划批准安徽省口岸扩大开放项目，马鞍山水运口岸扩大开放郑蒲港区于 2015 年 9 月 5 日获国务院批准，芜湖水运口岸扩大开放三山港区省政府已报国务院审批。

【扎实开展口岸大通关建设协作】 加快长江经济带海关、检验检疫区域通关一体化进程和关检协作，2015 年 8 月 17 日起全面实行长江经济带区域检验检疫通关业务一体化；深入开展长三角区域大通关建设协作，推进 2015 年长三角区域口岸城市群大通关 8 个大类 27 个重点合作项目，2015 年 3 月、9 月和 11 月分别与上海市、浙江和江苏省口岸办共同举办长三角口岸城市群大通关合作沪皖、皖浙、苏皖项目对接会，对接洽谈大通关协作、口岸港口基础设施建设、口岸经济区建设，航运物流，船务、船代、货代企业引进等重点项目合作。通过长三角区域通关模式改革，企业一体化通关时间比改革前节约了12～24小时，口岸放行手续费用较改革前节约近50%，全程物流费用相应节约25%～30%。

【推动口岸平台载体建设工作】 按照安徽省政府进境指定口岸建设专题会议部署，成立了安徽省进境指定口岸布局规划编制专家组，由安徽出入境检验检疫局与省口岸办联合组织专家组开展专题调研，完成全省进境指定口岸建设布局规划方案的编制。截至2015年年底，合肥空运口岸和马鞍山、芜湖、铜陵、安庆水运口岸分别获批建设进境水果、冰鲜水产品、肉类、粮食等9个指定口岸。口岸联动发展效果明显，2015年7月，成立安徽省铁路口岸联盟；2015年9月，召开2015年水运口岸联盟联席会议，以“服务长江经济带战略，推动全省水运口岸物流合作促进联动发展”为主题，在推进口岸信息互通、“三互”大通关协作、进境指定口岸规划建设、沿江班轮挂靠集运、船货代公司联合等方面整体对外开展合作。合肥新欧亚大陆桥国际货运班列平稳运营，2015年6月26日，“合新欧”国际货运班列西延至德国汉堡，合肥开通至宁波北仑港铁海联运班列；蚌埠至上海“五定”班列实现常态化运营；芜湖起运港退税政策从2015年3月正式实施，现18家企业开展进出口业务，涉及退税金额1 789万元；合肥空运口岸积极推进合肥至欧美的航空国际客运航线和国际货运包机；淮北、亳州、宿州、淮南、滁州、六安、宣城七市探索内陆“无水港”建设，宣城“无水港”挂牌运营。

【政策扶持加大口岸基础建设】 合肥口岸建设“四港三区”全力打造综合枢纽口岸；马鞍山口岸“以港兴市”提升口岸功能扩大口岸对外开放；芜湖水运口岸发挥起运港退税和口岸物流奖补政策优势打造国际集装箱枢纽港，建设成为上海洋山港的重要喂给港；铜陵水运口岸落实“三互”方案，在全省率先启动海关、国检、边检合作“一站式作业”船舶联合执法改革试点；池州水运口岸全力推进九华山机场对外开放；安庆水运口岸积极申报汽车整车进口指定口岸；黄山空运口岸强化口岸管理，充分利用空运口岸为地方旅游经济服务；蚌埠口岸加强口岸载体和平台建设，打造铁路“无水港”和保税物流中心；阜阳口岸出台口岸多式联运扶持奖励政策开拓铁海联运业务；宿州口岸办协调加快宿州海关、国检办公大楼建设；淮北已成立市政府口岸管理办公室启动铁路“无水港”建设。在安徽省委省政府和各市委市政府的重视下，省及各口岸城市分别出台口岸物流奖励扶持政策，2015年，安徽省财政兑现360万元奖补13家企业，各市叠加的口岸物流奖励政策资金效应推动了全省口岸进出口货运量特别是国际集装箱运量的大幅度增长。

【加强长三角合作与发展】 2015年安徽省是长三角地区合作与发展轮值方，省口岸办作为商务厅涉外服务专题合作组具体承办部门认真履行职责，主动与厅相关业务部门协商，并征求上海市商务委、江苏和浙江省商务厅意见，制定了推进“一带一路”和长江经济带国家战略实施、推动长三角跨区域投资促进、加强对外贸易领域合作、建立“走出去”合作新模式、推进长三角区域大通关建设提高贸易便利化水平、推进长三角区域口岸城市群合作等6个方面的工作计划。

【优化口岸整体布局】 依托合肥完备的航空、铁路、公路、水运综合交通运输网络，建设具有口岸功能的合肥空港经济示范区、国际铁路内陆港和合肥港二类水运口岸，打造辐射皖中皖北的合肥综合枢纽口岸；依托长江黄金水道加快航运中心和国际集装箱中转中心建设，打造辐射皖江、连接长三角的“芜马”水运枢纽口岸；依托蚌埠、阜阳铁路枢纽优势，建设铁海联运国际集装箱运输通道，打造辐射皖北的“蚌阜”铁路枢纽口岸；依托合肥新桥国际机场、黄山屯溪国际机场和池州九华山机场，打造连接黄山、九华山、合肥国际黄金旅游线的旅游口岸群；依托沿江各市产业优势，把马鞍山、芜湖、铜陵、池州、安庆建设成为钢铁及铁矿石、煤炭、固体废物、旅游、化工油品等区域专业化水运口岸，形成优势互补、错位发展的口岸格局。

【发展国际集装箱运输】 积极引进国内外大型船务公司、知名船代、货代企业，探索发展多式联运、甩挂运输等先进方式；重点支持港口企业与长三角大港及国内外大型船运公司开展多种战略合作方式，鼓励口岸通过市场化运作，以资本为纽带，采取股权整合等方式建立组合港，共同开发日、韩、中国台湾及东南亚地区国际（地区）集装箱班轮航线。

口岸监管与服务

【安徽省公安边防总队全力服务长三角区域经济社会发展大局】 一是健全信息共享机制，全力提升口岸管理信息化水平。全力推进《长三角区域边检机关港口管理信息共享合作备忘录》落实，进一步细化上海、浙江、江苏、安徽等4个边防总队在船舶申报、信息备案、诚信管理等具体执法环节上的融合互补；投入经费近150万元，全面建成总队两级海港勤务综合指挥系统，实现边检机关内部“信息互换、监管互认、执法互助”，最大限度简化了服务对象申报、备案、检查等程序。二是深化执法联动协作，构建立体化口岸管理网络。各边检站与海事、海关、检验检疫等部门建立口岸联动协作机制，实施联合登临检查和查验，实现“联合查验、一次放行”，进一步提高了出入境交通工具通关速度。建立与海关、检验检疫、公安、航空公司、码头企业、船方、社会监督员的一体化口岸综合管控体系，明确口岸突发事件、违法违规行为、紧急救助、防火防疫等常遇情况的处置流程，逐步健全统一调度、协调联勤的工作机制，定期开展口岸突发事件处置联合演练、口岸风险评估，形成“联勤、联防、联动”的口岸管理新格局。三是融入电子口岸建设，推行电子化、自助化通关。不断加强与海关部门沟通，提前将需申报项目、方式功能等内容纳入电子口岸建设统一规划。各港口边检站全面推行网上预检预报，提前为来港登轮人员办理登轮证件，广泛应用“边检通”“壁挂式终端”等电子化查验设备，最大限度精简查验手续，实现登轮人员抵港即登轮，出入港船舶到港即作业，节约了企业运营成本。四是积极服务口岸开放，不断优化口岸通关环境。主动跟进马鞍山郑蒲港、池州九华山机场、芜湖三山港对外开放进程，牵头制订《池州九华山机场临时对外开放边检警力业务培训方案》，为九华山机场临时开放警力到位打下良好基础。合肥、黄山边检站投入近200万元建设边检智能验证台、自助通道等查验设施，为口岸进一步开放打下了坚实基础。五是出台便民利民措施，进一步便利服务群众。推出“助推安徽涉外旅游产业发展”“推行旅游团多样化验放模式”“异地办理出海边防证件”“简化出海边防证件办理手续”“边防证件办理首问负责制”“免费查询证件有效性和出入境记录”等7项便民利民举措，进一步修订《安徽省公安边防总队出海船舶船民证件管理工作操作规程》，简化两证办理、年审等手续，最大限度地减少出入港船舶申报资料。

【芜湖海事局积极做好口岸审批查验服务】 涉外管理业务全面有效实施《国际航行船舶进（出）口岸审批业务流程》，严格按照法律法规和程序要求办理，廉洁高效。2015年共办理各类船舶口岸审批和查验298艘次，其中铜陵口岸69艘次，芜湖口岸152艘次，马鞍山口岸77艘次；为新加坡在芜湖海事局辖区新建港作供给船舶换旗出口办理手续5艘次；辖区国际航行船舶外贸货物吞吐量达52.82万吨；集装箱内支线运输船舶2 870艘次，货物吞吐量达27.97万标箱。

【芜湖海事局全力落实服务承诺，支持地方经济发展】 主动做好芜湖二桥、商合杭大桥现场施工维护工作，主动配合芜湖市政府协调推进商合杭大桥全面施工，对施工现场实行24小时驻守动态监管；配合指导马鞍山郑浦港、芜湖三山港扩大开放工作；配合芜湖市“三线三边”整治，服务新港码头、铜陵小港码头搬迁；实施海船电子签证，探索设置枯水期白茆水道、裕溪口水道海船深水推荐航路，便利大型船舶进出三山港、裕溪口港；支持地方造船业发展，为新改造船舶下水保驾护航。

【芜湖海事局简化船舶签证手续，积极推进黄金水道和“大通关”建设】 全辖段内实施“船舶进出港动态报告制”，船舶可在抵达前24小时内向拟抵达地海事管理机构报告，进港签证与出港签证合并办理；投入专项资金开发了国际航行船舶进出口岸申报系统、船载危险货物远程申报系统、船舶动态管理系统、船舶报港系统、网上长江海事系统（含移动执法系统）、船载客货系统、船员管理系统等应用软件并投入使用。

【安庆海事局全面加强长三角区域大通关建设协作】 一是服务大通关建设，提升黄金水道通航能力。积极推进太子矶水域VTS系统试运行工作，安庆段太子矶水域是长江下游著名的高风险航段，通过现代化的监管手段加强对辖区水域的巡航和监视，确保辖区长江航行秩序安全畅通有序；全面实施了海船电子签证，所有海进江船舶经注册认证后即可通过手机APP、互联网等手段办理船舶进出港签证手续，船舶进出港更加便利，滞港时间明显缩短，港口货物流通速度大幅提升。二是全面取消了船舶港务费、特种船舶和水上水下工程护航费、船舶临时登记费、船舶烟囱标志或公司旗注册费、船舶更名或船籍港变更费、船舶国籍证书费、废钢船登记费7项中央级设立的行政事业性收费，进一步减轻航运企业负担，进一步激发外向型经济发展活力。三是强化信息公开服务，进一步提升通关效率。建立微信公众号和服务企业QQ群，利用长江水上安全信息台及时提供资讯服务和安全预警信息，帮助企业及时了解航运政策信息，落实安全防范措施。四是积极支持口岸布局优化调整，扶持新的外贸增长点。在依法依规的前提下为解决安庆石化8.8千米长输管、码头泊位迁建工作提供审批便利，加快了工程的推进速度；支持安庆市推动汽车整车进口口岸项目的建设，促进安庆水运口岸布局的不断优化；出台服务“江海直达”外贸集装箱航线具体措施，优化调整服务窗口的设置和人员、设备配置，确保集装箱班轮尤其是安庆直发上海港的“天天班”能按时发航，缩短集装箱班轮的滞港时间，加快大通关货物流通。

【合肥海关继续深化通关改革，进一步促进通关一体化】 一是落实“三互”，推进大通关建设。根据国务院《落实“三互”推进大通关建设改革方案》（国发〔2014〕68号文），提出了安徽省推进落实“三互”推进大通关建设的5项重点任务，牵头制订方案，细化分解任务。在货管渠道推进“监管互认”，对检验检疫部门和海关的检验检疫结果和查验结果互认，减少重复检查，简化查验作业；在合肥空港旅检渠道推进“执法互助”，与机场安检、检验检疫部门、边防部门建立执法合作机制，合作开展“一机三屏”、重点人员布控等“执法互助”，提高执法工作水平，提升口岸通关效率；在船舶联检推进“一站式作业”，在关区进出境船舶较多的铜陵口岸试点，协调边防、海事、海关、检验检疫同时登船联合检查。二是升级电子口岸改造，提供技术支撑。安徽电子口岸根据安徽口岸实际，结合内地海关作业需求，经历了一期、二期建设后，构建了数据交换和业务应用两大平台共20个应用项目，其中“大通关”项目3类12个。这些应用系统涵盖了企业货物物流申报、内支线船舶申报、信息查询、企业基础信息建设等方面的内容，初步形成了安徽沿江、空港口岸作业数据、作业标准的统一，形成了海关通关监管状态、货物物流状态结果向企业的一次反馈，形成了与上海、宁波口岸的互联互通。三是大力开展通关一体化改革。利用报纸、电台、网络等新闻媒介，持续开展区域通关一体化宣传；密切区域海关间联系配合；反馈落实上海海关牵头制定的长江经济带区域通关一体化改革各项措施；按照海关总署推进全国通关一体化的部署，于2015年6月24日启动了区域通关一体化区区联动，实现了与天津、青岛、大连、满洲里、阿拉山口等沿海、沿边的跨区域海关互联互通；取消了关区内转关，实现关区内通关一体化，贸易便利化水平进一步提升。四是主动推进关检合作“三个一”改革。认真贯彻海关总署、国家质检总局《2015年继续全面推进关检合作“三个一”工作方案》

《关于进一步加大工作力度 全力推进关检合作"三个一"的通知》精神，结合关区实际，制定下发《合肥海关关于贯彻总署部署进一步加大推进关检合作"三个一"工作力度的通知》，对推进关检合作"三个一"工作进行全面部署，提出具体举措，确保将全面推进关检合作"三个一"的各项工作要求落到实处。加强"一次申报"系统推广应用，关区各现场所有符合资质的报关企业全部安装了统一版"一次申报"系统，实现"一次申报系统"在所有现场、所有报关企业全覆盖。持续推进通关无纸化改革，较2014年同期无纸化比率提高30个百分点，实现了海关总署提出的进出口报关单无纸化率达到90%以上的目标任务。

【安徽出入境检验检疫局扎实开展长江经济带检验检疫通关一体化工作】 根据各级信息化系统改造推进进程，按先出口、后进口逐步推进实施。开展长三角重点口岸通关无纸化、出口直放试点，对清单外的出口货物全面推行长江经济带区域"出口直放""通关无纸化"工作，"出口直放"货物口岸一般不再查验。推行安徽省内"通报、通检、通放"，全省区域内进出口企业可据需要自主选择省内任一检验检疫机构办理报检、缴费、放行、领证等业务，不再受行政区域和机构管辖限制。选取重点进口骨干企业试行"进口直通"一体化模式，从2015年11月起，安徽省出口货物在全国任一口岸均可享受出口直放、无纸化通关便利。

【安徽出入境检验检疫局全面推行省内"无纸化通关"改革】 稳步推行出口报检无纸化，简化申报数据项目，减少随附单证种类。全面实行原产地证申报与企业备案无纸化，从2015年4月份开始，原产地证企业备案或是申办证书，仅需网上提交电子申请及随附单据，即可办理备案和证书审签。统一实行省内口岸通关单无纸化，口岸海关凭电子通关信息直接验核放行。全面推行长江经济带区域及全国区域出口通关无纸化，简化业务环节，降低企业成本，提高放行效率，促进贸易便利。

【安徽出入境检验检疫局加大推进"三个一"工作扩大应用覆盖面】 按照"信息互换、监管互认、执法互助"的要求，大力推进关检合作"三个一"改革工作。加强统一版"一次申报"系统推广使用，2015年10月起要求辖区内所有报检企业将申报软件升级为统一版"一次申报"企业端，全面使用该系统进行检验检疫业务报送；加大"一次查验、一次放行"合作力度。各地口岸机构加强与属地海关的沟通合作，共同推进"一次查验、一次放行"工作，定期开展合作实施情况评估，改进固化合作联系配合机制，扎实推进工作的长效化和常态化。

【安徽出入境检验检疫局创新工作制度，服务地方经济发展】 复制推广上海自贸区成功经验，针对检验检疫可复制推广的8项改革试点经验，按照复制推广要求，从工作制度、业务流程等方面，进一步细化可操作配套措施，其中4项制度已进入实施阶段并初见成效；支持安徽进境指定口岸申建工作，向安徽省政府上报《关于安徽省进境指定口岸建设相关情况分析的报告》，对全省指定口岸建设提出相关意见建议，支持有条件口岸申建，截至2015年全省已有9个指定口岸获批或同意在建。大力支持企业品牌建设，开展"出口质量安全示范企业"创建，树立质量标杆，发挥引领作用，2015年全省已有7家企业获此称号，安徽出入境检验检疫局已制定出台相关扶持措施，对示范企业在检验检疫通关放行业务流程各主要环节优先享受各类便利服务，大大提升出口货物的通关放行效率。

开放口岸

【合肥空运口岸（合肥新桥国际机场）】 原合肥骆岗国际机场1990年3月经国务院批准对港澳地区开放，2005年4月国务院批准扩大对外国籍飞机开放，2006年6月通过国家验收。2007年10月15日，国务院与中央军委正式批复同意合肥迁建骆岗国际机场，新建新桥国际机场，并定位机场性质为国内干线机场。2013年5月29

日24时，安全运行36年的合肥骆岗国际机场永久关闭。5月30日零点，合肥新桥国际机场正式启用。

合肥新桥国际机场位于安徽省合肥市肥西县高刘镇，距合肥市中心31.8千米，是国内4E级枢纽干线机场，按照满足2020年旅客吞吐量1 100万人次、货邮吞吐量15万吨的需要设计。跑道长3 400米、宽45米；航站楼面积11万平方米；站坪面积36万平方米，共设机位27个，其中廊桥机位19个，远机位8个。航站楼外观呈现自然流畅的弧形整体造型，整个建筑地下一层，地上两层，局部夹层；布局长804米，最大进深161米，屋脊最高点30米；屋面采用金黄色的直立锁边铝镁锰合金面板，规律设置19排屋面采光天窗。俯视整个建筑，宛若金色的展翅大鹏在江淮分水岭上昂首欲飞，既是一张代表合肥形象的新“名片”，也是安徽又一标志性新景观。

2015年，合肥空运口岸完成旅客吞吐量661.3万人次，货邮吞吐量5.13万吨，同比分别增长10.5%和11%。飞行国际和地区航班3 548架次，同比增长45.6%；出入境48.4万人次，同比增长48.4%。开通13条国际（地区）航线，航线网络辐射到境内外多个大中城市，形成了较为完善的航线网络布局。

【黄山空运口岸（黄山屯溪国际机场）】 黄山屯溪国际机场于1992年9月经国务院批准对港澳地区开放，2009年8月经国务院批准扩大对外籍飞机开放，2010年9月通过国家验收。

黄山屯溪国际机场坐落于黄山市屯溪区，始建于1958年，可满足B757及其以下机型起降。机场占地面积172万平方米，国内候机楼面积10 000平方米，国际候机楼面积4 600平方米，设计年旅客吞吐量为112万人次（其中国内92万人次，国际20万人次）；新建航管楼和塔台面积为2 200平方米；停机坪面积为48 800平方米，可同时停放5架B737及3架B757。飞行区等级指标为4D，跑道长2 600米，宽45米。主航方向设Ⅰ类精密进近仪表着陆系统和助航灯光系统。

黄山屯溪国际机场地处皖浙赣三省交界地区，辐射皖南、浙西、赣东，是三省交界地区人流、物流、资金流、信息流的集散地，对发展航空运输具有得天独厚的区位优势。

2015年，黄山空运口岸累计飞行国际和地区航班999架次，同比增长16.6%；出入境12.4万人次，同比增长25.2%。飞行架次和出入境人次均创历史最好水平。2015年货邮吞吐量为2 102吨。

【芜湖水运（河港）口岸】 芜湖港于1980年2月经国务院批准为开放口岸，1991年10月经全国人大批准为对外籍轮开放港口，2008年11月被国家批准为首批对台直航内河港口。2012年5月芜湖口岸扩大开放水域获批并纳入国家口岸“十二五”规划，标志着芜湖长江水域全部纳入扩大开放范围。2014年9月1日，芜湖朱家桥港正式启动起运港退税政策，成为安徽省首个也是唯一试行起运港退税政策的皖江港口。

芜湖港是安徽省最大的货运、外贸和集装箱中转运输港，是长江溯江而上最后一个深水良港，可常年通航万吨级船舶；中水期可通航2万~3万吨级船舶，是长江干线较早开展集装箱运输的港口之一，其集装箱运量一直位居安徽省第一，占皖江“五港”总量的70%以上。

芜湖港辖长江岸线总长193.9千米，其中江北121千米、江南72.9千米，划分为7个长江干线港区和5个支流港区，拥有各类生产性码头泊位144个，其中万吨级泊位9个，年设计货物通过能力达到1.1亿吨，对外籍轮开放泊位6个。码头泊位已向规模化、集约化、专业化发展，并形成了煤炭转运、水泥建材发运、集装箱中转、成油品转运、商品汽车滚装运输的特色和优势，已发展成为长江干线重要的能源、水泥、矿石、建材、集装箱运输大港。

对外开放30多年来，芜湖港口基础设施日趋完善，远洋货轮可直达日本、韩国、朝鲜、新加坡、马来西亚、泰国、柬埔寨、中国香港、中国台湾等46个国家和地区，口岸运量逐年攀升。

2015年，芜湖水运口岸进出口货运量累计达239.71万吨，同比增长55.6%；集装箱运量累计为50.14万标准箱，同比增长24.5%；到港船舶2 064艘，同比增长10.8%，其中外籍轮149艘，同比增长12%。

【铜陵水运（河港）口岸】 1993年1月国务院批准铜陵港对外国籍船舶开放，1994年8月通过国家验收；1997年正式开通国际集装箱内支线航班。2009年，交通运输部确立铜陵港为海峡两岸直航港口。

铜陵港地处长江中下游南岸、八百里皖江中部，素有皖中南及中国古铜都对外开放桥头堡之称。这里陆域平坦，岸线顺直，航道宽阔，水深流缓，河床稳定，是交通部《长江干线航道发展规划》确立的万吨级海轮进江终点港。铜陵港地理位置优越，区位优势明显，处在上海—武汉、九江—南京、合肥—黄山及安徽长江五港的中心点。沿江高速、合铜黄高速、铜宣杭高速、宁铜铁路、铜九铁路和已经在建的宁宜城铁、京福高铁交汇于港区及腹地边际，水陆交通四通八达，是皖中南物流集散中心和长江干线重要港口。港口现有15座码头、17个泊位，分布于大通、横港、兴隆、铜陵县城关四大港区，港区岸线29.1千米，其中对外开放码头4座；开辟有至日本、朝鲜、韩国、中国香港、东南亚及欧美等国家和地区的直达或中转航线，常年可通航和靠泊万吨级海轮，主要从事国际、国内集装箱和件杂散货的装卸、仓储、中转，以及理货、船舶代理、水陆运输、旅游服务等业务，是一个多功能、综合性、现代化港口。

2015年，铜陵水运口岸进出口货运量为299万吨，同比增长9.1%；集装箱运量为2.44万标箱，同比增长16.7%；到港船舶为330艘，同比增长130.8%。

【安庆水运（河港）口岸】 安庆港是全国内河28个主要港口之一。1986年6月，安庆港被国务院批准为国家开放口岸，1996年1月对外籍轮开放，2011年7月获准对台湾直航。

安庆港是长江干线上兼有沿海和内陆双重优势对外开放的重要港口，也是安徽省境内长江北岸唯一深水良港，被称为“皖西南咽喉”。港口岸线总长247千米，占皖江北岸岸线的61%；适合建设港口岸线105千米，其中深水岸线70千米。安庆至芜湖段长江航道日常维护水深为6米，具有建设5 000～10 000吨级海轮深水泊位的优越条件。境内华阳河、皖河、菜子湖、罗昌河四大水系均为长江左岸一级支流，航道总长724千米，与长江干流形成“一干四支”网络水系。目前，安庆港干线港区有各类码头173座，泊位214个，其中生产性泊位136个，5 000吨级以上泊位11个，港口年通过能力为3 864万吨。

安庆港中心港区上自皖河农场，下至枞阳县鲟鱼嘴，岸线长67千米，其中港口岸线47.6千米。依据《安庆港总体规划》，中心港区规划有长风铁水联运综合物流基地、马窝散货物流基地、石化油品码头作业区、五里庙集装箱综合物流基地、沙漠洲港口综合作业区、皖河农场作业区。中心港区拥有港口企业25家，各类码头40座。其中，公用码头23座，占总数的58%；企业自用码头17座，占总数的42%。泊位54个，其中生产性泊位39个，5 000吨级以上泊位9个，3 000～5 000吨级泊位4个，3 000吨级以下泊位26个，外贸集装箱泊位2个。拥有公用锚地3处。码头前沿最大靠泊能力为10 000吨，最大起重能力为40吨，港口年通过能力为2 152万吨，集装箱年设计通过能力为6.35万标箱。港口实际年货物通过能力超过了货物吞吐量需求。长江游轮靠港实现常态化。

2015年，安庆水运口岸进出口货运量为56.4万吨，同比下降21%；集装箱运量为4.19万标箱，同比增长35.5%；到港船舶为747艘，同比增长11.3%。

【马鞍山水运（河港）口岸】 马鞍山水运口岸于1990年10月经国务院批准办理国轮外运业务，2007年9月经国务院批准扩大对外国籍船舶开放，2009年7月通过国家验收组验收。马鞍山水运口岸是首批对台湾直航的口岸。

马鞍山港位于长江下游南岸的马鞍山市，东

经118°27′9″，北纬31°44′1″，地处安徽省中部东端，与江苏省交界，是“皖江”的东大门。上毗芜湖，下邻南京，逆江而上1 959千米至重庆，顺流而下440千米至上海。港辖区上起和县的西梁山，下至乌江的驻马河口，全长41千米。港辖区自采石矶翠螺山至慈湖和尚港，全长15.7千米。马鞍山港是全国内河主要港口，是对外籍轮开放的口岸，是国家首批确定对台湾地区直航的港口。港口拥有生产性泊位160个，其中5 000吨级以上泊位19个，可兼靠万吨级海轮泊位13个，最大可靠20 000吨级船舶。港口以中心港区、郑蒲港区为核心，以慈湖港区、采石矶港区、太平府港区、江心洲港区、乌江港区为骨干，以当涂港区、博望港区、和县港区、含山港区为补充，形成“一江两岸，双核九区”层次清晰、结构合理、功能明确的布局体系。港口规划发展成为以集装箱、矿石、钢铁、能源物资、化工品等运输为主，兼顾旅游客运的现代化、多功能、综合性港口。全港拥有长江及支流港口岸线合计62.17千米，已利用港口岸线14.83千米，占比为23.85%；未利用47.34千米，占比为76.15%。辖区长江段航道36.2千米，常年维护水深9米以上，中洪水位期达10.5米，2万吨级江海轮可常年到港。2015年马鞍山港口吞吐量突破9 000万吨，达9 205万吨，同比增长13.6%；港口集装箱量达18.5万标箱，同比增长61.6%，增幅位居长三角24个港口城市第一。

2015年，马鞍山水运口岸完成进出口货运量1 568.9万吨，同比增长26.1%；集装箱运量10.36万标箱，同比增长38.6%；到港船舶2 064艘，同比增长10.8%，其中外籍轮149艘，同比增长12%。

【池州水运（河港）口岸】 池州港是国家开放口岸，全国“十佳集装箱港口”，交通运输部长江重点港口，是长江溯江而上南岸最后一个万吨级深水港。2005年7月经国务院批准对外国籍船舶开放，2009年7月通过国家验收。

池州市依江近海，水网发达，长江流经池州市158千米，岸线长162千米，长江池州段水流平稳，岸坡稳定，常年通航5 000吨级船舶，属国家一级航道，江口至梅龙段可建万吨级码头。沿江高速公路贯穿池州，东接上海、西连武汉，合黄高速公路北连合肥、南通杭州，沿江铁路大动脉铜九铁路东接上海、西达重庆，安庆长江大桥连接安庆与池州，池州九华山机场已于2013年7月29日建成通航，发展水陆联运和水铁联运前途广阔。

池州港目前拥有生产性码头泊位9个，工作泊位2个，其中10 000吨级泊位2个，5 000吨级散货泊位2个，3 000吨级件杂货泊位5个；货场总面积31万多平方米，海关监管仓储面积15 000平方米，各类装卸机械设备180余台，最大起重能力45吨，年货运综合通过能力2 000万吨，年集装箱通过能力5万标箱。池州旅游码头是安徽省唯一停靠涉外游轮的旅游码头，每年停靠涉外游轮约130航次，接待入境游客约3万人次。

2015年，池州水运（河港）口岸完成进出口货运量90.1万吨，同比增长22.1%；集装箱运量12.26万标箱，同比增长20.7%；到港船舶314艘次，同比增长3.3%。

原二类口岸

【蚌埠陆路（铁路）口岸】 蚌埠铁路口岸于1993年经安徽省人民政府批准设立。口岸功能相对完备，设有蚌埠海关、蚌埠出入境检验检疫局两个查验单位为进出口企业提供通关服务；设有蚌埠站南货场内海关临时监管点和公路集装箱监管点两个海关监管点。口岸区位交通优势明显，蚌埠外贸货物装卸点连接南北、纵贯东西，具有区域中心优势和地位，可以服务淮南、淮北、宿州、凤阳等地。1996年8月蚌埠铁路国际集装箱堆场挂牌营运，堆场面积1.5万平方米，年吞吐量25万吨，最大起重能力40吨。可办理阿拉山口、满洲里、欧亚大陆桥国际联运和深圳北过轨供港运输及直通式国际集装箱铁海联运业务，目前已开通蚌埠至上海定时定点快线和蚌埠至宁波铁海联运专线。

2015年蚌埠口岸完善蚌埠（皖北）铁路无水港功能，推动保税物流中心良好运营，发展水运国际集装箱班轮航线，同时加强口岸单位协同联动，全方位服务进出口企业。

2015年，蚌埠铁路口岸完成进出口货运量140.71万吨，同比增长72.4%；集装箱运量1.16标箱，同比增长17.3%。蚌埠（皖北）铁路无水港实现重箱吞吐量2 893标箱，同比增长30.6%。

【阜阳陆路（铁路）口岸】 阜阳是全国重要的铁路交通枢纽，是以农业生产、加工制造、商贸物流为主的皖西北中心城市。阜阳口岸于1994年4月经安徽省人民政府批准对外开放。

2015年，阜阳铁路口岸完成进出口货运量6.8万吨，同比增长22.1%；集装箱运量6 595标箱，同比增长10.7%。

安徽省口岸大事记

3月17日

合肥综合保税区顺利通过国家验收。

5月8日

长三角区域大通关建设协作第七次联席会议第一次联络员会议在浙江省湖州市安吉县召开，浙江、上海、江苏、安徽四省市口岸办负责人及相关人员参加会议。

5月12日

安徽省政协副主席张学平主持召开把安徽打造成长江经济带重要战略支点资政会筹备工作座谈会。

6月26日

“合新欧”合肥—德国汉堡国际货运班列正式开通。

6月29日

安徽省首个综合保税区——合肥综合保税区正式封关运行。

6月29日

春秋航空公司开通合肥至名古屋航线，每周一、三、六执飞，为合肥首条直飞日本航线。

7月17日

安徽省副省长花建慧主持召开全省进境商品指定口岸布局规划工作专题研究会议。

9月5日

国务院批复同意马鞍山港口岸扩大开放郑蒲港区，马鞍山口岸成为安徽省首个也是唯一一个一江两岸同时对外开放的国家开放水运口岸。

9月6日

以全国政协外事委员会主任潘云鹤为组长，副主任杨多良、蔡武为副组长的全国政协考察组来皖，就“提升长江经济带开放型水平”进行考察。安徽省政协主席王明方主持召开座谈会，安徽省副省长花建慧到会介绍有关工作情况，安徽省政协副主席张学平、秘书长王启敏出席座谈会。

9月23日

中国东方航空公司开通合肥至日本静冈航线。

10月26日

合肥市与马鞍山市政府签订港口合作协议，开通“合肥—马鞍山—上海”航线。

11月13日

国务院下发《关于同意在合肥航空口岸和黄山航空口岸开展口岸签证工作的批复》。

12月18日

芜湖综合保税区通过验收，正式封关运行。

11月27日

江苏和安徽两省口岸办在南京市召开2015年长三角口岸城市群大通关合作苏皖项目对接会。

12月29日

长三角区域大通关建设协作第八次联席会议在上海市召开，国家口岸办领导、四省市口岸分管领导、口岸办负责人和相关负责人参加会议。

12月31日

合肥市与南京市政府签署港口物流发展战略合作框架协议。

（撰稿人：肖黎）

2015 年安徽省口岸流量统计表

口岸类型		口岸名称	货运量（万吨）				集装箱量（万标箱）				人员（人次）				交通工具（辆、艘、架、列次）			
			出口	进口	合计	同比（%）	出口	进口	合计	同比（%）	出境	入境	合计	同比（%）	出境	入境	合计	同比（%）
空运口岸		合肥									241 062	242 937	483 999	48. 40			3 548	45. 60
		黄山									61 100	62 876	123 976	25. 20			999	16. 60
		分计									302 162	305 813	607 975	43. 00			4 547	38. 00
陆运口岸	公路口岸																	
		分计																
	铁路口岸	蚌埠	11. 03	129. 68	140. 71	72. 40			1. 16	17. 30								
		阜阳	4. 91	1. 89	6. 80	22. 10			0. 66	10. 70								
		分计	15. 94	131. 57	147. 51	69. 22			1. 82	12. 88								
水运口岸	海港口岸																	
		分计																
	河港口岸	合肥	7. 75	4. 90	12. 65	-			14. 52	-							1 141	-
		马鞍山	94. 61	1 474. 29	1 568. 90	26. 10			10. 36	38. 60							921	9. 50
		铜陵	20. 60	278. 40	299. 00	9. 10			2. 44	16. 70							330	130. 80
		芜湖	158. 76	80. 95	239. 71	55. 60			50. 14	24. 50							2 064	10. 80
		池州	22. 45	67. 65	90. 10	22. 10			1. 22	20. 70							314	3. 30
		安庆	13. 18	43. 21	56. 39	-21. 00			4. 19	35. 50							747	11. 30
		分计	317. 35	1 949. 40	2 266. 75	24. 72			82. 88	53. 65							5 517	44. 40
合计			330. 27	2 083. 99	2 414. 26	26. 76			84. 70	52. 50	302 162	305 813	607 975	43. 00			10 064	41. 45
同比（%）																		

（安徽省口岸办提供）

2015 年合肥海关主要数据统计表

项目		2015 年	同比（%）
进出口货运量（万吨）	合计	2 505.80	23.00
	进口	2 152.20	22.10
	出口	353.60	28.60
进出口贸易总值（万美元）	合计	2 170 781.67	-0.44
	进口	1 201 219.82	-8.41
	其中：江、海运输	917 504.83	-14.02
	铁路运输	166.49	177.58
	汽车运输	30 033.95	101.43
	航空运输	253 464.25	10.48
	邮件运输		
	其他运输	50.30	-92.88
	出口	969 561.85	11.61
	其中：江、海运输	810 789.41	25.94
	铁路运输	7 664.70	82.24
	汽车运输	25 341.49	4.77
	航空运输	125 756.17	-36.03
	邮件运输		
	其他运输	10.08	
税收（万元）	两税合计	131.20	6.10
	关税入库	6.90	0.20
	进口环节税入库	124.30	6.40

（合肥海关提供）

2015 年安徽省口岸出入境主要数据表

<table>
<tr><th colspan="3">项目</th><th>2015 年</th><th>2014 年</th><th>同比（%）</th></tr>
<tr><td rowspan="14">出入境人员
（人次）</td><td colspan="2">出入境人员总数</td><td>611 009</td><td>428 373</td><td>42. 63</td></tr>
<tr><td colspan="2">入境人员</td><td>306 568</td><td>215 236</td><td>42. 43</td></tr>
<tr><td colspan="2">出境人员</td><td>304 441</td><td>213 137</td><td>42. 84</td></tr>
<tr><td colspan="2">出入境旅客</td><td>569 020</td><td>396 844</td><td>43. 39</td></tr>
<tr><td colspan="2">出入境员工</td><td>41 989</td><td>31 529</td><td>33. 18</td></tr>
<tr><td rowspan="5">中国公民</td><td>小计</td><td>516 362</td><td>342 953</td><td>50. 50</td></tr>
<tr><td>大陆（因公）</td><td>8 663</td><td>10 077</td><td>－14. 03</td></tr>
<tr><td>大陆（因私）</td><td>423 716</td><td>267 892</td><td>58. 17</td></tr>
<tr><td>港澳居民</td><td>16 601</td><td>9 475</td><td>75. 21</td></tr>
<tr><td>台湾同胞</td><td>67 382</td><td>55 527</td><td>21. 35</td></tr>
<tr><td colspan="2">外籍人员</td><td>94 647</td><td>84 944</td><td>10. 98</td></tr>
<tr><td colspan="2">从海港出入境人数</td><td>30 34</td><td>3 174</td><td>－4. 41</td></tr>
<tr><td colspan="2">从陆港出入境人数</td><td></td><td></td><td></td></tr>
<tr><td colspan="2">从空港出入境人数</td><td>607 975</td><td>425 199</td><td>42. 99</td></tr>
<tr><td rowspan="5">交通运输工具
（辆、艘、架、列次）</td><td colspan="2">总计</td><td>4 777</td><td>3 530</td><td>35. 33</td></tr>
<tr><td colspan="2">船舶</td><td>233</td><td>238</td><td>－2. 10</td></tr>
<tr><td colspan="2">飞机</td><td>4 544</td><td>3 292</td><td>38. 03</td></tr>
<tr><td colspan="2">火车</td><td></td><td></td><td></td></tr>
<tr><td colspan="2">机动车辆</td><td></td><td></td><td></td></tr>
</table>

（安徽省公安边防总队提供）

2015 年安徽省出入境检验检疫业务统计表

项目		货物检验检疫				交通工具				集装箱（标箱）		发现动植物疫情		货物通关		出入境人员查验（人次）	健康检查及预防接种（人次）			
		批次	金额（万美元）	检验检疫不合格		船舶（艘）	飞机（架）	火车（列）	汽车（辆）	合计	检出问题	种类数	种次	批次	金额（万美元）		健康检查	艾滋病监测	发现病例	预防接种
				批次	金额（万美元）															
本年累计		75 234	457 430. 17	1 043	6 220. 79	233	4 510	0	0	119 308	1 315	107	681	29 372	395 956. 32	606 317	22 173	22 217	6 603	31 204
其中	出境	64 197	312 061. 57	242	817. 88	180	2 254	0	0	9 627	2	0	0	21 319	109 948. 57	301 784	20 240	20 275	5 868	31 182
	入境	11 037	145 368. 6	801	5 402. 91	53	2 256	0	0	109 681	1 313	107	681	8 053	286 007. 74	304 533	1 933	1 942	735	22
同比（%）		-3. 45	-22. 17	-7. 54	-13. 65	-2. 92	37. 21	0	0	20. 5	23. 36	122. 92	69. 83	66. 23	1. 55	42. 05	-3. 7	-3. 6	-1. 54	-6. 41
其中	出境	-5. 23	-21. 27	-45. 25	-57. 58	5. 88	37. 19	0	0	-31. 55	100	0	0	129. 46	-3. 26	42. 43	-2. 96	-2. 85	-2. 07	-6. 42
	入境	8. 43	-24. 04	16. 76	2. 4	-24. 29	37. 23	0	0	29. 11	23. 29	122. 92	69. 83	-3. 88	3. 53	41. 68	-10. 88	-10. 79	2. 94	10

（安徽出入境检验检疫局提供）

2015 年芜湖海事局进出港船舶统计汇总表

船舶类别	进港船舶							出港船舶						
	艘数（艘）	总吨（吨位）	总载重量（吨）	载客量（客位）	船员人数（人次）	货物到达量（吨）	旅客达到量（人）	艘数（艘）	总吨（吨位）	总载重量（吨）	载客量（客位）	船员人数（人次）	货物发送量（吨）	旅客发送量（人）
总计	172 212	129 539 237	187 570 296	4 180	469 314	82 147 543	5 568 444	171 794	129 635 450	191 157 905		467 226	9 167 799	
中国籍船舶	172 104	129 219 843	186 672 276	4 180	468 018	82 051 260	5 568 444	171 676	129 219 843	190 217 455		465 810	87 281 194	
其中外贸船	108	319 394	898 082	–	1 296	96 283	–	118	415 607	940 450		1 416	439 680	

（芜湖海事局提供）

2015 年安庆海事局进出港船舶统计汇总表

船舶类别	进港船舶							出港船舶						
	艘数（艘）	总吨（吨位）	总载重量（吨）	载客量（客位）	船员人数（人次）	货物到达量（吨）	旅客达到量（人）	艘数（艘）	总吨（吨位）	总载重量（吨）	载客量（客位）	船员人数（人次）	货物发送量（吨）	旅客发送量（人）
总计	32 835	48 211 532	80 975 805	1 701 947	190 773	21 109 625	1 643 556	32 759	48 134 512	80 854 333	1 700 450	190 908	54 250 806	1 658 867
中国籍船舶	32 818	48 178 802	80 923 673	1 701 947	190 623	21 105 286	1 643 556	32 742	48 101 782	80 802 201	1 700 450	190 744	54 211 346	1 658 867
其中外贸船	28	74 258	103 970	0	339	12 439	0	28	73 645	103 891	0	354	83 010	0

（安庆海事局提供）

福　建　省

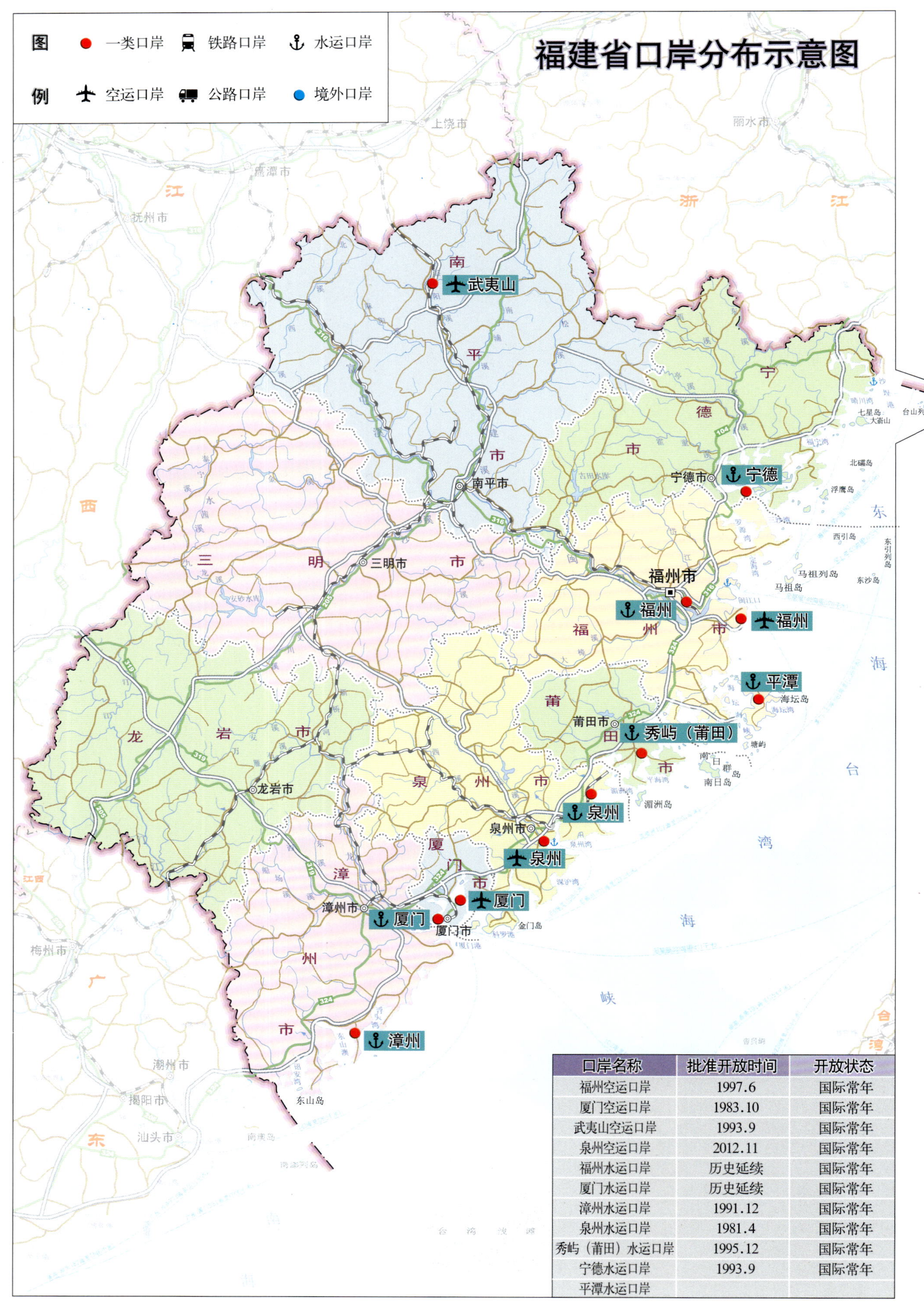

口岸名称	批准开放时间	开放状态
福州空运口岸	1997.6	国际常年
厦门空运口岸	1983.10	国际常年
武夷山空运口岸	1993.9	国际常年
泉州空运口岸	2012.11	国际常年
福州水运口岸	历史延续	国际常年
厦门水运口岸	历史延续	国际常年
漳州水运口岸	1991.12	国际常年
泉州水运口岸	1981.4	国际常年
秀屿（莆田）水运口岸	1995.12	国际常年
宁德水运口岸	1993.9	国际常年
平潭水运口岸		

口岸数量及分布

截至2015年年底，福建省有经国务院批准的对外开放口岸11个。其中，空运口岸4个，分别是福州空运口岸（长乐国际机场）、厦门空运口岸（高崎国际机场）、武夷山空运口岸（武夷山机场）和泉州空运口岸（晋江国际机场）；水运（海港）口岸7个，分别是福州、厦门、漳州、泉州、莆田、宁德、平潭海港口岸。

口岸运行数据

2015年，福建省水运（海港）口岸累计完成外贸货运量21 148.30万吨，同比减少1.76%。其中，进口14 220.50万吨，同比减少7.86%；出口6 906.10万吨，同比增长13.49%。海运集装箱吞吐箱量累计完成846.30万标箱，同比增长12.78%。其中，进口430.50万标箱，同比增长16.17%；出口415.80万标箱，同比增长9.48%。累计出入境旅客210.70万人次，同比增长20.39%。其中，入境105.70万人次，同比增长21.01%；出境105万人次，同比增长19.78%。

空运口岸累计出入境旅客480.30万人次，同比增长14.00%。其中，入境240万人次，同比增长14.50%；出境240.40万人次，同比增长13.50%。

对台直航方面，对台海上客运直航运送旅客194.20万人次，同比增长13.20%。水运（海港）口岸完成对台进出口货物2 375.30万吨，同比下降0.10%；对台集装箱吞吐量70.40万标箱 同比下降14.30%。

口岸综合管理

【推进口岸对外开放】 做好扩大开放报批。福州水运（海港）口岸黄岐港区扩大开放4月由福建省政府报国务院，国家相关部门均已复函同意；莆田水运（海港）口岸东吴港区扩大开放于2014年3月由省政府报国务院，公安部、交通运输部、国家质检总局和总参已同意，海关总署正在审理。做好二类口岸归并扩大开放报批。宁德港口岸三沙港区扩大开放，公安部、交通运输部、海关总署、国家质检总局和总参均已同意，国家口岸办正在会商中编办意见；漳州港口岸冬古、旧镇扩大开放，目前公安部、海关总署、国家质检总局和总参已同意，交通运输部正在审理；启动漳州诏安港区和城垵作业区扩大开放申报程序。做好口岸临时开放报批。交通运输部先后批复同意福州港口岸罗源湾港区9个码头泊位、瀚海船业公司码头，莆田港口岸东吴港区东1号、东2号泊位临时对外开放延期运作；批复同意福州黄岐对台客运码头及平潭港口岸金井港区2号、3号泊位首次临时开放。依托福州黄岐对台客运码头临时开放，12月开通连江黄岐—马祖白沙客运航线。宁德港口岸三都澳港区漳湾作业区8号、9号码头首次临时开放。

【加强口岸查验配套设施建设】 协调各相关口岸查验部门指导推进平潭港口岸金井港区、福州港口岸罗源湾港区和泉州港区口岸围头湾港区石井作业区等口岸的查验配套设施建设，做好迎接国家级验收的工作准备。争取中央资金支持口岸查验设施建设。宁德港口岸白马港区口岸联检中心一期项目获国家补助资金1 997万元，福州港口岸罗源湾港区、泉州港口岸石井作业区扩大开放分别获国家补助资金473万元和178万元，并申请将平潭综合实验区海峡大桥二线通道（查验配套设施建设）工程项目及云霄光电产品检测中心项目列入国家中央预算内投资计划。

【加强口岸运行管理】 组织对新增外贸作业点进行验收。泉州港口岸肖厝作业区11号泊位、厦门港口岸海沧港区海投通达码头13号泊位、远海码头14号泊位、厦门港口岸海沧港区厦船重工3号码头、莆田港口岸秀屿港区莆头作业区2号泊位、泉州港口岸斗尾港区中化泉州石化有限公司斗尾作业区3号与10号泊位先后通过省级验收，报福建省政府批准并公布启用。做好港澳入境直通车车辆指标管理。进一步完善福建省各企业港澳入境直通车电子管理档案，全省现有的6家持有港澳入境直通车车辆指标的企业均更新信息，办理车辆指标使用延长手续。进一步简化国际船舶临时进靠审批手续。协调厦门海关、厦门出入境检验检疫局分别将国际航行船舶临时进靠口岸的审批权下放给各停靠点监管单位，简化审批环节，缩短复函时间。2015年共发出240份征求意见函，保障60艘次国际航行船舶按时进靠码头。加强重大疫情联防联控。下发《关于进一步加强口岸重大疫情防控工作的通知》，建立健全疫情信息共享机制，推动各口岸现场相关部门加强协作，共同把好各出入境关口，有效落实疫情防控工作。

【推动大通关建设改革】 制定下发《落实“三互”推进大通关建设改革措施》（闽口岸〔2015〕34号），对大通关建设改革在全局上予以部署，对相关工作要求予以明确，对工作任务进行分解。进一步推进作业模式改革。推动实现对外贸易经营者备案与原产地证申请人备案合并同时办理；深化关检合作“三个一”通关模式改革，推动福建省各口岸现场海关、检验检疫部门将“一次申报”系统切换到全国统一版本，协调推进关检联合查验场站建设，推进各口岸现场关检双方监管场所设施、查验设备、技术力量等资源共享，实现福建省口岸关检“一站式”查验全覆盖。推进一体化通关管理。深入落实海关总署粤、闽、琼、桂四省海关通关一体化和国家质检总局全国检验检疫通关一体化；推动全省边防检查登轮证件一证通行。

【加强和改进口岸工作】 建立由23个相关部门为联席会议成员单位的福建省口岸工作联席会议制度。对国务院口岸工作部际联席会议办公室关于《国务院改进口岸工作支持外贸发展的若干意见》重点任务分工方案中地方应落实的事项进行梳理和分解，部署各地、各有关部门加快改进口岸工作，支持、服务外贸进出口发展。进一步拓展口岸功能。确定福州长乐国际机场、厦门高崎国际机场、泉州晋江国际机场3个空运口岸和平潭综合实验区海峡高速客运码头（对台直航航线）、厦门五通码头（厦金航线）两个海港口岸为退税口岸，设立退税办理机构，实施境外旅客购物离境退税政策；进一步拓展厦门空港口岸部分国家外国人过境免签政策，福州空运口岸参照厦门空运口岸实施部分国家外国人过境免签政策。进一步提高通关效率，降低物流成本。实施厦门空运口岸7×24小时通关运营和福州空运口岸7×24小时预约通关运营，对海关查验没有问题的集装箱免除企业吊装、移位、仓储等费用。加强区域合作。开通“厦蓉欧”“台平欧”等专列；福建省商务厅（口岸办）与江西省商务厅签订合作备忘录，建立工作落实机制，做好工作对接，构建全方位、多层面的战略合作格局，推动发展环境进一步优化，辐射和带动周边地区发展的能力进一步增强。继续开展通关便利化评估。加强通关便利化评估和奖励工作改革，将边检和海事部门纳入通关便利化评估和奖励范畴，实现通关便利化评估和奖励对驻闽口岸查验单位全面覆盖；通过数值转化，将旅检和邮件快件的业务量纳入评价；测评指标进一步反映深化改革内容，如将“非侵入、干扰式查验”纳入海关测评体系，将“服务自贸”纳入海关和检验检疫满意度测评等。

【建设国际贸易“单一窗口”】 进一步深化福建省地方电子口岸机制改革，探索出政府主导，口岸管理相关部门共同参与的建设模式，同时引入新加坡劲升国际合作做好顶层设计，与口岸查验部门共同开发运行项目。2015年8月，福建省国际贸易“单一窗口”一期上线试运行。平台正式运行的服务项目48个，在建项目40个，直接服务的口岸生产运营、国际贸易、物流企业和中介服务企业3 700家，间接服务的外贸企业2.5万多家，日单证处理量3万多票，在船舶进出境申报、货物进口检疫申报、空运海关物流监管、海运海关物流监管4个业务模块实现100%业务覆盖，在自贸区电子账册监管及关区转关业务（电子关锁）实现95%以上的业务覆盖。

【推动自贸区贸易管理体制改革试验】 针对建设中国（福建）自由贸易试验区，会同驻闽海关、检验检疫、边检、海事等部门推荐制度创新、流程再造、两岸通关合作等。协调推进45项重点试点任务，已实施38项；协调商务（口岸）、海关、检验检疫、海事、边防等部门研究出台规范性文件23项、操作规程64项。先后推进建设国际贸易“单一窗口”、中国东盟海产品交易所，实施货物状态分类监管，推动汽车平行进口，支持发展融资租赁、跨境电商和保税展示交易等一批重点项目。中国（福建）自由贸易试验区挂牌设立以来，贸易便利化方面推出79项创新举措，2项在全国复制推广，国际贸易“单一窗口”经国务院部际联席会议同意，列入全国自贸试验区8个典型案例之一，印发全国各地借鉴；18项在福建省复制推广；5项在福建省海关特殊监管区复制推广。

【开展口岸精神文明创建】 积极创建口岸系统青年文明号。开展2015年口岸系统省级青年文明号争创集体推报考核，对宁德海事局白马港海事处等8个口岸系统争创集体进行推报前考核；配合省创建青年文明号活动组委会，对省直系统2家2015年度创建青年文明号单位进行综合考核。积极创建口岸系统巾帼文明岗。口岸系统推荐的厦航福州分公司等3个单位被评为“省级巾帼文明岗”，福州机场边检站执勤业务一科被评为“全国巾帼建功先进集体”，有1家单位被评为“全国巾帼文明岗”。加强口岸政风行风建设。配合福州海关对三明、南平、武夷山三海关就勤政廉政、政风行风、工作效率等情况进行巡察调研，了解企业代表对当地海关工作的总体评价，特别在归类、审价、查验三个重要环节上的问题与建议，就企业诉求事项进行沟通。

口岸监管与服务

【福建省公安边防总队打造边检“福建模式”】 针对口岸开放规模不断扩大及口岸“大进大出、快进快出”的发展态势，福建省公安边防总队坚持以勤务模式改革为着力点，打造具有福建省特色的边检“福建模式”，有效提升了边检服务效能。建立长效机制，围绕服务理念人本化、队伍素质专业化、勤务指挥扁平化、通关服务便利化等“八化”建设，打造边检“福建模式”，形成具有福建边检特色的长效工作机制，多领域、深层次推动勤务模式改革，进一步规范边检勤务，有力提升服务管控效能。提升用警效能，总队不断加强内部挖潜和外部借力，克服警力紧张困难，按照“干部不足士官补、警力不足辅警补”的原则，积极推动士官检查员和边检协管员两支队伍建设，制定出台《士官检查员工作手册》《边检协管员使用管理办法》，规范人员选拔、培训、考核、管理、奖惩等全过程，福建省现有30名士官担任执勤岗位，268名协管员协助执勤，有力增强了一线执勤力量。深化靠前服务，建成海港边检分区域勤务中心，深化分区域执勤模式，全面下沉警力，覆盖港区重点码头泊位62个，实现边检服务就近化、便利化，保证港口业务20分钟内响应到位，企业办理边检手续平均每航次缩短近30分钟。同时，在福州、福清边检站建设启用了移动执勤车，进一步营造了快捷、便利的智能化通关环境。

【福建省公安边防总队出台服务自贸区建设10项措施】 推行“单一窗口”服务。配合推进全省“单一窗口”平台建设，结合“边防网上办事大厅”功能，在互联网上搭建集海港网上报检、旅游团队申报和警务微博等功能于一体的“三合一”便民服务平台，为服务对象提供“一站式”服务。

实行“自助通关”服务。在福州机场、泉州边检站启用旅客自助查验通道，为服务对象提供自助通关便利，进一步提升口岸通关效能。推行“移动验放”服务。在福州、福州机场、福清、泉州、漳州边检站启用边检移动执勤车，推行边检“移动验放”服务，实现“人员检查、巡查监护、执法办案、处突救助、法制宣传”等一体化服务，提升执法执勤保障水平。推行鲜活产品优先验放制度。为载运水产品、蔬菜、水果等鲜活产品的出入境船舶开设绿色通道，优先检查验放，缩短候检时间。推行全天候通关服务。将边检机关服务职能前移到港区、码头前沿，坚持船舶、航班随到随检，提供24小时通关服务，方便服务对象快速办理各类边检手续。推行旅游团快速通关机制。提供旅游团网上报检服务，实施预检预录，开足查验通道，并抽调通晓闽南话和福州话的执勤人员开展“乡音服务”，为闽台两地旅游团提供优质通关服务。简化船员调换手续。对于船方提前24小时确定办理船员调换手续时间的，提供预约服务，设立专窗办理；对于一次超过10人以上船员调换的，可预约登轮办理边检手续。推行海港登轮证件“一证通”制度。在全省边检站推行海港登轮证件“一证通”制度，跨边检站管辖的港口企业员工在全省任何一个现役边检站办理登轮证件，均可在全省现役边检站通用。跟进对接口岸扩大开放。跟进平潭国际旅游岛、福州机场二期扩能改建等口岸对外开放项目，主动跟进提供口岸建设政策服务，同步规划完善口岸查验配套设施建设，更好地服务保障口岸“大进大出、快进快出”发展态势。推行大型经贸活动通关保障机制。在“海交会”“海峡论坛”“投洽会”等重大经贸活动期间，为参会嘉宾开设专用通道，增加查验、咨询和引导警力，提供更加快捷、高效的通关服务。

【厦门边检总站优化边检作业模式】 进一步优化五通客运码头“连续通关”作业模式。针对五通码头候检场地狭小、通关拥挤现状，克服需跨越多个查验现场派遣勤务的现实困难，通过优化勤务模式、密切协作配合等方式，进一步优化“连续通关”作业模式，持有效登船牌的旅客抵达口岸现场后即可办理边检手续，确保厦金航线出入境旅客随到随检，有效提高了码头候检场地使用效率和船舶航班的准点率。全年，总站共查验厦金航线出入境人员175万余人次，同比增长16.00%；检查赴台及金马澎游出入境团队1.30万余团30余万人次，其中赴金马澎游出入境旅客增幅达到83.00%，厦金航线成为两岸人民往来最便利通道。实施船舶出口岸手续联系单无纸化申报模式。推出船舶出口岸手续联系单无纸化申报系统并整合进入互联网船舶网上统一申报平台。该系统取代了传统的纸质“船舶出口岸手续联系单”，配套实施电子印章审批，实现了船检业务电子化和互联网申报，改变了以往代理单位和代理人员办理同一艘船舶入出境需分别向边检、海关、检验检疫、海事等部门多头重复纸质申报带来的奔波往返、效率低下、成本高的问题，极大地减轻了生产经营企业的负担，提高了船舶的通关效率。2015年，厦门边检总站通过无纸化系统共办理出口岸联系单9 579份。简化进出口集装箱边检通关手续。将集装箱网上报检系统整体迁移至福建电子口岸网上报检平台，统一了集装箱申报与船舶检查申报入口，实现代理人员通过互联网随时随地开展集装箱“单一窗口”申报，真正做到“让数据多跑腿、让群众少走路”。同时，与辖区海关建立集装箱监管合作机制，依托边检集装箱微震侦测系统推进“码头抽箱，边检查验平台检测”的集装箱联合检查模式。每年可为相关生产经营企业节省费用数千万元，极大地提高了厦门港的行业竞争力及品牌影响力。2015年，总站船舶网上统一申报平台共办理入境（港）船舶13 536艘次，办理出境（港）船舶13 506艘次。改进邮轮旅游团队通关模式。实施邮轮旅游团队“提前申报、零散验放”模式，对经过预申报审核的以厦门为母港的邮轮旅游团队全部采取“提前申报、零散验放”模式，团队旅客随到随检，并可自由选择查验通道办理边检手续，旅客通关时间与以往相比缩短了近40%，大大提高了邮轮旅客的候检通关效率。2015年，厦门边检总站共完成母港邮轮查验96艘次，人员17.24万人次，同比分别增长540%和356%。创新锚地警务服务机制。运用AIS系统信息和船讯网，分时段查询锚地船舶在港动态，及时提醒办妥出境手续但未按时出境船舶补办手续，有效杜绝申报不实、申报滞后等现象。2015年运用该方法及时提醒办妥出境手续但未按时出境的船舶补办手续10余艘次，有效维护了海上出入境秩序。同时，针对更换船员类船舶代理人员和船员需乘坐交通艇往返锚地与办证窗口耗时长、费用高、奔波苦的情况，实行“一站式”船员更换服务，主动派艇出海登轮集中办理更换船员手续，每艘次即可为船方和代理公司节约时间10余小时，节省资金近万元。2015年，共登轮56艘次办理船员更换手续423人次，为船方和代理公司节约时间600余小时，节省资金近500万元。

【福建海事局简化海事查验手续】 在口岸通关服务保障中，主动提供“针对式、贴近式、跟进式”服务，全力服务口岸发展战略。在具备基本资料的情况下，进一步优化通关流程，缩短办结时间，做到“在港零待时”“服务零距离”。利用AIS、CCTV等监管资源，形成了统一的执法指挥综合信息系统；利用船舶进出口岸申报系统，实现了辖区国际航行船舶进出口岸和船舶载运危险货物网上申报、审批；通过整合监管资源，动、静态执法配合，提供全天候、无假日的服务，构建了“动、静态执法相对分离和互补，行政许可、行政执行和执法监督有效分开又相互制约，执法与服务一体”的新型执法模式，实现了一个窗口对外的“一条龙”服务，并坚持“全天候、无假日”办理申报审批。同时，强化一站式、“一条龙”和个性化服务，工作更靠前，服务更到位，通关更顺畅，缩短了船舶在港的时间，提高了船舶营运效率。逐步取消了船舶进出沿海港口和LNG船舶进出港口的强制性护航、国际航行船舶驶离国内港口前船上污染物清理、船舶供受油作业布设围油栏和煤炭运输物理性质监测等涉企收费项目。创新保证金担保方式，支持信誉度高的船舶代理公司和港口经营人的代收港口建设费风险保证金采用信用担保、财务担保等多样化的担保方式。2015年1月1日起免征500总吨以下海船船舶港务费，继续贯彻执行港口建设费减免相关政策。

【福州海关深化业务改革】 落实“泛珠”四省区域通关一体化改革。5月1日，启动“泛珠”四省区域通关一体化改革，打破了关区界限，实现了“闽、粤、桂、琼”四省等11个海关如同一关。7月1日，启动区区互通，并与“京津冀”“丝绸之路带”“长江经济带”等实现区区联动，企业可自助选择申报、纳税、验放地点。物流费用节约25.00%左右，进出口24小时通关率分别达到83.20%和98.10%，高于全国平均水平6.50%和1.80%。推进福州、平潭跨境贸易电子商务试点。在一般零售出口的基础上，于7月30日启动直购进口模式，11月3日福州跨境电子商务保税进口业务顺利启动。截至2015年年底，平潭跨境电商备案企业68家，同比增长6.5倍；备案商品1 501种，同比增长5.78%；直购进口模式验放776件，货值30.25万元，货运量5.53吨。福州跨境电子商务试点备案企业7家，备案商品2种；申报进境3票报关单，货值28.10万元，货运量4.15吨；以行邮物品出区200件。推进全流程通关作业无纸化。推进内部单证流转审批无纸化，启动报关单删修改无纸化审批试点，推动随附单据的电子化传输。同时，取消出口货物报关单证明联签发和打印手续，实现了与有关部门电子数据联网核查，并扩大了自动进口许可证无纸化。通过改革，无纸化水平再创新高，报关单无纸化率达到95.30%，同比增加16.40个百分点。开展“旅游购物商品”试点。10月1日起，福州海关在隶属马尾海关、保税区海关、三明海关开展“旅游购物商品”试点工作，并按照《福州海关促进外贸稳定增长12项重点工作》要求，积极推广扩大到全关区，对每票报关单随附的“货物清单”所列品种在10种以上且总价值在5万美元以下的可实行简化归类，支持和促进旅游购物商品出口。推进舱单通关作业改革。在2014年全面实现舱单管理系统和运输工具监管系统上线运用的基础上，2015年，福州海关进一步深入舱单通关作业制度改革，运用QQ群、服务热线、微信群等信息化媒介，及时有效地解答外贸企业疑难问题；精心策划并实施了马尾关区提单与报关单“一对一”通关模式切换，全面实现了关区所有业务现场提单和报关单的“一对一”。试点平潭两岸海上客运航线客带货业务。“客带货”业务指乘坐平潭澳前口岸两岸直航船舶的旅客随身携带或托运六大类商品货物从平潭海关旅检渠道进境，并依法办理申报手续。

【福州海关规范监管】 推动监管场所规范管理长效机制建设。促成“监管场所规范化管理”列入2015年署省合作备忘录事项，推进综合治理长效机制建设。推进监管场所达标专项治理，严把“增量”场所准入，批准设立12家；对“存量”场所实施分级管理，责令整改33家，注销28家，引导企业“关、停、并、转”。推进海关物流监控指挥作业系统建设，实现海关、企业、运输方、港区等多方的信息互联互通，可极大提升进出口货物物流通行能力和效能。推进监管场所信息化、卡口智能化改造建设。研究推进“福州海关物流监控指挥作业系统”建设，编写了“福州海关物流监控指挥作业系统”任务书共计39份，进一步完善查验设备、隔离设施、监管仓库、现代化查验平台、视频监控设施等监管配套设施，为福州海关的物流监控信息化系统建设打下了坚实基础。加强行邮监管专项工作。按照海关总署部署，在进一步推进境外旅客购物通关和退税便利化的同时，严格落实进境物品依法主动申报纳税的有关规定，加大政策宣讲力度，保持打击“水客”的高压态势。2015年行邮渠道共查获各类违禁印刷品音像制品1 897件，管制器具案件11起，枪械及配件案件28起，毒品案件10起，濒危物品案件99起。推进落实关区“扫黄打非”专项治理。落实海关总署“清源2015”（“扫黄打非”）专项行动，指导现场加强对各类违禁印刷品、音像制品的查堵工作，并陪同全国“扫黄打非”督导组赴机办检查，组织“扫黄打非”论文征集并向全国“扫黄打非”办公室推送优秀论文1篇。落实查验随机派单工作制度。推行“双随机”抽查机制，实现福州关区随机查验派单全覆盖，对已经进行查验布控或查验作业设定的报关单和其他查验作业单证，由H2010查验自动派单系统随机选取查验场地和查验人员，增强关区监管科学性和执法公正性。

【福州海关支持地方发展】 支持福建自贸试验区监管创新。以“一号工程”全力推进自贸工作，促成海关总署出台25条支持措施及监管方案。组建自贸区工作组，推出72项重点任务，自创30项举措，10项被评为全国首创，2项率先在全国复制推广。开展信息化系统建设大会战，启动福州跨境电商保税进口模式、整车平行进口、平潭客带货业务、旅游购物商品试点，开展首票保税展示交易业务。2015年新增注册企业1 011家，同比增长1.6倍。创新措施获评省直机关“学厦航”十佳举措。落实“三互”推进大通关。推进关检合作“三个一”试点。在前期试点的基础上，在福州关区所有业务现场启动全国统一版“一次申报”系统，并将“三个一”一次申报系统嵌入福建省国际贸易“单一窗口”一期项目。2015年福州海关共办理“三个一”进口货物46 950票，同比增长12.2倍。在现有旅检、邮递和快件监管等环节全面推行关检“一机两屏”作业模式，推进口岸综合执法，形成管理合力。积极推进关检“一站式查验场”试点，并于12月10日在福州关区7个现场海关共14个海关监管场所试点关检“一站式查验场所”，在海关与检验检疫部门共用的查验场所内，关检双方同步对进出口货物进行联合查验，此举既可实现双方查验设备、技术力量等资源的有效共享，也可节约因查验场地分散，查验人员多地奔波的交通时间，比传统的查验方式更为集约、高效。支持地方展会经济发展。支持福建“5·18”海交会、“6·18”海峡论坛等涉台交流活动，制定出台支持地方展会经济发展若干措施，规范对展览会、暂时进出境展览品的监管，统一关区执法，通过支持企业在会展主管地海关一次性办理会展备案、审批和展品通关手续及免予提交担保等相关措施，避免企业往返多地办理手续，减少企业办展资金投入，推动展会经济发展。推进闽台机动车辆互通行驶。出台《福州海关关于台湾地区车辆经福建平潭进出境管理操作规程（试行）》，实施“台车入闽一体化快速通关模式”，简化台湾地区小型汽车入闽临时车辆牌照办理手续，实现常态化运作。多批台湾重型摩托车和货运车辆从台北港搭乘“海峡号”入境平潭澳前口岸。启动闽台海运快件直航试点。4月29日大陆首票对台出口直航海运快件顺利抵达台北海运快递中心，5月21日正式启动对台进口直航海运快件业务，打通大陆与台湾之间首条海运快递直航通道，更加便利两岸“通邮”。2015年监管进出境海运快件13万件。支持对台小额贸易市场监管点放开“两限”。核准恢复湄洲湾宫下、莆田秀屿、黄岐对台小额贸易业务，促成南青屿放开“两限”写入2015年署省合作备忘录，支持南青屿港、松下港、秀屿港向相关部委申请放开“两限”，采取过渡期监管办法，帮助企业正常运营。支持做大做强江阴口岸整车进口口岸。创新运用射频识别技术（RFID），推进整车进口一体化快速通关，实行汽车“进口货物证明书”“预约签发”“随到随签”制度。2015年，一般贸易方式申报进口的汽车整车3 878辆，同比增长79.00%；货值8.66亿元，开征税款6.15亿元，同比分别增长40.60%、31.70%。在同期新增整车口岸中排名第二，继续保持较快发展势头。

【厦门海关加快业务创新】 落实“三互”大通关建设改革。启用关检“一站式”查验场，实现关检“一次查验”关区全覆盖，与厦门检验检疫部门试行“监管互认”作业模式，支持厦门片区“单一窗口”建设，启动“出入境船舶单一窗口信息系统”，实现船舶动态和船舶单证“一单多报”。创建关区“一体化”格局。出台“1+7”的关区“一体化”改革方案，风险监控指挥中心和税收征管中心建成并投入运行；启动H986集中审像，优化整合关区机构、场所、卡口、窗口，集中办理通关、查验、物流监控等同质业务，形成新时期厦门关区治理新格局；建立覆盖关区全过程、全方位的全息化物流管理平台，试点移动单兵作业系统，首创移动综合服务平台，扩大智能化卡口覆盖范围，实现对物流链和海关执法“全息化”管理，“智慧海关”建设卓有成效。实施“双随机”查验机制。深化“双随机”监管理念，逐步建立“双随机”工作机制，开发运用“随机布控生态系统”，“选”“查”进一步密切配合，随机布控占比自9月份起稳定在90%以上，提前完成海关总署随机布控工作目标要求；布控查验实质性查获率超过3.50%，优于全国平均水平，并呈稳步上升趋势，得到了总署领导的高度肯定。

【厦门海关促外贸稳增长】 支持自贸试验区建设。成立一体化暨自贸试验区工作领导小组，制订厦门自贸片区监管服务改革方案，滚动更新至99项监管创新任务，其中14项措施入选全国海关创新举措，占全国海关拟复制推广措施的近1/3；7项措施经第三方评估为全国首创和福建省典型案例，改革成效得到省市领导的高度肯定和《人民日报》等主流媒体的密集报道。深入推进协同创新，建立与地方自贸专题联席会议，主动参与福建自贸试验区制度设计，加强与福州海关联系配合，第一时间把成熟的创新举措推广至关区、全省，力促改革成效最大化。简化港澳CEPA及ECFA货物进口原产地证书提交需求、放宽ECFA优惠贸易项下海运集装箱货物直接运输判定标准、对台小额贸易分类管理、台车入闽便捷监管、海运快件业务、国际航行船舶保税油跨关区供应、区域外飞机维修一体化监管、仓储货物按状态分类监管、电子化分段担保、出境加工、委内加工、保税料件交易、国际贸易“单一窗口”、移动综合服务平台、进境邮件移动式通关、一站式查验等监管创新制度先后实施并取得成效。推动“海丝”核心区建设。认真落实海关总署出台支持福建省开放型经济发展措施和新一轮署省合作录，积极融入“泛珠”和全国通关一体化，主动加强与“一带”沿线、京津冀等海关交流合作，支持开通多条“海铁联运”通道，保障“厦蓉欧”等国际班列常态化双向运作并推动向台湾延伸，助推厦门东南国际航运中心建设。试点出境加工，助力企业“走出去”。提升贸易便利化水平。深入推进简政放权、转变职能，下放部分“两简”案件、减免税审批等，实现行政审批“一个窗口”对外。落实各类便捷通关措施，参与“一照一码”改革，试点集中汇总征税，创新税费移动支付方式，通关无纸化比率达到93.77%，进出口24小时通关率均高于全国平均水平。试点工单式核销等改革，实现加工贸易核销无纸化，严格规范进出口环节收费，积极支持政府购买查验服务费，企业通关成本进一步降低。服务新兴业态。牵头推动跨境电商信息化管理平台上线运行，实行“全年无休日、24小时内办结海关手续”监管模式，支持电子商务产业园建设。首创飞机维修一体化联动监管模式，开展飞机发动机维修服务外包试点，扶持厦门航空维修产业发展。推动海关特殊监管区与新经济融合，支持开展保税展示交易、“委内加工”等业务，促进新兴业态健康发展。促进对台交流。开创与台湾地区“基层海关”直接开展关务合作交流新模式，在两岸“三互”合作方面达成共识，在快件监管、缉私等领域实现执法合作新突破。创新台湾地区车辆入闽监管模式，放宽直接运输判定标准，简化ECFA项下原产地证书提交需求，推动两岸海运快件专区双向运营。加强风险防控。实行纪检监察特派员对基层单位监督实现“一对一”和全覆盖。加大HL2008系统等科技手段的应用力度，编制形成《厦门海关自贸试验区专用内控节点指标体系》，内控机制建设进一步增强。完善专项督察和常规督察，完成对5个基层单位的经济责任审计，试行案件线索移交量化管理。

【福建出入境检验检疫局推进贸易便利】 优化检验检疫监管模式。进一步完善进出口食品农产品全过程合格评定模式、“131”旅检查验模式、口岸“1+1+1”医学媒介监测模式、进出口工业品分类验证监管模式。持续推进“一张证书、两岸互认”，对进入平潭对台小额商品交易市场的台湾小家电、白酒率先采信台方检验检测认证结果。积极推广进口台湾食品农产品“源头管理、口岸验放”模式，已有3家台湾食品企业提出申请并通过考核，完成台湾水生动物首轮源头考察。出台《福建检验检疫局购买检验检测服务管理办法》，推进第三方采信工作，公示首批7家被采信机构名单。推进通关一体化。积极响应国家质检总局关于“集中统一、互联互通”的要求，持续推进检验检疫通关一体化工作。在区域通关一体化未实施前，促成辖区货物从宁波、深圳等省外泛长三角、泛珠三角区域口岸出口直通放行。9月，在泛珠三角区域直属局范围内全面实施“三通两直”；11月初实现海上丝绸之路沿线检验检疫区域通关一体化，为全国检验检疫通关一体化创造更好的条件。促进服务货物“快进快出”。大力支持小微企业发展，切实落实简化申报手续。7月起对一般出口货物口岸查验率由5.00‰降低到2.50‰，重点查验货物由5.00%降低到2.50%，同时积极研究采取措施进一步降低口岸查验率。推出检商数据共享、“两证合一”（“原产地证企业备案登记证书”与“对外贸易经营者备案登记”）。10月与省商务厅签署备忘录，依托福建省国际贸易“单一窗口”，创新推出检商数据共享、“两证合一”，并率先在全国自贸试验区范围内实施。

【福建出入境检验检疫局提升业务管理】 全方位推进原产地业务。在自贸试验区推出原产地证简政放权签证改革8项措施，其中3项为全国首创；研发的“ECFA原产地政策智能查询及应用服务系统”获国家质检总局在全国系统推广运用；生态原产地认证申请持续推进；做好中韩、中澳自贸协定免费对企业宣传贯彻、培训，对重点企业建立“一对一”工作机制。全年签发产地证13.23万份，货值64.04亿美元。其中，自贸协定原产地证签发3.95万份，货值18.12亿美元，同比分别增长29.23%和16.78%。全面实现窗口标准化。2015年福建出入境检验检疫局辖区33个检务窗口全部通过窗口标准化验收，其中示范窗口数量占总数的八成。完善审单规则建设。建立总局、直属局、分支局三级审单规则体系，提升资质证书电子校验智能化，提高资质证书更新频率，有效布控资质证书信息。截至2015年年底共有审单规则805条。业务信息化建设持续推进。在全面实现全省通关单无纸化的基础上，2015年起推进无纸化报检工作。全程参加质检总局e－CIQ主干系统业务规则审核、数据初始化、数据验证、一体化等工作，并积极做好e－CIQ上线前的准备工作。2015年启动包括“电子单证”“移动查验”等系统在内的全程无纸化建设，12月实现试运行。

【福建出入境检验检疫局加强服务地方发展】 促进产业发展。研究出台新常态下“惠企减负稳外贸增长”的18条措施，稳定外贸增长促进优进优出的12项措施，促进福州新区发展的18条措施。代拟《质检总局服务21世纪海上丝绸之路建设工作方案》。开展进口铁矿、原油环保项目监测，服务国家宏观调控。促成进口汽车“分线管理+验证整改+事后监管”创新模式落地江阴港，使其成为全国唯一实施入境辅助性整改的口岸；完成江阴港动植检规范化示范样板口岸建设，帮促辖区3个口岸获进境食用水生动物指定口岸资质；促成国家质检总局特批中粮集团3 000吨柬埔寨碎米从福州江阴港进口。促进新兴业态发展。大力支持建设海峡两岸电子商务示范园区。先行先试出台跨境电商工作规范，对跨境电商业务在企业和产品信息全备案、全口径进出口数据掌握、流向可追溯的基础上，率先实施“1234”，即“一突出”（突出企业主体责任）、“二清单”（出口和进口清单管理）、“三集中”（集中申报、集中查验、集中放行）、争取实现“四确保”（进得来、出得去、管得住、放得快）工作模式，并在平潭试点。促成国家质检总局出台进一步支持平潭开放开发20条意见，福建出入境检验检疫局也针对性出台措施支持平潭对台小额贸易市场快速发展，实现全年贸易额同比增长近10倍。支持台湾—平潭—欧洲地区联运班列顺利起运并制定作业指导书规范监管，支持岚台客滚、“客带货”等新业务顺利开展。推进福建自贸试验区建设。突出对台和“海丝”特色，结合福建自贸试验区产业布局、重点项目建设和检验检疫改革发展，推出一系列个性化的改革创新举措。福建省政府发布3批50项可复制创新成果，福建出入境检验检疫局占11项；通过商务部联席会议确定的拟在全国复制推广的21项自贸试验区改革试点经验中，福建出入境检验检疫局自主报送的两项（“创新跨境贸易电子商务高效便捷监管模式”和“改革和简化产地证签证管理”）入选。

【厦门出入境检验检疫局推进业务改革】 推动检验检疫通关一体化。深化落实与福建出入境检验检疫局合作备忘录，2015年提出6项合作事项，推动检验检疫通关一体化。2015年对出境货物100%实行产地检验后“出口直放”，并对成套设备等入境货物实施“进口直通”。6月，与四川出入境检验检疫局、新疆出入境检验检疫局签署《厦蓉新欧班列检验检疫一体化工作方案》，对管辖区域内通过厦蓉新欧班列进出口负面清单以外的货物将采取“出口直放”“进口直通”的通关一体化工作模式，实现一次申报、一次检验检疫。推进原产地签证管理模式改革。改“注册”为“备案”，符合条件的出口企业只需完成备案手续即可申请办理各类优惠原产地证书；取消年审，对已备案的申请人，只要其公司正常运行，即可“一次备案终身有效”；全程无纸化，企业备案和证书申请环节可通过网上提交信息完成办理，不再需要提交纸质材料审核；全检区“通报通签”，已备案的申请人可以依便利原则就近向辖区的各分支机构申请签发产地证，不再受属地限制；对信用等级高的申领企业的低风险产品，凭企业申请直接签发原产地证书，免予提交签证相关材料，免予实施实地调查；下放国外海关退证核查回复权限，由各签证机构直接回复国外海关退证核查。通过原产地签证管理模式改革，新企业从公司备案到证书申请由原来的2天缩短为0.5天，效率提高了300%。

创新进口酒快速通检模式。开发“食品标签咨询服务平台”，标签备案可提前至到港前。通过移动平台实现即验即放。2015年，厦门口岸共进口酒1.91亿升，货值2.64亿美元，其中进口啤酒占全国25.00%，排名第一，厦门成为全国第四大进口酒口岸。试行进口石材集中查验。将原串联进行的检疫处理、核素分析等操作改为整艘次并联集中查验，查验合格货物分批报检、分批核销放行。2015年，进口石材256.90万吨，货值4.76亿美元，厦门口岸成为全国最大石材进口口岸。

【厦门出入境检验检疫局服务两岸贸易】 推进台湾食品“源头管理、口岸验放”。加强源头管理，强化企业主体责任，采信第三方检测结果，改批批查验为口岸抽查验证。2015 年对 4 000吨、1 300 万美元的台湾输大陆食品化妆品实施快速验放。促进台湾水果快速通关。对诚信好的企业实验室检测结果仅作为加强有毒有害物质监控检测的手段，推行事中事后监管。2015 年检验检疫进口台湾水果 3. 90 万吨、5 665. 10 万美元，连续 8 年成为祖国大陆进口台湾水果最多的口岸，占七成。开展第三方采信工作。采信 11 家国内外检验检测机构的检验结果，对台湾纸尿裤、食品接触产品、服装等消费品试行第三方采信。2015 年，受理检验结果采信的进口商品申请 59 批、782. 13 万美元。对台湾输大陆水产品简化手续。台湾自捕鱼免提供台湾官方的检测证书，现场查验完毕后实行预放行。2015 年检验检疫台湾水产品 4. 56 万吨、4 533. 90 万美元。厦门口岸成为辐射全国的东南进口海产品集散分拨中心和远洋渔轮母港服务基地。简化厦金客轮检疫管理程序。降低电讯检疫申请条件，电讯检疫率从 0 提高到 90. 00%，通关提速 50. 00%，两岸人员往来更加便捷。2015 年厦金航线共检疫出入境船舶 12 883 艘次，出入境旅客 162. 78 万人次，同比分别增长 19. 88% 和 30. 73%。服务台湾牌照车辆登陆。推出统一申报、一站式服务、24 小时通关查验等多项创新举措，已有 2 批 12 辆台湾车辆经“中远之星”客滚船“无障碍”“零等待”顺利登陆。建立两岸信息互换通道。与台湾关贸网建立点对点传输通道，实现了两岸直航船舶旅客名单、舱单、通关物流动态信息和电子原产地证等两岸检验检疫监管信息互换。

开放口岸

【福州水运（海港）口岸】 福州港是全国沿海 25 个主要港口之一，同时具备进境粮食、进境水果、整车进口指定口岸等口岸功能。福州水运口岸分为闽江口内港区、松下港区、牛头湾港区、江阴港区 4 个开放港区和拟开放的罗源湾港区（2014 年获得国务院批准），并拥有福州保税港区、福州保税区、福州出口加工区等 3 个特殊监管区。港区内拥有生产性泊位 106 个（包含外贸作业点 25 个和临时进靠国际航行船舶靠泊点 7 个），其中万吨级以上深水泊位 44 个（5 万吨级以上泊位 19 个），最大可靠泊 15 万吨集装箱和 30 万吨级散杂货船舶。已开通美西、西非、欧洲远洋干线 4 条，近洋航线 5 条，台湾线 7 条，香港线 7 条，13 条内支线等 36 条航线及“两马”（福州马尾—台湾马祖、福州黄岐—台湾马祖）海上直航客运航线。现与世界上 40 多个国家和地区开展贸易往来。

2015 年，福州水运口岸共完成外贸货物吞吐量 4 581. 54 万吨，同比减少 15. 25%；外贸集装箱累计吞吐量 135. 11 万标箱，同比增长 2. 57%；“福州—马祖”（含马尾—马祖、黄岐—马祖航线）客运出入境旅客累计 44 369 人次，同比增长 3. 14%。

福州水运（海港）口岸闽江口内港区青州作业区

福州水运（海港）口岸江阴港区集装箱码头

福州水运（海港）口岸江阴港区整车进口

【厦门水运（海港）口岸】 厦门位于中国东南沿海——福建省东南部、九龙江入海处，背靠漳州、泉州平原，濒临台湾海峡，面对金门诸岛，与台湾宝岛和澎湖列岛隔海相望。厦门海岸线蜿蜒曲折，全长234千米。港区外岛屿星罗棋布，港区内群山环抱，港阔水深，终年不冻，是我国东南沿海重要的天然深水良港。厦门水运口岸是全国25个主要港口，12个区域性枢纽港，9个沿海国际集装箱干线港之一和对台航运重要口岸，范围跨厦门与漳州两个地市级行政区共八港区（其中厦门东渡、海沧、嵩屿、刘五店、客运5个港区，漳州后石、石码、招银3个港区）。厦门港目前共有集装箱班轮航线237条，其中国际航线165条，内贸线49条，内支线23条，与世界300多个港口建立了业务联系，包括马士基、长荣、中远等世界前20名班轮公司在厦门港都设有分支机构和代理机构。

2015年，厦门水运口岸完成货物吞吐量21 022.51万吨，同比增长2.53%；完成外贸货物吞吐量10 291.14万吨，同比增长0.90%；集装箱吞吐量完成918.28万标箱，同比增长7.10%；厦金出入境旅客为163.98万人次，同比增长16.17%；靠泊国际邮轮66艘次，接待出入境旅客17.58万人次。目前，厦门海港口岸共有集装箱班轮航线234条，其中国际航线165条，内贸线47条，内支线22条，进一步完善了航线网络。

【漳州水运（海港）口岸】 漳州水运口岸辖有4个港区，即东山、古雷、云霄和诏安港区，目前已对外开放3个港区：东山、古雷和云霄港区。云霄港区位于东山湾开放水域范围内，尚未有码头通过验收对外开放。2015年，漳州口岸完成外贸吞吐量1 070.52万吨，同比减少25.00%；集装箱12 893标箱，同比减少67.71%。

东山港区位于漳州市南部的东山县，于1992年12月28日正式对外开放（铜陵作业区）。整个港区共有生产性泊位9个。东山港作为全省最早设立的对台小额贸易点，每年停靠的台轮有2 000多艘次，自2004年以来对台小额贸易额连续多年名列福建省前茅，每年的贸易额达3 000万美元以上，并成为福建省最大的水产品加工出口基地和对台活鱼进出口岸，享受对ECFA项下活青斑鱼、虱目鱼采取“提前报关、预约加班、船边监管、担保放行”的通关便利措施。2015年10月15日起，根据省政府文件精神，外贸和台杂货集装箱享受免除查验作业费用的减负政策。2015年，港区完成外贸吞吐量12.43万吨，同比减少39.05%；集装箱7 858标箱，同比减少74.85%。

古雷港区位于漳浦县境内，东山湾东侧。古雷开发区的发展目标是‘国内领先、世界一流的石化基地”。该港区以石油化工运输为主，兼顾散杂货运输，是大型深水港区。规划建设泊位104个，其中深水泊位69个，预计总通过能力达1.55亿吨（其中集装箱50万标箱）。现已建成码头泊位18个，其中15万、5万、3万、1万吨级泊位各1个；在建有5万吨级1个，1万吨2个。2014年8月28日，古雷港区南1、南2（含-1、-2）号4个液体化工泊位通过省级验收正式对外开放，配套建设的“古雷报关报验综合大楼”同步投入使用。4月6日，腾龙芳烃（PX）发生起火事故，导致企业全面停产，至9月古雷港区进口业务全部终止。

2015年，漳州水运口岸完成外贸吞吐量156.27万吨，同比减少64.26%。

【泉州水运（海港）口岸】 泉州港位于福建省东南部，与台湾一水之隔，毗邻港澳，距香港357海里，距高雄港165海里，石井作业区距金门仅5.6海里。早在6世纪的南朝，泉州已开始和国外交往。唐代泉州开埠，宋元时期，泉州港海外贸易达到鼎盛阶段。公元1087年，北宋设置泉州市舶司；元代，泉州港成为国际重要的贸易港口。泉州港是中国东南沿海不可多得的天然良港之一。

1981年泉州港口岸恢复对外开放，1983年泉州港口岸正式对外开放。泉州海岸线长541千米，现建成生产性码头泊位91个，其中万吨级以上泊位25个（最大泊位为30万吨级专用油码头）。泉州港口岸辖区海岸线427千米，由肖厝、斗尾、泉州湾、围头湾和深沪湾五大开放港区组成，对外开放码头泊位44个。现已开通航线130多条，外贸航线30多条，其中外贸集装箱航线20多条，与中国香港、中国台湾和菲律宾等国家和地区通航；开通泉州至金门客运航线1条。

2015年，泉州水运口岸外贸进出口吞吐量完成3 379.07万吨，集装箱进出口完成90 654.75标箱，泉金客运航线运送两岸旅客12.31万人次。

泉州港石湖港区

泉州港30万吨油码头

【莆田水运（海港）口岸】 莆田水运口岸位于福建省沿海中部，地理坐标为东经118°58′57″，北纬25°13′3″，1999年11月26日经国家批准正式对外开放。现建有20万吨级杂货码头、LNG 10万吨级化工专用码头、10万吨级杂货码头、7万吨级杂货码头、5万吨级多用途码头、4万吨级杂货码头、4万吨级木材码头、万吨级杂货码头、8 000吨级煤炭专用码头、3 000吨级集装箱杂货两用码头、3 000吨级化工专用码头、3 000吨客运码头等各1座，港内设有20万吨级、5万吨级、2万吨级、1万吨级浮筒各1座，避风避险应急锚地1座，设计年货物吞吐量达6 000万吨、客运20万人次。在建的万吨级以上深水泊位10多个，码头最大靠泊能力达40万吨，近期将形成近亿吨的吞吐能力。目前，莆田水运（海港）口岸可最大适航40万吨级船舶通航，现正在进行航道疏浚，至2016年将适航40万吨级。向莆铁路、沈海高速支线直通港区，可实现无转场铁海联运业务，是福建海西重要战略港口。

已与美国、俄罗斯、加拿大、巴西、阿根廷、韩国、泰国、沙特、印度尼西亚、马来西亚、非洲、欧洲等世界上的28个国家和地区的50个港口建立了海上航运联系，也开通了与台湾地区的海上客货运直航业务。2015年累计完成口岸外贸货运量1 011万吨，同比下降18.00%。其中，进口货运量1 004万吨，同比下降18.00%；出口货运量6.81万吨，同比下降11.00%。累计完成集装箱货柜10 732标箱，与2014年同期持平。其中，进口货柜6 489标箱，同比增长9%；出口货柜4 243标箱，同比下降11.00%。2015年1～12月，莆田口岸粮谷进口量首次突破百万吨，达100.9万吨，货值3.3亿美元，同比分别增长69.00%和10.00%，创历史最高水平，莆田口岸已发展成为我国东南沿海粮食进口的重要基地。进出口的主要大宗货物有LNG、木材、煤炭、转基因大豆、钢材、粮食、化石、鞋服原辅材料及成品、机器设备等，莆田口岸东吴港区东1号和东2号泊位2015年上、下半年申报临时进靠国际航行船舶作业获得国家交通运输部批复同意，该两个泊位共开展煤炭进口外贸作业57航次，货运量436.10万吨，并通过向莆铁路发运煤炭33.84万吨。

莆田口岸东吴港区东1号泊位现场

莆田口岸秀屿进口木材检验检疫除害处理区现场

【宁德水运（海港）口岸】 宁德水运口岸位于福建省东北部世界闻名的天然良港三都澳内，东距台湾基隆港 145 海里，南依省会福州，北距上海 390 海里，南至福州 66 海里，地理坐标为北纬 26°30′～26°45′与东经 119°35′～119°58′之间，距离西太平洋西岸国际主航线 30 海里，是我国西南部地区重要的出海通道。全口岸共开设外贸作业点 20 个，外贸货物装卸点 3 个，对台小额贸易点 2 个，对台货运直航点 2 个；开辟至日本、韩国、印度尼西亚、菲律宾、越南等国际航线及对台直航航线。口岸营运种类主要有煤炭、镍矿、废物原料进口，水产品、砂石、钢材设备出口和外轮维修。

2015 年，宁德水运口岸累计完成货物吞吐量 839.19 吨，其中进口 657.44 万吨，出口 181.75 万吨；完成对台直航货运量 171.69 万吨；完成外国籍船舶维修 31 艘次；进出口岸国际航行船舶 891 艘次；进出口岸船员 16 482 人次。

【平潭水运（海港）口岸】 平潭水运口岸位于北纬 25°15′～25°45′，东经 119°10′～120°10′，规划建设金井、澳前、草屿和流水 4 个港区。金井港区主要以对台客货滚装、国际邮轮靠泊和服务港口物流园区功能为主，重点发展多用途运输、海峡客运及车辆滚装和国际邮轮旅游观光等规模化港区，规划开放岸线 21.5 千米，建设码头泊位 9 个。澳前港区主要以旅游码头、陆岛交通和渔业为主，建成 1 万吨泊位 1 个，1 万吨待泊泊位 1 个。

2011 年以来，平潭港充分发挥对台区位优势，积极开拓对台客货运直航航线。现拥有平潭至台北、台中、高雄 3 条对台直航航线及“小三通”航线 2 条。其中，高速客货滚装船舶“海峡号”“丽娜轮”开通直航台北、台中航线，实现了岚台每天都有往返的航班，往返台中 2.5 个小时、台北 3 个小时，城际交通和主通道作用逐渐显现。“海峡号”每周一、六直航平潭至台北，周二、四、五、日为平潭至台中；“丽娜轮”每周二、三航行台北至平潭的固定航班，实现每天都有岚台往返航班。2015 年 1 月 1 日至 12 月 31 日，共往返台中、台北 524 个航次，其中“海峡号”为 318 个航次，“丽娜轮”为 206 个航次；出入境旅客 11 万人次，同比减少 9.00%，其中出境 5.70 万人次，入境 5.30 万人次，台胞 4 万人次。2015 年，口岸进出口货物 542 批次 2.30 万吨，进出口 EMS 邮包 13.10 万袋 2 267.10 吨；进出口国际快件 13 万件 348.60 吨。

平潭金井港区

2014 年 7 月 15 日平潭主岛正式封关运作。分线管理政策正式启动，全面实施免税、保税、退税及选择性征收关税等优惠政策。全岛分线管理封关运作基础设施一期工程项目总投资 6.80 亿元，建成出入区服务大楼、出入区通道（25 条）、智能化卡口、仓库、环岛监控、环岛监控外围布点、总控及分控中心、环岛道路巡查及海关和检验检疫信息化平台等。主岛封关运作按照“上下分离、客货分离、快慢分离”的要求，依托信息化管理平台，既实现了信息集成和有效监管，又方便了岛内居民出入和生产生活，为国际旅游岛建设预留了发展空间。2015 年以来，二线通道接受企业申报货物 2 194 吨，货值 3 839 万美元；日通行车辆 1 万辆次，高峰期近 3 万辆次，运行情况良好。

区内台湾商品免税交易市场主营原产于台湾的六大类商品货物，粮油食品类包括粮油制品、食用动物及其产品、食用植物及其产品、水产品、食品制成品。2015 年完成进口台湾商品额 1.20 亿美元，销售额约 7.70 亿元。

平潭台湾商品免税市场

【福州空运口岸（长乐国际机场）】 福州长乐国际机场是我国航空干线网中的重要干线机场，也是东南沿海地区及对台、对外重要的航空港。福州长乐国际机场于 1997 年 6 月 23 日正式通航，距离福州市区约 39 千米，机场到市区约 40 分钟。目前有国内外 31 家航空公司在机场运营，福州长乐国际机场是福州航空、厦门航空的基地机场，中国北方地区前往东南亚的重要中转地之一。福州长乐国际机场目前已被国家民航局确定为“海上丝绸之路”门户枢纽机场，使之成为机场设施互联互通和打造空中交通走廊的核心节点。

福州长乐国际机场飞行区等级为 4E，拥有一条长 3 600 米的跑道，30 万平方米的停机坪，总面积 13.7 万平方米的候机楼，建筑面积 1.80 万平方米的航空货站，以及相应的通讯、供油、供水、供电、消防、气象、环保等设施，可起降 B747—400 型等大型飞机。自 2010 年起，投入 6 亿多元资金启动扩容工程，主要包括候机楼扩容和停机坪扩建，第一轮扩能建设已于 2012 年年底竣工。目前，机场拥有 36 个停机位，16 条登机桥，17 个安检通道，5 个国际出发厅和 11 个国内出发厅，机场年保障能力达到 1 300 万人次。2014 年年初，福州长乐国际机场已全面启动第二轮扩能改造建设，总投资约 19 亿元，包括航站楼扩能和站坪配套工程，于 2015 年年底完成，2016 年计划动工新建 1 条跑道及新建第二航站楼。此外，福州市区至福州长乐机场还将规划建设轨道交通 6 号线和长乐机场城际铁路也将投入使用。届时福州长乐国际机场将满足年吞吐量 2 300万人次需求。

福州长乐国际机场是祖国大陆距台湾最近的省会机场，是实现海峡两岸往来的重要门户。自 2008 年 12 月 18 日福州—台北（松山）首次实现空中直航以来，福州长乐国际机场对台航线的快速发展成为一大亮点。2015 年福州长乐国际机场在航班量大幅度增长的同时，客流量也在不断攀升，新增了至柬埔寨金边航线、日本冲绳航线、日本名古屋航线、马来西亚亚庇航线和澳大利亚悉尼航线，目前福州机场有至纽约、大阪、东京、冲绳、名古屋、首尔、济州、清州、新加坡、吉隆坡、暹粒、曼谷、雅加达、亚庇、金边、悉尼 16 条国际航线和至香港、澳门、桃园、松山、台中 5 条地区航线。

2015 年，福州空运口岸完成旅客吞吐量近 1 088 万人次，其中出入境旅客吞吐量达 145.50 万人次，同比增长 20.60%；完成出入境航班 11 440 架次，同比增长 40.00%；完成进出口货运量 13 271 吨。

【厦门空运口岸（高崎国际机场）】 厦门空运口岸位于厦门岛的东北端，距厦门市中心 10 千米，地处闽南金三角的中心地带，与台湾隔海相望，三面临海，环境优美，净空条件优越，具有良好的区位优势。1982 年 1 月 10 日厦门高崎国际机场破土动工兴建，1983 年 10 月 22 日建成并对外开放。1992 年经国家批准，投资 23 亿元进行了大规模的扩建，扩建后的厦门空港飞行区等级为 4E 级，可起降 B747－800 等大型飞机。厦门空运口岸现为国家一类口岸，在厦门空港营运的航空公司达 42 家，其中国内航空公司 23

家，国际及地区航空公司19家；已有航线201条（境外41条），航线网络已覆盖中国所有省会城市和主要二、三线城市，搭建了直达欧洲的客、货运航线，同时厦门机场的东南亚航线覆盖较广、航班密度较高，在全国位居前列，特别是由于厦门特殊的对台区位优势，厦门两岸直航航班的密度位居大陆地区前3位。目前，厦门机场现有国际及地区通航城市22个（东南亚8个，港澳台5个，东北亚5个，欧洲3个，澳洲1个），航线遍及中国港澳台地区、东南亚、东北亚、澳洲、欧洲。厦门空运口岸已成为华东地区重要的区域性航空枢纽。

2015年，厦门空运口岸共保障安全飞行18.01万架次，同比增长3.32%；完成旅客吞吐量2 181.42万人次，同比增长4.56%，其中出入境旅客271.91万人次，同比增长11.11%；完成货邮吞吐量31.06万吨，同比增长1.38%，其中出入境货邮8.99万吨，同比增长2.74%。

【武夷山空运口岸（武夷山机场）】 武夷山空运口岸位于武夷山市南郊、武夷大道东侧，距离市区及武夷山风景区各7千米。1993年9月获国务院批准对外设立，1994年4月正式对外开放。机场飞行区等级为4C级，跑道长2 400米，停机坪46 600平方米，可供起降B737、A320和麦道82等中型飞机，具备全天候飞行条件，可同时停8架飞机；改扩建后候机楼面积达13 544平方米，国际旅检厅建筑面积达5 580平方米（预计于2016年6月交付使用），为原来的两倍，年吞吐能力达260万人次。2011年12月被列入两岸季节性旅游包机直航点，曾先后开通至香港、澳门地区性航线。至航线开通以来，共飞行3 921架次，出入境人达266 031人次。目前有地区航线（香港）1条，国内航线10条。

【泉州空运口岸（泉州晋江国际机场）】 泉州空运口岸于2012年11月正式对外开放，2014年10月更名为泉州晋江国际机场。机场具备全天候飞行条件，飞行区等级为4D级，能起降波音757等同类机型，可满足年旅客吞吐量400万人次、货邮吞吐量4.4万吨的保障需求。

目前，已有国内外13家航空公司进场运营，开通国际（地区）、国内客货运航线40条，每周进出港航班约420班次。

2015年，泉州空运口岸完成飞机起降4 934架次，出入境旅客591 791人次。

泉州晋江国际机场候机楼

厦门市

【口岸运行数据】 2015年，厦门水运（海港）口岸完成货物吞吐量21 022.51万吨，同比增长2.53%；完成外贸货物吞吐量10 291.14万吨，同比增长0.9%；集装箱吞吐量完成918.28万标箱，同比增长7.1%；厦金出入境旅客为163.98万人次，同比增长16.17%；靠泊国际邮轮66艘次，接待出入境旅客17.58万人次。目前，厦门海港口岸共有集装箱班轮航线234条，其中国际航线165条，内贸线47条，内支线22条，进一步完善了航线网络。

厦门空运口岸共保障安全飞行18.01万架次，同比增长3.32%；旅客吞吐量为2 181.42万人次，同比增长4.56%，其中出入境旅客271.91万人次，同比增长11.11%；货邮吞吐量为31.06万吨，同比增长1.38%，其中出入境货邮8.99万吨，同比增长2.74%。

厦门进出境快件监管中心累计进出境邮政快件735.2万件4 192吨，同比分别增长113.5%和57.6%。其中，进口44.0万件，同比增长86%；出口691.2万件，同比增长115.5%。

【口岸开放工作】 空运口岸。继续推动加密厦门往返东南亚、东北亚航线，积极向东南亚航空公司宣传第五航权，争取加密新加坡、吉隆坡和曼谷航线密度，使厦门机场成为中国前往东南亚及东北亚国家航线覆盖广、航班密度高的东南门户机场。保持与国外有潜力航空公司沟通、联络，拜访其总部，加大航线营销力度，引导其重视厦门市场，跟踪落实开航意向。密切跟踪厦航引进 B787 为契机，以天合联盟为平台，积极筹划拓展境外航线的基本计划意向，做好开通欧美澳洲际航线的协同服务工作。推动市政府尽快出台国际航线发展扶持政策，鼓励有实力的客、货运航空公司加快拓展国际航线，进一步完善厦门市国际航线网络，加快推进区域性航空门户枢纽港建设。厦门机场 2015 年冬春航季每周航班为 3 890架次，同比增长 7.22%。通航航点共 99 个，新增航线 22 条，新增巴厘岛、冲绳、普吉、悉尼等 4 个航点。厦门是海上丝绸之路的重要节点城市，此举适应了国家对外开放和国际航空运输发展新趋势，积极响应了“一带一路”发展战略，有利于进一步推动厦门成为东南沿海重要区域性航空枢纽港。

水运（海港）口岸。完成了海投通达 13 号码头、远海 14 号全自动码头和厦船重工 3 号码头的市级口岸开放牵头组织工作，并按支持重点码头投入外贸生产的要求，按计划如期完成了省级口岸开放验收。

【口岸综合管理】 发挥口岸协调服务功能，鼓励“串联执法”变为“并联执法”，全面推行关检“三个一”通关模式，推行无纸化通关。目前“一次查验”已基本覆盖所有符合条件的货物品类。积极探索新兴贸易业态监管模式。推动国际邮件快件专区与空港区港联动建设，将国际邮件快件安检前移至快件中心，前置监管，加快建设邮递渠道“单一窗口”，进一步优化厦门国际邮件快件营商环境，提高空运邮件快件通关效率，降低企业通关成本。海关总署于 2015 年 12 月 28 日起全面取消报关企业异地申报限制，实施“一地注册、全国报关”，厦门海关引导鼓励和培育报关服务行业向一体化方向发展。推动检验检疫局全面推广远程视频查验信息化监管，每批货物查验时间最快缩短为 20 分钟，通关时间缩短 2 天时间。推动邮轮母港建设。协调推动各口岸查验单位先行先试，出台各种优化便利化通关政策和措施。厦门海关实行活力监管，创新邮轮母港航次托运行李监管模式。此外，对邮轮母港旅客团队实行散客式验放模式，大幅度提升了通关效率。截至 2015 年 12 月共接待大型国际邮轮 66 艘次，出入境旅客 17.58 万人次，同比增长 295.58%。助推厦门远洋渔业及帆船游艇产业的发展，积极协调查验单位为远洋渔船提供各种通关便利创造良好环境，推动支持将厦门高崎闽台中心渔港和五缘湾帆船游艇港口岸开放，已进入相关准备工作。积极推进厦门空运口岸 24 小时通关运营。4 月 1 日正式实施外国人 72 小时过境免签政策。7×24 小时通关运营已于 2015 年 8 月 26 日正式实施，此举有助于吸引各航空公司有效利用夜间时刻资源来厦开通国际航线及加密国际航班，将进一步推动厦门作为东南地区重要航空枢纽港的建设。全力抓好营商环境行动计划工作。按照市委、市政府文件要求，制订相应工作方案，成立跨境贸易营商环境工作组，召开相关单位工作推进联席会，落实工作内容，务实推进厦门贸易便利化水平，改善厦门口岸营商环境。落实“三互”推进大通关建设。年内出台了厦门市《落实“三互”推进大通关建设改革方案实施意见》，加快推进厦门市跨部门、跨区域通关协作，推动实现口岸管理相关部门信息互换、监管互认、执法互助。

【对台主要工作】 推动各查验单位强化全天候服务水平，对台湾水果、水产品等鲜活产品继续实行“随到随检”，做到通关零等待。积极推动厦门对台产业“十对接”。支持闽台中心渔港、大嶝对台小额贸易市场等涉台功能区建设和发展。推动扶持厦门口岸成为对台生鲜冷链物流配送中心，为厦门涉台生鲜类农产品及食品建立特别的快速通关机制。创新口岸管理服务机制，建设和推广自助通道查验系统，完善人员信息采集备案点设置和预先申报制度，提升两岸口岸通关的效率和水平。推动厦门至台湾间的两岸汽车互通，推动各查验单位出台对进出厦门口岸的台湾地区车辆通关便利举措，5月4日，台湾地区自驾游车辆以及8名人员首次登陆，为海峡两岸实现自驾旅游常态化奠定基础，具有突破性的意义。探讨建立厦金区域协同发展机制，两岸口岸部门的直接沟通渠道和互通机制，逐步实现监管互认、执法互助、信息互换，进而提高通关便利化水平。持续发挥厦门空港对台区位航线网络资源优势，加强对内地无台线或航线资源较少机场的推介，在通关政策、渠道保障、收费项目等方面实行互惠政策并密切业务合作，通过空空、陆空、铁空等中转形式构建异地来厦中转客、货运渠道网络，吸引相关机场腹地国际客、货源从厦门空港进出，达到优势互补，强化厦门空港区域性航空枢纽地位的确立。圆满完成投洽会、台交会、海峡论坛、游艇帆船赛、厦金海上横渡等大型活动的口岸通关协调保障工作，以及做好马祖进香团、第六届第八届世界福建同乡两岸恳亲大会等大型交流活动通关保障，提供优质服务。做好免除集装箱查验服务费工作。2015年10月1日零时起，在中国（福建）自由贸易试验区厦门片区内试点政府承担集装箱查验服务费，对在海关查验环节没有问题的进出境海运集装箱（重箱）免除吊装、移位、仓储等费用，降低企业运营成本，提升中国（福建）自贸试验区厦门片区的口岸服务水平，进一步促进通关贸易便利化，解决企业面临的通关成本高的问题，提高厦门口岸竞争力，创造良好营商环境，服务于厦门市外贸发展。

【电子口岸发展】 4月21日单一窗口平台1.0版正式上线，提供船舶联检、货物申报、对台海运快件、跨境电子商务、金融服务等应用服务。船舶联检系统实现了船舶进出口岸全流程一体化申报；船舶联检口岸联系单无纸化的应用，实现了海关、检验检疫、海事、边检等部门跨部门数据共享、监管互认。截至12月底，单一窗口已办理出口岸联系单共5 174艘次。报关报检数据申报简化率达到32.7%，申报效率提升50%以上。为企业提供了便捷高效的通关服务，同时也对自贸区各项创新业务的开展提供了强有力的支持。做好上海自贸区14项创新监管制度在厦门的复制推广，上线运行保税展示交易、批次进出集中申报、区内自行运输、区内仓储企业联网监管、智能卡口验放、区内企业境内外维修6项功能。协同推动跨境电子商务业务的全面开展。构建跨境电子商务公共监管平台，实现“平台+园区”的监管新模式，整合完善厦门市跨境电子商务作业平台，加速培育该业务的全面开展和做大做强，形成海西经济新增长极，避免重复建设。跨境电商综合服务出口系统已于2014年底上线运行，进口直购业务系统已于7月20日开始试运行。推进与省平台单一窗口的协同发展，实现了省单一窗口“统一界面、一次登录、用户直接操作业务”的模式。完成与海关总署、国家质检总局的报关报检公共组件对接，企业可通过单一窗口办理报关报检申报工作，12月11日已顺利完成海关总署全国统一版“一次申报”系统在单一窗口的部署和联调测试工作；完成检验检疫一般货物报检通道的开发，正式开始入境报检申报。搭建小微企业出口信用保险平台，实现小微企业自助在平台上投保续保，扩大“信保易”服务面。推动口岸监管与港航物流的融合，实现协同作业和数据共享。推动“海关网上预约查验系统”上线，实现海关、码头、企业三方的业务协同和预约查验环节的电子化，全面提升查验作业效率，仅在东渡海关现场，每年可为企业节省查验环节人工耗时6万小时。上线“集装箱查验统计核销系统”，在全国率先实现了集装箱查验费用补贴电子化核算，为政府部门发放查验费用补贴提供依据。规范单一窗口平台项目管理机制，由市口岸办牵头，制定了单一窗口项目生成管理流程。单一窗口建设成果得到了商务部肯定，已被列入全国自贸试验区8个“最佳实践案例”之一。

福建省口岸大事记

1月7日

全国人大常委会副主任、民革中央主席万鄂

湘，全国政协副主席、民革中央常务副主席齐续春率民革中央调研组赴平潭考察调研，实地察看二线通道、台湾小商品交易市场等，观摩海关环岛监控演示。

1月8日

厦门机场出入境检验检疫局从厦金航线截获的百香果苗中检出检疫性昆虫——大洋臀纹粉蚧，这是全国口岸首次从百香果种苗上截获该有害生物。

1月19日~21日

由国台办、全国供销总社联合主办的“海峡两岸农渔业交流座谈会”在平潭召开，涉及通关作业便利化、两岸检验检疫机构互认、进口产品源头管理、食品检疫及塑化剂事件后“禁入名单”解禁等。

1月23日

国家质检总局批准福州长乐国际机场进口冰鲜水产品、进口水果指定口岸。

1月24日

福州江阴港区首次开展起运进口整车海铁联运业务，8辆进口汽车整车通过铁路商品车运输专用车厢（J车）承载，首次以海铁联运方式从江阴港直接发往四川成都。

2月5日

海沧出入境检验检疫局从西班牙进口木质铺垫材料中截获大量活体阿苏里伞滑刃线虫，这是福建口岸首次截获阿苏里伞滑刃线虫。

2月10日

交通运输部批复同意平潭港口岸金井港区2号、3号泊位临时进靠国际航行船舶。

3月6日

福建出入境检验检疫局福州保税港区办事处从圭亚那铁木豆原木中截获星吉丁属 Chrysobothris cordicollis，为全国首次截获。福建检验检疫局技术中心微生物实验室被授予“福建省三八红旗集体”荣誉称号。

3月15日

厦门出入境检验检疫局实施船舶出口岸联系单无纸化。

3月17日

平潭综合实验区对台海运快件试运营。

3月24日

平潭港口岸金井港区正式开港运营。

4月1日

厦门高崎国际机场口岸实施外国人72小时过境免签政策，厦门高崎国际机场实施“通程航班监管模式”，该口岸成为福建省第一个开放72小时过境免签政策的口岸。

4月15日

海沧出入境检验检疫局从美国进境的非种用转基因大豆中截获大豆南方茎溃疡病菌，属福建口岸首次截获。

4月21日

中国（福建）自由贸易试验区揭牌。福建自贸试验区厦门片区启动“国际贸易单一窗口平台”，实现了园区辅助管理系统、报检和报关系统的一次录入、信息共享、分别申报等数据项从原来的238个简化为160个，数据简化率达32.7%，进出口货物的申报效率提升50%。

4月22日

中共中央政治局常委、国务院总理李克强视察福建自贸试验区，现场听取关于“单一窗口”平台、关检“三个一”，以及采信台湾认证结果和检验检测结果等自贸区制度创新工作汇报。

4月29日

平潭水运口岸起运首单对台湾地区出口海运快件，标志着海峡两岸海运快件实现进出口双向运营。

5月4日

海关总署出台5个方面、共计25项支持中国（福建）自贸试验区发展措施。

来自台湾地区的两台自驾车辆首次由厦门口岸进入中国大陆，这是台湾自驾车辆历史上首次挂两岸车牌在大陆行使，标志着海峡两岸汽车互通正式启动。

5月19日

平潭综合实验区启动“台车入闽”常态化运营。

5月21日

首票对台直航海运快件在平潭出口。

5月22日

福州新港在进境的圭亚那铁木豆原木中截获到天牛 Cycnidolon approximatum、拆斑尼胸天牛等7种有害生物，其中天牛 Cycnidolon approximatum 为全国首次截获。

6月1日

福建自贸区福州片区试行“分线管理+验证整改+事后监管”进口汽车工作模式。

福建出入境检验检疫局从即日起对宁德市辖区至宁波口岸出口的水产品、宁德市古田县至深圳口岸出口的食用菌实施出口货物直通放行和通关单无纸化的优惠措施。

6月2日

泉州口岸全国首次截获林木有害生物梢小蠹。

6月7日

中共中央政治局常委、中央书记处书记刘云山赴平潭综合实验区考察，听取对台检验检疫数据交换中心工作情况。

6月8日

福建海事局发布《关于在福建自贸试验区内试点实施台商独资海员外派机构资质审批许可的公告》，台商可在福建自贸试验区开办独资海员外派机构。

6月25日

厦门口岸推行报检企业备案无纸化。

7月1日

福州海关行政审批受理窗口揭牌设立。自7月1日起，福州海关停止向进出口企业收取电子口岸科技服务收费、报关单预录入、加工贸易台账合同预录入等9项由政府定价的海关通关环节经营服务性收费。

厦门机场出入境检验检疫局从入境旅客携带物火龙果种苗中检出仙人掌X病毒、蟹爪兰X病毒、火龙果X病毒3种病毒，其中火龙果X病毒为全国首次截获。

平潭启动台胞入境免签注和电子台胞证试点工作。

7月4日

全国政协副主席、民盟中央常务副主席陈晓光一行视察平潭，实地参观平潭综合实验区二线卡口环岛监控指挥中心和台湾小商品交易市场等。

7月8日

海沧出入境检验检疫局从一批乌克兰入境货物的木质铺垫材料中截获沟胫天牛亚科幼虫和丝尾垫刃线虫，系福建口岸首次截获。

7月15日

福建边检网上便民服务平台启用，服务对象可通过手机微信平台办理网上报检、网上办证等边防检查手续。

7月17日

海关总署和福建省人民政府在福州签署第三轮《署省合作备忘录》。

7月24日

厦门口岸启动两岸首条固定邮轮航线“天秤星”号。

7月26日

厦门高崎国际机场实施7×24小时通关运营。

7月31日

平潭口岸澳前港区通过国家质检总局进境食用水生动物指定口岸验收评估。

8月1日

福建海事局将国际航行船舶进口岸审批下放至基层海事处。

8月16日

中欧（厦蓉欧）国际货运班列开通。

8月24日

福建省国际贸易“单一窗口”上线试运行。

9月7日

厦门海关与厦门出入境检验检疫局签订《全面落实“三互”推进自贸试验区建设合作备忘录》，同时将率先全国对进口台湾水果和进口固体废物启动“监管互认”试点。

9月14日

平潭澳前对台小额贸易码头正式运营。

9月15日

厦门出入境检验检疫局邮快办从来自香港伪

报为“干饲料、工艺品”的进境邮包中截获4只剧毒物种箭毒蛙，为福建口岸首次截获。

10月8日

驻厦海关和检验检疫部门在福建自由贸易试验区厦门片区先行试点“监管互认”工作。

10月15日

福建省口岸办等7个部门联合发布公告，在全省对外开放的集装箱码头、陆地港、海关特殊监管区及其他海关指定的监管场所内，对海关查验没有问题的进出口集装箱（重箱）货物（固体废物除外）查验，免除企业向港口经营企业缴纳查验作业费用，包括吊装、移位、仓储等费用（含开箱、掏箱费用）。

10月27日

10月29日

马来西亚沙捞越木材发展局到福州出入境检验检疫局进行进出口海产品贸易和监管情况交流，并考察马尾进口水产品集散交易市场和中国—东盟海产品交易所。

11月2日

福建省商务厅与新加坡劲升逻辑公司签署合作协议书，共同推动福建省国际贸易“单一窗口”的顶层设计和整体规划 。

厦门自贸片区海沧口岸试点进口食品“空检海放”。

11月3日

“台湾—平潭—欧洲”海铁联运列车开行。

11月6日

福州长乐机场海关、机场海关缉私分局揭牌成立。

11月9日

厦门机场出入境检验检疫局从来自新加坡的旅客携带物中截获火葱潜隐病毒，为全国首次截获。

11月19日～11月23日

漳州检验检疫局率先全国引入第三方认证机构迎接美国FDA检查，辖区内2家罐头和冻干果蔬生产企业顺利通过美国FDA 2016财年现场检查。

11月12日

平潭海事局挂牌成立。

11月13日

海沧出入境检验检疫局从一批来自非洲的原木中截获南非犰狳环尾蜥，为福建口岸首次截获。

11月20日

国家认监委授权福建出入境检验检疫局承担台湾地区输大陆食品生产企业注册评审工作。

11月23日

福州黄岐对台客运码头获交通运输部批复同意临时对外开放，期限半年。

11月30日

福州开通福州—悉尼航线，成为福州历史上首条直飞洲际航线。

12月2日

两岸检验检疫电子证书互换互查的正式启动，这是全国首次大陆与台湾地区间以检验检疫电子证书形式办理的进口报检业务。

12月3日

厦门自贸区进口废物原料实现关检“监管互认”全覆盖。

莆田秀屿港木材交易中心电子口岸平台上线运行。

12月9日

福州长乐国际机场、福州保税港区通过世界卫生组织的现场考核，分别成为“国际卫生机场”和“国际卫生港口”，福州海空港双港创卫圆满成功，福州保税港更成为福建省第一个获此殊荣的货运港口。

12月23日

ECFA两岸经济合作委员会海关合作工作小组第六次会议在福州召开。

福州连江黄岐至台湾马祖白沙客运航线开通，该航线是福州马尾—马祖、厦门—金门、泉州—金门之后两岸第四条“小三通”客运航线，也是两岸航程最短、时间最省的客运航线。

2015 年福建省口岸流量统计表

口岸类型		口岸名称	货运量（万吨）				集装箱量（万标箱）				人员（万人次）				交通工具（辆、艘、架、列次）			
			出口	进口	合计	同比（%）	出口	进口	合计	同比（%）	出境	入境	合计	同比（%）	出境	入境	合计	同比（%）
空运口岸		福州机场	0.65	0.56	1.21	-13.94			0.00		70.18	69.31	139.49	20.22				
		厦门机场	14.06	6.46	20.52	7.67			0.00		141.55	140.91	282.46	10.47				
		武夷山机场			0.00				0.00		0.74	0.75	1.48	-15.08				
		泉州机场			0.00				0.00		27.94	27.94	55.89	18.87			0.00	
		分计	14.72	7.02	21.73	6.18			0.00		240.41	239.91	479.32	14.00			0.00	
陆运口岸	公路口岸				0.00				0.00				0.00				0.00	
		分计			0.00				0.00				0.00				0.00	
	铁路口岸				0.00				0.00				0.00				0.00	
		分计			0.00				0.00				0.00				0.00	

续表

口岸类型		口岸名称	货运量（万吨）				集装箱量（万标箱）				人员（万人次）				交通工具（辆、艘、架、列次）			
			出口	进口	合计	同比（%）	出口	进口	合计	同比（%）	出境	入境	合计	同比（%）	出境	入境	合计	同比（%）
水运口岸	海港口岸	福州港	1 145.68	3 420.85	4 566.53	-15.53	69.44	65.39	134.83	2.36	2.16	2.28	4.44	5.14				
		厦门港	5 039.41	5 251.63	10 291.04	12.01	342.70	357.15	699.85	15.77	91.05	91.86	182.92	23.33				
		漳州港	454.33	582.69	1 037.02	-27.62	0.28	0.56	0.85	-7 879.00			0.00					
		泉州港	77.88	3 301.19	3 379.07	8.99	2.63	6.44	9.07	1.73	5.97	6.34	12.31	19.34				
		莆田港	6.82	1 004.18	1 011.00	-18.14	0.42	0.65	1.07	-0.12			0.00					
		宁德港	181.69	657.62	839.31	-27.49			0.00				0.00					
		平潭港	0.30	2.38	2.68	538.10	0.32	0.34	0.67	334.62	5.82	5.26	11.08	-8.88			0.00	
		分计	6 906.11	14 220.54	21 126.65	-1.83	415.80	430.53	846.34	12.79	104.99	105.75	210.74	20.41			0.00	
	河港口岸																	
		分计																
合计			6 920.83	14 227.56	21 148.38	-1.82	415.80	430.53	846.34	12.79	345.41	345.66	690.06	14.00	0.00	0.00	0.00	
同比（%）																		

（福建省口岸办提供）

2015 年福州海关主要数据统计表

项目		2015 年	同比（%）
进出口货运量（万吨）	合计	5 615.5	-22.9
	进口	4 415.4	-27.8
	出口	1 200.1	2.8
进出口贸易总值（万美元）	合计	2 969 315	-2.5
	进口	1 118 127	-18.2
	其中：江、海运输	981 482	-21.2
	铁路运输	3	-74.8
	汽车运输	14 545	0.5
	航空运输	118 610	13.3
	邮件运输	211	-34.2
	其他运输	3 276	-15.2
	出口	1 851 188	10.2
	其中：江、海运输	1 735 889	9.8
	铁路运输	0	0.0
	汽车运输	9 444	21.2
	航空运输	101 742	21.0
	邮件运输	1 936	-32.2
	其他运输	2 178	-52.7
税收（万元）	两税合计	1 093 587	-9.4
	关税入库	141 288.94	-3.9
	进口环节税入库	952 298.85	-10.1

（福州海关提供）

2015年福建省口岸出入境主要数据表

<table>
<tr><th colspan="3">项目</th><th>2015年</th><th>2014年</th><th>同比（%）</th></tr>
<tr><td rowspan="14">出入境人员（人次）</td><td colspan="2">出入境人员总数</td><td>2 658 107</td><td>2 312 715</td><td>0.15</td></tr>
<tr><td colspan="2">入境人员</td><td>1 334 362</td><td>1 169 396</td><td>0.14</td></tr>
<tr><td colspan="2">出境人员</td><td>1 323 745</td><td>1 143 319</td><td>0.16</td></tr>
<tr><td colspan="2">出入境旅客</td><td>2 339 552</td><td>2 011 804</td><td>0.16</td></tr>
<tr><td colspan="2">出入境员工</td><td>318 555</td><td>300 911</td><td>0.06</td></tr>
<tr><td rowspan="5">中国公民</td><td>小计</td><td>2 399 315</td><td>2 078 519</td><td>0.15</td></tr>
<tr><td>内地居民（因公）</td><td>175 319</td><td>169 014</td><td>0.04</td></tr>
<tr><td>内地居民（因私）</td><td>1 537 002</td><td>1 265 103</td><td>0.21</td></tr>
<tr><td>港澳居民</td><td>292 922</td><td>275 094</td><td>0.06</td></tr>
<tr><td>台湾同胞</td><td>394 072</td><td>369 308</td><td>0.07</td></tr>
<tr><td colspan="2">外籍人员</td><td>258 792</td><td>234 196</td><td>0.11</td></tr>
<tr><td colspan="2">从海港出入境人数</td><td>456 139</td><td>447 109</td><td>0.02</td></tr>
<tr><td colspan="2">从陆港出入境人数</td><td>0</td><td>0</td><td>0.00</td></tr>
<tr><td colspan="2">从空港出入境人数</td><td>2 201 968</td><td>1 865 606</td><td>0.18</td></tr>
<tr><td rowspan="5">交通运输工具（辆、艘、架、列次）</td><td colspan="2">总计</td><td>28 090</td><td>25 967</td><td>0.08</td></tr>
<tr><td colspan="2">船舶</td><td>11 836</td><td>11 880</td><td>0.00</td></tr>
<tr><td colspan="2">飞机</td><td>16 254</td><td>14 086</td><td>0.15</td></tr>
<tr><td colspan="2">火车</td><td>0</td><td>0</td><td>0.00</td></tr>
<tr><td colspan="2">机动车辆</td><td>0</td><td>0</td><td>0.00</td></tr>
</table>

（福建省公安边防总队提供）

2015 年福建省出入境检验检疫业务统计表

项目	货物检验检疫				交通工具				集装箱（标箱）		发现动植物疫情		货物通关		出入境人员查验（人次）	健康检查及预防接种（人次）			
	批次	金额（万美元）	检验检疫不合格																
			批次	金额（万美元）	船舶（艘）	飞机（架）	火车（列）	汽车（辆）	合计	检出问题	种类数	种次	批次	金额（万美元）		健康检查	艾滋病监测	发现病例	预防接种
本年累计	186 716	2 552 456	15 954	395 133.5	14 492	16 228	0	102	667 514	10 346	969	29 565	178 074	2 493 402	2 652 151	29 111	29 058	15 570	36 599
其中 出境	148 052	914 508.1	3 222	31 264.14	7 054	8 112	0	51	176 522	182	7	37	128 585	818 623.7	1 319 372	24 110	24 110	13 204	36 534
其中 入境	38 664	1 637 948	12 732	363 869.4	7 438	8 116	0	51	490 992	10 164	969	29 528	49 489	1 674 778	1 332 779	5 001	4 948	2 366	65
同比（%）	-12.15	-27.89	78.34	-21.59	-13.39	15.53	0	1 033	5.3	332.71	15.63	130.33	-1.46	-23.17	14.36	-2.42	-2.54	-1.85	2.63
其中 出境	-3.73	2	17.94	21.97	-14.13	15.39	0	920	12.55	9 000	250.00	428.57	-3.6	3.82	15.12	-4.12	-4.04	-2.81	2.56
其中 入境	-34.2	-38.02	104.9	-23.93	-12.67	15.66	0	1 175	2.91	325.45	15.63	130.17	4.59	-31.83	13.61	6.68	5.55	3.86	62.5

（福建出入境检验检疫局提供）

2015 年福建海事局进出港船舶统计汇总表

船舶类别	进港船舶							出港船舶						
	艘数（艘）	总吨（吨位）	总载重量（吨）	载客量（客位）	船员人数（人次）	货物到达量（吨）	旅客到达量（人）	艘数（艘）	总吨（吨位）	总载重量（吨）	载客量（客位）	船员人数（人次）	货物发送量（吨）	旅客发送量（人）
总　计	354 260	602 032 601	785 624 894	74 804 780	2 348 527	262 132 715	26 400 841	358 349	603 675 296	78 659 642	74 708 706	2 388 618	151 183 017	26 368 477
中国籍船舶	340 251	250 075 891	320 546 141	73 544 569	2 051 367	150 366 755	25 849 302	344 269	251 415 838	321 256 272	73 448 047	2 084 905	109 747 962	25 827 997
其中外贸船	6 783	15 423 389	20 213 616	1 334 140	75 217	8 280 860. 11	493 666	6 759	15 388 529	17 335 180	1 357 762	74 353	3 948 866. 67	507 767

（福建海事局提供）

2015 年厦门市出入境检验检疫业务统计表

项目	货物检验检疫				交通工具				集装箱（万标箱）		发现动植物疫情		货物通关		出入境人员查验（万人次）	健康检查及预防接种（人次）			
	批次	金额（万美元）	检验检疫不合格																
			批次	金额（万美元）	船舶（艘）	飞机（架）	火车（列）	汽车（辆）	合计	检出问题	种类数	种次	批次	金额（万美元）		健康检查	艾滋病监测	发现病例	预防接种
本年累计	227 663	1 571 824	14 945	288 094	23 220	22 376			6 440 393	52 975	710	64 497	224 644	1 383 146	5 240 350	11 575	11 577	3 220	8 295
其中 出境	104 831	386 593	1 013	5 752	12 044	11 155			3 119 208				111 454	419 521	2 628 035	8 467	8 467	2 576	8 144
其中 入境	122 832	1 185 231	13 932	282 341	11 176	11 221			3 321 185	52 974	710	64 497	113 190	963 625	2 612 315	3 108	3 110	644	151
同比（%）	-8.25	-31.31	4.88	-20.87	-0.85	7.9			10.47	-21.82	2.16	1.44	-1.25	-26.73	15.23	-1.36	-1.01	-33.8	9.45
其中 出境	-6.51	-15.00	-44.52	-23.35	0.53	7.77			7.27				-6.11	-12.66	14.85	4.43	4.89	-33.2	8.96
其中 入境	-9.69	-35.36	12.15	-20.82	-2.30	8.03			13.65	-21.82	2.16	1.44	4.07	-31.53	15.61	-14.31	-14.2	-36.2	43.81

（厦门出入境检验检疫局提供）

2015 年厦门海关主要数据统计表

项目		2015 年	同比（%）
进出口货运量（万吨）	合计	10 020.88	-4.93
	进口	6 705.14	-8.93
	出口	3 315.74	4.32
进出口贸易总值（万美元）	合计	11 893 572.84	-7.73
	进口	4 006 853.94	-20.42
	其中：江、海运输	2 916 034.16	-27.10
	铁路运输	538.93	3 076.45
	汽车运输	134 159.66	-18.86
	航空运输	955 821.17	9.95
	邮件运输	296.24	-16.17
	其他运输	3.78	-86.18
	出口	7 886 718.90	0.41
	其中：江、海运输	6 997 876.50	1.23
	铁路运输	1 997.11	-41.85
	汽车运输	304 676.65	3.77
	航空运输	575 427.61	-8.90
	邮件运输	798.26	-45.19
	其他运输	5 942.77	-48.80
税收（万元）	两税合计	3 459 425.12	-20.25
	关税入库	339 451.52	-3.24
	进口环节税入库	3 119 973.60	-21.75

（厦门海关提供）

江 西 省

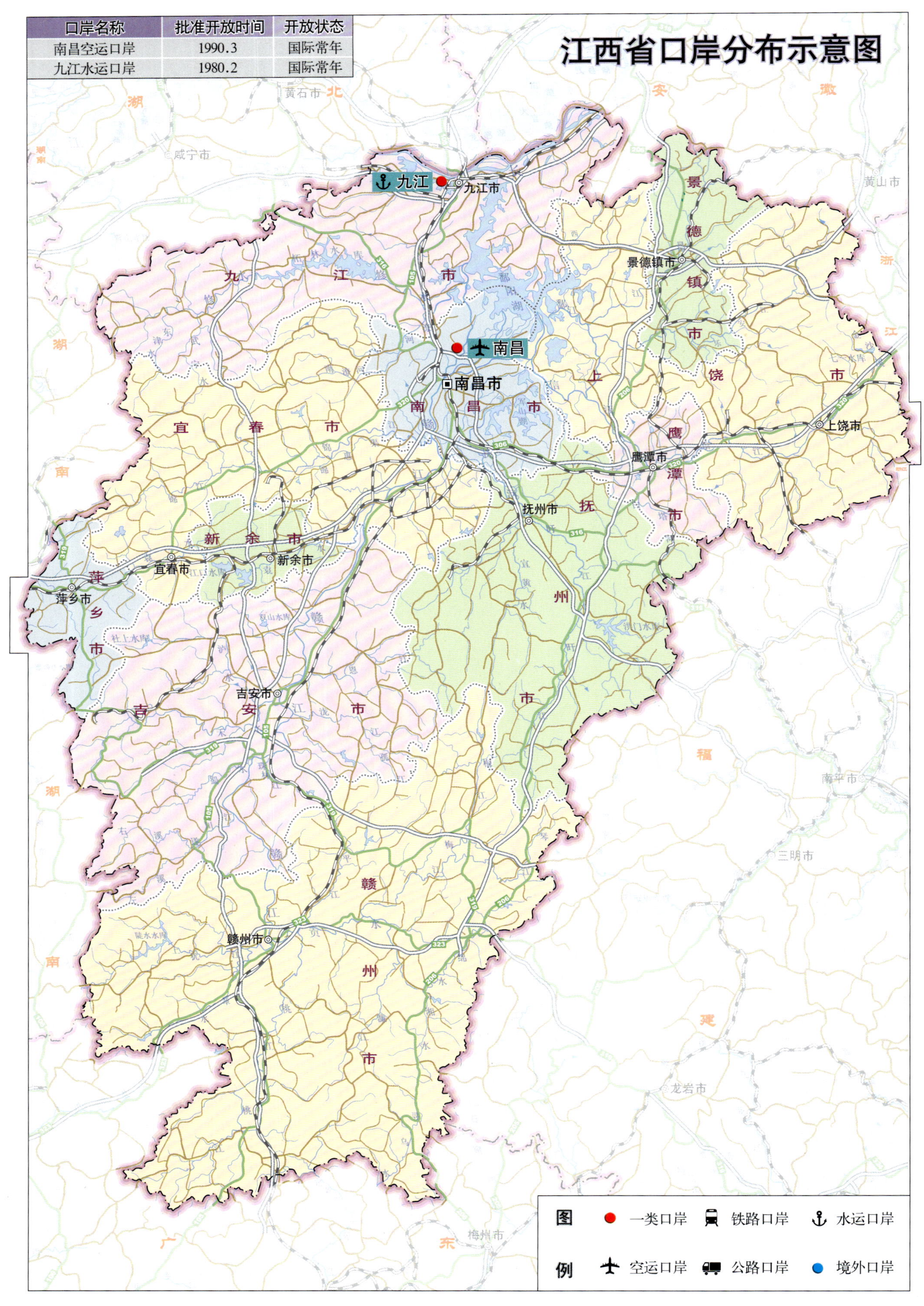
口岸名称	批准开放时间	开放状态
南昌空运口岸	1990.3	国际常年
九江水运口岸	1980.2	国际常年

口岸数量及分布

截至2015年年底，江西省有经国务院批准的对外开放口岸2个，其中，空运口岸1个，为南昌空运口岸（南昌昌北国际机场）；水运（河港）口岸1个，为九江水运（河港）口岸。

口岸运行数据

2015年，江西省口岸进出口货运量467.66万吨，国际集装箱28.47万标箱，同比分别增长35.63%和30.56%。入境货运量111.81万吨，国际集装箱28.47万标箱，同比分别增长35.63%和30.56%；出境货运量304.71万吨，国际集装箱182.83万标箱，同比分别增长30.78%和25.81%。

南昌空运口岸（南昌昌北国际机场）出入境人员50.23万人次，同比增长76.31%。出入境飞机3 188架次，同比增长67.09%。

江西省水运口岸进出口货运量367.38万吨，国际集装箱22.3万标箱，同比分别增长32.79%和28.63%。其中九江水运（河港）口岸进出口货运量258.16万吨，国际集装箱14.98万标箱；南昌港外贸货物装卸点进出口货运量109.07万吨，国际集装箱7.32万标箱。

江西省铁海联运共运送进出口货物57.36万吨，国际集装箱3.25万标箱，同比分别增长25.62%和20.06%。

江西省公路外贸货物装卸点进出口货物总量42.92万吨，国际集装箱2.93万标箱，同比分别增长90.87%和65.59%。

口岸综合管理

【口岸“三互”大通关改革取得新进展】 根据《国务院关于印发落实“三互”推进大通关建设改革方案的通知》和《国务院关于改进口岸工作支持外贸发展的若干意见》，2015年1月13日江西省政府出台《江西省人民政府关于落实“三互”推进大通关建设改革的实施意见》（赣府发〔2015〕6号），6月出台《江西省人民政府关于改进口岸工作支持外贸发展的实施意见》（赣府发〔2015〕16号）。全省深入推行关检合作“三个一”（一次申报、一次查验、一次放行）通关模式。在九江、鹰潭正式启动“单一窗口”试点工作，完成建设方案，明确以江西电子口岸作为“单一窗口”的平台基础，开展技术论证及筹建。巩固江西省融入“全国通关一体化”和“长江经济带检验检疫一体化”成果，扩大全省通关作业无纸化、检验检疫无纸化和出口退税无纸化范围。

【江西省电子口岸升级上新水平】 江西省加快电子口岸升级再造，扩大全省口岸物流信息平台的服务功能和应用范围，召开现场会进行应用推广。建设完善各口岸内部管理信息系统，加快口岸卡口设施信息化改造，推广电子口岸场站端接口软件，并依托电子口岸，推进海关、检验检疫等口岸管理部门信息联网交换。

【口岸重点航线有新突破】 推进航班航线发展，加密中国台湾线、泰国曼谷线；复航了中国香港线，为每周4班；南昌—泰国甲米（普吉岛）成为定期直航航线。南昌空运口岸每周国际航线起降30架次。制定完善口岸应急工作预案，加强口岸安全生产保障和防控暴恐。

【赣州综合保税区通过验收】 2015年10月20日，赣州综合保税区顺利通过由海关总署、国家发展改革委等十部委组成的国家联合验收组对赣州综合保税区的监管服务大楼、主内卡口、监管仓库、巡逻通道、围网等基础设施和监管设施逐项进行了验收，海关总署和江西省人民政府共同签署了《赣州综合保税区基础和监管设施验收纪要》，标志着江西省首个综合保税区正式封关。

【九江进境木材监管区正式通关运行】 2015年12月9日，九江瑞昌市进境木材监管区在瑞昌市码头工业城正式通关运行，监管区用地约152 306.61平方米，建设内容包括查验平台、监管仓、熏蒸区、货物堆放区、扣留区、办公区、生活区、堆场等，运行达标后年查验木材能力达到300万立方米，年熏蒸处理木材能力达到30万立方米。

【九江城西港成为启运港退税试点口岸】 2015年4月22日，财政部、海关总署、国家税务总局联合发文，根据《国务院关于印发中国（上海）自由贸易试验区总体方案的通知》的有关规定，结合前期试点情况，决定扩大启运港退税政策试点。2015年9月1日起，包括九江市城西港在内，共8个口岸获准开展启运港退税政策试点，出口口岸为洋山保税港区，运输方式为水路运输。

【口岸作业区建设不断加快】 建成口岸作业区9个，南昌北、赣州东、新余铁路作业区；上饶、鹰潭、赣州、上栗、定南公路口岸作业区和南昌港水运口岸作业区，口岸作业区的投入使用极大地提高了当地对外开放水平。

【江西航空有限公司筹建成立】 2015年3月2日，中国民用航空局在其官方网站发布《关于拟批准江西航空有限公司筹建的公示》。3月17日，中国民用航空局下达《关于筹建江西航空有限公司的批复》（民航函〔2015〕262号），同意筹建江西航空有限公司。12月14日在南昌昌北国际机场举行江西航空LOGO发布暨首架飞机进场仪式，12月28日完成首航仪式。

口岸监管与服务

【江西省公安边防总队严密管控，打造平安口岸】 2015年，江西省公安边防总队共检查出入境交通运输工具3 189架（艘）次，检查出入境旅客502 265人次，在连续4年井喷式增长的情况下继续保持了“六零”平安口岸（零漏检、零漏控、零偷渡、零差错、零复议、零投诉）目标，官兵服务素质、口岸通关效率、边检社会地位均有了大幅提升。主动对接江西改革开放。针对南昌昌北国际机场国际航站楼改造、自助查验通道建设、九江水运口岸扩大开放、赣州口岸申报开放等重要规划，总队主动与省市党委政府、口岸单位、联检单位开展工作会商、沟通交流，并赴周边3省4站调研业务、学习取经，为口岸加快发展积极建言献策。注重在口岸查验工作中加强分析研判，将《边检数据分析报告》当做亮点品牌做精做细，不断拓展数据分析的广度和深度，为驻地政府提供了可信可靠的决策依据。不断深化边检品牌建设，开展“边检服务品牌集中宣传”和“边检警营开放日”活动，开通边检QQ警务通、边检政务微博，增强边检机关社会影响力。南昌边检站的边检政务微博入选省委宣传部“全省十佳政务微博”。

【江西省公安边防总队创新服务中应对业务高速攀升】 江西省公安边防总队在出入境人员流量连续4年跳跃式增长的情况下，以边检勤务改革创新为抓手，实行“五联”勤务模式和“单科双轨”制，推出“三心”服务法和“三微”观察法。一线执勤官兵敢打敢拼、吃苦耐劳，圆满完成了边检勤务任务，保证了客流疏导率、旅客满意度、口岸安全性“三个不下降”。扎实开展“奉献在边检”“服务定式养成月”“我的边检故事”等系列专题活动，改革检查员等级评任机制，巩固提高边检服务水平工作成果。共完成赣台经贸合作代表团等大型出入境边防检查任务5次，为“急、病、伤、残”等旅客开设各类绿色通道5次，服务急救包机22架次，为纳米比亚、我国台湾地区和省委省政府等各界人士提供优质服务1 600余人次。

【九江海事局渡船管理再创佳绩】 九江海事局扎实开展渡船“斑马线”深化年行动，全面部署和深入宣传贯彻交通部9号令，严厉打击渡船违法行为。不断创新和深化渡船“116”长效管理机制，建立健全渡船管理数据库和安全管理网络，通过加强重点时段渡运安全维护，牢牢牵住了渡船“牛鼻子”。同时根据九江市政府、长江海事局统一部署，认真开展渡船安全生产大检查，通过开展渡口、渡船安全隐患排查工作，逐条渡船开展检查，查出缺陷163项，全部按照要求改正。连续10年实现了渡船“三零”（零伤害、零事故、零损失）。

【九江海事局安全隐患治理有效】 九江海事局加强辖区风险源管理，强化重点船舶及非运输船舶的管理。武穴海事处对辖区锚地长期航行的交通小快艇予以了叫停，对于违法渡运的一艘渡船实施了停航处理；港区海事处不畏艰难，依托多方力量，消除辖区“晴川5”轮停泊安全隐患；湖口海事处加大非运输船管理，联合地方政府查处打击了非运输船载运农用车、联合公安部门依法取缔非法打捞乌木等违法行为。

【九江海事局危防管理监管有力】 九江海事局积极推行危险货物网上申报，推进危险货物选船机制，与5家单位签订了合作备忘录。深刻吸取天津港危险品码头爆炸教训，开展危险品码头检查，对不符合作业条件存在安全隐患的8处码头，实施了停止船舶靠泊码头6座，整改2座，对5家危险品运输船公司实施了全面检查。湖口处推动政府停止了金沙湾港务公司超品种装卸硫酸长期存在的违法行为。

【南昌海关全面深化改革取得新进展】 南昌海关全面深化各项业务改革，深化海关区域通关一体化改革，7月1日顺利融入全国海关通关一体化。改革后，口岸和内陆如一体，企业在本地办理报关手续，全国各口岸直接进出口，使江西省进出口岸延伸到沿海沿边所有口岸，有力推动了江西省对接国家“一带一路”等发展战略。落实“三互”推动大通关建设，关检合作“三个一”实现全省全覆盖，顺利上线统一版“一次申报”系统，与检验检疫部门形成“一次申报、一次查验、一次放行”。

【南昌海关助推江西开放型经济发展】 南昌海关支持江西省大米、脐橙、蜜橘、茶叶等特色农产品出口，继续畅通“鲜活农产品公路运输绿色通道”，继续在南丰进行定点上门监管蜜桔出口。引导新型光电、电子信息、大飞机、新能源汽车、光伏、生物医药等产业的企业申请国家级企业技术中心，对其研发设备进口予以免税。为轨道交通、大飞机等重点项目和江铜、江铃、晶科能源、欧菲光等企业提供海关预归类、预审价等服务。支持循环经济、绿色能源产业、资源性产品开展加工贸易深加工，促进形成产业集群。

【江西出入境检验检疫局确保国门公共安全】 江西出入境检验检疫局切实保障国门安全。严防有害生物入侵，截获进境有害生物1 066批次2 034种次，同比分别增长33.6%和40%，其中截获进境植物检疫性有害生物106批次140种次。严防疫情疫病传入传出，查处进出境违规1 313人次，同比增长26.5%；查处违规携带物1 721批，同比增长33.2%。集装箱检出问题标箱23 070标箱，不合格箱数同比增长57.3%。完成出入境人员健康体检10 430人次，同比增长9%，其中，发现病例1 690人次，同比增长13.4%；完成艾滋病监测10 336人次，同比增长9.5%；完成预防接种6 929人次，同比下降2%。科学检疫中东呼吸综合征、埃博拉出血热等疫情，确保江西口岸疫情“零输入”。加强口岸媒介生物监测，创建“四位一体”口岸医学媒介生物本底调查及动态监测工作新机制，首次在口岸发现不常见鼠、不常见蚊，首次在鼠类样本中检出汉坦病毒，首次检出卡氏肺孢子虫病原体和汉坦病毒，首次采集到粒形硬蜱和毒厉螨。

【江西出入境检验检疫局构建江西省口岸开放新平台】 江西出入境检验检疫局先后与广东、深圳、珠海、福建、厦门、江苏、宁波、广西、内蒙古9个直属出入境检验检疫局签署合作备忘录，实现江西货物“出口全直放”和“进口全直通”。助力江西省对接“一带一路”发展战略，促成江西省开通首列“赣蒙欧”铁路货运班列。大力支持“昌九一体化”，帮扶指导九江进境粮食指定口岸建设，实现江西进境指定口岸“零”的突破。赣州进境木材国检监管区、九江瑞昌进境木材国检监管区正式建成运行，实现江西“南门北港”进境木材全直通。

【江西出入境检验检疫局助推江西省开放型经济发展】 江西出入境检验检疫局及时出台服务江西省外贸发展的十项服务举措。复制推广上海自贸区经验，对全省1 222家检验检疫诚信等级B类以上的进出口企业，实施长江经济带检验检疫一体化新模式，每批进出口货物平均可缩短

3天的通关时间。在全国首创“政府搭台、关检协作”工作模式，共同推进“三个一”工作。在全省范围内试行“一次申报”，将进出口企业申报项目由原来的122项整合缩减为93项，申报周期由原来的2～3天缩短到10分钟。服务抚州“一县一品”发展战略，力促广昌白莲自营出口实现零的突破；服务宜春现代有机农业发展，指导万载县成为全国首批9个“全国有机产品认证示范区”之一；发挥信息技术优势，帮扶会昌米粉成功破除贸易性技术壁垒，时隔3年重返欧盟市场。

开放口岸

【南昌空运口岸（南昌昌北国际机场）】 1990年3月5日，国务院以《国务院关于同意开放南昌机场的批复》（国函〔1990〕19号）批准南昌机场对外开放。南昌昌北国际机场原址在南昌向塘机场，1999年9月搬迁至南昌市新建县境内。南昌昌北国际机场与昌九高速相连，距离市中心23千米，占地面积为15平方千米，有跑道3 400米，可起降包括空客A380的所有机型，有46个停机位，近2 000个停车位。T1航站楼为国际候机楼，面积为2.7万平方米。T2航站楼为国内候机楼，面积为9.66万平方米，主楼宽222.4米，进深90米。南昌昌北国际机场在南昌市区设有2个城市候机楼，在九江、抚州、新余、景德镇、上饶等市设有异地城市候机楼，南昌昌北国际机场地空联运网络已基本覆盖昌北机场东、西、北向的主要客源市场。

2015年，南昌空运口岸完成旅客吞吐量50.23万人次，同比增长76.31%；货邮吞吐量达到467.66吨，同比增长35.63%；航班起降3 188架次，同比增长67.09%。

【九江水运（河港）口岸】 1980年2月14日，国务院批准九江港正式对外开放。九江水运（河港）口岸位于长江中下游结合部南岸、江西省北端的九江市，拥有长江岸线152千米，对外开放口岸线40余千米。

九江水运（河港）口岸现有已开放码头6座，锚地2个。

九江水运（河港）口岸开放码头、锚地一览表

码头名称	类别	开放状态	基本情况
214码头	一类	已开放	多用途5 000吨级泊位一个，年吞吐能力100万吨
三角线港区	一类	已开放	散货3 000吨级，2 000吨级泊位各2个，年吞吐能力220万吨
外贸码头	一类	已开放	散杂件、集装箱5 000吨级泊位3个，年吞吐能力90万吨
油品码头	一类	已开放	油品专用5 000吨级泊位3个，年吞吐能力540万吨
中建万佳码头	一类	已开放	液化气专用3 000吨级泊位一个，年吞吐能力36万吨
城西港码头	一类	已开放	5 000吨级泊位2个，年吞吐能力30万标箱（2014年12月通过国家验收）
联检锚地		已开放	姚港锚地、新港锚地

2015年，九江水运（河港）口岸完成外贸进出口货运量2 009.73万吨，同比增加7.57%。其中水运直接进口113.02万吨，同比增加52.95%；水运直接出口145.14万吨，同比增加38.45%；水运中转进口1 282.71万吨，同比减少11.08%；水运中转出口456.55万吨，同比增加214.58%。铁路中转外贸进出口运量12.32万吨，同比减少87.91%。集装箱船舶4 233航次，同比增加644个航次。集装箱吞吐完成254 937标箱，同比增加14.52%。

九江水运（河港）口岸运行呈现如下特点：集装箱运输形势趋好，内贸箱大幅增长，本地外贸箱涨势高于中转外贸箱，口岸进出箱量总体差距缩小，集装箱占江西省比重稳步增长；口岸进出口货种保持稳定，进口货种废纸、木浆、电器位列前三位，其中，棉花、高粱、盐水增加量较多；出口货种仍保持瓷砖、石材、玻纤纱、化工品等传统排序，其中，木制品、灯具增加量较多；船舶航行运行良好，其中，九江至洋山港集装箱班轮运营情况良好，该航线共计运营 84 班，共载货 11 704 标箱，平均载货率约为 51.97%；航班维持一周双班态势。

江西省口岸大事记

1 月 19 日

江西省委书记强卫在赣州进境木材国检监管区考察调研。

4 月 23 日

江西省委书记强卫、省长鹿心社、省委副书记莫建成到赣州进境木材国检监管区考察调研。

6 月 13 日

国务院第七督查组副组长、国家发展改革委副主任连维良一行到赣州进境木材国检监管区调研。

10 月 18 日

中共中央政治局委员、中央政法委书记、中央综治委主任孟建柱视察赣州进境木材国检监管区。

10 月 22 日

国家质检总局局长、党组书记支树平深入南丰、南康等地调研，实地考察国检监管区建设。

11 月 5 日

江西出入境检验检疫局从口岸截获的鼠肺组织中发现 3 例卡氏肺孢子菌和 7 例大鼠源肺孢子菌，是江西省首次在鼠体内检测到该病原体。

11 月 15 日

国家质检总局卫生司发文批准“江西国际旅行卫生保健中心艾滋病确证实验室”成立。

11 月 22 日～23 日

欧盟食品及兽医办公室调查组一行 5 人到赣州考察评估国内出口欧盟涉农产品转基因控制体系运行情况。

11 月 24 日

赣欧（亚）国际铁路货运班列（南昌—鹿特丹）首发仪式在南昌举行，江西省副省长刘昌林出席仪式。

（撰稿人：江斌、朱翌华、张璐、李建华、黄振旺）

2015 年江西省口岸流量统计表

口岸类型		口岸名称	货运量（万吨）				集装箱量（万标箱）				人员（万人次）				交通工具（辆、艘、架、列次）			
			出口	进口	合计	同比（%）	出口	进口	合计	同比（%）	出境	入境	合计	同比（%）	出境	入境	合计	同比（%）
空运口岸		南昌									25.09	25.10	50.19	0.77	1 593.00	1 595.00	3 188.00	0.67
		分计									25.09	25.10	50.19	0.77				
陆运口岸	公路口岸		39.30	3.58	42.88	0.91	18.20	28.50	46.70	25.40								
		分计	39.30	3.58	42.88	0.91	18.20	28.50	46.70	25.40								
	铁路口岸		52.90	27.10	80.00	0.75	51.20	57.30	108.50	39.10								
		分计	52.90	27.10	80.00	0.75	51.20	57.30	108.50	39.10								
水运口岸	海港口岸																	
		分计																
	河港口岸	九江	165.85	129.70	295.56	0.31	9.70	8.60	18.30	0.71								
		南昌	68.80	39.70	108.50	0.57	5.65	6.74	12.39	0.87								
		分计	234.65	70.38	231.38	0.38	75.05	92.54	167.59	8.67								
合计																		

（江西省口岸办提供）

2015年南昌海关主要数据统计表

项目		2015年	同比（%）
进出口货运量（万吨）	合计	1 784.31	6.88
	进口	1 548.1	10.05
	出口	236.21	-10.08
进出口贸易总值（万美元）	合计	4 260 870	-0.29
	进口	933 968	-12.76
	其中：江、海运输	506 067	-18.68
	铁路运输	697	-89.89
	汽车运输	228 560	22.71
	航空运输	198 567	-22.15
	邮件运输	13	64.31
	其他运输	73	10 102.78
	出口	3 326 902	3.88
	其中：江、海运输	2 623 537	11.51
	铁路运输	15 454	102.31
	汽车运输	422 871	-4.11
	航空运输	264 713	-33.98
	邮件运输	6	-73.68
	其他运输	321	177.15
税收（万元）	两税合计	555 597	22.51
	关税入库	36 354	14.43
	进口环节税入库	519 233	23.12

（南昌海关提供）

2015年江西省口岸出入境主要数据表

项目			2015年	2014年	同比（%）
出入境人员（人次）	出入境人员总数		502 265	284 169	76.75
	入境人员		251 255	141 925	77.03
	出境人员		251 010	142 244	76.46
	出入境旅客		473 409	266 749	77.47
	出入境员工		28 856	17 420	65.65
	中国公民	小计	488 191	270 999	80.14
		内地居民（因公）	4 802	1 613	197.71
		内地居民（因私）	400 350	211 478	89.31
		港澳居民	9 865	1 891	421.68
		台湾同胞	73 174	56 017	30.63
	外籍人员		14 059	13 170	6.75
	从海港出入境人数		15		
	从陆港出入境人数				
	从空港出入境人数		502 250	284 169	76.74
交通运输工具（辆、艘、架、列次）	总计		3 189	1 903	67.58
	船舶		1		
	飞机		3 188	1 903	67.52
	火车				
	机动车辆				

（江西省公安边防总队提供）

2015 年江西省出入境检验检疫业务统计表

项目	货物检验检疫				交通工具				集装箱（标箱）		发现动植物疫情		货物通关		出入境人员查验（人次）	健康检查及预防接种（人次）			
	批次	金额（万美元）	检验检疫不合格																
			批次	金额（万美元）	船舶（艘）	飞机（架）	火车（列）	汽车（辆）	合计	检出问题	种类数	种次	批次	金额（万美元）		健康检查	艾滋病监测	发现病例	预防接种
本年累计	80 803	630 232	1 580	6 238		3 171			152 932	23 070	215	2 034	19 711	123 130	498 354	10 430	10 336	1 690	6 929
其中 出境	64 357	378 218	841	2 905		1 588			105 422	18 281			16 057	67 417	249 942	7 710	7 672	1 372	6 926
其中 入境	16 446	252 014	739	3 333		1 583			47 510	4 789	215	2 034	3 654	55 713	248 412	2 720	2 664	318	3
同比（%）	2	-4.1	-0.6	-55		67.2			17.6	71.4	13.2	40	46	-24.2	76.5	9	9.8	13	-1.7
其中 出境	-9.2	-22.4	-25.1	-62		67.9			12.1	69			58.7	-38.2	76.8	-0.4	-0.6	5.8	-1.7
其中 入境	96.8	48.7	58.6	-46.6		66.6			31.8	80.7	13.2	40	7	4.4	76.2	49.2	56.7	60.6	50

（江西出入境检验检疫局提供）

2015 年九江海事局进出港船舶统计汇总表

船舶类别	进港船舶							出港船舶						
	艘数（艘）	总吨（吨位）	总载重量（吨）	载客量（客位）	船员人数（人次）	货物到达量（吨）	旅客到达量（人）	艘数（艘）	总吨（吨位）	总载重量（吨）	载客量（客位）	船员人数（人次）	货物发送量（吨）	旅客发送量（人）
总数	100 891	53 790 689	54 140 361	7 986 028	593 551	22 292 484	1 715 200	100 662	53 643 580	53 413 970	7 869 063	592 234	27 905 922	1 657 000
中国籍船舶	100 890	53 788 115	54 136 181	7 986 028	593 535	22 292 484	1 715 200	100 661	53 641 006	53 409 790	7 869 063	592 219	27 904 912	1 657 000
其中外贸船	1	2 574	4 180		16			1	2 574	4 180		15（1 名中国籍船员在九江下船）	1 010	

（九江海事局提供）

山 东 省

口岸数量及分布

截至2015年年底，山东省有经国务院批准的对外开放口岸16个，其中，空运口岸4个，分别是青岛空运口岸（青岛流亭国际机场）、济南空运口岸（济南遥墙国际机场）、烟台空运口岸（烟台莱山国际机场）、威海空运口岸（威海国际机场）；水运（海港）口岸12个，分别是青岛、烟台、威海、龙口、石臼（日照）、石岛、岚山、东营、蓬莱、莱州、龙眼、潍坊海港口岸。

口岸运行数据

2015年，山东省口岸外贸进出口货运量达到6.73亿吨，同比增长3.02%。其中，进口5.39亿吨，同比增长2.36%；出口1.34亿吨，同比增长4.20%。国际集装箱吞吐量2 020.1万标箱，同比增长8.16%。外贸进出港船舶30 267艘次，同比增长6.92%。其中青岛水运（海港）口岸龙头作用明显，外贸集装箱完成1 743.56万标箱，占全省的86.31%。进出口运量3.18亿吨，占全省的47.25%，同比增加1.9%。从进出口货物情况看，进口运量最大的是铁矿石，达到2.36亿吨，同比降低9.92%，增幅最大的是钢铁，达到173.37万吨，同比增长185.71%；出口运量最大的货种是钢铁，达到864.83万吨，同比增长35.29%，出口增幅最大的是粮食，达到14.09万吨，同比增加83.22%。

2015年，山东各口岸积极开辟新的国际航线，增加航班密度，入出境旅客人数534.82万人次，同比增长11.48%。4个空运口岸入出境旅客量为429.44万人次，同比增长17.20%。其中，青岛空港达到288.28万人次，占全省的67.13%；烟台空港49.02万人次，占11.41%；济南空港58.10万人次，占13.53%；威海空港34.04万人次，占7.93%。国际航线出入境飞机33 970架次，同比增长14.57%。总吞吐量1 820.21万人次，增长10.91%。入出境飞机2.17万。

2015年山东省各市进出口统计表

项目	进出口总值			出口			进口		
	金额（万美元）	同比（%）	比重（%）	金额（万美元）	同比（%）	比重（%）	金额（万美元）	同比（%）	比重（%）
总值	150 186 984	-11.7	100.00	89 530 520	0.7	100.00	60 656 464	-25.3	100.00
青岛市	43 612 855	-11.1	29.04	28 181 911	0.3	31.48	15 430 944	-26.3	25.44
烟台市	30 702 004	-5.2	20.44	17 440 687	-3.5	19.48	13 261 317	-7.5	21.86
潍坊市	11 760 456	7.7	7.83	8 078 161	6.7	9.02	3 682 295	9.9	6.07
威海市	10 547 685	3.6	7.02	7 864 339	12.7	8.78	2 683 346	-16.2	4.42
日照市	9 418 226	-55.9	6.27	2 563 991	-12.9	2.86	6 854 235	-62.8	11.30
东营市	8 019 853	-1.2	5.34	3 080 895	-17.7	3.44	4 938 958	13	8.14
济南市	6 158 767	-4.4	4.10	3 724 022	0	4.16	2 434 745	-10.6	4.01
临沂市	5 438 164	-18	3.62	3 772 039	7.8	4.21	1 666 125	-46.8	2.75
滨州市	5 050 575	14.3	3.36	2 251 083	-3	2.51	2 799 492	33.4	4.62
淄博市	4 742 630	-13.6	3.16	3 599 790	4.7	4.02	1 142 840	-44.2	1.88
济宁市	3 380 237	5.2	2.25	2 137 194	6.4	2.39	1 243 043	3.1	2.05

续表

项目	进出口总值			出口			进口		
	金额（万美元）	同比（%）	比重（%）	金额（万美元）	同比（%）	比重（%）	金额（万美元）	同比（%）	比重（%）
聊城市	3 153 664	-10.2	2.10	1 577 469	7.6	1.76	1 576 195	-23	2.60
菏泽市	2 691 935	24.3	1.79	1 364 644	3	1.52	1 327 291	58.1	2.19
德州市	1 971 508	-8.2	1.31	1 371 713	0.4	1.53	599 795	-23.3	0.99
泰安市	1 419 162	-22.3	0.94	1 088 113	2.4	1.22	331 049	-56.6	0.55
莱芜市	1 176 821	-13.5	0.78	611 141	8.1	0.68	565 680	-28.8	0.93
枣庄市	992 107	12.1	0.66	872 995	23.2	0.98	119 112	-32.4	0.20

表注：按进出口额大小排序。

口岸综合管理

【水运（海港）口岸功能进一步提升】 2015年共完成威海港、东营港、潍坊港、石臼港、岚山港口岸液体化工、客运码头、集装箱、通用泊位、30万吨原油等30个新建码头泊位的开放验收工作，新增外贸货物通过能力5 329.7万吨，也使口岸结构得以优化，口岸功能得到提升。除此之外，还完成了荣成市部分港口码头、青岛董家口港区、烟台西港区、海阳、大宇等部分港区码头临时开放期限的顺延，新增烟台西港区103号泊位临时开放。使上述码头泊位在正式扩大开放前，能够具备进靠国际航行船舶的资质，为有关口岸企业创造了良好的运营环境。

【通关便利化取得新进展】 在多次征求意见的基础上，查验场地基础设施共享共用成效显著，在各查验单位共同努力下，部分口岸查验场地做到尽量统筹使用。黄岛前湾港的北港查验场地实现只保留一个进出场卡口，查验场地关检共享共用，查验设施统筹使用，办公场所合并办公“四大整合”。在烟台和威海水运（海港）口岸，实现了一般货物查验设施共同使用、共同管理。临沂综合保税区、济南综合保税区新卡口建设，潍坊港3×2万吨集装箱泊位、烟台蓬莱国际机场、济南快件监管库等新设口岸、扩大开放口岸、特殊监管区和口岸作业点设施资源，都做到了统一规划建设、共享共用。“一站式作业”有序推进，查验单位积极推进相关改革，在全省所有旅检和邮检现场推行关检“前台共同查验、后台分别处置”的“一站式作业”工作机制。到年底，山东省所有旅检现场和1个邮检现场实现了关检“一机两屏”工作模式，3个邮检现场做到了“一机两看”。

【山东省电子口岸建设取得阶段性成果】 经过省口岸办和各查验单位的共同努力，国际贸易单一窗口于2015年10月13日上线试运行，标志着山东电子口岸建设取得阶段性成果。单一窗口上线三个应用系统：一般贸易项下货物进出口“三个一”、船舶抵离境申报放行、跨境电商通关服务平台。企业登录单一窗口，可一次录入所有查验单位所需要的申报信息，平台自动向查验单位发送，海关、检验检疫等查验指令可自动对碰，实现“一次申报、一次查验、一次放行”；对进出港的船舶，查验单位可通过单一窗口实现信息共享和联合核放；跨境电商可通过单一窗口实现“三单”上传进行通关。通过单一窗口，企业可减少重复录入项目30个，纸质单据可减少60%，缩减吊柜开箱次数和船舶在港时间，使通关流程进一步优化，通关效率有效提升，降低通关成本。

【空运口岸建设不断增强】 烟台空运口岸整体搬迁成功通过对外启用验收，确保了新旧机场顺利切换转场。临沂机场顺利实现对外启用，并顺延临时开放期限，推动了临沂机场临时开放期间起降外国飞机。积极协调争取潍坊机场临时对外开放，认真做好临时开放准备工作，并顺利实现对外启用。积极争取并成功实现青岛流亭国际机场口岸实施外国人72小时过境免签政策实施工作。适应形势任务，突出抓好了国际客货运航线开通和增加现有航班密度工作。新开通济南—巴厘岛、青岛—大阪、青岛—温州—岘港、青岛—重庆—普吉岛、青岛—马公、烟台—名古屋国际客运航线，济南—仁川、浦东—首尔—青岛—浦东国际货运航线，原有航线继续加密。2015年，山东省空运口岸出入境旅客同比增长17.20%，达到429.44万人次。

口岸监管与服务

【山东省公安边防总队“抓通关效率、强服务质量”，边防检查便利化水平进一步提升】 一是服务口岸开放大局，全力支持外向经济发展。紧紧围绕“一带一路”战略及山东“十三五”口岸发展规划，制定出台《大力实施“边检先行”战略积极融入“一带一路”建设的意见》等相关配套服务措施，全力服务支持口岸发展。主动跟进董家口港、滨州等口岸申请开放及青岛国际邮轮母港、烟台蓬莱机场搬迁等国家和区域重点项目，服务保障了烟台西港区、大宇造船厂、荣成市俚岛港等23个码头36泊位临时开放，东营港、威海港8个码头19泊位正式开放，为6条航线加密航班和新增航线提供优质服务。克服警力不足、业务类型差异大等现实困难，创新推出跨区域“海空港”边检勤务模式，扎实做好潍坊机场、临沂机场边检勤务保障工作。积极做好青岛机场口岸外国人72小时过境免签政策落实工作，制定《推进72小时过境免签政策实施工作方案》和《边检手续办理办法》，真正做到“经济发展到哪里，边检服务就跟进到哪里”。立足边检职能，主动作为，上报《关于上半年全省对外开放口岸出入境边防检查情况分析的报告》，得到夏耕副省长、孙传尚副秘书长批示肯定。二是优化口岸通关模式，有力提升边检通关效率。抓住公安部扩大自助通关人员范围的有利时机，加快有旅检任务边检站建设启用“自助查验通道”进度，有效提升口岸验放效率，缓解执勤压力，破解警力不足难题。创新推出中国首部边检动漫通关指南《西游新编》，在中央电视台等各大主流媒体播放，向全社会传递中国边检机关的服务理念，进一步提升公安边防部队社会影响力。三是参与“单一窗口”建设，积极推进通关一体化改革。顺应当前贸易便利化需要，主动融入全国一体化通关改革，深化与口岸相关部门的协作配合，建立健全信息共享共用机制，全面推进“信息互换、监管互认、执法互助”，努力实现“串联执法”向“并联执法”转变。主动对接省政府“电子口岸”建设规划，积极参与开发人员出入境、企业信用管理、企业备案审核等系统，大力推行“无纸申报、无纸监管、无纸放行”全程电子化通关作业，努力实现信息的高度共享、深度应用。

【山东省公安边防总队“抓勤务改革、强用警质量”，勤务运行效能进一步提升】 一是提高科学用警效能。坚持深度挖潜，提高科学用警效能，建立完善“以全能型检查员为主体，以执法士官为补充，以边检辅警为拓展”的多元化警力结构，不断推进警力向核心业务倾斜。二是优化管理模式。实现由“直接监管”向“督促自管”的角色转变，形成以引导和督促港口企业、船方自管为主，以信息化为支撑，信誉管理、风险评估、动态监管、多方联动等有机结合的综合勤务模式。三是强化科技支撑。推进电子监控、智能验证台、自助查验通道以及各类基础设施、查验配套设备建设，主动对接“山东边防大数据云”建设，汇总开放码头泊位、空港航线分布、人员编制增减、警力分布投放等基础数据，研发建设边检基础数据库。2015年3月，山东省公安边防总队研发建设的边检网络学院正式全国推广，全面打造资源丰富、功能强大的实战化网络教育培训新阵地。

【山东省公安边防总队“抓监督管理、强勤

务质量”，执法执勤规范化水平进一步提升】 一是强化法治教育，依法履职能力普遍增强。围绕推进依法治国总要求，坚持“遵法学法守法用法”，依法全面履行职责，不断加强法治理念教育，提升官兵准确把握法律内容、执法权限和执法程序的能力水平，确保法律实施与边检勤务的无缝对接。二是加大监督力度，勤务管理水平不断提升。建立总队、边检站两级评价制度，明确以服务环境、服务能力、服务态度、服务效果、服务创新等为主要内容的考核评价标准，高起点、高标准推进提高服务水平“回头看”活动，官兵服务意识、创新理念、底线思维进一步巩固提升。三是规范执法行为，执法执勤纪律全面落实。按照“法无授权不可为、法定职责必须为”的原则，推动建立边检权力清单、责任清单、负面清单，加强随案审查，明确边检警务公开的事项和内容。严格按照制度规定组织勤务、开展工作，引导官兵养成严格按照法律制度办事的思维方式和工作习惯，自觉做到敬畏法律、遵守法律、严格依法办事、按制度办事。

【山东省公安边防总队“抓口岸防控、强管控质量”，安全维稳能力进一步提升】 一是全面推动重点防控，在“点”上形成震慑。扎实做好“查控、梅沙系统运维、证件研究”这3个口岸管控工作的“重要环节”，不断强化要素意识，确保口岸查控严密、梅沙系统运行稳定、证研成果显著。主动对接省公安厅“警务云”建设规划，建设边检“云查控”“卡口智能监管”等系统，加强“电子哨兵”“电子围栏”的应用推广，依托边检辅助查验、出入境人像比对等系统，不断加大对人员、交通运输工具出入境环节的查缉力度，提升口岸防范打击能力。二是筑牢反恐维稳防线，在“线”上寻求突破。围绕“八类重点人员”，突出重点码头、重点企业、重点航线、重点部位，集中开展口岸涉恐隐患大排查，通过实地查看、登门走访、物建边检信息员等形式，全面掌握港口企业、员工及出入境人员基本情况，深入排查可疑暴恐线索，动态掌控口岸涉恐底数，牢牢掌握工作主动权，不稳定、不安全因素全部纳入管控视线。三是建立风险联控机制，在“面”上凝聚合力。完善口岸常态化跨部门警务合作机制，立足口岸安全防控形势，推动与口岸部门在反恐防暴、缉枪缉毒、打击走私和非法出入境活动等方面的全方位合作，积极开展重点口岸国际出入境管理事务交流，提高口岸联合防范打击能力。立足日益严峻复杂的口岸反恐维稳形势，紧密结合海港口岸和边防检查工作实际，以“防稳打赢”为根本目标，大胆探索，主动创新，建立推广反恐防暴、危爆品码头监管等口岸维稳长效机制。

【山东海事局实现了辖区安全形势持续稳定】 大力倡导“平安是福”理念，建立完善“联网、联防、联控、联动”工作机制，合力创建“平安海区”。“十二五”期间，辖区共发生险情694起，较“十一五”下降14.7%；运输船舶等级以上事故29.5件，较“十一五”下降32.4%。未发生死亡失踪30人以上的水上交通事故和重大船舶污染事故。一是有力保障了1.44亿人次水上安全便捷出行和42亿吨货物安全进出港。颁布实施客船安全监管指南、客滚船单船安全评价指标体系，实现对辖区载客10人以上客船省际（跨境）单船监控、陆（岛）岛运输航线监控、滨海旅游区域监控。主动服务国家“一带一路”、山东“一蓝一黄”战略和中韩自贸区“一区一园”建设，与海关、检验检疫、边防等口岸部门签署合作备忘录，助推3个口岸共53个泊位对外开放。推动成立船员服务协会，建立海上劳动关系三方协调机制，年均答复船员咨询6.5万人次，处理船员维权投诉650余起。“十二五”期间，辖区外贸货物进出港量26.9亿吨，年均增长3.8%；船载危险货物10.3亿吨，年均增长21.2%；注册船员12.1万，居全国首位，年均外派海员2万余人次，创汇近4亿美元。二是成功救助5 864人、船舶325艘。颁布实施《山东省海上搜寻救助办法》和《山东省海上溢油事件应急处置预案》，建立运行1个省级、7个市级和23个县级海上搜救中心，推动烟台、日照、东营等地方政府编制船舶污染应急能力建设规划，组织防抗寒潮、台风等恶劣气象海况 30 余次，出色完成“11·22”胶州湾海域陆源溢油清污任务，获得上级领导和社会各界的高度赞扬。

【山东海事局完善了管理与服务质量体系】 科学分析、探索、总结了辖区“四重一关键”安全监管基本规律；集思广益，建立健全了客运船舶“五制五关”、船载危险品“六问六控”科学监管长效机制；因地制宜，创新实施了大风防抗“四联八环”、商渔船“一防二控三联”等动态监管机制。监管服务的基层基础基本功不断夯实。一是全面实施“3377”网格化管理与服务。建立运行海上巡航、电子巡查、空中巡视“三巡”机制，基本实现对辖区主要港口、重要航道水域及重点客运和危险品码头的有效监视，探索开展卫星遥感监视监测，现代化监管体系初步形成。“十二五”期间，完成项目总投资近 13 亿元，基本建设项目 40 个，较“十一五”分别增长 55.5% 和 25%；拥有各类船艇 51 艘，其中新建 18 艘；新建 VTS 系统“9 站 1 分中心”；建成青岛、成山头两座中型溢油应急设备库，溢油应急处置能力由 50 吨提升到 1 050 吨；全局实现预算收入 28 亿元，上缴规费 147.7 亿元，固定资产突破 20 亿元，较“十一五”末增长 76.2%。二是持续改进并有效运行管理与服务质量体系。大力提升管理创新能力，负责起草国家和行业标准 13 项，完成课题研究 96 项，其中国家级课题两项，“溢油漂移预测预警技术研究”荣获中国航海科技特等奖，“客滚船单船安全评价方法”获国家发明专利，1 人荣获中国航海学会青年科技奖，门户网站绩效评估连续四年蝉联海事系统第一名。三是修订实施成山角水域船舶定线制和报告制。与韩国主管机关建立搜救合作机制，连续 3 年开展中韩客货班轮联合检查，积极参与西北太平洋行动计划（NOWPAP）等国际合作项目，成功承办马六甲海峡沿岸国有毒有害物质事故应急培训班、国际海事组织（IMO）东盟地区海上保安监控与通信培训班。5 年来，承担国际性会议和培训 20 余次，派员参加国际交流与培训 110 人次，向 IMO COMSAR 分委会提交提案 10 个，实现提案零突破。

【青岛海关不断加大监管力度】 青岛海关不断创新监管服务，改善营商环境，紧密围绕服务“一带一路”战略、促进通关便利化等，全力促进山东省外贸稳定增长。2015 年，监管进出口货物 4.4 亿吨，进出口总值 2 672 亿美元，审结进出口报关单 421.4 万票，同比分别下降 6.8%、13.3% 和 2.3%。税收入库 1 069 亿元，同比下降 26.3%。税单无纸化缴库缩短税款入库时间 70%，积极推动汇总征税改革，涉及税款 8.9 亿元，显著降低企业融资成本，提升贸易便利化水平。建立区域归类、减免税执法互助和税收工作联络机制，提升区域执法统一性，发布全国互认公式定价商品合同备案 342 份，制定、发布 114 条 51 项商品一体化价格风险参数。强化高风险地区、敏感商品原产地管理，上报核查证书 433 份，同比增长 49%，查获假证 42 份，同比下降 57%。与国家宏观政策导向、“蓝黄经济区”建设规划、企业分布状况三结合深入研究，上报 40 项税则调整建议，11 项被海关总署转报相关部委，4 条建议已被采纳实施，可为山东省内相关产业带来 1 亿元以上的预期年度收益。加大公式定价商品管理力度，审价补税 12.7 亿元，同比增长 26%，价格风险参数商品审价补税 6.7 亿元，同比增长 274%；提升归类纠错效能，补税 4 418 万元。保持打私高压态势，坚持破网除链、打头除根，反走私“五大战役”战果丰硕。刑事立案 110 起，案值 18.53 亿元，涉税 3.97 亿元，同比分别增长 7.8%、下降 79.6%、增长 75%；行政立案 3 063 起，案值 32.88 亿元，涉税 2.29 亿元，同比分别下降 17.8%、13.4%、11%；罚没收入 1.09 亿元，同比下降 2.1%。打击农产品走私，组织开展打击保税棉花走私、打击冻品走私等专项行动；打击偷逃税走私，推进“以打促税”百日攻坚战，打击资源类商品走私领域取得突破；打击毒品枪支走私，侦办毒品走私案件 10 起，查获可卡因、冰毒等 6.1 公斤，查获枪支弹药走私刑事案件 5 起、行政案件 1 起；打击洋垃圾走私，涉及硫酸渣、废塑料等固体废物合计

12.3 万吨；打击濒危动植物走私，涉及濒危动植物制品 154 件。查获知识产权侵权案件连续 9 年入选海关总署十佳案例。

【青岛海关继续优化通关环境】 支持融入“一带一路”国家战略，积极推动“三互”大通关建设。青岛海关牵头开展丝路一体化改革，5 月 1 日正式启动，实现“十关如一关”，现已惠及近 9 万家企业，节省物流成本 20%～30%。支持青岛获批全国第二家、沿海第一家多式联运海关监管中心，开行至中亚的“常态化”班列，2015 年监管中心总运量达 20.1 万标箱，同比增长 5 倍多，服务周边外贸进出口企业 1 000 余家，外贸企业整体通关和物流费用平均降低三分之一以上。将关检合作“三个一”全面推行到关区所有通关现场，进口固废基本实现“三个一”全流程作业。旅检现场全部实现关检“一机两屏”。配合地方口岸部门推进电子口岸和“单一窗口”建设，10 月 13 日山东国际贸易“单一窗口”一期项目试运行顺利启动。

扎实推进简政放权，积极落实外贸稳增长措施。做好海关总署取消、下放 9 项行政审批事项落地承接工作，取消非行政许可审批事项 3 项，全面实行行政审批“一个窗口”受理，试行经办关员责任制缩减作业时间 80% 以上。全面落实总署“一地注册，全国报关”，向所有报关企业开放 QP 系统资源，向异地报关企业开放报关单号码资源。清理进出口环节收费，全面退出与码头、港务等联合经营项目，配合港口等部门调整取消拖车费等码头收费项目。通关无纸化比例达 95%。中韩、中欧 AEO 认证力促 260 家高级认证企业享受通关便利。建立“总部企业协调员”工作机制，与新华锦集团签订《共同推进企业协调员制度合作备忘录》。提高查验布控针对性，降低高资信企业查验率，建立机检无问题货物径放机制，支持威海先行试点查验配套服务费改革。强化安全管理，开展危化品监管核查和监管场所核查整改。

复制推广上海自贸区等创新制度。首批 5 项创新制度已惠及 1 000 余家区内外企业，年均节约企业运营成本 800 余万元，青岛港开展铁矿石期货保税交割业务，9 家企业获得融资租赁资质。实施进口整车智能化监管等创新举措，青岛口岸整车进口量在国家新批整车口岸中居首，累计进口汽车超过 1.5 万辆，同比增长 2.3 倍，在全国汽车口岸中排名上升至第 5，成为仅次于天津的全国第二大平行车进口口岸。

【青岛海关积极支持山东开放型经济发展】 促进山东各口岸扩大开放。青岛海关支持青岛邮轮母港于 2015 年 5 月 29 日开港首航。高起点规划青岛胶东新机场现代化海关监管模式，支持临沂国际空港开放。推动特殊区域整合优化发展，全程指导临沂综合保税区顺利通过验收。开展口岸开放调研，提出优化口岸管理的 5 项意见，支持董家口港、临沂空港、烟台部分港区临时开放延期。

培育新兴贸易业态。2015 年年内，青岛、烟台、威海 3 市开展跨境电商直购进口和一般出口业务，青岛开通全国首个跨境电商海运模式，实现中韩跨境电商直购商品“海运价格、空运速度”。青岛海关扩大直购进口试点商品范围并实行“负面清单”管理，支持青岛保税港区建设国家电子商务示范基地，与海尔集团共建国内领先的 B2B 电商新模式，山东首家跨境电商产业园在青岛西海岸新区顺利启动。截至 2015 年年底，跨境电子商务一般出口验放清单 84.9 万票，货值 3.2 亿元，直购进口共验放清单 37 万票，货值 1.1 亿元，缴纳税款 303.4 万元。

【济南海关强化通关监管】 2015 年，济南关区共监管进出口货物 10 257.4 万吨、2 315.1 亿元，同比（下同）分别增长 42.7% 和 7.7%；税收净入库 166.49 亿元，增长 4.9%；审结货物报关单 54.14 万份，增长 6%；监管运输工具 7 381架艘次、进出境人员 66.81 万人次、邮递物品 192 万件、进出境快件 90.51 万件，分别增长 13.9%、136.8%、13.7%、130.4%；审批货物减免税证明 3 042 份、减免税款 7.13 亿元，分别下降 1.9% 和 11.2%；备案加工贸易手册 7 164 份，下降 18.2%；实有注册企业 24 257 个。

与兄弟海关协同推进丝绸之路经济带跨关区一体化改革实施以来，济南海关受理一体化报关单28.78万票，占丝绸之路经济带跨关区一体化报关单总量的71.08%，占全国一体化报关单的13.16%，在各直属海关中列第二位，打破了关区之间、区域之间的“藩篱”，企业通关更加顺畅。

“三互”大通关迈出坚实步伐。2015年5月，与青岛海关、山东出入境检验检疫局共同印发工作方案，统一版“一次申报”系统实现关区全覆盖，2015年12月当月，“一次申报”率为97.98%，“一次查验”率为90.55%。济南海关参与建设的山东电子口岸于2015年10月13日上线试运行，潍坊港、东营港作为第一批试点单位运行了相关项目，试点单位重复录入项目减少30个，纸质单证减少60%，吊柜开箱次数和船舶待港时间进一步缩减。

“双随机”布控查验目标超额完成。将“谁查、查谁”的决定权交给计算机，随机布控率达到87.83%，随机派员查验达到100%，执法更加公平、廉洁、高效。

自贸区创新制度复制推广红利有效释放。广泛征集业务需求，分类别、分层次推进复制推广工作。14项创新制度中，已有11项具备复制推广条件，其中企业有需求的8项已复制推广；新一批11项创新制度中，已有3项开始复制推广。制度创新红利初步显现，如“简化进出境备案清单”“简化无纸通关随附单证”“批次进出、集中申报”等制度，使企业申报次数平均减少约85%；“智能化卡口验放”制度，货物过卡时间由半小时缩短至5分钟；“批次进出、集中申报”制度，使平均通关效率提高40%。

查缉走私共刑事立案26起，案值4.71亿元，涉税2 353万元。行政立案228起，罚没入库1 931.39万元。开展打击固体废物、棉花、枪支等走私专项行动，查获近年来山东省内最大宗走私废物案件，抓获犯罪嫌疑人26人，查证走私废塑料3.7万吨。及时向省政府报告防控虚假贸易情况，向相关政府部门通报监控异常情况，实现齐抓共管、综合防控。锁定高风险企业和重点监控区域，排查企业140余家，有效遏制了虚假贸易蔓延势头。

【济南海关加强税收征管工作】 税收征管模式改革广获好评。共有22家企业通过汇总征税资格审批，采用该模式申报货物108票，征税1.4亿元。举行集中汇总征税推介会，解读政策利好，辖区9地市的近百名企业和银行代表参加会议，畅通了关企银三方沟通渠道，得到进出口企业的一致好评。2015年，税收入库166.5亿元，创历史新高，税收排名列全国第17位，是全国10个实现税收正增长的海关之一。坚持依法征管，坚决不征“过头税”。支持辖区获得原油进口资质的5家民营企业扩大原油进口，做好便利通关服务，寻找新增税源点，2015年8～12月，原油税收入库3.42亿元。

【济南海关智慧海关建设成效明显】 首期建设的个人邮件网上通关、执法反馈、统计发布、企业地理信息等15项功能均上线运行，取得较好的社会效益和服务成效，其中个人邮件网上申报网上付税、外勤执法反馈等均属全国首创。2015年“个人邮件网上通关系统”共处理申报单1.5万票，征收行邮税224万元，极大便利了“海淘”族。

【济南海关主动服务区域经济发展】 针对严峻的外贸形势，强化海关责任担当，坚持每旬一调度，确保海关总署稳增长18项重点工作落实到位。开展外贸稳增长“暖冬”行动，制定9条精细化、针对性强的服务措施，打好服务“组合拳”。主动组织重点课题研究，为领导决策服务，《济南海关关于跨境电子商务发展情况的报告》获姜异康书记等6位省领导的批示肯定，并获山东省政府系统优秀调研成果一等奖。

【山东出入境检验检疫局围绕深化改革，大力推进监管模式创新】 2015年，山东出入境检验检疫局共检验检疫出入境货物82万批、货值1 155亿美元。检疫出入境船舶2.9万艘次、飞机3.5万架次、集装箱723万标箱，出入境人员查验569万人次，签发检验检疫证书43.8万份、通关单87万份、原产地证书40.1万份，签证金额186.5亿美元。

运用集成管理理念，遵循“集成管理、过程再造、删繁就简、于法周延”的原则，突出依法行政的主题主线地位，将行政审批改革作为先手棋，取消6项行政审批项目，将2项行政审批改为后置审批，委托下放6项行政许可。大力推动检验检疫模式机制改革，推行进口食品检验检疫“零待时”，打造全国一流食品农产品进境口岸；全面实施出境动植物及其产品检验检疫分类管理；扎实推进进口废物原料、棉花直通检验、口岸转检等快速核放模式，为企业节省费用约6 500万元；创新进口集装箱装载废物原料的卫生处理和放射性监测流程，为企业节省费用约2 000万元；首创原产地备案检商“两证合一”改革；在进口废物原料查验、出口食品生产企业备案监管、出境草柳编检验检疫监管等领域开展“双随机”试点；高标准做好上海自贸试验区创新制度复制推广；出境无纸化报检覆盖率达到92%，通关单无纸化覆盖率达到100%。

【山东出入境检验检疫局围绕通关便利，大力促进外贸稳定增长】 促成质检总局和省政府签署《共同推动“一带一路”战略全力塑造山东开放型经济发展新优势合作协议》，先后出台16项促进进口工作措施、17项促进外贸稳增长的帮扶措施、8项第4季度重点推进工作措施。率先启动丝绸之路经济带检验检疫“9+2”区域一体化工作，率先上线运行直属局内和直属局间“三通二直”一体化业务系统。一体化实施以来，共对20多万批货物实施出口直放和进口直通，为企业节约通关成本20%以上。开展“自贸区优惠政策进万企”活动，检政、检商共促中韩、中澳自贸协定实施，全省新增原产地证备案企业同比增长39.7%，自贸区优惠政策利用率同比提高12.9%。大力支持山东进境肉牛（屠宰用）口岸建设。积极推进关检查验场地整合和查验模式改革，助推山东电子口岸建设。大力压缩检验检疫通关流程时长，全年进出口货物平均流程时长同比缩短27.6%和28.2%；特殊监管区域预检验进口货物的平均通关时限缩短3~7天。第4季度全省口岸16类重点商品中有10类商品进口平均流程时长排名位于全国口岸前4位，植物饲料、食品化妆品类、棉花和原油等4类商品排名前两位。坚决清理涉企收费项目，降低收费标准，全年共减免收费6.62亿元，进出口环节经营服务性收费综合降费率达到33.13%。

【山东出入境检验检疫局围绕质量安全，大力提升执法把关能力】 加强中东呼吸综合征（MERS）防控工作，口岸查验有传染病症状人数和确诊人数同比增长58.3%和69.6%，截获植物检疫性有害生物批次同比增长79.5%，截获动物疫病疫情和有毒有害物质批次同比增长107.7%，检出涉及安全卫生项目的不合格进口食品化妆品批次同比增长23.2%，进口工业产品检出重大问题被质检总局采用发布警示通报43例。有效应对输澳冷冻混合莓疑涉携带甲肝病毒问题，妥善处理出境水生动物被日本、韩国通报事件。建成省级出口食品农产品质量安全示范区92家，示范市9个，国家级出口食品农产品质量安全示范区46家，出口食品合格率达到99.96%，国外通报率同比下降4.78%。工业产品国家级示范区增加到3家。深入开展国外技术性贸易措施应对工作，发布警示通报、风险信息、应对指南等2 000多条，开展帮扶指导企业207次。

【山东出入境检验检疫局围绕固本强基，大力推动制度创新】 持续改进和深化完善集成管理体系，《政府集成管理体系的研究与应用》荣获质检总局科技兴检一等奖、中国信息化（质检领域）成果评选一等奖和年度“质量之光”十大质检创新奖，圆满完成中编办委托的《政府机关机构编制职责细化有关问题研究》。“法治鲁检”建设深入推进，形成了具有特色的权力清单和责任清单，实现“法无授权不可为、法定职责必须为”。出台一系列创新性的科技管理办法和突破性的科技激励措施，17项优秀科技成果获得质检总局“科技兴检奖”，获奖等次与数量创历史新高。两项优秀信息化成果分别荣获质检总局中国信息化（质检领域）成果评选一等奖和三等奖。

红岛国家检验检测高技术服务业公共平台获得质检总局批准，进口整车国家重点实验室、化妆品区域中心实验室稳步推进。

开放口岸

【济南空运口岸（济南遥墙国际机场）】 坐落在济南市东郊遥墙，距市区20千米。1992年10月经国务院批准对外开放。机场拥有3 600米、2 600米跑道各一条，飞行等级为4E级。

2015年，济南国际机场共有29家国内外航空公司执飞129条航线，国内航线110条，通往49个城市。全年共起降86 158架次，同比增长3.1%；完成旅客吞吐量952.1万人次，同比增长9.3%；完成货邮吞吐量8.63万吨，同比增长7.2%。济南空运口岸已开通国际（地区）客运多条航线，国际航线为济南到大阪、首尔、曼谷、普吉岛、新加坡、巴厘岛、岘港、暹粒、清迈、新德里、金边，地区航线为济南到中国香港、台北、高雄、台中、花莲、澳门等城市。2015年3月，开通济南—韩国仁川货运航线，这是济南市首条国际全货机航线。11家航空公司在济南遥墙国际机场执行国际（地区）航线的飞行任务，分别是：山东航空公司、东方航空公司、长荣航空公司、大韩航空公司、易斯达航空公司、仁川航空公司、捷特亚洲航空公司、老虎航空公司、德威航空公司、印尼鹰航空公司、越南航空公司。2015年，济南航空口岸出入境航班5 302架次，累计同比增长22.70%，其中出境2 649架次，入境2 653架次；出入境人员62.69万人次，累计同比增长15.21%，其中出境31.13万人次，入境31.56万人次。

济南综合保税区于2012年5月获国务院批准，2013年12月通过国家正式封关验收。2015年，济南综合保税区工业总产值438 658万元，同比增长6.01%；利税总额94 429万元，同比增长1.64%；固定资产投资总额767 300万元（其中基础设施投资0万元），同比增长11.18%；进口额9 030万美元，出口额90 576万美元，同比分别下降51.1%、增长10.7%。

2015年，济南邮政速递物流处理邮件3 937.29万件，其中国际邮件626.21万件，同比分别增长57.11%、36.75%。

【青岛空运口岸（青岛流亭国际机场）】 位于青岛市北部城阳区，离市中心约23千米。建于1958年7月，1992年9月4日经国务院批准对外开放。飞行等级为4E级，拥有3 400米跑道一条，客机停机坪44万平方米，停机位41个；货机坪3.20万平方米，停机位4个；登机桥14部。机场候机楼分国内、国际两个航站楼，左右对称，总建筑面积17.10万平方米。2015年，青岛空运口岸有38家航空公司投入运营，山航青岛分公司、东航山东分公司和青岛航空公司为基地公司。国际（地区）航线通达世界9个国家和地区的18个城市，每周航班往返430架次，直达韩国首尔、釜山，日本东京、大阪、福冈、名古屋，新加坡，泰国曼谷、普吉及我国香港和台湾地区，开通以“一机到底”模式直飞旧金山、法兰克福的国际航班，是北方地区面向日韩的重要区域门户枢纽。青岛至韩国、日本的航班密集，每周往返日韩的客运航班328架次，货运航班41架次，占每周国际（地区）航班总量的83.67%。空港口岸飞机起降15.46万架次，同比增长9.16%；旅客架次，同比增长15.83%；入出境人员288.27万人次，同比增长15.63%，其中，入境144.46万人次，同比增长15.84%；出境143.81万人次，同比增长15.43%。

【烟台空运口岸（烟台莱山国际机场）】 位

于烟台市蓬莱境内，地理坐标为北纬 37°39′38.06″，东经 121°00′04.83″，距烟台市中心约 43 千米，腹地广阔，与烟大铁路轮渡、龙烟铁路、烟台港西港区相互依托，外围与荣乌、沈海等高速公路相连，市场最大辐射范围至青岛北部、潍坊东部。先后开通至韩国首尔、釜山、济州、大邱，日本大阪、名古屋，泰国曼谷，俄罗斯，我国香港地区和台北地区 10 条国际（地区）客运航线；开通至韩国首尔，美国纽约、洛杉矶、芝加哥，比利时布鲁塞尔，荷兰阿姆斯特丹等 6 条国际货运航线。

2015 年，烟台航空口岸进出口货物主要为电子元器件类、机械类等产品，服装等产品仅占少量。

2015 年烟台空运口岸运行主要数据表

项目	单位	数量	同比（%）
起降国际航班	架次	5 659	7.1
出入境旅客	万人次	48.6	-5.7
出境旅客	万人次	24.6	-5.2
入境旅客	万人次	24	-6.2
出入境货物	万吨	1.4	3.7
出境货物	万吨	0.6	-8.7
入境货物	万吨	0.8	16.1

【威海空运口岸（威海国际机场）】 位于文登市大水泊镇，地处威海市域中心地带，距威海市区 45 千米，距文登区、荣成市均为 19 千米。2004 年 9 月国务院批准对外开放，2005 年 3 月开通国际航班。2011 年投资 2.5 亿元建设的 12 000平方米新国际候机楼投入使用。2014 年停航 5 个月进行适应性改造。近年来，威海国际机场硬件设施不断完善，运营管理水平不断提高，服务保障能力不断增强，连续实现 18 年安全运航。航班量由 2003 年的每周十几个架次，增长到 2015 年高峰时期每周 260 多个架次；旅客吞吐量逐年攀升，特别是口岸开放以来，曾创造了旅客吞吐量连续三年翻番的佳绩，是山东省内继青岛、济南、烟台机场后第 4 个旅客吞吐量超过百万的机场。

威海国际机场的发展定位是建设功能齐全、设施完善、服务优良、保障过硬的精品化、现代化小型国际中转枢纽口岸。机场总占地面积约 266.67 万平方米，机场飞行区技术标准等级为 4D 级，现有一条长 2 600 米、宽 45 米的跑道，停机坪面积 68 000 平方米，10 个停机位，5 个登机桥，可供 B767－300、空客 320 等大型飞机起降。2014 年，为改善机场军民航保障条件，确保飞行安全，对机场进行了适应性改造。当年 5 月 1 日威海机场临时关闭，9 月 28 日正式复航运营。此次改造使威海机场运营保障能力得到了全面提升。目前，威海国际机场拥有 11 个值机柜台，安检通道 4 个，边检通道 16 条（出境 6 条、入境 10 条），海关、检验检疫出入境通道各 4 条。

威海国际机场现有至北京、上海、广州、长春、沈阳、哈尔滨、西安、大连、成都、济南、太原、天津、南京、武汉、首尔、台湾等航线，每周 210 架次航班。2013 年，运送国内外旅客 114 万人次。2014 年（停航 5 个月），运送国内外旅客 54.8 万人次。

2005 年 3 月，威海国际机场开通至韩国首尔、釜山国际航线。2010 年 7 月，开通威海至俄罗斯哈巴罗夫斯克国际旅游包机航线。2013 年 12 月，实现对我国台湾地区直航。2015 年，威海国际机场有国际及港澳台航线 4 条，每周航班 22 个。2015 年共运送旅客 132.1 万人次，同比增长 15.3%。其中，运送出入境旅客 34 万人次，同比增长 24.9%；运行口岸航班 2 817 架次，外贸货物 2 580 吨。

【青岛水运（海港）口岸】 位于山东半岛南岸的胶州湾内，始建于 1892 年。青岛港是太平洋西海岸重要的国际贸易口岸和海上运输枢纽，是沿黄流域及其腹地外贸物资、能源和原材料运输的重要口岸，是我国重要的大宗原材料进口港、集装箱运输干线港和山东半岛及其腹地重要的物流中心，主要从事集装箱、原油、铁矿石、煤炭、粮食等各类进出口货物的装卸、储存、中转、分拨等物流服务和国际客运服务，2015 年青岛港货物吞吐量居世界第 8 位。它由青岛老港区、前湾新港区、黄岛油港区和董家口港区四大港区组成。青岛老港区以一般散杂货物和内贸集装箱为主，兼顾少量液体化工品和成品油运输；开通有青岛至韩国仁川的客货班轮航线；加快建设邮轮母港，已建成可停靠世界最大的 22.5 万吨级邮轮专用码头。黄岛油港区以接卸外贸进口原油和成品油、液体化工品为主，是我国大陆沿海最大的油品运输、中转、储存基地。前湾港区以国际集装箱干线和铁矿石、煤炭等大宗散货中转运输为主，拥有可停靠 1.8 万标箱船舶的最大集装箱码头和 20 万吨级矿石码头、10 万吨级的煤炭码头等专业化大型码头，是青岛水运（海港）口岸目前现代化程度最高、规模最大的生产性港区，承担了青岛港 80% 的吞吐量。董家口港区为正在开发建设的新港区，承载着青岛港转型升级，向“第四代”港口跨越的历史重任，以大宗散货、液体化工品及杂货运输为主，逐步发展港口现代物流及港口物流与临港产业的联动。截至 2015 年年底，董家口港区已建成泊位 25 个，形成通过能力 1.2 亿吨。青岛水运（海港）口岸开放范围内拥有码头 26 座，已对外开放泊位 97 个，其中万吨级以上泊位 81 个；集装箱泊位 25 个，通过能力 1 500 万标箱，与世界上 180 多个国家和地区的 700 多个港口有贸易往来。

2015 年青岛水运（海港）口岸运输货种统计表

类别	港口吞吐量（万吨）	外贸运量			
		外贸运输总量（万吨）	同比（%）	进口（万吨）	出口（万吨）
合计	48 453.10	31 901.06	2.59	22 676.13	9 224.93
煤炭	1 663.96	312.07	-44.41	254.46	57.61
原油	6 070.58	4 870.81	1.72	4 621.12	249.69
成品油	709.68	336.28	-14.63	151.82	184.46
铁矿石	13 311.48	10 163.20	-7.30	10 163.20	0.00
钢铁	675.19	333.09	66.37	24.27	308.82
水泥	8.21	4.03	-48.07	0.92	3.11
木材	117.75	117.75	-5.77	116.34	1.41
非金属矿	131.47	58.92	199.08	51.72	7.20
化肥	331.10	331.00	29.72	127.17	203.83
粮食	978.32	967.69	43.96	953.82	13.87
食盐	0.84	0.84	-96.06	0.00	0.84
其他	24 454.52	14 405.38	6.97	6 211.29	8 194.09

【烟台水运（海港）口岸】 地处山东半岛北侧，与日本、韩国一衣带水，开放水域为自北纬 37°45′00″、东经 121°00′00″向东至北纬 37°41′55.6″、东经 121°38′45″，再以此点向南至养马岛东北端连线以内水域。烟台港扼渤海湾入海口，隔海与辽东半岛相望，面向日韩及东北亚地区，背靠京津鲁豫广阔的经济腹地，居于连接长三角、珠三角与环渤海经济圈、东三省的最佳中转位置，拥有陆海双向、辐射内外的广阔发展空间。

烟台港口岸与世界100多个国家和地区的150多个港口有贸易往来并直接通航。其中，开通至日本关西、关东、九州，韩国仁川、釜山、平泽集装箱班轮外贸航线16条；开通至大连、青岛、威海的内支航线4条。客运方面已开通至韩国仁川的客货班轮和韩国平泽的客滚班轮航线。目前，烟台港口岸辖烟台港芝罘湾港区、西港区、牟平港作业区、海阳港区、大宇造船厂码头等，其中芝罘湾港区和牟平港作业区已正式对外开放，共开放泊位56个，西港区、海阳港区和大宇造船厂码头共有16个泊位实施临时对外开放。

【威海水运（海港）口岸】 位于山东半岛东端，北临黄海，东与朝鲜半岛、日本列岛隔海相望，扼京津咽喉。水路距大连港93海里，青岛港200海里，韩国仁川港136海里。刘公岛是天然屏障。港深域扩、不淤不冻，地理和自然条件十分优越。

1985年4月1日正式对外开放。1990年9月16日，在中韩尚未建交的情况下，开通了全国第一条对韩客货班轮航线。截至2015年年底，威海港有11条国际班轮航线，每周25班。与80多个国家和地区的港口建立了贸易往来，基本形成了直达东北亚区域、辐射世界各地的航运体系。威海水运（海港）口岸出口主要目的国依次是亚太经合组织国家、韩国、日本、欧盟、美国等，进口原产国主要依次是亚太经合组织国家、韩国、东盟、日本、印尼等，韩国是威海水运（海港）口岸的第一大贸易伙伴。威海水运（海港）口岸进出口贸易方式以加工贸易为主，占55.9%，其次是一般贸易，占42.5%。口岸共有开放泊位10个，其中7万吨级泊位1个，5万吨级泊位3个，码头功能齐全，公路铁路集疏运完善。依托口岸，先后设立了威海出口加工区、威海邮局国际邮件分拣中心和多处保税仓库。2010年12月21日，威海水运（海港）口岸在全国率先试点中韩陆海联运汽车运输项目，开启了“门对门”货物直通的物流运输模式。2013年6月27日，威海市委、市政府根据城市发展和港口生产需要，将威海港搬迁到南港新港区，总建筑面积4万平方米的威海港国际客运中心投入使用；2015年11月2日，威海港国际客运中心和三四期工程码头通过省政府验收正式对外启用。2013年7月，三进船业新扩建码头（5个码头和1个干船坞）通过省政府开放验收，成为山东省唯一实现整体开放的外商独资企业码头。2014年，积极推动与韩日口岸食品安全认证、中韩AEO企业互认、技术政策交流等方面的交流合作，贸易便利化水平不断提高；威海港获批筹建进口肉类指定口岸，进口冰鲜水产品口岸品种增至52个，特色口岸建设取得新进展。

据统计，目前威海水运（海港）口岸集装箱货物通关当天验放率达到100%，旅客通关速度控制在人均35秒以内。2013年，被国家口岸办评为“全国运行管理先进口岸”。2015年，威海水运（海港）口岸货物吞吐量4 826.8万吨，同比增长6.3%，其中外贸货物吞吐量2 204.7万吨，同比增长12.5%；运输国际集装箱69.6万标箱，同比增长3.6%；运送出入境旅客26万人次，同比下降15.8%。

【龙口水运（海港）口岸】 龙口港始建于1914年，地处渤海南岸、胶东半岛西北部，与辽东半岛隔海相望（地理坐标为东经120°19′14″，北纬37°39′11″），是距离黄河三角洲最近的15

万吨级以上船舶出海口，烟台市和烟台港集团规划建设的三大核心港区和两个亿吨港区之一，中国最大的对非散杂货出口贸易口岸和铝矾土进口口岸、首批对台开放直航港口、国内首家拥有原油仓储资质的港口企业、国家规划建设的北煤外运装船港。1984 年 12 月国务院批准口岸对外开放。目前龙口水运（海港）口岸辖龙口港集团、龙口胜利码头、龙口渔港码头和龙口屺母岛港，主要进出口业务在龙口港集团。龙口港集团现有资产总额 101 亿元，员工 5 000 余人，码头岸线 15 000 余米，占地面积 6 平方千米，生产泊位 30 个，其中 15 万吨级 1 个、10 万吨级 7 个、5 万吨级 5 个、万吨级 7 个，核定通过能力 6 000 万吨以上，主航道等级 10 万吨，水深 16 米，底宽 300 米。港区库场面积 180 万平方米，石油化工仓储能力 170 万立方米，粮食罐存储能力 26 万吨。龙口胜利码头 6 个生产泊位，主要业务为 1 号、2 号船舶维修泊位。龙口渔港码头 12 个生产泊位（监管条件尚未达到要求，暂无外贸业务）。龙口屺母岛港 1 个 15 万级通用泊位。

龙口水运（海港）口岸地处环渤海经济圈的中心区域，港湾自然条件良好。北有东西长 8 千米的连岛天然沙坝为屏障，南有金沙滩环抱，不冻不淤，全年作业天数在 300 天以上，史有“稳油盆”之称。屺坶岛端部自然水深 16 米以上，最大水深 22 米，后方陆域土地广阔，具备优越深水泊位的建设条件。港口直接经济腹地包括龙口市及周边市县区、黄河三角洲地区，自然资源丰富、工农业发达、外向型经济活跃、加工制造业发展势头强劲，是我国经济发展较快的区域之一。龙口水运（海港）口岸交通条件十分便捷，从此起航可直达全国各港口及世界各地。以大莱龙、益阳、胶济、寿平铁路为骨架，以威乌、济青、东青、滨博、龙青等高速公路为脉络，以青州“无水港”为货源集散中心，以寿光、大家洼、羊口等站点为节点，以环渤海港口至龙口港的转水航线为呼应的集疏运网络将龙口港与腹地客户紧密相连。德龙烟、黄大铁路贯通后，龙口港的发展空间将更加广阔，不仅可承担“三西”煤炭下海出口分流的任务，同时港口的货源腹地还将向甘、宁、陕、晋、冀等地区延伸，构成一条连接西北、横贯山东境内的沿海铁路大通道。

龙口水运（海港）口岸拥有 70 多条国内外航线，与世界 50 多个国家和地区的港口有贸易往来，现有集装箱航线 15 条，其中，环渤海航线 6 条，龙口港已经成为山东半岛至渤海湾港口之间航线最密集、服务最完善的港口。

为充分利用龙口港优越的地理环境，向企业和外商提供优质、便捷的海关监管服务，促进外贸经济的快速发展。2005 年 10 月，经青岛海关批复，龙口海达物流公用型保税仓库正式投入使用。进口保税仓库位于龙口港港区 28 号、29 号泊位后堆场，面积 10.4 万平方米；出口保税仓库位于龙口港港区 17 号库及库南库北场地，面积 2 万平方米（含 17 号库）。

港口主要经营煤炭、石油化工、铝矾土、铁矿砂、水泥及熟料、粮食、木材及木片、集装箱、非洲杂货班轮等业务。拥有“大包水泥效率”“中非杂货班轮”“木材全程物流服务”“港口现代物流融资支持平台”和“环渤海黄金水道集装箱运输服务”5 个山东省级服务名牌。中非杂货班轮、铝矾土、朝鲜煤炭三个货种的市场占有率居国内首位。2015 年港口实现吞吐量 8 087.4万吨，同比下降 1.9%；集装箱 611 000 标箱，同比增长 10.9%。各主要进出口货种吞吐量情况详见下表

货种名称	吞吐量情况（万吨/标箱）
铝矾土	2 525.5
液体化工	1 249.1
煤炭	1 617.3
铁矿	656.5
木材（木片）	209.2
粮食	270.3
水泥	142.1
化肥	71.0
钢铁	41.5
其他	1 304.9
集装箱	611 000

【石臼（日照）水运（海港）口岸】 现有石臼（日照）港和岚山港两港，素有“两港通四海，一桥系亚欧”之美誉。石臼（日照）港，地处山东半岛与江苏大地夹角的底部，我国海上南北运输主通道的中间地带，是新亚欧大陆桥东方桥头堡，地理坐标为北纬35°23′、东经119°33′，水上北距青岛65海里，南距连云港40海里，东与朝鲜半岛、日本隔海相望。石臼（日照）港于1982年正式开工建设，1986年5月经国务院口岸领导小组批准对外开放，是我国重点发展的沿海20个主枢纽港之一。1992年，石臼港更名为日照港。2015年完成吞吐量2.16亿吨，进出口货物1.12亿吨，其中进口1.03亿吨，出口902.95万吨。

2015年石臼（日照）水运（海港）口岸运输情况统计表

类别	港口吞吐量（万吨）	外贸			
		合计（万吨）	同比（%）	进口（万吨）	出口（万吨）
合计	21 569.40	11 208.45	-5.95	10 305.5	902.95
煤炭	2 350.36	720.10	-33.2	577.34	142.76
原油					
成品油	4.61				
铁矿石	8 214.63	7 231.97	-6.7	7 231.97	
钢铁	456.03	425.74	19.3		425.74
水泥	367.40	41.97	339.4		41.97
木材	1 144.33	1 135.97	-10.0	1 135.97	
非金属矿	303.35	236.63	116.08	178.83	57.81
化肥农药	82.8	82.8	237.55		82.8
粮食	864.76	862.06	16.49	862.06	
食盐					
其他	7 781.13	471.21	-18.37	319.33	151.87

石臼（日照）水运（海港）口岸配套设施齐全、功能完善。投资3亿元建设的鲁南（日照）国际贸易与航运服务中心，是国内第三个、山东省第一个国际贸易与航运服务中心。海关、检验检疫、海事、边防检查等查验单位进驻大厅，为进出日照口岸的船舶、货物、人员提供“一站式”通关、“一条龙”服务。

【石岛水运（海港）口岸】 位于山东半岛的最东端，与日本、韩国隔海相望，1988年12月经国务院批准正式对外开放，2001年8月石岛新港正式对外启用，2014年1月石岛水运（海港）口岸扩大开放至好当家和俚岛港区获国务院批准。拥有石岛新港、蜊江港、朱口港、好当家码头、三星码头、伽耶码头、荣喜码头、远通码头、和兴码头9个作业港口码头。石岛新港码头沿线总长3 950米，对外启用泊位17个，其中，万吨级以上泊位7个，年货物吞吐量1 000多万吨。目前，港口码头三期扩建工程正在进行，建成后可新增岸线2 770米，泊位12个，其中10万吨级泊位2个，5万吨级泊位3个。石岛新港有20万平方米的集装箱堆场和散货场、3 000平方米的国际候船厅。下设国际物流、船舶代理、报关报检、外轮理货、货物装卸运输等专业化服务部门。主要从事货物装卸储运、旅客运输服务、港机设备租赁、港口拖轮经营、船舶港口服务等业务。石岛新港开通了石岛至韩国仁川、群山两条客货班轮航线，至韩国釜山，日本门司、博多、关东、关西及我国青岛、泉州等10余条国际国内全集装箱航线。2011年11月开通了石岛港中韩陆海联运汽车货物运输通道，实现了快速直达运输。2014年12月石岛港获国家质检总局批准为进口冰鲜水产品检验检疫口岸，2015年8月石岛港进境食用水生动物指定口岸通过国家质检总局实地验收启用，同月石岛新港建设进口肉类指定口岸获国家质检总局批复，11月通过山东检验检疫局预验收。2015年10月荣成市中韩海运跨境电商工作方案正式获青岛海关批复，11月19日对韩海运跨境电子商务出口第一单商品在石岛新港荣成海关跨境电商监管中心顺利通关。好当家港区由4个作业码头组成，其中，好当家老港岸线长1 800米，共8个泊位，新港岸线长1 100米，共3个泊位；荣喜码头岸线长4 600米，共5个泊位，2个船台；远通码头岸线长1 700米，共6个泊位；和兴码头岸线长1 400米，共7个泊位，3个船台。俚岛港区由三星码头和伽耶码头组成，开放岸线长7 200米，共6个泊位。目前，两港区相关查验配套设施建设基本完工，待通过正式验收后对外启用。

石岛水运（海港）口岸进出口货物以煤炭、钢铁、非金属矿和散杂货为主，2015年石岛港口岸出入境船舶2 170艘次，进出口货运量585.3万吨，进出口集装箱11.9万标箱，出入境旅客25.0万人次。

【岚山水运（海港）口岸】 位于日照市东南部，黄海海州湾北岸，鲁东南、苏北交界处，地理坐标为北纬35°05′、东经119°22′，是1977年作为山东省“七五”重点建设项目而兴建的地方港口，1989年1月经国务院批准对外开放。口岸包括南作业区、中作业区、北作业区，至2014年年底已开放油品、液化、通用、散杂等泊位14个，其中30万吨原油泊位2个。港口设计吞吐能力3 671万吨，2015年完成吞吐量1.45亿吨，其中外贸1.16亿吨。港口配套设施完善，配有铁路、引航、轮驳、储运、理货、动力、通讯、机修及科研等港口生产服务的各类配套保障系统，拥有9条液化品专用装卸线，已成为江北重要的液体化工品集散地和重要的木材进口港。港口交通便利，集疏运体系健全，岚兖铁路直通港口，与204国道交叉，坪岚铁路直通码头和罐区，与京沪线、京九线、陇海线等铁路干线联通，岚山至仪征、岚山至东明的输油管线投入使用，坪岚铁路改扩建、岚山至濮阳输油管线也于“十二五”期内开工建设具备木材贸易、检验检疫、加工等多种功能的国家级木材贸易加工示范区，是全国第二家木材贸易加工示范区。

2015 年岚山水运（海港）口岸运输情况统计表

类别	港口吞吐量（万吨）	外贸			
		合计（万吨）	同比（%）	进口（万吨）	出口（万吨）
合计	14 493.44	11 643.07	6.48	11 336.65	242.07
煤炭	802.13	544.28	－17.51	543.81	
原油	3 883.99	3 729.17	27.68	3 729.17	
成品油	750.62	672.92	73.09	672.21	0.71
铁矿石	5 070.72	4 891.02	－12.75	4 814.18	
钢铁	453.22	66.25	7.57	0.5	65.75
水泥	4.95	2.71	－78.81		2.71
木材	457.45	456.3	－6.26	456.3	
非金属矿	74.94	5.9	－45.75	1.02	4.88
化肥	14.61	14.61	103.48	12.97	1.64
粮食	385.85	385.4	－6.08	385.4	
食盐					
其他	1 588.49	873.72	168.28	719.95	153.77

【东营水运（海港）口岸】 东营港始建于1984年，位于山东省东营市北部，地理坐标为北纬38°05′、东经118°57′，1995年12月经国务院批准为开放口岸。1997年12月，正式宣布东营港对外开放。2015年8月，中海油2×5万吨、2×5 000吨，宝港国际2×5 000吨，万通港航3×3 000吨4个码头9个泊位正式对外开放。东营港现有8个码头16个泊位实现了对外开放。

2015年，东营港进出境船舶418艘次，货物140.5万吨，货值6.9亿美元，分别是2014年的7.5倍、11倍和6.5倍。其中，统计在东营的进出口货值3.6亿美元，是2014年的4.6倍；东营获得原油进口资质的企业进口原油45.8万吨，货值1.6亿美元。

【蓬莱水运（海港）口岸】 位于山东半岛最北端，与日本列岛和朝鲜半岛隔海相望，2014年港口吞吐量1 481.07万吨，其中外贸货物305.84万吨，同比增长29%，主要货种有煤炭、原油、成品油、铁矿石、钢铁、水泥、木材、非金属矿及粮食等。口岸拥有蓬莱新港和栾家口港两个作业区。蓬莱新港位于蓬莱城东8千米开发区以北，地理坐标为东经120°35′50″、北纬37°46′49″，港口腹地陆路交通已成网络，十分便利。1996年7月被国务院批准为对外开放口岸，1997年12月正式对外开放。目前有6个对外开放泊位，港口占地约453 335.6平方米，航道长400米，宽100米，水深10米，拥有15万平方米的堆场，建有2 600平方米的仓库，港口各类设施先进，技术力量雄厚，具有全天候作业能力。现已开通至日本、朝鲜、韩国等国家和我国香港地区的国际（地区）货运航线。栾家口港位于蓬莱市西10千米，地理坐标为东经120°35′50″、北纬37°46′49″，始建于1995年4月，2003年6月国务院批准蓬莱水运（海港）口岸扩大开放至栾家口作业区，2004年2月正式对外开放。港口占地约345 335.06平方米，自然条件优越，航道宽畅，有对外开放泊位12个，腹地为蓬莱市西城临港工业区，交通十分便利。口岸现有监管区出入卡口通道9条，封闭式查验场房1 400平方米，平台式查验场地1 200平方米，扣留货物仓库2 400平方米。现场查验单位办公场所及值班休息室3 170平方米，视频监控探头47个。

2014年石臼（日照）水运（海港）口岸运输情况统计表

类别	港口吞吐量（万吨）	外贸			
		合计（万吨）	同比（%）	进口（万吨）	出口（万吨）
合计	1 440.57	311.34	210.84	100.50	109.02
煤炭	262.46	57	47	10	9.50
原油	3.78	3.78	3.78		
成品油	1.07				
铁矿石	7.96	4.96	4.96		2.50
钢铁	11.96	11.52	5.50	6.02	8.80
水泥	66.60	55.46		55.46	52.96
木材	45.30	42.30	42.30		4.20
非金属矿	230.39	109.62	106.10	3.52	0.50
化肥	0.20	0.20		0.20	
粮食					
食盐					
其他	87.65	26.50	1.20	25.30	30.56
滚装	723.20				

【莱州水运（海港）口岸】 地处烟台市最西端，位于渤海湾南岸莱州市三山岛工业区，是黄三角地区唯一适合建设10万吨级以上泊位的港口，是唯一同时列入黄三角高效生态经济区和山东半岛蓝色经济区两大国家战略的港口，被山东省交通运输厅规划为黄河三角洲地区龙头港。1996年11月被批准为国家对外开放口岸，1997年12月正式对外开放。2009年被批准为对台海运直航口岸，现由中海港务（莱州）有限公司运营。

莱州水运（海港）口岸共拥有12个生产性泊位。其中，10万吨级油品泊位1个、5万吨级油品泊位2个、7万吨级通用泊位2个，设计通过能力1 402万吨/年。2015年，莱州港完成货物吞吐量2 047.35万吨，同比增长11.83%。其中，油化品吞吐量为1 270.29万吨，同比增长13.28%；散杂货吞吐量777.06万吨，同比增长9.53%；外贸货物吞吐量919.66万吨，同比增长35.69%。

【龙眼水运（海港）口岸】 位于山东半岛最东端，北纬37°25′02″，东经122°38′24″，紧邻著名的海上之路——成山头，与日本、韩国隔海相望，距国际主航道仅5海里，1999年8月经国务院批准正式对外开放，是全国第一家村办一类对外开放港口，也是中国距韩国最近的一个港口。龙眼港口岸对外启用泊位10个，其中，5万吨级泊位3个、5千吨级以上泊位5个、集装箱专用泊位2个。拥有160吨汽车吊一台，4 000马力拖轮3条，10万平方米货场，3万平方米港口仓库，10万立方成品油库，并配有大型国际货运集装箱车队、箱站、货代、船代、物流保税库、豪华的国际候船厅。龙眼港港池面积百万平方米，航道广阔，无暗礁、无浅滩，水深30～40米，船舶在夜间、雾天航行安全无险。2001年10月开通至韩国平泽港的客货航线，是中韩两国客货航程最短、最具优势的航线。2006年建设了5万吨级和8万吨级两座干船坞。2009年投资20亿元建设龙眼港东区，新建15万吨和20万吨级两座干船坞，新建829米防波堤，新建8万吨顺岸式舾装码头314米、10万吨突堤式舾装码头482米，泊位4个，配套建设其他附属设施10万平方米，开放后可承修20万吨级以下各类型船舶，年修船能力将达到200艘次，1 000万载重吨，成为山东省最大的修船基地之一。2011年1月国务院正式批准开展口岸签证业务，同年11月开通了龙眼港中韩陆海联运汽车货物运输通道，可实现“门到门”直达运输。2014年12月获国家质检总局批准为进口冰鲜水产品检验检疫口岸，2015年4月龙眼港口岸实现首单冰鲜鱼通关。2015年8月进境食用水生动物指定口岸通过国家质检总局实地验收启用。经过十多年运行，龙眼港已成为集修造船业、国际航运、港口物流、成品油经营等多种功能一体的重要人流、物流集散地。

龙眼水运（海港）口岸进出口货物以钢铁、粮食、煤炭和散杂货为主。2015年，口岸出入境船舶1 380艘次，进出口货运量292.70万吨，进出口集装箱4.60万标箱，出入境旅客13.00万人次。

【潍坊水运（海港）口岸】 位于渤海莱州湾南岸，地理概位为北纬37°10′，东经119°11′。水上距龙口港67海里，天津新港139海里，烟台港142海里，大连港180海里。陆上距潍坊市中心城区60千米。港口区位适中，水陆铁交通便利，是鲁中、鲁北、鲁西及潍坊地区货物进出海运距最短、最经济、最便捷的海运口岸。

潍坊港始建于1996年，1998年10月通航运营，于2007年经国务院批准为开放口岸，于2009年7月正式对外开放通航。潍坊港总体布局为以主航道为轴心“双堤环抱”单一口门的环抱港区，码头形式为离岸式港岛码头。已同韩国、日本、俄罗斯、朝鲜等国家和我国台湾地区的20多个港口有贸易往来。货种主要包括铝土、煤炭、石油及天然气制品、原盐、铁矿、陶土、纯碱等30多个品种。根据“一主两辅、功能互补、多点并进、统筹发展”原则，潍坊港规划分为中港区、西港区、东港区3个港区。潍坊港中港区为主体港区，现由马来西亚森达美集团与潍坊市合资组建的潍坊森达美港有限公司经营，按照开放多元办港的工作思路，2013 年 4 月山东高速集团加盟潍坊港开发建设。中港区是潍坊港的主体港区，主要建设万吨级以上泊位，是以散杂货运输为主、临港工业所需原材料及产成品运输为辅的综合性港区，服务带动潍坊及周边地区经济和临港产业发展。潍日高速已经开工，起点设在潍坊中港区，将大大提高集疏港能力。

潍坊港将建成以散杂货泊位为主，积极发展集装箱、液化品、客滚运输，3 个港区统筹互补、良性发展的综合性港口。目前，潍坊港现有开放泊位 13 个，其中，5 000 吨级泊位 7 个、10 000 吨级泊位 3 个、20 000 吨级泊位 3 个。

青岛市

【外贸进出口货运量与总值】 2015 年，青岛水运（海港）口岸外贸进出口货运量 31 901. 06万吨，同比（下同）增长 2. 59%。其中，进口 22 676. 13 万吨，增长 1. 39%；出口 9 224. 93万吨，增长 5. 66%。海港货物吞吐量 48 453. 10万吨，增长 3. 52%。外贸进出口货运量与港口吞吐量比值达到 65. 84%。集装箱吞吐量 1 743. 56 万标箱，增长 5. 13%，其中，外贸集装箱 1 055. 05 万标箱，增长 0. 84%。空运口岸货邮量 20. 81 万吨，增长 1. 78%。口岸外贸进出口总值 8 972. 60 亿元，下降 11. 10%。其中，进口总值 3 521. 60 亿元，下降 25. 50%；出口总值 5 451. 10 亿元，增长 1. 60%。青岛市进出口总值 4 359. 80 亿元，占青岛口岸年度总值的 48. 59%。

【出入境人员与交通工具】 空运口岸飞机起降 15. 46 万架次，增长 9. 16%；旅客总吞吐量 1 820. 21 万人次，增长 10. 91%。入出境飞机 2. 17 万架次，增长 15. 83%；入出境人员 288. 27 万人次，增长 15. 63%，其中，入境 144. 46 万人次，增长 15. 84%；出境 143. 81 万人次，增长 15. 43%。

【扩大口岸开放】 水运口岸董家口港区开放加快推进，2015 年 3 月，《山东省人民政府关于青岛董家口港作为水运口岸对外开放的请示》（鲁政呈〔2015〕16 号）上报国务院。积极推进已建成码头泊位临时开放，实现了董家口港 30 万吨级矿石等 5 个码头泊位临时开放续期，启动海湾港务 2 万吨级和 3 万吨级液体化工码头、中石化 LNG 码头等 13 个码头泊位临时开放申报工作。另外，积极推进青岛港女岛港区扩大开放，10 月《青岛市人民政府关于青岛港口岸女岛港区扩大开放的请示》（青政呈〔2015〕75 号）上报省政府。

2015 年，青岛空运口岸新增和加密 10 条国际（地区）航线。1 月 24 日，春秋航空公司开通青岛—大阪客运航线，这是该公司在青岛开通的首条空中国际航线；1 月 25 日，东方航空公司开通青岛—温州—岘港客运航线；1 月 26 日，东方航空公司开通南京—青岛—釜山客运航线；2 月 12 日，台湾远东航空公司开通青岛—马公客运航线；3 月 10 日，扬子江快运航空开通上海浦东—首尔仁川—青岛—上海浦东货运航线；7 月 2 日，东方航空公司开通青岛—曼谷客运航线；7 月 5 日，山东航空公司开通乌鲁木齐—青岛—大阪客运航线；11 月 11 日，山东航空公司开通青岛—昆明—新德里客运航线，该航线是青岛至印度首条空中国际航线；11 月 25 日，泰国酷鸟航空公司开通青岛—曼谷客运航线；12 月 3 日，山东航空公司开通青岛—厦门—普吉—厦门—青岛客运航线。11 月 16 日起，青岛空港口岸对 51 个国家的外籍旅客实施 72 小时过境免签政策。

【口岸“大通关”建设与保障】 开展丝绸之路经济带通关一体化改革，海关丝路经济带通关一体化和检验检疫丝绸之路经济带“9 + 1”区域一体化全面推进，惠及沿线近 9 万家外贸企业，可为企业降低跨关区通关成本 20% ~30%。

深化关检合作“三个一”。在青岛关区所有通关现场全面落地，支持即墨打造国际进口水果口岸，在黄岛先行探索关检查验场地整合，进口固体废物通关时间平均缩短一周左右，每集装箱节约费用 500 元。

推动口岸单位“三互”（信息互换、监管互

认、执法互助)。在旅检、邮件监管等环节全面推行关检“一机双屏”，积极探索“一站式作业”、联合登临检查。

积极推进电子口岸建设。以青岛港信息中心为平台，建设青岛电子口岸实现试运行，逐步完善电子口岸功能，扩大与各单位数据联网共享范围。

营造便利化通关环境。进一步优化查验机制，实行分类查验，对高级认证企业适用较低比例查验率；实行查验分流，缓解口岸查验压力；提升非侵入、非干扰式查验比例，机检单量占全部查验量近30%。

推进上海自贸区通关便利化创新措施在青岛市加快实施，选择性征税等9项创新制度落地实施，青岛港获批铁矿石期货保税交割业务，青岛9家企业获融资租赁资质。

清理规范进出口环节收费。根据省、市统一部署，市政府口岸办组织口岸、物价、商务、工商等单位和部门，深入开展了进出口环节收费调研，并向国务院办公厅报送了专报信息，得到了国务院、省政府领导的高度重视，李克强总理、汪洋副总理分别在青岛市报送的专报信息上作出重要批示。在摸清底数的基础上，研究制定了《青岛港口岸进出口环节收费清理工作方案》，明确口岸查验单位、物价、交通、工商、港口等职责，建立清理规范进出口环节收费工作机制，规范港口收费、简化作业流程、整治代理市场、促进收费公开透明：海关系统清理取消下属事业单位及经济实体收取的安全产品后续服务收费、纸质和电子报关委托书收费等30余项经营服务性收费，全面退出与码头、港务等联合经营项目，累计为进出口企业减负1.6亿元，较去年同期相比下降50%以上；检验检疫系统降低部分实验室委托检测项目收费和检疫处理服务性收费、停收检验检疫协会会员费等收费，落实减免费用2.83亿元，同比下降47.72%；海事系统自10月1日起停征船舶港务费等7项中央级设立的行政事业性收费，年停征额度约为2.30亿元；港航系统减半收取港口设施保安费、降低引航费收费标准，年减免费用约1.30亿元；青岛港集团将港口竞争性劳务收费实行一口价模式，收费项目由原来的50多项压缩到16项等，青岛口岸在贯彻落实国家重大决策，推进降低口岸通关成本方面积累了宝贵经验。

【口岸跨区域合作】 深化口岸跨区域合作，组织口岸查验单位、胶州市政府、中铁联集青岛中心站等，赴陕西渭南、河南郑州、广东东莞等地，与当地口岸管理部门建立和完善跨区域合作机制，延伸口岸服务功能，优化口岸通关环境，2015年10月17日，青岛至东莞“中韩快线”班列顺利开行，河南肉类进口口岸指定青岛港为第一入境口岸。提升多式联运监管功能，实现了监管中心与港口间集装箱转运班列“公交化”运输，2015年7月1日，青岛至中亚班列开行。

【重大活动保障】 2015年，青岛口岸圆满完成了国际教育信息化大会、国际休闲体育大会、2015中国青岛财富论坛等重大活动及国际帆船周、世界杯帆船赛等系列赛事的口岸通关保障任务。完成了“海娜”号、“中华泰山”号等32个航次邮轮保障，游客人数突破3万人次。

山东省口岸大事记

4月20日

海关总署党组书记、署长于广洲来济南调研。海关总署副署长邹志武、山东省副省长夏耕参加活动。

4月27日

为建立与丝绸之路经济带发展相适应的区域海关紧密合作机制，青岛、济南、郑州、太原、西安、兰州、银川、西宁、乌鲁木齐、拉萨10个海关关长在青岛签署《丝绸之路经济带海关合作协议》。

6月17日

“丝绸之路经济带”检验检疫“9+1”区域一体化工作启动仪式暨研讨会在青岛召开。质检总局副局长孙大伟、山东省副省长夏耕出席并讲话。

9月8日

由交通运输部、山东省人民政府联合主办，山东省海上搜救中心承办，烟台市海上搜救中心协办的“2015年大型客船遇险联合搜救演习”在山东烟台北部海域成功举行。

8月30日

国家质检总局和山东省政府在济南签署《共同推动“一带一路”战略全力塑造山东开放型经济发展新优势合作协议》。

8月31日

国家质检总局局长支树平在山东省副省长王随莲的陪同下，到山东检验检疫局调研指导工作，看望慰问一线干部职工。

9月8日下午

山东省海上搜救工作会在烟台召开。

9月16日

韩国海洋警备安全本部3010舰顺利靠泊烟台港18号泊位，开始为期4天的访问交流，山东海事局与韩方联合开展业务研讨、舰艇开放、搜救演习等全方位的沟通与交流活动。

9月22日

山东检验检疫局局长、党组书记周建安在青岛会见了到访的韩国驻青岛总领事馆总领事李寿尊一行。

10月13日

山东国际贸易单一窗口试运行启动仪式在济南举行，山东省副省长夏耕、国家口岸办单一窗口工作组副组长党英杰出席仪式。

11月16日

青岛空运口岸（青岛流亭国际机场）对持有有效国际旅行证件和72小时内确定日期、座位前往第三国（地区）联程机票的51个国家的人员实行72小时过境免签政策。

12月16日

上午10时58分，黄河三角洲地区首列国际货运班列“滨新欧—滨州号”国际货运班列首班列车出发。

（撰稿人：杨东炜、刘皓、刘文远、王亚楠、田林大、林祝恩）

2015年山东省口岸流量统计汇总表

口岸类型	口岸名称	货运量（万吨）				集装箱量（万标箱）				人员（万人次）				交通工具（辆、艘、架、列次）			
		出口	进口	合计	同比（%）	出口	进口	合计	同比（%）	出境	入境	合计	同比（%）	出境	入境	合计	同比（%）
空运口岸	青岛			0.00				0.00		143.8	144.4	288.28	15.65	10 582	11 072	21 654	15.83
	济南			0.00				0.00		28.8	29.2	58.1	14.48	2 649	2 653	5 302	22.70
	烟台			0.00				0.00		24.7	24.3	49.02	-4.96	2 871	2 788	5 659	7.20
	威海			0.00				0.00		16.99	17.05	34.04	130.77	1 408	1 406	2 814	107.68
	分计			0.00				0.00		143.8	144.4	288.28	15.65	17 510	17 919	35 429	19.49
海港口岸	青岛	9 224.9	22 557	31 781	1.9	876.4	867.1	1 743.56	9.47	5.2	5.4	10.74	-11.8	1 071	1 051	2 122	-0.05
	烟台	1 053.3	3 798.4	4 851.7	43.7	88.8	91.8	1 80.6	0.08	11.4	11.1	22.62	3 1.93	1 688	1 933	3 621	24.26
	威海	1 041.4	1 163.3	2 204.7	9.2	35.5	34	69.59	3.57	12.9	13	25.97	-15.76	927	980	1 907	5.71
	日照	902.95	10 306	11 208	-5.9	4.69	4.9	9.6	15.69	3.99	3.95	7.94	5.28	1 260	1 496	2 756	-14.94
	东营	0.18	65.66	65.84	897.6									193	202	395	674.51
	潍坊	52.4	32.94	85.34	20.3									196	170	366	15.09
	岚山	229.46	11 336	11 565	6.5									1 601	1 808	3 409	8.57
	龙口	464	3 434	3 898	-14.4	0.12	0.13	0.25	-66.45					1 326	1 454	2 780	11.92
	石岛	264.35	320.99	585.34	-3.5	5.9	5.9	11.86	-7.94	12.52	12.49	25.02	-12.52	708	724	1 432	2.21
	龙眼	64.1	228.6	292.7	-2.5	2.3	2.2	4.57	-12.43	6.53	6.48	13.01	-23.61	436	469	905	-13.73
	蓬莱	105.4	210.84	316.24	1.68									250	249	499	-8.44
	莱州		461.85	461.85	40.2									286	286	572	-5.92
	分计	13 402.44	53 915.58	67 315.71	2.72	1 013.9	1 006.2	2 020.1	8.16	267	267.7	534.82	11.48	14 559	15 708	30 267	6.92

（山东省口岸办提供）

2015年青岛海关主要业务统计表

指标	单位	数量	同比（%）
进出口货运量	万吨	43 686	-6.8
进口	万吨	35 443	-8.9
出口	万吨	8 244	3.4
进出口总值	亿美元	2 672	-13.3
进口	亿美元	1 249	-24.7
出口	亿美元	1 423	0.0
进出口报关单	万份	421.4	-2.3
进口	万份	102.0	-6.6
出口	万份	319.4	-0.9
集装箱量（标箱）	万个	865.5	0.6
进口	万个	401.3	6.6
出口	万个	464.2	-4.0
进出境运输工具	艘架次	61 291	12.6
船舶	艘次	29 835	6.9
飞机	架次	31 456	18.7
入库税款	亿元	1 069.0	-26.3
关税	亿元	124.3	-11.0
进口环节税	亿元	944.7	-27.9
罚没收入	万元	10 943.9	-2.1
进出境人员	万人次	586.4	11.3
行邮物品	万件	97.3	-50.8
邮政和非邮政快件	万件	881.0	27.7
备案加工手册	份	29 292	-15.0
手册备案金额	亿美元	135.2	-19.1
经批准内销征税	亿元	18.7	-9.1
加工贸易经营企业数	个	5 403	1.1
加工贸易生产企业数	个	5 241	1.7

（青岛海关提供）

2015 年济南海关主要业务统计表

指标	单位	数量	同比（%）
进出口货运量	万吨	10 257.4	42.7
进口	万吨	9 281.1	47.1
出口	万吨	976.3	10.7
进出口总值	亿元	2 315.1	7.7
进口	亿元	1 156	10.5
出口	亿元	1 159.1	5.0
进出口报关单	万份	54.1	6.0
进口	万份	9.7	-2.0
出口	万份	44.4	8.0
集装箱量（标箱）	万个	112.6	7.0
监管进出境运输工具	艘架次	7 381	13.9
船舶	艘次	858	100.9
飞机	架次	6 523	30.2
进出境人员	万人次	66.9	136.8
监管行邮物品	万件	192	13.7
监管邮政和非邮政快件	万件	90.5	130.4
入库税款	亿元	166.5	4.9
关税	亿元	13.0	-9.5
进口环节税	亿元	153.5	6.4
罚没收入	万元	1 959	35.0
备案加工手册	份	7 164	-18.2
手册备案金额	亿美元	50.3	-36.2
加工贸易经营企业数	个	2 393	-4.5
加工贸易生产企业数	个	2 290	-4.4

（济南海关提供）

2015 年山东省口岸出入境主要数据表

项目			2015 年	2014 年	同比（%）
出入境人员（人次）	出入境人员总数		6 176 499	5 523 433	11.82
	入境人员		3 104 914	2 770 460	12.07
	出境人员		3 071 585	2 752 973	11.57
	出入境旅客		5 162 477	4 618 567	11.78
	出入境员工		1 014 022	904 866	12.06
	中国公民	小计	3 822 294	3 294 901	16.01
		内地居民	3 554 329	3 039 641	16.93
		港澳居民	92 855	88 280	5.18
		台湾同胞	175 110	166 980	4.87
	外籍人员		2 354 205	2 214 031	6.33
交通运输工具（辆、艘、架、列次）	总计		65 791	51 959	26.62
	船舶		30 267	28 309	6.92
	飞机		35 524	29 549	19.82
	火车				
	机动车辆				

（山东省公安边防总队提供）

2015 年山东省出入境检验检疫业务统计表

项目	货物检验检疫				交通工具			集装箱（标箱）		发现动植物疫情		货物通关		出入境人员查验（人次）	健康检查及预防接种（人次）			
	批次	金额（万美元）	检验检疫不合格															
			批次	金额（万美元）	船舶（艘）	飞机（架）	火车（列）	合计	检出问题	种类数	种次	批次	金额（万美元）		健康检查	艾滋病监测	发现病例	预防接种
本年累计	818 919	11 550 939.2	61 160	2 287 225.501	29 284	35 039		7 229 402	117 543			869 586	11 099 017	5 690 811	67 953	65 996	27 563	83 712
其中 出境	632 936	3 046 967.90	26 223	86 849.36	14 095	17 324		3 337 903	343			648 507	3 120 548	2 834 544	61 753	59 834	25 385	83 003
其中 入境	185 983	8 503 971.30	34 937	2 200 376.14	15 189	17 715		3 891 499	117 200			221 079	7 978 469	2 856 267	6 200	6 162	2 178	709
同比（%）	-1.31	-22.13	-43.76	-21.41	7.31	18.07		-13.83	26.83			-2.19	-25.02	5.79	-31.91	-33.17	-17.85	-5.99
其中 出境	-1.28	-6.05			5.33	16.29		-32.49	-33.78			-1.86	-4.58	5.85	-31.81	-33.24	-17.57	-6.64
其中 入境	-1.4	-26.63	-12.38	-17.52	9.22	19.86		12.94	27.17			-3.17	-30.82	5.72	-32.94	-32.43	-20.97	413.77

（山东出入境检验检疫局提供）

2015 年山东省海事局进出港船舶统计汇总表

船舶类别	进港船舶							出港船舶						
	艘数（艘次）	总吨（吨位）	总载重量（吨）	载客量（客位）	船员人数（人）	货物到达量（吨）	旅客到达量（人）	艘数（艘次）	总吨（吨位）	总载重量（吨）	载客量（客位）	船员人数（人）	货物发送量（吨）	旅客发送量（人）
总计	302 992	1 199 222 670	1 488 896 238	28 445 271	2 297 024	661 588 054	13 567 630	305 058	1 202 545 712	1 487 232 209	28 443 408	2 365 680	277 702 498	13 497 008
中国籍船舶	282 824	508 723 861	489 180 217	27 417 201	1 836 465	18 583 842	13 113 705	284 688	506 423 975	485 794 202	27 300 029	1 907 023	201 955 919	13 022 050
其中外贸船	3 951	25 485 015	40 751 486	42 547	31 548	26 188 861	32 997	3 691	14 867 306	2 254 6104	42 133	25 842	3 511 034	32 978
外国籍船舶	20 168	690 498 809	999 716 021	1 028 070	460 559	475 753 212	453 925	20 370	696 121 737	1 001 438 007	1 143 379	458 657	75 746 579	474 958

（山东海事局提供）

河　南　省

河南省口岸分布示意图

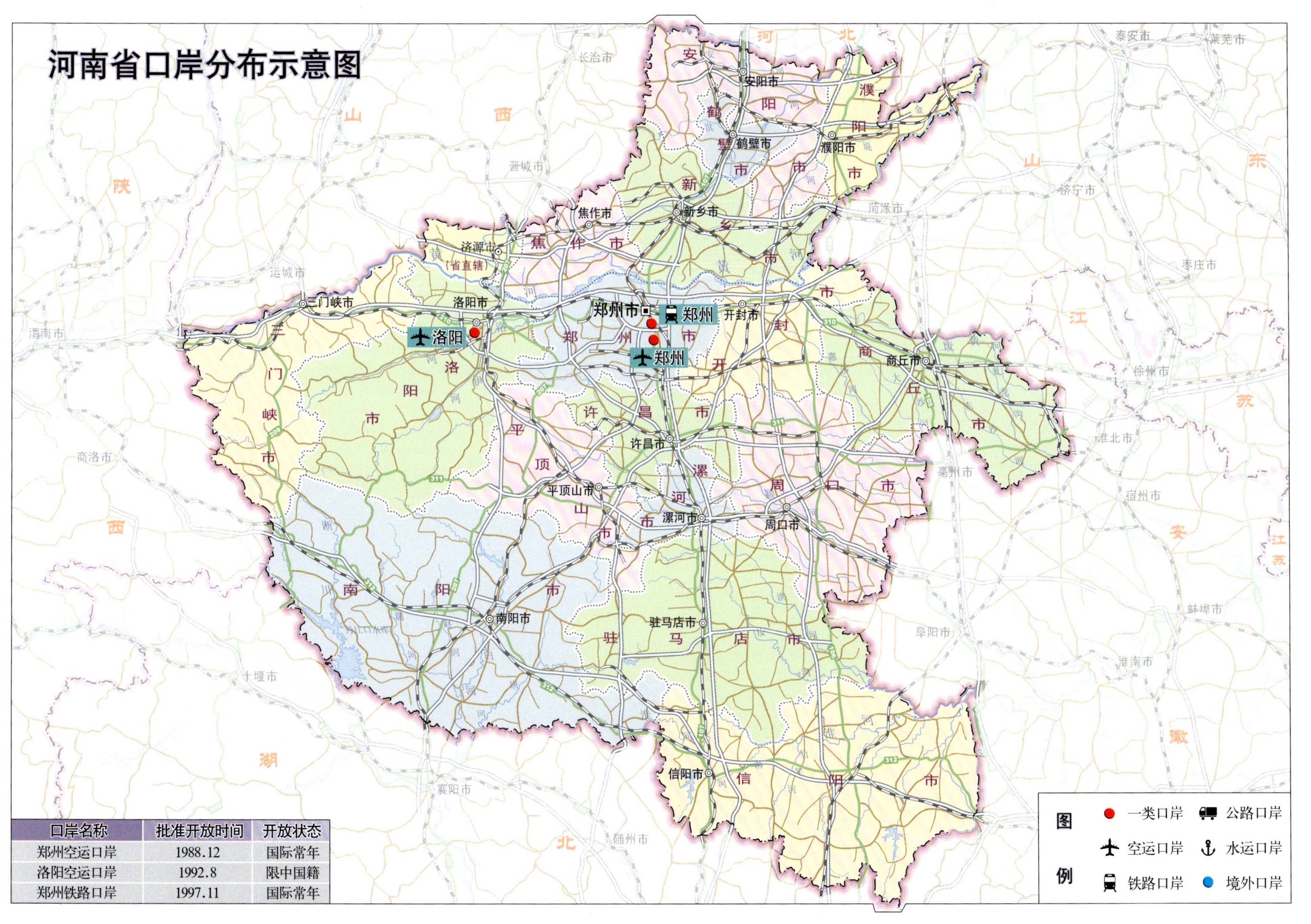

口岸名称	批准开放时间	开放状态
郑州空运口岸	1988.12	国际常年
洛阳空运口岸	1992.8	限中国籍
郑州铁路口岸	1997.11	国际常年

口岸数量及分布

截至2015年年底，河南省有经国务院批准的对外开放口岸3个。其中，空运口岸2个，分别是郑州空运口岸（郑州新郑国际机场）、洛阳空运口岸（洛阳北郊机场）；陆路（铁路）口岸1个，即郑州铁路口岸。

口岸运行数据

2015年，河南省实现外贸进出口总值633.9亿美元，同比增长15.7%，其中进口284.7亿美元，出口349.2亿美元，同比分别增长10.9%和20%。

2015年，郑州空运口岸进出境人员119.8万人次，同比增长32.9%。国际货邮吞吐量完成22.7万吨，同比增长10.4%。洛阳空运口岸2015年开通了洛阳—曼谷、洛阳—中国香港两条定期国际（地区）航线，全年出入境旅客24 744人次，同比增长1 840.7%，快速增长的主要原因是境外航班由过去的季节性运行转变为常态化运行，航班数量大幅增加。

2015年，郑州铁路口岸进出口货物总量为64万吨，其中出口40万吨，进口24万吨；进出口集装箱数量为23 555标箱，其中出口14 388标箱，进口9 167标箱。

口岸综合管理

【河南省委省政府高度重视口岸建设工作】 河南省委省政府坚持“东联西进、贯通全球、构建枢纽”的战略导向，把口岸及海关特殊监管区域（场所）建设作为融入“一带一路”战略的关键举措，积极探索不沿海、不沿边内陆省份扩大开放的新途径，全省口岸平台载体数量不断增加，功能进一步提升，作用日益突出，初步形成了以郑州空运和铁路口岸为龙头，以跨境电商“互联网+”等新型业态为引领，综合保税区等海关特殊监管区为支撑，进口肉类口岸、汽车口岸等指定口岸为补充，信息化的电子口岸为窗口，与沿海沿边等主要口岸紧密合作、联动发展，辐射全球主要经济体的口岸开放新格局，有力地支撑了全省开放型经济的快速发展。

【国际航空物流枢纽建设取得重要进展】 按照“建设大枢纽、发展大物流、培育大产业、塑造大都市”的思路，加快郑州机场二期工程建设，建成投用T2航站楼和国际货栈，大大提升了郑州机场口岸的吞吐能力和基础设施的现代化水平，为建设国际枢纽机场奠定了基础；着力完善空运口岸功能，创新口岸发展模式，积极开展保税航油、保税航材、航空快件、国际邮件、跨境电商、国际货物转运、冻品和生鲜水产品进口等业务，推动郑州航空港实现由过去单一的客运口岸向“货运为主、客货并举”的综合性空运口岸转变。目前郑州新郑国际机场开通国际地区航线52条，其中客运航线22条，通达首尔、曼谷等18个境外城市，全货机国际地区货运航线30条，位居内陆地区第1位，覆盖亚太、欧洲和北美等地区25个城市。俄罗斯空桥、UPS、卢森堡货航等国际知名物流企业入驻郑州，郑州机场在国内55家城市开通每周455班地面卡车航班，实现了货物集疏网络化，空运口岸的品牌和规模效应正逐步提升，国际航空物流枢纽正加速形成，中西部地区对外开放门户地位初步显现。

【依托铁路口岸开通运营郑欧班列，稳定形成华中地区与欧亚地区铁路运输通道】 截至2015年年底，郑欧班列累计开行256班次（其中2015年156班），已经实现每周3班出境、2班进境常态化运行；集货范围覆盖长三角、珠三角、环渤海经济圈等全国23个省、直辖市，并延伸至日韩等亚太国家；货物品类涵盖机电设备、IT产品、家电产品、汽车整车及配件等30大类1 000多种；获批建设多式联运海关监管中心，将实现铁路、航空和汽车运输在口岸的无缝对接；境外集疏范围覆盖欧洲和中亚20个国家105个城市，形成了汉堡境外枢纽，并在欧洲和中亚建立了阿拉木图、莫斯科和华沙3个核心集疏中心，初步形成中欧陆路重要的物流贸易通道和河南省融入“一带一路”的重要载体和平台。

【特定口岸建设成效显著，内陆综合性口岸平台体系不断完善】 在国家有关部门大力支持下，河南省成功申请建设国际邮件郑州经转口岸和进口肉类、进境活牛、进口冰鲜水产品、进口水果、进口汽车整车等一大批进口指定口岸，成为全国指定口岸数量最多、种类最全的内陆省份，为发挥河南省综合优势，统筹利用国内国外两个市场、两种资源，促进产业转型升级发挥了积极作用。特别是肉类口岸的运营，可以提升郑州机场国际货运和郑欧班列返程运输货运量，大幅降低肉类进口物流成本，带动河南及中部地区食品产业和冷链物流产业转型升级，对于打造内陆地区进口肉类产品集散基地，发展口岸经济具有重要意义。

【口岸经济快速发展，对外贸易转型升级步伐不断加快】 积极申请建设综合保税区、保税物流中心等海关特殊监管区域，大力发展临空经济、加工贸易、跨境电商等新兴产业，承接产业转移能力大幅提升，内陆开放型经济高地建设取得新突破。一是海关特殊监管区域和保税监管场所等开放平台发展迅速。新郑综合保税区的进出口总值对全省对外贸易的贡献度持续上升，已成为引领河南省开放型经济发展的新引擎。二是郑州跨境贸易电子商务服务试点蓬勃发展，在政策体系、业务流程、口岸监管和技术层面改革创新成效显著，被海关总署定义为“1210 模式”（即保税备货模式），业务量、纳税额、参与企业数量等综合指标居全国试点城市首位，习近平、李克强、张德江等多位国家领导人实地考察调研，并给予高度评价。同时，积极推广试点经验，推动河南省跨境贸易电子商务“多载体、多模式、多元化”发展，依托河南电子口岸平台，开发建设服务全省、适用全模式的跨境电子商务通关服务平台，在郑州机场、新郑综合保税区、郑州国际陆港上线开展业务，运行良好，河南省跨境电子商务正朝着“买全球、卖全球”的目标加速迈进。

【口岸通关改革稳步推进，开放环境持续优化】 口岸监管部门通力协作，扎实有效推进区域通关一体化、“三互”大通关、关检合作“三个一”、“双随机”查验制度等通关改革措施，全省口岸通关诚信体系建设得到加强，口岸安全联防联控机制不断完善，通关便利化服务水平不断提升；积极复制推广上海等自贸区及海关特殊监管区域试点成熟的创新制度措施和改革经验，积极开展保税维修、跨关区保税货物结转、集中汇总征税等改革工作，国际化营商环境不断优化，带动全省在更高水平、更高层次对外开放。

【河南电子口岸建设步伐加快，口岸信息化水平进一步提升】 按照“政府主导、市场化运作、企业经营、行业监管”原则组建河南电子口岸有限公司，建设完成了河南电子口岸平台一期 6 大类共 21 个应用系统项目；依托河南电子口岸平台，建设了海关通关一体化系统及跨境贸易电子商务通关平台，初步形成了集通关、物流、商务服务为一体的大通关信息平台，为下一步建设国际贸易“单一窗口”奠定了基础。

口岸监管与服务

【河南省公安边防总队积极服务河南对外开放】 紧跟河南融入“一带一路”步伐，深入探索“三互”大通关建设，充分运用互联网思维，扎实推动“电子口岸”平台上线运行，建设应用“出入境人员报检系统”等创新功能。主动跟进进口肉类、澳洲活牛指定口岸开放，通过优化流程、靠前服务，进一步缩短国际货运航班通关时间，着力巩固省代表团出访欧亚成果。全力保障上海合作组织政府总理会议，坚决克服筹备时间短、重大外事活动保障经验不足、郑州机场 T2 航站楼转场等因素影响，圆满完成了边防安保任务，妥善快速处置了突发情况，为俄罗斯总理梅德韦杰夫、吉尔吉斯斯坦总理萨里耶夫等提供了优质服务，得到了河南省有关领导和外方代表团的充分肯定。高标准完成了黄帝拜祖大典、洛阳牡丹文化节、“投洽会”及台湾“海基会”、全国政协香港地区委员及韩国议会代表团访问河南任务。

【河南省公安边防总队创新警务模式，主动应对口岸快速发展】 积极应对郑州空运口岸出入境流量快速攀升态势，进一步完善总队异地用警机制，深化边检勤务模式改革，探索士官参与执勤执法，在郑州机场T2航站楼建设了6条自助查验通道、20个智能验证台，极大提升了口岸通关智能化水平。坚持素质强警，投入专项资金加强“边检网络学院”硬件设施建设，扎实开展分级培训练兵，圆满完成了站、科队值班领导能力考核，组织了边检岗位技能竞赛，各级勤务人员能力素质显著提升。大力加强边检专业人才队伍建设，部署下达了简化国际货运航班通关流程，探索空港现场勤务指挥室建设等课题研究任务，组织开展了课题评审，取得了良好效果。指导洛阳边检站建设了证件研究中心，为郑州边检站证件研究室配备了超级文检工作站、层析显微镜等先进设备，进一步提升了证件鉴别专业化水平。

【河南省公安边防总队深入推进执法规范化建设】 全面落实案件审核、个案评判、阶段评查考核等制度，及时发现、整改执法突出问题，实现对执法工作事前、事中和事后的全方位、全过程监督。邀请法律专家和执法顾问到总队机关和执法一线开展“把脉巡诊”，聘请有关领导、口岸联检单位、知名律师及旅客代表作为执法监督员，定期对总队的执法工作开展监督评价，在执勤现场公开三级举报投诉电话，提高边检执法的社会公信力。投入资金，改造、更新各边检站现场培训室、询问检查室、警械装备室等硬件设施，为基层增配执法记录设备、便携式文检仪等执勤执法装备，更新完善执法办案场所和执勤现场监控设施，扩充录像存储容量，提升执法信息化建设水平，在公安部边防局执法考评中被评为优秀。

【郑州海关大力支持空运口岸发展】 全力促进郑州机场开展跨境电子商务、保税航油、保税航材及国际转运货物等新型业务。支持郑州机场T2航站楼和西航空货栈顺利运营，指导海关监管设施建设，助力郑州机场打造国际客货运枢纽。支持开通国际客货运航线52条，主动加强与口岸海关的联系配合，探索“卡车航班”等监管模式，支持郑州机场货运量提升。支持郑州机场集疏进出口国际邮件，顺利实现至俄罗斯的国际航空出口邮路的常态化运行。支持丰富航空运输货物种类，实施水果、海鲜鱼类、活牛等生鲜类商品快速通关，实行单证快速审结及“随到随验”等便利措施，切实降低企业通关时间和运营成本。2015年，河南以航空运输方式进出口货值3 178.2亿元，同比增长29.3%，占全省进出口总值的69.1%；全省监管进出境航班1.61万架次、人员132.6万人次，同比分别增长13.8%和36.1%；海关监管货邮量达到23.8万吨，同比增长28.7%；海关监管国际航空邮件1 164.47吨；海关监管所辖保税航油仓库累计为44余家航空公司加注保税航油12.7万吨，同比增长6.7%，有效保障了52条国际航线正常运行，为企业节约成本4 691万元。

【郑州海关着力推进铁路及邮政口岸建设】 全程指导郑州多式联运监管中心建设，积极向海关总署申请建立多式联运舱单系统，满足企业进出口货物集疏、拆拼等业务需求。促进郑欧班列扩量增效，不断完善班列监管模式，加班加点确保班列密集发行。积极探索汽车平行进口监管方案，倾听进口企业意见建议，确保整车进口有序发展。提升郑州国际邮件运转中心地位，制定专题监管方案，派员赴满洲里等海关跟班作业，全力支持邮政出口包裹搭乘郑欧班列。2015年，郑州海关共监管郑欧班列运营156班，其中进口59班，出口97班，与上年相比增长81.3%，监管集装箱12 926标箱，货运量6.32万吨，货值7.12亿美元。省外货源已由2014年的70%提高至2015年的80%，其中国内覆盖23个省、直辖市，境外已覆盖20个国家105个城市，集疏网络日渐完善。搭载郑欧班列进口汽车整车共235辆，征收税款8 092.75万元，班次密度、货重货值均居中欧班列前列。

【郑州海关积极推动海关特殊监管区域创新发展】 推进特殊区域优化整合，推动口岸作业区改造，使综合保税区在开展研发、加工、制造、仓储等保税业务的同时可以开展港口作业、国际转口贸易、国际中转等口岸所有类型业务，满足各类通关需求。支持区内服务业发展，推动富士康“港仓内移”，量身定制境外物流节点内迁监管方案，吸引7个国家的9个物流仓库内移到郑州综合保税区，整体物流时间由22天缩短为15天，每年可节约企业成本700多万美元，降低企业40%的手机维修成本。加快特殊区域监管创新，稳步推进上海自贸区海关监管创新制度复制推广、集中汇总征税等改革工作，积极开展保税维修、跨关区保税货物结转等改革试点，不断拓展特殊区域功能。2015年，河南省海关特殊监管区域（不含保税监管场所）进出口总值3 121.6亿元，同比增长29.4%，占到全省进出口总额的67.9%，对全省外贸的贡献率为125.5%；其中，郑州新郑综合保税区进出口值为3 101.3亿元，同比增长30.1%，在全国所有综合保税区中排名第二。

【河南出入境检验检疫局主动促进贸易便利化】 围绕提高效率，在全省全面实行“通报、通检、通放”，全国范围实施“出口直放、进口直通”，745家河南企业享受“三通两直”待遇，截至2015年12月31日，实施出口直放7 798批，货值5.91亿美元；实施进口直通260批，货值4 486万美元；推动河南、江苏出入境检验检疫局联合出台《联程、联运货物检验检疫一体化管理办法》；开发“河南智慧国检”，开启移动业务查验、政务公开、业务指南和工作预约等服务；帮助企业应对技术性贸易壁垒，首次发布河南技术性贸易措施年度报告；大力宣传原产地证优惠政策，帮助河南出口产品享受关税优惠10.4亿元。

【河南出入境检验检疫局积极推进跨境贸易电子商务快速健康发展】 提出“以质量安全为底线、风险监控为核心、清单管理和质量安全追溯为基础，平台企业承担第一责任，销售方承担质量安全风险”的工作机制，确立了“企业备案管理，平台第一责任，信息互联互通，入区即查即放，区内监督管理，出区分批核销”的检验检疫监管模式；完善检验监管工作制度，先后制定了相应管理办法、工作规范和作业文件，逐步明确了企业商品备案、进出口监管、风险监督管理等环节的工作任务和业务流程、工作程序；逐步规范备案工作，对电商经营主体和经营商品试行备案管理，以明确责任主体，加强质量安全追溯；加强质量安全风险监控，创新跨境电子商务管理手段，采用“双随机”工作机制，加强事中事后监管，建立跨境电子商务商品线上线下风险监控制度。

【河南出入境检验检疫局积极推进“大口岸”“大通关”建设】 根据《质检总局关于推进“一带一路”建设工作的意见》，研究出台支持河南加快建设“六类”口岸等措施，支持河南深度融入“一带一路”建设，积极推动现有口岸无缝衔接、形成合力，构建与现代口岸相匹配的集疏运网络，打造综合流程最优、综合效率最高、综合成本最低的内陆开放大口岸；认真贯彻国务院推进“三互”大通关改革要求，落实质检总局关于加大帮扶企业力度促进外贸稳定增长的工作部署，实现全国检验检疫通关一体化，全面开展全省“通报、通检、通放”和全国范围内“出口直放、进口直通”工作，不断提升通关便利化水平。

开放口岸

【郑州空运口岸（郑州新郑国际机场）】 郑州空运口岸于1988年12月经批准开放，当时只限中国籍飞机出入境。2002年5月经国务院批准可供中国籍和外国籍飞机出入境。1997年建成并通航的河南郑州新郑国际机场位于郑州市东南，距市区27千米，占地466.67万平方米，飞行区等级4E，跑道长3 400米，可满足波音747机型的顺利起降，是国家开放空运口岸和国内干线运输机场，是民航局确定的全国八大区域性枢纽之一。建设有高速公路直达机场，交通条件优越。2007 年 T1 航站楼进行了一次改扩建，扩建后航站楼建筑面积达到 12.89 万平方米，客机坪 18.25 万平方米，货机坪 7.6 万平方米，机位 43 个，年旅客和货邮保障能力可达 1 200 万人次、15 万吨。2013 年 12 月 19 日郑州新郑国际机场二期扩建工程开工建设，2015 年 9 月 30 日完成竣工，同年 12 月 19 日郑州新郑国际机场 T2 航站楼启用并开始试运行，郑州新郑国际机场正式步入“双航站楼双跑道”时代。T2 航站楼建筑面积 48.6 万平方米，南北长约 1 128 米，总投资 191 亿元，其四角拥有 4 条指廊，可以增加 79 个机位，客运吞吐能力 3 000 万人次/年、货运吞吐能力达 30 万吨/年。其中，国际区域建筑面积为 5.5 万平方米，设计满足近期 2025 年国际 320 万人次、高峰小时国际 1 280 人次，远期国际旅客 400 万人次、高峰小时国际 1 440 人次的使用要求。国际区域主要包括四层国际办票区、国际出发联检厅，三层国际候机厅，二层国际到达联检厅、国际行李提取厅及国际到达通道，一层国际远机位候机厅等。同时国际查验通道还包括国际同程航班查验通道及国际贵宾离到港查验通道。T2 航站楼国际值机岛设置 28 个行李托运柜台及 2 个开包间。采用开放式值机，海关及检疫在后台对国际旅客托运行李进行监控。

【洛阳空运口岸（洛阳北郊机场）】 洛阳空运口岸于 1992 年 8 月 1 日经国务院批准为开放空运口岸，成为河南省第 2 个国家开放空运口岸（只限中国籍飞机出入境）。

洛阳北郊机场位于洛阳市北部，距市中心 9 千米。该机场净空条件优越，各种设施、设备齐全，可起降 B737、B767、MD82 等大型客机，是北京机场、郑州机场理想的备降机场。机场候机楼面积 17 000 平方米，其中国际部分 12 000 平方米。从 1993 年 2 月 4 日开通以来，运送来自 56 个国家和地区的人出境旅客近 10 多万人次。除直航洛阳到香港的包机外，还开通了至日本冈山、韩国、新加坡等国家和地区的不定期直航包机。

【郑州陆路（铁路）口岸】 郑州陆路（铁路）口岸位于郑州铁路东站，1991 年 3 月经河南省批准为陆路（铁路）口岸，1994 年 12 月经铁道部、海关总署和河南省政府协商，开通了郑州东站至香港九龙的直达集装箱专列。1997 年 11 月 28 日，《国务院关于同意开放河南郑州东站铁路货运口岸的批复》（国函〔1997〕106 号文）批准为国家开放口岸。2014 年新建了10 660平方米的铁路口岸联检大楼和50 000 平方米的监管查验场地及设施。

郑州陆路（铁路）口岸所在地——郑州铁路集装箱中心站是全国规划建设的 18 个集装箱中心站之一，目前具有年办理 36 万标准集装箱的承载能力，并正在扩建铁路专用线线束，预计到 2020 年具有年处理 120 万标准集装箱的承载能力。郑州陆路（铁路）口岸毗邻的郑州圃田站是全国铁路特等货运站，被原铁道部确定为国际大型集装箱中转站，是国内在新亚欧大陆桥最大的铁路货运站和集装箱集散地。目前，河南依托郑州陆路（铁路）口岸，正在加快建设汽车整车进口口岸（二期工程）、进境粮食口岸等指定口岸，拓展汽车进口、粮食进口、跨境电商等业务，进一步为郑欧班列提供有效货源支撑。

河南省口岸大事记

2 月 6 日

河南电子口岸平台上线运行，标志着河南省初步建成了集通关、物流、商务服务的大通关统一信息平台，提升了政府管理部门和贸易经营企业间信息传递效率。

4 月 14 日

海关总署下发《海关总署关于设立具有多式联运功能海关监管场所有关事项的批复》，同意河南省设立多式联运海关监管中心，这是继西安、青岛之后全国第三家、中部首家多式联运海关监管中心。

5 月 4 日

郑州—新西伯利亚国际货邮航线成功开行，

至俄罗斯国际航空邮路正式开通，这是郑州机场开通首条国际航空邮路，自此，包括北京、上海、广州等在内的国内14个城市的国际邮件将统一经郑州新郑国际机场出境。

8月21日

郑州、漯河进口肉类指定口岸通过由质检总局牵头的国家验收组验收。

9月6日

国家质检总局正式批准郑州、漯河为进口肉类指定口岸。

12月14日~15日

上海合作组织成员国政府首脑（总理）理事会第十四次会议在郑州召开。

12月19日

郑州机场T2航站楼国际区域启用并开始试运行。港龙航空公司和山东航空公司航班首批进驻。

12月21日

河南省口岸工作会议在郑州召开，总结“十二五”以来全省口岸工作经验和成效，分析当前面临的形势和问题，部署“十三五”时期口岸改革发展任务。

12月22日

河南省人民政府印发《关于进一步加强和改进口岸工作的若干意见》，推进“三互”大通关改革，加大简政放权力度。

2015 年河南省口岸流量统计表

口岸类型		口岸名称	货运量（万吨）				集装箱量（万标箱）				人员（万人次）				交通工具（辆、艘、架、列次）			
			出口	进口	合计	同比（%）	出口	进口	合计	同比（%）	出境	入境	合计	同比（%）	出境	入境	合计	同比（%）
空运口岸		郑州	10.83	2.46	13.29	4.32					62.40	61.24	123.64	34.83	6 114	5 790	11 904	21.38
		洛阳									1.49	1.40	2.89	1 706.25	91	90	181	1 192.86
		分计	10.83	2.46	13.29	4.32					63.89	62.64	126.53	37.74	6 205	5 880	12 085	23.05
陆运口岸	公路口岸																	
		分计																
	铁路口岸	郑州	6.05	1.97	8.02	11.23	1.44	0.92	2.36	5.82								
		分计	6.05	1.97	8.02	11.23	1.44	0.92	2.36	5.82								
水运口岸	海港口岸																	
		分计																
	河港口岸																	
		分计																
合计			16.88	4.43	21.31		1.44	0.92	2.36	5.82	63.89	62.64	126.53	37.74	6 205	5 880	12 085	23.05
同比（%）			-3.10	75.10	6.82		-20.00	113.95	5.83		37.72	37.73	37.74		22.48	23.66	23.05	

（河南省口岸办提供）

2015 年郑州海关主要业务数据统计表

项目		2015 年	同比（%）
进出口货运量（万吨）	合计	1 686.4	10.4
	进口	1 640.6	10.3
	出口	45.8	14.2
进出口贸易总值（亿美元）	合计	633.9	15.7
	进口	284.7	10.9
	其中：江、海运输	31.1	-24.8
	铁路运输	1.8	1 185.7
	汽车运输	4.6	2.2
	航空运输	247.2	17.3
	邮件运输	0.000 85	
	其他运输		
	出口	349.2	20.0
	其中：江、海运输	11.2	53.7
	铁路运输	4.4	6.5
	汽车运输	2.7	10.4
	航空运输	330.8	19.5
	邮件运输	0.047	56.7
	其他运输		
税收（亿元）	两税合计	304.1	50.2
	关税入库	5.5	-15.4
	进口环节税入库	298.5	52.3

（郑州海关提供）

2015 年河南省口岸出入境主要数据表

项目			2015 年	2014 年	同比（%）
出入境人员（人次）	出入境人员总数		1 265 264	918 477	37.76
	入境人员		626 377	454 570	37.80
	出境人员		638 887	463 907	37.72
	出入境旅客		1 182 112	850 984	38.91
	出入境员工		83 152	67 493	23.20
	中国公民	小计	1 099 924	775 564	41.82
		内地居民（因公）	4 238	3 596	17.85
		内地居民（因私）	973 600	668 565	45.63
		港澳居民	31 768	26 166	21.41
		台湾同胞	90 318	77 237	16.94
	外籍人员		82 188	75 420	8.97
	从海港出入境人数				
	从陆港出入境人数				
	从空港出入境人数				
交通运输工具（辆、艘、架、列次）	总计		12 085	9 821	23.05
	船舶				
	飞机		12 085	9 821	23.05
	火车				
	机动车辆				

（河南省公安边防总队提供）

2015 年河南省出入境检验检疫业务统计表

项目		货物检验检疫				交通工具				集装箱（标箱）		发现动植物疫情		货物通关		出入境人员查验（人次）	健康检查及预防接种（人次）			
		批次	金额（万美元）	检验检疫不合格																
				批次	金额（万美元）	船舶（艘）	飞机（架）	火车（列）	汽车（辆）	合计	检出问题	种类数	种次	批次	金额（万美元）		健康检查	艾滋病监测	发现病例	预防接种
本年累计		66 364	2 469 330.25	4 935	81 573.74	0	12 097	6 470	0	22 496	276	98	39	23 269	2 552 070.78	1 265 530	49 095	48 879	21 985	63 904
其中	出境	43 929	316 662.27	1 176	7 574.84	0	6 218	4 015	0	6 410	6	5	0	11 170	105 552.73	639 161	46 322	46 129	20 431	63 897
	入境	22 435	2 152 667.98	3 759	73 998.90	0	5 879	2 455	0	16 086	270	93	39	12 099	2 446 518.05	626 369	2 773	2 750	1 554	7
同比（%）		11.04	15.93	33.27	-46.55		23.04	74.11		60.79	441.18	-52.66	-97.24	62.52	50.81	37.79	13.56	13.52	22.25	7.31
其中	出境	1.76	-5.19	10.63	9.1		22.64	20.14		15.41		0	0	245.82	108.8	37.78	13.91	13.89	23.41	7.31
	入境	35.15	19.85	42.39	-49.2		23.46	556.42		90.66	429.41	-12.26	225	9.12	49.02	37.8	8.07	7.67	8.82	-12.5

（河南出入境检验检疫局提供）

祥云飞龙
XIANGYUN FEILONG

云南祥云飞龙再生科技股份有限公司

云南祥云飞龙再生科技股份有限公司始创于1995年，注册资本6亿元，经过十多年不断的技术改造，公司现已发展成为集铅锌采、选、冶、深加工的现代化冶金化工企业。公司现已达到年产电锌18万吨、电铅8万吨、硫酸18万吨、电炉锌粉0.5万吨、精镉1500吨、热镀锌合金3万吨、球团铁80万吨、铟15吨、白银116吨的生产能力。

公司以创建技术创新型、资源节约型、环境友好型现代企业为目标，力争建成处理复杂低品位矿和高效率回收伴生元素的铅锌冶炼企业。

公司坚持以技术创新为主线，积极发展循环经济，通过节能技术改造，走出了一条以人为本、科技为先、循环利用的“飞龙路子”。2004年，公司实验中心被认定为“省级企业技术中心”。几年来，通过不断自主创新，公司先后研制开发出“低品位氧化锌矿浸出工艺”“硫化锌精矿焙砂与氧化锌矿联合浸出工艺”“有机溶剂萃锌与湿法炼锌的联合工艺”等9项自主发明专利技术，形成了一套拥有自主知识产权的生产技术和工艺流程，基本实现了生产技术自主化。其中，“难处理复杂氧化锌矿和氧化锌矿浸出渣提锌新工艺”荣获2008年度云南省科学技术发明类一等奖；“氧化锌矿高效清洁

总经理：杨龙

冶金新技术”荣获2008年度中国有色金属工业科学技术一等奖，公司开发的“P204有机溶剂萃取锌技术”列为《有色金属工业重点节能技术推广专项规划》。

公司在取得良好经济效益的同时，不忘回报社会。秉承着“财富来源于社会，理应回报、反哺社会”的理念，积极参与到扶贫救困、抗震救灾、捐资助学、新农村建设等各项公益和光彩事业建设中。几年来，公司累计捐款3 500多万元。

公司是世界有色金属协会会员单位。2003年，跻身于全国民营企业500强行列，在发展中，公司先后荣获“全国乡镇企业创名牌重点企业”“全国诚信守法乡镇企业”“中国有色金属行业先进集体”“云南省光彩事业先进企业”“云南省再就业工作先进企业”“云南地方工业企业（集团）销售收入超千亿突出贡献奖”“云南省劳动关系和谐企业”“云南省优强工业企业”“云南省农民工工作先进集体”“云南省扶贫工作先进集体”“大理州捐资助学先进集体”等多项殊荣，并被列为云南省重点扶持的10户非公工业企业及云南省循环经济试点企业。

人力资源是飞龙公司之本。培养和建设结构合理、素质较高的人才队伍，充分发挥各类人才的积极性、主动性和创造性，是提升公司核心竞争力的重要保证。近年来，祥云飞龙公司注重人才培养，牢固树立“人才是飞龙之魂，飞龙是人才之家”的理念，大力实施人才战略，加大对人才培养和人才引进的力度，为公司持续发展提供了强有力的技术支持和智力保障。

在当今资源越来越紧缺的前提下，发展循环经济既是大势所趋，也是企业的必然选择。循环经济的建设需要企业作为主力军，而企业建设循环经济必须以人才建设为基础。人才是企业建设循环经济的尖兵。在发展循环经济的过程中，公司充分发挥技术创新的主体功能，走出了一条自己的路：以生产基地为依托，以专家为技术骨干，回收及更合理利用资源，研发具有优势的技术。

云南祥云飞龙再生科技股份有限公司

公司建有云南省省级企业技术中心，目前拥有各类专业技术人员800余人，其中有国家级突出贡献的中青年专家1人，享受国务院政府特殊津贴1人，云南省技术创新人才1人。公司从国营大型铅锌企业引进专家型人才50人。具有中心实验室1个，厂矿实验室2个。公司内部形成了老中青结合的技术人员队伍，年轻技术人员迅速成长，成为发展循环经济的技术中坚力量。

高氟、高氧含锌物料通常不能作为锌冶原料。公司开发了锌溶剂萃取与常规湿法炼锌的联合工艺。通过锌溶剂萃取，将锌选择性地转移到常规湿法炼锌溶液中，使锌与高氟、高氧溶液彻底分离，实现高氟、高氧原料电解锌。于2007年8月建成15 000吨锌/年溶剂萃取生产线，使锌资源得到充分利用。锌冶炼原料得到扩展，是公司发张循环经济的核心技术之一。公司独立研发了从锌矿中回收伴生元素硫、镉、铅、铜、银、铟、铊、钴、铁的技术，使得硫化锌精矿冶炼成为无渣冶炼，处于国内外领先水平。

公司始终坚持人与自然和谐发展的理念。采用地下式CASS池加物化处理工艺周期性活性污泥处理生活污水，积极绿化工作环境，荣获“云南省园林单位”的称号，从行动上支持了环境事业。

公司为当地的社会经济发展做出了积极贡献。依托科研院所，建立开发中心，获得多项发明专利，创立了循环经济生产新路子。公司先后获得“全国民营企业500强”“中国优秀企业”“云南省质量效益型企业”称号。

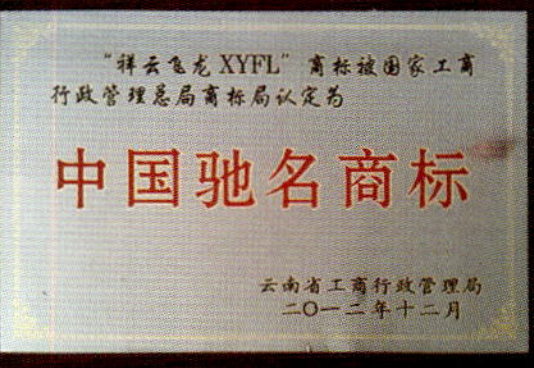

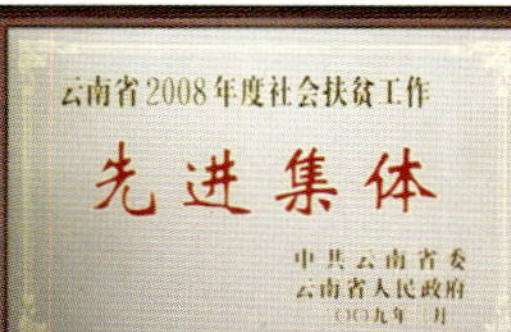

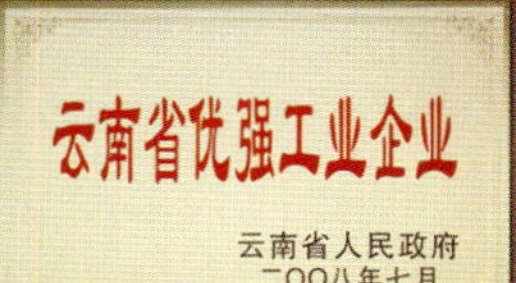

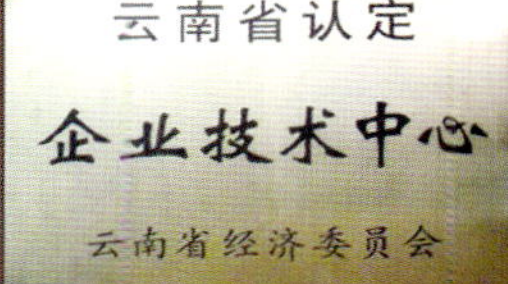

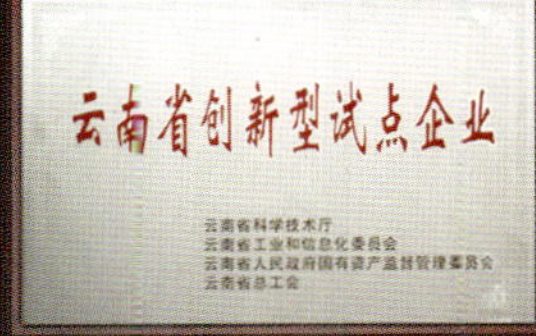

三维 sanwei® 山东三维油脂集团股份有限公司

山东三维油脂集团股份有限公司是一家油脂加工企业，始建于1988年8月，1996年完成企业改制，2000年组建股份有限公司，2002年被认定为山东省高新技术企业和山东省农业产业化龙头企业，2003年正式命名为山东三维油脂集团股份有限公司。

集团于2001年通过ISO9001:2000质量管理体系认证，先后荣获“食品安全诚信承诺单位”“民营企业500强”“2014年度山东民营企业100强”“油脂十强企业”“山东省十大创新品牌”“2012年度全市外经贸工作先进企业”“山东省‘三上’企业统计工作规范化五星级单位”“2012年度优秀企业”“2012年度食用油加工企业50强”“2013年度纳税特别贡献企业”等称号，三维商标被认定为“山东省著名商标”。集团总占地面积约93.33万平方米，现有总资产44亿元，员工2300余人，日加工生产能力8000吨，2014年实现产值84亿元，利润总额9亿元。

集团下设山东三维油脂股份有限公司、中美合资邦基三维油脂有限公司、山东玉林油脂有限公司、山东长润生物有限公司、山东三维大豆蛋白有限公司、临沂三维建设工程有限公司、山东中酿食品有限公司、临沂三维酒店有限公司、山东三维新能源有限公司、山东三维坚盾铝业有限公司10家成员单位。

主导产品有国标一、四级大豆油，饲料用豆粕、大豆蛋白产品、保健品等大豆精深加工产品，及饮品、餐饮等新兴产业。

为确保健康持续发展，集团于2013年斥资25亿元建设中阳生物科技项目，该项目为2013年省重点项目，项目一期工程于2014年8月建成投产，二期工程正在建设中，预计2016年年内可建成投产。该项目全部建成达产后年可新增产值100亿元，利税10亿元。预计至2017年，三维集团将会成为年产值过200亿元、利税21亿元的大型企业集团，成为国内大豆精深加工明星民营企业。

一直以来，集团公司以产品质量为生命，以持续发展为方针，以社会选择为荣誉，以用户满意为目标，建立了完善的市场营销体系和销售服务体系。集团拥有自营进出口权，与世界上著名粮谷贸易商、供应商及国内商企，尤其是跨国商社建立并保持着良好的业务合作关系，产品畅销全国各地及美国、东南亚等国家和地区。

三维集团经过20多年的发展，由一个名不见经传的社办小厂发展成为综合性的企业集团。在20多年的发展历程上，三维集团用勤奋和努力树起一座又一座丰碑，迈向一次又一次辉煌。三维集团在董事长张增运、执行总裁张玉林的领导下，正在铸就新的丰碑，迈向新的辉煌。

固邦（东莞）电器有限公司

KUPOINT (DONG GUAN) ELECTRIC CO.,LTD.

固邦公司副总经理 吴忠志

固邦（东莞）电器有限公司位于广东省东莞市虎门镇怀德工业区，交通方便、环境优雅，是一家独资企业、高级认证管理企业。主要生产和销售圣诞节日灯饰、灯饰配件、塑胶制品。占地面积20万平方米，拥有员工2 500余人，公司本着“以质量求生存，以效益求发展，以品种求繁荣”的宗旨，自1970年成立至今已取得了飞速的发展，成为灯饰行业中一颗灿烂的明珠。公司已通过ISO及CQC等认证，产品远销欧洲、美国、加拿大等国家和地区。

为了寻求更大的发展，1991年投资100万元人民币建立了固邦电器厂，在短短的10年中，固邦电器厂以82%的年增长率飞跃式发展，从建厂时一个不到300名职工，占地面积8 000平方米，年营业额200万美元的小厂，到今天拥有近3 000名职工，占地5万平方米，建筑面积达 23万平方米，年营业额超过4 400万美元的大型企业。

固邦电器投资建设了配套完善的生产生活设施、园林化的厂区、生活区及多种体育活动场地，极大地丰富了员工的业余生活，吸引了大批优秀的企业管理、产品开发及生产技术人才。

居安思危，才能立于不败之地，时代在前进，企业要创新，公司领导层高瞻远瞩，在“团结、务实、开拓、创新”的质量方针前提下，极其注重新产品的开发工作，现已拥有庞大的专业研发队伍，在现有的UL、GS、CSA、JAPAN等多种规格产品的基础上，公司及时顺应现代产品的多元化及采取复合材料设计产品。强大的研发实力，成为固邦电器快捷持续发展的强大引擎，保证了产品技术含量在世界上的先进地位。截至目前，公司产品除了圣诞灯饰，还包括LED灯饰产品、仿真圣诞树（PE、PVC）等上万种。极大地丰富了国际灯饰产品的市场，同时也实现了公司可持续发展的战略目标。

新的世纪，新的目标，固邦电器同仁正以满腔热情，继往开来，为力争创造最佳企业效益而努力奋斗，拥抱更灿烂的明天。

上海申能燃料有限公司

SHANGHAI SHENERGY FUEL CO., LTD.

上海申能燃料有限公司由申能股份有限公司(SH:600642)、国电电力发展股份有限公司(SH:600795)按60%和40%的比例共同投资，于2008年6月19日正式成立，为上海地区较大的电煤供应商。

公司所属申能（集团）有限公司是国有独资企业，拥有申能股份有限公司、上海燃气集团等9家控股企业，和东方证券、中国太平洋保险等15家参股企业，连续13年位列中国企业500强。申能股份有限公司作为全国电力能源行业较早的上市公司，主业为电力、石油天然气的投资建设和经营管理，目前控股发电机组装机容量约占上海发电机组装机总容量的1/3，系统平均供电煤耗低于288克/千瓦时。

公司以经营煤炭为主，兼营燃料油、矿产品、金属材料等，经过多年发展，已经建立起了集资源采购、加工、运输、销售为一体的煤炭业务产业链，年煤炭销售量达1 300万吨以上，主要客户包括上海外高桥第三发电厂、外高桥第二发电厂、吴泾第二发电厂等高效环保、拥有国际火电技术的大型发电厂。同时公司市场销售规模逐年稳步提升，预计到2017年总销售量达到2 000万吨。

公司自成立以来，通过诚信、规范、高效的运作管理，与神华、伊泰、中煤等国内主要煤炭供应商，以及BHP、SUEK、ADARO等国际大型矿商建立了长期战略合作关系。供应煤炭品种丰富，包括内蒙、陕西、山西等地烟煤、贫瘦煤，东北地区褐煤，环保煤、特低灰煤等特殊煤种，以及产自印度尼西亚、俄罗斯、澳洲等地区的进口煤炭。同时公司在东北港口设有煤炭自加工基地，在华东、华南等区域设有专用堆场，满足用户个性化需求，为广大客户提供质优价廉的产品。

公司与铁路、港口、海运等方面深化协作，确保供应链各环节的畅通，目前在秦皇岛港、京唐港、京唐东港共有三条准班列、准班轮航线，确保资源优先供应、运力优先保证、船舶优先靠泊。公司系统内航运企业拥有5艘散货船，总运力达20万吨，年运量逾700万吨。同时公司与中海、中远、长航等国内大型航运集团建立了长期战略合作伙伴关系，为公司煤炭经营提供了可靠的运力保障。

公司拥有一支技术过硬、管理规范的员工队伍（中高级技术人员占比超60%），自行开发了煤炭质量实时管理软件，并在秦皇岛港设有驻外办事处，业务覆盖各主要煤炭下水港。通过建立融软、硬件于一体的燃煤管理体系，切实满足客户煤质需求。同时，公司充分依托申能系统电厂的技术优势，为销售客户提供燃煤使用相关技术支持。

展望未来，公司将积极推进市场化经营，为广大用户提供更加稳定可靠的货源、优质贴心的服务，与各界伙伴共同开创合作共赢的美好未来！

上海申能燃料有限公司

地址：上海市杨浦区昆明路518号A座16楼

邮编：200082

电话：021-65656765

传真：021-65656755

网址：www.shsnrl.com

驻秦皇岛办事处

地址：秦皇岛市海港区河北大街西段金海湾森林逸城A区95-1

联系电话：0335-3990802　　传真：0335-3990805

澳宝公司于20世纪90年代初在香港成立，1994年开始在中国大陆投资，创建了澳宝（OPAL）品牌。经过20多年的发展，公司目前产品涵盖品牌类和加工类两大部分，主要包括沐浴、洗发、护发、护肤和礼盒套装等系列，以及彩妆系列和染发膏系列；产品销往美国、加拿大、英国、澳大利亚、东南亚及港澳台等国家和地区。

澳宝面向大众市场的自有品牌“澳宝”的经典沐浴露和焗油产品更是主打。其中的产品“Opal一分钟焗油”“Opal特效滋润沐浴露”在港澳台地区超市、便利店等销售，并长年在香港市场保持较高销量。

成功经验

澳宝创业团队成员都是化学家，他们生产的产品都很重视化学成分与产品效用。因此，他们在产品推销时，多考虑产品价格与质量，务求可以做到“平靓正”。

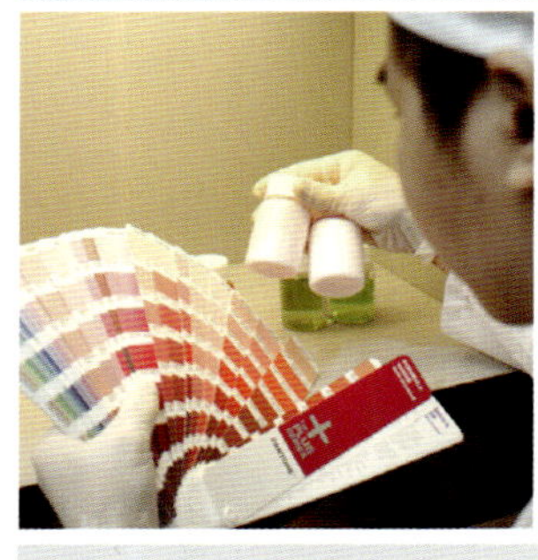

严谨调配产品配方、原材料

• 每一个配方确认投入生产前，须经过美国实验室CRL及CTC测试，证明配方温和，对皮肤刺激性为零，适用于敏感性肌肤。并且都经过消费者志愿试用，确认使用效果优良才能投入生产、投入市场。

• 每支产品使用的原材料都经过严格审核及筛选，选用合格原材料以及供应商，并由毒理学家依据生产工艺及其副产物进行评估，确保原材料安全性符合法规。

研发核心

澳宝公司将产品研发技术视作核心。为确保开发出优质优价的产品，公司注重人才及研发设施的配置，开发人员多为具有学士、硕士学位的化学工程师或化学专业人才。目前有员工约800人，其中大学以上学历的开发、技术人员100余人。强大的研发能力使得澳宝不仅能满足来自客户的各种要求，更能及时跟进全球的化妆品潮流趋势，提出及研制最新颖的产品设计。

同时，澳宝从海外引进多台高效的实验设备和测试仪器，并特别建立功能全面的化妆品应用测试中心，以配合开发工作的多面要求。

品质与安全

澳宝认为产品最重要的是品质和安全。因为澳宝主要产品一直以来主要出口国际市场，均按国际上最严格的标准研发和生产。而在成熟的市场上，产品品质最为重要，同时使用效果和价格也必须兼顾。澳宝具备上述3个特质，因此具有较强竞争力。

澳宝对产品的质量有着严格的要求。所有开发的产品都要按照美国食品药物管理局(21CFR，4章，211.166节)经过稳定性测试取得合格，才能正式投产。澳宝原料和研发都参照欧盟和美国的标准。公司于2004年顺利取得ISO9001质量体系认证。为了确保产品质量符合国际水平，澳宝还投入大量资源以完善制造系统和监控系统，从国外引进全新的化妆品全自动合成生产线和全自动灌装生产线，实现生产全程自动化操作。同时还专门从国外购入先进的检测仪器，保证产品监控数据的准确测量及精细分析。

在配料方面，公司与BASF、KAO、DOW CORNING、IFF、GIVAUDAN、MOMENTIVE ASHLAND等国际知名化妆品原料供应厂商相互支持，长期合作，为选用优质原料提供保障，从而确保产品质量。

另一方面，从原料和配件的来货，到生产、包装及出货等程序，都需经过QC及QA的质量检查和控制。公司对原料的控制根据中国国家标准和供货商提供的标准进行，一般测试项目包括酸碱度、黏度、溶点、折光率、固含量、比重、泡高、原料活性含量、碘值、活性酸碱度等。实验室更设有多种先进仪器如紫外光谱仪、红外光谱仪、高效能液体相色谱仪，以提高控制原料及产品的质量。另外，生产配件抵达时配件组检验员便会按AQL国际抽检数进行检查,确保生产配件无误才可投产。

5年规划

澳宝在继续经营自有品牌之余，加大OEM代工的生产与研发，两者同时发展。专为客户研发配方、设计、生产、品牌建立等一条龙服务，服务由之前的低增值变成高增值。

未来国内市场经营方向包括拓展自有品牌的内销市场及加大与内销的加工客户合作，努力转型升级新常态的客户群，例如专业美妆客户、电视直销客户、网购客户、团购客户等及跨国联盟研发、生产、跨境电子商务、仓储等。

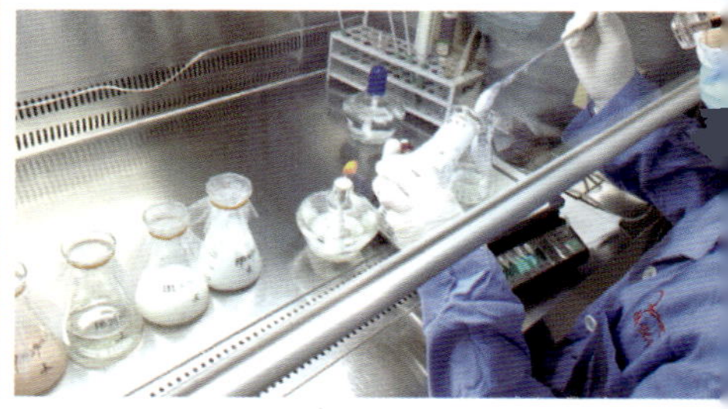

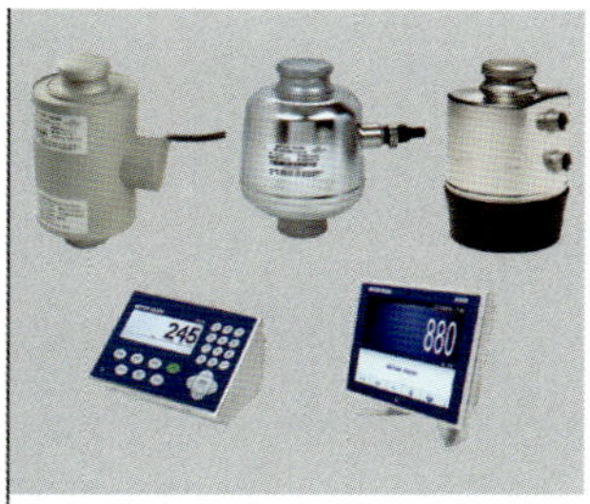

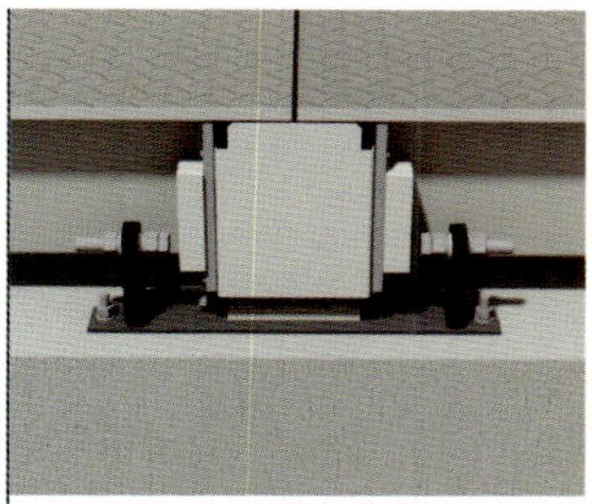

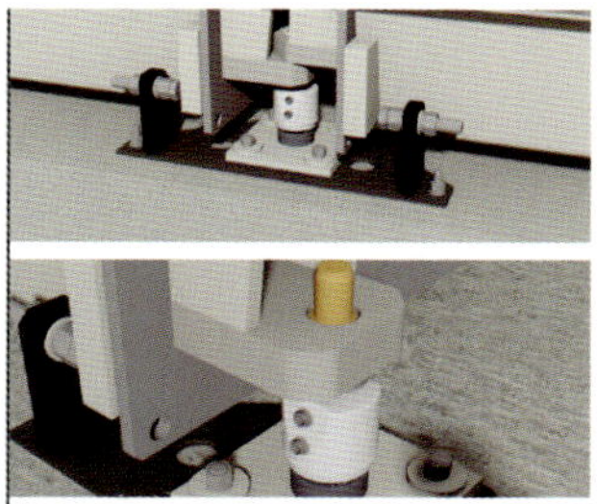

广西凭祥综合保税区依托友谊关口岸而建，实现与越南互连互通，实行口岸“一站式”服务。2011年9月30日封关运营以来，园区借贴边之便利，充分发挥境内境外两个市场和两种资源的优势，以服务业为先导，重点开展国际贸易、保税物流、保税仓储、保税加工、展示展销、检测维修、国际租赁、口岸业务及与之配套的金融、代理、劳务等业务，并积极拓展相关功能。

截至2015年年末，凭祥综合保税区共有入区企业135家、越南企业办事处3家，企业类型涵盖贸易、物流、加工、服务、报关报检、金融、展览、文化等。此外，还有200多家企业依附综合保税区平台开展一般贸易、边境小额贸易、物流配送业务。随着早期入区企业的发展，以及新增加工贸易、保税物流企业不断拓展新业务，园区产业领域不断扩大，产业结构不断优化，发展质量显著提升，正在辐射带动周边发展。目前友谊关口岸已发展成为中国进出口总值增长较快的边境陆路口岸、进出口总值较高的边境公路口岸、我国装备制造业整车出口东盟地区的主要陆路口岸、中越电子产品物流供应链的关键节点及广西高附加值产品进出口的主要口岸。2012~2015年进出口贸易总额分别为30.73亿美元、70.24亿美元、170.56亿美元、186.59亿美元，是全区连续两年实现千亿元产业（贸易额）的两个重点园区之一。2015年，在全国贸易发展不景气的形势下，园区继续保持逆势增长：入区企业外贸进出口额23.77亿美元，同比增长41.6%，位列全国综合保税区第12位；保税进出口21.67亿美元，同比增长31.3%（一、二线共35.66亿美元），其中保税物流19.28亿美元，同比增长26.03%；加工贸易2.39亿美元,同比增长98.5%；转关进出口58.05亿美元，同比增长5.5%；工业总产值7.57亿元，同比增长379%；海关入库税款6.52亿元，同比增长33.8%。凭祥综保区的发展丰富了边境贸易方式，促进了沿边口岸出口产品结构升级，带动了外向型经济发展，园区先后荣获“广西加工贸易产业发展重点园区”“广西开放型园区创新进步奖”“广西现代服务业集聚区自治区示范物流园区”等称号。

广西凭祥综合保税区管理委员会
地址:广西壮族自治区凭祥市友谊关口岸凭祥综合保税区大楼　电话: 0771-8587688
传真: 0771-8587766　邮箱:pxiftz@163.com　网址:www.pxftz.gov.cn

衡阳综合保税区

衡阳综合保税区于2012年10月25日经批复设立，2013年12月13日通过验收，2014年9月9日正式封关运行。

衡阳综保区位于市城区南部、白沙洲工业园区范围内，总体规划面积2.57平方千米，功能定位为承担进出口加工、国际贸易、保税仓储、商品展示等，按生产区、办公区、物流配送区、仓储区等功能区布局。首期0.845平方千米，完成投资13亿元，已建成主卡口、综合楼、查验平台、监管仓库、隔离设施、巡逻通道、信息化管理系统7项海关监管设施；19栋标准厂房共计43.7万平方米，其中南区9栋，总面积为9.4万平方米，均为3层框架结构，北区10栋，总面积为34.3万平方米，均为4层框架结构；保税仓库21 000平方米；及绿化、水电气、雨污管、网络光纤、员工生活区等配套设施。

自封关运行以来，园区狠抓招商引资及项目入驻，优化发展环境，深化内部管理，各项业务稳步推进，经济运行情况良好。截至2015年年底，共实现进出口贸易总额15亿美元，占全市进出口总额1/4、加工贸易总额1/3，各类经济指标在全省综合保税区排名靠前；累计签约项目45家，协议投资额53.54亿元，已完成注册入区项目22家，其中加工企业11家、贸易企业8家、物流企业3家，已有9个项目投产运营，招商引资来势良好；实现了进口商品展示交易新业态拓展，比“海淘”保质保真保价，让城市居民在家门口轻松采购全球优质商品。

衡阳综保区现已形成电子书、平板电脑、手机背光板、半导体激光器、主控芯片等电子产业门类，形成太阳能电池、氧化锆陶瓷插芯等新能源、新材料、新技术，并构筑起四通八达的物流网络，成为集IT产业和现代制造业研发、加工、贸易、检测维修为一体，上中下3条产业链齐发展的产业聚集洼地。未来，衡阳综保区将全力打造湖南乃至中西部地区内陆开放型经济发展的前沿区、加工贸易的集聚区、跨区域经济合作的引领区、新产品新技术的研发区、转型发展的试验区，形成湖南乃至中西部地区的“五中心一平台”，即电子信息和现代制造业加工中心、国际货物集散中心、进口商品展示交易中心、高端电子产品检测维修中心、总部经济研发和创新中心、跨境电子商务平台。力争在5年内打造成进出口贸易额50亿美元园区 。

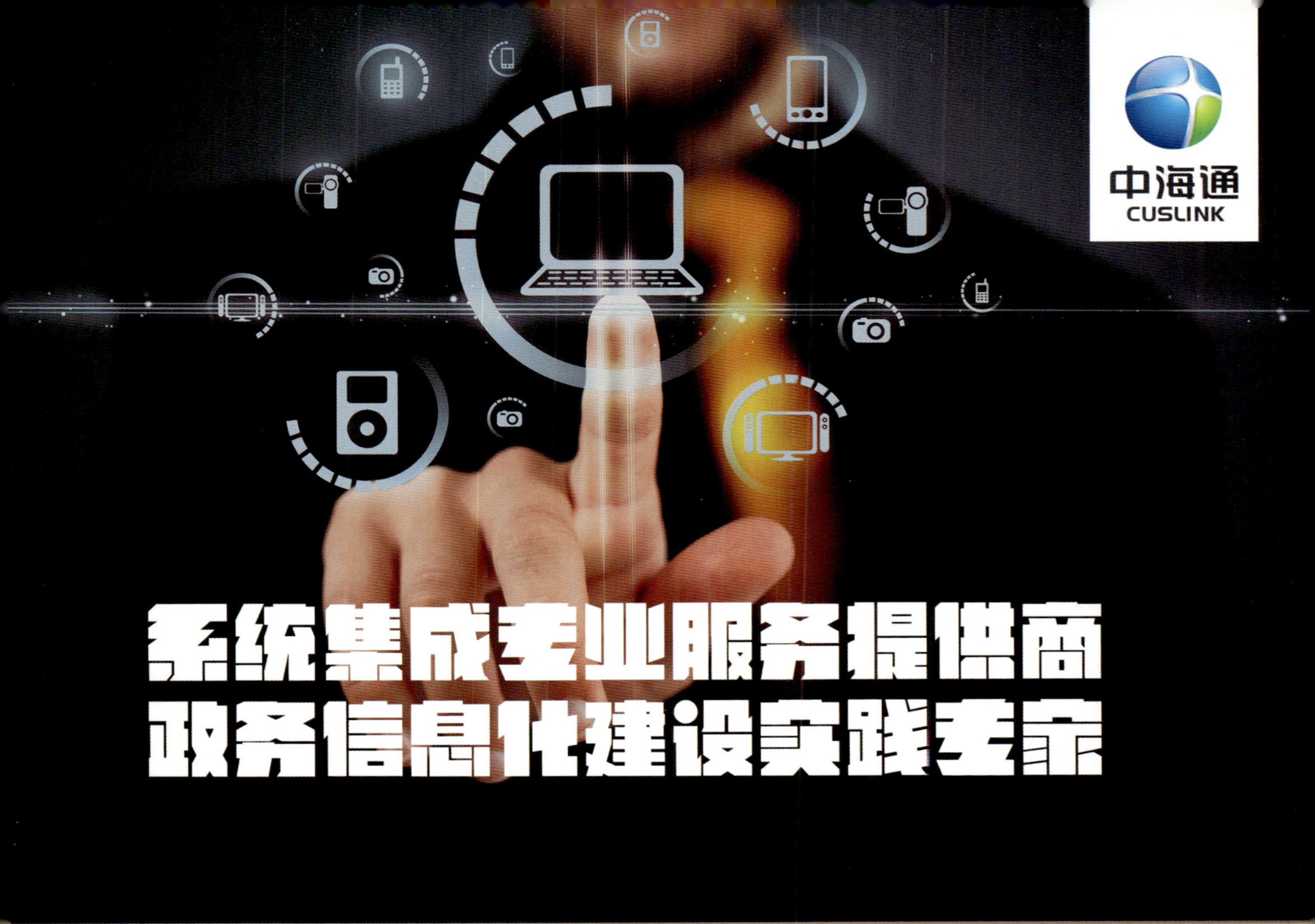
中海通
CUSLINK
系统集成专业服务提供商
政务信息化建设实践专家

粤兴机电工程（中山）有限公司

粤兴机电工程（中山）有限公司成立于2003年，坐落在珠江三角洲中部的中山市火炬高新技术开发区，总投资近2 000万元，拥有1万平方米的厂区，是广东省属国有大型企业——广东省航运集团有限公司的外派机构香港珠江船务企业（集团）有限公司下属香港珠江集团船厂有限公司的全资子公司（实质为国有企业）。

近年来，公司致力于MTU，MWM，Volvo，Perkins，Cummins，Mercury美国水星机船用、陆用、车用发动机和发电机组，ZF，REINTJES齿轮箱，MJP及KAMEWA船用喷水推进器的专业维修及零配件供应。公司除承接自身代理的高速客轮的维修工程外，也对外承接其他船只的维修工程，主要有国内海关船艇、公边船艇、客渡轮等船舶的发动机、波箱、发电机组、空调等设备的维修和安装，及陆用动力发电设备维修保养等。2014年年底，公司获得MTU新的2000/4000系列发动机大修资格。

以人为本，技术为先。公司经过多年的技术积累，已经拥有30多名持有上述设备维修资格证书的工程师及技师，且大部分技师从事MTU机器维修经验达15年以上。公司具有MTU主机W6级认可指定维修工厂资格及MTU主机维修网点资格，近年来完成MTU主机W5级及以上修理工程超过300台次。

地址：广东省中山市火炬开发区十涌路16号
电话：0760-88293800
传真：0760-88287866

江苏大丰港

江苏大丰港一类口岸位于江苏1040千米海岸线港口空白带的中心位置，东经120° 46′ 1″ 、北纬33° 16′ 18″ ，于2006年6月13日被批准为一类口岸，2007年9月20日正式对外开放。该口岸与韩国、日本一衣带水，距釜山港420海里、长崎港430海里、上海港250海里、连云港港120海里。已建成并对外开放了一期码头、二期码头、大件码头、石化码头、集装箱码头、通用码头6座码头、16个万吨级泊位，2016年1月，大丰港汽车滚装码头建成试运营。目前已至韩国仁川港、釜山港、光阳港、平泽港、木浦港的国际集装箱班轮航线，至日本的门司港、博多港航线，至俄罗斯的木材航线，与中国台湾基隆港直航，可经上海港、宁波港中转至世界各大港口的国际航线，并开辟了大丰港至宁波港、上海港、青岛港的外贸内支线。2015年11月25日，大丰港保税物流中心（B型）得到批复；进口木材检验检疫除害处理中心于2014年10月得到批复，建成并通过验收后即可投入运营；大丰港粮食指定进口口岸2015年9月通过正式验收。

2015年大丰港完成货物吞吐量7 093.7万吨，同比增长69.75%，集装箱20.187 8万标箱，同比增长95.64%。

盐城大丰海事处

盐城海关驻大丰港办事处

盐城出入境检验检疫局大丰港办事处

通用码头

盐城边防检查站

地址：江苏省盐城市大丰港经济区中央大道1号　邮编：224145　电话：0515－83555129　传真：0515－83555280

湖　北　省

湖北省口岸分布示意图

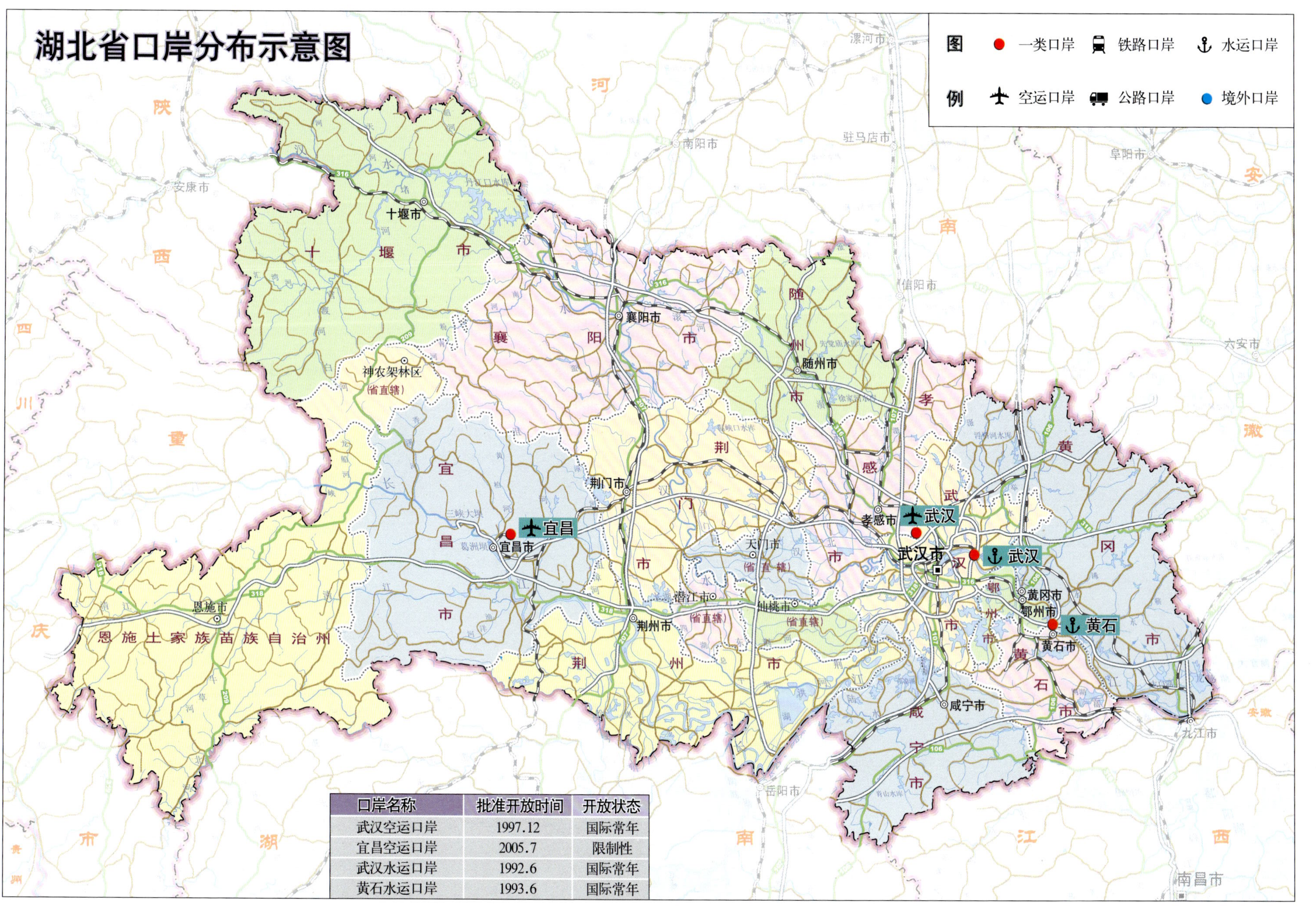

口岸名称	批准开放时间	开放状态
武汉空运口岸	1997.12	国际常年
宜昌空运口岸	2005.7	限制性
武汉水运口岸	1992.6	国际常年
黄石水运口岸	1993.6	国际常年

口岸数量及分布

截至2015年年底，湖北省有经国务院批准的对外开放口岸4个，其中，空运口岸2个，分别是武汉空运口岸（武汉天河国际机场）、宜昌空运口岸（宜昌三峡机场）；水运（河港）口岸2个，分别是武汉、黄石河港口岸。

口岸运行及数据

2015年，湖北省口岸进出口货运量2 577.30万吨，同比增长11.38%，其中进口货运量1 940.40万吨，同比增长8.64%；出口货运量636.90万吨，同比增长20.63%。水运进出口运量2 562.40万吨，占进出口总运量的99.42%；铁路进出口运量9.40万吨；公路进出口运量4 003吨；空运5.10万吨；邮运19吨。

国际集装箱运量40.05万标箱，同比增长5.45%，其中，出口运量27.94万标箱，同比增长1.16%；进口运量12.12万标箱，同比增长16.99%。水运国际集装箱运量38.79万标箱，占国际集装箱总运量的96.86%；铁路进出口运量11 833标箱；公路进出口运量736标箱。

空运口岸出入境飞机13 597架次，同比增长30.03%；出入境人数190.35万人次，同比增长35.30%，其中出境人数94.99万人次，入境人数95.36万人次。

2015年湖北省（地、市）进出口美元总值表

地市名	总值（万美元）	同比（%）	进口（万美元）	同比（%）	出口（万美元）	同比（%）
武汉	2 807 165	6.2	1 291 911	2.3	1 515 254	9.9
黄石	303 338	6.2	134 804	-3.5	168 534	16.5
宜昌	308 647	14.5	39 544	-10.4	269 103	19.3
襄阳	241 245	22.7	25 458	12.0	215 787	24.1
荆州	120 775	-26.8	14 722	-58.5	106 053	-18.1
随州	140 549	-1.8	22 789	46.0	117 760	-7.6
孝感	118 686	-0.8	21 382	-16.8	97 304	3.6
荆门	117 501	21.5	29 352	47.3	88 149	14.8
仙桃	77 778	5.3	8 834	-59.4	68 944	32.3
黄冈	65 032	6.3	7 405	-4.7	57 627	7.9
十堰	62 094	16.5	2 051	-15.6	60 043	18.1
鄂州	54 427	5.3	31 471	0.5	22 956	12.6
咸宁	48 415	3.7	6 205	-11.2	42 210	6.3
潜江	31 629	-32.1	2 276	-18.9	29 353	-33.0
恩施	52 529	14.9	62	0.1	52 467	14.9
天门	10 695	43.1	226	-46.0	10 469	48.4
神农架	30	-94.9	0	0.0	30	-94.9
合计	4 560 535	5.9	1 638 492	-0.2	2 922 043	9.7

口岸综合管理

【口岸开放】 2015 年 1 月 26 日，国家口岸管理办公室批复同意武汉铁路集装箱中心站作为临时口岸对外开放。2015 年 9 月 11 日，国家口岸管理办公室批复同意韩国、中国台湾临时客运包机从宜昌三峡机场进出境，时间为 2015 年 9 月 20 日至 2016 年 3 月 20 日。其中中国台湾包机从宜昌三峡机场进出境连续 4 次获批。2015 年 2 月，湖北武汉港水运口岸扩大开放花山港区、金口港区、汉南港区、黄州港区、鄂州港区列入 2015 年度口岸开放审理计划（署岸发〔2015〕46 号）。武汉港水运口岸扩大开放前期调研论证等准备工作已经完成，原广州军区司令部作战部和武汉海关、湖北出入境检验检疫局、湖北省公安边防总队、长江海事局均同意按规定报批武汉港水运口岸扩大开放。

【大平台建设】 2015 年 11 月 25 日，宜昌三峡保税物流中心（B 型）获批建设，面积 0.2 平方千米。2015 年 12 月 17 日，襄阳保税物流中心（B 型）获批建设，面积 0.28 平方千米。湖北省保税物流中心数量达到 4 家。经国务院批准，2015 年 5 月 1 日起武汉航空口岸实施外国人 72 小时过境免签。来自美国、英国、法国、德国等 51 个国家的外国人，持有 72 小时内确定日期、座位前往第三国（地区）联程机票，在武汉行政区域内停留 72 小时不用申请签证，武汉是中部地区第一个被批准实施该政策的城市。2015 年 12 月 31 日，海关总署批复湖北省在武汉市建设多式联运海关监管中心。推进特种商品指定入境口岸申报建设工作，阳逻港进口肉类指定口岸和天河机场进境水果指定口岸获批建设，天河机场食用水生物、冰鲜水产品指定口岸通过质检总局专家现场验收；宜昌港、荆州港通过专家组考核验收，具备开展进境粮食检验检疫业务资格。

【口岸基础设施及配套设施】 2015 年 9 月，天河机场国际楼扩建工程开工，完成了拆除、改造和再建任务，以及桩基、土建、安装、钢构、幕墙、装饰等多个分部分项及专业工程，在满足不停航施工的要求下，扩建候机厅、办票大厅和国际旅客到达通道。南侧新建区域为办票大厅、候机厅、办公用房，北侧为国际到达通道，同时对原有海关及办公布局进行了调整。2016 年 1 月 19 日交付运营，北部区域办票大厅当天启用。2013 年 11 月，武汉阳逻港区第三作业区一期工程开工，计划建设 4 个 5 000 吨（兼顾万吨）级集装箱泊位及配套设施，总投资约 40 亿元，设计年吞吐能力 74 万标箱。经过三年多时间建设，2015 年 12 月 26 日，武汉阳逻集装箱港区三期正式开港试营运。整个三期工程共规划 17 个 5 000 吨兼顾万吨级集装箱泊位及配套设施，后期还将续建 13 个泊位。阳逻三期全部建成后，将与已建成投入使用的一、二期工程共同实现 480 万标箱的吞吐能力，成为长江内河最大的集装箱港口。2015 年 9 月 29 日，黄石新港开港，从 2007 年 3 月湖北省发改委批复棋盘洲港区一期工程报告至今，黄石经过 8 年不懈建设，黄石市迎来了新港。黄石新港是长江中游少有的深水良港，港区规划长江岸线约 11 千米，港区用地近 20 平方千米。规划散货码头区、件杂货码头区和集装箱码头区，规划建设 69 个生产泊位，其中近期规划 46 个泊位，远期规划 23 个泊位。黄石新港一期工程已投入资金 5 亿余元，建成 5 000 吨级（兼靠 1 万吨级）泊位 9 个，预计年吞吐能力达到 1 000 万吨；正在建设的二期工程 8 个泊位，总投资 10 亿元，设计年吞吐能力 735 万吨，集装箱 20 万标箱。新港全面建成后，预计年吞吐能力达到 5 000 万吨以上，集装箱通过能力达到 60 万标箱以上。届时，黄石新港会成为面向沿江、辐射沿海的综合性物流服务平台，成为辐射鄂东、赣北、皖西的区域性物流中心。武汉集装箱中心站是汉新欧国际货运班列的始发站，也是武汉铁路局主要集装箱办理点，为推动汉新欧国际货运班列发展，武汉汉欧国际物流有限公司进行了海关监管场所改扩建工程，面积从 8 000 平方米扩建至 4.5 万平方米，2015 年完成工程并通过武汉海关验收。

【口岸综合管理突出顶层设计，制定落实方案】 为贯彻国务院《落实“三互”推进大通关建设改革方案》《关于改进口岸工作支持外贸发展的若干意见》《加快海关特殊监管区域整合优化方案》，牵头组织相关部门提出落实措施，省政府印发《湖北省加快落实“三互”推动大通关建设的实施方案》（鄂政办函〔2015〕55号）和《湖北省加快海关特殊监管区域整合优化的实施方案》（鄂政办发〔2015〕93号）；经省政府同意，省口岸办印发《关于加强和改进口岸工作支持外贸发展的实施意见》。加强口岸协调机制建设。经省政府同意，调整和充实省口岸领导小组成员单位，建立湖北省“大通关”联席会议制度。向省政府上报了《湖北省口岸工作厅际联席会议制度（代拟稿）》。召开专题协调会，推动解决72小时过境免签政策落地、指定口岸建设、武汉水运口岸扩大开放等工作中存在的问题。协调海关、检验检疫局等部门，解决“俄满汉”回程班列进口货物清关相关事宜。加强区域合作，提高通关效率。参与上海与中部六省口岸大通关合作联席会议机制，推动了武汉—上海江海直达、起运港退税、“泸汉台”快班等区域通关项目的深化发展。参加长江经济带区域通关一体化改革，推动货物转关运输便捷高效。协调推动关检合作，阳逻港实行“一次申报、一次查验、一次放行”通关模式，提高了口岸查验效率。

【湖北电子口岸加快建设】 积极争取支持，落实机构和人员编制。2015年4月，湖北省商务厅研究决定省电子口岸中心独立运行。积极争取省财政支持，机构编制、工作人员和经费保障的落实，为湖北电子口岸建设夯实了基础。推进合作共建，与有信息化基础、有合作意愿、有业务需求的单位合作共建湖北电子口岸平台。湖北省商务厅与武汉新港管委会签署了《共建湖北电子口岸水运平台合作备忘录》，就湖北电子口岸水运平台建设的合作模式、信息共享、交流机制等方面达成共识，确定在武汉新港公共物流信息平台建设基础上，通过功能优化升级，开发建设湖北电子口岸水运平台。湖北电子口岸与武汉新港管委会信息中心的数据传输与信息共享技术方案已得到海关、国检等部门认可，用于数据交换的光纤电缆已铺设，并实现互联互通。共建跨境电商通关服务平台。按照省政府要求，与武汉海关、武汉市东湖综合保税区紧密合作，在湖北电子口岸上搭建跨境电商通关服务平台，12月30日启动运行。加快湖北电子口岸项目建设，完成项目4个，正在开发项目5个。

【“汉新欧”国际货运班列】 铁路国际货运班列双向运营。自2014年4月“汉新欧”铁路国际货运班列恢复运行以来，开通了武汉至莫斯科、德国汉堡和杜伊斯堡、捷克帕尔杜比采等地的班列。2015年，“汉新欧”班列开行164个班列，运输1.4万标箱，发货量在全国27个中欧班列居第2位，回程货物居第1位，襄阳—宁波铁海联运输2 074标箱，同比增长33.60%，畅通了鄂西北进出口货运通道。

【内河和近洋航线】 依托长江黄金水道，对接上海国际航运中心航线，畅通湖北外贸货物运输的“海上丝绸之路”。阳逻港—上海洋山港江海直达航线和“泸汉台”集装箱快班实现班轮化运行，阳逻港至东盟四国集装箱试验航线运行良好。2015年9月28日，武汉阳逻港开通至日本、韩国集装箱快班航线。以武汉阳逻港、上海外高桥港、韩国釜山港、日本东京港和大阪港5个港口为运输节点，阳逻港至日本东京港、大阪港的平均运输时间从11～16天缩短到8天，阳逻港至韩国釜山港的平均运输时间从12～16天缩短到7天。来汉中转集散的集装箱不断增多，武汉成为中西部地区“海港”。宜昌港、荆州港开通至阳逻港长江内支线航线，湖北省水运口岸形成协同发展格局。宜昌、荆州港开通了至洋山港直航。

【航空运输网络】 湖北省空运口岸国际和地区航线达到39条，通达城市遍布北美、欧、大洋、亚洲。武汉空运口岸主要飞往旧金山、巴黎、罗马、莫斯科、黄金海岸、新加坡、曼谷、东京、大阪、首尔等城市和地区。宜昌空运口岸开通2条客运航线，飞往釜山、台中。

口岸监管与服务

【湖北省公安边防总队圆满完成全年工作】 2015年，湖北省对外开放口岸出入境流量取得新突破，继续领跑中部六省，在内陆12个省份仅次于四川、重庆，位居第三。湖北省公安边防总队共检查出入境人员1 903 555人次、交通运输工具13 597架（艘）次，同比分别增长35.31%和30.02%，查获一批在控、在逃和违法违规人员，持续保持零事故、零案件、零投诉复议的“三零”目标，群众满意率始终保持在99.90%以上，得到地方党委政府和上级机关的高度认可。湖北省副省长甘荣坤，湖北省委常委、宜昌市委书记黄楚平等领导2015年均来边检站进行了调研。湖北省委常委、武汉市委书记阮成发在《关于武汉边防检查站2015年工作情况的报告》上作出批示：“武汉边防检查站在国际航线增加、旅客流量大幅增加的情况下，敢于吃苦、甘于奉献，圆满完成了各项任务，并且获得了多项荣誉，为武汉争了光，为武汉发展做出了重要贡献。”

【湖北省公安边防总队立足阵地防控口岸安全风险】 湖北省公安边防总队修订了《查控工作指引》，细化接布控、审核、录入、查控比对等工作流程；出台《重点人员入出境审查工作指引》，建立外国人入境审查、重点人员核查工作机制；结合口岸实际，制定《外国人72小时过境免签工作规范》《临时入境许可办理指引》；与反恐、国保、国安、反邪教、出入境、机场公安、口岸联检单位等相关部门建立反恐维稳、遣返遣送等警务协作机制，形成了口岸管控合力；制定完善口岸突发事件处置预案，定期开展处突演练，重要、敏感节点期间在口岸边检限定区域开展武装巡逻、便衣巡查；邀请国保部门专家来队就敏感人员情况进行研判分析，配合湖北省公安厅对17 744名疑似非法出境高危人员信息进行核查，研究口岸查堵对策；主动对接湖北省公安厅、检察院等办案部门开展涉恐、网追、外逃嫌疑人员信息核查工作，查处非法出入境案件6起6人，锁定6名涉嫌变换身份的网上在逃人员，查获1名涉嫌苏荣系列贪腐案的“猎狐2015”专项行动在逃人员。

【湖北省公安边防总队创新方式服务口岸开放发展】 湖北省公安边防总队紧跟国家“一带一路”部署，对接湖北“建成支点，走在前列”和武汉“建设国家中心城市”战略，充分发挥边检职能优势，深化“上门走访、服务展会、政策宣传、信息报送”4项机制，主动向地方政府汇报加快口岸发展，培育新航线，推进“江海直航”等方面的对策建议，助力武汉港扩大开放纳入2015年国家口岸开放审理计划，恩施和襄阳机场口岸对外开放纳入湖北省“十三五”口岸开放计划，成功推动“外国人72小时过境免签”政策在武汉天河机场口岸顺利落地实施，天河机场口岸直飞国际航线遍及五大洲20多个国家（地区）。湖北省公安边防总队抢抓智慧湖北建设的发展机遇，以“互联网+”“梅沙网+”“公安网+”为引领，推进“数字总队”“智能边检站”“智能口岸”等建设。完成自助查验通道升级改造，研发启用登机牌智能扫描识别系统、前台旅客验放校验比对系统、旅游团队快速通关查验系统、3G无线验放系统等，调整边检机关行政案件办理辅助系统软件架构，口岸执勤执法智能化水平进一步提档升级。科学合理设置重点人员审查室，购置高像素照相机、精拍仪等采集设备，为重点人员审查工作提供坚实保障。前场全部更换高清探头，通过运用高清视频监控系统，实现对口岸限定区域动态高清实时监控，为指挥决策、勤务调度、信息研判、协调联络、业务处置、舆情监控、勤务督导等提供了有效载体，切实提升了口岸管控智能化水平。湖北省公安边防总队内挖潜力，盘活资源，打破建制用警，建立跨站轮岗交流制度，实现了全省范围内警力跟着警情走。在基层执勤业务科建立警力智能调配机制，实行“分组执勤”“错时工作”模式，围绕勤务需要实现警力“动态调整、精确配置”，最大限度地保障勤务安全和提高用警效能，有效缓解了武汉机场口岸流量激增警力相对不足的矛盾。探索士官代职部分执法岗位制度，精简机关下沉警力，建立机关干部到执勤一线轮岗交流机制，最大限度地保障了边检中心任务完成。

【湖北省公安边防总队阳光建警塑造边检服务品牌】 湖北省公安边防总队大力推行“阳光警务”，成立法律专家咨询委员会，广泛聘请社会监督员，与涉外企业建立联络员沟通制度，定期开展外部评价和社会监督员恳谈会，主动融入政府行风评比，积极参评机场“服务质量先进单位”“服务之星”等活动，开展“8·19”边检品牌宣传、警营开放日和提服“回头看”活动，开通24小时咨询电话、边检QQ、微信平台等，搭建与旅客之间的互联互通平台，全方位、多层次优化边检公共关系，边检服务品牌影响深远，获得社会各界高度认可。

【长江海事局全力支持口岸建设】 长江海事局服务国家战略和重点工程，大力支持湖北大通关建设。为“沪汉渝”外贸货物快班轮开辟绿色通道，给予优先办理船舶出港、优先安检复查等优惠待遇；落实好服务“江海直达”外贸集装箱航线具体措施，保证集装箱班轮能按时发航，缩短集装箱班轮的营运周期，加快大通关货物流通；为武汉新港航运服务打造“江海直达”优质航线品牌，推动长江中上游“立足中西部、面向海洋”大物流格局的形成起到了积极作用。长江海事局主动与政府口岸管理部门沟通联系，多次走访所在地的地方口岸部门，协调水运口岸扩大开放、外国籍船舶临时进入非开放水域、大通关建设等相关事宜，为开放口岸建设及口岸监管工作打下基础。同时，与海关、出入境检验检疫局就加强口岸监管，实现执法联动，加强应急协作，提高通关便利，深化资源共享，拓展合作等口岸事宜进行协商，相互学习、相互借鉴，努力营造国际航行船舶通关便利的和谐氛围，旨在进一步深化各部门合作，强化口岸监管，提高服务效率，降低企业成本。长江海事局积极响应《国务院关于依托黄金水道推动长江经济带发展的指导意见》（国发〔2014〕39号）有关精神，服务推动长江经济带发展建设。依据国家2015年度口岸开放审理计划，长江海事局积极协调推动武汉港水运口岸扩大开放事宜，包括对扩大开放意见、所需增设查验机构、海事监管配套需求等提出了意见和建议。

【长江海事局全力配合“单一窗口”建设】 长江海事局始终高度重视电子口岸建设，认真贯彻国家关于电子口岸建设的规划要求，在加快推进本单位信息化建设的基础上，加强与政府的沟通协作。全面实现长江海事局机关、分支局、海事处、执法大队、办事处、海巡艇内网高速互联，并投入专项资金开发了国际航行船舶进出口岸申报系统、船载危险货物远程申报系统，提高口岸申报信息化水平。为贯彻落实党中央、国务院加快国际贸易“单一窗口”建设的要求，长江海事局积极配湖北省的“单一窗口”建设，研究明确参与“单一窗口”建设的业务范围，列明共享或发布至单一窗口的业务数据项，包括船舶进出境、抵离港等作业的申报、审批信息、数据状态、通知结果等，并提供其相应的技术资料、接口信息规范，不断为实现口岸进出口贸易数据的高度集中和信息在监管单位之间的高度共享、优化口岸部门之间的协调配合，减少进出口货物通关环节，提高口岸通关效率，降低企业贸易成本做贡献。

【长江海事局积极打造绿色长江航道】 长江海事局全力保障新船下水期间辖区通航环境的安全畅通，以实际行动服务长江沿线造船业的健康发展。不断强化海事现场监管，营造大通关良好环境，克服长江干线通航环境复杂、安全隐患多、水上交通事故易发等困难，立足于船公司管理、船舶监督、通航秩序等重点工作，依托巡航检查、走访宣传等辅助手段，以专业的管理水平、诚信的服务意识，为长江水域运输船舶提供良好的通航环境，为长江水域上的各重点工程建设保驾护航。

【武汉海关服务口岸大通关】 2015年，武汉海关共受理进出口报关单31.70万份，首次突破30万票大关，同比增长11.07%；监管进出口货运量2 577.30万吨，同比增长11.37%；进出口货运值419.50亿美元，同比增长20.50%；监管进出境人员196.20万人次，同比增长36.10%；监管进出境行邮物品、快件435.50万件，同比增长19.00%。关区口岸现场查验率5.54%，其中，进口查验率8.19%，出口查验率4.29%；高级认证企业查验率0.61%。均达到海关总署要求标准。

2015年，武汉海关在海关总署区域通关一体化改革总体框架内，结合湖北省在长江经济带的战略定位，围绕提升武汉关区执法统一和管理效能目标，积极实施通关一体化改革。2015年4月印发《武汉海关关区内通关一体化操作规程（试行）》，为全面取消关区内转关奠定基础，并将特殊监管区域纳入到一体化范围。2015年6月23日，将“双属”模式统一纳入到通关一体化范围，实现了全国区域通关一体化“区区联动”。持续加强与长江经济带区域审单中心的沟通与业务联系，促使关区退单率由11%下降至5%左右的良好水平，使进出口企业充分享受区域通关改革带来的便利。

2015年，武汉海关进一步巩固通关作业无纸化改革，同步实施税费电子数据联网，推进各类监管证件在报关环节的联网核查。通过联手湖北出入境检验检疫局实施通关单无纸化服务，扩大自动进口许可证无纸化作业试点范围，简化加工贸易随附单证上传种类，推动“汉E通”报关平台上线等多项举措，扩大改革成果，全年通关作业无纸化率达到95.98%。同时，将关检合作“三个一”（一次申报、一次查验、一次放行）模式推广至所有业务现场，涵盖所有进出口商品，报关单量占关区总量的70%以上。建立完善通关业务节点时效控制机制和通关时效通报制度，关区月度进、出口海关通关时间从最高时的70.93小时和7.46小时下降到27.36小时和2.79小时，通关时间缩短幅度在长江经济带12个海关中排名第一。

【武汉海关创新保税监管模式】 武汉海关积极贯彻落实海关总署关于上海自贸区创新监管制度复制推广工作要求，按照湖北省委省政府关于推进湖北自贸区建设“先行先试”的工作部署，坚持不等不靠、主动作为，着力推动制度创新。在2014年复制推广两批共13项创新制度的基础上，2015年11月和12月又连续推出了第三批、第四批创新制度，同时狠抓落实、注重评估，推动各项制度落地生根。2015年，海关特殊监管区域共新增入区企业109家。强化特殊监管区域整合优化，推动武汉出口加工区启动围网改造工作，研究出台了整合优化的工作方案。协助推进武汉新港空港综合保税区申报工作，支持襄阳、宜昌设立保税监管场所，取得积极进展。加快推动跨境电子商务试点，积极服务武汉市、鄂州市跨境电商发展。2015年12月30日，湖北跨境电商直购进口首单正式通关。

【武汉海关助力口岸大通道建设】 武汉海关主动沟通、积极建言，促使湖北省多式联运取得突破。2015年12月31日，海关总署批复武汉设立多式联运海关监管中心，使武汉成为长江中游地区唯一设立该中心的城市。积极支持武汉铁路口岸发展，推动“汉新欧”班列常态化，联系走访满洲里、乌鲁木齐等口岸海关，简化了班列监管手续。支持至日本、韩国国际集装箱航线工作。助力武汉空港发展，支持武汉成功实行72小时过境免签政策，支持开通武汉至罗马、黄金海岸洲际客运航线。支持开通武汉至达卡、比什凯克货运包机业务。宜昌航空口岸至我国香港地区及韩国临时包机顺利开通。助推武汉长江中游航运中心建设。支持开展内外贸同船运输，做好长江中上游小中转业务，对一般认证以上企业给予“四优先”通关便利。2015年，监管进出口集装箱40.10万标箱，同比增长5.50%，监管内外贸同船运输内贸箱43.60万标箱，监管转运集装箱8.50万标箱。

【武汉海关支持湖北地方口岸建设】 2015年，武汉海关进一步完善海关机构布局，武汉海关驻仙桃办事处、武汉天河机场海关、武汉海关驻邮局办事处、武汉天河机场海关缉私分局相继挂牌成立。积极推动构建开放平台，支持中国

（湖北）内陆自由贸易试验区申报。促成宜昌、襄阳保税物流中心成功获批。回应地方发展需求，将松滋车阳河综合码头纳入后续监管、查验场所，支持汉南港区宇丰码头建设。

【湖北出入境检验检疫局支持地方外贸发展】大力推进出口质量安全示范区建设。积极推进十堰出口汽车及零部件、随州出口专用车质量安全示范区建设。着力培育区域特色明显、质量效益突出等出口标杆企业和知名品牌，“神农园”品牌香菇成为湖北首家获国家生态原产地产品保护的品牌，华威专用汽车、武汉光迅科技被批准为中国出口质量安全示范企业。2015 年，湖北新增 3 个国家级出口食品农产品安全示范区和 1 个省级示范区，现有 20 个省级示范区，其中 6 个为国家级示范区，位于全国前列。目前由示范区提供的原料已占全省出口食品农产品出口总值的 80.00%，出口总体合格率均保持在 99.98% 以上。湖北出入境检验检疫局全力支持重大工程、重点项目发展。通过实施“前推后移”的工作机制，对华星光电进口首条第 6 代低温多晶硅显示面板生产线和上海通用汽车（二期）在通关、检验检疫、后续监管等程序方面给予便利，有力保障了重大项目、重点工程项目顺利推进。湖北出入境检验检疫局积极应对技术壁垒，帮助企业“走出去”。湖北出入境检验检疫局积极推进国家级重点实验室建设，2015 年光电及信息技术、汽车零部件、生物技术产品检测 3 个国家级重点实验室已建成待国家质检总局验收。与国家质检总局标法中心、襄阳市政府共建 WTO/TBT－SPS 国家通报咨询中心襄阳研究评议基地，成为全国首家也是唯一的汽车领域专业通报评议基地，通过建设汽车行业标准及技术法规共享平台，引领中部地区汽车产业转型升级。

【湖北出入境检验检疫局守卫口岸安全】积极防控中东呼吸综合征、流感疫情和埃博拉出血热疫情等疫情传入传出，开展中东呼吸综合征疫情应急处置演练、口岸生物突发事件应急处置演练、卫生处理中毒应急处置演练。共检出传染病 544 例，其中艾滋病 12 例、梅毒 24 例、疟疾 1 例、肺结核 1 例、病毒性肝炎 506 例。2015 年，湖北检验检疫局共截获各类进境植物疫情 4 207 种次，其中检疫性 55 种次，同比增长 120%。从进境旅客携带物及邮寄物中截获禁止进境物 3 567 批次，同比增长 228.50%，多次从旅客携带物中截获检疫性有害生物新菠萝灰粉蚧、桔小实蝇；加大对海淘和跨境电商的查验力度，从国际邮包中截获来自日本、韩国的注射用人体胎盘提取液、“霸王龙恐龙蛋”化石、燕窝等 231 批次。湖北出入境检验检疫局大力推进法治质检建设，清理行政许可项目，编制完成“两个清单”，推进行政权力公开透明运行。积极开展“质检利剑行动”、打击走私冻肉等专项行动，全年立案调查一般程序处罚案件 8 起，涉案货值 4 000 余万美元，对进出口领域的违法行为保持了高压态势。

【湖北出入境检验检疫局深化改革服务口岸】积极探索转变检验监管职能和工作重心“三个转变”，对现有流程进行清理和优化，在有效控制工作风险、确保工作质量的基础上，通过采取“即报即放”和“即检即放”两种模式实现签证放行的“前推后移”。全面推进关检合作“三个一”，企业录入的项目数减少 45%，录入效率提高 30% 以上。全面实施“联合查验、一次放行”的口岸查验模式，出口集装箱口岸查验率降低至 1.70%，一般出口货物的查验率降低至 2.50‰，重点货物的查验率降低至 2.50%，主要口岸的通关效率显著提升。充分发挥集中审单系统的作用，对窗口放行实施负面清单签证，对负面清单以外的业务实现报检、放行一站式服务。大力推进无纸化报检和无纸化通关，共受理出境无纸化报检 35 995 批，入境无纸化报检 10 880 批，申请无纸化报检的出入境企业共计 1 019 家，其中武汉辖区出境无纸化报检率达 100%；推行产地证无纸化签证，产地证无纸化签证率达 83.40%。湖北检验检疫局积极推动改革，简政放权，减免涉企收费。终审的全部 8 项行政审批均已下放到分支机构受理，其中 5 项实现了网上受理。推行行政审批一站式服务，把终审的行政审批事项全部集中到武汉市行政服务中心一个窗口受理。简化代理报检企业设立条件，不再对备案企业实施年审。严格落实国家减免收费政策，减免收费占应收规费的比重逐年上升，2015 年，湖北省所有出境货物、运输工具、集装箱及其他法定检验检疫物共计减免出境检验检疫费 1 599.10 万元，占应收规费的 62.90%。

【湖北出入境检验检疫局助力口岸大通关建设】 全面推进“通报、通检、通放”和“出口直放”“进口直通”工作，共完成省内“三通”报检 439 批次，跨区域两直报检 878 批次，进口“三通”和出口直放两种新业务形式深受报检企业的欢迎。在湖北省沿江口岸部署自主研发的“内河水运口岸快速查验系统”，实现出入境集装箱网上全申报、快速查验和电子放行，每个集装箱的查验成本降低 450 元，平均每个集装箱的运转效率可提升 20%，检验检疫通关耗时由 3～4 个工作日缩短为 1～2 个工作日。湖北出入境检验检疫局复制推广上海自贸试验区经验服务湖北，创新监管工作机制，大力支持特殊监管区域发展。在武汉东湖综合保税区正式实施 8 项检验检疫先行先试制度，建立了空、铁、港联动机制，实行一站式服务；创新“分送集报”模式和预检验模式，综合保税区进口工业品实现“即报即放”“即检即放”，进口食品化妆品从 15 个工作日缩短至 3 个工作日。自开展先行先试工作以来，综合保税区进出口总货值 35.78 亿美元，其中出口 10.58 亿美元，同比增长 760%，签约入驻项目 46 个，同比增加 214%。湖北检验检疫局全力支持湖北“大通道、大平台、大通关”建设，在机场、港口实施“零等待”“一站式办结”的工作模式。深化与口岸检验检疫机构区域合作，为武汉—洋山“江海直达”“泸汉台”近洋集装箱快班航线提供有力保障。全力推进襄阳铁海联运“无水港”和全省集装箱场站建设，助推湖北“借港出海”。大力支持武汉、宜昌空港国际新航线的开通，2015 年新开通国际航线 9 条。与满洲里、阿拉山口等口岸局建立“互为一二线、两局如一局”的监管新机制，解决返程带货在武汉查验通关问题，全力保障“汉新欧”中欧班列常态化运行。

开放口岸

【武汉空运口岸（武汉天河国际机场）】 位于湖北省武汉市黄陂区天河街，天河国际机场被国家民航局定位为全国重要的枢纽机场，1995 年 4 月 15 日投入使用，1997 年 8 月国务院批准对外国籍飞机开放，2003 年 11 月国务院批准航空口岸开展落地签证业务，拥有对外国人和对台湾同胞落地签证权。2015 年 5 月 1 日起，武汉天河国际机场实施 72 小时过境免签政策；天河国际机场 T3 航站楼建设已全面动工建设，计划于 2016 年建成。

2015 年，天河国际机场新增武汉至岘港、芭堤雅、素叻他尼、卡利博、芽莊、黄金海岸、罗马 7 条国际航线，累计开通国际（地区）客运航线达 37 条。航空货运保持增长态势。虽然武汉至我国香港地区、武汉至阿拉木图（哈萨克斯坦）、武汉至阿克托比（哈萨克斯坦）停航，但是在 2015 年，开通了武汉至达卡、孟买、比什凯克等全货机航线。货运量较上年有较大幅度增长，完成货邮吞吐量 15.47 万吨，同比增长 8.10%。

2015 年，武汉空运口岸进出境飞机 13 477 架次，同比增长 31.37%；国际及地区出入境人数达到 188.70 万人次，同比增长 36.20%。

【宜昌空运口岸（宜昌三峡机场）】 宜昌空运口岸位于湖北省宜昌市猇亭区，距宜昌市中心 26 千米，距三峡大坝 55 千米，北接宜黄高速公路，南临长江黄金水道，东临焦枝铁路。宜昌三峡机场是按 4E 级标准规划，一期工程按 4D 级标准建设。跑道全长 2 600 米，可满足 B737、B757、B767、A320 等同类及其以下机型起降；停机坪设有 6 个停机位；航站楼建筑面积 14 816 平方米。宜昌三峡机场于 1996 年 12 月 28 日正式通航，2004 年 6 月加入海航集团。三峡机场空运口岸于 2005 年 7 月获得国务院批准对外开放，

2007 年 11 月 25 日通过国家正式验收。

2015 年 1～12 月，三峡机场空运口岸累计完成国际区域航班 120 架次，同比下降 39.40%，其中入境、出境各 60 架次，同比分别下降 39.40%、39.40%。飞行宜昌—中国台湾包机航班 46 架次，其中入境、出境各 23 架次；飞行宜昌至韩国包机航班 24 架次，其中入境、出境各 12 架次。累计运送出入境旅客15 591人次，同比减少 21.20%，其中入境 7 827 人次（韩国旅客 554 人次、中国台湾旅客 43 人次），同比下降 17.60%；出境 7 764 人次（其中韩国旅客 554 人次、中国台湾旅客 43 人次），同比下降 24.50%。

2015 年 10 月 18 日，宜昌国际航班旅游包机至韩国釜山航班成功首航。这是宜昌三峡机场空运口岸开放开航 10 年来首次由外籍航空公司执飞的国际旅游包机航班，首次实现了宜昌与韩国游客双向互动，标志着三峡机场空运口岸对外开放工作取得重大突破。同时，宜昌空运口岸将借助宜昌直飞釜山航线，积极引入外籍航空公司，增加宜昌航空口岸国际（地区）航线。加速宜昌航空口岸建设，使宜昌航空口岸成为名副其实的国际航空港，更好地服务宜昌及中西部外向型经济发展。

2015 年，积极向上级部门做好汇报衔接工作，争取国家口岸管理办公室的支持，再次同意台湾籍临时客运包机继续从湖北宜昌航空口岸出入境，保持了宜昌对台湾籍临时客运包机开放连续性，为密切两地的经贸、文化交流合作，提供了便捷通道。2015 年累计运送宜昌至台湾出入境旅客 13 056 人次（台湾籍 356 人次），同比增长 11.00%，其中入境 6 527 人次、出境 6 529 人次。

【武汉水运（河港）口岸】 一期工程 2004 年投入运营，建有两个 5 000 吨级（兼顾万吨级）集装箱泊位及配套设施，设计年吞吐能力 25 万标箱。二期工程于 2010 年投产，拥有 4 个 5 000 吨级集装箱专用泊位，设计年吞吐能力 75 万标箱。三期工程正在规划建设中，共规划 17 个 5 000 吨兼顾万吨级集装箱泊位及配套设施，首批建设 4 个泊位，总投资 40 亿元，设计年吞吐能力 80 万标箱。2015 年，武汉水运口岸（河港）完成进出口货运量 1 980.80 万吨，占湖北省的 76.90%。

2015 年，武汉阳逻港—上海洋山港点对点“江海直达”航线保持了高效的运作，共开行航班 410 个班次，其中 406 个班次实现点对点直航、72 小时内到达，航班准点到达率高达 99.02%。

2015 年，泸州—武汉—台湾航线进出口航次共开行 196 个，运输箱量共计 3 522 标箱。其中，进口航线共计开行 92 个航次，进口箱量共计 485 标箱；出口航线共计开行 105 个航次，出口箱量共计 3 037 标箱。

2015 年，武汉—东盟四国航线共开行出口航次 97 个，运输集装箱量为 3 862 标箱。其中，武汉—泰国曼谷港航线共开行出口航次 49 个，运输集装箱量为 2 003 标箱；武汉—越南胡志明港航线共开行出口航次 48 个，运输集装箱量为 1 859标箱。

2015 年 9～12 月，至日本、韩国航线共开行 24 个航班，运输箱量为 797 标箱。其中，日本航线开行 12 个航班，运输箱量为 608 标箱；韩国航线开行 12 个航班，运输箱量为 189 标箱。

【黄石水运（河港）口岸】 黄石是新中国成立后湖北省最早设立的两个省辖市之一，是我国中部地区重要的原材料工业基地和国务院批准的沿江对外开放城市，是全国 53 个重点港口城市和 133 个客货主枢纽城市之一。1980 年 9 月黄石港经国务院批准开办对外贸易运输业务，1993 年 6 月 15 日经国务院批准对外国籍船舶开放的水运口岸，海关、检验检疫、边检、海事、国税、外汇和货代、船贷公司等口岸执法部门及口岸服务企业齐备。港口位于长江中游南岸，上距武汉 143 千米，下距上海 982 千米，常年水深在 8～20 米之间，水陆域条件良好，河势稳定，地质条件较好，5 000 吨级远洋货轮可常年自由进出，近洋航运可直达日本、韩国、中国香港及东南亚地区。

2015年，进出口货运量181.48万吨，同比增长52.80%。其中进口货运量168.78万吨，同比增长55.80%；出口货运量12.70万吨，同比增长21.90%。黄石口岸工作得到了较大发展，通关能力不断提高，通关环境更加优化，口岸基础设施建设得到加强，为促进黄石外向型经济发展发挥了积极的作用。

黄石棋盘洲保税物流中心运营情况良好。截至2015年年底，黄石市保税物流中心累计通关货物达98票，进出口货物货值达1.09亿元。

黄石积极抢抓长江经济带新一轮开放开发重大战略机遇，全力推进黄石新港建设，为实施市委市政府"生态立市、产业强市，加快建成鄂东区域性中心城市"的重要战略奠定基础。黄石新港口岸建设项目是黄石新港建设最重要项目之一，也是黄石市2016年重点建设项目之一。新港口岸位于黄石棋盘洲港区，岸线长度199.50米，规划面积约133平方千米，总投资额约5亿元，黄石正力争在2017年1月建成通过验收并投入使用，着力打造成为长江中游一流的枢纽口岸和"智慧型"口岸。

黄石正依托黄石新港口岸建设，积极筹备进境粮食指定口岸申报工作，推进保税物流中心与黄石新港口岸实现"区港互动"，将保税物流中心业务拓展与港口经济发展有机结合，不断提升黄石口岸功能。

原二类口岸

经湖北省政府批准开放的口岸9个。其中，水运口岸2个，分别是宜昌港、荆州港；铁路口岸4个，分别是武汉、襄阳、十堰、麻城铁路口岸；公路口岸3个，分别是武汉、襄阳、十堰公路口岸，其中武汉铁路集装箱中心站作为临时口岸对外开放。另有海关特殊监管区域2个，分别是武汉东湖综合保税区、武汉出口加工区。B型保税物流中心4个，分别是武汉东西湖保税物流中心、黄石棋盘洲保税物流中心、宜昌三峡保税物流中心、襄阳保税物流中心。

2015年，武汉铁路口岸全年累计开行国际货运班列164个班次，其中，去程98班次，回程66班次，货值突破5亿美元，回程货运量居全国中欧国际货运班列之首。

中欧（武汉）国际货运班列先后开行至捷克、波兰、白俄罗斯的专列，武汉到德国汉堡、杜伊斯堡双向往返公共班列，俄罗斯斯托木斯克至武汉回程木材定制班列，基本实现运行由东向西延伸，专列、班列相结合，满足了不同客户的需求，深受境内外企业好评。

湖北省口岸大事记

1月26日

国家口岸管理办公室批复同意武汉铁路集装箱中心站作为临时口岸对外开放。

2月1日

成都、武汉、泸州三市政府在成都共同签订《港口物流战略合作框架协议》。

2月26日

国家质检总局同意在武汉筹建进口肉类指定口岸，原则同意在武汉新港阳逻港筹建，作为湖北省进口肉类的指定场所。

3月26日

武汉海关驻仙桃办事处成立，业务管辖范围为仙桃、天门、潜江、汉川四市，主要承担辖区海关监管、税收征管、企业管理、海关统计、海关稽查等职能。

4月1日

武汉新港阳逻港开通了麻城—武汉阳逻港—福建的石材集装箱铁水联运业务，首批10组集装箱于4月1日从麻城站首发，4月3日抵达武汉阳逻港装船发往福建方向。武汉—长江中上游地区集装箱铁水联运示范项目建设取得新进展。

5月1日

经国务院批准，5月1日起，武汉天河机场口岸正式实施外国人72小时过境免签政策。来自美国、英国、法国、德国等51个国家的外国人，持有72小时内确定日期、座位前往第三国（地区）联程机票，在武汉行政区域内停留72小时将不用申请签证。武汉是我国中部六省第一个被批准实施该政策的城市。

5月17日

海关总署署长于广洲在武汉会见湖北省委书记李鸿忠、省长王国生。于广洲署长对湖北经济社会发展取得的成就给予高度评价，表示海关将继续探索推进各项改革，进一步优化监管和服务，助力湖北开放型经济发展。

海关总署署长于广洲在武汉出席第九届中国中部投资贸易博览会开幕式暨主旨论坛。开幕式前，于广洲署长陪同国务院副总理汪洋巡馆。

海关总署署长于广洲在武汉关区考察调研，视察武汉海关，听取武汉海关工作情况汇报，肯定武汉海关在业务建设、队伍建设和家园建设等方面取得的成绩。于广洲署长到中国光谷展示中心、武汉未来科技城、武汉高德红外股份有限公司开展实地调研。

5月20日

俄罗斯车里雅宾斯克州 Logic land 有限公司与武汉汉欧国际物流有限公司签订合作协议。Logic land 公司所在的南乌拉尔斯基运输物流中心是当地最大的物流基地，占地1.8平方千米，拥有8万多平方米的现代化仓库和14万多平方米的集装箱堆场，年吞吐量在250万吨以上，是中国西北北部和中部国际货流进入俄罗斯最近的入口和中转枢纽。

6月15日

武汉新港管理委员会和湖北出入境检验检疫局签署战略合作备忘录，双方将在口岸服务、航线服务、信息化服务、交流机制等方面加强合作。

7月1日

装载着出口无纺布制品的集装箱卡车驶出武汉海关仙桃监管场所——仙桃临港物流园。货物在阳逻港装船出口，发往美国、德国、约旦。仙桃至阳逻港实现直接通关。

7月14日

湖北省商务厅党与武汉新港管委会签署《湖北省商务厅、武汉新港管理委员会共建湖北电子口岸水运平台合作备忘录》，为完善湖北电子口岸平台功能创造良好条件。

7月17日

华中中美商会、英中贸易协会、荷兰贸促会、英国总领馆、加拿大商会等国际商贸及香港商会、香港特区政府商务代表处等地区商贸机构代表考察东湖综合保税区，深入了解综合保税区投资环境。

7月23日

武汉东湖综合保税区建设管理办公室与武汉港务集团有限公司在花山港举行了“东湖综合保税区—花山港战略合作签约仪式”。

9月11日

国家口岸管理办公室批复同意韩国及我国台湾地区临时客运包机从宜昌三峡机场进出境，时间为2015年9月20日至2016年3月20日。

9月28日

武汉阳逻港开通至日本、韩国集装箱快班航线。这也是继“泸汉台”和“武汉—东盟四国”集装箱快班航线之后，阳逻港开通的又一条近洋航线。以武汉阳逻港、上海外高桥港、韩国釜山港、日本东京港和大阪港5个港口为运输节点，通过武汉—上海支线，分别对接至日本和韩国港口干线，形成阳逻港—釜山港、阳逻港—东京港和大阪港的快速航线。阳逻港至日本东京港、大阪港的平均运输时间从11～16天缩短到8天，阳逻港至韩国釜山港的平均运输时间从12～16天缩短到7天。

9月29日

以“亿吨大港，百万标箱”为目标的黄石新港正式开港运营。黄石新港是长江中游少有的深水良港。港区规划长江岸线约11千米，规划建设69个生产泊位。已完工的一期工程年吞吐量达1 000万吨。

10月18日

韩国釜山至宜昌国际航班旅游包机首航圆满成功。这是宜昌三峡机场航空口岸开放开航10年来首次由外籍航空公司执飞的国际旅游包机航班。新开通的宜昌—釜山航线，由釜山航空每周

四、周日执飞。

10 月 24 日

中欧（武汉）国际班列正式开通中国武汉至俄罗斯公共班列，再拓对外国际物流大通道。班列从东西湖吴家山铁路中心站驶出，经满洲里出境，抵达俄罗斯莫斯科昆采沃铁路站，全程 9700 余千米，耗时约 12 天。该班列将与此前开通的“俄满汉”木材专列形成双向对流。

10 月 20 日

中国邮政速递物流华中（武汉）陆路邮件处理中心正式投产，这座日处理能力 30 万件的现代化邮件处理中心，是华中最大、功能最全、智能化程度最高的现代化陆运集散处理中心，是全国重要的邮政节点，承担着立足华中辐射全国的速递物流陆运邮件集散、现代化电子商务仓储集配和湖北省内陆运邮件自动化集中处理。华中处理中心占地面积 6.4 万平方米，其中一期投资 2 亿元，2013 年 12 月开工建设，2015 年 9 月底试运行。

10 月 27 日

武汉天河机场开通武汉至东京直飞航线，每周二、周五两班，航班单程飞行时间 4 小时左右。

11 月 2 日

汉欧国际物流公司在俄罗斯成立驻莫斯科办事处，并与 12 家中外物流企业签订合作协议。中欧（武汉）国际货运班列已先后在中亚、德国、俄罗斯设立驻外网点。

11 月 18 日

武汉天河机场 T3 航站楼空管塔台钢结构工程顺利完成封顶。新建空管塔台地下 1 层，地上 22 层，总建筑面积约 3 679 平方米，总建筑高度 115 米，建成之后，将是亚洲第二高、国内第一高塔台。

11 月 8 日

湖北省首趟东南亚国家货运特需专列从十堰出发，满载 100 台东风公司重型汽车零部件，该专列以点到点的小编组开行，减少途中解体编组，缩短运输时间，72 小时内就可到达凭祥口岸，11 月 11 日抵达越南。

11 月 25 日

宜昌三峡保税物流中心（B 型）获批建设，面积 0.2 平方千米。

11 月 27 日

装满宜昌蜜橘的 79312 次鲜活货物特需直达列车从湖北省枝江站开出，经呼和浩特铁路局二连口岸站后直达俄罗斯。

11 月 30 日

武汉新港阳逻港集装箱吞吐量单月完成 10.22 万标箱，同比增长 13.18%，历史首次突破 10 万标箱。

12 月 16 日

武汉天河机场开通武汉至罗马的直飞航线，这是继开通武汉直飞莫斯科、旧金山、东京等后，南方航空公司在武汉开通的又一条洲际大线。该航线首站广州，经停武汉后，直飞罗马，每周一、三、五出发。回程航班每周二、四、六出发。

12 月 17 日

襄阳保税物流中心（B 型）获批建设，面积 0.281 平方千米。

12 月 31 日

海关总署批复湖北省在武汉市建设多式联运海关监管中心。

（撰稿人：乔欣荣、郑云中、乔亮、刘杨春、何净）

2015 年湖北省口岸流量统计表

口岸类型		口岸名称	货运量（万吨）				集装箱量（万标箱）				人员（万人次）				交通工具（辆、艘、架、列次）			
			出口	进口	合计	同比（%）	出口	进口	合计	同比（%）	出境	入境	合计	同比（%）	出境	入境	合计	同比（%）
空运口岸			3.70	1.36	5.06	137.50					94.99	95.36	190.35	35.31	6 814	6 783	13 597	30.03
		分计																
陆运口岸	公路口岸		0.30	0.10	0.40	158.80	0.07	0.00	0.07	287.40								
		分计																
	铁路口岸		4.67	4.77	9.44	564.60	0.79	0.39	1.18	450.40								
		分计																
水运口岸	海港口岸																	
		分计																
	河港口岸		628.26	1 934.18	2 562.43	10.90	27.08	11.72	38.79	2.80								
		分计																
合计			636.93	1 940.41	2 577.33	11.40	27.94	12.12	40.05	5.50	94.99	95.36	190.35	35.31	6 814	6 783	13 597	30.03
同比（%）			20.60	8.60	11.40		1.10	17.00	5.50		35.51	35.09	35.31		28.40	31.71	30.03	

（湖北省口岸办提供）

2015 年武汉海关主要数据统计表

项目		2015 年	同比（%）
进出口货运量（万吨）	合计	2 577. 30	11. 37
	进口	1 940. 40	8. 60
	出口	636. 90	20. 60
进出口贸易总值（万美元）	合计	2 757 862. 30	10. 38
	进口	1 327 625. 30	5. 00
	其中：江、海运输	718 385. 90	-5. 90
	铁路运输	5 497. 70	2 675. 20
	汽车运输	43 446. 00	1 217. 80
	航空运输	560 187. 20	12. 80
	邮件运输	46. 60	-58. 60
	其他运输	62. 00	-85. 50
	出口	1 430 237. 00	15. 90
	其中：江、海运输	878 758. 50	-8. 40
	铁路运输	43 463. 80	223. 10
	汽车运输	91 668. 10	2 193. 20
	航空运输	415 157. 20	62. 90
	邮件运输	751. 80	39. 40
	其他运输	437. 70	-72. 00
税收（万元）	两税合计	1 288 056. 00	-0. 10
	关税入库	208 869. 00	4. 30
	进口环节税入库	1 079 187. 00	-0. 90

表注：进出口货运量和进出口贸易总值均为在武汉海关报关数据，其中进出口贸易总值为在武汉海关报关的贸易统计数据。

（武汉海关提供）

2015年湖北省口岸出入境主要数据表

项目			2015年	2014年	同比（%）
出入境人员（人次）	出入境人员总数		1 903 555	1 406 840	35.31
	入境人员		953 624	705 884	35.10
	出境人员		949 931	700 956	35.52
	出入境旅客		1 783 716	1 318 898	35.24
	出入境员工		119 839	87 942	36.27
	中国公民	小计	1 710 854	1 263 147	35.44
		内地居民（因公）	84 053	55 796	50.64
		内地居民（因私）	1 486 832	1 077 642	37.97
		港澳居民	48 197	40 909	17.82
		台湾同胞	91 772	88 800	3.35
	外籍人员		192 701	143 693	34.11
	从海港出入境人数		0	10	-100.00
	从陆港出入境人数		0	0	
	从空港出入境人数		1 903 555	1 406 830	35.31
交通运输工具（辆、艘、架、列次）	总计		13 597	10 458	30.02
	船舶		0	1	-100.00
	飞机		13 597	10 457	30.03
	火车		0	0	
	机动车辆				

（湖北省公安边防总队提供）

2015 年湖北省出入境检验检疫业务统计表

项目		货物检验检疫				交通工具				集装箱（标箱）		发现动植物疫情		货物通关		出入境人员查验（人次）	健康检查及预防接种（人次）			
		批次	金额（万美元）	检验检疫不合格																
				批次	金额（万美元）	船舶（艘）	飞机（架）	火车（列）	汽车（辆）	合计	检出问题	种类数	种次	批次	金额（万美元）		健康检查	艾滋病监测	发现病例	预防接种
本年累计		60 153	57.6	2 351	16 447.5		13 394			242 163	458	133		42 766	440 651	1 857 340	36 405	34 610	4 244	35 923
其中	出境	48 024	40.6	557	3 272.5		6 700			150 573	17			25 845	220 138	918 942	29 764	29 444	4 156	35 847
	入境	12 129	17	1 794	13 175		6 694			91 590	441	133		16 921	220 513	938 398	6 641	5 166	88	76
同比（%）		-0.98	-7.85	194.2	38.39		36.95			-11.67	13.1	-0.75		2.83	-5.87	37.9	-0.31	0.11	-45.4	-10.92
其中	出境	-2.56	-3.83	707.3	114.12		36.48			-14.36	-32.0			11.12	6.75	37.38	-1.79	-1.86	-45.8	-10.95
	入境	5.85	3.24	145.8	27.78		37.43			-6.87	16.1	-0.75		-7.68	-15.80	38.43	6.87	13.04	-8.33	7.04

（湖北出入境检验检疫局提供）

2015 年长江海事局进出港船舶统计汇总表

船舶类别	进港船舶							出港船舶						
	艘数（艘）	总吨（吨位）	总载重量（吨）	载客量（客位）	船员人数（人次）	货物到达量（吨）	旅客到达量（人）	艘数（艘）	总吨（吨位）	总载重量（吨）	载客量（客位）	船员人数（人次）	货物发送量（吨）	旅客发送量（人）
总计	902	2 910 123	3 788 873		9 082	1 341 827.6		903	2 981 332	3 895 162		9073	1 705 512.7	
中国籍船舶	902	2 910 123	3 788 873		9 082	1 341 827.6		903	2 981 332	3 895 162		9073	1 705 512.7	
其中外贸船	1	6 665	8 642		13									

（长江海事局提供）

湖　南　省

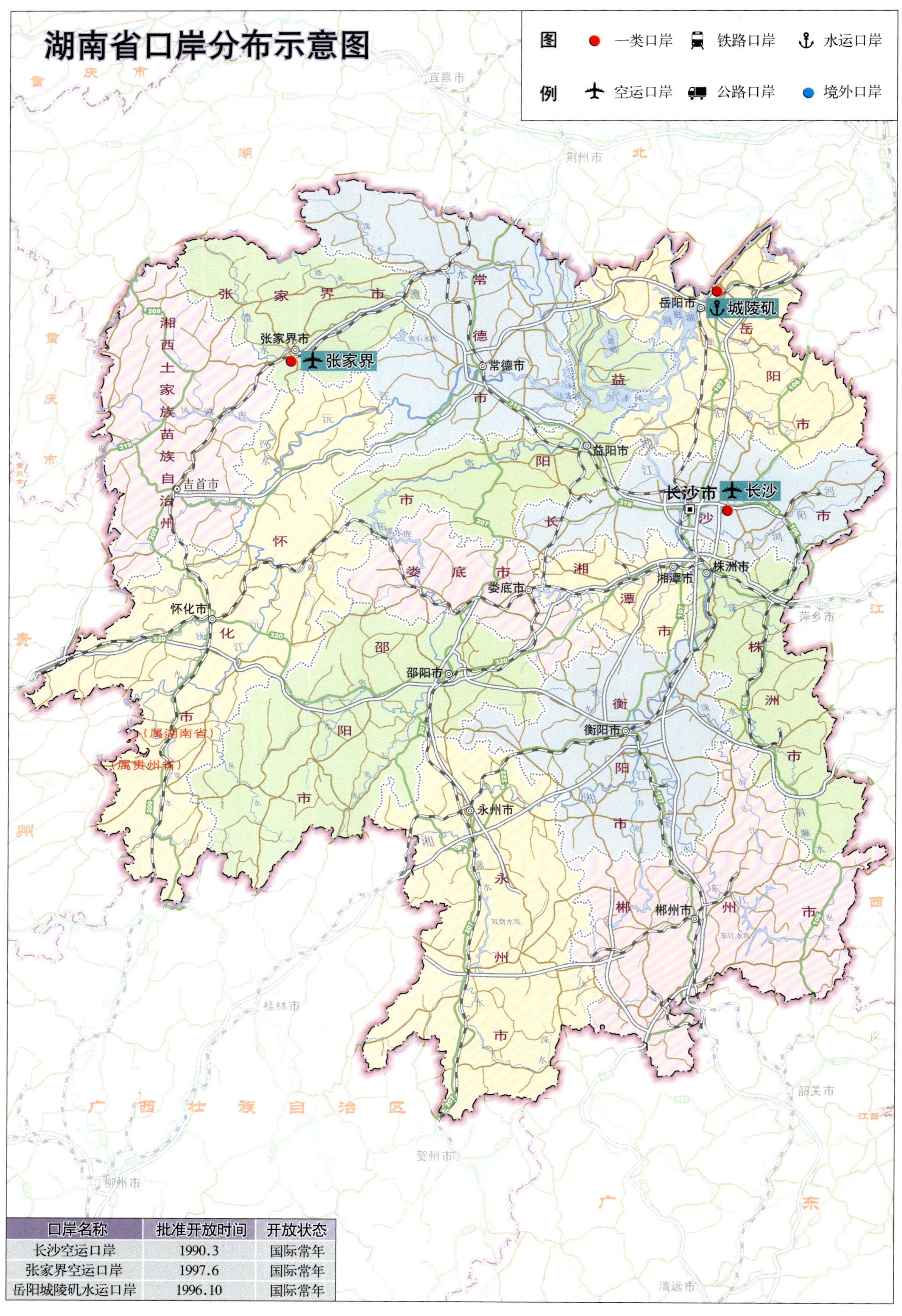

口岸名称	批准开放时间	开放状态
长沙空运口岸	1990.3	国际常年
张家界空运口岸	1997.6	国际常年
岳阳城陵矶水运口岸	1996.10	国际常年

口岸数量及分布

截至2015年年底，湖南省有经国务院批准的外开放口岸3个。其中，空运口岸2个，分别为长沙空运口岸（长沙黄花国际机场）、张家界空运口岸（张家界荷花国际机场）；水运（河港）口岸1个，即岳阳城陵矶河港口岸。

口岸运行数据

2015年，湖南省外贸进出口货值293.67亿美元，同比减少4.8 %。其中，出口货值191.73亿美元，同比减少3.9%；进口货值101.94亿美元，同比减少6.4%。

按运输方式分，水路运输货值176.35亿美元，同比减少10.6%；铁路运输货值1.15亿美元，同比减少88.3%；公路运输货值62.14亿美元，同比增长12.8%；航空运输货值53.97亿美元，同比增长59%；邮件运输货值0.01亿美元，与去年基本持平；其他运输方式货值0.06亿美元，同比减少99.6%。

2015年，长沙海关关区进出口货值869亿元，同比增长17.9%。其中，出口货值395.4亿元，同比增长45.0%；进口货值473.6亿元，同比增长2%。

从进出口货物情况看，2015年出口货值排前三位的商品是：钢材（钢材钢板）货值9.74亿美元，同比减少25.3%；二极管及类似半导体器件货值9.14亿美元，同比增长472.5%；有线、无线通信设备零件货值8.88亿美元，同比增长24.4%。进口量较大的还有服装及衣着附件（织物制服装）、集成电路（放大器）、鞋类等。进口货值排前三位的商品是：铁矿砂及其精矿货值13.37亿美元，同比减少31.54%；集成电路货值8.56亿美元，同比增长57.64%；二极管及类似半导体器件货值8.19亿美元，同比增长428.2%。出口量较大的还有铅矿砂及其精矿、银矿砂及其精矿、汽车零配件等。

2015年，湖南省口岸出入境人员188.47万人次，同比增长36.67%。长沙空运口岸出入境人员164.64万人次，同比增长36.75 %。张家界空运口岸出入境人员23.82万人次，同比增长36.11 %。其中，出入境旅客为177.32万人次，同比增长36.49%。进出境员工11.14万人次，同比增长39.5%；进出境内地居民105.82万人次，同比增长53.7%；进出境港澳居民为2.23万人次，同比减少13%；进出境台湾居民为18.53万人次，同比增长1.8%；进出境外籍为61.89万人次，同比增长28.1%。湖南省公安厅人口与出入境管理局办理口岸落地签证7.61万人次，同比增长34.45%。

2015年湖南省各市、州进出口统计表

单位：万美元

市、州	进出口额	出口额	进口额	同比（%）		
				进出口	出口	进口
总值	2 936 680	1 917 288	1 019 392	-4.8	-3.9	-6.4
长沙市	1 296 438	867 274	429 164	4.6	-0.1	15.5
株洲市	248 639	169 794	78 845	-11.1	-7.1	-18.7
湘潭市	219 977	112 205	107 772	-3.1	-10.9	6.6
衡阳市	313 320	201 286	112 034	6.5	3	13.4
邵阳市	114 558	104 045	10 513	36.1	44.6	-13.8
岳阳市	113 366	86 236	27 130	43.2	59.2	8.4

续表

市、州	进出口额	出口额	进口额	同比（%）		
				进出口	出口	进口
常德市	77 977	57 685	20 292	2.9	8.8	-10.9
张家界市	6 600	5 257	1 343	-26.8	-37.3	112.7
益阳市	60 534	51 726	8 808	4.1	-2.3	68.5
娄底市	98 061	23 506	74 556	-36.4	-33.5	-37.3
郴州市	281 538	146 969	134 569	-38	-38.3	-37.7
永州市	89 601	76 944	12 658	-4.3	2.6	-32.2
怀化市	4 440	3 515	926	-57.9	-64.4	34.8
湘西自治州	11 631	10 847	783	-50.3	-52.6	56.2

表注：按进出口额排序。

口岸综合管理

【口岸平台全面提质升级】 围绕建设平台和完善功能，提升口岸支撑服务能力。平台建设方面，张家界空运口岸国际厅建设竣工，湘潭综合保税区竣工验收并封关运行，湘西公路口岸作业区、永州出口农产品集中验放场建设加快推进，株洲铁路口岸作业区获批建设，郴州公路口岸作业区海关快件查验系统项目启动，湖南省电子口岸“三个一”项目完成并通过验收。功能完善方面，长沙空运口岸正式获批实施开展 72 小时过境免签业务；药品进口指定口岸申报工作扎实推进。

【岳阳“一区一港四口岸”取得突破性进展】 岳阳“一区一港四口岸”即岳阳城陵矶综合保税区，岳阳城陵矶口岸启运港退税试点港，进口肉类、粮食、固体废物和汽车整车进口口岸。岳阳综合保税区（一期）建设完成并于 2015 年 12 月通过国家相关部委正式验收，起运港退税试点港于 2015 年 4 月正式落地实施。进境粮食指定口岸高效运营，进口肉类指定口岸初显成效，固体废物制定口岸通过验收投入运营，汽车整车进口口岸通过正式验收运营在即。“一区一港四口岸”六大口岸开放平台申报建设工作取得了巨大进展。

【国际货运航线破“零”】 2015 年 12 月 7 日，长沙空运口岸首条“长沙—香港”航线全货机定期航班正式开通。目前，“长沙—香港”航线全货机定期航班，每周开行一班，时间为周一，往返均为夜航，主要运载包括电子元器件、机械产品、婴幼儿奶粉等产品，装载量约 13 吨。航班飞行仅需 1.5 小时，同此前汽车运输的 10 小时相比，大大节约时间成本；从运输成本来看，定期货运航班的运费也比此前搭载客运航班下降一半左右。湖南省政府研究形成《关于长沙航空口岸开通长沙—香港全货机定期航班有关问题会议纪要》，出台了优惠支持政策。

【“湘欧快线”转入常态化运行】 “湘欧快线”自 2014 年 10 月 30 日双列首发以来，试运行工作取得圆满成功，并于 2015 年 9 月 30 日转入常态化运营，年内发运量跻身全国 5 强（“渝新欧”“汉新欧”“郑欧”“苏满欧”“湘欧”）。“湘欧快线”引入高铁理念，大大提高了湖南及周边地区国际物流时效，抵达欧洲线目的地德国杜伊斯堡需运行约 16 天，中亚线 10 天内即可到达乌兹别克斯坦塔什干。班列通过优化通关流程、优化服务、实时向客户反馈货物信息的举措使客户十分满意，2015 年 11 月以来班列出现了货源爆仓的可喜局面，为此平台公司计划增加班列开行密度。

【电子口岸运营再上新台阶】 湖南电子口岸

关检合作“一次申报、一次查验、一次放行”项目于2015年9月顺利通过验收，其中“一次查验、一次放行”模块在长沙霞凝水运口岸作业区全面推开，岳阳城陵矶水运口岸、常德盐关水运口岸作业区正在进行配套信息化改造；“一次申报”模块与海关总署和国家质检总局相关版本进行对接。“智慧口岸”项目实现了基于地图的数据联动查询。基础支撑平台进一步完善了统一权限、安全身份认证、数据交换、电子口岸门户网站内容展示。湖南加工贸易综合服务平台增加了企业电子化手册核销数据的自动整理和核算功能。2015年，电子口岸水运物流平台项目已有92家企业注册，共完成12 626票集装箱运货单；湖南加贸平台已有656家企业备案，共完成149 407票进出口报关单；“三个一”项目验收后完成2 193票。

【口岸工作促改革谋发展】 湖南省政府出台《关于落实“三互”加强口岸工作的实施意见》，指导稳步推进各项通关改革。巩固“三个一”改革成果，推进关检联合查验和设施设备共享共用。学习借鉴沿海省份成熟经验，依托湖南省电子口岸平台，启动国际贸易“单一窗口”。完善跨区域大通关协调机制，不断深化沿长江经济带、泛珠三角、“一带一路”沿线的跨区域协作，加强口岸合作互助。继续清理规范口岸通关环节收费，督促相关单位依法公开收费项目、标准和依据，降低通关成本。深入开展口岸文明创建活动，不断提升口岸通关服务质量。规范通关协调服务流程，依法依规开展通关协调和保障服务。

【释放口岸功能、繁荣口岸经济】 加快推进海关特殊监管区域科学发展，大力发展保税加工、保税物流和保税服务，创新监管制度强化政策功能优势，加强产业引导和发展统筹，形成各具特色、错位发展的良好格局。依托各类口岸平台通道，持续提升口岸通关便利化水平，加强招商引资，发展汽车整车、肉类、粮食等大宗商品直接进口。统筹湖南省电子口岸、跨境电商及外贸服务等平台建设，创新监管服务方式，支持跨境电子商务、保税直购等新兴业态发展，打造口岸经济发展新亮点。推动口岸投融资体制改革，引导社会资本积极投向口岸建设。加强口岸专项资金管理，创新管理使用方式，提高财政资金使用效率。

【探索口岸综合管理新路径】 立足新形势、新起点，完善发展新理念，深入口岸一线了解第一手情况，走访口岸单位“问需问计”，前往国家口岸办及兄弟省份学习调研。向省政府常务会议进行了专题汇报，研究当前口岸工作面临的突出问题，部署推进口岸通关改革。建立省政府口岸部门联席会议制度，进一步健全完善口岸工作协调机制。组织起草并以湖南省政府名义出台了《关于落实“三互”加强口岸工作的实施意见》，明确了口岸改革发展的工作目标、重点任务和保障措施，为口岸发展指明了方向，提供了保障。组织编制《全省口岸发展“十三五”规划》，筹划安排未来五年全省口岸工作发展。

【研究制定“拓口兴岸”工程】 按照“内强平台、外畅通道、优化通关、强化管理”的工作思路，进一步释放口岸平台功能，加快口岸经济发展。“拓口兴岸”主要包括拓展提升开放口岸、口岸作业区和特殊监管区域等各类口岸平台功能，强化电子口岸平台功能的发挥，筹划湖南自贸试验区申报建设；畅通国际客货运大通道；通过发展大宗进出口贸易、保税经济和现代化物流、电子商务等培育壮大口岸经济。

【增强服务意识、提升服务水平】 一是做好重大活动通关协调保障。为亚洲男篮锦标赛、全国非公经济论坛、中韩经贸文化活动周、湖南（香港）投资贸易洽谈周、第三届矿博会等重大经贸活动提供人员、物品通关协调服务。目前已完成50余次、600余人次礼遇通关接待任务。二是积极协调海关、检验检疫部门，加强与沿海口岸沟通，积极协调浏阳烟花出口通道受阻、永州出口农产品运输及郴州贵金属出口转关等问题。三是为查验单位解决夜班值守执勤、执法力量不足等问题，加强执法综合保障。

口岸监管与服务

【湖南省边防总队确保口岸“大平安”】 一是强化信息研判预警。加强口岸管控动态情报信息搜集研判，落实“日研判、周会商、月分析”口岸管控风险动态评估制度。根据口岸查处案例、航空公司旅客信息预报和驻地社情，及时编发重点检查和口岸动态管控指引。加强情报信息联络协作，及时掌握境外恐怖、敌对及违法犯罪分子企图潜入潜出和闯关入境的信息。二是严密重点管控措施。围绕前台检查发现、后台核查处理和现场动态管控等重点环节，及时完善《重点检查和后台核查工作指引》，规范重点人员信息采集、身份信息核查、照片查控比对、人身行李物品检查等工作流程。协调开通公安部级人口信息、大情报信息查询权限。强化前台精细检查、后台精确核查、动态精准管控、突发稳妥处置等措施。配齐现场警械装备，组织反恐查缉处置技能培训。三是共筑口岸安全屏障。加强跨警种警务合作，与湖南省公安厅建立了反恐维稳、外国人审查和执法办案等协作机制。配合省反贪局等单位接收境外追逃对象2名，3次配合省公安厅完成台湾通缉对象的遣返任务，与相关单位配合协查控制对象30余人次。加强与交通部门的配合协调，进一步规范接布控工作制度。积极配合口岸安全联合防控机制建设，不断完善口岸应急处突预案，联合口岸单位组织实战演练，增强口岸防控暴恐、应对突发事件、反偷渡等方面协同配合能力。

【湖南省边防总队强练内功服务开放】 为提升服务口岸通关保障能力，不断改革勤务模式，全力保障一线警务资源。精简机关人员，培养10名执法士官从事边检工作。推行边检辅助岗位社会“辅警化”。按诚信等级、管控风险实行企业口岸通关差别化管理。建立警力保障评估机制和跨边检站、跨科队“动态联勤”制度，以旅客流量、管控风险等级弹性配置现场警力。致力于建设“数字边检”，积极参加电子口岸建设，将边检相关系统纳入口岸电子平台，提升口岸通关智能化水平。完善［C1］口岸限定区域电子监控设施，配备先进查验设备，升级服务应用系统，有效提升了边检工作科技化水平。长沙边检站完成自助通道建设，并启动边检勤务指挥中心改造建设项目，张家界边检站新现场建设将完工验收，岳阳边检站配合市政府已启动“电子口岸”建设项目。

【湖南省边防总队打造通关服务优质品牌】 湖南省边防总队继续打造口岸“舒畅工程”，一是优化通关服务措施，出台旅客口岸自助通关，船舶智能预报预检，通关企业诚信管理，方便旅游团队分团报备等4项措施；落实现场边检温馨提示、紧急通关“零等待”、航班准点行动和“365+24”全天候服务承诺。二是创新专项勤务模式，设立“边检移动工作站”，联合口岸相关单位提供“一站式”通关服务；充分利用现场设施条件，提供“口岸临时商务”等延伸服务。三是推进口岸联动共建，通过参加创建“文明窗口”和机场“口岸服务质量提升年”活动，落实联席会议、“边检联络员”等制度，组织为企业“送法”“送训”活动，寄送“执法建议书”，与驻地单位、企业签订《警地合作共建备忘录》，开展“8·19全国边检服务品牌集中推介和警营开放日”等活动，展示了积极主动地开放的职业形象。

【岳阳海事局多举措改善通航秩序】 持续开展通航环境和通航秩序综合整治等行动，实施通航水域分级管理措施，评定划分了三级风险水域，强化对重点水域、重点船舶、重点时段的巡航检查与现场驻守；深入开展AIS开启专项整治，不断提升船舶AIS开启率；联合岳阳市地方海事局进一步推动《城陵矶至扁山水域通航管理规定》颁布实施进程。组织开展了安全生产大检查和深化“打非治违”专项整治行动。联合当地安监、交通、地方海事部门开展“水上交通非法运输专项整治活动”，严厉打击了证照不齐、配员不足等突出违法行为。

【长沙海关深化改革促便利】 以放权、松绑、减负、提效为方向，提出推行简化报关单随附单证、删改单审批无纸化、税单无纸化等措施，加速通关作业无纸化进程，让数据跑路，让企业受益，无纸化率94.82%。推进区域通关一体化改革，实现与全国海关互联互通，企业进出口“多地通关，如同一关”。与检验检疫部门推进关检合作“三个一”改革，解决了“一机双屏”、监管场所使用、执法处置等难题，统一版“一次申报”系统顺利部署到全省所有通关业务现场。复制推广自贸区监管创新制度，如智能化卡口验放、统一进出境备案清单、“批次进出，集中申报”等。积极推广集中汇总征税改革，试点企业已达10家，汇总征税税单数、税款金额排全国前列；探索实行铁矿砂等大宗货物进口税收总担保制度和关区税收担保一体化，简化企业担保手续。推进统一社会信用代码改革，简化企业注册登记手续，全省外贸企业已实现按“三证合一”后的统一社会信用代码办理注册登记、进出口报关业务。

【长沙海关主动服务促发展】 倡导落实“主动服务、畅通服务、跟踪服务、贴身服务”理念，严格落实支持湖南外贸增长，加强进口和对接“一带一路”发展战略的各项政策措施。加强与地方政府合作，先后与湖南出入境检验检疫局、省商务厅、永州市、怀化市签署合作协议8份，服务外贸发展。深入开展关领导“一对一”联手帮扶重点产业、重点园区、重点企业、重点项目活动，上门送政策、送法规、送服务，深入摸实情、出实招、求实效，召开企业座谈会13次，走访园区10余个、企业50余家，解决问题240余个。充分利用国家加快振兴装备制造业等税收优惠政策，大力支持湖南省工程机械、轨道交通、输变电设备等先进装备制造业发展。全年审批减免税2 192批次，减免税款3.7亿元。通过举办经验交流和政策宣讲会，助推加工贸易转型升级，全省加工贸易进出口619.58亿元，增长18%。加强政策研究，向省委省政府提交促外贸稳增长，发展跨境贸易电子商务，境外旅客购物离境退税政策，临空临港经济发展等建议。

【长沙海关优化环境促活力】 推进法治海关建设，对外公布权力清单，对内制定责任清单，营造公平、公正、公开的发展环境。深入推进简政放权，规范行政审批行为，优化内部核批事项，对10项行政审批事项在海关各业务现场全面实现“一个窗口”受理，企业办理海关行政审批时间平均缩短30%。综合运用关税、保税、监管等手段，在争取政策支持、创新监管模式、指导平台建设、协助招商引资等方面支持跨境电商、保税展示交易等新型贸易业务发展。支持金霞保税物流中心启动跨境电商出口零售业务，已备案商品1 164项，每批次验放出口包裹最多达9 000余件，累计验放23.63余万件；支持跨境电商直购进口业务，已验放进口包裹13 812件。推进企业信用管理、AEO企业互认、知识产权海关保护等工作，为“湘品出湘”创造了更好条件。

【长沙海关扎实开展专项打击走私和综合整治】 全年刑事立案20起，同比增长66.6%，案值1.15亿元，涉税2 397.56万元，摧毁涉嫌走私冻品团伙2个、涉嫌走私大米团伙1个；行政立案202起，同比增长77.1%，案值5.74亿元，涉税7 734.8万元；其中被海关总署缉私局列为一级、二级挂牌督办案件的，分别有1起和2起。

【湖南出入境检验检疫局促改革优通关】 湖南出入境检验检疫局推进检验检疫一体化，长江经济带区域“出口直放”率达100%；启动区域内“进口直通”，并积极推动实现全国一体化；与广东、深圳等直属局达成点对点一体化协议。口岸查验比例降低30%，每批货物节省物流时间0.5天，可为企业节省50%的申报时间和费用。关检“三个一”合作深化，“一次申报”1 500余单，“一次报关报检、一次查验、一次放行”500余单。无纸化申报加速推进，全省无纸化报检批次1 5万批，无纸化报检率达到35.7%。

【湖南出入境检验检疫局重质量严把关】 湖南出入境检验检疫局实施出入境货检6.56万批，货值38.53亿美元，检出不合格商品1 162批、3

423 万美元。检出不合格进出境食品 18 批，货值 48.4 万美元。通过创新外籍航空器回程餐食监管，优化进境动植物源性食品检疫准入，落实食品进口商备案等措施严把食品安全关。检验出入境工业品 4.5 万批，货值 24.1 亿美元，检出不合格产品 1 067 批，不合格金额 2 607 万美元。做好产品质量安全风险预警，上报进口工业产品风险信息 160 余条。开展目录外进出口商品监督抽查，抽查汽车用制动器、儿童用品等 143 组样品，检出不合格 64 组，占 45%。优化进口机动车监管模式，强化召回监管和调查，督促销售商召回缺陷进口汽车 5 000 多辆。

【湖南出入境检验检疫局守国门保安全】 湖南出入境检验检疫局检疫查验出入境人员 188.0 万人次，发现各类传染病症状等人员 387 例，确诊 95 例，分别比上年增长 36.8%、36.3% 和 187.9%。与卫生部门联动做好埃博拉疫情、中东呼吸综合征防控，检出输入性登革热确诊病例 6 例。监测发现核生化有害因子 67 起，截获 860 件、1.24 吨矿石标本放射性物质严重超标。截获注射用人体胎盘提取液、肉毒杆菌产品各 4 000 余支。截获不合格进出境动植物产品 90 批，截获进境有害生物 153 种、652 种次，同比分别增长 53%、16%，其中检疫性有害生物 12 种，同比增长 71%。累计截获各类违禁进境邮件 1 057 批，同比增长 410.6%。

【湖南出入境检验检疫局强监管促开放】 湖南出入境检验检疫局上下半年分别出台 10 项措施，促进外贸稳定增长。探索检验检疫监管新模式，复制推广中国（上海）自由贸易试验区 8 项检验检疫制度创新事项，其中出入境生物材料制品风险管理获多项便捷性监管措施，全省出入境特殊物品进口达 104 批，同比增长 46.5%；动植物检疫审批时间缩短，检疫许可证有效期从 6 个月延长至 12 个月。积极服务湖南融入国家“一带一路”战略，对接长江经济带，与内蒙古、新疆、广西等局签署合作备忘录。

开放口岸

【长沙空运口岸（长沙黄花国际机场）】 长沙黄花国际机场，位于长沙市长沙县黄花镇，距长沙市中心 24.2 千米，1990 年开放航空口岸，目前飞行区等级为 4E，是湖南省规模最大的民用机场，也是湖南首个开放口岸。黄花机场共有 43 家中外航空公司在长沙运营，中国南方航空公司、厦门航空公司在此设立运营基地，机场每周航班执行密度超过 2 300 架次，航班可供座位数每周达 30 万个。长沙空运口岸实行 24 小时通关，推行无纸化通关、“属地报关、口岸验放”、风险分级管理等措施。

2015 年开通首家长沙—香港全货运定期航班，外国人 72 小时过境免签政策在 2015 年 12 月 30 日顺利通过公安部验收。截至 2015 年年底，国际通航城市达 43 个，开通了长沙—莫斯科、长沙—法兰克福、长沙—安克雷奇—洛杉矶等欧美航线，至此，湖南省航空网络正式延伸至欧美地区。开通长沙往返中国香港、中国台湾[C2]、新加坡、韩国、泰国、日本、印度尼西亚、菲律宾、越南、柬埔寨、马尔代夫等地多条东南亚国际（地区）航线，以及至法兰克福、俄罗斯、巴黎、伦敦、洛杉矶、温哥华、悉尼和墨尔本等欧美内部代码共享航线。

【张家界空运口岸（张家界荷花国际机场）】 张家界荷花国际机场地处湖南张家界，座落在中国国家 5A 级景区“武陵之魂天门山”脚下，是湖南第二个空运口岸。张家界地处湖南西北部，

武陵山腹地，拥有国家森林公园、世界自然遗产、世界地质公园、国家5A级旅游景区等多项桂冠，旅游资源富集，是国内外重要的游客集散地，首批国家旅游综合改革试点城市之一。2015年张家界荷花机场新航站楼口岸国际厅建设基本完工。

张家界空运口岸2015年积极致力于国际（地区）航线的开拓，取得了显著成绩。新开境外航点1个（韩国襄阳），引进航空公司1家（台湾虎航）。全年有10家航空公司执飞张家界口岸航线，全年出入境人员23.8万人次，出入境航班1 703架次，同比分别增长36.11%和35.37%。2015年办理台胞落地签注119人次，一次性台胞证60人次。张家界空运口岸自1999年开放以来，开辟了25条国际（地区）航线。累计通关69万余人次，口岸出入境航班5 700余架次。张家界空运口岸是实现湖南东西开放、两翼齐飞空运口岸布局的重要组成部分，承载着张家界“旅游胜地梦”，架起了湖南西部和武陵山区通向世界的“桥梁”。

【城陵矶水运（河港）口岸】 岳阳城陵矶水运口岸位于岳阳城陵矶港，1996年获国务院批准正式对外籍船舶开放，是目前湖南唯一的国家开放水运口岸。处于长江与洞庭湖交汇处的城陵矶港是“长江八大良港”之一，距岳阳市中心区7.5千米，主航道通航水深4.5米，全港岸线22 340米，堆场总面积45万平方米，各类泊位15个，其中3 000～5 000吨级深水泊位5个。2005年，城陵矶被交通部列为全国主要内河港口；2008年，被国家定为内河对台水运直航口岸；2009年，城陵矶松阳湖新港正式开港运营；2010年，长江干线武汉至城陵矶河段海轮航道开通；2011年，开通至宁波、上海等港口“五定”始发班轮航线，并开启宜昌、川江、重庆等地货物在城陵矶新港中转的新模式；2012年，城陵矶口岸至香港、澳门直达航线正式开通，成为长江中上游首条直达港澳航线；2013年，岳阳城陵矶进口肉类指定口岸获批建设，2014年11月3日，获准正式投入运营；2014年10月9日，岳阳城陵矶口岸的新港码头、老港码头、华粮码头3个查验点获批为湖南第一批进境粮食指定口岸，2015年，进口粮食实现高效运营；2014年7月5日，国务院正式批复岳阳城陵矶综合保税区建设，2015年12月22日，通过国家十部委的正式验收，即将封关运营；2015年7月1日，国务院批准同意岳阳城陵矶港口岸为汽车整车进口口岸，2015年12月30日，首批38台平行进口汽车抵达城陵矶口岸，开创了我国内陆水运口岸平行进口汽车的先河；2015年1月7日，城陵矶固废进口指定口岸获批建设，2015年4月30日，通过验收投入运营；2015年4月23日，城陵矶口岸至上海洋山港直航开通，起运港退税政策正式落地实施；2015年5月23日，岳阳—东盟接力航线正式开通；打造了一条湖南与东盟国家、东南亚航运物流的“高速路”；2015年12月28日，湖南省政府批示同意在城陵矶设立岳阳航运交易所；2015年11月15日，岳港公司两艘本土江海轮“岳港017”“岳港018”正式下水投入港澳直航运营，开启了岳阳新的航运历史。

湖南省口岸大事记

1月28日

湘潭综合保税区（一期）通过了由海关总署牵头组成的国家十部委联合验收组的正式验收。

3月26日

公安部自助通道建设验收组到长沙空运口岸对边检自助通道进行了启用验收。

3月27日

湖南省打击走私领导小组召开2015年第一次联席会议。会议传达了全国打私办主任会议精神，研究部署湖南省2015年打私综治工作要点和专项行动方案。

4月14日

岳阳城陵矶进口肉类指定口岸首批冻品货物抵港，经现场检验检疫合格后入境。这也是中部地区第一次直接进口肉类。

4月20日

湘潭综合保税区正式封关运行，海关公路监管场所也开通运行。

4月24日

岳阳城陵矶口岸至上海洋山港直航开通，国家起运港退税政策试点正式启动。

4月27日~29日

湖南省口岸管理机构负责人座谈会在长沙举行。会议认真学习了国务院两次常务会议和全国口岸工作座谈会精神，以及《国务院关于改进口岸工作支持外贸发展的若干意见》和《国务院关于印发落实“三互”推进大通关建设改革方案的通知》等重要文件并进行了深入讨论。

5月13日

湖南城陵矶国际港务集团有限公司揭牌暨21世纪海上丝绸之路岳阳—东盟接力航线开通仪式在城陵矶国际集装箱码头举行。湖南省委副书记、省长杜家毫，上海市委常委、副市长屠光绍出席。

5月20日

湖南省政府召开推进出口食品农产品质量安全示范区建设工作首次联席会议，原则同意《湖南省出口食品农产品质量安全示范区考核认定办法》。

5月21日~25日

第三届中国（湖南）国际矿物宝石博览会举行。口岸各单位为人员和展品的通关通检提供保障。

6月11日

长沙至欧洲第二条国际航线航班——长沙至莫斯科航线正式开通。

6月18日

星沙海关驻浏阳办事处正式开关并对外办理海关业务。这是湖南省县（市）中设立的首家副处级海关机构。

6月29日

湖南省委常委、省委统战部部长李微微调研岳阳“一区一港四口岸”开放建设。

6月30日

湘西公路口岸作业区及保税物流仓项目正式开工。

7月16日

岳阳城陵矶汽车整车进口口岸顺利通过海关总署、国家发展改革委、工信部、商务部、国家质检总局五部委的联合验收，正式获批运营。

7月21日

长沙海关宣布正式加入全国海关区域通关一体化改革。自此，湖南省外贸企业可在注册地、货物进出境地任意选择海关办理申报、纳税和查验放行手续，“通42关如1关”。

7月27日

即日起，海关在全国各通关口岸全面推行汇总征税新模式，即海关将税收征管后移，不按每单征税，确定时间集中征税。

8月20日

湘潭公路口岸作业区通过湖南省政府口岸办、长沙海关、湖南出入境检验检疫局组成联合验收组的验收，正式对外开放。

8月21日

湖南省委书记、省人大常委会主任徐守盛到

湘潭综合保税区调研。

8 月 31 日

长沙至老挝万象直飞航班正式开通。

9 月 8 日

湖南省政府召开第 59 次常务会议研究推动湖南省口岸工作发展。

9 月 23 日

湖南电子口岸“三个一”工程项目通过了湖南省口岸办、长沙海关、湖南出入境检验检疫局、湖南电子口岸服务中心的联合验收。

9 月 29 日

湖南对接“一带一路”重点平台通道推介会在长沙召开，重点推介“湘欧快线”、湖南跨境电商产业园和湘潭综合保税区等。会上，湖南省副省长何报翔宣布“湘欧快线”常态化运营正式启动。

10 月 14 日

株洲海关与炎陵县签订了《共同推进炎陵开放型经济发展合作备忘录》，炎陵海关工作站正式挂牌成立，成为湖南省第二家县级海关工作站。

10 月 23 日

岳阳城陵矶“一区一港四口岸”专题招商推介会在澳门举行，宣传推介岳阳独特的优势、产业发展态势及合作项目。

11 月 3 日

湖南省政府口岸办召开全省空运口岸发展情况座谈会。

11 月 21 日

“湘欧快线”为应对货源“爆仓”，满足进出口企业需求，欧洲班次由每周一班增加到两到三班。

12 月 7 日

长沙空运口岸首条“长沙—香港”航线全货机定期航班正式开通，结束了湖南省空运口岸没有国际（地区）全货机定期航线航班的历史。

12 月 22 日

国家海关总署等十部委组成的联合验收工作组在岳阳通过了城陵矶综合保税区（一期）项目验收，并签署了《岳阳城陵矶综合保税区（一期）项目验收纪录》。

12 月 30 日

湖南省政府口岸办联合省政府新闻办召开新闻发布会，宣布自 2016 年 1 月 1 日起，长沙空运口岸实施部分国家外国人 72 小时过境免签政策。

（撰稿人：罗专、马显佳）

2015 年湖南省口岸流量统计表

口岸类型	口岸名称	进出口货运量（万吨）				国际集装箱运量（万标箱）				出入境人员（万人次）				出入境交通工具（辆、艘、架、列次）			
		出口	进口	合计	同比（%）	出口	进口	合计	同比（%）	出境	入境	合计	同比（%）	出境	入境	合计	同比（%）
空运口岸	长沙									82.44	82.20	164.64	36.72	5 353	5 349	10 702	38.52
	张家界									11.88	11.95	23.82	36.14	855	848	1 703	35.37
	分计									94.32	94.14	188.46	36.67	6 208	6 197	12 405	38.08
水运口岸	岳阳城陵矶	403.42	1 556.69	1 960.11	6.8	10.71	9.83	20.55	12.5	0.004	0.003	0.007	-65.0	3	2	5	400.0
合计		403.42	1 556.69	1 960.11	6.8	10.71	9.83	20.55	12.5	94.32	94.15	188.47	36.65	6 211	6 199	12 410	38.12
同比（%）		1.51	8.12	6.69		12.59	12.48	12.54		36.54	36.76	36.65			38.18	38.06	38.12

（湖南省口岸办提供）

2015 年长沙海关主要数据统计表

项目		2015 年	同比（%）
进出口货运量（万吨）	合计	2 236	2.9
	进口	2 032	2.4
	出口	204	8.7
进出口贸易总值（万美元）	合计	2 936 680	-4.8
	进口	1 019 392	-6.4
	其中：江、海运输	538 157	-19.1
	铁路运输	335	-99.2
	汽车运输	204 513	34.9
	航空运输	275 890	78.7
	邮件运输	14	298.9
	其他运输	482	-99.3
	出口	1 917 288	-3.9
	其中：江、海运输	1 225 366	-6.3
	铁路运输	11 147	-79.0
	汽车运输	416 849	4.4
	航空运输	263 765	56.7
	邮件运输	85	9.9
	其他运输	75	-99.9
税收（万元）	两税合计	616 067	-6.6
	关税入库	92 908	12.8
	进口环节税入库	523 160	-9.3

（长沙海关提供）

2015 年湖南省口岸出入境主要数据表

项目			2015 年	2014 年	同比（%）
出入境人员（人次）	出入境人员总数		1 884 694	1 379 018	36.70
	入境人员		941 452	688 291	36.80
	出境人员		943 242	690 727	36.60
	出入境旅客		1 773 245	1 299 098	36.50
	出入境员工		111 449	79 920	39.50
	中国公民	小计	1 265 748	896 016	41.30
		内地居民（因公）	42 546	26 243	62.10
		内地居民（因私）	1 015 691	662 266	53.40
		港澳居民	22 250	25 582	-13.00
		台湾同胞	185 261	181 925	1.80
	外籍人员		618 946	483 002	28.10
	从河港出入境人数		65	13	400.00
	从陆港出入境人数				
	从空港出入境人数		1 884 625	1 379 005	36.70
交通运输工具（辆、艘、架、列次）	总计		12 410	8 985	38.10
	船舶		5	1	400.00
	飞机		12 405	8 984	38.10
	火车				
	机动车辆				

（湖南省公安边防总队提供）

2015年湖南省出入境检验检疫业务统计表

项目		货物检验检疫				交通工具			集装箱（标箱）		货物通关		出入境人员查验（人次）	健康检查及预防接种（人次）			
		批次	金额（万美元）	检验检疫不合格													
				批次	金额（万美元）	飞机（架）	火车（列）	汽车（辆）	合计	检出问题	批次	金额（万美元）		健康检查	艾滋病监测	发现病例	预防接种
本年累计		65 644	385 349	1 162	3 423	12 443	0	0	112 281	2 081	33 388	191 895	1 879 905	18 190	16 662	1 266	14 585
其中	入境	9 205	122 081	886	2 546	6 244	0	0	53 333	2 081	6 927	70 746	940 943	3 761	3 231	161	30
	出境	56 439	263 268	276	877	6 199	0	0	58 948	0	26 461	121 150	938 962	14 429	13 431	1 105	14 555
同比（%）		-6.6	-13	40	-4.53	38.2	0	0	8.8	-32.7	36.3	9.9	36.8	-5	-397	-47	-28.3
其中	入境	-0.8	-11.31	10300	-7.1	39.4	0	0	5.6	-32.7	-2.2	-17.8	37.3	10.4	1005	-27.2	20
	出境	-7.5	-27.4	-2890	-27.4	37	0	0	11.9		52	36.8	36.4	-8.3	-683	-49	-28.4

（湖南出入境检验检疫局提供）

2015 年岳阳海事局进出港船舶统计汇总表

船舶类别	进港船舶							出港船舶						
	艘数（艘）	总吨（吨位）	总载重量（吨）	载客量（客位）	船员人数（人次）	货物到达量（吨）	旅客到达量（人）	艘数（艘）	总吨（吨位）	总载重量（吨）	载客量（客位）	船员人数（人次）	货物发送量（吨）	旅客发送量（人）
总计	16 118	57 190 331	35 708 164		144	32 098 070	256 252	16 071	56 942 875	62 930 996		144	60 326 734	246 072
中国籍船舶	16 106	57 157 361	35 678 294			32 094 652	256 252	16 059	56 909 167	62 898 906			60 321 917	246 072
其中外贸船	12	32 970	29 870		144	3 418		12	33 708	32 090		144	4 817	

（岳阳海事局提供）

广　东　省

口岸数量及分布

截至2015年年底，广东省共有经国务院批准的对外开放口岸58个。其中，空运口岸5个，分别是广州空运口岸（广州白云国际机场）、深圳空运口岸（深圳宝安国际机场）、湛江空运口岸（湛江机场）、梅州空运口岸（梅县机场）、揭阳空运口岸（揭阳潮汕国际机场）；陆路（铁路）口岸5个，分别是深圳、广州、佛山、肇庆、东莞铁路口岸；陆路（公路）口岸9个，分别是文锦渡、沙头角、皇岗、深圳湾、福田、拱北、横琴、珠澳跨境工业区（专用）、河源公路口岸；水运（海港、河港）口岸39个，分别是广州、湛江、汕头、汕尾、九州、广海、蛇口、莲花山、赤湾、惠州、妈湾、东角头、盐田、水东、阳江、大亚湾、南澳、珠海、潮州、万山、南沙、潮阳、深圳、揭阳、湾仔、梅沙、西冲海港口岸27个，和虎门、新会、三埠、江门、肇庆、南海、斗门、鹤山、中山、容奇、高明、新塘河港口岸12个。

口岸运行数据

2015年，广东省口岸进出境人员3.93亿人次，同比增长5%。其中，入境人员1.96亿人次，同比增长5%；出境人员1.97亿人次，同比增长4.9%。出入境交通工具1 975万辆（艘、列、架）次，同比增长1.6%。其中，船舶26万艘次，同比下降3.6%；飞机11万架次，同比增长13.2%；火车1.5万列次，同比下降1.1%；机动车辆1 936.3万辆次，同比增长1.6%。进出口货运量39 864.3万吨，同比下降7.4%。其中，进口25 687.7万吨，同比下降0.5%；出口14 176.6万吨，同比下降17.7%。进出口集装箱总量2 737.7万标箱，同比下降0.9%。其中，进口1 320.8万标箱，同比下降0.6%；出口1 416.9万标箱，同比下降1.2%。外贸进出口总值6.36万亿元，同比下降7%。其中，进口2.36万亿元，同比下降10.8%；出口4万亿元，同比增长0.8%。

口岸综合管理

【统筹推进口岸发展规划，优化口岸开放布局】 一是推进落实“十二五”规划，研究编制“十三五”规划。对列入国家“十二五”口岸发展规划的广州、茂名、揭阳、汕尾、阳江等口岸新开放、扩大开放项目，加大检查督促力度，加快组织实施；以加快构建对外开放新格局、增创对外开放新优势为目标，组织研究编制“十三五”口岸发展规划。二是支持企业拓展和营造便利化通关环境，促进进出口业务发展，为广东省重点工程项目建设提供口岸通关服务保障。协调落实重点项目的开放验收和临时对外开放运作。协调促成广州、珠海、东莞、潮州等地12个口岸新开放、扩大开放项目通过验收开放。湛江港东海岛港区宝钢湛江钢铁基地码头等18个项目获准临时对外开放运作30余批次，支持深圳宝安机场实施24小时通关运作。三是根据国务院批复精神，协调推进中山港、湛江港、揭阳港口岸对外开放筹备工作，中山港口岸扩大开放完成国家验收申请；揭阳港基本完成省内协调工作；落实省政府部署，推进广州白云机场口岸设施扩建工作。四是稳步推进口岸资源优化整合。协调落实珠海水运口岸洪湾港区二期工程新建码头泊位临时对外开放运作，完成香洲装卸点、九洲港口岸货运功能搬迁整合，纳入珠海水运口岸洪湾港区，为全省推进口岸资源整合优化提供新的示范。

【着力支持重点口岸拓展国际航线，促进广东省建设“一带一路”重要枢纽】 一是协调争取口岸各查验单位、口岸运营企业的参与支持，完善口岸基础设施和查验配套设施建设，为拓展国际航线提供口岸通关服务保障，全年新增空运口岸国际客货运航线22条。其中，广州白云国际机场新增17条，深圳宝安国际机场新增3条，揭阳潮汕国际机场、湛江机场各新增1条；新增及调整水运口岸国际班轮航线14条。其中，广州水运口岸南沙港区10条，珠海、湛江水运口岸各2条。二是推进东莞石龙铁路国际物流中心对外开放运作。争取国家口岸主管部门和口岸相关单位的支持，广东东莞（石龙）国际铁路物流中心获准对外开放运作；组织口岸运营单位前往中亚、东欧部分国家开展口岸通关环境推介和物流交流合作，促进“粤新欧”班列提高运作水平，当年开通运行中欧铁路货运班列79班，增长27.41%，货运量3.6万吨，货值3.24亿美元，均实现翻倍增长。三是全力做好中俄贸易产业园项目落地的协调服务。省口岸办认真贯彻落实省政府部署，完成省政府与中外运长航集团、俄罗斯联邦国家开发银行、俄罗斯联邦出口中心在东莞石龙合作建立中俄贸易产业园的各项筹备工作，于2015年9月3日在中俄两国领导人的见证下共同签署合作备忘录。牵头会同东莞市政府、省发展改革委、海关总署广东分署、广东检验检疫局和中外运广东分公司共同组成“中俄产业园规划建设专责小组”，协同推进中俄贸易产业园规划建设，加快促进项目落地。四是推进与内陆和沿边地区口岸通关协作。推动湛江与广西、海南，粤东地区与福建深化港口企业及口岸通关合作；推进港口企业互联互通和航线资源共享，支持相关港口与物流腹地共建“无水港”，实现互利互惠、共同发展；加强与内蒙古、新疆等沿边地区开展口岸通关协作，促进国际铁海多式联运发展。

【加快广东省电子口岸建设】 一是加快组织实施一期工程建设。推进完成一期工程初步设计、投资概算编制以及专家评审验收工作，基本完成广东电子口岸基础平台第一阶段和第二阶段升级扩容工作，并已完成项目初步验收，该平台已具备跨部门数据交换共享的功能；同时，启动项目总体规划设计及标准化制定工作，并已完成公开招标选定编制单位。二是制定广东省电子口岸运维实体组建方案，并加快组织实施。按照“政府推动、企业运作、市场化经营”的模式，并按省属国有企业国有独资法人类型完成公司工商注册登记等筹备工作。三是继续推进广东电子口岸与查验单位、重点口岸运营单位的合作。按照省政府部署，与18家口岸查验单位签署《共同加快推进广东电子口岸平台建设合作协议》，以共建、共管、共享为目标，推进广东电子口岸平台科学规划、有序建设、规范管理及持续发展。

【加强粤港、粤澳口岸合作】 粤港合作方面：一是有序推进广深港高铁口岸区设置工作。根据国家口岸办部署，组织驻深圳口岸查验单位提出广深港高铁口岸区设置需要协调解决的“问题清单”和业务需求清单，并于11月底提交口岸区设置方案；牵头组织有关口岸查验单位和深圳市口岸办，与香港路政署牵头组织的香港特区政府相关部门进行了工作对接，对需双方协调配合的工作事项进行沟通和磋商，达成原则共识。二是会同港方协调落实2015/16学年跨境校巴特别配额安排，并协调双方口岸查验部门支持配合，增加了针对学龄前儿童在皇岗口岸“免下车”查验服务的校巴班次并推广到文锦渡口岸（皇岗口岸从3班增加至8班，文锦渡5班），为跨境学童提供安全便利通关服务。三是协调推进香港赛马会马匹香港至从化训练场往返跨境运输出入境通关试运工作。牵头组织相关部门，协调解决香港赛马会马匹在皇岗口岸出入境通关试运涉及的相关问题，明确职责任务，督促相关单位建立健全马匹运输、通关和监管过程中的突发事件应急处置预案，并同意适时尽快启动试运，促进广州从化香港马会马匹运动训练场持续利用和发展。粤澳合作方面：一是跟进落实国务院部署“三项工作目标”后续工作。加强与珠海市口岸局、驻珠海口岸查验单位的协调沟通，妥善解决拱北、横琴和珠澳跨境工业区专用口岸实施“三项工作目标”后涉及的查验场地、通道调整及相应的配套设施设备等问题，省政府安排口岸建设专项资金2 400万元，专项支持海关、边检、检验检疫部门的配套建设，确保政策实施后各项工作顺利开展。二是有序推进青茂口岸“合作查验、一次放行”通关模式。会同澳门特区政府相关部门商定粤澳双方技术小组牵头单位，并就

"合作查验、一次放行"模式内容、操作方式和涉及的问题进行磋商，基本确定共同使用"三道门"式的一体机，出入境人员通关仅需一次停留，即可办结所有出入境手续；加强与珠海口岸查验单位和相关部门沟通，落实做好通关模式的研究工作。三是积极推进中山—澳门游艇点对点开放运作。协调指导中山神湾游艇码头对外开放建设和通关便利化先行先试筹备工作，协调落实有关部门允许港澳籍游艇无害通过相关水域，并已申报国家组织验收。粤港澳三方合作方面：会同港澳相关部门共同加快推进港珠澳大桥跨境通行政策研究，组织粤港澳三方相关部门分别在澳门和香港召开第五次、第六次会谈，就港珠澳大桥口岸穿梭巴士运营商安排、穿梭巴士招标文件内容、粤港跨境客运车辆的安排、港澳跨境车辆在内地相关机构备案、持有现有口岸配额的粤港跨境私家车免加签行走大桥以及降低香港入出内地私家车的申请门坎等问题进行了研讨并达成了部分共识。

口岸监管与服务

【广东省公安边防总队以"基础信息化、警务实战化、执法规范化、队伍正规化"为载体，着力提高边检服务水平】 2015年，广东总队以"专业化、法治化、信息化"新三大支柱建设为抓手，以公安部"四项建设"为载体，主动对接国家"一带一路"战略和粤港澳经济一体化发展规划，不断创新服务举措，深化科技强警，优化通关环境，维护口岸出入境秩序，全心服务和保障广东经济社会转型升级和经济新常态发展。东莞边检站积极参与全省水运口岸"三互"大通关试点，推动口岸"单一窗口"建设，打造"一站式"综合性信息平台。肇庆边检站积极对接国务院《珠江—西江经济带发展规划》战略部署，牵头联合广西梧州、柳州、贵港边检站，建设"西江经济带粤桂边检大通关服务合作区"，推动粤桂区域经济发展。佛山、顺德、中山等边检站靠前保障鲜活产品船舶、急需救助船舶、诚信船舶等零待时通关。中山、惠州、江门等边检站提前跟进游艇码头开放事宜，主动为地方政府提供决策参考，推动"粤港澳游艇自由行"的开展。湛江、梅州边检站主动靠前服务机场对外籍飞机扩大开放和新航线开辟工作，出入境人员数量较往年上升近5倍。

【广东省公安边防总队加大力度，提升口岸硬件建设】 对82个口岸、56个边检执勤点、168条旅检通道的监控系统、验证台、智能验讫章柜、便民配套设施、执勤装备等进行全面改造和完善；争取口岸建设经费支持，全力推进中山、东莞、顺德、江门、佛山、高明、肇庆、梅州机场、湛江机场等口岸边检自助通道建设；协调各级口岸管理部门，先后完成了梅州机场、顺德北滘、中山神湾港，阳江港区、汕尾红海湾港区、东莞虎门港、潮州亚太码头等口岸港区的改扩建和配套升级；18个边检站完成了22个边检样板执勤点工程，执勤现场配套设施建设和规范化设置水平有了较大的提升，通关能力大幅提升，边检窗口形象更加突出。

【广东省公安边防总队提升口岸信息化建设水平】 南海边检站创新研发了口岸无线3D监控系统，以3D实景实时指挥勤务，强化指挥体系功能。东莞边检站建设大功率数字无线港区通信基站，实现对22个对外开放码头同频同播无线信号覆盖。惠州边检站引进虎视通管理系统，实现执勤现场、口岸限定区域的智能化港区管理。湛江边检站自主研发多功能综合指挥平台和"移动警务通"，绘制3D全景模型图，提高对登轮证、临时入境许可等证件的查验效率。江门边检站建成"天眼"无线高清夜视监控系统及无线单兵图传执勤装备，自主研发"边检智能服务平台"，推行网络化、智能化、远程化边检服务。顺德边检站自主研发"勤务值班通"，有效加强了出入境勤务的实时监控和指挥，并承担部局梅沙系统辅助验放系统二级数据节点任务，强化了运维团队和服务器等硬件保障，确保了总队和周边省份的系统运维。

**【广东省公安边防总队全面打造口岸连管连

控体系】 湛江、东莞、顺德边检站组建了边检辅警、协警队伍，形成以点带面、联合执勤、整体联动的勤务模式。茂名、汕尾边检站与边防支队签订口岸联勤协议，在港区设立联勤警务室，提高快速反应、协同作战水平。台山、湛江、新会、潮州、惠州边检站强化口岸联合协作，与海关、海事建立联合巡查机制，定期开展港湾清查活动，维护口岸港区秩序。东莞、阳江、佛山、潮州、南海边检站健全完善风险评估勤务预警机制，动态调整监管模式和警力配置，落实船情通报制度，细化船舶检查监管措施。东莞、顺德边检站积极承担证研培训、鉴定和信息采集，并根据部署任务划分兼顾指导海南证研业务，多次协助兄弟单位查办偷渡案件。中山、顺德边检站强化涉疆、涉恐等重点人员查验，制定《重点人员入出境核查指引》，严密规范管控工作。湛江、汕尾、开平、东莞、高明、南海、惠州、梅州边检站与国安、国保等单位建立“信息联通、协作联勤、沟通联动、防范联处”四联协作机制，完善口岸安保体系。中山、惠州、阳江、茂名、湛江边检站与企业经营单位制定“港区危化品巡查管控联勤联防”机制，全力保障口岸安全。

【广州出入境边防检查总站积极推进港口边检管理改革】 一是参与广州国际贸易“单一窗口”建设。结合边检工作实际提出相关意见、建议，派员全程参与“单一窗口”平台研发。2015年6月30日“单一窗口”平台上线试运行，南沙边检站使用平台接收信息预报，为相关外贸企业提供便利。二是完善出入境船舶边检、船方、港区“三方共管”模式。各海港边检站完善船舶风险评估机制，与船舶公司、码头经营企业签订责任状，明确职责任务，形成工作合力，有效维护口岸正常出入境秩序。三是推出贴近口岸实际和服务对象需求的便利举措。各海港边检站认真做好取消《航行港澳船舶证明书》后的边检查验工作。黄埔边检站构建锚地船舶受检快道，依托船舶航行轨迹定位预估船舶抵达时间，提前派出警力前往船舶停靠地点等候办理边检手续，缩短船舶候检时间。四是参与研究“粤港澳游艇自由行”工作，结合边检工作实际提出相关意见、建议。五是抓好简化船舶出入港手续和停靠特定类型码头期间管理措施的落实，为服务对象生产经营提供便利。

【深圳出入境边防检查总站人员验放创新高】 2015年深圳边检总站及所属10个出入境边防检查站全年验放出入境人员近2.4亿人次，同比增长1.90%，创历史新高；查验交通运输工具1 550万余辆（艘、架）次，同比增长0.19%。福田、文锦渡等口岸均创下单日验放出入境人员历史最高纪录。查获偷渡人员500人次，接收境外遣返人员4.5万余人次，查获其他违法违规人员2.8万余人次。罗湖边检站被中央精神文明建设指导委员会授予“全国文明单位”称号，深圳机场边检站被公安部命名为“全国公安机关执法示范单位”称号。

【深圳出入境边防检查总站严密口岸管控措施】 深圳边检总站全力做好敏感节点及重大活动边检安保工作，顺利完成全国“两会”、“9.3抗战胜利70周年”、国足世界杯预选赛深圳主场比赛、十八届五中全会等重大活动边检安保工作任务。加强口岸管控能力建设，强化对边防检查各个工作环节督导，加强警务实战技能培训，采购配发一批新型处突警械装备，紧跟口岸管控形势需要，研究推广警务实战技能，常态开展无预警测试，检验各边检站应急处置反应速度和处置能力。积极深化警务合作，与深圳市公安局研商建立合作框架体系；与香港入境事务处就节日期间客流疏导等工作进行会谈会晤，为勤务组织管理工作提供参考依据；与广东省海防与打击走私办公室、深圳海关、深圳市打私办进行工作座谈，联合开展口岸限定区域秩序清理整治，深化口岸打击走私工作合作，遏制“水客”走私发展态势。

【深圳出入境边防检查总站严厉打击非法出入境活动】 深圳边检总站深入开展数据专项排查工作，抽调精干力量组成工作专班，加强数据综合分析与深度运用，为打击非法出入境活动提供精确信息支撑。积极配合深圳市公安局开展打击跨境盗窃团伙专项行动，在口岸抓获涉嫌盗窃团伙成员50多人。加大口岸非法出入境活动打击力度，针对藏匿车体偷渡活动有所反弹的新态势，配合广东省公安厅出入境管理局、深圳市公安局出入境管理处等有关单位，成立专案组加大打击力度，成功抓获涉案人员15人。组建打击藏匿车体偷渡活动工作专班，对藏匿车体偷渡人员实施精确打击。加强口岸非法出入境活动规律、特点研究，提高打击针对性。

【深圳出入境边防检查总站优化完善边检服务机制】 深圳边检总站积极推进勤务管理精细化，调整优化执勤队职能设置，提高旅检勤务组织效率，结合深圳宝安国际机场口岸24小时通关需要，在深圳机场边检站探索建立“以空海（机场口岸和福永码头）联勤为核心，以常态化学习制度、交叉支援制度和弹性勤务制度为保障”的勤务模式，进一步优化勤务组织运行机制。进一步制定和完善窗口服务管理制度，加强执法规范化、权力运行监督等制度机制建设，邀请国内知名礼仪专家开展服务礼仪培训和实操考核，倡导全体执勤民警在办理通关手续或受理咨询时主动使用“你好”“谢谢”“请慢走”等文明用语。围绕满足服务对象多样化服务需求，完善跨境学童电子标签查验模式，升级学童免下车“掌上通”查验系统，提高学童通关效率。做好第十一届中国（深圳）国际文化产业博览会、第十三届中国（深圳）国际人才交流大会、第九届深圳国际游艇展和中国杯帆船赛等活动期间的边检服务工作。

【深圳出入境边防检查总站主动服务地方发展战略】 深圳边检总站积极推进口岸查验模式创新，结合粤澳新通道通关模式新要求，研究内地与港澳人员往来边检查验模式创新和广深港高铁内地口岸区设置方案。积极服务口岸大通关建设，配合做好广东省、深圳市国际贸易“单一窗口”建设试点，完成大铲湾“单一窗口”涉边检工作平台开发及联调测试，积极为广东省和深圳市“十三五”口岸建设规划、前海深港现代服务业合作区、广东自贸区（蛇口前海片区）项目建设等提供边检工作建设意见。参加广东省促进外贸稳定增长和转型升级若干措施、加强和改进口岸工作支持外贸发展方案、深圳市促进旅游业发展和“一带一路”战略规划、广东省及深圳市电子口岸平台建设合作等涉边检政策的研究与推动落实。积极跟进口岸建设工作，积极参与广深港高铁西九龙站内地口岸、莲塘口岸、蛇口太子湾邮轮母港、前海湾保税港区整改及扩区、深圳LNG码头等口岸建设工作，积极支持和配合深圳市政府研究实施深圳机场口岸24小时通关政策，主动做好相应勤务保障工作。

【深圳出入境边防检查总站推进科技信息深度应用】 深圳边检总站进一步扩大自助通关系统应用，研发新一代“快捷通”系统，建设新版自助通道70条，升级改造旧自助通道40条，全年自助通关人员达1.16亿人次，占深圳各口岸验放人员总量的48.51%，同比增长2.33%。进一步强化技术故障应急处置，优化调整总站主干网络架构，开展第二机房、第二网络链路等冗余备份机制建设，常态开展无预警技术故障测试，提高技术故障处置响应效率。

【珠海出入境边防检查总站人员查检创新高】 2015年，珠海边检总站在公安部领导下，克服警力严重不足和口岸疏导形势严峻的内外压力，深挖内部潜力，创新管理手段，狠抓规范落实，顺利完成了全年出入境边防检查任务。全年共验放出入境旅客1.3亿人次，同比增长11.1%；交通运输工具402.4万辆（艘、架次），同比增长6.3%。全总站旅客流量比2014年净增加1 200多万，拱北口岸比往年提前1个月突破1亿大关。

【珠海出入境边防检查总站圆满完成“延关三项措施”实施一周年工作】 2014年年底，国务院在拱北、横琴和珠澳跨境工业区三个口岸同步延关后，2015年三个口岸客流分别同比增加9.4%、54.3%和78.7%，总站通过深化勤务改革、强化业务培训、加大科技应用，不断优化警力配置，积极协调解决保障问题，确保了延关一年来各口岸的安全畅通，有效缓解了珠澳口岸“通关难”问题。

【珠海出入境边防检查总站主动研究推出多

项边检便民利民措施】 不断创新服务举措，先后开展自制执法证件表单清理，推出失物招领、微信预约出入境记录查询等便民举措，主动联系珠海市急救中心在拱北口岸设立“危急病人绿色生命通道”，在高栏口岸简化长期登轮证延期办理手续，对部分信用记录良好的企业提供“办证零等待”和“送证上门”服务。利用“边检通关”手机 APP 和“拱北边检”微信公众号等网络平台，推行“指尖上的边检服务”，向公众提供丰富边检资讯和口岸通关视频掌上查看，边检服务工作得到服务对象一致好评。

【珠海出入境边防检查总站积极跟进多个重点项目边检政策研究】 积极跟进青茂、港珠澳大桥口岸规划建设，深化了“合作查验，一次放行”查验模式细化论证，完成了港珠澳大桥口岸限定区域划分管理、跨界通行政策和多方应急救援机制研究，开展了澳门机动车进出横琴、澳门游艇自驾游等边检创新政策研究，推进了珠海口岸查验机制创新试点调研论证，向地方提出各类意见建议 50 余项，且绝大多数得到采纳，推动多项创新政策接近落地，为珠澳口岸长远发展和横琴自贸区建设提供了大力支持。

【珠海出入境边防检查总站积极推进港口边检管理改革工作】 顺利完成洪湾港码头对外开放及九洲港货运码头搬迁等边检业务技术工作。联合码头管理公司在高栏口岸研发应用“码头卡口智能管理系统”，实行“安全帽颜色管理”制度，在湾仔口岸部分码头建设应用了“码头高清视频接送船系统”，实行远程人证对照和视频接送船，为经营单位节省了船舶候检时间和经营成本，边检创新管理举措受到港口管理经营单位一致好评。

【汕头出入境边防检查总站深化提服成果注重巩固提高】 汕头边检总站通过深入开展提高服务水平“回头看”活动，围绕“服务理念不能动摇、执法权力不能乱用、提升素质不能懈怠、执法过程不能随意、感情意气不能存有”的“五个不能”要求，加强查摆剖析，扎实解决服务工作中的“短板”问题。结合“秉公执法 人民公安为人民”主题教育要求，开展“开门评警”走访活动，抓好一线单位和办证窗口作风建设，大力宣传便民利民举措，确保服务承诺“落地”见效；主动对接地方发展，及时跟进新口岸边检机关筹备建设，认真做好惠来边检站机构人员配备、业务办公用房建设等各项筹建工作，并借力汕头建设“海上丝绸之路重要门户”“华侨经济文化合作试验区”和南澳对台小额商品贸易发展规划等契机，研究探索助推地方发展的通关举措；积极发挥边检机关的口岸“名片”优势，立足本地，架好“侨”梁，打好“侨”牌，圆满完成了广东以色列理工学院成立等地方外事交流活动专项勤务工作。以传统节日为切入点，开展边检民警“送服务、送祝福、送文化”特色活动，向外籍旅客、船员传递边检服务理念和侨乡文化。利用“汕头边检”微信公众号等新媒体平台，构建“便民”服务直通车，推送各类边检服务资讯近 120 条，有效延伸了服务触角，扩大了品牌效应，切实提升了汕头边检总站服务品牌的社会知名度与美誉度。

【汕头出入境边防检查总站主动应对挑战筑牢反恐屏障】 2015 年，汕头边检总站出入境边防检查工作聚焦反恐任务，强化管控查堵，确保了口岸防线“守得住”。针对严峻暴恐形势，汕头边检总站党委将反恐工作纳入重要议事日程，积极主动应对，狠抓工作落实。全警动员、全力以赴，做好“9·3”安保、新疆维吾尔自治区成立 60 周年、西藏自治区成立 50 周年等重要节点安保工作；大力加强非法出入境活动打击力度，严密口岸管控和限定区域管理，强化重点人员检查和外国人入境审查；健全完善反恐工作体系，与地方公安及国安部门、口岸有关单位加强协作，密切联防联动，构建闭环式口岸管控格局；狠抓反恐处突力量建设，强化全警警务技能训练，优化处突队警力配备，组织赴汕头警校开展防暴恐脱产培训，指派处突骨干外派培训 3 次，在重大节日、专项安保等敏感节点开展紧急集合拉练、口岸武装巡逻 8 次，提高实战应对能力；扎实开展口岸隐患排查和压力测试工作，坚持

"安全检查不到位不放过、隐患整改不到位不放过、防范措施不到位不放过"的原则，层层落实主体责任，加强对一线执勤执法工作的突击式检查和随机式抽查力度，通过督察手段发现查纠各类问题隐患，有力防范了勤务风险。一年来，圆满完成了一系列重大安保工作任务，并先后查获非洲籍旅客企图持用伪造证件入境，船舶违规上下人员及持用骗取证件"案中案"等本地口岸较为少见的案件，形成有效震慑，维护正常出入境秩序。

【汕头出入境边防检查总站夯实"三大支柱"补强薄弱"短板"】 汕头边检总站积极树立"规范化、精细化"的工作导向，以法治化、专业化、信息化建设为抓手，有力巩固业务工作的基层基础。执法规范化水平实现新提升。针对业务工作需要，对前台检查、证件研究、调研办案、查控甄别、应急处突等基础性业务工作开展专题调研，逐一梳理制订工作指引，规范各执勤岗位工作流程，基本实现业务工作流程的统一化、标准化、制度化。建立定期业务研讨会机制，开展业务工作交流探讨，全面剖析典型业务案例，厘清执法执勤误区，增强了执法办案整体水平。队伍专业化建设实现新突破。坚持"面向实战、讲求实用、注重实效"的培训理念，完善"大培训"工作机制。举办2015年度"增强硬实力 迎接新挑战"边检业务知识竞赛，组织开展季度综合能力知识考核，研发推行网络培训平台，在队伍中营造了"比、学、赶、帮、超"的浓厚氛围。积极开展跨总站交流学习和职业制现役制人员交流学习活动，先后派出业务骨干参加跨总站交流110人次，接待外来交流人员140人次，在双向交流中有效提升了业务素质。派赴深圳边检总站交流学习民警在跟班执勤中先后查获三名企图非法出境人员，反映了队伍专业化建设的可喜成果。

【汕头出入境边防检查总站深化信息技术保障推进科学技术创新】 汕头边检总站积极贯彻落实科技强警战略，强化边检信息化建设，创新边检执勤工作模式，为出入境边防检查工作发展进步提供强有力的科技支撑。狠抓制度规范落实，及时排查安全隐患，全力维护业务系统正常稳定运行。重大节假日、敏感节点期间严格实行双人值班制度，加大设备巡检力度，制定应急处置预案，提升技术应急保障能力。加强汕头总站数字证书管理，严格落实计算机入出网注册和审批制度，出台《汕头总站计算机接入互联网管理规定》，规范技术装备接入互联网管理。顺利完成梅沙系统升级、"一机两用"监控系统升级工作，全年共组织排除、维修各类技术设备故障640余次，为各项工作顺利开展提供良好的技术保障服务。加强基础设施建设，发挥支撑保障作用，不断提高边检工作效能。完成中心机房升级改造项目及配套设施建设，完善监控安防系统整改升级工作。注重技术人才培养，打造素质过硬队伍，积极采取"走出去、请进来"的培训模式，邀请深圳总站骨干教员授课，定期举办技术培训班，对梅沙系统运行维护、消防系统日常维护和UPS日常维护、常遇故障处置等模块有针对性地进行加强培训。加大自主研发力度，组织民警开发"汕头总站人事资源管理系统""汕头总站业务保障监控系统"，进一步提升科技应用水平。

【广东海事局着力推动海事监管升级】 牵头召开省渡运安全现场会议，进一步明确渡运安全管理责任，开展内河船舶非法参与海上运输等专项整治，优化辖区通航环境；推行VTS数据共享，启动珠江口水域综合治理；建立安全风险管理机制，创新开展船员履职检查，加强航运公司源头管理；开展"海盾护航"专项行动，巩固打击"江盗水匪"成果。

【广东海事局着力推动智慧海事升级】 全面推广智慧海事监管服务平台，构建"互联网+海事监管与服务"新模式；加快CCTV补点建设，启动珠江口VTS整合升级改造，完成内网百兆线路扩容工程；编制海事船舶信息化装备配备标准，开发全国船检统一管理平台、内河船舶安全性计算分析系统并在全国推广使用。

【广东海事局着力推动海事服务升级】 建立服务自贸区建设海事工作机制，入选广东（南沙）自贸区十大创新业务；优化船舶进出口岸许可流程，加快危险货物口岸管理信息化；加强与省有关部门合作，开播国内首个省级海事气象预报栏目。

【深圳海事局建立安全管理长效机制，全力构建“海上安全特区”】 针对深圳港交通流量日益增加、水域资源十分有限、海事监管压力不断增大的实际，深圳海事局按照全面质量管理和风险管理的基本理念，建立了持续改进的海上安全监管长效机制，着力打造“监管特别规范、航行特别安全、服务特别优良、办事特别公道”的“深圳海上安全特区”。通过强化科学管理，在船舶交通流量始终保持高位的形势下（2015 年 54 万艘次），辖区水上交通事故发生率为 0.009‰，连续 10 年低于 0.04‰（万分之零点四），水上交通安全纪录创历史新低，深圳港向着“世界最安全港口”目标持续迈进。同时，深圳海事局还承担着深圳海上搜救中心的日常事务，负责深圳周边水域海上应急搜救工作的组织指挥和协调。2015 年共组织搜救行动 185 次，救助遇险人员 282 人，救助成功率 98.3%，救助船舶 23 艘，挽回直接经济损失 168 万元；成功防抗台风 3 个，组织 3 056 人次安全撤离，有效保障了人民群众生命财产安全。

【深圳海事局加快推进平安海事建设，保障辖区水域安全】 一是完善监管体系。制定并贯彻落实现场监管网格化实施方案，落实网格监管责任，防范安全责任风险，持续深化“深圳海上安全特区”构建工作。根据简政放权、部门职责调整和机构设置，持续修订完善与之相适应的《现代化水上交通安全监管系统》。二是强化现场监管。坚持问题导向，以水上交通安全隐患排查治理工作为主线，全面梳理和系统分析辖区存在的重点难点问题，贯彻落实上级部门统一部署的水上交通非法运输、内河船舶参与海上运输、沿海小型货运船舶、船载危险化学品、海船船舶配员和船员任解职、港口工程未批先建、船舶燃油质量、封闭处所等专项整治，以及结合辖区实际组织开展六个安全监管专项整治工作，通过召开专项整治工作评估会，全面总结并持续推进专项整治工作，确保辖区水上交通安全形势持续稳定。强化“四类重点船舶”、重点水域、重要时段的安全监管措施，尤其是深刻吸取“6·1”东方之星客船沉没和“8·12”天津爆炸事故惨痛教训，深入开展涉客类船舶“四个一”和船载危险化学品安全监管，有力有效打击水上交通领域存在的非法违法行为，不断强化从业人员知法、守法意识，督促企业落实安全主体责任。加强施工船舶现场监管和船舶动态监控，严厉打击违法施工、违法抛泥、违法采砂“三违”行为，实现了施工区零事故、零伤亡的目标。严厉查处游艇、交通船、渔船、“三无”船舶等非法从事海上载客违法行为。建立健全与深圳市交委、广东海事公安局深圳分局联动执法工作机制，推动地方政府相关部门落实属地管理和行业管理责任，提高综合执法工作效能，促进深圳港航经济安全、可持续发展。与周边海事、海洋管理单位定期开展联合执法行动，建立内外联合、区域联动砂石船监管机制。三是持续推进规范管理。研究制定《深圳港船舶进出港安全条件（试行）》《关于现有码头加装趸船或其他固定设施安全监管有关问题的指导意见》《关于加强辖区临时码头建设施工作业加船舶靠泊安全管理内部指导意见》，推动临时码头规范管理工作。研究制定《深圳海上游艇航行限制水域通告》和《游艇俱乐部备案现场核查指南》，推动游艇俱乐部及游艇规范管理，促进游艇行业持续健康稳定发展。四是加强安全宣传。全面部署“安全生产月”工作，组织开展安全警示教育、安全咨询日、应急预案演练等一系列活动，强化“红线”意识、责任意识，普及安全知识，促进安全发展，积极营造和谐稳定的水上交通安全氛围。广泛开展新《安全生产法》专题培训，进一步提升执法人员安全责任意识、工作能力和执法水平。以环境日、航海日和海事开放日活动为契机，以“教育一个学生、影响一个家庭、带动整个社会”为目标，联合中小学校、教育主管部门，全年共组织开展 13 次水上安全知识进校园活动，并组织发放《小学生水上交通安全教育读本》，提高中小学生水上安全意识和防范能力，持续扩大海事社会影响，切实履行海事社会责任。

【深圳海事局深入开展各项专项治理工作，切实加强海上安全监管】 按照水上交通非法运输专项整治要求，完善辖区休闲船舶活动海事监管机制，坚决制止非法载客、违法航行等行为；推动海洋、交通管理部门加强休闲船舶码头或浮动设施的规划、建设和管理工作。在砂石船、施工船专项整治中，重点解决作业船舶配员及船上工作人员持证存在的问题；与珠江口海事管理机构共享“超载船舶”黑名单等海事监管信息，杜绝违章船舶“钻空子”逃避监管行为；探索实行倒查机制，对超载运砂船的砂石来源进行追踪，追究采砂单位、采砂船、违章砂石船所属船公司责任；加强船舶 AIS 使用情况检查，提高海事远程监控能力。2015 年共查处砂石超载船舶 16 艘次，辖区未发生超载船事故。在内河船舶参与海上运输专项整治中，制定严密措施，采取“海陆联动”的方式，保持高压打击态势，重点加强对港珠澳大桥施工区、采砂区及临时码头的监督检查，共查处参与海上运输内河船舶 11 艘次，取得显著成效。按照“依法行政、尊重历史、逐步规范、确保安全”的原则，结合港口工程未批先建专项整治活动，大力推进临时码头规范管理工作，积极推动辖区历史遗留临时码头问题解决，明确临时码头建设和管理要求，对非法新增临时码头予以关停整改。在抛泥安全监管中，严格水工审批，督促业主单位、建设单位和施工单位切实履行安全主体责任，落实各项安全与防污染措施，对疏浚抛泥作业每个环节都实施控制，全过程记录；强化施工现场监管和船舶动态监控，充分运用 AIS 对抛泥船进行跟踪监控，联合海洋管理部门严厉查处违法抛泥行为；严把通航安全核查关，认真核对水深扫测资料、疏浚物倾倒记录、监理报告等相关资料，不符合要求的坚决不予验收；不断加强引航机构安全管理督察，通过检查深圳港引航站对安全事故及隐患的调查分析和整改防范、引航员调配、安全管理活动的记录情况，分析引航安全管理体系运行中存在的不足和盲点，持续改进引航安全管理工作。

【深圳海事局大力推进改革创新，服务前海蛇口自贸片区建设】 一是与前海管理局签订了《促进深圳市前海深港现代服务业合作区航运业发展战略合作协议》，共同完成了《构建前海深港国际航运服务核心平台试点方案》课题研究，提出了以“船舶登记制度改革、航空航运融资租赁、海事仲裁、促进游艇产业发展”为重点的现代航运服务业发展方向、实现路径和试点方案；二是在前海试点取消海员外派机构资质、船员服务机构资质审批，成功协助港资独资“骅林公司”取得香港籍船舶外派船员资质，使前海成为内地海员输出香港市场的新通道；三是引导市场主体在前海合作区成立“深圳前海深港国际海员现代服务协会”，借鉴香港的成功经验，不断提高行业服务水平；四是与深圳国际仲裁院紧密合作，推动提升“前海海事物流仲裁中心”在航运市场主体中的地位，促进前海海事仲裁业务发展；五是鼓励开发利用新能源、新技术的航运企业入驻前海，协助“深圳前海航空航运交易中心”“前海船舶国际船艇交易中心”等航运要素平台业务发展。下一步，深圳海事局将进一步推进海事管理创新举措，在申请设立“中国前海”船籍港、港资独资海员外派服务机构特别管理措施、支持高端航运服务业发展等方面先行先试，服务自贸区建设不断取得新的成果。

【深圳海事局坚持一流海事服务，为地方经济社会发展保驾护航】 深圳海事局联合深圳市交委等政府主管部门、港航企业和港口施工单位共 100 余家部门、单位，以“携手安全，共赢发展”为主题，构建“深圳海上安全服务链”，利用这个开放、协调、沟通的平台，促进涉海单位共同关注海上安全，提升深圳港口核心竞争力。10 年来，通过开展服务链主题活动，深圳海事局先后帮助协调解决了友联船厂安全管理体系、深圳机场二跑道建设、全球最大 LNG 枢纽港建设等安全管理难题，赢得了深圳港航业的好评。面对金融危机及珠三角地区经济转型发展对深圳港航业的冲击，深圳海事局提出“便利运输，促进发展”43项帮扶举措，在不触及“安全底线”的前提下，最大限度为港航企业提供优质服务。例如：优化和压缩海事行政许可办结时限，将船舶单航次出口岸审批由1个工作日优化为当场办理，将船舶定期出口岸审批由3个工作日优化为2个工作日；各分支海事机构实施24小时值班制度，全天候为港航企业提供不间断服务；开辟绿色通道，为煤电运输船舶提供细致、周到服务等等，为船舶的快速通关提供了保障。全面落实国务院关于行政审批制度改革的部署，大力推进政府职能转变，累计取消和下放29项海事行政审批项目，切实减轻了企业负担。其中，取消超尺度船舶靠泊一船一议、船舶通过铜鼓航道一船一审及LNG运输船舶进港强制护航，为企业节省了成本，缩短了船舶靠离泊时间，便利了港口生产。近年来，深圳海事局为西气东输二线工程、港珠澳大桥、广深沿江高速、铜鼓航道疏浚等重大涉海工程，深圳大运会、F1摩托艇世锦赛等重要赛事活动提供水上安保服务，期间均未发生安全和污染事故。

【深圳海事局着眼海洋经济，大力支持邮轮、游艇业健康发展】 太子湾邮轮母港是深圳市的重点建设项目，目前项目建设进展顺利。2015年10月，招商局蛇口工业区控股股份有限公司向深圳海事局提出对其对外开放事宜给予协助的要求。深圳海事局非常重视，及时与相关部门、单位进行沟通和研究，力求尽快、尽早启动太子湾邮轮母港口岸对外开放相关程序。同时，深圳海事局将组织力量积极参与邮轮产业体系和邮轮旅游突发事件应急保障体系建设的研究，探索制定与国际邮轮经济发展接轨的产业发展规范，推动邮轮产业发展。深圳得天独厚的自然环境，为游艇产业的发展提供了机遇，为促进深圳游艇产业发展，支持深圳自主品牌的“中国杯”帆船赛和国际游艇展，深圳海事局已连续9年代表深圳口岸查验单位和军事管理部门，向国家口岸主管部门申请相关参赛和参展船只进入非对外开放水域，保证了游艇相关活动的顺利开展。2007～2015年，深圳国际游艇展历经9年的发展，取得了傲人的成绩。9年来累计共有来自澳大利亚、美国、英国、法国、意大利、德国、加拿大、丹麦、瑞典、日本等20多个国家及地区的200多个品牌、1 093家展商、655艘实船参展，水上规模继续保持“中国水上第一展”的地位。9年累计现场成交33.6亿元人民币，对我国海洋生活文化的发展起到了极大的推广作用。同时，深圳海事局还积极参与港澳游艇自由行方面的研究，以加速深圳游艇业的发展。游艇相关产业的发展，也带来了监管方面的问题，深圳海事局非常重视游艇安全管理，为加强游艇安全管理，保障海上人命财产安全，促进游艇产业持续健康发展，深圳海事局自2015年4月15日开始，针对辖区“三非”（非法入境、非法停留、非法航行）游艇，以及证照不齐、人证不符、非法载客等违法行为，开展了为期8个月的游艇安全管理专项整治活动。通过专项检查活动，摸清了辖区未登记持证游艇基本情况，大幅提升了持证游艇比例，“三非”“三无”游艇活动得到有效管控。

【深圳海事局加快推进法治海事建设，提升依法行政能力】 按照“加快推进法治海事建设，提升依法行政能力”的要求，全面深化一流法治海事建设，完善法律法规体系，规范海事执法行为，强化执法监督工作，深海法治团队认真履行职责。积极协助上级开展《中华人民共和国海上交通安全法》修订相关工作。积极推进地方有关海事立法工作，推动完成《深圳经济特区海域污染防治条例》修订草案初稿。出台权力清单及其配套措施，推进责任清单制定工作，探索建立负面清单。全面复核执法类体系文件。加强船员适任管理研究，完成《外国籍船员在中国籍船舶任职管理办法》制定工作。该办法的制定，填补了外国籍船员在中国籍船舶上任职这一管理空白，为我国探索全球化海员供求关系的有效配置、引进外国籍高素质船员提供制度保障。做好《内河1 000总吨以下干散货船舶最低安全配员标准》和《中华人民共和国船员违法记分办法》实施的宣贯、解读工作。积极推进海事行政审批一站式服务相关事宜。在对拟从事集中行政审批事项的人员开展业务培训工作的同时，清理、完善有关体系文件，制定管理文件，组织开展行政审批项目移交的准备工作，确保工作不断不乱。

我国于2015年8月29日批准加入《2006年海事劳工公约》。按照部海事局的安排，深圳海事局牵头负责承担海事系统海事劳工履约管理机制研究工作。完成了《中华人民共和国海事局关于海事机构履行〈2006年海事劳工公约〉职责、事权及岗位设置实施方案（讨论稿）》《海事机构履行〈2006年海事劳工公约〉工作量测算评估（讨论稿）》等文稿，理清各级海事管理机构权责边界，为构建规范统一、分工合理、运转高效、便民利民的海事劳工公约履约工作机制奠定基础；研究制定海事劳工履约业务流程。成立深圳海事局海事劳工公约履约专题工作组，在及时掌握我国批约动态、集体学习相关文件资料的基础上，对履约相关业务流程及权力清单文件进行集中讨论，初步形成完整统一、成熟成形的业务流程文件体系；积极开展批约宣贯准备工作。派员参与全国人大常委会审议批准《2006年海事劳工公约》应询工作，为我国顺利批约做出积极努力，研究制定国家宣贯工作活动方案，力争扩大海事劳工公约的影响力。

【深圳海事局加快信息科技建设，落实国家“三互”要求】 深圳海事局积极参与广东省电子口岸平台和深圳市国际贸易“单一窗口”建设工作，落实国务院口岸工作“三互”要求，与广东省人民政府口岸办公室签署了“共同加快推进广东电子口岸平台建设合作协议”；推进航运贸易运输便利化措施，积极参与深圳市国际贸易“单一窗口”建设，提高船舶进出口查验效率，节省行政相对人业务办理时间，完成了深圳市“单一窗口”建设海事业务需求，保障深圳市国际贸易“单一窗口”平台大铲湾和蛇口前海自贸区试点工作顺利推进。为提高口岸运作效率，深圳海事局强化信息化手段在海事工作中的应用，积极改革创新通关模式。建设新版海事政务服务平台，实现了国际航行船舶办理进出口岸手续全程无纸化，大大缩短了船舶通关时间，提高了通关效率。建设船舶动态管理信息系统，实时掌握深圳港船舶动态信息，并与香港海事处实现了深港船舶动态信息互通，有效提升了海上交通组织和船舶通行效率。

【深圳海事局深入开展履约研究，不断提升国际话语权】 强化航行安全分委会作用，不断扩展研究与交流平台，充分发挥海事系统、航运界、科研单位及航海大专院校的智慧和力量，组建国际公约跟踪研究团队，完善工作机制，全面加强海事国际履约研究工作。联合大连海事大学共同开展《内罗毕国际船舶残骸清除公约》国内化研究工作，对国内批约及履约工作实际提出了意见建议。完成《中国E航海用户需求分析研究》科技项目，提出我国E航海战略发展与实施的建议，建设了E航海示范工程，在深圳港测试了高效船舶进出港系统的实际应用情况，提出《船舶报告系统标准指南的修订》的提案，为下一步E航海战略实施以及海事服务集（MSP）规范的设立积累了宝贵的实践经验。完善与创新分委会工作机制，加强宣传引导，调动各成员单位开展履约研究、与国际海事事务的积极性，保障向IMO提交提案数量和质量，全面提升我国在国际海事公约和标准制定中的话语权和主导权，切实维护我国国家利益。

【深圳海事局全力推进电子巡航，提升辖区动态监管水平和应急保障能力】 深圳海事局全力推进电子巡航，促进海事动态监管转型升级，有效地提高了辖区动态监管水平；完成辖区应急处置和防台风工作，加强应急力量和体系建设，组织开展应急工作手册编制，提升应急处置效能，提高应急保障能力，深入推进值班标准化和动态监管信息化；创新动态监管模式和手段，强化对水域状况的实时动态监控和船舶动态信息的实时掌握，大力推进VTS专业队伍建设，努力实现VTS覆盖水域“零事故”。

【海关总署广东分署（以下称广东分署）以创新驱动引领广东海关全面深化改革】 根据海关总署统一部署，广东分署把通关一体化、执法统一化、管理集约化和税收大关区、缉私大战区、风险联防区的改革范围扩大至福州、厦门、南宁及海口4个海关，将原来的“广东关区全面深化改革领导小组”升格为“泛珠”四省海关一体化改革领导小组；采取“1+2”的方式制订一个《“泛珠”四省海关一体化改革总体方案》及《“泛珠”四省海关区域通关一体化改革实施方案》和《第三缉私战区试点工作实施方案》两个方案，加快推动“三化三区”建设，为尽快实现海关总署“3+2”和“全覆盖”的战略奠定坚实基础。通过整合资源、专业分工、构建平台统一区域内海关作业流程和执法尺度，实现广东、广西、海南、福建四省海关通关一体化，企业可以自主选择通关方式、自行设计物流方案，自行选择经营单位注册地、货物实际进出境地海关或其直属海关办理申报、纳税、查验放行手续。改革后，通关效率明显提升，“泛珠”四省海关通关时间降低至5.34小时，海关作业时间降低至2.53小时，24小时通关率95.16%。改革推动了各关之间作业流程、审单程序和执法尺度的规范统一，17万家进出口企业直接享受到改革红利。截至2015年年底，“泛珠”四省区域共申报一体化报关单2 276.9万票，广东地区共申报一体化报关单2 045.5万票，其中跨关区一体化报关单40.7万票，4个区域审单中心实施人工专业审核107.3万票。改革实施以来受到企业和社会各界充分认可，企业通关更便捷、物流更顺畅、海关监管更严密、流程更科学、运转更高效，对珠三角、广东省和“泛珠”四省开放型经济的新发展起到了极大的推动作用，成效明显。

【广东分署充分发挥综合协调职能，全力推进海关开展口岸规划和建设】 2015年，广东分署注重加强与国家口岸办、广东省口岸办及广东省内海关的沟通联系，充分发挥综合协调职能，全力协调广东省内海关开展口岸规划设置和建设，及时向广东省口岸办和地方政府反映并协调督促解决广东省内海关在口岸开设中遇到的实际问题和困难。从国务院正式批准《珠海口岸查验机制创新试点方案》之后，广东分署高度重视，多次派员赴珠海市迅速配合拱北海关落实《珠海口岸查验机制创新试点工作实施方案》；多次派员赴深圳落实协调推进西九龙内地口岸区的设置工作；积极参加调研及会议，配合广州海关全力助推南沙口岸开放及自贸试验区建设的发展，切实做到服务于基层海关。加强与广东省有关部门联系配合，推动广东省“十二五”口岸发展规划的落实及报送广东省海关“十三五”口岸的发展规划；支持东莞市石龙铁路国际物流中心对外开放，积极推动广东铁路集装箱中心站的建设；落实国务院印发改进口岸工作的若干意见及广东省口岸工作联席会议机制，提请广东省口岸办及地方政府加快和完善口岸建设步伐，优化广东省口岸布局。及时向广东省政府提出省内设立、调整或撤销开放口岸的建设性意见，做好对外开放码头、车检场以及新建码头征求意见的反馈和检查验收工作；制发广东省内海关口岸管理征求意见函并向国家口岸办、广东省政府及省口岸办、省交通厅等反馈涉海关口岸管理意见132份。参加口岸调研、验收会、协调会27次。全年办理专用码头口岸、航空口岸、车检场开放验收等项目11个、实施临时对外开放运作19个项目约33批次。

【广东分署落实“三互”大通关建设，积极推动“单一窗口”建设】 按照《广东省落实“三互”推进大通关建设改革任务分工方案》要求，推广“单一窗口”试点经验，深化关检合作“三个一”，广东分署与广东省口岸办、广东省检验检疫局在东莞寮步召开现场会，推广实施陆运“三互”大通关模式，实现海关内外部的互联互通。2015年6月30日，广州国际贸易“单一窗口”、深圳市国际贸易“单一窗口”试点启动并如期实现上线试运行。实现了海关、检验检疫、海事、边检、港务等部门系统的对接。一是船舶进境一次申报，实现船舶基本资料和船期管理共享，改变船舶进境申报需分别登录海关、检验检疫、边检、海事等多个单位系统申请办理的现状，实现船代企业通过单一平台一点接入，一次性递交满足口岸查验单位要求的格式化单证和电子信息；平台将有关申报信息分发各单位；各单位通过平台共享信息，反馈处理结果。二是关检货物“一次申报”，依托海关总署、质检总局统一版“一次申报”系统，企业通过“单一窗口”平台内设置的链接进入“一次申报”系统，只需录入一张大表，填制报关、报检信息，实现关检联合一次申报。减少企业重复录入，提高通关效率，保证报关报检数据一致性，提高联合执法水平。实现企业对自家申报信息的查询、口岸管理部门之间的信息查询，初步构建起海关、检验检疫、边检、海事、港务局等监管部门之间的信息共享体系。2015 年，广东海关已全面实施“三个一”统一版一次申报系统，“一次申报”报关单合计 825 847 票，“一次查验”报关单合计 95 040票，“一次放行”报关单合计 1 536 699 票。

【广东分署支持财政支付口岸查验服务收费改革试点，推进“广东海关查验数据交互平台”的应用】 按照国家六部委和海关总署的相关要求，广东分署会同广东省口岸办、财政等部门，带领广东省内海关共同推进广东省改革试点工作。出台《广东分署关于支持外贸稳增长和贯彻落实广东省、海关总署专题会议精神的意见》，一个月内完成“广东海关查验数据交互平台”的开发、部署和上线工作，解决各关在改革试点过程中遇到的问题，提高查验的针对性、有效性。广东省内 21 个地市具备条件的口岸和监管场所全部启动相关工作。广东分署作为广东省协调指导小组成员，主动与各级政府、部门加强沟通，通报进展情况，开展对外宣讲，研发的“广东海关查验数据交互平台”，有效解决了海关改革遇到的查验数据查询统计、报表报送和标志确认等问题。改革启动以来，受惠企业量不断增加，已在广东省内 7 个直属海关的 360 个现场及 81 家企业使用，系统可查到有查验数据免除记录现场 245 个，获得财政部和海关总署联合调研组肯定。从 9 月全面铺开改革试点以来，广东省内海关人工查验无问题集装箱 18 799 个，人工查验无问题箱式货车 17 428 辆，过磅过机无问题集装箱 12 540个，受惠企业超 5 000 家。

【广东分署创新广东自贸试验区海关管理机制，实现各片区协调统一和顺畅运作】 广东分署牵头省内海关积极建立统一协调的管理机构和顺畅运作的内部联系配合机制，并会同广州、深圳、拱北三个直属海关共同探索创新 16 项海关监管制度，成立了由海关总署副署长兼广东分署主任担任组长、广东分署分管负责同志和三个直属海关关长担任副组长的“广东自贸试验区海关工作领导小组”，印发《广东自由贸易试验区海关工作领导小组办公室职责任务、人员组成和工作机制》，细化设立综合协调组、业务专家组和技术保障组，加强对各片区直属海关的协调指导；三个片区直属海关设立自贸试验区办公室和专项工作小组，协调推进各项改革制度具体落实；在广东自贸区挂牌前后，协同配合地方政府做了大量的政策宣讲工作，及时向广东省委省政府报送广东自贸区工作开展情况，反映海关的工作成效。2015 年前 11 个月，广东自贸区外贸进出口总值达到 6 897.4 亿人民币，增速高于同期广东外贸进出口增幅 4 个百分点，改革效益和红利得到显现。在南沙片区，全国海关首创快速验放机制，通过再造监管查验作业流程，实现进口“提前申报、船边分流验放”，出口“提前申报、卡口分流验放”，海关通关时效提高 50% 以上，进出口货物物流运转时间由原来的 2～3 天缩短为 1 天以内，大幅提升了物流运转时效；为广州首架以保税融资租赁方式进口飞机办理快速通关手续，实现了广州飞机保税融资租赁业务的“零的突破”；启动“互联网 + 易通关”改革，实现报关业务“零限制”“零耗时”“零跑动”“零成本”，大幅压缩了通关时间；在前海蛇口自贸片区，深圳海关复制 7 项上海自贸区海关监管创新制度，实施“先装船、后改配”改革，打造“前海—香港快速通”服务品牌，每年可为出口企业节省改船作业费过千万元。针对前海现代服务业“港仓内迁、港店深仓、门店直配”等特点和需求，采用跨境快速通关和先入区后报关模式，实现货物在海关特殊监管区域与陆路口岸间通关流程的智能控制、车到起闸、即到即放的便捷式快速通关，为企业节约超过10%的货运成本，推行自贸试验区港口一体化运作。实施保税港区与蛇口其他码头区之间的跨港区调拨模式，将跨港区调拨作业系统由原来的人工审核改为自动验核，使调拨手续办理时间缩短到2分钟以内，提升深圳作为全国经济中心城市竞争力。在横琴片区，积极开展口岸查验机制创新和口岸综合部门联合执法试点研究攻艰，推进关检“三个一”纵深发展；在旅检现场进境渠道实施“一机一台、合作查验、分别处置”作业模式，旅客通关环节由3个减少为2个，通关效率提升30%。

【广东分署依托缉私战区作战模式，持续保持打私高压态势】 根据全国海关关长会议和全国海关缉私工作会议部署，广东分署加强统筹协调，推动广东省内海关缉私部门“五大战役”、打击成品油“春雷”行动、“K－9”缉毒和“以打促税”百日攻坚战等专项行动的持续深入开展。在打击农产品和涉税走私工作中成绩突出，2015年广东省内海关共侦办农产品走私刑事案件241起，案值165亿，涉税额40亿元，分别占全国同类案件的35%、59%和72%；在“春雷”专项行动中，加强与广东省打私办、广东省海警总队的联系配合，共同制定出台联系配合办法，多次召开专项行动联席会议，广东省内海关共查获走私成品油刑事案件41起，立案案值7.83亿元，涉嫌偷逃税2.07亿元，涉案成品油12.14万吨。根据战区案发情况和海关总署缉私局部署，在中心局和成员局之间机动设置“联合指挥部”，统筹协调战区侦查措施应用，通过建立个案协调、共享、督办和报告机制，从“个案侦办”向“源头打击”延伸，组织开展跨关区联动执法。先后成功开展“3·23”“4·27”打击冻品走私、“2·26”打击越南煤走私、“7·16”打击香烟走私等多个大规模查缉抓捕行动，共计抓获犯罪嫌疑人364名，打掉走私犯罪团伙34个，案值116亿元。第三缉私战区试点取得成效，得到海关总署领导的充分肯定。围绕海关总署“五大战役”行动部署要求，集中打击毒品、武器弹药、“洋垃圾”等违禁物品走私，深入推进广东省打击成品油走私“春雷”专项行动。广东省内海关缉私部门共立案走私犯罪案件827起，案值214.52亿元，涉税额47.87亿元；立案走私行为案件18 231起，案值16.16亿元，涉税额1.76亿元；立案违规案件38 108起，案值152.33亿元；共对1 928名犯罪嫌疑人采取强制措施。打击走私取得明显成效，维护了广东对外贸易健康发展。

【广东分署创新服务管理平台，打造“互联网＋”通关时代】 广东分署加强科技、互联网与管理创新相结合，用机器取代人力，从内部流程上挖潜，简化通关手续。在广东省内5个直属海关部署建设“广东海关保税加工辅助管理平台”，推广保税加工手册管理全程信息化，大幅缩短保税加工业务办理时间，从1～3天降至1～2小时，该项改革已惠及广东省内加贸企业达1.6万余家。广州海关创新实施“互联网＋易通关”改革，实现海关手续办理“零限制、零跑动、零收费、零耗时”，截至2015年年底，已惠及企业248家。深圳海关聚焦“一体互通”，推进完成28项重点改革项目103项具体工作，将关区内物流、行邮、加贸、保税、通关、企管、大数据等九大应用平台互联互通。拱北海关依托港珠澳大桥建设，与香港、澳门海关探索“三地一检，监管互认”新型通关模式，推动驻澳跨境工业区转型升级，着力探索“离岸免税区”建设。汕头海关持续推进税费电子化支付和汇总征税。江门海关着力打造“中国小微企业创业创新之都”，引导小微企业抱团申请担保授信，建设小微企业公共ERP平台免费供企业使用。湛江海关通过流程再造，实施税费计核后置智能化快速通关改革，目前已在所辖22个监管现场推开，试点企业54家，通关效率显著提升。

【广东分署加大文化产品知识产权保护力度，维护市场环境健康发展】 广东分署积极协调省内海关开展与地方检察机关在知识产权案件方面的“两法衔接”工作，加强与港澳海关执法合作机制，拓展情报信息交换渠道，共同开展联合执法行动，严厉打击侵权音像制品等货物进出口，促进广东省文化产品、服务产业的健康发展，提高广东省文化产品在国际市场的信誉。通过全面启动“双随机”查验改革，推广应用移动查验系统，发挥H986集中审像效能，提高查验准确率。并根据国家部署组织开展中国制造海外形象维护“清风行动”，打击采取“蚂蚁搬家”和“化整为零”等方式通过邮递、快件渠道寄递出口侵权假冒商品违法行为。行动期间，查扣进出口侵权货物107万件，制止侵权货物输往45个国家或地区，并立足“海关企业面对面”，向关区企业宣传知识产权海关保护法律规定和执法程序，进一步提高企业的知识产权意识，加大了文化产品知识产权海关的保护力度。

【广东分署以综合治税为抓手，指导省内海关开展税收工作】 广东分署加大综合协调力度，建立了“泛珠”四省区域海关归类、估价、审单专家组和联络员队伍，开发应用跨关区归类、估价协调平台，通过集中研判、季度例会和网络平台处置单等形式解决跨关区争议问题，为广东省委、省政府主要领导了解掌握外贸形势提供决策性的参考。协助海关总署开展区域通关一体化改革跨区业务操作制度梳理规范集中工作，积极参加海关总署区域通关一体化相关优化完善任务书业务测试，完善“泛珠”区域海关应急协调中心人员配备。制定《泛珠四省海关归类、估价区域协调工作制度》并下发执行，规范统一广东关区通关手续，区域内各关价格水平均在绿色合理区间内。据统计，2015年广东海关税收入库3 200.9亿元，同比下降3.3%；监管进出口货运量12.6亿吨，同比增长1.1%；监管进出口商品总值1.23万亿美元，同比下降7.0%；监管进出境运输工具2 213.01万辆（艘），同比下降2.1%。

【广州海关率先在广东自贸试验区南沙新区片区试点启动“互联网+易通关”改革】 广州海关以优化海关监管服务和便利企业通关为出发点和落脚点，顺应“互联网+”和现代物流发展趋势，坚持企业需求导向，10月25日率先在南沙自贸区试点启动“互联网+易通关”改革，以“互联网+自助报关”“互联网+提前归类审价”“互联网+互动查验”“互联网+自助缴税”4项措施为突破口，逐步建设全流程“线上海关”。该项改革创新管理理念，打破时空限制推进通关高效便利，实现“零耗时”，增强物流集聚效应；构建新型通关模式全程自助通关，通过建立公平、开放、协作、安全的新型通关模式，实现企业便利通关和海关隐形监管，促使口岸各部门开展通关全流程的配套改革，最大限度提高口岸大通关效率，促进通关贸易便利化。

【广州海关“五个一”举措 助推南沙自贸试验区建设发展】 广州海关全力支持中国（广东）自由贸易试验区南沙新区片区（以下简称“南沙自贸试验区”）建设发展，通过“建立一个机制、明确一个目标、落实一个转变、创新一批制度、探索一套体系”，着力把南沙自贸试验区打造成为落实“一带一路”战略新高地、创新海关监管制度试验田。建立“一个机制”，成立一把手担任组长的领导小组，设立“广州海关自贸办”“南沙海关自贸办”日常办事机构，强化组织领导对接自贸试验区建设，建立常态化的工作机制。明确“一个目标”，以海关监管制度创新为核心目标。围绕“通关效率最高、监管机制最好、营商环境最优、防控能力最强”的目标，在吸收消化上海自贸试验区创新制度的基础上，深化海关监管体制改革。落实“一个转变”，推动海关简政放权、转变职能。制定出台保税业务领域“三张清单”(负面清单、权力清单、责任清单)，打破行政管理藩篱，取消自贸试验区报关企业注册登记、双重身份企业注册登记行政许可，以及区内报关企业跨关区从事报关服务的限制，开展商事登记制度“一企多址”等改革，进一步激发自贸试验区市场活力。创新“一批制度”，促进南沙自贸试验区通关便利化。启动“口岸查验配套服务费改革”试点工作，惠及1 033家企业；首创快速验放机制，实现进口“提前申报、船边分流验放”，出口“提前申报、卡口分流验放”，海关通关时效提高50%以上；推进跨境电子商务园区建设，实现跨境电商进口商品7×24小时出区；加大AEO互认（经认证的经营者）、企业协调员实施力度；推动国际延迟中转（DIT）业务发展，逐步形成国际中转、配送、保税物流等功能叠加共同促进的物流体系。探索“一套体系”，助推南沙自贸试验区高标准投资贸易规则体系建设。优化内资进出口货物收发货人登记备案流程，成功将海关登记备案“一照一码”改革复制推广至内资进出口企业，实现内资、外资全覆盖，社会信用信息系统初具规模。率先启动“互联网+易通关”改革，方便企业通过互联网随时随地便捷自助涵盖报关、归类审价、查验、缴税及加工贸易手册设立、深加工结转、外发加工等各项业务，实现报关业务“零限制、零耗时、零跑动、零成本”，使企业真正实现“足不出户”全流程自助通关。

【广州海关扎实推动口岸查验配套服务费改革】 一是完善改革基础工作。印发《口岸查验配套服务费用改革试点实施方案》，明确试点口岸、免除查验费用范围等关键问题，为基层推进改革提供清晰指引；健全工作机制，在总关和各隶属海关、办事处均成立改革专项领导小组和工作小组，创建“政府—海关—查验服务单位”三方联系配合机制，全力协助和推动地方政府在关区内启动改革试点工作；贯彻改革理念，严格落实“守法便利、违法惩戒”原则，扎实推进“加大货运渠道通关环节查获案件行政处罚力度”有关工作；研发信息系统，协助广东分署研发“广东海关查验数据交互平台”并在关区全面推广，解决改革涉及的查验数据查询提取统计、报表报送等难题。二是深化监管模式创新。与“互联网+易通关”、建设国际贸易“单一窗口”等改革融合叠加，探索实施“互联网+互动查验”模式，在查验没有问题的情况下企业可不到场即办理所有验放手续，货物疏港速度进一步提升；强化顺势监管，结合试点工作优化查验模式，通过加强风险分析布控不断降低查验率，逐步建立关区机检非侵入式查验清单，提升大型集装箱检查设备使用效能，半年来关区主要监管口岸机检查验比例进一步提升；强化信息化手段应用，升级改造海运物流智能化监管系统，与码头经营单位共享查验放行信息，实现数据发送、查验有无问题结果、数据统计等工作全程无纸化。三是做好改革推广宣传。及时梳理改革成效，总结形成经验，结合不同口岸查验流程和收费模式的差异细化调整，实现改革在广州关区符合条件的口岸全覆盖；加强调研，以实地走访、问卷调查等形式向参与试点的企业收集意见建议，协调地方政府、查验服务单位、外贸企业等研究解决信息共享、费用拨付、数据统计等问题，持续推动改革高效运作；统筹宣传，通过新闻媒体、12360服务热线、微信公众号等途径扩大对外宣传的范围和影响，拓展政策宣传的深度和广度，将改革全面推广至关区7个地级市符合条件的47个口岸。

【广州海关规范“一个窗口”建设，全面推进行政审批改革】 在关区21个隶属海关办理接单、审单等现场业务的场所设立实体性窗口或大厅，将全部审批事项集中受理，实现行政审批受理“一个窗口”设置全覆盖。一是创新试行3种模式。实行“一窗通办”模式，将原来分散在6个窗口受理的海关业务集中在“综合受理”窗口不分业务类别统一受理，并设置1个“结果领取”窗，节省企业排队等候的时间；成功实现进出口货物收发货人注册登记等12项业务网上办理，形成了“受理窗口统一接单，即办事项当场办结，非即办事项后台分发，网办事项专人负责”的操作模式，有效提高了行政审批效率；率先在广州市政务中心推行企业注册登记业务“全城通办”模式，方便广州市各区企业选择广州市政务中心办理企业注册登记业务等相关业务，避免企业来回奔波。二是依托三项机制推进改革。建立关区简政放权工作机制，强化统筹协调、督办督察和绩效考核，通过关领导“挂帅”、实施“项目负责制”、加强部门会商、“底账式”督查督办和完善绩效考核体系等方式，抓紧抓好各部门的责任落实，加快落实“一个窗口”工作。运用多元化执法疑难问题解决机制，采取部门会商、专家研判等措施，及时解决行政审批“一个窗口”改革中的疑难问题，实现“先发展后规范，有发展就有规范”的良性流程。依托法律顾问服务机制，以事前防范法律风险和事中法律控制为主、事后法律补救为辅，为行政审批“一个窗口”改革提供全方位、全过程的法律服务，及时评估研判遇到的法律问题，积极化解法律风险。三是突出关区特点，适应性开展“一个窗口”受理业务。建立行政审批受理登记、跟踪、提醒、核对、反馈等全程跟进机制，设立全流程登记本，研究制定受理窗口与后台的联系配合制度，强化窗口前、中、后三个节点的联系配合管理。邀请窗口申请人参与满意度评价，并将行政审批审查细则落实情况纳入相关科室内控复核机制，不定期对窗口服务科室开展行风督察，定期收集、分析、通报窗口服务情况，增强窗口人员的自律意识、效率意识和服务意识。优化“一个窗口”服务，基层海关结合自身实际设计使用“保税业务一窗受理单”，明确办理业务种类、接单关员和经办关员、业务的办理时效和领取方式、退办原因等内容，不断改善“用户体验”。

【广州海关在南沙自贸试验区全国首试地方商事登记“一照一码”改革】 8月10日，全国海关进出口企业登记“一照一码”改革在南沙自贸试验区正式启动，企业获颁全国首张加载海关注册标识的“一照一码”营业执照。“一照一码”改革着眼在工商、质监、国税、地税、人社、海关六个部门实现“一口受理、并联审批、信息共享、结果互认”，此次海关成功加入“六证合一”，使企业的18位统一社会信用代码可在进出口监管环节进行应用，企业可凭借统一的营业执照便利办理包括进出口业务在内的各部门业务，将极大地节省办事时间和成本。同时，改革也将推动政府部门落实简政放权要求，逐步通过营业执照这一企业“身份证”开展审批登记和监管，有力推进企业基础资料及相关信用、监管信息在政府部门间的广泛共享和有效应用，消除监管盲区，协同提升服务水平。为探索推动改革顺利落地，广州海关自2015年6月起加入南沙自贸试验区企业设立登记“一口受理”模式，实现与“一照一码”涉及部门的“多证联办”，做好改革准备。在改革攻坚阶段，主动对接企业需求，针对系统接入等问题邀请专家进行逐一评估，在前期广州市商事主体信息平台建立海关注册信息模块的基础上，研究将海关注册信息加载至营业执照二维码中，统筹解决技术参数等专业问题。同时，密切与政府相关部门合作，联合成立改革工作组，制定细化方案，研究优化自贸试验区综合服务大厅“一口受理”业务流程，简化手续压缩各环节办理时限至1个工作日内完成，并实时更新广州市商事主体查询平台企业信息，为企业办理报关业务及其他通关手续提供便利，也为全国海关推进“多证合一”“一照一码”改革探索积累经验。

【广州海关积极参与粤港海关合作，支持广州国际航运枢纽建设】 一是聚焦南沙创新发展，推动香港与广东（南沙）自由贸易试验区经贸往来深度融合，南沙新区是国家指定的粤港澳全面合作示范区，广州海关结合自贸试验区建设发展，着力推进粤港双方通关制度安排互认，探索“先入区、后申报”等制度创新，形成政策合力，有效降低企业成本，显著提高通关效率，促进粤港经贸往来和深度合作。二是顺畅粤港跨境物流，推进区域通关一体化工作，稳步推进香港海关“多模式联运转运货物便利计划”与内地海关“跨境快速通关”系统对接试点，支持企业开展“粤港跨境货栈”运作模式，实现香港机场与南沙保税港区物流园区一站式空、陆联运，在部分海关现场启用“跨境一锁”，通过互认监管结果、共享监管数据，推动形成国际物流空陆联运大通道，促使粤港两地物流业互利共赢。三是积极落实经港输往内地葡萄酒便利措施，促进进口大宗商品增长，落实海关总署与香港海关经香港输往内地葡萄酒有关便利措施的合作安排，取消内地进口商备案条件限制和进口口岸限制，提高企业备案积极性。四是加强缉私行政互助与知识产权保护，维护正常贸易秩序，在对重点商品、重点渠道走私态势方面开展深入的情报交流与合作，在打击成品油、农产品、毒品、枪支、“洋垃圾”、濒危物种以及重点涉税商品等走私活动方面，加强粤港两地海关跨境执法合作。五是加强与香港海关交流合作，提升海关执法效能，在2014～2015年度的粤港海关业务联席会议上，就缉私行政互助、通关一体化、知识产权保护等方面与香港海关、广东海关与会代表进行深入交流，讨论议定包括粤港海关监管合作机制、推动粤港跨境物流发展、推进区域通关一体化等下年度合作要点。

【广州海关加强打击走私高压态势】 全力开展打击走私“五大战役”专项行动，严厉打击走私农产品、毒品、枪支、濒危动植物等违法犯罪活动，2015年全年共立各类案件3 034起，案值87亿元，案值同比增长10.7%。广州海关立案侦办的“4·27”走私冻品大案入选2015年全国海关十大缉私典型案例。一是查获农产品走私总案值35亿元 。全年查办走私农产品案件101起，案值35.13亿元。成功侦破了“5·20”走私水果案、“3·22”走私开心果案等一批农产品走私大案，摧毁了一批走私团伙，有力维护了农产品进出口贸易正常秩序和公众食品安全。二是加强在旅检、行邮渠道的查缉力度，严防象牙等濒危动植物走私活动。全年查获走私濒危动物及其制品案件121起，查获象牙及其制品、穿山甲鳞片等975.7千克，查获走私一类保护动物辐纹陆龟活体316只、黑池龟12只、印度棱背龟247只、黄额丝雀160只、白腰丝雀1 280只以及砗磲一批。

针对广东重点地区制贩毒、珠三角毒品中转集散、毒品滥用严重等毒情形势，始终以高度的政治责任感、使命感深入开展禁毒人民战争，全力打好禁毒阻击战、合成战、歼灭战和宣传战“四大战役”，始终保持缉毒高压态势，打击毒品走私取得新突破。全年立案走私毒品刑事案件103宗，缴获海洛因、可卡因、冰毒、大麻等各类毒品726.3千克。一是加强源头防控和口岸堵截，打好禁毒“阻击战”，针对邮递、快件、旅检等渠道走私毒品案件高发的态势，加强寄递企业源头治理和海关行邮监管现场查缉堵截。二是联合开展缉毒专项行动，打好禁毒“合成战”，针对当前毒品走私活动进出境“双向并存”、海陆空邮多渠道渗透、跨地区“漂移”、毒品走私与境内制贩毒活动相互牵连的复杂形势，以开展专项行动为抓手，强化内外合作，实施全链全网打击。三是狠打西非籍幕后走私贩毒团伙，打好禁毒“歼灭战”，针对当前西非籍贩毒团伙盘踞广州等地区，并与境内制贩毒团伙相互勾结形成错综复杂的毒品犯罪网络的情况，将西非籍团伙作为重要目标实施打击，下大力气“打团伙、摧网络”。四是紧紧抓住重大禁毒活动和节点，打好禁毒“宣传战”，把宣传作为禁毒斗争的有力武器，震慑走私贩毒分子。

【广州海关建立新型关检“三互”合作模式，积极推进大通关建设】 广州海关积极落实国务院关于落实“三互”推进大通关建设改革的有关要求，在原有关检合作的基础上，叠加双方改革成果，在广州关区范围内通过加强关检跨区域、跨部门通关协作，推动口岸监管部门间的信息互换、监管互认、执法互助（以下简称“三互”）的新型关检“三互”通关模式，进一步提高监管效能、简化通关手续、提高贸易安全和便利化水平。一是加强信息互换，实现口岸进出口通关数据共享。定期通报双方企业备案、信用等级评定和分类、处罚等管理动态情况，实现企业管理资信共享、互换；依托电子口岸平台，实现双方在进出口货物申报信息、查验信息、放行信息的共享、互换；加强双方管理政策变动、业务调整等动态信息的共享、互换，加大双方支持相互配合力度。二是实现监管互认，推动口岸通关一体化作业。互认、共享对特定商品（木材、油气化工品、固体废物夹杂物超标等）的种类、成分等属性的化验、检验结果；探索互认、共享关检双方对地磅称重、集装箱机检图像分析、辐射探测、视频监控等商品外观监管结果互认，减少重复监管，提升双方监管效能；逐步实现内陆和沿海口岸关检跨区域监管结果互认，通过区域通关一体化协作促进物流无障碍流动。三是加强执法互助，共同维护口岸通关环境。对各自监管过程中发现的逃漏检、走私违法线索，及时通报，提交相应管理方处置；发挥关检各自优势，在物流监控管理、商品鉴定和归类、原产地认定、固体废物属性鉴定及夹杂物超标认定、价格认定等方面开展互助，形成口岸管理合力，加强进出口安全联防联控；在防控暴恐、应对突发事件、打击走私、打击骗退税、查处逃避检验检疫和制止不安全产品及假冒伪劣商品进出境等方面开展合作；必要时对突发事件进行联合处置，共同做好突发事件的应急处理。

【广州海关突出重点布局，落实“一带一路”战略】 广州海关结合关区实际突出重点区域布局，主动将口岸管理机制改革、海关监管制度创新与“一带一路”国家级战略进行有效对接，提出50余项具体措施。一是全面落实“三互”目标要求，促进与“一带一路”沿线国家的贸易畅通。深度参与广州国际贸易“单一窗口”建设，叠加“一站式”作业，完成海关信息系统与“单一窗口”平台的对接调试，推动南沙、机场等口岸在6月底试点运行；依托电子口岸建立口岸管理部门的“三互”清单，积极参与由广州市主导的“港口城市联盟”，加强与联盟港口的通关协作，推动实现联盟港口的“三互”合作，并逐步拓展至“一带一路”沿线口岸。二是建立新型贸易监管模式，拓宽“一带一路”沿线国家的贸易渠道。推行电商货物24小时卡口自动验放等便利通关措施，扩大“一带一路”沿线国家跨境电商直购进口业务，搭建“网上丝绸之路”。助力广州会展经济发展和辐射带动作用，推动广州市政府设立会展专业监管场所，提供“展会直通车”特色监管服务，实现展览品通关一体化，扩大“一带一路”沿线国家商品贸易。三是创新南沙自贸试验片区监管模式，推动“海上丝绸之路”枢纽建设。支持“超级中国干线”建设，将跨境快速通关制度与“先入区、后申报”等保税制度对接，实现“港口后移、就地办单、多式联运、无缝对接”的进出口货物集疏运方式，增强港口竞争力和对内陆腹地的带动力。四是推进空运监管改革，助力“空中丝绸之路”建设。支持南方航空公司完善广州至“一带一路”相关国家的航线网络及国际中转服务，探索实现海上丝绸之路沿线主要城市“4小时航空交通圈”。落实72小时过境免签政策支持措施，探索旅客行李物品智能分类、便捷通关改革，构建旅客“分类通关”通关模式，便利与“一带一路”国家的人员交往。五是推动珠江—西江经济带建设，构建通达港澳、面向东盟、通江达海的物流大通道。借助“泛珠”四省海关区域通关一体化改革成效，强化区域通关合作，支持粤桂合作特别试验区建设，推动实现“黄金水道”沿线口岸一体化通关。

【广州海关扩大自贸区辐射效应，助力地方开放型经济新发展】 一是发挥自贸试验区“吸收”与“输送”功能，推动物流业发展。支持推广粤港“跨境货栈”建设，延伸香港机场与南沙保税港区物流园区一站式空、陆联运的新型物流经营模式到佛山等周边城市，促进周边城市与香港公路物流增长，形成物流集聚效应；利用保税港区等特殊监管区域与保税物流中心、保税仓、出口加工仓等保税场所的不同政策特点和区位优势，合理梯度布局，打通区区、区仓、仓仓之间的快速流转通道，提高货物流转效率；发挥南沙国际航运枢纽港作用，推进无水港建设，选取韶关、云浮等内陆码头、陆路口岸作为货物集散地，叠加舱单分流和“全关通”相互叠加的通关模式，实现“港口后移、就地办单、多式联运、无缝对接”的进出口货物集疏运方式，达成港口资源向粤西、粤北等内陆腹地延伸目标，降低区域物流和通关成本。二是复制自贸试验区改革创新试点经验，打破传统行政审批监管模式。参照自贸区负面清单管理制度，创新保税业务“三单”（即“负面清单、责任清单、权利清单”）管理模式，厘清海关有关执法权力，将保税管理理念从“海关审批”向“自主登记”转变推进；落实广州国际贸易单一窗口试点成果复制推广工作，参与地方政府“单一窗口”对外业务办理试点；首创海关注册登记管理“窗口受理、集中审核”新模式，实现企业在关区内任一海关企管实体窗口均可办理注册登记手续。三是推广自贸试验区试点改革项目，促进区域经济协同发展。推广在南沙自贸试验区率先启动的关检“三互”通关模式，逐步实现关检跨区域监管结果互认，通过区域通关一体化协作促进物流无障碍流动；不断完善“政府—海关—查验服务企业”三方联系配合机制，探索开发信息系统平台，加大试点复制推广力度，让更多企业享受改革红利；发挥自贸试验区的内联外通辐射作用，主动服务“一带一路”、珠江—西江经济带等国家战略规划，与深圳、拱北、福州和厦门海关建立更加紧密的自贸试验区监管工作协调机制，畅通区域通关“高速路”。

【黄埔海关积极落实“三互”推进大通关建设】 黄埔海关紧扣“三互”工作的主要内容和关键环节，在进一步固化、深化、优化原有成熟工作机制和运作模式的基础上，形成推进“三互”的整体思路和规划，并抓住重点环节、重点领域、重点项目开展先行先试、寻求重点突破，在陆运口岸、海运口岸、跨境电子商务园区等领域开展“三互”试点。2015 年 4 月 10 日东莞市人民政府、黄埔海关、广东出入境检验检疫局率先在东莞寮步车检场启动全国首个陆运口岸“三互”大通关模式。关检双方在 3 个方面 15 个具体项目展开深度合作，通过监管资源共用共享、数据信息互联互通、打造“一站式”作业模式、实现“协同执法”和“共同监督”等推动口岸管理机制由单向管理向多元治理转变。每天近 1 300台车辆实现一次进场、一次出场即办结海关、检验检疫手续，现场执法从“串联”改为“并联”，通关手续由 10 项缩减为 5 项，查验车辆平均通关时间由 4.5 小时缩减到 3.5 小时，企业装卸货费用减少 50%；在地方政府牵头下，黄埔海关与东莞检验检疫局、东莞海事局、东莞边防检查站、虎门港管委会等单位协作，通过统一数据信息平台、联合登临检查、推行“一站式作业”以及提前申报、卡口分流等，打造海运口岸的“三互”大通关模式，率先在东莞虎门港启动试点；依托“统一平台”和地方政府建设的“跨境电子商务公共服务平台”，打造高效的跨境电子商务关检合作新模式，通过共用监管场所和监管设施设备，推行“信息互通、联合查验、一次放行”的通关模式，解决重复作业问题，降低跨境电商企业商品通关成本。

【黄埔海关深化改革，全面提升监管与服务水平】 5 月 28 日完成通关作业互联互通改革在全关区的推广，并扩展至海运码头、陆运车检场、铁路货运口岸、海关特殊监管区域（场所）等范围，实现了直属关区内部“一关通”；2014 年 11 月和 2015 年 4 月分别对接广东省内海关区域通关一体化改革和广东、福建、广西、海南四省海关（“泛珠”四省海关）区域通关一体化改革，进一步打破了经济联系紧密区域之间阻碍市场要素自由流动的障碍。自主开发智能化数据应用平台和审单作业辅助系统为改革提供系统支持，审单作业辅助系统二期推广至“泛珠”四省海关区域审单中心时，快速审结报关单比例达四成；承担海关总署功能型海关建设试点任务，以隶属海关功能化为目标，2015 年进一步完成对所属太平海关的功能单一型建设改造，立足“一关两市”的关区特点，推动了驻广州经济技术开发办事处（广州保税区海关）和所属东莞海关两个中心型海关建设；以窗口服务综合化为方向，2015 年完成新型现场综合业务管理模式关区全覆盖，并按照国务院关于规范行政审批，全面实行“一个窗口”受理的要求，实现海关现场对外业务“单一窗口”和“全业务”受理；年底启动“网上海关”项目，加紧线上“单一窗口”建设，构成对现有的线下“单一窗口”的有力补充。通关作业互联互通改革惠及企业 2 000 多户；保税加工智能作业实现了超过 90% 的手册设立变更业务全程网上办结，业务办理时间大幅缩短，通关成本平均降低幅度为 20% ~40%。

【黄埔海关优化监管模式，提高口岸服务水平】 推行信任式集中审单模式，大幅压缩实质性审核比例，为企业“松绑减负”；拓宽适用“预归类、预审价、原产地预确定”模式的企业范围，推动征管要素审核“前置”到申报前、“后移”至放行后；开发应用远程作业系统，实现海关与企业的即时交流和便利互通，通过“互联网 +”的作业模式减少企业往返海关的时间和成本；推进海运码头“提前申报、货到分流”业务改革，把企业办理通关手续与码头吊柜由“串联”变为“并联”，减少企业等待查验的时间，降低企业物流成本；积极向优质企业复制推广“华为”监管模式，引导企业从普通报关模式向保税物流监管模式转变，减少存货成本，提高资金周转效率；做好简政放权，推动执法流程全面“瘦身”；推动“一个窗口”受理行政审批，将所有行政审批事项统一纳入对外办事大厅办理，在办事大厅将涉及行政审批的内容和要求的材料予以公示；为重点企业提供优质高效通关服务，为2 000多户高资信、生产型企业提供事后集中审核等通关便利，提升企业通关效率和质量。建立企业协调员制度，深入走访重点企业及属地企业，了解企业运作情况，集中为企业协调解决了通关、查验、风险等20多个难点问题，为企业通关提供“贴身”服务，确保便捷通关、物畅其流；强化安全规范管理。逐一核查清理关区所辖63家作业场所的基础设施和登记资料。完成对私营小码头的专项核查，关区内B类小码头规范管理水平得到提升。对关区所辖22个危化品类场所全面实施专项整顿，对不符合规定或存有安全隐患的要求限期整改并通报地方政府；大力服务地方经济。全面落实口岸查验配套服务费改革试点任务。加大对广东省2 266户高资信企业的帮扶力度，积极推动清溪保税物流中心（B型）建设和虎门港综合保税区的申报工作。支持旅游购物、跨境贸易电子商务等新型贸易业态的健康发展，多元融合保税展示交易、“全年无休日”、B2C及B2B2C等跨境电商管理模式成功试点，状元谷跨境电商监管中心和东莞跨境电商中心园区正式运行，形成了全方位、多元化的跨境贸易电子商务监管业务布局。积极参与地方政府“一网通”改革，企业注册备案实现了“一站受理、信息互认、无纸办理”。

【拱北海关促外贸稳增长，培育新的增长点】 10月15日起拱北海关16个监管查验现场启动“口岸查验配套服务费改革试点”，10～12月免除相关企业吊装、移位、仓储费用212.9万元。取消相关经营服务性收费，每年直接减轻进出口企业负担6 300万元；在中山和横琴启动旅游购物商品出口试点，为地方外贸稳增长培育新的增长点，年内开展旅游购物企业17家，出口报关单4 871份，出口货值14.1亿元（人民币计价）；全面推广保税加工手册管理全程信息化改革，无纸化覆盖率达92%，手册设立时限从1～2天缩短到半天。对加工贸易与非加工贸易货物采取信息数据分开管理“虚拟隔离”方式，支持企业灵活运用国内外两个市场、两种资源，节约企业建设成本25亿元。对海洋装备、通用飞机等战略性新兴企业实施“主料工作法”等新型保税监管模式，促进亿吨大港珠海高栏港建设先进装备制造带和海上丝绸之路重要支点；推进内澳贸易统计合作，加强进出口数据统计分析预警。对第二届中国国际马戏节、第五届中国（澳门）国际游艇博览会等9项重大活动，量身定制海关监管措施，确保各项进出境物资安全便捷通关；打击虚假贸易，及时向地方政府和兄弟海关通报59家存在出口价格虚高嫌疑企业。为推动地方外贸发展提供及时有力的数据支持服务。

【拱北海关开展珠澳口岸查验机制创新】 收集世界发达国家口岸查验机制做法，汇编形成600页69份工作资料。围绕“前台共同查验、后台分别处置”，提出三种模式六种不同做法。11月3日国务院正式批准《珠海口岸查验机制创新试点方案》之后，迅速会同珠海市制定《珠海口岸查验机制创新试点工作实施方案》，推动市政府牵头成立口岸工作委员会，从创新监管模式、实行“三互”大通关、加大科技利用力度、优化人力资源配置、加快整合口岸资源等20个方面，明确具体职责任务，当好“先行军”。

【拱北海关全力以赴支持横琴自贸片区对外开放】 在全国自贸区中率先实行ECFA项下货物经澳门中转免交澳门海关确认书，对经横琴口岸进出口的澳门小商品实行简化归类合并申报，稳步推进澳门单牌车便利进出横琴、港澳游艇自驾游等重大项目建设，创新实施供澳建材“一次申报、分批出境”模式下企业成本降低75%，深化横琴口岸24小时通关，加强内澳海关合作，融合“澳门元素”打造“横琴样本”。支持开展保税展示交易、融资租赁等新型贸易业态，支持长隆海洋国际度假区等一批总投资5 300亿元重点项目建设，推动旅游、商贸、金融等产业区内集聚发展，加强自贸区内外合作，提高自贸区辐射带动作用。完成全国首家“一照一码”海关注册企业备案，取消报关企业和双重身份企业注册行政许可、实现“区内注册、全国申报”，实施以主动披露为主、引入中介协助、海关实施风险式验核稽查的后续监管模式，推行守法提示清单制度。横琴自贸片区成立以来，海关监管进出境旅客、车辆、货运量，分别增长147.07%、20.44 %、13.2 %。区内注册企业数1.48万家、海关注册企业669家，较2014年年末大幅增长131.46%和90.6%。

【拱北海关积极主动探索口岸“三互”大通关】 在横琴口岸旅检现场启动“一机一台、合作查验、分别处置”作业模式。旅客通关环节由3个减少为2个，海关投入监管人力由每个班次/每条通道4人减少到2人。7～12月，关检双方联合查验旅客1.22万人次，海关处置异常情事4 426起，查获率增长74.73%。在洪湾等新设口岸，将查验平台全部设置为关检共用联合区域。在邮递和快件监管现场，将关检部门合并成一个完整的通关区。推动珠海市牵头建立“单一窗口”平台建设联席会议和议事机制。依托网上办事大厅联办平台，实行“一个平台、一张表单、一个窗口、一份材料、一个证照”的“五个一”办理模式。切实加大和谐口岸力度，主动加强与地方党政和边检、国检、口岸等相关部门协作沟通，共同建立口岸联检部门新型合作机制。

【拱北海关支持重特大项目建设】 认真贯彻中央部署，在人员编制“一个不增”情况下，克服困难，抽调102人到延关三口岸，确保珠澳口岸新的通关安排顺利落地实施。自2014年12月18日延关实施一年来，珠澳三个口岸进出境旅客1.23亿人次，增长11.7%，进出境车辆378.4万辆次，增长7.1%。其中经珠澳跨境工业区专用口岸、横琴口岸进出境旅客同比分别增长76.5%和53.2%，进出境车辆分别增长14.5%和22.8%，拱北口岸进出境旅客和车辆增长9.4%和2.5%，有效缓解分流了主要口岸通关压力。支持珠海、中山两市启动跨境贸易电子商务，中山成为广东首个以海运方式出口跨境电商城市。积极参与港珠澳大桥口岸建设。支持珠澳跨境工业区向“一线放宽、二线管住”转型升级，按照张德江委员长要求探索“离岸免税区”。全力配合港澳游艇“自驾游”先行先试，探索“游艇进出自由自在，海关监管管住管好”。顺利完成珠海洪湾港建设启用及香洲港、九洲港货运功能搬迁整合至洪湾港工作，大力支持中山港扩大开放。

【拱北海关营造法治化营商环境】 落实李克强总理予以肯定的“随机抽取被检查对象、随机选派检查人员”的海关“双随机”抽查机制。关区随机布控查验率达83.46%，同比提升18个百分点；推进风险监控中心转型升级，提高风险管理实战效能。深化区域通关一体化、通关无纸化改革，拱北审单分中心在月均审单量同比增加4.1倍情况下，当日审结率由89.64%提升到99.72%，“泛珠”四省11关审单质量9项指标考核中，4项名列第一、2项名列第二，无纸通关报关单占比98.1%；启用统一版“一次申报”系统，关检合作“三个一”成效位居海关前列；进一步规范人工查验作业，加大监管场所整治力度，整合撤并4个口岸监管场所，卡口系统建设实现“全覆盖”，有力提升监管场所规范管理水平；全面清查危化品进出口监管场所，不回避历史问题，临时措施和长久做法相结合，推动广东省加快研究解决近20年横琴口岸危化品通关不规范问题。

【拱北海关打击走私战果丰硕】 全年共立案查办各类走私违法案件10 661起，案值31.41亿元，涉税6.02亿元，立案数连续两年超过万起。立案侦办毒品案件17起、缴获各类毒品27.27千克，查扣走私枪支78支。实现罚没收入1.17亿元、缉私补税1 404万元。突出情报先导，查获案值超千万元的大要案24起。打掉较大的走私犯罪团伙30个，同比增长87.5%。刑事案件有罪判决率达到100%、行政案件办结率98.84%。

【汕头海关锐意改革，强化通关服务】 一是继续推进关检合作“三个一”工作，与汕头出入境检验检疫局签署《汕头海关 汕头出入境检验检疫局关于落实“三互”工作合作备忘录》，明确“三互”工作合作3方面14项内容，进一步承接完善了关检合作机制。全年该关累计办理“一次申报”报关单24 267份，“一次查验”报关单395份，“一次放行”报关单24 277份。二是开展口岸查验配套服务费改革试点工作，实施“正面清单”管理，对全关各单位进出口环节的行政事业性收费和经营服务性收费进行全面清理。主动联系粤东5市的地方口岸主管部门，协商制定相关落实方案，对查验没有问题的外贸企业免除吊装、移位、仓储等费用，进一步减轻进出口企业负担。三是有序推进“泛珠”四省海关区域通关一体化改革，拆除关区间的藩篱。做好问题协调处理和系统切换工作，加大新闻宣传力度，实现企业通关不畅零报告，平均海关作业时间较改革前明显缩短。四是深化通关作业无纸化改革，积极引导企业申请办理通关作业无纸化手续，做好保税加工管理辅助平台无纸化系统的推广应用。截至2015年年底，该关已分别与4 014家进出口企业签订《通关作业无纸化三方协议》。共办理通关作业无纸化报关单292 311票，占关区同期报关单总数的94.22%。五是积极推进旅游购物商品出口，主动对接地方需求，出台《旅游购物商品出口监管操作指引（试行）》，配合汕头市相关部门共同促进旅游购物商品出口这一外贸新业态的发展。六是启用“陆运车检场通关智能监管系统”，扩大“属地申报、口岸验放（属地放行）”通关模式的适用范围，进一步发挥好H986大型集装箱检查设备的作用，采取非侵入式检查手段提高通关查验效率。七是擦亮“12360”服务热线品牌，加强现场办事大厅、海关门户网站等服务窗口建设，进一步提高服务效能。落实《汕头关区AA类企业通关便利措施》，在24小时预约通关、税收征管、信息服务等环节为企业提供更多的通关便利。八是切实推进“双随机”布控查验工作，优化关区业务风险布控，优化查验工作机制，发挥风险管理中心环节作用，执法更加公平、廉洁、高效，对2 060家重点外贸企业的出口货物原则上实行无因不查。

【汕头海关夯实税收服务机制，综合治税量质效并举】 一是优化税收政策宣传和税收服务。积极开展预审价、预归类业务，加大电子支付和担保推广力度，统一煤炭送检和塑料原料审价管理尺度，加强与省内其他海关在归类、估价方面的合作，及时帮助企业解决纳税难题，有效解决煤炭异地报关税源流失问题。二是建立以企业为单元的服务机制，营造税源良性拓展环境。支持地方煤炭、塑料、五金等支柱产业，做好税政调研工作，与海西塑料交易中心建立定期信息沟通机制，提升关区进口塑料价格管理水平；做好关区主要税源企业的政策咨询和服务工作，走访宜华木业、东方锆业两家“走出去”大型生产企业，了解企业原料回运情况、政府政策支持情况和企业通关需求。三是推进东盟、台湾等自贸区优惠关税政策和CEPA原产地优惠政策的落地实施，配合商务部门落实外资企业产品全部出口先征后返工作。全年关区进口东盟自贸协定项下商品85 300.85万美元，税款优惠金额33 228.01万元；进口ECFA项下商品7 176.46万美元，税款优惠金额3 840.62万元。四是做好减免税宣传和服务工作。引导企业用好、用足国家税收优惠政策，简化监管设备抵押贷款审批手续，推行减免税业务“一站式”审批，支持企业扩大先进技术设备、关键零部件等进口。该关圆满完成全年税收任务，两税入库41.89亿元；审批征免税证明250份，审批货值8 379.3万美元，审批减免税5 054.4万元，实际减免税4 417.4万元。

【汕头海关服务地方发展需求见实效】 一是积极关注汕头华侨经济文化合作试验区、中以（汕头）科技创新合作区、揭阳中德金属城、深汕特别合作区、梅州综合保税区等区域发展引擎建设，开展“构建与走出去战略相适应的海关监管机制”“助推汕头华侨经济文化合作试验区建设对策研究”等署级、关级课题研究，组织汕头海关与揭阳市政府关地合作共建研究工作，研究制订有针对性的扶持措施，提高海关工作的前瞻性和主动性。二是加快保税政策功能拓展和模式创新。助力汕头保税区转型升级，积极引导和支持关区内有条件的企业设立保税仓库、出口监管仓和保税物流中心等海关特殊监管场所，汕头保税物流中心（B 型）成功获批，补足了粤东保税政策功能；同时按照成熟一项复制推广一项的原则，分步在关区内复制推广 14 + 11 两批自贸试验区监管创新制度，完成了“简化统一进出境备案清单”“简化无纸通关随附单证”和“集中汇总征税”3 项制度的复制推广。三是发挥口岸在外向型经济发展中的牵引作用。支持将梅州空运口岸、揭阳水运口岸扩大对外开放项目纳入国家“十三五”口岸发展规划，做好惠来电厂专用码头、华润海丰电厂码头等口岸的临时开放工作，指导潮州港口岸金狮湾港区亚太通用码头一期工程两个泊位顺利通过验收正式对外开放，办理梅州机场口岸季节性旅游包机事项，协调基层单位对码头建设提供政策指导。四是强化前伸服务和政策指导，服务中石油炼油、中海油粤东 LNG、华能海门煤炭中转基地等大型重点项目落户粤东，积极开展海关政策指导，引导企业用好、用足国家税收优惠政策，继续落实关企协调员工作管理办法，成立关企合作委员会，进一步推进企业信用管理体系建设。五是以推动“双创”和传统产能改造升级为着力点，积极推进外贸新业态发展，支持汕头市、揭阳市开展跨境电子商务试点准备工作，加强对新业态、新商业模式企业的引导培植，支持更多物流、生产、电子商务企业集聚发展，努力打造粤东开放经济的“新引擎”。六是配合地方政府为企业搭建对外沟通、综合服务和产品展示平台。引导企业参加中美海关 C－TPAT 联合验证、AEO 国际通关互认等国际海关合作项目，享受越来越广泛的国际通关便利，为企业“走出去”创造更多有利条件，增强企业国际竞争力。七是开展《影数海丝——汕头对外贸易发展历程》研究项目，并先后在汕头市博物馆、中国海关博物馆举办展览。课题成稿近 10 万字，通过统计数据、影像资料、关史档案多角度、多层面反映汕头开埠以来贸易发展情况，推动提升地方对外开放意识和对外开放水平。八是紧贴进出口形势、宏观调控政策实施效果开展监测预警分析，向地方党政部门报送《汕头海关统计监测预警信息》209 期；做好对重点进出口商品的数据监控，加强对煤、农产品等主要进口商品、主要进口企业的调研和监测预警，全年共编发《汕头海关信息——进出口监测预警专刊》55 期。

【汕头海关深入推进反走私责任制成效明显】 一是落实“全员打私”，强化海关正面监管，完善全关打私联动机制。完善办案成果反馈工作制度，推动全关各单位案件会商和业务态势分析常态化；坚持专项打击和税收专项核查相结合，提高对涉税走私违规活动的打击力度和办案水平。二是调整查缉思路，深入推进“春雷”行动，严厉打击成品油走私。2015 年共查获成品油案件 118 起（陆上 109 起，海上渠道 9 起），捣毁非法储油点 6 个，查获成品油 5 050.84 吨，案值 2 688.78万元。三是提高情报分析能力，巩固提高“绿风”“紫光”行动成果，打击“冻品”、仿真枪走私取得突破。全年共立案侦办走私冻品刑事案件 7 起，案值 1.73 亿元，涉税 3 621 万元，查获冻品 4 747.45 吨。查获涉嫌走私出口仿真枪（塑料材质）5 万余支，并会同兄弟海关和地方公安部门，捣毁一处非法生产加工仿真枪窝点，现场查获各类疑似仿真枪（塑料材质）32 280支，各类疑似仿真枪配件超过 15 吨。四是坚持以打促税，开展打击非设关地走私专项集中行动，立足实际打好攻坚战。成立打击非设关地专项集中行动领导小组，以成品油、冻品、废旧塑料为重点，开展为期 40 天的专项集中行动，重拳打击，持续高压，有效打击和遏制成品油、冻品、废旧塑料走私活动。五是树立扩线侦查意识，提高侦办大案的能力，全力推进案件侦办进展。修订办理刑事案件规定，推行“一案到底”

办案模式，完善法制部门对案件定性处理和侦查程序审核机制，强化破案攻坚和深挖扩线，完善专案工作机制。六是以推进“网上缉私”试点工作和缉私科建设为抓手，全面加强缉私部门基层基础建设。应用“网上缉私”手段和战法，先后查获“3·23”“4·27”系列冻品案及“2·11”“6·14”走私成品油案件。全面启动加强基层缉私科建设，制定《推进缉私科建设工作方案》并推动落实。七是加强协调联动，建立缉私联动工作机制，积极推动综合治理。完善与海警、边防等单位联系配合机制，密切加强配合和打私联合行动。积极推进“五大战役”对外宣传工作，树立“宣传就是打私”理念，及时报道查获走私大要案和缉私工作情况。全年共有63篇次反映打私工作的新闻稿件被中央、省市级新闻媒体采用刊播。

【江门海关深入贯彻落实外贸稳定增长措施】 一是发挥海关统计预警分析优势。加强对外贸形势的研判，每月向地方党政部门报送外贸进出口情况分析，结合地方先进装备制造业发展撰写的《今年5月份我国铁路设备出口高位小幅回落》获得了中央、国务院领导批示。二是进一步提高通关便利化水平。先后成功实施广东地区和“泛珠”四省海关区域通关一体化改革，落实“三互”推进大通关建设，关检合作“三个一”已全面覆盖到辖区所有通关现场、法检商品。复制推广上海自贸区7项监管创新制度，汇总征税、简化无纸通关随附单证等工作有序开展。推进通关作业无纸化，无纸化报关单占同期报关单总量的99.35%。实施江门关区进出境物流“互联互通”改革，企业自主选择到江门关区任一现场办理申报、审核、放行等业务。提高查验作业效能，优先使用H986进行非侵入式查验，日均机检集装箱数提升30%。三是主动为进出口企业减负增效。严格执行行政收费规定，取消和停收经营服务性收费项目8个，主动调低收费项目收费标准1个。启动口岸查验配套服务费试点，惠及企业806家。推进省内跨关区外发加工免收保证金试点工作。落实优惠原产地政策，受惠货值2.58亿美元，税款优惠15 544.39万元，进口减免税设备审批货值1.72亿美元，审批减免税款1.26亿元。四是加大政策宣传力度。拓宽12360服务热线、微博和网页等线上互动渠道，开通江门海关12360微信公众号，打造24小时政策咨询答疑平台。

【江门建成全国首个跨境贸易电子商务领域“单一窗口”】 2月10日，江门跨境贸易电子商务“单一窗口”服务平台正式上线运行，江门跨境快件分拣清关中心正式启用并成功实现关检“联合查验、一次放行”的“一站式作业”，标志着江门率先建成全国首个跨境贸易电子商务领域“单一窗口”，实现“秒速通关”。通过密切与检验检疫部门的配合，实施关检“一机双屏双控”，实现了“一次申报、联合查验、一次放行”的“一站式作业”，快件和邮件100%上线过机，不需查验的6秒即可通关，企业可节省申报时间30%，节约人力投入和仓租成本近五成。该项目获得2015年江门市直机关“管理创新奖”第一名。据统计，2015年江门口岸跨境电商快件和邮件进出口6 027万件，同比增长15倍，纳入江门市外贸出口值57.9亿元，占江门外贸出口总值超过6%。

【江门海关推动新造集装箱配货出口取得明显成效】 一是为多方合作搭建平台。加强宣传推广，以政策推介会、组织生产企业与出口大户面对面洽谈等多种形式，为集装箱生产企业、出口企业、码头经营方、货运代理企业和船务公司五方搭建合作平台。二是营运形成规模效应。批准广东现代集装箱公司设立新造集装箱堆场。该专用堆场于2015年6月4日正式运营，出口集装箱无须再走“香港一日游”路线，新箱进入堆场后就可以申办出口退税，每月能减轻60万美元的资金周转压力，平均每个集装箱节省200元的运输费用，每年约节省250万元的运输成本，可有效提高企业的市场竞争力。三是扩大业务推广范围。出台《江门海关支持促进阳江市开放型经济发展的若干措施》，将新箱配货出口推广到阳江市，进一步扩大了该项业务的范围。2015年以来，实现就近配货出口的新造集装箱达到1.5万个，为出口企业、船务公司等多方节省物流成本500多万元。

【江门海关服务“小微双创”城市示范建设】 江门海关围绕江门市推进“小微双创”城市示范建设、打造“中国小微企业创业创新之都”的工作部署，创新思路，制定出台了针对性支持措施。一是推广海关税收捆绑担保，缓解小微企业资金压力。创新海关税收征管模式，引导小微企业联合“抱团”向商业银行申请担保授信，进口时即可凭担保享受到海关“先放后税”的优惠，从而提高企业的进口通关速度。二是建设公共ERP平台提高企业管理水平。设计开发加工贸易小微企业公共ERP平台，免费提供小微企业使用，帮助其实现“进、出、转、存、销”全过程无纸化的信息化管理，在提高管理水平的同时降低运营成本。三是培育高信用小微企业享受通关便利。积极落实新实施的海关企业信用管理办法，取消评定高信用企业在企业规模上的限制，有针对性地加强对小微企业的辅导，推动其申请并通过海关高信用企业认证，享受更多的便捷通关待遇。四是多措并举降低小微企业通关成本。通过规范报关市场管理、促进外贸综合服务企业发展，为小微企业提供专业化的报关等服务，同时取消自助报关的门槛，应用“互联网+”为小微企业提供免费的、易获得的通关服务。

【江门海关着力营造公平公正外贸环境】 一是大力开展打击走私行动，切实维护地方经济健康发展。2015年江门海关共刑事立案16起，案值24.97亿元，涉税5.57亿元；行政立案157起，案值1.53亿元。先后查获了走私皮革、成品油、穿山甲等重大案件，其中查获的特大走私穿山甲案件，受到中央、地方各大媒体广泛报道关注，中共中央政治局委员、广东省委书记胡春华对江门海关查获的特大穿山甲走私案做出重要批示。二是进一步加大知识产权海关保护力度。秉承“查办一个案件、规范一个行业”的执法理念，通过定期组织开展集中政策宣讲、现场政策咨询等活动，做好面向报关企业、生产企业和知识产权权利人的普法宣传，提高公众的知识产权保护意识，引导企业、行业在生产经营过程做到守法规范。共采取知识产权海关保护措施28批次，涉及货物975万件，增长103.3%；立案6起，涉案货物120.6万件，案值129.4万元；依法将总值16.74万元的120万件侵权货物移交省红十字会用于社会公益事业。三是加大诚信企业培养力度。建立包含地方重点扶持的300家企业的培育备选数据库，对申请高信用级别的企业提前介入，提高认证成功率，年内共有12家企业通过了更高级别的认证。推进企业参与AEO互认工作，首批6家企业通过中美海关C－TPAT联合验证。优化报关单位注册登记手续，大力推进“五证合一、一照一码”登记制度改革，密切与工商、税务等部门的合作，简政放权，实现注册登记手段的优化增效，年内新注册登记企业464家，同比增加1.1%。

【湛江海关统筹推进各项业务工作提质增效】 湛江海关主动把握和顺应新常态下海关工作的新规律，以全面深化改革为重点，以法治海关建设为引领，全力服务国家战略实施和区域经济发展。全年实现税收入库169.30亿元，完成年度税收预算安排；监管进出口货运总量7 057万吨，同比增长1.7%；打击走私立案131起，同比增长29.71%，案值23.29亿元，同比增加62.08%，涉税15.48亿元，同比增加95.24%，立案案值和涉税额创历史新高。一是全面综合治税。加强税收“量质效”跟踪管理，探索汇总征税改革，简化内销征税手续，加强税款入库监控；推广税款电子支付，支付金额同比增长1.37倍；推进税收征管标准化建设，审价补税1.28亿元；加强以查促税推广“主动披露”制度补税214万元；充分发挥批量复审职能作用补税1 948万元；加工贸易及保税物流征税17.79亿元，超额完成海关总署指导性计划；通过全面综合治税努力克服国际大宗商品价格大幅下跌对税收造成的负面影响，圆满完成海关总署年度税收预算安排。二是强化正面监管。落实海关总署“五大战役”行动部署，加强工业废物及危险废物筛查；

建立茂名市进口皮革监管中心强化皮革综合治理，严密监管冻水海产品、家具等重点商品；开展监管场所全面清理核查，加强危化品进出口监管，强化口岸安全管理；融入湛江口岸反恐联勤机制增强应急处突能力，严格落实行李物品、邮递物品和快件原则上100%机检查验要求，提升关境保护能力。三是加强后续管理。加强稽核查工作绩效管理，稽查有效率达46.7%，引入中介机构协助稽查查发率达100%，超额完成海关总署下达的稽查指标任务；稳步推进风险管理业务改革，年末随机布控查验占比达到85%，随机派单查验率达到100%，提前实现“双随机”改革要求；全年查验率为5.33%，查获率为17.06%，查验效能高于全国平均水平；加强统计数据质量管理和应用，及时开展执法评估推动优化关区主要业务指标，构建“牵头评估—联合研判—分头处置”的工作机制加强贸易动态监控和虚假贸易综合管控。

【湛江海关持续深入改革，提升通关效率】 一是积极推进简政放权。实施行政审批“一个窗口”受理改革，现场海关设立“海关行政审批受理窗口”集中受理行政许可审批，全面推行受理单制度，建立办理时限承诺并对外公示，行政审批便利化大幅提升；全面清理和优化行政执法领域内部核批事项，对全部244项核批事项实行目录化管理，简化层级提高审批效率，优化率达75%；推进货物申报、税收征管、协同监管领域的标准化执法，完成《行政职权目录表》等4张权力清单，清理制度20类500余项，废止和修订制度110余项。二是顺利推进“泛珠”四省区域通关一体化改革，并借鉴经验探索推进关区内通关一体化改革，有效提升通关效率，全年进口24小时通关率提高至78%，从年初全国第36名上升到第20名；深化通关作业无纸化改革，无纸化率达到99.06%，全国排名前列。三是开展“智能化快速通关模式”改革，以“一次申报、分步处置”模式实现货物快速放行，54家试点企业进口平均通关时间8.9小时，较2014年进口平均通关时间大幅减少82%。四是推进“三互”大通关建设实现“单一窗口”具体项目落地，关检合作“三个一”报关单占进口法检报关单比例提升至90%，同比提升59个百分点。五是开展海关、检验检疫和边检三方船舶联合登临检查试点，研发应用来往港澳小型船舶“单一窗口”申报系统，在空港口岸旅检现场推行关检“三同”综合执法试点，在湛江进出境快件监管中心实施关检“一站式”通关服务，为全面建设“单一窗口”奠定基础。

【湛江海关深化“三地七方”合作，推动业务多元化发展】 一是拓展“环北部湾地区口岸部门和港口企业”合作的内涵和范围，通过创新监管机制，综合运用进出口集装箱货物同时承运等监管模式，拓展四港现有航线物流，不断提升航运企业效益，协助环北部湾港口群和关区三大港口开通了“湛江—水东—虎门港”等4条内外贸同船运输和水运中转航线，推动湛江港顺利开通直航越南、新加坡、马来西亚、泰国等6个东盟国家覆盖八大枢纽港口的6条新国际班轮航线，进一步紧密环北部湾地区与“21世纪海上丝绸之路”沿线各港口的合作，有效发挥湛江作为战略支点城市的地位和作用。二是积极推动湛江港霞山港区30万吨散货码头、宝满港区集装箱码头、宝钢湛江钢铁专用码头对外开放，提升对粤西口岸的整体辐射效应和聚集效能。三是探索建立多式联运海关监管中心服务海铁联运专列，实现进出口物流在北部湾与西南、中南地区间的海陆互联，有效畅通“一带”与“一路”无缝衔接。四是创新监管模式，个性化服务吴川市进出境货运车辆检查场打通粤西陆路至港澳通道，助推县域经济发展。五是指导雷州乌石对台小额贸易通过试点审批并协助做好业务运行准备，促进对台特色产品交易和产业交流。六是协助企业依托湛江进出境快件监管中心开拓跨境电商业务，指导湛江保税物流中心（B型）建设，做好原油期货保税交割业务准备，夯实保税物流发展基础，全力培育外贸新增长点。

【湛江海关创新服务手段，促进地方外贸稳定增长】 一是聚焦重点产业，助推区域经济转型升级。做好钢铁、炼化、造纸等重大项目建设的对接服务，推广企业协调员制度，提供一对一优质高效的通关服务；推广加工贸易联网监管电子账册管理，建立更加符合企业生产经营实际的监管模式；建立铁矿石便捷通关模式，助力湛江市建设中国南方铁矿石现货交易中心；积极支持广东奋勇东盟产业园、北部湾农产品流通综合示范园区和电白六韬珠宝产业园等园区建设，研究实施便捷监管模式营造高效通关环境，支持新兴产业发展；紧抓中国海洋经济博览会举办权永久落户湛江的契机，指导发展游艇加工和临港工业制造，协助推进湛江首批国家级“水海产品外贸转型升级专业型示范基地”建设，引导湛江“蓝色产业”经济结构升级。二是主动帮助企业减负增效，营造良好外贸发展环境。推动建立“政府—海关—查验服务单位”三方联系配合机制做好“查验没有问题的企业免除吊装、移位、仓储等费用”的政策落地工作，建立正面清单全面规范进出口环节经营服务性收费，宣讲指导企业用足用好惠企政策为企业审批减免税税款 12.15 亿元，切实减轻进出口企业的负担；通过开通“抢险救灾专用通道”、简化海关手续等 10 项措施帮助受强台风“彩虹”袭击的受灾企业开展救灾复产工作；按照企业登记制度改革部署全面优化企业注册登记工作；举办行业品牌创建与知识产权保护专题活动支持企业培育自主品牌；指导企业开展 AEO 认证并推动落实互惠措施为企业“走出去”提供支持；指导报关协会切实发挥桥梁作用解决企业疑难提升口岸通关服务水平；开通上线“湛江海关 12360 热线”和“小关在线”微信微博，通过新兴媒体发布海关服务资讯、互动解决实际问题，协助企业便利通关；撰写反映外贸和区域经济发展的监测预警报告 360 篇，提供对外数据咨询 57 次，为地方宏观决策和企业开展进出口业务提供有益参考。

【湛江海关创新办案模式，打私工作取得重大突破】 一是推进缉私行动模式创新，利用第三缉私战区执法平台，采用“大兵团”作战模式，查获“3·23”“7·16”等一批团伙走私案件，打掉 15 个走私团伙。其中，“7·16”案件创下了该关缉私局成立以来侦办案件行动规模最大、破获团伙最多、案值最大、涉税额最大等 9 个“之最”。二是推进海上执法合作机制创新，联合海警、边防强化“管边控海”工作力度，有效巩固环北部湾粤西海上反走私第一道防线。三是推进区域打私联动机制创新，实施“抓中间，追两头”打私策略，严密封堵跨关区私货转运通道，夯实环北部湾陆路反走私第二道防线。四是推进“一警双权、一案到底”办案模式改革，成功运用该模式办理“1·23”特大香烟走私案。五是推进“两简”案件现场海关办理模式改革，“两简”案件办理时间由改革前的 1～3 个月缩减为 1～5 天，各业务现场办理“两简”案件 36 起，案值 1 091 万元。

【湛江海关深化关地合作，综合治理取得显著成效】 一是联合开展调研整治取得新进展。多次联合地方执法力量对非设关地开展调研，摸清相关走私活动的规模和渠道；参与创建“无走私企业”、清港清湾活动，消除走私“盲区”和“死角”。二是联合推进示范村站建设取得新成果。继续创建“反走私综合治理示范村”，实现 80% 沿海村庄达到示范村标准；充分发挥沿海反走私体系联络站作用，加强基层打私联系配合能力。三是联合推进机制建设取得新突破。召开会议 10 余次，务实推进粤西三市以及地方联席会议机制落实；通过进村入镇宣讲、联合设立宣传牌等形式与地方打私办等部门联合推进宣传机制落实；与海警、边防签订《联合防范打击走私合作协议》，为联合开展打私工作奠定了基础；与烟草部门联合成立广东省第一个打击走私烟草专卖品联合执法办公室，务实构建行业性打私合作新模式。

【广东出入境检验检疫局深化业务综合改革，各项工作取得新进展】 积极转变工作方式，牢固树立“科学监管、执法监管、质量监管、技术监管”理念，进一步深化以“三种模式、三个体系”为核心的业务综合改革。主要包括：优化完善“智检口岸”，完成公共信息服务平台建设方案和空港业务需求分析；以进口汽车为突破点，积极探索创新进口机电产品闭环管理模式，对进口宝马、丰田、大众、路虎等汽车品牌共实施召回监督165次，涉及4S店160家；首次将进口汽车、进口呼吸机和市场采购出口商品纳入第三方检验结果采信试点范围，检验周期明显缩短，其中进口汽车检验检疫时间由3天缩短至1天；对进口食品、消费品等实施分级分类管理和审单放行，平均为企业节约通关时间10天；积极探索进境动物源性生物制品监管新模式，为高新区试点企业提供检疫审批便利、进境直通放行、查验后移；研发运行的"国际航行船舶检疫监管系统"成为广州国际贸易"单一窗口"平台项目四个关键组成部分之一；制定跨境电商经营主体和商品备案、电商商品事后追溯等管理制度，实施分类监管，在便利通关的同时，最大限度防止疫病疫情传入和降低产品质量安全风险等。

【广东出入境检验检疫局全力打造自贸区改革广东升级版】 广东南沙自贸区集合了国家级新区、自由贸易试验区、"一带一路"三大国家级发展战略，广东检验检疫局重点做好质检总局22项政策和本局25项措施落地，并首批推出实施11项创新制度，努力打造自贸区改革升级版：推动跨境电子商务、市场采购出口等新业态井喷式增长。2015年以来，南沙市场采购商品出口标箱数、货值分别同比增长41.4%和40.3%，直接推动南沙港区新增20条国际航线。6月1日，在全国自贸区中首个推出跨境电商质量溯源体系。消费者可24小时全天候快速免费查询跨境电商商品18项信息。在清远、韶关、中山、顺德、云浮等地建设对接南沙港的"无水港"，奶粉、水产品、石材等大宗商品实施中转分流，企业无须再奔波于属地和口岸，大大节约时间和费用。加强粤港澳产品检验检测技术和标准合作，试行粤港澳认证及检测业务互认制度。

【广东出入境检验检疫局大力推进"三互"大通关建设】 一是先后与广东分署、广州海关、黄埔海关签订"三互"合作备忘录，率先在东莞启动陆运和海运口岸"三互"通关模式，在南沙建立关检"四互换、四互认、五互助"工作机制，在江门实施关检快件查验"一机双屏双控"，在湛江机场实现关检同台查验，在广州白云机场与边检部门建立"三互"合作模式。9月14日全国"三互"大通关改革现场会上，东莞"三互"改革经验得到国家有关部门肯定并将在全国推广。12月24日，应中国政府网邀请，广东检验检疫局詹思明局长和黄埔海关李国关长就"关检携手全方位推进'三互'大通关建设"接受在线访谈。二是积极推进检验检疫区域一体化。在全省检验检疫区域一体化基础上，牵头组织福建、厦门、海南、广西等检验检疫局启动"通报、通检、通放"泛珠区域一体化，至12月底广东检验检疫局实施跨直属局"两直"14.8万批、34.5亿美元；直属局内"三通"27.5万批、171.6亿美元。积极推进"单一窗口"建设，推动建设广东省电子口岸公共信息平台，推动广州"单一窗口"平台于6月30日上线并在南沙、黄埔和白云机场口岸试点，配合推进东莞市外商投资多证联办单一平台建设。

【广东出入境检验检疫局力保国门安全成果显著履职有效】 一是加强口岸疫情疫病防控，进一步完善重大疫情防控"三率先、两强化"模式和空港口岸"3+3+3"防控模式，科学沉着应对埃博拉、中东呼吸综合征等疫情疫病，2015年在口岸发现有症状者人次同比增长71.11%，检出传染病病例同比增长103.04%。埃博拉防控实现"零输入零感染"的最终目标，在11月25日举行的全国埃博拉出血热疫情防控工作表彰大会上，广州机场检验检疫局获"先进集体"称号。从进境植物及其产品中截获疫情疫病次数同比增长11.95%，从进境贸易水果中截获有害生物309种1.09万次，质检总局据此发出警示通报1次。二是进一步加强消费品质量安全监管，检出不合格食品化妆品批次货值同比分别增长39.3%和56.4%。检出不合格出入境工业品批次、货值同比分别增长28.9%和45.7%。积极开展进出口商品监督抽查，完成抽查1 073批，不合格率57.5%，抽查批次和不合格率均列全国第一。在全国首届进口食品标签检验技能大赛上，广东检验检疫局获得团体冠军和个人赛冠军。三是开展“口岸天平”行动，检出短重货值2 208.1 万美元，经企业确认成功索赔 122 万美元，为国家和企业挽回重大经济损失。通过国外投诉调查发现 70% 进出口家用型燃气热水炉存在重大安全隐患，质检总局据此发布风险警示。四是多年来力保供港澳鲜活商品和食品质量安全和平稳顺畅供应，保障香港《规例》平稳实施工作得到汪洋副总理、王勇国务委员的圈阅和批示。全年共检验检疫供港澳食品 148.76 万吨、24.15 亿美元，活猪活牛活禽 27 103 批、467.13 万头(只)，为港澳的繁荣稳定提供有力保障。

【广东出入境检验检疫局促进地方经济转型发展成效显著】 打出惠企组合拳，切实为企业减负担。严格落实国家质检总局关于调整出境商品口岸查验比例的要求，对出境重点查验商品口岸查验比例由 5% 降低到 2.5%，对一般出境商品由 5‰降低到 2.5‰；严格执行检验检疫收费减免政策，重点清查涉企收费环节，坚决取缔无依据的行政审批前置服务收费项目。全力促进广东产业质量提升和技术进步，已建成 7 个国家级出口食品质量安全示范区、3 个国家级出口工业产品质量安全示范区和 8 个省级示范区，有力促进广东优势产业质量发展。推动 TBT－SPS 国家通报咨询中心玩具、陶瓷、光电、家电研究评议基地正式落户广东，占全国基地数的一半，有力提升了广东优势产业在技术性贸易措施上的国际话语权。配合国家认监委开展供港生鲜食品交易公共服务平台建设，推动出口食品内外销“同标同线”，促成全国首个“供港标准食品交易中心”落户江门，得到李克强总理肯定批示。

【深圳出入境检验检疫局做好“服务发展”工程，培育深圳外贸新优势】 一是服务“一带一路”，促进“装备出海”。开展深圳与“一带一路”沿线国家技术性贸易措施影响调查及研究应对工作，出台“促进深圳装备‘走出去’十项措施”，建立了重点产业/产品原产地标准和协定税率目录，优化知识产权产品及大型设备原产地判定工作程序，完成深圳口岸对东盟出口货物原产地证书覆盖率调研等工作，形成了《中国—东盟自贸区原产地规则“合规性壁垒”分析及应对建议》等调研报告；帮助 300 多家企业突破技术壁垒，帮助华为公司应对“欧盟新 CE 认证法规”，并推动其上升为中欧高层领导双边谈判的议题之一。二是建设“品质电商”，促进新业态发展。创新跨境电商检验检疫模式，成立了全国首个跨境电商检验认证联盟，积极推动创建“跨境电商质量安全试验区”，着力打造“便捷通关、品质电商”。2015 年前海保税区备案进口商品呈爆发式增长，品种次、货物总值、进口邮包数量，分别是 2014 年开展此业务以来的 138 倍、66 倍、201.3 倍。大力支持建设国际生物谷，通过简化审批手续缩减办证时间 90% 以上，促进全年进出口特殊物品货值增长 134%。三是释放政策红利，促进外贸稳定增长。针对外贸发展严峻形势，及时出台了“促进外贸稳定增长若干措施”等系列政策，通过“降负、惠企、提速、扩项、增效”综合施策服务外贸稳增长。利用便捷措施直接为企业节约签证费约 863 万元，利用优惠原产地政策为企业获进口国关税减免约 7.5 亿美元；开展挂点服务，走访调研企业 100 多家，实施“一企一策”，对比亚迪等 33 家进口成套设备企业采取优检措施，为其节省租箱费、吊柜费等约千万元；通过智能通关质检系统，实施流程再造，缩短冰鲜水产品检测周期 30%，缩短进口葡萄酒通关时长 20%；帮助大铲湾整车进口口岸顺利通过国家验收；帮助深圳口岸争取更多国家进口指定口岸资质，不断提升口岸外贸竞争力。2015 年，深圳口岸进口水果货值逆势增长 7.5%，进口粮谷类产品货值增长 45.2%。

2015 年，深圳出入境检验检疫局共检验检疫出入境货物 89.6 万批，货值 523.6 亿美元；检出动植物疫情种类 1 674 种，种次 13.6 万次；检出不合格货物 4.0 万批，货值 51 亿美元；检疫出入境交通工具约 1 438 万次，集装箱约 2 134 万标箱；出入境人员查验约 2.3 亿人次，口岸检疫检出传染病 5 321 例；签发各类原产地证书

90.9 万份，共涉及货值 225.8 亿美元；签发优惠产地证签证 68.1 万份，共涉及货值 177.3 亿美元。

【深圳出入境检验检疫局做实“标准质量”工程，推动深圳标准、深圳质量的新跨越】 一是对接“大标准”战略，争创标准创新示范局。开展了标准“引领、示范、破壁、筑篱、提升”五个专项行动，全面启动标准创新示范局建设。2015 年，深圳检验检疫局获质检总局科技兴检奖 15 项（公示），获省市等质检系统外各类科技进步奖励 7 项，出台了质检系统内首个科技成果转化管理办法，形成一批代表性的科技成果；获质检系统内外科研项目 79 项，经费资助 767.5 万元；获行业标准立项 15 项，深圳市地方标准立项 18 项，获得深圳市标准化战略资金资助 46 项，经费 393.5 万元，地方标准立项和资助数量创历年新高；研制了《跨境电子商务通关检验检疫业务流程》等 6 项国内首套跨境电商地方标准，有力地支持了深圳大标准体系建设。二是深化“大质量”格局，构建质量共治机制。联动政府，推动质量考核纳入地方政府绩效体系，牵头了深圳市质量工作方案 6 项工作，另有 5 项被列为质量强市重点项目。深化合作，与市场和质量监管委就支持打造深圳标准、增创质量发展新优势签署合作备忘录，联合开展了执法打假等多项合作，打造了地方质检局（委）合作的新标杆；与驻香港部队深圳基地、江西检验检疫局等签署合作协议，丰富了质量共治内涵。强化责任，评定一般认证信用企业 1 368 家，推荐高级认证信用企业 13 家。加强宣传，开展以“五进”（进企业、进口岸、进校园、进社区、进超市）为特色的质量宣传活动，扩大了质量工作的社会影响。同时及时向上级部门报送质量安全分析，多次得到批示肯定，并获“全国质检质量统计分析工作典型单位”称号。三是推动“大品牌”发展，扩大深圳品牌效应。开展扶优扶强，推动深圳品牌升级，支持深圳入境维修产业发展，成功推动深圳福田保税区获“国家高新技术产品入境检测维修示范区”称号，质检总局领导亲自为深圳市许勤市长授牌，成为深圳产业转型升级的重要成果之一；助力深圳光明新区荣获“全国首个省级出口内衣产品质量安全示范区”、南山区荣获“全国移动通信知名品牌示范区”称号，组织推荐 8 家进出口企业参与深圳市“市长质量奖”评选，推荐华为等 9 家企业荣获首批“中国出口质量安全示范企业”称号，促进了“深圳质量”向“深圳品牌”转变。

【深圳出入境检验检疫局做大“国门安全”工程，拓展保障安全的新内涵】 一是建设国际生态安全示范港，塑造生态文明名片。对接生态文明、“美丽深圳”建设，统筹资源，联合政府、企业在盐田口岸启动全国首个国际生态安全示范港建设，该项目被列入深圳国际化城市建设重点项目。2015 年深圳检验检疫局“绿蕾”行动有声有色，质检总局在深举办了启动仪式。全年深圳口岸进境植物检疫共检出有害生物 1 674 种 13.6 万种次，种类数同比增长 60.7%，种次增长 113.2%，分列全国第三、第五，全国口岸首次检出 8 次、深圳口岸首次检出 24 次。此外，深圳检验检疫局筹建的华南地区唯一“国家植物转基因检测重点实验室”获批。二是建设示范旅检，构筑旅客健康安全防线。开展了“保国门安全 建示范旅检”活动，做到“逢警必处、科学检疫”；2015 年深圳口岸出入境人员 2.3 亿人次，排查有症状旅客 6.8 万人次，同比增加 296%；检出传染病 5 321 例，同比增长 51.2%，排查人员数和检出病例数继续居全国首位。同时，严格口岸区域食品卫生监督，在机场口岸打造了首个餐饮单位 A 级示范区，擦亮了“国际卫生机场”的名片。三是开展质量提升，有效防范质量安全风险。全面开展质量提升活动，不断提升质量安全治理水平。全年累计检出出入境不合格货物 40 392 批，不合格金额 51.8 亿美元，同比分别增长 71.4%、68.5%；有效应对了《食物内除害剂残余规例》，供港食品、农产品未发生质量安全事故，妥善处置了“荷兰牛栏”婴儿配方奶粉、“供港牛肉丸”、供港东江水等食品安全突发事件；共检出进口大宗商品短重 199 批次、短少重量2 293吨；加强儿童用品、输非产品、大宗资源性商品等重点敏感商品把关，加强危险化学品安全监管风险排查整治，开展对奔驰豪华汽车跑偏事件系列后续跟踪调查，力促奔驰全国范围召回价值约11亿元豪华汽车，获评为“年度质检好新闻”。

【深圳出入境检验检疫局做强“改革创新”工程，形成创新发展的新成果】 一是服务自贸区建设，打造“八大创新成果”。坚持“标准化、便利化、差异化”原则，出台了27项支持自贸区建设的措施，实现了“多个率先”，形成八大改革创新成果，即原产地签证清单管理模式、入境维修“1+2+3”监管模式、粮食进口“一三三”监管模式、检验检疫“电子证书”模式、深港澳检测结果互认合作机制等八大可复制可推广的成果，以进口红酒示范引领的第三方采信全程追溯模式还得到了质检总局领导的高度赞赏。上述8项成果全部纳入广东自贸区首批60条创新经验中和深圳前海蛇口自贸区73项改革创新成果之中，2例入选广东自贸区首批制度创新案例，相关工作还荣获2015年度“质量之光”质检改革创新示范奖。二是建设“智慧口岸”，探索“智慧质检”新经验。着力打造“互联网+检验检疫”典范，在质检系统率先提出“3+9+4”的“智慧口岸”建设框架，搭建“大数据”“云计算”平台，自主研发了“车辆智能验放质检系统”等八大先进通关信息化质检系统，实现了指挥“集成化”、通关“便利化”、监管“智能化”，“智慧卫生检疫”质检系统被质检总局在全国推广应用。三是推动区港一体化，实现“区港联动、快速通关”。助力深圳“大口岸”“大通关”建设，出台了检验检疫区港一体化管理办法，将口岸部分功能延展到辖区；积极推行检验检疫区域一体化，在深圳地区实施“三通”（通报、通检、通放），在泛珠三角区域开展“两直”（出口直放、进口直通），经深圳跨直属检验检疫局出口直放的货物达到3.5万批，涉及内地19个直属检验检疫局，口岸通关效能进一步提升。目前深圳口岸签发通关单放行时间仅为0.49天，同比缩短了17%。四是优化管理，激发“内生活力”。对部分内设行政机构和业务管理进行了优化，调整了5个处室职能，新设质量处、发展处等处室，更加注重质量安全与改革发展规划，实现与质检总局主管司局工作的紧密对接。强化了对相关分支机构的业务指导，进一步加强自贸片区改革创新的统筹力度，推动前海蛇口业务运作一体化；将盐田保税区与沙头角保税区检验检疫业务进行整合，更好地支持保税区转型升级；加快推进事业单位改革，推动各技术中心管理集中和拓展市场业务集中，优化激励机制，实现市场开拓能力有效提升，全年所属企事业单位经营服务性收入同比增长13.3%。

【珠海出入境检验检疫局推进珠海口岸查验机制创新试点工作】 为落实国务院对珠海口岸查验机制创新试点工作的部署，珠海检验检疫局结合珠海口岸实际，总结珠澳口岸延关工作经验，制定并报质检总局批复后出台了六大项17条措施，创新查验机制。一是创新旅检模式，提升通关速度和把关效能。取消常态下出境体温监测，启用全国首个旅检口岸卫生检疫综合查验监测系统，前台自动实施无障碍体温、核辐射监测、卫生检疫查验等，构建“人—机—犬”查验新模式，查验时间缩短至15秒。实施关检“一机一台、合作查验、分别处置”作业模式，缩短旅客通关时间近30%。二是实施检验检疫通关一体化，实现查验环节“大通关”。由企业自主选择口岸、目的地和产地申报，实现进口直通和出口直放。扩大“预检验”措施，对珠海所有特殊监管区域进口法定检验货物预先实施入区检验，货物进口出区时分批核销放行。推广“一站式”电子验放系统运用到珠澳所有陆路口岸，减轻企业负担。三是加强执法协作，推进珠澳合作查验、一次放行。在与澳门有关部门协商一致的基础上，实施“入境查验、出境监控”单向检查，建立监管手续相互确认制度，对任一方已经实施查验并发放检验检疫证书的有关货物，互认结果并保留必要的抽查权力。四是推进“单一窗口”建设，实现数据共享。推动电子口岸平台建设，实现口岸查验单位在该平台上对出入境人员、运输工具和进出口货物监管的“信息互换、监管互认、执法互助”。五是积极与地方沟通协调，推动优化口岸布局。主动向珠海政府建言献策，促进口岸查验设施资源整合、共享。加强与港澳、地方卫生防疫部门及相关口岸查验单位沟通，建立健全出入境旅客信息通报机制。六是科学配置口岸人力，提高服务把关能力。内部挖潜，整合精简口岸内设科室和查验岗位，压缩机关人员充实基层，机关与一线执法岗位人员编制比例控制在2:8以内，为新开放口岸做好人员编制需求储备。

【珠海出入境检验检疫局支持横琴自贸片区建设】 一是支持横琴长隆重大项目建设，研究制定进口珍稀动植物的检验检疫帮扶措施，提升进境海洋水生动物检疫审批效率，缩短检疫周期，对进出境演艺竞技动物实施“随到随检、检后即演、全程监管、快速通关”创新监管模式；二是支持横琴长隆酒店从澳门引进特色食品、酒类及冻品等优质食材，对仅在酒店内部使用、不对外销售的预包装食品，实施免于加贴中文标签便捷支持措施；三是支持展示展销业发展，积极支持横琴创建进口商品直销体验中心和葡语国家产品展示中心（简称“两个中心”），提出创新一次性卫生用品检验监管模式等多项便捷支持措施；四是支持跨境电商产业发展，出台促进跨境电商发展的意见，建立“事前准入、事中监测、事后追溯、安全高效”监管机制，研发检验检疫监管系统，争取实现与电商企业和相关部门的数据对接和信息共享。

【珠海出入境检验检疫局进出口公共技术服务平台强化服务能力】 一是补短板，建立“标准电子阅览室”，通过“平台购买、企业共享”，面向珠海及周边地区中小企业提供免费的标准查询及全文预览服务，预计到2016年年底，该服务能满足500家平台会员企业的标准信息查询需求，折合市场价值约为500万元，届时投入产出比将达到1:83；推出“IETP制造管理系列课程”“WTO大讲堂”“筹划生产制造管理深度课程”等免费培训，邀请香港生产力促进局等境内外机构资深管理人员，针对改善业务流程、节省成本、提升生产能力等中小企业最感兴趣的主题开展培训。二是降成本，实施“中小微企业技术研发补贴计划”，投入资金150万元，对符合要求企业的技术开发环节的检测费用给予专项补贴，降低企业研发成本，截至2015年年底，平台已与52家企业签订了研发补贴协议，共为277批次研发阶段的检测提供补贴；推动大型仪器开放共享服务，平台整合了自有实验室及中科院深圳先进院、华南理工大学等技术合作机构的72台（套）先进分析测试仪器设备资源，鼓励开展研发外包、设备共享、实验室共建等，既推动了产学研合作，又帮助企业节省在技术设备方面的投入，降低运行成本。三是促提升，组织实验室间比对活动，帮助企业判断和监控其自有实验室能力，活动吸引208家食品、电子电气、玩具行业的企业实验室参加，获得满意结果的企业比例最高为79%，协助多家企业实验室通过CNAS认可，通过推动企业技术能力和产品质量提升，进而提升其出口产品质量竞争力。

【珠海出入境检验检疫局严格监管，维护国门安全】 一是有效维护了公共卫生安全。防控埃博拉疫情不松懈，累计排查来自疫区人员1 628人次，发现并移交2例留观病例、13例21天内有疫区旅行史或接触史入境人员；由于工作成绩突出，拱北办和卫生处一名同志分别被评为全国埃博拉出血热疫情防控工作先进集体和先进个人，获得国家人社部等七部委表彰。严防中东呼吸综合征疫情传入，共排查来自韩国和中东国家的入境人员3 950人、船舶137艘，发现并移交疑似病例1人、有症状者2人。全年检出传染病症状人数1 329例、确诊传染病病例330例，同比分别增长45.56%和15.79%，其中从回国劳务人员中检出1例登革热病例。二是有效维护了国门生物安全。制定实施《珠海局口岸动植物检验检疫规范化建设三年规划（2015—2017）》，完善国门生物安全保障体系。强化动植物检疫监管，加强现场检疫和后续监管，创新查验措施，开展“绿蕾”行动，检出地中海实蝇等一批重要有害生物，多次截获生态球等重要禁止进境物品。全年检出有害生物 4 906 次，同比增长 23.05%；检出检疫性有害生物 183 次，同比增长 35.56%。在全国检验检疫系统率先开展了进境动物源性携带物、船舶泔水动物疫病监测。做好世界动物卫生信息管理与风险预警工作，质检总局根据珠海局提供的疫情信息会同农业部发布禁令公告 4 则。三是有效维护了进口食品质量安全。以进口乳品、植物油、肉类、水产品等大宗敏感食品为重点，制订实施珠海口岸进境食品化妆品风险监控计划，以风险管理理念贯穿监管工作，严格检验检疫准入核查，严格口岸检验检疫，严格事中事后监管。全年检出进口不合格食品（含化妆品）303 批，货值 584.6 万美元，不合格批率为 6.78%，同比增长 0.15%。从来自法国的高温灭菌乳中检出一级致癌物、强毒性污染物，为全国检验检疫系统首次重大检出。四是有效维护了重点敏感商品质量安全。加强进出口危化品检验监管与安全隐患排查整治，检出进口危化品及其包装不合格 267 批次（检出率为 13.8%）；与海事部门加强进出口危险货物监管合作，合作处置违规案例 1 起。检出 1 批进口“热室油压全自动压铸机”存在重大安全隐患问题，报质检总局发布了警示通报。对 118 台进口路虎揽胜极光问题车的召回维修实施监管。采取“神秘买家”方式开展进出口重点敏感商品监督抽查专项行动，共在流通领域抽检 50 批，检出不合格率为 42%。

【珠海出入境检验检疫局积极发挥职能作用，服务珠海区域发展】 珠海出入境检验检疫局主动适应经济新常态，紧跟外贸发展新趋势，落实国家和地方发展战略，进一步发挥职能作用服务区域发展。一是助力地方转型升级。制定珠海局贯彻实施质量发展纲要 2015 年行动计划工作实施方案、贯彻落实国务院领导在中国质量（北京）大会讲话精神的措施和任务分解表，明确责任抓好落实。配合省、市政府完成地方政府质量工作考核，支持配合珠海创建质量强市。开展珠海地区宏观质量安全状况分析，形成报告供地方政府决策参考；香洲办获评全国质量监督检验检疫质量统计分析工作“典型单位”。批准香洲区出口打印耗材产品质量安全示范区成为珠海市首个“省级出口工业产品质量安全示范区”并正式授牌，推荐 2 家企业经质检总局批准成为“中国出口质量安全示范企业”。制定实施“质量月”活动方案，组织开展了“检验检疫机构开放日”等 17 项“质量月”活动。二是服务外贸健康发展。出台进一步发挥职能作用促进经济稳定增长的意见，围绕优化检验检疫监管体系、促进贸易便利化和服务珠海发展主题等方面，制定落实 16 条措施 66 项具体任务。紧跟外贸新业态，出台《珠海局关于促进珠海跨境电子商务发展的意见》，建立完善跨境电商检验检疫监管机制，推动珠海启动首个跨境电商试点。指导高栏港、斗门港成功申报进口粮食指定口岸，助推进口贸易。开展国外技术性贸易措施影响调查，与质检总局标准法规中心共建“中国技术性贸易措施公共信息综合服务平台珠海子平台”及技术性贸易措施研究评议基地，助企业应对技术壁垒。全面实施通关单电子化改革，对信用 B 级及以上的企业实施无纸化报检，报检单据简化 50% 以上；在香洲办实施原产地证无纸化申报试点，已备案企业 40 多家，签证时间明显缩短。严格落实收费政策，组织规范清理收费专项行动，推动减轻企业负担。签发普惠制和区域优惠原产地证 16 879 份，可为企业减免进口国关税约 3 757 万美元。检出进口大宗商品短重 149 批次、短重货值 1 508.5万美元；开展打击进口法检商品贸易欺诈行为的“口岸天平”行动，挽回经济损失近 70 万美元，维护了企业合法权益。检验检疫协会组建会员服务专家库，创新形式服务进出口企业。

开放口岸

【广州空运口岸（广州白云国际机场）】 位于广州市白云区人和镇以北、花都区新华镇以东交界处，地理坐标：北纬 23°23′32.66″，东经 113°18′33.33″，距市中心海珠广场 30.7 千米，是我国首个按中枢理念规划建设的航空港，是华南地区最大的航空口岸，该机场飞行等级为4F。2004年8月5日正式投入使用，现有3 800米×60米跑道两条、3 600米×45米跑道一条，是国内第三个拥有3条跑道运营的机场，可满足A380飞机在内的各类大型飞机全载起降。机场将采用两楼运作模式，一号航站楼已具备口岸功能，建筑面积50万平方米，出境边检通道26条，入境边检通道28条，中转通道10条，自助通道5条。目前二号航站楼的建设工程正全面推进，计划2018年正式投入使用。按设计要求，一号航站楼、二号航站楼具备口岸功能，可以满足50万架次、8 000万旅客量和250万吨货邮量的运营需求。口岸现有国际（地区）客运航线110条、货运航线55条，遍布全球五大洲100多个城市。

2015年，进出境人员1 179万人次、飞机8.2万架次、进出口货运量326.53万吨，同比分别增长15%、17.2%、11%。

2013年6月28日起，白云国际机场正式试行24小时直接过境旅客免办边检手续。2013年8月1日起正式实施对部分持有第三国签证和机票的外国人实行过境72小时免办签证政策。机场内驻的美国联邦快递公司亚太转运中心2009年2月在白云国际机场正式投产运营，是该公司在美国本土以外建造的最大转运中心，总投资40多亿元，占地面积163.4万平方米。每周有16条国际货运航线136架货机进出白云国际机场，往返220多个国家和地区。每小时可处理2.4万个货件，转运中心能够隔夜将货件送达亚洲22个主要城市。每年为白云国际机场新增40万～50万吨的货物吞吐量。货物吞吐量占白云机场整体货量的1/4。

广州白云机场综合保税区于2010年7月3日获国务院批准设立，批复面积7.385平方千米（包括中区、北区、南区3个区块），一期建设规划面积1.645平方千米，已于2014年4月17日通过国家验收，2014年7月29日正式封关运作。

广州白云国际机场（2015年）
货运直接通航点（航线）国家（地区）
及城市一览表

洲际	国家	城市（航点）
北美洲	美国	芝加哥
	美国	洛杉矶
欧洲	奥地利	维也纳
	德国	科隆
	德国	法兰克福
	法国	巴黎
	英国	伦敦（斯坦斯特德）
亚洲	阿联酋	阿布扎比
	阿联酋	迪拜世界中央国际机场
	阿联酋	沙迦
	菲律宾	吕宋岛
	菲律宾	马尼拉
	韩国	首尔（仁川机场）
	吉尔吉斯斯坦	比什凯克
	卡塔尔	多哈
	马来西亚	吉隆坡梳邦
	马来西亚	槟城
	日本	大阪
	日本	东京成田机场
	日本	冲绳
	沙特阿拉伯	达曼机场
	沙特阿拉伯	利雅得
	泰国	曼谷
	新加坡	新加坡樟宜机场
	印度	新德里
	印度尼西亚	雅加达，苏加诺-哈达机场
	越南	河内
	越南	胡志明市/新山
	中国台湾	台北
合计	国家（地区）共计19个	城市（航点）共计29个

广州白云国际机场（2015年）客运直接通航点（航线）国家（地区）及城市一览表

洲际	国家	城市（航点）
北美洲	加拿大	温哥华
	美国	纽约（肯尼迪国际机场）
	美国	洛杉矶
	美国	旧金山
	美国	塞班
	澳大利亚	布里斯班
	澳大利亚	墨尔本
	澳大利亚	珀斯
	澳大利亚	悉尼
	新西兰	奥克兰
	新西兰	基督城国际机场
非洲	埃及	开罗
	埃塞俄比亚	亚的斯亚贝巴
	肯尼亚	内罗毕
	马达加斯加	安塔那那利佛
欧洲	德国	法兰克福
	俄罗斯联邦	巴尔瑙尔
	俄罗斯联邦	莫斯科
	法国	巴黎
	荷兰	阿姆斯特丹
	挪威	罗斯特岛
	意大利	罗马
	英国	伦敦
亚洲	阿联酋	迪拜
	巴基斯坦	拉合尔
	菲律宾	宿务
	菲律宾	拉瓦格
	菲律宾	马尼拉
	韩国	青州
	韩国	济州
	韩国	首尔（仁川机场）

续表

洲际	国家	城市（航点）
亚洲	韩国	釜山
	韩国	大邱
	柬埔寨	金边
	柬埔寨	暹粒
	卡塔尔	多哈
	老挝	万象
	马尔代夫	马累
	马来西亚	哥打基纳巴卢
	马来西亚	吉隆坡梳邦
	马来西亚	凌家卫
	马来西亚	槟城
	孟加拉	达卡
	缅甸	内比都
	缅甸	仰光
	尼泊尔	加德满都
	日本	福冈
	日本	东京羽田机场
	日本	大阪
	日本	名古屋
	日本	东京成田机场
	沙特阿拉伯	吉达
	沙特阿拉伯	利雅得
	斯里兰卡	科伦坡
	泰国	曼谷
	泰国	清迈
	泰国	曼谷国际机场
	泰国	普吉
	泰国	甲米机场
	泰国	素力他尼
	土耳其	伊斯坦布尔
	新加坡	新加坡樟宜机场
	伊拉克	巴格达
	伊朗	德黑兰霍梅尼国际机场
	印度	新德里

续表

洲际	国家	城市（航点）
亚洲	印度尼西亚	雅加达，苏加诺－哈达机场
	印度尼西亚	巴厘岛
	越南	芽庄金兰国际机场
	越南	岘港
	越南	河内
	越南	胡志明市/新山
	中国台湾	高雄小港
	中国台湾	清泉岗机场
	中国台湾	台北
	中国香港	香港
合计	国家（地区）共计40个	城市（航点）共计75个

【深圳空运口岸（深圳宝安国际机场）】 深圳空运口岸是我国第一家以地方投资为主兴建的机场。一期工程于1989年5月动工兴建，1991年10月正式开通国内航线，1992年2月经国务院批准正式对外开放。拥有中国现代化程度最高的航空货站和24万平方米的货运停机坪，货站内建有现代化的立体散货及集装货处理系统，启用了货物存放、存取机械化自动系统，并配备了电脑自动化语音查询系统，为货主提供了规范、流畅、便捷的服务。

2013年11月28日T3航站楼正式投入使用，原A、B航站楼和临时国际候机楼停止使用。新航站楼国际区设计总面积5.5万平方米。一楼入境大厅联检查验区面积为4 250平方米，三楼出境大厅联检查验区面积为2 400平方米。T3航站楼入境和出境大厅配置的查验监管设施基本一致，各包括海关查验通道2条、检验检疫查验通道8条、边检查验通道16条（含无障碍通道）。签证处位于入境大厅东侧，配备了4个办证窗口，能够有效满足航班高峰期旅客的签证需求。T3航站楼流量设计目标为2035年预计年旅客吞吐量4 500万人次，其中国内旅客3 600万人次，国际旅客900万人次，预计高峰小时旅客人数为1.4万人次，货邮吞吐量240万吨，飞机起降架次为每年37.5万架。

与机场配套的福永码头1991年建成，1993年正式运行。由于机场第二跑道和第三航站楼等扩建工程建设的需要，原有机场福永客货运码头迁建至机场南侧，距新建的T3航站楼约3千米，紧邻规划中的沿江高速公路。新港区建设规模为3个1 000吨级多用途泊位和4个500吨级的客运泊位。

深圳机场国际化是深圳市国际化城市建设的重要组成部分。自2013年11月深圳机场转场和2014年10月延长通关时间后，深圳机场国际业务呈现快速增长态势，已具备实现24小时通关的条件。深圳市口岸办多次与机场集团公司、机场股份公司、航空公司相关负责同志座谈沟通有关情况，就机场口岸实现24小时通关的积极意义以及存在的主要问题进行了专题研究，并要求各查验单位就24小时通关提交书面意见和建议。2015年10月20日，深圳市口岸办任国明主任主持召开由各驻深查验单位和机场公司参加的协调工作会议，经协商明确深圳机场口岸于11月12日起实施24小时通关。

11月11日，深圳机场口岸举行开通24小时通关启动仪式，省委副书记、市委书记马兴瑞，市长许勤等市领导出席了启动仪式，市委常委、市政府党组成员杨洪致辞，指出机场是城市的名片和展示城市形象的重要窗口，国际航线的布局、数量、密度是衡量城市国际化水平的重要指标。此次机场口岸实现24小时通关，将吸引更多的航空公司开通更多国际航线、加密国际航班，推动深圳机场与国际接轨，为国内外旅客往来提供更大便利，从而进一步促进深圳对外开放交流、扩大城市国际影响力，提升城市国际化水平，对推进深圳现代化、国际化、创新型城市建设具有重要意义。

深圳宝安国际机场（2015年）客运直接通航点（航线）国家（地区）及城市一览表

洲际	国家	城市（航点）
亚洲	日本	大阪、茨城
	韩国	首尔、济州岛
	马来西亚	吉隆坡、沙巴
	泰国	曼谷、甲米、普吉
	新加坡	新加坡
	印度尼西亚	巴厘岛
	越南	胡志明市
	中国台湾	台北、高雄、台中
	中国澳门	澳门
非洲	毛里求斯（非洲）	路易港

2015年，深圳空运口岸出入境旅客246.7万人次，同比增长25%；飞机2.4万架次，同比增长14.4%。

【揭阳空运口岸（揭阳潮汕国际机场）】2013年12月16日获国务院批准对外开放，2014年7月10日通过国家验收，正式对外开放，9月12日“揭阳潮汕机场”更名为“揭阳潮汕国际机场”。

揭阳潮汕国际机场位于揭阳市空港经济区登岗镇，地处汕头、揭阳、潮州三市中心，距离揭阳、汕头、潮州市区分别为22千米、28.5千米、24千米，服务总面积3万多平方千米的粤东地区，辐射闽南、赣南部分地区，与宝岛台湾隔海相望，是直飞台湾距离最近、客源较多的机场之一，对扩大潮汕地区对外开放，促进粤东地区对外经贸、文化、旅游等交流与合作，方便潮汕籍华侨华人往来和投资兴业，并配合国家实施海峡西岸经济区建设规划以及对台交流的战略具有重要意义。机场占地339万平方米（含场外8.34万平方米），定位为国内中型机场，规划以2020年为目标年，飞行区等级指标为4E级，本期按4D级标准建设，现有长2 800米、宽45米的跑道1条，配备双向I类精密进近助航灯光系统和I类仪表着陆系统，停机坪面积16万平方米，停机位21个（其中廊桥机位11个），航站楼面积5.5万平方米（其中国际区域面积约1.25万平方米），值机柜台39个，安检通道14条，行李转盘4座，可满足B767型等级飞机的起降要求和年旅客吞吐量450万人次使用需求（其中可满足年吞吐量100万国际旅客场地需求）。截至2015年年底，揭阳潮汕国际机场共计有国内外定期航线37条（航点33个），其中国际及地区定期航线5条，不定期国际航线2条；国内航线32条（航点29个）。运营航空公司12家。

揭阳潮汕国际机场查验配套设施由航站楼旅客出入境查验现场、国际货运站查验设施、口岸查验综合办公楼3部分组成：

航站楼旅客出入境查验现场位于机场航站楼东侧，分为3层。第三层为国际出发厅，按照出境检查流程顺序，设置检验检疫、海关、边检检查区域。其中：检验检疫候检区面积约250平方米，工作用房面积约120平方米，查验通道6条；海关侯检区面积约350平方米，工作用房面积约210平方米，查验通道7条；边检侯检区面积约390平方米，工作用房面积约110平方米，查验通道8条。第二层和第一层为国际到达厅，按照入境检查流程顺序，设置检验检疫、边检、海关、动植物检疫检查区域。其中：检验检疫侯检区面积约330平方米，工作用房面积约150平方米，查验通道6条；边检侯检区面积约380平方米，工作用房面积约390平方米，查验通道10条；海关候检区面积约1 200平方米，工作用房面积约300平方米，查验通道5条；动植物检疫工作用房面积约210平方米，查验台2个，配有检疫犬用房。

国际货运站查验设施位于机场西北侧，分为2层。首层为国际到港、国际出港查验区，设有海关、检验检疫现场业务用房。其中：海关监管仓库为独立封闭区域，面积1 400平方米，设置集中查验场地、特殊物品仓库、海关暂扣物品仓库等监管设施；安装了X光机、地磅等配套查验设备。检验检疫出入境查验现场查验用房5间93

平方米，设置入境查验房、药械房、入境监管仓、出境查验房、出境监管仓等监管设施；配置查验平台2个97平方米，卫生处理区180平方米。二层为海关、检验检疫申报大厅，面积约260平方米，其中海关、检验检疫申报大厅面积各约90平方米，办公用房各约40平方米。

口岸查验综合楼及附属楼位于机场西南侧，建设用地1.44万平方米，建筑面积1.34万平方米，总投资4 929.26万元，为海关、边检、检验检疫3个查验单位的办公、业务、生活及配套场所，各查验单位面积平均约4 472平方米。2015年12月完成国际旅客中转厅建设，计划2016年上半年启用。

揭阳潮汕国际机场（2015年）客运直接通航点（航线）国家（地区）及城市一览表

洲际	国家	城市（航点）
亚洲	东盟10国	泰国曼谷 新加坡 合计（2）
	中国台湾	台北 合计（1）
	中国香港	香港 合计（1）
合计	国家（地区）共计3个	城市共计4个

截至2015年年底，揭阳潮汕国际机场开通国际及地区定期航线4条：揭阳至中国香港、中国台北、曼谷、新加坡，以及无锡—揭阳—曼谷；不定期国际包机航线2条：揭阳至韩国大邱、缅甸内比都。2015年，出入境旅客24.9万人次，同比增长31%；国际航班2 618班次，同比增长49.3%；货邮593.6万吨，同比下降18.7%；

【梅州空运口岸（梅县机场）】 位于梅州市梅江区三角镇境内。地理位置坐标为北纬23°23′~24°56′，东经115°18′~116°56′之间。地处闽、粤、赣三省交界处，1985年6月动工兴建，1987年9月建成投入使用。

梅州航空口岸于1989年3月经国务院批准对外开放。1989年11月28日梅州至香港直航包机航线正式通航。按照广东省“十一五”发展规划，梅县机场飞行区扩建工程于2010年12月动工，2012年7月通过竣工验收。延长加宽后的跑道为2400米×45米，飞行区等级由3C级上升为4C级，可以满足A320、B737－800等主力机型的起降要求。2014年梅县机场国内、国际航站楼全面维修改造升级，国际候机楼由原出入境单向通道改为出入境同时验放双向通道，提升了航空口岸的对外开放水平。梅县机场已开通梅州至广州、珠海、海口、上海、郑州、天津、北京、长沙、西安等国内航线和梅州至我国香港、台湾及印度尼西亚国际（地区）航线，香港航班每周2个往返，台湾航班每周3个往返，印度尼西亚每5天1个往返航班。2015年梅县机场旅客吞吐量22.71万人次，同比增长66.1%。

2015年，梅州空运口岸出入境旅客3万人次，同比增长7.6%；飞机485架次，同比增长8.7%。

梅县机场（2015年）客运直接通航点（航线）国家（地区）及城市一览表

洲际	国家	城市（航点）
亚洲	东盟10国	印尼 雅加达 合计（1）
	中国台湾	台中 合计（1）
	中国香港	香港 合计（1）
合计	国家（地区）共计3	城市共计3个

【湛江空运口岸（湛江机场）】 位于广东、广西、海南的交界处，中心坐标为北纬21°13′02″、东经110°21′27″，是连接广东、广西和海南的重要交通枢纽。湛江机场始建于1936年，系当年的法国殖民者侵占和租用“广州湾（1943年8月22日定名湛江市）”时兴建，距今80年；1953年国家民航局批准“中国民用航空湛江站”成立；1987年7月7日国务院批准湛江机场对外开放。湛江机场飞行区等级标准为4D级，拥有2个停机坪，总面积4万平方米；货运中心面积2 700平方米，年处理货物能力10万吨；口岸国际联检厅面积1 600平方米，综合业务楼4 616平方米。

2015年，湛江机场新增湛江—桂林、柳州、佛山、汕头等5条航线，参与运营航空公司10家，湛江与国内通航城市17个，旅客吞吐量120.68万人次。湛江—香港航班自2015年10月起每周6个航班往返。2015年该航班出入境旅客34 804人次，同比增长17.7%；货邮行326.3吨，同比增长27.1%。2015年10月26日，湛江市首条航空国际航线“湛江—曼谷”航线正式开通，每周3个航班往返，2015年该航班出入境旅客5 871人次，出入境行李48.3吨。

湛江机场（2015年）客运直接通航点（航线）国家（地区）及城市一览表

洲际	国家	城市（航点）
亚洲	泰国	曼谷 合计（1）
	中国香港	香港 合计（1）
合计	国家（地区）共计2个	城市共计2个

【广州陆路（铁路）口岸】 广州陆路（铁路）口岸是广州直通香港九龙的客运口岸。广九直通车1979年经国务院批准在原流花车站开通。1991年，广州市政府和广铁集团共同投资6.8亿元，在天河新建广九直通车站，并于1996年9月28日正式启用。位于广州市天河区中心地带，有大型地铁、公交车站等公共交通配套设施，规模大、设备先进、建筑新颖，口岸日发广九线列车12对，旅客检查手续分别在2个出入境大厅办理，其中出境大厅有17个检查台，入境大厅有24个检查台。口岸对改善广州市投资环境，加强穗港两地经济技术交流合作起到了重要作用。2015年，该口岸外贸货物吞吐量约10吨，货值约782.3万元，货物主要包括输港的熊猫食用竹子、金伯利钻石。

2010～2015年广州铁路口岸出入境人员列车数据表

年份	2010	2011	2012	2013	2014	2015
出入境人数（万人次）	276	314	345	378	384.2	366
同比（%）	11.3	13.8	9.87	9.5	1.6	-4.74
出入境列车（列次）	8 760	8 760	8 760	8 760	8 760	8 760

【东莞陆路（铁路）口岸】 位于东莞市东部的常平镇内，地处京九、广梅汕、广深准高速铁路三线交汇点，是我国南方新兴的铁路交通枢纽，是东莞市对外开放的重要通道之一。1994年8月国务院批准开设东莞常平铁路客运口岸，10月正式对外开放。1997年5月至2003年9月经国务院批准，京九、沪九直通旅客列车经停东莞常平铁路客运口岸，并在此办理出入境手续。1997年12月国务院批准常平铁路客运口岸更名为东莞铁路口岸。

口岸现场设在东莞火车站新综合大楼三层对开的铁路跨线桥上，总建筑面积3 450平方米，出境和入境查验场地的面积均为720平方米，出、入境旅客候车室各240平方米。设有进出境通道各10条。东莞陆路（铁路）口岸自1994年10月28日正式开通以来，客源稳步上升。开通初期每日经停广州至九龙的直通旅客列车进出境各1趟，每趟列车安排1节车厢80坐席在常平上落；1995年10月8日增停肇庆至九龙的直通旅客列车；1997年5月19日北京至九龙、上海至九龙直通旅客列车在东莞陆路（铁路）口岸进行查验；2000年8月再增停广九线开行的“新时速”列车；2001年6月28日开始承担东莞至九龙假日直通旅客列车的查验和监管任务，假日直通旅客列车在周五、周六、周日和香港公众假期开行，每趟车8节车厢，共586个坐席。至此，东莞陆路（铁路）口岸直通车在平时已达“四进四出”共1 620个坐席，当假日直通车开行时达“五进五出”共2 790个坐席。2012年6月7日铁路总公司将东莞站更名为常平站，广深线新建的石龙站命名为东莞站。

2015 年，东莞陆路（铁路）口岸进出境旅客为 40.9 万人次，同比下降 3%。

2015 年 7 月 20 日，东莞市获得《国家口岸办关于同意东莞石龙铁路国际物流中心临时对外开放的批复》，并于 2015 年 9 月正式对外开放。2015 年出境班列 79 班次，同比增长 92.7%；出口集装箱 5 706 标准箱，货运量 35 717 吨，同比增长 113.8%；出口货物贸易额 32 431 万美元，较 2014 年同比增长 106.6%。

【佛山陆路（铁路）口岸】 位于佛山市禅城区，处于广茂线东段，东邻广州，西接茂名，地理位置优越。1993 年 1 月 8 日经国务院批准对外开放，开设的固定班次为九龙至佛山以及佛山至九龙的直通列车，后来延伸到肇庆，是我国直通香港的第二个铁路口岸。2015 年，经佛山铁路口岸出入境旅客数为 27 450 人次，同比下降 8%，其中：入境旅客 16 119 人次，同比下降 7%；出境旅客 11 331 人次，同比下降 9%。

【肇庆陆路（铁路）口岸】 位于肇庆市端州区西江北路肇庆火车站东侧，距香港 301 千米，设计年通过能力 60 万人次。1994 年 8 月 6 日经国务院批准开放（国函〔1994〕78 号文），1995 年 3 月 28 日建成并开通肇庆至香港九龙客运直通列车，途经佛山、广州、东莞口岸，每天对开一个班次，单程行车时间约 4 小时，具体行程：上午 10 时 52 分从九龙始发，下午 14 时 55 分到达肇庆；下午 15 时 30 分从肇庆开出，晚上 19 时 26 分到达九龙。

肇庆铁路客运口岸大楼由市政府投资 6 000 万元建成，共 6 层，总建筑面积 15 533.08 平方米，首层为出入境联检大厅，面积 4 168.15 平方米，由肇庆市商务局（肇庆市口岸局）负责管理。其中，出境大厅分别设有检验检疫查验台、医学排查室、海关询问室、边防询问室和勤务室，边防验证通道 8 条（即时视频监控连通省边防总队至公安部），海关行李检查 X 光机 1 台（即时视频监控连通广州海关）；入境大厅分别设有检验检疫查验台、负压医学排查室、动植物检疫处理室、海关询问室、边防勤务室和执法室，边防验证通道 8 条，海关行李检查 X 光机 1 台（即时视频监控连通广州海关，并与检验检疫实行一机双屏监管）。

2015 年，肇庆市商务局（肇庆市口岸局）对肇庆铁路口岸出入境联检大厅进行了升级改造，购置了 28 台柜式空调，更换了出入境大厅照明灯（换成 LED 灯），改造了候检厅和候车厅公共卫生间，增设了视频监控摄像头，配置了电子显示屏，完善了出入境旅客通道的各种标志标识，改造了铁路口岸大楼门前广场（规范车辆停放）。另外，肇庆边防检查站对出入境联检大厅原有监控室进行了升级改造，扩大了 1 倍用房，增加了监控设备和电子显示屏，并对出入境的勤务室和中队办公室进行了翻新装修。

2015 年，经肇庆铁路口岸出入境 56 787 人次，同比下降 1.2%，其中入境 31 465 人次，出境 25 322 人次。

【罗湖陆路（公路）口岸】 位于深圳罗湖商业中心南侧，与香港新界一河之隔，深港两地由一座双层人行桥和一座铁路桥相连，是改革开放前深圳仅有的两个陆路口岸之一。1887 年九龙海关正式建立，1949 年九龙关起义，新中国成立初期主动后撤至现在位置。现联检大楼于 1984 年 1 月开始动工兴建，1985 年 6 月 14 日竣工启用。占地面积 18 107 平方米，主楼高 12 层（含地下一层），南、北附楼各 3 层，总建筑面积共 70 623 平方米。楼内地下 B 层和一层为入境（北行）查验场地，建筑面积 18 107 平方米；二层和三层为出境（南行）查验场地，建筑面积 17 558 平方米。具体设置如下：地下 B 层设为港澳旅客入境检查通道，一层为非港澳旅客入境检查通道，二层为非港澳旅客出境检查通道，三层为港澳旅客出境检查通道。该口岸入出境验证通道共有 216 条，其中人工查验通道 116 条，自助查验通道 100 条。口岸设计通过能力由 20 世纪 80 年代每天 20 万人次，提高到 2002 年以来每天 40 万人次。

2014 年，罗湖陆路（公路）口岸出入境旅客 8 316.7 万人次，同比减少 4.5%。

【皇岗陆路（公路）口岸】 位于深圳市福田区南端，与香港新界落马洲隔河相望，口岸南面的皇岗—落马洲大桥横跨深圳河连接深港两地。该口岸是配合广深高速公路建设开设的口岸。1985 年 5 月开始建设，1988 年 11 月 30 日经国务院批准对外开放，1989 年 12 月 29 日货运部分启用通车，1991 年 8 月 8 日客运部分开通使用。1994 年 11 月 3 日起，开辟两条货检通道试行 24 小时通关，并设置了空车验放专用通道。1997 年 3 月 20 日开通了皇岗—落马洲穿梭巴士服务，为方便旅客过境开辟了一条新的途径。1999 年 10 月实行车辆自然分流通关，即除部分货物、车辆按照有关规定维持现行做法从指定口岸进出境外，其他行走文锦渡、沙头角陆路（公路）口岸的货车在原行走口岸晚上关闸以后，可行走皇岗陆路（公路）口岸 24 小时通关的货车通道。2003 年 1 月 27 日零时起，皇岗陆路（公路）口岸实行旅检通道 24 小时通关。2003 年 10 月 8 日始允许持有文锦渡、沙头角陆路（公路）口岸两地牌的私家车、公务车和商务车在零时至 6：30 时从皇岗陆路（公路）口岸出入境。

皇岗陆路（公路）口岸区域占地面积 101.6 万平方米，其中监管区 65.3 万平方米，生活区 6.8 万平方米，商业服务区 29.5 万平方米。监管区分东、西两个场地，东场为货检场地，西场为客车和旅检场地。货检场东侧为入境查验场，西侧为出境查验场；旅检大厅东西向排列，东侧为入境大厅，西侧为出境大厅，大厅两侧为客车通道。共设有入出境小汽车、客车检查通道 10 条（入出境各 5 条），货车检查通道 40 条（入出境各 20 条）；旅客检查通道 50 条（入出境各 25 条）。设计通过能力为每日车辆 5 万辆次（标准车）、旅客 5 万人次。

2007 年皇岗陆路（公路）口岸开始对旅检场地进行改造。出入境场地改造完成后，小汽车、客车检查通道为 20 条（入出境各 10 条）；旅客入出境检查通道为 100 条（入出境各 50 条），设计旅客通过能力提高到每日 25 万人次。2011 年 7 月 26 日口岸车港城首层出境场地改造完成并正式启用运行，旅客出境查验通道由 25 条增加到 50 条，小客车出境通道由 5 条增加到 10 条。

皇岗口岸开通运行至今已 20 多年，设施设备逐渐老化，公共交通接驳不便，整体形象与深圳建设国际化城市标准差距较大。2015 年，深圳市政府研究决定对皇岗口岸进行重建，市发展改革委于 2015 年 9 月 22 日下达了皇岗口岸重建项目前期费用 400 万元，用于开展重建专项研究、编制项目建议书和工程可行性研究报告等前期工作。2015 年 12 月初，初步确定皇岗口岸采取原址重建方案。按照方案，旅检区域重建按交通枢纽的相关要求进行考虑。重建时拆除北侧现有电信楼、公交场站、人行天桥，释放南侧部分武警营区用地，拆除南侧天桥和高架桥，整合出入境分区用地，进行统筹考虑。重建旅检区，新旅检大楼一层为入境大厅，二层为出境大厅，出入境车辆查验通道分别设在新旅检大楼东西两侧。新旅检大楼北侧为出境前巴士停车广场和绿地，南侧为出境后巴士停车广场和绿地，南北广场部分场地和新旅检大楼均设地下二层，其中地下一层为公交场站、出租车上下客和旅行团队候检用地，地下二层为社会停车场。地铁 7 号线皇岗口岸站站厅层通过较短的地下通道与北侧广场地下一层进行连接，地铁乘客出站后可直接通过地下通道进入新旅检大楼。

2015 年，皇岗陆路（公路）口岸出入境旅客 3 675.1 万人次，同比下降 0.6%，出入境车辆 856.8 万辆次，同比下降 1.6%。

【文锦渡陆路（公路）口岸】 以供港鲜活产品过境为特点的客、货运综合性公路口岸。位于深圳市罗湖区南面、香港新界北面，由一座公路桥与香港新界相连，是改革开放前深圳仅有的两个陆路口岸之一。1978 年经国务院批准对外开放。改革开放前文锦渡只是供港鲜活商品的贸易口岸，1978 年 10 月建成公路桥，1985 年 2 月新建一座公路桥，实行入出境车辆分桥行驶。配合治理深圳河工程，原出入境桥被拆除，新建一座出入境双向桥于 2005 年 2 月正式投入使用。口岸区域占地面积 13 万多平方米。

2010 年文锦渡陆路（公路）口岸开始进行旅检场地改造。从 2 月 22 日零时起口岸客运区域改造期间实行临时关闭。原从文锦渡陆路（公路）口岸出入境的客车（含过境巴士、私家车、公务车及商务车），按其已选择的口岸出入境。口岸客运区域改造期间，口岸货运区域正常开放，通关时间为 07：00～22：00。

2011 年 5 月口岸旅检场地改造工程正式动工，10 月改造工程主体部分全面开工，11 月 18 日基础工程施工完成。2012 年 1 月 10 日停车楼结构封顶，3 月 29 日联检楼结构封顶，7 月 30 日停车楼钢结构施工完成，8 月 30 日联检楼钢结构施工完成，10 月 15 日幕墙工程施工完成，11 月 5 日室外工程全面启动。2013 年 1 月 20 日室内装修工程基本完成，5 月 8 日竣工验收完成，6 月 21 日消防验收完成。2013 年 8 月 19 日客运区域通过省口岸办验收组的验收，8 月 26 日客运区域恢复运行。

该项目总用地面积 34 205.76 平方米，总建筑面积 47 646.5 平方米，工程总造价约 2.89 亿元。工程主要由新建联检综合楼、停车楼及附属建筑小客车查验通道、雨棚等单体组成。其中，联检综合楼建筑高度约 30.4 米，地上 6 层，局部地下 1 层，建筑面积 20 322 平方米（含地下室）。停车楼建筑面积约 22 050 平方米，建筑高度约 23.7 米，地上共 7 层，不设地下室，功能设置：一到六层为停车库，七层为协查武警驻地营房、宿舍。

旅客联检楼大厅面积约 7 000 平方米（一、二层各 3 500 平方米），一层为入境联检大厅，二层为出境联检大厅。查验通道由原来的 18 条（出境 8 条、入境 10 条）增加到 44 条（出入境各 22 条，其中：人工查验通道 24 条，自助式查验通道 20 条）。设计日过境旅客通过能力由 3 000 人次增加到 30 000 人次。小（客）车查验区查验通道由原来 2 条（出入境各 1 条）增加到 10 条（出入境各 5 条，其中：小车通道 3 条、客车 2 条）。设计日过境小（客）车通过能力由 1 100 辆次增加到 3 000 辆次。

2015 年，文锦渡陆路（公路）口岸出入境旅客 574 万人次，同比增加 7.6%，出入境车辆 182.4 万辆次，同比增加 5.4%。

【沙头角陆路（公路）口岸】 位于深圳市盐田区沙头角西面，东接沙头角保税区和盐田港，北邻梧桐山公路隧道。是服务于盐田、龙岗及珠江三角洲东部地区的辅助性客货综合性口岸。1984 年 9 月经国务院批准对外开放，1985 年 3 月建成使用，2005 年 1 月 28 日启用新的口岸跨境大桥。口岸管理区占地面积约 4.2 万平方米，其中入出境旅客查验场地 5 700 平方米，入出境货物查验场地 3.6 万平方米。旅检大厅设在口岸区中间，东侧是出境货检场，西侧是入境货检场。共设有入出境车辆检查通道 10 条（入出境各 5 条），查车台 15 个；入出境旅客检查通道 22 条（入出境各 11 条）。

2015 年，沙头角陆路（公路）口岸出入境旅客 382.7 万人次，同比减少 2%，出入境车辆 82.6 万辆次，同比增长 2.8%。

【深圳湾陆路（公路）口岸】 位于深圳市南山区蛇口东角头，经深圳湾跨海大桥连接香港鳌勘石。是国家“十五”重点建设项目，1997 年 12 月国家批准立项，工程于 2003 年 8 月奠基，2007 年 7 月 1 日正式开通启用。是经全国人大授权、国内首个实施“一地两检”查验新模式的现代化、智能化口岸，深港双方口岸区域均在深圳境内，双方口岸查验单位均在一栋大楼内完成查验工作。口岸占地117.9万平方米，其中深方为76.3万平方米，港方为41.6万平方米，口岸联检大楼建筑面积5.4万平方米，其中深方2.9万平方米，港方2.7万平方米。

口岸开通初期采用旅检大楼内同一层双向通行，即出入境旅客均在一层大厅内通行。随着客流量不断攀升，2011年2月18日口岸旅检大楼分层改造工程开始施工，同年4月6日完成二层出境大厅改造工程，7月15日完成一层入境大厅改造工程并投入使用。改造后口岸旅检大楼一层为入境大厅，设人工验放通道25条，自助通道25条；二层为出境大厅，设人工验放通道27条，自助通道25条。在小（客）车检查通道上，海关、边检分别在出、入境检查通道上各设小车通道17条、客车2条；在货车检查通道上，货车出境通道海关设27条、边检设22条；货车入境通道海关设26条、边检设22条，另设海关二道12条。

口岸原设计通关时间为24小时通关，经深港双方商定，从2007年口岸开始运行起，通关时间暂定为6：30至24：00，每天共17.5小时。口岸设计通过能力为每日车辆5.86万辆次（其中货车4.32万辆次、小汽车1.39万辆次、大客车1 500辆次），设计旅客流量为每天6万人次。

2015年，深圳湾陆路（公路）口岸出入境旅客4 150.4万人次，同比增长1.4%；出入境车辆388.5万辆次，同比增长1.5%。

【福田陆路（公路）口岸】 位于福田区裕亨路（福田保税区东侧）。2004年12月正式开工建设，2007年8月15日开通启用。总占地面积62 962平方米，总建筑面积84 198平方米。口岸由人行通道桥和旅检大楼组成。人行通道桥连接福田陆路（公路）口岸联检大楼和香港九广铁路落马洲管制站，桥长240米，深方116米，港方124米，桥宽16.5米，上下两层，单向行走，桥内有自动步行梯（深圳一方每层有一部长80.5米的自动步行梯），分别供深港出入境旅客使用（上层为出境，下层为入境）。旅检大厅面积约12 000平方米，二层为入境旅检大厅，三层为出境旅检大厅。出境大厅内设有边检通道78条（自助式通道20条、人工验放通道58条），入境大厅内设有边检通道68条（自助式通道20条、人工验放通道48条），出入境通道共146条。设计日过境旅客通过能力为25万人次。

设计通关时间为每日6：30至24：00。经深港双方商定，从2007年口岸开始运行起，通关时间暂定为每日6：30至22：30，运行16小时，与深圳地铁的运营时间相衔接。

2015年，福田陆路（公路）口岸出入境旅客6 193万人次，同比增长13.3%。

【拱北陆路（公路）口岸】 拱北口岸占地16.2万平方米，口岸建设总投资8.3亿元，建筑面积12.8万平方米。其中：联检楼（三层半）3.5万平方米，改扩建联检楼（四层，含负一层）4.32万平方米，免税商场及走廊1.3万平方米，进境查验场5 000平方米，出口报关楼及货物查验场1万平方米，其他配套设施建筑2.18万平方米。拱北口岸设计通关能力为50万人次/日。

拱北口岸设有出入境旅客通道共202条（联检楼出境大厅56条，其中人工24条、自助32条；联检楼入境大厅66条，其中人工28条、自助38条；改扩建出境大厅37条，其中人工16条、自助21条；改扩建入境大厅40条，其中人工14条、自助26条；出境随车人员验放厅4条，其中人工2条、自助2条；入境随车人员验放厅3条，均为人工通道）。"一站式"客车通道共12条，其中出境6条（包括鲜活商品通道1条），入境6条。

拱北口岸设有闸口海关、出入境边防检查站、出入境检验检疫拱北办事处3家查验单位及签证处部门。经营单位主要有中国银行、珠海免税、岐关车路、口岸中旅等10多家服务单位。

拱北口岸（含客车通道）开放时间定为上午6：00至次日凌晨1：00时，鲜活商品通道7：00至10：00时。改扩建出境大厅开放时间为6：00至12：00，改扩建入境大厅开放时间为16：00至21：00。

2015 年，拱北口岸出入境客运量 12 076.62 万人次，同比增长 9.38%；出入境交通工具 293.56 万艘次，同比增长 2.2%；货运量 1.4 万吨，同比增长 0.55%；进出口总值 28 779 万美元，同比减少 2.2%；关税节税总额 4 086 万元，同比增长 1.46%。

【横琴陆路（公路）口岸】 横琴口岸位于珠海市横琴经济开发区十字门东南侧，与珠海莲花大桥相接，与澳门路氹隔海相望。珠海横琴口岸于 2000 年 3 月建成并投入使用。横琴口岸经过三期工程建设，目前横琴过渡期口岸总建筑面积约 4.4 万平方米，占地 25 万平方米。主要建筑物有临时联检楼，内设出入境各 16 条人工验放通道和 6 条自助验放通道。出入境客货车查验通道共 20 条（其中客车 10 条、货车 10 条），出入境货检场、报关楼及附属配套设施等。三期工程过渡期口岸于 2014 年 12 月 17 日建成并投入使用，2014 年 12 月 18 日实行 24 小时通关，投资为 65 900 万元。口岸的通关设计能力为旅客 8 万人次/日，车辆为 2 万辆次/日。目前横琴口岸的人流量日均为 13 000 人次/日，车辆为 2 300 辆次/日，为促进珠三角地区经济发展起到了重要的桥梁纽带作用。

2015 年，横琴口岸出入境客运量 768.78 万人次，同比增长 54.26%；出入境交通工具 100.41 万辆艘次，同比增长 21.99%；货运量 17.87 万吨，同比增长 18.99%；进出口总值 332 479万美元，同比增长 45.5%；关税节税总额10 455万元，同比减少 64.35%。

【珠澳跨境工业区陆路（公路）口岸】 珠澳跨境工业区专用口岸地处前山水道内港，东与澳门相接，北临石角咀水闸，西临前山水道，东侧临近拱北口岸。2003 年 12 月 5 日，国务院正式批准建设珠澳跨境工业区；2003 年 12 月 9 日，珠澳跨境工业区正式动工建设；2005 年，珠澳跨境工业区专用口岸开始建设；2006 年 6 月 28 日，珠澳跨境工业区珠海园区专用口岸通过国务院五部委联合验收；2006 年 9 月 22 日，珠澳跨境工业区珠海园区通过海关总署、国家发改委、国土资源部等九部委联合验收；2006 年 12 月 8 日，珠澳跨境工业区及专用口岸正式开通启用；2007 年 4 月 8 日，海关总署颁布的《中华人民共和国海关珠澳跨境工业区珠海园区管理办法》正式实施。珠澳跨境工业区专用口岸项目投入资金 3 000多万元，用地面积为 27 863 平方米，总建筑面积 3 350 平方米，2014 年 12 月 18 日跨境工业区专用口岸临时扩大开放正式通关，扩大开放项目的建筑面积约 1 579 平方米，其中新扩建旅客查验厅 326 平方米、旧旅客查验厅改造 423 平方米，出入境风雨廊及配套建筑约 800 平方米。改造后出入境查验通道共 16 条，其中出境人工 2 条、自助 6 条，入境人工 2 条、自助 6 条，出入境客、货车通道各 1 条，实行 24 小时开放，跨境工业区专用口岸根据国务院规定，旅检通道每天 0 时至 7 时临时向社会开放，每天 7 时至 24 时仅对园区工作人员开放，客、货车车辆进出专用通道 7 时至 24 时仅供在跨境工业区备案的车辆进出专用。

2015 年，珠澳跨境工业区口岸出入境客运量 147.18 万人次，同比增长 78.71%；出入境交通工具 3.8 万辆艘次，同比增长 14.33%；货运量 0.77 万吨，同比增长 11.47%；进出口总值 32 417万美元，同比增长 20.6%；关税节税总额 8 274万元，同比减少 32.44%。

【广州水运（海港）口岸】 口岸历史悠久，早在两千多年前的秦汉时期，广州古港就是中国对外贸易的重要港口，是中国古代“海上丝绸之路”的起点之一。1 300 多年前的唐宋时期，“广州通海夷道”是世界上最长的远洋航线。至清朝，广州成为中国唯一的对外通商口岸和对外贸易的最大港口。改革开放以来，社会经济飞速发展使广州港发展成为国家综合运输体系的重要枢纽和华南地区对外贸易的重要口岸。广州港（海港、河港）口岸地处珠江入海口和我国外向型经济最活跃的珠江三角洲地区中心地带，濒临南海，毗邻香港和澳门，东江、西江、北江在此汇流入海。通过珠江三角洲水网，广州港与珠三角各大城市及与香港、澳门相通，由西江联系我国西南地区，经伶仃洋出海航道与我国沿海及世界诸港相连。广州港由内港港区、黄埔港区、新沙港区、南沙港区和珠江口水域组成。内港港区保留部分泊位的客、货运功能，其部分泊位逐步搬迁、调整为城市功能，主要承担广州市及珠江三角洲地区能源物资、原材料、粮食、杂货、客运及沿海、近洋集装箱运输作业；黄埔港区承担沿海、近洋集装箱运输、粮食、煤炭、化肥、成品油等散货运输和沿海粮食中转及西江沿线非金属矿石运输；新沙港区承担集装箱、煤炭、铁矿石、粮食和化肥等物资运输；南沙港区承担集装箱、能源、石油化工、汽车滚装、杂货、粮食运输及保税、物流、商贸、临港工业开发。

广州港出海航道全长约153千米，三期试挖工程完工后，南沙港区至珠江口段出海航道底标高为－17米，有效宽度243米，可满足10万吨级船舶全天候双向通航和12万吨级船舶乘潮通航。拥有万吨级以上泊位64个、装卸作业浮筒16个、装卸锚地23个，最大锚泊能力30万吨。口岸有国际班轮航线67条，通航世界70多个国家和地区的206个港口；内陆无水港15个，连接珠三角各码头的“水上穿梭巴士”支线51条；是我国与东南亚、中印半岛、中东、非洲、澳洲和欧洲各国运距最近的大型贸易口岸，也是华南地区最大的对外贸易口岸。广州水运（海港）口岸现有客运直接通航点（航线）为香港中港城码头和香港机场。货运直接通航点（航线）见下表。

南沙保税港区于2008年10月18日获国务院批准设立，批复面积7.06平方千米（包括口岸作业、保税物流和保税加工3个区块），一期建设规划面积3.7平方千米，已于2009年7月9日通过国家验收，8月31日正式封关运作；余下3.36平方千米为二期建设范围。

2015年，广州港运能位列全球十大港口，货物吞吐量5.21亿吨，1 762万标箱。外贸货物吞吐量1.19亿吨，同比减少1.54%；集装箱701.57万标箱，同比增长2.53%。

2015年广州水运（海港）口岸货运直接通航点（航线）国家（地区）及城市一览表

洲际	国家（地区）	城市
亚洲	中国	上海（上海港）、香港（香港港）、宁波（宁波港）、连云港（连云港港）、青岛（青岛港）、洋浦（洋浦港）、钦州（钦州港）、湛江（湛江港）、珠海（高栏港、斗门港）、深圳（盐田港、蛇口港、赤湾港、妈湾港）、汕头（汕头港）、厦门（厦门港）、天津（天津港）、大连（大连港）、福州（福清港）、东莞（虎门港）、基隆（基隆港）、高雄（高雄港）、台北（台北港）、秦皇岛（秦皇岛港）、黄骅（黄骅港）、丹东（丹东港）、营口（营口港）、锦州（锦州港）、南京（南京港）、乍浦（乍浦港）、温州（温州港）、芜湖（芜湖港）、泉州（泉州港）、龙口（龙口港）、烟台（烟台港）、威海（威海港）、日照（日照港）、岚山（岚山港）、潮汕（汕头港、汕尾港）、中山（中山港）、江门（江门港）、水东（水东港）、北海（北海港）、防城（防城港）、肇庆（肇庆港）、佛山（三埠港、容奇港、勒流港）、海口（海口港）、惠州（惠州港）、张家港（张家港港）、舟山（舟山港）、温州（温州港）、澳门（澳门港）
	泰国	曼谷市（曼谷港、林查班港）
	越南	胡志明市（胡志明港）、归仁市（归仁港）、岘港市（岘港港）、海防市（海防港）、昆仑岛特区（头顿港）
	新加坡	新加坡市（新加坡港）
	韩国	釜山市（釜山港）、光阳市（光阳港）、仁川市（仁川港）、瑞山市（瑞山港）、蔚山市（蔚山港）、丽水市（丽水港）、瑞山市（大山港）

续表

洲际	国家（地区）	城市
亚洲	孟加拉国	吉大港市（吉大港）
	马来西亚	槟城市（槟城港）、泗务市（丹戎帕拉帕斯港）、雪兰莪州（巴生港）、亚吉兰丹州（哥达巴鲁港）、民都鲁（民都鲁港）、新山市（帕西古当港）、沙巴州（亚庇港）、沙捞越州（古晋港）
	印度尼西亚	雅加达特区（雅加达港）、巨港（巨港港）
	菲律宾	马尼拉市（马尼拉港）、达沃市（达沃港）、宿务市（宿务港）、桑托斯将军市（将军港）、八打雁（八打雁港）、卡加延德奥罗（卡加延德奥罗港）
	日本	东京市（东京港）、名古屋市（名古屋港）、东京市（东京港）、千叶市（千叶港）、横滨市（横滨港）、大阪市（大阪港）、神户市（神户港）、伊万里市（伊万里港）、福冈市（博多港）、岩国市（岩国港）、九州市（门司港）、仙台市（仙台港）
	阿曼苏丹	萨拉拉市（塞拉莱港）、苏哈尔（苏哈尔港）
	沙特阿拉伯	吉达（吉达港、阿卜杜拉港）
	土耳其	伊斯坦布尔（班德尔马港）
	阿联酋	沙迦（豪尔费坎港）、阿布扎比（阿布扎比港）、杰贝·阿里自由区（杰贝阿里港）、阿里山（阿里山港）
	斯里兰卡	科伦坡（科伦坡港）、加勒市（加勒港）
	印度	孟买（尼赫鲁港）、加尔各答（皮帕瓦沃港、克里仁纳帕特南港）、钦奈（钦奈港）、维沙卡帕特南（维沙卡帕特南港）、马德拉斯（马德拉斯港）
	约旦	亚喀巴市（亚喀巴港）
	也门	亚丁市（亚丁港）
	文莱	斯里巴加湾（穆阿拉港）
	以色列	阿什杜德（阿什杜德港）、埃拉特（埃拉特港）、海法（海法港）
	巴林	麦纳麦（巴林港）
	科威特	科威特（科威特港）、舒艾拜（舒艾拜港）、舒韦赫（舒韦赫港）
	卡塔尔	卡塔尔（多哈港）
	柬埔寨	西哈努克市（西哈努克港）
大洋洲	巴布亚新几内亚	莱市（莱城港）、莫尔兹比市（莫尔兹比港）、拉包尔市（拉包尔港）、圣费利克斯（圣费利克斯港）、塞班岛（塞班港）
	所罗门	霍尼亚拉市（霍尼亚拉港）
	帕劳共和国	雅浦岛（雅浦港）、科罗尔（科罗尔港）
北美洲	美国	长滩市（长滩港）、加利福尼亚州（奥克兰港、洛杉矶港）、德克萨斯州（圣安东尼奥港）、阿加尼亚（关岛港）、休斯敦（休斯敦港）、纽约（纽约港）、新泽西（新泽西港）
	墨西哥	科利马州（曼萨尼约港）、拉萨罗卡德纳勒（拉萨罗卡德纳勒港）
	圣文森特	金斯顿（圣文森特港）
	巴拿马	巴拿马运河区（巴尔博亚港）

续表

洲际	国家（地区）	城市
南美洲	哥伦比亚	波哥大州（布埃纳文图拉港）
	阿根廷	布兰卡（布兰卡港）布宜诺斯艾利斯（布宜诺斯艾利斯港）
	巴西	里约热内卢州（里约港）、圣保罗州（桑托斯港）、巴拉那州（巴拉那瓜港）、圣达卡塔里娜州（伊达拉伊港）、巴伊亚州（萨尔瓦多港）
	秘鲁	利马－卡亚俄（卡亚俄港）、马塔拉尼（马塔拉尼港）
非洲	毛里求斯	路易港（路易港）
	吉布提	塔朱拉（吉布提港）
	莫桑比克	纳卡拉（纳卡拉港）、马普托（马普托港）、贝拉（贝拉港）
	科特迪瓦	阿比让（阿比让港）、亚穆苏克罗（象牙海岸港）
	加纳	特马市（特马港）
	尼日利亚	拉各斯（阿帕帕港、廷坎港）、瓦里（恩纳港）
	纳米比亚	沃尔维斯（鲸湾港）
	刚果	黑角（黑角港）、杰诺（哲诺油港）
	贝宁	科托努（科托努港）
	肯尼亚	蒙巴萨（蒙巴萨港）
	毛里塔尼亚	努瓦克肖特（努瓦克肖特港）
	马达加斯加	塔马塔夫（塔马塔夫港）
	多哥	洛美（洛美港）、洛比托（洛比托港）
	安哥拉	罗安达（罗安达港）
	加蓬	谦蒂尔港市（谦蒂尔港）
	喀麦隆	杜阿拉港市（杜阿拉港）
	瑞典	哥德堡（哥德堡港）
	突尼斯	突尼斯市（突尼斯港）
	坦桑尼亚	达累斯萨拉姆（达累斯萨拉姆港）
	阿尔及利亚	阿尔及尔（阿尔及尔港）
	南非共和国	德班（德班港）、伊丽莎白港市（伊丽莎白港）、开普敦（开普敦港）
欧洲	希腊	雅典州（比利埃夫斯港）
	荷兰	鹿特丹（鹿特丹港）
	英国	伊普斯威奇市（费利克斯托港）、南安普敦市（南安普敦港）
	德国	汉堡市（汉堡港）、不来梅州（不来梅港）
	比利时	安特卫普市（安特卫普港）、泽布吕赫（泽布吕赫港）
	埃及	苏伊士（苏伊士港）、塞德港省（塞德港）、埃因苏赫纳市（埃因苏赫纳港）
	葡萄牙	塞图巴尔市（锡尼什港）
	法国	勒阿弗尔市（勒阿弗尔港）、巴黎市（福斯港）

续表

洲际	国家（地区）	城市
欧洲	意大利	焦亚陶罗（焦亚陶罗港）、斯佩齐亚（斯佩齐亚港）、热那亚市（热内那港）、的里雅斯特（的里雅斯特港）、威尼斯（威尼斯港）、皮埃蒙特大区（亚历山德里亚港）
	西班牙	巴塞罗那市（巴塞罗那港）、瓦伦西亚市（瓦伦西亚港）
	波兰	格丁尼亚（格丁尼亚港）
	马耳他	马尔萨什洛克（马尔萨什洛克港）、瓦莱塔（瓦莱塔港）
	克罗地亚	里耶卡（里耶卡港）
	加拿大	温哥华（温哥华港、艾尔夫雷德港）
	斯洛文尼亚	科佩尔市（科佩尔港）
	俄罗斯	纳霍德卡市（东方港）
澳洲	澳大利亚	悉尼（悉尼港）、墨尔本（墨尔本港）、布里斯班（布里斯班港）
合计	国家（地区）共72个	城市共计206个城市

2011～2015年广州水运（海港）口岸货物吞吐量数据表

时间	2011年	2012年	2013年	2014年	2015年
货物吞吐量（亿吨）	4.31	4.35	4.5	5.01	5.21
进出口货物吞吐量（亿吨）	0.99	1.10	0.94	1.21	1.19

【南沙水运（海港）口岸】 广州南沙客运口岸于1992年2月正式对外开放，2005年4月28日新客运码头投入使用。位于珠江的入海口河段西侧低岸，虎门大桥以南1.6千米，西临南沙蒲洲高新技术开发区、南沙会议展览中心，南依五星级的南洲大酒店。距香港40海里，距澳门41海里，航程70分钟，设计标准为年客运量160万人次，设计旅客聚集量1 600人，为二级国际客运港。南沙客运港呈“叠浪”造型，建筑群包括主楼和副楼，基地面积67 264平方米，主楼建筑面积10 712平方米，设计高度21米，副楼建筑面积2 230平方米。口岸出入境检查大厅设置验证通道8条。码头设顺岸式客船泊位3个，码头岸线长292米，有5艘双体高速客轮，每天往返香港4个航班。

2015年南沙水运（海港）口岸出入境旅客25.76万人次，其中出境旅客12.85万人次，入境旅客12.91万人次。

【莲花山水运（海港）口岸】 1985年6月正式对外开放，属双边性口岸（广州与香港），位于广州市番禺区石楼莲花山联围村。拥有岸线171米，水深5米，泊位2个，码头吨位1 200吨，该口岸是广东省最早开放的粤港水陆口岸之一，距香港61海里，先进豪华、安全舒适的双体高速客轮4艘，往返香港航程只需1小时45分，每天往返7个航班，其中莲花山港至香港中港城码头4个航班、莲花山港至香港机场3个航班。

2015年莲花山水运（海港）口岸出入境旅客33万人次，其中出境旅客18.33万人次，入境旅客16.67万人次。

【盐田水运（海港）口岸】 位于深圳大鹏湾海域西北部，南与香港九龙半岛隔海相望，分为盐田港区、下洞港区和广东大鹏液化天然气（LNG）专用码头。

（1）盐田港区。1990年6月经国务院批准对外国籍船舶开放，1994年7月正式开港。距深圳市区13千米，距大鹏湾口12海里。岸边水深15～20米。由于大鹏半岛与九龙半岛天然的屏障掩护，湾内水深浪小，无淤积，大型船舶可以自由进出锚地，是少有的天然良港，并被列为中国沿海重点发展的四大国际深水港之一。

盐田港区划分为西、中、东3个港区。西港区建有多用途泊位3个，可停泊2.5万～5万吨级集装箱船舶。截至2012年年底，中港区建有大型集装箱专用泊位15个，中港区一期工程2个泊位于1994年7月完工并投入运营，二期工程3个泊位于2000年1月起正式投入使用，三期工程4个泊位于2004年9月陆续投产营运，2012年9月17～18日，三期扩建工程10～15号新建泊位通过广东省口岸办组织的验收，广东省政府于同年10月17日批准上述6个集装箱专用泊位作为深圳港口岸盐田港区新增泊位正式对外开放。东港区岸线总长为2.5千米，为深圳市长远规划开发的建设项目，是主要以远洋集装箱运输为主的集装箱专用港区。

（2）下洞港区。下洞港区位于大鹏湾畔，为深圳市东部石油、液化气等危险品码头专用作业区。2002年12月国务院批准下洞港区作为盐田水运口岸危险品作业区对外开放，港区内共建有3个独立的栈桥式码头共9个泊位。

（3）广东大鹏液化天然气（LNG）专用码头。广东大鹏液化天然气（LNG）专用码头位于深圳东部大鹏半岛秤头角，是“十一五”期间广东省口岸发展规划中主要建设项目之一。2007年3月经国务院批准盐田水运口岸大鹏液化天然气专用码头对外国籍船舶开放。LNG码头建有1个靠泊能力为8万吨级的LNG船专用的栈桥式码头泊位和1个5 000吨级的工作船舶。

【大亚湾水运（海港）口岸】 大亚湾核电站专用码头，位于深圳市东部大亚湾畔的大坑村麻岭角。距深圳市直线距离约45千米，距香港岛约50千米。经国务院批准于1986年1月1日起对外国籍船舶开放。1987年3月和1989年6月，核电站专用码头和相关配套设备相继竣工投入使用，该码头建有4个泊位（该口岸由大亚湾核电站专用，不对外经营）。

【梅沙水运（海港）口岸】 位于深圳东部梅沙旅游区内，西距深圳市区30千米。1984年7月经国务院批准为对港、澳地区旅游专用口岸，同年8月实现对外开放。口岸专用码头水深4米，建有4个泊位，可靠泊高速气垫船和飞翔船。因客源不足等原因，于1985年5月暂停使用至今。

【蛇口水运（海港）口岸】 位于珠江口东岸、深圳市西部南头半岛南端。东临深圳湾，南与香港隔海相望，西邻珠海、澳门及深圳机场，北靠南山内陆腹地。陆路距深圳市区27千米；水路距香港22海里。陆路可与广深、广惠公路干道以及广深高速公路、平南铁路进而由广深线、广九线与国内衔接。1981年9月经国务院批准对外国籍船舶开放，是我国改革开放初期第一个由企业自筹资金建设、管理和经营的国家一类口岸。

招商港务（深圳）有限公司客货运码头拥有陆域面积75万平方米，岸线总长4 100米（其中客运岸线1 050米），是拥有35个客、货运泊位的中国沿海大型综合性港口，港口年货物通过能力2 000万吨，集装箱100万标箱，客运500万人次，成为珠三角及华南地区重要的海上门户。

蛇口集装箱码头建有10个泊位，其中，一期工程建设规模为2个集装箱专用泊位，年设计吞吐能力为100万标箱，于1991年8月建成投产，蛇口集装箱码头二、三期工程项目于2001年上半年动工兴建，共建成8个集装箱专用泊位，其中二期工程2个集装箱专用泊位，已于2003年建成并投入使用，三期工程6个集装箱专用泊位于2010年3月前建成并陆续投入使用。

蛇口水运（海港）口岸还有招商局深圳孖洲岛友联修船基地专用码头，为中外客商提供30万吨级的修船业务，是深圳市唯一的大型修船基地。该修船基地距蛇口东北侧前海湾约1 500米，陆域面积约63万平方米，码头岸线3 400米，建有4个泊位（其中2个干船坞、2个浮船坞）。

2015年3月19日，前海蛇口自贸区一体化检务窗口正式运行，将原来分别在蛇口、前海开展的报检业务统一纳入蛇口检验检疫局检务大厅，为自贸区发展提供更为便利化服务，创造有利条件。

【赤湾水运（海港）口岸】 位于珠江口东岸、深圳市西部的南头半岛西南端。东连蛇口港，位于蛇口港西侧；南面向伶仃洋，与香港、澳门、珠海隔海相望；西接妈湾电厂和妈湾港区；北靠南山半岛。陆路距深圳市中心30千米，可与广深、广惠公路干道以及广深高速公路、平南铁路衔接；水路与香港、澳门、珠海均在20余海里范围。赤湾码头于1982年8月动工兴建，1983年10月建成一个1万吨级泊位并开港，1984年5月经国务院批准对外国籍船舶开放。港区现有泊位17个，其中集装箱专用泊位6个，码头岸线总长3 176米。是中国主要的散装化肥及粮油进出口中转基地之一，是深圳西部港口群中规模仅次于蛇口港，功能集铁路、公路、水路等运输方式为一体的大型综合性口岸。

【妈湾水运（海港）口岸】 位于珠江口东岸，深圳市西部的南头半岛西侧，东接赤湾港，南面向伶仃洋，与珠江口主航道对接，西邻深圳机场，北以南山半岛为腹地。陆路距深圳市区24千米，可与广深、广惠等公路干道以及广深高速公路、平南铁路衔接。水路距香港、澳门、珠海约20余海里。1987年开始建设，1990年7月建成第一个3.5万吨级多用途泊位，1990年2月经国务院批准对外国籍船舶开放。码头岸线总长3 877米，该港区现有泊位14个（集装箱专用泊位3个，煤码头专用泊位2个）。

港区的2个煤码头专用泊位设计能力均为5万吨，为妈湾电力有限公司电厂（深圳能源集团妈湾电厂有限公司）生产所需燃煤提供接卸，2011年7月12～13日深圳能源集团妈湾电厂有限公司煤码头通过了由省口岸主管部门组织的验收，10月19日省政府批准（粤府函〔2011〕287号）该专用煤码头正式对外开放。

【东角头水运（海港）口岸】 位于深圳市西部南头半岛东南端，东距深圳市区28千米。东角头码头于1985年3月由深圳市航运总公司与香港中华造船厂合资兴建，并由深圳市圳华港湾企业有限公司负责管理和经营。1986年建成3个1 000吨级泊位投入使用，堆场面积2万平方米。1987年1月经国务院批准对外开放。因道路改造等原因，截至2014年年底，进出口业务已暂停约7年。

【大铲湾水运（海港）口岸】 位于珠江口伶仃洋矾石水道东南部，深圳西部妈湾港区以北的大铲湾内。港区地理位置优越，水、陆路交通便捷，水路南距香港20海里，北至广州40海里；陆路通过广深高速、机荷高速、107国道以及在建的广深沿江高速公路联系腹地。大铲湾港区岸线总长为11.6千米，陆域面积为10.28平方千米，拟建大型集装箱深水泊位17个，中型泊位7个及19个驳船泊位，设计年吞吐能力为1 250万标箱，总投资约450亿元人民币。港区整体工程分4期建设。其中，大铲湾港区集装箱码头（一期）工程于2005年9月正式开工兴建，其建设规模为3个10万吨级和2个7万吨级集装箱专用泊位，占地为112万平方米，泊位岸线总长为1 830米，设计年吞吐能力为250万标箱，整体工程于2009年11月全部完工。2009年5月经国务院批准深圳港口岸大铲湾港区对外国籍船舶开放。2011年11月大铲湾水运口岸正式通过国家口岸验收。2015年11月10日，大铲湾港区通过了汽车整车进口口岸的预验收。2015年12月31日，由深圳前海湾国际汽车交易中心从中东采购的50台白色丰田霸道汽车顺利抵达深圳大铲湾口岸，这是大铲湾口岸整车进口业务通过国家验收以来首批抵达的车辆。

【珠海水运（海港）口岸】 于1994年6月经国务院批准设立，1996年7月28日正式对外开放。口岸地处珠海市西部，位于珠江三角洲西侧、黄茅海东部沿岸及高栏列岛海域，东距澳门23海里，至香港45海里。其对外开放的水域范围为北纬21°50′至22°00′，东经113°05′至113°17′。该口岸地理优势得天独厚，处于珠江出海口的虎跳门、崖门和鸡啼门之间，外临南海，距国际航线大西水道仅1海里，内通西江，具备发展江海联运、南北航运和近远洋运输的优越条件，主要贸易有石化、集装箱、钢铁、造船及能源业务。

口岸已启用码头10个，泊位34个，包括珠海国际货柜码头（高栏）有限公司、珠海华南联合石油有限公司、新海能源（珠海）有限公司、珠海一德石化有限公司、珠海恒基达鑫国际化工仓储有限公司、珠海碧辟液化石油气有限公司、珠海发电厂、珠海粤裕丰钢铁有限公司、中化格力港务有限公司、珠海LNG码头。口岸综合楼建设用地面积36 399. 95平方米，建筑面积11 706平方米。珠海水运（海港）口岸现有直接通航点（航线）为越南海防和日本关西（大阪—神户—广岛—门司—博多）。

2015年，珠海港水运口岸出入境客运量4. 25万人次，同比减少0. 22%；出入境交通工具0. 28万辆（艘）次，同比增长1. 81%；货运量147. 26万吨，同比减少3. 79%；进出口总值629 392万美元，同比减少12. 6%；关税节税总额319 057万元，同比减少12. 21%。

【九洲水运（海港）口岸】 位于珠江口西岸，距香港36海里，距澳门4海里。1981年9月经国务院批准对外开放，客、货运口岸分别于1982年和1984年建成通航。唐家大坞湾危险品作业区于1991年11月经国务院批准对外开放。

口岸客、货运码头全长1 442. 58米，其中客运码头长436. 70米，港池直径275米，航道长10. 5海里，水深5. 5～6. 5米，港区航道设有灯光等标志，日夜均可通航，可供8艘大型双体快速客船同时靠泊，设计年客运量为200万人次；货运码头长1 005. 88米，港池水深5. 5～6. 5米，可供2艘5 000吨货轮同时靠泊。港区东面有一条长达450米的防浪堤，西南面有呈月牙形6千米长的海岸线保护着港池，是船舶停靠的良港。

目前，九洲港至香港每日进出36个航班（其中九洲港至香港国际机场航班每天8班），逢节假日视情况增加航班，最多一天可达60多个航班。

九洲口岸货运码头设有一座2 400平方米货检大楼及400平方米的货运中心，海关、边检、港监、检验检疫等查验部门及国际货柜公司、外轮代理公司、外轮理货公司均在现场办公，实行一次开箱、联合查验，手续简化，运作高效。口岸查验部门与经营单位都实现电脑联网，信息资源共享，实行电脑打单、电脑记账现代化管理，货主申报查验方便快捷。九洲港口岸货运区拥有7个泊位，其中5 000吨泊位2个，3 000吨泊位3个，1 000吨泊位2个，以及万吨级锚地1个，2 000吨级锚地1个。仓库面积为13 000多平方米，堆场7万多平方米。码头配有各种类型的装卸机械55台，种类齐全，货物起落方便，机械化作业程度高，集装箱作业已全部电脑化管理。九洲货运口岸于2015年10月已顺利完成搬迁至洪湾。九洲水运口岸现有直接通航航点（航线）为香港港澳码头、中港城码头、香港国际机场。

2015年，九洲港口岸出入境客运量234. 11万人次，同比减少1. 16%；出入境交通工具1. 53万辆艘次，同比减少6. 31%；货运量8. 03万吨，同比减少22. 33%；进出口总值1 290 393万美元，同比增长13. 4%；关税节税总额241 477万元，同比增加1. 6%。

【万山水运（海港）口岸】 万山港口岸位于珠海市万山群岛港区，包括桂山岛、外伶仃岛和大万山岛三大作业区，1995年4月6日经国务院批准对外国籍船舶开放。万山群岛处于珠江出海口下游，是船舶由南海进出珠江三角洲的必经之地，紧临香港和澳门，多条国际航线从港区通过，港区有特殊的地域优势，适合开展大型油品储存和集装箱、大宗散货水运中转业务。

万山港口岸的建设按“一次规划，分步实施；简易入手，逐步完善；先中心港桂山，后其他岛屿；成熟一个，开放一个”的原则进行。该港口是客货运综合性港口，货运码头建有3 000吨级泊位1个，设计年吞吐量为60万吨；客运联检楼占地面积1 164平方米，建筑面积1 785. 7平方米。万山港口岸桂山十三湾第一、第二作业区客货运口岸于2003年4月正式对外开放。2015年位于桂山一湾的口岸新联检楼和新码头已建成完工即将投入使用。

2015年，万山港口岸出入境客运量4.18万人次，同比减少63.07%；出入境交通工具0.2万辆艘次，同比减少56.02%；货运量77.7万吨，同比减少62.37%；进出口总值9184万美元，同比增长22.7%；关税节税总额64万元。

【湾仔水运（海港）口岸】 位于珠海市湾仔镇西南面，与澳门一水相隔，水面距离只有几百米。湾仔轮渡客运口岸于1984年经国家批准开设，于1984年12月23日正式通航。湾仔口岸占地2 700多平方米，总建筑面积1 417.5平方米，办公用房518.5平方米，现共开设旅检通道18条，每日开29个航次，节假日视客流量情况增开班船。口岸开放时间为8：00～11：30、13：00～16：30（首航班8：30，尾航班16：30）。

湾仔水运（海港）口岸直接通航航点（航线）国家（地区）及城市一览表

洲际	国家（地区）	城市
亚洲	中国香港	国际货柜码头（1），国际货运码头（2），青衣九号货柜码头（2），屯门码头（1），合计6
	中国深圳	蛇口（5），合计5
	中国广州	南沙（2），合计2

2015年，湾仔轮渡口岸出入境客运量75万人次，同比减少22.67%；出入境交通工具2.57万辆（艘次），同比减少15.79%；货运量158.56万吨，同比减少37.36%；进出口总值600 426万美元，同比增长115.2%；关税节税总额111 896万元，同比增长88.53%。

【斗门水运（河港）口岸】 于1991年1月28日建成，并开通了斗门至香港的客运航线，进行生产性试航。斗门港占地面积38万平方米（含客、货运区和经济开发区），码头岸线长970米，旅客联检大楼4 700平方米，使用252座豪华快速双体喷射客轮。

斗门港口岸的开通，大大改善了斗门区的投资环境，促进了斗门区对外经济迅速发展。区政府为进一步完善港区设施，积极筹建集装箱货运码头，1993年经省政府批准为对外开放的二类口岸，1994年5月18日建成试航，主要从事港区内货物装卸、仓储及道路货物运输（集装箱）业务，为客户提供珠海地区到香港乃至世界各地的门到门全程陆路、水路联运服务。2005年10月，货运码头由珠江船务发展有限公司独资经营。货运码头目前拥有岸线203米，4个1 000吨级泊位，堆场面积达11万平方米，进出口仓库面积3 726平方米，及一大批大型的、先进的装卸、运输设备。扩建工程完成后港口的通过能力大幅度提高，集装箱年通过能力由6万标箱增加到15万标箱，货物年通过能力由60万吨增加到100万吨。另外，港区还设有对外工业加工区，以方便中外客商投资设厂。

斗门水运（河港）口岸直接通航航点（航线）国家（地区）及城市一览表

洲际	国家（地区）	城市
亚洲	中国香港	港澳码头（1），葵涌货运（1），合计2

2015年，斗门港口岸出入境客运量2.81万人次，同比减少21.54%；出入境交通工具0.08万辆（艘）次，同比减少15.94%；货运量3.33万吨，同比减少7.11%；进出口总值1 142 175万美元，同比增长8.6%；关税节税总额57 570万元，同比增长0.05%。

【汕头水运（海港）口岸】 位于广东省东部沿海、美丽富饶的潮汕平原南部，居福州至广州黄金海岸中央，东临台湾海峡，距高雄214海里，西距香港187海里，扼韩江、榕江、练江之出海口，素有“岭东之门户，华南之要冲”的称誉。

汕头港是中国华南地区对外贸易的重要口

岸，是沿海25个国家级主要港口之一，是广东省东翼的主要港口。汕头港历史悠久，是中国最早对外开放的港口城市之一，于1861年开埠，是一个有150多年历史的老港。至今已与世界57个国家和地区的268个港口有货物往来，汕头港主航道通航水深为9.5米，全港岸线总长9 444米，堆场总面积126万平方米。拥有500吨级以上泊位79个，其中万吨级以上泊位18个，综合通过能力2 690万吨，集装箱吞吐能力73万标箱。近年来，汕头市大力发展港口物流和海运业，与香港、泰国、日本等地有集装箱定期货运班轮。

汕头港的直接经济腹地是汕头、潮州、揭阳、梅州4市所辖14县的广大地区，其间接腹地包括闽西南及赣南部分地区。腹地经本港吞吐的主要货物有煤炭、石油、钢铁、水泥、化肥、木材、粮食等。汕头市是我国最早设立的4个经济特区之一，随着沿海经济的开发及临海工业的发展，已形成塑料玩具、工业电子、纺织服装、塑料皮革、食品加工、医疗器械、包装机械等骨干企业，工业经济特别是外向型经济蓬勃发展。

2015年，汕头水运（海港）口岸完成货物吞吐量3 678.2万吨，集装箱吞吐量117.9万标箱。

2015年汕头水运（海港）口岸货物吞吐量数据表

年份		2014年	2015年	同比（%）
货物吞吐量（万吨）		3 706.7	3 678.2	-0.8
外贸进出口量（万吨）	进口	448	223.3	-50.2
	出口	231	214.4	-7.2
	合计	679	437.7	-35.5

2015年汕头水运（海港）口岸集装箱航线一览表

承运人	挂靠港
中联航运	高雄、台中、汕头、盐田、惠州、汕头
中联航运	基隆、台中、高雄、汕头、蛇口、赤湾
南星海运、东暎船务	仁川、釜山、香港、海防、蛇口、汕头、厦门
天敬海运、高丽海运	仁川、上海、海防、汕头、福州、仁川、釜山
泛阳航运、长锦商船	黄埔、蛇口、汕头、仁川、大山、釜山、光阳、香港
中外运	马尼拉、汕头、厦门
海宏船务	汕头、石湖、围头、厦门、马尼拉
中远船务	香港、蛇口、汕头、厦门、横滨、东京
达飞轮船	大连、天津、青岛、福州、汕头、香港、盐田、赤湾、香港、马尼拉南港、马尼拉北港、达沃
地中海航运	香港、福州、汕头、香港、赤湾、海防、防城
太平船务	黄埔、汕头、盐田、蛇口、南沙、新加坡、科伦坡、达雷斯萨拉姆、纳卡拉、科伦坡、帕西古当、新加坡、黄埔

【潮阳水运（海港）口岸】 位于广东省汕头市潮阳区海门镇，距香港161海里，距台湾恒春港210海里。1996年8国务院批准潮阳港对外国籍船舶开放。2005年7月通过验收，同年11月正式对外开放。已建成码头5座8个泊位，年设计货物吞吐能力755万吨及3万个集装箱标箱，分别是澳内码头、佛兰克油库码头、大明液化石油气码头、华能海门煤炭中转基地一号煤码头、潮阳（海门）对台小额贸易码头。

2015 年潮阳水运（海港）口岸货物吞吐量数据表

年份		2014 年	2015 年	同比（%）
货物吞吐量（万吨）		1 454.5	1 502.7	+3.3
外贸进出口量（万吨）	进口	791	763.3	-3.5
	出口	—	—	—
	合计	791	763.3	-3.5

【南海水运（河港）口岸】 1996 年经国务院批准，南海客运港与三山装卸点合并为一类客货运口岸，三山港区（原三山装卸点）为口岸货运港区，位于东平水道出口处，由南海国际货柜码头有限公司经营，南海国际货柜码头有限公司（三山港）投资方是和记黄埔三角洲港口与佛山市南海区交通建设投资公司。港区码头岸线长420 米，3 000 吨级泊位 7 个，港区总面积 42 万平方米，堆场面积 23 万平方米；开通接驳航线有南海—香港/蛇口/赤湾/南沙/大铲等班轮；港区配备 CCTV、X 光机货物查验系统、闸口集装箱自动识别系统等查验设备；进出口货物种类主要为废五金、木材、家电、洗车零配件等；口岸实行“6+1”工作制（即星期一至星期六正常上班，星期天预约上班）。2015 年进出口货运量238.11 万吨，与 2014 年同期持平。其中出口货运量 49.45 万吨，进口货运量 188.66 万吨；集装箱吞吐量 18.6 万标箱。

【高明水运（河港）口岸】 位于佛山市西翼的西江之滨，分为高明港客运口岸、高明外贸货物装卸点。高明港客运口岸是国务院于 1992 年 12 月 14 日批准对外开放的一类口岸，位于佛山市西翼的西江之滨，水路距香港 101 海里，可辐射邻近的南海、肇庆、新兴、高要等地区。驻高明港口岸海关、边检、检验检疫、海事 4 家检查检验单位齐全，2015 年通过高明港口岸入出境人员 3.6 万人次，同比下降 9%。

高明客运口岸现有直接通航航点（航线）香港中港城。

【顺德水运（河港）口岸】 位于顺德大良德胜河板沙尾，东经 111.3°，北纬 22.3°。距香港 62 海里，陆路距广州和佛山各 40 千米，距东莞 50 千米，城际轻轨经港口而过，水路、陆路交通十分便利。1986 年经国务院批准开设，1987 年 12 月通过国家验收正式对外开放。1995 年 9 月，经广东省政府批准，将容奇港搬迁至现址并易名为顺德港。港口岸线长 260 米，港区占地 72 800 平方米，建筑面积29 300平方米。顺德港客运口岸现建有 4 条自助查验通道及一套信息采集系统。顺德港客运口岸在广东省内具有举足轻重的作用，是佛山市内最大的水路客运口岸。2015 年经顺德港出入境人员 676 861 人次、同比下降 9.36%，其中出入境旅客为592 160人次、同比下降 10.78%。入境旅客 288 731 人次，出境旅客 303 429 人次。全年进出境航班 3 720 航次，平均每天有 10 个航班往返顺德港和香港中港城码头。

顺德港客运口岸现有直接通航航点（航线）香港中港城。

【惠州水运（海港）口岸】 位于南海大亚湾西北隅，地处我国华南沿海经济中心珠江三角洲东部，毗邻港澳，面对东南亚和台湾，处在以香港为核心的航运中心地带，依傍国际环球和环太平洋航线，是华南沿海便捷的海上门户和京九铁路的出海口。惠州港拥有超大型原油接卸泊位和具有可建大型干散货泊位的自然条件及丰富的土地资源，对发展石化、电力等能源型临港工业有独特优势。于 1993 年 4 月 16 日正式对外国籍船舶开放。2015 年，惠州港口岸进出口货运量为 1 721.373万吨。

惠州港包括荃湾港区、东马港区、港口碧甲作业区和亚婆角作业区，建有 17 座码头，其中货运码头 16 座，客运码头 1 座，共有 44 个泊位，其中万吨级以上泊位 17 个，设计年吞吐货物能力为 9 397 万吨和集装箱 90 万标箱。荃湾港区是惠州港的起步港区，是多功能综合性的港区，以承担大宗散货物资转运和集装箱运输为主。东马港区是惠州港的大型石化港区，建有 30 万吨级和 15 万吨级石化泊位各 2 个，主要承担大亚湾石化区内生产企业的原材料及产成品装卸和广石化原油接卸服务，同时也为周边地区提供石化货物运输服务以及为海上石油钻井平台提供物资输送服务。碧甲港口作业区主要为临港工业区提供港口配套服务，以承担临港工业所需的工业煤炭、矿石等大宗散货接卸任务为主。亚婆角作业区为砂石出口作业点，主要提供矿建材料和非金属矿石等装卸服务。惠州港开通有日本及香港、台湾货运航线。惠州荃湾港区煤码头项目是市“十二五”重点工程之一，一期（2 个 5 万吨级泊位）工程建设正在加紧进行，进入第三批图纸（主要包括查验监管配套设施和办公设施）审查方案阶段，拟在 2016 年年底建成第一个泊位，2017 年对外开放。

博罗红海港外贸货物装卸点是 1985 年 11 月 5 日经批准开设的原二类口岸，是东江流域的重要河港口岸之一。1998 年 10 月经省人民政府、海关总署确认为继续保留运作的原二类口岸。该装卸点包含恒盛集装箱码头和宏兴码头，2005 年经国务院同意作为新开口岸项目列入《国家“十一五”口岸发展规划》。2010 年 6 月，经广东省人民政府审核后定名为“博罗港口岸”，设红海港区和宏兴港区，并上报国务院审批。其中恒盛集装箱码头位于博罗县石湾镇江滨路，设计 500 吨级泊位 2 个，设计年吞吐能力为 60 万吨，自开放以来一直保持正常运作。宏兴码头位于博罗县龙溪镇，始建于 1998 年 10 月，分两期建设。一期建设设有 500 吨级泊位 10 个，设计年吞吐能力为 500 万吨，经组织验收合格，宏兴港区从 2013 年 3 月 6 日起对来往港澳国轮开放启用，仍按原二类口岸模式运作。二期计划建设占地面积 40 万平方米，建设目标是“港区”联动保税区。2015 年，博罗红海港外贸货物装卸点进出口货运量为 0. 42 万吨。

【汕尾水运（海港）口岸】 位于汕尾市城区香港大道南侧，春晖西路新港区，地理坐标为东经 115°21′24″，北纬 22°45′24″。水路距香港 81 海里、澳门 112 海里、广州 179 海里。处于对外开放的黄金海岸地带，地理位置优越，自然条件良好，历来就是粤东沿海的主要外贸口岸。据史料记载，早在 1894 年清政府就把汕尾辟为对外通商口岸。1903 年（清光绪二十八年）曾开办轮船公司，有“海江号”“海口号”轮船通航香港的客货业务；孙中山在其《建国方略》中曾把汕尾港列为全国重点开放港口。20 世纪二三十年代汕尾港曾有过“舟楫云屯，商旅雨集”的繁荣写照。1962 年，汕尾港是我国政府首批公布对外轮开放的一类口岸。

1979 年投资建设了重力式码头一座，长 215 米，1 000 吨级泊位 3 个，港区设计年通过能力为 30 吨。1988 年 3 月，汕尾以得天独厚的港口优势，经国务院批准建立地级市。为达到以港立市，港城共荣，市委、市政府高度重视港口建设，千方百计筹措建设资金扩建汕尾港，于 1991 年 7 月动工扩建两个 5 000 吨级泊位码头，1993 年 10 月主体工程竣工并试产，1995 年 4 月航道疏浚工程顺利通过验收营运集装箱业务，总投资 5 400万元。扩建后的汕尾港增加了 5 000 吨级泊位 2 个（集装箱专用码头 1 个）。港区总面积 13 万平方米，年货物吞吐量 80 万吨，集装箱 2 万个。1985 年汕尾港还辟有汕尾至香港的客运航线。

2006 年，汕尾水运（海港）口岸红海湾港区对外开放工作列入国家“十一五”口岸发展规划。目前港区已建有汕尾发电厂专用码头、汕尾红海湾万聪船舶修造厂专用码头和汕尾红海湾东洲（小澳）码头等码头设施。其中，汕尾发电厂专用码头是汕尾发电厂的重要配套设施，建有 7 万吨级煤码头、3 000 吨级重件码头和 1 000 吨级油码头各 1 个。建筑面积 1 400 平方米、共 4 层的口岸查验综合大楼也已建成，各项基础设施配套完善。汕尾红海湾万聪船舶修造厂是为国际航行船舶提供维修服务的一类港口口岸配套专业码头，现建有 10 000 吨级码头泊位 1 个，15 000 吨级船坞、5 000 吨级船坞、2 000 吨级船坞各 1 个，500 吨级船坞 4 个，10 000 吨级造船台 2 个。汕尾红海湾东洲（小澳）码头为通用码头，建有 1 万吨级码头泊位和 3 000 吨级码头泊位各 1 个，设计年吞吐能力 60 万吨 。万聪船厂建设的一幢占地面积 250 平方米，建筑面积 500 平方米的二层查验楼也已建成投入使用。同时配套建设了封闭式厂区围墙、电子监控系统和电子卡口设备，及卫生处理仓库、临时留验室、废弃物处理场和船舶停泊查验区等口岸查验配套设施。

2010年6月开始建设红海湾港区口岸综合查验中心，该中心占地总面积18 324平方米，建筑面积12 695.93平方米，投资2 953万元。2014年10月16日红海湾港区扩大对外开放通过国家验收，扩大开放水域面积达191.6平方千米。2015年年底口岸综合查验中心主体工程建成。

2015年，汕尾水运（海港）口岸进出口货运量348.9万吨，同比增长15%；入出境船舶362艘次，同比减少31.%；入出境人员0.4万人次，同比减少29%。

【虎门水运（河港）口岸】 位于珠江口东岸，处于广州—东莞—深圳—香港城市发展轴带的中间和珠三角经济区中心位置，拥有珠江口53千米的深水岸线，海域面积79平方千米，航道水深13米，1997年6月27日经国务院批准对外开放。2003年9月28日正式对外开放。自北向南分别是麻涌港区、沙田港区、沙角港区、长安港区。麻涌港区为大宗散杂货码头港区；沙田港区为虎门水运（海港）口岸的主港区，主要规划建设多功能大型集装箱码头和石化码头，配合虎门港保税物流园区和后方加工贸易区以及石化工业园的同步发展；沙角港区主要配合虎门水运（海港）口岸太平客运码头和虎门镇威远岛整体规划的发展，逐步使威远岛发展成为旅游休闲度假区；长安港区远期规划建设大型深水集装箱码头。

2010年3月正式开通对台航线，并从2013年5月开始，航班由原来一周1班增加至一周2班。口岸已实现“区港联动”通关模式，拓展了虎门港码头的功能和范围，既节省通关成本，又提高通关效率。

太平客运码头1982年6月24日经国务院批准开通，1984年7月2日正式通航，恢复了中断20多年的太平至香港客运航线。太平客运码头位于东莞市西南部的虎门镇，地处珠江口东侧，是“广州—深圳—香港”和“广州—珠海—澳门”两条经济走廊的交汇点，是连贯珠江三角洲、连接穗港澳的交通枢纽。港口地理位置条件优越、交通网络发达：南往深圳20千米，香港47海里，澳门48海里；北至广州90千米，距东莞市区29千米；西与番禺隔河相望。水陆交通四通八达，公路干线连接广深高速公路和107国道，并通过虎门大桥连番禺通往珠海、广州等地。

太平客运码头是广东省最早开通的客运口岸之一，由码头和入出境客运大楼两部分组成，入出境现场总面积达2 337.14平方米。现有入出境查验通道共12条（其中入境6条、出境6条），各种检查检验仪器设备，较完备的各种标志牌、电子显示屏、告示牌和闭路电视监控系统。2010年对口岸出入境大堂、旅客候船厅及预办登机服务大厅等场地进行重新装修升级改造，更换大厅的空调设备，增设标准化航空值机柜台11张，自动化行李处理线路9条。目前，太平客运码头设趸船泊位2个，长38米，宽6米，面积228平方米，设计水深3米，实际水深2米。太平客运码头开通时只有一艘150座位的双体客轮“流花湖”号，经多年更替目前共有2艘客轮营运：“太建”号豪华双体高速客轮，318个座位，建造地点澳大利亚，投入使用时间1997年7月23日；“东太安”号豪华双体高速客轮，271个座位，建造地点新加坡，投入使用时间1993年8月。

太平客运码头自1984年7月开通以来，客源稳步上升，至2010年年底，共验放入出境旅客618万人次。2003年9月29日太平客运虎门至香港国际机场航线正式开通，每日对开10个航班（五进五出），客源投送点由原来东莞虎门至香港中港城的点对点服务扩展至全球150多个国家和地区。截至目前，国泰航空、美国联合航空、港龙航空、中华航空、华信航空、长荣航空、日航航空、印尼航空、香港快运和香港航空10家具有国际影响力的航空公司可在太平客运口岸为广大旅客办理值机服务，旅客在乘船转机之际便可直接领取登机牌和办理行李托运手续，抵达香港国际机场过安检后便可直接登机，无须再办理任何手续。

2015 年，虎门水运（河港）口岸入出境人员 32.4 万人次，同比增长 3.4%，其中入境 8.4 万人次，同比下降 4.3%，出境 24.1 万人次，同比增长 6.3%。

【中山水运（河港）口岸】 已有 300 多年历史。1984 年经国务院批准客运口岸对国轮开放，1986 年批准货运口岸对国轮开放。中山港地理坐标为北纬 22°34′、东经 113°28′；水路距香港 51 海里、距澳门 38 海里；向东进入伶仃洋与国际航线相通，内河接珠江水网，公路以广珠东线、京珠高速公路为骨干线；中山港河宽平均 400 米，水深 7～10 米，现可通航 3 000 吨级江海轮。港内设客运码头 1 个、公共货运码头 2 个。中山港的服务区域覆盖了全市各个镇区及中山周边城市。

2014 年 8 月，国务院下发《国务院关于同意广东中山港口岸扩大开放的批复》，同意口岸扩大开放中山港区、神湾港区、小榄港区和黄圃港区。其中，中山港区和神湾港区对港澳台和外国籍船舶开放，小榄港区和黄圃港区仅对中国籍船舶开放。经过 20 多年的建设，口岸已发展成为集客货运于一体、年均入出境旅客 100 多万人次、进出口货物 600 多万吨的综合性口岸。中山市还设有中山海关、检验检疫进驻进行查验进出口货物业务的进出境货运车辆检查场 2 个，即中山保税物流中心进出境货运车辆检查场、小榄进出境货运车辆检查场。

2014～2015 年中山水运（河港）口岸进出境数据表

项目 / 年份	进出口货运量（万吨）	进出境人员（万人次）	运输工具（万艘次）
2014 年	635.11	141.4	2.14
2015 年	594.58	136.6	1.98

【江门水运（河港）口岸】 江门港客运码头是广东江门五邑地区具有百年悠久历史的客运口岸（通航香港澳门），原位于江门北街，1997 年 6 月迁至西江河段江门外海大桥下游 1.50 千米处新港，江门市江海区金瓯路 1 号。水路距香港 95 海里、距澳门 44 海里。口岸占地面积 8 万平方米，码头长度 133 米，500 吨泊位 3 个，设计年客运通过能力 100 万人次。查验综合大楼建筑面积 4 万平方米，大楼内出入境查验通关大厅、候船厅、免税商场、地下车库等口岸功能设施齐全，港口广场及绿化面积 6.50 万平方米。新中国成立以来，该口岸大部分时段保持通航澳门，1982 年 5 月扩大开放通航香港。口岸客运公司现有高速豪华客轮 1 艘，客位 354 个，与珠海斗门港挂港联运，日常每天 2 个航班往返于江门至香港，直航单程只需 2 小时 30 分钟左右，节假日进出境客流高峰时，每天进出航班会增开到 5 个。口岸公司拥有 10 多辆各型客车的车队，接送江门五邑各市和中山、顺德等周边地区的旅客。2015 年，该口岸出入境旅客 8.89 万人次，比 2014 年增长 10.6%。

【新会水运（河港）口岸】 新会水运口岸包括天马货运港区及口岸开放水域范围的双水发电厂进口煤专用码头、银湖船舶维修专用码头、宜大化工品专用码头和客运码头（2003 年暂停运行）。

天马货运港区位于潭江下游的银洲湖左岸，新会今古洲江裕路 2 号。其航道经崖门出南海，天然水深 8～13 米，是少有的内河优良建港水域，交通便利，水路距香港 98 海里、距澳门 47 海里，陆路紧靠广东西部沿海高速公路和广珠铁路。2001 年 12 月该港首期全面建成并获准开放，可靠泊外国籍船舶。目前，3 000 吨级海轮可全潮、5 000 吨级海轮可乘潮进出港。待第二期航道浚深工程完工后，5 000 吨级海轮可全潮、10 000吨级海轮可乘潮进出港。首期建成使用的港区占地面积 12.80 万平方米，基本设施建有长 323 米的码头，含 5 000 吨级泊位 2 个、500 吨级泊位 1 个，仓库 4 800 平方米，集装箱及件杂货堆场共 5 万平方米，建筑面积近 4 000 平方米的综合联检办公大楼，进出港道路为 6 车道一级水泥公路。港口运作配套设施较先进、齐备，装卸运输设备主要有门座起重机 4 台（最大起重能力

45吨），各型集装箱牵引车、叉车和运输车50多辆，港口作业船1艘。目前已投入使用的港区，设计年货物吞吐能力100万吨，其中集装箱10万标箱。2015年，该港区进出口货物99.82万吨，同比增长13.2%。

双水发电厂进口煤专用码头，位于天马货运港区下游斜对岸双水发电厂一侧，2006年4月口岸设施建成并获准开放使用。码头长170米，有泊位2个，可靠泊5 000吨级煤船，年设计吞吐能力100万吨。

银湖船舶维修专用码头，位于天马货运港区下游银洲湖出口左岸银湖船舶工程有限公司厂区岸边，2009年2月口岸设施建成并获准开放使用。码头建有5 000吨级泊位1个，担负银洲湖区域修造船产业的船舶进出口查验监管。2015年，出口船7艘，共5.6万吨。

宜大化工品专用码头，位于天马货运港区下游银洲湖崖门水道左岸、古井镇南洋围河段。码头总长275米，泊位3个，全潮可靠泊5 000吨船舶，乘潮可靠泊近万吨级船舶，年设计吞吐能力150万吨。化工库区一、二期工程已建成液体化工库容共10.50万立方米，是广东江门五邑地区具有国际水准、规模较大的石化物流基地。2012年12月该专用码头建成并获准开放使用。2015年，该码头进口货物6.03万吨。

【广海水运（海港）口岸】 1985年10月经国家批准对外国籍船舶开放的一类口岸，位于台山市广海湾华侨投资开发试验区，面临南海，原址在台山广海镇海港码头，距澳门52海里、香港96海里。客运于1988年8月开通香港客运航线，年客运量曾超过10万人次；1996年11月该口岸客运迁往公益港，2007年起暂停运行。货运于1996年规划迁建可靠泊万吨级轮船的鱼塘货运港区，目前该港区基本完成了码头泊位、堆场及进港道路等主体工程；2014年，台山市政府根据大广海湾的规划发展，拟将该港区规划调整升级为建设5万吨级泊位、规模更大的广海湾货运港区。广海港口岸开放水域范围增开的国华粤电台山电厂进口煤专用码头，于2012年12月获准正式对外开放，该码头位于台山市广海湾东侧铜鼓湾内，建有2个5万吨级泊位（水工设计为10万吨级），港口接卸能力达到1 300万吨，2015年暂没进口煤。同期，广海港口岸还通过申报临时开放等方式，为台山核电厂重大建设项目解决进口物资在本项目重件码头就地进口问题，2015年暂未进口设备物资。

【鹤山水运（河港）口岸】 位于广东省鹤山市西江河段、325国道九江大桥侧的沙坪河口与西江的汇合处（通航香港），鹤山沙坪镇口岸路，1988年4月27日经国务院批准对外开放，1989年1月28日开通鹤山至香港的水路客运航线。港区岸线长260米，码头长48米、泊位1个；建有旅检大楼3 000平方米，内设6条旅客进出境通道、候船厅、免税商场、停车场等设施齐备。目前由佛山高明港高速客轮挂港联运，每天一进一出共2个航班，每航次约需2小时30分钟。2015年，该口岸出入境旅客4.61万人次，比2014年增长18.5%。

【阳江水运（海港）口岸】 位于阳江市西南方向的海陵湾。海上北距广州约181海里，东距香港约143海里，距澳门约129海里，西距湛江约125海里。公路距广州210千米，距湛江230千米，在珠三角经济圈和北部湾经济圈两大板块中间，是连接两大经济圈的桥梁和纽带，同时，也是广湛水陆交通线的中心点，在广州、湛江港两大主枢纽港之间，与主枢纽港一起构成层次分明的水运体系，成为粤西中部和内陆地区重要出海口。

口岸现有对外开放泊位7个。其中：万吨级

泊位2个（6、7号泊位，设计年吞吐量100万吨）；3.5万吨级泊位1个（8号泊位，设计年吞吐量195万吨）；3万吨级泊位1个（10号泊位，水工结构按靠泊5万吨级设计，设计年吞吐量180万吨）；5万吨级泊位2个（11、12号泊位，水工结构按靠泊5万吨级和预留10吨级散货船设计，设计年吞吐量380万吨）；3 000吨级油气专用泊位1个（阳江港闸坡蝴蝶洲油气专用码头，设计年吞吐量24万吨）。

阳江港主航道水深12米，港池和码头前沿水深8.5～14.5米。目前已按5万吨级航道进行疏浚改造，可满足载重7万吨船舶航行。2015年往来航线主要有新加坡、马来西亚、印度尼西亚、菲律宾、南美、澳大利亚、阿联酋、俄罗斯、伊朗等国家和地区。进出口货物总类主要有镍矿、铁矿、煤炭、黄大豆、丙烯、戊烷等。

广东华厦阳西电厂配套码头建有7万吨级泊位1个（水工结构按15万吨级散货船舶设计），泊位长度为315米，宽度为30米，回旋水域直径416米，航道长1.96千米，航道有效宽度为170～210米。港池、航道设计底高程均为－15.5米，码头装设2台1 600吨/小时桥式抓斗卸船机，设计年通过能力600万吨，由阳西海滨电力发展有限公司建设，总投资7.5亿元，2009年建设竣工。国家交通运输部分别于2014年12月30日和2015年12月18日同意国际航行船舶临时进靠广东省华厦阳西电厂配套码头，期限分别为2015年1月1日至2015年6月30日和2015年12月18日至2016年6月15日。

2015年阳江港进出口货运量1 058.9万吨。

同比增长48.2%。进出口集装箱0.2万标箱，同比增长60%。进出境人员0.9万人次，同比增长47.7%。进出境船舶0.04万艘次，同比增长35.6%。

【湛江水运（海港）口岸】 位于我国大陆最南端的雷州半岛，是汉代“海上丝绸之路”始发港，是中国大陆通往东南亚、非洲、欧洲和大洋洲海上航程最短的港口，已与世界100多个国家（地区）通航。自1956年开港以来，历经60年的建设，已成为全国沿海12个战略枢纽港和原油、铁矿石物流集散中心，是西南沿海港口群的龙头港和我国中西部地区货物进出口的主通道，是广东省连接东盟自由贸易区的最佳海上物流平台，是国家建设“21世纪海上丝绸之路”重要支点口岸，是我国大陆的重要远洋门户，在亚太经济圈中具有重要的战略地位。湛江海港口岸主要包括霞山港区、调顺港区、霞海港区、宝满港区、东海岛港区、南海西部石油公司专用码头等港区和5个原二类口岸，拥有对外开放码头泊位45个，年设计吞吐能力1.55亿吨。

霞山港区岸线6 387米，陆域纵深1 500米，用地面积393.2公顷，生产性泊位29个（其中，万吨级以上泊位26个、30万吨级陆岸原油码头2个、25万吨级陆岸铁矿石码头1个）。开通航线主要是原油运输航线（中东航线、非洲航线、新加坡中转航线）、铁矿石运输航线（东盟航线、南亚航线、非洲航线、美洲航线）。进出口货物有铁矿石、原油、成品油、集装箱、杂矿、化肥、粮食、钢材、木材等。

调顺港区岸线1 315.4米，陆域纵深660米，用地面积79.5公顷，生产性泊位6个，开通航线主要是煤炭运输航线（东盟航线、非洲航线），进出口货物有煤炭、杂矿等。

霞海港区岸线312米，陆域纵深900米，用地面积18公顷，拥有对外开放码头泊位5个，开通航线主要是湛江—香港货运班轮及东盟航线，进出口货物有散货、集装箱等。

宝满港区岸线10 290米，陆域纵深1 000米，用地面积67.2公顷。规划重点发展集装箱运输业务，已完成一期工程，建成2个5万吨级集装箱专用泊位，年设计吞吐能力80万标箱。开通航线主要是集装箱航线（东南亚航线、东南亚—东北亚航线、经香港和蛇口中转全球航线、日本航线）等。2015年新增湛江—越南—马来西亚、湛江—越南/泰国/柬埔寨、湛江—新加坡/孟加拉/马来西亚3条集装箱定期班轮航线。

东海岛港区岸线34 110米、泊位27个，系湛江钢铁基地和中科合资广东炼化一体化项目生产配套的港区，已建成生产性泊位4个（其中30万吨级泊位、25万吨级泊位各1个，7万吨级泊位2个），以大宗能源、原材料运输为主。

南海西部石油公司专用码头岸线384米，陆域纵深584米，用地面积17.5公顷，生产性泊位5个，主要业务是进口大型海上钻井平台配件。

湛江保税物流中心（B型）项目于2014年10月批准设立。选址在湛江临港工业园区内，用地面积39万平方米，平面布置分别为仓库区、堆场区、查验区和辅建区。预计达产年进出保税物流中心的物流量为475万吨，其中集装箱量15万标箱、干散货250万吨。2015年9月建成，尚未验收运作。

2015年湛江水运（海港）口岸进出口货运量5 579万吨，同比增长2%，进出口贸易总额146.78亿美元，进出境集装箱18.2万标箱，出入境交通工具4 066艘（架）次，出入境人员8.95万人次；实现关税税收113.26亿元。

【茂名水运（海港）口岸】 位于广东省茂名市东南角，东经111°，北纬21°，是南海伸入内陆的一个面积为32万平方千米的泻湖湾。1988年经国务院批准为对外开放口岸。

茂名市水东港在清道光年间已成为粤西地区的重要商埠，在清咸丰年间和民国年间，曾两度对外通商贸易。1958年省航运厅投资在水东湾建成50吨级泊位6个。80年代开始了大规模的港口开发建设。1984年开辟炮台港，作为对港澳进出口货物起运点，后经批准成为装卸点。1988年10月，经国务院批准成为国家对外开放一类口岸，1993年6月18日经国务院批准正式对外国籍船舶开放。水东港航线可直达国内沿海各口岸，国际上与40多个国家和地区口岸建立了贸易往来。

茂名市水东港后方具备公路、铁路、管道等多种运输方式：由进港公路连接高水一级公路，与325国道、207国道相连接，横贯茂名东西南北。接上沈海高速（广湛高速）公路或在建的包茂高速可通往全国各地；茂名市铁路运输以广茂线为东部走廊，以河茂线为西部走廊，连接黎湛线，通过广茂线、河茂线、茂湛线及在建的广东沿海铁路可接入国铁干线网络；已建的各类管道是水东港区、博贺新港区与后方炼油厂、石化园区连接的重要通道。

茂名市水东港是我国南方重要的油品中转、集散基地和石化产品进出口基地，也是海产品和农副产品进出口基地。现有对外开放码头12座，其中拥有全国首创的30万吨级单点系泊原油接卸码头1座，3万吨级、1万吨级、3 000吨级成品油码头各1座，3万吨级煤炭码头1座，2万吨级杂货重件码头1座，3 000吨级液体化工码头1座，500吨级双泊位杂货码头1座，1万吨级通用码头1座，5 000吨级囤船化工码头1座，1万吨级液化气码头1座，1万吨级综合码头1座。港口年吞吐能力1 750万吨。

2015年，茂名水运（海港）口岸进出口货物1 477.7万吨；集装箱3.6万标箱；船舶0.1万艘次；出入境人员1.9万人次。

【肇庆水运（河港）口岸】 清光绪二十三年（1897年），地处西江上游的广西梧州辟为对外通商口岸，根据《中英通商专约》，肇庆、德庆被定为英国轮船停靠站。中华民国三十年（1941年）始，梧州海关在肇庆和禄步设立分卡，雷州海关在高要县新桥设立分卡，征收土货运销转口税、战时消费税。

1963年广东省人民政府批准开设肇庆进出口货物装卸点。1982年6月国务院批准肇庆客运港为一类口岸。1984年5月28日肇庆至香港直达客轮“西江”轮正式通航。2005年10月肇庆港客运业务因经营问题，经上级批准暂停营运，保留肇港客运口岸一类口岸资格。

20世纪80年代，广东省政府先后批准开设二类港口口岸5个：肇庆新港、三榕港、高要港、德庆康州港、四会马房港。目前，正将肇庆二类港口口岸整合到肇庆港口岸。

2015年，肇庆水运（河港）口岸出入境货运量337.9万吨，同比增长1.5%；进出口集装箱29.1万标箱，同2014年基本持平；进出口船只0.55万艘次，同比增长57.6%。

【潮州水运（海港）口岸】 位于广东省与福建省交界的东部地区，2015年潮州口岸共查验进出口货物410万吨，同比下降30.45%，其中，进口货物393万吨，同比下降30.58%，出口货物17万吨，同比下降29.78%。进出口货值为57 905万美元，同比下降63.88%，其中，进口货值7404万美元，同比下降88.95%，出口货值50501万美元，同比下降46.28%。检查出入境船舶201艘次，同比减少23%；检查出入境人员0.4万人次，同比减少24.2%。2015年1月20日，潮州市设立口岸工作联席会议制度，加强口岸各相关单位的联系沟通，解决影响潮州市口岸工作的突出问题，切实提高口岸通关效率，改善通关环境。4月23日，潮州市批准“潮州港口岸综合服务中心”项目。该项目选址在饶平县柘林镇文胜围中堤南片区，占地面积2万平方米，建筑面积11 000平方米。主要建设：建筑面积为4 800平方米的办证服务中心，5 000平方米的宿舍楼，1 200平方米的附属楼。项目总投资预计4 500万元。10月23日，潮州港口岸金狮湾港区亚太通用码头一期工程2个泊位通过对外开放验收，正式对外开放。该码头自2010年6月动工，一期工程1号、2号泊位分别于2012年7月、2013年4月交工验收，2012年11月实行第一次临时对外开放生产性试运行，经历过4次临时开放运作，共进靠外贸船舶79艘次，卸货385万吨，是潮州港现阶段规模最大、年装卸货物最多的码头。11月18日，由潮州市政府投资的潮州货柜车查验场转关电子卡口建设工程通过汕头海关监管处和技术处的验收，正式启用。车检场电子卡口的启用进一步优化了潮州市通关环境，方便了进出口企业。11月27日，汕头海关根据《中华人民共和国海关监管场所管理办法》（海关总署令第171号），取消潮州恒业集装箱综合码头作为海关监管场所的资格，并停止在潮州恒业集装箱综合码头办理进出口海关监管业务。根据《广东省人民政府办公厅印发广东省开展口岸查验配套服务费改革试点实施方案的通知》（粤办函〔2015〕421号）和《广东省口岸办关于印发口岸查验配套服务费改革试点查验情况统计办法的通知》（粤府口港函〔2015〕112号）要求，为减轻外贸企业的负担，扶持企业发展。自2015年9月中旬开始，对查验没有问题的外贸进出口企业免除吊装、移位、仓储等口岸查验配套服务费用。截至同年12月底，共免除费用14 620元，惠及外贸企业47家。

原二类口岸

【佛山新港装卸点】 位于禅城区国家高新技术产业开发区城南园，为佛山市航运有限公司与香港珠江船务（企业）集团有限公司合资兴建的外贸货运码头，1993年1月开通使用。现由佛山新港码头有限公司负责经营。港口货物年吞吐量300万吨，集装箱吞吐量25万标箱。经过20多年的发展，通过佛山新港开展外贸进出口业务的制造企业和商贸企业多达近千家，绝大部分是佛山市企业，其中又以禅城区企业为主，其中，出口企业主要有星星制冷、亿达粘胶、东鹏、宏宇陶瓷等，进口企业有利乐华新、创造材料、季丰铝业、本田汽车供应商等。佛山新港的进出口货源主要是陶瓷、机械产品、塑料原料、棉纱和钢材。从货源结构看，轻工医药类、制造业的产品占佛山新港进口货源的80%以上，矿建性材料占佛山新港出口货源近80%。2015年，佛山新港进出口货运量267.53万吨，同比下降5%；进出口集装箱数为13.84万标箱，同比持平。

【佛山澜石装卸点】 1979年10月经省政府

批准对外开放，现由新加坡吉宝电讯与通运有限公司与广东外运公司合资成立的吉宝物流（佛山）有限公司经营。该公司成立于1994年，经营期限50年。码头岸线长440米，有驳船装卸泊位7个。港口设计年吞吐量250万吨，其中集装箱30万个。佛山澜石港是佛山最早的外贸口岸，禅城区约95%的三资企业均以澜石港作为禅城区唯一的进出口码头。作为佛山市重要的进出口口岸，佛山澜石港与佛山众多生产性和外向型企业建立了稳定的合作关系，服务的企业超过1 000家，其中主要出口企业包括佛山市迅亚建材有限公司、佛山市骏景实业有限公司、宗申·比亚乔佛山摩托车企业有限公司和佛山杜邦鸿基薄膜有限公司等，进口企业有广州市辉烜进出口贸易有限公司、利乐包装（佛山）有限公司、佛山市日丰企业有限公司、广东省佛山土产进出口有限公司和欧司朗（中国）照明有限公司等。进口货源以原材料（包括塑料粒、棉纱、纸等，货源占比65%）和食品（包括水果、冻品等，货源占比30%）等为主，出口货源以陶瓷（货源占比90%）和建材为主。2015年，佛山澜石港进出口货运量169.52万吨，同比下降27%；进出口集装箱数为9.80万标箱，同比下降10%。

【滘口装卸点】 1981年6月投入使用。滘口码头位于珠江边上，码头岸线长200米，2 000吨级码头泊位3个，设计年吞吐能力50万吨，出口的集装箱主要以瓷砖和中药材为主，散货以钢材、铸管、小五金、茶叶等为主；进口集装箱以藤枝和花卉苗木为主，散货以少量杂货为主。现由佛山市金桥投资有限公司经营，目前滘口码头已暂停营业。

【九江装卸点】 1979年10月经省人民政府批准设立，位于西江九江镇东南段，现由佛山中外运仓码有限公司经营。口岸位于佛山市南海西江九江镇东南段。经过近3年的改造建设，总投资5.5亿元的佛山中外运仓码有限公司码头现已完成330米岸线的改造，并投产45吨轨道门座机5台，集装箱龙门吊4座。二期改造完成后，码头岸线将增至440米，驳船位增至6个，其中2个3 000～5 000吨级泊位，集装箱年处理能力达80万标箱。2015年进出口货运量242.12万吨，同比增长30%；集装箱吞吐量14.25万标箱。

【平洲装卸点】 1986年5月经省政府口岸办公室批准设立，位于南海区的东部，东平水道出口处，现由佛山南港码头有限公司经营；港区码头岸线长230米，3 000吨级泊位4个，集装箱堆场面积10 000平方米，散货堆场面积26 000平方米，进出口货物种类主要为废五金、废塑料、木材、家电、钢材等；口岸实行“6＋1”工作制（即星期一至星期六正常上班，星期天预约上班）。2015年进出口货运量77.22万吨，同比下降11%；集装箱吞吐量8.93万标箱。

【北村装卸点】 广东省政府于1986年批准设立，位于珠江口水道广州珠江大桥上游。自1986年起，由南海食品进出口有限公司进行外贸散杂货码头经营，2005年1月由珠江内河货运码头有限公司与广东省南海食品进出口有限公司组成中外合作企业佛山北村珠江货运码头有限公司经营。北村口岸码头岸线长200米，设有1 000吨级的集装箱泊位1个，500吨级的散货船泊位2个，集装箱堆场面积8 200平方米，仓库面积650平方米；口岸实行“6＋1”工作制（即星期一至星期六正常上班，星期天预约上班）。2015年进出口货运量15.72万吨，同比下降1%；集装箱吞吐量0.70万标箱。

【高明装卸点】 1985年3月16日经广东省口岸办公室批准设立，陆路距高明港一类口岸3千米，水路距香港101海里。2015年高明区口岸进出口货运量为422.65万吨，与2014年同期持平；进出口集装箱量41标箱，同比增长1.44%。高明装卸点（珠江货运码头）建有4个3 000吨级泊位。2015年，珠江货运码头计划新建2个5 000吨级泊位。

高明食出码头（2015年）货运直接通航点（航线）国家（地区）及城市一览表

洲际	国家（地区）	城市（码头）
亚洲	中国	香港 HIT 码头、香港油麻地装卸区、香港内河码头等

高明货运码头（2015年）货运直接通航点（航线）国家（地区）及城市一览表

洲际	国家（地区）	城市（码头）
亚洲	中国	深圳
亚洲	中国	南沙
亚洲	中国	香港

【三水港装卸点】 三水港装卸点是2000年5月经省外经贸厅组织验收，2000年6月正式投入使用的二类口岸，位于西江马口段，由佛山市三水港吉宝物流有限公司经营，年外贸集装箱吞吐能力30万标箱，进出口货物种类主要为废金属、废塑料、陶瓷、机电、食品饮料。2015年，三水港进出口货运量149.26万吨，同比增长32%；进出口集装箱9.89万标箱，同比上升26%。

【西南装卸点】 西南口岸是于1986年5月经省口岸办批准对外开放的二类口岸，位于北江下游东平水道左岸，由佛山三水三港集装箱码头有限公司经营，目前可满足年吞吐量18万标箱的需要，进出口货物种类主要为废金属、废塑料、陶瓷、机电、铝材、粮食。2015年，西南码头进出口货运量68.02万吨，同比下降12%；进出口集装箱8.7万标箱，同比下降15.6%。

【湛江港长桥作业区】 由霞山长桥码头、渔业公司旧码头和富多石油液化气专用码头3个码头组成。霞山长桥码头、渔业公司旧码头于1982年经广东省政府口岸办批准设立。霞山长桥码头为湛江口岸对台小额贸易点。湛江港长桥作业区位于湛江市霞山区，东经110°24′、北纬21°12′。

【湛江港北潭作业区】 位于雷州半岛西北部的英罗湾，东经109°8′、北纬21°6′。1993年经广东省政府口岸办批准设立，1998年广东省政府列为暂停运作需进行调整的口岸装卸点。2003年广东省政府批准恢复运作。

【湛江港营仔作业区】 位于雷州半岛北部，东经109°54′、北纬21°28′。1993年经广东省政府口岸办批准设立。1998年广东省政府列为暂停运作需进行整顿的口岸装卸点，2004年经广东省政府批准恢复运作。

【湛江港流沙作业区】 位于雷州半岛西南端，东经109°55.8′、北纬20°26.2′。1989年经广东省政府口岸办批准设立。1998年被广东省政府列为暂停运作需进行整顿的口岸装卸点，2004年经广东省政府批准恢复运作。

【湛江港海安作业区】 位于祖国大陆最南端，东经110°35′、北纬20°13′。1981年经广东省政府口岸办批准设立，1995年广东省政府批准为对越南小额贸易试点口岸。2008年改扩建1 000吨级件杂货综合性码头，并于2015年1月8日被广东省口岸办批准为海安作业区新址，1月28日该作业区开通“湛江—海安—香港”集装箱航线，正式开展对外业务。

【韶关铁路外贸货物装卸点】 位于韶关市区南郊3千米，占地25 640平方米，内设有一座500平方米封闭式仓库、一座3 000平方米的低温仓库、300平方米的停车场，铁路专用线、站台465米，可同时停靠8个火车皮，地面仓库及附属建筑4 153平方米，年吞吐能力150万吨。主要开展铁海联运业务。据统计，自铁海联运开通以来，使韶关至深圳每个40尺集装箱的运价降到3 800元以下，累计为进出口企业节约运输成本近6 000万元。

【乐昌铁路外贸货物装卸点】 位于乐昌市环城中路，距离韶关车检场65千米，占地21 700平方米，有专线500米，年吞吐能力20万吨。

【韶关新港外贸货物装卸点】 位于市区南郊9千米，占地65 000平方米，300吨船泊位3个，岸线180米，监管仓库500平方米，堆场30 000平方米，办公大楼2 800平方米，配备设备40吨吊机1台，叉车1台，120吨地磅1台，年吞吐能力30万吨。

【云浮新港外贸货物装卸点】 下设云浮新港外贸作业区和六都内贸作业区2个港区。云浮新港和六都港位于西江中游南岸云安县六都镇，地处两广（广东、广西）航运节点，且航道水深优良，水陆铁交通十分便利。下达广州113海里、珠海149海里、香港177海里；上溯广西梧州60海里。陆路与国道324线相连，距广梧高速公路云安县出口7.5千米、云浮市区18千米、广州178千米，是沟通沿海与内地、连接珠三角与大西南的交通要冲，是云浮建设两广交通纽带的重要载体。云浮新港占地面积约22万平方米，码头使用岸线长420米，2 000吨级泊位7个，最大可停靠5 000吨级船舶，设计年集装箱40万标准箱，年吞吐量最高可达1 000万吨。

云浮新港现有云浮新港至香港、深圳蛇口、广州南沙、珠海高栏等港口的船舶往来航线，在出口周一、三、四“云浮—香港”定期航班的基础上，开通了“云浮—南沙”出口航线，出口航班由每周3班增加至现在每天1班以上。2015年12月开通梧州赤水—云浮新港内支航线。进口主要货物种类有石材、不锈钢、纸浆等；出口主要货物种类有石材、陶瓷、电池、硫铁矿等。2015年2月3日，经广州南沙港进口的一批大理石毛板以舱单分流方式运抵至云浮新港报关，标志着广州海关“无水港”通关模式正式启动，云浮新港成为广东省首个开通“无水港”通关模式的港口。在广州海关与云浮海关的支持下，云浮新港与南沙港开展的“无水港”的通关模式实现两程舱单的信息联动，实现舱单申报到货物申报的全程无纸化，为企业提供更多的通关便利。云浮新港计划将外贸作业区（B类海关监管场所）升级为A类海关监管场所。目前云浮新港A类卡口系统升级设备已安装完成，正在调试和试运行。自2015年11月20日起，肇庆边防检查站由于人员编制等原因，将24小时驻在云浮新港的人员暂时撤回肇庆，来往云浮新港的外贸进出口船舶改到肇庆三榕港办理边防手续。

深圳市

【口岸概述】 截至2015年年底，深圳市有经国务院批准对外开放的口岸15个。其中：陆路（公路）口岸6个，分别是罗湖、文锦渡、皇岗、沙头角、深圳湾、福田陆路（公路）口岸；水运（海港）口岸8个，分别是盐田港、大亚湾、梅沙、蛇口、赤湾、妈湾、东角头、大铲湾水运（海港）口岸；空运口岸（深圳宝安国际机场）1个。经省政府批准的原二类口岸3个，即蛇口外贸货物装卸点、沙鱼涌外贸货物装卸点和莲塘起运点。

罗湖陆路（公路）口岸是我国目前客流量最大的旅客入出境陆路口岸之一；皇岗陆路（公路）口岸是我国货车入出境数量最多的客货综合性陆路口岸，也是我国率先实行24小时通关的口岸；深圳湾陆路（公路）口岸是我国第一个按照“一地两检”查验模式运作的客货综合性陆路口岸；文锦渡陆路（公路）口岸是我国最早对外开放的口岸；福田陆路（公路）口岸是我国首个内地与香港无缝接驳的地铁口岸；盐田水运（海港）口岸是我国四大国际深水港之一；蛇口水运（海港）口岸是第一个由企业自筹资金建设、管理和经营的水运口岸；赤湾水运（海港）口岸是第一个中外合资企业建设和经营的水运口岸；深圳宝安国际机场是我国第一家以地方投资为主兴建的机场。

【口岸运行数据】 2015年，深圳陆路口岸出入境人员2.39亿人次，日均65.7万人次，同比增长1.9%；出入境车辆1 550万辆次，日均4.25万辆次，同比增长0.4%。深圳水运口岸集装箱吞吐量2 421.03万标准箱，同比增长0.72%；进出口货物18 367.70万吨，同比下降0.21%。空运口岸出入境旅客227.71万人次，同比增长26%，货物21.4万吨，同比增长4%。

【开展陆路口岸跨境货运功能调整研究】 由于皇岗、文锦渡陆路（公路）口岸建成时间较早，紧临深圳市中心，承担了深港大部分陆路货运通关任务。通关高峰期通关车辆导致口岸周边道路拥堵，并对深圳市区形成一定程度的噪声和空气污染，降低了口岸的整体服务水平。为合理调整深圳口岸功能布局，尽快构建深港跨境货运“东进东出、西进西出”通关格局，使用新口岸合理分流老口岸现有跨界货车。深圳市口岸办积极开展深圳公路口岸跨境货运“东进东出、西进西出”功能调整研究、论证、修改完善，提出两个口岸功能调整备选实施策略，并对两个策略各自优缺点和实施难点展开详细分析。《深圳城市总体规划（1996—2010）》首次提出建设深港西部通道和东部通道，《深圳城市总体规划（2010—2020）》再次提出本着“东进东出、西进西出”的原则，重点加强城市东西两翼疏港和过境货运通道建设，采取综合措施减少货运交通对沿线城市功能和环境的负面影响，上述规划均获得国务院正式批复同意。

【莲塘口岸建设顺利展开】 截至2015年12月，莲塘口岸建设累计已完成投资约2.408亿元。2015年3月25日和6月25日分别确认了旅检区域和货检区域方案设计图，确保工程按期推进。深圳市口岸办积极推进莲塘口岸查验模式改革创新，在莲塘口岸推进“一站式”查验模式改革：协调查验单位调整原传统查验模式下查验通道布局设计，在旅检通道首创“一站式”小查验厅设计；加快推进莲塘口岸“一站式”通关信息平台建设，科学合理编制“一站式”信息平台建设方案，多次与深圳海关、边检、检验检疫等查验单位召开协调会议，专题研究讨论平台建设方案。截至2015年12月底，旅检大楼桩基及基坑支护工程施工已完成100%，跨境桥深圳段和市政配套工程的施工招标已经完成，正在开展施工前的各项准备工作。莲塘口岸“一站式”通关信息平台初步建设方案已完成初步编制。

【免除查验没有问题外贸企业吊装移位仓储费用试点】 2015年9月，按照财政部等六部委印发的《关于免除查验没有问题外贸企业吊装移位仓储费用试点工作的通知》，深圳市口岸办迅速开展调研，制定试点实施方案报市政府批准，积极推进免费试点工作有序实施，使惠企政策尽快落地，外贸企业真正享受到政策红利。自2015年9月15日起，在全市陆路口岸、海运口岸和海关特殊监管区范围内，免除外贸企业在海关系统查验环节发生的、查验没有问题集装箱（重箱）货物和箱式货柜车运输货物（固体废物进出口货物除外）的吊装、移位、仓储费用。据统计，深圳口岸2015年10月15日至12月31日共免除经费21 489单，金额983.83万元，目前政府已支付口岸经营企业427.42万元，受惠外贸企业10 000多家。

【特区二线关口交通改善工程】 2015年6月深圳市口岸办积极配合有关部门组织开展二线关口交通改善工程。6月4～10日配合市交通运输委完成了南头、新城、白芒、福龙、南光、梅林、南坪、新区、清水河、布吉、沙湾、盐田、盐排、溪冲、背仔角15个二线检查站车检通道的拆除工作；6月16日向市交通运输委移交了白芒、盐田和揹仔角3个检查站；6月23日移交了梅林、沙湾和布吉3个检查站；7月7日移交了新区和南光2个检查站；7月23日移交了南头检查站。8月初至11月9日，南头、梅林、沙湾、白芒、布吉、盐田、揹仔角、新区、南光、南坪共10个二线检查站查验大楼的清场工作已全部完成。

【大通关建设深入开展】 深圳市口岸办积极组织调研，主动开展协调服务，梳理当前深圳口岸大通关建设面临的主要问题，有针对性地提出改进措施和工作思路，形成了贯彻落实中央关于口岸大通关建设改革的意见和工作方案。方案结合深圳口岸实际，抓住机遇、主动作为，提出了大通关改革的近期、中期和远期目标，力争将深圳口岸通关服务质量提升到一个与现代化国际化创新型城市相适应的新水平：加大口岸基础设施建设的投入，以政府投资为主导，尽快完善相关硬件配套设施，改善口岸通关环境。参考香港等先进城市经验，围绕深圳国际化现代化创新型城市建设的目标，在口岸规划建设中坚持高起点、可持续，逐步建立口岸基础设施建设的“深圳标准”，形成口岸发展的深圳特色；协调推进深圳电子口岸和国际贸易“单一窗口”建设，抓紧打造口岸通关信息公共服务统一平台，推动口岸管理相关部门业务系统的横向互联、信息共享；推动深港口岸资源的优化整合，共同研究提出关于深港口岸2016～2030年发展策略的意见建议，推动深港两地口岸通关联合执法和查验结果互信互认，研究探索深港口岸通关模式创新。

【国际贸易“单一窗口”建设】 深圳是继上海之后全国第二个获批开展国际贸易“单一窗口”试点工作的城市，2015年1月深圳市试点工作方案获得国家口岸办批复。同年6月30日，深圳市国际贸易“单一窗口”大铲湾试点运行启动仪式在大铲湾联检大楼举行。深圳国际贸易“单一窗口”的主要特点：一是建立了“一个窗口”，即海关、边检、国检、海事各自业务系统与“单一窗口”平台互联互通，“一个窗口”对外开展联检申报业务；二是实现了“两项功能”，即船舶进境一次申报功能和关检货物一次申报功能；三是体现了“三个要素”，即“一个平台”“一次递交”和“一个标准”。

【关检“三个一”正式应用】 2015年7月8日，深圳海关和深圳检验检疫局在前期试点的基础上，全面铺开关检“三个一”统一版“一次申报”系统应用。在通关过程中，深圳企业应用该系统只需录入一张表格即可完成报关、报检信息填报，且录入数据量将由此前的近120项减少为98项，减幅达18.3%，通关速度有望实现大幅提升。系统的应用还有助于实现关检双方监管信息共享，执法方式由“串联执法”向“并联执法”转变，带动双方监管效率提升，有力推动口岸管理部门之间“信息互换、监管互认、执法互助”工作。

【“一站式”通关模式创新】 莲塘口岸（旅检、货检）在全国首推“联合查验、一次放行”的“一站式”通关新模式。结合海关、边检、检验检疫相关查验单位监管模式和查验流程，以信息化技术为手段，通过建设“一站式”通关信息平台，整合查验单位业务系统前端信息采集模块和后端设备控制模块。通关人员、车辆、货物数据由“一站式”通关信息平台统一采集后分发到各查验单位业务系统处理，三家业务系统分别处理完成后将结果返回给平台，由“一站式”平台根据三家单位的反馈结果控制放行。

广东省口岸大事记

1月

深圳国际机场边检站被公安部命名为“全国公安机关执法示范单位”。

1月13日

全国首批美国亚马逊跨境贸易电子商务直邮中国进境物品在白云机场海关顺利通关，该批物品共146票、总价值人民币37 699.64元。

1月19日

黄埔海关所属太平海关行李物品监管科获广东省“扫黄打非”先进集体。

1月26日

中央政治局委员、广东省委书记胡春华视察南沙汽车码头。

珠海检验检疫局副局长陆山应邀赴澳门访问澳门卫生局，与该局局长就珠澳口岸传染病防控合作事宜进行了座谈交流。

1月27日

“湛江—海安—香港”新航线顺利开通。

1月28日

加拿大边境服务署署长卢克·波特兰斯先生为团长的代表团一行7人参观深圳湾口岸。

2月10日

广州海关车站海关、邮办处获评2014年广东省“扫黄打非”先进集体，缉私局朱欣然获评2014年广东省“扫黄打非”先进个人，省内海关单位共有6个集体、8名个人获此荣誉。

2月17日

广东省政协主席、深圳市委书记王荣一行到福田口岸检查指导工作，并慰问口岸一线边检工作人员。

2月21日

深圳市开通深圳到埃及开罗航线。

2月25日

汕头海关办公室“12360”服务热线办公室、江门新会海关通关科被中华全国妇女联合会评为“全国巾帼文明岗”。

2月26日

珠海检验检疫局副局长陆山应邀赴澳门访问澳门卫生局，与该局局长就珠澳口岸传染病防控合作事宜进行了座谈交流。

2月28日

广州海关（机关）、广州海关隶属大铲海关、汕头海关港口办荣获“全国文明单位”荣誉称号。

全国精神文明建设工作表彰暨学雷锋志愿服务大会在北京举行，罗湖边检站被中央精神文明建设指导委员会授予“全国文明单位”称号。

3月

黄埔海关所属东莞海关获全国文明单位称号。

湛江海关隶属茂名海关水东办通关科荣获广东省“巾帼文明岗”称号。

3月1日

广州海关离退办荣获全国“巾帼文明岗”称号。

3月2日~4日

国家口岸办黄胜强主任带领工作组，赴香港考察广深港高铁西九龙站内地口岸区项目，并与香港路政署进行工作座谈。

3月4日

香港保安局局长黎栋国一行访问深圳边检总站。

3月10日

广州海关“五星花”学雷锋志愿服务队、番禺海关“党员进社区报到”志愿服务项目、南沙海关徐志平同志分别获评全国海关优秀志愿服务组织、项目及个人。

3月12日

广州海关驻邮办处、行邮处马晓帆同志分别荣获2014年全国“扫黄打非”先进集体、先进个人称号。

3月23日

由中国检验检疫学会主办，广州市质监局、广州检验检疫局联合承办的全球农产品食品检验联盟筹备工作会议在广州召开。

3月25日

粤港双方组织召开2015~2016学年深港跨境学童通关工作会议。将跨境校巴特别配额由2014年170个增至220个。

3月30日

海关总署署长于广洲、副署长兼广东分署主任吕滨到广州联邦快递亚太转运中心、唯品会考察调研。

4月

罗湖边检站李春燕同志被广东省妇女联合会授予广东省“三八红旗手”荣誉称号。

4月9日

湛江港宝港满区集装箱码头一期、霞山港区散货码头以及东海岛宝钢广东湛江钢铁基地码头临时对外开放。

4月10日

陆运口岸“三互”大通关模式在东莞市寮步进出境货运车辆检查场正式启动运行。

4月13日

广州海关缉私局及侦查二处丁锐同志分别获评全国公安机关“百城禁毒会战”成绩突出集体和个人。

4月21日

中国（广东）自由贸易试验区挂牌仪式在广州南沙举行。

4月21日~24日

由交通部海事局主办，深圳海事局承办的第十六届亚太地区海事机构首脑会议在深圳召开，IMO秘书长关水康司出席会议。

4月23日

全国政协副主席何厚铧出席广东自由贸易试验区横琴新区片区挂牌仪式，并见证澳门特别行政区政府经济财政司司长梁维特与珠海市市长江凌签署《广东自贸试验区横琴片区建设珠澳合作机制协议》。

4 月 24 日

“湛江—海安—海口—海安—湛江”环北部湾中转新航线首航仪式在湛江关区举行。

4 月 27 日

中国（广东）自由贸易试验区深圳前海蛇口片区挂牌。

4 月 28 日

广东省口岸办吴军主任赴澳门参加粤澳新通道（青茂口岸）第七次双方工作小组会议。

江门海关区泽能荣获全国先进工作者荣誉称号。

4 月 29 日

广州白云国际机场海关旅检处、缉私局侦查二处侦查二科被共青团中央等单位联合命名为“2013～2014 年度全国青年文明号”；大铲海关团总支被共青团中央评为 2014 年度“全国五四红旗团支部”。

4 月 30 日

江门海关隶属鹤山海关团支部荣获广东省五四红旗团支部荣誉称号；江门海关尚纳荣获广东省优秀共青团干部荣誉称号。

5 月

黄埔海关所属东莞海关保税加工监管一科、湛江海关技术服务小分队获全国青年文明号。

5 月 7 日

中共中央政治局委员、广东省委书记胡春华视察中国（广东）自由贸易试验区南沙片区。

深圳边检总站召开罗湖边检站获评“全国文明单位”命名大会。

广州海关缉私局团总支、共青团开发区办事处（保税区海关）总支获评 2015 年广东省直机关“五四红旗团（总）支部”，邮办处李勇获评“优秀共青团干部”，南沙海关林辉勇获评“优秀共青团员”。

5 月 19 日

深圳检验检疫局赵振拴局长会见香港特区政府食物及卫生局常任秘书长谢凌洁贞女士一行，双方就供港食品农产品有关事宜进行了探讨和沟通。

5 月 22 日

世界海关组织－万国邮联邮关合作联合研讨会会议代表参观广州国际航空邮件处理中心包括 WCO、UPU、亚太地区邮政和海关部门以及欧盟部分国家邮政部门的代表实地参观空邮中心。

香港入境事务处陈国基处长一行到访深圳边检总站。

5 月 25 日

交通运输部正式批复同意国际航行船舶临时进靠汕尾华润海丰电厂码头（首次临开）。

5 月 27 日

广州海关缉私局唐璐被国家禁毒委员会办公室评为“2014 年度全国毒品案件信息管理先进个人”。

大铲海关团支部获评 2014 年度全国五四红旗团组织。

6 月 15 日

海关总署署长于广洲与广东省省长朱小丹在广州共同出席“海关总署 广东省人民政府销毁毒品活动暨‘K－9’缉毒专项行动会”。

6 月 18 日

广东省委副书记、省长朱小丹、副省长招玉芳参加虎门港启动水运口岸“三互”大通关模式启动仪式。

6 月 25 日

广州海关缉私局侦查二处、驻邮局办事处荣获“全国禁毒工作先进集体”荣誉称号，缉私局侦查二处雷麟同志荣获“全国禁毒工作先进个人”荣誉称号。

6 月 30 日

广州国际贸易“单一窗口”上线试运行启动仪式。系统同时在南沙港、白云机场、黄埔老港上线试运行，并率先建成我国首个空运口岸“单一窗口”。

同日，深圳市举行国际贸易“单一窗口”大铲湾试点运行启动仪式。

7 月 3 日

澳大利亚移民部助理部长米凯利·卡什（Michaelia Cash）一行到文锦渡口岸参观访问。

7 月 10 日

湛江雷州市乌石港对台湾小额贸易点启用。

7 月 23 日

深圳市开通深圳至日本大阪航线。

7 月 24 日

交通运输部正式批复同意国际航行船舶临时进靠揭阳惠来电厂专用煤码头续期。

7 月 25 日

深圳市开通深圳至日本茨城航线。

7 月 29 日

深圳市相关单位与香港保安局、教育局召开专题会议商定粤港陆路口岸幼童免下车具体实施方案。

7 月 31 日

深圳市开通深圳至越南胡志明航线。

8 月 3 ~4 日

珠海检验检疫局局长黎庆翔赴澳门中联办、澳门海关及澳门南光、南粤集团等单位就支持横琴自贸区建设、珠澳共建葡语系国家商贸平台，促进贸易便利化等方面工作和企业进行座谈交流。

8 月 14 日

广东省口岸办会同海关总署广东分署、广东检验检疫局在东莞联合召开寮步车检场实施“三互”大通关模式现场观摩推广会。

8 月 17 日

广东省口岸办同意珠海市设立珠海市洪湾进出境货运车辆检查场。该检查场位于广珠西线高速延长线以西，港珠澳大桥西延线以南的珠港澳物流合作园南侧，占地 17.5 万平方米，将按“园区、物流、保税、通关”一体化的功能要求，结合珠港澳物流合作园建设“统一规划、统一设计、统一投资、统一建设”。

9 月 1 日

深圳市正式实施深港跨境学童口岸免下车措施。

9 月 3 日

在习近平主席和普京总统的共同见证下，广东省政府、中国外运长航集团、俄罗斯联邦国家开发银行、俄罗斯联邦出口中心在北京共同签署《关于在广东东莞石龙建立中俄贸易产业园合作备忘录》。朱小丹省长、中外运长航集团董事长、俄罗斯联邦国家开发银行行长和俄罗斯联邦出口中心总裁分别在备忘录上签字。

10 月 3 日

中共中央政治局委员、广东省委书记胡春华视察佛山国通保税物流中心（B 型）。

10 月 10 日

梅州机场首条中远程国际航线“雅加达—梅州”国际航线正式通航。

10 月 22 日 ~25 日

“第九届中国（深圳）国际游艇及设备展览会”在深圳七星湾游艇会成功举办，共有来自 20 多个国家及地区的近百艘实体船参展。

10 月 23 日

广东省口岸办牵头组织有关单位对潮州港口岸金狮湾港区亚太通用码头一期工程 2 个泊位对外开放前的准备工作进行验收。验收组经研究同意潮州港口岸金狮湾港区亚太通用码头一期工程 2 个泊位对外开放。

10 月 25 日

广州海关甘露同志获评第五届“广东省道德模范”。

10 月 26 日

湛江市开通直飞曼谷国际航线首航。湛江至曼谷国际航线是湛江机场通航 63 年来首条国际航线。

10 月 30 日

珠海市九洲港口岸货运码头停止营运。

10 月 30 日至 11 月 2 日

第九届“中国杯”帆船赛在大亚湾海域举行。

11 月 3 日

广东省委副书记、深圳市委书记马兴瑞率队赴大铲湾口岸调研汽车整车进口工作。

11 月 11 日

深圳宝安国际机场举行开通 24 小时通关启动仪式，自 11 月 12 日零时起深圳国际机场正式

24 小时通关。

11 月 13 日

广州海关学雷锋志愿服务队、广州海关隶属番禺海关“党员到社区报到”志愿服务项目、广州海关隶属南沙海关徐志平被广东省文明办评为广东省最佳志愿服务组织、最佳志愿服务项目、最美志愿者。

11 月 16 日

江门海关隶属台山海关业务科、江门海关 12360 服务热线工作室、江门海关隶属新会海关驻港区办事处、江门海关隶属鹤山海关监管科通关组、江门海关现场业务一处外海码头监管科通关组、江门海关审单处验核工作室、江门海关缉私局海上缉私处 872 艇荣获广东省青年文明号称号；江门海关隶属鹤山海关张彬彬荣获海关系统省级青年岗位能手荣誉称号。

12 月 7 日

白云机场海关物流监控处查验一科、广州海关 12360 服务热线获评“2014 年度广东省青年文明号”；邮办处邮递物品监管科王晓墩、缉私局侦查二处侦查二科张龙奎获评“2014 年度广东省青年岗位能手”。

12 月 15 日 ~16 日

澳大利亚移民与边境保卫部副秘书长 Michael Manthorpe 一行先后参观深圳湾口岸、罗湖口岸。

12 月 18 日

珠澳口岸通关新安排一年来成效符合预期。拱北、横琴、跨境工业区口岸在“延关”时段内分别验放通关旅客 491 万人、238 万人、90 万人次，分别占各自口岸通关旅客总人数的 4.3%、33.1%、66.3%。

国家交通运输部批准同意国际航行船舶临时进靠广东省华厦阳西电厂配套码头，期限自批准之日起至 2016 年 6 月 15 日。

12 月 22 日

经国家口岸办批复同意，外籍公务机及其机组成员可从珠海机场临时进出境。

12 月 25 日

石龙铁路国际物流中心“粤满俄”国际集装箱班列举行首发活动。“粤满俄”是由广东省发车，经内蒙古满洲里至俄罗斯的国际铁路集装箱班列。开通序列号为 X8426/5 的“粤满俄”国际班列，由东莞石龙铁路国际物流中心口岸发车，经内蒙古满洲里口岸直达俄罗斯莫斯科，全程超过 1.1 万千米，其中中国境内 4 400 多千米、俄罗斯境内 6 600 多千米，是迄今全球运行里程最长的铁路快运货物集装箱国际班列，全线行车时间约 15 天，比海运方式减少运输时间超过 30 天，是解决广东省与俄罗斯进出口贸易海运时间长、空运费用高问题的主要措施。

“湛江—新加坡—孟加拉—马来西亚”新航线首航。这是湛江港在环北部湾“三地七方”合作机制下的又一条新拓展航线，也是湛江港首条直航孟加拉的海运航线。

12 月 29 日

深圳边检总站自主研发的“出入境旅客面相查控自动比对系统”获第五届全国公安基层技术革新奖三等奖。

（撰稿人：沈锐、严庆荣、辛扬、凌虹、黄毅、王超、万海螺、颜卓毅、谭敏、张冰慧、刘洋、程淳、周营、房雯、李梅生、谷硕、李新杰、王冬、马建军）

2015 年广东省口岸数据表

类别	口岸名称	合计 人员（人次）	合计 同比（%）	合计 交通工具（辆、艘、架、列次）	合计 同比（%）	入境 人员（人次）	入境 交通工具（辆、艘、架、列次）	出境 人员（人次）	出境 交通工具（辆、艘、架、列次）
公路口岸	罗湖口岸	8 316.7	-4.5	-	-	4 109.1	-	4 207.6	-
	皇岗口岸	3 674.1	-0.6	856.8	-1.6	1 693.0	413.5	1 981.1	443.2
	文锦渡口岸	574.0	7.6	182.4	5.4	260.2	92.9	313.8	89.5
	沙头角口岸	382.7	-2	82.6	2.8	189.2	43.5	193.6	39.1
	深圳湾口岸	4 150.4	1.4	388.5	1.5	2 095.6	203.0	2 054.7	185.4
	福田口岸	61 93.0	13.3	-	-	3 204.7	-	2 988.3	-
	福田保税区	29.2	-3.5	28.4	-4.3	14.7	14.2	14.6	14.2
	拱北口岸	12 076.6	9.4	293.6	3	6166.1	143.8	5910.5	149.7
	横琴口岸	768.8	54.4	100.4	23.7	375.6	53.2	393.2	47.2
	珠澳跨境工业区口岸	147.2	78.7	3.8	15.8	78.5	2.0	68.7	1.8
	合计	36 312.6	5.1	1 936.4	1.6	18 186.6	966.2	18 126.0	970.2
铁路口岸	广州客运东站	364.6	-5.1	0.8	0.4	183.9	0.4	180.6	0.4
	笋岗铁路口岸	0.2	-	-	-	0.1	-	0.1	-
	东莞常平铁路口岸	40.9	-3	-	-	19.9	-	21.0	-
	佛山铁路口岸	7.6	-5.1	0.6	-3.1	4.1	0.3	3.5	0.3
	肇庆端州铁路口岸	5.7	-1.2	0.1	0.3	3.1	0.04	2.5	0.04
	合计	419.0	-4.8	1.5	-1.1	211.3	0.8	207.7	0.8
空运口岸	广州白云机场	1 138.7	14.8	8.3	12.2	568.5	4.1	570.2	4.1
	深圳机场	246.1	25	2.4	14.4	122.3	1.2	123.8	1.2
	揭阳潮汕机场	27.1	56.8	0.2	38.3	13.6	0.1	13.5	0.1
	梅州机场	2.9	5	0.05	8.7	1.4	0.02	1.5	0.02
	湛江机场	4.5	36.2	0.1	42.3	2.2	0.03	2.3	0.03
	合计	1 419.4	17.1	11.0	13.2	708.1	5.5	711.3	5.5

续表

	口岸名称	合计				入境		出境	
		人员（人次）	同比（%）	交通工具（辆、艘、架、列次）	同比（%）	人员（人次）	交通工具（辆、艘、架、列次）	人员（人次）	交通工具（辆、艘、架、列次）
水运口岸	广州莲花山港客运口岸	40.9	-11.8	0.6	2.6	19.7	0.3	21.2	0.3
	广州南沙港客运口岸	31.4	-10.6	0.5	7.9	15.9	0.3	15.5	0.2
	黄埔港口岸	8.9	-11.7	0.9	-12.8	2.9	0.3	6.0	0.6
	洲头嘴口岸	1.3	4.6	0.2	4.7	0.7	0.1	0.6	0.1
	新塘口岸	0.4	-36.2	0.05	-36.7	0.3	0.04	0.0	0.01
	新塘口岸	0.4	-36.2	0.05	-36.7	0.3	0.04	0.0	0.01
	新沙口岸	2.5	-9.8	0.1	-4.8	1.3	0.1	1.2	0.1
	新港口岸	6.8	-5	0.8	-2.3	4.5	0.5	2.3	0.2
	广州开发区口岸	10.8	1 124.2	0.8	1 071.6	4.4	0.3	6.4	0.5
	蛇口口岸	322.0	-0.5	6.1	-1.9	134.4	3.0	187.6	3.1
	（注：含蛇口码头、赤湾码头、妈湾码头、东角头码头）								
	盐田口岸	19.9	5.2	1.3	5.1	9.7	0.6	10.2	0.7
	（注：含盐码头、西冲旅游专用口岸、梅沙旅游专用口岸、大亚湾核电站专用码头）								
	福永码头	78.8	0.6	1.4	22	36.7	0.7	42.1	0.7
	珠海九洲港客运口岸	234.1	-1.1	1.5	-5.6	117.9	0.8	116.2	0.8
	珠海湾仔客运口岸	91.3	-20.3	2.6	-15.2	35.8	1.3	55.5	1.3
	珠海斗门港客运口岸	2.8	-21.4	0.1	-15.5	1.5	0.04	1.4	0.04
	万山口岸	4.2	-63.1	0.2	-56	2.1	0.1	2.1	0.1
	高栏口岸	4.2	0.7	0.3	2.9	2.0	0.1	2.2	0.2
	汕头港	3.0	-13.2	0.3	-10.1	1.5	0.1	1.5	0.1
	潮阳港	0.5	-21	0.03	-5.1	0.2	0.01	0.3	0.02
	南澳港								
	惠州港	2.4	38	0.2	8.3	1.0	0.1	1.4	0.1
	汕尾港	0.4	-29.3	0.04	-31.4	0.2	0.02	0.2	0.02
	东莞太平口岸	38.2	2.9	0.5	-4.3	11.3	0.3	26.9	0.2
	东莞沙田口岸	7.4	-7	0.8	-6.1	4.0	0.4	3.4	0.4
	中山港	136.6	-2.2	2.0	-4.3	65.9	1.0	70.7	1.0
	江门港	12.5	-0.1	0.6	-1.8	6.3	0.3	6.2	0.3
	三埠港	0.8	6.2	0.1	1.4	0.4	0.05	0.4	0.05
	台山公益港	7.3	19.8	0.7	15	3.7	0.4	3.6	0.3
	鹤山港	6.1	18.6	0.2	26.9	3.0	0.1	3.1	0.1

续表

口岸名称		合计				入境		出境	
		人员（人次）	同比（%）	交通工具（辆、艘、架、列次）	同比（%）	人员（人次）	交通工具（辆、艘、架、列次）	人员（人次）	交通工具（辆、艘、架、列次）
水运口岸	鹤山港	6.1	18.6	0.2	26.9	3.0	0.1	3.1	0.1
	鹤山港	6.1	18.6	0.2	26.9	3.0	0.1	3.1	0.1
	鹤山港	6.1	18.6	0.2	26.9	3.0	0.1	3.1	0.1
	新会港	1.4	14.5	0.2	10.7	0.7	0.1	0.7	0.1
	高明港	6.6	-10	0.4	-12	3.2	0.2	3.4	0.2
	南海港	4.1	-4	0.5	-6.2	2.3	0.3	1.9	0.2
	顺德港	67.7	-47.7	1.1	-42.4	33.6	0.6	34.1	0.6
	阳江港	0.8	33.4	0.01	35.6	0.4	0.01	0.4	0.01
	湛江港	4.7		0.3		2.5	0.14	2.2	0.12
	茂名水东港	1.9	3.1	0.1	2.2	0.9	0.1	1.0	0.1
	肇庆港	3.6	-4.4	0.5	-4.7	2.2	0.3	1.4	0.2
	潮州港	0.4	-24.	0.02	-23	0.2	0.01	0.2	0.01
	合计	1 166.7	-7.8	26.1	-3.6	533.3	13.0	633.5	13.1
总计		39 317.7		1 975.0		19 639.2	985.4	19 678.6	989.6

表注：按口岸类型统计。

（广东省口岸办提供）

2015 年广东口岸货运通关数据统计表

项目		1～12 月	同比（%）
1. 进出口货运量（万吨）		39 864.3	-7.4
其中	进口	25 687.7	-0.5
	出口	14 176.6	-17.7
2. 从水路口岸进出口货运量（万吨）		37 152.6	-7.7
其中	进口	24 802.5	-0.3
	出口	12 350.1	-19.7
3. 从陆路口岸进出口货运量（万吨）		2 536.1	-3.9
其中	进口	866.7	-7.6
	出口	1 669.4	-1.8
4. 进出口集装箱总量（万标箱）		2 737.7	-0.9
其中	进口	1 320.8	-0.6
	出口	1 416.9	-1.2
5. 从水路口岸进出口集装箱总量（万标箱）		2 424.8	-0.4
其中	进口	1 159.0	-0.5
	出口	1 265.8	-0.4
6. 从陆路口岸进出口集装箱总量（万标箱）		312.9	-4.5
其中	进口	161.8	-1.6
	出口	151.1	-7.4

2015 年广东省口岸出入境主要数据表

项目			1～12 月	同比（%）
出入境人员（人次）	出入境人员总数		3 687 101	-1.149
	入境人员		1 747 548	-2.476
	出境人员		1 939 553	0.078
	出入境旅客		2 826 696	-1.755
	出入境员工		860 405	0.895
	中国公民	小计	3 336 194	-1.231
		内地居民（因公）	795 439	0.184
		内地居民（因私）	1 334 713	-0.486
		港澳居民	1 004 645	-2.957
		台湾同胞	201 397	-2.845
	外籍人员		350 907	-0.362
	从海港出入境人数		3 118 945	-1.290
	从陆港出入境人数		493 392	-3.060
	从空港出入境人数		74 764	21.982
交通运输工具（辆、艘、架、列次）	总计		91 860	-0.696
	船舶		90 091	-0.934
	飞机		1 039	24.282
	火车		730	0.275
	机动车辆			

（广东省公安边防总队提供）

2015 年广州市口岸出入境主要数据表

项目			1～12 月	同比（%）
出入境人员（万人次）	出入境人员总数		1 606	7.86
	入境人员		802	8.15
	出境人员		804	7.59
	出入境旅客		1 468	8.02
	出入境员工		138	6.26
	中国公民	小计	1 111	11.15
		内地居民	929	13.62
		港澳居民	139	1.2
		台湾同胞	43	4.42
	外籍人员		495	1.15
	从海港出入境人数		104	8.59
	从陆港出入境人数		364	5.09
	从空港出入境人数		1 138	14.77
交通运输工具（万辆、艘、架、列次）	总计		13	6.9
	船舶		4.1	1.45
	飞机		8.1	12.5
	火车		0.8	0.43
	机动车辆		0	-

（广州出入境边防检查总站提供）

2015 年深圳市口岸出入境主要数据表

项目			1～12 月	同比（%）
出入境人员（万人次）	出入境人员总数		23 989.7	1.90
	入境人员		11 870.8	2.04
	出境人员		12 118.9	1.77
	出入境旅客		23 007.3	2.01
	出入境员工		982.4	-0.58
	中国公民	小计	23 288.3	2.09
		内地居民（因公）	300.3	2.52
		内地居民（因私）	8 109.3	-1.51
		港澳居民	14 648.9	4.19
		台湾同胞	229.8	1.78
	外籍人员		701.5	-3.85
	从海港出入境人数		423.4	-0.07
	从陆港出入境人数		23 320.2	1.74
	从空港出入境人数		246.1	24.98
交通运输工具（万辆、艘、架、列次）	总计		1 550.0	0.19
	船舶		9.0	2.27
	飞机		2.4	14.44
	火车		0.0	
	机动车辆		1 538.6	0.16

（深圳出入境边防检查总站提供）

2015 年珠海市口岸出入境主要数据表

项目			1～12 月	同比（%）
出入境人员（万人次）	出入境人员总数		13 329.22	11.15
	入境人员		6 779.43	10.81
	出境人员		6 549.79	11.5
	出入境旅客		13 239.34	11.33
	出入境员工		89.88	-9.85
	中国公民	小计	13 157.84	11.32
		内地居民（因公）	149.36	-8.29
		内地居民（因私）	7 728.33	12.72
		港澳居民	5 190.34	10.04
		台湾同胞	89.81	6.7
	外籍人员		171.38	0.47
	从海港出入境人数		336.64	-9.19
	从陆港出入境人数		12 992.58	11.8
	从空港出入境人数		0	0
交通运输工具（万辆、艘、架、列次）	总计		402.42	6.35
	船舶		4.65	-15.33
	飞机		0	0
	火车		0	0
	机动车辆		397.77	6.67

（珠海出入境边防检查总站提供）

2015年广东省口岸主要数据统计表

项目		2015年	同比（%）
进出口货运量（亿吨）	合计	12.6	1.1
	进口	2.6	-0.5
	出口	10.1	1.5
进出口贸易总值（亿美元）	合计	12 265.4	-7.0
		4 674.8	-12.2
	进口	7 590.6	-3.5
	出口	6 462.2	1.5
征收入库税款（亿元）	合计	3 200.9	-3.3
	关税	532.3	-1.9
	进口环节税	2 668.7	-3.6

（广东分署提供）

2015 年广州海关主要数据统计表

项目		2015 年	同比（%）
进出口货运量（万吨）	合计	7 184.2	11.9
	进口	4 278.3	16.2
	出口	2 905.9	6.1
进出口贸易总值（万美元）	合计	16 106 860.2	-3.0
	进口	10 341 446.5	-0.3
	其中：江、海运输	7 179 498.0	10.0
	铁路运输	331 099.1	-35.5
	汽车运输	1 329 478.3	0.5
	航空运输	1 326 938.2	-30.9
	邮件运输	88 165.6	90.9
	其他运输	86 267.2	88.3
	出口	576 5413.7	-7.5
	其中：江、海运输	3 715 632.0	-6.0
	铁路运输	325 592.1	-36.3
	汽车运输	736 687.0	-4.6
	航空运输	983 284.4	-0.3
	邮件运输	184.2	-19.1
	其他运输	2 033.9	-44.1
税收（万元）	两税合计	4 567 305.9	0.6
	关税入库	880 423.6	3.4
	进口环节税入库	3 686 882.3	-0.1

（广州海关提供）

2015 年黄埔海关主要数据统计表

项目		2015 年	同比（%）
进出口货运量（万吨）	合计	7 243.9	-10.4
	进口	5 482.0	-11.8
	出口	1 761.9	-5.7
进出口贸易总值（万美元）	合计	24 126 036.7	-3.6
	进口	9 948 969.2	-9.2
	其中：江、海运输	4 927 737.2	-18.4
	铁路运输	120 291.4	305.1
	汽车运输	4 871 906.5	-0.1
	航空运输	29 031.3	110.7
	邮件运输	-	-
	其他运输	2.9	-63.4
	出口	14 177 067.4	0.8
	其中：江、海运输	8 771 441.5	4.7
	铁路运输	137 137.3	354.4
	汽车运输	5 213 215.4	-6.9
	航空运输	26 064.5	-7.8
	邮件运输	-	-
	其他运输	29 208.8	-8.3
税收（万元）	两税合计	10 964 115.7	-0.1
	关税入库	2 974 798.3	-0.9
	进口环节税入库	7 989 317.4	0.1

（黄埔海关提供）

2015年拱北海关主要数据统计表

项目		2015年	同比（%）
进出口货运量（万吨）	合计	14 268	-12.7
	进口	1 564	-4.7
	出口	12 704	-13.6
进出口贸易总值（万美元）	合计	7 179 640.8	2.0
	进口	2 185 177.7	-13.3
	其中：江、海运输	1 791 359.6	-12.0
	铁路运输	.	.
	汽车运输	312 302.3	-33.5
	航空运输	81 197.3	500.6
	邮件运输	80.7	-19.7
	其他运输	237.9	-91.3
	出口	4 994 463.1	10.6
	其中：江、海运输	4 238 544.3	13.2
	铁路运输	937.4	-24.1
	汽车运输	689 502.7	-1.1
	航空运输	15 082.7	-33.6
	邮件运输	307.9	-6.5
	其他运输	50 088.0	-0.1
税收（万元）	两税合计	1 181 243.8	-5.2
	关税入库	175 238.3	-9.4
	进口环节税入库	1 006 005.5	-4.4

（拱北海关提供）

2015 年汕头海关主要数据统计表

项目		2015 年	同比（%）
进出口货运量（万吨）	合计	2 223.6	-11.9
	进口	1 958.6	-12.8
	出口	265.0	-4.6
进出口贸易总值（万美元）	合计	1 684 797.9	-5.4
	进口	500 943.2	-20.4
	其中：江、海运输	302 941.3	-22.7
	铁路运输	0	0
	汽车运输	195 603	-15.8
	航空运输	1 817.3	-27.8
	邮件运输	581.5	-78
	其他运输	0	0
	出口	1 183 854.8	2.8
	其中：江、海运输	910 303.5	6.9
	铁路运输	25.7	-72.7
	汽车运输	270 810.9	-9.2
	航空运输	2 703.5	40.6
	邮件运输	11.2	58.2
	其他运输	0	0
税收（万元）	两税合计	418 913.1	-22.3
	关税入库	57 279.0	-16.1
	进口环节税入库	361 634.1	-23.2

（汕头海关提供）

2015年江门海关主要数据统计表

项目		2015年	同比（%）
进出口货运量（万吨）	合计	1 673.47	27.90
	进口	1 302.31	37.56
	出口	371.17	2.63
进出口贸易总值（万美元）	合计	1 773 470.23	-0.61
	进口	498 664.42	-14.83
	其中：江、海运输	438 993.56	-17.50
	铁路运输		
	汽车运输	54 427.00	15.10
	航空运输	5 238.63	-14.40
	邮件运输	5.24	308.80
	其他运输		
	出口	1 274 805.81	6.33
	其中：江、海运输	996 920.10	-0.10
	铁路运输		
	汽车运输	169 379.25	-0.70
	航空运输	93.47	6.10
	邮件运输	90 287.56	
	其他运输	18 125.43	-39.60
税收（万元）	两税合计	399 229	-11.60
	关税入库	61 981	-14.00
	进口环节税入库	337 248	-11.10

（江门海关提供）

2015 年湛江海关主要数据统计表

项目		2015 年	同比（%）
进出口货运量（万吨）	合计	7 056.68	1.71
	进口	6 565.70	0.82
	出口	490.98	15.39
进出口贸易总值（万美元）	合计	2 098 394.01	-34.39
	进口	1 722 860.42	-38.04
	其中：江、海运输	1 716 075.95	-38.10
	汽车运输	5 356.07	-26.33
	航空运输	1 428.40	153.93
	出口	375 533.59	-10.17
	其中：江、海运输	369 618.59	-9.96
	汽车运输	5 912.74	-21.71
	航空运输	2.26	-19.99
税收（万元）	两税合计	1 692 991.46	-38.96
	关税入库	110 950.29	-1.37
	进口环节税入库	1 582 041.17	-40.55

（湛江海关提供）

2015 年广东省出入境检验检疫业务统计表

项目	货物检验检疫				交通工具				集装箱（标箱）		货物通关		出入境人员查验（人次）	健康检查及预防接种（人次）			
	批次	金额（万美元）	检验检疫不合格														
			批次	金额（万美元）	飞机（架）	火车（列）	汽车（辆）	轮船（艘）	合计	检出问题	批次	金额（万美元）		健康检查	艾滋病监测	发现病例	预防接种
本年累计	1 800 207	12 440 699	125 406	1 957 985	136 743	84 796	86 662	241 015	9 624 789	93 131	1 718 784	1 205 1255	2 028. 7	64 845	63 503	42 945	58 579
其中 出境	1 237 306	3 710 995	30 713	86 192	67 464	42 437	43 292	189 279	4 894 481	28	1 101 914	3 530 744	1 023. 5	45 332	42945	22 856	56 411
其中 入境	562 901	8 729 705	94 693	1 871 792	69 279	42 359	43 370	51 736	4 730 308	93 103	616 870	8 520 511	1 005. 1	19 513	20 558	20 089	2168
同比（%）	-6. 88	-21. 63	14. 53	15. 45	-9. 98	13. 97	-0. 97	-10. 28	-5. 65	-15. 21	-6. 44	-20. 59	4. 94	-2. 52	-4. 85	22. 50	7. 21
其中 出境	-8. 57	-10. 96	15. 35	54. 86	-8. 75	14. 24	-1. 02	-10. 28	-8. 12	-91. 03	-7. 81	-10. 21	4. 25	1. 47	-2. 09	2. 39	8. 86
其中 入境	-2. 94	-25. 43	14. 27	14. 12	-11. 16	13. 70	-0. 93	-10. 30	-2. 95	-14. 99	-3. 89	-24. 22	5. 65	-10. 67	-10. 14	57. 73	-23. 04

（广东出入境检验检疫局提供）

2015 年深圳市出入境检验检疫业务统计表

项目	货物检验检疫				交通工具				集装箱（标箱）		货物通关		出入境人员查验（人次）	健康检查及预防接种（人次）			
	批次	金额（万美元）	检验检疫不合格		船舶（艘）	飞机（架）	火车（列）	汽车（辆）	合计	检出问题	批次	金额（万美元）		健康检查	艾滋病监测	发现病例	预防接种
			批次	金额（万美元）													
本年累计	896 327	5 235 608	40 392	517 712	90 046	23 810		1 426. 10	2 135. 39	7. 41	89. 69	523. 83	23 107. 19	58 897	58 897	10 964	33 976
其中 出境	523 523	1865 702	2 558	7 906	46 139	11 930		704. 40	993. 33		52. 38	186. 63	11 601. 54	15 999	15 999	2 213	33 976
其中 入境	372 804	3.369 906	37 834	509 806	43 907	11 880		721. 80	1 142. 06	7. 41	37. 31	337. 2	11 505. 65	42 898	42 898	8 751	0. 00
同比（%）	-3. 07	-3. 83	71. 37	68. 51	1. 68	14. 70		0. 14	-0. 07	24. 60	-3. 10	-3. 80	1. 88	-30. 50	-30. 50	-3. 30	16. 89
其中 出境	-0. 98	-0. 41	54. 00	157. 36	2. 11	14. 74		-0. 69	-4. 94		-1. 00	-0. 40	1. 30	-24. 23	-24. 23	-1. 38	16. 89
其中 入境	-5. 86	-5. 63	72. 69	67. 61	1. 23	14. 69		0. 96	4. 60	24. 60	-5. 90	-5. 60	2. 47	-32. 51	-32. 51	-3. 82	

（深圳出入境检验检疫局提供）

2015 年珠海市出入境检验检疫业务统计表

项目	货物检验检疫				交通工具				集装箱（标箱）		发现动植物疫情		货物通关		出入境人员查验（人次）	健康检查及预防接种（人次）			
	批次	金额（万美元）	检验检疫不合格																
			批次	金额（万美元）	船舶（艘）	飞机（架）	火车（列）	汽车（辆）	合计	检出问题	种类数	种次	批次	金额（万美元）		健康检查	艾滋病监测	发现病例	预防接种
本年累计	120 999	1 136 487.7	120 999	1 136 487.7	44 202	0	0	3 969 754	383 167	24	285	4 942	109 447	510 593	13 223	28 969	28 814	5 938	2 073
其中 出境	60 067	129 942.7	60 067	129 942.7	22 717	0	0	1 984 532	170 556	0	0	0	68 956	91 007.27	6 527	23 903	23 868	4 637	2 044
其中 入境	60 932	1 006 545	60 932	1 006 545	21 485	0	0	1 985 222	212 611	24	285	4 942	40 491	419 585.7	6 696	5 066	4 946	1 301	29
同比（%）	120 999	1 136 487	120 999	1 136 487	-19.32	0	0	5.6	-9.79	-88.94	2.89	28.4	-10.04	-13.61	12.47	-1.54	-2.28	-17.74	-1.94
其中 出境	60 067	129 942.7	60 067	129 942.7	-18.65	0	0	5.73	-14.94	0	0	0	-12.55	-20.93	12.27	-14.59	-14.91	-32.9	-2.15
其中 入境	60 932	1 006 545	60 932	1 006 545	-20.02	0	0	5.47	-5.19	-88.94	2.89	28.4	5.41	-11.85	12.68	252.54	244.43	322.4	16

（珠海出入境检验检疫局提供）

2015 年广东海事局进出港船舶统计汇总表

	进港船舶							出港船舶						
	艘数（艘次）	总吨（吨位）	总载重量（吨）	载客量（客位）	船员人数（人）	货物到达量（吨）	旅客到达量（人）	艘数（艘次）	总吨（吨位）	总载重量（吨）	载客量（客位）	船员人数（人）	货物发送量（吨）	旅客发送量（人）
总计	253 634	979 388 685	1 124 401367	34 933 761	2 838 468	597 656 875	13 461 609	275 646	976 802 047	1 120 967 234	36 114 605	2 871 605	193 432 280	14 883 375
同比（%）	−12. 02	2. 1	1. 39	1. 36	16. 25	2. 57	−6. 44	−5. 51	1. 66	0. 77	4. 16	15. 56	−9. 95	3. 74
中国籍船舶	243 136	662 323 997	671 362 707	34 923 018	2 677 153	422 012 248	13 461 609	265 136	660 443 569	669 419 388	36 104 176	2 702 041	169 596 167	14 883 375
其中外贸船	26 877	45 564 747	50 750 795	6 208 106	331 911	31 846 088	2 271 285	28 295	57 270 038	73 172 617	6 486 959	356 717	13 358 370	2 566 377

（广东海事局提供）

2015 年深圳海事局进出港船舶统计汇总表

船舶类别	进港船舶							出港船舶						
	艘数（艘次）	总吨（吨位）	总载重量（吨）	载客量（客位）	船员人数（人）	货物到达量（吨）	旅客到达量（人）	艘数（艘次）	总吨（吨位）	总载重量（吨）	载客量（客位）	船员人数（人）	货物发送量（吨）	旅客发送量（人）
总计	70 008	811 260 562	907 859 050	5 490 372	687 876	68 723 059	3 336 286	68 644	819 229 058	915 347 024	5 789 661	689 132	70 075 576	4 418 884
同比（%）	-6.29	-0.54	-0.53	-21.84	-11.09	-10.58	-21.71	-6.92	-0.55	0.25	-17.35	-17.35	-9.09	-9.01
中国籍船舶	55 816	58 472 476	68 947 815	5 390 097	412 491	22 130 365	3 329 416	54 280	58 827 200	68 928 362	5 690 420	409 629	1 6218 898	4 412 162
其中外贸船	16 290	17 628 205	15 035 517	3 468 514	111 044	2 374 312	1 354 535	17 239	18 722 072	14 945 178	3 706 889	123 836	1 745 965	2 308 141

（深圳海事局提供）

广西壮族自治区

口岸数量及分布

截至2015年年底，广西壮族自治区有经国务院批准的对外开放口岸18个。其中，水运（海港、河港）口岸8个，分别是防城港、北海（含石头埠）、钦州、江山、企沙海港口岸和梧州、贵港、柳州河港口岸；空运口岸3个，分别是桂林空运口岸（桂林两江国际机场）、南宁空运口岸（南宁吴圩国际机场）、北海空运口岸（北海福成机场）；陆路（铁路）口岸1个，即凭祥铁路口岸；陆路（公路）口岸6个，分别是友谊关、东兴、水口、龙邦、平孟、爱店（尚未正式对外公布）公路口岸。

新增北海港口岸、水口口岸、友谊关口岸、龙邦口岸4个广西进境粮食指定口岸，截至目前，全区已有7个进境粮食指定口岸，基本覆盖了沿海、沿边、沿江口岸。

口岸运行数据

2015年，广西壮族自治区口岸进出口货运量累计1.02亿吨，同比下降1.70%。其中，进口0.84亿吨，同比下降6.9%；出口0.18亿吨，同比下降33.7%。进出口货物值555.39亿美元，同比下降4%。其中，进口货值253.21亿美元，同比增长45.6%；出口货值302.18亿美元，同比增长16.4%。出入境人员数量1 042万人次，同比增长2.6%。其中，出境521.61万人次，同比增长2.57%；入境520.38万人次，同比增长2.7%。出入境交通工具43.98万辆（艘、架、列）次，同比增长20.43%。其中，船舶1.09万艘，同比下降23.92%；飞机1.12万架，同比增长15.1%；火车0.18万列，同比下降18.96%，机动车辆41.85万辆，同比增长22.25%。水运口岸集装箱吞吐量41.77万标箱，同比增长15.42%。其中，入境20.96万标箱，同比增长19.17%；出境20.81万标箱，同比增长11.88%。

口岸综合管理

【口岸开放工作全面推进】 2015年，广西扎实有序推进口岸开放和升格工作，北海港、梧州港、爱店口岸3个扩大开放（升格）项目获国务院批复。防城港、友谊关、水口、东兴、峒中口岸5个扩大开放（升格）项目审理程序正在稳步推进。

【口岸基础设施建设进展顺利】 2015年，广西落实中央预算内投资补助一类口岸基础及查验设施建设资金4 035万元，惠及4个口岸，共4个项目。开展兴边富民行动大会战行动，安排兴边富民口岸建设项目21个，项目总投资27 755万元，补助资金8 400万元。其中，口岸基础及查验设施建设项目13个，补助资金5 300万元；边民互市贸易点基础及查验设施建设项目7个，补助资金2 600万元；边境贸易通道建设项目1个，补助资金500万元。重点口岸建设项目进展顺利，平孟口岸互市卡口改造项目、凭祥海关边民互市贸易信息管理系统等项目已竣工，宁明县爱店口岸联检楼扩建项目（二期）、滩散互市点综合服务楼及查验设施、凭祥市边境贸易货物物流中心电子信息配套工程等项目完成主体工程并进入装修阶段，宁明县爱店口岸升格基础设施建设项目（一期）、东兴口岸入境通道改造工程、弄平边境集贸市场道路扩建工程等项目开工建设。

【电子口岸建设稳步推进】 2015年，广西电子口岸建设面貌一新，服务通关能力不断提升。制订电子口岸发展规划，编制完成《广西电子口岸十三五规划》，为广西电子口岸发展导航。编制上报电子口岸公共信息平台建设方案，根据方案，力争用3～5年时间，将广西电子口岸打造成为数据共享和交换的公共信息平台，具有广西特色的“单一窗口”统一信息平台，支撑“三互”合作与“单一窗口”建设，为进出口企业提供更为便捷、高效的服务。不断完善电子口岸应用系统，广西电子口岸物流联动系统（一期）从

6月起分三批次在全区推广，10月份完成推广上线工作，实现广西区内货运监管场所全覆盖。2015年先后完成了钦州电子口岸和北海电子口岸建设，实现了北部湾经济区海港口岸电子口岸全覆盖。电子口岸服务效能继续提升，全年电子口岸门户网站访问量近200万人次，直接服务进出口企业8 000多家，企业通过广西电子口岸办理各类通关业务37万余票。

【口岸改革工作务实推进】 2015年，广西口岸改革取得积极成果，通关环境进一步优化。12月30日，广西国际贸易“单一窗口”（一期）启动仪式在南宁举行，广西成为我国西部地区首个建成“单一窗口”的省份，也是全国首个“单一窗口”申报环节整合集成集装箱物流数据的省份、全国首个船舶申报环节直接与边检系统对接的省份。“单一窗口”也成为广西北部湾自由贸易试验区最早建成的先行先试项目。从2015年7月1日起，根据《中越陆地边境口岸联合调研备忘录》（2015年5月15日）共识，中越友谊关—友谊、东兴—芒街口岸执行新的通关时间，即友谊关—友谊口岸人员通关时间从北京时间8：00～20：00调整为8：00～21：00，货物通关时间从北京时间8：00～17：30调整为8：00～19：00；东兴—芒街口岸人员通关时间从北京时间8：00～20：00调整为8：00～21：00，货物通关时间仍保持现行的北京时间8：00～20：00。中国—东盟“两国一检”通关新模式研究推进工作取得积极进展。为服务国家“一带一路”战略和中国—东盟自贸区升级版建设，适应广西与东盟的贸易投资和开放合作不断扩大和深化的新形势，率先提出探索和推动与东盟国家“两国一检”通关便利化合作的构想，并利用与越南陆海相连的地缘优势和中马“两国双园”便利条件，通过多种形式推动与越南和马来西亚的“两国一检”通关模式，取得了积极进展。其中，中越“两国一检”项目列入中越双边合作指导委员会第八次会议、中越陆地边境口岸管理合作委员会第三次会议、广西与越南边境四省联工委会议议题并写入会议纪要。

口岸监管与服务

【广西壮族自治区公安边防总队边检服务保障稳步提升】 面对广西开放范围不断扩大、口岸业务量快速增长的趋势特点，不断创新跟进保障措施，积极适应口岸开放新常态。加大勤务组织管理创新力度。制定《推进边检勤务实战化加强一线执勤警力保障实施方案》，推动建立全员岗位练兵、机关人员日常协勤和重大勤务支援机制，启动柳州、北海机场跨单位警力调配试点，指导士官检查员、边检协管员队伍建设，全区口岸实现了参与执勤人员占总数90%以上。成功应对重大专项工作考验。在“两会一节”边防安保协调工作中，根据全区反恐维稳形势变化，及时制定下发工作方案，针对南宁机场新航站楼启用对重要旅客通关的影响，明确东盟国家代表团礼遇手续办理的指导意见，18个重要代表团76名部长级以上重要嘉宾安全顺畅通关，通关服务赢得赞誉。跟进形势服务地方经济建设。积极跟进国家和自治区沿边开放、跨境合作区、开发开放试验区等重点开放项目建设和口岸通关模式改革，主动跟进做好电子口岸试点、国际贸易“单一窗口”建设、桂林72小时过境免签、对东盟10国旅游团6天入境免签政策及北海港口岸扩大开放、爱店口岸升格等边检筹备工作，保证口岸政策和边检勤务顺利实施。

【广西壮族自治区公安边防总队口岸管控成效显著】 2015年，全区边检机关共检查出入境人员1 072.3万人次（含边民），出入境交通运输工具102.1万辆（艘、列、架）次，偷渡案件21起27人，吊销证件131本、查处违法违规人员332人次。总队面对新形势、新任务，准确把握口岸面临的现实威胁和做足充分的准备。强化数据分析研判，根据口岸形势变化，强化对全区口岸动态分析预测，组织重点边检站开展出入境数据专项排查，定期通报规律性特点，及时总结归纳典型案例，加强对一线执勤工作的业务指导和信息支持，不断提高防范预警和打击能力。强化梅沙系统应急保障，针对当前口岸梅沙系统及其网络故障多发、现有设备使用年限较长及专用设备购置周期长等现实问题，组织开展梅沙系统巡回检查，及时发现整改系统运行隐患和应用短板，保障查控安全和通关顺畅。强化证研成果运用。依托总队证件研究中心，加快证研成果转化，抽调精干力量组成证件研究工作小组，结合广西口岸管控面临的新特点、新任务，编发口岸反偷渡、非在控重点人员检查指引、业务预警提示及证件研究专刊等，进一步强化口岸风险预警和精确打击。

【广西壮族自治区公安边防总队对外合作交流再上新台阶】 以东盟国家为重点，先行推动与泰国建立空港边检交流机制，探索构建面向东盟的边检合作交流机制，积极服务国家周边外交大局。积极在中越边境开展“共建友好站（队）屯、共创平安边境”活动。8 月 19 日，总队与越南高平、谅山、广宁三省边防部队共同举行中国边检品牌宣传暨中越联合提高边检服务水平活动启动仪式，共同宣布了联合研定的简化双方边贸人员边检手续，开通鲜活农产品绿色通道，开通跨境直通车专用通道，建立口岸流量联动平衡验放机制，建立跨境救助机制，优化监督机制，公众化信息预警，保障旅客权益等 26 项通关便民利民措施，边检品牌效应与务实成果凸显，受到各界广泛好评。指导空港边检站和所在机场公司建立广西空港口岸警地融合发展合作机制，密切警地双方交流合作，共同加强口岸的警戒和管理，实施航班信息共享、预警性情报信息互通，进一步筑牢空港口岸的维稳防线，有效提升了口岸查缉工作的整体合力。

【广西海事局助推地方经济发展】 服务国家和区域发展战略，积极参与“21 世纪海上丝绸之路”和中国—东盟自由贸易区升级版建设，主动融入自治区“双核驱动、三区统筹”战略实施。帮扶 LNG 燃料动力船、LNG 燃料加注站项目落地广西，支持 LNG 等新能源的推广应用，支持帮助新开 21 世纪海上丝绸之路航线，促进了全区航运经济转型升级。联合自治区交通运输厅、广西规划勘察设计院等单位开展沿海锚地等功能水域调研并向自治区政府作了专题报告，推动了沿海锚地的审批和对外公布工作。出台便利船员服务清单，实行北部湾经济区海船船员证书办理同城化等 9 项便利措施。继续做好钦州海上原油过驳安全监管，完成过驳船舶 45 艘次，过驳量 965 万吨，再次刷新国内年过驳量最高纪录。服务口岸开放发展，建立口岸开放指导机制，支持和指导北海市和梧州市政府开展北海港、梧州港等重点口岸扩大开放验收的准备工作。协助交通运输部海事局做好对外国籍船舶临时进入北海电厂码头，防城港电厂码头，铁山港 1 号、2 号泊位等非对外开放水域和码头情况的调查和复核，及时获批临时开放延期。指导做好中石化广西 LNG 项目码头开放前期准备工作。积极参与口岸通关“三互”一体化和“单一窗口”建设，完成“三个一”试点任务，完成“单一窗口”一期建设框架设计。与广西检验检疫局签署了合作备忘录，推进建立了紧密务实的协作机制。协助完成了广西口岸发展“十三五”规划编制工作。服务重大项目和重大活动，主动服务钦州 30 万吨码头航道和中船造船基地等重点工程建设。走访自治区安监局、自治区水产畜牧兽医局、广西西江投资集团和北部湾国际港务集团等部门和企业，在 LNG 加气站建设、水上旅游等新兴项目及沿海港口工程未批先建、客运船舶安全管理等方面进行沟通、帮扶合作。为世界 F1 摩托艇锦标赛、广西“两会一节”等 50 余项重大活动，以及国内外政要考察广西提供了良好的安全保障服务。

【广西海事局创新海事监管方式】 实施航运公司差别化管理，加强公司安全管理体系审核，强化对重点跟踪公司的跟踪检查。实施船舶信用管理。全面推进电子签证工作，施行了船舶报告制度。开展“船舶安检提高年”活动，优化安检选船机制，降低了滞留率。开展船员履职现场检查工作，加大船员违法记分力度。建立实施海事调查“一案双查”新机制，推进了事故调查处理案例网上点评工作。开展“盯屏”行动，实施电子巡航工作。以信息监管平台为基础，实施了海事动态监管网格化工作。开展月度安全形势分析评估，强化监管规律、监管难点研究，实施重大危险源风险管理，建立了“风险源清单”和“隐患清单”，建立了重大隐患数据库和隐患排查治理责任制，查摆整改各类安全隐患 1 317 项。

【广西海事局维护海上安全环境】 通过自治区政府印发的《关于切实加强水上交通安全工作的紧急通知》和自治区安委会印发的《全区水上交通安全生产专项整治工作方案》，联合交通、安监等部门抓好各类专项活动，深化桂粤、桂琼和滇黔桂的海事合作，政府统一领导，海事与相关部门联合整治、督导检查水上交通安全工作已成为常态。深刻吸取天津港“8・12”事故沉痛教训，以“严”和“实”的有力措施组织开展船载危险化学品和易燃易爆物品安全专项整治，保障了外贸危险货物的安全运输。深入开展“打非治违”、水上非法运输专项整治、客运船舶专项整治、沿海小型货运船舶安全管理专项整治、沿海港口工程未批先建专项整治、内河船舶参与海上运输治理等专项活动，集中整治、解决了一批水上交通安全隐患。以安检提高年活动为主线，开展船员进入封闭处所 PSC 集中检查会战（CIC），实施东京备忘录港口国监督新检查机制，对 159 艘外国籍船舶实施港口国监督检查，查纠缺陷 437 项。开展常态化巡航执法，全年共开展巡航活动 23 462 次，巡航 8.31 万小时、90.82 万海里，出动执法人员 6.29 万人次，查处违法行为 6 800 余项。加强大型船舶、特种船舶进靠安全评估和进出口岸审批，对大型船舶、特种船舶进出港实施临时交通管制或护航等措施，确保大型船舶、特种船舶安全进靠沿海口岸。

【广西海事局提升海事服务质量】 清理和修订了涉及取消和下放海事行政审批的规范性文件，在原有 21 项已下放权力的基础上，增加下放了国内航运公司、国内航行船舶的安全管理体系审核发证、暂扣船舶行政强制措施决定及实施等权力事项。组织完成了广西海事三级机构行政执法事权层级调整，下放和调整海事行政执法事权 44 项，理清了三级海事管理机构权责边界，初步形成了规范统一、分工合理、运转高效、便民利民的海事监管模式。推行权力清单制度，编制发布广西海事局权力清单，向社会公布行政审批事项及审批流程（21 项）、海事行政强制及工作流程（7 项）、船舶登记及工作流程（5 项）共 33 项行政权力。印发了《广西海事管理机构收费清单》，从 10 月 1 日起，进一步取消船舶港务费、特种船舶和水上水下工程护航费、船舶临时登记费、船舶烟囱标志或公司旗注册费、船舶更名或船籍港变更费、船舶国籍证书费、废钢船登记费等 7 项中央级设立的行政事业性收费，惠及辖区广大水运企业和船舶。出台了海事支持服务北部湾港集装箱“穿梭巴士”措施，妥善处置了“穿梭巴士”缴费、陆海资源有限公司煤炭中转、上海宝英航运有限责任公司货物中转等问题，切实解决了企业的困难，全年共为广西辖区水运企业和船舶减轻负担逾 2 880 多万元。

【广西海事局强化海上应急保障】 参与中越海上低敏感领域合作专家工作组第 7 轮磋商和中越海事会谈，进一步深化中越海上搜救区域合作机制。推动沿海三市发放海上搜救奖励和补偿金，并出台海上搜救奖励和补偿管理实施办法。严格执行 24 小时值班和重要节假日领导带班制度，组织对市级海（水）上搜救中心进行每周值班视频点名，推进了搜救值班应急工作的规范化与标准化。扎实开展应急演练，全年共组织开展了 90 次不同科目、不同层次的应急演练，协同配合自治区水产畜牧兽医局、旅游局、防汛办、卫生和计划生育委员会等搜救中心成员单位成功举办了渔业船舶搜救、水上旅游应急、防洪抢险、海上难医疗救助等演习演练，组织“水上搜救技能竞赛”，培训海上搜救志愿者达 180 余人。认真做好防汛防台预防预警，及时、有效地处置各类海（水）上突发事件，台风“彩虹”“鲸鱼”期间“零事故、零死亡”。成功救助 48 名外籍船员，得到了中央电视台、人民网等国内主流媒体的高度关注。全年共组织搜救行动 115 次，协调派出救助船舶 311 艘次，救助遇险船舶 122

艘，其中101艘船舶获救；救助遇险人员603人，其中591人获救，人命救助成功率达98.01%。

【南宁海关服务广西开放发展迈上新台阶】 全力促进广西外贸稳定增长，面对外贸持续下滑的紧迫形势，全面落实中央、海关总署稳增长政策措施，2015年先后出台32项稳增长措施，精准施策、持续发力，全力以赴打好稳增长攻坚战。同时，健全海关服务地方和帮扶企业长效机制，充分发挥海关统计监测预警和辅助决策作用，加大对虚假贸易管控力度，促进提升广西外贸发展的质量和效益。积极推动边民互市贸易开展转型升级试点，边民互市贸易进出口348.7亿元，同比增长24.7%。全面支持开放合作平台建设，围绕中央赋予广西的构建面向东盟的国际大通道，打造西南中南地区开放发展新的战略支点，形成“一带一路”有机衔接重要门户的三大战略新定位新使命，全力支持广西办好中国—东盟博览会、商务与投资峰会，配合推动中越跨境经济合作区和国家重点开发开放试验区加快建设和申报建设，积极参与中国—东盟信息港规划建设，支持中马“两国双园”、粤桂特别试验区、国际旅游合作区等平台建设。推动广西口岸优化布局，协助广西政府研究出台新形势下进一步加强口岸工作若干意见和编制口岸“十三五”发展规划，大力推动口岸功能布局和规范化建设，东兴、凭祥口岸延长通关时间，爱店口岸升级和北海港、梧州港口岸扩大开放获国务院批复同意，平孟口岸通过国家验收即将开通。服务广西深入实施加工贸易倍增计划，整合优化关区海关特殊监管区，助推南宁综合保税区成功设立，进一步复制推广自贸区海关监管创新制度，着力推动自贸试验区海关监管创新制度落地实施，特别是力推钦州保税港区整车进口业务发展取得新突破，实现报关进口整车1800辆。积极支持跨境电商、出口采购等新兴业态发展，加快打造扩大进出口新平台。

【南宁海关深化改革促使监管通关效能取得新提升】 全面推动“三互”大通关建设改革，制定南宁关区贯彻落实“三互”大通关建设改革实施方案，统筹开展11类32项重点改革。全面推动广西国际贸易“单一窗口”一期建设项目通过验收并正式启动。扎实推进“泛珠”四省区域通关一体化改革，关区内实现通关一体化，区域内海关通关时间由6.54小时降至4.44小时，24小时通关率由94.43%升至96.16%。继续深化通关作业无纸化改革，在提高无纸化报关单完成率的同时，自行推广应用关区物流管理平台，实现物流作业无纸化改革在关区货运监管场所的“全覆盖”，南宁关区通关无纸化报关单占比达97.1%，高于全国海关94.48%的平均水平。全面开展边民互市贸易通关作业改革，推广实施互市无纸化通关，促进互市贸易规范化管理。同时，全面实施“双随机”监管查验机制改革，深化应用“提前申报、货到验放”“属地报关、属地放行”等监管措施，开展“主动披露”试点工作，关区物流监管水平不断提升。深化关检合作“三个一”改革，深化与检验检疫部门沟通与合作，全面推广海关总署统一版“一次申报”系统，并优化整合作业流程和实施模式。同时，通过推动建立海关、检验检疫、边检和海事四部门合作机制，力推口岸公共信息平台建设取得进展。加强跨关区协同合作，与湛江、海口海关合力推动环北部湾“三地七方”通关一体化，与西安海关签订深化合作备忘录，与广州海关达成深化合作意向，加快畅通与国内“一带一路”沿线海关的通关合作。积极推动与东盟国家海关互联互通，成功承办中国—东盟互联互通海关合作研讨会，达成《中国—东盟海关互联互通合作共识》。加强中越、中马海关沟通与合作，与马来西亚海关进行会晤，与越南三省海关局举行“两国四方”边境互访，并与越南谅山省海关局签订了《关际合作纪要》。

【南宁海关反走私综合治理呈现新局面】 进一步健全反走私长效机制，研究确定关区打私工作新的思路举措、目标任务和一揽子改革举措，统筹推进监管区域和非设关地“两个战场”打私工作。坚持“破大案、打团伙”，扎实开展“五大战役”和打击冻品走私“南宁行动”等“四大行动”，全力抓好“以打促税”。2015年立案侦办“GN”系列重大团伙走私犯罪案件26起，总案值36.68亿元，总涉税3.2亿元，10起被列为海关总署一级挂牌督办案件，4起被列为海关总署二级挂牌督办案件，打掉大米、冻品、濒危动植物及其制品等走私团伙近30个，有力震慑走私犯罪分子。坚决管住、看牢非设关地走私，同时，针对走私“漂移”态势，大力推动建立“4地3系统11方”打私联动机制，强化联查联控、联防联动，构筑起非设关地打私防线。继续推动强化反走私综合治理，深入推进人防、物防、技防、联防“四防一体化”反走私综合治理长效机制建设，推动形成联合打私、市场整治、反走私宣传、反腐倡廉及应急处置“5个合力”，持续发力开展对越交涉，“走村、进屯、入户，促和谐”反走私群众工作社会效应显现，南宁关区走私态势总体平稳可控。

【广西出入境检验检疫局加强质量监管和口岸疫病疫情防控】 2015年检验检疫出入境货物14.6万批次、货值242.9亿美元，同比分别增长9.5%和减少18%；检验检疫边民互市贸易货物229.1万批/次，货值36.5亿美元，同比分别增长73.9%和47.8%；口岸检疫查验出入境人员903万人/次、交通工具105.3万辆/次，同比分别增长0.4%和46.6%；检出不合格商品4 095批次，货值64.2亿美元，同比分别增长108.5%和减少19.8%；截获有害生物925种23 965次，同比分别增长8.8%和31.9%，23种为首次截获，其中16种为全国首次截获；发现检疫传染病801例，同比增长150%；签发各类原产地证书6.8万份，签证金额26.1亿美元，同比分别增长5.6%和减少4.1%。广西检验检疫部门持续加强口岸疫病疫情防控。严密防控埃博拉出血热、中东呼吸综合征以及登革热等疫情传入传出。探索建立“地方政府主导、检验检疫部门指导、各相关部门共同参与”的传染病疫情防控工作新机制；推动桂林国际卫生机场建设；面对突如其来的中东呼吸综合征，严格检疫查验，确保体温监测100%覆盖，测温系统报警人员和重点旅客100%处置到位，加强部门协作，强化检查督导，严防死守，有效地防止了传染病疫情的传入传出。同时，开展“国门生物安全进校园”专题活动；加强进境粮食、水果等大宗敏感农产品风险分析和口岸查验及旅客携带物、邮寄物查验；开展了广西辖区出口农产品调研，形成专题调研报告；完成了广西首批进口澳大利亚种羊1 274头及进口法国种猪542头的隔离检疫工作任务；大力推进口岸动植检规范化建设，得到质检总局动植司的充分肯定，要求“南学两广、北学黑龙江”。目前，防城港、钦州、凭祥、水口4个试点口岸动植检规范化建设基本完成，并推荐防城港口岸作为全国首批试点口岸。加强食品、汽车、矿产品等高危敏感和社会普遍关注的进出口产品质量安全监管，针对广西出口美国罗非鱼产品屡遭通报的情况，指导企业以“零问题”通过美国FDA的检查；妥善处理路虎极光变速器故障事件；认真汲取天津“8·12”爆炸案教训，加强对进出口危险化学品的检验监管；对46批环保指标超限量的进口矿产品和不合格废物原料依法实施退运处理；对47家出口食品生产企业进行评审和HACCP验证，注销13家企业出口备案资格。

【广西出入境检验检疫局服务地方外经贸发展】 促进口岸通关便利化。继续深入推行“三个一”通关模式，并针对国家审计署延伸审计提出广西“三个一”推进所存在的问题，与南宁海关相互配合将“三个一”查验率从4.6%提高到29.5%；研究制定了57项落实检验检疫“三互”

的具体措施；积极配合自治区“单一窗口”建设；认真落实全国检验检疫通关一体化要求，实施通报、通检、通放和出口直放、进口直通措施；31个检务窗口100%实现标准化；优化原产地签证管理，其中签往越南的中国—东盟自贸区优惠原产地证书居全国检验检疫系统首位。推动进口指定口岸建设。广西2015年获质检总局批准的指定口岸6个，目前广西指定口岸已达到14个，较好地发挥了广西口岸资源优势，如2015年广西口岸进口水果103万吨，跃居全国第一，比上年增长45%，进口粮谷达900多万吨。促进广西特色产品扩大出口。以出口质量安全示范区建设为抓手，推动广西特色产品扩大出口。推动自治区政府出台《关于推进出口食品农产品质量安全示范区建设的意见》，牵头召开示范区建设厅际联席会议，推动北海水产品养殖示范区成为广西第9个国家级出口食品农产品质量安全示范区，帮助百色地区创建省级出口食品农产品质量安全示范区，帮助指导广西玉柴机器股份有限公司获得“中国出口质量安全示范企业”称号，帮助12家食品生产加工企业获得国外注册，推动新增1个地理标志保护产品和2个生态原产地保护产品，帮助防城港金花茶生态原产地保护示范区成为我国第一批国家级生态原产地保护示范区，推动西江活鱼首次出口我国香港地区。检验检疫监管模式创新。探索建立出入境特殊物品风险管理机制，全年共审批出口体外诊断试剂等生物材料制品103批次，同比增长110.2%，促进了广西生物医药产业发展；优化行政审批流程，将进口肉类、水产品、果蔬等产品的检疫审批由三级调整为两级，审批时限压缩了50%；对出口食品生产企业备案全面推行采信第三方认证结果；对出口玩具实施“风险管理、合格假定、后市场追溯”的快速放行新模式；对玉林龙潭进口再生资源加工利用园区进口废物原料探索转检试点；推行集中查验，指导建设了13家集中查验场（站）；全面实施原产地签证业务无纸化申报；在防城港口岸探索完善“一船一议”“海铁联运”模式，缩短货物在港口停留时间，为企业节约成本约1 000万元；积极参与南宁市跨境电商综合服务平台建设，探索构建跨境电子商务风险监控和质量追溯体系。边境贸易监管机制创新。根据广西边境贸易的特点和发展需要，在开展边境口岸业务风险专题调研并形成风险分析报告的基础上，研究提出了建立中国—东盟边境贸易国检试验区的设想，得到自治区领导和质检总局领导、有关司局的高度关注和大力支持。

开放口岸

【桂林空运口岸（桂林两江国际机场）】 位于桂林市西南方向临桂县境内，距市中心26千米，中心点地理方位为北纬25°13′06″、东经110°02′22″。2012年桂林空运口岸被国家质检总局授予“世界卫生组织口岸核心能力建设达标单位”，成为广西首个符合《国际卫生条例》要求的空港口岸。目前已开通国际（地区）定期航班13条（新加坡、马来西亚吉隆坡、日本大阪、泰国曼谷、泰国廊曼、韩国首尔、韩国济州、韩国釜山、韩国大邱、韩国清州、中国台北、中国高雄、中国香港）。2015年，桂林空运口岸出入境人员45.09万人次，同比增长8.62%；出入境飞机2 976架次，同比下降5.37%；进出口货物9.99万吨，同比增长23.20%。

【南宁空运口岸（南宁吴圩国际机场）】 位于南宁市良庆区，距南宁市区32千米。目前，南宁机场已开通21条国际（地区）航线。2015年，南宁空港口岸出入境人员99.32万人次，同比增长20.71%；出入境飞机8 029架次，同比增长 23.07%；进出口货物 2.06 万吨，同比增长 14.35%。

【北海空运口岸（北海福成机场）】 位于北海市银海区境内，占地面积约 373.33 万平方米。机场飞行区等级为 4D 标准，可全天候起降 B737、A320 等同类机型。北海机场新航站楼投资 3.08 亿，面积 2.7 万平方米，三层，高度 24 米，有值机柜台 6 个、VIP 候机室 6 个、廊桥 5 个、远机位 2 个、行李传送系统 1 套，设计旅客吞吐量 270 万/年，高峰小时吞吐量 1 350 人。2015 年，北海空运口岸出入境人员 1.11 万人次，同比增长 909.09%；出入境飞机 168 架次，同比增长 342.11%。

【友谊关陆路（公路）口岸】 距离凭祥市区 18 千米，距离越南谅山 18 千米，与越南友谊口岸相对，为常年开放的国际性口岸。1951 年开通，1979 年一度关闭，1992 年 4 月经国务院批准恢复对外开放。2012 年 9 月，友谊关口岸荣获世界卫生组织口岸核心能力达标单位。2013 年，先后完成了友谊关口岸边检站的查验设施维修工程，友谊关口岸联检楼三楼会议室、卫生间的改造工程，友谊关口岸限定区域内广场部分地板砖的更新工程，友谊关口岸零公里绿化美化，极大地改善了友谊关口岸通关环境，对加快口岸的通关速度和发展口岸经济起到积极的推动作用。2015 年，友谊关口岸进出口货物 12.05 万吨，同比增长 18.37%；出入境人员 145.55 万人次，同比增长 17.79%；出入境车辆 1.12 万辆次，同比增长 14.06%。

广西凭祥综合保税区于 2008 年 12 月经国务院批准设立，规划控制面积 8.5 平方千米，位于广西凭祥市友谊关。一期于 2011 年 9 月 30 日正式封关运营。广西凭祥综合保税区是广西北部湾经济区开放开发的重要平台，是服务于中国—东盟自由贸易区贸易往来，集口岸、国际贸易、保税物流、保税加工、国际配送等功能于一体的国际经济合作区域。自封关运营以来，广西凭祥综合保税区运行情况良好。2015 年，凭祥综合保税区主动适应新常态，认真贯彻落实自治区 48 条稳增长措施，坚持夯实基础与加快发展并重，突出抓好加工贸易倍增计划、保税物流倍增计划的实施，园区创新发展步伐进一步加快，经济整体稳健快速运行，实现“总量提质、分量加速”。据统计，凭祥综合保税区共有入区登记注册企业 135 家，3 家越南企业入区设立办事处，另有 200 多家企业依附凭祥综合保税区平台，开展一般贸易、边境小额贸易、物流配送业务。2015 年，园区进出口货物量为 200.99 万吨，进出口贸易总额 186.59 亿美元。入区企业外贸进出口额 23.77 亿美元，同比增长 41.6%，通关车辆达 18.55 万辆次，位列全国综合保税区第 12 位。保税进出口 21.67 亿美元，同比增长 31.3%，其中，保税物流 19.28 亿美元，同比增长 26.03%；加工贸易 2.39 亿美元，同比增长 98.5%；转关进出口 58.05 亿美元，同比增长 5.5%；工业总产值 7.57 亿元，同比增长 379%；海关入库税款 6.52 亿元，同比增长 33.8%。

【东兴陆路（公路）口岸】 位于东兴市繁华市区，地处我国西南陆地边境线与大陆海岸线的汇合处，在中越边境的最东端，东南濒临北部湾，北面背靠十万大山，通过北仑河大桥和越南芒街口岸连接，为常年开放的国际性口岸。1958 年经国务院批准对外开放，1978 年一度关闭，1994 年 4 月 17 日恢复对外开放。2011 年国务院批准设立东兴开发开放试验区，东兴口岸同东盟各国的贸易、旅游交流将进一步发展。2013 年 11 月，自治区公安厅口岸签证处入驻东兴口岸现场，东兴口岸正式启动外国人口岸签证业务，成为广西第一个陆路口岸签证处。2013 年投资 870 万元建设的出入境大厅调换改造工程竣工投入使用，口岸形象得到了很大的提升。2015 年，东兴口岸进出口货物 28.19 万吨，同比增长 21.30%；出入境人员 609.15 万人次，同比增长 1.41%；出入境车辆 22 938 辆次，同比增长 1.21%。

【水口陆路（公路）口岸】 位于龙州县的西端中越边界西路中越边界 943（1）号界碑处，水口镇境内，距龙州县城 34 千米，与越南驮隆口岸仅一河之隔，为常年开放的双边性口岸，1978

年曾一度关闭，1992 年 10 月，经国务院批准恢复对外开放。水口口岸主要进出口货物有冻海产品、腰果、核桃、机电配件及日用品等。2013 年完成水口口岸联检楼改扩建工程的主体工程建设。2015 年，水口口岸进出口货物 20.46 万吨，同比减少 40.25%；出入境人员 49.16 万人次，同比增长 14.97%；出入境车辆 1.29 万辆次，同比减少 81.8%。

【龙邦陆路（公路）口岸】 位于百色市靖西县龙邦镇，地处中越边境 741～742 号界碑，与越南茶岭口岸对应，距靖西县城 42 千米，距越南茶岭县城 5 千米。2003 年 1 月，国务院批准龙邦口岸对外开放。2007 年 10 月，龙邦口岸通过验收正式对外开放。龙邦口岸进出口货物主要有腰果、核桃、冷冻海产品、铁矿、锰矿、钢筋、搅拌机、打谷机、电器、电子产品、照明装置等。2015 年，龙邦口岸进出口货物 8 万吨，同比减少 45.5%；出入境人员 9.37 万人次，同比增长 39.76%；出入境车辆 33 834 辆次，同比减少 10.75%。

【平孟陆路（公路）口岸】 位于中越边界第 647 号界碑处，与越南朔江口岸相对应，是广西最西端的陆路口岸。2011 年 10 月 9 日，国务院正式批复平孟公路口岸对外开放，口岸性质为中国和越南双边公路客货运输口岸。目前，平孟口岸尚未通过国家验收正式对外开放。平孟口岸进出口货物主要有水果、海鲜、中药材、纺织品、建材、土特产品、矿产品和小五金等。2015 年，平孟口岸进出口货物 11.18 万吨，同比增长 10.15%；出入境人员 10.26 万人次，同比增长 17.26%；出入境交通工具 7 102 辆次，同比增长 25.3%。

【爱店陆路（公路）口岸】 位于广西崇左市宁明县爱店镇，中越边境 1223 号界碑处，北距宁明县城 51 千米，东距东兴市 195 千米，西距凭祥市友谊关 92 千米，南距越南首都河内 180 千米、凉山省府 34 千米、禄平县 17 千米，与越南峙马口岸相对。爱店口岸于 1957 年作为二类口岸对越开放，1979 年一度关闭，1991 年恢复贸易往来。2009 年中越两国政府在签订的《关于中越陆地边境口岸及其管理制度的协定》中同意“爱店—峙马”口岸在条件具备时开放。2012 年广西壮族自治区政府向国务院申请将爱店口岸正式开放。爱店口岸主要进出口商品有中草药材、机电产品、针织品、日常用品、水果、干杂货等。2015 年，进出口货运量为 109.52 万吨，出入境人员约 20.26 万人次，出入境交通工具达 14.6 万辆次。

【凭祥陆路（铁路）口岸】 位于凭祥市南区，与越南同登口岸相对应，为常年开放的国际性口岸，于 1953 年经国务院批准对外开放，是湘桂铁路的终点，也是广西唯一的一个铁路口岸。凭祥铁路口岸站区内设立 40 股道标准轨，窄轨铺轨总长 13.2 千米，站线铺轨 21.61 千米，占地 1.8 平方千米，货物站台 3 500 平方米，旅客站台 3 840 平方米，候车室 280 平方米，货仓 420 平方米，准轨客车 1 397 辆，窄轨客车 142 辆，换装能力 111.8 万吨。2013 年 9 月，凭祥（铁路）口岸顺利通过世界卫生组织口岸核心能力达标单位检查验收。2015 年，凭祥铁路口岸进出口货物 36.54 万吨，同比减少 39.95%；出入境人员 5.71 万人次，同比增长 55.16%；出入境火车 1 808 列次，同比减少 18.96%。

【防城水运（海港）口岸】 位于广西南部沿海北部湾北岸，是我国大陆海岸线最西南端的深水良港，也是我国沿海 11 个主要港口之一及西部第一大港。1983 年 7 月经国务院批准对外国籍船舶开放，为常年开放国际性口岸。口岸地理位置和建港条件得天独厚，北靠云南、贵州、四川，南濒北部湾，东邻广东、海南、香港、澳门，西接越南，地处华南经济圈、西南经济圈与东盟经济圈的结合部，是中国通往东盟、南亚、西亚、欧洲、非洲、大洋洲及南美洲海上运距最短的口岸。经过 40 多年的发展，口岸所在港口防城港已经拥有泊位 41 个，其中万吨级以上深水泊位 26 个，泊位最大靠泊能力为 20 万吨级，是广西港口中码头泊位最多、功能最齐全的港口。防城港 20 万吨级矿石码头两边均能靠船，是国内唯一的前沿吃水最深，既可卸船又可装船的20万吨级码头。防城港硫磷专用码头是全国目前唯一一个现代化硫磷专用泊位。铁路、高速公路直达港口，各类仓储和装卸设备齐全。与100多个国家和地区的250多个港口有业务往来。防城港口岸进口产品主要有煤炭、铁矿石、黄豆、化工、农林产品等；出口产品主要有煤炭、铁矿石、非金属矿石、化肥及农药等。2015年，防城港口岸进出口货物6 378.31万吨，同比减少2.12%；出入境人员5.69万人次，同比减少1.39%；集装箱18.19万标箱，同比增长4.15%；出入境船舶2 941艘次，同比减少3.1%。

【北海水运（海港）口岸（含石头埠口岸）】 位于广西南端、北部湾东北部的北海半岛西段北岸，东经109°4′12″，北纬21°28′5″。以环北部湾的中心城市北海为依托，水域地域宽广，地理优势显著，背靠大西南，面向东南亚，南与海南隔海相望，西濒越南，处于“一城系四南”的中枢位置，为常年开放的国际性口岸。现有9个泊位，其中2个万吨级泊位，1个2万吨级，1个3.5万吨级，设计吞吐能力215万吨。1998年4月，经广西壮族自治区政府同意开通北海至越南下龙海上旅游航线业务，2013年6月，北海港客运口岸联检大楼投入使用。2015年，北海港口岸进出口货物1 018.54万吨，同比增长1.88%；出入境人员1 696人次，同比减少39.64%；集装箱吞吐量3.99万标箱，同比减少16.47%；出入境船舶1 350艘次，同比减少4.93%。

石头埠水运（海港）边地贸口岸于1994年10月经国务院批准对外开放，1995年4月通过验收正式对外开放，为仅限中国籍和越南籍船舶开展运输业务的常年开放的口岸。2015年，石头埠口岸进出口货物3.13万吨，同比增长1.23%；出入境船舶62艘次，同比增长158.33%。

【钦州水运（海港）口岸】 于1994年6月经国务院批准设立，1997年6月18日通过验收正式宣布对外开放，是常年开放的国际性口岸。钦州港位于广西钦州市境内，北部湾顶端的钦州湾内，地处东经108°37′44″～108°41′29″，北纬21°36′40″～21°44′23″，处于广西南部沿海“南（宁）北（海）钦（州）防（城）”沿海经济区的中心位置，面向东南亚，背靠大西南，三面环山，南面向海，是天然的避风良港，水深、港池宽、潮差大、回淤少，建港条件优越，是大西南地区通向东南亚最便捷的出海口之一。钦州港口岸出口货物种类主要有化肥、碳电极，磷酸、磷酸氢钙等化工原料，进口货物种类主要有铁矿、锰矿等金属矿石，原油，煤炭，淀粉，生牛皮，机械设备等。2015年，钦州港口岸进出口货物2 809万吨，同比减少2.12%；出入境人员3.75万人次，同比增长12.28%；集装箱9.98万标箱，同比增长145.42%；出入境船舶2 011艘次，同比增长3.23%。

钦州保税港区于2008年5月29日经国务院批准设立，是我国西部沿海唯一的保税港区，规划总面积10平方千米，由码头作业区、保税物流区、出口加工区和综合服务区组成。2011年2月16日全面开港运营。2011年11月1日钦州保税港区整车进口口岸顺利通过国家验收并对外开放，汽车进口业务已正常开展。2015年保税港区内完成进出口额127.26亿元，同比下降2.0%，其中出口8.22亿元，同比增长284.5%；口岸口径下关税及代征关税14.69亿元，同比下降7.9%；港口货物吞吐量2 688.03万吨，同比增长32.94%；集装箱吞吐量94.17万标箱，同比增长34.15%。

【江山水运（海港）口岸】 于1994年10月经国务院批准对外开放，1995年2月通过验收正式对外开放，为仅限中国籍和越南籍船舶开展运输业务的常年开放的口岸。江山港口岸位于防城港市防城区江山半岛西南端，东经108°13′北纬21°30′，其东北部是防城港，西南与越南隔海相望，海路距越南鸿基不足80海里，陆路距防城区38千米，是一个水深、避风、不淤积的天然良港。江山港口岸开放以来，凭借其距离越南较近，航道状况良好，水路便利等优势，主要进口越南的煤、营草、木材等货物，出口产品主要有钢材等。2015年，江山港口岸进出口货物2.54

万吨，同比减少86.55%；出入境人员320人次，同比减少86.44%；出入境船舶48艘次，同比减少82.35%。

【企沙水运（海港）口岸】 于1994年10月经国务院批准对外开放，1995年5月通过验收正式对外开放，为仅限中国籍和越南籍船舶开展运输业务的常年开放的口岸。企沙港口岸位于防城港市港口区的企沙镇内，地处北部湾西北部的企沙半岛南端，东面和南面濒临北部湾，东北面与钦州港相邻，西面为防城港，北面背靠大西南。企沙港口岸现有5个业主码头，建有泊位37个。口岸进口货物主要是矿产品、无烟煤、原木，出口货物主要是白水泥、石膏、建筑用玻璃和机电产品。2015年，企沙港口岸进出口货物38.27万吨，同比减少83.4%；出入境人员2 512人次，同比减少86.85%；出入境船舶402艘次，同比减少85.52%。

【梧州水运（河港）口岸】 位于广西东部，北纬23°30′，东经111°，是广西乃至西部地区毗邻粤港澳地区最近的口岸，地处珠江流域中游的桂江、浔江、西江交汇处，与粤港澳一水相连。经梧州沿江而上，可至贵港、南宁、柳州、桂林、百色等地，连接资源丰富的大西南地区；经梧州沿江而下，可达广州、深圳、珠海、香港、澳门，连接沿海经济发达地区，因而梧州口岸素有“广西水上门户”“两广咽喉”之称。梧州口岸具有百年通关历史，据《梧州市志》记载，早在1897年梧州便作为通商口岸对外开放，凭借着天然水运优势，与130多个国家和地区有经贸往来，成为广西最大的内河港口，是常年开放的限制性内河水运口岸。梧州口岸进出口货物主要包括船舶、人造宝石、电池、松香及其深加工产品、钛白粉、纺织品、服装、玩具、回收固体废料、电子设备、机电产品及配件等。2015年，梧州港口岸进出口货物75.76万吨，同比增长12.17%；出入境人员8 540人次，同比增长8.93%；集装箱7.73万标箱，同比增长1.73%；出入境船舶1 014艘次，同比增长7.76%。

【贵港水运（河港）口岸】 于1992年3月经国务院批准对外开放，1994年1月通过验收正式对外开放，是常年开放的限制性内河水运口岸。贵港口岸位于广西贵港市珠江干流西江中游黎湛铁路与西江航道的交汇处。目前罗泊湾码头作业区堆场面积16万平方米，仓库面积20 500平方米，码头岸线长900米，5股道专用线长5 000米。拥有3个2 000吨级集装箱泊位、4个1 000吨级件杂货及多用泊位，年通过集装箱20万标箱和件杂货180万吨能力。2013年3月开通贵港至香港定期班线。贵港口岸主要出口商品是胶合板、办公家具、白砂糖等；主要进口商品是柴油发动机零配件、小型挖掘机零配件、废纸等。2015年，贵港口岸进出口货物50.39万吨，同比增长20.9%；出入境人员3 319人次，同比增长4.47%；集装箱1.71万标箱，同比减少19.23%；出入境船舶455艘次，同比减少5.41%。

【柳州水运（河港）口岸】 于1988年经国务院批准对外开放，1990年5月通过验收正式对外开放，是常年开放的限制性内河水运口岸。柳州港口岸位于广西柳州市区内，距离西南出海通道口约400千米，距离中越边境约450千米，交通运输十分方便。鹧鸪江码头是目前柳州口岸唯一对外开放的监管场所。由于鹧鸪江码头升级改造，该监管区从2011年年初开始拆除重建。2013年恢复通关业务，在鹧鸪江码头作业区恢复建成口岸简易通关监管设施，并按国家质检总局的标准要求完成口岸卫生检疫核心能力建设，顺利通过质检总局考核组的验收。2015年，柳州港口岸进出口货物96.35万吨，同比增长155.04%。

原二类口岸

【峒口公路口岸】 位于广西防城港市防城区峒中镇旧街，中越边境1317（1）号界碑处，处于防城区最西端，距离防城区124千米，北靠十万大山，西南与越南广宁省平辽县横模关口接壤。峒中口岸于20世纪50年代就已对外开放，1979年一度关闭，1991年恢复贸易往来。2009年中越两国政府在签订的《关于中越陆地边境口岸及其管理制度的协定》中同意“峒中—横模”口岸在条件具备时开放。2013年年底，广西壮族自治区政府向国务院申请将峒中口岸正式开放。峒中口岸主要从越南进口农副产品以及海产品和药材，出口我国广西以至华南地区的日用五金百货产品和轻工机械建筑材料等产品。2015年，进出口货物总量33.92万吨，同比增长110.95%；出入境交通工具2.13万辆次，同比增长12.61%；出入境人员为19.97万人次，同比增长18.94%。

【硕龙公路口岸】 位于广西崇左市大新县硕龙镇，中越边境847号界碑处。距大新县县城45千米，距靖西龙邦口岸150千米，距龙州水口口岸130千米。西与越南高平省接壤，距越高平市105千米，距高平省重庆城38千米，下琅县城30千米，对应越方里板口岸。该口岸于1954年作为二类口岸对越开放，1978年一度关闭，1991年恢复贸易往来。2009年中越两国政府在签订的《关于中越陆地边境口岸及其管理制度的协定》中同意“硕龙—里板”口岸在条件具备时开放。硕龙口岸出境货物主要有化肥、农药、布匹、服装及其他生活日用品、建材、机电产品等，入境货物主要有锰矿石、林木、果类、中草药材等。2015年，出入境人员3.03万人次。

【平而关公路口岸】 位于广西崇左市凭祥市西北端，中越边境1036（1）号界碑处，距凭祥市区23千米，西南面与越南隔河相望，与越南平宜口岸对应，平而关口岸是凭祥市唯一的公路、水路口岸。1979年一度关闭，1991年恢复贸易往来。2009年中越两国政府在签订的《关于中越陆地边境口岸及其管理制度的协定》中同意“平而关—平宜”口岸在条件具备时开放。

【科甲公路口岸】 位于广西崇左市龙州县武德乡，中越边境911号界碑处，与越南高平省下琅县山水相连，距龙州县城39千米。与科甲口岸对应的是越南的下琅口岸。科甲口岸于1953年对越开放，1978年一度关闭，1991年恢复贸易往来。2009年中越两国政府在签订的《关于中越陆地边境口岸及其管理制度的协定》中同意“科甲—下琅”口岸在条件具备时开放。科甲口岸进出口的货物主要是农产品、土特产品、日用品和药材等。2015年，进出口货运量为0.85万吨，出入境人员约2.37万人次，出入境交通工具达0.83万辆次。

【岳圩公路口岸】 位于广西百色市靖西县，中越边境791号界碑处，离靖西县城28千米，与百色市相距209千米，距首府南宁258千米。岳圩口岸与越南重庆县相连，对应越南坡标口岸，分别与越南重庆县城、高平市、首都河内相距22千米、72千米、342千米。岳圩口岸于1952年10月对越开放，1979年一度关闭，1991年恢复贸易往来。2009年中越两国政府在签订的《关于中越陆地边境口岸及其管理制度的协定》中同意“岳圩—坡标”口岸在条件具备时开放。岳圩口岸进出口货物主要有水泥、饲料、锰矿、药材等50多种。2015年，进出口货运量为1.05万吨，同比增长19.55%；口岸出入境人员为7.53万人次，同比增长28.94%。

【南宁内河水运外贸货物装卸点】 1987年正式对外开放，位于南宁市邕江河段。上溯左江可达龙津港，溯右江可通百色；下航可抵贵港、梧州、广州、香港、澳门等地。1992年有码头泊位23个，年吞吐能力115万吨，港口有铁路专线与南宁火车站相接。南宁港经过几十年建设，已具备了发展成为一个吞吐量达1 000万吨以上的现代化内河大型港口的基本条件。南宁水运外贸货物装卸点开通了直达香港、澳门的外贸货物运输。西江航运贵港枢纽二期工程建成通航后，千吨级船队可从南宁直达港澳，可进行散装和集装箱运输。铁路进出口运输由南铁南宁站和南宁南站承当装卸和编组任务，验关点设在南宁南站的沙井外贸仓库专用线。随着南宁市的逐步发展，南宁内河水运外贸货物装卸点现有的软硬环境设施已逐渐不能满足南宁市水运业发展的需要，南宁港码头已于2008年下半年拆除，南宁内河水运外贸货物装卸点因为码头拆迁而暂停业务。该外贸货物装卸点新址规划定点位于南宁港中心城港区牛湾作业区，牛湾作业区一期工程目前正在施工建设。

广西壮族自治区口岸大事记

1月5日

自治区主席陈武到岩应、硕龙调研。

1月6日

自治区主席陈武到龙州县调研。

1月19日

防城口岸获批成为进境水果指定口岸。

2月1日

中越边境友谊关口岸便民新政策实施。

2月9日

“北部湾之星”轮首航马来西亚仪式在北海邮轮码头举行。

2月28日

广西海事局（机关）和梧州海事局、桂林海事局3个单位荣获“第四届全国文明单位”称号。

3月2日

海关总署缉私局、全国打私办在南宁召开打击中越边境冻品走私专项行动部署会。

3月12日

由广西壮族自治区人民政府新闻办和广西海上搜救中心联合举行的《广西海（水）上搜救奖励和补偿管理暂行办法》实施情况新闻发布会在广西新闻中心成功举行。广西成为首个建立海（水）上搜救补偿机制并成功实施的省份。

4月24日

北部湾最大、最先进的海事巡逻船“海巡1001”轮圆满完成了广西、广东、海南三地海事部门联合巡航第一阶段工作任务。

5月22日

梧州海事局、梧州海关、梧州边防检查站和梧州出入境检验检疫局4家口岸联检单位共同签署《口岸通关联勤协作协议》。

6月9日

“海巡1001”轮被授予“广西水上交通安全教育社会实践基地”称号。

6月25日

自治区副主席张晓钦参加南宁跨境贸易电子商务综合服务平台启动暨中国—东盟（南宁）跨境电子商务产业园揭牌仪式。

7月1日

南宁海关启动推广“边民互市贸易海关通关作业无纸化改革”。

南宁海关关区通关一体化改革顺利启动。

东兴口岸、友谊关口岸通关时间调整为8：00～21：00，较以往延长1小时通关时间。

7月11日

是我国第11个航海日，广西多地海事部门邀请市民共庆“中国航海日”。

7月15日～17日

广西海事局组织开展了2015年第二期广西沿海海域联合巡航执法活动。

7月17日

自治区副主席张晓钦主持召开广西北部湾经济区同城化推进工作会议。

8月6日～7日

中央海权办副主任、国家边海防委员会副主任孔泉率边海防工作组到东兴、防城港检查调研。

8月25日～28日

南宁海关与越南北方三省海关局在桂林召开中越“两国四方”海关联络官工作会议。

9月2日

钦州电子口岸项目通过验收，为广西建设的第一个地市级地方电子口岸。

9月8日～9日

国务院发展研究中心“北部湾自贸试验区先行先试”调研组在桂调研。

9月9日～11日

广西海事局组织开展西江航运干线（梧州至贵港段）海事联合巡航。本次联合巡航全程历时四天，共出动巡航人员145人次，海巡船艇25艘次，覆盖南宁至贵港、柳州至贵港、梧州至贵港通航水域共1 107.6千米，共检查各类船舶290艘，检查水工项目11个，发现各类安全缺陷

103 项（现场纠正 42 项），查处各类违法行为 61 起，发放安全宣传资料 300 余份。

9 月 10 日

海关总署广东分署、香港海关调研组一行在东兴调研考察。

平孟口岸对外开放通过国家口岸办验收组验收。

9 月 17 日

中央政治局常委、国务院副总理张高丽和部分东盟国家领导人出席中国政府在南宁举办的第十二届中国—东盟博览会和中国—东盟商务与投资峰会欢迎宴会。

9 月 18 日 ~19 日

由海关总署和广西壮族自治区人民政府共同主办的“中国—东盟互联互通海关合作研讨会”在广西南宁成功举行。海关总署副署长孙毅彪、自治区党委常委、人民政府副主席蓝天立出席研讨会开幕式并致开幕辞。

9 月 20 日

印尼投资部部长到贵港海关罗泊湾作业区考察。

9 月 20 日 ~25 日

国家联合督导组对北海进出口环节收费进行典型调研。

9 月 30 日

国务院正式批准设立南宁综合保税区。

10 月 1 日 ~5 日

广西海事局完成 2015 中国柳州国际水上狂欢节的水上安保与交通管制工作。

10 月 4 日

梧州赤水码头口岸开放获国务院审批通过。

10 月 19 日 ~22 日

交通运输部副部长王昌顺一行深入广西海事局开展简政放权、放管结合优化和服务工作情况调研，广西海事局局长李国凯、副局长林奎陪同调研。

10 月 26 日

梧州海关驻贺州工作组正式进驻。

10 月 29 日

北海海上搜救中心联合广西海难紧急医学救援中心和北部湾旅游股份有限公司在北海侨港水域举行广西辖区首次海难医疗救助联合演练。

11 月 5 日

北海电子口岸项目通过验收。为广西建设的第二个地市级地方电子口岸。

11 月 13 日

自治区政协主席陈际瓦到梧州国际快件中心调研。

11 月 18 日

自治区副主席张晓钦主持召开自治区开放合作体制改革专项小组第三次会议。

12 月 2 日

全国政协提案委员会调研组在东兴调研。

12 月 29 日

广西国际贸易“单一窗口”一期项目上线联调成功，成为全国使用了海关总署数据中心提供的单一窗口报关预录入组件开发建设的第 5 个正式上线运行的“单一窗口”平台。

12 月 30 日

广西国际贸易“单一窗口”第一期启动仪式在南宁举行。吕文伟副局长代表广西海事局表示祝贺。

广西出入境检验检疫局机关、防城港出入境检验检疫局、桂林出入境检验检疫局、凭祥出入境检验检疫局通过全国文明单位复核并保持“全国文明单位”称号。

北海出入境检验检疫局、钦州出入境检验检疫局、梧州出入境检验检疫局、贵港出入境检验检疫局、东兴出入境检验检疫局5个分支机构同批获得“全国文明单位”称号。

广西出入境检验检疫局危险品检测技术中心烟花爆竹安全环保关键指标及检测技术项目获得湖南省科技进步二等奖（第二完成单位）。

2015年广西壮族自治区口岸流量统计表

口岸类型		口岸名称	货运量（万吨）				集装箱量（万标箱）				人员（万人次）				交通工具（辆、艘、架、列次）			
			出口	进口	合计	同比（%）	出口	进口	合计	同比（%）	出境	入境	合计	同比（%）	出境	入境	合计	同比（%）
空运口岸		桂林港	6.11	3.88	9.99	23.20					22.52	22.58	45.10	8.62	1 498	1 478	2 976	-5.37
		南宁港	0.03	2.03	2.06	14.35					49.58	49.75	99.33	20.71	4 006	4 023	8 029	23.07
		北海港									0.58	0.54	1.12	909.09	85	83	168	342.11
		分计	6.14	5.91	12.05	18.37					72.68	72.87	145.55	17.79	5 589	5 584	11 173	14.06
陆运口岸	公路口岸	友谊关	75.60	31.80	107.40	-5.06					50.87	51.05	101.92	6.78	82 090	82 087	164 177	44.11
		东兴	16.72	11.47	28.19	21.30					304.32	304.83	609.15	1.41	11 469	11 469	22 938	1.21
		水口	6.06	14.40	20.46	-40.25					22.77	26.42	49.19	14.97	6 447	6 448	12 895	-81.80
		龙邦	2.83	5.16	7.99	-45.50					4.69	4.68	9.37	39.76	16 917	16 917	33 834	-10.75
		平孟	4.03	7.15	11.18	10.15					5.13	5.13	10.26	17.26	3 551	3 551	7 102	25.30
		分计	105.24	69.98	175.22	-8.87					387.78	392.11	779.89	3.48	120 474	120 472	240 946	-20.40
	铁路口岸	凭祥	34.64	1.90	36.54	-39.95					2.70	3.01	5.71	55.16	904	904	1 808	-18.96
		分计	34.64	1.90	36.54	-39.95					2.70	3.01	5.71	87.83	904	904	1 808	-20.67

续表

口岸类型		口岸名称	货运量（万吨）				集装箱量（万标箱）				人员（万人次）				交通工具（辆、艘、架、列次）			
			出口	进口	合计	同比（%）	出口	进口	合计	同比（%）	出境	入境	合计	同比（%）	出境	入境	合计	同比（%）
水运口岸	海港口岸	防城港	956.69	5 421.62	6 378.31	-2.12	9.27	8.92	18.19	4.15	2.58	3.11	5.69	-1.39	1 364	1 577	2 941	-3.10
		北海港	225.33	793.21	1 018.54	1.88	2.06	1.93	3.99	-16.47	0.10	0.06	0.16	-39.64	687	663	1 350	-4.93
		钦州港	418.70	2 390.30	2 809.00	-2.12	4.59	5.39	9.98	145.42	1.79	1.96	3.75	12.28	958	1 053	2 011	3.23
		江山港	1.56	0.98	2.54	-86.55					0.02	0.02	0.04	-86.44	24	24	48	-82.35
		石头埠港	0.00	3.13	3.13	1.23									31	31	62	158.33
		企沙港	0.28	37.99	38.27	-83.40					0.13	0.13	0.26	-86.85	201	201	402	-85.52
		分计	1602.56	8 647.23	1 0249.79	-3.64	15.92	16.24	32.16	21.73	4.62	5.28	9.90	-10.97	3 265	3 549	6 814	-28.05
	河港口岸	梧州港	37.00	38.76	75.76	12.17	3.77	3.95	7.72	1.73	0.40	0.45	0.85	8.93	507	507	1 014	7.76
		贵港港	24.59	25.80	50.39	20.90	1.12	0.59	1.71	-19.23	0.20	0.12	0.32	4.47	271	184	455	-5.41
		柳州港	6.13	90.23	96.36	155.04									5	7	12	
		分计	67.72	154.79	222.51	33.07	4.89	4.54	9.43	1.07	0.60	0.57	1.17	7.34	783	698	1 481	8.26
合计			1 816.30	8 879.81	10 696.11	-3.35	20.81	20.78	41.59	16.34	446.57	452.02	898.59	0.68	207516	207 710	415 226	27.52
同比（%）			26.53	-7.80	-3.35		12.30	20.67	16.34		0.17	1.20	0.68		25.83	29.27	27.52	

（广西壮族自治区口岸办提供）

2015年南宁海关主要数据统计表

项目		2015年	同比（%）
进出口货运量（万吨）	合计	10 168	-1.7
	进口	8 375	-6.9
	出口	1 793	33.7
进出口贸易总值（亿美元）	合计	3 190.03	28.1
	进口	1 453.40	45.6
	其中：江、海运输	785	-0.6
	铁路运输	1	-35.4
	汽车运输	299	51.5
	航空运输	14	49.0
	邮件运输	1	124.5
	其他运输	353	-83.5
	出口	1 739.90	16.4
	其中：江、海运输	502	12.3
	铁路运输	52	-14.3
	汽车运输	1 167.64	19.2
	航空运输	13	84.4
	邮件运输	0	8.4
	其他运输	5	1 552.5
税收（亿元）	两税合计	195.71	-16.7
	关税入库	25.87	12.0
	进口环节税入库	169.84	-19.8

（南宁海关提供）

2015 年广西壮族自治区口岸出入境主要数据表

项目			2015 年	2014 年	同比（%）
出入境人员（人次）	出入境人员总数		6 591 881	5 978 100	10.27
	入境人员		3 302 383	3 003 770	9.94
	出境人员		3 289 498	2 974 330	10.60
	出入境旅客		6 348 290	5 745 969	10.48
	出入境员工		243 591	232 131	4.94
	中国公民	小计	3 556 452	2 982 083	19.26
		内地居民（因公）	113 179	11 3937	-0.67
		内地居民（因私）	3 143 531	2 529 024	24.30
		港澳居民	52 675	80 015	-34.17
		台湾同胞	247 067	259 107	-4.65
	外籍人员		3 035 429	2 996 017	1.32
	从海港出入境人数		125 545	123 040	2.04
	从陆港出入境人数		4 992 542	4 605 050	8.41
	从空港出入境人数		1 473 794	1 250 010	17.90
交通运输工具（辆、艘、架、列次）	总计		24 542	23 014	6.64
	船舶		7 394	7 248	2.01
	飞机		11 271	9 796	15.06
	火车		1 799	2 336	-22.99
	机动车辆		4 078	3 634	12.22

（广西壮族自治区公安边防总队提供）

2015 年广西壮族自治区出入境检验检疫业务统计表

项目	货物检验检疫				交通工具				集装箱（标箱）		发现动植物疫情		货物通关		出入境人员查验（人次）	健康检查及预防接种（人次）			
	批次	金额（万美元）	检验检疫不合格																
			批次	金额（万美元）	船舶（艘）	飞机（架）	火车（列）	汽车（辆）	合计	检出问题	种类数	种次	批次	金额（万美元）		健康检查	艾滋病监测	发现病例	预防接种
本年累计	33 502	463 191	863	149 043	2 111	3 212	4 522	239 616	87 174	102	318	97	31 217	393 719. 57	1 702 351	3 987	3 963	1 228	1 888
其中 出境	16 588	104 583	219	675	1 051	1 602	2 261	119 848	45 013		3		14 651	96 305. 33	847 102	3 541	3 523	1 134	1 887
其中 入境	16 914	358 608	644	148 368	1 060	1 610	2 261	119 768	42 161	102	315	97	16 566	297 414. 24	855 249	446	440	94	1
同比（%）	-0. 41	-13. 16	152. 3	13. 28	13. 31	9. 59	29. 2	-5. 26	14. 18	100	25. 3	546. 7	14. 72	-19. 41	-37. 7	10. 66	10. 76	48. 13	-0. 26
其中 出境	-0. 78	-14. 81	711. 1	531. 06	16. 78	-1. 48	29. 2	-5. 31	14. 03		-25		35. 08	-9. 12	-37. 82	10. 83	11. 03	45. 01	-0. 16
其中 入境	-0. 04	-12. 67	104. 4	12. 86	10. 07	23. 37	29. 2	-5. 2	14. 34	100	25	546. 7	1. 23	-22. 26	-37. 59	9. 31	8. 64	100	-66. 67

（广西出入境检验检疫局提供）

2015 年广西海事局进出港船舶统计汇总表

船舶类别	进港船舶							出港船舶						
	艘数（艘）	总吨（吨位）	总载重量（吨）	载客量（客位）	船员人数（人次）	货物到达量（吨）	旅客到达量（人）	艘数（艘）	总吨（吨位）	总载重量（吨）	载客量（客位）	船员人数（人次）	货物发送量（吨）	旅客发送量（人）
总计	28 871	153 821 759	238 845 313	3 380 947	299 504	120 607 079	2 253 103	29 267	153 630 352	238 534 174	3 383 506	301 763	63 598 726	2 250 159
中国籍船舶	25 627	77 741 698	106 132 923	3 380 947	242 583	40 250 093.5	2 253 103	26 046	77 737 321	106 147 522	3 383 232	244 782	51 953 995	2 250 159
其中外贸船	963	5 992 339	9 316 400	7 639	12 560	6 464 397.01	1 033	972	7 083 066	12 309 954	8 437	13 130	2 888 329	1 382

（广西海事局提供）

海 南 省

海南省口岸分布示意图

口岸名称	批准开放时间	开放状态
海口空运口岸	2003	国际常年
三亚空运口岸	1995	国际常年
海口水运口岸	1962	国际常年
三亚水运口岸	1984.7	国际常年
洋浦水运口岸	1991	国际常年
八所水运口岸	1988.9	国际常年
清澜水运口岸	1996	国际常年

口岸数量及分布

截至2015年年底，海南省有经国务院批准的对外开放口岸7个。其中，空运口岸2个，分别是海口空运口岸（美兰国际机场）、三亚空运口岸（凤凰国际机场）；水运（海港）口岸5个，分别是海口、三亚、洋浦、清澜、八所海港口岸。

口岸运行数据

2015年，海南口岸进出口货物2 824.01万吨，同比增长9.80%。其中，进口货物2 347.93万吨，同比增长6.40%；出口货物476.08万吨，同比增长30.30%。出入境人员87.90万人次，同比下降7.70%。其中，入境43.24万人次，同比下降8.30%；出境44.66万人次，同比下降7.10%。出入境交通工具（艘、架）10 084次。其中，出入境船舶3 694艘次，同比下降16.70%；出入境飞机6 390架次，同比增长0.03%。进出口集装箱12.53万标箱，同比增长1.45%。其中，进口6.17万标箱，同比增长5.60%；出口6.36万标箱，同比下降2.30%。进出境邮轮106艘次，同比下降53.70%。其中，入境53艘次，同比下降54.70%；出境53艘次，同比下降52.70%。出入境邮轮旅客13.36万人次，同比下降30.50%。其中，海口水运（海港）口岸邮轮出入境旅客3.94万人次，同比下降5.20%；三亚水运（海港）口岸邮轮出入境旅客9.42万人次，同比下降37.50%。出入境游艇89艘次，同比下降8.20%。其中，入境游艇57艘次，同比下降1.70%；出境游艇32艘次，同比下降17.90%。离岛免税购物55.31亿元。其中，三亚免税店42.82亿元；海口美兰机场免税店12.49亿元。

口岸综合管理

【口岸扩大开放步伐加快】 制定了海南省“十三五”口岸发展规划并上报国家口岸管理办公室。积极协调推进海口港口岸马村港区扩大开放，马村港二期和马村中油深南LNG码头临时开放。洋浦港口岸神头港区新建海南炼化码头6、7、8号泊位，海南LNG专用码头，国投孚宝洋浦港油品码头，海南逸盛专用码头1、2号泊位于2015年10月23日通过口岸验收，正式对外启用。

【口岸设施建设不断完善】 推进博鳌机场口岸配套设施建设，机场航站楼口岸联检区域建设面积由220平方米扩大到3 500平方米。2015年6月，海口港区整车进口口岸基础设施和查验设施通过国家有关部门正式验收。文昌清澜口岸3号综合业务楼工程项目建设顺利推进，6号业务楼项目工程正在筹建中。东方八所港口岸综合业务楼建设进展顺利。

【口岸区域合作逐步深化】 实施“一带一路”战略，认真落实《粤桂闽琼口岸主管部门推进入出境邮轮游艇旅游休闲产业发展合作框架协议书》《琼粤口岸加强直通车管理合作备忘录》和《环北部湾口岸部门及港口企业深化合作备忘录》等协议；签订《丝绸之路口岸区域协作满洲里宣言》，建立完善海南航空口岸执行“中途分程权”航线航班联系合作机制，确保“中途分程权”航线航班正常运行，协调开辟“海口—南昌—大阪”“三亚—新加坡”等国际航线，区域合作取得明显成效。

【口岸通关服务保障有力】 圆满完成2015博鳌亚洲论坛年会、2014～2015年沃尔沃环球帆船赛、第六届环海南岛国际大帆船赛、清水湾第二届国际游艇博览会、2015海南国际旅游岛邮轮游艇产业发展大会、海口世界游艇盛典、三亚海天盛筵、第65届世界小姐总决赛等国际会议、赛事和会展活动通关服务保障工作。积极协调国家有关部门和驻海南口岸查验单位支持洋浦港口岸海南炼化、海南逸盛、洋浦LNG项目和马村中油深南LNG项目等专用码头国际航行船舶顺利实现临时靠泊船舶80艘次，货物170万吨，货值50亿元；协调完成特批外轮临时进入海南省三亚、陵水、万宁、文昌等非开放水域装运鱼苗出口日本72艘次，出口鱼苗811.6万尾，创汇2 500多万美元。

【口岸通关改革有序推进】 按照《国务院关于印发落实“三互”推进大通关建设改革方案的通知》和《国务院关于改进口岸工作支持外贸发展的若干意见》文件精神，认真制订和落实口岸大通关模式改革方案，积极支持外贸经济发展。2015年8月，出台了《海南省人民政府关于改进口岸工作支持外贸发展的实施意见》（琼府〔2015〕68号）、《海南省人民政府办公厅关于印发落实“三互”推进大通关建设改革实施方案的通知》（琼府办〔2015〕148号）。2015年8月，制定《海南口岸国际贸易“单一窗口”建设工作方案和试点方案》，并于2015年12月29日上线运行。

【口岸信息化建设进展顺利】 海南口岸关检合作“三个一”通关模式信息化系统建设不断完善，正在推广运用。2015年6月，海南电子口岸大通关数据安全交换系统通过海南省工信厅验收运行，离岛免税网购系统和海南省出入境邮轮管理信息系统建设稳步推进，海南省境外游艇管理信息系统正在推广应用。

【口岸宣传效果明显】 2015年5月，“乘轮驾艇，畅游海南”“海南口岸”宣传片在希腊进行宣传，让世界通过口岸认识海南，让海南通过口岸走向世界。7月，组织“海南口岸政策宣讲团”，深入全省各口岸片区开展服务和支持海南扩大开放政策宣讲活动。设立了口岸专报，在省政府门户网站开设海南口岸专栏，在海南网络广播电视台开设口岸频道，在《国际商报》专版集中宣传口岸事业发展情况。

【邮轮游艇产业稳步推进】 2015年5月，海南省政府与中国驻希腊大使馆合作，在希腊雅典波赛冬共同举办中国希腊海洋旅游论坛暨海南省邮轮游艇产业招商推介活动，海南省邮轮游艇协会分别与希腊神圣邮轮公司和希腊客轮船东协会签署了战略合作框架协议。国家交通部第三次批准东营、博鳌、石梅湾神州半岛、海棠湾、南山、龙沐湾、棋子湾、临高角8个境外游艇海上游览景区继续临时开放。10月15日～17日，成功举办海南国际旅游岛邮轮游艇产业发展大会，共有国内外嘉宾600多人参加会议，签约项目20个，总金额266.94亿元；成立21世纪海上丝绸之路邮轮旅游发展联盟、中国游艇行业协会联盟、海南海陆空旅游产业联盟；制定出台了《海南省促进邮轮游艇产业加快发展政策措施》，政策措施共十二条，涵盖政策资金扶持、基础设施建设、开辟旅游航线、口岸监管模式等内容，为海南省邮轮游艇产业加快发展提供政策上的有力支撑和保障。截至2015年年底，海南省共有3个邮轮码头。其中，海口秀英港邮轮码头5万吨级1个，三亚凤凰岛国际邮轮母港码头8万吨级、15万吨级各1个。游艇码头12个、泊位1 658个，在建码头13个、泊位1 985个；在海南注册的游艇制造企业有8家，已投产的有4家；游艇俱乐部（游艇会）共有39家；涉及游艇销售、服务的企业有146家。

口岸监管与服务

【海口出入境边防检查总站旅检勤务改革取得明显成效】 海口出入境边检总站结合口岸边防检查工作实际，建立具有边检职业特点的勤务组织管理模式，经充分调研论证，于2015年9月8日正式启动秀英边检站、美兰边检站旅客检查勤务组织模式调整工作。新勤务模式有三个特点。一是打破“一队一整天”的勤务方式。原担负邮轮旅客检查任务的秀英边检站执勤一队民警整建制调整到美兰边检站工作，美兰边检站设置四个平行旅客检查队。每个检查队分三个分队，分别负责出境现场检查、入境现场检查以及口岸限定区域管理等任务，改变过去一个执勤队单一负责出境或入境检查任务，轮班工作24小时的勤务模式。二是建立完善跨站警力调配机制。根据秀英边检站有无邮轮检查任务及美兰边检站航班情况采取灵活机动的跨站警力调配。邮轮勤务暂停时，美兰边检站采取四个执勤队轮班模式，按照一个执勤日分为白、晚班由两个执勤队分别负责；邮轮复航时，抽调一个执勤队到秀英站执行邮轮旅客检查任务，美兰边检站其余三个执勤队轮值一个执勤日 8：00 至次日 8：00 期间的全部检查任务。三是强化民警学习培训和网格化管理。每个执勤队以分队为一个管理单元设置党小组，加强日常轮值、轮训、轮休及各项基层党组织活动，建立小单元、网格化的基层队伍管理模式。新勤务模式实现了“有利于提高用警效率、有利于强化队伍教育管理、有利于培养民警多岗位能力、有利于减轻民警执勤压力、有利于应对出入境发展趋势”的勤务改革目标。

【海口出入境边防检查总站创新边检管理方法】 海口出入境边检总站主动引入社会自我管理理念，加强口岸部门密切协作，充分发挥行政相对方作为责任主体在口岸管理工作中的作用，明确船舶、码头企业及边检等多方工作职责，与码头、船方、代理建立协作共管机制，强化船舶在港期间的各方管理责任和发现问题协作处理。一是开展走访宣传活动。开展中国边检服务品牌集中推介宣传活动，走访辖区口岸查验部门、辖区码头派出所、港航单位、登轮单位及船务公司，广泛调动各方参与创新边检社会管理工作的主动性和积极性，进一步提升口岸防控保障水平。二是加强对相关单位人员的业务培训。明确边检多方共管工作方案，明确码头方、船方、代理职责，明确边检常用证件种类、相关信息收集反馈技巧、发现问题处理规范及注意事项，切实发挥多方共管在口岸防控中的作用。三是与海南检验检疫局在防控口岸疫情，提供相关出入境数据及人员信息等方面开展工作协作和信息交流。四是与各国驻华使领馆、我国香港地区入境事务处等建立协作沟通机制，开展相关证件信息交流活动，提高口岸识别伪假证件水平。五是提高口岸处置突发事件能力。研究细化各类处突预案，配齐配强处突、防爆等设施设备，组织开展处置口岸突发事件演练，提高口岸突发事件的快速反应和有效处置能力。六是深化与海南海事局战略合作，落实“信息通报、资源共享、国际航行船舶监管协作、执法协作、党建联建、口岸廉政共建和职工联谊”等方面的协作制度，共同加强口岸防控工作。

【海南省公安边防总队提高边检服务水平，助力口岸经济发展】 紧贴国家“一带一路”战略和海南国际旅游岛建设大局，强化新时期边检机关“三大支柱”建设，积极创新勤务模式，主动服务地方经济发展。一是扎实推进勤务管理创新。全面推行口岸分区域科队联合执勤模式，创新警力编制，制定出台《士兵参与现场执勤工作意见》，配套推行诚信分级服务，对口岸企业、代理人员和船舶进行等级评定和量化管理，完成洋浦港、神头港、中石化 LNG 码头、国投孚宝码头 4 个边检执勤点建设，下沉警力 28 名，覆盖港区重点码头泊位 27 个，实现边检服务就近化、便利化，保证港口业务 10 分钟内响应到位，企业办理过检手续平均每航次缩短近 40 分钟。在洋浦港口岸进行“单一窗口”建设试点，实现口岸联合查验、一次放行，共同提高口岸服务管理效能。在凤凰、三亚边检站旅检现场进行智能验证台和自助查验通道建设改造，努力实现“小前台、大后台”科学勤务模式和电子证件自助通关，推动边检勤务向智能化、自助化转变。二是主动服务口岸经济发展。推动邮轮、游艇、公务机等新兴产业发展，总结和推广游艇联勤联管、“大型邮轮随船办检、中小型邮轮一卡通关”快速查验、公务机“一站式”通关服务等成功经验，制定出台《游艇出入境边防检查指引》，编写《邮轮游艇常遇问题处置指引》，完善《公务机出境入境边防检查管理办法》，配套研发“游艇海上移动定位系统”，不断满足新兴产业高端通关需求。其中，该总队起草的《游艇出入境边防检查指引》在全国边检勤务规范化建设座谈会作了经验介绍，得到公安部边防管理局的充分肯定。针对博鳌机场申请扩大开放和海港新增作业点实际，细化口岸边检查验设施建设标准，指定专人担任“企业联络员”，为企业出谋划策，提供边检政策、法律等咨询服务，确保边检查验配套设施与码头基础设施同步规划、同步建设。三是大力培树特色边检品牌。充分利用“8·19 边检宣传日”契机，开展“海南边检国门巡礼”专题宣传活动，新华社、中央人民广播电台、法制日报、海南日报、海南电视台、凤凰网等多家媒体刊发稿件信息 35 篇，网络媒体转载 300 余篇。其中，《科技日报》《海南日报》《三亚日报》《法制时报》以重要版面专题对边检工作进行集中报道，提升了各级边检机关的社会知名度和影响力。

【海南海事局服务海洋强国战略，实施海事南进政策】 组织南海巡航，维护国家主权。对南海作业船舶提供安全与防污染服务，期间对 31 艘省外委托审核船舶实施审核，增设南海电子泊位，实现南海靠泊船舶网上签证。成功承办“中国—印度尼西亚国家联合海上搜救沙盘演习”。推动出台《海南省海上搜寻救助条例》《三沙市海上搜救应急预案》，三沙海上搜救分中心实质运行。建成海南省海上搜救专家库和应急指挥辅助决策系统，搜救决策机制更加科学。全省 6 个搜救分中心和 8 艘海事船艇安装北斗船舶动态监控平台，与海南省气象局签订合作协议，安装了环海南岛气象监控系统，提升预警能力。全年搜寻救助共协调派出船舶 310 艘次、飞机 32 架次，成功救助 483 人，救助成功率为 95.83%。

【海南海事局提供高效便捷服务，助推海南“绿色”崛起】 根据《交通运输部海事局关于贯彻落实国家取消有关水运涉企行政事业性收费政策的通知》和有关要求，海南海事局从 2015 年 10 月 1 日起执行停止征收船舶港务费等 7 项行政事业性收费，为企业减免 1 263.05 万元。配合海南省政府对洋浦港开放水域范围新建码头对外启用验收。推出游艇检验登记指南，优化流程，加强机构间协作，协助举办首届海南游艇技能比武大赛，丰富海南游艇发展内涵，创游艇安全管理新品牌，海南省游艇检验发证率达 95% 以上，促进海南游艇产业发展。主动与交通运输部海事局沟通，抓好环岛帆船赛临时进入非开放水域及参赛艇的技术服务工作。做好三亚凤凰岛二期邮轮码头临时进靠大型邮轮审批及“天秤星”轮以海口为邮轮母港的首航工作，推出服务海南邮轮游艇发展新措施，积极推动海南邮轮经济发展。2015 年，安全运送旅客 2 283.42 万人次，保障安全运输货物 1.53 亿吨，有效监管进出港船舶 20.75 万艘次，集装箱 158.1 万标箱，船舶载运滚装车辆 216.2 万辆。

【海南海事局加强监管防范，做好辖区水上交通安全保障】 海南海事局以重点水域、重点船舶、重点天气情况（台风、季风、浓雾）、重点时段（春运、“两会”、国庆、博鳌年会等）水上安全监管为抓手，突出客运船舶，加强现场监管。汲取“东方之星”翻船事件教训，开展客运船舶安全监管专项活动；开展琼州海峡“客滚船积载和绑扎加固”和“火车轮渡客列人车分离”课题研究；抓好渡船安全监管。加强辖区渡口渡船情况调研，掌握一线资料，全省渡口均设立专门安全告示牌，召开渡口渡船安全管理现场会议，推动渡口渡船安全监管水平上台阶；实施内河船舶参与海上施工专项整治，为海南省重点工程建设提供安全保障；完成沿海小型货运船舶专项整治工作，改善了辖区船舶安全状况。

【海口海关业务建设和改革实现新突破】 一是全年税收入库 69.31 亿元，税收水平、价格水平均优于全国平均水平，加贸及保税内销征税 8.18 亿元，审价补税、稽查补税分别增长 2.1 倍和 5 倍，行邮税款居全国海关第二。关区进出口平均通关时间同比大幅缩短，尤其是出口平均通关时间位居全国第四。二是优化风险防控模式，引入中介机构参与企业稽查和认证工作，推进企业信用管理制度改革，后续监管职能作用积极发挥。进出口监测预警水平有效提高，海口海关统计工作连续 9 年保持全国一等水平。三是泛珠区域通关一体化、关检合作“三个一”、通关无纸化、汇总征税、布控查验“双随机”等一系列改革红利初步释放，全年通关无纸化比例 98.66%，居全国前列。上海自贸区海关监管创新制度复制推广、环北部湾口岸部门及港口企业深化合作、钻石通关试点、洋浦保税港区整改等事关海南发展的改革事项初见成效。四是优化内部业务核批流程，建立权力、责任、负面清单，向社会公布79项业务执法权力及法律依据。全面推行行政许可审批“一个窗口”集中受理模式，办件时效平均提速51%。

【海口海关助推海南国际旅游岛建设腾飞】 一是支持离岛免税政策效应不断放大，助推离岛免税政策第二次调整顺利实施，全年购物人数164万人次，监管免税品数量649.2万件，销售额55.4亿元，同比分别增长18%、21.9%和28.3%。二是游艇进境担保取得突破，推动境外游艇扩大临时进出海域获得批准，全年监管进出境邮轮106艘次，进出口游艇89艘次。三是设立海口海关驻三沙办事处筹建组，支持三沙建设发展。四是研究提出支持海南外贸稳增长19条建议和21项措施，组织9场海关政策宣讲，成品油转口贸易、融资租赁、整车进口等一批新业态顺利开展，推动海南外贸止跌回暖取得实效。

【海南出入境检验检疫局多策并举，促进外贸经济发展】 2015年，海南出入境检验检疫局出台多项促外贸稳增长支持措施。制定《全力促进外贸稳增长十项帮扶措施》《支持海南出口水产品稳定增长七项措施》；出台《上海自贸区8项检验检疫创新制度实施细则》，并在海南口岸全面复制推广，海南外贸企业享受创新红利；联合海南省民宗委出台《促进民族地区农产品扩大出口6项支持措施》；提出6项支持三亚旅游经济圈一体化发展措施；9月，国家质检总局批准将“进口货物预检验制度”和“动植物及其产品检疫审批负面清单制度”分别扩大到海南特殊监管区外的进口离岛免税工业产品和三沙市试行，进口离岛免税工业产品货物验放通关时间从7个工作日缩短到2个工作日，三沙相关产业建设发展得到检验检疫政策储备支持。2015年，海南盐渍竹笋首次进入越南市场，实现白沙县外贸出口零的突破；乐东县金钱树首次从海南口岸直接出口韩国，促进民族地区农民增收。全年完成出入境货物检验检疫1.55万批、92.15亿美元，货值同比减少30.76%；检疫查验出入境人员110.90万人次，同比减少11.45%；交通工具检疫10 915艘/架次，同比减少6.33%；集装箱检疫124 779个标箱，同比增长4.00%；签发原产地证8 156份、货值7.4亿美元，帮助企业减免关税约2 200万美元。

【海南出入境检验检疫局注重口岸建设，加强疫病疫情防控】 2015年，海南出入境检验检疫局推进口岸动植物检验检疫规范化建设，制定《海南口岸动植物检验检疫规范化建设三年规划(2015－2017)》《海南口岸进出境动植物检验检疫规范化建设工作方案》等规范性文件，选取海口美兰机场为示范口岸，成立口岸动植物检验检疫规范化建设工作小组及别动队，推进海南口岸动植物检验检疫规范化建设。三亚机场于2015年9月24日通过国家质检总局食用活水生动物指定口岸现场考核验收，洋浦港于2015年12月25日成为海南首个进境粮食指定口岸。筹建“质检系统热带虫媒传染病重点实验室”，构建全省“海空一体＋区域联防”口岸传染病防控模式。印制《中东地区呼吸综合征疫情防控资料汇编》，应用4G移动单兵执法监控系统，联合省相关单位开展中东呼吸综合征、埃博拉出血热等疫情实战演练，处置海南口岸首例中东呼吸综合征可疑病例。全年出入境人员传染病监测发现病例988例。截获植物有害生物1 740批次、329种类、5 022种次，同比分别增长31.42%、41.81%和83.55%。首次截获有害生物53种，其中15种为全国口岸首次截获。首次在进境斗牛中检出进境动物检疫一类和二类传染病。截获禁止进境邮寄物592批次、4 756.31千克，同比分别增长4.19倍和18.1倍。截获非法入境种苗110株、种子131.31千克。

【海南出入境检验检疫局深化改革，提供贸易便利】 2015年，海南出入境检验检疫局取消报检员从业注册、代理报检单位注册登记、进口旧机电产品备案等，从省政务中心撤出12项集中办理事项。优化审批流程，建立节点提醒机制，实行一对一跟踪办理，4项审批事项提速50%，提前办结率100%。贯彻执行财政部、国家发展改革委有关行政事业性收费减免政策，从

2015年1月1日起免收出口商品法检费用。海南出入境检验检疫局再造工作流程，缩短进口离岛免税商品等11项货物检验检疫周期约50%，为企业节约验放时间1~10个工作日不等。深化关检合作“三个一”（一次申报、一次查验、一次放行）通关模式，与海南省海防与口岸办、海口海关、海南港航控股公司建立关检合作“三个一”四方协调工作机制，帮助57家企业开通统一版“三个一”申报系统，657批货物实现“一次申报、一次查验、一次放行”。实施无纸化报检、通关单无纸化及检验检疫通关一体化改革，2015年9月起全省和泛珠四省区实现“三通”（通报、通检、通放）“两直”（出口直放、进口直通），提高货物验放通关速度近50%，降低企业验放通关环节成本近30%。

【海南出入境检验检疫局加强自身建设发展成效显著】 一是“管检分离”改革。2015年3月，海南出入境检验检疫局完成“管检分离”（综合管理和检验检疫）改革，印发《关于强化“管检分离”工作，提升管检效能的意见》，明确局机关9项管理任务和分支机构8项执行任务。二是科技兴检建设。2015年海南出入境检验检疫局投入千万元购置仪器设备60多台（套），技术中心认可检测资质范围扩大至66类检测对象、1 643项检测项目、901个检测标准，检测项目和检测标准同比增加22.1%和17.8%，“质检系统热带虫媒传染病重点实验室”“文昌热带植物隔离检疫苗圃项目”、隔检中心、“转基因产品检测区域性中心实验室（海口）”获国家质检总局批准筹建。先后获科研立项7项、2015年度国家质检总局“科技兴检奖”三等奖3项。三是智慧质检建设。2015年，海南出入境检验检疫局构建质检两局共享的“12365”举报处置指挥系统等10余套行政和业务软件系统，推出手机版网站（海南出入境检验检疫局公众信息网）和微信公众服务号（微信号：HI－CIQ）。四是法治质检建设。编制含7大类49项行政权力的权力清单、责任清单，制定《海南出入境检验检疫局违法行为投诉举报管理办法（试行）》，开展规范性文件立改废，清理规范性文件301件，废止32件，保留216件，新制定63件，新修订22件。成立行政处罚案件审理委员会，审理案件8起12次。五是和谐质检建设。获得海南省党风政风行风建设社会评价行政执法与司法类第三名，海南出入境检验检疫局机关团委首次获得“海南省五四红旗团委”称号，三亚出入境检验检疫局被评为“三亚市2012~2014年度文明单位”，洋浦出入境检验检疫局检验检疫二科、三亚出入境检验检疫局机场办获评“2013~2014年度海南省青年文明号”，三亚出入境检验检疫机场办被评为“三亚市学雷锋活动示范点”“三亚市巾帼建功先进集体”。

开放口岸

【海口空运口岸（美兰国际机场）】 位于海口市美兰区演丰镇，占地面积583万平方米。1999年建成使用，2003年正式对外开放。国际航空4E级标准园林式机场，跑道长3 600米、宽45米，可满足波音747－400等大型飞机全载起降要求，设计年客运能力930万人次、货物15万吨。机场航站楼总面积9.93万平方米，站坪总面积38.40万平方米，站坪机位33个，已启用的新国际航站楼占地面积1.32万平方米，可满足年出入境旅客吞吐量105万人次。截至2015年年底，已开通航线95条，其中国内航线84条，国际和地区航线11条。2015年，海口空运口岸（美兰国际机场）出入境人员52.51万人次，同比下降2.40%；进出境飞机4 252架次，同比下降1.60%；

海口美兰国际机场2005年4月1日顺利通过世界卫生组织（WHO）检验，成为我国第4家“国际卫生机场”；2010年荣获ACI全球总干事杰出贡献奖；2011年3月份荣膺SKYTRAX区域最佳机场（中国区）；2012年9月，成为我国首批通过口岸核心能力验收的口岸；2014年6月，新国际航站楼荣膺SKYTRAX“五星航站楼”；2015年3月，海口美兰国际机场被

SKYTRAX 授予中国区“最佳机场员工奖”，成为国内首家荣获此奖的机场，同时折获 ASQ 同规模“最佳机场”旅客满意度全球第一名及“2014 年海南省用户满意企业”。

【三亚空运口岸（凤凰国际机场）】 位于三亚市凤凰镇，占地面积 463.32 万平方米，航站楼总面积 5.23 万平方米，国际航站楼面积 1 万平方米。1994 年建成使用，1995 年正式对外开放。国际航空 4E 级标准热带海岛滨海花园式机场，跑道长 3 400 米，宽 60 米，可满足波音 747、空客 340 等大型飞机全载起降的要求，设计年客运能力 650 万人次、货物 15 万吨。机场航站楼总面积 4.23 万平方米，停机坪可同时停放 41 架大中型客机。截至 2015 年年底，已开通航线 168 条，其中国内航线 130 条、国际航线 35 条、地区航线 3 条。2015 年，三亚空运口岸（凤凰国际机场）出入境人员 22.03 万人次，同比下降 0.80%；进出境飞机 2 138 架次，同比增长 3.40%。

三亚凤凰国际机场 2004 年获得中国民航总局“旅客话民航”评比“用户满意优质奖”的桂冠；2005 年荣获“旅客话民航”机场服务质量最高奖项——“机场地面服务优秀奖”“2005 全国用户满意企业”“2005 全国用户满意荣誉成就金奖”“全国诚信信用单位”等国家级奖项；2014 年 SKYTRAX 授予其“全球最佳贵宾航站楼”“ SKYTRAX 四星机场”。

【海口水运（海港）口岸】 位于海南省海口市北部，地处南海航运中枢，是交通运输部规划的 25 个沿海主枢纽港之一，由海口港区和马村港区组成。其中，海口港区 1957 年对外开放，是海南进出货物的重要集散地，素有琼州门户之称，主要经营大宗散杂货、集装箱、车客滚装运输等。海口港现有码头泊位 20 个。其中，3 万吨级集装箱泊位 2 个，万吨级散杂泊位 3 个，5 000 吨级以下杂货泊位 5 个，客货泊位 1 个，车客滚装泊位 9 个。海口港现与东亚、东南亚、西亚等二十多个国家和地区有贸易运输往来；开通至越南邮轮旅游航线；国内主要开通海口至海安、北海、广州等车客滚装运输航班及海口至广州、湛江、北海等集装箱航线。马村港区位于海南岛西北部，琼州海峡澄迈湾之西，在省级开发区——海南澄迈县老城经济开发区内，2005 年对外开放，马村港水深浪平，拥有得天独厚的自然条件。马村港区现有 4 个锚地，13 个泊位。3.5 万吨级泊位 2 个，2 万吨级泊位 5 个，5 000 吨级泊位 5 个，500 吨级泊位 1 个。2015 年，海口港水运（海港）口岸出入境旅客 3.94 万人次，同比下降 5.20%；出入境集装箱吞吐量 90 701 标箱，同比下降 0.10%；出入境船舶 318 艘次，同比下降 8.1%；出入境货物 314.10 万吨，同比增长 5.0%。

海口综合保税区位于海南老城经济开发区内，占地面积 1.93 平方千米，2008 年 12 月 22 日经国务院批准设立，海口综合保税区是海口保税区转型发展、区位调整升格获国务院批准设立的开放层次更高的海关特殊监管区域。海口综合保税区积极推进特殊监管区域间钻石通关业务试点工作，建立海口、上海两地海关最优通关模式，完善特殊监管区域间审价、布控、查验处置措施，2015 年累计办理特殊区域间钻石通关 5 票，监管钻石 48 颗，货值约 143 万元；加快跨境电商公共服务平台研发进度，推动海关电子商务通关监管平台、综合保税区跨境电商分拣检验中心建设；复制推广自贸区“融资租赁”制度，办理融资租赁企业注册 10 家，飞机融资租赁业务成功入区，2015 年进口飞机 3 架，货值 2.4 亿美元；全面复制推广上海自贸区“批次进出、集中申报、简化无纸通关随附单证、集中汇总征税、智能化卡口验放、融资租赁”等多项创新制度。

【三亚水运（海港）口岸】 位于海南岛南端三亚市内，以国际客运为主、货运为辅，自古以来是著名的盐海港口，1953 年改为商港，1984 年对外开放，是海南省东南部对外贸易和游客往来的主要口岸，与世界 30 多个国家和地区通航。三亚水运（海港）口岸现有 9 个客货运泊位，包括 8 万吨级和 15 万吨级邮轮泊位各 1 个、2 个 5

000 吨级泊位、2 个 3 000 吨级泊位、1 个 1 500 吨级泊位、2 个 500 吨级泊位，游艇泊位 246 个。三亚凤凰岛国际邮轮港二期工程已开工，项目总投资约 180 亿元，再建 1 座 47.9 万平方米人工岛，建设 1 个 10 万吨泊位、1 个 15 万吨泊位和 1 个 22.5 万吨泊位。2015 年，三亚水运（海港）口岸出入境旅客 94 179 人次，同比下降 37.50%；出入境货物 0.12 万吨，出入境船舶 180 艘次，同比下降 34.30%；游艇出入境 89 艘次，同比下降 8.20%。

【清澜水运（海港）口岸】 位于海南省东岸北部，文昌市清澜镇内，1996 年对外开放，是海南省东北部唯一的对外开放窗口。主要经营矿产、天然气、海产品、航天发射、文昌鸡及椰子产品进出口等，也是三沙市主要的保障基地。清澜港拥有渔业码头 1 座、5 000 吨级泊位 1 个和 500 吨级泊位 2 个，年设计吞吐能力 50 万吨，开通航线 8 条，主要通往我国内地、香港、台湾、澳门地区及东南亚。按照文昌市清澜港总体规划，文昌清澜港占地面积为 142.4 万平方米，其中清澜新港首期建设用地 27.68 万平方米，码头岸线长 942 米，已建 5 个 5 000 吨级码头（油气码头 1 个，通用码头 2 个，通用码头兼火箭发射场设备运载码头 1 个，旅游码头 1 个）。为更好保障航天发射任务，将火箭发射场设备运载码头由原先的5 000吨级改扩建为 1.5 万吨。2015 年，清澜水运（海港）口岸出入境船舶 65 艘次，同比下降 32.30%；出入境货物 5.73 万吨，同比下降 59.04%。

【洋浦水运（海港）口岸】 位于海南岛西北部洋浦经济开发区境内，是规划与建设中的区域国际航运枢纽和物流中心，由洋浦、神头等两大港区组成，港口年吞吐量突破 9 474 万吨，开放海域面积扩大到 55 平方海里，开通国内外航线 20 多条。其中，洋浦港区 1991 年对外开放，素有“天然深水良港”之称，以集装箱和通用件杂货为主。国投洋浦港现拥有 2 万吨级至 5 万吨级码头泊位 8 个，小铲滩码头作业区有 3 个 5 万吨级多用途泊位（可兼靠 2 艘 10 万吨级集装箱船，结构按 15 万吨级预留）。神头港区 2012 年正式对外开放，以服务临港工业的能源、原材料等大宗散货为主，现有 3 000 吨级至 30 万吨级码头泊位共 25 个；在建码头泊位 9 个。2015 年，洋浦水运（海港）口岸出入境船舶 2 901 艘次，同比减少 15.80%；集装箱 34 586 万标箱，同比增长 5.80%；出入境货物 2 147.11 万吨，同比增长 16.90%。

洋浦保税港区位于海南省洋浦经济开发区内，占地面积 9.21 平方千米，2007 年 9 月 24 日经国务院批准对外开放，是我国在华南地区设立的首个保税港区。2015 年，洋浦保税港区启动公共信息平台、视频监控、智能卡口、港区围网等设施设备的更新改造，整改内外贸货物同港、混堆混放等问题；修订《洋浦保税港区适合入区企业类型和产业项目指引》。2015 年，洋浦保税港区内新增企业 15 家，土地面积实际租售率达 60.3%，土地利用率有较大提升，超过海关总署整改验收标准，港区发展呈现止滑向上态势。

【八所水运（海港）口岸】 位于海南省西部东方市八所镇境内，北黎湾的西南部，1958 年对外开放。八所港是海南省重要的工业港，集装卸、仓储、运输、配送、贸易为一体、功能齐全的综合性深水良港，也是环北部湾经济圈主要的贸易港口，主要输出海南铁矿石。现有 3 个作业区共 11 个泊位，万吨级以上泊位 9 个，千吨级以上 2 个，年设计综合吞吐能力 1 263 万吨。开通国内、国际、港澳台航线，与国内沿海各港口以及 20 多个国家和地区通航。2015 年，八所水运（海港）口岸出入境船舶 230 艘次，同比下降 16.40%；出入境货物 356.95 万吨，同比下降 15.50%。

海南省口岸大事记

1 月 5 日

三沙市综合补给船“三沙 1 号”从海南清澜港出发开启首航之旅，海南海事局多项举措确保“三沙 1 号”首航顺利抵达永兴岛。

1 月 14 日

海关总署正式批复同意海口海关和上海海关开展特殊监管区域间钻石通关业务创新试点，这是海关总署批准的全国唯一一个特殊监管区域钻石通关业务试点。

2 月 28 日

海口海关隶属八所海关、三亚海关同时获评第四届“全国文明单位”荣誉称号。

3 月 12 日

海南出入境检验检疫局 12365 举报处置指挥中心建成并投入使用。

3 月 18 日

海口海关、湛江海关、南宁海关、湛江港、北部湾港、海南港航、国投洋浦港在海口召开环北部湾三地七方深化合作 2015 年协调会议，建立环北部湾三地七方协调工作机制。

3 月 19 日

海南省委副书记、省长刘赐贵到 8 所口岸视察，实地察看了边民互市贸易区海关监管设施建设情况，向八所海关主要负责人了解口岸对外贸易和海关工作情况。

3 月 20 日

财政部发布公告，海南离岛免税政策进行第二次调整，免税品种扩大至 38 种，零售包装的婴儿配方奶粉、咖啡、保健食品、家用空气净化器、家用医疗器械等 17 种与百姓生活密切相关的消费品纳入离岛免税商品范围，并适当放宽香水、化妆品、手表、服装服饰、小皮件等 10 种热销商品的单次购物数量限制。

3 月 23 日

海南省委副书记、省长刘赐贵到海南洋浦经济开发区、洋浦保税港区调研，听取海口海关主要负责同志工作汇报。

3 月 26 日～28 日

国家质检总局支树平局长分别出席 2015 年博鳌亚洲论坛年会开幕式及“食品安全 国际共治”分论坛，并视察海南质检工作。

3 月 27 日～29 日

海关总署党组书记、署长于广洲在海南参加博鳌亚洲论坛 2015 年年会并出席“出口企业：转移，还是转型”分论坛，并分别与罗保铭书记、国家质量监督检验检疫总局支树平局长进行会晤，先后会见海南省副省长李国梁、副省长王路及美国特斯拉公司全球联合创始人兼首席执行官埃隆·马斯克、海航董事局主席陈峰、海南港航控股有限公司总裁林毅，并视察海口美兰机场离岛免税店，听取海口海关党组工作汇报。

3 月 26 日～29 日

2015 年博鳌亚洲论坛年会在海南博鳌召开。海南省海防与口岸办公室和各查验单位，主动协调配合，圆满完成了口岸通关服务保障工作。

3 月 30 日

中国国际经济交流中心理事长、博鳌亚洲论坛副理事长、原国务院副总理曾培炎在海南省常委、常务副省长毛超峰陪同下到海口美兰机场免税店视察，专题调研海南离岛免税政策实施情况，并听取海口海关主要负责人工作汇报。

4 月 30 日

海口海关在海口美兰机场试点启用“离岛寄存、返岛提取”购物提货模式。

5 月 8 日

环北部湾集装箱内外贸货物同船运输业务航线“海口—湛江—海口”正式开通，标志着环北部湾“三地七方”深化合作正向纵深推进。

5 月 27 日

海南海事局批准发布国内首个游艇检验登记办证指南——《海南省游艇检验登记办证指南》。

6 月 11 日

海口港区汽车整车进口口岸正式通过由海关

总署、商务部、工业和信息化部、国家质检总局四部委组成的国家汽车整车进口口岸联合验收组验收。

6 月 26 日

海口海关和海南出入境检验检疫局联合发布通告，自 7 月 1 日起在海南辖区实施通关单无纸化模式。

7 月 1 日

海口海关正式启用受理行政许可审批的“一个窗口”，9 项行政许可事项整合在“一个窗口”受理。海口海关启动跨区域之间通关一体化改革区区联动工作，即企业可在全国任意一个海关办理所有通关手续，实现全国 5 个大区域的通关一体化。

7 月 6 日

海关总署批复同意设立海口海关驻三沙办事处。

7 月 15 日

国家卫生和计划生育委员会、中国红十字会总会、中国人民解放军总后勤部卫生部联合授予海口海关“2012－2013 年度全国无偿献血促进奖特别奖”。这是海南省唯一一家荣获此项特别奖的单位。

7 月 13 日～17 日

海南省海防与口岸办公室、海口海关、海南出入境检验检疫局、海南海事局、海口出入境边防检查总站、海南公安边防总队联合组成“海南口岸政策宣讲团”，深入全省各口岸片区围绕服务支持海南扩大开放、促进外贸发展，开展口岸政策巡回宣讲活动。

8 月 21 日

海南省省长刘赐贵到凤凰岛国际邮轮港码头旅检现场视察，详细了解邮轮港二期建设情况和发展规划。

8 月 23 日

海南省省长刘赐贵深入三亚凤凰岛邮轮港调研。

9 月 8 日

经公安部出入境管理局批准，海口边检总站正式启动秀英边检站、美兰边检站旅客检查勤务组织模式调整工作。

9 月 15 日

海南出入境检验检疫局设立三沙出入境检验检疫局筹备处。

9 月 30 日

海南海事局举行海南海事服务海南省“21 世纪海上丝绸之路”建设十二项举措新闻通气会，发布了《海南海事局服务海南省“21 世纪海上丝绸之路”建设十二项举措》，通报该局落实国家取消 7 项有关水运涉及行政事业性收费项目相关情况。

10 月 8 日

海南海事局正式启用海事行政许可网上申报审批系统（二期），实现了 18 个受理窗口网上并联受理，25 个办理部门同线并联审批，可实现四大类 42 项行政许可事项的网上申报、网上受理、网上审批、跟踪查询、短信提醒、网上通知和咨询等服务功能。

10 月 15 日～17 日

2015 海南国际旅游岛邮轮游艇产业发展大会在三亚成功举行。

10 月 23 日

海南炼化码头 6、7、8 号泊位，海南 LNG 专用码头，国投孚宝洋浦港油品码头，海南逸盛专用码头 1、2 号泊位通过口岸验收，正式对外启用。

11 月 1 日

中国与欧盟 AEO 认证起正式实施，海南省 25 家高级认证 AEO 企业在欧盟 28 个成员通关时，均可享受到和对方境内 AEO 企业一样的通关便利。

11 月 18 日

中国—印度尼西亚国家联合海上搜救沙盘演习在海南海事局成功举行，这是两国首次联合举行海上搜救沙盘演习。演习由中国海上搜救中心和印尼国家搜救局共同主办，海南省海上搜救中心具体承办。

11 月 27 日

海南出入境检验检疫局从公安部昆明警犬基地引进两只史宾格检疫犬“希蒙”与“沫沫”通过国家质检总局专家组组织考核，获得上岗资格，海南口岸“人—机—犬”三位一体综合查验模式建成。

11 月 28 日

海航集团新引进的一架空客 A330 客机在海口综合保税区海关、海口美兰机场海关顺利办结融资租赁货物进口通关手续，标志着上海自贸区海关监管创新制度之一的“融资租赁制度”在海南省成功复制推广、落地实施。

12 月 29 日

海南口岸国际贸易“单一窗口”建设上线运行。

（撰稿人：罗贵生、甘学斌、张恒、胡明、梁文辉、周青瑜）

2015 年海南省口岸流量统计表

口岸类型		口岸名称	货运量（万吨）				集装箱量（万标箱）				人员（万人次）				交通工具（辆、艘、架、列次）			
			出口	进口	合计	同比（%）	出口	进口	合计	同比（%）	出境	入境	合计	同比（%）	出境	入境	合计	同比（%）
空运口岸		海口									25.78	26.73	52.51	2.40	2 120	2 132	4 252	-1.60
空运口岸		三亚									10.73	11.30	22.03	0.80	1 070	1 068	2 138	3.40
空运口岸		分计									36.51	38.03	74.54	1.90	3 190	3 200	6 390	0.03
陆运口岸	公路口岸																	
陆运口岸	公路口岸	分计																
陆运口岸	铁路口岸																	
陆运口岸	铁路口岸	分计																
水运口岸	海港口岸	海口	45.30	268.80	314.10	5.00	4.64	4.43	9.07	0.10	2.02	1.92	3.94	5.20	157	161	318	-8.10
水运口岸	海港口岸	八所	73.92	283.03	356.95	15.50									123	107	230	-16.40
水运口岸	海港口岸	三亚	0.12	0.00	0.12						4.71	4.71	9.42	37.50	73	107	180	-34.30
水运口岸	海港口岸	洋浦	351.01	1796.10	2147.11	16.90	1.72	1.74	3.46	5.80					1 401	1 500	2 901	-15.80
水运口岸	海港口岸	清澜	5.73	0.00	5.73	59.04									32	33	65	-32.30
水运口岸	海港口岸	分计	476.08	2 347.93	2 824.01	9.80	6.36	6.17	12.53	1.45	6.73	6.63	13.36	30.50	1 786	1 908	3 694	-16.70
水运口岸	河港口岸																	
水运口岸	河港口岸	分计																
合计			476.08	2 347.93	2 824.01	9.80	6.36	6.17	12.53	1.45	43.24	44.66	87.90	7.70	4 976	5 108	10 084	-6.80
同比（%）			30.30	6.40	9.80		-2.30	5.60	1.45		-7.10	-8.30	-7.70		-7.10	-6.50	-6.80	

（海南省海防与口岸办提供）

2015 年海口海关主要数据统计表

项目		2015 年	同比（%）
进出口货运量（万吨）	合计	3 011.10	12.45
	进口	2 500.71	11.76
	出口	510.38	15.98
进出口贸易总值（万美元）	合计	1 509 097.65	-8.62
	进口	1 099 595.32	-11.77
	其中：江、海运输	826 545.25	-23.20
	铁路运输		
	汽车运输	112.17	-92.14
	航空运输	272 573.44	61.61
	邮件运输	8.38	28.64
	其他运输	356.06	588.26
	出口	409 502.33	1.08
	其中：江、海运输	387 989.05	4.20
	铁路运输		
	汽车运输	564.21	23.24
	航空运输	1 550.99	-54.66
	邮件运输		
	其他运输	19 398.08	-32.88
税收（万元）	两税合计	693 135.41	-25.50
	关税入库	83 077.66	14.41
	进口环节税入库	610 057.75	-28.88

（海口海关提供）

2015 年海南省口岸出入境主要数据表

项目			2015 年	2014 年	同比（%）
出入境人员（人次）	出入境人员总数		1 100 276	1 226 133	-10. 26
	入境人员		547 631	611 469	-10. 44
	出境人员		552 645	614 664	-10. 09
	出入境旅客		888 416	949 538	-6. 44
	出入境员工		211 860	276 595	-23. 40
	中国公民	小计	758 369	769 780	-1. 48
		内地居民（因公）	469 451	548 932	-14. 48
		内地居民（因私）			
		港澳居民	180 947	178 166	1. 56
		台湾同胞	108 564	230 676	-52. 94
	外籍人员		341 907	351 566	-2. 75
	从海港出入境人数		296 794	335 074	-11. 42
	从陆港出入境人数				
	从空港出入境人数		803 482	242 975	230. 69
交通运输工具（辆、艘、架、列次）	总计		10 701	7 131	50. 06
	船舶		4 360	8 400	-48. 10
	飞机		6 341	2 067	206. 77
	火车				
	机动车辆				

（海南省公安边防总队提供、海口出入境边防检查总站）

2015 年海南省出入境检验检疫业务统计表

项目	货物检验检疫				交通工具				集装箱（标箱）		发现动植物疫情		货物通关		出入境人员查验（人次）	健康检查及预防接种（人次）			
	批次	金额（万美元）	检验检疫不合格																
			批次	金额（万美元）	船舶（艘）	飞机（架）	火车（列）	汽车（辆）	合计	检出问题	种类数	种次	批次	金额（万美元）		健康检查	艾滋病监测	发现病例	预防接种
本年累计	15 500	92.15	403	8 441.65	4 562	6 353			124 779	67	329	5 022	14 561	864 867	110.9	4 113	4 105	988	2 783
其中 出境	7 619	25.13	13	49.14	2 238	3 156			63 982	12			7 110	255 622	55.66	1 868	1 855	486	2 778
其中 入境	7 881	67.02	390	8 392.5	2 324	3 197			60 797	55	329	5 022	7 451	609 245	55.23	2 245	2 250	502	5
同比（%）	-4.96	-30.76	-12.39	-53.53	-11.26	-2.43			3.98	235.00	41.81	83.55	0.64	-29.94	-11.45	-16.77	-12.02	-16.69	-6.17
其中 出境	-9.30	-25.28	-43.48	-79.90	-11.89	-2.71			7.82	20			-2.38	-18.60	-11.26	-25.04	-25.74	-27.57	-5.28
其中 入境	-0.35	-32.61	-10.76	-53.17	-10.65	-2.14			0.23	450	41.81	83.55	3.69	-33.80	-11.63	-8.37	3.78	2.52	150

（海南出入境检验检疫局提供）

2015年海南海事局进出港船舶统计汇总表

船舶类别	进港船舶							出港船舶						
	艘数（艘）	总吨（吨位）	总载重量（吨）	载客量（客位）	船员人数（人次）	货物到达量（吨）	旅客到达量（人）	艘数（艘）	总吨（吨位）	总载重量（吨）	载客量（客位）	船员人数（人次）	货物发送量（吨）	旅客发送量（人）
总计	100 408	279 363 491	166 160 541	21 164 805	1 287 543	82 065 882. 13	7 772 641	100 407	278 807 387	165 345 939	21 172 475	1 289 219	57 652 017. 87	7 784 151
中国籍船舶	98 738	255 589 101	130 284 375	21 046 220	1 226 804	62 430 874. 57	7 712 984	98 756	255 133 992	129 620 862	21 053 490	1 226 349	53 820 003. 31	7 724 007
其中外贸船	499	2 766 507	4 090 971	118 585	6 261	2 956 441. 93	59 657	528	3 253 337	5 020 165	118 985	7 124	560 319. 41	60 144

（海南海事局提供）

重　庆　市

重庆市口岸分布示意图

口岸名称	批准开放时间	开放状态
重庆空运口岸	1994	国际常年
重庆水运口岸	2010	国际常年

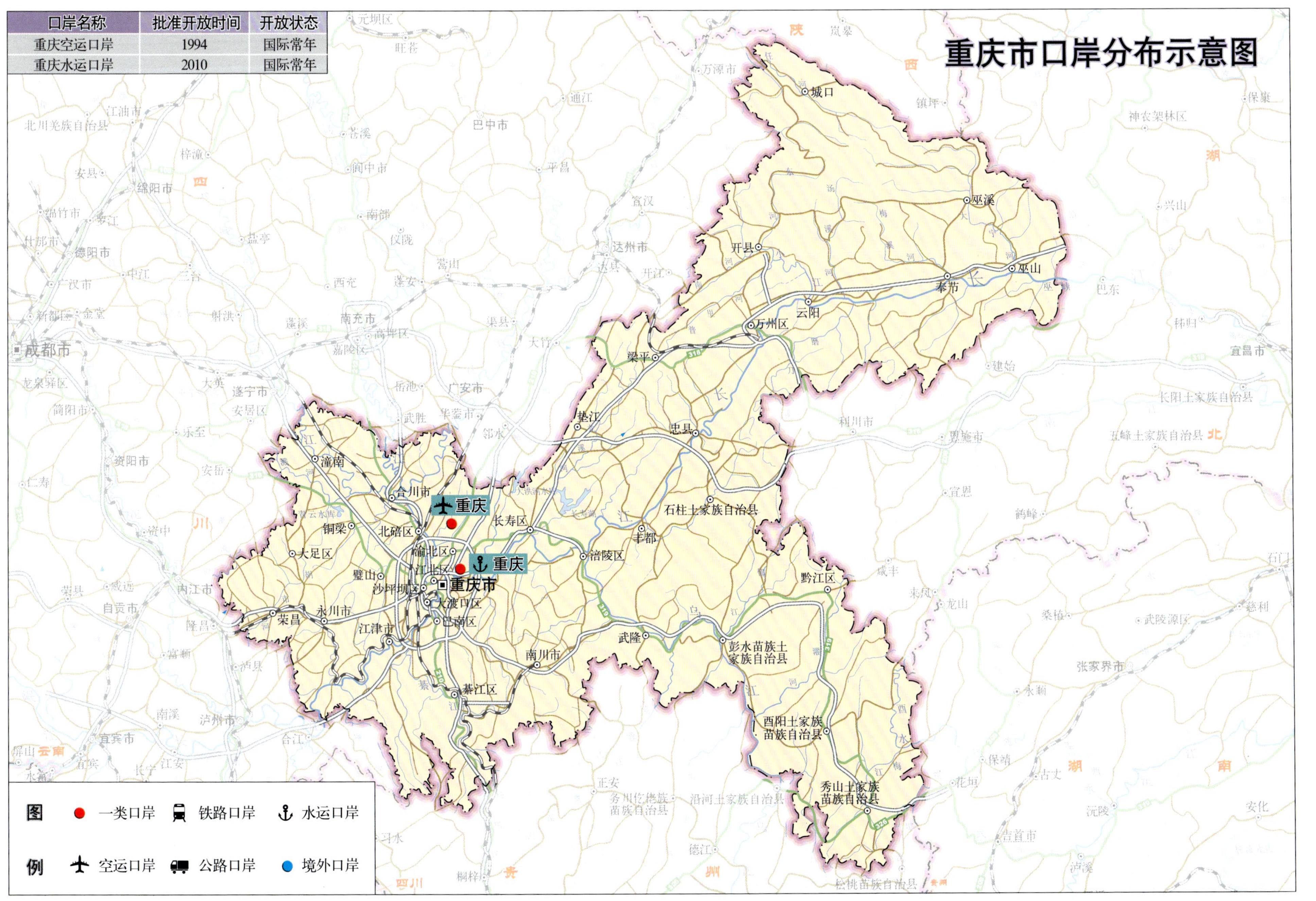

口岸数量及分布

截至2015年年底，重庆市有经国务院批准的对外开放口岸2个，分别是重庆空运口岸（重庆江北国际机场）和重庆水运（河港）口岸。

口岸运行数据

重庆空运口岸（重庆江北国际机场）有国际（地区）客货运航线49条（其中客运航线32条，货运航线17条）；出入境客运航班起降15 486架次，同比增长20.15%；出入境人员达到222.42万人次，同比增长25.72%（其中旅客209.26万人次，同比增长25.82%；机组人员13.16万人次，同比增长24.16%）。国际（地区）客流量首次突破200万，占重庆机场整体吞吐量比重由2014年的6.1%提高到7.1%，在中西部机场口岸中仅次于成都、昆明，机场国际影响力和辐射效应进一步扩大。

重庆水运（河港）口岸完成外贸集装箱运输52.8万标箱，同比增长0.2%。全年进口水果34批次、4 746吨、货值1 560万美元，进口肉类22批次、469吨、货值137万美元。

万州机场自2015年4月27日临时对外开放，开通2条地区航线，出入境人员4 861人次，出入境航班起降76架次。航空口岸国际货邮量10万吨，同比持平。全年共进口水果20批次、25吨，澳洲活牛1批次、150头。

重庆陆路（铁路）口岸临时开放以来，完成外贸集装箱运输4.8万标箱，同比增长2.1%。开行中欧班列257列，同比增长97.69%；发送集装箱2.2万标箱，同比增长100%。其中，“渝新欧”班列246班（去程145列、回程101列），发送集装箱2.1万标箱；“渝满俄”班列11列，发送集装箱0.1万标箱。开行“渝深”铁海联运班列269列，发送集装箱2.5万标箱（纳入深圳口岸统计量）。

汽车整车进口口岸共进口汽车整车278辆，是2014年全年进口量的2.8倍，其中平行进口车214辆。数量居全国新建整车口岸第一。

口岸综合管理

【中新（重庆）战略性互联互通示范项目】 中国与新加坡政府间第三次合作项目以重庆为运营中心，以现代服务业为主体，突出金融、航空、物流、通信四大板块合作。在口岸单位的支持下，航空方面率先取得成效，加密了重庆—新加坡航线，江北国际机场引入新加坡樟宜机场在地面服务等方面进行合作。

【积极争取扩大口岸开放】 推进万州机场对外开放。2015年1月，万州机场获国家口岸办批复同意临时开放，4月27日开通到香港包机航班，11月6日开通到澳门包机航班。积极协调争取万州水运口岸、丰都水运口岸、果园港水运口岸、巴南公路口岸开放。一是重庆市政府已向国务院报送设立万州港水运口岸的请示；二是加快推进丰都港基础设施建设，积极争取丰都水运口岸开放；三是基本完成果园港水运口岸各项开放基础准备工作；四是重庆南彭公路保税物流中心（B型）获海关总署等四部委批复，争取开通重庆直达越南河内的国际公路运输线路。

【不断提升口岸服务能力】 一是查验单位机构设置工作取得重要进展。2015年11月30日中央编办批准在黔江区设立黔江海关和黔江出入境检验检疫局，分别负责黔江、彭水、石柱、武隆、秀山、酉阳6个区县的海关和出入境检验检疫业务。秀山县、合川区、长寿区、潼南区设立关检机构事宜正在研究推进中。二是积极落实“三互”要求，根据国务院相关文件精神，形成了关于落实“三互”改革加强口岸工作的实施方案，为各查验单位实现信息互换、监管互认、执法互助提供指导，推动全面实施一次申报、一次查验、一次放行。三是加强与沿海沿边口岸协作，充分利用川渝沪区域大通关合作联席会议制度，加强与上海口岸办及各查验单位沟通，全面融入长江经济带区域通关通检一体化改革，建立起“区区联动”“跨关区进口转运分流”“出口直放、通关单无纸化”等查验配合机制；与内蒙古口岸办配合，建立重庆与满洲里、二连浩特通关合作机制；与深圳、广州等口岸合作，创新建立“渝深”铁海联运通关作业模式，极大地提高了重庆市口岸通关的便利性，节约了内陆企业通关的物流成本。四是航空口岸联检大楼已竣工验收并交付使用，海关、检验检疫等联检单位已入驻办公，物业管理与日常维护等相关工作安全、高效开展，得到了入驻单位的一致好评。

【进一步完善口岸功能】 一是推进设立进口粮食指定口岸。重庆检验检疫局已于2015年2月批准在万州港江南沱口作业区设立进口粮食指定口岸。二是加快推进在铁路口岸新设进口植物种苗指定口岸，已获重庆检验检疫局批准，2016年开工建设。三是获批并推进在巴南区、永川区设立进境木材口岸。四是汽车整车进口口岸功能充分发挥，平行贸易快速发展。五是加快推进渝新欧运输国际邮件。积极推动沙坪坝区政府与市邮政公司合作，实现对欧国际行邮（铁路）的常态化运营，为中国商品通过跨境电商“走出去”和海淘商品“走进来”开辟新的运输途径。六是铁路口岸新增保税平台，2015年11月18日，重庆铁路保税物流中心（B型）顺利通过验收，正式封关运行，这是重庆市首个建成的B型保税物流中心。七是争取在重庆市重要外贸港口开展起运港退税试点，将重庆果园港、万州港作为起运港退税试点申报港口，国家有关部门将在下一步试点工作中统筹考虑。八是保税港区保税商品展示交易产业发展良好，全年实现保税商品展示交易额近10亿元。

【加快推进电子口岸平台建设】 一是重点开发并优化跨境贸易电子商务公共服务平台，该平台于11月27日通过了国家发展改革委、海关总署等部门组成的联合验收。截至2015年12月底，跨境贸易电子商务公共服务平台备案企业达到295家，企业通过跨境贸易电子商务公共服务平台申报并完成交易339万单、交易额8.2亿元，共征收行邮税款680万元。二是进一步优化“渝深快线、区域联动”通关辅助系统、铁路口岸通关信息平台一期、整车口岸通关辅助管理系统、新舱单管理系统、水港出口运抵报告传输系统、转关运抵及二线运抵电子报告系统、AXWAY数据交换平台、重庆边防出境旅行团网上报检系统等已上线运行的8个系统，使其功能作用更充分发挥。三是开发测试重庆拼箱网，积极推进重庆国际快件海关电子化管理系统、重庆国际快件检验检疫电子化管理系统、重庆铁路保税物流中心（B型）检验检疫辅助管理系统、口岸大数据系统、口岸业务移动互联系统、重庆国际快件中心监管系统、重庆海关加工贸易综合服务平台等系统的开发工作，逐步构建起口岸系统信息网络体系。四是充分调研，整合相关部门资源，启动国际贸易“单一窗口”改革工作。

【认真编制重庆“十三五”口岸发展规划】 重庆市政府口岸办会同重庆海关、重庆出入境检疫检验局等查验单位和有关区县，提出了“十三五”期间拟推进团结村铁路口岸、南彭公路口岸、丰都水运口岸、重庆港（果园）水运口岸、万州航空口岸、万州水运口岸、涪陵港水运口岸、永川港水运口岸、江津港水运口岸、黔江航空口岸、黔江铁路口岸等11个口岸开放和扩大开放项目。计划到2020年，构建水空铁公立体口岸开放体系，争取形成12个国家开放口岸（6个水运口岸、3个航空口岸、2个铁路口岸、1个公路口岸）。

【重庆市委书记孙政才、市长黄奇帆调研长江经济带港口】 2015年5月17日~18日，重庆市委书记孙政才，市长黄奇帆等市领导调研重庆市推动长江经济带发展工作，实地察看了江津区珞璜港、重庆果园港、涪陵区龙头港、万州区新田港规划建设情况，强调要明确港口功能定位，加快构建科学合理的长江港口体系，科学规划、适度超前，统筹优化港口布局。着力加强果园港和涪陵龙头港、江津珞璜港、万州新田港“1+3”枢纽型港口建设，强化枢纽港服务、中转功能。加强港口间分工协作，推进港口专业化、规模化和现代化建设，提升港口集聚辐射能力和资源利用效率。要坚持以港聚业、以港兴城，统筹长江上游航运中心建设和产业规划布局，推进港口与沿江开发区、工业园区、物流园区的通道建设，强化航运对产业发展的带动、产业对航运发展的支撑作用。创新体制机制，积极促进长江经济带海关区域通关一体化和检验检疫一体化，推动构建长江大通关体制。统筹开放口岸和港口建设，形成港口、口岸开发利用整体合力。

口岸监管与服务

【重庆海关业务数据】 2015 年，重庆关区税收实际入库 112.4 亿元，同比下降 9.6%；受理进出口报关单 106.3 万份，同比增长 7.6%；监管进出境货物 922.9 万吨，同比下降 0.1%；监管货值 523.8 亿美元，同比下降 31%；监管旅客人数 219.1 万人次，同比增长 23.8%；监管邮递物品 60.7 万件，同比增长 62.7%，邮政快件 64.3 万件，同比增长 99.3%，非邮政快件 94.4 万件，同比下降 44.6%；全年立案查办走私违法违规案件 324 起、案值 2.95 亿元、涉税 2 920.06 万元。全年累计验放跨境电商进口清单 332.7 万票，货值 7.86 亿元，分别同比增长 14.9 倍、12.1 倍。全年累计实现保税展示交易销售额 6 977万元，是 2014 年的 5 倍。

【重庆海关积极深化通关监管改革】 2015 年，重庆海关启动了无纸化报关单企业单证自存试点，搭建重庆海关网上办事服务大厅，提供政务公开、办事流程、服务指南、网上咨询、海关统计等信息发布，以及网上预约、在线查询、网上受理、网上评议等自助功能，让企业足不出户就可了解海关办事流程、办理海关业务，并实现全程进系统、能监督、可追溯。截至 2015 年 12 月，重庆海关已全面融入全国海关区域通关一体化管理大格局，通关手续费用节省近 50%，物流费节省约 25%，通关时间节省 30% 左右。同时加强与重庆出入境检验检疫局的协作配合，顺利完成统一版“一次申报”系统切换，积极探索“一次查验、一次放行”作业模式，2015 年已实现“一次申报”系统在关区所有报关企业、业务现场、业务类型全覆盖。此项改革帮助企业减少申报数据录入项 40%，提高进出口环节申报效能 30%，节省口岸查验放行时间和费用 50%。

【重庆海关大力推进简政放权】 认真贯彻落实国务院关于简政放权的决策部署，取消了 10 项行政审批事项，同时将保留的 8 项行政审批事项中的 4 项下放至隶属关、办，实行“窗口受理、集中审核”；全面梳理和优化内部核批事项 25 项，实行目录化管理，简化手续、减少层级、压缩寻租空间，同时探索加工贸易备案类审核业务管理新模式；进一步规范进出口环节经营性服务和收费，取消、停止和调低各类收费项目 5 项；在各隶属关、办正式启动行政审批“一个窗口”建设，全面落实“首问负责”“一次性告知”等服务制度；积极支持重点企业和重大项目建设，全年累计审批减免税款 6.29 亿元。

【重庆出入境检验检疫局业务数据】 2015 年，重庆出入境检验检疫局共对 49 条航线、14 110架次航班、205.14 万人次实施检疫查验放行。检出发热及有症状体征出入境人员 178 人次，同比增长 56.14%；确诊 32 人次，同比增长 146.15%，首次截获乙型流感和人偏肺病毒。发现入境核辐射剂量超标个案 3 例，首次截获锝（Tc99）、铊（Tl201）两种辐射源核素。首次截获水稻干尖线虫等有害生物。在入境旅客携带物中，首次截获外来活体龟和大量鲜切花。成功处置入境航班报告活鼠事件，抓获活鼠一只并送检。国际快件方面，在美国入境快件中截获“验胎灵”。有力保障了重庆口岸公共卫生、生态和生物安全。进出口产品质量安全方面，全年共监管验放出入境货物 40 万批次、货值 396 亿美元，共检出不合格货物 1 899 批，货值 2.03 亿美元，不合格检出率达 7.8%；退运和销毁不合格进口产品 90 批，货值 605 万美元。全年累计检验 82 类进口食品 1 034 批，退运、销毁不合格进口食品 14 批。全年未发生系统性、区域性重大质量安全事故。

【重庆检验检疫局深化业务改革】 重庆检验检疫局推进检验检疫一体化及无纸化改革，同时加强与海关沟通，完成“一次申报”系统升级，与重庆海关开展联合培训，推广一次申报系统，召开企业座谈会，收集整理“三个一”工作存在的问题，继续推进关检合作“三个一”工作。

开放口岸

【重庆空运口岸（重庆江北国际机场）】 2015年，重庆空运口岸（江北机场）新开通重庆—罗马、重庆—吉隆坡2条直航航线；加密重庆—济州等航线，亚洲国际航线网络得到巩固；新开重庆至开罗、科伦坡等12条国际包机航线。重庆空运口岸（万州五桥机场）于2015年4月、11月分别开通万州—香港、万州—澳门客运包机。截至2015年，重庆国际客运航线达到32条，每周超过140班，货运航线达到17条，客货运航线总量达到49条，为重庆产业结构调整、对外开放、合作交流发挥了重要作用。

【重庆水运（河港）口岸】 2015年，重庆寸滩港进境水果指定口岸、进境肉类指定口岸正式运行。全年实现进口肉类20批次418吨、货值130万美元，进口水果34批次4 362吨、货值1 468万美元。同时，万州区人民政府积极向重庆检验检疫局申请，获批在万州港江南沱口作业区设立进口粮食指定口岸，力争进一步完善重庆指定口岸功能。

重庆市口岸大事记

2月9日

重庆水运（河港）口岸进境水果指定口岸、进境肉类指定口岸正式运行。

3月1日

重庆万州五桥机场临时对外开放。

4月16日

重庆两路寸滩保税港区贸易功能区通过海关总署、财政部、国税总局等部门组成的联合验收。

4月27日

海南航空公司开通每周2班重庆—罗马客运直飞航线。

首都航空公司开通每周1班万州机场—香港客运包机航线。

5月17日～18日

重庆市委书记孙政才、市长黄奇帆视察江津区珞璜港、重庆果园港、涪陵区龙头港、万州区新田港4个枢纽港。

7月29日

重庆市长黄奇帆主持召开推进服务贸易和口岸发展专题会议。

8月28日

重庆保税港区进口肉类、水果交易中心正式挂牌。

9月16日

亚洲航空公司开通每周7班重庆—吉隆坡客运直飞航线。

11月6日

首都航空公司开通每周1班万州机场—澳门客运包机航线。

11月18日

重庆铁路保税物流中心（B型）顺利通过验收。

11月23日

中央编办批复同意设立黔江海关和黔江出入境检验检疫局。

11月27日

重庆跨境贸易电子商务公共服务平台通过国家发展改革委、海关总署等部门组成的联合验收。

12月8日

全国口岸核生化监测反恐怖工作研讨会在重庆召开。

12月10日

老挝国防部办公厅主任汪西·森索率老挝工商贸易部、投资计划部、国防部经济局负责人调研重庆铁路口岸。

（撰稿人：李璐、彭宇、卞鹏森、刘程超）

2015 年重庆市口岸流量统计表

口岸类型	口岸名称	货运量（万吨）				集装箱量（万标箱）				人员（万人次）				交通工具（辆、艘、架、列次）			
		出口	进口	合计	同比（%）	出口	进口	合计	同比（%）	出境	入境	合计	同比（%）	出境	入境	合计	同比（%）
空运口岸		12.93	2.13	15.06	3.63					1 115 302	1 108 916	2 224 218	25.72	7 705	7 781	15 486	20.15
空运口岸	分计	12.93	2.13	15.06	3.63					1 115 302	1 108 916	2 224 218	25.72	7 705	7 781	15 486	20.15
陆运口岸 公路口岸		1.88	2.52	4.40	－19.23							0				0	
陆运口岸 公路口岸	分计	1.88	2.52	4.40	－19.23							0				0	
陆运口岸 铁路口岸		6.55	1.62	8.17	19.54	0.70	0.76	1.46	64.60			0		156	101	257	97.69
陆运口岸 铁路口岸	分计	6.55	1.62	8.17	19.54	0.70	0.76	1.46	64.60			0		156	101	257	97.69
水运口岸 海港口岸												0				0	
水运口岸 海港口岸	分计											0				0	
水运口岸 河港口岸		270.95	624.37	895.31	－0.15	23.04	14.71	37.74	20.73			0		71 684	70 990	142 674	－0.04
水运口岸 河港口岸	分计	270.95	624.37	895.31	－0.15	23.04	14.71	37.74	20.73			0		71 684	70 990	142 674	－0.04
合计		292.30	630.64	922.94	－0.01	23.74	15.47	39.20	21.93	1 115 302	1 108 916	2 224 218	25.72	79 545	78 872	158 417	
同比（%）		4.10	－1.90	－0.10		25.38	16.98	21.93		25.33	26.13	25.72					

（重庆市口岸办提供）

2015 年重庆海关主要数据统计表

项目		2015 年	同比（%）
进出口货运量（万吨）	合计	922.94	-0.10
	进口	630.64	-1.90
	出口	292.30	4.10
进出口贸易总值（万美元）	合计	5 238 073.12	-31.00
	进口	1 796 391.29	-39.50
	其中：江、海运输	611 335.09	-4.40
	铁路运输	18 581.22	90.20
	汽车运输	157 730.99	-25.10
	航空运输	1 008 664.58	-52.20
	邮件运输	79.41	256.90
	其他运输		
	出口	3 441 681.83	-25.70
	其中：江、海运输	1 780 073.19	-15.10
	铁路运输	167 689.73	15.90
	汽车运输	101 655.23	196.60
	航空运输	1 391 544.61	-40.80
	邮件运输	719.07	-22.50
	其他运输		
税收（万元）	两税合计	1 123 998.66	-9.58
	关税入库	182 137.30	-19.76
	进口环节税入库	941 861.36	-7.31

（重庆海关提供）

2015 年重庆市口岸出入境主要数据表

项目			2015 年	2014 年	同比（%）
出入境人员（人次）	出入境人员总数		2 224 218	1 769 122	25.72
	入境人员		1 108 916	879 195	26.13
	出境人员		1 115 302	889 927	25.33
	出入境旅客		2 092 643	1 663 152	25.82
	出入境员工		131 575	105 970	24.16
	中国公民	小计	1 974 524	1 583 658	24.68
		内地居民（因公）	45 066	26 977	67.05
		内地居民（因私）	1 761 480	1 398 690	25.94
		港澳居民	55 618	52 757	5.42
		台湾同胞	112 360	105 234	6.77
	外籍人员		249 694	185 464	34.63
	从海港出入境人数				
	从陆港出入境人数				
	从空港出入境人数		2 224 218	1 769 122	25.72
交通运输工具（辆、艘、架、列次）	总计		15 486	12 889	20.15
	船舶				
	飞机		15 486	12 889	20.15
	火车				
	机动车辆				

（重庆市公安边防总队提供）

2015 年重庆市出入境检验检疫业务统计表

项目		货物检验检疫				交通工具				集装箱（标箱）		发现动植物疫情		货物通关		出入境人员查验（人次）	健康检查及预防接种（人次）			
		批次	金额（万美元）	检验检疫不合格																
				批次	金额（万美元）	船舶（艘）	飞机（架）	火车（列）	汽车（辆）	合计	检出问题	种类数	种次	批次	金额（万美元）		健康检查	艾滋病监测	发现病例	预防接种
本年累计		24 306	247 919.67	1 899	20 308.02	0	15 439	0	0	439 896	492	328	1 619	32 499	453 457.62	2 220 200	17 873	17 138	13 415	25 985
其中	出境	8 235	56 369.57	760	5 248.09	0	7 707	0	0	279 844	0	1	0	7 502	61 268.17	1 119 891	14 762	14 592	11 387	25 946
	入境	16 071	191 550.10	1139	15 059.93	0	7 732	0	0	160 052	492	327	1 619	24 997	392 189.45	1 100 309	3 111	2 546	2 028	39
同比（%）		-22.98	-31.22	37.31	45.79	0	22.14	0	0	17.87	-42	22.01	137	-10.7	-22.37	27.52	-5.38	-6.47	-0.69	-17.4
其中	出境	-52.34	-67.95	69.64	38.79	0	20.59	0	0	19.88	-100	-66.67	-100	-41.3	-61.27	27.49	-5	-5.52	0.35	-17.5
	入境	12.56	3.77	21.82	48.4	0	23.73	0	0	14.5	-39	23.4	137	5.83	-7.93	27.54	-7.16	-11.6	-6.15	11.43

（重庆出入境检验检疫局提供）

2015 年重庆海事局进出港船舶统计汇总表

船舶类别	进港船舶							出港船舶						
	艘数（艘）	总吨（吨位）	总载重量（吨）	载客量（客位）	船员人数（人次）	货物到达量（吨）	旅客到达量（人）	艘数（艘）	总吨（吨位）	总载重量（吨）	载客量（客位）	船员人数（人次）	货物发送量（吨）	旅客发送量（人）
总计														
中国籍船舶	70 990	213 121 603	118 442 500	14 871 314	784 029	92 178 769	7 369 700	71 684	214 120 212	90 364 967	15 051 397	792 001	66 717 581	7 458 777
其中外贸船														

表注：重庆海事局船舶管理系统不具备统计外贸船的功能。

（重庆海事局提供）

四 川 省

四川省口岸分布示意图

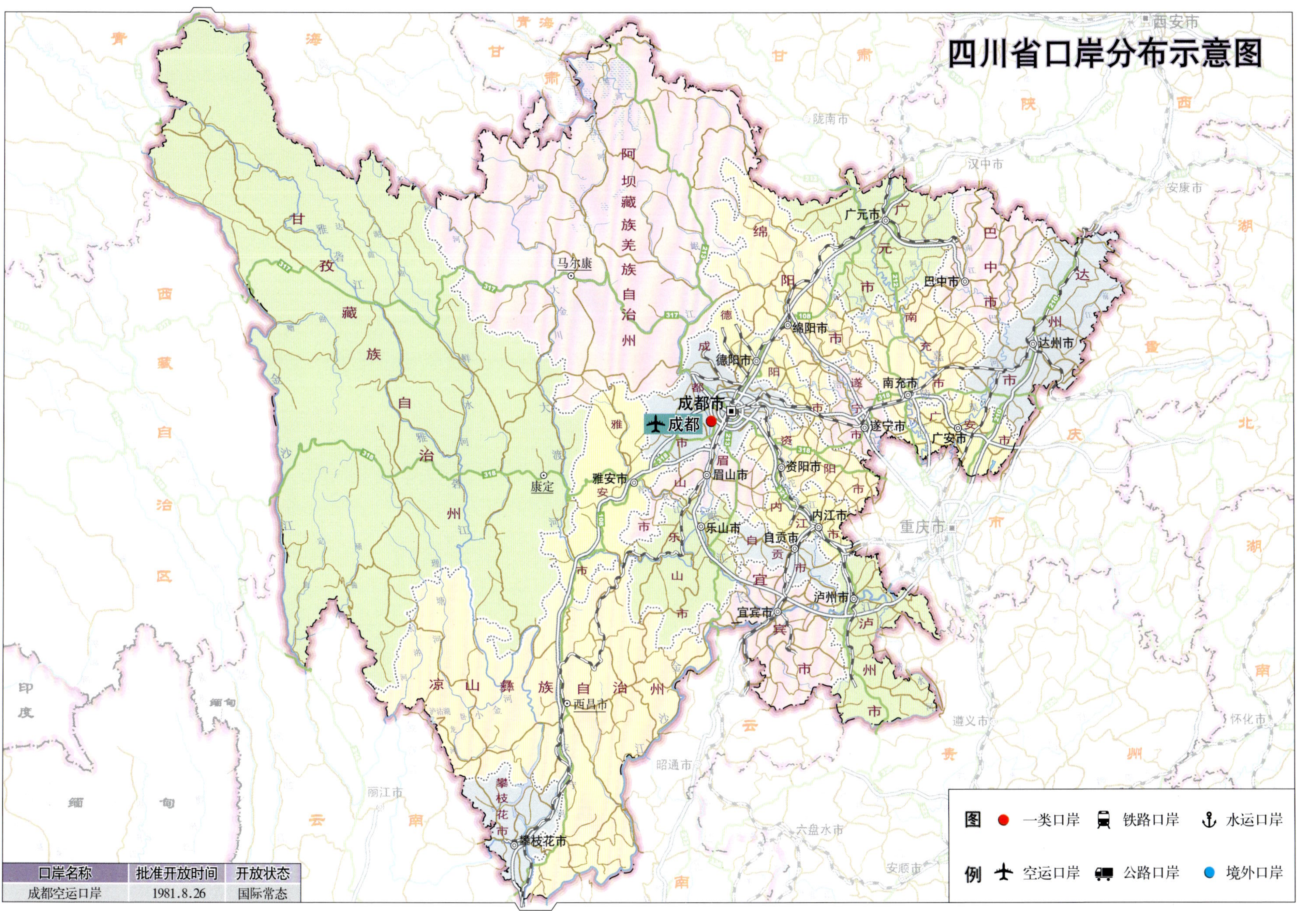

口岸名称	批准开放时间	开放状态
成都空运口岸	1981.8.26	国际常态

口岸数量及分布

截至2015年年底，四川省有经国务院批准的对外开放口岸1个，即成都空运口岸（成都双流国际机场）；经国家口岸管理办公室批准临时开放口岸1个，即成都铁路（铁路）口岸。

口岸运行及数据

2015年，成都空运口岸共验放出入境飞机及国际航班2.76万架次，同比增长15.6%；进出境人员410.13万人次，同比增长27.7%；进出口货物6.51万吨，同比减少35.86%。为外国籍人士办理口岸签证0.20万人/份，同比减少88.69%；为台湾同胞办理口岸签注0.33万人/份，同比减少41.89%；为外国人办理72小时过境免签0.03万人次，同比增长36.82%。

口岸综合管理

【编制完成“十三五”口岸发展规划】 四川省政府口岸办从2014年下半年开始认真谋划全省“十三五”口岸发展规划编制工作，组织人员深入有条件设立口岸的市州调研，广泛听取和征求当地政府、进出口企业意见，与省级有关单位、查验单位座谈，经过多次论证、反复修改，于2015年3月中旬编制完。经省领导批准后，以四川省政府名义上报国家口岸管理办公室。

【大力支持国际通道和海关特殊监管区建设】 根据国家“一带一路”战略建设布局，结合四川省地缘优势，口岸系统各单位密切配合，积极融入、参与国家“一带一路”战略和长江经济带建设。积极支持、推进“蓉欧快铁”“中亚班列”运行；支持泸州、宜宾港开通经武汉、南京至韩国、日本及我国台湾地区的集装箱班轮。

大力支持成都市青白江物流园区设立成都铁路保税物流中心（B型）、宜宾港设立保税物流中心（B型）；绵阳出口加工区整改升级建设综合保税区，遂宁申请设立综合保税区等海关特殊监管区工作。条件基本具备的已经省政府行文上报国家有关部门。泸州港保税物流中心（B型）于2015年11月19日已顺利通过国家验收，对外运行。成都铁路保税物流中心（B型）、宜宾港保税物流中心（B型），分别于2015年11月25日、12月17日获批建设。

【争取设立国家开放口岸，扩展口岸功能】 为推进长江经济带建设，有利促进长江上游经济发展，四川省级相关单位、驻四川查验单位，支持泸州、宜宾水运口岸申报国家开放水运口岸；支持、推进成都铁路口岸设立汽车整车进口、肉类进口、水果进口指定口岸工作。2015年1月26日，国务院批复同意成都铁路口岸为汽车整车进口指定口岸，并于2015年11月17日正式通过国家验收，对外运行。在省市政府的大力支持下，成都进口肉类指定口岸，2015年12月18日通过预验收。四川省政府已行文国家质检总局，请求正式验收。

泸州、宜宾水运口岸批准为进口粮食指定口岸后，已有数批次进口粮食入境进港，口岸功能作用发挥明显。

【支持泸州、广安、达州设立海关机构】 为发展川南、川东北地区外贸经济，支持泸州将“成都海关泸州办事处”更名为“泸州海关”；支持广安、达州争取设立海关的要求，四川省政府已致函中央相关部门请求支持。

【认真贯彻落实国务院改进口岸工作支持外贸发展若干意见和落实“三互”推进大通关建设改革方案精神】 省级相关单位、驻川查验单位，有关市州口岸管理单位，认真贯彻落实《国务院关于印发落实“三互”推进大通关建设改革方案的通知》（国发〔2014〕68号）及《国务院关于改进口岸工作支持外贸发展的若干意见》（国发〔2015〕16号）文件精神，成都海关、四川出入境检验检疫局、省公安边防总队等部门相继出台了支持四川外贸发展意见和措施。大力推进落实“三互”大通关建设意见和“三个一”工作。充分发挥川渝沪大通关合作联席会议机制作用，抓住长江经济带区域通关一体化改革试点机遇，进一步完善“全域通”“川检通”体系，与长江经济带各口岸密切协作，建立覆盖通关全流程的一体化管理机制和运作模式。四川与上海、重庆口岸密切合作，使四川企业充分享受“可预见、成本低、高效便利”的一体化通关政策红利，促进长江经济带共同发展。

【加强口岸建设和管理】 为应对快速增长的出入境客流，在口岸查验单位、运输服务部门（企业）的大力支持、密切配合下，机场集团对T1航站楼国际厅通关流程、监管区域进行了升级改造。完成了成都铁路口岸汽车整车进口口岸、肉类进口口岸的查验设施设备建设。泸州宜宾水运口岸，进一步加强港口基础设施建设。积极推进成都公路口岸建设。支持、推进绵阳铁路口岸和攀枝花铁路口岸迁建工作。支持“蓉欧快铁”“中亚货运班列”“五定班列”正常运行和“蓉欧快铁”开行返程班列。

积极主动参与成都新机场建设，成立了新机场建设口岸工作小组，配合省级相关单位、机场集团公司做好成都新机场国际区域划分、功能和配套设施建设的规划、调研工作，研究解决新机场建设中涉及口岸方面的重大事项。

【巩固已开通航线，支持开通新的国际航线】 2015年，四川省政府、成都市政府和省市相关部门、驻川查验单位和运输服务部门（企业），积极参与“一带一路”和空中丝绸之路建设，巩固成都已开航线正常运行和加密出入境航班，大力支持中外航空公司开通新航线。美国联合航空公司从6月份开始到9月初，加密旧金山飞往成都的航班，由每周3班加密至每天1班。2月5日，毛里求斯航空公司开通成都至毛里求斯直飞包机航线，由于市场行情好，7月初，将包机航线转为正常直飞航线。5月2日，四川航空公司开通成都至莫斯科直飞航线。6月30日，东方航空公司开通成都经停南京至洛杉矶国际航线。2月10日、12月12日，国航西南分公司分别开通成都至斯里兰卡、法国巴黎直飞航线。成都航空口岸已开通国际（地区）客、货运航线85条，通航城市71个，居中西部之首。

【深入口岸调研】 为按时完成四川省“十三五”口岸发展规划编制工作，口岸办先后到省级相关单位、相关市州、运输服务企业调研、听取和征求意见。多次深入铁路、水运、公路口岸、运输服务部门（企业）调研、听取意见，协调解决问题，对要求设立口岸（海关特殊监管区）地区进行调研。

【加强口岸安全和应急管理】 口岸管理、驻场单位、运输服务部门、企业积极配合成都双流国际机场做好2015年度双流国际机场航空安保审计工作，并顺利通过审计。协调配合成都双流国际机场做好控制区证件大检查工作。组织协调处置中东呼吸综合征（MERS）疫情防控工作，以检验检疫局为牵头单位，组织口岸防控疫情应急演练，采取多项措施严控中东呼吸综合征（MERS）、埃博拉等疫情输入。海关保持高压态势，打击口岸走私和毒品犯罪。边防严控偷渡、潜逃人员进出境。

建立健全应急管理制度，落实日常工作值班责任制，及时处置口岸突发事件。尼泊尔“4·25”大地震发生后，驻川查验单位、运输服务部门（企业）及时启动了口岸应急预案，圆满完成多批次国家援尼物资、人员在口岸的快速通关任务。“8·12”天津滨海新区爆炸事故发生后，航空、铁路、水运口岸对危化物品堆放、运输进行严格检查整改，确保口岸安全。

【圆满完成口岸服务保障任务】 圆满完成外国元首、政府首脑、友好人士对四川省友好访问的口岸服务保障任务。为参加“第六届特奥会”“中国西部（四川）进口展暨国际投资大会”“第二届四川国际旅游交易博览会”“四川国际农博会”“上海合作组织紧急救援年会”“中国科技博览大会”“中外知名企业四川行”等重大会议（活动）的国（境）外运动员、重要客人及所乘专（包）机进出境提供口岸礼遇；为运送澳门大熊猫、成都·迈丹赛马经典赛马匹及随机人员的进出境提供口岸服务保障。圆满完成中国赴黎巴嫩维和部队轮换及尼泊尔大地震后进出口岸救援人员、飞机、物资快速通关服务保障任务。

2015 年，共为来四川省访问、参加重大活动的外国政要及世界知名企业家、港澳台地区重要客人 358 批次、2 148 人次及所乘专（包）机、班机，提供口岸服务保障。

【认真做好口岸推介，密切大通关交流合作】 积极与中国港口协会陆港分会交流合作，协助中国港口协会、宜宾市政府在宜宾港联合主办召开“推进我国双港联动发展研讨会暨长江上游川滇黔地区多式联运发展合作论坛”大会，推进四川省内陆港口与水运港口联动、多式联运的发展。与来四川省考察的中国港口协会，上海、山东、重庆、广东、新疆、内蒙古等口岸同行交流了口岸监管、通关合作等方面的内容和需解决的问题。积极向省外同行推荐介绍四川省口岸在西部地区的区位优势、口岸通关条件，以及“蓉欧快铁”和新开航线等情况。

口岸监管与服务

【四川省公安边防总队加强口岸监管提高边检服务水平】 2015 年，共监管出入境航班 2.76 万架次，同比增长 22.27%；检查出入境人员 410.13 万人次，同比增长 22.27%。成都空运口岸出入境旅客流量分别在 2010 年、2013 年、2014 年、2015 年突破 100 万人次、200 万人次、300 万人次、400 万人次大关，时间跨度分别是 30 年、3 年、1 年、1 年，边检工作见证了四川改革开放大踏步前进和经济社会又好又快发展的历程。特别是 2015 年出入境旅客流量突破 400 万人次大关，使成都空运口岸跃居全国对外开放空港口岸第 4 位，仅次于上海浦东国际机场、北京首都国际机场、广州白云国际机场，进一步巩固了成都“中国航空第四城”的地位。

【四川省公安边防总队助推成都航空枢纽建设】 积极鼓励各航空公司新开航线或加密航班，积极提供“送法上门”培训、咨询服务，及时通报外国移民、签证最新信息，进一步规范航空公司的经营活动，有效降低运营风险，实现了企业和边检的‘双赢”。2015 年新开的 6 条国际、地区定期航线运营正常、客源丰富，特别是随着深圳航空、泰国皇雀航空、春秋航空的加入，成都直飞泰国运营航企达到 7 家，目的地达到 5 个，每天高达 10 个班次。2015 年共为 0.48 万人/次旅客办理了 24 小时过境手续，同比增长 15.7%；22 个国家的 327 名旅客享受了 72 小时过境免签便利政策，同比增长 37.1%，加速了成都国家级航空枢纽建设步伐。

【四川省公安边防总队助推四川出境游，市场持续火爆】 国航西南公司、四川航空、春秋航空、越南航空等联合旅行社新开了至日本的东京、大阪和越南的岘港、芽庄等旅游包机航线，2015 年赴日本、越南的旅游人数分别达 7.50 万、10.30 万人次，同比分别增长 111.50%、416.8%。同时，对赴台港澳旅游团队采取了准许分团、准许异地参团等更加方便、灵活的措施，2015 年共批准 390 个赴港澳旅游团分团出入境，批准 780 名外省居民参加四川省旅行社组织的台湾游，赴台游旅客达到 10.7 万人次，同比增长 15.1%。

【四川省公安边防总队树立四川文明开放良好形象】 选派工作经验丰富、形象气质佳的检查员组成专项勤务小组，为《南海各方行为宣言》第十次高官会、2015 世界机场城市大会、成都·迪拜国际杯赛马经典赛等国际性会议、活动、比赛的嘉宾、运动员，以及来四川考察、投资的世界 500 强企业高管等，提供了优质高效的通关服务礼遇。特别是 2015 年 4 月 25 日尼泊尔发生 8.1 级强震后，总队特事特办，共为 32 架次加德满都至成都撤侨班机和空军、顺丰快递等 76 架次救援包机的 5519 名旅客和救援人员、810 吨救援物资提供了高效便捷的入出境通关服务。

【成都海关监管与服务】 2015 年办理报关单 61.70 万份，监管进出口货值 2 115.1 亿元，监管进出口货运量 205.80 万吨，征收两税 103.70 亿元，减免两税 9.20 亿元；监管进出境人员 410.13 万人次，比 2014 年增长了 27.70%；监管进出境快件为 307.90 万件，同比增长 1.2

倍。2015 年共立案侦办走私犯罪案件 33 起，案值 7 901.90 万元；查处走私行为案件 26 起，行政违规案件 242 起，案值 3 亿元，比 2014 年增长 4 倍；侦办走私毒品案件 12 起，查获各类毒品近 8.6 千克，得到国家禁毒委的通报表扬。

【成都海关深化改革创新促进贸易便利化】 全面落实海关总署六项改革措施，促进贸易便利化。一是落实“三互”推进大通关建设，建立关检“三个一”联系配合机制和合作成效定期发布机制；完成海关总署统一版“一次申报”系统上线运行，并实现关区的全覆盖；在邮检现场试点关检“一机双屏”，共同查验，为下一步实行“单一窗口”和“一站式作业”打下良好基础。二是全面落实总署深化长江区域通关一体化改革方案，大大降低了跨关区通关时间和成本，让企业充分享受改革带来的便利。三是继续复制推广上海等自贸区创新监管制度，上海自贸区首批推出的 14 项制度在成都海关已全部落地；密切跟踪关注新推出 11 项监管创新制度，其中 4 项制度已在成都海关落地推广。四是进一步推进简政放权，取消了 12 项审批事项，下放 6 项内部核批事项审核权限，简化 36 项内部核批事项流程，部分审批事项实现网上远程审核。五是集中汇总纳税改革试点稳步推进，为企业有效减少报关频次，减少税款资金占压，自全面推广以来，共受理企业备案 30 家，采用汇总征税报关 262 票，合计税款 9338 万元。六是海关通关作业无纸化改革成效初显，全年关区无纸化率达到 97.40%。同时，成都海关自主改革项目“全域通关一体化”建设走在全国海关前列，改革成效显著。率先在全国海关范围内取消了关区内转关，提前完成了海关总署的改革目标。自主探索通关物流链条上的“全领域”一体化建设，与机场、铁路、港口实现信息互换；启动全域通底层数据库和大数据云平台建设，完成了企业库、商品库、法规库和大数据的业务需求论证。全年采用“全域通”通关模式申报报关单 16.90 万票，占可适用报关单总量的 92%。在机场海关和综合保税区海关启动“简化手续、优化流程”改革试点，第一批改革措施于 2015 年 9 月 1 日正式实施，目前已在机场海关取消了 3 项核批手续，快件分类管理改革基本完成，国航“信任通关”的前期准备工作稳步推进，综合保税区海关已上线的试点改革项目运行平稳、成效显著。

【成都海关全力支持开放大通道建设】 一是支持双流机场打造国际航空枢纽，建设向全球开放“战略门户”。探索空港物流体系的一体化高效运作；空港保税物流中心和快件中心联动运行，帮助机场国际客货运发展新的增长点，充分发挥其在四川开放通道中的支柱作用；支持成都双流国际机场新开通与埃及、莫斯科、巴黎等国际地区航线，2015 年监管进出境航班 2.76 万架次，同比增长 22.27%，监管进出境人员首次跨上 400 万人次台阶，同比增长 27.70%，在全国空港中位居第 4 位；监管进出口贸易值 301 亿美元，占关区监管贸易值的 80%。二是支持青白江铁路口岸构建连接长江经济带与“一带一路”的“战略枢纽”。围绕省市推进的“蓉欧 +”战略，大力推进铁路口岸功能拓展，支持整车进口口岸获批并通过验收；积极向海关总署争取多式联运海关监管中心成功获批，加强与各相关海关协作，签署便捷通关协议，支持“厦蓉欧”“昆蓉欧”等班列和“蓉欧快铁”回程班列陆续开行，实现了陆上丝绸之路与海上丝绸之路的无缝对接，使铁路口岸多式联运格局初步形成，战略枢纽作用初步显现。2015 年“蓉欧快铁”共发车 72 班，货值 2.10 亿美元，货运量 0.80 万吨；“中亚班列”发车 29 班，货值 2 313.10 万美元，货运量 0.27 万吨。三是支持泸州港、宜宾港打造四川融入长江经济带的“战略支撑”。优化海关监管和港口作业模式；积极向国家口岸办汇报争取将泸州、宜宾港纳入国家“十三五”口岸发展规划；为两港争取到保税物流功能，实现进口保税、离港退税；支持两港发展国际货物水铁联运，两港外贸集装箱吞吐量 3.56 万标箱，“新丝绸之路”与长江“黄金水道”在四川实现对接。四川通过水运和水铁联运、海铁联运货运量达 180 万吨，占关区货运总量的 90%。

【成都海关促进开放平台建设和功能发挥】 成都海关在支持四川保税“一区四中心”建设中进一步取得实质性突破，实现双流空港保税物流中心（B型）于2015年6月19日正式封关运营；泸州港保税物流中心（B型）于2015年11月19日完成验收；青白江铁路保税物流中心（B型）、宜宾港保税物流中心（B型）分别于2015年11月25日和12月17日正式获批，支持绵阳出口加工区转型升级为综合保税区完成异地选址和上报工作，至此四川水陆空保税物流体系基本形成。在此基础上努力推动现有开放平台拓展功能、发挥作用。空港保税物流中心（B型）自封关运营6个月以来，初步形成“传统保税的仓储、分拨等基本业务”+“贵金属保税仓储”“空港航材保税”和“保税展示展销”的业务模式。支持成都高新综合保税区境内外维修业务范围进一步拓展至非本集团产品，为富士康在成都建立IPAD全球维修中心打通了政策瓶颈；采用“工单式核销”模式完成多期核销，用时由半年缩短至20天；“分送集报”在综合保税区实现普惠，二线报关单量全年减少约90%；保税货物“区间结转”范围扩大到北京、重庆、昆山等地多个海关特殊监管区域。成都和泸州保税展示交易平台运转顺利。成都文化艺术品保税仓正式运行。进出境快件个人物品申报系统完成升级改造并实现对机场和邮局的全覆盖；配合省市政府完成跨境电子商务公共服务平台和海关监管平台建设，进入测试运行阶段。空运进出境快件量突破百万件，同比增长1.1倍，首次跨入与北上广相比肩的百万级梯队，并且实现个人快件业务日处理报关单量比改革前增长超过20倍，为跨境电商的发展奠定坚实基础。积极支持成都成为第二批离境退税试点城市（该批唯一的内陆城市）。

【四川出入境检验检疫局监管与服务】 2015年共检验检疫监管出入境货物209 573批，货值320.46亿美元。共检验检疫出入境商品29 372批，货值24.76亿美元。其中，出口14 879批，货值10.78亿美元；进口14 493批，货值13.98亿美元。检出不合格产品1 603批，同比增长64.07%，不合格产品货值1.30亿美元，同比减少5.87%。签发原产地及普惠制证书20 275份，签证金额13.45亿美元。检疫、查验出入境飞机2.76万架次、旅客410.13万人次、集装箱3.56万标箱，为出入境人员健康体检3.26万人次，发现传染病616例。

【四川出入境检验检疫局大力拓展四川口岸功能】 争取国家质检总局对西部内陆地区的政策支持，帮助宜宾、泸州水运口岸顺利建成国家首批进境粮食指定口岸，使四川成为西部地区获准从事水运集装箱进境粮食业务的省份。截止到2015年12月底，泸州、宜宾港口共进口粮食73批次、4.28万吨、货值1 307万美元，其中，泸州港进口粮食61批、3.61万吨、货值1 101万美元；宜宾港进口粮食12批、6 665.27吨、货值206万美元。创新宜宾港、泸州港、成都铁路口岸监管模式，加快口岸核心能力达标，支持四川打造西部物流中心。成都铁路口岸作为汽车整车进口口岸已通过国家正式验收，进境肉类指定口岸通过预验收。帮助成都双流国际机场完成进境水果指定口岸建设规划方案，顺利通过国家质检总局进口冰鲜水产品指定口岸能力考核，已成为我国四大冰鲜三文鱼进口口岸之一。2015年1～12月，检验检疫进口冰鲜三文鱼692批次、3 812吨、货值2 816万美元。

【四川出入境检验检疫局全力保障国门口岸安全】 一是严密防控口岸疫病疫情。加强与四川省卫计委等部门的合作，制订工作方案，互通疫情信息，严密防控中东呼吸综合征疫情。对重点航班全部实施登机检疫，严格做好入境申报、检疫查验和检疫处理工作，构筑境外、途中和口岸三道防线，维护了国门安全。二是有效防范动植物疫情传入。开展“绿蕾行动”，有效防范外来有害生物入侵，截获违规进境动植物及其产品同比分别增长41%、26%，检出检疫性有害生物种类和种次同比分别增长71%、1 040%，全国首次从进口三文鱼肉中检出传染性鲑鱼贫血病毒，截获人胎素针剂，中央电视台对此进行报道。在机场和邮办实行“人—机—犬”三位一体查验模式，截获旅客禁止携带物同比增长45%，从进境邮包中截获禁止进境物品同比增长71%。

【四川出入境检验检疫局复制推广上海自贸区经验】 在省级部门中做到“三个率先”“五个第一”，率先出台10项检验检疫改革制度，率先实行按月统计报告，率先与成都市商务委、高新区管委会联合举办两期培训班；第一个制订方案、第一个汇编创新制度、第一个开展集中培训、第一个按月统计报告、制度创新数量第一。7项制度在全省推广，3项制度在特殊监管区推广，10项制度全部落地实施，多家媒体予以报道，广大企业反响良好。

【四川出入境检验检疫局持续提升口岸通关便利化水平】 一是推行关检合作“三个一”“三互”工作模式。贯彻落实国务院《落实“三互”推进大通关建设改革方案》，制定四川出入境检验检疫局《落实“三互”推进大通关建设工作方案》，制定了积极参与“单一窗口”建设，全面推进“一站式”作业等13条措施。与成都海关建立关检联席会议机制，与海关联合印发《2015年继续全面推进关检合作“三个一”工作方案》（蓉关监〔2015〕128号），对全省各通关现场的43家企业升级安装了统一版一次申报系统，原有地方版的“一次申报”系统已全面停止使用，完成海关总署与国家质检总局下达的统一版“一次申报”系统升级任务，在四川所有口岸通关现场均已实现了“三个一”。2015年1～12月，四川辖区内已通过“三个一”申报系统申报进口货物1 213批、一次查验581批、一次放行1 171票。主要商品为赤桦木、冰鲜大西洋鲑鱼、开关、润滑油等。二是推进检验检疫区域一体化。建成“川检通”系统，实现全省“通报、通检、通放”，平均为企业节约通关时间1～2天。融入检验检疫区域一体化，实现“长江经济带”和“丝绸之路经济带”出口直放。与厦门局、新疆局签署一体化工作方案，实现“厦蓉新欧”班列检验检疫一体化通关。开发无纸化报检管理系统，基本实现了省内检验检疫全流程通关无纸化。全川21个窗口提前1年全面完成窗口标准化建设任务。

【四川出入境检验检疫局主动服务地方外向型经济发展】 一是服务四川外贸发展。落实国务院稳增长政策，出台40多项措施。向四川省委省政府提交14篇调研报告，为开放型经济发展建言献策。与四川省商务厅专题研究促进四川外贸持续稳定发展工作，签署合作备忘录，与四川省发展改革委、口岸物流部门、成都海关建立协作机制，共促发展。攀枝花、南充等分支机构积极与地方商务、海关等部门建立合作机制，共同促进地方外贸发展。对四川省56个重大产业项目逐个摸底调查，出台帮扶措施。紧盯“千亿产业”抓好服务，协调解决英特尔进口设备通关问题，帮助“骏马”项目顺利落户成都；出台《支持汽车产业发展的实施意见》，服务神龙汽车第四工厂保税仓库、一汽大众扩能等重点项目建设，沃尔沃汽车成为四川第一款出口美国的豪华汽车。二是积极服务会展经济。大力支持四川会展经济快速发展，积极争取质检总局授权，对参展物品设立快速通关绿色通道，保证入境参展人员和物品在全川口岸“零障碍”快速通关放行。对重要展会，设立检验检疫现场服务组和现场快速监测点，开展入境参展物品质量安全项目现场快速检测和检验检疫服务，圆满完成中国西部（四川）进口展暨国际投资大会、第92届全国糖酒会、第19届中国（四川）新春年货购物节、第三届四川农业博览会等展会的展品通关和后续监管相关工作。三是引导企业用足用好原产地优惠政策。进一步优化调整原产地签证管理措施，推出简化原产地备案手续，允许代理人开展证书申领业务，开展原产地证无纸化申办等创新措施，大力推进原产地工作改革。积极向政府宣传原产地工作，向省政府报送自贸协定原产地证书利用情况专题论文，促进政府及时将此项工作纳入支持外贸发展的主要措施之一。加强与商务、海关等部门的合作，积极搭建公共信息服务平台，建立全省自贸协定国家贸易数据和自贸协定优惠原产地证明签证数据共享、信息共享。1～12月共签发原产地证书20 275份，签证量同比上升3.03%，签证金额13.45亿美元，可为企业享受进口国关税减免5 304.67万美元。

开放口岸

【成都空运口岸（成都双流国际机场）】 位于成都市双流县，距离成都市区16千米。成都双流国际机场是我国西部地区枢纽机场，2015年旅客货吞吐量4 200万人次，在全国城市排名第4位，机场排名第4位，中西部机场第1位。机场建有2条跑道，一条4E级跑道、一条4F级跑道，可起降A380等大型客、货飞行器；建有2座航站楼（T1、T2），面积达50万平方米。成都空运口岸的国际旅检现场设在T1航站楼A指廊，建筑面积3.9万平方米；设有8个登机廊桥、国际值机柜台37个，边检入境14个、出境12个通道；海关出入境快速通关通道，检验检疫出入境各设6个通道。成都双流国际机场已开通国内、国际（地区）航线249条［其中，国内航线164条、国际（地区）客货航线85条］，85条国际（地区）客货航线中，定期直飞航线32条，直飞货运航线27条，中转和包机客运航线26条。通航城市193个［其中，国际（地区）城市71个、国内城市122个］。机场建有3座航空货运站，总面积10.70万平方米，年货物处理能力150万吨，能满足航空货物较长时期的发展需要。其中建筑面积55 000平方米的双流机场空港新货运站是中国中西部最大、功能较完善的综合货运站。目前机场年验放进出境货物6.51万吨，除四川货物外，通过该口岸进出口的货物可中转至国内30多个城市；可实行国际货物大通关，加快货物的通关速度，满足驻川英特尔等世界500强企业高端技术密集型IT产品24小时内到达全球客户手里。

成都航空口岸经国务院批准，2013年9月1日起正式实施部分国家外国人过境72小时免办签证政策（51个国家）。

【成都陆路（铁路）口岸（临时开放）】 2014年4月21日，国家口岸管理办公室批准成都铁路口岸为国家临时开放口岸。位于成都市青白江区城厢集装箱中心站（占地140万平方米，全国18个集装箱中心站之一），距离成都市区44千米。已开通成都至上海、深圳、重庆“五定班列”和通往欧洲波兰的“蓉欧快铁”国际货物往返班列、中亚货运列车。查验设施、设备齐备、完善，联检大厅面积5 210平方米；查验区面积2.70万平方米，海关、检疫监管仓库面积1 920平方米，监管堆场面积2.88万平方米，检验检疫场地6 300平方米、实验楼2 021平方米、熏蒸房150平方米及其他功能设施；集装箱正面吊4台，叉车6台，集装箱卡车19台。

2014年9月11日，国家质检总局批准成都铁路口岸筹建进口肉类指定口岸；2015年1月26日，国务院批准成都铁路口岸为汽车整车进口指定口岸，2015年11月17日，正式通过国家验收，对外开放。2015年11月25日，海关总署等部门批准设立成都铁路口岸保税物流中心（B型）。

原二类口岸

【绵阳陆路（铁路）外贸货物装卸点】 位于四川省川西北地区绵阳市火车站（宝成复线下行线ZK542.02千米、上行线YK541.43千米处），距离成都市93千米，服务川西北地区外向型经济发展，是川西北地区通往世界的门户。拥有出口加工区、综合监管平台、出口监管仓库和公共型保税仓库等特殊监管区3处。该口岸基础设施、设备完善齐全，可满足川西北地区外贸货物进出境查验、验放的需求。2014年4月，四川省人民政府批准绵阳铁路口岸由绵阳火车站搬迁至涪城区新皂镇，2015年正式动工兴建。

2015年，共验放运输进出口货物3.77万吨，同比增长42.8%；国际集装箱0.205万个标箱，同比减少10.86%。

【攀枝花陆路（铁路）外贸货物装卸点】 位于川南地区攀枝花市渡口火车站，地处川滇结合部，是四川通往东南亚沿边、沿海口岸的最近点，为“南方丝绸之路”上重要的交通枢纽和商贸物资集散地。其独有的地域位置，凸显了在四川建设西部综合交通枢纽和发展开放型经济，建设面向东南亚“桥头堡”的重要使命。该口岸查验、监管设施、设备齐全，堆场面积较大，可满足攀西地区外贸货物进出口查验、验放的需求。

2015 年，共验放进出口货物 30.62 万吨，同比减少 45.26 倍。

【乐山陆路（铁路）外贸货物装卸点】 位于四川省川南地区，乐山市夹江县火车站，距离成都 124 千米。堆场面积 4 万平方米，普通仓库面积 1 026 平方米，监管仓库面积 320 平方米，有吊车 2 台、叉车 6 台。

【泸州水运（河港）外贸货物装卸点】 位于四川省南部地区，地处长江上游泸州市龙马潭区罗汉镇泥大坝，距成都 251 千米。可利用成渝、成自泸两条高速公路和通往港口堆场的临港铁路，实现公、铁、水联运。港口堆场面积 40 万平方米；轨道式龙门吊 45 吨（吊具下 35 吨）7 台，集装箱岸边桥式起重机 45 吨（吊具下 35 吨）3 台，岸边 120 吨大件吊 1 台，岸边 45 吨门座机 1 台，堆高机 2 台，正面吊 3 台，集装箱内转车 8 台；3 000 吨级直立框架泊位 6 个；商品车滚装泊位 1 个，已经具备集装箱 100 万标箱/年、商品滚装汽车 30 万辆/年的吞吐能力。是长江上游第一个铁路直通堆场的集装箱码头，已成为集公、铁、水多式联运为一体的长江上游百万标箱大港和四川第一大港口。

2014 年 10 月 9 日，国家质检总局批准泸州水运口岸为国家进口粮食指定口岸，并通过国家验收，对外开放。2014 年 10 月 13 日，海关总署等部门批准设立泸州港保税物流中心（B 型），2015 年 11 月 19 日，正式通过国家验收，对外开放。

2015 年，共验放进出口货物 46.33 万吨，同比减少 8.40%；国际集装箱 3.15 万个标箱，同比减少 8.95%。

【宜宾水运（河港）外贸货物装卸点】 位于四川省川南地区，地处四川宜宾港志城作业区，长江上游北岸。距离成都市 242 千米。宜宾港志城作业区堆场面积为 7 万平方米，其中监管仓库围网查验监管区面积为 11 000 平方米；龙门吊 40 吨 / 8 台，岸吊 40 吨 / 4 台，25 吨旋转式门座机 1 台，堆高车 / 2 台，正面吊 3 台，集装箱卡车 60 吨 / 20 台，1 000 吨（兼顾 3 000 吨级）集装箱泊位 4 个，1 000 吨级重件泊位 1 个，重载滚装泊位 1 个。宜宾港一期工程已全面完成，年集装箱吞吐能力可达 50 万标箱。

2014 年 10 月 9 日，国家质检总局批准宜宾水运口岸为国家进口粮食指定口岸，并通过国家验收，对外开放。2015 年 12 月 17 日，海关总署等部门批准设立宜宾港保税物流中心（B 型）。

2015 年，共验放进出口货物 6.85 万吨，同比减少 53.01%；国际集装箱 0.405 万个标箱，同比增长 35%。

【成都陆路（公路）外贸货物装卸点】 2010 年 9 月 6 日，四川省政府正式批准从成都市成华区建材路 11 号迁建至龙泉驿区成都（国家）经济开发区物流中心内，于 2012 年迁建动工，计划 2016 年竣工正式对外开放。

2015 年，共验放进出口货物 1.93 万吨，同比减少 78.19%；国际集装箱 0.92 万个标箱，同比减少 78.16%。

【成都国际邮件互换局（成都双流国际快件中心）】 位于成都市双流区航空港经济开发区、机场高速公路旁，距成都双流国际机场 5 千米，距市中心 11 千米。快件监管仓库 2 500 平方米，报关大厅 400 平方米，联检单位办公及休息区 2 000平方米，快件企业办公场地 1 000 平方米，停车场 5 000 平方米，监控室 150 平方米。国际邮件快件中心是独立的封闭区域，根据功能限制，流向限制和技术监控等要求，通过有限的物流隔离，划分出不同性质和功能的作业区域，实现场地分区管理，使各区域间保持相对独立，相互隔离，并实施 24 小时监控。成都国际邮件互换局（成都双流国际快件中心）已开通 98 个国家和地区特快专递业务，与 200 多个家国际（地区）城市互通邮件，并同新加坡、韩国、日本、美国 4 个国家和香港地区建立了国际特快专递直封关系。

2015 年，共查验、交换国际邮件 577.01 万件，同比增长 37.82%；非邮快件 0.53 万吨，同比增长 5.43%。

四川省口岸大事记

1 月 26 日

国务院批复同意成都铁路口岸为汽车整车进口指定口岸。

1 月 28 日

成都海关隶属机场海关通关科荣获“四川省青年文明号”荣誉称号。

2 月 5 日

毛里求斯航空公司开通成都至毛里求斯直飞包机航线。

2 月 10 日

国航西南分公司开通成都至斯里兰卡国际航线。

2 月 17 日

成都空运口岸开通埃及开罗至成都往返直飞航线。

3 月 23 日

荷兰鹿特丹市副市长一行到成都铁路口岸考察。

3 月 25 日

编制完成四川省“十三五”口岸发展规划，并报国家口岸管理办公室。

3 月 29 日

春秋航空公司开通成都至日本大阪国际航线。

3 月 29 日

英国国防参谋长一行从成都空运口岸入境。

4 月 12 日

四川省委书记王东明赴成都铁路口岸调研。

4 月 25 日

尼泊尔“4·25”大地震发生后，成都空运口岸为中国政府援尼的多批次救援物资、器械、人员提供高效快速的口岸通关服务保障。

4 月 30 日

成都高新综合保税区首票出境货物通过一体化通关模式顺利通关。至此，成都海关特殊监管区域及保税监管场所一线进出境环节均已纳入区域通关一体化改革。

4 月 30 日

中国外交部和中国红十字会为尼泊尔地震灾区无偿捐赠救灾物资，通过成都空运口岸快速验放运往尼泊尔地震灾区。

4 月 30 日

埃及国防部长西德基·塞卜拉上将一行结束对我国的访问后从成都空运口岸出境。

5 月份

成都空运口岸圆满完成赴黎巴嫩维和部队第十三次轮换口岸服务保障任务。共为进出境 4 架次飞机，853 名维和官兵，39.8 吨装备物资，提供口岸通关服务保障。

5 月 2 日

四川航空公司开通成都至莫斯科国际直飞航线。

5 月 3 日

中国农业部部长韩长赋一行从成都空运口岸出境前往孟买访问。

5 月 20 日

韩国产业通商资源部部长尹相直一行从成都空运口岸入境。

5 月 31 日

阿富汗前总统卡尔扎伊一行从成都空运口岸出境。

6 月 13 日

斯里兰卡农业部长一行从成都空运口岸入境参加“第六届（四川）—南亚经贸合作圆桌会议”。

6 月 16 日

尼泊尔商务部部长一行从成都空运口岸出境。

6 月 17 日

波兰罗兹省省长维托德·斯特皮恩一行从成都空运口岸入境后转机前往北京。

6 月 19 日

成都海关隶属机场海关正式入驻成都空港保税物流中心（B 型），各项工作全面启动正式运营。

6 月 25 日

海关总署批复同意在成都市设立多式联运海关监管中心。

6 月 26 日

“厦蓉新欧班列”检验检疫通关一体化合作座谈会暨签字仪式在成都铁路口岸举行。

6 月 29 日

秘鲁人民力量党主席藤森庆子一行从成都空运口岸入境对我国进行友好访问。

6 月 30 日

东方航空公司开通成都经停南京至洛杉矶国际航线。

7 月 2 日

印度议会代表国一行从成都空运口岸入境对我国进行友好访问。

7 月 7 日

毛里求斯航空公司开通成都至毛里求斯直飞航线。

7 月 7 日

毛里求斯第一副总理杜瓦尔从成都空运口岸入境。

7 月 16 日

新西兰副总理兼财政部长比尔·英格利希考察成都铁路口岸。

7 月 16 日

巴基斯坦人民党副主席拉赫曼一行从成都空运口岸出境。

7 月 20 日

成都海关完成关区首票通关单无纸化测试，成功接收出入境检验检疫部门发送的无纸化通关单电子数据，并顺利与海关无纸化通关系统对接测试，实现了全程无纸化通关。

7 月 26 日

埃塞俄比亚矿业部部长托勒萨从成都空运口岸出境前往香港。

8 月 13 日

成都海关隶属综合保税区海关首个自行改革项目落地——特殊监管区域物流辅助系统“区区流转”正式启用。

8 月 24 日

国际奥委会主席巴赫一行从成都空运口岸入境。

9 月 1 日

“蓉欧快铁”开通首班回程班列，顺利抵达成都铁路口岸，该趟班列共计搭载 41 个集装箱，货值 45 万美元，总重量 590 吨。

9 月 2 日

泰国旅游体育部部长郭甘一行从成都空运口岸入境。

9 月 7 日

捷克外交部副部长一行从成都航空口岸入境。

9 月 22 日

诺贝尔物理奖获得者、中科院外籍院士、著名美籍华裔物理学家丁肇中教授从成都空运口岸入境对四川进行访问。

9 月 25 日

英国首席大臣兼财政大臣奥斯本一行从成都空运口岸出境。

10 月 9 日 ~12 日

国务院质量工作考核组赴川考核四川省质量工作。

10 月 13 日

电子口岸“三证合一”系统正式启用，标志着按照全国模式的“三证合一”工作正式在成都关区拉开序幕。

10 月 16 日

越南和平委员会副主席阮氏黄云率越南和平委员会代表团结束对我国的访问后从成都空运口岸出境。

11 月 17 日

成都铁路口岸为汽车整车进口口岸，正式通过国家验收，对外开放。

11 月 19 日

泸州港保税物流中心（B 型），正式通过国家验收，对外开放。

11 月 25 日

海关总署等部门批准设立成都铁路口岸保税物流中心（B 型）。

11 月 29 日

尼泊尔副总理兼外长塔帕一行从成都空运口岸出境。

12 月 12 日

国航西南分公司开通成都至法国巴黎国际直飞航线。

12 月 17 日

海关总署等部门批准宜宾港设立保税物流中心（B 型）。

12 月 24 日

成都空运口岸出入境旅客流量突破 400 万人次。跃居我国对外开放空运口岸第四位，仅次于上海浦东国际机场、北京首都国际机场、广州白云国际机场。

（撰稿人：刘礼明、李熊、吴涵、谢苏、罗小虎）

2015 年四川省口岸流量统计表

口岸类型	口岸名称	货运量（万吨）				集装箱（万标箱）				人员（万人次）				交通工具（辆、艘、架、次）			
		出口	进口	合计	同比（%）	出口	进口	合计	同比（%）	出境	入境	合计	同比（%）	出境	入境	合计	同比（%）
空运口岸	成都空运口岸	4.41	2.1	6.51	-35.86					204.6	205.51	410.13	27.70	114.48	114.48	22 897	15.6
	分计	4.41	2.1	6.51						204.6	205.51	410.13	27.70	114.48	114.48	22 897	15.6
陆运口岸 / 公路口岸	成都陆路（公路）口岸	0.75	1.18	1.93	-78.19	0.03	0.06	0.09	-78.16								
	分计	0.75	1.18	1.93	-78.19	0.03	0.06	0.09	-78.16								
陆运口岸 / 铁路口岸	成都陆路（铁路）口岸	43.92	12.86	56.78	7.03	1.83	0.53	2.36	6.78								
	绵阳陆路（铁路）口岸	0.26	3.5	3.76	42.42	0.02	0.19	0.21	-17.39								
	攀枝花陆路（铁路）口岸	1.16	29.47	30.63	-45.24												
	乐山陆路（铁路）口岸																
	分计	45.34	45.83	91.17	-18.07	1.85	0.72	2.57	5.07								
水运口岸	泸州水运（河港）口岸	24.83	21.5	46.33	-8.40	1.84	1.31	3.15	-8.95								
	宜宾水运（河港）口岸	1.18	5.67	6.85	-53.01	0.07	0.33	0.4	33.33								
	分计	26.01	27.17	53.18	-18.38	1.91	1.64	3.55	-5.39								
合计		76.51	76.28	152.79	-21.96	3.8	2.41	6.21	-6.19	204.6	205.51	410.13	27.7	114.48	114.48	22897	15.6

（四川省口岸办提供）

2015年成都海关主要数据统计表

项目		2015年	同比（%）
进出口货运量（万吨）	合计	205.80	-11.59
	进口	133.82	-14.20
	出口	71.98	-6.30
进出口贸易总值（万美元）	合计	21 150 331	-24.00
	进口	10 063 960	-24.20
	其中：江、海运输	1 569 254	-18.30
	铁路运输	7 002	710.30
	汽车运输	65 504	-43.50
	航空运输	8 419 407	-25.00
	邮件运输	274	-15.20
	其他运输	2 519	220.40
	出口	11 086 371	-23.90
	其中：江、海运输	2 422 380	-3.60
	铁路运输	183 691	-50.30
	汽车运输	185 044	7.10
	航空运输	8 294 094	-28.00
	邮件运输	268	-43.90
	其他运输	894	100.00
税收（万元）	两税合计	1 037 092	-13.60
	关税入库	166 641	-8.70
	进口环节税入库	870 451	-14.50

（成都海关提供）

2015 年四川省边防检查出入境主要数据表

项目			2015 年	2014 年	同比（%）
出入境人员（人次）	出入境人员总数		3 209 592	4 101 396	27.78
	入境人员		1 606 280	2 055 177	27.95
	出境人员		1 603 312	2 046 219	27.62
	出入境旅客		3 003 632	3 851 742	28.23
	出入境员工		205 960	249 651	21.21
	中国公民	小计	2 689 499	3 178 547	18.18
		内地居民（因公）	106 049	128 231	20.92
		内地居民（因私）	2 239 114	3 050 316	36.22
		港澳居民	146 618	155 200	5.85
		台湾同胞	196 718	206 637	5.04
	外籍人员		520 093	561 009	7.86
	从海港出入境人数		0	0	
	从陆港出入境人数		0	0	
	从空港出入境人数		3 209 592	4 101 393	27.78
交通运输工具（辆、艘、架、列次）	总计		19 803	22 897	15.62
	船舶		0	0	
	飞机		19 803	22 897	15.62
	火车		0	0	
	机动车辆		0	0	

（四川省公安边防总队提供）

2015 年四川省出入境检验检疫业务统计表

项目		货物检验检疫				交通工具			集装箱（标箱）		发现动植物疫情		货物通关		出入境人员查验（人次）	健康检查及预防接种（人次）			
		批次	金额（万美元）	检验检疫不合格															
				批次	金额（万美元）	船舶（艘）	飞机（架）	火车（列）	合计	检出问题	种类数	种次	批次	金额		健康检查	艾滋病监测	发现病例	预防接种
本年累计		29 372	247 547	1 603	13 039		26 316		31 687		260	1 417	36 628	549 058	4 136 558	32 663	32 061	31 316	48 674
其中	出境	14 879	107 765	220	1 145		13 545		14 243		1		65 478	61 914	2 130 06	28 274	28 197	26 952	48 594
	入境	14 493	139 782	1 383	11 894		12 771		17 444		259	1 417	30 081	487 144	2 006 943	4 389	3 864	4 364	80
同比（%）		-14.49	-32.48	65.42	-5.61		16.07		-15.64		48.57	126.36	19.31	-8.54	26.63	5.04	5.11	15.70	-9.07
其中	出境	0.74	-14.60	7.84	-32.12		15.79		-26.49				170.76	59.41	28.36	4.65	4.79	12.14	-9.05
	入境	-26.33	-41.87	80.78	-1.92		16.36		-4.07		48.00	126.36	6.36	-13.24	24.85	7.63	7.54	43.93	-15.79

（四川出入境检验检疫局提供）

贵　州　省

贵州省口岸分布示意图

口岸名称	批准开放时间	开放状态
贵阳空运口岸	1992.9	国际常年

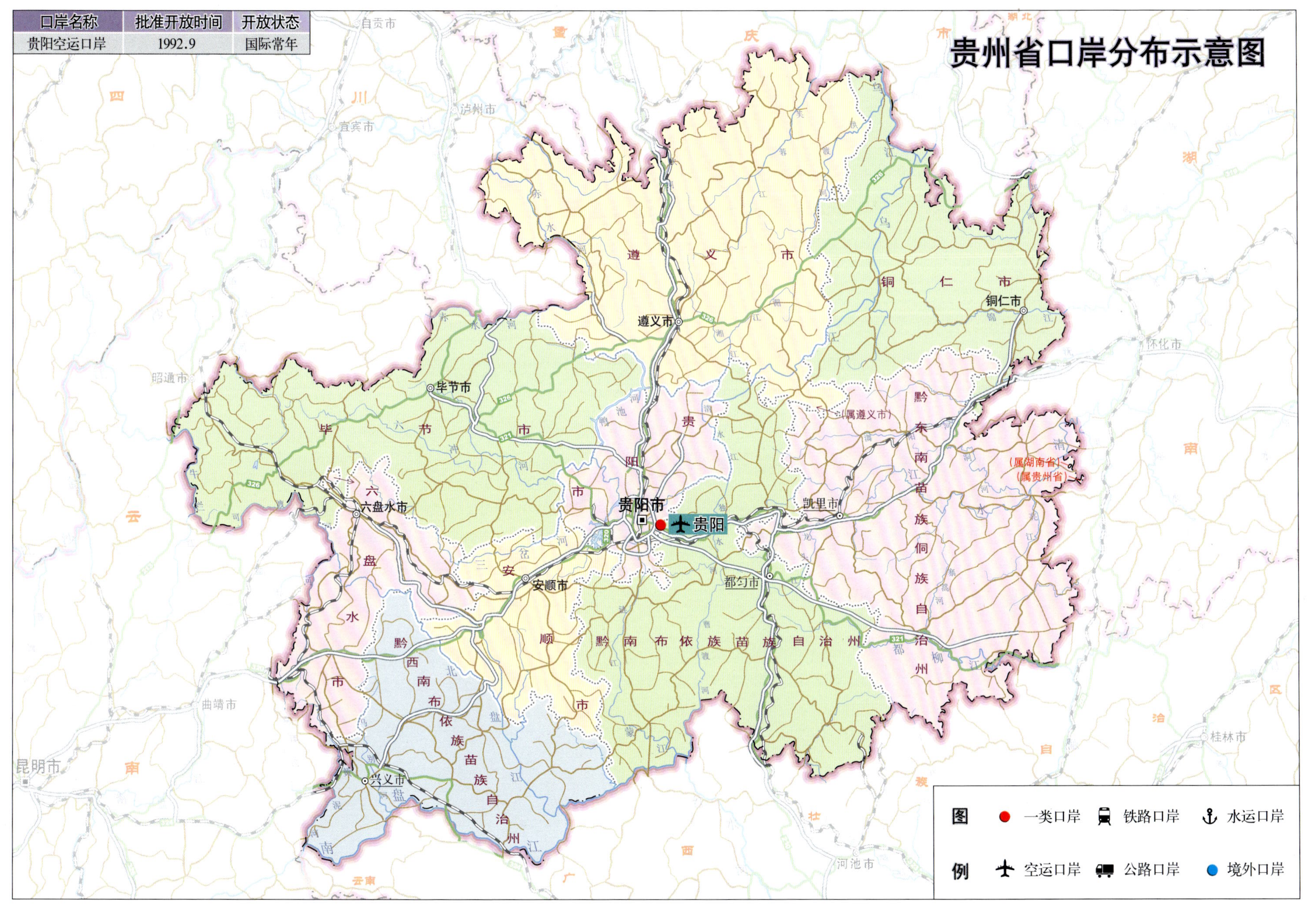

口岸数量及分布

截至2015年年底，贵州省有经国务院批准的对外开放口岸1个，即贵阳空运口岸（贵阳龙洞堡国际机场）。

口岸运行数据

2015年，贵阳空运口岸出入境人员401 179人次，同比增长38.39%。其中，入境200 705人次，同比增长38.54%；出境200 474人次，同比增长38.24%；出入境旅客372 318人次，同比增长37.18%；出入境员工28 861人次，同比增长56.14%。

出入境航班3 545架次，同比增长50.98%。其中，入境1 774架次，同比增长51.23%；出境1 771架次，同比增长50.72%。查验旅客行李774 557件，截留禁止进境携带物1 572批次。

海关监管进出口货物492.73万吨，同比减少24.89%。其中，进口395.75万吨，同比减少27.37%；出口96.98万吨，同比减少12.75%。

2015年贵州省各市、州进出口统计表

市州	进出口额	出口额	进口额	同比（%）		
				进出口	出口	进口
合计	1 229 558	1 002 387	227 171	13.70	6.67	60.33
贵阳市	911 662	789 666	121 996	16.25	8.59	113.90
黔东南州	6 123	4 626	1 497	-84.71	-88.17	62.54
遵义市	148 465	87 497	60 968	292.42	169.34	1 040.23
毕节市	30 276	20 724	9 552	-50.13	-59.47	-0.24
安顺市	13 534	12 678	856	-8.50	-7.64	-19.62
黔南州	27 910	26 764	1 146	-7.04	35.63	-88.86
黔西南州	19 610	19 600	10	20.34	20.43	-54.55
铜仁市	15 607	15 550	57	8.00	8.70	-60.42
六盘水市	38 392	15 170	23 222	-53.78	-41.15	-59.47
贵安新区	17 979	10 113	7 866	2 289.99	1 729.78	3 841.61

口岸综合管理

【口岸基础设施升级】 2015年2月，完成贵阳空运口岸国际厅改造，改造后投入使用面积从9 000平方米增加到1.8万平方米。贵州省口岸办积极争取到外经贸发展资金1 800万元，为联检单位购置国内一流边防自助查验设备、关检一机双屏X光机和检验检疫设施设备等，安排165万元帮助联检单位聘请协管协检员，缓解联检单位人员不足问题。

【提高口岸开放程度】 2015年，贵阳空运口岸发展迅速，开放程度大幅提高，国际及地区航班迅速发展，2015年出入境人员达401 179人次，首次突破40万大关。贵阳空运口岸自2010年以来出入境人数增长快速，2011年5.5万人次、2012年11.4万人次、2013年21万人次、2014年近30万人次，2015年40万人次；出入境航班3 545架次，开通至新加坡，泰国曼谷、普吉，韩国仁川、光州、济州、首尔，柬埔寨，越南岘港，日本大阪等十余条国际（地区）航线和至我国台湾台北、桃园、高雄，我国香港地区航线。

【加大内陆口岸开放建设力度】 明确构建内陆开放型经济新体制的发展目标，依托多式联运，建设以空运口岸为主导，以铁路、水运口岸为延伸，以综合保税区等口岸功能区为补充的全省口岸发展体系，打造布局合理、功能齐全、重点突出的立体化口岸系统，形成以黔中地区为重点、东西翼协调发展的全面对外开放格局。加快贵阳、遵义、毕节、兴义、铜仁［C1］凤凰机场、安顺黄果树、六盘水月照空运口岸，贵阳改貌、黔西南德卧、黔南贵定、毕节国际内陆港、黔东南州碧波陆路（铁路）口岸，遵义港漩塘码头、铜仁思南、兴义望谟蔗香水运口岸建设，完善口岸基础设施和配套服务功能。2015 年 9 月 21 日，铜仁市人民政府召开会议明确启动铜仁机场改扩建和口岸国际厅的建设及申报工作。

【遵义新舟机场获批临时对外开放】 2014 年 12 月 30 日，遵义新舟空运口岸经国家口岸办批准临时对外开放，并通过国家民航总局行业验收和以贵州省口岸办牵头组成的口岸查验设施设备验收组验收。已开通遵义新舟机场到香港每周 2 班往返定期包机航班。

【口岸开放平台建设取得突破性发展】 贵阳综合保税区封关运行的第一年实现外贸进出口 30.87 亿美元。贵安综合保税区于 2015 年 1 月获国务院批准，2015 年 12 月 23 日通过国家验收组验收，实现“当年获批、当年建设、当年验收”的目标。各市（州）口岸开放平台规划布局建设有序推进，遵义新蒲、毕节大方、安顺经开区、铜仁大龙、黔南独山 4 处公用型保税仓库等项目已启动实施。

【贵州电子口岸初见成效】 贵州电子口岸平台（www. gz－eport. gov. cn）于 2014 年 12 月 31 日开通运行。关检“三个一”（一次申报、一次查验、一次放行）项目已正式上线运行。2015 年 9 月 1 日，来自法国、澳大利亚、美国等地参加酒博会的 1 027 瓶参展酒顺利通过贵州电子口岸关检“三个一”系统通关。为了更好地贯彻国务院落实“三互”推动大通关建设改革，实现国际贸易“单一窗口”的要求，贵州省口岸办组织商务厅、海关、检验检疫、国税、外汇、综合保税区等负责人专程赴京向国家口岸管理办公室、商务部贸易司、海关总署加贸司、科技司及中国国际电子商务中心等部门汇报和请示了相关事项，并有针对性地对河南、重庆、广州、深圳等地进行考察调研，邀请电子口岸、国际贸易“单一窗口”建设方面的专家对贵州省电子口岸、国际贸易“单一窗口”建设出谋划策，明确了下一步的工作目标。

【积极发挥免签政策】 贵州省公安厅出入境管理局全年办理外国人签证（团体）586 人次，个人签证（访问）1 人次，办理中国台湾居民来往大陆一次性通行证 110 本。从 2015 年 7 月开始，中国台湾居民来往大陆实行免签政策，直接带动了中国台湾居民赴黔旅游。

【“十三五”口岸发展规划已基本成型】 根据《海关总署关于请报送国家“十三五”口岸发展规划有关情况和意见的函》（署岸函〔2014〕219 号）文件要求，已完成《贵州省“十三五”口岸发展规划》编制，拟申请将新开空运口岸 6 个、陆运口岸 5 个、水运口岸 3 个列入《国家

“十三五”口岸发展规划》。同时，《贵州省“十三五”口岸发展规划》已于2015年7月14日通过专家评审。

【强化协调提升服务】 为充分发挥口岸协作机制的作用，切实做好口岸的建设、管理和协调工作，充分发挥口岸优势，整合口岸资源，提高通关效率和服务水平，共同推进“口岸大通关”建设，构建和谐文明口岸，贵州省人民政府口岸办公室认真组织贵州省公安边防总队、贵阳海关、贵州出入境检验检疫局、贵州省公安厅出入境管理局、贵州省机场集团有限公司等单位定期召开口岸现场通关协调工作例会，专题研究解决口岸建设、管理及运行中出现的各方面问题，协调、统一相关单位的意见，推动口岸建设、管理工作有效开展。同时，在贵阳空运口岸设立办公室，与口岸查验单位共同现场办公，及时协调解决相关突发性问题，有效提高口岸联检单位协同作战能力。

口岸监管与服务

【贵州省公安边防总队积极服务贵州发展建设】 2015年，本着“让更多的航线飞起来，让更多的游客走进来，让更多的外资引进来”的原则，贵州省公安边防总队把边检职能与地方经济发展紧密联系起来，主动介入、靠前服务。紧跟贵州发展大势，靠前保障各类国际会议论坛和文化经贸交流活动。2015年共完成重大通关保障任务80余批次、1 500余人次，为出席贵阳国际生态文明论坛2015年年会、第五届中国贵州国际酒类博览会、第三届贵州·台湾经贸交流合作恳谈会政要贵宾出入境提供通关礼遇服务。出入境服务对象对总队边检服务满意度为99.24%。

【贵州省公安边防总队不断提高边检服务水平】 随着贵州省旅游产业的不断升温，出入境航班、旅客流量大幅增加，总队主动优化举措，积极将“服务文章”做深做透。通过常抓“执法为民”理念教育，全面开展“岗位业务技能练兵”，建立“训中干、干中练”实战考核平台，全面增强了官兵的履职能力。以“满足旅客需求，回应旅客期待”为出发点和落脚点，在细节上下工夫，主动了解旅客有无疑难问题、有无急难情况、有无特殊要求，全面推行检查、服务、管控前移的工作模式，安装语音监控系统，对口岸进行全面监控，及时发现报告处理“急、难、险、病”等突发事件。全年共为老、弱、病、残、孕等旅客提供帮助1 000余人次，提供行李物品免费寄存服务200余次。全年旅客电子评价满意率始终在100%，未发生旅客有效投诉事件。

【贵州省公安边防总队科技化执勤】 将执勤现场改造和信息化建设纳入贵阳机场改造升级规划，建成集勤务指挥中心、证件研究室、智能验证台、自助查验通道等为一体的多功能执勤现场，配备文检仪、爆炸物品探测仪、猎鹰硬盘克隆机等一批尖端科技查验设备，硬件设施水平跻身全国边检系统先进行列。安装边检执勤现场高清监控摄像头90余个，实现实时可视可控和指挥指令快速传输，信息即时采集、综合研判、快速反应等实战功能初步显现，执法执勤信息化水平取得重大突破。加强技术骨干实操训练，实现硬件与软件有效对接，信息科技手段在维稳管控中的作用充分彰显，2015年接布控37人，查获在控对象20人次，查获非法出入境人员1人次，协助地方公安机关遣返违法违规外国人6人次。

【贵阳海关深化海关业务改革】 2015年，贵阳海关深化各项业务改革，以改革促发展，以改革促效率。一是全面融入长江经济带区域通关一体化改革，关区所有业务现场均采用一体化模式办理通关业务；二是深入推行通关无纸化改革，通关效率进一步提升；三是抢占改革创新制高点，5项上海自贸区海关监管创新制度复制推广；四是‘双随机”工作有序展开，随机、预定式布控查验均达到海关总署要求，查验工作机制不断完善；五是与泛珠三角区域海关的沟通联系机制初步建立，认真推动“单一窗口”试点，助推贵州省“三个一”系统正式上线，“黔关通”项目建设全面推进，口岸大通关合作机制建成铺开。

【贵阳海关强化税收征管】 2015年，贵阳海关坚持以税收工作为轴心，积极走访税源大户，挖掘新税源。强化关区税收征管工作，夯实业务基础，全方位、多角度开展税收征管质量监控，开展征管风险防控与处置，提升依法征管、科学征管水平。充分利用和发挥关区归类、估价、原产地技术小组作用，以税收征管质量为重点，做到应收尽收。

【贵阳海关助推海关特殊监管区和海关机构申建】 2015年，贵阳海关加强与海关总署、中央有关部委和贵州省地方有关部门的沟通联系，多次赴北京对接相关工作，争取支持，促成贵阳综合保税区封关运行，贵安综合保税区顺利通过国家验收。同时，多次赴六盘水市、黔东南州等地调研设关情况，了解当地外贸发展情况及海关机构申建情况，考察拟安排的海关办公场所和监管场所相关情况，并积极向海关总署和国务院申建。六盘水海关于2015年11月30日获国务院正式批复设立。

【贵阳海关打击走私违法，维护经济秩序】 2015年，贵阳海关保持打击走私高压态势，开展好反走私斗争。一是积极开展强化监管打击走私“五大战役”行动。综合运用刑事、行政两种执法手段，全关各部门形成联动，有力开展专项打击。坚持突出重点，紧密结合关区实际，深入研判形势，抓住重点商品物品、重点渠道、重点区域，切实深化打击，提升打击效果。发挥情报信息主导作用，利用公开和秘密手段，围绕关区内重点地区、口岸及走私集散地、消费地广泛搜集线索，圈定打击重点，缜密开展情报经营，取得一定成效。二是积极部署开展“紫光”打击毒品走私专项行动。与昆明海关缉私局联合开展1起毒品案件的情报经营；在贵州省公安厅的大力协助下，组织开展案件经营和查缉工作。探索“人、犬、情、技”查缉毒品的工作模式，借用缉毒犬在机场旅检渠道开展为期一个月的查缉毒品工作，查缉进出境航班31架次，检查行李3 000件，认真开展好六枝特区禁毒帮扶工作。三是认真组织“以打促税”百日攻坚战行动。加大“3·4”农产品走私案件侦查取证力度，共派遣民警出差办案340余天，多次赴北京、上海、云南、广西、广东、湖南等省市开展侦查取证工作，共抓捕犯罪嫌疑人7人、网上追逃1人、取保候审4人、解除取保候审6人，通过国际刑警组织境外取证1次，对各犯罪嫌疑人审讯30余人次。此外，还认真开展打击牛肉、大米出口骗税、“眼镜蛇”等各项专项行动，努力为贵州省外向型经济发展保驾护航。2015年，共审理行政案件12起，涉案案值14 954.66万元。目前执行完结9起，结案案值732.90万元，罚没收入20.38万元。

【贵州出入境检验检疫局口岸艾滋病防控】 2015年，贵州出入境检验检疫局共实施艾滋病监测4 304人次，检出艾滋病感染者8例。其中，1例出国商务人员、4例中国籍出境劳务人员、1例旅游探亲人员、2例入境人员。贵州出入境检验检疫局采取多项措施，加强口岸艾滋病防控和监测：一是继续加大口岸艾滋病防控知识宣传教育力度，加强对商务、劳务、留学等重点人群的宣传教育，进一步拓宽艾滋病防控宣传教育的渠道，口岸艾滋病防控知识宣传覆盖率已达100%；二是增加艾滋病防控的投入力度，完善口岸艾滋病监测体系；三是完善实验室建设，加强艾滋病防控专业队伍建设，提高检测水平；四是深化联防联控的合作机制，吸收社会力量，努力探索更加科学有效的合作模式，使联防联控能够向广深方向发展；五是寻求口岸艾滋病防控在体制机制上的突破。

【贵州出入境检验检疫局出入境人员传染病检出率明显增加】 2015年，贵州出入境检验检疫局共完成出入境人员传染病监测体检4 256人次，同比增长19%。其中，出国劳务体检增长较为明显，增长幅度为25%，入境人员同比增长32%。共计检出各类传染性病原携带者221例，同比增长19%，其中艾滋病毒感染者8例、梅毒10例、肺结核20例、澳抗阳性172例、丙肝感染者10例、其他传染病1例。检出非传染性病例826例次，同比增长33%。全年共完成国际预防接种5 009剂次，同比增加11%。增长主要以出国劳务接种为主，其中流脑疫苗接种增长最为明显，同比增长了67%。严格执行证书拟制规程和签发程序，共签发“国际旅行健康检查证明书”4 149本，“疫苗接种或预防措施国际证书”2 027本，体检和预防接种均未发生任何检验检疫事故。

【贵州出入境检验检疫局卫生监督成效明显】 2015年，贵州出入境检验检疫局新签、换发国境口岸卫生许可证61份，其中餐饮5家、食品流通21家、服务行业35家，同比增加11.5%；在空港口岸共实施卫生监督443次，同比增加8.3%；对航空食品、生活饮用水、餐饮服务单位餐具快速检测273份，同比增加12.81%；完成对机场候机楼的微小气候及空气卫生质量指标的监测100余次；在口岸媒介生物控制工作方面，布防鼠夹1 440只，放置诱蚊灯108台次，共捕获鼠类6只，蚊类77只。另外，2015年是贵阳创建国家卫生城市复审之年，贵州出入境检验检疫局联合空港创卫办召开动员部署会、联席碰头会、整改研商会3次，现场督察摸底6次，参加创卫办各类会议、学习、督察活动7次，梳理出10余项存在主要问题重点整改。

【贵州出入境检验检疫局筑牢中东呼吸综合征疫情防线】 2015年，贵州出入境检验检疫局积极做好防控中东呼吸综合征工作中。一是加强应急值守，配齐备足应急处置物资。制订防控方案，明确职责分工，与省卫计委应急办及机场有关部门加强沟通联系，明确在口岸应对疫情时互通信息，共同做好贵阳机场口岸的疫情防控工作。二是将贵阳至韩国光州、贵阳至韩国济州等航班列为重点航班，执行严格的登机检疫，并要求出入境航班发现有症状者要及时通报。加强对出入境人员的体温监测和医学巡查，密切关注来自疫情发生地的入境人员，有针对性地开口岸中东呼吸综合征疫情防控工作。三是在出境和入境通道的LED显示屏滚动播放中东呼吸综合征疫情旅行提示，宣传中东呼吸综合征的传播途径、主要症状和防控知识，加强出入境国际旅客、机场工作人员的自我防护意识，消除公众恐慌心理。四是开展工作人员专业培训，对中东呼吸综合征的传染途径、临床表现、易感染人群及预防措施等进行系统培训，并介绍当前中东呼吸综合征的发展态势，强调现场处置原则和检疫检查过程中防疫工作应注意的事项。

【贵州出入境检验检疫局开展“请来口岸找笑脸”系列宣传活动】 2015年6月，贵州出入境检验检疫局在贵阳机场口岸开展食品安全宣传周“请来口岸找笑脸”系列宣传活动，在机场T1、T2航站楼醒目位置悬挂主题标语，通过分发宣传手册、现场咨询等方式，就食品安全热点问题向前来咨询的群众答疑解惑；通过LED电子屏幕、摆放食品安全常识展板向公众宣传口岸食品安全；以QQ、微信平台交流的形式将食品安全宣传材料发送给相关食品企业，扩大宣传普及率；开展新《中华人民共和国食品安全法》《食品安全良好操作规范》培训，引导食品经营单位及从业人员学法、知法、守法、用法，强化主体责任意识。

【贵州出入境检验检疫局“四个确保”提升口岸核生化反恐工作能力】 2015年11月13日法国巴黎发生一系列恐怖袭击事件后，贵州出入境检验检疫局组织口岸一线职工学习了习近平总书记的重要批示精神及相关事件报道，并从四个方面进一步加强贵阳机场口岸的核与生化因子检测工作，与口岸相关单位共同携手筑牢贵阳机场口岸反恐屏障。一是进一步提升全体人员的反恐意识，确保思想到位。第一时间组织相关工作人员召开核生化反恐应急工作会议，认真学习中央及贵州省委省政府有关反恐工作的文件精神，全面落实各项工作部署。二是对口岸现场所有核生化检测设备进行校准维护，确保设备到位。组织对口岸现场的通道式行人放射性监测系统、手持式化学探测器、生物气溶胶监测仪等十余套核生化监测设施设备进行检查校准，加强设备保养维护，及时排查隐患，真正发挥核生化设备在反恐工作中的重要作用。三是加强业务培训，提升口岸核生化应急处置能力，确保人员到位。组织核生化监测培训和演练，通过练兵，切实提高检疫人员应急处置能力，保证一旦发生核生化事件能够迅速、高效、科学地投入处置工作。四是加强联防联控，进一步完善反恐协作机制，确保工作机制到位。与边防、海关等联检单位及机场公安、反恐办等部门联络，实现信息共享，加强工作协作，共同做好贵阳机场口岸突发核生化恐怖事件的应急处置能力和良好的工作协作机制。

【贵州出入境检验检疫局口岸卫生监督“组合拳”促临空经济发展】 2015年，贵州出入境检验检疫局按照口岸核心能力建设卫生监督工作方面的要求，创新手段、强化监管、深化服务，把开展“检企合作”作为探索检验监管新模式的突破口，构筑口岸食品、公共卫生安全屏障，促进贵州临空经济又好又快发展。一是卫生监督轮岗不离岗。主动求变，打乱以往行政班、航班值守分离的模式，整合现有人力资源，所有人员实行“行政班+航班值守+行政班”模式，将监督单位“包产到户”分配到每一个组，确保卫生监督工作24小时轮岗不离岗，有效地提高了监管的效能。二是企业责任细化不弱化。制定《贵阳机场口岸食品生产经营单位台账》，印发至口岸各食品生产经营单位，让监管企业从容应对，切实维护食品经营单位合法权益，保障口岸食品安全。三是培训宣传变调不跑调。培训秉承“切合理解习惯”与“围绕食品安全”两大原则，对内容进行全面的“包装”，力求以平白朴实又符合当前理解习惯的流行语言，以及直观生动、表现力强的图片传达食品安全相关规范，确保培训宣传实效；积极运用新媒体，“双渠道”搭建QQ及微信公众平台，畅通检企沟通途径，及时解答监管企业问题。四是风险分析严谨不拘谨。以“风险分析、分级管理”为原则，完成口岸30家食品生产经营企业动态评级工作，结合贵阳口岸实际特点，要求食品生产经营单位签订“食品安全目标责任书”，每月对各自经营场环境、设施设备、从业人员等方面所进行自评，破除以往仅以日常监督评分表为主的单一评级模式，转为“评分表+责任书+自评表”相互补充的风险分析模式，切实提升了食品安全精细化监管效能，夯实了评级基础。

【贵州出入境检验检疫局积极支持贵州双龙航空港经济区加快发展】 2015年，贵州出入境检验检疫局主动建立与航空港经济区“直通车”制度，对于不能授权和委托的检验检疫有关行政管理事项和权限，开通绿色通道，最大限度简化程序、压缩时限、高效快捷办理，同时协助经济区办理需要报转国家质检总局有关事项；对航空港经济区发展跨境电商进出口全业务模式提供检验检疫支持，为供应链外贸综合服务平台企业提供优质的进出口环节快速验放服务，支持航空港经济区加速打造西南进出口中小商品集散地和一流的外贸转型升级示范基地；支持航空港经济区加快航空运输业发展，制定专项扶持政策，对贵州航空公司及多彩贵州航空公司拟在龙洞堡国际机场三期建设中增加的国际航线提供检验检疫支撑建设；将支持经济区建设进口粮食、油品等指定口岸纳入贵州检验检疫局事业发展“十三五”规划，对航空港经济区关联度高、带动作用强的重大项目，按国家质检总局及贵州出入境检验检疫局有关产业扶持政策最高限度给予支持。

【贵州出入境检验检疫局大力推进简政放权】 2015年，贵州出入境检验检疫局如期取消7项行政审批事项，下放了8项行政审批项目。让报检企业、报检员实现了准入“零门槛”和备案“零等待”，大幅提升工作效率。此政策自2015年4月份出台后，贵州省即新增自理报检企业备案341家、代理报检企业10家、报检人员60余人，为企业提供了极大便利，节约了大量时间成本。

【贵州出入境检验检疫局规范出口食品生产企业备案网上审批】 2015年8月，贵州出入境检验检疫局全面实行出口食品生产企业备案网上审批，取消纸质申请方式；严格备案办理时限，要求出口食品生产企业备案网上审批办理时限从受理申请到审查批准，不得超过20个工作日；进一步明确规范从企业申请、申请受理、评审组任务分配、技术审核、备案材料终审、备案审批决定、制发证书到归档等 8 项备案程序和办理时限；要求职能部门严格出口食品生产企业备案办理时限，不得以任何理由超期办理。

【贵州出入境检验检疫局公布权力清单及权力运行图】 2015 年10 月，贵州出入境检验检疫局通过官网、贵州省政府信息公开网等渠道，向社会公布行政许可、行政处罚等 10 大类 177 项权力清单和从事进出境检疫处理业务单位及人员认定、口岸卫生许可证核发等 42 项权力运行图，清单及运行图涵盖该局所拥有的全部行政权力。相关企业及办事人员可通过网络查询，充分了解各项行政权力的运行依据、流程和责任。有效避免办事群众跑腿，切实维护群众根本利益。同时，规范和界定了检验检疫部门的法定权力和责任，广泛接受群众和社会监督，使每一项权力行使都做到流程完整、环节清晰、公开透明，有效防止权力滥用，真正把权力关进制度的笼子，打造阳光检验检疫、法治检验检疫和服务型检验检疫。

【贵州出入境检验检疫局开展进口汽车质量安全调查】 2015 年3 月 19 日，针对媒体曝光的进口路虎揽胜极光汽车变速箱故障及其他路虎汽车质量安全问题，贵州出入境检验检疫局对辖区进口路虎汽车开展现场调查。调查组已确认涉及变速箱问题的路虎揽胜极光汽车 128 辆，其中 37 辆已进行变速箱更换，91 辆已进行软件升级。未接到关于路虎揽胜和揽胜运动版汽车制动缺陷的投诉。2015 年 11 月，针对媒体曝光的德国大众集团所受部分柴油车辆排放控制系统软件致使尾气排放测试数值与实际数值不符的问题，贵州出入境检验检疫局对辖区内进口大众汽车开展质量安全调查。经调查，在涉及安装发动机控制模块软件的两款进口大众汽车中，已确认涉及该问题的进口途观（TIGUAN）汽车有 48 辆在贵州境内销售，进口帕萨特（Passat B6）汽车暂未发现问题。根据相关法律法规和国家质检总局通告，要求各 4S 店尽快完成问题车辆的召回处理，履行相关质保承诺。

【贵州出入境检验检疫局出台促经济稳增长十三条措施】 2015 年 5 月，贵州检验检疫局出台了促进经济稳定增长的 13 条措施，进一步加大帮扶企业力度，促进外贸稳定增长。一是发挥检验检疫职能优势，服务区域发展，提高通关速度。通过全省检验检疫机构联合联动，实现检验检疫区域一体化作业，推进检验检疫信息互换、监管互认、执法互助，达到贵州检验检疫区域一体化“三优”目标；配合贵州省建设地方口岸电子平台，全面推进关检“三个一”建设，加快复制推广上海自贸试验区经验，参与长江经济带检验检疫一体化建设，支持贵州创建中国—瑞士自由贸易示范区的各项工作，指导和帮助企业用好优惠政策，拓展国际市场；支持贵阳综合保税区、贵安综合保税区等特殊区域的健康发展，配合开展遵义综合保税区的申建工作，力争年内申建成功；简化出口食品农产品企业检验检疫注册、备案等管理环节，优化行政审批程序。二是深化检验监管模式改革，扩大出口市场和服务进口贸易。建立以风险管理为核心的出口商品检验监管机制，实现检验监管重点从产品检验向企业监管转变，推动出口食品生产企业“同标同线”生产，鼓励企业获得 HACCP 认证；指导企业有效应对国外技术性贸易措施，协助企业境外维权保护，帮助企业减少损失，支持企业参与国际规则制修订活动；实行“前推后移”检验监管机制，深入推广推行“一厂一策”、专人服务政策，支持重点、大型工程的进口业务，推动机电产品整机进口。三是努力培育贵州品牌，培育地方竞争优势，支持新兴产业发展。全面支持贵州茶叶、白酒、辣椒酱、打火机等优势重点产业发展，动员各类园区参与质量安全示范区、品牌示范区创建活动，发挥示范区品牌效应，提升贵州产品和品牌的国内外影响力和知名度；助推贵州特色优势农产品走出国门，争取培养 5 个以上贵州特色产品申报生态原产地产品，完成 3 家以上的出口食品农产品质量安全示范基地，带动贵州出口企业质量提升；建立和完善跨境电子商务经营主体及商品备案管理等检验检疫措施，引导跨境电子商务健康发展，保障贵州检区国际性会展活动参展品的质量。四是强化服务职能，实施优惠政策，做好贴身服务和技术服务。将检验检疫服务送到地方，送到企业，做到重点突出，点面结合；开展辖区内收费项目清理工作，清理规范行政审批涉及中介服务事项；推动检测认证结果采信和检验检测认证认可标准、方法的互认，发挥检验检测技术优势，提高公共服务能力和检验能力，为小型微型企业提供技术支撑和服务。

【贵州出入境检验检疫局积极支持贵州省首家县级保税仓产品上市销售】 2015 年 8 月，贵州出入境检验检疫局对贵州首家县级保税仓“独山县新龙物流公用保税仓库”进出境货物和跨境电子商务给予所有检验检疫优惠政策和措施，严格限定该特殊监管区域检验检疫验放周期，以“边放边检、先检疫后检验”等政策，确保保税仓进口货物第一时间通关，并对保税仓防虫防鼠防霉等设施建设提出检验检疫相关要求，指导企业加强对进出口食品、动物产品、植物产品的情况了解，进一步扩大保税仓进出口商品的种类，不断扩大保税仓进出口贸易规模。

【贵州出入境检验检疫局检警联手打击伪造检验检疫证书违法犯罪】 贵州出入境检验检疫局主动加强与公安等部门的执法协作，加大对国际伪造、变造检验检疫证书的打击力度，完善跨区域、跨部门执法协作机制，逐步建立跨部门协同、信息共享、案情通报、执法联动等制度，有效遏制跨国伪造检验检疫证书违法犯罪活动。全年查处 3 份伪造该局签发的原产地证书，为国外企业挽回经济损失 30.4 万美元。

开放口岸

【贵阳空运口岸（贵阳龙洞堡国际机场）】 贵阳龙洞堡国际机场位于贵州省贵阳市东部，距离市区 11 千米，机场于 1997 年 5 月 28 日正式投入运营。该机场占地面积约 400 万平方米，机场跑道长 3 200 米、宽 45 米，三条快速脱离道和两条端联络道，是可接受波音 747、空中客车 A330 等同类及其以下机型的全重起降，具有先进导航系统和设施的 4E 级现代化机场。新航站楼满足年旅客吞吐量 1 550 万人次、货邮吞吐量 22 万吨、飞机起降量 14.6 万架次，主要建设规模为新建航站楼 11 万平方米，停机坪 26 万平方米，货运站 2.1 万平方米，停车场（楼）10.5 万平方米，配套有空管、供油、供电、给排水、供冷、供热、燃气、消防救援和辅助生产设施，用地规模约 7.24 万平方米，是西南地区一个重要的航空枢纽。贵阳机场以中型飞机为主、小型飞机配套、长短航线互补的航空运输，目前该机场直飞航线 112 条，每周航班起降 2 240 余架次。直飞航线和包机航线遍及国内 69 个大中城市和韩国、新加坡、泰国、柬埔寨、越南等国家和中国香港、中国台湾等地区。包括 4 家基地公司在内，共有 35 家航空公司在该机场营运。4 家基地航空公司分别是：中国国际航空股份有限公司贵州分公司、中国南方航空集团贵州航空有限公司、华夏航空公司、天津航空贵州分公司。

2006 年 1 月 19 日，贵阳龙洞堡机场更名为贵阳龙洞堡国际机场，成为中国西南地区第 4 家国际机场。此前，该机场已通过国家有关部门的综合评估和验收，并获得民航总局的正式批复。2013 年启动了贵阳机场 T1 航站楼扩容改造工程。改扩建工程国际区域的投用，将使贵阳机场 T1 航站楼和 T2 航站楼连为一体，实现双楼运行，新建成的高架桥贯穿 T1 航站楼和 T2 航站楼，乘坐国际、地区航班的旅客进出港将更便捷。2015 年 2 月完成 T1 航站楼改扩建工程，总建筑面积 80 768 平方米，总投资 6.55 亿元，可满足年旅客吞吐量600万人次需求，其中，国际厅面积从9 000平方米增加到1.8万平方米。改造后贵阳机场航站楼总规模达21万平方米，可满足年旅客吞吐量1 850万人次的需要，有效提升机场硬件保障水平。

贵州省口岸大事记

1月12日

贵安新区综合保税区获国务院批复成立。

2月

贵阳龙洞堡国际机场获批为进口植物种苗指定入境口岸，实现了贵州进口植物种苗指定入境口岸的零突破。

2月15日

贵阳龙洞堡国际机场T1改扩建工程国际区域正式转场投用。

3月2日

贵阳海关办结首票特殊监管区区间流转货物手续。（从上海外高桥保税区转关至贵阳综合保税区）

3月6日

具有贵阳海关特色的QP预录入系统——“黔关通”通关服务系统上线运行。

3月24日

贵州省黄金投资有限公司首批进口的21公斤黄金顺利通过贵州出入境检验检疫局贵阳综合保税区黄金实验室检测。

3月26日

黔南州首家公用保税仓库——独山公用保税仓库举行揭、授牌仪式。

5月10日

贵州同长江经济带的11个省（市）一起，启动实施长江经济带检验检疫一体化通关模式，实现长江经济带检验检疫机构间信息互换、监管互认、执法互助。

5月28日

贵阳空运口岸直飞日本大阪航班首航成功。

5月

经贵州出入境检验检疫局检验检疫合格的一批体积为79.15立方米、货值为3.6万美元的松木集成材已顺利出口至韩国。这是继2009年后，贵州木制品再次进入国际市场。

6月4日

贵州省委常委、副省长慕德贵视察贵阳机场口岸作业区。

6月5日

贵州轮胎有限公司公用型保税仓库封关运行。

6月26日

贵阳空运口岸首次截获入境货物木质包装中禁止进境的检疫性害虫长斑皮蠹。

6月27日

生态文明贵阳国际论坛2015年年会在贵阳召开。贵阳空运口岸以优质高效的服务，保障境外参会嘉宾顺利通关。

6月28日

遵义空运口岸至香港地区临时对外开放，首航成功。

7月1日

即日起，贵州检验检疫局对信用等级为B级及以上企业集装箱装载货物实行“产地直接放行、口岸免予查验”的出口直放模式和“口岸直接通行到目的地”的进口直通模式，同时对进境活动物、大宗散货、废物原料和出境危险品、散装货物实行负面清单管理，有效规范了全省检务工作，实现贵州省区域检验检疫工作一体化。

9月1日

贵州电子口岸关检“三个一”系统正式上线运行。

9月8日

贵州、广西、四川、重庆、云南、西藏出入境检验检疫局在贵阳召开区域合作联席会议并签署西南六省（区、市）检验检疫口岸公共安全合作备忘录。

9月9日

第五届中国（贵州）国际酒类博览会开幕，

来自法国、澳大利亚、美国等地参展用酒顺利通过贵州电子口岸关检“三个一”系统通关。

9 月 29 日

贵州出入境检验检疫系统第二个分支局——贵州兴义出入境检验检疫局正式挂牌开检。

10 月 21 日

贵阳空运口岸首次截获濒危物种苲珊瑚。

11 月 2 日

贵州省委副书记、代省长孙志刚赴贵阳综合保税区调研。

11 月 23 日

中央编办同意设立六盘水海关，负责贵州省六盘水市、毕节市、黔西南州等地的海关业务，隶属贵阳海关。

11 月 23 日

第十七届中国国际高新技术成果交易会在深圳举行，贵州电子口岸荣获“优秀产品奖证书”。

12 月 23 日

贵安新区综合保税区通过国家联合验收组验收。

12 月 30 日

贵阳空运口岸出入境旅客流量年度首破 40 万人次大关。

（撰稿人：邓院生、陈亮、孙伟、邱宁、杨珺轶、裴超）

2015 年贵州省口岸流量统计表

口岸类型		口岸名称	货运量（万吨）				集装箱量（万标箱）				人员（万人次）				交通工具（辆、艘、架、列次）			
			出口	进口	合计	同比（%）	出口	进口	合计	同比（%）	出境	入境	合计	同比（%）	出境	入境	合计	同比（%）
空运口岸		贵阳空运	0.10	0.09	0.19	26.13					20.05	20.07	40.12	38.39	1 771	1 774	3 545	50.98
空运口岸		分计	0.10	0.09	0.19	26.13					20.05	20.07	40.12	38.39	1 771	1 774	3 545	50.98
陆运口岸	公路口岸																	
陆运口岸	公路口岸	分计																
陆运口岸	铁路口岸																	
陆运口岸	铁路口岸	分计																
水运口岸	海港口岸																	
水运口岸	海港口岸	分计																
水运口岸	河港口岸																	
水运口岸	河港口岸	分计																
合计			0.10	0.09	0.19						20.05	20.07	40.12		1 771	1 774	3 545	
同比（%）			26.05	25.97	26.13						38.24	38.54	38.39		50.72	51.23	50.98	

（贵州省口岸办提供）

2015 年贵州海关主要数据统计表

项目		2015 年	同比（%）
进出口货运量（万吨）	合计	492. 73	-24. 89
	进口	395. 75	-27. 37
	出口	96. 98	-12. 75
进出口贸易总值（万美元）	合计	520 860. 35	178. 41
	进口	213 786. 98	120. 22
	其中：江、海运输	42 089. 64	-43. 30
	铁路运输		
	汽车运输	16 789. 29	88. 56
	航空运输	154 871. 11	1010. 82
	邮件运输		
	其他运输	36. 93	1131. 00
	出口	307 073. 37	241. 17
	其中：江、海运输	81 908. 76	31. 02
	铁路运输	871. 58	-9. 96
	汽车运输	13 378. 31	-28. 52
	航空运输	210 914. 72	2601. 96
	邮件运输		
	其他运输		
税收（万元）	两税合计	59 551. 06	-34. 16
	关税入库	14 256. 71	-9. 07
	进口环节税入库	45 294. 35	-39. 43

（贵阳海关提供）

2015 年贵州省口岸出入境主要数据表

项目			2014 年	2015 年	同比（%）
出入境人员（人次）	出入境人员总数		289 889	401 179	38. 39
	入境人员		144 869	200 705	38. 54
	出境人员		145 020	200 474	38. 24
	出入境旅客		271 405	372 318	37. 18
	出入境员工		18 484	28 861	56. 14
	中国公民	小计	281 648	378 701	34. 46
		内地居民（因公）	5 763	10 623	84. 33
		内地居民（因私）	197 379	291 706	47. 79
		港澳居民	21 879	26 312	20. 26
		台湾同胞	56 627	50 060	-11. 60
	外籍人员		8 241	22 478	172. 76
	从海港出入境人数				
	从陆港出入境人数				
	从空港出入境人数				
交通运输工具（辆、艘、架、列次）	总计				
	船舶				
	飞机		2 339	3 545	51. 56
	火车				
	机动车辆				

（贵州省公安边防总队提供）

2015 年贵州省出入境检验检疫业务统计表

项目	货物检验检疫				交通工具				集装箱（标箱）		发现动植物疫情		货物通关		出入境人员查验（人次）	健康检查及预防接种（人次）			
	批次	金额（万美元）	检验检疫不合格																
			批次	金额（万美元）	船舶（艘）	飞机（架）	火车（列）	汽车（辆）	合计	检出问题	种类数	种次	批次	金额（万美元）		健康检查	艾滋病监测	发现病例	预防接种
本年累计	2 312	80 072	132	4 152		3 541			1 638		17	33	905	59 780	400 615	4 256	4 304	1 096	5 009
其中 出境	1 745	71 454	78	3 431		1 769			1 526		0	0	531	57 911	200 238	3 102	3 138	826	5 004
其中 入境	567	8 618	54	721		1 772			112		17	33	374	1 869	200 377	1 154	1 166	270	5
同比（%）	1.9	-14.79	37.5	-8.2		50.81			69.74		-29.17	57.14	-45.08	-6.49	37.74	18.72	21	35.98	11.31
其中 出境	0.06	-13.96	44.44	11.68		50.55			66.59				-19.18	-4.78	36.58	14.55	15.96	35.86	11.4
其中 入境	8	-21.17	28.57	-50.31		51.07			128.57		-29.17	65	-62.26	-40.02	38.93	31.58	37.02	36.36	-37.5

（贵州出入境检验检疫局提供）

云 南 省

口岸数量及分布

截至2015年年底，云南省有经国务院批准的对外开放口岸17个。其中，空运口岸3个，分别是昆明空运口岸（昆明长水国际机场）、西双版纳空运口岸（西双版纳嘎洒国际机场）、丽江空运口岸（丽江三义国际机场）；陆路（铁路）口岸1个，既河口铁路口岸；陆路（公路）口岸11个，分别是瑞丽、畹町、孟定清水河、腾冲猴桥、打洛、磨憨、勐康、河口、天保、金水河、都龙公路口岸；水运（河港）口岸2个，分别是景洪、思茅河港口岸。

口岸运行及数据

2015年，云南省口岸进出口额142.10亿美元，同比下降9.80%，由年初的大幅下降46.50%至稳步回升。其中，出口80亿美元，同比下降13.20%；进口62.10亿美元，同比下降5.10%。云南企业口岸进出口额为95.10亿美元，占云南省口岸进出口额的66.90%。云南省口岸货运量1 831万吨，同比增长24.10%。其中，出口616万吨，同比增长67.30%；进口1 215万吨，同比增长9.70%。云南省口岸出入境人员达到3 494万人次，同比增长4.10%。其中出境1 703万人次，同比增长2.50%；入境1 791万人次，同比增长5.60%。云南省口岸出入境交通工具达到684万辆（艘、架、列）次，同比增长1.00%。其中，出境340万辆（艘、架、列）次，同比增长1.40%；入境344万辆（艘、架、列）次，同比增长0.70%。

2015年，对越南边境口岸四项指标全面高速增长。2015年受铁路运力提升及化肥市场需求旺盛等因素影响，中越边境口岸四项指标涨幅均超过两位数。其中，口岸进出口额共计完成16亿美元，同比增长36.40%，占云南省口岸的11.20%；口岸进出口货运量共计完成284万吨，同比增长24.90%，占云南省口岸的15.50%；出入境人员共计达到494万人次，同比增长23.20%，占云南省口岸的14.10%；出入境交通工具共计达到24万辆（列）次，同比增长26.50%，占云南省口岸的3.50%。

2015年，对老挝边境口岸指标保持快速增长。昆曼大通道优势持续发挥，对老边境口岸出入境人员和出入境交通工具指标均保持快速增长；受大宗商品价格大幅下跌影响，口岸货运量保持增长，口岸进出口额呈下滑态势。2015年中老边境口岸进出口额共计完成17.60亿美元，同比下降36.40%，占云南省口岸的12.40%；口岸进出口货运量共计完成167万吨，同比增长6.00%，占云南省口岸的9.10%；出入境人员共计达到126万人次，同比增长26.90%，占云南省口岸的3.60%；出入境交通工具首次达到40万辆次，同比增长23.10%，占云南省口岸的5.9%。

2015年，对缅甸边境口岸四项指标全面下降。受缅北战事和木材停止进口政策的影响，对缅边境口岸四项指标严重下滑，占云南省比重也有所降低。2015年中缅边境口岸进出口额共计完成64.90亿美元，同比下降26.10%，占云南省口岸的45.70%；口岸进出口货运量共计完成775万吨，同比下降12.70%，占云南省口岸的42.30%；出入境人员共计达到2 632万人次，同比下降0.50%，占云南省口岸的75.30%；出入境交通工具共计达到618万辆次，同比下降0.60%，占云南省口岸的90.30%。

2015年，云南省对越准轨铁路货运正式开通，河口铁路口岸进出口额达到1.40亿美元，同比增长3 027%；口岸货运量达到37万吨，同比增长10 423%；出入境人员1.6万人次，出入境交通工具1 390列次，同比增长均为4 112%。

2015年，昆明机场空运口岸进出口额12.90亿美元，同比下降20.00%；口岸货运量首次完成2万吨，同比增长27.90%。航空机场口岸（包括昆明机场、丽江机场和版纳机场口岸）出入境人员共计达到236万人次，出入境交通工具达到2万架次。

口岸综合管理

【口岸规划工作】 成立联合编制组开展《云南省口岸“十三五”规划意见》《云南省口岸“十三五”规划》和《云南省口岸通道中长期发展规划》编制，完成云南省8个边境州市和昆明、昭通、大理、丽江、迪庆调研和资料收集工作，完成《云南省口岸“十三五”规划意见》，2015年2月份由云南省政府函报国家海关总署，2015年10月完成通过《云南省口岸“十三五”规划》评审；同时，《云南省口岸通道中长期发展规划》也正在加紧编制中。云南省口岸办指导云南省各相关州市口岸“十三五”规划的编制工作，修编部分口岸经济区总体规划和云南瑞丽重点开发开放实验区口岸发展规划，完成勐满、关累、腾冲机场等拟新开口岸现场查验设施功能设计方案等规划方案和建设，为科学合理配置云南省口岸资源，扩大口岸开放力度，建立服务进出口协作新机制，促进口岸功能进一步发挥提供保障。

【口岸基础设施建设】 落实云南省委、云南省政府和国家口岸管理办公室口岸发展部署，以口岸通关便利化为抓手，严格按建设的相关程序和《云南省口岸建设专项资金管理办法》和《云南省口岸建设项目管理实施办法（试行）》的规定开展口岸建设工作。云南省口岸办积极与云南省财政厅、云南省发展改革委就口岸建设发展加强协作，突出重点口岸的辐射带动功能和口岸通关效益，加快口岸配套设施和通关便利化建设。开展口岸建设项目申报审理工作，严格按照《云南省口岸建设专项资金管理办法》，组织专家评审组对口岸项目建设进行评审，切实做好口岸建设项目申报、审核、评审、上报和下达工作。继续推进拟新开的田蓬、关累口岸基础设施建设。继续推进方案评审通过的打洛、南伞、孟定清水河口岸边民互市贸易场所规范建设等工作。通过以上工作，使口岸建取得实质性进展，实现云南省口岸又好又快发展。

【口岸开放工作】 落实“国家‘十二五’口岸发展规划”和“国务院沿边地区开发开放规划（2014～2020年）”，在规划开放中进一步优化云南省口岸布局，统筹口岸发展，进一步扩大口岸开放力度，提升云南沿边开放水平。按照口岸开放的相关程序，有序推动打洛等口岸扩大开放，实现对双边和第三国持有效照护照人员和货物通行，向国家口岸管理办公室请示筹备打洛公路口岸国家验收工作；继续推动实现畹町口岸芒满通道临时开放和芒市机场临时开放工作，继续推动大理机场临时开放申报工作；将2015年1月国家批准开放的都龙（公路）口岸和已列入国家“十二五”口岸发展规划的勐满（公路）、关累（水运）、腾冲（空运）、芒市（空运）口岸作为工作重点开展工作，开展新开口岸规划、选址、勘验、建设等一系列开放前实质性基础工作；继续推动原二类口岸（田蓬、片马、盈江、孟连、沧源、章凤、南伞公路口岸）有序升格。通过以上扎实有效的规划，进一步扩大口岸开放力度，促进云南口岸功能的发挥。

【口岸制度建设】 云南省口岸办主动服务和融入“一带一路”战略，全面、深入研究云南省口岸开放建设和大通关工作，形成《创新大通关制度，促进通关便利化建设的调研报告》，出台《云南省人民政府关于加强口岸工作推进大通关建设的实施意见》（云政发〔2015〕63号）、《云南省人民政府办公厅关于印发加强口岸工作推进大通关建设实施意见重点任务分工方案的通知》（云政办函〔2015〕218号），从夯实基础、构建平台、优化环境、深化改革强化保障等方面对口岸大通关建设做出了全面部署，出台22条实施意见，为今后五年的大通关建设奠定了坚实基础。为落实《国务院办公厅关于印发突发事件应急预案管理办法的通知》（国办发〔2013〕101号）和《国家口岸管理办公室关于加强口岸突发事件信息报告和应急处置的通知》（国岸发字〔2013〕27号）和云南省委、云南省政府关于加强安全措施确保人民群众生命财产安全的一系列通知精神和要求，提高云南省口岸突发事件的预防、应对和处置能力，云南省口岸办牵头编制《云南省口岸突发事件应急处置预案》。为缓解口岸快速发展和口岸查验单位人力资源不足的突出矛盾，云南省商务厅（云南省口岸办）按照2014年省口岸建设管理领导小组会议和《云南省人民政府关于加强口岸工作推进大通关建设的实施意见》（云政发〔2015〕63号）文件精神，编制形成《关于加强和规范云南省口岸协管（检）员管理工作的指导意见（送审稿）》上报云南省政府。

【口岸合作机制】 与邻国口岸合作机制。云南省人民政府与越北、老北、泰北有关省（府）建立合作机制，每年举行会议商讨经贸合作事宜，其中口岸、通道和跨境运输成为会谈的重要内容，并通过瑞丽、西双版纳、河口、临沧、天保、腾冲边境交易会等会展促成双边高层会谈会晤，也将口岸、通道建设列为会谈的重要内容。与越南口岸合作机制：根据《中华人民共和国政府和越南社会主义共和国政府关于中越陆地边境口岸及其管理制度的协定》，在中越陆地边境口岸管理合作委员会会议机制下，加强与越南就口岸事务合作进行了积极探索，云南省和红河哈尼族彝族自治州、文山壮族苗族自治州及沿边县政府与越方省、市、县政府建立了口岸管理机构会晤合作机制，定期或根据工作需要举行双边口岸管理机构会晤，主动保持协调联动，加大协调配合力度。与缅甸口岸合作机制：根据《中华人民共和国政府和缅甸联邦政府关于中缅边境管理与合作的协定》，云南省和德宏、保山、临沧、怒江、西双版纳等州市政府及沿边县（市）政府外事办、口岸办对缅全部口岸（一类、二类）均与缅方口岸管理当局建立了双边会晤合作机制，提高了协调合作处理口岸事务的水平。与老挝口岸合作机制：根据《中华人民共和国政府和老挝人民民主共和国政府关于边境口岸及其管理制度的协定》，云南省和西双版纳、普洱州市政府及沿边县政府外事办、口岸办均与老方建立了口岸管理机构会晤合作机制，提高通关便利化水平。云南省外办、云南省口岸办、昆明海关、云南出入境检验检疫、云南省公安边防及基层政府也与周边3国及泰国沿路沿江对口机构有定期会商会晤机制及遇事相约等联络机制，推动了“口岸建设运行通报协调机制”“进出口商品统计数据交换机制”“实蝇检测合作机制”“情报交换案件协查机制”“口岸安全联合防控机制”“口岸突发事件应急联动处置工作机制”“快速遣返遣送工作机制”等分别在部分对开口岸实施。

省际口岸合作机制。云南省口岸办通过“泛珠会议”，签订了《泛珠三角区域九省区口岸合作备忘录》，与广东、广西、福建、江西、湖南、海南、四川、贵州省口岸办建立了密切的协作关系，交流分享口岸建设运行管理的经验，全面推动属地报关，口岸验放工作；与宁夏回族自治区口岸办签署了《跨区域口岸合作备忘录》，落实了银川—昆明—迪拜国内转国际朝觐航线、航班的开通。与北京、上海、黑龙江、吉林、辽宁、内蒙古、新疆口岸办也进行了密切的口岸合作。昆明海关、云南出入境检验检疫局、云南省公安边防总队及其所属单位按业务性质分别与多个省区和口岸对口单位建立了合作关系，推动了跨区域、跨系统的交流合作发展。

口岸内部协调机制建设。为营造高效便利的口岸通关环境，云南省口岸办牵头组织建立口岸联检单位联席工作机制，召开云南省口岸联检单位工作座谈会，昆明海关、云南出入境检验检疫局、云南省公安边防总队等成员单位参会，形成常态化、制度化的云南省口岸联检单位联席工作机制，以深入贯彻落实国家关于口岸工作的方针、政策和指示精神，执行云南省口岸建设管理领导小组的重要决策，通报和交流云南省口岸管理和运行情况，研究加快云南省口岸发展的工作思路和对策措施，解决云南省口岸工作中存在的主要问题，合力推进口岸开放和通关便利化建设，合力营造高效便利的口岸通关环境。

【电子口岸建设】 提升口岸智能化水平，推进云南电子口岸大通关建设，实现具有云南特色的“单一窗口”工程，提升云南省贸易便利化水平，有效参与对外经济合作与竞争，促进云南省对外贸易稳定平衡发展必要条件。云南省口岸办根据地方电子口岸建设的特点，坚持共建共管共享的原则，2015 年，在昆明海关、云南出入境检验检疫局等单位的密切配合和共同努力下，实现云南电子口岸大通关服务平台（一期）项目上线运行，（一期）补充项目于 2015 年 10 月完成招投标，12 月将正式进入建设阶段，计划于 2016 年年中上线运行，一期及补充项目建成后将极大地提高口岸通关效率，降低企业通关成本。

【口岸通关改革和服务创新】 云南省口岸办公室启动重点口岸通关综合改革试点工作，在前期推进磨憨公路口岸通关改革探索经验的基础上，经报云南省政府批准同意，启动磨憨、瑞丽、河口、昆明机场口岸通关综合改革试点工作，由相关州市人民政府牵头组织实施，力争在磨憨、瑞丽、河口、昆明机场口岸等全省重点口岸率先取得突破，形成可复制推广到云南省口岸的经验和模式。组织实施中国河口—越南老街双边口岸收费公示，出台《中越（云南）双边口岸收费公示方案》，明确责任单位和完成时限，现场协调解决存在的困难和问题，为云南省和全国陆路口岸收费公示提供可复制的模式和经验。积极推进重点口岸一站式作业，建成磨憨口岸“一站式”通关服务大厅，协调促成口岸有关单位统一集中在查验货场“一站式”作业，缓解口岸拥堵难题，提高口岸通关效率。推进和支持口岸查验单位出台通关便利化具体政策、措施，重点推进区域通关、集报通关、无纸化通关、自助通关等重点通关改革和服务创新模式，为企业、社会、群众和地方带来发展和实惠。

【口岸边民互市发展迅速】 云南省边民互市贸易规范管理，规范化场所建设取得新的进展，带动边民互市贸易健康发展。2015 年云南省口岸边民互市进出口额共计完成 16.4 亿美元，口岸货运量共计完成 472 万吨，呈现加快发展态势。其中，进出口额排名前五位的口岸为孟定、磨憨、天保、金水河、河口；出口额排名前五位的口岸分别为瑞丽、磨憨、打洛、孟连、腾冲猴桥；进口额前五位的商品分别是香蕉、芭蕉，绿豆，开心果（未去核），黑芝麻，西瓜；出口额排名前五位的商品分别是纸箱、水泥、层板、瓷砖、玩具。

【推进空运口岸国际航线开发】 第 13 届亚航会成功举办后，云南全力推进航线开辟工作，新增温哥华、莫斯科、新德里、西哈努克港、巴厘岛、名古屋、琅勃拉邦、胡志明、河内、达卡、釜山、济州、静冈、甲米等多个国际通航点，多家国外航空公司进入云南市场，云南民航向国际化市场迈出了重要的一步。截至 2015 年年底 昆明机场航线网络已覆盖欧洲两国（法国、俄罗斯）、东南亚七国（除印度尼西亚、菲律宾、文莱三国）、南亚五国（除巴基斯坦、不丹两国）、东亚两国（韩国、日本）、中东一国（阿联酋）。昆明机场目前每周往返南亚、东南亚共 132 个航班，是我国飞往南亚、东南亚航线最多的机场之一。

口岸监管与服务

【云南省公安边防总队推进边检执法执勤规范化，不断提高边检管理能力】 探索改革边检勤务模式。在云南省边检站探索建立出入境检查后台核查机制工作，制定云南省总队《出境人员后台核查工作方案（试行）》和《重点人员入境后台审查工作方案（试行）》，通过细化明确岗位职责、查缉重点、甄别流程、处置方法等，构建了“一线检查询问，二线审查处理”的边检查验管控新模式。

建立区域边检协作机制。在全面总结德宏片区边检单位试点工作经验的基础上，出台了《总队边检业务工作协作区实施意见》，在云南省建立了总队、中越、中老、中缅 4 个边检业务协作区，从业务培训、警力调配、业务会商、交流锻炼等方面建立了边检交流协作平台，实现了云南省边检工作片区联动、资源整合，规范勤务、提升服务，优势互补、共同提高的目标。

规范细化边检勤务流程。根据勤务特点，出台了《重要旅客出入境边防检查专项勤务规范》《一线边境检查站勤务组织警力编配指导意见》

等工作规定，对特定和专项边检工作流程、职责任务、标准要求作了明确，勤务运行更加高效规范，警力调配更加科学合理；制定了《总队边防检查工作日常考评实施办法》，从边检勤务、边检服务、岗位练兵、工作成效4个方面细化出18个监督考评要点，并采取系统对比、实地检查、网络考试、视频抽查、季度通报等适时、动态的监督考评方式，推动边检执法执勤工作高水准、常态化运行。

纠改边检执法执勤问题隐患。部署开展了提服工作“回头看活动”，重点纠改和整治抓提服工作有所松懈、口岸通关效率不高、管控不到位，部分边检官兵服务水平下滑、定式养成不够、服务态度不佳等问题，基本实现了问题获解决、瓶颈得破解、形象再提升、旅客更满意的目标。

主动服务国家经略周边战略。紧紧围绕国家“一带一路”和云南建设面向南亚东南亚辐射中心等发展战略，配套出台《总队服务全面深化改革边检便民利民10条措施》，各边检单位紧紧围绕边检便民、利民、惠民的总要求，坚持民意引导勤务，因地制宜地推出便民利民措施280余条，实现了出入境边检举措与经济社会发展的并轨对接，得到云南省委省政府各级领导的高度赞扬。

严密口岸通道安全管控。针对出入境查控形势日趋严峻、偷渡方式层出不穷、假证制造花样翻新的实际，制定了《出入境检查查控工作指引》《边控10条刚性措施》《云南周边国家证件真伪鉴别研究》等工作规范；加强与云南省公安厅反恐总队、出入境管理局等部门沟通联系，主动邀请反恐专家赴总队开展口岸（通道）反恐维稳专题视频讲座，夯实边检官兵查缉、甄别等处突工作基础；顺利、圆满地完成“两节”“两会”、中国—南亚博览会、APEC会议、抗战70周年纪念安保等重大敏感节点的安保工作，确保了口岸（通道）安全稳定、出入境秩序高效顺畅。

【云南省公安边防总队推进科技应用实战化建设】 争取边检信息化建设经费。争取云南省财政专项资金，正在启动建设云南电子口岸网上报检平台项目，努力实现“让群众少跑腿、让数据多跑腿”的工作目标。两年来向省口岸办争取经费，用于改善全省边检查验设施；协调部局专项资金到位，专用于在昆明、瑞丽、河口、磨憨等重点口岸（通道）建设智能验证台、自助查验系统、电子围栏等边检信息化设施，并向部局争取到14台梅沙系统VPN、16台梅沙系统服务器、64台查验电脑和3台便携式证件检验仪。

全力推动自助通关系统建设运用。在争取云南省口岸办280万元经费用于建设磨憨和章凤口岸车辆“快捷通”和旅客自助通关系统的基础上，成功推动老挝磨丁公安检查站与我方同步建设边检自助查验通道，创造了在全国陆地边检机关率先实现在双边口岸同步建设并启用自助通关系统的先例。

强推勤务指挥系统建设。投入经费，分别在总队机关、景洪港边检站建成海港边检勤务指挥系统，实现了部局、总队两级对该站扁平、实时、动态勤务指挥；投入经费在瑞丽边检站部署陆港边检勤务指挥系统试点运用，并指导该站研发了“易制毒剂快速查询系统”“特定物品出入境管理系统”，被部局纳入“陆港勤务综合指挥系统”建设并在全国推广使用。

拓展整合信息查验平台。积极协助云南省公安厅出入境管理局研发外国人72小时过境免签动态管控平台，部署各边检站开展外国人服务管理综合信息系统、前台电子控本系统的培训启用工作，圆满完成了全省梅沙系统和昆明自助查验通道的升级改造，前台查验效率和查控准确率明显提升。根据空港边检勤务特点和任务需求，在丽江、西双版纳边检站启动建设3G无线验放系统，并在丽江边检站建成边检勤务移动执勤车，空港边检站的边检勤务保障和应急处置能力得到大幅提升。

建强边检查验“一库一网”。依托昆明边检站建立了全省边检业务文件资源共享库和证件研究网，截至目前，该证件研究网共收集36个国家（地区）的实物证件样本900余本，采集135个国家（地区）的护照、签证和验讫章等电子图片9000余幅，极大地提升云南边检证件研究工作在全国九大区域性证研中心的地位和影响力。

【云南省公安边防总队打造边检对外国际合作交流特色品牌】 创新服务国家经略周边外交战略需要，主动与毗邻国家对口边检（移民）机关共同开展“共建友好站屯、共创平安边境”和“共建友好国门、共创模范边检”等活动，健全完善陆地边检双边会谈会晤、情报会商、联合巡逻、视频连线、热线电话等协作机制。以点带面，重点指导西双版纳站与泰国清迈移民局建立常态联系协作机制，为空港边检站开展国际执法合作探索了路径和经验，指导磨憨站分别与老挝磨丁、会晒第四友谊大桥公安检查站和泰国清孔移民检查站建立“三国四站”联动服务管控机制，形成具有中老泰边境特点和陆地口岸亮点的边检国际警务合作交流机制，受到公安部、部局领导的高度肯定。两年来，云南省边检机关与毗邻（通航）国家（地区）会谈会晤383次，电话联系1288次，开展友好活动301次，及时协调解决口岸通关、紧急救助、双边贸易等方面存在的难点问题200多个，进一步增进了双方友谊，增强了切实合作，扩大了对外交流的深度和广度。

【昆明海关制定、实施多项措施支持云南经济平稳健康发展】 积极支持口岸开放发展。协助云南完善全省口岸规划布局，完备口岸配套功能，统筹整合口岸监管设施资源和查验场地，在重点口岸投入运用GPS、物联网等新技术，积极争取配备大型集装箱检查设备，改善边境口岸通行条件。积极协助云南省加快电子口岸建设。依法清理、规范海关行政审批事项，全部取消非行政许可审批。优化调整海关行政执法领域内部核批程序。取消海关预归类服务、纸质和电子“代理报关委托书”、安全产品后续服务（包括补卡、变更、延期、解锁）等3项经营服务性收费。

积极推进通关便利化进程。加强口岸执法协作，全面实施关检合作“三个一”。积极推进区域通关一体化和通关作业无纸化改革，全面实施“属地申报、口岸验放”“属地申报、属地放行”等通关模式，逐步推行“联合查验、一次放行”“多式联运、一次申报、指运地（出境地）一次查验”等监管模式。支持云南航空企业利用现有国际航班国内段兼营国内客运业务及新开航线，在昆明长水国际机场实施“通程航班”中转联运业务。在重点口岸试行对多批次进出口的新鲜蔬菜、水果等鲜活易腐、不宜长期保存的货物集中办理海关通关手续。对中缅油气管道等国家在云南重点工程项目进出境物资给予通关便利。采取定期申报、上门监管和跟踪服务等措施保障电力进出口通关顺畅。

积极支持海关特殊监管区域及其他开放合作载体建设发展。协助云南省统筹省内海关特殊监管区域的规划和建设，重点支持推进海关特殊监管区域的优化转型。支持条件成熟时设立昆明高新保税物流中心（B型）、腾俊国际陆港设立保税物流中心（B型）。在尚不具备条件地区支持设立投入资金少、占地少的保税仓库、出口监管仓库等保税监管场所。拓展保税监管场所功能，支持云南企业通过保税监管场所以保税方式进口战略性和资源性商品。全力支持云南加快滇中产业新区、开发开放试验区、边（跨）境经济合作区、产业园区、沿边金融综合改革试验区等开放载体建设。支持云南省申报设立沿边自由贸易试验区。在有条件的跨境经济合作区探索实行“一线放宽、二线管住、区内自由、封闭运行”的管理模式。

积极支持特色优势产业及新型贸易业态发展。支持在重要口岸申报设立免税店。支持云南争取在条件成熟、管理规范的口岸试点境外旅客离境退税政策。积极支持昆明长水机场申报设立、建设保税航油库。支持云南花卉、蔬菜、水果等特色农产品扩大进出口规模。

促进边民互市贸易和边境小额贸易有序发展。建立完善跨境电子商务监管模式，推动跨境贸易电子商务监管中心及海关快件监管中心建设。支持电子商务企业在海关特殊监管区域和保税监管场所设立其“海外仓”，利用保税物流功能拓展展示、展销业务。对跨境贸易电子商务监管实行“全年（365天）无休日、货到海关监管场所24小时内办结海关手续”的作业时间和通关时限要求（经海关查验发现问题需进行后续处理以及其他需要价格核查等处置的情形除外）。

【昆明海关全力推动“通程航班”中转联运模式落地运行】 为贯彻落实习近平总书记2015年在云南考察时做出将云南建设成为面向南亚、东南亚辐射中心的重要指示要求，发挥云南在“一带一路”建设中的独特区位优势，支持云南航空口岸发展，昆明海关提出在长水国际机场试点“通程航班”中转联运模式的设想，并积极配合机场集团、航空企业推动这一全新模式落地运行。

2015年4月8日，海关总署批准中国东方航空集团公司对经昆明长水国际机场中转进、出境旅客试行“通程航班”中转联运业务。长水机场成为继北京首都国际机场、上海浦东国际机场、广州白云国际机场之后，全国第4个试行该模式的国际机场，中转进出境旅客可享受在始发站一次办理乘机手续，中转地海关实施监管，托运行李至目的站直接提取的“一票到底，行李直达”的高效、便捷通关服务。

【昆明海关稳步推进关区全面深化改革】 昆明海关研究制定全面深化改革实施方案，部署实施“8+16”项关级及部门级改革项目，重点领域和关键环节改革取得新的突破。

落实“三互”推进大通关建设。深化与公安边防部门执法合作，2015年边防部门向海关移交案件571起，同比增长3.71倍。与云南出入境检验检疫局签署新一轮合作备忘录，明确在6个领域22项重点事项开展合作。继续深化关检合作“三个一”，统一版“一次申报”系统全面上线，覆盖到关区16个业务现场，关检贸易数据交换在瑞丽口岸试点开展。

统筹推进改革项目创新。积极参与推进海关区域通关一体化改革“区区联动”工作，融入全国一体化通关。2015年7月1日起实现与全国五大区域（即京津冀、长江经济带、泛珠地区、丝绸之路、东北地区）跨区域通关，一体化通关更便捷、执法更统一、物流更顺畅。大力推进通关作业无纸化改革，实现关区各业务现场全覆盖，无纸化率达86.22%，惠及省内4 000多家进出口企业。启动第二批14项自贸区海关监管创新制度复制推广工作，推动汇总征税、集中申报、“一地注册、全国报关”等改革措施落地云南，改革红利进一步释放。争取海关总署支持中缅边境进出境运输车辆备案工作取得突破，与全国联网后云南运输企业及运输工具实现“一地一次备案，全国有效”，大幅提升云南省物流通行效率。2015年全年，全省海关出口平均通关时间为1.7小时，比全国同期快0.86小时。

全力支持云南开放平台建设。加大力度推进云南海关特殊监管区发展建设及整合优化，引导加工贸易转型升级，促进海关特殊监管区辐射带动作用的发挥。2015年5月8日，红河综合保税区如期封关运行，全年，区内注册企业27家，实现进出口总值3.86亿美元。昆明综合保税区请示事项已上报国务院，昆明高新、腾俊国际陆港保税物流中心（B型）正式获批。支持符合条件的边境口岸设立出口监管仓库和保税仓库等保税监管场所，目前全省保税仓库和出口监管仓库达10个。

积极促进特色优势产业和重点项目发展。持续抓好署省合作备忘录落实，为云南重点项目、重点产业提供优质服务。全力做好货运包机监管服务工作，支持昆明空港口岸开辟国际航线及开展国际航线国内段业务，助推云南临空经济发展。全力做好“滇渝新欧”“昆蓉欧”铁路快线监管服务工作，监管货运量1 166.6吨，货运值4 173.48万元。积极支持昆曼大通道、中老泰铁路建设，中缅天然气管道及石油管道工程建设，运用新技术对天然气采玖系统联网监管、集中申报。支持云南生物制药、技术装备、花卉、替代种植等特色优势产业发展，鼓励企业扩大先进技术、成套设备和关键零部件等减免税商品进口，全年审批减免税货值9.29亿美元，减免税款13.27亿元。全面落实“富民兴边”政策，取消边民互市预录入收费，全年云南边民互市贸易额首次破百亿，达到105.10亿元，增长32.90%。

【云南出入境检验检疫局推动辐射中心检验检疫能力建设】 云南出入境检验检疫局积极寻求突破长期以来“底子薄、基础差、发展慢”的状况，促成国家质检总局、财政部赴云南开展落实习近平总书记考察云南指示精神专题调研，研究编制了《辐射中心检验检疫能力建设规划》，提出关乎云南出入境检验检疫局未来发展的11个重点建设项目，获得财政部和国家质检总局4亿资金支持三年规划建设，被国家质检总局党组列为全系统的示范项目，云南出入境检验检疫局技术业务用房等一批项目正抓紧推进实施，对云南出入境检验检疫局根本扭转基础薄弱现状，更好地参与和服务辐射中心建设起到重大推动作用。

【云南出入境检验检疫局保障云南进出口食品质量安全】 严格准入程序，严把高风险产品准入门槛，抓好大宗或敏感进口食品检验监管，完成昆明地区销售进口婴幼儿食品120份样品、640个项目的专项检测工作，联合地方食药监局等部门强化节假日期间等重点时段和超市、宾馆、饭店等进口食品销售、使用的重点场所的专项监管。强化源头管理和过程监管，完成31 840万平方米出口茶叶基地、360万平方米食用菌基地和820万平方米罐头原料基地的备案监管工作，新增5家1 086.67万平方米茶叶和5家226.67万平方米食用菌备案基地；积极推动昌宁县创建云南省首个出口茶叶质量安全示范区；对102家出口食品生产企业进行204次定期监管，提出整改措施300多条；完成40多家出口食品生产企业的备案申请的现场评审；开展云南茶叶中蒽醌来源及成因调查工作，完成云南省主要茶叶产区的80个茶叶原料、半成品、成品样品的抽样送检工作，发挥技术职能优势，积极帮扶企业应对国外技术壁垒。完成13份大宗出口食品、农产品的质量安全风险分析和评估报告；组织实施进出口食品安全风险监控计划和方案，对18个品种、179个样品实施2 341个有毒有害项目的监控工作，9个样品11个项目呈阳性，样品检出率5.03%；对不同产地的60个鲜松茸样品开展了1 020个监测项目的动态监控；加强进出口食品安全风险信息的收集、整理和研判工作，累计向质检总局报送食品安全信息243条，向云南省食安委报送食品安全信息40条。

积极争取地方政府和相关部门的理解和经费支持，2015年，云南省食安委下拨补助经费和奖励经费181.5万元，三年来，已经累计争取地方经费675.5万元，进一步增强了保障进出口食品安全的能力。五是食品安全“宣传周”期间邀请55家企业及相关单位100余人参加实验室开放日活动；举行“进口食品社区行”活动两次，解答现场群众咨询2 000余人次，印制和发放宣传资料14 000余份；配合总局食品局主办了“进口食品进出口商备案及信息记录视频培训会”，辖区内56家进口企业参加培训。

【云南出入境检验检疫局通关便利化建设】 云南出入境检验检疫局认真贯彻国务院《落实“三互”推进大通关建设改革方案》，努力提升贸易便利化水平。推进区域检验检疫一体化，在云南省推行以“三通、两直、四统一”为核心的通关模式，使企业享受“地点可选择、时间可预期”的个性化服务；推进无纸化申报工作，80余家报检企业和165家原产地签证企业实现无纸化申报；在滇粤两地、西南六省区及长江经济带12个局实施直通放行。

深化关检合作促进便利通关，与昆明海关签署《全面合作备忘录》，打造升级版关检合作新机制，河口、瑞丽口岸全面施行“三个一”快速通关。参与云南电子口岸建设，大通关服务平台项目上线运行；推广通关单无纸化联网核查，为企业缩短通关时间14.7万小时，节省费用1 470万元。云南出入境检验检疫局为支持云南外贸稳定增长，主动制定了6方面18项具体工作措施，同时根据边贸发展的新形势和新要求，又出台了支持云南边贸发展的14项措施，加大简政放权力度，依法依规取消和调整行政许可事项，优化工作程序，简化备案、注册手续，试行采信第三方检测结果，推行风险分级和分类管理，科学设置检测项目，强化事中事后监管，落实企业第一责任人责任，严格执行《法检目录》调整和减免检验检疫费政策，规范进出口环节收费行为。

2015 年，云南出入境检验检疫局共免收出口货物检验检疫费 2 699 万元，共签发 33 521 份原产地证书，为企业减免进口国关税约 5 547.45 万美元，切实降低企业成本，改革红利惠及云南广大企业。

【云南出入境检验检疫局保障国门卫生安全】 云南出入境检验检疫局研究制定了“十三五”卫生检疫管理工作规划，创新传染病防控、突发公共卫生事件应对、媒介生物控制、国际旅行健康保健等工作监管手段，建立和落实口岸反恐工作责任制，不断提升口岸公共卫生安全保障能力，落实出入境特殊物品监管新模式，对病原体、血液等高风险特殊物品实施后续监管，切实落实风险分析、分类管理和后续监管等措施，推行“三个清单”管理模式，规范行政权力，加强事中和事后监管。2015 年共对 61 547 人次出入境人员进行健康检查，发现病例数 2 828 例，发放国际旅行健康证 59 309 份，发放从业人员健康证 1 307份，发放预防接种证 36 368 份，审批特殊物品 63 批次，口岸放射性监测发现放射性事件 80 例，其中 71 例为放射性诊疗人员，发现的放射性物质为碘－131、碘－133、碘－126、经排查后予以放行；9 例为旅客携带物品放射性超标，发现放射性物质为铀－152、镭－226、钍－232，对携带矿砂的旅客说明放射性危害后给予退回处理。研究制定云南传染病监测目录，提高传染病检出率，切实采取有效措施开展埃博拉、登革热等重点传染病防控工作，为口岸配发疟疾、登革热等热带传染病快速检测试剂，并发放 10 余万份传染病宣传材料，检出输入性登革热病例 144 例，疟疾 53 例，有效防止传染病的跨境传播，云南口岸区域检疫查验、传染病监测、突发疫情与核生化处置等工作取得了显著成效，保障了国门卫生安全。

开放口岸

【昆明空运口岸（昆明长水国际机场）】 昆明空运口岸位于昆明市官渡区大板桥街道长水村，1955 年经国务院批准对外开放。昆明长水机场国际旅客吞吐量居西南地区第 2 位，国际航线开通数量位居全国第 7 位，是我国面向东南亚、南亚和连接欧亚的国家门户枢纽机场，也是全国继北京首都国际机场、上海浦东国际机场、广州白云国际机场之后第四家实现双跑道独立运营模式的机场。长水机场建设总投资 233 亿元，工程建设规模为飞行区按照 4F 标准规划，截至 2015 年年底，昆明长水国际机场开通航线 276 条，其中国内航线 222 条，国际航线 48 条，地区航线 6 条。通航城市达 143 个，国内通航城市 104 个，国际通航城市 37 个，地区通航城市 3 个。昆明空运口岸航线网络已覆盖欧洲、北美洲、东南亚、南亚、东亚、中东，2015 年 5 月开通的昆明—达卡国际定期货运航线，打通了云南面向“孟中印缅”经济走廊的货运大通道。昆明长水国际机场作为全国第 10 个获得 72 小时过境免签政策的空运口岸，对美国、俄罗斯等 51 个国家持有第三国签证和机票的外国人，在昆明长水国际机场口岸享受 72 小时过境免签。2015 年 11 月，昆明长水国际机场荣获民航传播峰会 2015 年“最佳品牌创新奖”和“优秀传播组织奖”。2015 年 11 月，昆明长水国际机场通过国家质检总局进境水果指定口岸验收，首批进口水果由泰航运抵长水机场，这标志着昆明机场进境水果指定口岸成功运行。

【西双版纳空运口岸（西双版纳嘎洒国际机场）】 西双版纳空运口岸位于景洪市郊 4 千米，1990 年 4 月建成通航，1995 年 12 月 3 日经国务院批准为对外国籍飞机开放的国家一类航空口岸，1996 年 12 月 10 日通过国家验收，1997 年 1 月 1 日正式对外开放。西双版纳嘎洒国际机场占地 108 万平方米，机坪面积 2.04 万平方米，航站楼面积 7 859 平方米，停机位 4 个，跑道长 2 200米，设计年旅客吞吐量 350 万人次，货物吞吐量 1.09 万吨，飞行区指标为 3C，可满足波音 737、A300 系列类型飞机，配有 I 类灯仪表着陆系统及夜航灯光设备。西双版纳国际机场是国内重要的干线机场和连通东南亚、南亚的中型枢纽机场，同时也是国际著名的具有傣族民俗特点的热带雨林花园机场。先后开通了23条国内航线和泰国（曼谷、清迈）、老挝3条国际航线。

【丽江空运口岸（丽江三义国际机场）】 丽江机场空运口岸位于丽江市古城区七河乡，距离市区约28千米，2012年5月31日正式通航，机场占地面积120万平方米，机场飞行区等级为4D，跑道长度3 000米、宽45米，成南北向，可供波音737－700型及以下机型起降，国际候机楼建筑面积5 300平方米，有3座登机廊桥。拥有平行滑行一条、仪表着陆系统、助航灯光等通信导航设备，可保障A300/B767－300同类型及以下的机型起降机场。2011年11月11日，国务院正式批准丽江机场对外开放。2012年2月22日，中华人民共和国丽江海关正式挂牌成立。2012年3月15日，中华人民共和国丽江边防检查站正式挂牌成立。2012年4月26日，中华人民共和国丽江出入境检验检疫局正式挂牌成立。目前，开通了中国香港和泰国两条航线，中国东方航空公司和四川航空公司经营这两条航线。

【瑞丽陆路（公路）口岸】 瑞丽公路口岸位于云南省西部，德宏傣族景颇族自治州的西南，与缅甸木姐口岸对接，边境线长141.4千米。距云南省会昆明750千米，距缅甸木姐市4千米、腊戍160千米、缅甸仰光900千米，它是中缅铁路通道（昆明—大理—瑞丽—腊戍—曼德勒—印度洋）、中缅公路通道（昆明—瑞丽—仰光）和中缅陆水联运大通道（昆明—瑞丽—八莫港）上的重要口岸。瑞丽口岸还是全国唯一一个实行“境内关外”（入境：货物、车辆可入境不入关；出境：货物、车辆出关不出境）特殊管理的口岸。

瑞丽口岸是云南省较早开放的国家一类口岸，1978年国务院批准开放，1985年经德宏州政府批准为边境贸易区。1991年2月云南省政府批准瑞丽姐告设立边境贸易经济区。1992年6月国务院批准为沿边开放城市，1993年撤县设市，国务院特区办批准在瑞丽口岸设经济合作区。2000年经国务院批准按照“境内关外”的方式设立“姐告边境贸易区”，2001年10月26日经国务院批准瑞丽口岸对第三国人员开放，2010年国务院将瑞丽批准为瑞丽开发开放试验区。

瑞丽口岸是中缅边境口岸中人员、车辆、货物流量最大的口岸，其东、南与缅甸棒赛、木姐、南坎3个城市相毗邻，东有畹町经济开发区国家一级口岸，西有章凤二类口岸。姐告是起于上海320国道的终点，是昆瑞公路与缅甸的“史迪威”公路相接点，是云南省实施国际大通道战略的试验区和示范区，是中国大西南沿边开放的主要城市，是通往南亚、东南亚的重要门户。近年来瑞丽口岸边民互市贸易，边境小额贸易、一般贸易有了长足的发展，出口商品达2 000多种，进口200多种。不少中国商品通过缅甸转口到孟加拉、泰国、新加坡、印度和中东国家，国外各种商品也源源不断通过瑞丽口岸进入我国内地。

【畹町陆路（公路）口岸】 畹町公路口岸位于云南省西部德宏傣族景颇族自治州南部。畹町1932年设镇，1938年滇缅公路通车，畹町成为驰名中外的军事重镇；1950年4月29日和平解放，1952年年初政务院批准设立县级镇，同年8月17日政务院批准为新中国首批一类口岸；1985年1月，国务院批准设立县级市；1992年5月国务院批准为沿边对外开放城市，1992年9月国务院特区办批准设立5平方千米的国家级边境经济合作区；1999年1月区划调整国务院批准撤销畹町市，并入瑞丽市，设立畹町经济开发区。畹町南与缅甸相邻，西北与瑞丽隔江相望，与缅甸的九谷口岸对接，两国村寨相望，山水相连，国境线长28.6千米。

畹町是中国历史上较早通向东南亚、南亚的主要贸易通道，是“南方丝绸之路”的重要驿站。抗日战争时期，滇缅公路通车后成为当时中国大后方对外联系唯一的国际陆运口岸。1993年，畹町九谷桥建成，畹町口岸的优势得到进一步发挥。从畹町口岸出境，可直达缅甸中部的水、陆、空设施齐全的曼德勒市。由昆明经畹町、曼德勒至仰光和印度的加尔各答运距要比从昆明经广州绕马六甲海峡到仰光和加尔各答分别缩短4 651千米和4 331千米，是中国大西南通往东南亚、南亚和西亚的捷径。畹町口岸服务功能齐备，基础设施完善。

【河口陆路（公路）口岸】 河口公路口岸位于红河哈尼族彝族自治州河口瑶族自治县，与越南老街口岸对接，国境线长193千米。2011年7月，国务院批准河口公路口岸对外开放。河口公路口岸具有“口岸就是县城，县城就是口岸”的天然优势，是滇越铁路、昆河公路、红河航道与越南乃至东南亚地区铁路、公路、航道连接的交通枢纽，距昆明市469千米，距越南首都河内296千米，距出海口——越南北方最大的海防港416千米，是中国西南进入东南亚、南太平洋的便捷通道。

在中国—东盟自由贸易区和“昆明—河内—海防”经济走廊的规划中，处于“咽喉”的重要地位，是西南地区与东南亚国家发展对外贸易的窗口，是云南省建立国际大通道中越铁路、中越公路四条出境通道上的重要口岸。目前，河口口岸联检楼、公路口岸北山配套查验场已建设完成投入使用，口岸物流配套设施由昆钢集团河口公司正在完善建设中。中国河口—越南老街跨境经济合作区、国际物流园区、边民互市市场、河口口岸免税商品城、海产品交易市场等项目正在快速推进。

【磨憨陆路（公路）口岸】 磨憨公路口岸位于云南省西双版纳州勐腊县城南58千米的磨憨经济开发区。1992年3月被国务院批准为国家一类口岸，是国家首批列为沿边开放的地区。1993年12月22日，中老两国共同宣布正式开通磨憨—磨丁国际口岸。2000年6月云南省人民政府批准磨憨口岸为边境贸易区，并赋予优惠政策。2004年9月6日，国务院批准磨憨口岸开展口岸签证工作，并对第三国人员实行开放。

磨憨口岸与老挝磨丁口岸对接，允许中老双方人员、车辆持有效证、照出入境和第三国人员持有效证、照通行及各种贸易货物开放。磨憨口岸距老挝南塔省会南塔60千米、北本码头240千米、首都万象700千米。从磨憨口岸出境经老挝可直抵泰国、越南、柬埔寨等国，是我国通往东南亚各国最大的陆路通道。目前，磨憨口岸基础设施日益完善，配套功能日益健全，产业培育初见成效。磨憨口岸国际物流客运中心、云维西双版纳大为商贸中心、西部货场、五国商贸城、新联检楼等一大批项目建成投入使用；西双版纳至老挝琅勃拉邦边境旅游环线经国家旅游局批准开通；磨憨国家级边境经济合作区或中老跨境经济合作区的建设工作正在稳步推进。

【金水河陆路（公路）口岸】 金水河公路口岸位于红河哈尼族彝族自治州金平苗族自治县城西南38千米金水河镇。金水河口岸于1954年12月17日经中越双方会谈同意正式开放为边民互市口岸，1978年12月关闭。1993年2月25日国务院批准设立国家一类口岸，1993年11月10日正式对外开放。金水河口岸与越南马鹿塘口岸对接，允许中越双方人员、车辆持有效证照通行和开展各种贸易。

金水河口岸距越南莱州省会封土25千米、河内590千米、老挝边境230千米。是国家西南战略安全节点的重要组成部分，云南省主要对越通道和红河州对越开放口岸“桥头堡”之一。金水河口岸重点开展以进口玉米、木薯、稻谷、茶叶、咖啡为主的对外贸易。出境金水河口岸，可到达越南西北部旅游重镇奠边府和沙巴，充分领略越南的异国风光，开展中越民俗旅游文化交流和品尝越南风味饮食。

【天保陆路（公路）口岸】 天保公路口岸位于云南省文山州麻栗坡县南端，距麻栗坡县城40千米，与越南河江省清水河口岸对接，口岸距越南河江省省会河江市23千米、首都河内341千米、海防港441千米。该口岸1954年3月1日开通，1960年12月关闭。1963年3月，口岸恢复对外开放。1978年，口岸关闭。1993年2月25日，经国务院批准恢复天保口岸正式对外开放为国家一类口岸。

2011年6月12日，国务院同意天保口岸扩大对外开放，口岸性质为国际公路客货运输口岸，2013年12月天保口岸扩大对外开放通过国家级验收。天保口岸联检楼及查验货场等基础设施已建成投入使用，边防、海关、出入境检验检疫局的办公、生活等基础设施和配套设施已完善。

【腾冲猴桥陆路（公路）口岸】 腾冲猴桥公路口岸位于腾冲县猴桥镇的槟榔江畔，距腾冲县县城65千米，距中缅边界南4号界桩19千米，与缅甸甘败地口岸对接。口岸距缅甸北部重镇密支那133千米，从该口岸经密支那到西印度雷多（里多）仅687千米。1991年8月云南省政府云政发〔1991〕140号文批准腾冲为二类口岸。

2000年4月经国务院批准为一类口岸，2003年1月正式对外开放。该口岸是历史上“南方丝绸之路”的重要通商口岸，是抗日战争时期“史迪威”公路（中印公路）的枢纽，是云南省通向南亚规划建设的大通道之一。

【孟定清水河陆路（公路）口岸】 孟定清水河公路口岸位于耿马傣族佤族自治县孟定镇人民政府所在地，与缅甸掸邦第一特区接壤，边境线长47.35千米，与缅甸清水河口岸对接。距耿马县城83千米，平均海拔510米。该口岸是我国西南地区通往缅甸和东南亚的重要陆路通道，面积350平方千米。1957年孟定口岸正式对外开展小额贸易进出口业务，1991年8月被省政府批准为二类口岸，2004年10月国务院批复同意开放为国家一类口岸。2007年11月8日经国家验收正式对外开放，允许中国和缅甸双方人员、车辆持有效证、照、签证或边境通行证通行，并对各种贸易货物开放。目前，孟定清水河口岸联检楼和配套查验货场已建成投入使用。

口岸得天独厚的地理位置优势、热带的自然风光、古朴文雅的民俗风情、丰富的旅游资源和热带经济作物使孟定口岸有“黄金口岸”之称。孟定口岸边境贸易辐射面广，公路通往国内外，交通十分便利。从清水河到缅甸重镇户板、滚弄分别为15千米和24千米，到缅北重要商品集散地腊戌161千米，到缅甸首都仰光1 136.9千米，从盘姑公路到昆明750千米。孟定清水河口岸自建成投入使用以来，一直是国内外经济贸易活动的窗口，对缅甸边境贸易的辐射面主要是第一特区（果敢同盟军）、第二特区（佤邦地区）、清水市、滚弄镇区、户板镇区、腊戌、佤城、仰光等5省1市10个镇区，经营方式也由以物易物小额贸易发展为边境贸易、转口贸易、大贸。

【打洛陆路（公路）口岸】 打洛公路口岸位于云南省西双版纳州勐海县西南端打洛镇，距勐海县城66千米，与缅甸掸邦东部第四特区勐拉县接壤，国境线长36.5千米。由打洛出境经缅甸，可达泰国、越南、马来西亚、新加坡、印度等国家，距缅甸掸邦东部首府景栋86千米，经东枝到仰光1 270千米，到泰缅边界重镇大其力240千米，距泰国清迈550千米，是云南省中路国际大通道的重要口岸之一。1950年11月，成立了海关打洛支关；1956年，打洛口岸正式对外开展小额贸易进出口业务；1991年8月10日云南省人民政府批准打洛为二类口岸，1992年被列为国家首批沿边开放的地区。

1997年3月25日中华人民共和国政府和缅甸联邦政府签订《关于中缅边境管理与合作的协定》，中国打洛—缅甸勐拉口岸被列为对第三国人员开放的口岸；2007年11月13日经国务院批准为国家一类开放口岸；2009年8月19日海关、检验检疫、边防检查站正式进驻口岸新联检楼。

【勐康陆路（公路）口岸】 勐康公路口岸位于云南省普洱市江城县，与老挝丰沙里省兰堆口岸对接。距约乌县城52千米，距省城丰沙里186千米，距首都万象830千米，是云南省通往老挝及通向东南亚最便捷的陆路通道，是普洱市对外开放的重要“桥头堡”。2011年7月24日，国务院批准同意中国与老挝边境的云南勐康口岸对外开放，口岸性质为双边公路客货运输口岸。2013年11月12日，云南勐康口岸通过国家级验收。

结合“一城连三国”的特殊区位优势，江城县提出把江城建成云南省对越南、老挝开放的黄金前沿门户，普洱市面向东盟的商贸流通基地，努力构建以江城为中心，辐射老挝、越南三国边境经济圈的发展战略，加快勐康口岸、龙富通道建设，实现口岸活县。目前，勐康口岸联检楼、查验货场已建设完成，口岸物流配套设施正在规划建设中，口岸正成为中老边界上一个集边境贸易、生态休闲、民俗文化为一体的边境旅游小镇。

【都龙陆路（公路）口岸】 都龙公路口岸位于马关县都龙镇茅坪村委会东南面、中越边境线二段五号界碑老国门处，距茅坪村委会近2千米，距都龙镇政府所在地23千米，距马关县城47千米，距文山壮族苗族自治州府文山97千米，距昆明市390千米。距越南箐门县城40千米，河江省省府河江市200余千米，首都河内500余千米，是马关县通往越南的重要通道。

1953年8月25日，中越两国政府在北京签订了《关于开放两国边境小额贸易的议定书》，双方同意开放中国都龙—越南箐门和漫美边境通商口岸，并于1954年3月正式开通；1974年，由于中越关系紧张，都龙口岸被关闭。中越关系正常后，两国政府于1991年签订《临时协定》，决定在条件具备时逐步开放21对陆地出入境口岸，中国都龙—越南箐门口岸就是其中之一。2006年7月13日，中华人民共和国国务院明确将都龙口岸作为新开口岸列入国家“十一五”口岸发展规划，并转入“十二五”优先开放口岸。2015年1月12日，国务院正式批准都龙口岸为国际性常年开放公路客运货运口岸。现正在推进开放前的验收工作。

【河口陆路（铁路）口岸】 河口铁路口岸位于云南省东南端，与越南社会主义共和国老街省山水相邻，国境线长193千米。河口铁路口岸具有“口岸就是县城，县城就是口岸”的天然优势，是滇越铁路、昆河公路、红河航道与越南乃至东南亚地区铁路、公路、航道连接的交通枢纽，距昆明市469千米，距越南首都河内296千米，距出海口——越南北方最大的海防港416千米，是中国西南进入东南亚、南太平洋的便捷通道。在中国—东盟自由贸易区和“昆明—河内—海防”经济走廊的规划中，处于“咽喉”的重要地位，是西南地区与东南亚国家发展对外贸易的窗口。河口历史上就是我国与越南、东南亚各国进行经济文化交流的门户和咽喉，是“南方丝绸之路”的第二条通道。

1895年河口被辟为商埠，1910年，随着滇越铁路的建成通车，云南省进出口物资有80%以上经河口口岸进出，河口成为中国西南对外商贸的最大集散地。1992年，河口被国务院批准为沿边开放县，同年12月国务院特区办批准在河口设立4.02平方千米的边境经济合作区，1996年，河口口岸复通，河口迎来了千载难逢的发展机遇，进出口贸易焕发出勃勃生机与活力，带动了河口经济社会事业的快速发展。

【景洪水运（河港）口岸】 景洪水运口岸是澜沧江—湄公河国际航道上重要的港口口岸，是一个可以辐射3个以上国家的国际性口岸。景洪港辖景洪港区中心码头和勐罕、关累2个开放码头，景洪港区中心码头位于云南省西双版纳州政府所在地景洪市区澜沧江北岸；占地面积9.8万平方米，设计规模年货运量40万吨，客运量150万人次，共6个泊位（2个客运泊位、4个货运泊位）。关累码头是景洪港重要的货运码头，设计规模年货运量20万吨，客运量10万人次。景洪港于1993年7月24日经国务院批准为国家一类口岸，2000年4月20日，中、老、缅、泰四国签署《四国商船通航协定》；2001年6月13日通过国家正式验收；2001年6月21日宣布对外开放；2001年6月交通部批准对外国籍船舶开放，港口与老挝、缅甸、泰国多个港口开通了散杂货、集装箱、客运航线。

【思茅水运（河港）口岸】 思茅水运口岸位于普洱市思茅港镇，距离普洱市区87千米，1993年7月国务院批准为一类水路口岸，2001年4月1日起正式对外国籍船舶开放。思茅港是澜沧江—湄公河国际航运中国境内的第一港，可达老、缅、泰、柬、越5个国家，是东南亚地区最便捷的一条黄金水道，是云南乃至大西南通往东南亚的重要通道。港口规模为年货运30万吨、客运10万人次。有大小船只43艘，国际航运船只31艘，载货能力3000吨，客位449个，查验设施配套齐全。思茅港边防检查站、思茅海关、普洱市出入境检验检疫局承担口岸的监管任务，由于修建国家重点项目——小白塔电站，从2005年1月起暂停航运。

原二类口岸

【田蓬陆路（公路）口岸】 田蓬公路口岸于1954年3月1日对外开放，属边境陆路通道。位于云南省富宁县的东南部，东经10°37′，北纬23°18′，与越南苗旺、同文两县接壤，国境线长60千米。对内距富宁县城80千米、文山壮族苗族自治州府235千米、昆明680千米、广西南宁市480千米、北海港750千米。对外距越南同文县24千米、苗旺县35千米、河江省会110千米、河内451千米。通道有公路通往国内外，交通便利。1979年因中越关系紧张口岸关闭。1996年9月27日经云南省政府批准对外开放。2012年被国务院纳入“十二五”开放规划，恢复开通以来，一直是中越经济贸易活动的窗口，对越边境贸易逐年活跃。

【片马陆路（公路）口岸】 片马公路口岸位于怒江傈僳族自治州泸水县正西66千米的片马镇人民政府所在地，地处高黎贡山西麓，属边境陆路通道，与缅甸大田坝口岸对接。边界线长64千米，距泸水县城96千米，距缅甸北部城市密支那224千米，通道有3条公路通向国外，交通十分便利。片马1991年8月10日经云南省人民政府批准对外开放，是中缅边界北段10号至47号界碑538千米长的边界线唯一的通道，成为中国滇藏两省、区通往南亚的一个重要通道。片马是中国古西南丝绸之路的重要组成部分，边境贸易源远流长。由于它在中缅边界北段具有独特的区位优势，所以，“二战”前和“二战”中曾几度被英、日两国侵占，直至1961年才回归祖国。

【盈江陆路（公路）口岸】 盈江公路口岸位于云南省德宏傣族景颇族自治州西部的盈江县城，东经97°31′～98°15′，北纬24°24′～25°20′之间，与缅甸拉咱口岸对接，属边境陆路通道，与缅甸克钦邦第二特区接壤，国境线长214.6千米，距缅北八莫150千米，距密支那180千米，距仰光1 200千米，距印度雷多540千米。口岸有公路通往国内外，交通十分便利，成为西南地区通往缅甸的一个重要通道。1991年8月10日经云南省人民政府批准对外开放，自对外开放以来，成为国内外经济贸易活动通道，对缅甸边境贸易的辐射面逐步扩大，由原来边境一线的集镇，发展到八莫、密支那、仰光、印度雷多等重镇。形成了以边境贸易、一般贸易、对外经济技术合作和转口贸易等多种贸易相结合、多渠道并举的大经贸新格局。

【章凤陆路（公路）口岸】 章凤公路口岸地处德宏傣族景颇族自治州陇川县人民政府所在地章凤正西4千米的拉影。位于北纬24°08′～24°09′，东经97°39′～97°17′之间，与缅甸雷基（洋人街）口岸对接，距缅甸重镇八莫80千米。章凤自古以来就是南方丝绸路上的重点门户之一，1991年8月10日经云南省人民政府批准对外开放。章凤通道是中缅两国重要陆路通道之一，还是缅甸政府唯一指定进口棉纺织通道。

【南伞陆路（公路）口岸】 南伞公路口岸位于云南省临沧市镇康县南伞镇。地处北纬23°46′、东经98°49′，平均海拔1 100米，气候温和，属热带气候类型。南伞通道总面积 272.5 平方千米。通道与缅甸掸邦第一特区接壤，国境线长 47 千米。距缅甸首都内比都 750 千米，第一大城市仰光 1 142 千米，第二大商业城市曼德勒 484 千米，缅北重镇腊戌 197 千米，掸邦果敢自治区老街仅 9 千米。距昆明 784 千米，临沧 232 千米，保山市龙陵县城 238 千米；北上保山，南往普洱，公路四通八达，是通往南亚、西亚的内陆通道之一。1991 年 8 月经云南省人民政府批准对外开放，1996 年列为边境经济开发实验区。2002 年开始把通道建设纳入新县城规划统筹进行建设，逐步改善了基础设施和联检部门办公条件。

【孟连陆路（公路）口岸】 孟连公路口岸位于普洱市孟连县西南部，地处南马河与南卡江的汇合处，以南卡江心为界，江东岸为中国，江西岸为缅甸。距云南省会昆明 690 千米，距普洱市 230 千米，距孟连县城 51 千米。通道与缅甸掸邦第二特区政府（佤邦）邦康市隔江相望，自然条件优越，地理位置独特，区位优势明显，从邦康市经丹阳、腊戌、曼得勒达缅甸原首都仰光约 1 300 千米，勐阿是普洱市客、货吞吐量最大的通道，对缅贸易占全市的三分之二以上，是中缅两国交往的主要通道，也是我国通往东南亚各国的主要陆路通道之一，1991 年经云南省人民政府批准对外开放。孟连通道具备较为完善的联检查验功能和设施，金融、通信、市政、交通等配套设施齐全，通道人流、物流通关顺序流畅。中缅双边友好往来频繁，边民互市、经贸交流与合作不断深入，孟连县对外贸易得到了迅猛发展。进口货物主要以木材、矿产品为主，出口货物以建材、百货、成品油、机电产品、生活用品等商品为主。

【沧源陆路（公路）口岸】 沧源公路口岸位于临沧市沧源县，1996 年 9 月 27 日经云南省人民政府批准对外开放，有芒卡和永和两个出境通道。与缅甸掸邦第二特区接壤，国境线长达 147.08 千米。芒卡贸易区位于沧源县南腊乡人民政府所在地，中缅边界 146 号界碑处，距县城 110 千米，距缅甸佤邦南登特区 4.07 千米。永和贸易区距县城 14 千米，距缅甸佤邦绍帕区 3 千米，永和连接着班歪—龙潭—中国西盟，班歪—营盘—邦康—大其力或瓦城，班歪—勐冒—腊戍等境外公路干线，是云南省通往缅甸和邻国的通道之一。两个贸易区都有公路通往国内外，交通十分便利，是西南地区通往东南亚的一个重要通道。

云南省口岸大事记

1 月 9 日

云南省委书记李纪恒到云南南伞口岸视察。

1 月 10 日

云南省省长陈豪到瑞丽口岸视察。

1 月 28 日

海关总署副署长兼广东分署主任吕滨在昆明会见云南省委书记李纪恒，就综合保税区、口岸建设等议题交换意见。

3 月 1 日

昆明边检站执勤业务二科、河口边防检查站执勤业务一科获“全国巾帼文明岗”称号。

3 月 15 日

中国驻老挝大使关华兵到曼庄通道调研。

3 月 15 日～16 日

商务部部长助理王受文到云南磨憨、猴桥口岸调研，实地察看联检楼等口岸设施，了解边民互市情况及海关通关便利化措施。

3 月 19 日

云南省省长陈豪到磨憨口岸视察。

3 月 24 日

海关总署副署长、政治部主任胡伟在昆明会见云南省副省长张太原。双方就续深入落实署省合作备忘录，将云南建设成为面向南亚、东南亚的辐射中心交换意见。

4 月 14 日

中央外事工作领导小组办公室常务副主任宋涛到清水河、南伞口岸调研，听取耿马县“2·9”事件后边民安置情况、清水河口岸迁址规划，实地察看南伞口岸车辆通道和联检楼。

4月23日

国务委员王勇一行在云南省委书记李纪恒的陪同下视察昆明长水国际机场口岸。

5月11日~15日

中越陆地边境口岸联合调研组在云南调研，以国家口岸办副主任白石为中方组长的中越陆地边境口岸联合调研组分别在河口—老街、金水河—马鹿塘、都龙—箐门、天保—清水口岸及部分通道进行调研并签署备忘录。

5月27日

泰国移民总局局长撒达·辰帕迪率代表团一行20人到西双版纳机场口岸国际厅参观考察。

6月26日~27日

云南省省长陈豪在永和、南伞、清水河口岸调研，实地察看口岸作业现场 。

7月6日

云南省政协主席罗正富到天保口岸调研。

7月28日

云南省副省长高树勋在金水河口岸考察调研，实地察看口岸出入境通道、货物监管区，了解口岸贸易、边民互市及人员进出境情况。

8月5日

全国人大常委会委员、全国人民代表大会民族委员会副主任委员买买提明·牙生到银井通道调研。

8月17日

中共云南省委书记李纪恒到清水河口岸视察。

9月15日

中共云南省委常委、纪委书记张硕辅到天保口岸调研。

9月29日

缅甸外交部副部长吴丹觉一行11人赴腾冲猴桥口岸考察，了解口岸商贸通关情况，重点关注海关旅检通关工作。

10月1日

云南省政协副主席、云南伊斯兰教协会会长马开贤到昆明机场口岸检查朝觐团包机进境验放工作。

10月12日~14日

全国政协副主席李海峰带领全国政协提案委员会工作组一行到猴桥、畹町、芒满、银井、章凤口岸（通道）调研。

10月30日

全国政协常委、全国政协文史和学习委员会副主任龙新民一行到银井通道调研。

11月7日

云南省委书记李纪恒在河口口岸考察。

11月9日

丽江边防检查站被云南省委、云南省人民政府办公厅评为第14批“云南省文明单位”。

11月19日

澳门海关助理关长一行到腾冲猴桥口岸调研。

12月4日

云南电子口岸大通关服务平台正式启动。

2015 年云南省口岸流量统计表

口岸类型		口岸名称	货运量（万吨）				集装箱量（万标箱）				人员（万人次）				交通工具（辆、艘、架、列次）			
			出口	进口	合计	同比（%）	出口	进口	合计	同比（%）	出境	入境	合计	同比（%）	出境	入境	合计	同比（%）
空运口岸		昆明机场	1.26	0.74	2.00	27.90					115.68	115.96	231.64	18.00	9 390	9 335	18 725	13.10
		西双版纳机场	0.00	0.00	0.00	0.00					0.51	0.48	0.99	13.20	143	137	280	19.10
		丽江机场	0.00	0.00	0.00	0.00					1.63	1.60	3.23	-56.90	172	176	348	-53.80
		分计	1.26	0.74	2.00	27.90					117.82	118.05	235.86	15.23	9 705	9 648	19 353	10.30
陆运口岸	公路口岸	瑞丽	95.64	319.20	414.84	19.70					768.02	838.53	1606.55	-3.90	1 798 309	1 811 644	3 609 953	1.90
		畹町	3.43	13.00	16.44	-5.10					57.87	64.30	122.17	11.50	160 367	167 655	328 022	-4.60
		磨憨	72.12	86.69	158.81	3.70					59.21	57.51	116.72	26.50	189 504	180 873	370 377	23.80
		金水河	0.47	0.67	1.14	-50.20					25.48	25.57	51.05	79.50	11 393	11 427	22 820	91.20
		河口	149.68	59.70	209.38	13.50					181.44	181.71	363.14	20.70	81 924	81 917	163 841	14.40
		天保	2.92	24.76	27.67	-4.20					31.61	31.85	63.46	11.20	21 055	21 155	42 210	1.00
		腾冲猴桥	6.43	147.61	154.04	-48.80					40.57	40.75	81.31	-15.30	133 736	134 982	268 718	-24.00
		孟定清水河	15.38	36.82	52.20	2.10					34.42	35.14	69.56	16.20	150 008	138 836	288 844	16.20
		打洛	14.06	3.05	17.11	46.70					55.14	54.80	109.94	39.40	161 978	161 849	323 827	38.70
		片马	0.27	9.44	9.71	-73.60					8.98	8.99	17.97	-36.00	41 220	40 609	81 829	-36.20
		盈江	0.16	11.43	11.59	3.50					82.71	82.71	165.42	4.20	104 215	104 322	208 537	-15.00
		章凤	3.39	15.73	19.12	-8.60					59.14	67.42	126.56	-2.90	137 686	168 205	305 891	-25.70
		南伞	5.66	18.94	24.60	-36.30					68.18	69.39	137.56	2.80	146 159	145 928	292 087	-1.20
		孟连	6.85	41.86	48.71	30.20					67.06	67.04	134.10	11.80	138 080	136 619	274 699	10.50
		沧源	2.71	4.03	6.74	-57.20					29.71	30.92	60.62	4.20	96 685	98 046	194 731	17.00
		田蓬	4.96	4.24	9.20	-21.10					7.36	7.38	14.74	0.50	3 821	3 821	7 642	4.80
		勐康	0.15	8.04	8.20	85.40					4.75	4.81	9.56	32.10	15 645	15 746	31 391	14.80
		分计	384.28	805.21	1189.49	-6.55					1581.64	1668.79	3250.42	3.23	3 391 785	3 423 634	6 815 419	0.20
	铁路口岸	河口	26.80	10.26	37.06	10423.00					0.83	0.83	1.67	4112	1 048	342	1 390	4112.00
		分计	26.80	10.26	37.06	10423.00					0.83	0.83	1.67	4112	1 048	342	1 390	4112.00

续表

口岸类型		口岸名称	货运量（万吨）				集装箱量（万标箱）				人员（万人次）				交通工具（辆、艘、架、列次）			
			出口	进口	合计	同比（%）	出口	进口	合计	同比（%）	出境	入境	合计	同比（%）	出境	入境	合计	同比（%）
水运口岸	海港口岸																	
		分计																
	河港口岸	景洪港	4.96	2.42	7.39	-55.80					3.03	3.03	6.06	-14.80	1978	1980	3958	-16.70
		思茅港	0.00	0.00	0.00	0.00					0.00	0.00	0.00	0.00	0	0	0	0.00
		分计	4.96	2.42	7.39	-55.80					3.03	3.03	6.06	-14.80	1978	1980	3958	-16.70
合计			417.31	818.64	1235.95	-4.30					1703.32	1790.70	3494.01	4.10	3404516	3435604	6840120	1.00
同比（%）			19.81	-13.21	-4.30	-4.30					2.50	5.60	4.10	4.10	1.40	0.70	1.00	1.00

表注：口岸运行数据中云南省口岸货运量1 831万吨与流量统计表中货运量1 235万吨的差额，是其他非口岸通道的货运量。

（云南省口岸办提供）

2015 年昆明海关主要数据统计表

项目		2015 年	同比（%）
进出口货运量（万吨）	合计	1 358	-7.9
	进口	918	-17.1
	出口	440	19.8
进出口贸易总值（万美元）	合计	1 257 045	-20.2
	进口	489 685	-25.2
	其中：江、海运输	46 983	-40.2
	铁路运输	1 904	338.7
	汽车运输	174 805	-52.5
	航空运输	96 888	38.2
	邮件运输	44	-15.4
	其他运输	169 062	23.3
	出口	767 360	-16.7
	其中：江、海运输	16 978	-19.5
	铁路运输	12 599	12598.0
	汽车运输	656 391	-16.5
	航空运输	67 372	-31.2
	邮件运输	372	283.5
	其他运输	13 648	-15
税收（万元）	两税合计	309 288	20.7
	关税入库	42 209	16.1
	进口环节税入库	267 079	-24.5

（昆明海关提供）

2015年云南省口岸出入境主要数据表

项目			2015年	2014年	同比（%）
出入境人员（人次）	出入境人员总数		34 801 998	31 686 066	9.83
	入境人员		17 577 515	16 066 844	9.40
	出境人员		17 224 483	15 619 222	10.28
	出入境旅客		7 267 015	5 075 654	43.17
	出入境员工		1 186 484	976 130	21.55
	中国公民	小计	11 248 333	9 450 285	19.03
		内地居民（因公）	147 381	123 410	19.42
		内地居民（因私）	10 894 249	9 183 681	18.63
		港澳居民	99 392	90 344	10.02
		台湾同胞	107 311	114 627	-6.38
	外籍人员		23 553 665	22 235 781	5.93
	从海港出入境人数		60 585	68 119	-11.06
	从陆港出入境人数		32 382 771	29 571 233	9.51
	从空港出入境人数		2 358 642	2 046 714	15.24
交通运输工具（辆、艘、架、列次）	总计		6 456 631	6 085 607	6.10
	船舶		3 334	4 588	-27.33
	飞机		19 307	17 509	10.27
	火车		1 392	41	3295.12
	机动车辆		6 432 598	6 063 469	6.09

（云南省公安边防总队提供）

2015 年云南省出入境检验检疫业务统计表

项目	货物检验检疫				交通工具				集装箱（标箱）		发现动植物疫情		货物通关		出入境人员查验（人次）	健康检查及预防接种（人次）			
	批次	金额（万美元）	检验检疫不合格																
			批次	金额（万美元）	船舶（艘）	飞机（架）	火车（列）	汽车（辆）	合计	检出问题	种类数	种次	批次	金额（万美元）		健康检查	艾滋病监测	发现病例	预防接种
本年累计	85 630	707 157	6 605	36 604	613	19 234	36 400	2 140 512	15 234		426	8 363	84 102	617 276	28 580 711	70 417	61 736	12 818	92 786
其中 出境	52 715	369 191	281	2 662	310	9 627	17 962	1 011 885	6 234		10		52 915	277 948	13 608 291	19 590	16 915	9 344	92 411
其中 入境	32 915	337 966	6 324	33 942	303	9 607	18 438	1 128 627	9 000		416	8 363	31 187	339 328	14 972 420	50 827	44 821	3 474	375
同比（%）	-3. 42	3. 48	-29. 54	-33. 93	-47. 61	10. 71	21 311. 76	-0. 72	26. 32		-1. 84	11. 55	2. 78	10. 34	29. 24	71. 03	56. 40	24. 51	52. 66
其中 出境	9. 09	12. 47	153. 15	3. 10	-47. 10	11. 05	34 442. 31	-0. 31	19. 11		100. 00	-100. 00	14. 67	22. 84	64. 43	-8. 40	-14. 64	21. 35	52. 78
其中 入境	-18. 40	-4. 83	-31. 73	-35. 74	-48. 12	10. 37	15 525. 42	-1. 09	31. 85		-3. 48	11. 57	-12. 59	1. 85	8. 19	156. 88	128. 03	33. 87	28. 87

表注：数据来源于 CIQ2000 检验检疫综合业务管理系统。

（云南出入境检验检疫局提供）

西藏自治区

西藏自治区口岸分布示意图

口岸名称	批准开放时间	开放状态	国外对应口岸
拉萨空运口岸	1993.6	国际常年	
普兰公路口岸	1961	国际常年	雅犁
吉隆公路口岸	1961	国际常年	热索瓦
樟木公路口岸	1961	国际常年	科达里

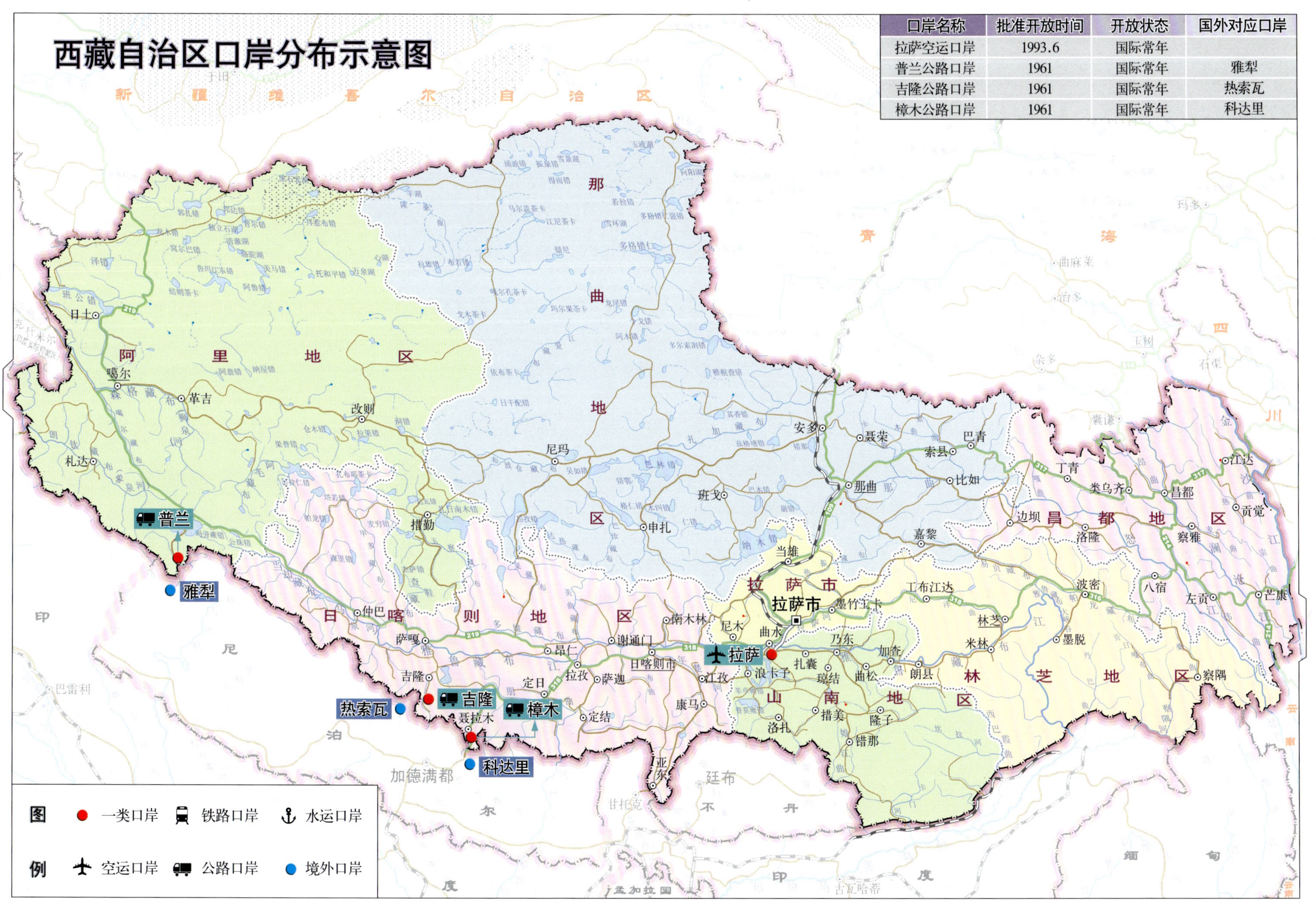

口岸数量及分布

截至2015年年底，西藏自治区有经国务院批准的对外开放口岸4个，其中：空运口岸1个，为拉萨空运口岸（拉萨贡嘎机场）；陆路（公路）口岸3个，分别是樟木、吉隆、普兰公路口岸（中尼边境口岸2个，中印边境口岸1个）。

口岸运行数据

2015年，西藏自治区口岸进出口货运量5.15万吨，同比减少64%。其中：进口1 254吨，同比减少70.26%；出口5.02万吨，同比减少63.50%。进出口贸易额37.83亿元人民币，同比减少71%。其中：进口6.21亿元人民币，同比增长28%；出口31.62亿元人民币，同比减少75%。出入境人员48.32万人次，同比减少70%。其中：出境人员24.08万人次，同比减少70%；入境人员24.24万人次，同比减少70%。出入境交通运输工具1.42万辆（架）次，同比减少62.68%。其中：陆路（公路）口岸进出境交通运输工具（机动车辆）1.37万辆次，同比减少63.76%；空运口岸进出境交通运输工具（飞机）550架次，同比增长44.36%。

口岸综合管理

【口岸开放规划工作】 2015年5月，国务院正式批准吉隆陆路（公路）口岸扩大开放为国际性口岸。2016年4月5日，《西藏自治区口岸发展“十三五”规划》通过评审，为“十三五”时期西藏自治区口岸开放和发展奠定了基础。

【口岸管理部门队伍建设】 经西藏自治区人民政府同意，西藏自治区口岸办公室组织西藏自治区口岸系统人员就边境陆路口岸在对接国家“一带一路”战略，参与“孟中印缅经济走廊”，建设“环喜马拉雅经济合作带”和“面向南亚大通道”中的作用和如何更好地促进边境地区经济社会发展为主题，结合灾后恢复重建工作赴云南瑞丽口岸开展了为期一周的培训。

口岸监管与服务

【口岸各监管部门积极参与尼泊尔“4·25”地震抗震救灾】 受尼泊尔“4·25”地震波及，西藏自治区樟木、吉隆等口岸受灾严重，地震发生后在口岸一线的“一关两检”全力以赴投身到抗震救灾中并为赴尼救援组织和西藏自治区援尼物资运送人员提供“绿色通道”服务。边检官兵积极配合中国赴尼救援队，成功营救出援尼边检站项目中方施工人员29人及中国援尼水电七局277名中国同胞。樟木、吉隆边检站执勤官兵主动请缨，坚守在随时可能发生山体垮塌、泥石流等重大次生灾害的口岸一线，写下生死誓言，用青春、热血、生命兑现了边防官兵“守土有责、守土负责、守土尽责”的铮铮誓言。海关迅速果断采取行动，主动联系企业，特事特办，为援尼救灾物资、从尼回国人员及赴尼救援人员提供通关便利，共验放各类救援物资设备56批次，总价值8 053.83万元，组织精干关警员赴樟木口岸开展滞留货物、车辆的转运监管工作，共监管验放货车459辆。配合国家外交大局，严密监管通关措施，安全顺畅地完成5批次共1 000吨中方援尼汽油出境监管工作。出入境检验检疫局协助地方政府做好灾后卫生防疫工作，第一时间调拨和采购卫生防疫物资，编印《地震灾后卫生防疫知识》及时送往灾区，对执行跨境救援任务的军用直升机实施卫生防疫消毒处理，共检疫处理直升机13架次，对救援部队开展了疫情监测、媒介控制等专业培训，并提供传染病快速检测试剂、卫生防疫药品器械，共检疫查验1 530人次，卫生处理机械车辆217台次，实施周期性环境消毒和灭蝇处理作业面积2 840余平方米。国家质检总局派出专家组和西藏出入境检验检疫局应急队全力参加灾后防疫，开展了吉隆、樟木口岸灾后公共卫生风险评估，供前线指挥部决策参考。

在自治区“4·25”地震抗震救灾领导小组的统一领导下，口岸各级部门在第一时间参与灾后损失评估，赴实地进行了全面调研并形成调研报告供上级决策。谋划口岸灾后恢复重建思路，梳理恢复重建项目，争取到吉隆口岸出入境检查检验基础设施维修加固资金 2 800 万元。在各部门的共同努力下圆满完成了樟木、吉隆口岸尼泊尔滞留车辆和货物的转运及对尼援助物资应急通关。自治区相关部门克服困难，强力推进吉隆口岸灾后恢复通关，吉隆镇至热索公路于 2015 年 10 月 13 日抢通，吉隆双边性口岸恢复了正常的通关运行，次日价值 30 万元的援尼物资在吉隆公路口岸顺利交接，并圆满完成了中国政府援助尼泊尔 1 000 吨成品油的任务。

【以深化改革为核心推进业务建设，提高服务质量】 拉萨海关积极推动西藏电子口岸平台建设，根据关检业务需求建设西藏电子口岸数据交换和展示平台，为进一步推进关检合作“三个一”奠定了基础。海关、出入境检验检疫局全面推进通关作业无纸化改革，通关作业时效进一步提高。7 月 1 日融入全国海关通关一体化，截至 12 月 31 日关区一体化报关单达 692 票。对涉及非贸易性物品申报手续制定了相关管理措施。采取多种方式加强企业信用管理优化企业信用采集条目，引导企业提高信用等级，享受诚信守法便利通关政策，完成西藏自治区 350 多家企业信用等级的过渡及企业认证工作，全年新增自理报检企业备案 40 家，代理报检企业 8 家，报检员备案 24 人次，对 489 家报检企业进行分类，信用信息采集 3 个条目。积极支持吉隆公路口岸发展第三方物流企业、引入免税店。监管服务水平进一步提升，完成 5 批 484 人次印度官方香客经乃堆拉山口进藏朝圣和中国西藏旅游文化国际博览会尼泊尔参展人员及展品监管并提供通关便利。

【积极探索开放型经济发展，加强政策研究】 拉萨海关探索建立综合保税区和中尼边境经济合作区及海关特殊监管区域申建，对接“中尼边境经济合作区”构想，落实《中尼检验检疫备忘录》，就进口尼泊尔动物及动物产品政策方面进行研究。积极支持重点产业园区和主要项目建设，推动解决格尔木藏青工业园海关事务管辖权问题，开展园区企业注册登记工作。支持西藏航空公司发展，为该公司进口 4 架高原专用客运飞机量身定制监管服务新模式。有效落实减免税等国家税收优惠政策，帮助企业用足用好国家税收优惠政策，全年审批减免税货值 1.9 亿美元，审批减免税款 1.49 亿元。

【严密监管维护口岸安全】 加大对进出境货物、物品、运输工具、快件、货运、旅检渠道涉藏非法出版物、反动宣传品的监管查验及查缉力度，加强对运输工具的实际登临检查，对进出境旅客行李物品实行 100% 过机检查，全年查处各类违禁品 1.5 万余件，查获涉嫌侵犯知识产权案件 34 起，罚没侵权货物 26 461 件（个），案件总值 46.9 万元。刑事案件立案 6 起，抓获犯罪嫌疑人 11 名，行政案件立案 35 起，案值 404.94 万元。查获红木 1 065.55 千克、象牙制品 2.72 千克、豹骨 1.67 千克等物品。对辖区内进口“路虎”品牌机动车和经销商进行调查摸底和目录外进出口商品监督抽查，开展进出口食品化妆品安全风险监控，完成进口机动车辆入境验证 1 927辆/次，货值 6 452 万美元，检验监管进口成套设备、制氧机和其他仪器等 15 批，货值约 800 万美元，共监控进口食品化妆品 262 批次，检出不合格进出口食品 29 批次。截获禁止邮寄进境物 72 批次，其中，来自瑞士的狐狸皮、加拿大的鹿鞭、瑞士的花种、马来西亚的药材等 8 批次，成为 2015 年的典型案例。截获植物种子和植物花瓣 53 袋 1 280 千克，偷运尼泊尔黄牛非法入境 65 头，有效保护了高原生态安全和农牧业安全。

开放口岸

【拉萨空运口岸（拉萨贡嘎机场）】 位于山南地区贡嘎县甲竹林镇，距西藏自治区首府拉萨市 50 千米，是西藏自治区唯一对外开放的机场。拉萨空运口岸以人员出入境为主，目前只开通了成都—拉萨—加德满都往返全年飞行国际航线，由中国国际航空公司和四川航空公司执飞。2015年进出口贸易总值5.84亿元人民币，出入境人员4.56万人次，进出境飞机550架次，同比增长44.36%。

【樟木陆路（公路）口岸】 位于西藏自治区日喀则地区聂拉木县南端的樟木镇，以友谊桥为界与尼泊尔隔河相望。樟木公路口岸历史上就是中国通往南亚的重要通道，中尼两国边民长期友好相处，具有与尼泊尔进行经济文化往来的地缘优势。“4·25”尼泊尔地震前，樟木口岸各项基础设施基本完备，贸易已形成一定规模，受理西藏自治区90%以上的边境贸易、2/3的对外贸易及全国一半以上的对尼贸易。但在“4·25”尼泊尔地震中，樟木公路口岸遭受巨大损失，房屋及基础设施严重损坏，通关受阻。目前，樟木公路口岸灾后恢复重建任务繁重，口岸转型发展势在必行。2015年进出口贸易总值25.99亿元人民币，出入境人员36.88万人次。

【吉隆陆路（公路）口岸】 位于西藏自治区日喀则地区吉隆县的吉隆镇，以热索桥为界与尼泊尔隔河相望。吉隆公路口岸自古就有商道、官道、战道之称，历史上曾是西藏与尼泊尔最大的陆路通商口岸之一，是中尼双方政治、经济、文化交流的主要通道，也是中尼间的传统边贸市场。2015年吉隆公路口岸基础设施条件显著改善，吉隆镇至热索的黑色公路、国门、出入境检查检验基础设施及设备建成配备，2015年国务院正式批准吉隆公路口岸扩大开放。但在“4·25”尼泊尔地震中，吉隆公路遭受巨大损失，尤其是公路及基础设施严重损坏，通关受阻。为尽快恢复口岸运行，在西藏自治区人民政府的统一安排部署下，通过各部门的共同努力奋战，吉隆公路口岸于2015年10月13日恢复通关运行，2015年进出口贸易总值5.99亿元人民币，出入境人员5.46万人次。

【普兰陆路（公路）口岸】 位于阿里地区普兰县普兰镇，县域西南与印度毗邻，南与尼泊尔接壤，普兰公路口岸与尼泊尔和印度两国接壤，对尼为正式开放的国际性口岸，但对应的尼泊尔一侧未通公路。对印为印度官方香客朝圣和边民互市贸易通道，2015年普兰公路口岸国门、联检楼、业务和备勤用房项目开工建设，该项目的建成将极大地改善口岸出入境检查检验基础设施条件，营造良好的通关环境，为普兰口岸提升功能创造条件，树立良好的对外形象。2015年进出口贸易总值25万元人民币，出入境人员1.42万人次。

原二类口岸

【日屋外贸货物装卸点】 位于日喀则地区定结县日屋镇，定结县历史上有西安堂嘎、日屋、古荣堂嘎3个边贸互市点。1963年8月，3个边贸互市点集中到日屋，形成了民间自由发展的日屋边贸市场，进出口商品主要有羊毛、茶、粮食、牲畜、木材、日用百货等。目前是只限边境居民通行的出入境口岸，2015年边民互市贸易额为3 390万元人民币。

西藏自治区口岸大事记

4月1日

尼泊尔总统亚达夫一行18人高级代表团乘坐CA407次航班经拉萨空运口岸出境，洛桑江村主席等领导同志前往机场送行。

4月25日

尼泊尔发生8.1级地震，震源深度20千米，震中博卡拉距樟木公路口岸、吉隆公路口岸仅40千米左右，两口岸震感强烈。两口岸管委会、联检单位迅速组织起来开展抗震救灾和自救工作。

4月29日

西藏自治区援助尼泊尔第一批物资运抵拉萨贡嘎机场，拉萨边检站第一时间对这批物资和运送人员开通了“绿色通道”，并提供了优质便捷的通关服务。

6月8日

2015年西藏出入境检验检疫局科研项目《西藏口岸实蝇品种监测、鉴定及适生性研究》

获得西藏自治区科学技术进步奖三等奖。完成《中尼口岸传染病流行病学现状及危险评估》课题的验收工作，该课题填补了西藏口岸相关工作的空白，为西藏地区乃至全国其他地区口岸开展类似工作提供了丰富、翔实的第一手资料，具有一定的前瞻性和开创性。

6 月 24 日 ~7 月 8 日

圆满完成尼方因地震滞留在中方口岸的车辆和货物第一阶段转运工作。成功转运 459 辆滞留在樟木、2 辆滞留在吉隆的尼泊尔车辆和价值 3.73 亿元人民币的货物，有效回应了尼方关切，维护了中尼商户的合法利益，维护了中尼两国睦邻友好关系，增进了中尼友谊。转运工作受到了尼政府和商界的感激和赞扬。

8 月 19 日

西藏公安边防总队组织开展以“中国边检·阳光国门”为主题的中国边检服务品牌集中宣传暨《西游新编》宣传推介活动。通过现场宣传、走访宣传、媒体宣传、网络宣传等主要方式，多角度、全方位开展中国边检服务品牌宣传推介活动，收到良好社会反响。

9 月

为了改变签证量逐年减少的状况，加大了对自由贸易协定原产地优惠政策宣传工作，让区内外企业了解和掌握并更好地利用原产地证书的优惠政策。制作了 4 000 份与原产地知识相关的宣传手册、知识普及手册及自由贸易区优惠原产地证书解读，并于第二届西藏旅游博览会在拉萨开幕之际，开展了宣传工作，对其中 15 家企业开展“一对一”政策解读服务。2015 年西藏出入境检验检疫局共签发普惠制原产地证书 9 份，货值 18.34 万美元。

10 月

西藏出入境检验检疫局举办出口食品生产企业备案培训。会同自治区民宗委赴林芝地区开展农产品出口实地调研，并与自治区民宗委、林芝市人民政府共同签署了《关于推进农产品扩大出口合作备忘录》，将加大对水果、茶叶等产业的扶持力度，引导其做大做强，实行标准化种植，建成具有区域产业特色的出口农产品示范性基地。

10 月 13 日

吉隆镇至吉隆公路口岸国门公路抢通，恢复了吉隆公路口岸双边性正常通关运行。次日，价值 30 万元的援尼物资在吉隆公路口岸顺利交接。

12 月

西藏出入境检验检疫局质量管理体系通过外部认证机构的现场审核，完成责任清单和权力清单的编制工作，完成内部管理规章制度的清理和完善。新闻宣传取得突破，首次在人民日报刊发新闻稿件，首次在自治区政府新闻办召开新闻发布会。

（撰稿人：王海明、李跃飞、陈培、陈春生、郭雄）

2015 年西藏自治区口岸流量统计表

口岸类型		口岸名称	货运量（万吨）				集装箱量（万标箱）				人员（万人次）				交通工具（辆、艘、架、次）			
			出口	进口	合计	同比（%）	出口	进口	合计	同比（%）	出境	入境	合计	同比（%）	出境	入境	合计	同比（%）
空运口岸		拉萨空运口岸	0.005 5	0.01	0.02	-50					2.37	2.18	4.55	16.64	248	302	550	44.36
空运口岸		分计	0.005 5	0.01	0.02	-50					2.37	2.18	4.55	16.64	248	302	550	44.36
陆运口岸	公路口岸	樟木、普兰、吉隆、亚东口岸	5.015 5	0.11	5.13	-64					21.71	22.06	43.77	-71.76	6 488	7 259	13 747	-63.76
陆运口岸	公路口岸	分计	5.015 5	0.11	5.13	-64					21.71	22.06	43.77	-71.76	6 488	7 259	13 747	-63.76
陆运口岸	铁路口岸																	
陆运口岸	铁路口岸	分计																
水运口岸	海港口岸																	
水运口岸	海港口岸	分计																
水运口岸	河港口岸																	
水运口岸	河港口岸	分计																
合计			5.021 0	0.12	5.15						24.08	24.24	48.32		6 736	7 561	14 297	
同比（%）			-64	-70	-64						-69.74	-69.42	-69.58		-55.49	-54.67	-62.68	

（西藏自治区口岸办提供）

2015 年拉萨海关主要数据统计表

项目		2015 年	同比（%）
进出口货运量（万吨）	合计	5.15	-64
	进口	0.13	-70
	出口	5.02	-64
进出口贸易总值（万美元）	合计	378 272.80	-71
	进口	62 093.80	28
	其中：江、海运输		
	铁路运输		
	汽车运输	3 821.80	-81
	航空运输	58 272.00	110
	邮件运输		
	其他运输		
	出口	316 179.00	-75
	其中：江、海运输		
	铁路运输		
	汽车运输	316 052.20	-75
	航空运输	126.80	
	邮件运输		
	其他运输		
税收（万元）	两税合计	6 948.05	-1
	关税入库	3 211.90	37
	进口环节税入库	3 736.15	-28

（拉萨海关提供）

2015年西藏自治区口岸出入境主要数据表

项目			2015年	2014年	同比（%）
出入境人员（人次）	出入境人员总数（不含边民）		72 785	189 556	-61.60
	入境人员		33 658	83 702	-59.8
	出境人员		39 127	105 854	-63.0
	出入境旅客		66 784	18 550	260.0
	出入境员工		6 001	4 006	49.8
	中国公民	小计	43 183	116 399	-62.9
		内地居民（因公）	1 444	914	58.0
		内地居民（因私）	41 462	114 317	-175.7
		港澳居民	222	936	-321.6
		台湾同胞	55	232	-321.8
	外籍人员		23 601	69 151	-65.9
	从海港出入境人数				
	从陆港出入境人数		27 198	150 371	-81.9
	从空港出入境人数		45 587	39 185	16.3
交通运输工具（辆、艘、架、列次）	总计		14 297	38 313	-62.7
	船舶				
	飞机		550	381	44.4
	火车				
	机动车辆		13 747	37 932	-63.8

（西藏自治区公安边防总队提供）

2015 年西藏自治区出入境检验检疫业务统计表

项目	货物检验检疫				交通工具				集装箱（标箱）		发现动植物疫情		货物通关		出入境人员查验（人次）	健康检查及预防接种（人次）			
	批次	金额（万美元）	检验检疫不合格																
			批次	金额（万美元）	船舶（艘）	飞机（架）	火车（列）	汽车（辆）	合计	检出问题	种类数	种次	批次	金额（万美元）		健康检查	艾滋病监测	发现病例	预防接种
本年累计	242	1 994	2	7		550		5 516			3	4	729	2 749	53 279	492	492	13	58
其中 出境	97	1 015				302		2 787					597	2 358	28 995	125	125	7	6
其中 入境	145	9 79	2	7		248		2 729			3	4	132	391	24 284	367	367	6	52
同比（%）	-57.77	-38.52	-66.67	65.03		29.53		-75.71			-83.33	-96.97	-32.93	-50.87	-67.64	-66.78	-66.78	-65.79	-10.77
其中 出境	-30.71	29.46	-100	-100		21.18		-74.78					-9.55	-30.91	-68.08	-56.14	-56.14	-22.22	-90.77
其中 入境	-66.51	-60.18	-60	666.14		38.8		-76.6			-83.33	-96.97	-69.09	-82.09	-67.09	-69.31	-69.31	-79.31	

（西藏出入境检验检疫局提供）

陕 西 省

口岸名称	批准开放时间	开放状态
西安空运口岸	1983.1	国际常年

口岸数量及分布

截至2015年年底，陕西省有经国务院批准的对外开放口岸2个。分别为：西安空运口岸（咸阳国际机场）、西安陆路（铁路）口岸（临时开放口岸）。

口岸运行数据

2015年，西安空运口岸共验放出入境飞机及国际航班10 505架次（以边防为准），同比增长44.32%；共验放和运送出入境人员1 685 459人次，同比增长51.64%（以边防为准）；共验放、运输进出口货物244.42万吨（以海关为准），同比减少22.3%；为进出境的各国政要客人所乘专（包）机、航班提供口岸礼遇、起降保障11批次（以边防为准）；为外国籍人士办理口岸签证1人次，办理台湾同胞签证1 037人次，办理一次入境有效台胞证217人次，中国公民出入境8人次。

口岸综合管理

【海关特殊监管区建设】 按照省委、省政府打造“一带一路”丝绸之路新起点要求，加强海关特殊监管区建设。12月25日参与共建的陕西电子口岸有限责任公司揭牌运营，综合服务平台上线运行。2015年陕西西咸保税物流中心已建成多层立体仓库8.48万平方米，单层仓库11 781平方米，海关监管仓库3 700平方米，国际商品仓库3 800平方米，2015年12月18日，由海关总署牵头，财政部、国家税务总局、国家外汇管理局组成的联合验放组对该项目（一期）相关监管和配套设施逐项进行实地勘察，同意通过正式验收，并签署正式验收会议纪要。4月28日，西安咸阳国际机场国际指廊正式投入运营。

【增设海关、出入境检验检疫机构】 2月3日，渭南海关开关；12月24日，榆林海关开关；2月12日、8月25日，渭南、延安出入境检验检疫局分别正式挂牌运行。

【争取新设口岸、完善口岸功能】 5月，商洛市委、市政府成立筹建商洛市口岸建设领导小组，领导小组下设商洛市口岸管理办公室。5月28日，商洛市政府向省政府呈报了《关于设立商洛陆路货运口岸的请示》《关于设立商洛海关的请示》和《关于设立商洛出入境检验检疫局的请示》。6月19日，陕西省口岸办召集西安海关、陕西出入境检验检疫局等口岸相关部门就设立商洛陆路货运口岸召开座谈会进行调研论证。10月26日，省政府向国务院呈报《关于设立商洛海关的请示》。11月15日，“商洛市人民政府口岸办”经市委、市政府批准正式成立，事业编制；副县级。12月12日，陕西省政府向国家口岸办呈报《关于申请商洛陆路货运口岸临时对外开放的函》。12月26日，陕西省政府向国务院呈报《关于设立商洛出入境检验检疫局的请示》。西安海关复制推广2批、25项自贸区监管创新制度。2月4日，曼蒂保税展示交易中心正式运行。6月23日，西安海关监控指挥中心（二级）建成运作。7月1日，东方航空西北公司航空保税维修业务顺利获批。11月6日，西安咸阳机场海关监控指挥中心（三级）通过验收。陕西出入境检验检疫局全面实施三个“一体化”和两个“无纸化”，机场口岸试点“三个一”支持口岸公共信息平台建设，推进“单一窗口”模式和“三互”合作机制。航空口岸边防检查执勤面增加了3倍，达到了3 080平方米，执勤用房增加到24间980平方米，出入境候检区域增加至2 100平方米，建成智能通关24条，自助查验通关13条，安装了90余个监控点位的全方位视频监控系统，建设并使用了无障碍查验通道。

【支持陕西外贸稳定增长】 口岸部门围绕国家战略发展目标，积极采取相应措施推进陕西地方经济发展。西安海关加入“丝绸之路经济带”沿线十海关区域一体化，2015年“一体化”报关单14.4万份，进口、出口平均通关时间缩短30%和50%。关区通关一体化扩大至特殊监管区域进出口业务。报关单修撤实现无纸化。加工贸易监管全程无纸化进程加快，关区无纸化率达到97%以上。与陕西出入境检验检疫局共同制定新的推进方案，上线运行统一版“一次申报”系统。2015年受理“三个一”报关单1.7万份。陕西出入境检验检疫局与天津、山东、新疆、内蒙古、广西、云南等局进一步深化合作。与山西、河南局开展了黄河三角检验检疫合作。海关、商务部门签署合作备忘录，增强促进外贸发展，关检合力在机场口岸实现了“三个一”；全面实施省内检验检疫“三互”一体化、“丝绸之路经济带”检验检疫区域一体化和全国检验检疫通关一体化。实现了通关无纸化、无纸化报检，签发原产地证书7.80万份，签证金额49.97亿美元，可减免国外关税2.92亿美元。参与制定并组织实施陕西省丝绸之路经济带发展规划，参与陕西自贸区方案编制，印发《适应外贸发展新常态做好检验检疫帮扶工作的意见》。

【口岸服务保障】 口岸查验部门坚持服务为主旨，为出入西安咸阳国际机场口岸的印度总理莫迪、阿塞拜疆总统伊利哈姆·阿利耶夫，亚美尼亚总理奥·阿布拉米杨等各国政要11批次386人次提供优质礼遇服务。

口岸监管与服务

【陕西省公安边防总队全面提升为经济发展护航能力】 2015年，陕西省公安边防总队紧紧围绕陕西省委省政府提出的建设“三个陕西”的战略目标，坚决贯彻公安部边防管理局和陕西省公安厅党委的决策指示，全力服务陕西省丝绸之路经济带新起点、内陆改革开放新高地和西安国家航空城试验区建设，努力推进部队“四项建设”。坚持以服务为中心，为出入西安口岸的印度总理莫迪等各国政要11批次386人次提供了优质边检服务；为韩国三星电子集团等世界500强企业人员共160余人次提供了便捷通关；推进落实与西部机场集团签订的《共同促进西安咸阳机场枢纽建设合作备忘录》，主动服务西安国家航空城实验区建设；坚持向地方党委政府报送《西安口岸出入境人员数据分析报告》，为扩大口岸开放决策提供参考信息。陕西边防总队根据陕西省公安厅部署，推出了四项边检便民措施：一是启用国际航班中转查验通道，为西安往返巴黎、莫斯科等航线的中转旅客办理边检手续提供了便利；二是推出外国人72小时免签过境预约服务，为个人或通过航空公司提前申报的符合条件的外国人开辟专用通道，提供快速通关服务；三是承诺为持用电子往来港澳通行证赴港澳的内地居民办理边检手续不超过15秒；四是进一步完善了“陕西边防出入境人员网络预申报平台”，为提前报检的旅行团成员提供免排队快速通关服务。加大宣传，提升边检执法服务工作正能量。在西安口岸举办了2015年度边检服务品牌宣传暨《西游新编》推介活动，在人民网、《中国边防警察报》《陕西日报》等媒体上刊发稿件180篇，发行了14期《提高边检服务水平工作简报》，配合西安咸阳国际机场旅客服务促进会评选了5名边检“文明使者”。针对西安口岸出入境外国旅客中韩国籍旅客占比近50%的实际，组织编写了《西安口岸通航国家与地区出入境证件研究（韩国卷）》指导一线执勤。抓住公安部部署现役和职改边检站业务交流时机，轮流组织一线检查员外出观摩学习。

【陕西省公安边防总队全面打造智能化服务体系】 4月28日，西安咸阳国际机场国际指廊正式投入运营。当天上午6时25分，陕西边防总队执勤业务科启用国际指廊新边检执勤现场，为搭乘JD378航班的175名旅客提供了高效便捷的入境边防检查服务。在该项目建设期间，陕西边防总队党委高度重视，按照“高起点规划、高质量保障、高效率推进”的原则，主动加强与陕西省口岸办公室和机场建设指挥部的沟通协调，严格落实边检执法规范化建设和警务信息化建设目标要求，先后争取到2 700多万元资金用于边检设施设备建设。新建成的边检执勤现场与T2航站楼国际厅相比，执勤用地面积增加了3倍，达到3 080余平方米，边检执勤用房由11间300

余平方米增加到24间980余平方米，出入境现场候检区域面积由1 000余平方米增加至2 100余平方米。重点建成智能查验通道24条，自助查验通道13条。新的边检执勤现场建有覆盖90余个监控点位的全方位视频监控系统；新边检执勤现场还突出了人性化设施建设，建设了无障碍查验通道，在候检口安装了信息岛、LED显示屏，用于投放视频宣传短片、政务公开、边检服务指南、便民措施等出入境咨询及各类功能导航，整个边检现场充满时代气息，彰显了国际化、现代化、人性化特征，实现了“建一流设施、创一流业绩、立一流边检”的目标，可以满足未来5~7年边检业务发展需要。争取地方投资1 700万元，用于边检信息化、查验设施和执法场所规范化建设。新建信息化智能化查验通道37条。推进边防网上办事大厅试点工作。完善API系统预检预录，提高了口岸现场通关效率。加强梅沙系统和边防一体化平台应用，提升了边检执法执勤和部队基础工作信息化水平。

【陕西省公安边防总队全力维护口岸安全稳定】 陕西省公安边防总队把口岸反恐摆在突出位置，做好重点国家（地区）和旅客的涉恐查缉和信息推送。进一步规范勤务组织，严密查控措施，全年查获在控人员38名、在逃人员5名。查处违法违规人员162起163人次。查获偷渡人员7人次。接收审查境外遣返人员36人次。健全口岸处突机制，完善处突预案，共组织开展防暴恐袭击、营门防袭扰和执勤现场防暴力闯关等应急处突演练30次。坚持执法公开，进一步完善执法监督员制度和民主评议制度，2015年共开展执法检查2次，督导检查3次，审核案件30起，检查卷宗30卷。

【西安海关不断加大监管力度】 2015年西安海关共监管进出口货物总值1 895.7亿元，比2014年（下同）增长12.6%；监管进出口贸易额结关报关单19.82万份，增长7.2%。监管进出口货运量244.42万吨，减少22.3%，监管进出境航班1.6万架次、监管出入境人员166.7万人次，分别比2014年同期增长41.3%和53.3%。征收关税和进口环节税入库32.77亿元，其中征收关税4.97亿元，代征税27.8亿元。首次在航空口岸旅检渠道破获走私冰毒出境案，犯罪嫌疑人获有罪判决。2015年刑事案件立案9起，案值3.13亿元，涉税2 830万元；行政案件立案241起，案值4.74亿元，涉税283万元。中亚国际班列“长安号”实现双向开行，自开行至2015年年底累计承运进出口货物9.8万吨，货值2.4亿美元。西安至青岛港货运班列开通，陆港辐射效应显现。优化风险分析模型，随机布控比重达到84.2%，进出口查验率5.1%，查获率19%，增长1倍。加工贸易监管更加高效，4家企业实现联网监管，“工单式核销”全面推行，保税监管场所实现出库无纸化监管。以企业为单元电子化手册管理全面推行。引入中介机构参与保税核销范围扩大，13家中介机构协助保税核销50次。

【西安海关积极支持陕西开放型经济发展】 成功承办“一带一路”海关高层论坛。中共中央政治局委员、国务院副总理汪洋，71个国家（地区）海关和国际组织的嘉宾以及国内有关部委、商界代表共计400余人出席论坛。签署了《关于西安海关和阿拉木图市（州）国家收入局建立伙伴关系的备忘录》，海关国际合作进入新阶段。“立体化”丝绸之路建设成效显著。西安铁路口岸获批开放，汽车整车进口口岸加快审批。加快电子口岸建设，参与共建的陕西电子口岸有限责任公司揭牌运营，综合服务平台上线运行，新增入网企业1 106家，在线提供政务、商务项目53项。服务开放型经济发展措施有力。2月3日渭南海关、12月24日榆林海关相继开关，海关机构布局优化有力助推陕西全域开放。开展对丝绸之路沿线国家和主要贸易伙伴统计监测分析30余次。全面落实总署“一带一路”实施方案6方面24项措施，细化改革任务分解方案14个，全面对接陕西省各层次发展需求。通关“一体化”改革成效明显。加入“丝绸之路经济带”沿线十海关区域通关一体化，2015年“一体化”报关单14.4万份，进口、出口平均通关时间缩短43%和50%。税则调研报告被国务院税则委员会采纳，组织优惠政策宣讲培训40余次。大力扶持科研单位资质申报和科研项目成果转化，助推陕西首家具备科技开发减免资质的外资研发中心成功获批，为航天军工、鼓励项目等减免税款8亿元，增长49.8%。

【西安海关继续优化通关环境】 关区通关一体化继续深化，扩大至特殊监管区域进口业务。无纸化改革全面实施。报关单修撤实现无纸化，加工贸易监管全程无纸化进程加快，关区无纸化率达到97%以上。关检“三个一”合作积极推进。与陕西出入境检验检疫局共同制定新的工作推进方案，上线运行统一版“一次申报”系统，2015年受理“三个一”报关单1.7万份。自贸区监管创新制度全面复制。复制推广2批、25项监管创新制度，成立自贸区专题研究课题组，全面跟进4个自贸区改革实践，积极为陕西申报自贸区建言献策。主动对接企业需求，加大政策支持力度，推动曼蒂保税展示交易中心正式运行，推动东航航空保税维修业务顺利获批。海关特殊监管区域加快整合。西咸保税物流中心（B型）接受总署正式验收，航空产业综合保税区上报待批，出口加工区B区三期围网启动验收，出口加工区A区整改加快推进。与上海外高桥、苏州工业园区、重庆西永综合保税区实现保税货物跨区结转，保税展示交易、境内境外维修等新业态逐步兴起。跨境电子商务发展迅速。试点除保税备货以外全部模式，国际快件监管中心建设加快推进，监管进出境物品清单39.4万条，货值4 181万元，备案商品千余种，已开展业务电商企业31家、支付企业5家、物流企业9家。监控指挥中心建设加快推进。二级监控指挥中心建成运作，三级监控指挥中心通过验收，具备关区特色的风险防控中心加快筹建。税收征管量质效并举。动态跟踪重点税源企业税收进度，4次调整税收预期目标，与无纸化相适应的报关单和减免税抽样考核评价体系初步建立，全年税收入库32.8亿元，超过预期税收目标1.3亿元，增长22.1%，月均增幅达到22.5%。征管便利化水平提升。税款电子支付率达到95%以上，关库银联网平台上线运作，集中汇总征税近5 000万元，提升34个百分点。电子支付担保备案、海关归类指导意见、预归类及化验鉴定证书、预审价结果等实现一体化区域互认，公式定价进口商品实现一体化区域“一次备案、联合管理”，预归类社会化服务、专业机构参与税款担保试点企业均已获准开展业务。

【陕西出入境检验检疫局严格执法，成绩突出】 2015年，陕西出入境检验检疫局共完成法定出入境货物检验检疫26 671批次，货值39.16亿美元。同比批次下降0.96%，货值增长15.65%。入境货物的批次和货值同比双增，工业品、植物及其产品的增幅较大。入境货物中，机电产品比重最大，批次占总批次的六成以上，货值占到近九成。入境电子成套设备的货值最大，三星（中国）半导体有限公司企业的入境货值占到全省入境货物总值的七成以上，入境贸易国家中，从韩国入境的货值最大，占到三成以上。入境不合格货物中，机电产品的批次和货值最大，化工品次之，不合格率有所增长。

【陕西出入境检验检疫局加强机构设置建设，稳步推进检验检疫工作】 2月12日，经中编办和国家质检总局批准，渭南出入境检验检疫局正式挂牌开检运行。截至2015年年底，渭南共发展对外贸易经营权备案企业281户，与50多个国家和地区开展了经贸往来，其中鲜果和果汁占全省出口总额一半以上，位列全省同类出口产品首位。渭南出入境检验检疫局主要负责渭南市出入境货物、人员、交通工具、集装箱、行李邮包携带物等进行包括卫生检疫、动植物检疫、商品检验等的检查，以保障人员、动植物安全卫生和商品的质量。标志着渭南海关、检验检疫、监管场所“三位一体”口岸配套设施全面建成运营，将有效推动当地外向型经济发展。8月25日，经中编办和国家质检总局批准，延安出入境检验检疫局正式挂牌开检运行。不仅为企业进出口检验检疫提供极大便利，也将为延安构筑一个新的对外开放平台。有助于将延安打造成丝绸之路经济带的重要支点、大西安向北辐射的重要门户、连接呼包银榆经济区和关天经济区的重要枢纽。陕西检验检疫局派出机构进驻西安国际港务区、西安高新综合保税区和西安邮局，保障进出境货物检验检疫业务。空港口岸高分通过口岸核心能力考核验收，设立保健中心机场分中心，强化与卫生等部门的联防联控机制，有效应对了中东呼吸综合征、埃博拉出血热等疫情。截获旅客禁止携带物 8 100 多批，口岸排查确诊登革热等传染病 40 例，出入境传染病监测发现艾滋病、梅毒等 3 268例，检出不合格进出口货物 2 897 批、12.26 亿美元。

【陕西出入境检验检疫服务经济水平全面提升】“十二五”期间，陕西检验检疫局与天津、山东、新疆、内蒙古、广西、云南等局进一步深化合作，与山西、河南两局开展了黄河金三角检验检疫合作，与海关、商务等部门签署合作备忘录，增强促进外贸发展合力。在机场口岸实现了“三个一”，全面实施省内检验检疫“三通”一体化、“丝绸之路经济带”检验检疫区域一体化和全国检验检疫通关一体化，实施通关单无纸化、无纸化报检，外贸发展环境显著改善。签发原产地证书 7.80 万份，签证金额 49.97 亿美元，可减免国外关税 2.92 亿美元。为保障国门安全，一是加强口岸公共卫生工作。解决机场口岸食品卫生多头监管问题，口岸食品监督管理机制初步建立。加强联防联控，与边检部门协作落实来自疫区人员的信息采集事项，与卫计委等部门协作落实应急处置事项，成立保健中心机场分中心，加强对发热旅客的排查，确诊传染病 35 例，同比增长 600%，有效防止了疫情传入。二是强化进出口食品安全监管。严格执行食品进口和销售记录制度，实现进口、销售过程信息可追溯。加强进口食品安全非国标项目风险监测。对备案食品企业实施分类管理。完善出口果汁企业分类管理措施。指导果汁生产企业全部建立安全防护计划。检出不合格食品 93 批，检出率 1.08%。三是强化动植物产品监管。制订口岸动植物检验检疫规范化建设实施方案。加强生产过程和养殖基地的监管，确保食源性动物产品安全，供港活牛数量全国第一。结合示范区建设，与相关地方政府合作，加强出口水果疫情和农残监测。深入开展“绿蕾”行动，截获有害生物 494 批、225 种，集中销毁禁止进境物 1.35 吨。四是强化进出口敏感商品监管。开展进出口危险化学品企业质量稽查活动，严密监管进出口危险化学品及其包装。制定工业产品进口单位分类管理办法，完善风险评估方法和程序。制定风险预警信息发布规则，发布风险预警信息 80 条。共检出不合格货物 1 108 批，货值 4.77 亿美元。陕西检验检疫局重点参与支持对外服务发展，参与制定并组织实施陕西省丝绸之路经济带发展规划。一是参与陕西自贸区方案编制。印发《适应外贸发展新常态做好检验检疫帮扶工作的意见》。进境粮食指定口岸获批，进境肉类指定口岸进入实质性建设阶段。国家进出口粮食检验检疫信息平台项目形成可行性方案。保障欧亚经济论坛、西洽会、西跨会等重要会展和重大外事活动。二是以改革创新促进外贸发展。成立改革领导小组和 6 个专项小组，开展课题研究，形成了一批研究成果。全面实施三个“一体化”和两个“无纸化”，机场口岸试点“三个一”。支持口岸公共信息平台建设，推进“单一窗口”模式和“三互”合作机制。优化检验检疫流程，开通手机报检功能。复制推广全球维修产业监管制度、检验检疫通关无纸化改革、进口货物预检验制度 3 项制度。完成跨境电子商务信息化平台方案设计和论证工作。三是大力扩大特色产品出口。以陕西检验检疫局为主力、开展了 17 年的中国苹果对美出口解禁工作取得最终胜利。邀请澳大利亚专家来陕考察指导，巩固了出口水果的高端市场。从企业诚信、出口检疫与检验风险分级入手，全面推行出口水果分类管理。全方位扶持洛川、延川等老区果业发展。就陕西水果输俄、陕西水果和蔬菜供港检验检疫事宜分别与俄方和香港方面达成共识。眉县猕猴桃、太白高山蔬菜生态原产地保护认证通过现场审核，苹果首次出口澳门，泾渭茯茶、汉中仙毫、沙棘红茶、香菇罐头等特色产品实现首次出口。

陕西省口岸大事记

5月14日

印度总理莫迪一行59人由西安咸阳国际机场航空口岸入境访问中国。

5月24日

斯洛伐克国民议会代表团一行28人由西安咸阳国际机场航空口岸入境。

5月26日

中共中央政治局常委、国务院副总理汪洋在陕西西咸空港保税物流中心考察调研。

中央政治局委员、国务院副总理汪洋在西安国际港务区、西安铁路集装箱中心站和“洋货码头”了解“长安号”运营、跨境电子商务发展及西安国际港务区规划建设相关情况。

6月15日

西安多式联运监管中心揭牌，这是全国第一个获批的多式联运监管中心，目前已开通了西安—青岛国际货运多式联运班列。

7月8日

陕西省委常委、常务副省长姚引良在陕西西咸保税物流中心听取汇报相关建设情况。

8月25日

延安出入境检验检疫局正式揭牌开检。

9月24日

亚美尼亚总理奥·阿布拉米扬一行23人由西安咸阳国际机场航空口岸离境回国。

10月9日

俄罗斯副总理戈洛杰茨一行4人由西安咸阳国际机场入境访问中国。

10月22日

国家质检总局发布公告，批准包括陕西省白水、蒲城、富县、洛川县等在内的236个国家级出口食品农产品示范区。

10月26日

国家质检总局发布公告，批准陕西比亚迪、陕汽等在内的210家企业为中国出口质量安全示范企业。

11月

哈萨克斯坦铁路公司在西安国际港务区设立办事机构。

11月16日

陕西、新疆、甘肃、宁夏、青海、四川、重庆、云南、贵州、西藏检验检疫局共建丝绸之路经济带境内地区检验检疫认证监管合作联动机制建设备忘录签署。

12月9日

阿塞拜疆总统伊利哈姆·阿利耶夫一行45人由西安咸阳国际机场航空口岸入境访问中国。

12月25日

国家质检总局发布公告，西安铁路临时开放口岸获批为进境粮食指定口岸。

（撰稿人：马东、王铮、朱鹏）

2015 年陕西省口岸流量统计表

口岸类型		口岸名称	货运量（万吨）				集装箱量（标箱）				人员（人次）				交通工具（架次）			
			出口	进口	合计	同比（%）	出口	进口	合计	同比（%）	出境	入境	合计	同比（%）	出境	入境	合计	同比（%）
空运口岸		西安咸阳国际机场	1.06	2.87	3.93	22.4					840 992	844 467	1 685 459	51.64	5 252	5 253	10 505	44
		分计																
陆运口岸	公路口岸																	
		分计	0.06	0.03	0.09	28.6	92	20	112	194.7								
	铁路口岸																	
		分计	7.54	0.000 8	7.5408	216.8	6 629	2	6 631	174.0								
水运口岸	海港口岸																	
		分计	17.84	215.02	232.86	−24.6	13 009	19 973	32 982	10.5								
	河港口岸																	
		分计																
合计			26.50	217.920 8	244.420 8		19 730	19 995	39 725	26.50	840 992	844 467	1 685 459	51.64	5 252	5 253	10 505	44
同比（%）			18.8	−25.4	−22.30		11.0	37.7	23.0	18.8								

（陕西省口岸办提供）

2015 年陕西省口岸出入境主要数据表

项目			2015 年	2014 年	同比（%）
出入境人员（人次）	出入境人员总数		1 685 459	1 111 472	51. 64
	入境人员		844 467	552 905	52. 73
	出境人员		840 992	558 56750. 56	
	出入境旅客		1 590 568	1 046 404	52. 01
	出入境员工		94 891	65 068	45. 83
	中国公民	小计	1 347 076	814 963	65. 29
		内地居民（因公）	35 962	17 629	103. 99
		内地居民（因私）	1 193 748	683 456	74. 66
		港澳居民	52 161	49 597	5. 17
		台湾同胞	65 205	64 281	1. 48
	外籍人员		338 383	296 509	14. 12
	从海港出入境人数				
	从陆港出入境人数				
	从空港出入境人数		1 685 459	1 111 472	51. 64
交通运输工具（辆、艘、架、列次）	总计		10 505	7 279	44. 32
	船舶				
	飞机		10 505	7 279	44. 32
	火车				
	机动车辆				

（陕西省公安边防总队提供）

2015 年西安海关主要数据统计表

项目		2015 年	同比（%）
进出口货运量（万吨）	合计	244.42	-22.3
	进口	217.92	-25.4
	出口	26.50	18.8
进出口贸易总值（万美元）	合计	2 520 423.8	18.5
	进口	1 473 252.9	16.2
	其中：江、海运输	232 738.0	27.5
	铁路运输		
	汽车运输	672.3	-6.2
	航空运输	1 238 621.1	14.2
	邮件运输	154.5	1.9
	其他运输	1 067.0	110.7
	出口	1 047 170.8	22.1
	其中：江、海运输	71 223.6	-12.7
	铁路运输	17 769.1	147.1
	汽车运输	6 537.5	5
	航空运输	948 360.1	24.8
	邮件运输	2 862.7	1.5
	其他运输	417.8	4 815.3
税收（万元）	两税合计	327 664.0	22.0
	关税入库	49 678.0	6.3
	进口环节税入库	277 986.0	25.3

（西安海关提供）

2015 年陕西省出入境检验检疫业务统计表

项目	货物检验检疫				交通工具				集装箱（标箱）		发现动植物疫情		货物通关		出入境人员查验（人次）	健康检查及预防接种（人次）			
	批次	金额（万美元）	检验检疫不合格																
			批次	金额（万美元）	船舶（艘）	飞机（架）	火车（节）	汽车（辆）	合计	检出问题	种类数	种次	批次	金额（万美元）		健康检查	艾滋病监测	发现病例	预防接种
本年累计	26 671	391 643	1 108	47 686		10 387			9 775						1 671 067	21 353	21 246	4 492	37 917
其中 出境	16 063	85 498	139	1 358		5 198			48						835 255				
其中 入境	10 608	306 145	969	46 328		5 189			9 727						835 812				
同比（%）	-0.96	15.65	32.69	67.16		43.83			33.37						51.78	-5.57	-4.38	-6.12	0.17
其中 出境	-12.71	-27.09	85.33	-0.06		44.23			71.43						50.96				
其中 入境	24.40	38.30	27.50	70.52		43.42			33.23						52.61				

（陕西出入境检验检疫局提供）

甘 肃 省

甘肃省口岸分布示意图

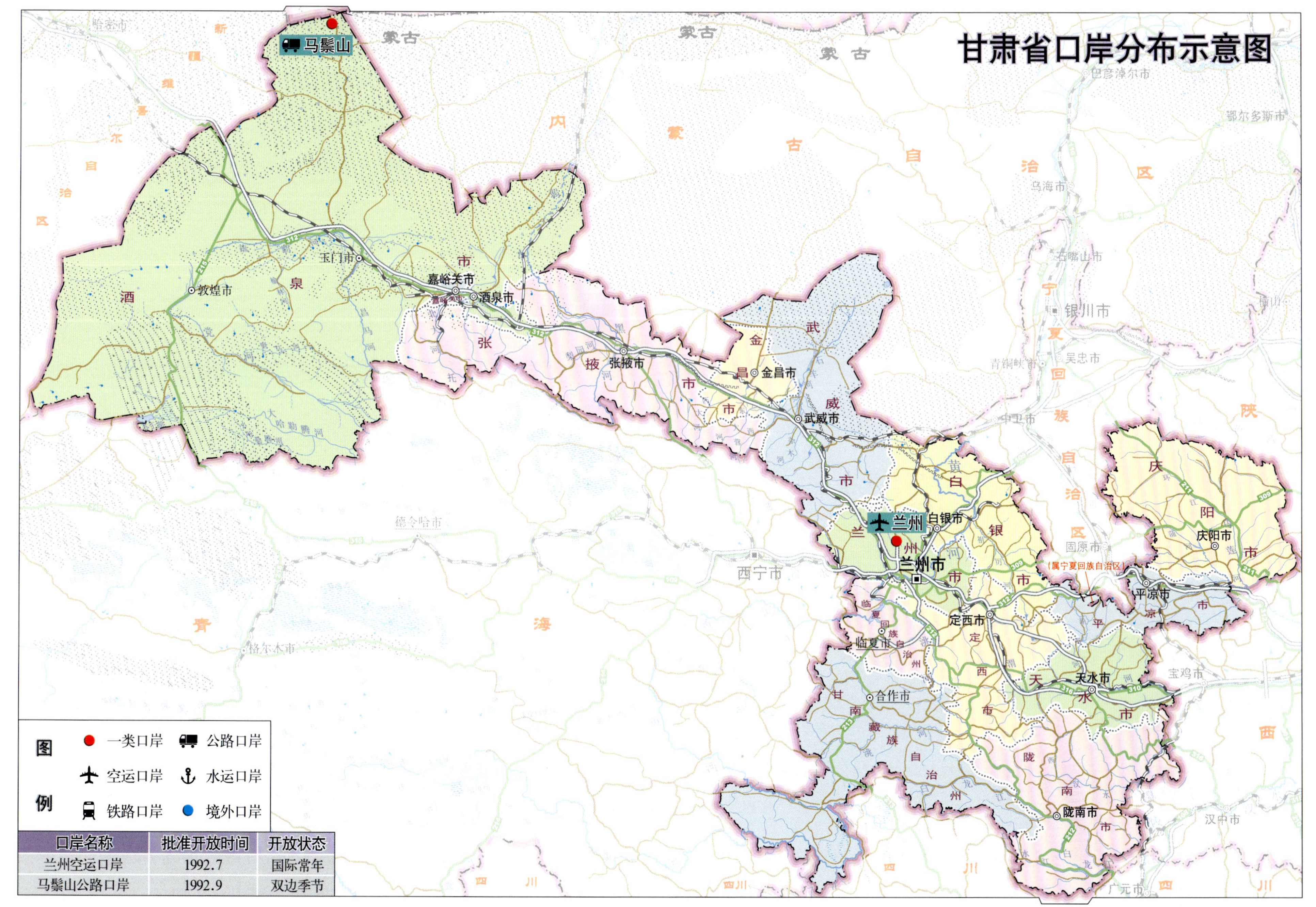

口岸名称	批准开放时间	开放状态
兰州空运口岸	1992.7	国际常年
马鬃山公路口岸	1992.9	双边季节

口岸数量及分布

截至2015年年底，甘肃省有经国务院批准的对外开放口岸3个，分别为：兰州空运口岸（兰州中川国际机场）、敦煌空运口岸（敦煌机场）和马鬃山陆路（公路）口岸。

口岸运行数据

2015年，兰州海关监管进出口货物157.78万吨，同比增长3.67%。其中，进口153.1万吨，同比增长1.29%；出口4.68万吨，同比增长351.07%。进出口额1 081 737万元人民币，同比增长0.62%，其中，进口955 268万元人民币，同比增长-9.61%；出口126 469万元人民币，同比增长439.1%。兰州空运口岸出入境人员138 156人次，同比增长31.07%，航班940架次，同比增长30.01%。其中，出境人员69 455次，同比增长31.77%，出境航班469架次，同比增长32.85%；入境人员68 701人次，同比增长30.37%，入境航班471架次，同比增长29.70%。同时，敦煌空运口岸自2015年3月获批开放以来，出入境航班18架次，出入境人员2 474人次。

口岸综合管理

【甘肃省口岸办提升综合服务水平】 一是以省政府办公厅名义向海关总署上报了《甘肃省"十三五"口岸发展规划有关情况和意见的函》，并争取把兰州铁路口岸、武威铁路口岸、嘉峪关空运口岸列入《国家"十三五"口岸发展规划》，逐步形成甘肃省陆空立体交叉，多层次、全方位的口岸开放新格局。二是立足口岸安全防控，开展部门合作、风险研判，联合防控暴恐、应对突发事件，打击走私、打击骗退税、反偷渡、查处逃避检验检疫和制止不安全产品及假冒伪劣商品进出境等，确保口岸安全畅通。三是协调各航空口岸单位制订了境外航班紧急迫降应急处置预案，成立境外航班紧急迫降应急领导小组，确保境外航班不正常状态下的机场应急处置与保障。四是落实"三互"推进口岸大通关建设，深化关检合作"三个一"，帮助促进多式联运物流运营模式创新和体系建设，支持甘肃省内海关特殊监管区域贸易多元化、功能多样化发展，指导海关特殊监管区域、保税监管场所优化布局。五是根据《国务院关于改进口岸工作支持外贸发展的若干意见》（国发〔2015〕16号）精神，发布了《甘肃省人民政府办公厅关于改进口岸工作支持外贸发展的实施意见》（甘政办发〔2015〕106号），进一步加快甘肃口岸建设，发挥口岸在对外交往和经贸合作中的桥梁作用，对于推动全省外贸稳定增长和转型升级具有重要意义。

【跨区域通关合作】 甘肃省加大跨区域口岸合作力度，协调口岸查验机关，建立了与沿海、沿边对口协作单位定期或不定期的联席会议制度，与重要沿海和边境口岸签署有关口岸合作备忘录和口岸区域通关合作框架协议。2015年5月1日起，兰州海关积极加入山东、河南、山西、甘肃等9省区内的10个海关启动丝绸之路经济带海关区域通关一体化改革进程，推动区域内10个海关将实现互联互通，执法互认，最大限度尊重企业自主选择，企业可根据实际情况选择通关方式，省去来回奔波之苦，充分享受改革红利和通关一体化后带来的贸易便利。2015年9月8日，"2015'一带一路'中国（兰州）国际跨境电商物流大会"开幕式在兰州召开，本届大会是一次具有里程碑意义的大会，会议达成共识将进一步促进"一带一路"沿线城市在跨境电商物流中间的布局，产业协作、交通网络、物流基础设施等方面能够协同发展，在更大范围、更高水平、更深层次上推动大的开放和大的发展。

【进境指定口岸建设】 2015年，甘肃省口岸管理办公室高度重视甘肃指定口岸建设工作，经多次与甘肃出入境检验检疫局和国家质检总局沟通汇报，国家质检总局明确表示支持在兰州空运口岸设立进境水果、冰鲜水产品指定口岸；在兰州新区综合保税区和武威保税物流中心设立进口肉类指定查验场，进一步推动甘肃省外向型经济发展。与此同时，国家质检总局正在评估甘肃出入境检验检疫局在武威保税物流中心开展进境俄罗斯板材检验检疫监管工作，这标志着甘肃武威继江西赣州之后，将获批筹建我国第二个内陆进境木材监管区。监管区建成后，俄罗斯板材将由阿拉山口口岸进境，直通到达武威保税物流中心，在进境木材监管区办理通关和检验检疫监管，进入红星美凯龙家居集团国际家具产业园加工生产，将极大地简化通关流程，大幅缩短运输时间，降低企业成本，打造甘肃省出口产品加工基地和向西开放的国际物流平台，必将大幅提高对外开放水平，推进“一带一路”甘肃黄金段建设。

【兰州空运口岸（兰州中川国际机场）完善基础设施】 兰州中川国际机场作为西北地区主干机场之一，运营14年来，旅客吞吐量逐年攀升，近3年来平均每年以100万人次的速度增长。旅客吞吐量从2011年的300万人次增长到2015年的800万人次，标志着兰州中川国际机场跨入了中国大型客运机场行列。2015年1月，兰州中川国际机场T2航站楼完成竣工验收和行业验收，2月4日正式启用。T2与原来的T1航站楼联合运行，使兰州中川国际机场的候机楼面积增加到9万平方米，大大缓解了机场运营空间不足的压力。8月8日，甘肃省在兰州举行的丝绸之路经济带“互联网＋交通＋制造”圆桌峰会上宣布将投资总额160亿元建设兰州中川国际机场T3航站楼，总面积36万平方米，预计吞吐量可达到3 000万人次。同时，甘肃省口岸管理办公室全力以赴协调推动兰州空运口岸联检单位办公生活大楼建设和口岸基础设施完善工作；督促完善口岸查验机构建制，建立健全口岸各项规章制度，提高口岸服务和管理水平。兰州市将依托兰州中川国际机场的吸引力和辐射力，形成与空运相关的产业集群，带动兰州市发展和丝绸之路经济带甘肃段建设发挥积极作用。

【兰州新区综合保税区封关运营】 2015年是兰州新区综合保税区跨越式发展的一年，甘肃省口岸管理办公室按照省委省政府安排部署，积极开展兰州新区综合保税区申建的协调推动工作，指导兰州市和兰州新区制订工作方案，强化与申建相关的各厅局和海关、检验检疫部门的联系制度，推动甘肃省首个海关特殊监管区的建设和验收等按计划开展各项工作，并取得成效。5月25日，兰州海关和甘肃省口岸管理办公室牵头组织甘肃出入境检验检疫局、省发展改革委等11个部门，组成兰州新区综合保税区预验收小组，对兰州新区综合保税区进行了全面预验收，并签署了《预验收会议纪要》；8月18日，兰州新区综合保税区通过国家验收；12月24日，兰州新区综合保税区举行正式封关运营新区发布会暨首单货物通关仪式，兰州新区卓尔电子有限公司600万美元的液晶屏、触摸屏等电子产品率先在兰州新区综合保税区通关，拉开了兰州新区综合保税区正式封关运营的大幕。兰州新区综合保税区的封关运营，对于加快甘肃产业集聚发展，打造国家向西开放的重要战略平台、国家重要的产业基地、西北地区重要的经济增长具有重要意义。

【武威保税物流中心（B型）提速提质】 武威保税物流中心自2014年9月运营以来，凭借“专业国际物流、仓储、配送解决方案供应商”的优势资源，为入驻园区企业提供从建厂到销售全系列物流解决方案。2015年7月22日，甘肃国际陆港华东物流基地中亚班列从江苏海安商贸物流园顺利首发，将华东地区销售到中亚、俄罗斯、欧洲的货物集结到武威保税物流中心报关报检，在武威进行国际货运专列的重新编组，真正将班列变成国际专列，通过公、铁、水路联运方式，方便快捷地把货物出口到世界各地，标志着国际货运班列已正式进入国际点到点货运专列时代。目前，武威保税物流中心已在国内设立海安、青岛、宁波、岳阳、安阳、石嘴山6个与当地政府合作的物流基地，从企业供应链购销全方位着手，减少企业国际贸易的风险，为企业有效降低生产、运营、物流、仓储、配送等各项成本，切实为企业做好服务。随着业务的全面发展，武威保税物流中心单一的保税物流功能已难以适应外向型经济发展要求，正积极筹划推动武威保税物流中心实现转型升级的重大突破。

【马鬃山陆路（公路）口岸复通工作】 1992年9月，国务院批准设立马鬃山口岸正式对外开放，1993年8月，由于蒙古国单方面原因，关闭了那染色布斯台口岸，致使马鬃山口岸关闭至今。2015年，按照甘肃省委省政府的安排部署，全省相关部门全力推动马鬃山口岸复通工作。一是进一步通过外交渠道加强与蒙古国戈壁阿尔泰和巴彦洪戈尔两省联系沟通，同时建议戈壁阿尔泰省积极向蒙古国外交部提出相关建议和要求。二是根据戈壁阿尔泰省意愿，围绕丝绸之路经济带甘肃段建设，充分发挥甘肃区位、资源、产业和人文优势，以促进马鬃山口岸复通为切入点，以酒泉、嘉峪关等沿边市县为开发开放重点区域，构建对蒙合作布局，加快马鬃山口岸建设，推进基础设施互联互通，加强对蒙全方位、多层次、宽领域合作。三是积极支持和引导甘肃省与蒙古国戈壁阿尔泰和巴彦洪戈尔两省开展经济文化和人文等方面的交流与合作，努力为马鬃山口岸复通创造条件。

【电子口岸建设】 2015年，甘肃省不断完善升级口岸基础支撑系统，围绕信息发布、平台推广、综合查询等模块展开建设，形成电子口岸综合门户。截至2015年年底，甘肃电子口岸完成了“甘肃电子口岸政务平台门户系统”搭建和“电子口岸数据平台”建设规划。甘肃电子口岸政务平台系统实现了政务门户网站管理、门户网站与其他业务系统整合，并率先在兰州新区综合保税区和武威保税物流中心开展电子口岸试点，海关、检验检疫口岸查验部门集中办公，统一数据标准，界定数据边界，正在试点“甘肃电子口岸政务平台”的“信息互换”；鼓励引导关检双方共用进出场卡口、检查场地和查验设备，做到“监管互认”；通过“甘肃电子口岸政务平台”统一接入，统一反馈，减少关检通关手续，实现关检联合登临和联合查检，做到“执法互助”，帮助企业通过“单一窗口”报关报检，真正实现“一站式作业”。

【完成穆斯林朝觐通关保障工作】 2015年度，全国有14 500余名穆斯林群众前往沙特阿拉伯朝觐，经兰州中川国际机场前往沙特朝觐的穆斯林共有5 346名，占全国朝觐总人数的1/3。为了确保朝觐航班安全、顺利从兰州起飞，甘肃省口岸管理办公室协调兰州海关、甘肃出入境检验检疫局、甘肃省公安边防总队和甘肃机场集团兰州机场公司等单位，针对航班保障任务的各个环节，做了详细的计划和部署。在各查验单位的共同配合协调下，出入境通关秩序井然，工作高效顺畅，受到了国家宗教事务局的表扬和广大穆斯林群众的好评。

口岸监管与服务

【甘肃省公安边防总队确保口岸安全畅通】 甘肃省公安边防总队兰州边防检查站坚持服务与管控并举，狠抓业务练兵，提高服务水平，同时加强边检专业化、法制化和科技信息化建设，展现国门良好形象。在营造安全、高效、便捷通关环境的同时，履行管控职责，严密各项管控措施，有力地确保了口岸安全稳定。紧紧围绕“两会”、国庆、十一届“兰洽会”、朝觐等重大安保任务，严格人证对照、证件识别、查验复核等工作环节，加强对重点地区重点人员的复核审查力度，严防不法分子潜入潜出。结合各敏感时期、敏感节点，不断修改完善各类口岸应急处突工作预案，并及时组织开展处突演练，确保人人熟悉、人人掌握，不断提升应对突发事件的实战能力。进一步加强与省口岸办、海关、检验检疫等联检单位的沟通协调，就工作衔接、信息互通、资源共享等问题达成广泛共识，有效构建了口岸管理整体防控体系。

【兰州海关提升通关便利化水平】 兰州海关深入贯彻落实总署决策部署，积极推动各项通关业务改革，促进贸易便利化。一是综合监管效能进一步提升。认真落实优化查验要求，随机布控查验占比79.60%，预定式布控查验达72%，高于总署50%的目标，完成“双随机”任务。二是税收征管水平稳步提高。开展关税政策调研，摸清税源底数。实行税收质量层级负责制，定期通报完成进度。关区全年税收入库11.75亿元，完成自测补报税收11.20亿元计划。加强减免税审批管理，鼓励企业用足用好政策，全年共审批减免税款1.05亿元。三是服务全方位开放格局有力度。多次与总署、甘肃省政府领导汇报协调沟通，积极推进新一轮署省合作备忘录签署，为甘肃省外向型经济发展寻求更多政策层面的支持；支持丝绸之路重点节点发展，与兰州市完成合作备忘录的签署准备工作；两个备忘录计划于2016年1月下旬签署。贸易便利化水平有所提高。启动丝绸之路经济带区域通关一体化改革，5月份后90.80%的报关单直接由系统放行或转现场，通关效率进一步提高。全年报关单总量的99.75%实施无纸化申报，排名居全国海关前列。四是落实“管、减、简、便”要求有成效。在各业务现场设立窗口，集中受理所有审批事项；推行受理单制度，承诺办理时限，并制作行政裁量权目录清单规范行政裁量权。

【甘肃出入境检验检疫局提高进出口通关效率】 优化服务，提高进出口通关效率。推进无纸化申报，在加强企业诚信管理的基础上，全面推行检验检疫电子申报，简化申报数据项目，减少随附单证种类。全面推动“通报通放”检务改革举措，以企业需求为立足点，最大限度按照企业的自主选择，实现“就近申报、就近放行、就近取证”的目标，在全省范围内实施通报通放。完善信用管理、分类管理和风险管理的基础上，为出口企业全面开通“直通放行”和“绿色通道”。加强交流，全面推进关检业务合作，加快推进与海关“三个一”（一次申报、一次查验、一次放行）合作进程。加强关检业务信息化合作，完善联网数据核查和信息反馈，以电子通关单取代纸质通关单，全面实行电子通关。以质取胜，促进外经贸转型升级。推动质量安全示范区建设，积极引导甘肃省外贸企业“走出去、请进来”，主动引进国内外知名外贸企业采购甘肃优质农产品。密切关注、主动研究和应对国际贸易摩擦。加强技术性贸易措施研究，积极开展对甘肃省主要出口市场相关技术法规、标准和合格评定程序制修订情况的跟踪调查与研究。定期采集有可能阻碍甘肃省企业出口的技术性贸易措施信息，以宣传简报形式加强宣传，以便企业提前获知、有效防范和规避国外技术性贸易措施风险。

开放口岸

【兰州空运口岸（中川国际机场）】 兰州中川国际机场是西北地区重要航空港和I类国际备降机场。距兰州市中心约70千米，现有候机楼面积2.75万平方米，8部登机廊桥和13个远机位，飞行区等级为4D，跑道长3 600米，宽60米，可保证大中型航空器安全起降。正在新建的T2候机楼总面积达6.1万平方米，新增8部廊桥。

2015年，兰州中川国际机场依托国家“一带一路”发展战略和甘肃省“6873”交通突破行动，结合兰新高铁、中川城际铁路和机场综合交通枢纽建成运营，推广空海、空地联运产品。兰州空运口岸新增甲米、大阪、大邱、香港、圣彼得堡、法兰克福、吉隆坡等航点。累计开通国际地区航点16个，航线已通达至日韩、东南亚、中西亚及欧洲地区。中川国际机场加快构建“一枢纽、两快线、多基地”战略布局，即以兰州中川为核心，构建中川国际机场与国内主要航点、国际重要节点的门户机场，打造中川国际机场与半径600千米范围的支线中转枢纽中心，开辟中川国际机场与国内主要干线机场、旅游城市机场的空中快线，引进建立4家以上基地航空公司，力争5年内驻场运力达到50架以上。实现与丝绸之路经济带沿线国家重要节点城市开通航线，与国内省会城市和重要旅游、商贸城市实现航线直通。

2015年，兰州空运口岸完成旅客吞吐量800

万人次，同比增长21.80%。其中，出入境航班2 730架次，同比增长159%。旅客138 156人次，同比增长57.40%。

【敦煌空运口岸（敦煌机场）】 2015年，敦煌空运口岸加快国际联检大厅新建项目的立项报批工作，并抓紧实施T2航站楼改扩建工程，争取尽快建成满足海关监管要求的监管场所及配套设施。同时，兰州海关、甘肃出入境检验检疫局和省公安边防总队也在不断加快查验设备的更新改造，提高口岸货物通过及作业能力。2015年3月6日，国务院下发《国务院关于同意甘肃敦煌机场对外开放的批复》（国函〔2015〕45号）。敦煌空运口岸的获批，是继兰州空运口岸和马鬃山陆路口岸之后的甘肃第三个国家一类口岸，成为甘肃省发展开放型经济的重要窗口和支点。6月29日，由香港快运航空公司执飞的香港—敦煌直通旅游航班A320客机降落敦煌机场，标志着香港至敦煌往返旅游航班正式开通。这条航线宛如一条空中纽带，将丝路明珠敦煌和东方之珠香港紧密连接在了一起，为陇港两地人员往来、商贸合作、文化交流、增进友情搭建了一座方便快捷的“空中桥梁”，为甘肃省发挥向西开放重要战略平台作用奠定了坚实基础，为促进丝绸之路经济带甘肃段建设提供了有力支撑，也为甘肃省探索内陆欠发达地区对外开放新路子迈出了实质性步伐，对敦煌打造丝绸之路经济带、建设华夏文明传承创新区和促进国际文化旅游名城建设，带动丝绸之路（敦煌）国际文化博览会以及周边地区繁荣，都有着较好的社会、经济效益。

【马鬃山陆路（公路）口岸】 马鬃山陆路（公路）口岸位于酒泉市肃北县马鬃山镇，1992年9月经国务院批准开通，后因蒙古国单方面原因关闭至今。2015年，在甘肃省委、省政府的大力支持下，相关部门已投入大量资金对马鬃山口岸基础设施进行了维修和改造，先后修建了边贸公路、京新高速公路和口岸联检办公大楼等配套设施，硬化了口岸交易区，开通了高压电网和电信、移动、联通等通信网络，瓜洲双塔水库引水至马鬃山镇区的饮水工程等项目正在建设之中。2015年4月1日召开的“中蒙边境口岸及其管理制度协定执行情况第五轮司局级会晤”中，中方代表团在全体会议上提出，建议重新开放马鬃山口岸，并将复关问题列入口岸协定的修改意见中。蒙方代表回应，马鬃山口岸蒙方一侧为国家级自然保护区，人烟稀少，口岸开放存在实际困难，蒙方表态将在经济、安全等方面作出评估后回复中方要求。

甘肃省口岸大事记

1月23日

兰州空运口岸开通“上海—兰州—日本大阪”国际航线。

2月12日

甘肃省副省长李荣灿调研中川国际机场海关监管场所和兰州新区综合保税区建设情况。

3月6日

国务院批复同意甘肃敦煌机场对外开放，成为甘肃省第二个空运口岸。

3月17日

甘肃省副省长夏红民主持召开会议，研究申报兰州中川国际机场空运口岸进境水果、冰鲜水产品指定口岸工作。

4月2日

甘肃省召开专题会议，研究马鬃山口岸复通工作和敦煌机场航空口岸建设工作。

5月4日

甘肃省副省长李荣灿赴兰州新区调研综合保税区建设进展情况。

5月25日

兰州新区综合保税区预验收小组，经认真核查研究，同意综合保税区通过预验收，并签署了《预验收会议纪要》。

6月1日

甘肃省省长刘伟平，副省长李荣灿陪同国务院第七督查组对兰州新区综合保税区进行了实地调研检查。

6 月 15 日

甘肃省政府召开会议，研究开通“兰州—圣彼得堡”航线相关事宜。

6 月 25 日

海关总署会同国家发展改革委、财政部、国土资源部、住房城乡建设部、商务部、税务总局、工商总局、质检总局、外汇局组成验收组对兰州新区综合保税区基础和监管设施进行了联合验收。

6 月 29 日

敦煌空运口岸开通“香港—敦煌”旅游包机航班。

7 月 5 日

兰州首列中亚国际货运班列“兰州号”发车。

7 月 13 日

甘肃检验检疫局对首批在武威保税物流中心通关的出口食品执行查验工作，签发了通关单，并顺利通关，实现了从甘肃省通关出口食品零的突破。

7 月 16 日

兰州空运口岸开通“兰州—乌鲁木齐—圣彼得堡”国际航线。

8 月 5 日

甘肃省副省长李荣灿赴兰州新区综合保税区调研。

8 月 18 日

由海关总署等国家十部委组成的国家联合验收组对兰州新区综合保税区进行封关验收，验收小组认为兰州新区综合保税区基础和监管设施符合《海关特殊监管区域基础和监管设施验收标准》及国家有关法律法规的规定和要求，同意兰州新区综合保税区通过验收。

8 月 21 日

“兰州—汉堡”中欧国际货运往返班列首发仪式在兰州新区火车北站物流园区举行。

8 月 22 日 ~31 日

甘肃、青海、西藏、宁夏 4 省区共计 5 346 名穆斯林信众搭乘 18 架次包机从兰州空运口岸出境前往沙特阿拉伯参加朝觐活动。

9 月 29 日 ~10 月 10 日

甘肃、青海、西藏、宁夏 4 省区共计 5 346 名穆斯林信众结束麦加朝圣活动，搭乘 18 架次包机从兰州空运口岸顺利入境。

9 月 29 日

甘肃出入境检验检疫局工作人员从 2015 年度朝觐返程包机 CA9530 航班中检出 1 例 H_1N_1 病例和 1 例 H_3N_2 病例。

10 月 8 日

甘肃省副省长李荣灿赴国家质检总局，就甘肃省申报设立指定口岸和查验场等事宜向质检总局做了专题汇报。

10 月 28 日

甘肃出入境检验检疫局从旅客行李中截获 1 枚仙人掌，这是甘肃口岸首次截获的多肉植物产品。

10 月 30 日

甘肃省商务厅（省口岸办）组织召开甘肃铁路口岸申报工作协调会，并对下一步重点工作进行了安排部署。

12 月 17 日

甘肃省副省长李荣灿，省商务厅厅长杨志武、副厅长任福康赴海关总署及商务部，汇报协调甘肃兰州国际港务区设立铁路口岸及保税物流中心等相关工作。

12 月 24 日

兰州新区综合保税区封关运营新闻发布会暨首单货物通关仪式在兰州新区举行。

（撰稿人：陶永刚、宋宪可、甘振杰、王潇乐）

2015 年甘肃省口岸流量统计表

口岸类型		口岸名称	货运量(万吨)				集装箱量(万标箱)				人员(万人次)				交通工具(辆、艘、架、列次)			
			出口	进口	合计	同比(%)	出口	进口	合计	同比(%)	出境	入境	合计	同比(%)	出境	入境	合计	同比(%)
空运口岸																		
空运口岸		分计									6.95	6.87	13.82		469	471	940	
陆运口岸	公路口岸																	
陆运口岸	公路口岸	分计																
陆运口岸	铁路口岸																	
陆运口岸	铁路口岸	分计																
水运口岸	海港口岸																	
水运口岸	海港口岸	分计																
水运口岸	河港口岸																	
水运口岸	河港口岸	分计																
合计			4.68	153.10	157.78						6.95	6.87	13.82				940	
同比(%)			351.07	1.29	3.68						31.77	30.37	31.07				+30.01	

(甘肃省口岸办提供)

2015 年甘肃省口岸出入境主要数据表

项目			2015 年	2014 年	同比（%）
出入境人员（人次）	出入境人员总数		138 156	105 405	31.07
	入境人员		68 701	52 697	30.37
	出境人员		69 455	52 708	31.77
	出入境旅客		129 644	98 973	30.99
	出入境员工		8 512	6 432	32.34
	中国公民	小计	129 254	96 085	34.52
		内地居民（因公）	139	27	414.81
		内地居民（因私）	115 259	91 073	26.56
		港澳居民	5 603	34	16 379.41
		台湾同胞	8 253	4 951	66.69
	外籍人员		390	2 888	–86.50
	从海港出入境人数				
	从陆港出入境人数				
	从空港出入境人数		138 156	105 405	31.07
交通运输工具（辆、艘、架、列次）	总计		940	723	30.01
	船舶				
	飞机		940	723	30.01
	火车				
	机动车辆				

（甘肃省公安边防总队提供）

2015 年兰州海关主要数据统计表

项目		2015 年	同比（%）
进出口货运量（万吨）	合计	157.78	3.68
	进口	153.10	1.29
	出口	4.68	351.07
进出口贸易总值（万美元）	合计	1 081 737	0.62
	进口	955 268	-9.16
	其中：江、海运输	633 842	-7.69
	铁路运输	117 031	-63.53
	汽车运输	5 570	20.04
	航空运输	83 931	116.73
	邮件运输		
	其他运输	114 894	15 037.55
	出口	126 469	439.10
	其中：江、海运输	41 198	154.75
	铁路运输	66 155	3095.89
	汽车运输		
	航空运输	19 116	266.35
	邮件运输		
	其他运输		
税收（万元）	两税合计	117 538.26	-18.90
	关税入库	1 393.70	16.34
	进口环节税入库	116 144.56	-19.20

（兰州海关提供）

2015年甘肃省出入境检验检疫业务统计表

项目		货物检验检疫				交通工具				集装箱（标箱）		发现动植物疫情		货物通关		出入境人员查验（人次）	健康检查及预防接种（人次）			
		批次	金额（万美元）	检验检疫不合格																
				批次	金额（万美元）	船舶（艘）	飞机（架）	火车（节）	汽车（辆）	合计	检出问题	种类数	种次	批次	金额（万美元）		健康检查	艾滋病监测	发现病例	预防接种
本年累计		6 816	122 841	62	544	0	2 622	0	0	367	0	49	136	2 953	39 063	170 895	6 656	6 489	180	9 593
其中	出境	5 761	44 204	41	461	0	1 332	0	0	359	0	1	1	1687	10 775	85 652	5 772	5 772	163	9 580
	入境	1 055	78 637	21	83	0	1 290	0	0	8	0	48	135	1266	28 289	85 243	884	717	17	13
同比（%）		-2.05	-20.47	37.78	6.46	0	186.87	0	0	979.41	0	81.48	76.62	107.52	-54.88	57.47	-31.7	-31.41	-81.8	-46.4
其中	出境	-2.8	24.21	36.67	1.1	0	188.31	0	0	0	0	0	0	1 009.9	876	57.78	-34.2	-34.15	-83.1	-46.47
	入境	2.23	-22.54	40	50.91	0	185.4	0	0	-76.47	0	77.78	75.32	-0.39	-55.31	57.17	-7.82	3.02	-41.4	1200

（甘肃出入境检验检疫局提供）

青 海 省

口岸名称	批准开放时间	开放状态
西宁空运口岸	2008.3	国际常年

口岸数量及分布

截至2015年年底，青海省有国务院批准的对外开放口岸1个，即西宁空运口岸（西宁曹家堡机场）。

口岸运行数据

2015年，青海省口岸出入境人员总数为31 399人次，同比增长12.37%。其中，出境旅客14 060人次，入境旅客14 056人次，出境员工1 638人次，入境员工1 645人次。出入境航班258架次。其中，出境航班128架次，入境航班130架次。

口岸综合管理

【加快口岸基础设施建设】 2015年11月国际货运临时场所建设完工，建筑面积203平方米，其中熏蒸库83平方米，库房120平方米，总投资183万元人民币。

青海省副省长王黎明调研曹家堡保税物流中心（B型）项目建设及口岸工作

2015年1月25日海关总署、财政部、国家税务总局、国家外汇管理局联合发文（署加函〔2015〕 522号），正式批准设立曹家堡物流保税中心（B型）。青海曹家堡物流保税中心（B型）12月26日正式建成，预计2016年通过国家四部委验收。青海曹家堡物流保税中心（B型）是青海省首家海关保税监管场所，是青海融入“一带一路”建设的重要举措，对支持促进青海省进出口贸易、现代物流、特色产业、临空经济发展，改善投资环境，扩大对外开放，构建开放型经济，推动全省经济社会发展具有重要意义。

【积极开辟国际航线】 在省委省政府的高度重视和有关部门的努力下，西宁—香港航线于12月1日开通。这是青海省口岸建设抢抓国家“一带一路”发展战略机遇，积极融入“丝绸之路”经济带建设，扩大青海对外开放，促进青海经济社会发展的重要举措，是促进青海省与香港地区开展经贸合作、人文交流、旅游发展的重要途径。

口岸监管与服务

【青海省公安边防总队】 2015年共验放出入境人员31 399人次（其中大陆籍旅客24 524人次，香港籍旅客2人次，台湾籍旅客3 311人次，外国籍旅客279人次，出入境员工3 283人次），出动警力178次3 000余人次，未发现重点人员和在控对象，未发生任何违法违规案件，圆满完成了全年航班边防检查任务。

青海省公安边防总队立足口岸联检场所实际，调整增加警力，弥补口岸限定区域硬件设施的不足，增设了多个限定区域的警戒岗位，规范细化勤务流程，明确各岗位人员职责，制度上墙，责任到人。在实施边防检查勤务中，还成立了“便民服务小组”，为老人、孕妇及残障人士等提供帮助，优先进行验放。制定了《青海省公安机关防范和应对恐怖分子入境事件应急预案》，在口岸现场建立了人身行李物品检查室、信息采集室、询问室、候问室等执法办案室，在各功能处室接入了公安网和“出入境边防检查”网，方便了违法违规案（事）件的及时查处。现场班配备了单警装备、抓捕器、防爆毯等，对可能发生的意外情况进行了全面分析，制定了应对措施，全力做好口岸维稳工作。严格落实 24 小时接布控值班制度，每日核对查控数据不少于 3 次，每半小时对梅沙系统数据进行实时自动下载，每周重启服务器，做好维护工作，确保查控数据库准确无误。

【西宁海关】 全年共监管进出境旅客 28 262 人次、机组人员 3 371 人次；行李 191 件、6 638 千克；查获涉嫌违禁政治类印刷品 18 份；征收行邮税 57 笔、9.2 万元。主要在以下几方面取得突破：一是努力完善旅检查验配套设施建设。提出到港行李先期机检查验实施方案，确保所有到港行李 100% 查验，实现智能化、信息化、网络化，提升海关监管效能。二是加强口岸通关网络服务功能，提高通关监管水平。对旅检现场监控和网络设施进行全面检查，对损坏和落后设备进行更换和升级，配备移动视频监控设备；完善视频监控、数据传输和存储等问题，提出查验 3 个 100% 和 5% 开箱率要求。三是与中信银行西宁分行联系沟通，在旅检现场安装 POS 机，实现行邮税刷卡支付，规避现金缴纳税款存在的各种风险。四是在旅检填卡台上增设《申报单》的样单和征求意见本，在征税室内增加《完税价格表》和“现金缴税窗口”，可让广大旅客更加便捷地办理海关业务。五是制定《西宁海关机场办岗位操作流程》，对旅检现场岗位操作、管理模式和流程上进行了优化创新。制发“进出境国际航班情况统计表”“旅检渠道征税情况统计表”和“行邮渠道进出境查获物品登记表”等 9 张制式表格，全面收集各类业务数据，确保各项统计数据准确完整。制定《西宁海关旅检现场境外航班紧急迫降应急处置预案》，切实做好境外航班紧急迫降监管服务工作。六是联合青海出入境检验检疫局和青海省旅游局组织对省内 15 家旅行社的 30 余名导游和领队代表进行进出境旅客通关业务知识培训。

【青海出入境检验检疫局】 2015 年查验旅客行李 22 443 件，截获禁止进境携带物 418 批次，共计 1 212 件。共发现出入境有传染病症状旅客 8 人。共开展鼠类检测 8 次，蝇类检测 8 次。对西宁口岸涉及食品生产经营企业进行日常卫生监督 286 次，发现问题并提出整改意见 130 余项；实施食品卫生快速检测 140 余次，检测项目 275 余项；抽检配餐公司与机场饮用水 5 批及餐饮店食用冰 1 批，共检测 12 项，查出菌落总数和大肠菌群超标 1 批次。举办口岸食品从业人员卫生知识培训班 10 余次，覆盖机场配餐公司、酒店餐饮分公司、机场急救中心等单位的负责人、卫生管理人员和食品一线从业人员共 520 余人次。

开放口岸

【西宁空运口岸（西宁曹家堡机场）】 距市中心 28 千米，坐落在湟水河畔，小峡之中。是国内 4E 级干线机场，是青藏高原重要交通枢纽和青海省主要对外口岸。2015 年西宁曹家堡机场年旅客吞吐量突破 400 万人次，成功跻身国内中大型机场行列。西宁曹家堡机场通航城市已达 50 个，累计开通航线 70 条，其中运营西宁至台北、香港、首尔、曼谷 4 条国际（地区）航线，形成以西宁机场为中心，覆盖国内重点城市、主要旅游和热点城市、多个国家（地区）的航线网络，成为青藏地区规模最大、辐射最广、通连度最高的机场。“十三五”期间，西宁曹家堡机场将进行三期改扩建，青海空港“一主八辅”的机场运营格局也将形成。届时，西宁曹家堡机场将成为青藏高原区域枢纽机场、丝绸之路重要支点机场，以及青海省立体综合交通枢纽、综合旅客集散中心和对外开放的第一门户。

青海省口岸大事记

6 月 5 日

青海省政府召开曹家堡保税物流保税中心（B 型）及综合配套工程项目建设专题会议。

7 月 15 日

青海省副省长韩建华一行前往青海曹家堡物流保税中心（B 型）项目建设工地，实地调研工程建设进展情况。

8 月 4 日

青海省政府召开口岸工作协调会议。研究协调青海省国际和地区航班运行保障相关事宜。省政府副秘书长马骥主持会议。

10 月 26 日 ~28 日

在香港举办“大美青海 2015 西宁—香港直飞航线推介会”，通过 PPT 方式，以青海航空口岸开放历程、国际航线开通、青海口岸未来发展趋势三大板块 86 副图文资料宣传青海口岸，并现场发放宣传画册 500 余份。

11 月 18 日

青海省政府出台《关于落实“三互”推进大通关建设促进外贸发展的事实意见》（青政〔2015〕 89 号）

12 月 1 日

西宁—西安—香港正班航线开通。

12 月 26 日

青海曹家堡保税物流中心（B 型）正式建成，达到封关运营基本条件。青海省副省长王黎明现场调研检查并主持召开专题工作协调会。

宁夏回族自治区

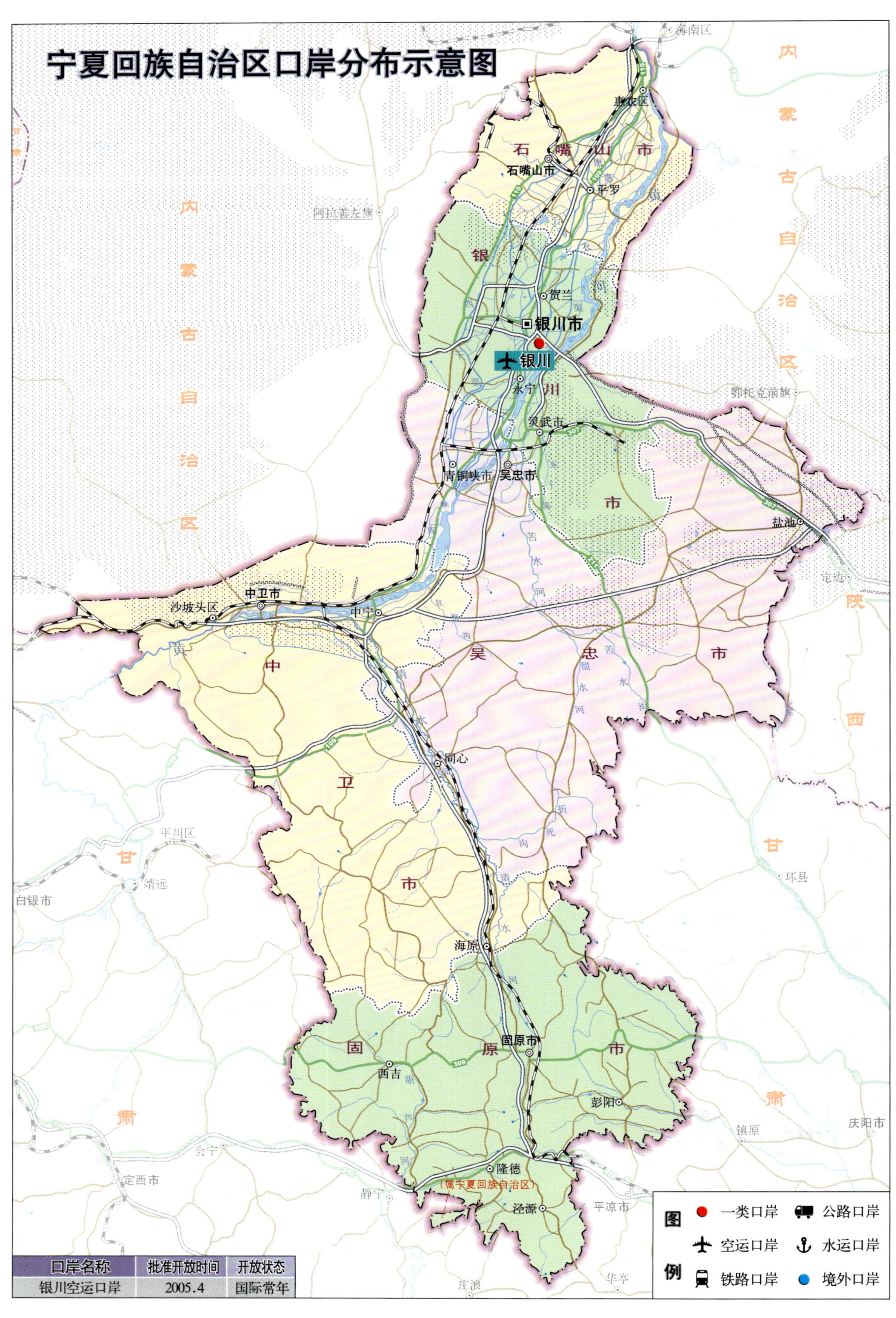

口岸名称	批准开放时间	开放状态
银川空运口岸	2005.4	国际常年

口岸数量及分布

截至2015年年底，宁夏回族自治区有经国务院批准的对外开放口岸1个，即银川空运口岸（银川河东国际机场）。

口岸运行数据

2015年，宁夏实现进出口总额37.9亿美元，同比下降30.3%。其中，出口29.8亿美元，同比下降30.8%，进口8.1亿美元，同比下降27.6%。

银川河东国际机场全年实现旅客吞吐量突破530万人次，国际及地区旅客吞吐量突破10万人次，货邮吞吐量超过3万吨。

宁夏陆路口岸（外贸装卸点）完成集装箱运量1.61万标箱。

口岸综合管理

【基础设施建设】 宁夏银川河东国际机场三期扩建项目2014年全面开工，项目计划总投资30.06亿元，工程将新建8万平方米航站楼、扩建17.86万平方米的客机站坪，工程按照年旅客吞吐量1 000万人次、货邮吞吐量10万吨的目标设计。

2015年，银川河东国际机场400米跑道加长道面工程混凝土浇筑完成，新建3号航站楼完成了混凝土主体结构的施工及钢结构封顶，银川河东国际机场三期扩建工程工期将提前近6个月，将于2016年全面竣工，项目竣工后，河东机场飞行等级可由4D提升为4E，可保障波音747－400同类型飞机及其以下机型起降。

银川河东国际机场三期扩建纳入口岸联检综合用房及其配套的熏蒸库、检验检疫业务用房、货物堆场等项目，概算总投资4 844.32万元，项目计划2016年完工。

银川航空口岸及配套设施设备建设。2015年，口岸单位投资123.52万元添置了通道式行人放射性监测系统、手持式化学毒剂检测仪、微电脑激光粉尘仪等旅检现场查验、应急处置和卫生监督工作所需仪器设备，有力提升了机场口岸整体防控能力和水平；配合做好银川河东国际机场三期扩建检验检疫用房建设和设施设备需求规划工作。银川综合保税区配置了开展卫生处理监管及应急情况下实施卫生处理工作所需的检疫查验箱、取样器等设施设备。肉类进口指定口岸和花卉水果、种苗口岸建设如期推进。

【科学规划】 国家将银川确定为我国向阿拉伯国家扩大航权安排的重点城市，银川河东国际机场确定为面向阿拉伯国家门户机场，自治区党委、政府提出将宁夏打造成丝绸之路经济带战略支点，建设陆上、空中、网上丝绸之路，在扩大航权、增加空中航线等方面积极争取国家大力支持。宁夏口岸办在前期完成“宁夏面向阿拉伯国家和穆斯林地区航空枢纽建设战略研究”课题的基础上，编制完成《宁夏面向阿拉伯国家的国际航空物流中心（中阿“空中丝绸之路”宁夏通道）建设战略规划》（初稿），并通过专家评审；自治区政府积极争取国家“十三五”口岸发展规划，支持宁夏铁路口岸、门户枢纽机场建设及汽车整车进口口岸、电子口岸建设。撰写完成《关于加快宁夏民航业发展的意见》，争取宁夏航空业在《西北民航“十三五”发展规划》中的发展空间。

【政策和资金支持】 自治区人民政府修订完成《宁夏航空运输发展专项资金管理办法》，设立自治区航空运输发展专项资金，专项用于在宁夏区内运输机场新开国际或国内通航点航线的补贴，重点引导航空公司新增驻场运力、稳定运营淡季航班并持续加大运力投入。自治区政府办公厅印发《宁夏关于加强口岸建设提升服务能力的实施意见》，对国际货运班列和从陆路口岸发出的非国际货运班列进行适当补贴，具体补贴措施“一事一议”；对在区内各口岸作业的集装箱运输车辆，比照《自治区人民政府关于支持现代物流业发展的若干政策意见》文件要求，享受过次优惠30%，先征后返；按照《国务院关于改进口岸工作支持外贸发展的若干意见》规定，对通关查验没有问题的企业免除吊装、移位、仓储等费用，积极争取中央财政支持。石嘴山市委、市政府出台《关于强化政策支持加快推进“三大转型”的若干意见》，将加快宁夏惠农陆路口岸（外贸货物装卸点）发展列入重大支持范围，每年安排500万元资金支持口岸建设。

宁夏获批肉类进口指定口岸和花果、种苗口岸，制定并经自治区政府办公厅颁布实施了《肉类口岸的分工推进方案》。协调驻地管理部门积极落实建设土地、资金等事宜，申请自治区专项财政资金446万元，保障肉类口岸查验配套设施按期到位。

口岸宣传。宁夏口岸创建《口岸专刊》。争取宁夏电视台和宁夏日报社等当地媒体的支持，深入口岸，深入企业，制作新闻及专题片，宣传口岸。

【航权开发利用】 2013年中国对阿联酋开放了银川河东国际机场第三、第四、第五航权，并同意阿联酋航空公司开通迪拜经停银川至郑州的航线。2015年12月14日，阿联酋航空宣布2016年5月3日开通迪拜—银川—郑州新航线，每周4班，由波音777－200LR客机执飞，银川成为阿联酋航空继北京、上海、广州之后中国第四个目的地城市。

【通关便利化】 口岸检疫和查验部门复制推广上海自贸试验区通关便利化措施，实施报检无纸化、通关单无纸化、产地证申领无纸化等工作，进一步优化了通关流程，简化了通关手续。

调试“关检一次申报”业务系统，联合举办“关检一次申报系统培训班”。实施“原产地证企业备案登记证书”与“对外贸易经营者备案登记表”“两证合一”改革。帮助出口企业充分利用普惠制、自贸区等优惠原产地政策，享受国外关税减免优惠待遇，提高产品国际竞争力，截至2015年年底，共签发各类原产地证书5 741份，涉及金额4.95亿美元，同比分别增长24.24%和11.06%。

提高通关效率。持续推进关检“三个一”工作，对关检双方均需查验的货物，实施“一次开箱、共同查验”，提高查验效率，缩短货物仓储时间，降低了外贸企业的运营成本，提高通关效率。

全面推进区域通关一体化。宁夏地区实施法检货物的“通报通检通放”（以下简称“三通”）新模式，企业可自主选择在宁夏地区任意一家检验检疫机构报检和签证放行，相当于把宁夏5个检验检疫机构变成了1个。截至2015年年底，全区共有54批货物实现了辖区内“三通”。

出口直放、进口直通。实施信息化系统升级改造，搭建一个平台（区域一体化业务平台），确立2个清单（出境货物负面清单和入境货物负面清单），实施3个一体化（检务管理一体化、企业管理一体化、货物管理一体化），最终实现了以“出口直放、进口直通”为目标的检验检疫一体化。

2015年，宁夏地区共实施出口直放1 479批，进口直通144批。每批进口货物通关放行时间平均节省1天以上，节约成本约300元人民币。

【跨区域合作】 2015年，宁夏口岸与上海市口岸办签署《宁夏与上海口岸大通关合作备忘录》，双方将在推动两地口岸监管单位开展“三互”“单一窗口”“一次通关”、航空国际中转旅客便利通关、口岸物流多式联运等方面开展合作；宁夏口岸、内蒙古自治区阿拉善盟商务局、策克口岸管委会签署《共同建设利用口岸资源合作协议》，合作内容涉及口岸协作机制、机场合作、推动建设中—策—蒙货运铁路、电子口岸等方面。截至2015年，宁夏口岸已与全国16个省市自治区口岸管理部门签订了合作协议和合作备忘录。

银川海关、宁夏检验检疫局分别加入丝绸之路经济带沿线10个城市的海关和11个城市的检疫区域通关一体化改革，打破了宁夏与其他关区和检疫区域的行政界线，实现了“多地通关，如同一关”，全面推广“进口直通、出口直放”的快速通关模式。

口岸监管与服务

【宁夏回族自治区公安边防总队】 2015年宁夏边防总队继续创新服务机制，提升管理水平，严密口岸管控，夯实业务基础。面对自治区开放程度不断扩大、航空口岸业务量快速增长的趋势特点，积极创新工作方法，主动适应口岸开放新常态。

一是持续推动勤务改革。按照“科学合理、实用高效”的思路，采取轮换执勤、动静交替的方法改革原有勤务模式，通过全员业务轮训实现了参加一线执勤人员占总警力的70%以上、从事验证的检查员达到执勤警力的50%以上的目标。二是持续加强执法规范化建设。进一步规范执法办案场所设置，设置24小时监控系统，实现执法办案全程同步录音录像，明确监控资料保存期限，讯（询）问嫌疑人音响资料逐案刻盘附卷。并组织人员参加初中级执法资格考核，通过率达到80%。三是不断提高服务水平。组织专人深入宗教局、伊斯兰教协会和广大穆斯林群众中，走访了解政府职能部门和出入境旅客对边检工作的意见和诉求，研讨服务新举措，及时推出简化查验手续、提高通关效率的便民利民措施。四是进一步加强执勤现场硬件建设。总队购置了8组智能验证台，实现了出入境共16条通道目标，有效缓解了当前“大进大出快进快出”的勤务压力。购置了大型文检仪、层断显微镜和数据库采集设备，这些大型设备的购入，为口岸查缉工作提供了硬件支撑。

针对国内外复杂严峻的形势，不断强化管控工作措施，努力构建坚实有力的国门屏障。一是加强分析研判。根据口岸管控形势变化，借助各类信息平台，分析梳理全国口岸规律性、预警性信息，定期召开口岸发偷渡形势分析会，为一线查缉工作提供指导。二是强化重点查缉。以出入境检查为重点，加强询问检查。2015年，共查获网上追逃人员2人次，均为口岸首次，有力维护了口岸安全稳定。三是注重舆情监控。根据网络规律和特点，对网络上的重大事件进行动态性适时追踪、研判分析，及时准确地把握网络舆情事件发展对口岸边检工作的动态性影响，从而做到超前谋划，提供部队预警研判能力。

根据形势任务变化对专业能力素质提出的新要求，不断调整培训考核机制，着力夯实业务工作基础。一是明确标准要求。以上级业务能力考核标准为指导，结合本单位实际，研究制定《边检业务岗位能力考核标准》，初步建立边检岗位能力测评标准体系，为建立实施岗位准入制提供了基本依据。二是组织交流学习。组织新学员及新任检查员赴四川边防总队成都边防检查站开展跨单位、跨区域的业务交流学习活动，派出业务人员赴新疆乌鲁木齐边检站、广西南宁边检站、北京总站学习重点敏感航班勤务保障及重大勤务保障相关内容，有力促进边检业务水平再上新台阶。三是加强培训考核。针对业务工作短板弱项，总队组织边检岗位基本业务能力考核，已建立了常态化练兵考核机制，为圆满完成各项勤务奠定了基础。

面对规格高、规模大的众多涉外活动，不断完善服务保障措施，精心打造自治区窗口门户。一是优化勤务组织保障专项勤务。以政府专项行动及民族地区特色为重点，通过完善团队预检预录、开设专用通道、简化通关流程等多种便利措施，圆满完成了宁夏穆斯林赴麦加朝觐、兰州军区赴刚果（金）维和部队换防、中阿博览会期间约旦国王和毛里塔尼亚总统包机及我国各级党政机关领导人率团访问洽谈等重大专项勤务。二是利用品牌推介活动培树良好形象。利用边检品牌集中推介的有利时机，深入群众开展普法教育、品牌宣传、开门纳谏等活动，期间受理群众咨询187次，发放宣传折页362份，发放宣传品284份。向社会各界展现了一个风清气正的边检警营形象。三是加强宣传报道抢占舆论高地。利用各类媒体，广泛宣传边检工作，中央级媒体（37篇）、省级媒体（48篇），为社会各界了解边检工作、普及出入境法律常识等营造了浓厚的舆论氛围，引起了社会各界的广泛关注，取得了良好的宣传效果。

【银川海关】 银川海关是国务院于1995年8月批准成立，并于1997年10月26日正式建关，关区管辖范围为宁夏回族自治区全境。2015年口岸工作银川海关尽职履责，创新创优。

区域通关一体化改革顺利实施，通关协作更加顺畅，通关效率提高，物流成本降低，改革成效得到企业和社会各界高度认可。

通关作业无纸化改革全面推广，关区各业务现场及报关企业实现全覆盖。

关检合作改革协调推进，关区各通关现场及所有法检商品全面实现“三个一”。

海关监管创新制度复制推广扎实落地，在前期工作的基础上，原产地管理改革、“一次备案、多次使用”、企业信用信息公示制度等在综保区复制推广取得明显成效。

新型贸易业态蓄势争先，建立“海外集货、本地分拣”新模式，支持线上线下联动，服务“丝路购”电商平台发展，跨境电商呈现良好发展新态势。

综合治税有效提升。面对严峻税收形势，加强重点税源调研、税收监控分析，完善综合治税机制，强化审批和税款计核，以查促税，以打促税，以质促量，全年实现税收入库5.6亿元。

实际监管不断加强。优化查验机制，规范监管查验场所管理，强化实际监管。全年监管进出口货物7.74万吨，同比增长7.65%；验放报关单2 671份，同比增长34.02%；监管国际航班2 557架次，同比增长77.7%；监管进出境旅客及运输工具服务人员10.52万人次，同比增长49.5%。

后续监管更加有效。提高风险管理效能，推行企业协调员制度，营造守法便利通关环境。

打击走私成果丰硕。组织实施“五大战役”行动，破获4起特大毒品走私案件，缴获毒品冰毒、海洛因、麻果等共计54.6千克，打击毒品走私取得重大突破。全年行政立案16起，案值9 942.69万元，罚没入库238.4万元，始终保持了打私高压态势。

紧贴外贸发展形势，支持外贸稳定增长取得实效。制定19项重点工作措施，落实中央、总署支持外贸稳定增长重大决策部署。积极宣传落实国家税收优惠政策，审批减免税款1.93亿元。规范清理进出口环节经营性服务和收费工作，全面取消涉企收费项目，降低贸易成本。配合增开国际客货运航线6条，做好穆斯林群众朝觐等重大活动进出境监管任务，促进国际物流和对外开放通道建设。

深入推进简政放权，取消和下放10多项审批事项，推进落实“一个窗口受理”、网上受理行政审批、报关企业“一地注册，全国报关”改革，贸易便利化水平不断提升。

充分发挥信息优势，海关统计服务有效提高。向社会各界提供统计分析专报32篇，定制数据表580余份，充分发挥海关统计监测预警和辅助决策作用。

加强政策分析研究，政策咨询服务绩效显著。围绕企业“走出去”、贸易便利化、“三互”大通关、“单一窗口”等工作，开展专题调研，建言献策，有力促进了相关工作。

【宁夏检验检疫局】 2015年宁夏检验检疫局围绕检验检疫中心工作和公众关切，积极落实中央关于深化改革和推进大通关建设的部署，强化制度机制和口岸建设。

2015年各地检验检疫机构实施信息化系统升级改造，搭建一个平台（区域一体化业务平台），确立2个清单（出境货物负面清单和入境货物负面清单），实施3个一体化（检务管理一体化、企业管理一体化、货物管理一体化），最终实现了以“出口直放、进口直通”为目标的检验检疫一体化。

2015年8月12日，宁夏地区正式实施法检货物的“通报通检通放”（以下简称“三通”）新模式。通过报检资料、检验检疫信息的电子化传输，实现了检验检疫机构之间的“信息互换、执法互助、监管互认”。企业可自主选择在宁夏地区任意一家检验检疫机构报检和签证放行，相当于把宁夏5个检验检疫机构变成了1个。截至2015年年底，全区共有54批货物实现了辖区内“三通”。

复制推广上海自贸试验区检验检疫通关便利化措施，实施报检无纸化、通关单无纸化、产地证申领无纸化等工作，进一步优化了通关流程，简化了通关手续。部署调试“关检一次申报”业务系统，联合举办“关检一次申报系统培训班”。宁夏检验检疫局、自治区商务厅实施“原产地证企业备案登记证书”与“对外贸易经营者备案登记表”“两证合一”改革。帮助出口企业充分利用普惠制、自贸区等优惠原产地政策，享受国外关税减免优惠待遇，提高产品国际竞争力，截至2015年年底，共签发各类原产地证书5 741份，涉及金额4.95亿美元，同比分别增长24.24%和11.06%。

2015年年底已累计投入资金1 119万元进行实验改扩建和仪器设备购置。2015年3月，宁夏检验检疫局综合技术中心顺利通过中国合格评定国家认可委员会组织的扩项现场评审，新增检疫检测项目100项，为指定口岸动植物检疫工作的开展提供了强有力的技术支撑。同时，为确保指定口岸建成后各项业务能顺利开展，宁夏检验检疫局于2015年招录动植物检疫监管人员6名、检验检疫技术人员5名，并专门派1名工作人员赴澳大利亚执行质检总局进口动物产品产地预检任务，提高了进口动物产品产地预检能力。

【银川综合保税区】 2012年9月10日，国务院批准宁夏设立银川综合保税区。银川综合保税区规划占地面积8.17平方千米，国务院批准建设海关特殊监管区面积为4平方千米。2013年12月29日，银川综合保税区正式封关运行。

2015年银川综合保税区开工建设项目7个，完成投资3.6亿元，融资贷款1.34亿元。综合保税区二期项目顺利完工。宁夏进境肉类（水果、种苗）指定口岸基础设施、河东机场至综合保税区绿色通道等项目推进顺利。银川综合保税区新增注册企业104家，累计注册企业达192家。签约招商项目18个，招商引资实际到位资金18.4亿元（含轻资产公司注册资金），签约进境肉类（水果、种苗）指定口岸项目、宁夏医科大总院生物科技信息产业园等重大项目，引进海格尔轴承修理包装配、卓尔电子生产加工、润扬达清真牛羊肉、爱飞翔清真兔肉等10多个优势特色产业入驻企业孵化园。

复制实施上海自由贸易试验区海关、检验检疫创新监管制度，重点实施“保税展示交易”“先入区、后报关”“批次进出、集中申报”“智能化卡口验放”等7项有具体业务对应的海关措施。推进跨境贸易电子商务试点工作，进口业务正式上线，区外跨境电商体验店投入运营。推进宁夏跨境电商监管服务平台（宁夏电子口岸一期）的立项和建设。

积极融入“丝绸之路经济带”区域通关一体化，巩固和拓展与青岛、郑州、呼和浩特、西安、深圳、乌鲁木齐等关区以及霍尔果斯、乌力吉等口岸的通关协作，与青岛港集团、台湾长荣集团签署战略合作协议，推进一体化通关海铁联运模式。银川综合保税区加入世界自由区组织，成为中国加入该组织的第二家海关特殊区域，并参加在迪拜举行的世界自由区组织第一届年会。成功举办“构建中阿自由贸易园区研讨会”，积极促成自治区政府与世界自由区组织，银川综合保税区与迪拜空港自由区、硅谷城自由区签署战略合作协议，推进两地企业发展，认证、监管功能前置，跨境电商，试点贸易便利化等方面的深度合作与交流。

编制完成《银川综合保税区总体规划（2014—2030）》，配合自治区相关部门，推进宁东国家能源化工基地、银川综合保税区、银川滨河新区、银川河东国际机场等区域统一详细规划。

2015年，银川综合保税区实现进出口总额20.74亿美元，比2014年增长了19.69%；分别占自治区、银川市全年进出口总额的54.7%、67.1%，在全区、全市对外贸易占比中地位凸显。

【2015中国—阿拉伯国家博览会】 2015年

9月10日~13日，“2015中国—阿拉伯国家博览会”（以下简称2015中阿博览会）在中阿博览会的永久举办地——银川举办。本届博览会的主题是“弘扬丝路精神，深化中阿合作”。

中共中央总书记、国家主席习近平同志专门向大会发来了贺信。国务委员、中央政法委副书记、公安部部长郭声琨在开幕大会上发表主旨演讲。

中国商务部、中国国际贸易促进委员会、宁夏回族自治区党委、人大、政府、政协的领导，还有中国中央网信办、外交部、教育部、科技部、农业部、卫计委、农业局等国家有关部委，约旦、阿联酋、突尼斯、阿尔及利亚、吉布提、沙特、苏丹、叙利亚、索马里、伊拉克、阿曼、巴勒斯坦、卡塔尔、科威特、黎巴嫩、利比亚、埃及、摩洛哥、毛里塔尼亚、也门等国家的83位部长级官员，以及阿盟等86个国家和地区国际组织、投资机构的代表，24个国家部委、26个省市自治区及香港、澳门特别行政区的代表，17个国家和1个国际组织的30名驻华外交官，93家中外大型商协会、282位大型企业及金融机构的高管、22个国家的78名记者出席了开幕大会。

2015中阿博览会期间签约项目共计163个，投资金额1 712亿元人民币。“走出去”项目16个，投资金额766.4亿元，其中建设合作产业园区15个，而且国际产能合作优势明显，实现中阿共建产业园区零的突破；“引进来”项目106个，投资金额944.49亿元。签约项目按产业划分共涉及九大行业，包括农业及食品产业项目21个，新技术新材料产业项目14个，装备制造产业项目10个，医疗卫生及生物制药产业项目7个，能源化工产业项目17个，产业园区建设项目15个，商业地产项目17个，轻工纺织产业项目6个，现代服务产业项目（包括旅游、文化、教育、信息、通信卫星、出版等）56个。中阿技术转移中心、中阿商事调解中心、中阿联合商会联络办公室、中阿农业技术转移中心、中阿医疗健康合作发展联盟等一批中阿多双边合作机构在2015中阿博览会期间落地宁夏。

2015中阿博览会期间，宁夏口岸查验检疫部门认真做好服务保障工作。制定了《宁夏检验检疫局服务中阿博览会工作方案》，首次明确了11项检验检疫便利化措施，包括入境展品通报通检通放，动植物检疫审批权下放，简化进境展品CCC认证办理手续，进口预包装食品、化妆品免予加贴中文标签和抽样检验，允许展品在展览期间合理损耗，设立展会现场服务台，给予入境贵宾检验检疫礼遇，对享受礼遇的约旦、毛里塔尼亚元首、随从及随身携带的行李物品实施免检和自我申明。

对进出境参展物资提供通关便利。在各级检务大厅设置“中阿博览会报检专用窗口”，对中阿博览会入境参展物资实施“优先报检、优先查验、优先放行”。遇到入境参展物资种类、数量不清楚，无法准确报检的情况，口岸单位打破传统工作模式，将报检环节后移，将现场查验环节前置，先予开箱，边查验、边清点货物种类和数量；在检验检疫合格的前提下，报检、放行同时进行，极大地提高了展品通关效率，也为国外参展客商布展赢得了宝贵时间。

2015年中阿博览会入境展品共计86件，涉及食品、化妆品、纺织品、宣传册等商品。对查验中发现的禁止入境物，如“木梁、沙子”等，考虑到上述物资均用于约旦主宾国的展览展示，宁夏检验检疫局在进行必要的检验检疫处理后，给予临时放行，要求外商活动结束后予以退运或销毁，既保证了中阿博览会的正常举办，又维护了国家利益。

【穆斯林朝觐】 2015年度宁夏共有2 833名穆斯林群众赴麦加朝觐，朝觐群众8月31日至9月4日从银川航空口岸出境，10月11日~15日入境。

2015年度穆斯林群众朝觐人员多、行李多，面对中东呼吸综合征疫情在全球持续蔓延、疫情形势严峻的新情况，宁夏口岸认真组织口岸有关单位召开专题会议，分析新情况、制定新措施，现场演练，确保口岸朝觐保障工作顺利开展。

体检和预防接种。2015年5月22日至8月底，宁夏完成了朝觐体检及预防接种工作。宁夏检验检疫局国际旅行保健中心先后两次深入宁南地区为朝觐人员提供体检和预防接种服务，共完成2 912 人次的体检和2 890 人次的预防接种，发放预防接种禁忌证明168 份，查出澳抗阳性152 例、乙肝95 例、梅毒27 例、肺结核1 例。查出不适合参加朝觐人员28 人，主要为心脑血管疾病、脏器占位性病变。向宁夏宗教部门及带队医疗组报送了3 批需重点关注的49 名朝觐人员，较好地降低了境外发病、死亡风险。通过减免收费和下乡服务，累计为朝觐群众节约费用50 余万元。

进出境检验检疫。银川机场局共检疫查验出入境朝觐包机18 架次，排查发热、咳嗽等症状人员94 名，采集咽拭子65 份送检，截获禁止入境携带物183 批次，未发现核与辐射超标等情况。共抽取45 份圣水送样检测细菌总数、大肠菌群、志贺菌、沙门菌、霍乱弧菌、出血性大肠杆菌O157 等6 个项目，其中5 份样品细菌总数超标，其他指标均符合标准。

规范工作程序。朝觐卫生检疫坚持"2 +3 +4"工作模式，即严把两道关（朝觐人群保健关、口岸检疫查验关）、做好三项服务（上门体检服务、培训宣传服务、快速通关服务）、落实四种机制（与宗教部门沟通协调机制、多部门联防联控机制、境外朝觐人员健康反馈机制、风险分析预警机制）。针对中东呼吸综合征疫情防控要求，银川机场检验检疫局采取了加严检疫查验、强化风险预警、加大物资保障、强化宣传培训、开展联防联控等一系列工作举措，切实增强口岸疫情疫病防控能力。

截至2015 年，银川航空口岸已连续9 年安全、顺利、圆满完成宁夏穆斯林群众赴麦加朝觐包机保障任务。

【中阿国际货运班列】 宁夏口岸办与兰州捷时特物流公司签署《开通中亚、西亚及欧洲国际货运班列合作协议》，推动自治区政府与中铁集装箱运输有限公司签订《战略合作协议》。2015 年9 月4 日"中阿号"国际货运班成功试运行。"中阿号"国际班列以银川南站为始发地，计划先期开通中亚线路（目的地为中亚五国），随后增加西亚相关国家，并逐步开行双向对发班列。

"中阿号"国际货运班列由中国铁路集装箱运输有限公司主导运营，兰州捷时特物流有限公司银川分公司负责货源组织及市场开发。班列充分发挥银川在北部通道的地理优势，就近集运宁夏及周边榆林、乌海等地货源，同时作为连接青岛港、天津港、宁波港货物向西联运的最佳转运点，组织以日韩国家为主的过境货物及海铁联运货物，保证班列常态化运行。

【口岸查验】 改革创新。区域通关一体化改革顺利实施，通关协作更加顺畅，通关效率提高，物流成本降低，改革成效得到企业和社会各界认可。通关作业无纸化改革全面推广，关区各业务现场及报关企业实现全覆盖。关检合作改革协调推进，关区各通关现场及所有法检商品全面实现"三个一"。海关监管创新制度复制推广扎实落地，在前期工作基础上，原产地管理改革、"一次备案、多次使用"、企业信用信息公示制度等在综合保税区复制推广取得明显成效。新型贸易业态蓄势争先，建立"海外集货、本地分拣"新模式，支持线上线下联动，服务"丝路购"电商平台发展，跨境电商呈现良好发展新态势。

综合治税。加强重点税源调研、税收监控分析，完善综合治税机制，强化审批和税款计核，以查促税，以打促税，以质促量，全年实现税收入库5.6 亿元。实际监管不断加强。优化查验机制，规范监管查验场所管理，强化实际监管。全年监管进出口货物7.74 万吨，同比增长7.65%；验放报关单2 671 份，同比增长34.02%；监管国际航班2 557 架次，同比增长77.7%；监管进出境旅客及运输工具服务人员10.52 万人次，同比增长49.5%。后续监管更加有效。提高风险管理效能，推行企业协调员制度，营造守法便利通关环境。打击走私。组织实施"五大战役"行动，破获4 起特大毒品走私案件，缴获毒品冰毒、海洛因、麻果等共计54.6 千克，打击毒品走私取得重大突破。2015 年行政立案16 起，案值9 942.69万元，罚没入库 238.4 万元，始终保持了打私高压态势。

服务开放。制定 19 项重点工作措施，落实中央、海关总署支持外贸稳定增长重大决策部署。宣传落实国家税收优惠政策，审批减免税款 1.93 亿元。规范清理进出口环节经营性服务和收费工作，全面取消涉企收费项目，降低贸易成本。配合增开国际客货运航线，做好穆斯林群众朝觐等重大活动进出境监管任务，促进国际物流和对外开放通道建设。深入推进简政放权，取消和下放 10 多项审批事项，推进落实“一个窗口受理”、网上受理行政审批、报关企业“一地注册，全国报关”改革，贸易便利化水平不断提升。发挥信息优势，提高海关统计服务。向社会各界提供统计分析专报 32 篇，定制数据表 580 余份，充分发挥海关统计监测预警和辅助决策作用。加强政策分析研究和政策咨询服务。围绕企业“走出去”、贸易便利化、“三互”大通关、“单一窗口”等工作，开展专题调研，建言献策。

【口岸检疫】 航空口岸检验检疫卫生监管。2015 年，银川机场检验检疫局共对 9 家食品生产经营单位、10 家服务单位和 1 家航空配餐企业开展日常性卫生监督检查 432 次；从业人员卫生监督检查 587 人次；食品卫生快速检测 13 个项目共 276 次，不合格 6 项次；培训从业人员 600 人；开展公共场所微小气候监测 55 项次，不合格 4 项次；进行卫生许可证评审 11 家单位，其中换证评审 5 家，新发证 6 家；开展机场供水单位卫生监督 5 次，抽取机场供水单位饮用水检测 2 次，其中细菌总数检测 1 项次不合格。对银川空港口岸食品生产经营单位进行量化分级管理，7 家企业评定为 B 级，2 家企业评定为 C 级。实施口岸食品安全监督信息公示牌制度，引导旅客健康消费。

开展媒介生物监测。2015 年，银川机场检验检疫局对银川空港口岸开展了鼠、蚊、蝇、蜚蠊密度动态监测工作。监测结果显示，银川空港口岸鼠密度为 0.44%，成蝇密度为 44 只/笼，成蚊密度为 19.5 只/帐，蜚蠊密度为 0.01 只/盒，各项密度指标均在正常范围内。

重大活动保障。银川机场检验检疫局给予 2015 年中国—阿拉伯国家博览会贵宾、维和官兵、中—巴联合军演巴基斯坦参演人员进出境检验检疫贵宾礼遇，开通进出境“绿色通道”，实施非接触式体温检测等方式，确保人员、物资的快速、有序通关。

提高出入境旅客通关效率。2015 年，银川机场检验检疫局加强人员配备，优化查验流程，在确保国门安全的前提下，充分运用风险管理，按照航班截获物频次高低有针对性地开展查验。对国际中转航线实施分段把关、联合监管的检验检疫一体化监管，减少重复查验率。加强与口岸联检部门的协作，在“一机双屏”查验模式下，做到执法互助、监管互认，人均查验时间缩短 50% 以上。通过门户网站、微信平台、宣传栏、宣传片等多种方式介绍进出境检验检疫法律法规，提高公众知法、守法意识。

银川综合保税区检验检疫。2015 年，宁夏检验检疫局银川综合保税区办事处（以下简称“银川综保办”）共对银川综合保税区 79 批入境法检货物实施检验检疫，货值总计 6 038 万美元，涉及红酒、原棉、亚麻、成套设备等；检疫查验集装箱标箱 1 354 个（按受理报检日期统计），对发现一般性检疫有害生物的 8 批入境商品、25 个集装箱标箱实施卫生处理；检疫查验木质包装 22 477件，签发各类检验检疫证书 146 份。2015 年，银川综合保税区共检验检疫不合格货物 9 批，不合格金额为 2 182.7 万美元，批次不合格率为 11.39%，金额不合格率为 36.2%。

为严防疫情疫病、有害生物传入，银川综保办对疫情风险较高的裸装入境亚麻采取预防性检疫处理措施。2015 年，共有来自法国、比利时的 1 088吨、总计 60 个集装箱标箱的亚麻做了熏蒸处理。为严防寨卡病毒传入，银川综保办加强对来自疫区货物和集装箱的布控，并开展对来自寨卡病毒疫区的入境集装箱实施灭蚊处理工作。

2015 年银川综合保税区入境法检货物分类明细

货物名称	批次	数量	计量单位	货值（万美元）
葡萄酒	42	1 262 701.5	升	589.7
亚麻	17	1 087.5	吨	370.7
羊绒衫	2	28 300	件	176.9
成套设备	11	102	台	4 877.7
其他	7			22.7
总计	79			6 037.8

【口岸边检】 创新服务机制，提升管理水平。创新工作方法，适应口岸开放新常态。持续推动勤务改革。按照“科学合理、实用高效”的思路，采取轮换执勤、动静交替的方法改革原有勤务模式，通过全员业务轮训实现了参加一线执勤人员占总警力的 70% 以上、从事验证的检查员达到执勤警力的 50% 以上的目标。加强执法规范化建设。进一步规范执法办案场所设置，设置 24 小时监控系统，实现执法办案全程同步录音录像，明确监控资料保存期限，讯（询）问嫌疑人音响资料逐案刻盘附卷。组织人员参加初中级执法资格考核，通过率达到 80%。不断提高服务水平。组织专人深入宗教局、伊斯兰教协会和广大穆斯林群众中，走访了解政府职能部门和出入境旅客对边检工作的意见和诉求，研讨服务新举措，及时推出简化查验手续、提高通关效率的便民利民措施。加强执勤现场硬件建设。宁夏公安边防总队购置了 8 组智能验证台，实现了出入境共 16 条通道目标，缓解了当前“大进大出快进快出”的勤务压力。购置了大型文检仪、层晰显微镜和 PD2000 数据库采集设备，为口岸查缉工作提供了硬件支撑。

严密口岸管控，提升查控能力。强化管控工作措施，构建国门屏障。加强分析研判。根据口岸管控形势变化，借助各类信息平台，分析梳理全国口岸规律性、预警性信息，定期召开口岸偷渡形势分析会，为一线查缉工作提供指导。强化重点查缉。以出入境检查为重点，加强询问检查。2015 年，共查获网上追逃人员 2 人次，均为口岸首次，有力维护了口岸安全稳定。注重舆情监控。根据网络规律和特点，对网络上的重大事件进行动态性适时追踪、研判分析，及时准确地把握网络舆情事件发展对口岸边检工作的动态性影响，做到超前谋划，提供部队预警研判能力。

岗位练兵，夯实业务基础。明确标准要求。制定《边检业务岗位能力考核标准》，建立了边检岗位能力测评标准体系，为建立实施岗位准入制提供了基本依据。交流学习。组织新学员及新任检查员赴四川边防总队成都边防检查站开展跨单位、跨区域的业务交流学习活动，派出业务人员赴新疆乌鲁木齐边检站、广西南宁边检站、北京总站学习重点敏感航班勤务保障及重大勤务保障相关内容，促进边检业务水平上新台阶。培训考核。宁夏公安边防总队组织边检岗位基本业务能力考核，建立了常态化练兵考核机制，为圆满完成各项勤务奠定了基础。

重大勤务保障，提升品牌形象。面对规格高、规模大的众多涉外活动，不断完善服务保障措施，精心打造自治区窗口门户。优化勤务组织保障专项勤务。以政府专项行动及民族地区特色为重点，通过完善团队预检预录、开设专用通道、简化通关流程等多种便利措施，完成了宁夏穆斯林赴麦加朝觐、兰州军区赴刚果（金）维和部队换防、中阿博览会期间约旦国王和毛里塔尼亚总统包机及我国各级党政机关领导人率团访问洽谈等重大专项勤务。利用品牌推介活动培树良好形象。利用边检品牌集中推介的有利时机，深入群众开展普法教育、品牌宣传、开门纳谏等活动，期间受理群众咨询 187 次，发放宣传折页 362 份，发放宣传品 284 份。向社会各界展现了一个风清气正的边检警营形象。加强宣传报道。利用各类媒体，广泛宣传边检工作，中央级媒体（37 篇）、省级媒体（48 篇），为社会各界了解边检工作、普及出入境法律常识等营造浓厚的舆论氛围。

开放口岸

【银川空运口岸（银川河东国际机场）】 始建于1995年，1997年9月6日正式通航。银川河东国际机场位于宁夏回族自治区银川市下辖的灵武市临河镇黄河东岸，距银川市区19千米，占地370.67万平方米，机场技术等级为4D级，属国内干线机场，跑道长3 200米、宽45米，可起降波音747（减载）以下各类机型飞机。2005年4月1日，国务院批准设立银川航空口岸。2008年4月1日，银川河东机场被国家民航总局批准对外国籍飞机开放。

截至2015年，银川河东国际机场开通58条国内航线，开通泰国曼谷、韩国首尔、韩国江原道、日本大阪、日本名古屋、阿联酋迪拜、俄罗斯伊尔库茨克、新加坡、马来西亚吉隆坡、中国台湾、中国香港11条国际和地区航线。四川航空2015年9月4日开通成都—银川—迪拜航线。宁夏货运航空公司获得民航总局经营许可。银川被国家确定为我国面向阿拉伯国家扩大航权安排的重点城市。2016年5月3日，阿联酋航空将开通迪拜—银川—郑州航线航班。

原二类口岸

【外贸货物装卸点】 2007年，经自治区人民政府批准设立宁夏惠农陆路口岸（外贸货物装卸点）、银川开发区陆路口岸（外贸货物装卸点），2010年两个陆路口岸（外贸货物装卸点）封关运营，2012年自治区人民政府根据对外开放的需要，批准设立了中宁陆路口岸（陆港）。

宁夏惠农陆路口岸（外贸货物装卸点）位于石嘴山工业园区内，110国道以西，兴惠路以南，包兰铁路线东侧，紧靠惠农站（一级编组站）。宁夏惠农陆路口岸（陆港）规划占地面积22.87万平方米，设计年吞吐量10万标箱、运输能力200万吨，总投资1.17亿元。一期工程总面积23万平方米，铁路专用线长800米，集装箱堆场（含海关办公房、监管库、停车场）8万平方米，联检单位办公生活用房5 300平方米，具备查验、报关、报检、租船订舱、装箱、拆箱、储存、运输等口岸物流服务功能。宁夏惠农陆路口岸（外贸货物装卸点）封关运营，银川海关驻惠农监管组、宁夏出入境检验检疫局惠农办事处入驻宁夏惠农陆路口岸（外贸货物装卸点）并开展相关业务，中海集团、中远集团、中外运集团等公司也相继进驻。2011年宁夏惠农陆路口岸（外贸货物装卸点）集装箱发运量3万标箱，位居天津港与内陆省份合作建设的23个无水港集装箱铁路发运量的首位，发运的货物主要有增碳剂、锰硅合金、碳化硅、电极糊、腐殖酸钠、微硅粉、中碳锰铁、赖氨酸、粮食、双氰胺、蜂蜜等，货物主要由宁夏惠农陆路口岸（陆港）运至天津港后，出口至美国、欧洲、东南亚等30多个国家和地区。自2012年以来，宁夏惠农陆路口岸（外贸货物装卸点）受国内外环境影响，集装箱发运量逐年下降。2015年发运集装箱2 310标准箱。

银川经济技术开发区陆路口岸（外贸货物装卸点）位于银川经济技术开发区西区，诚信街以东、经天路以南、文萃南街以西、光明路以北，概算总投资3亿元，占地30.51万平方米，铁路专用线2 344米。银川经济技术开发区陆路口岸（外贸货物装卸点）一期项目占地5.73万平方米，建筑面积8.6万平方米，其中口岸联检楼2 637平方米，集装箱堆场3.6万平方米，银川海关、宁夏检验检疫局暂扣库500平方米、监管库500平方米，货物中转500平方米。银川开发区陆港布局为“一港五区”，即封闭运行的内陆无水港、临港服务区、综合物流区、冷链物流区、出口加工区、国家物资储备库区。“一港”由银川中外运陆港物流有限公司与宁夏港通国际物流有限公司运营，这两家公司分别与中国外运长航集团有限公司和连云港港口集团有限公司合作组建，陆港货物主要发往连云港。“五区”分别由宁夏金桥物流有限公司、宁夏国储物流有限公司、宁夏四季青果蔬冷藏物流有限公司、宁夏中海物流有限公司、宁夏闽宁医药有限公司运营。

2010 年 9 月，银川经济技术开发区陆路口岸（外贸货物装卸点）封关运营，开通银川至连云港集装箱不定期班列。2015 年集装箱货运量 1.38 万标箱。

中宁陆路口岸（外贸货物装卸点）位于园区四号路以北，太中银铁路以南，战略装车点以东，规划占地面积 16.67 万平方米，总建筑面积 10 878 平方米。主要建设海关国检办公楼 1 686 平方米，检查桥 307 平方米，海关国检暂扣仓库 3 827 平方米，保税仓库 4 203 平方米，熏蒸库 368 平方米，实验室（2 座）376 平方米，消防泵房 110 平方米和室外堆场及接入铁路专用线、道路、绿化、配套水电管网等。总体由天津港湾设计院规划设计，概算投资 1.2 亿元，由中宁县恒通投资有限公司组织实施。

2015 年，中宁陆路口岸（外贸货物装卸点）海关国检联建楼、实验室、蒸熏室、暂扣库、保税仓库工程建设完成。堆场、查验场地、道路硬化、护坡砌护及上下水、消防、绿化管道铺设、围栏制作安装完成，口岸信息化及报检大厅建设加快推进。中宁东战略装车点集装箱运营资质已获批准。争取开通五定班列，办理集装箱业务，实现整列配车，整列发货。中宁县政府正在与天津港、宁夏中阿物流有限公司等商谈，明确运营主体，做好封关运营前的准备工作。

2015 年宁夏回族自治区口岸大事记

1 月 16 日

银川海关顺利完成银川—曼谷首航监管任务。

2 月 5 日

银川综合保税区首票“先入区后报关”货物顺利入区。

2 月 10 日

自治区政府副主席王和山参加自治区国际贸易“单一窗口”管理模式试点启动会。会议签署了《宁夏商务厅、银川海关、宁夏出入境检验检疫局合作协议》。

3 月 9 日

银川海关正式启动“丝绸之路经济带”海关区域通关一体化改革工作。

3 月 24 日

宁夏回族自治区党委书记李建华视察银川海关驻机场办事处旅检大厅。

4 月

银川综合保税区成功加入世界自贸区组织，成为加入该组织的第二家中国海关特殊监管区域（第一家为上海自贸区）。

4 月 7 日

全国政协委员、国务院参事、国家质检总局原副局长葛志荣一行在宁夏检验检疫局中卫办事处视察，宁夏检验检疫局纪检组长张秉龙及中卫市相关领导陪同考察。

4 月 8 日

银川—韩国襄阳首航。

4 月 27 日

在丝路一体化改革业务试运行启动仪式上，银川海关与区域内 10 个兄弟海关共同签署了《丝绸之路经济带海关合作协议》。

5月1日

银川海关首批丝路海关区域通关一体化报关单顺利通关。银川综合保税区入区企业宁夏如意科技时尚产业有限公司进口的18台细纱机，分装33个集装箱，货值450万欧元。货物从荷兰鹿特丹港经水路运输至青岛保税港后，通过铁路专列运抵银川，公路运输到达该企业位于综合保税区厂房内。通关时间节省了3天以上，节约物流成本12万元，有效降低了企业成本。

5月5日

香港—银川首航。

5月8日~10日

宁夏回族自治区政府副主席王和山出席中国—北京迪拜活动周。

5月15日

宁夏回族自治区党委常委、银川市委书记徐广国听取银川综合保税区内企业发展情况和二期规划建设工作情况汇报。

5月26日~27日

质检总局专家组对宁夏进口肉类指定口岸建设工作进行调研。

5月27日

质检总局通报了全国质量监督检验检疫质量统计分析的工作典型，宁夏检验检疫局惠农办事处获得“质量统计分析先进集体”荣誉称号。

6月10日

宁夏回族自治区党委书记、人大常委会主任李建华在银川河东国际机场三期项目区，就宁夏口岸开放通道建设及货运航空发展情况进行调研。

6月11日

国家民航局为宁夏货运航空公司颁发《公共航空运输企业经营许可证》，标志着宁夏历史上第一家航空公司获准成立，自治区建设“中阿空中丝绸之路”的战略构想迈出了关键一步。

6月24日

自治区党政代表团赴甘肃考察学习。银川海关参加宁夏—甘肃合作交流座谈会和两省区合作框架协议签署仪式。

7月6日

宁夏地区进出口货物将全面实施通关单无纸化，海关凭检验检疫部门签发的《出/入境货物通关单》电子数据直接为企业办理通关放行手续。

7月14日

宁夏回族自治区党委常委、宣传部部长蔡国英在银川河东国际机场迎接海基会董事长林中森一行时，调研了口岸卫生检疫工作，并查看了检验检疫工作现场。

7月17日

银川—伊尔库茨克首航。

8月5日

宁夏回族自治区政府副主席马力在银川航空口岸调研朝觐通关、疫情防控工作。

8月12日

银川跨境贸易电子商务进口业务正式上线。

8月26日

银川机场检验检疫局、四川检验检疫局成都机场办事处、四川航空股份有限公司在成都共同签署《关于成都—银川—迪拜国际中转航班检验检疫监管备忘录》。两地机场检验检疫部门按照“分段监管、无缝对接、保障安全、便捷通关”的原则，协作联动、各负其责，最大限度地提高监管效率。

8月31日~9月4日

银川航空口岸圆满完成2015年度宁夏穆斯林朝觐群众出境保障任务。

9 月 4 日

四川航空开通成都—银川—迪拜航线航班。该航线航班采用 300 座的空中客车 A330 宽体飞机，每周二、周五执行。

9 月 10 日 ~13 日

以“弘扬丝路精神，深化中阿合作”为主题的 2015 中阿博览会在宁夏银川举办。

9 月 12 日

银川举办中阿自贸园区合作论坛。自治区政府副主席三和山、海关总署中国保税区出口加工区协会会长甄朴出席，12 个海关特殊监管区域负责人参会。

9 月 27 日

银川—常州—名古屋首航。

9 月 29 日

银川海关荣获自治区“精神文明先进集体”称号。

9 月 30 日

宁夏回族自治区党委、政府对在 2015 中阿博览会工作中涌现出来的 62 个先进集体、265 名先进个人予以表彰，宁夏出入境检验检疫局申俊杰、索爱锋同时荣获 2015 中阿博览会先进个人。

10 月 11 日 ~15 日

银川航空口岸圆满完成 2015 年度朝觐返程人员保障任务。

10 月 23 日

自治区党委常委马廷礼、自治区副主席马力召开会议，听取 2015 年朝觐工作汇报。

银川机场检验检疫局、湖南检验检疫局长沙机场办事处、南方航空有限公司，在银川联合签署《国际中转航班检验检疫监管备忘录》。银川机场检验检疫局和湖南检验检疫局长沙机场办事处按照“分段监管、全程监控”的联合监管服务模式服务保障南方航空“银川—长沙—吉隆坡”中转航班。

10 月 25 日

银川—成都—新加坡航线航班首航成功。该航线航班由国航执飞，每天一班。

11 月 24 日

银川—曼谷首航。

12 月 14 日

阿联酋航空宣布 2016 年 5 月 3 日将开通迪拜—银川—郑州新航线，每周 4 班，由波音 777 – 200LR 客机执飞，银川成为阿联酋航空继北京、上海、广州之后中国第四个目的地城市。

12 月 16 日

银川机场局被自治区政府表彰为“民族团结进步创建活动示范机关”。

12 月 29 日

银川航空口岸国际旅客人数突破 10 万人次。

（撰稿人：王云、郝若阳、申俊杰、刘春佳、王冠雄、袁立新）

2015 年宁夏回族自治区口岸流量统计表

口岸类型	口岸名称	货运量（吨）				集装箱量（标箱）				人员（人次）				交通工具（辆、架、列次）			
		出口	进口	合计	同比（%）	出口	进口	合计	同比（%）	出境	入境	合计	同比（%）	出境	入境	合计	同比（%）
空运口岸	银川航空口岸			178.00	-26.44					44 488.00	44 475.00	88 963.00	28.88			692	54.12
空运口岸	分计			178.00	-26.44												
陆运口岸 惠农陆路口岸								2 310	-59.47								
陆运口岸 惠农陆路口岸	分计							2 310	-59.47								
陆运口岸 银川开发区陆路口岸								13 800.00	-18.82								
陆运口岸 银川开发区陆路口岸	分计							13 800.00	-18.82								
合计								16 110.00	-18.82								
同比（%）								-29.03									

（宁夏回族自治区口岸办提供）

2015年宁夏回族自治区口岸出入境主要数据表

项目			2015年	2014年	同比（%）
出入境人员（人次）	出入境人员总数		88 963	69 029	28.88
	入境人员		44 475	34 431	29.17
	出境人员		44 488	34 598	28.59
	出入境旅客		83 012	64 860	27.99
	出入境员工		5 951	4 169	42.74
	中国公民	小计	86 304	67 141	28.54
		内地居民（因公）	2 382	1 875	27
		内地居民（因私）	73 839	51 416	43.61
		港澳居民	730	5 854	-87.53
		台湾同胞	9 353	7 996	16.97
	外籍人员		2 659	1 888	40.84
	从海港出入境人数				
	从陆港出入境人数				
	从空港出入境人数		88 963	69 029	28.88
交通运输工具（辆、艘、架、列次）	总计		692	449	54.12
	船舶				
	飞机				
	火车				
	机动车辆				

（宁夏回族自治区公安边防总队提供）

2015年银川海关主要数据统计表

项目		2015年	同比（%）
进出口货运量（吨）	合计	77 435.35	7.72
	进口	60 321.25	0.22
	出口	17 114.11	46.27
进出口贸易总值（万美元）	合计	126 017.45	-24.25
	进口	84 216.47	-27.21
	其中：江、海运输	42 344.67	-34.15
	铁路运输	0	0
	汽车运输	2 697.73	-78.44
	航空运输	27 027.26	-14.32
	邮件运输	0	0
	其他运输	1 610.71	113.78
	出口	41 800.98	-17.48
	其中：江、海运输	1 725.26	31.08
	铁路运输	0	0
	汽车运输	2 642.81	-78.91
	航空运输	25 827.59	-11.47
	邮件运输	0	0
	其他运输	10 612.67	45.91
税收（万元）	两税合计	55 854.11	-16.1
	关税入库	5 210.56	-51.32
	进口环节税入库	56 045.46	-16.23

（银川海关提供）

2015 年宁夏回族自治区出入境检验检疫业务统计表

项目	货物检验检疫				交通工具				集装箱（标箱）		发现动植物疫情		货物通关		出入境人员查验（人次）	健康检查及预防接种（人次）			
	批次	金额（万美元）	检验检疫不合格																
			批次	金额（万美元）	船舶（艘）	飞机（架）	火车（节）	汽车（辆）	合计	检出问题	种类数	种次	批次	金额（万美元）		健康检查	艾滋病监测	发现病例	预防接种
全年累计	7 937	73 791. 3	227	4 229. 7	–	1 648	–	–	1 769	25	0	0	100	9 616. 5	112 357	4 758	4 758	0	4 003
其中 出境	7 545	59 932. 7	152	1 294. 1	–	826	–	–	11	0	0	0	36	346. 1	55 893	4 366	4 366	0	4 003
其中 入境	392	13 858. 6	75	2 935. 6	–	822	–	–	1 758	25	0	0	64	9 270. 4	56 464	392	392	0	0
同比（%）	–2. 2	–14. 7	2. 9	5. 7	–	159	–	–	71. 2	–81. 9	0	0	–71. 4	–51. 2	61. 2	–0. 7	–0. 7	–100	–0. 2
其中 出境	–1. 9	–13. 6	2. 0	2. 2	–	175. 33	–	–	–71. 8	0	0	0	–51. 4	–58. 4	64. 2	–2	–2	–100	–0. 2
其中 入境	–7. 1	–19. 3	19. 1	21. 2	–	144. 6	–	–	76. 9	–81. 9	0	0	–76. 8	–50. 9	36. 8	17. 0	17. 0	–100	0

（宁夏出入境检验检疫局提供）

新疆维吾尔自治区

口岸数量及分布

截至2015年年底，新疆维吾尔自治区（以下简称自治区）有经国务院批准的对外开放口岸18个，其中：空运口岸2个，分别是：乌鲁木齐空运口岸（乌鲁木齐机场）和喀什空运口岸（喀什机场）。陆路（铁路）口岸2个，分别是：阿拉山口和霍尔果斯铁路口岸；陆路（公路）口岸14个，其中：中蒙（蒙古）边境口岸4个，分别是：老爷庙、乌拉斯台、塔克什肯和红山嘴公路口岸；中哈（哈萨克斯坦）边境口岸6个，分别是：阿黑土别克、吉木乃、巴克图、霍尔果斯、都拉塔、木扎尔特公路口岸；中吉（吉尔吉斯斯坦）边境口岸2个，分别是：吐尔尕特和伊尔克什坦公路口岸；中巴（巴基斯坦）边境口岸1个，即红其拉甫口岸公路口岸；中塔（塔吉克斯坦）边境口岸1个，即卡拉苏公路口岸。

上述口岸中，霍尔果斯、阿拉山口、巴克图、吉木乃、塔克什肯、红其拉甫、伊尔克什坦陆路口岸和乌鲁木齐、喀什空运口岸对第三国人员、货物、交通工具开放；阿黑土别克和木扎尔特陆路口岸未开通使用。

口岸运行数据

2015年，自治区口岸进出口货运量为4 135.52万吨，同比减少11.4%；其中：进口货运量3 739.33万吨，同比减少10.1%；出口货运量396.19万吨，同比减少21.3%。其中：进口天然气2 153.7万吨，同比增长4.9%；中哈原油管道进口原油1 178.09万吨，同比减少2.3%。进出口贸易额365亿美元，同比减少20.9%。其中：进口贸易162.14亿美元，同比减少31%；出口贸易额202.86亿美元，同比减少10.4%。入出境人员1 932 546人次，同比减少7.09%。其中：入境人员961 462人次，同比减少7.51%；出境人员971 084人次，同比减少6.67%。入出境旅客1 589 994人次，同比减少5.31%；入出境员工342 552人次，同比减少14.55%。入出境交通工具244 159辆（列、架）次，同比减少17.69%。其中机动车辆225 654辆次，同比减少17.82%；火车9 482列次，同比减少29.92%；飞机9 023架次，同比增长5.62%。

口岸综合管理

【都拉塔口岸扩大开放完成预验收】 7月15日，自治区口岸办组织由新疆公安边防总队、乌鲁木齐海关、新疆出入境检验检疫局负责人组成的验收组，对都拉塔口岸扩大开放进行了预验收工作。验收组一行实地察看了联检区域、国门区域的查验监管设施情况，检查了出入境查验程序、进出联检区域的管理流程以及相关工作制度，听取了都拉塔口岸管委会的情况介绍和口岸联检单位对都拉塔口岸向第三国开放的意见建议。验收组认为，都拉塔口岸联检区域的规划建设、查验设施、查验流程和工作制度等已具备向第三国开放的条件，已基本达到预验收标准，原则通过预验收。会议研究确定了承办事项、责任单位和承办时限，形成了《会议纪要》。

【霍尔果斯铁路口岸正式开放完成预验收】 10月15日，组织新疆公安边防总队、乌鲁木齐海关、新疆出入境检验检疫局等单位对霍尔果斯铁路口岸正式开放进行预验收，验收组一行实地察看了霍尔果斯铁路口岸货运、客运现场的设施建设和配备情况，听取了霍尔果斯经济开发区管委会对铁路口岸正式开放的准备工作情况汇报。验收组一致认为霍尔果斯铁路口岸基础设施建设和检查、查验、检验检疫等工作需要和生活需求，同意通过预验收，并对“一关两检”和乌鲁木齐铁路局需要继续落实的事项进行了明确，最后形成《会议纪要》。

【积极协调口岸临时开放工作】 7月自治区口岸办经征求“一关两检”意见向国家口岸办请示增加乌拉斯台口岸2015年临时开关时间。8月国家口岸办批复增加8月和10月的16日～30日为乌拉斯台口岸2015年临时开关时间。

【设立口岸边民互贸区及实施“免签”优惠政策】 经征得“一关两检”、自治区公安厅等部门的支持同意，10月12日自治区第十二届人民政府第27次常务会议认为，在伊尔克什坦口岸园区设立边民互市贸易区，有利于培育伊尔克什坦口岸园区市场，促进边境地区经济发展，提升双边经济活跃度，带动口岸园区建设，促进当地经济发展和社会稳定。会议决定，同意在伊尔克什坦口岸园区设立边民互市贸易区。

【中国—塔吉克斯坦（以下简称中塔）、中国—吉尔吉斯斯坦（以下简称中吉）农产品快速通关“绿色通道”开通】 11月25日，中塔卡拉苏（中）—阔勒买（塔）农产品快速通关“绿色通道”开通。中塔双方海关、地方政府领导共同出席开通仪式，海关总署党组成员、国家口岸办主任黄胜强亲临口岸指导工作并出席了开通仪式。自治区政府副秘书长于欢、乌鲁木齐海关党组书记、关长孙志杰及塔吉克斯坦巴达赫尚自治州主席（国际委员会主任）硕迪霍·恰姆谢德、阔勒买口岸海关关长塞吉科夫分别致辞。在海关总署、自治区人民政府、喀什地委和行署、塔国有关部门领导以及300余名中外来宾的共同见证下，中塔两国首批数十辆满载着农产品的货车顺利通过“绿色通道”，现场秩序井然、气氛热烈。

12月16日，中吉伊尔克什坦（中）—伊尔克什坦（吉）、吐尔尕特（中）—图噜噶尔特（吉）口岸农产品快速通关“绿色通道”开通。自治区政府、中吉双方海关和克州领导共同出席开通仪式。自治区副主席史大刚和海关总署党组成员、国家口岸办主任黄胜强及吉尔吉斯斯坦伊尔克什坦海关署副主席别尔达里耶夫·沙米利分别致辞。中吉双方代表参观了伊尔克什坦口岸中方一侧联检大厅。

开放口岸

【阿拉山口陆路（铁路）口岸】 位于新疆博尔塔拉蒙古自治州博乐市境内，地理坐标为东经83°36′，北纬45°12′。为中哈边境常年开放口岸，对面为哈萨克斯坦共和国阿拉木图州，对方口岸名称为多斯特克。阿拉山口口岸距博乐市73千米，距乌鲁木齐市460千米。距中哈两国边防会晤点即接轨点4.4千米，距阿拉木图580千米。1990年6月27日经国务院批准对外开放，1992年12月1日正式向第三国开放。

2015年，口岸入出境人员78 819人次，其中：入境人员39 210人次，出境人员39 609人次。入出境交通工具26 270辆（列）次，其中：机动车辆18 716辆次，火车7 554列次。

进出口货运量1 814.9万吨，同比减少28.7%；其中，进口货物1 518.8万吨，同比减少26.1%；出口货物296.1万吨，同比减少39.7%。

进出口贸易额95.56亿美元，同比减少38.2%；其中：进口贸易额71.08亿美元，同比减少39.6%；出口贸易额24.47亿美元，同比减少33.4%。

【霍尔果斯陆路（铁路、公路）口岸】 位于伊犁哈萨克自治州霍城县境内，同哈萨克斯坦共和国阿拉木图州毗邻。地处东经80°29′，北纬44°14′。距伊犁哈萨克自治州首府伊宁市90千米，距乌鲁木齐670千米。联检厅距中哈边界线210米，距哈萨克斯坦霍尔果斯口岸1.5千米，距哈阿拉木图市378千米。口岸历史悠久，早在隋唐时期，就是古“丝绸之路”上的重要驿站。自1881年起，就是中俄两国之间的正式通商口岸。新中国成立后，1950～1962年，中苏贸易进入了兴盛时期。1962年以后，由于中苏关系紧张，霍尔果斯口岸除保持通邮外，停止了进出口贸易。1983年11月16日，经国务院批准霍尔果斯口岸恢复开放。1986年起开展了地方贸易和边境贸易。1992年8月，中哈两国政府同意该口岸向第三国开放，具有国际联运地位。1992年11月开始对第三国人员、交通工具和货物开放。2010年5月，中央召开新疆工作座谈会，决定设立霍尔果斯经济开发区，实行特殊的政策，将其建设成为新疆新的经济增长点和全国向西开放的桥头堡。

霍尔果斯铁路口岸站位于兵团农四师62团团部以南，东接精伊霍铁路，西至中哈铁路接轨点，全长9千米。工程概算总额为19.3亿元，2020年设计运量1 900万吨/年，2030年设计运量3 350万吨/年。已于2012年12月22日实现临时开放并过货通车。2013年6月，国家口岸办批准延长霍尔果斯铁路口岸临时开放时间至2013年12月14日。2014年2月21日，国务院下发《国务院关于同意新疆霍尔果斯铁路口岸对外开放的批复》（国函〔2014〕23号），同意霍尔果斯铁路口岸对外开放，口岸性质为国际性常年开放铁路客货运输口岸，待海关总署组织验收后，经外交渠道确认正式开放。

2015年，口岸入出境人员412 038人次，其中：入境人员204 987人次，出境人员207 051人次。入出境交通工具56 446辆（列）次，其中：机动车辆54 518辆次，火车1 928列次。进出口货运量2 585.36万吨，同比增长0.72%；其中：进口货运量2 160.02万吨，同比增长4.65%；出口货运量425.34万吨，同比减少15.4%。进出口贸易额189.9亿美元，同比减少34.17%；其中：进口贸易额3.31亿美元，同比增长9.97%；出口贸易额186.59亿美元，同比减少34.64%。公路口岸进出口货运量56.01万吨，同比减少18.77%；进出口贸易额122.33亿美元，同比减少29.34%。铁路口岸进出口货运量91.71万吨，同比减少45.87%；进出口贸易额39.09亿美元，同比减少53.64%。合作中心出口货运量275.44万吨，同比增长508.44%；出口贸易额5.05亿美元，同比增长87.73%。进口天然气2 053.08万吨，同比增长3.65%；贸易额102.41亿美元，同比增长4.99%。

【老爷庙陆路（公路）口岸】 位于新疆哈密地区巴里坤哈萨克自治县境内，与蒙古国戈壁阿尔泰省相邻，对面为布尔嘎斯台口岸。从老爷庙入境至巴里坤县城172千米，至哈密市308千米，至乌鲁木齐773千米。老爷庙出境至蒙古布尔嘎斯台57千米，至布格特县城280千米，至戈壁阿尔泰省会阿尔泰市484千米。老爷庙口岸历史上就是古代商人的驿站，是中蒙之间的通商要道。1991年6月24日，中蒙两国政府达成协议，开放老爷庙—布尔嘎斯台口岸。老爷庙口岸于1992年3月正式开通。2014年8月10日，国务院下发《国务院关于同意新疆老爷庙公路口岸扩大对外开放的批复》（国函〔2014〕106号），同意老爷庄公路口岸扩大对外开放，口岸性质为国际性常年开放公路客货运输口岸，待海关总署组织验收通过后，经外交渠道确认正式开放。

2015年，口岸入出境人员24 335人次，其中：入境人员12 175人次，出境人员12 160人次。入出境交通工具23 638辆次。进出口货运量124.57万吨，同比减少34.7%。其中：进口货运量124.25万吨，同比减少34.3%；出口货运量0.32万吨，同比减少78%。进出口贸易额0.55亿美元，同比减少58%。其中：进口贸易额0.54亿美元，同比减少54.4%；出口贸易额0.01亿美元，同比减少92.1%。

【卡拉苏陆路（公路）口岸】 位于新疆喀什地区塔什库尔干塔吉克自治县境内，在西昆仑山和萨雷阔勒岭之间，东经74°52′，北纬38°11′，海拔4 050米。属高原山地气候，早晚温差大，气候比较寒冷。距塔什库尔干县城62千米，距喀什市225千米，距塔吉克斯坦穆尔加布市89千米，距塔吉克斯坦首都杜尚别约850千米。2004年5月25日对外临时开放，2014年4月卡拉苏口岸王式对外开放。

2015年，口岸入出境人员14 111人次，其中：入境人员6 963人次，入出境员工7 148人次。入出境交通工具12 388辆次。进出口货运量27.83万吨，同比减少33%；其中：进口货运量0.58万吨，同比减少23%；出口货运量27.25万吨，同比减少33%。进出口贸易额13.97亿美元，同比减少12%。其中：进口贸易额0.05亿美元，同比减少71%；出口贸易额13.91亿美元，同比减少11%。

【都拉塔陆路（公路）口岸】 位于新疆维

吾尔自治区省道313线伊犁河谷最西端，南倚乌孙山，北邻伊犁河，西与哈萨克斯坦阿拉木图州春贾区接壤，距伊宁市约70千米，距哈萨克斯坦阿拉木图市约247千米，距哈方科里扎特口岸仅3.8千米。1992年8月中哈两国政府签署协议同意开放口岸。2006年2月15日批准对外开放，同年12月底实现旅客通关。2014年8月31日，中哈两国政府已同意都拉塔口岸扩大对外开放，待海关总署组织验收通过后，经外交渠道确认正式扩大对外开放。2015年7月15日自治区口岸办组织由新疆公安边防总队、乌鲁木齐海关、新疆出入境检验检疫局负责人组成的验收组，对都拉塔口岸扩大向第三国对外开放进行了预验收工作。

2015年，口岸入出境人员20 260人次，其中：入境人员9 480人次，出境人员10 780人次。入出境交通工具12 446辆次。全部为出口，出口货运量18.86万吨，同比减少50.4%。出口贸易额18.3亿美元，同比减少53.5%。

【伊尔克什坦陆路（公路）口岸】 位于新疆克孜勒苏柯尔克孜自治州乌恰县境内，地处东经73°58′、北纬39°42′，距乌恰县城150千米，距阿图什市250千米。伊尔克什坦国境公路经X54省道与314国道相连，从该口岸至吉尔吉斯奥什州210千米，比从吐尔尕特口岸出境到奥什州近800千米，是我国最西端的一条重要国际通道。伊尔克什坦口岸是“古丝绸之路”上的一个重要通道和驿站，历史上曾有过一段商旅不断的繁荣时期。新中国成立前和新中国成立后的20世纪50年代，这里是中苏两国边民贸易的通道。后因中苏关系恶化，该口岸被迫关闭。随着我国改革开放的不断深入发展，中吉两国人民企盼伊尔克什坦口岸重新开放，中亚乌兹别克、塔吉克等国也强烈要求开放该口岸。鉴于此，1996年江泽民主席出访中亚五国期间，与吉尔吉斯共和国总统达成开放该口岸的协议。伊尔克什坦口岸于1997年7月21日临时开通，1998年1月26日国务院批准开放该口岸，将该口岸批准为国家一类口岸，对吉尔吉斯共和国及第三国人员、货物开放。

2015年，口岸入出境人员38 015人次，其中：入境人员18 989人次，出境人员19 026人次。入出境交通工具25 489辆次。进出口货运量36.4万吨，同比减少4.7%；其中，进口货物2.4万吨，同比增长23.9%；出口货物34万吨，同比减少4.9%。进出口贸易额21.9亿美元，同比减少13.8%；其中：进口贸易额0.3亿美元，同比增长30%；出口贸易额21.6亿美元，同比减少14.2%。

【吐尔尕特陆路（公路）口岸】 位于新疆克孜勒苏柯尔克孜自治州乌恰县境内，地处图噜噶尔特山口，地理坐标为东经75°23′，北纬49°30′，海拔3 795米。距阿图什市170千米，距喀什165千米，距乌鲁木齐1 630千米。与吐尔尕特口岸对应的为吉尔吉斯斯坦共和国的图噜噶尔特口岸。该口岸位于吉方的纳伦州境内，距吉尔吉斯斯坦共和国首都比什凯克400多千米，距中国吐尔尕特口岸12千米，海拔3 700米，气候和自然条件较差，但终年可以通车。早在汉代，吐尔尕特即是“丝绸之路”上的一个重要驿站。口岸通商始于1881年，已有上百年的历史。20世纪初期口岸已经开放。新中国成立后，根据中苏两国签订的贸易协定和换货合同，于1950年年初正式办理进出口过货。1958年5月，开展了中苏两国间的边境贸易。1969年通商贸易停止。1983年12月13日，再次恢复通商贸易。

2015年，口岸入出境人员40 975人次，其中：入境人员20 337人次，出境人员20 638人次。入出境交通工具30 402辆次。进出口货运量34.5万吨，同比减少5.4%。其中：进口货运量2.9万吨，同比减少13.9%；出口货运量31.6万吨，同比减少4.5%。进出口贸易额21.4亿美元，同比增长3.6%。其中：进口贸易额0.34亿美元；出口贸易额21.1亿美元，同比增长3.7%。

【吉木乃陆路（公路）口岸】 位于新疆阿勒泰地区吉木乃县境内，对面为哈萨克斯坦共和国东哈萨克斯坦州。吉木乃口岸地处阿尔泰山南麓，东经85°43′，北纬47°33′，平均海拔770米左右。口岸所在地属大陆性北温带干旱气候。从吉木乃口岸入境至吉木乃县城24千米，至阿勒泰市198千米，至乌鲁木齐市650千米；从吉木乃口岸出境至哈方对应口岸迈哈布奇盖0.5千米，距斋桑县60千米，至东哈萨克斯坦州首府乌斯季缅市约500千米。吉木乃口岸历史上就是新疆的通商口岸，1962年以后中断贸易和人员往来，口岸关闭。1991年中哈两国政府签订协议，批准吉木乃口岸开通临时过货。1992年8月，中哈两国政府签署协定，同意开放吉木乃口岸，为双边常年开放口岸，允许中哈两国人员、货物和交通工具通行。1994年3月经国务院批准对外开放，1997年11月正式通过国家验收批准为国家一类口岸。2002年3月1日批准向第三国开放。2013年5月，吉木乃成为新疆第二个进口管道天然气的口岸。2013年6月，外交部批准同意对哈公民进入吉木乃口岸边民互贸区实行“三日免签”政策。公安部组织通过了对吉木乃口岸实行“三日免签”的正式验收后，2014年8月12日吉木乃口岸边民互市贸易区“三日免签”政策正式实施。

2015年，口岸入出境人员98 353人次，其中：入境人员48 845人次，出境人员49 508人次。入出境交通工具6 267辆次。进出口货运量29.96万吨，同比减少15%。其中：进口货运量26.77万吨，同比减少10%；出口货运量3.19万吨，同比减少44%。进出口贸易额3.43亿美元，同比减少33%；其中：进口贸易额0.57亿美元，同比增长2%；出口贸易额2.86亿美元，同比减少38%。

【巴克图陆路（公路）口岸】 位于新疆伊犁哈萨克自治州塔城地区境内，地处东经82°48′，北纬46°41′，海拔460～480米。巴克图口岸对面为哈萨克斯坦共和国东哈州。从巴克图口岸入境至塔城市17千米，至乌鲁木齐市621千米；出境至哈方巴克特口岸800米，至马坎赤市60千米，至乌尔加尔机场110千米，至阿亚库斯车站250千米，至东哈州首府乌斯季缅市800千米。巴克图口岸已有200年通商历史，是中国西部通往中亚及欧洲的交通要道。1990年10月，经批准，巴克图口岸恢复开放成为临时过货口岸，允许边境双方经贸、旅游人员和交通工具过往。1992年8月中哈两国政府达成协议，同意该口岸向第三国开放，具有国际联运地位。1994年3月经国务院批准对外开放。1995年5月，巴克图口岸通过国家正式检查验收，于1995年7月1日正式对中哈两国及第三国公民、交通工具和货物开放。年货运能力20万吨，客运量10万人次。2013年12月23日，中哈巴克图—巴克特口岸农产品快速通关“绿色通道”正式开通。

2015年，口岸入出境人员116 573人次，其中：入境人员58 487人次，出境人员58 086人次。入出境交通具17 594辆次。进出口货运量14.77万吨，同比减少19.9%。其中：进口货运量2.92万吨，同比增长2.2%；出口货运量11.85万吨，同比减少23.9%。进出口贸易额5.77亿美元，同比减少55%。其中：进口贸易额0.19亿美元，同比增长4.6%；出口贸易额5.58亿美元，同比减少55.9%。

进出口果蔬6.67万吨，同比减少1.46%；其中：蔬菜3.1万吨，同比增长66.98%；水果3.57万吨，同比减少27.3%。贸易额0.53亿美元，同比增长10.51%；其中：蔬菜贸易额0.25亿美元，同比增长84.54%；水果贸易额0.28亿美元，同比减少18.15%。

【塔克什肯陆路（公路）口岸】 位于新疆阿勒泰地区青河县境内，地处东经90°48′，北纬46°11′。对面为蒙古国科布多省布尔干县。从塔克什肯入境距青河县城90千米，距阿勒泰市380千米，距自治区首府乌鲁木齐市510千米。口岸距中蒙边界线15.5千米，距对方布尔干口岸25千米，距布尔干县城65千米，距科布多省会约265千米。塔克什肯口岸依山傍水，地势平坦，历史上就是中蒙贸易通道。新中国成立后中蒙贸易有所发展，当时中国向蒙古国出口的商品主要有农副产品和生活用品，进口的商品则是牲畜、棉布和茶叶。20世纪60年代初，塔克什肯与布尔干之间贸易中断，1989 年 7 月 20 日，塔克什肯口岸经国家批准对外开放。

2015 年，口岸入出境人员 61 552 人次，其中：入境人员 30 790 人次，入出境员工 30 762 人次。入出境交通工具 15 742 辆次。进出口货运量 43.51 万吨，同比增长 195%。其中：进口货运量 36.07 万吨，同比增长 1 551.9%；出口货运量 7.44 万吨，同比减少 40.8%。进出口贸易额 0.6 亿美元，同比减少 84.3%。其中：进口贸易额 0.22 亿美元，同比增长 827.7%；出口贸易额 0.38 亿美元，同比减少 90.1%。

【红其拉甫陆路（公路）口岸】 位于新疆喀什地区西南部，帕米尔高原塔什库尔干塔吉克自治县境内，同巴基斯坦北部地区毗邻。口岸海拔 4 500 米，地处东经 75°33′，北纬 37°02′。从红其拉甫入境，至塔什库尔干县城 130 千米，至喀什市 420 千米，至乌鲁木齐市 1 890 千米。从红其拉甫出境，至巴基斯坦苏斯特 125 千米，至巴基斯坦北部地区首府吉尔吉特市 270 千米，至巴基斯坦首都伊斯兰堡约 870 千米。与红其拉甫口岸对应的是巴基斯坦北部地区的苏斯特口岸。由于红其拉甫口岸海拔较高，严重缺氧，气候恶劣，1993 年口岸检查检验机构下迁至塔什库尔干县城办公。1981 年 9 月，中国和巴基斯坦政府达成原则协议，同意开放红其拉甫口岸。1982 年 8 月 27 日，红其拉甫口岸对中巴两国公民正式开放。1986 年 5 月 1 日，又正式向第三国人员开放。

2015 年，口岸入出境人员 9 976 人次，其中：入境人员 5 138 人次，出境人员 4 838 人次。入出境交通工具 8 031 辆次。进出口货运量 4.36 万吨，同比减少 12%。其中：进口货运量 0.5 万吨，同比增长 34%；出口货运量 3.86 万吨，同比减少 16%。进出口贸易额 2.94 亿美元，同比增长 41%。其中：进口贸易额 0.26 亿美元，同比增长 72%；出口贸易额 2.68 亿美元，同比增长 39%。

【乌拉斯台陆路（公路）口岸】 乌拉斯台（蒙语意为有白杨树的地方）口岸地处奇台县北塔山地区，土地使用权属新疆生产建设兵团农六师北塔山牧场。位于中蒙边界 73 号界标正西方向 4.3 千米处，东经 90°44′，北纬 45°22′。口岸距边防会谈会晤站通道界线 4.8 千米、乌拉斯台会谈会晤站 4 千米，蒙古国北塔格口岸 6.5 千米。距奇台县城 248 千米，距乌鲁木齐市 450 千米，昌吉市 485 千米。1991 年 6 月 24 日，中蒙两国政府在北京签署《中华人民共和国政府和蒙古人民共和国政府关于中蒙边境口岸及其管理制度的协定》，批准开放中蒙边境新疆昌吉回族自治州乌拉斯台口岸—北塔格口岸（蒙），为国家一类双边季节性开放口岸。

2015 年，口岸入出境人员 203 人次，其中：入境人员 43 人次，出境人员 160 人次。入出境交通工具 65 辆次。进出口货运量 0.13 万吨，同比减少 10.6%。其中：进口货运量 0.08 万吨，同比增长 96.6%；出口货运量 0.05 万吨，同比减少 53.9%。进出口贸易额 0.03 亿美元，同比增长 83.7%。其中：进口贸易额 0.03 亿美元，同比增长 287.1%；出口贸易额 0.01 亿美元，同比减少 60%。

【红山嘴陆路（公路）口岸】 位于新疆阿勒泰地区福海县境内，地处东经 88°55′，北纬 48°51′，距福海县城 240 千米，距阿勒泰市 192 千米，距乌鲁木齐市 896 千米，至中蒙边界线 2 千米，与蒙古国巴彦乌列盖省萨格赛县接壤，距巴彦乌列盖省省会乌列盖市 180 千米，距萨格赛县城 160 千米，从红山嘴出境至蒙古国大洋口岸 12 千米。红山嘴口岸历史上就是中蒙贸易通道。1991 年 6 月 24 日中蒙两国政府签订协议，开放红山嘴口岸。1992 年经国务院批准对外开放，于 1992 年 7 月正式开通。

2015 年，口岸入出境人员 1 358 人次，其中：入出境旅客 1 290 人次，入出境员工 68 人次。入出境交通工具 358 辆次。进出口货运量 0.02 万吨，同比减少 53.1%。其中：进口货运量 0.01 万吨；出口货运量 0.02 万吨。进出口贸易额 0.01 亿美元，同比减少 73.2%。

【阿黑土别克陆路（公路）口岸】 位于新疆阿勒泰地区哈巴河县西部，对面为哈萨克斯坦共和国东哈州。地处北纬 48°21′，东经 85°44′。阿黑土别克口岸距哈巴河县城 117 千米，距阿勒泰市 284 千米，距乌鲁木齐市 829 千米。口岸区驻有新疆生产建设兵团农十师 185 团一营。1992 年 8 月，中哈两国政府签订协议，同意开放阿黑土别克口岸，允许中哈两国人员、交通工具和货物通行。1994 年 3 月经国务院批准对外开放。阿黑土别克口岸的总体规划已完成。该口岸尚未开通。

【木札尔特陆路（公路）口岸】 位于新疆维吾尔自治区伊犁哈萨克自治州昭苏县西南 109 千米处，地处天山北麓，特克斯河上游，地理坐标为东经 80°45′，北纬 44°35′，海拔 1 806 米。距新疆生产建设兵团农四师 74 团机关西北 9 千米，距伊宁市 296 千米。对面为哈萨克斯坦共和国阿拉木图州纳林果勒区，对方口岸名称为纳林果勒口岸，两口岸相距 4 千米，距阿拉木图市 320 千米。木札尔特口岸在 1953 年曾作为中苏两国临时过货点，一度是边民易货贸易的进出口货物集散地。由于历史原因，关闭 30 多年。1992 年 8 月，中哈两国政府签订协议，同意开放该口岸。1994 年 3 月经国务院批准对外开放。截至 2015 年年底，该口岸尚未开通。

【乌鲁木齐空运口岸（乌鲁木齐机场）】 位于新疆维吾尔自治区首府乌鲁木齐市郊地窝堡，距市区 16 千米。乌鲁木齐机场原为中苏民用航空机场，1970 年 7 月经国务院批准进行扩建。1973 年建成并对外开放，是中国五大门户机场之一。

2015 年，口岸入出境人员 1 005 205 人次，其中：入境人员 499 009 人次，出境人员 506 196 人次。入出境交通工具 8 840 架次。进出口货运量 1. 2 万吨，同比减少 10. 1%；其中：进口货运量 0. 28 万吨，同比增长 15. 6%；出口货运量 0. 92 万吨，同比减少 15. 7%。进出口贸易额 6. 52 亿美元，同比增长 54. 6%。其中：进口贸易额 2. 16 亿美元，同比增长 40. 9%。出口贸易额 4. 36 亿美元，同比增长 62. 4%。

【喀什空运口岸（喀什机场）】 位于新疆维吾尔自治区喀什地区喀什市北面，距市中心 10 千米。该口岸 1993 年 4 月 23 日经国务院批准开放，2005 年 11 月 17 日向第三国开放。喀什机场 1953 年建成，经过 3 次扩建，目前跑道全长 2 800米、宽 50 米。候机楼 4 856 平方米，既具有检查、售票等功能，又满足旅客候机、就餐、住宿、购物、迎送的需要。机场飞行保障设备安全，有东西导航台。东面设有夜航灯光设备，备有通用特种车辆，可供飞机昼夜起降。由于缺乏客源，从 2007 年至 2012 年，喀什机场国际航运处于停滞状态。进出口货运量 0. 04 万吨，同比减少 5%（主要为进口）。入出境人员 10 773 人次，其中：入境人员 6 299 人次，出境人员 4 474 人次。入出境交通工具 183 架次。

新疆维吾尔自治区口岸大事记

10 月 12 日

自治区第十二届人民政府第 27 次常务会议决定，同意在伊尔克什坦口岸园区设立边民互市贸易区。

11 月 25 日

中塔卡拉苏（中）—阔勒买（塔）农产品快速通关“绿色通道”开通仪式在塔什库尔干举行，海关总署党组成员、国家口岸管理办公室主任黄胜强、自治区政府副秘书长于欢出席。

12 月 16 日

中吉伊尔克什坦（中）—伊尔克什坦（吉）、吐尔尕特（中）—图噜噶尔特（吉）口岸农产品快速通关“绿色通道”开通仪式在克孜勒苏柯尔克孜举行，海关总署党组成员、国家口岸管理办公室主任黄胜强及伊尔克什坦海关署副主席别尔达里耶夫·沙米利分别到会致辞。

台湾地区

2015 年台湾地区口岸工作综述

2015 年，台湾地区经济增长 0.85%，比预测值低 0.21 个百分点，是近 6 年的最低水平。统计数据显示，2014 年台湾地区实际 GDP 总额约为 15.65 万亿元新台币（约合 4 664 亿美元），人均 GDP 为 22 344 美元，全年 CPI 同比下降 0.31%。

各业施政指标		2015 年		成果
		统计值	较 2014 年增减率（%）	
铁公路	轨道及汽车客运载客量总计	625.0 万人次	0.9	历年新高
	1. 台铁每日载客量	63.6 万人次	-0.3	历年次高
	2. 北捷每日载客量	196.6 万人次	5.6	历年新高
	3. 高捷每日载客量	16.8 万人次	-1.8	历年第三高
	4. 高铁每日载客量	13.9 万人次	5.3	历年新高
	5. 汽车客运每日载客量	334.4 万人次	-1.5	近 17 年次高
港埠	6. 港埠货柜装卸量	1 449 万标箱	-3.7	历年次高
	7. 港埠货物装卸量	7.2 亿计费吨	-3.6	历年次高
	8. 港埠进出港旅客人数	135.1 万人次	-2.0	历年第三高
航空	9. 各机场进出旅客人数	5 816 万人次	5.1	历年新高
	10. 各机场两岸航线客运量	1 182 万人次	4.7	历年新高
	11. 桃园国际机场旅客人数	3 847 万人次	7.5	历年新高
观光航空	12. 来台旅客人数	1 044 万人次	5.3	历年新高
	13. 来台观光目的旅客人数	751 万人次	4.4	历年新高
	14. 国人出国人数	1 318 万人次	11.3	历年新高
邮政	15. 邮政储金结存金额（12 月底）	5.8 兆元	5.0	历年新高
	16. 邮政储金结存户数（12 月底）	3 527 万户	1.8	历年新高

说明：本表港埠系指国际商港（基隆港、高雄港、台中港、花莲港、苏澳港、安平港及台北港）。

一、亚洲邮轮旅游蓬勃发展，带动国际航线旅客量创新高

2015 年，中国台湾地区国际商港之国际航线因亚洲邮轮项目带动来台观光热潮，旅客量突破 60 万达 66.6 万人次（占 49.3%），再创历史新高，较 2014 年增加 11.8%；岛内航线因行驶苏澳—花莲航线之“丽娜轮”检修停航，客运量 37 万人次，则较 2014 年减少 24.4%；另两岸航线随两岸往来日益频繁，旅客量 31.5 万人次，较 2014 年增加 7.4%；总计 2015 年国际商港进出港旅客 135.1 万人次，较 2014 年减少 2%。

2015 年，国际邮轮赴台总计 567 艘次，较 2014 年增加 49 艘次，推升全年各港国际邮轮旅客达 82.4 万人次（同比增长 14.1%），续创新高，展现中国台湾地区近年积极经营国际邮轮旅游市场之卓著成效。其中，基隆港由于大型国际邮轮挂靠增加，2015 年国际邮轮旅客 56.3 万人次（占进出基隆港旅客总量的 81.2%），较 2014

年增加25.5%，表现最为亮眼。

2015年往来旅客计183.6万人次，创历年新高，较2014年增加17.8%，其中以往来金门港旅客176.2万人次最多（占96%），较2014年增加16.4%，主要受2015年陆续实施“落地签”“离岛中转团不受台湾每日员额限制”、开放“赴厦门、泉州延伸游金门”、离岛专案数额自每日500人调升至每日1 000人等政策影响所致。

近6年国际商港进出港旅客人数

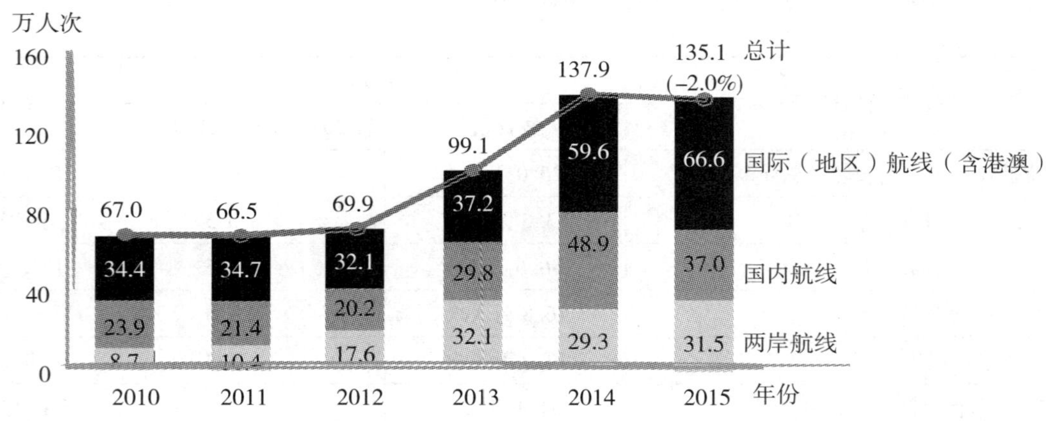

二、机场旅客人数创新高，日本航线载客数首破千万人次

2015年，中国台湾地区各机场进出旅客总计5 815.7万人次（平均每日15.9万人次），较2014年增加280万人次（+5.1%），创历年新高，其中以国际航线（含港澳）旅客最多，达3 616.3万人次（+9.3%）；两岸航线旅客人数次之，达1 182.1万人次（+4.7%），并已连续2年突破千万人次；岛内航线979.8万人次（-7.2%）再次之；另过境旅客37.4万人次（-7%）。

在国际航线中，2015年日本航线由于观光热潮及航班大幅增加的有利因素，载客人数首次突破千万人次，达1 088.6万人次，为历年之冠，次为中国香港航线达913.8万人次，再次为美国航线达243.1万人次，充分展现中国台湾地区航空客运成长劲扬之荣景。

近6年中国台湾地区主要机场进出旅客人数

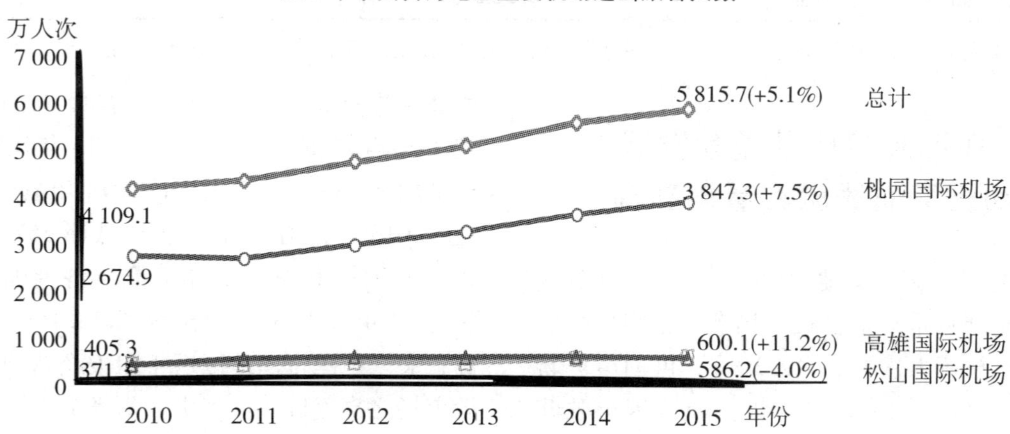

依主要机场客运量观察，以桃园机场进出旅客人数 3 847.3 万人次（+7.5%）居首，创历年新高，其次依序为高雄机场及松山机场，进出旅客分别为 600.1 万人次（+11.2%）及 586.2 万人次（-4%）。

三、赴台旅客破千万，宝岛观光展佳绩

2015 年，赴台旅客达 1 043.9 万人次，缔造观光历史新页，较 2014 年增长 5.3%，展现中国台湾地区经营观光市场之卓越成绩，并走出台湾观光新气象。

观察各地赴台旅客，以我国大陆 418.4 万人次居首，较 2014 年增加 4.9%；其次为日本 162.7 万人次，较 2014 年减少 0.5%，主要因为日元大幅贬值，日本民众出国意愿降低所致；再次为港澳地区旅客，较 2014 年增加 10%，并已连续 4 年突破百万达 151.4 万人次；另因韩媒营销来台观光奏效，韩国来台旅客超越历年纪录，达 65.9 万人次，较 2014 年增加 24.8%，增速最为亮眼。余尚包括新加坡、菲律宾、美国、加拿大、法国、德国、意大利、荷兰及英国 9 国来台人数均创历年新高，是中国台湾地区致力多元市场努力成果。

中国台湾地区近年因国民生活水平提升，岛内出国人数逐步成长，2015 年出境人数达 1 318.3万人次，较 2014 年大幅增加 133.8 万人次（+11.3%），续创历年新高，另就地区观察，岛内人员出境仍以邻近区域为主，其中前往日本 379.8 万人次居首位（+27.8%），次为我国大陆 340.4 万人次（+4.2%），再次为我国香港 200.8 万人次（-0.5%）。

近 6 年按居住地分来台旅客人数

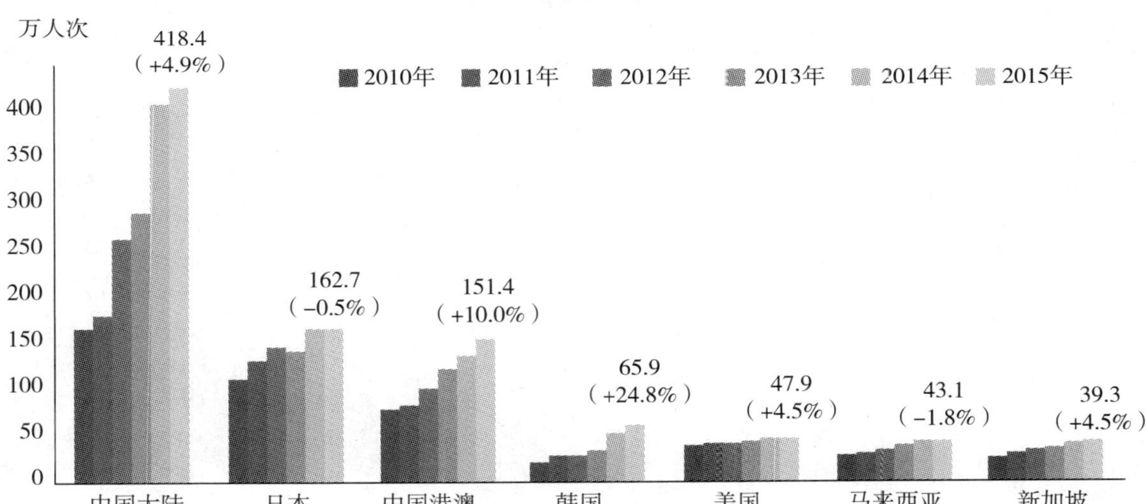

香 港 地 区

2015 年香港地区口岸工作综述

说明：香港地区对外贸易包括香港地区的对外商品贸易及服务贸易。香港地区的对外商品贸易统计是根据进出口报关单上的资料编制。《中华人民共和国香港特别行政区基本法》说明，香港特别行政区为单独的关税地区。香港地区与中国内地之间的贸易，亦须办理进出口报关，有关的统计资料包括在香港地区的对外商品贸易统计数字内。香港地区与中国内地之间的服务贸易视作对外交易，并包括在香港地区服务贸易统计数字内。

总体商品贸易

单位：百万港元

贸易种类	2013 年	2014 年	2015 年
港产品出口	54 364	55 283	46 861
同比（%）	-7.6	1.7	-15.2
转口	3 505 322	3 617 468	3 558 418
同比（%）	3.8	3.2	-1.6
整体出口	3 559 686	3 672 751	3 605 279
同比（%）	3.6	3.2	-1.8
进口	4 060 717	4 219 046	4 046 420
同比（%）	3.8	3.9	-4.1
贸易总额	7 620 404	7 891 798	7 651 699
同比（%）	3.7	3.6	-3.1
商品贸易差额	-501 031	-546 295	-441 141

港口货物吞吐量

项目		2013 年	同比（%）	2014 年	同比（%）	2015 年	同比（%）
港口货物总吞吐量（千吨）	合计	276 055	2.5	297 737	7.9	256 559	-13.8
	卸下	162 275	4.9	184 185	13.5	152 808	-17.0
	装上	113 780	0.7	113 552	-0.2	103 751	-8.6
海运货物吞吐量（千吨）	合计	184 238	-2.4	197 321	7.1	168 586	-14.6
	卸下	116 071	-1.2	130 527	12.5	112 180	-14.1
	装上	68 168	-4.5	66 793	-2.0	56 406	-15.6
河运货物吞吐量（千吨）	合计	91 817	14.2	100 416	9.4	87 973	-12.4
	卸下	46 205	24.0	53 657	16.1	40 628	-24.3
	装上	45 612	5.7	46 758	2.5	47 345	1.3

按用途类别划分的进口、转口货值

单位：百万港元

	用途类别	2013 年	2014 年	2015 年
食品	进口	169 748	186 696	172 366
	转口	42 908	47 442	48 695
消费品	进口	933 964	945 943	861 229
	转口	841 128	827 309	775 939
原料及半制成品	进口	1 359 996	1 470 195	1 417 258
	转口	1 168 233	1 237 125	1 240 114
燃料	进口	137 214	122 033	93 689
	转口	5 753	4 812	3 728
资本货品	进口	1 459 795	1 494 180	1 501 877
	转口	1 447 300	1 500 780	1 489 942
所有用途类别	进口	4 060 717	4 219 046	4 046 420
	转口	3 505 322	3 617 468	3 558 418

按主要国家/地区划分的商品贸易

单位：百万港元

贸易种类/主要国家/地区		2013 年	2014 年	2015 年
进口	总量	4 060 717	4 219 046	4 046 420
	同比（%）	3.8	3.9	-4.1
中国内地		1 942 131	1 986 964	1 984 048
日本		286 343	288 891	260 294
中国台湾		261 895	300 278	274 385
新加坡		246 441	260 801	245 867
美国		219 678	219 599	210 933
韩国		158 709	175 537	172 085
马来西亚		87 601	102 191	94 084
印度		87 321	96 088	82 913
泰国		77 544	88 231	84 910
瑞士		77 195	79 291	61 802
出口	总量	54 364	55 283	46 861
	同比（%）	-7.6	1.7	-15.2
中国内地		24 784	23 195	20 433

续表 1

贸易种类/主要国家/地区		2013 年	2014 年	2015 年
美国		5 401	4 475	3 897
新加坡		2 533	2 512	2 266
中国台湾		2 433	3 001	2 088
中国澳门		1 856	1 872	1 774
越南		1 815	2 113	1 948
泰国		1 127	1 318	1 272
英国		1 040	1 197	1 118
韩国		1 058	1 436	1 137
马来西亚		1 165	1 416	1 124
转口	总量	3 505 322	3 617 468	3 558 418
	同比（%）	3.8	2.2	-1.6
中国内地		1 924 463	1 955 821	1 916 082
美国		325 902	336 980	338 296
日本		133 967	130 238	121 724
印度		82 965	92 462	101 284
中国台湾		74 926	76 296	62 941
德国		73 552	72 181	70 026
韩国		63 070	60 948	53 243
越南		56 766	64 690	74 665
新加坡		56 047	57 339	56 185
英国		53 006	53 104	53 637
整体出口	总量	3 559 686	3 672 751	3 605 279
	同比（%）	3.6	3.2	-1.8
中国内地		1 949 247	1 979 016	1 936 515
美国		331 303	341 456	342 193
日本		135 229	131 505	122 772
印度		83 301	94 224	101 831
中国台湾		77 359	79 297	65 029
德国		73 827	72 588	70 269
韩国		64 128	62 384	54 380
越南		58 580	66 803	76 612
新加坡		58 580	59 850	58 451
英国		54 045	54 301	54 755

续表 2

贸易种类/主要国家/地区		2013 年	2014 年	2015 年
贸易总额	总量	7 620 404	7 891 798	7 651 699
	同比（%）	3.7	3.6	
中国内地		3 891 378	3 965 980	3 920 564
美国		550 981	561 055	553 126
日本		421 572	420 396	383 067
中国台湾		339 253	379 575	339 414
新加坡		305 021	320 651	304 318
韩国		222 838	237 921	226 465
印度		170 622	190 312	184 745
德国		129 689	131 074	123 365
泰国		120 861	137 270	134 003
越南		97 829	109 283	127 522

按产品所属工业划分的港产品出口统计表

单位：百万港元

主要货物类别	2013 年	2014 年	2015 年
食品	2 819.8	3 080.0	3 346.5
饮品	557.5	717.6	757
烟草制品	3 093.3	3 280.0	3 452.3
纺织制品	1 206.1	820.5	597.5
成衣制品	1 659.1	1 390.7	878.5
纸及纸制品和印刷及已储录资料媒体的复制	3 467.6	3 291.0	3 070.9
非金属矿产制品	760.3	1 016.5	1 112.4
化学品及化学产品	7 870.6	7 003.0	5 678.6
药品、医药化学剂和植物药材产品	2 703.9	3 464.5	2 917.6
橡胶及塑胶制品（家具、玩具、体育用品及文具除外）	1 370.2	1 463.8	1 193.8
基本金属制品	6 114.9	7 989.2	5 201.2
金属制品（机械及设备除外）	481.8	543.1	385.3
电脑、电子及光学产品	5 160.0	3 996.0	3 541.7
电器设备制品	930.1	867.1	872.8
其他机械设备	3 497.9	4 413.9	3 953.3
珠宝首饰及相关制品	8 713.6	7 891.5	7 007.6
其他制造业	2 732.3	2 964.1	2 017.7
总计	53 139.2	54 192.2	45 984.8

商品贸易指数

指数类别	贸易种类	2013 年	2014 年	2015 年
货值	进口	96. 2	100	95. 9
	同比（%）	3. 8	3. 9	-4. 1
	港产品出口	98. 3	100	84. 8
	同比（%）	-7. 6	1. 7	-15. 2
	转口	96. 9	100	98. 4
	同比（%）	3. 8	3. 2	-1. 6
	整体出口	96. 9	100	98. 2
	同比（%）	3. 6	3. 2	-1. 8
单位价格	进口	98. 1	100	99. 6
	同比（%）	3. 7	1. 9	-0. 4
	港产品出口	99. 8	100	97. 0
	同比（%）	2. 5	0. 2	-3. 0
	转口	98. 0	100	98. 4
	同比（%）	1. 3	2. 0	-1. 6
	整体出口	98	100	100. 1
	同比（%）	1. 3	2. 0	0. 1
货量	进口	97. 7	100	96. 8
	同比（%）	3. 6	2. 3	3. 2
	港产品出口	97. 2	100	87. 2
	同比（%）	-9. 3	2. 9	-12. 8
	转口	98. 5	100	98. 4
	同比（%）	2. 9	1. 5	-1. 6
	整体出口	98. 5	100	98. 3
	同比（%）	2. 7	1. 5	-1. 7
贸易价格比率		99. 9	100	100. 5
	同比（%）	0. 4	0. 1	0. 5

澳 门 地 区

2015 年澳门地区口岸工作综述

【进出口贸易】 2015 年总出口货值为106.9 亿元，按年上升 7.8%；其中再出口（88.7 亿元）增加 12.4%，本地产品出口（18.2 亿元）则减少 10.0%。由于黄金制首饰（-31.2%）、小客车（-25.4%）、手表（-21.5%）等消费品的需求下降，导致 2015 年总进口货值按年下跌 5.9% 至 846.6 亿元。货物贸易逆差为 739.7 亿元。

按出口目的地分析，2015 年输往香港（63.3 亿元）与我国内地（18.4 亿元）货值按年上升 8.8% 及 18.2%，而出口至欧洲联盟（2.3 亿元）与美国（2.0 亿元）分别减少 27.0% 及 33.0%。

非纺织品出口为 98.6 亿元，按年上升 8.0%；钟表（12.3 亿元）与电子元器件（9.8 亿元）分别增加 40.9% 及 48.7%，机器设备与零件（11.6 亿元）则减少 36.9%。纺织品及成衣出口为 8.3 亿元，按年上升 6.4%。

按货物原产地统计，全年由中国内地进口的货值（318.5 亿元）按年上升 6.8%，而欧洲联盟（188.4 亿元）则下跌 13.8%。消费品进口按年下跌 9.7% 至 505.6 亿元；其中黄金制首饰（70.4 亿元）下跌 31.2%，食物及饮品（119.8 亿元）则上升 2.7%。此外，燃料及润滑油（69.0 亿元）和建筑材料（31.5 亿元）的进口货值分别减少 13.7% 及 9.1%。

2015 年对外商品贸易总额共 953.6 亿元，较 2014 年的 998.7 亿元减少 4.5%。

【出入境旅客】 2015 年入境旅客共 30 714 628人次，按年减少 811 004 人次；不过夜旅客（16 406 861 人次）及留宿旅客（14 307 767人次）分别减少 3.3% 及 1.8%。旅客平均逗留 1.1 日，按年增加 0.1 日。

2015 年我国内地旅客共 20 410 615 人次，按年减少 4.0%，主要来自广东省（9 043 931 人次），按年微增 0.4%，其次是福建省（872 291 人次）及湖南省旅客（810 502 人次）。内地个人游旅客按年下跌 0.5% 至 9 519 317 人次，其中 71.2% 来自广东省，而上海市的占 4.8%。香港（6 534 543 人次）及台湾地区旅客（988 059 人次）分别增加 1.7% 及 3.6%，韩国旅客（554 177 人次）则微跌 0.1%。来自美国（182 532 人次）及加拿大旅客（70 973 人次）按年分别微升 0.6% 及 0.5%，澳洲（92 404 人次）及英国旅客（59 985 人次）则减少 12.8% 及 1.3%。

2015 年留宿旅客共 14 307 767 人次，按年减少 1.8%，主要由于我国内地留宿旅客（9 234 150 人次）减少 5.1% 所致，而香港（3 065 380人次）及台湾地区留宿旅客（450 795 人次）则录得 9.9% 及 10.0% 增幅。留宿旅客占旅客总数 46.6%，比重按年微升 0.4 个百分点。2015 年留宿旅客平均逗留 2.1 日，按年增加 0.2 日，不过夜旅客的平均逗留时间（0.2 日）与 2014 年持平。

按入境方式统计，2015 年经陆路入境的旅客共 17 210 946 人次，按年减少 1.0%，其中经关闸入境的旅客（15 176 480 人次）占 88.2%，减少 2.6%。由路氹城边检站入境的旅客（2 009 551人次）则增加 13.1%。经海路入境的旅客按年减少 5.5% 至 11 413 908 人次，由外港客运码头（6 992 837人次）及氹仔临时客运码头入境的旅客（4 098 894 人次）分别减少 5.0% 及 3.4%。此外，取道空路入境的旅客为 2 089 774 人次，按年上升 1.7%，经机场入境的旅客（2 076 926人次）增加 2.5%。

2015 年 12 月中国内地旅客按年增加 1.1% 至 1 656 704 人次，其中内地个人游旅客（736 950人次）微跌 0.5%。香港（591 319 人次）、韩国（54 880 人次）及台湾地区旅客（85 129人次）分别录得 8.3%、15.9% 及 8.9% 的增幅，马来西亚旅客（33 981 人次）则微跌 0.9%；此外，美国、澳洲、加拿大及英国旅客均录得按年增幅。另外，经陆路（1 473 867 人次）及空路入境的旅客（193 916 人次）按年分别增加 12.9% 及 10.0%；而取道海路入境的旅客（966 315人次）则减少 8.7%。

【货运情况】 2015 年跨境汽车流量共 5 131 997辆次，上升 3.9%，其中经路氹城边检站进出境的（1 114 288 辆）增加 15.2%。全年客轮共 145 385 班次，较2014 年增加 3.2%，经氹仔临时客运码头往来的（36 858 班次）上升 9.1%。

2015 年进出的班机共 52 182 班次，增加 8.3%，当中以往来我国内地（占 38.0%）、泰国（12.8%）及台湾地区（23.9%）的航班为主，而往来日本及越南的飞机航班升幅最为显著，达 35.0% 及 25.9%。全年的直升机航班则减少 7.3% 至 14 048 班次。

2015 年海路货柜货物毛重共252 160吨，按年增加 2.3%，当中经九澳港进出口的（147 766 吨）占 58.6%；货柜总吞吐量为 149 726 标准货柜单位，共 100 927 柜次，分别录得 7.3% 及 4.7% 升幅。经陆路进出口的货柜货物毛重共 26 040吨，按年减少 9.3%，当中经路氹城边检站的货物（20 328 吨）占 78.1%。

2015 年空运进口货物共 7 410 吨，按年上升 11.1%，而出口货物则轻微减少 0.4% 至16 278吨。台湾地区是空运货物的主要来源地及目的地，全年由台湾地区进口（占空运进口货物 61.6%）的空运货物按年上升 24.0%，而出口往台湾地区（占空运出口货物 43.7%）的空运货物则减少 1.2%。转口空运货物（6 370 吨）按年增加 10.7%。

澳门地区对外商品贸易主要指标

单位：百万澳门元

年份	货物进口	按年变动（%）	货物出口	按年变动（%）	本地产品出口	按年变动（%）	再出口	按年变动（%）
2013	81 013.5	14	9 093.9	+11	2 009.2	-12	7 084.7	21
2014	89 952.2	11	9 914.8	+9	2 022.7	1	7 892.0	11
2015	84 663.2	-6	10 692.1	8	1 820.8	-10	8 871.2	12

澳门地区按贸易类别及运输方式统计之货值及毛重

单位：百万澳门元/吨

贸易类别	2014 年				2015 年			
	总数	海运	陆运	空运	总数	海运	陆运	空运
出口	9 914.8	6 959.7	1 448.3	121.4	10 692.1	7 382.2	1 729.2	156.9
	409 443	192 297	45 430	466	414 802	195 753	42 305	629
本地产品出口	2 022.7	1 784.9	214.2	6.2	1 820.8	1 530.4	270.3	2.6
	147 480	143 421	4 034	23	149 402	144 628	4 754	18
再出口	7 892.0	5 174.8	1 234.0	115.3	8 871.2	5 851.8	1 459.0	154.3
	261 964	48 876	41 396	443	265 400	51 125	37 550	611
进口	89 952.2	78 689.9	5 737.7	1 750.4	84 663.2	73 078.1	6 053.5	1 784.5
	98 897 123	4 785 834	1 234 834	4 789	101 232 482	4 284 350	1 519 799	5 303
暂时出口	1 512.6	591.3	817.1	104.2	1 119.7	308.1	677.2	134.4
	1 023	297	686	40	934	184	606	144

续表

贸易类别	2014 年				2015 年			
	总数	海运	陆运	空运	总数	海运	陆运	空运
再进口	1 165.0	430.6	732.1	2.4	1 114.9	467.6	619.7	27.6
	1 047	240	804	3	700	184	515	1
转运（进入）	10 395.8	5 002.3	3 884.8	1 508.7	11 371.5	5 378.3	3 932.2	2 061.0
	48 305	14 273	32 746	1 287	32 697	10 126	20 910	1 662
转运（离开）	10 395.8	1 767.6	7 624.8	1 003.4	11 371.5	2 441.8	8 172.9	756.8
	48 305	7 617	31 297	9 391	32 697	9 342	14 538	8 817

澳门地区关闸汽车流量统计表

单位：辆次

年份	总数	入境				出境			
		小计	重型客车	重型货车	轻型汽车	小计	重型客车	重型货车	轻型汽车
2013	3 795 383	1 919 524	494 173	24 347	1 401 004	1 875 859	500 553	205	1 375 101
2014	3 938 733	1 991 460	532 594	26 403	1 432 463	1 947 273	531 944	204	1 415 125
2015	3 979 546	2 018 774	532 260	28 258	1 458 256	1 960 772	527 390	167	1 433 215

澳门地区跨境工业区边检站汽车流量统计表

单位：辆次

年份	总数	入境			出境		
		小计	重型货车	轻型汽车	小计	重型货车	轻型汽车
2013	30 540	14 836	5 141	9 695	15 704	5 727	9 977
2014	33 884	16 447	5 577	10 870	17 437	6 247	11 190
2015	38 163	18 461	6 817	11 644	19 702	7 529	12 173

澳门地区客轮班次统计表

单位：班次

年份	总数	出发地						
		小计	港岛	九龙	香港国际机场	湾仔	蛇口	深圳
2013	138 342	68 887	38 782	12 216	3 135	6 767	5 498	2 489
2014	140 941	69 518	38 832	12 165	2 985	6 496	5 760	3 280
2015	145 385	72 105	41 545	11 918	3 413	6 050	5 948	3 231

续表

年份	目的地							
		小计	港岛	九龙	香港国际机场	湾仔	蛇口	深圳
2013		69 455	38 876	10 584	5 210	6 767	5 506	2 512
2014		71 423	38 711	10 872	5 688	6 519	6 399	3 234
2015		73 280	40 944	10 947	5 357	6 170	6 636	3 226

澳门地区外港客运码头客轮班次统计表

单位：班次

年份	总数	出发地					
		小计	港岛	九龙	香港国际机场	蛇口	深圳
2013	92 749	46 297	27 351	10 523	2 182	3 752	2 489
2014	94 155	46 805	27 260	10 115	2 176	3 974	3 280
2015	96 307	48 281	28 399	10 444	2 221	3 986	3 231
年份	目的地						
		小计	港岛	九龙	香港国际机场	蛇口	深圳
2013		46 452	27 099	10 156	2 933	3 752	2 512
2014		47 350	26 954	9 595	3 599	3 968	3 234
2015		48 026	27 980	9 840	2 982	3 998	3 226

澳门地区氹仔临时客运码头及内港客运码头客轮班次统计表

单位：班次

年份	总数	出发地					
		氹仔临时客运码头					内港客运码头
		小计	港岛	九龙	香港国际机场	蛇口	
2013	45 593	15 823	11 431	1 693	953	1 746	6 767
2014	46 786	16 217	11 572	2 050	809	1 786	6 496
2015	49 078	17 774	13 146	1 474	1 192	1 962	6 050

年份	目的地					
	氹仔临时客运码头					内港客运码头
	小计	港岛	九龙	香港国际机场	蛇口	
2013	16 236	11 777	428	2 277	1 754	6 767
2014	17 554	11 757	1 277	2 089	2 431	6 519
2015	19 084	12 964	1 107	2 375	2 638	6 170

澳门地区货柜货物毛重统计表

单位：吨

年份	总数	进口						出口					
		小计	内港	关闸	九澳港	路氹城边检站	跨境工业区	小计	内港	关闸	九澳港	路氹城边检站	跨境工业区
2013	207 988	191 177	116 486	350	57 473	16 762	105	16 811	11 595	9	2 961	2 109	136
2014	261 153	246 220	116 518	26	110 137	19 419	121	14 933	10 462	–	3 090	1 308	73
2015	261 254	242 740	95 699	–	132 857	14 091	93	18 514	7 612	–	8 367	2 376	158
年份	总数	转口入境						转口出境					
		小计	内港	关闸	九澳港	路氹城边检站	跨境工业区	小计	内港	关闸	九澳港	路氹城边检站	跨境工业区
2013	15 477	9 680	1 238	–	2 666	2 520	3 256	5 797	534	709	1 685	2 729	140
2014	13 991	8 272	1 026	–	1 906	1 029	4 310	5 718	179	679	3 106	1 648	107
2015	16 947	9 206	950	–	1 949	1 759	4 547	7 741	132	757	4 593	2 102	157

澳门地区陆路货柜货物毛重统计表

单位：吨

年份	总数	进口				出口			
		小计	关闸	路氹城边检站	跨境工业区	小计	关闸	路氹城边检站	跨境工业区
2013	19 472	17 218	350	16 762	105	2 254	9	2 109	136
2014	20 946	19 565	26	19 419	121	1 382	–	1 308	73
2015	16 717	14 183	–	14 091	93	2 534	–	2 376	158
年份	总数	转口入境				转口出境			
		小计	关闸	路氹城边检站	跨境工业区	小计	关闸	路氹城边检站	跨境工业区
2013	9 355	5 776	–	2 520	3 256	3 579	709	2 729	140
2014	7 772	5 339	–	1 029	4 310	2 433	679	1 648	107
2015	9 323	6 307	–	1 759	4 547	3 016	757	2 102	157

澳门地区海路货柜货物毛重统计表

单位：吨

年份	总数	进口			出口		
		小计	内港	九澳港	小计	内港	九澳港
2013	188 516	173 960	116 486	57 473	14 556	11 595	2 961
2014	240 206	226 654	116 518	110 137	13 552	10 462	3 090
2015	244 536	228 556	95 699	132 857	15 980	7 612	8 367
年份	总数	转口入境			转口出境		
		小计	内港	九澳港	小计	内港	九澳港
2013	6 122	3 904	1 238	2 666	2 219	534	1 685
2014	6 218	2 933	1 026	1 906	3 285	179	3 106
2015	7 624	2 899	950	1 949	4 725	132	4 593

澳门地区海路货柜总吞吐量统计表

单位：标准货柜单位

年份	总数	进口			出口		
		小计	内港	九澳港	小计	内港	九澳港
2013	124 714	78 991	63 798	15 192	45 724	30 964	14 760
2014	139 470	87 545	65 133	22 412	51 925	30 825	21 100
2015	149 440	91 932	67 436	24 496	57 508	32 569	24 939
年份	总数	转口入境			转口出境		
		小计	内港	九澳港	小计	内港	九澳港
2013	259	238	128	110	21	–	21
2014	69	60	30	30	9	–	9
2015	287	113	46	67	174	73	101

澳门地区货柜流量统计表

单位：柜次

年份	总数	进口			出口		
		小计	海路	陆路	小计	海路	陆路
2013	92 711	58 468	56 517	1 951	34 243	32 802	1 441
2014	100 662	62 707	60 336	2 371	37 955	35 982	1 973
2015	103 362	63 415	61 877	1 538	39 947	38 885	1 062
年份	总数	转口入境			转口出境		
		小计	海路	陆路	小计	海路	陆路
2013	539	357	162	195	182	13	169
2014	1 159	633	42	591	526	7	519
2015	1 736	1 091	62	1 029	645	103	542

2011 = 100

年份	出口			本地产品出口			再出口			进口			贸易价格比率
	价值	单位价格	数量	价值	单位价格	数量	价值	单位价格	数量	价值	单位价格	数量	
2011	100.0	100.0	100.0	100.0	100.0	100.0	100.0	100.0	100.0	100.0	100.0	100.0	100.0
2012	117.1	100.7	116.3	95.6	101.3	94.4	128.2	100.6	127.5	113.9	103.0	110.6	97.7
2013	130.5	100.1	130.3	84.1	103.3	81.4	154.7	99.6	155.3	130.1	102.5	126.8	97.6
2014	142.2	98.6	144.2	84.6	104.0	81.4	172.3	96.5	178.5	144.4	101.5	142.3	97.1
2015	153.4	98.0	156.5	76.2	103.9	73.4	193.7	96.0	201.8	135.9	100.1	135.8	97.9

第五篇

口岸相关法规

中华人民共和国国务院令

中华人民共和国国务院令 第661号

现公布《国务院关于修改〈中国公民往来台湾地区管理办法〉的决定》，自2015年7月1日起施行。

总　理

2015年6月14日

国务院关于修改《中国公民往来台湾地区管理办法》的决定

国务院决定对《中国公民往来台湾地区管理办法》作如下修改：

一、将第十三条第三项修改为："（三）经由外国来大陆的，依据《中华人民共和国护照法》，向中华人民共和国驻外国的外交代表机关、领事机关或者外交部授权的其他驻外机关申请。"

二、将第十四条修改为："台湾居民申请来大陆，须履行下列手续：

（一）交验表明在台湾居住的有效身份证明和出境入境证件；

（二）填写申请表；

（三）提交符合规定的照片。

国家主管机关可以根据具体情况要求台湾居民提交其他申请材料。"

三、将第十五条修改为："对批准来大陆的台湾居民，由国家主管机关签发旅行证件。"

四、删去第十六条、第十七条。

五、将第十八条改为第十六条，删去"短期"。

六、删去第十九条。

七、将第二十一条改为第十八条，修改为："台湾居民来大陆后，应当在所持旅行证件有效期之内按期离境。所持证件有效期即将届满需要继续居留的，应当向市、县公安局申请换发。"

八、将第二十二条改为第十九条，修改为："申请来大陆的台湾居民有下列情形之一的，不予批准：

（一）被认为有犯罪行为的；

（二）被认为来大陆后可能进行危害国家安全、利益等活动的；

（三）不符合申请条件或者有编造情况、提供假证明等欺骗行为的；

（四）精神疾病或者严重传染病患者；

（五）法律、行政法规规定不予批准的其他情形。

治病或者其他特殊原因可以批准入境的除外。"

九、将第二十七条改为第二十四条，修改为："大陆居民往来台湾通行证有效期为10年；台湾居民来往大陆通行证分为5年有效和3个月一次有效两种。"

十、将第二十八条改为第二十五条，修改为："大陆居民往来台湾通行证实行逐次签注。签注分一次往返有效和多次往返有效。"

十一、将第三十七条改为第三十四条，修改为："违反本办法第十六条的规定，不办理暂住登记的，处以警告或者100元以上、500元以下的罚款。"

本决定自2015年7月1日起施行。

《中国公民往来台湾地区管理办法》根据本决定作相应修改并对条文顺序作相应调整，重新公布。

附件：中国公民往来台湾地区管理办法

中国公民往来台湾地区管理办法

（1991年12月17日中华人民共和国国务院令第93号发布　根据2015年6月14日《国务院关于修改〈中国公民往来台湾地区管理办法〉的决定》修订）

第一章　总　则

第一条　为保障台湾海峡两岸人员往来，促进各方交流，维护社会秩序，制定本办法。

第二条 居住在大陆的中国公民（以下简称大陆居民）往来台湾地区（以下简称台湾），以及居住在台湾地区的中国公民（以下简称台湾居民）来往大陆，适用本办法。

本办法未规定的事项，其他有关法律、法规有规定的，适用其他法律、法规。

第三条 大陆居民前往台湾，凭公安机关出入境管理部门签发的旅行证件，从开放的或者指定的出入境口岸通行。

第四条 台湾居民来大陆，凭国家主管机关签发的旅行证件，从开放的或者指定的入出境口岸通行。

第五条 中国公民往来台湾与大陆之间，不得有危害国家安全、荣誉和利益的行为。

第二章　大陆居民前往台湾

第六条 大陆居民前往台湾定居、探亲、访友、旅游、接受和处理财产、处理婚丧事宜或者参加经济、科技、文化、教育、体育、学术等活动，须向户口所在地的市、县公安局提出申请。

第七条 大陆居民申请前往台湾，须履行下列手续：

（一）交验身份、户口证明；

（二）填写前往台湾申请表；

（三）在职、在学人员须提交所在单位对申请人前往台湾的意见；非在职、在学人员须提交户口所在地公安派出所对申请人前往台湾的意见；

（四）提交与申请事由相应的证明。

第八条 本办法第七条第四项所称的证明是指：

（一）前往定居，须提交确能在台湾定居的证明；

（二）探亲、访友，须提交台湾亲友关系的证明；

（三）旅游，须提交旅行所需费用的证明；

（四）接受、处理财产，须提交经过公证的对该项财产有合法权利的有关证明；

（五）处理婚姻事务，须提交经过公证的有关婚姻状况的证明；

（六）处理亲友丧事，须提交有关的函件或者通知；

（七）参加经济、科技、文化、教育、体育、学术等活动，须提交台湾相应机构、团体、个人邀请或者同意参加该项活动的证明；

（八）主管机关认为需要提交的其他证明。

第九条 公安机关受理大陆居民前往台湾的申请，应当在30日内，地处偏僻、交通不便的应当在60日内，作出批准或者不予批准的决定，通知申请人。紧急的申请，应当随时办理。

第十条 经批准前往台湾的大陆居民，由公安机关签发或者签注旅行证件。

第十一条 经批准前往台湾的大陆居民，应当在所持旅行证件签注的有效期内前往，除定居的以外，应当按期返回。

大陆居民前往台湾后，因病或者其他特殊情况，旅行证件到期不能按期返回的，可以向原发证的公安机关或者公安部出入境管理局派出的或者委托的有关机构申请办理延期手续；有特殊原因的也可以在入境口岸的公安机关申请办理入境手续。

第十二条 申请前往台湾的大陆居民有下列情形之一的，不予批准：

（一）刑事案件的被告人或者犯罪嫌疑人；

（二）人民法院通知有未了结诉讼事宜不能离境的；

（三）被判处刑罚尚未执行完毕的；

（四）正在被劳动教养的；

（五）国务院有关主管部门认为出境后将对国家安全造成危害或者对国家利益造成重大损失的；

（六）有编造情况、提供假证明等欺骗行为的。

第三章　台湾居民来大陆

第十三条 台湾居民要求来大陆的，向下列有关机关申请办理旅行证件：

（一）从台湾地区要求直接来大陆的，向公安部出入境管理局派出的或者委托的有关机构申请；有特殊事由的，也可以向指定口岸的公安机关申请；

（二）到香港、澳门地区后要求来大陆的，向公安部出入境管理局派出的机构或者委托的在香港、澳门地区的有关机构申请；

（三）经由外国来大陆的，依据《中华人民共和国护照法》，向中华人民共和国驻外国的外交代表机关、领事机关或者外交部授权的其他驻外机关申请。

第十四条 台湾居民申请来大陆，须履行下列手续：

（一）交验表明在台湾居住的有效身份证明和出境

入境证件；

（二）填写申请表；

（三）提交符合规定的照片。

国家主管机关可以根据具体情况要求台湾居民提交其他申请材料。

第十五条 对批准来大陆的台湾居民，由国家主管机关签发旅行证件。

第十六条 台湾居民来大陆，应当按照户口管理规定，办理暂住登记。在宾馆、饭店、招待所、旅店、学校等企业、事业单位或者机关、团体和其他机构内住宿的，应当填写临时住宿登记表；住在亲友家的，由本人或者亲友在24小时（农村72小时）内到当地公安派出所或者户籍办公室办理暂住登记手续。

第十七条 台湾居民要求来大陆定居的，应当在入境前向公安部出入境管理局派出的或者委托的有关机构提出申请，或者经由大陆亲属向拟定居地的市、县公安局提出申请。批准定居的，公安机关发给定居证明。

第十八条 台湾居民来大陆后，应当在所持旅行证件有效期之内按期离境。所持证件有效期即将届满需要继续居留的，应当向市、县公安局申请换发。

第十九条 申请来大陆的台湾居民有下列情形之一的，不予批准：

（一）被认为有犯罪行为的；

（二）被认为来大陆后可能进行危害国家安全、利益等活动的；

（三）不符合申请条件或者有编造情况、提供假证明等欺骗行为的；

（四）精神疾病或者严重传染病患者；

（五）法律、行政法规规定不予批准的其他情形。治病或者其他特殊原因可以批准入境的除外。

第四章　出境入境检查

第二十条 大陆居民往来台湾，台湾居民来往大陆，须向开放的或者指定的出入境口岸边防检查站出示证件，填交出境、入境登记卡，接受查验。

第二十一条 有下列情形之一的，边防检查站有权阻止出境、入境：

（一）未持有旅行证件的；

（二）持用伪造、涂改等无效的旅行证件的；

（三）拒绝交验旅行证件的；

（四）本办法第十二条、第十九条规定不予批准出境、入境的。

第五章　证件管理

第二十二条 大陆居民往来台湾的旅行证件系指大陆居民往来台湾通行证和其他有效旅行证件。

第二十三条 台湾居民来往大陆的旅行证件系指台湾居民来往大陆通行证和其他有效旅行证件。

第二十四条 大陆居民往来台湾通行证有效期为10年；台湾居民来往大陆通行证分为5年有效和3个月一次有效两种。

第二十五条 大陆居民往来台湾通行证实行逐次签注。签注分一次往返有效和多次往返有效。

第二十六条 大陆居民遗失旅行证件，应当向原发证的公安机关报失；经调查属实的，可补发给相应的旅行证件。

第二十七条 台湾居民在大陆遗失旅行证件，应当向当地的市、县公安机关报失；经调查属实的，可以允许重新申请领取相应的旅行证件，或者发给一次有效的出境通行证件。

第二十八条 大陆居民前往台湾和台湾居民来大陆旅行证件的持有人，有本办法第十二条、第十九条规定情形之一的，其证件应当予以吊销或者宣布作废。

第二十九条 审批签发旅行证件的机关，对已发出的旅行证件有权吊销或者宣布作废。公安部在必要时，可以变更签注、吊销旅行证件或者宣布作废。

第六章　处　罚

第三十条 持用伪造、涂改等无效的旅行证件或者冒用他人的旅行证件出境、入境的，除依照《中华人民共和国公民出境入境管理法实施细则》第二十三条的规定处罚外，可以单处或者并处100元以上、500元以下的罚款。

第三十一条 伪造、涂改、转让、倒卖旅行证件的，除依照《中华人民共和国公民出境入境管理法实施细则》第二十四条的规定处罚外，可以单处或者并处500元以上、3000元以下的罚款。

第三十二条 编造情况，提供假证明，或者以行贿等手段获取旅行证件的，除依照《中华人民共和国公民出境入境管理法实施细则》第二十五条的规定处罚外，可以单处或者并处100元以上、500元以下的罚款。

有前款情形的，在处罚执行完毕6个月以内不受理其出境、入境申请。

第三十三条 机关、团体、企业、事业单位编造情况、出具假证明为申请人获取旅行证件的，暂停其出证权的行使；情节严重的，取消其出证资格；对直接责任人员，除依照《中华人民共和国公民出境入境管理法实施细则》第二十五条的规定处罚外，可以单处或者并处500元以上、1000元以下的罚款。

第三十四条 违反本办法第十六条的规定，不办理暂住登记的，处以警告或者100元以上、500元以下的罚款。

第三十五条 违反本办法第十八条的规定，逾期非法居留的，处以警告，可以单处或者并处每逾期1日100元的罚款。

第三十六条 被处罚人对公安机关处罚不服的，可以在接到处罚通知之日起15日内，向上一级公安机关申请复议，由上一级公安机关作出最后的裁决；也可以直接向人民法院提起诉讼。

第三十七条 来大陆的台湾居民违反本办法的规定或者有其他违法犯罪行为的，除依照本办法和其他有关法律、法规的规定处罚外，公安机关可以缩短其停留期限，限期离境，或者遣送出境。

有本办法第十九条规定不予批准情形之一的，应当立即遣送出境。

第三十八条 执行本办法的国家工作人员，利用职权索取、收受贿赂或者有其他违法失职行为，情节轻微的，由主管部门予以行政处分；情节严重，构成犯罪的，依照《中华人民共和国刑法》的有关规定追究刑事责任。

第三十九条 对违反本办法所得的财物，应当予以追缴或者责令退赔；用于犯罪的本人财物应当没收。

罚款及没收的财物上缴国库。

第七章 附 则

第四十条 本办法由公安部负责解释。

第四十一条 本办法自1992年5月1日起施行。

中华人民共和国海关总署令

中华人民共和国海关总署 第227号令

《海关总署关于修改部分规章的决定》已于2015年4月27日经海关总署署务会议审议通过，现予公布，自公布之日起施行。

署　长

2015年4月27日

海关总署关于修改部分规章的决定

为依法推进注册资本登记制度改革，进一步激发市场的创造活力，根据《全国人民代表大会常务委员会关于修改〈中华人民共和国海洋环境保护法〉等七部法律的决定》（主席令第8号）、《国务院关于废止和修改部分行政法规的决定》（国务院令第648号）及《国务院关于印发注册资本登记制度改革方案的通知》（国发〔2014〕7号）要求，海关总署决定对《中华人民共和国海关对保税仓库及所存货物的管理规定》等6部规章进行修改，具体内容如下：

一、对《中华人民共和国海关对保税仓库及所存货物的管理规定》（海关总署令第105号公布）作如下修改：

删去第八条第（二）项，删去第十九条第一款中“注册资本”的表述。

二、对《中华人民共和国海关关于境内公路承运海关监管货物的运输企业及其车辆、驾驶员的管理办法》（海关总署令第121号公布）作如下修改：

删去第五条第（一）项中“注册资金不低于200万元人民币”的表述。

三、对《中华人民共和国海关对保税物流中心（A型）的暂行管理办法》（海关总署令第129号公布）作如下修改：

删去第六条第（二）项、第八条第（八）项、第十九条第三款第（三）项。

四、对《中华人民共和国海关对保税物流中心（B型）的暂行管理办法》（海关总署令第130号公布）作如下修改：

删去第五条第（二）项、第七条第（七）项、第十一条第（二）项、第十二条第（八）项、第二十一条第三款第（二）项。

五、对《中华人民共和国海关对出口监管仓库及所存货物的管理办法》（海关总署令第133号公布）作如下修改：

删去第九条第（三）项、删去第二十条第一款中“注册资本”的表述。

六、对《中华人民共和国海关监管场所管理办法》（海关总署令第171号公布）作如下修改：

删去第六条第（二）项。

本决定自公布之日起施行。

《中华人民共和国海关对保税仓库及所存货物的管理规定》《中华人民共和国海关关于境内公路承运海关监管货物的运输企业及其车辆、驾驶员的管理办法》《中华人民共和国海关对保税物流中心（A型）的暂行管理办法》《中华人民共和国海关对保税物流中心（B型）的暂行管理办法》《中华人民共和国海关对出口监管仓库及所存货物的管理办法》《中华人民共和国海关监管场所管理办法》根据本决定作相应修改，重新公布。

中华人民共和国国家质量监督检验检疫总局令

国家质量监督检验检疫总局
第 160 号令

《出入境特殊物品卫生检疫管理规定》已经 2014 年 12 月 4 日国家质量监督检验检疫总局局务会议审议通过，现予公布，自 2015 年 3 月 1 日起施行。

局　长

2015 年 1 月 21 日

出入境特殊物品卫生检疫管理规定

第一章　总　则

第一条　为了规范出入境特殊物品卫生检疫监督管理，防止传染病传入、传出，防控生物安全风险，保护人体健康，根据《中华人民共和国国境卫生检疫法》及其实施细则、《艾滋病防治条例》《病原微生物实验室生物安全管理条例》和《人类遗传资源管理暂行办法》等法律法规规定，制定本规定。

第二条　本规定适用于入境、出境的微生物、人体组织、生物制品、血液及其制品等特殊物品的卫生检疫监督管理。

第三条　国家质量监督检验检疫总局（以下简称国家质检总局）统一管理全国出入境特殊物品的卫生检疫监督管理工作，国家质检总局设在各地的出入境检验检疫部门（以下简称检验检疫部门）负责所辖地区的出入境特殊物品卫生检疫监督管理工作。

第四条　出入境特殊物品卫生检疫监督管理遵循风险管理原则，在风险评估的基础上根据风险等级实施检疫审批、检疫查验和监督管理。

国家质检总局可以对输出国家或者地区的生物安全控制体系进行评估。

第五条　出入境特殊物品的货主或者其代理人，应当按照法律法规规定和相关标准的要求，输入、输出及生产、经营、使用特殊物品，对社会和公众负责，保证特殊物品安全，接受社会监督，承担社会责任。

第二章　检疫审批

第六条　直属检验检疫局负责辖区内出入境特殊物品的卫生检疫审批（以下简称特殊物品审批）工作。

第七条　申请特殊物品审批应当具备下列条件：

（一）法律法规规定须获得相关部门批准文件的，应当获得相应批准文件；

（二）具备与出入境特殊物品相适应的生物安全控制能力。

第八条　入境特殊物品的货主或者其代理人应当在特殊物品交运前向目的地直属检验检疫局申请特殊物品审批。

出境特殊物品的货主或者其代理人应当在特殊物品交运前向其所在地直属检验检疫局申请特殊物品审批。

第九条　申请特殊物品审批的，货主或者其代理人应当按照以下规定提供相应材料：

（一）“入/出境特殊物品卫生检疫审批申请表”；

（二）出入境特殊物品描述性材料，包括特殊物品中英文名称、类别、成分、来源、用途、主要销售渠道、输出输入的国家或者地区、生产商等；

（三）入境人体血液、血浆、组织、器官、细胞、骨髓等，应当提供卫生主管部门的批准文件；

（四）入境、出境供移植用人体组织、细胞、器官、骨髓，应当提供医疗机构出具的供体健康证明和相关检验报告；

（五）入境用于预防、诊断、治疗人类疾病的生物制品、人体血液制品，应当提供国务院药品监督管理部门发给的进口药品注册证书；

（六）入境、出境特殊物品含有或者可能含有病原微生物的，应当提供病原微生物的学名（中文和拉丁文）、生物学特性的说明性文件（中英文对照件）及生产经营者或者使用者具备相应生物安全防控水平的证明文件；

（七）出境用于预防、诊断、治疗的人类疾病的生物制品、人体血液制品，应当提供药品监督管理部门出具的销售证明；

（八）出境特殊物品涉及人类遗传资源管理范畴的，应当提供人类遗传资源管理部门出具的批准文件；

（九）使用含有或者可能含有病原微生物的出入境特殊物品的单位，应当提供与生物安全风险等级相适应的生物安全实验室资质证明，BSL－3 级以上实验室必须获得国家认可机构的认可；

（十）出入境高致病性病原微生物菌（毒）种或者样本的，应当提供省级以上人民政府卫生主管部门的批准文件。

第十条 申请人为单位的，首次申请特殊物品审批时，除提供本规定第九条所规定的材料以外，还应当提供下列材料：

（一）单位营业执照、组织机构代码证等证件复印件，同时交验原件；

（二）单位基本情况，如单位管理体系认证情况、单位地址、生产场所、实验室设置、仓储设施设备、产品加工情况、生产过程或者工艺流程、平面图等；

（三）生物安全体系文件，如特殊物品储存管理制度、使用管理制度、废弃物处置管理制度、专业人员管理制度、突发事件应急处置规程等。

申请人为自然人的，应当提供身份证复印件，同时交验原件。

出入境病原微生物或者可能含有病原微生物的特殊物品，其申请人不得为自然人。

第十一条 直属检验检疫局对申请人提出的特殊物品审批申请，应当根据下列情况分别作出处理：

（一）申请事项依法不需要取得特殊物品审批的，应当即时告知申请人不予受理；

（二）申请事项依法不属于本单位职权范围的，应当即时作出不予受理的决定，并告知申请人向有关行政机关或者其他直属检验检疫局申请；

（三）申请材料存在可以当场更正的错误的，应当允许申请人当场更正；

（四）申请材料不齐全或者不符合法定形式的，应当当场或者自收到申请材料之日起 5 日内一次性告知申请人需要补正的全部内容。逾期不告知的，自收到申请材料之日起即为受理；

（五）申请事项属于本单位职权范围，申请材料齐全、符合法定形式，或者申请人按照本单位的要求提交全部补正申请材料的，应当受理行政许可申请。

第十二条 直属检验检疫局对申请材料应当及时进行书面审查。并可以根据情况采取专家资料审查、现场评估、实验室检测等方式对申请材料的实质内容进行核实。

第十三条 申请人的申请符合法定条件、标准的，直属检验检疫局应当自受理之日起 20 日内签发“入/出境特殊物品卫生检疫审批单”（以下简称“特殊物品审批单”）。

申请人的申请不符合法定条件、标准的，直属检验检疫局应当自受理之日起 20 日内作出不予审批的书面决定并说明理由，告知申请人享有依法申请行政复议或者提起行政诉讼的权利。

直属检验检疫局 20 日内不能作出审批或者不予审批决定的，经本行政机关负责人批准，可以延长 10 日，并应当将延长期限的理由告知申请人。

采取专家资料审查、现场评估、实验室检测等方式审查的时间不计入审批期限，但应当书面告知申请人所需时间。

第十四条 “特殊物品审批单”有效期如下：

（一）含有或者可能含有高致病性病原微生物的特殊物品，有效期为 3 个月。

（二）含有或者可能含有其他病原微生物的特殊物品，有效期为 6 个月。

（三）除上述规定以外的其他特殊物品，有效期为 12 个月。

“特殊物品审批单”在有效期内可以分批核销使用。超过有效期的，应当重新申请。

第三章　检疫查验

第十三条 入境特殊物品到达口岸后，货主或者其代理人应当凭“特殊物品审批单”及其他材料向入境口岸检验检疫部门报检。

出境特殊物品的货主或者其代理人应当在出境前凭“特殊物品审批单”及其他材料向其所在地检验检疫部门报检。

报检材料不齐全或者不符合法定形式的，检验检疫部门不予入境或者出境。

第十六条 受理报检的检验检疫部门应当按照下列要求对出入境特殊物品实施现场查验，并填写“入/出境特殊物品卫生检疫现场查验记录”：

（一）检查出入境特殊物品名称、成分、批号、规格、数量、有效期、运输储存条件、输出/输入国和生产厂家等项目是否与“特殊物品审批单”的内容相符；

（二）检查出入境特殊物品包装是否安全、无破损，不渗、不漏，存在生物安全风险的是否具有符合相关要求的生物危险品标志。

入境口岸查验现场不具备查验特殊物品所需安全防护条件的，应当将特殊物品运送到符合生物安全等级条件的指定场所实施查验。

第十七条 对需实验室检测的入境特殊物品，货主或者其代理人应当按照口岸检验检疫部门的要求将特殊物品存放在符合条件的储存场所，经检疫合格后方可移运或者使用。口岸检验检疫部门不具备检测能力的，应当委托有相应资质的实验室进行检测。

含有或者可能含有病原微生物、毒素等生物安全危害因子的入境特殊物品的，口岸检验检疫部门实施现场查验后应当及时电子转单给目的地检验检疫部门。目的地检验检疫部门应当实施后续监管。

第十八条 邮寄、携带的出入境特殊物品，不能提供“特殊物品审批单”的，检验检疫部门应当予以截留并出具截留凭证，截留期限不超过7天。

邮递人或者携带人在截留期限内补交“特殊物品审批单”后，检验检疫部门按照本规定第十六条规定进行查验，经检疫查验合格的予以放行。

第十九条 携带自用且仅限于预防或者治疗疾病用的血液制品或者生物制品出入境的，不需办理卫生检疫审批手续，出入境时应当向检验检疫部门出示医院的有关证明；允许携带量以处方或者说明书确定的一个疗程为限。

第二十条 供移植用人体组织因特殊原因不能提供“特殊物品审批单”的，入境、出境时检验检疫部门实施检疫查验后先予放行，货主或者其代理人应当在放行后10日内补办特殊物品审批手续。

第二十一条 口岸检验检疫部门对经卫生检疫符合要求的出入境特殊物品予以放行。有下列情况之一的，由口岸检验检疫部门签发“检验检疫处理通知书”，予以退运或者销毁：

（一）名称、批号、规格、生物活性成分等与特殊物品审批内容不相符的；

（二）超出卫生检疫审批的数量范围的；

（三）包装不符合特殊物品安全管理要求的；

（四）经检疫查验不符合卫生检疫要求的；

（五）被截留邮寄、携带特殊物品自截留之日起7日内未补交“特殊物品审批单”的，或者提交“特殊物品审批单”后，经检疫查验不合格的。

口岸检验检疫部门对处理结果应当做好记录、归档。

第四章 监督管理

第二十二条 出入境特殊物品单位，应当建立特殊物品安全管理制度，严格按照特殊物品审批的用途生产、使用或者销售特殊物品。

出入境特殊物品单位应当建立特殊物品生产、使用、销售记录。记录应当真实，保存期限不得少于2年。

第二十三条 检验检疫部门对出入境特殊物品实施风险管理，根据出入境特殊物品可能传播人类疾病的风险对不同风险程度的特殊物品划分为不同的风险等级，并采取不同的卫生检疫监管方式。

出入境特殊物品的风险等级及其对应的卫生检疫监管方式由国家质检总局统一公布。

第二十四条 需实施后续监管的入境特殊物品，其使用单位应当在特殊物品入境后30日内，到目的地检验检疫部门申报，由目的地检验检疫部门实施后续监管，未经检验检疫部门同意，不得擅自使用。

第二十五条 检验检疫部门对入境特殊物品实施后续监管的内容包括：

（一）使用单位的实验室是否与“特殊物品审批单”一致；

（二）入境特殊物品是否与“特殊物品审批单”货证相符。

第二十六条 在后续监管过程中发现下列情形的，由检验检疫部门撤回“特殊物品审批单”，责令其退运或者销毁：

（一）使用单位的实验室与“特殊物品审批单”不一致的；

（二）入境特殊物品与“特殊物品审批单”货证不符的。

检验检疫部门对后续监管过程中发现的问题，应当通报原审批的直属检验检疫局。情节严重的应当及时上报国家质检总局。

第二十七条 检验检疫部门工作人员应当秉公执法、忠于职守，在履行职责中，对所知悉的商业秘密负有保密义务。

第五章 法律责任

第二十八条 违反本规定，有下列情形之一的，由检验检疫部门按照《中华人民共和国国境卫生检疫法实施细则》第一百一十条规定处以警告或者100元以上5000元以下的罚款：

（一）拒绝接受检疫或者抵制卫生检疫监督管理的；

（二）伪造或者涂改卫生检疫单、证的；

（三）瞒报携带禁止进口的微生物、人体组织、生物制品、血液及其制品或者其他可能引起传染病传播的动物和物品的。

第二十九条 违反本规定，有下列情形之一的，有违法所得的，由检验检疫部门处以3万元以下的罚款：

（一）以欺骗、贿赂等不正当手段取得特殊物品审批的；

（二）未经检验检疫部门许可，擅自移运、销售、使用特殊物品的；

（三）未向检验检疫部门报检或者提供虚假材料，骗取检验检疫证单的；

（四）未在相应的生物安全等级实验室对特殊物品开展操作的或者特殊物品使用单位不具备相应等级的生物安全控制能力的，未建立特殊物品使用、销售记录或者记录与实际不符的；

（五）未经检验检疫部门同意，擅自使用需后续监管的入境特殊物品的；

（六）先予放行的供移植用人体组织，其申请人未在放行后10日内补办特殊物品审批手续的。

第三十条 出入境特殊物品的货主或者其代理人拒绝、阻碍检验检疫部门及其工作人员依法执行职务的，依法移送有关部门处理。

第三十一条 检验检疫部门工作人员徇私舞弊、滥用职权、玩忽职守，违反相关法律法规的，依法给予行政处分；情节严重，构成犯罪的，依法追究刑事责任。

第三十二条 对违反本办法，引起检疫传染病传播或者有引起检疫传染病传播严重危险的，依照《中华人民共和国刑法》的有关规定追究刑事责任。

第六章 附 则

第三十三条 本规定下列用语的含义：

微生物是指病毒、细菌、真菌、放线菌、立克次氏体、螺旋体、衣原体、支原体等医学微生物菌（毒）种及样本及寄生虫、环保微生物菌剂。

人体组织是指人体细胞、细胞系、胚胎、器官、组织、骨髓、分泌物、排泄物等。

人类遗传资源是指含有人体基因组，基因及其产物的器官、组织、细胞、血液、制备物、重组脱氧核糖核酸（DNA）构建体等遗传材料及相关的信息资料。

生物制品是指用于人类医学、生命科学相关领域的疫苗、抗毒素、诊断用试剂、细胞因子、酶及其制剂以及毒素、抗原、变态反应原、抗体、抗原－抗体复合物、核酸、免疫调节剂、微生态制剂等生物活性制剂。

血液是指人类的全血、血浆成分和特殊血液成分。

血液制品是指各种人类血浆蛋白制品。

出入境特殊物品单位是指从事特殊物品生产、使用、销售、科研、医疗、检验、医药研发外包的法人或者其他组织。

第三十四条 进出口环保用微生物菌剂卫生检疫监督管理按照《进出口环保用微生物菌剂环境安全管理办法》（环境保护部、国家质检总局令第10号）的规定执行。

第三十五条 进出境特殊物品应当实施动植物检疫的，按照进出境动植物检疫法律法规的规定执行。

第三十六条 本规定由国家质检总局负责解释。

第三十七条 本规定自2015年3月1日起施行，国家质检总局2005年10月17日发布的《出入境特殊物品卫生检疫管理规定》（国家质检总局令第83号）同时废止。

国家质量监督检验检疫总局第161号令

《出入境检验检疫报检企业管理办法》已经2014年12月4日国家质量监督检验检疫总局局务会议审议通过，现予公布，自2015年4月1日起施行。

局　长

2015年2月15日

出入境检验检疫报检企业管理办法

第一章　总　则

第一条　为加强对出入境检验检疫报检企业的监督管理，规范报检行为，维护正常的检验检疫工作秩序，促进对外贸易健康发展，根据《中华人民共和国进出口商品检验法》及其实施条例、《中华人民共和国进出境动植物检疫法》及其实施条例、《中华人民共和国国境卫生检疫法》及其实施细则、《中华人民共和国食品安全法》及其实施条例等法律法规规定，制定本办法。

第二条　国家质量监督检验检疫总局（以下简称国家质检总局）主管全国报检企业的管理工作。

国家质检总局设在各地的出入境检验检疫部门（以下简称检验检疫部门）负责所辖区域报检企业的日常监督管理工作。

第三条　本办法所称报检企业，包括自理报检企业和代理报检企业。

自理报检企业，是指向检验检疫部门办理本企业报检业务的进出口货物收发货人。出口货物的生产、加工单位办理报检业务的，按照本办法有关自理报检企业的规定管理。

代理报检企业，是指接受进出口货物收发货人（以下简称委托人）委托，为委托人向检验检疫部门办理报检业务的境内企业。

第四条　本办法所称报检人员，是指负责向检验检疫部门办理所在企业报检业务的人员。

报检企业对其报检人员的报检行为承担相应的法律责任。

第二章　备案管理

第五条　报检企业办理报检业务应当向检验检疫部门备案，备案时应当提供以下材料：

（一）“报检企业备案表”；

（二）营业执照复印件；

（三）组织机构代码证书复印件；

（四）“报检人员备案表”及报检人员的身份证复印件；

（五）企业的公章印模；

（六）使用报检专用章的，应当提交报检专用章印模；

（七）出入境快件运营企业应当提交国际快递业务经营许可证复印件。

以上材料应当加盖企业公章，提交复印件的应当同时交验原件。

第六条　材料齐全、符合要求的，检验检疫部门应当为报检企业办理备案手续，核发报检企业及报检人员备案号。

第七条　鼓励报检企业在报检前向检验检疫部门办理备案。已经办理备案手续的报检企业，再次报检时可以免予提交本办法第五条所列材料。

第八条　已备案报检企业向检验检疫部门办理报检业务，应当由该企业在检验检疫部门备案的报检人员办理。

报检人员办理报检业务时应当提供备案号及报检人员身份证明。

第三章　报检业务

第九条　报检企业可以向检验检疫部门办理下列报检业务：

（一）办理报检手续；

（二）缴纳出入境检验检疫费；

（三）联系和配合检验检疫部门实施检验检疫；

（四）领取检验检疫证单。

第十条　报检企业应当在中华人民共和国境内口岸或者检验检疫监管业务集中的地点向检验检疫部门

办理本企业的报检业务。

自理报检企业可以委托代理报检企业，代为办理报检业务。

第十一条 代理报检企业办理报检业务时，应当向检验检疫部门提交委托人授权的代理报检委托书，委托书应当列明货物信息、具体委托事项、委托期限等内容，并加盖委托人的公章。

代理报检企业应当在委托人授权范围内从事报检业务，并对委托人所提供材料的真实性进行合理审查。

第十二条 代理报检企业代缴出入境检验检疫费的，应当将出入境检验检疫收费情况如实告知委托人，不得假借检验检疫部门名义向委托人收取费用。

第四章 监督管理

第十三条 报检企业办理报检业务应当遵守国家有关法律、行政法规和检验检疫规章的规定，承担相应的法律责任。

第十四条 报检企业办理备案手续时，应当对所提交的材料以及所填报信息内容的真实性负责且承担法律责任。

第十五条 检验检疫部门对报检企业的报检业务进行监督检查，报检企业应当积极配合，如实提供有关情况和材料。

代理报检企业应当在每年3月底前提交上一年度的“代理报检业务报告”，主要内容包括企业基本信息、遵守检验检疫法律法规情况、报检业务管理制度建设情况、报检人员管理情况、报检档案管理情况、报检业务情况及分析、报检差错及原因分析、自我评估等。

第十六条 检验检疫部门对报检企业实施信用管理和分类管理，对报检人员实施报检差错记分管理。报检人员的差错记分情况列入报检企业的信用记录。

检验检疫部门可以公布报检企业的信用等级、分类管理类别和报检差错记录情况。

第十七条 “报检企业备案表”“报检人员备案表”中载明的备案事项发生变更的，企业应当自变更之日起30日内持变更证明文件等相关材料向备案的检验检疫部门办理变更手续。

第十八条 报检企业可以向备案的检验检疫部门申请注销报检企业或者报检人员备案信息。报检企业注销备案信息的，报检企业的报检人员备案信息一并注销。

第十九条 因未及时办理备案变更、注销而产生的法律责任由报检企业承担。

第二十条 鼓励报检协会等行业组织实施报检企业行业自律管理，开展报检人员能力水平认定和报检业务培训等，促进报检行业的规范化、专业化，防止恶性竞争。

第二十一条 检验检疫部门应当加强对报检协会等行业组织的指导，充分发挥行业组织的预警、组织、协调作用，推动其建立和完善行业自律制度。

第五章 法律责任

第二十二条 代理报检企业违反规定扰乱报检秩序，有下列行为之一的，由检验检疫部门按照《中华人民共和国进出口商品检验法实施条例》的规定进行处罚：

（一）假借检验检疫部门名义向委托人收取费用的；

（二）拒绝配合检验检疫部门实施检验检疫，拒不接受检验检疫部门监督管理，或者威胁、贿赂检验检疫工作人员的；

（三）其他扰乱报检秩序的行为。

第二十三条 报检企业有其他违反出入境检验检疫法律法规规定行为的，检验检疫部门按照相关法律法规规定追究其法律责任。

第六章 附 则

第二十四条 检验检疫部门按照“出入境检验检疫企业信用信息采集条目”对报检人员的报检差错进行计分。

第二十五条 出入境快件运营企业代理委托人办理出入境快件报检业务的，免予提交报检委托书。检验检疫部门参照代理报检企业进行管理。

第二十六条 机关单位、事业单位、社会团体等非企业单位按照国家有关规定需要从事非贸易性进出口活动的，凭有效证明文件可以直接办理报检手续。

第二十七条 本办法所称“以上”包含本数，“以下”不含本数。“年度”指1个公历年度。

第二十八条 本办法由国家质检总局负责解释。

第二十九条 本办法自2015年4月1日起施行。

国家质检总局《出入境检验检疫报检员管理规定》（国家质检总局令第33号）、《出入境检验检疫代理报检管理规定》（国家质检总局令第128号）同时废止。《出入境快件检验检疫管理办法》（国家质检总局令第3号）、《出入境检验检疫报检规定》（国家检验检疫局令第16号）与本办法不一致的，以本办法为准。

国家质量监督检验检疫总局 第169号令

《进出境中药材检疫监督管理办法》已经2015年7月9日国家质量监督检验检疫总局局务会议审议通过，现予公布，自2015年12月1日起施行。

局　长

2015年10月21日

进出境中药材检疫监督管理办法

第一章　总　则

第一条　为加强进出境中药材检疫监督管理工作，防止动植物疫病疫情传入传出国境，保护农、林、牧、渔业生产和人体健康，保护生态安全，根据《中华人民共和国进出境动植物检疫法》及其实施条例等法律法规的规定，制定本办法。

第二条　本办法所称中药材是指药用植物、动物的药用部分，采收后经初加工形成的原料药材。

第三条　本办法适用于申报为药用的进出境中药材检疫及监督管理。

申报为食用的进出境中药材检验检疫及监督管理按照国家质量监督检验检疫总局（以下简称国家质检总局）有关进出口食品的规定执行。

第四条　国家质检总局统一管理全国进出境中药材检疫及监督管理工作。

国家质检总局设在各地的出入境检验检疫部门（以下简称检验检疫部门）负责所辖地区的进出境中药材检疫及监督管理工作。

第五条　国家质检总局对进出境中药材实施用途申报制度。中药材进出境时，企业应当向检验检疫部门申报预期用途，明确“药用”或者“食用”。

申报为“药用”的中药材应为列入《中华人民共和国药典》药材目录的物品。申报为“食用”的中药材应为国家法律、行政法规、规章、文件规定可用于食品的物品。

第六条　国家质检总局对进出境中药材实施风险管理，对向中国境内输出中药材的境外生产、加工、存放单位（以下简称境外生产企业）实施注册登记管理，按照输入国家或者地区的要求对出境中药材生产、加工、存放单位（以下简称出境生产企业）实施注册登记管理，对进出境中药材生产、经营企业实行诚信管理等。

第七条　进出境中药材企业应当依照法律、行政法规和有关标准从事生产、加工、经营活动，承担防疫主体责任，对社会和公众负责，保证进出境中药材安全，主动接受监督，承担社会责任。

第二章　进境检疫监管

第八条　国家质检总局对进境中药材实施检疫准入制度，包括产品风险分析、监管体系评估与审查、确定检疫要求、境外生产企业注册登记及进境检疫等。

第九条　国家质检总局对首次向中国输出中药材的国家或者地区进行产品风险分析、监管体系评估，对已有贸易的国家和地区进行回顾性审查。

国家质检总局根据风险分析、评估审查结果，与输出国家或者地区主管部门协商确定向中国输出中药材的检疫要求，商签有关议定书，确定检疫证书。

国家质检总局负责制定、调整并在国家质检总局网站公布允许进境中药材的国家或者地区名单及产品种类。

第十条　国家质检总局根据风险分析的结果，确定需要实施境外生产、加工、存放单位注册登记的中药材品种目录，并实施动态调整。注册登记评审程序和技术要求由国家质检总局另行制定、发布。

国家质检总局对列入目录的中药材境外生产企业实施注册登记。注册登记有效期为4年。

第十一条　境外生产企业应当符合输出国家或者地区法律法规的要求，并符合中国国家技术规范的强制性要求。

第十二条 输出国家或者地区主管部门在境外生产企业申请向中国注册登记时，需对其进行审查，符合本办法第十条、第十一条相关规定后，向国家质检总局推荐，并提交下列中文或者中英文对照材料：

（一）所在国家或者地区相关的动植物疫情、兽医卫生、公共卫生、植物保护、企业注册管理等方面的法律法规，所在国家或者地区主管部门机构设置和人员情况及法律法规执行等方面的书面资料；

（二）申请注册登记的境外生产企业名单；

（三）所在国家或者地区主管部门对其推荐企业的防疫、卫生控制实际情况的评估结论；

（四）所在国家或者地区主管部门对其推荐的企业符合中国法律法规要求的声明；

（五）企业注册申请书，厂区、车间、仓库的平面图、工艺流程图、动物或者植物检疫防控体系文件、防疫消毒处理设施照片、废弃物和包装物无害化处理设施照片等；

（六）其他必要有关证明文件。

第十三条 国家质检总局收到推荐材料并经书面审查合格后，经与输出国家或者地区主管部门协商，可以派员到输出国家或者地区对其监管体系进行评估，对申请注册登记的境外生产企业进行检查。经检查符合要求的申请企业，予以注册登记。

第十四条 已取得注册登记需延续的境外生产企业，由输出国家或者地区主管部门在有效期届满6个月前，按本办法第十二条规定向国家质检总局提出申请。国家质检总局可以派员到输出国家或者地区对其监管体系进行回顾性审查，并对申请的境外生产企业进行检查。

对回顾性审查符合要求的国家或者地区，经检查符合要求的境外生产企业，予以注册登记，有效期延长4年。

第十五条 进境中药材需办理进境动植物检疫审批的，货主或者其代理人应当在签订贸易合同前，按照进境动植物检疫审批管理办法的规定取得“中华人民共和国进境动植物检疫许可证”。

第十六条 国家质检总局可以根据实际需要，并商输出中药材国家或者地区政府主管部门同意，派员到输出国家或者地区进行预检。

第十七条 中药材进境前或者进境时，货主或者其代理人应当持下列材料，向进境口岸检验检疫部门报检：

（一）输出国家或者地区官方出具的符合国家质检总局要求的检疫证书原件；

（二）实施动植物检疫审批的，应当提供进境动植物检疫许可证；

（三）国务院药品监督管理部门批准的“药品生产许可证”或者“药品经营许可证”；

（四）原产地证明、贸易合同、提单、装箱单、发票及其他有关单证。

第十八条 检验检疫部门对货主或者其代理人提交的相关单证进行审核，符合要求的，受理报检。

无输出国家或者地区政府动植物检疫机构出具的有效检疫证书，需要注册登记未按要求办理注册登记的，或者未依法办理检疫审批手续的，检验检疫部门可以根据具体情况，作退回或者销毁处理。

第十九条 对进境中药材，检验检疫部门按照中国法律法规规定和国家强制性标准要求，进境动植物检疫许可证列明的要求，以及本办法第九条确定的检疫要求实施检疫。

第二十条 进境口岸检验检疫部门应当按照下列规定实施现场检疫：

（一）查询起运时间和港口、途经国家或者地区、装载清单等，核对单证是否真实有效，单证与货物的名称、数（重）量、输出国家或者地区、唛头、标记、境外生产企业名称、注册登记号等是否相符；

（二）包装是否完好，是否带有动植物性包装、铺垫材料，并符合《中华人民共和国进出境动植物检疫法》及其实施条例、进境货物木质包装检疫监督管理办法的规定；

（三）中药材有无腐败变质现象，有无携带有害生物、动物排泄物或者其他动物组织等，有无携带动物尸体、土壤及其他禁止进境物。

第二十一条 现场查验有下列情形之一的，检验检疫部门签发检疫处理通知书，并作相应检疫处理：

（一）属于法律法规禁止进境的、带有禁止进境物的、货证不符的、发现严重腐败变质的作退回或者销毁处理；

（二）对包装破损的，由货主或者其代理人负责整理完好，方可卸离运输工具。检验检疫部门对受污染的场地、物品、器具进行检疫处理；

（三）带有有害生物、动物排泄物或者其他动物组织等的，按照有关规定进行检疫处理；

（四）对受到病虫害污染或者疑似受到病虫害污染

的，封存有关货物，对被污染的货物、装卸工具、场地进行消毒处理。

第二十二条 现场检疫中发现病虫害、病虫为害症状，或者根据相关工作程序需进行实验室检疫的，检验检疫部门应当对进境中药材采样，并送实验室。

第二十三条 中药材在取得检疫合格证明前，应当存放在检验检疫部门认可的地点，未经检验检疫部门许可，任何单位和个人不得擅自调离、销售、加工。

“进境动植物检疫许可证”列明该产品由目的地检验检疫部门实施检疫、加工监管，口岸检验检疫部门验证查验并做外包装消毒处理后，出具“入境货物调离通知单”，收货人或者其代理人在规定时限内向目的地检验检疫部门申请检疫。未经检疫，不得销售、加工。

需要进境检疫审批的进境中药材应当在检疫审批许可列明的指定企业中存放和加工。

第二十四条 进境中药材经检疫合格，检验检疫部门出具入境货物检验检疫证明后，方可销售、使用，或者在指定企业存放、加工。入境货物检验检疫证明均应列明货物的名称、原产国家或者地区、数/重量、生产批号/生产日期、用途等。

第二十五条 检疫不合格的，检验检疫部门签发检疫处理通知书，由货主或者其代理人在检验检疫部门的监督下，作除害、退回或者销毁处理，经除害处理合格的准予进境。

需要由检验检疫部门出证索赔的，检验检疫部门按照规定签发相关检疫证书。

第二十六条 装运进境中药材的运输工具和集装箱应当符合安全卫生要求。需要实施防疫消毒处理的，应当在进境口岸检验检疫部门的监督下实施防疫消毒处理。未经检验检疫部门许可，不得将进境中药材卸离运输工具、集装箱或者运递。

第二十七条 境内货主或者其代理人应当建立中药材进境和销售、加工记录制度，做好相关记录并至少保存两年。同时应当配备中药材防疫安全管理人员，建立中药材防疫管理制度。

第三章 出境检疫监管

第二十八条 出境中药材应当符合中国政府与输入国家或者地区签订的检疫协议、议定书、备忘录等规定，以及进境国家或者地区的标准或者合同要求。

第二十九条 出境生产企业应当达到输入国家或者地区法律法规的相关要求，并符合中国有关法律法规规定。

第三十条 出境生产企业应当建立完善的防疫体系和溯源管理制度。

出境生产企业应当建立原料、包装材料等进货采购记录、验收记录、生产加工记录、出厂检验记录、出入库记录等，详细记录出境中药材生产加工全过程的防疫管理和产品溯源情况。

上述记录应当真实，保存期限不得少于两年。

出境生产企业应当配备检疫管理人员，明确防疫责任人。

第三十一条 输入国家或者地区要求对向其输出中药材的出境生产企业注册登记的，检验检疫部门实行注册登记。注册登记有效期为4年。

第三十二条 出境生产企业申请注册登记时，应当提交下列材料：

（一）“出境中药材生产企业检疫注册登记申请表”（一式两份）；

（二）工商营业执照（复印件）；

（三）防疫管理制度及溯源管理体系；

（四）涉及环保要求的，须提供县级或者县级以上环保部门发放的排污许可证；

（五）厂区平面图及图片资料，包括大门、厂区、库区全景照片，有关生产加工设施、仓储设施、防疫消毒处理设施、废弃物、包装物及污水处理设施的照片等；

（六）产品加工工艺；

（七）中国法律法规规定的其他材料。

第三十三条 所在地直属检验检疫局（以下简称直属检验检疫局）对出境生产企业的申请，应当根据下列情况分别作出处理：

（一）申请材料齐全，符合法定形式或者申请人按照要求提交全部补正申请材料的，应当受理申请；

（二）申请材料存在可以当场更正的错误的，应当允许申请人当场更正；

（三）申请材料不齐全或者不符合法定形式的，应当当场或者在5个工作日内一次告知申请人需要补正的全部内容，逾期不告知的，自收到申请材料之日起即为受理。

直属检验检疫局受理或者不予受理申请，应当出具加盖本行政机关专用印章和注明日期的书面凭证。

第三十四条 直属检验检疫局应当在受理申请后10个工作日内组成评审组，对提出申请的出境生产企业进行现场评审。

第三十五条 评审组应当在现场考核结束后及时向直属检验检疫局提交评审报告。

第三十六条 直属检验检疫局收到评审报告后，应当在10个工作日内分别作出下列决定：

（一）经评审合格的，予以注册登记，颁发注册登记证；

（二）经评审不合格的，出具注册登记未获批准通知书。

第三十七条 注册登记出境生产企业变更企业名称、法定代表人、产品种类、存放、生产加工能力等，应当在变更后30日内向直属检验检疫局提出书面申请，填写“出境中药材生产企业检疫注册登记申请表”，并提交与变更内容相关的资料（一式两份）。

变更企业名称、法定代表人的，由直属检验检疫局审核有关资料后，直接办理变更手续。

变更产品种类或者生产能力的，由直属检验检疫局审核有关资料并组织现场评审，评审合格后，办理变更手续。

企业迁址的，应当重新向直属检验检疫局申请办理注册登记手续。

第三十八条 需要向境外推荐注册的，直属检验检疫局应当将通过初审的出境生产企业名单上报国家质检总局。国家质检总局组织评估，统一向输入国家或者地区主管部门推荐并办理有关手续。

第三十九条 出境中药材的货主或者其代理人应当向中药材生产企业所在地检验检疫部门报检，报检时，需如实申报产品的预期用途，并提交以下材料：

（一）合同、发票、装箱单；

（二）生产企业出具的出厂合格证明；

（三）产品符合进境国家或者地区动植物检疫要求的书面声明原件。

第四十条 检验检疫部门应当按照本办法第二十八条规定对出境中药材实施检疫监管。

出境中药材经检疫合格或者经除害处理合格的，检验检疫部门应当按照规定出具有关检疫证单，准予出境。

检疫不合格又无有效方法作除害处理的，不准出境。

第四十一条 检验检疫部门可以根据国家质检总局相关要求，结合所辖地区中药材出境情况、输入国家或者地区要求、生产企业管理能力和水平、生产企业的诚信度，以及风险监测等因素，在风险分析的基础上，对辖区出境中药材和生产企业实施分类管理。

第四章　监督管理

第四十二条 检验检疫部门对进出境中药材的生产、加工、存放过程实施检疫监督。

第四十三条 国家质检总局对进出境中药材实施动植物疫病疫情监测。

检验检疫部门在监测中发现问题时，应当及时按规定处置和报告。

第四十四条 进境中药材的货主或者其代理人和出境中药材生产企业应当建立疫情信息报告制度和应急处置方案。发现疫情信息应当及时向检验检疫部门报告并积极配合检验检疫部门进行疫情处置。

第四十五条 国家质检总局根据获得的风险信息，在风险分析的基础上，发布风险预警信息通报，并决定对相关产品采取以下控制措施：

（一）有条件地限制进境或者出境，包括严密监控、加严检疫等；

（二）禁止进境或者出境，就地销毁或者作退运处理；

（三）撤销生产企业注册登记资格；

（四）启动有关应急处置预案。

检验检疫部门负责组织实施风险预警及控制措施。

第四十六条 国家质检总局可以参照国际通行做法，对不确定的风险直接发布风险预警通告，并采取本办法第四十五条规定的控制措施。同时及时收集和补充有关信息和资料，进行风险分析。

第四十七条 进出境中药材疫情风险已消除或者降低到可接受的程度时，国家质检总局应当及时解除风险预警通报或者风险预警通告以及控制措施。

第四十八条 检验检疫部门对中药材进出境检疫中发现的疫情，特别是重大疫情，应当按照进出境重大动植物疫情应急处置预案进行处置。

第四十九条 检验检疫部门应当将进出境中药材的货主或者其代理人以及境内外生产企业纳入诚信管理。

第五章 法律责任

第五十条 进出境中药材货主或者其代理人，有下列违法行为之一的，检验检疫部门应当按照《中华人民共和国动植物检疫法》第四十条，《中华人民共和国动植物检疫法实施条例》第五十九条之规定，予以处罚：

（一）未报检或者未依法办理检疫审批手续或者未按检疫审批的规定执行的；

（二）报检的中药材与实际不符的。

第五十一条 有下列违法行为之一的，检验检疫部门应当按照《中华人民共和国动植物检疫法实施条例》第六十条之规定，予以处罚：

（一）未经检验检疫部门许可擅自将进境中药材卸离运输工具或者运递的；

（二）擅自开拆、损毁动植物检疫封识或者标志的。

第五十二条 有下列违法行为之一的，依法追究刑事责任；尚不构成犯罪或者犯罪情节显著轻微依法不需要判处刑罚的，检验检疫部门应当按照《中华人民共和国动植物检疫法实施条例》第六十二条之规定，予以处罚：

（一）引起重大动植物疫情的；

（二）伪造、变造检验检疫单证、印章、标志、封识的。

第五十三条 检验检疫部门工作人员在对进出境中药材实施检疫和监督管理工作中滥用职权、故意刁难当事人的，徇私舞弊、伪造检验检疫结果的，或者玩忽职守、延误检验检疫出证的，依法给予行政处分；构成犯罪的，依法追究刑事责任。

第六章 附 则

第五十四条 进出境中药材涉及野生或者濒危保护动物、植物的，应当符合我国或者相关国家或者地区有关法律法规要求。

第五十五条 以国际快递、邮寄和旅客携带方式进出境中药材的，应当符合相关规定。

第五十六条 过境中药材的检疫按照《中华人民共和国进出境动植物检疫法》及其实施条例办理。

第五十七条 本办法由国家质检总局负责解释。

第五十八条 本办法自2015年12月1日起施行。

国家质量监督检验检疫总局第170号令

《国家质量监督检验检疫总局关于修改〈进境动植物检疫审批管理办法〉的决定》已经2015年11月6日国家质量监督检验检疫总局局务会议审议通过，现予公布，自公布之日起施行。

局 长

2015年11月25日

国家质量监督检验检疫总局关于修改《进境动植物检疫审批管理办法》的决定

为了依法推进行政审批制度改革和政府职能转变，加大简政放权力度，进一步激发市场、社会的创造活力，根据国务院取消和下放行政审批项目的决定，国家质检总局决定对《进境动植物检疫审批管理办法》作如下修改：

一、删去第一条中的“和《农业转基因生物安全管理条例》”。

二、将第二条第一款修改为：“本办法适用于对进出境动植物检疫法及其实施条例以及国家有关规定需要审批的进境动物（含过境动物）、动植物产品和需要特许审批的禁止进境物的检疫审批。”

三、将第四条第二款修改为：“过境动物的申请单位应当是具有独立法人资格并直接对外签订贸易合同或者协议的单位或者其代理人。”

四、将第五条第二款修改为：“过境动物在过境前，申请单位应当向国家质检总局提出申请并取得‘检疫许可证’。”

五、将第十一条修改为：“国家质检总局根据审核情况，自初审机构受理申请之日起二十日内签发‘检疫许可证’或者‘检疫许可证申请未获批准通知单’。二十日内不能做出许可决定的，经国家质检总局负责人批准，可以延长十日，并应当将延长期限的理由告知申请单位。”

六、将第十六条修改为：“有下列情况之一的，‘检疫许可证’失效、废止或者终止使用：

（一）‘检疫许可证’有效期届满未延续的，国家质检总局应当依法办理注销手续；

（二）在许可范围内，分批进口、多次报检使用的，许可数量全部核销完毕的，国家质检总局应当依法办理注销手续；

（三）国家依法发布禁止有关检疫物进境的公告或者禁令后，国家质检总局可以撤回已签发的‘检疫许可证’；

（四）申请单位违反检疫审批的有关规定，国家质检总局可以撤销已签发的‘检疫许可证’。”

七、在附则第十八条后新增第十九条：“国家质检总局可以授权直属出入境检验检疫局对其所辖地区进境动植物检疫审批申请进行审批，签发‘检疫许可证’或者出具‘检疫许可证申请未获批准通知单’。”

此外，对《进境动植物检疫审批管理办法》的条文顺序作相应调整。

本决定自公布之日起施行。

国家质量监督检验检疫总局
第171号令

《进口旧机电产品检验监督管理办法》已经2015年7月9日国家质量监督检验检疫总局局务会议审议通过，现予公布，自2016年1月1日起施行。

局　长

2015年11月23日

进口旧机电产品检验
监督管理办法

第一章　总　则

第一条　为了规范进口旧机电产品的检验监督管理工作，根据《中华人民共和国进出口商品检验法》及其实施条例，以及中华人民共和国缔结或者参加的双边或者多边条约、协定和其他具有条约性质的文件的有关规定，制定本办法。

第二条　本办法适用于国家允许进口的，在中华人民共和国境内销售、使用的旧机电产品的检验监督管理。

本办法所称旧机电产品是指具有下列情形之一的机电产品：

（一）已经使用（不含使用前测试、调试的设备），仍具备基本功能和一定使用价值的；

（二）未经使用，但是超过质量保证期（非保修期）的；

（三）未经使用，但是存放时间过长，部件产生明显有形损耗的；

（四）新旧部件混装的；

（五）经过翻新的。

第三条　国家质量监督检验检疫总局（以下简称国家质检总局）主管全国进口旧机电产品检验监督管理工作。

国家质检总局设在各地的出入境检验检疫部门（以下简称检验检疫部门）负责所辖地区进口旧机电产品检验监督管理工作。

第四条　进口旧机电产品应当符合法律法规对安全、卫生、健康、环境保护、防止欺诈、节约能源等方面的规定，以及国家技术规范的强制性要求。

第五条　进口旧机电产品应当实施口岸查验、目的地检验及监督管理。价值较高、涉及人身财产安全、健康、环境保护项目的高风险进口旧机电产品，还需实施装运前检验。

需实施装运前检验的进口旧机电产品清单由国家质检总局制定并在国家质检总局网站上公布。

进口旧机电产品的装运前检验结果与口岸查验、目的地检验结果不一致的，以口岸查验、目的地检验结果为准。

第六条　旧机电产品的进口商应当诚实守信，对社会和公众负责，对其进口的旧机电产品承担质量主体责任。

第二章　装运前检验

第七条　需实施装运前检验的进口旧机电产品，其收、发货人或者其代理人应当按照国家质检总局的规定申请检验检疫部门或者委托检验机构实施装运前检验。

装运前检验应当在货物起运前完成。

第八条 收、发货人或者其代理人申请检验检疫部门实施装运前检验的，检验检疫部门可以根据需要，组织实施或者派出检验人员参加进口旧机电产品装运前检验。

第九条 进口旧机电产品装运前检验应当按照国家技术规范的强制性要求实施。

装运前检验内容包括：

（一）对安全、卫生、健康、环境保护、防止欺诈、能源消耗等项目做出初步评价；

（二）核查产品品名、数量、规格（型号）、新旧、残损情况是否与合同、发票等贸易文件所列相符；

（三）是否包括、夹带禁止进口货物。

第十条 检验机构接受委托实施装运前检验的，应当诚实守信，按照本办法第九条及国家质检总局的规定实施装运前检验。

第十一条 检验检疫部门或者检验机构应当在完成装运前检验工作后，签发装运前检验证书，并随附装运前检验报告。

检验证书及随附的检验报告应当符合以下要求：

（一）检验依据准确、检验情况明晰、检验结果真实；

（二）有统一、可追溯的编号；

（三）检验报告应当包含检验依据、检验对象、现场检验情况、装运前检验机构及授权签字人签名等要求；

（四）检验证书不应含有检验报告中检验结论及处理意见为不符合本办法第四条规定的进口旧机电产品；

（五）检验证书及随附的检验报告文字应当为中文，若出具中外文对照的，以中文为准；

（六）检验证书应当有明确的有效期限，有效期限由签发机构根据进口旧机电产品情况确定，一般为半年或一年。

工程机械的检验报告除满足上述要素外，还应当逐台列明名称、HS 编码、规格型号、产地、发动机号/车架号、制造日期（年）、运行时间（小时）、检测报告、维修记录、使用说明书核查情况等内容。

第三章　进口旧机电产品检验

第十二条 进口旧机电产品运抵口岸后，收货人或者其代理人应当持下列资料向检验检疫部门办理报检手续：

（一）合同、发票、装箱单、提单；

（二）需实施装运前检验的，还应当提交检验检疫部门或者检验机构出具的装运前检验证书及随附的检验报告。

第十三条 口岸检验检疫部门受理报检后，应当签发通关证明，并注明“进口旧机电产品”。

第十四条 口岸检验检疫部门对进口旧机电产品实施口岸查验。

实施口岸查验时，应当对报检资料进行逐批核查。必要时，对进口旧机电产品与报检资料是否相符进行现场核查。

口岸查验的其他工作按口岸查验的相关规定执行。

第十五条 目的地检验检疫部门对进口旧机电产品实施目的地检验。

第十六条 检验检疫部门对进口旧机电产品的目的地检验内容包括：一致性核查，安全、卫生、环境保护等项目检验。

（一）一致性核查：

1. 核查产品是否存在外观及包装的缺陷或者残损；

2. 核查产品的品名、规格、型号、数量、产地等货物的实际状况是否与报检资料及装运前检验结果相符；

3. 对进口旧机电产品的实际用途实施抽查，重点核查特殊贸易方式进口旧机电产品的实际使用情况是否与申报情况一致。

（二）安全项目检验：

1. 检查产品表面缺陷、安全标志和警告标记；

2. 检查产品在静止状态下的电气安全和机械安全；

3. 检验产品在运行状态下的电气安全和机械安全，以及设备运行的可靠性和稳定性。

（三）卫生、环境保护项目检验：

1. 检查产品卫生状况，涉及食品安全项目的食品加工机械及家用电器是否符合相关强制性标准；

2. 检测产品在运行状态下的噪声、粉尘含量、辐射及排放物是否符合标准；

3. 检验产品是否符合我国能源效率有关限定标准。

（四）对装运前检验发现的不符合项目采取技术和整改措施的有效性进行验证，对装运前检验未覆盖的项目实施检验；必要时对已实施的装运前检验项目实施抽查。

（五）其他项目的检验依照同类机电产品检验的有关规定执行。

第十七条 经目的地检验，涉及人身财产安全、健康、环境保护项目不合格的，由检验检疫部门责令收货人销毁，或者出具退货处理通知单并书面告知海关；其他项目不合格的，可以在检验检疫部门的监督下进行技术处理，经重新检验合格的，方可销售或者使用。

经目的地检验不合格的进口旧机电产品，属成套设备及其材料的，签发不准安装使用通知书。经技术处理，并经检验检疫部门重新检验合格的，方可安装使用。

第四章 监督管理

第十八条 国家质检总局及检验检疫部门对进口旧机电产品收货人及其代理人、进口商及其代理人、装运前检验机构及相关活动实施监督管理。

第十九条 检验机构应当对其所出具的装运前检验证书及随附的检验报告的真实性、准确性负责。

国家质检总局或者检验检疫部门在进口旧机电产品检验监管工作中，发现检验机构出具的检验证书及随附的检验报告存在违反本办法第十一条规定，情节严重或引起严重后果的，可以发布警示通报并决定在一定时期内不予认可其出具的检验证书及随附的检验报告，但最长不得超过3年。

第二十条 进口旧机电产品的进口商应当建立产品进口、销售和使用记录制度，如实记录进口旧机电产品的品名、规格、数量、出口商和购货者名称及联系方式、交货日期等内容。记录应当真实，保存期限不得少于两年。

检验检疫部门可以对本辖区内进口商的进口、销售和使用记录进行检查。

第二十一条 国家质检总局和检验检疫部门对进口旧机电产品检验监管过程中发现的质量安全问题依照风险预警及快速反应的有关规定进行处置。

第二十二条 国家质检总局和检验检疫部门的工作人员在履行进口旧机电产品检验监管职责中，对所知悉的商业秘密负有保密义务。

国家质检总局和检验检疫部门履行进口旧机电产品检验监管职责，应当遵守法律，维护国家利益，依照法定职权和法定程序严格执法，接受监督。

第五章 法律责任

第二十三条 擅自销售、使用未报检或者未经检验的进口旧机电产品，由检验检疫部门按照《中华人民共和国进出口商品检验法实施条例》没收违法所得，并处进口旧机电产品货值金额5%以上20%以下罚款；构成犯罪的，依法追究刑事责任。

第二十四条 销售、使用经法定检验、抽查检验或者验证不合格的进口旧机电产品，由检验检疫部门按照《中华人民共和国进出口商品检验法实施条例》责令停止销售、使用，没收违法所得和违法销售、使用的进口旧机电产品，并处违法销售、使用的进口旧机电产品货值金额等值以上3倍以下罚款；构成犯罪的，依法追究刑事责任。

第二十五条 擅自调换检验检疫部门抽取的样品或者检验检疫部门检验合格的进口旧机电产品的，由检验检疫部门按照《中华人民共和国进出口商品检验法实施条例》责令改正，给予警告；情节严重的，并处旧机电产品货值金额10%以上50%以下罚款。

第二十六条 进口旧机电产品的收货人、代理报检企业或者报检人员不如实提供进口旧机电产品的真实情况，取得检验检疫部门的有关单证，或者对法定检验的进口旧机电产品不予报检，逃避进口旧机电产品检验的，由检验检疫部门按照《中华人民共和国进出口商品检验法实施条例》没收违法所得，并处进口旧机电产品货值金额5%以上20%以下罚款。

第二十七条 进口国家允许进口的旧机电产品未按照规定进行装运前检验的，按照国家有关规定予以退货；情节严重的，由检验检疫部门按照《中华人民共和国进出口商品检验法实施条例》并处100万元以下罚款。

第二十八条 伪造、变造、买卖、盗窃或者使用伪造、变造的检验检疫部门出具的装运前检验证书及检验报告，构成犯罪的，依法追究刑事责任；尚不够刑事处罚的，由检验检疫部门按照《中华人民共和国进出口商品检验法实施条例》责令改正，没收违法所得，并处商品货值金额等值以下罚款。

第二十九条 检验检疫部门工作人员在履行进口旧机电产品检验监管职责中应当秉公执法、忠于职守，不得滥用职权、玩忽职守、徇私舞弊；违法失职的，依法追究责任。

第六章　附　则

第三十条　经特殊监管区进口的旧机电产品，按照本办法执行。

第三十一条　进口旧机电产品涉及的动植物检疫和卫生检疫工作，按照进出境动植物检疫和国境卫生检疫法律法规的规定执行。

第三十二条　进口国家禁止进口的旧机电产品，应当予以退货或者销毁。

第三十三条　本办法由国家质检总局负责解释。

第三十四条　本办法自2016年1月1日起施行。国家质量监督检验检疫总局于2002年12月31日发布的《进口旧机电产品检验监督管理办法》和2003年8月18日发布的《进口旧机电产品检验监督程序规定》同时废止。

国家质量监督检验检疫总局第172号令

《国家质量监督检验检疫总局关于修改〈进出口商品数量重量检验鉴定管理办法〉的决定》已经2015年11月6日国家质量监督检验检疫总局局务会议审议通过，现予公布，自公布之日起施行。

局　长

2015年11月23日

国家质量监督检验检疫总局关于修改《进出口商品数量重量检验鉴定管理办法》的决定

根据国务院取消和下放行政审批项目的决定，质检总局决定对《进出口商品数量重量检验鉴定管理办法》作如下修改：

一、删去第二十六条中的“或个人”。

二、删去第二十七条第一款中的“其现场鉴定人员应当随身携带国家质检总局对其机构、人员资格许可的有关证件”。

删去第二十七条第二款。

三、删去第三十条。

此外，对《进出口商品数量重量检验鉴定管理办法》的条文顺序作相应调整。

本决定自公布之日起施行。

国家质量监督检验检疫总局第173号令

《国家质量监督检验检疫总局关于修改〈进出口玩具检验监督管理办法〉的决定》已经2015年11月6日国家质量监督检验检疫总局局务会议审议通过，现予公布，自公布之日起施行。

局　长

2015年11月23日

国家质量监督检验检疫总局关于修改《进出口玩具检验监督管理办法》的决定

根据国务院取消和下放行政审批项目的决定，质检总局决定对《进出口玩具检验监督管理办法》作如下修改：

一、删去第五条。

二、将第十二条修改为：“出口玩具报检时，报检人应当如实填写出境货物报检单，除按照《出入境检验检疫报检规定》提供相关材料外，还需提供产品质量安全符合性声明。

出口玩具首次报检时，还应当提供玩具实验室出具的检测报告以及国家质检总局规定的其他材料等。”

三、将第十五条修改为：“出口玩具生产、经营企业应当建立完善的质量安全控制体系及追溯体系，加强对玩具成品、部件或者部分工序分包的质量控制和管理，建立并执行进货检查验收制度，审验供货商、分包商的经营资格，验明产品合格证明和产品标志，并建立产品及高风险原材料的进货台账，如实记录产品名称、规格、数量、供货商、分包商及其联系方式、进货时间等内容。”

四、删去第十六条、第十七条、第十八条。

五、删去第四章。

六、删去第二十四条。

七、将第二十五条修改为：“检验检疫机构应当对出口玩具生产、经营企业实施监督管理，监督管理包括对企业质量保证能力的检查以及对质量安全重点项目的检验。”

八、删去第三十四条第一款和第三款中的“情节严重的，并撤销其报检注册登记、报检从业注册”。

九、删去第三十六条、第三十八条。

十、将第四十三条第一款修改为：“本办法所称质量安全重点项目是指检验检疫机构在对输入国家或者地区技术法规和标准、企业产品质量安全历史数据和产品通报召回等信息进行风险评估的基础上，确定的产品质量安全高风险检验项目。”

此外，《进出口玩具检验监督管理办法》的章节条文顺序作相应调整。

本决定自公布之日起施行。

国家质量监督检验检疫总局
第 174 号令

《国家质量监督检验检疫总局关于修改〈出入境口岸食品卫生监督管理规定〉的决定》已经 2015 年 11 月 6 日国家质量监督检验检疫总局局务会议审议通过，现予公布，自公布之日起施行。

局　长

2015 年 11 月 25 日

国家质量监督检验检疫总局关于
修改《出入境口岸食品卫生
监督管理规定》的决定

根据国务院取消和下放行政审批项目的决定，质检总局决定对《出入境口岸食品卫生监督管理规定》作如下修改：

一、将规章名称修改为“国境口岸食品卫生监督管理规定”。

二、将第一条中的“《中华人民共和国食品卫生法》”修改为“《中华人民共和国食品安全法》及其实施条例”。

三、将正文中的“出入境口岸”统一修改为“国境口岸”。

四、删去第四条第一款中的“对在出入境口岸内以及出入境交通工具上的食品、饮用水从业人员（以下简称从业人员）实行健康许可管理”。

五、将第七条中的“《中华人民共和国国境口岸食品生产经营单位卫生许可证》（以下简称《卫生许可证》，见附件 1）”修改为“《中华人民共和国国境口岸卫生许可证》（以下简称《卫生许可证》）”。

六、删去第九条中的“（四）从业人员《健康证明书》和卫生知识培训合格证明”。

七、将第十条第四款中的“《卫生许可证》有效期为 1 年”修改为“《卫生许可证》有效期为 4 年”。

八、将第十四条修改为：“从业人员每年必须进行健康检查，取得健康证明。新参加工作和临时参加工作的从业人员上岗前必须进行健康检查。”

九、删去第十五条和第十七条。

十、删去第二十二条中的“（见附件 3）”。

十一、在第二十七条第一款后增加一款：“在确保口岸食品安全的基础上，可以依据风险分析，分级分类管理的原则，采用随机抽查的方式进行监督检查，监督频次应当符合以下要求。”

将第二十七条第（一）项中的“检验检疫机构对 A 级单位每月监督 1 次”修改为“检验检疫机构对 A 级单位监督频次每 6 个月不少于 1 次”。

将第二十七条第（二）项中的“检验检疫机构对 B 级单位每月监督 2 次”修改为“检验检疫机构对 B 级单位监督频次每 3 个月不少于 1 次”。

将第二十七条第（三）项中的“检验检疫机构对 C 级单位每月监督 4 次”修改为“检验检疫机构对 C 级单位监督频次每月不少于 1 次”。

在第二十七条第（四）项后增加：“（五）未开展量化分级管理的食品生产经营单位监督频次每 2 个月不少于 1 次。”

十二、删去第二十八条中的“（见附件 4）”。

十三、在第三十一条的“《中华人民共和国国境卫生检疫法》及其实施细则”后增加“《中华人民共和国食品安全法》及其实施条例”。

将第三十一条第（三）项中的“未获得《健康证明书》”修改为“未取得健康证明”。

十四、在第三十二条的“《中华人民共和国国境卫生检疫法》及其实施细则”后增加“《中华人民共和国食品安全法》及其实施条例”。

将第三十二条第（一）项中的“未获得《健康证明书》”修改为“未取得健康证明”。

此外，对《国境口岸食品卫生监督管理规定》的条文顺序作相应调整。

本决定自公布之日起施行。

国家质量监督检验检疫总局、国家发展和改革委员会、商务部、海关总署关于废止《缺陷汽车产品召回管理规定》的决定（总局令第175号）

《国家质量监督检验检疫总局、国家发展和改革委员会、商务部、海关总署关于废止〈缺陷汽车产品召回管理规定〉的决定》已经2015年7月10日国家质量监督检验检疫总局局务会议审议通过，并经国家发展和改革委员会、商务部、海关总署同意，现予公布，自2016年1月1日起施行。

2015年11月27日

国家质量监督检验检疫总局、国家发展和改革委员会、商务部、海关总署关于废止《缺陷汽车产品召回管理规定》的决定

经国家质量监督检验检疫总局局务会议审议，并经国家发展和改革委员会、商务部、海关总署同意，决定废止《缺陷汽车产品召回管理规定》（国家质量监督检验检疫总局、国家发展和改革委员会、商务部、海关总署令第60号，2004年3月12日发布），本决定自2016年1月1日起生效。

国家质量监督检验检疫总局第176号令

《缺陷汽车产品召回管理条例实施办法》已经2015年7月10日国家质量监督检验检疫总局局务会议审议通过，现予公布，自2016年1月1日起施行。

局　长

2015年11月27日

缺陷汽车产品召回管理条例实施办法

第一章　总　则

第一条　根据《缺陷汽车产品召回管理条例》，制定本办法。

第二条　在中国境内生产、销售的汽车和汽车挂车（以下统称汽车产品）的召回及其监督管理，适用本办法。

第三条　汽车产品生产者（以下简称生产者）是缺陷汽车产品的召回主体。汽车产品存在缺陷的，生产者应当依照本办法实施召回。

第四条　国家质量监督检验检疫总局（以下简称质检总局）负责全国缺陷汽车产品召回的监督管理工作。各级产品质量监督部门和出入境检验检疫机构依法履行职责。

第五条　质检总局根据工作需要，可以委托省级产品质量监督部门和出入境检验检疫机构（以下统称省级质检部门），在本行政区域内按照职责分工分别负责境内生产和进口缺陷汽车产品召回监督管理的部分工作。

质检总局缺陷产品召回技术机构（以下简称召回技术机构）按照质检总局的规定承担缺陷汽车产品召回信息管理、缺陷调查、召回管理中的具体技术工作。

第二章 信息管理

第六条 任何单位和个人有权向产品质量监督部门和出入境检验检疫机构投诉汽车产品可能存在的缺陷等有关问题。

第七条 质检总局负责组织建立缺陷汽车产品召回信息管理系统，收集汇总、分析处理有关缺陷汽车产品信息，备案生产者信息，发布缺陷汽车产品信息和召回相关信息。

质检总局负责与国务院有关部门共同建立汽车产品的生产、销售、进口、登记检验、维修、事故、消费者投诉、召回等信息的共享机制。

第八条 地方产品质量监督部门和各地出入境检验检疫机构发现本行政区域内缺陷汽车产品信息的，应当将信息逐级上报。

第九条 生产者应当建立健全汽车产品可追溯信息管理制度，确保能够及时确定缺陷汽车产品的召回范围并通知车主。

第十条 生产者应当保存以下汽车产品设计、制造、标志、检验等方面的信息：

（一）汽车产品设计、制造、标志、检验的相关文件和质量控制信息；

（二）涉及安全的汽车产品零部件生产者及零部件的设计、制造、检验信息；

（三）汽车产品生产批次及技术变更信息；

（四）其他相关信息。

生产者还应当保存车主名称、有效证件号码、通信地址、联系电话、购买日期、车辆识别代码等汽车产品初次销售的车主信息。

第十一条 生产者应当向质检总局备案以下信息：

（一）生产者基本信息；

（二）汽车产品技术参数和汽车产品初次销售的车主信息；

（三）因汽车产品存在危及人身、财产安全的故障而发生修理、更换、退货的信息；

（四）汽车产品在中国境外实施召回的信息；

（五）技术服务通报、公告等信息；

（六）其他需要备案的信息。

生产者依法备案的信息发生变化的，应当在20个工作日内进行更新。

第十二条 销售、租赁、维修汽车产品的经营者（以下统称经营者）应当建立并保存其经营的汽车产品型号、规格、车辆识别代码、数量、流向、购买者信息、租赁、维修等信息。

第十三条 经营者、汽车产品零部件生产者应当向质检总局报告所获知的汽车产品可能存在缺陷的相关信息，并通报生产者。

第三章 缺陷调查

第十四条 生产者获知汽车产品可能存在缺陷的，应当立即组织调查分析，并将调查分析结果报告质检总局。

生产者经调查分析确认汽车产品存在缺陷的，应当立即停止生产、销售、进口缺陷汽车产品，并实施召回；生产者经调查分析认为汽车产品不存在缺陷的，应当在报送的调查分析结果中说明分析过程、方法、风险评估意见及分析结论等。

第十五条 质检总局负责组织对缺陷汽车产品召回信息管理系统收集的信息、有关单位和个人的投诉信息及通过其他方式获取的缺陷汽车产品相关信息进行分析，发现汽车产品可能存在缺陷的，应当立即通知生产者开展相关调查分析。

生产者应当按照质检总局通知要求，立即开展调查分析，并如实向质检总局报告调查分析结果。

第十六条 召回技术机构负责组织对生产者报送的调查分析结果进行评估，并将评估结果报告质检总局。

第十七条 存在下列情形之一的，质检总局应当组织开展缺陷调查：

（一）生产者未按照通知要求开展调查分析的；

（二）经评估生产者的调查分析结果不能证明汽车产品不存在缺陷的；

（三）汽车产品可能存在造成严重后果的缺陷的；

（四）经实验检测，同一批次、型号或者类别的汽车产品可能存在不符合保障人身、财产安全的国家标准、行业标准情形的；

（五）其他需要组织开展缺陷调查的情形。

第十八条 质检总局、受委托的省级质检部门开展缺陷调查，可以行使以下职权：

（一）进入生产者、经营者、零部件生产者的生产经营场所进行现场调查；

（二）查阅、复制相关资料和记录，收集相关证据；

（三）向有关单位和个人了解汽车产品可能存在缺陷的情况；

（四）其他依法可以采取的措施。

第十九条 与汽车产品缺陷有关的零部件生产者应当配合缺陷调查，提供调查需要的有关资料。

第二十条 质检总局、受委托的省级质检部门开展缺陷调查，应当对缺陷调查获得的相关信息、资料、实物、实验检测结果和相关证据等进行分析，形成缺陷调查报告。

省级质检部门应当及时将缺陷调查报告报送质检总局。

第二十一条 质检总局可以组织对汽车产品进行风险评估，必要时向社会发布风险预警信息。

第二十二条 质检总局根据缺陷调查报告认为汽车产品存在缺陷的，应当向生产者发出缺陷汽车产品召回通知书，通知生产者实施召回。

生产者认为其汽车产品不存在缺陷的，可以自收到缺陷汽车产品召回通知书之日起15个工作日内向质检总局提出书面异议，并提交相关证明材料。

生产者在15个工作日内提出异议的，质检总局应当组织与生产者无利害关系的专家对生产者提交的证明材料进行论证；必要时质检总局可以组织对汽车产品进行技术检测或者鉴定；生产者申请听证的或者质检总局根据工作需要认为有必要组织听证的，可以组织听证。

第二十三条 生产者既不按照缺陷汽车产品召回通知书要求实施召回，又不在15个工作日内向质检总局提出异议的，或者经组织论证、技术检测、鉴定，确认汽车产品存在缺陷的，质检总局应当责令生产者召回缺陷汽车产品。

第四章 召回实施与管理

第二十四条 生产者实施召回，应当按照质检总局的规定制订召回计划，并自确认汽车产品存在缺陷之日起5个工作日内或者被责令召回之日起5个工作日内向质检总局备案；同时以有效方式通报经营者。

生产者制订召回计划，应当内容全面，客观准确，并对其内容的真实性、准确性及召回措施的有效性负责。

生产者应当按照已备案的召回计划实施召回；生产者修改已备案的召回计划，应当重新向质检总局备案，并提交说明材料。

第二十五条 经营者获知汽车产品存在缺陷的，应当立即停止销售、租赁、使用缺陷汽车产品，并协助生产者实施召回。

第二十六条 生产者应当自召回计划备案之日起5个工作日内，通过报刊、网站、广播、电视等便于公众知晓的方式发布缺陷汽车产品信息和实施召回的相关信息，30个工作日内以挂号信等有效方式，告知车主汽车产品存在的缺陷、避免损害发生的应急处置方法和生产者消除缺陷的措施等事项。

生产者应当通过热线电话、网络平台等方式接受公众咨询。

第二十七条 车主应当积极配合生产者实施召回，消除缺陷。

第二十八条 质检总局应当向社会公布已经确认的缺陷汽车产品信息、生产者召回计划以及生产者实施召回的其他相关信息。

第二十九条 生产者应当保存已实施召回的汽车产品召回记录，保存期不得少于10年。

第三十条 生产者应当自召回实施之日起每3个月向质检总局提交一次召回阶段性报告。质检总局有特殊要求的，生产者应当按要求提交。

生产者应当在完成召回计划后15个工作日内，向质检总局提交召回总结报告。

第三十一条 生产者被责令召回的，应当立即停止生产、销售、进口缺陷汽车产品，并按照本办法的规定实施召回。

第三十二条 生产者完成召回计划后，仍有未召回的缺陷汽车产品的，应当继续实施召回。

第三十三条 对未消除缺陷的汽车产品，生产者和经营者不得销售或者交付使用。

第三十四条 质检总局对生产者召回实施情况进行监督或者委托省级质检部门进行监督，组织与生产者无利害关系的专家对消除缺陷的效果进行评估。

受委托对召回实施情况进行监督的省级质检部门，应当及时将有关情况报告质检总局。

质检总局通过召回实施情况监督和评估发现生产者的召回范围不准确、召回措施无法有效消除缺陷或者未能取得预期效果的，应当要求生产者再次实施召回或者采取其他相应补救措施。

第五章　法律责任

第三十五条　生产者违反本办法规定，有下列行为之一的，责令限期改正；逾期未改正的，处以 1 万元以上 3 万元以下罚款：

（一）未按规定更新备案信息的；

（二）未按规定提交调查分析结果的；

（三）未按规定保存汽车产品召回记录的；

（四）未按规定发布缺陷汽车产品信息和召回信息的。

第三十六条　零部件生产者违反本办法规定不配合缺陷调查的，责令限期改正；逾期未改正的，处以 1 万元以上 3 万元以下罚款。

第三十七条　违反本办法规定，构成《缺陷汽车产品召回管理条例》等有关法律法规规定的违法行为的，依法予以处理。

第三十八条　违反本办法规定，构成犯罪的，依法追究刑事责任。

第三十九条　本办法规定的行政处罚由违法行为发生地具有管辖权的产品质量监督部门和出入境检验检疫机构在职责范围内依法实施；法律、行政法规另有规定的，依照法律、行政法规的规定执行。

第六章　附　则

第四十条　本办法所称汽车产品是指中华人民共和国国家标准《汽车和挂车类型的术语和定义》规定的汽车和挂车。

本办法所称生产者是指在中国境内依法设立的生产汽车产品并以其名义颁发产品合格证的企业。

从中国境外进口汽车产品到境内销售的企业视为前款所称的生产者。

第四十一条　汽车产品出厂时未随车装备的轮胎的召回及其监督管理由质检总局另行规定。

第四十二条　本办法由质检总局负责解释。

第四十三条　本办法自 2016 年 1 月 1 日起施行。

第六篇

全国口岸运行主要数据

2015 年全国口岸进出口商品总值表

序号	口岸名称	进出口总值		出口		进口	
		金额（千美元）	比重（%）	金额（千美元）	比重（%）	金额（千美元）	比重（%）
0	总　值	3 953 032 722	100	2 273 468 224	100	1 679 564 498	100
1	北京口岸	87 037 625	2.2	26 905 863	1.2	60 131 763	3.6
2	天津口岸	187 260 953	4.7	99 352 551	4.4	87 908 402	5.2
3	河北口岸	40 346 871	1	10 875 968	0.5	29 470 903	1.8
4	山西口岸	2 113 415	0.1	62 395	0	2 051 020	0.1
5	内蒙古口岸	11 435 219	0.3	3 243 667	0.2	8 191 553	0.5
6	辽宁口岸	115 287 263	2.9	55 917 745	2.4	59 369 517	3.6
7	吉林口岸	8 978 987	0.2	1 361 637	0.1	7 617 350	0.5
8	黑龙江口岸	11 905 043	0.3	3 233 688	0.1	8 671 355	0.5
9	上海口岸	815 982 866	20.6	499 278 344	22	316 704 522	18.9
10	江苏口岸	329 551 986	8.3	162 432 402	7.1	167 119 585	10
11	浙江口岸	285 795 270	7.2	198 130 980	8.7	87 664 290	5.2
12	安徽口岸	21 592 506	0.5	9 695 416	0.4	11 897 090	0.7
13	福建口岸	148 016 751	3.7	96 962 012	4.3	51 054 738	3.1
14	江西口岸	13 255 628	0.3	5 731 583	0.3	7 524 045	0.4
15	山东口岸	303 121 750	7.7	160 765 006	7.1	142 356 744	8.5
16	河南口岸	60 812 270	1.5	32 339 586	1.4	28 472 685	1.7
17	湖北口岸	27 138 579	0.7	13 899 631	0.6	13 238 948	0.8
18	湖南口岸	13 889 043	0.4	6 328 949	0.3	7 560 094	0.5
19	广东口岸	1 226 107 224	31	758 645 655	33.3	467 461 568	27.8
20	广西口岸	60 558 991	1.5	31 525 597	1.4	29 033 394	1.7
21	海南口岸	15 097 693	0.4	4 095 034	0.2	11 002 659	0.7
22	重庆口岸	51 822 585	1.3	33 970 537	1.5	17 852 048	1.1
23	四川口岸	33 301 136	0.8	17 254 722	0.8	16 046 414	1
24	贵州口岸	4 376 844	0.1	2 539 303	0.1	1 837 541	0.1
25	云南口岸	13 747 116	0.3	7 570 861	0.3	6 176 255	0.4
26	西藏口岸	682 309	0	522 944	0	159 365	0
27	陕西口岸	25 160 342	0.6	10 433 936	0.5	14 726 405	0.9
28	甘肃口岸	1 679 971	0	202 109	0	1 477 862	0.1
29	宁夏口岸	786 453	0	185 760	0	600 692	0
30	青海口岸	50 552	0	2 651	0	47 901	0
31	新疆口岸	36 139 481	0.9	20 001 692	0.9	16 137 789	1

2015 年全国口岸进出口货运量统计表

序号	海关名称	进出口			进　口		出　口	
		货运量（万吨）	比重（%）	同比（%）	货运量（万吨）	同比（%）	货运量（万吨）	同比（%）
0	合　计	394 709. 15	100. 00	1. 43	237 784. 14	0. 25	156 925. 02	3. 28
1	北京口岸	4 406. 04	1. 12	108. 62	4 255. 60	116. 18	150. 44	4. 93
2	天津口岸	19 634. 77	4. 97	-7. 19	11 885. 65	-13. 51	7 749. 13	4. 51
3	河北口岸	35 979. 68	9. 12	14. 02	33 445. 01	11. 88	2 534. 67	52. 44
4	山西口岸	589. 84	0. 15	-56. 40	571. 85	-56. 45	17. 99	-54. 87
5	内蒙古口岸	4 720. 58	1. 10	-4. 90	4 334. 22	-2. 40	386. 36	-26. 10
6	辽宁口岸	19 042. 44	4. 80	13. 00	14 348. 22	13. 80	4 694. 23	10. 50
7	吉林口岸	378. 40	0. 10	7. 37	313. 06	7. 59	65. 34	6. 35
8	黑龙江口岸	2 610. 11	0. 66	4. 93	2 532. 61	7. 67	77. 50	-42. 65
9	上海口岸	17 933. 24	4. 54	-6. 24	8 743. 45	-9. 79	9 189. 79	-2. 60
10	江苏口岸	32 853. 37	8. 32	2. 54	25 801. 17	-0. 34	7 052. 20	14. 64
11	浙江口岸	29 161. 23	7. 40	0. 40	23 637. 46	-0. 50	5 523. 77	4. 30
12	安徽口岸	2 505. 77	0. 63	23. 00	2 152. 18	22. 12	353. 59	28. 64
13	福建口岸	15 636. 36	4. 00	-12. 30	11 120. 56	-17. 50	4 515. 80	3. 90
14	江西口岸	1 784. 69	0. 45	6. 89	1 548. 32	10. 06	236. 37	-10. 05
15	山东口岸	53 943. 71	13. 70	-0. 20	44 723. 69	-1. 10	9 220. 01	4. 10
16	河南口岸	1 686. 43	0. 43	10. 41	1 640. 64	10. 30	45. 79	14. 34
17	湖北口岸	2 577. 33	0. 65	11. 37	1 940. 41	8. 64	636. 93	20. 62
18	湖南口岸	2 235. 84	0. 57	2. 90	2 032. 16	2. 35	203. 68	8. 74
19	广东口岸	126 320. 67	32. 00	1. 10	25 687. 65	-0. 60	100 633. 02	1. 50
20	广西口岸	10 167. 81	2. 58	-1. 68	8 375. 27	-6. 95	1 792. 54	33. 73
21	海南口岸	3 011. 10	0. 76	12. 45	2 500. 71	11. 76	510. 38	15. 98
22	重庆口岸	922. 94	0. 23	-0. 06	630. 64	-1. 88	292. 30	4. 11
23	四川口岸	205. 80	0. 05	-11. 59	133. 82	-14. 20	71. 98	-6. 29
24	贵州口岸	492. 73	0. 12	-24. 89	395. 76	-27. 36	96. 98	-12. 75
25	云南口岸	1 359. 01	0. 34	-7. 88	918. 40	-17. 07	440. 60	19. 78
26	西藏口岸	5. 36	0. 00	-62. 31	0. 16	-65. 42	5. 20	-62. 21
27	陕西口岸	244. 42	0. 06	-22. 28	217. 93	-25. 42	26. 50	18. 83
28	甘肃口岸	157. 78	0. 04	3. 68	153. 10	1. 29	4. 68	351. 07
29	宁夏口岸	6. 01	0. 00	0. 85	5. 01	-4. 01	0. 99	35. 46
30	青海口岸	0. 19	0. 00	-73. 64	0. 11	-82. 90	0. 09	-19. 55
31	新疆口岸	4 135. 52	1. 05	-11. 36	3 739. 33	-10. 15	396. 19	-21. 34

2015年全国口岸进出口邮递物品、印刷品和音像制品、快递物品统计表

序号	口岸名称	邮递物品		印刷品和音像制品		快递物品	
		数量（件）	同比（%）	数量（件）	同比（%）	数量（件）	同比（%）
0	合　计	528 900 572.00	61.52	55 960 360.00	-33.61	346 004 407.00	41.90
1	北京口岸	95 190 514.00	-3.77	19 077 244.00	-64.20	27 123 875.00	46.37
2	天津口岸	3 302 263.00	34.86	3 945 639.00	-18.76	8 964 320.00	175.44
3	河北口岸		-		-		-
4	山西口岸		-		-		-
5	内蒙古口岸	76 808.00	75.99	324 264.00	-1.99	393 761.00	418.23
6	辽宁口岸	1 016 489.00	50.80	897 571.00	-3.40	4 137 055.00	41.30
7	吉林口岸	178 317.00	31.53	289 737.00	-9.98	874 550.00	41.99
8	黑龙江口岸	8 856 870.00	-31.48	561 882.00	4.63	796 001.00	70.19
9	上海口岸	26 276 489.00	0.61	6 593 704.00	16.16	77 542 998.00	22.81
10	江苏口岸	39 861 153.00	99.98	1 692 295.00	5.91	16 709 786.00	98.62
11	浙江口岸	62 087 309.00	89.70	699 528.00	-19.10	31 311 808.00	85.50
12	安徽口岸		-		-		-
13	福建口岸	25 595 251.00	17.40	854 518.00	1.50	18 008 858.00	63.70
14	江西口岸		-	6 175.00	-28.27		-
15	山东口岸	2 697 014.00	-20.70	1 931 954.00	90.00	9 773 597.00	34.30
16	河南口岸	4 139 001.00	231.93	185 390.00	-38.91	3 677 864.00	112.40
17	湖北口岸	1 655 502.00	13.69	1 354 786.00	-1.22	1 344 919.00	61.85
18	湖南口岸	4 863 514.00	27.41	320 144.00	254.16	47 497.00	-64.45
19	广东口岸	245 109 521.00	159.90	7 107 502.00	-8.96	136 956 048.00	29.00
20	广西口岸	157 389.00	50.64	227 300.00	24.73	954 954.00	25.90
21	海南口岸	42 554.00	41.08	40 555.00	16.60	124 076.00	69.98
22	重庆口岸	607 637.00	62.66	913 394.00	-1.85	1 587 344.00	-21.72
23	四川口岸	1 030 814.00	153.16	1 196 579.00	-26.51	3 176 620.00	125.01
24	贵州口岸		-		-		-
25	云南口岸	88 815.00	23.18	264 026.00	18.62	1 507 876.00	586.47
26	西藏口岸	3 897.00	2.53	14 905.00	-31.84	10 529.00	112.66
27	陕西口岸	1 095 210.00	3.57	4 538 399.00	293.67	794 675.00	102.85
28	甘肃口岸		-		-		-
29	宁夏口岸		-		-		-
30	青海口岸		-		-		-
31	新疆口岸	4 968 241.00	80.73	2 922 869.00	1 004.56	185 396.00	96.54

2015 年进出口商品国别（地区）总值表

单位：万元人民币

进口原产国（地） 出口最终目的国（地）	2015 年			2014 年		
	出口	进口	出入超	出口	进口	出入超
总　值	1 411 668 312	1 043 361 017	59 390 373	1 438 837 470	1 201 627 408	38 623 634
亚　洲	708 164 007	592 853 763	18 579 039	730 011 809	666 195 715	10 383 235
阿富汗	224 631	7 312	35 005	241 766	10 676	37 619
巴林	627 401	68 634	90 030	756 335	112 779	104 782
孟加拉国	8 624 746	506 272	1 307 786	7 236 245	467 417	1 102 116
不丹	5 005	215	777	6 833	64	1 101
文莱	871 829	63 078	130 625	1 073 610	116 298	155 710
缅甸	5 998 009	3 395 170	420 162	5 753 133	9 591 813	－623 363
柬埔寨	2 336 778	413 706	309 680	2 011 340	296 510	279 182
塞浦路斯	366 683	31 007	53 976	636 962	38 452	97 500
朝鲜	1 829 006	1 593 772	37 523	2 162 206	1 761 600	65 172
中国香港	205 652 132	7 953 488	31 771 697	223 002 923	7 751 575	35 045 577
印度	36 115 314	8 301 962	4 485 947	33 303 473	10 041 063	3 785 873
印度尼西亚	21 288 290	12 346 498	1 445 577	23 987 905	15 026 004	1 457 436
伊朗	11 014 455	9 940 680	171 266	14 968 892	16 885 345	－316 536
伊拉克	4 908 377	7 849 434	－476 540	4 753 852	12 744 903	－1 301 740
以色列	5 342 925	1 740 565	581 392	4 753 189	1 928 285	459 847
日本	84 210 781	88 761 760	－728 613	91 834 217	100 222 397	－1 352 917
约旦	2 123 142	179 365	313 688	2 066 624	161 615	310 133
科威特	2 337 379	4 655 319	－372 439	2 105 924	6 144 399	－657 624
老挝	761 955	960 376	－32 158	1 128 984	1 091 087	6 159
黎巴嫩	1 418 873	10 771	226 821	1 599 587	15 589	257 947
中国澳门	2 852 087	114 908	440 522	2 206 778	130 410	338 045
马来西亚	27 258 366	33 076 693	－929 694	28 471 338	34 175 777	－929 914
马尔代夫	107 440	109	17 247	63 892	57	10 390
蒙古	972 615	2 352 484	－222 468	1 362 366	3 134 724	－288 571
尼泊尔联邦民主共和国	514 489	19 812	80 070	1 402 247	28 903	223 651
阿曼	1 311 565	9 329 690	－1 293 103	1 268 687	14 611 586	－2 173 047

续表 1

进口原产国（地） 出口最终目的国（地）	2015 年			2014 年		
	出　口	进　口	出入超	出　口	进　口	出入超
巴基斯坦	10 217 249	1 534 988	1 396 712	8 135 720	1 690 507	1 049 061
巴勒斯坦	43 193	279	6 880	46 301	53	7 542
菲律宾	16 572 484	11 774 365	770 514	14 416 490	12 891 767	248 944
卡塔尔	1 408 574	2 863 429	-233 873	1 384 721	5 115 210	-608 272
沙特阿拉伯	13 393 271	18 596 179	-840 812	12 638 456	29 779 364	-2 793 278
新加坡	32 254 706	17 110 100	2 436 168	30 045 216	18 935 843	1 808 244
韩国	62 899 921	108 460 995	-7 321 970	61 613 028	116 745 423	-8 977 532
斯里兰卡	2 675 115	160 480	404 553	2 329 168	152 492	354 452
叙利亚	634 983	2 261	101 399	604 973	1 307	98 224
泰国	23 782 515	23 082 067	112 206	21 060 608	23 538 063	-404 270
土耳其	11 531 727	1 826 773	1 566 420	11 857 737	2 275 761	1 560 006
阿拉伯联合酋长国	22 958 752	7 150 241	2 550 513	23 972 893	9 681 433	2 327 115
也门共和国	886 295	551 900	53 183	1 352 230	1 802 154	-73 154
越南	41 012 731	18 619 426	3 618 527	39 152 591	12 226 765	4 382 362
中华人民共和国	-	89 138 353	-14 336 931	-	88 646 127	-14 433 144
中国台湾	27 850 136	88 976 304	-9 831 175	28 428 197	93 356 667	-10 573 050
东帝汶	65 171	445	10 380	37 066	61	6 024
哈萨克斯坦	5 233 759	3 628 844	259 229	7 808 223	5 979 078	296 803
吉尔吉斯斯坦	2 663 708	36 207	422 355	3 220 896	34 016	518 710
塔吉克斯坦	1 118 530	32 349	174 335	1 516 705	29 279	242 054
土库曼斯坦	504 508	4 849 338	-701 219	585 949	5 843 194	-856 188
乌兹别克斯坦	1 381 792	785 359	96 170	1 645 184	981 818	108 030
亚洲其他国家（地区）	614	-	97	149	2	24
非　洲	67 341 577	43 634 080	3 828 223	65 133 502	70 986 253	-959 663
阿尔及利亚	4 702 194	475 864	681 598	4 542 195	806 891	608 050
安哥拉	2 299 913	9 912 637	-1 228 447	3 671 035	19 092 323	-2 513 102
贝宁	1 854 539	48 136	291 122	2 141 670	163 860	321 935
博茨瓦那	139 679	85 954	8 611	108 244	131 324	-3 773
布隆迪	24 825	1 732	3 727	31 693	2 548	4 746
喀麦隆	1 135 569	484 386	105 168	1 153 180	423 994	118 870
加那利群岛	2 128	-	344	2 681	-	436
佛得角	26 863	14	4 328	31 482	2	5 122

续表 2

进口原产国（地） 出口最终目的国（地）	2015 年			2014 年		
	出　口	进　口	出入超	出　口	进　口	出入超
中非	8 378	16 468	－1 301	4 430	18 060	－2 206
塞卜泰（休达）	515	－	83	304	－	50
乍得	76 400	56 277	3 286	195 030	66 343	20 937
科摩罗	28 521	14	4 568	25 007	6	4 068
刚果（布）	642 779	1 622 819	－158 844	604 771	3 364 417	－449 449
吉布提	1 230 204	551	197 992	683 281	1 033	111 050
埃及	7 419 044	567 617	1 104 073	6 425 180	711 255	930 099
赤道几内亚	161 773	720 341	－90 511	216 451	1 975 444	－286 467
埃塞俄比亚	2 138 772	234 579	306 052	1 794 679	300 723	243 236
加蓬	416 793	684 045	－43 478	264 392	987 796	－117 754
冈比亚	204 551	34 466	27 431	215 412	23 296	31 276
加纳	3 296 239	801 672	401 241	2 539 946	892 005	268 197
几内亚	791 361	16 295	125 116	676 612	25 356	106 011
几内亚（比绍）	10 843	10 927	－33	10 534	30 715	－3 280
科特迪瓦共和国	966 723	89 317	141 033	749 681	132 883	100 381
肯尼亚	3 670 934	61 258	581 557	3 029 366	47 308	485 359
利比里亚	841 774	106 355	118 471	1 050 788	177 073	142 288
利比亚	1 171 756	587 124	94 047	1 324 552	446 651	143 124
马达加斯加	537 933	106 122	69 410	462 156	72 502	63 460
马拉维	153 167	18 228	21 636	96 496	20 900	12 297
马里	168 060	57 214	17 744	182 567	58 682	20 142
毛里塔尼亚	499 678	445 830	8 330	464 943	717 025	－41 118
毛里求斯	522 480	9 519	82 577	457 831	8 715	73 098
摩洛哥	1 799 520	323 143	237 566	1 820 038	318 481	244 449
莫桑比克	1 201 583	281 097	148 541	1 209 528	1 014 451	31 892
纳米比亚	303 214	132 623	27 828	335 229	194 991	22 838
尼日尔	106 941	87 117	3 236	149 629	48 522	16 457
尼日利亚	8 499 374	769 670	1 246 054	9 454 489	1 629 637	1 273 739
留尼汪	106 978	7	17 203	99 465	12	16 190
卢旺达	76 071	27 013	7 874	70 633	56 404	2 309
圣多美和普林西比	3 690	21	592	3 520	0	573
塞内加尔	1 359 801	68 779	207 887	1 014 014	28 901	160 321
塞舌尔	35 804	62	5 753	28 010	121	4 539

续表 3

进口原产国（地） 出口最终目的国（地）	2015 年			2014 年		
	出　口	进　口	出入超	出　口	进　口	出入超
塞拉利昂	171 709	101 278	11 174	100 149	1 030 493	-151 564
索马里	185 132	15 350	27 341	126 653	18 356	17 620
南非	9 835 243	18 788 949	-1 429 349	9 643 676	27 361 593	-2 886 898
西撒哈拉	244	-	40	190	4	30
苏丹	1 483 147	450 368	166 611	1 185 084	933 394	40 738
坦桑尼亚	2 655 572	234 566	390 102	2 361 457	267 461	340 846
多哥	1 353 732	132 365	196 545	1 530 882	102 093	232 547
突尼斯	767 432	113 959	105 363	758 951	130 372	102 386
乌干达	343 517	53 017	46 782	298 915	68 479	37 500
布基纳法索	76 741	27 195	7 977	72 447	76 157	-593
刚果（金）	873 178	1 633 028	-121 375	836 539	1 726 143	-144 938
赞比亚	341 273	1 110 046	-123 441	445 687	1 878 499	-233 508
津巴布韦	337 602	468 885	-21 808	248 140	511 550	-43 191
莱索托	51 409	7 407	7 118	54 531	7 414	7 668
梅利利亚	4 811	0	771	5 548	-	903
斯威士兰	19 034	179	3 028	16 285	28 292	-1 958
厄立特里亚	83 909	110 154	-4 443	54 105	197 259	-23 354
马约特岛	23 725	0	3 815	11 720	1	1 908
南苏丹	95 682	1 441 850	-217 144	40 635	2 658 037	-426 316
非洲其他国家（地区）	1 121	195	151	769	7	124
欧　洲	250 383 568	182 226 520	11 017 554	269 603 687	205 910 967	10 400 167
比利时	10 054 444	4 346 587	920 251	10 578 293	6 182 660	715 718
丹麦	3 814 695	2 544 892	205 567	4 022 314	2 495 810	249 052
英国	37 009 253	11 745 488	4 063 332	35 103 782	14 573 160	3 341 440
德国	42 926 150	54 486 238	-1 846 853	44 674 454	64 457 132	-3 195 714
法国	16 601 417	15 324 659	212 675	17 634 259	16 060 168	259 432
爱尔兰	1 753 678	2 668 600	-146 329	1 721 141	2 293 403	-93 194
意大利	17 275 676	10 452 886	1 101 459	17 671 011	11 869 692	947 449
卢森堡	1 444 160	192 183	201 411	1 196 981	186 905	164 495
荷兰	36 926 637	5 458 897	5 067 562	39 887 764	5 743 782	5 558 839
希腊	2 276 382	177 251	337 948	2 571 084	212 573	383 994
葡萄牙	1 795 388	906 923	143 338	1 927 298	1 023 238	147 378
西班牙	13 560 657	3 473 504	1 626 520	13 209 656	3 817 467	1 529 367

续表 4

进口原产国（地） 出口最终目的国（地）	2015 年			2014 年		
	出　口	进　口	出入超	出　口	进　口	出入超
阿尔巴尼亚	267 370	79 283	30 233	232 326	116 269	18 895
安道尔	798	7	127	1 353	19	217
奥地利	1 552 196	3 087 583	-247 031	1 473 249	3 603 583	-345 549
保加利亚	647 697	464 907	29 495	723 730	604 884	19 320
芬兰	2 199 256	2 161 301	5 634	3 132 857	2 491 348	104 780
直布罗陀	122 438	146	19 667	5 088	1	828
匈牙利	3 227 380	1 792 166	232 190	3 540 633	2 007 779	250 427
冰岛	77 429	41 265	5 895	88 325	36 760	8 400
列支敦士登	17 597	64 972	-7 566	13 136	62 037	-7 918
马耳他	1 475 394	273 298	193 888	1 961 088	363 285	260 144
摩纳哥	5 055	6 244	-194	7 905	7 160	128
挪威	1 769 458	2 572 592	-128 927	1 678 049	2 746 509	-173 625
波兰	8 908 252	1 702 654	1 160 292	8 758 419	1 804 479	1 132 206
罗马尼亚	1 963 493	804 678	186 729	1 980 298	935 992	170 251
圣马力诺	2 691	2 578	15	1 738	1 839	-15
瑞典	4 400 639	3 988 407	68 185	4 403 520	4 177 125	37 606
瑞士	1 968 184	25 639 662	-3 792 917	1 897 655	24 819 588	-3 735 204
爱沙尼亚	591 294	145 944	71 832	704 090	138 837	92 060
拉脱维亚	633 986	89 694	87 792	808 808	90 434	116 979
立陶宛	751 583	86 334	107 212	1 018 466	96 961	150 080
格鲁吉亚	476 781	27 132	72 489	558 079	32 601	85 557
亚美尼亚	69 969	129 757	-9 657	75 448	102 803	-4 436
阿塞拜疆	272 087	140 454	21 624	396 255	181 750	34 819
白俄罗斯	464 203	628 593	-26 192	682 443	454 221	37 232
摩尔多瓦	62 040	13 335	7 848	70 742	15 231	9 041
俄罗斯联邦	21 594 931	20 646 250	149 821	32 973 124	25 536 842	1 208 344
乌克兰	2 183 973	2 198 258	-4 009	3 134 987	2 138 964	162 268
斯洛文尼亚	1 299 024	179 968	180 223	1 224 041	204 147	166 048
克罗地亚	611 034	69 588	87 377	630 982	62 027	92 666
捷克	5 120 508	1 730 032	544 568	4 910 478	1 840 640	500 621
斯洛伐克	1 740 113	1 388 800	55 715	1 738 168	2 075 629	-54 758
前南斯拉夫马其顿	53 980	82 129	-4 617	47 098	55 646	-1 392
波斯尼亚—黑塞哥维那	37 242	33 331	625	174 603	22 950	24 674

续表 5

进口原产国（地） 出口最终目的国（地）	2015 年			2014 年		
	出　口	进　口	出入超	出　口	进　口	出入超
梵蒂冈城国	1	0	0	2	–	0
法罗群岛	36 222	78 808	–6 819	1 154	64 510	–10 315
塞尔维亚	257 532	83 237	28 136	260 808	69 250	31 182
黑山	83 202	15 024	10 987	96 506	32 879	10 351
欧洲其他国家（地区）	–	–	–	–	–	–
拉丁美洲	81 893 491	64 410 850	2 829 996	83 670 769	78 033 461	916 959
安提瓜和巴布达	32 884	4	5 306	105 903	24	17 232
阿根廷	5 461 708	3 552 449	308 763	4 717 025	3 226 842	243 289
阿鲁巴岛	30 109	3	4 327	32 918	113 060	–13 071
巴哈马	973 088	15 379	156 101	455 756	116	74 268
巴巴多斯	40 283	11 719	4 537	43 899	9 092	5 665
伯利兹	48 909	1 111	7 571	58 850	4 472	8 859
多民族玻利维亚国	352 607	274 924	12 502	433 716	302 652	21 337
博内尔	217	0	35	176	28 971	–4 686
巴西	16 962 197	27 357 395	–1 667 713	21 428 963	31 734 710	–1 676 309
开曼群岛	37 371	1	6 094	5 196	1	846
智利	8 246 928	11 437 607	–514 864	7 994 720	12 882 427	–796 837
哥伦比亚	4 700 805	2 195 688	403 565	4 940 606	4 666 266	44 444
多米尼克	19 105	406	3 010	22 754	348	3 647
哥斯达黎加	827 277	512 257	50 472	681 429	2 570 424	–307 673
古巴	1 172 210	204 004	155 637	652 644	204 552	72 945
库腊索岛	17 111	86	2 747	15 751	16	2 560
多米尼加共和国	967 200	129 382	134 941	782 362	168 158	99 982
厄瓜多尔	1 791 331	768 605	165 297	1 993 179	653 850	218 063
法属圭亚那	8 975	3	1 443	7 951	4	1 294
格林纳达	6 150	7	992	9 118	3	1 486
瓜德罗普岛	20 576	0	3 316	22 430	11	3 649
危地马拉	1 273 262	124 107	185 156	1 147 142	31 604	181 588
圭亚那	98 870	30 501	10 957	102 783	24 717	12 706
海地	269 638	6 486	42 376	240 402	9 111	37 655
洪都拉斯	528 591	21 991	81 831	421 687	99 104	52 488
牙买加	388 350	19 236	59 407	321 381	23 066	48 553
马提尼克岛	15 266	3	2 455	14 984	8	2 437

续表 6

进口原产国（地） 出口最终目的国（地）	2015 年			2014 年		
	出　口	进　口	出入超	出　口	进　口	出入超
墨西哥	20 963 945	6 229 295	2 376 424	19 813 106	6 862 229	2 108 197
蒙特塞拉特	311	3	49	256	6	41
尼加拉瓜	414 754	21 468	63 151	348 904	26 635	52 476
巴拿马	5 286 010	196 832	820 367	5 717 300	78 324	917 989
巴拉圭	785 311	25 812	122 619	857 711	34 144	134 062
秘鲁	3 945 803	4 944 249	-159 495	3 746 946	4 996 961	-204 002
波多黎各	473 832	549 654	-11 864	636 639	616 399	3 318
萨巴	46	-	7	64	0	10
圣卢西亚	11 377	43	1 822	18 355	20	2 987
圣马丁岛	7 959	0	1 269	3 670	0	598
圣文森特和格林纳丁斯	22 810	30	3 707	22 904	0	3 729
萨尔瓦多	451 035	33 293	67 292	369 605	6 434	59 142
苏里南	123 679	31 397	14 836	108 570	32 377	12 419
特立尼达和多巴哥	297 001	24 005	43 910	262 905	61 716	32 724
特克斯和凯科斯群岛	464	1	74	667	9	107
乌拉圭	1 215 031	1 494 911	-44 998	1 509 954	1 616 112	-17 060
委内瑞拉	3 294 665	4 196 145	-146 194	3 475 123	6 947 569	-566 263
英属维尔京群岛	260 811	5	42 417	70 811	6	11 496
圣其茨-尼维斯	6 680	211	1 051	16 361	260	2 624
圣皮埃尔和密克隆	74	-	12	140	-	23
荷属安地列斯群岛	39 447	99	6 352	36 815	0	5 989
拉丁美洲其他国家（地区）	1 431	40	226	238	653	-67
北美洲	272 522 819	108 131 864	26 488 866	261 809 840	112 344 058	24 327 084
加拿大	18 251 812	16 270 746	320 889	18 428 522	15 464 080	482 167
美国	254 043 920	91 804 918	26 140 483	243 264 475	96 840 303	23 832 327
格陵兰	50	56 005	-8 982	477	39 634	-6 374
百慕大群岛	226 883	1	36 483	115 757	6	18 872
北美洲其他国家（地区）	153	194	-7	609	35	94
大洋洲	31 362 850	51 388 628	-3 237 568	28 607 863	67 206 595	-6 289 495
澳大利亚	25 042 730	45 590 460	-3 320 360	24 046 511	59 941 898	-5 848 494
库克群岛	8 783	996	1 269	11 944	1 046	1 772
斐济	203 032	13 117	30 536	176 577	32 486	23 437
盖比群岛	31	2	5	36	-	6

续表 7

进口原产国（地） 出口最终目的国（地）	2015 年			2014 年		
	出　口	进　口	出入超	出　口	进　口	出入超
马克萨斯群岛	–	–	–	–	2	0
瑙鲁	1 126	55	172	1 687	8	274
新喀里多尼亚	63 832	288 220	– 36 253	55 743	205 309	– 24 344
瓦努阿图	43 712	7 413	5 330	110 749	4 252	17 332
新西兰	3 053 764	4 078 837	– 166 472	2 910 356	5 833 134	– 476 759
诺福克岛	404	–	65	649	–	106
巴布亚新几内亚	610 287	1 102 211	– 78 765	390 928	861 921	– 76 678
社会群岛	2 326	–	375	2 469	–	402
所罗门群岛	50 412	285 220	– 37 950	30 383	291 001	– 42 439
汤加	16 858	14	2 699	14 724	22	2 391
土阿莫土群岛	–	–	–	–	–	–
土布艾群岛	–	–	–	–	–	–
萨摩亚	38 731	626	6 128	34 302	119	5 567
基里巴斯	26 352	2 511	3 846	12 682	1 781	1 772
图瓦卢	7 335	608	1 088	2 851	0	464
密克罗尼西亚联邦	7 565	825	1 077	5 742	3 349	390
马绍尔群岛共和国	2 112 432	15 504	337 819	759 316	26 591	119 359
帕劳共和国	11 886	3	1 902	6 423	38	1 039
法属波利尼西亚	57 140	1 658	8 822	29 847	3 510	4 285
瓦利斯和浮图纳	475	–	75	753	8	121
大洋洲其他国家（地区）	3 639	347	524	3 190	120	500
国别（地区）不详	–	715 311	– 115 737	–	950 360	– 154 653
东南亚国家联盟	172 137 663	120 841 480	8 281 606	167 101 215	127 889 926	6 380 490
欧洲联盟	220 927 069	129 774 468	14 704 958	227 843 827	149 451 592	12 798 636
亚太经济合作组织	899 408 010	701 467 701	31 884 594	916 654 812	752 852 498	26 655 709

表注：1. 东南亚国家联盟包括：文莱、缅甸、柬埔寨、印度尼西亚、老挝、马来西亚、菲律宾、新加坡、泰国、越南。

2. 欧洲联盟包括：比利时、丹麦、英国、德国、法国、爱尔兰、意大利、卢森堡、荷兰、希腊、葡萄牙、西班牙、奥地利、芬兰、瑞典、塞浦路斯、匈牙利、马耳他、波兰、爱沙尼亚、拉脱维亚、立陶宛、斯洛文尼亚、捷克、斯洛伐克、保加利亚、罗马尼亚、克罗地亚。

3. 亚太经济合作组织包括：文莱、中国香港、印度尼西亚、日本、马来西亚、菲律宾、新加坡、韩国、泰国、越南、中华人民共和国、中国台湾、俄罗斯、智利、墨西哥、秘鲁、加拿大、美国、澳大利亚、新西兰、巴布亚新几内亚。

4. 克罗地亚于 2013 年 7 月正式加入欧盟。本表在计算对欧盟贸易与上年同期增长率时，对 2013 年数据按照新的范围口径进行了调整。

2015 年进出口商品构成表

单位：万元人民币

商　品	出　口		进　口	
	金　额	比重（%）	金　额	比重（%）
总　值	1 411 668 312	100. 0	1 043 361 017	100. 0
一、初级产品	43 145 363	3. 1	276 196 640	26. 5
0 类　食品及活动物	16 050 496	1. 1	15 226 611	1. 5
00 章　活动物	-	-	-	-
01 章　肉及肉制品	1 092 388	0. 1	5 968	0. 0
02 章　乳品及蛋品	14 926	0. 0	40 165	0. 0
03 章　鱼、甲壳及软体类动物及其制品	3 878 878	0. 3	141 432	0. 0
04 章　谷物及其制品	800 997	0. 1	6 356 367	0. 6
05 章　蔬菜及水果	4 830 982	0. 3	628 576	0. 1
06 章　糖、糖制品及蜂蜜	1 116 138	0. 1	1 302 115	0. 1
07 章　咖啡、茶、可可、调味料及其制品	479 360	0. 0	695 723	0. 1
08 章　饲料（不包括未碾磨谷物）	1 659 527	0. 1	3 083 303	0. 3
09 章　杂项食品	2 177 300	0. 2	2 972 964	0. 3
1 类 饮料及烟类	2 058 284	0. 1	3 588 864	0. 3
11 章　饮料	1 218 232	0. 1	2 432 565	0. 2
12 章　烟草及其制品	840 052	0. 1	1 156 299	0. 1
2 类 非食用原料（燃料除外）	7 348 613	0. 5	129 668 605	12. 4
21 章　生皮及生毛皮	13 726	0. 0	2 477 558	0. 2
22 章　油籽及含油果实	631 872	0. 0	23 795 562	2. 3
23 章　生橡胶（包括合成橡胶及再生橡胶）	348 812	0. 0	4 871 669	0. 5
24 章　软木及木材	556 498	0. 0	10 774 402	1. 0
25 章　纸浆及废纸	70 202	0. 0	11 198 819	1. 1
26 章　纺织纤维及其废料	1 964 409	0. 1	4 922 148	0. 5
27 章　天然肥料及矿物（煤、石油及宝石除外）	1 895 286	0. 1	3 479 931	0. 3
28 章　金属矿砂及金属废料	209 192	0. 0	67 489 221	6. 5
29 章　其他动、植物原料	1 658 616	0. 1	659 295	0. 1
3 类 矿物燃料、润滑油及有关原料	17 287 749	1. 2	123 088 327	11. 8
32 章　煤、焦炭及煤砖	1 238 856	0. 1	7 517 754	0. 7

续表 1

商　品	出　口		进　口	
	金　额	比重（%）	金　额	比重（%）
33 章　石油、石油产品及有关原料	13 902 841	1.0	99 921 623	9.6
34 章　天然气及人造气	1 269 313	0.1	15 439 478	1.5
35 章　电流	876 740	0.1	209 472	0.0
4 类 动植物油、脂及蜡	400 220	0.0	4 624 232	0.4
41 章　动物油、脂	142 245	0.0	127 312	0.0
42 章　植物油、脂	174 880	0.0	4 383 018	0.4
43 章　已加工的动植物油、脂及动植物蜡	83 095	0.0	113 903	0.0
二、工业制品	1 347 148 206	95.4	750 594 202	71.9
5 类 化学成品及有关产品	80 326 859	5.7	106 306 198	10.2
51 章　有机化学品	22 648 956	1.6	29 956 128	2.9
52 章　无机化学品	8 247 437	0.6	5 149 991	0.5
53 章　染料、鞣料及着色料	3 828 545	0.3	2 498 471	0.2
54 章　医药品	8 378 007	0.6	12 652 060	1.2
55 章　精油、香料及盥洗、光洁制品	4 352 586	0.3	3 819 261	0.4
56 章　制成肥料	6 691 471	0.5	2 441 925	0.2
57 章　初级形状的塑料	7 712 476	0.5	30 506 481	2.9
58 章　非初级形状的塑料	8 094 248	0.6	7 286 246	0.7
59 章　其他化学原料及产品	10 373 132	0.7	11 995 634	1.1
6 类　按原料分类的制成品	242 580 498	17.2	82 605 311	7.9
61 章　皮革、皮革制品及已鞣毛皮	1 357 087	0.1	3 126 183	0.3
62 章　橡胶制品	11 932 669	0.8	3 826 036	0.4
63 章　软木及木制品（家具除外）	8 265 325	0.6	820 753	0.1
64 章　纸及纸板；纸浆、纸及纸板制品	11 229 538	0.8	2 370 583	0.2
65 章　纺纱、织物、制成品及有关产品章　纺纱、织物、制成品及有关产品	67 605 830	4.8	11 771 838	1.1
66 章　非金属矿物制品	32 957 180	2.3	12 512 132	1.2
67 章　钢铁	39 529 625	2.8	12 064 626	1.2
68 章　有色金属	14 385 132	1.0	26 845 448	2.6
69 章　金属制品	55 318 113	3.9	9 267 712	0.9
7 类　机械及运输设备	657 964 785	46.6	424 219 704	40.7
71 章　动力机械及设备	22 168 580	1.6	12 950 677	1.2
72 章　特种工业专用机械	23 275 380	1.6	21 510 377	2.1
73 章　金工机械	4 337 709	0.3	7 584 713	0.7

续表2

商品	出口		进口	
	金额	比重（%）	金额	比重（%）
74章　通用工业机械设备及零件	62 684 332	4.4	28 861 933	2.8
75章　办公用机械及自动数据处理设备	117 947 016	8.4	31 358 233	3.0
76章　电信及声音的录制及重放装置设备	183 961 572	13.0	44 537 567	4.3
77章　电力机械、器具及其电气零件	178 153 651	12.6	216 666 609	20.8
78章　陆路车辆（包括气垫式）	42 525 011	3.0	43 175 988	4.1
79章　其他运输设备	22 911 534	1.6	17 573 609	1.7
8类　杂项制品	364 793 366	25.8	83 706 102	8.0
81章　活动房屋；卫生、水道、供热及照明装置	26 909 918	1.9	638 432	0.1
82章　家具及其零件；褥垫及类似填充制品	37 630 389	2.7	1 495 045	0.1
83章　旅行用品、手提包及类似品	17 618 836	1.2	1 096 110	0.1
84章　服装及衣着附件	108 373 810	7.7	4 080 952	0.4
85章　鞋靴	33 177 797	2.4	1 705 938	0.2
87章　专业、科学及控制用仪器和装置	36 228 611	2.6	49 849 047	4.8
88章　摄影器材、光学物品及钟表	11 514 658	0.8	10 817 649	1.0
89章　杂项制品	93 339 346	6.6	14 022 930	1.3
9类　未分类的商品	1 482 697	0.1	53 756 887	5.2
96章	317	0.0	4 017	0.0
97章	1 164 425	0.1	49 241 839	4.7
98章	317 955	0.0	4 511 030	0.4

2015 年进出口商品类章总值表

单位：万元人民币

类　　章	出　口		进　口	
	金　额	比重（%）	金　额	比重（%）
总　值	1 411 668 312	100.0	1 043 361 017	100.0
第一类　活动物；动物产品	10 783 592	0.8	10 846 335	1.0
01 章　活动物	371 577	0.0	340 929	0.0
02 章　肉及食用杂碎	655 692	0.0	4 231 704	0.4
03 章　鱼、甲壳动物、软体动物及其他水生无脊椎动物	8 281 164	0.6	3 935 666	0.4
04 章　乳品；蛋品；天然蜂蜜；其他食用动物产品	376 230	0.0	2 048 462	0.2
05 章　其他动物产品	1 098 929	0.1	289 574	0.0
第二类　植物产品	13 827 784	1.0	37 001 541	3.5
06 章　活树及其他活植物；鳞茎、根及类似品；插花及装饰用簇叶	186 225	0.0	135 021	0.0
07 章　食用蔬菜、根及块茎	5 604 332	0.4	1 618 825	0.2
08 章　食用水果及坚果；甜瓜或柑橘属水果的果皮	3 225 473	0.2	3 722 558	0.4
09 章　咖啡、茶、马黛茶及调味香料	1 575 122	0.1	247 436	0.0
10 章　谷物	200 475	0.0	5 791 066	0.6
11 章　制粉工业产品；麦芽；淀粉；菊粉；面筋	366 235	0.0	590 790	0.1
12 章　含油子仁及果实；杂项子仁及果实；工业用或药用植物；稻草、秸秆及饲料	1 802 906	0.1	24 632 763	2.4
13 章　虫胶；树胶、树脂及其他植物液、汁	789 574	0.1	141 077	0.0
14 章　编结用植物材料；其他植物产品	77 443	0.0	122 005	0.0
第三类　动、植物油、脂及其分解产品；精制的食用油脂；动、植物蜡	414 105	0.0	4 897 876	0.5
15 章　动、植物油、脂及其分解产品；精制的食用油脂；动、植物蜡	414 105	0.0	4 897 876	0.5

续表 1

类　　章	出口		进口	
	金　额	比重（%）	金　额	比重（%）
第四类　食品；饮料、酒及醋；烟草、烟草及烟草代用品的制品	17 334 163	1.2	12 606 484	1.2
16 章　肉、鱼、甲壳动物、软体动物及其他水生无脊椎动物的制品	4 971 349	0.4	148 058	0.0
17 章　糖及糖食	970 265	0.1	1 291 381	0.1
18 章　可可及可可制品	275 230	0.0	544 634	0.1
19 章　谷物、粮食粉、淀粉或乳的制品；糕饼点	948 628	0.1	2 393 505	0.2
20 章　蔬菜、水果、坚果或植物其他部分的制品	4 586 255	0.3	545 072	0.1
21 章　杂项食品	1 850 351	0.1	1 113 514	0.1
22 章　饮料、酒及醋	1 240 600	0.1	2 666 594	0.3
23 章　食品工业的残渣及废料；配制的动物饲料	1 651 432	0.1	2 747 427	0.3
24 章　烟草、烟草及烟草代用品的制品	840 052	0.1	1 156 299	0.1
第五类　矿产品	19 654 487	1.4	184 634 353	17.7
25 章　盐；硫黄；泥土及石料；石膏料、石灰及水泥	2 214 068	0.2	3 395 335	0.3
26 章　矿砂、矿渣及矿灰	151 288	0.0	58 143 457	5.6
27 章　矿物燃料、矿物油及其蒸馏产品；沥青物质；矿物蜡	17 289 132	1.2	123 095 562	11.8
第六类　化学工业及其相关工业的产品	65 819 441	4.7	70 181 093	6.7
28 章　无机化学品；贵金属、稀土金属、放射性元素及其同位素的有机及无机化合物	8 333 739	0.6	6 162 512	0.6
29 章　有机化学品	26 454 514	1.9	29 611 344	2.8
30 章　药品	4 307 654	0.3	11 954 684	1.1
31 章　肥料	6 714 134	0.5	2 442 786	0.2
32 章　鞣料浸膏及染料浸膏；鞣酸及其衍生物；染料、颜料及其他着色料；油漆及清漆；油灰及其他类似胶粘剂；墨水、油墨	3 904 755	0.3	2 536 897	0.2
33 章　精油及香膏；芳香料制品及化妆盥洗品	2 913 217	0.2	2 805 027	0.3

续表2

类　　章	出　口		进　口	
	金　额	比重（%）	金　额	比重（%）
34章　肥皂、有机表面活性剂、洗涤剂、润滑剂、人造蜡、调制蜡、光洁剂、蜡烛及类似品、塑型用膏、“牙科用蜡”及牙科用熟石膏制剂	2 034 666	0.1	2 367 287	0.2
35章　蛋白类物质；改性淀粉；胶；酶	1 638 015	0.1	1 889 320	0.2
36章　炸药；烟火制品；火柴；引火合金；易燃材料制品	587 449	0.0	91 899	0.0
37章　照相及电影用品	735 305	0.1	1 363 520	0.1
38章　杂项化学产品	8 195 993	0.6	8 955 818	0.9
第七类　塑料及其制品；橡胶及其制品	53 385 745	3.8	49 467 194	4.7
39章　塑料及其制品	40 765 882	2.9	40 680 056	3.9
40章　橡胶及其制品	12 619 862	0.9	8 787 138	0.8
第八类　生皮、皮革、毛皮及其制品；鞍具及挽具；旅行用品、手提包及类似品；动物肠线（蚕胶丝除外）制品	21 747 525	1.5	6 890 473	0.7
41章　生皮（毛皮除外）及皮革	413 264	0.0	4 649 544	0.4
42章　皮革制品；鞍具及挽具；旅行用品、手提包及类似容器；动物肠线（蚕胶丝除外）制	19 258 159	1.4	1 311 676	0.1
43章　毛皮、人造毛皮及其制品	2 076 102	0.1	929 253	0.1
第九类　木及木制品；木炭；软木及软木制品；稻草、秸秆、针茅或其他编结材料制品；篮筐及柳条编结品	9 823 116	0.7	11 603 123	1.1
44章　木及木制品；木炭	8 807 915	0.6	11 569 712	1.1
45章　软木及软木制品	13 908	0.0	25 443	0.0
46章　稻草、秸秆、针茅或其他编结材料制品；篮筐及柳条编结品	1 001 293	0.1	7 968	0.0
第十类　木浆及其他纤维状纤维素浆；纸及纸板的废碎品；纸、纸板及其制品	14 134 216	1.0	14 753 189	1.4
47章　木浆及其他纤维状纤维素浆；纸及纸板的废碎品	70 202	0.0	11 198 819	1.1
48章　纸及纸板；纸浆、纸或纸板制品	11 644 037	0.8	2 512 178	0.2

续表 3

类　章	出　口		进　口	
	金　额	比重（%）	金　额	比重（%）
49 章　书籍、报纸、印刷图画及其他印刷品；手稿、打字稿及设计图纸	2 419 977	0.2	1 042 192	0.1
第十一类　纺织原料及纺织制品	169 699 799	12.0	20 078 676	1.9
50 章　蚕丝	787 572	0.1	37 163	0.0
51 章　羊毛、动物细毛或粗毛；马毛纱线及其机织物	1 414 203	0.1	2 116 135	0.2
52 章　棉花	9 812 517	0.7	6 355 039	0.6
53 章　其他植物纺织纤维；纸纱线及其机织物	975 026	0.1	532 493	0.1
54 章　化学纤维长丝	10 164 257	0.7	1 940 471	0.2
55 章　化学纤维短纤	8 001 397	0.6	1 614 666	0.2
56 章　絮胎、毡呢及无纺织物；特种纱线；线、绳、索、缆及其制品	3 015 209	0.2	730 160	0.1
57 章　地毯及纺织材料的其他铺地制品	1 631 569	0.1	90 650	0.0
58 章　特种机织物；簇绒织物；花边；装饰毯；装饰带；刺绣品	2 979 450	0.2	364 096	0.0
59 章　浸渍、涂布、包覆或层压的纺织物；工业用纺织制品	4 423 668	0.3	1 118 127	0.1
60 章　针织物及钩编织物	9 072 352	0.6	1 146 952	0.1
61 章　针织或钩编的服装及衣着附件	52 037 714	3.7	1 433 673	0.1
62 章　非针织或非钩编的服装及衣着附件	48 671 394	3.4	2 311 966	0.2
63 章　其他纺织制成品；成套物品；旧衣着及旧纺织品；碎织物	16 713 472	1.2	287 086	0.0
第十二类　鞋、帽、伞、杖、鞭及其零件；已加工的羽毛及其制品；人造花；人发制品	42 292 303	3.0	1 915 760	0.2
64 章　鞋靴、护腿和类似品及其零件	33 177 797	2.4	1 705 938	0.2
65 章　帽类及其零件	2 969 055	0.2	33 941	0.0
66 章　雨伞、阳伞、手杖、鞭子、马鞭及其零件	1 925 161	0.1	8 747	0.0
67 章　已加工羽毛、羽绒及其制品；人造花；人发制品	4 220 290	0.3	167 135	0.0

续表 4

类　章	出　口		进　口	
	金　额	比重（%）	金　额	比重（%）
第十三类　石料、石膏、水泥、石棉、云母及类似材料的制品；陶瓷产品；玻璃及其制品	34 075 774	2.4	5 477 928	0.5
68 章　石料、石膏、水泥、石棉、云母及类似材料的制品	8 076 952	0.6	936 937	0.1
69 章　陶瓷产品	16 185 418	1.1	437 518	0.0
70 章　玻璃及其制品	9 813 403	0.7	4 103 473	0.4
第十四类　天然或养殖珍珠、宝石或半宝石、贵金属、包贵金属及其制品；仿首饰；硬币	19 152 866	1.4	60 203 438	5.8
71 章　天然或养殖珍珠、宝石或半宝石、贵金属、包贵金属及其制品；仿首饰；硬币	19 152 866	1.4	60 203 438	5.8
第十五类　贱金属及其制品	109 471 728	7.8	54 132 167	5.2
72 章　钢铁	30 457 142	2.2	11 253 630	1.1
73 章　钢铁制品	37 550 043	2.7	6 261 085	0.6
74 章　铜及其制品	3 483 478	0.2	23 690 639	2.3
75 章　镍及其制品	471 994	0.0	3 199 895	0.3
76 章　铝及其制品	14 758 597	1.0	4 300 172	0.4
78 章　铅及其制品	99 376	0.0	29 081	0.0
79 章　锌及其制品	324 262	0.0	900 226	0.1
80 章　锡及其制品	37 480	0.0	201 886	0.0
81 章　其他贱金属、金属陶瓷及其制品	1 753 456	0.1	1 108 181	0.1
82 章　贱金属工具、器具、利口器、餐匙、餐叉及其零件	9 048 627	0.6	2 129 347	0.2
83 章　贱金属杂项制品	11 487 272	0.8	1 058 025	0.1
第十六类　机器、机械器具、电气设备及其零件；录音机及放声机、电视图像、声音的录制和重放设备及其零件、附件	595 638 347	42.2	364 147 422	34.9
84 章　核反应堆、锅炉、机械器具及零件	226 076 927	16.0	97 554 811	9.4
85 章　电机、电气设备及其零件；录音机及放声机、电视图像、声音的录制和重放设备及其零件、附件	369 561 420	26.2	266 592 612	25.6

续表5

类　　章	出　口		进　口	
	金　额	比重（%）	金　额	比重（%）
第十七类　车辆、航空器、船舶及有关运输设备	66 491 625	4.7	60 850 417	5.8
86章　铁道及电车道机车、车辆及其零件；铁道及电车道轨道固定装置及其零件、附件；各种机械（包括电动机械）交通信号设备	7 635 196	0.5	838 468	0.1
87章　车辆及其零件、附件，但铁道及电车道车辆除外	38 832 116	2.8	43 257 930	4.1
88章　航空器、航天器及其零件	2 160 072	0.2	16 136 389	1.5
89章　船舶及浮动结构体	17 864 241	1.3	617 630	0.1
第十八类　光学、照相、电影、计量、检验、医疗或外科用仪器及设备、精密仪器及设备；钟表；乐器；上述物品的零件、附件	50 366 171	3.6	64 288 811	6.2
90章　光学、照相、电影、计量、检验、医疗或外科用仪器及设备、精密仪器及设备；上述物品的零件、附件	45 755 687	3.2	61 905 294	5.9
91章　钟表及其零件	3 561 979	0.3	2 172 889	0.2
92章　乐器及其零件、附件	1 048 505	0.1	210 627	0.0
第十九类　武器、弹药及其零件、附件	105 526	0.0	4 821	0.0
93章　武器、弹药及其零件、附件	105 526	0.0	4 821	0.0
第二十类　杂项制品	96 780 067	6.9	4 642 659	0.4
94章　家具；寝具、褥垫、弹簧床垫、软坐垫及类似的填充制品；未列名灯具及照明装置；发光标志、发光名牌及类似品；活动房屋	61 167 342	4.3	2 011 459	0.2
95章　玩具、游戏品、运动用品及其零件、附件	26 497 896	1.9	1 170 063	0.1
96章　杂项制品	9 114 828	0.6	1 461 137	0.1
第二十一类　艺术品、收藏品及古物	351 976	0.0	226 335	0.0
97章　艺术品、收藏品及古物	351 976	0.0	226 335	0.0
第二十二类　特殊交易品及未分类商品	317 955	0.0	4 510 920	0.4
98章　特殊交易品及未分类商品	317 955	0.0	4 510 920	0.4

2015 年进出口商品贸易方式总值表

单位：万元人民币

贸易方式	进出口总值		出　口		进　口	
	金　额	比重（%）	金　额	比重（%）	金　额	比重（%）
总　值	2 455 029 328	100.0	1 411 668 312	100.0	1 043 361 017	100.0
一般贸易	1 326 723 594	54.0	753 987 596	53.4	572 735 998	54.9
国家间、国际组织无偿援助和赠送的物资	316 723	0.0	307 346	0.0	9 377	0.0
其他捐赠物资	33 517	0.0	3 966	0.0	29 551	0.0
来料加工贸易	109 054 023	4.4	52 194 316	3.7	56 859 707	5.4
进料加工贸易	663 778 411	27.0	443 167 541	31.4	220 610 870	21.1
寄售、代销贸易	112	0.0	112	0.0	–	–
边境小额贸易	23 408 222	1.0	18 955 625	1.3	4 452 597	0.4
加工贸易进口设备	392 728	0.0	–	–	392 728	0.0
对外承包工程出口货物	10 001 167	0.4	10 001 167	0.7	–	–
租赁贸易	5 268 422	0.2	164 754	0.0	5 103 669	0.5
外商投资企业作为投资进口的设备、物品	3 823 427	0.2	–	–	3 823 427	0.4
出料加工贸易	314 030	0.0	127 362	0.0	186 668	0.0
易货贸易	3 200	0.0	1 196	0.0	2 005	0.0
免税外汇商品	9 071	0.0	–	–	9 071	0.0
保税监管场所进出境货物	85 653 044	3.5	30 555 703	2.2	55 097 341	5.3
海关特殊监管区域物流货物	181 138 024	7.4	68 053 685	4.8	113 084 339	10.8
海关特殊监管区域进口设备	4 061 657	0.2	–	–	4 061 657	0.4
其他	40 043 952	1.6	34 147 943	2.4	5 896 009	0.6
免税品	1 006 002	0.0	–	–	1 006 002	0.1

2015年出口商品贸易方式企业性质总值表

单位：万元人民币

企业性质 贸易方式	合 计	国有企业	中外合作	中外合资	外商独资	集体企业	私营企业	其 他
	金 额 / ±%	金 额 / ±%	金 额 / ±%	金 额 / ±%	金 额 / ±%	金 额 / ±%	金 额 / ±%	金 额 / ±%
总 值	1 411 668 312	150 325 470	7 059 258	175 372 305	441 383 416	31 632 111	604 041 256	1 854 495
	(−1.9)	(−4.6)	(−15.8)	(−6.5)	(−4.9)	(−1.4)	(3.0)	(−33.0)
一般贸易	753 987 596	88 523 297	3 500 580	65 604 097	103 920 827	27 133 839	463 876 121	1 428 835
	(2.0)	(−4.6)	(−6.1)	(−6.8)	(0.0)	(2.8)	(5.3)	(14.4)
国家间、国际组织无偿援助和赠送的物资	307 346	268 130	−	1 928	−	4 748	23 011	9 530
	(4.6)	(11.5)	−	(−42.8)	−	(−53.1)	(14.3)	(−51.6)
其他捐赠物资	3 966	1 915	−	456	−	−	1 026	568
	(6.5)	(152.1)	−	−	−	−	(−39.6)	(−55.0)
来料加工贸易	52 194 316	8 727 576	426 871	8 165 295	25 704 587	803 706	8 351 996	14 283
	(−6.2)	(−15.7)	(−76.1)	(−0.4)	(−0.8)	(−27.4)	(1.4)	(−79.4)
进料加工贸易	443 167 541	20 439 231	2 907 132	89 352 763	288 058 890	2 745 559	39 630 718	33 248
	(−9.1)	(−2.0)	(10.3)	(−6.0)	(−6.8)	(−24.3)	(−28.0)	(−97.4)
寄售、代销贸易	112	112	−	−	−	−	−	−
	−	−	−	−	−	−	−	−
边境小额贸易	18 955 625	767 003	−	−	−	38 538	18 150 054	30
	(−17.1)	(−27.6)	−	−	−	(−66.8)	(−16.3)	(−69.6)
对外承包工程出口货物	10 001 167	9 164 141	5 080	109 713	51 766	60 354	607 672	2 441
	(−0.3)	(−2.5)	(−19.6)	(211.2)	(−10.6)	(−21.0)	(31.4)	(126.4)

续表

企业性质 贸易方式	合　计	国有企业	中外合作	中外合资	外商独资	集体企业	私营企业	其　他
	金额/±%	金额/±%	金额/±%	金额/±%	金额/±%	金额/±%	金额/±%	金额/±%
租赁贸易	164 754	63 842	–	8 987	1 014	2 699	88 211	–
	(–18.1)	(102.3)	–	(89.2)	(–85.3)	(100.0)	(–42.9)	–
出料加工贸易	127 362	26 680	–	68 043	23 579	–	9 059	–
	(–12.0)	(–64.3)	–	(33.3)	(40.9)	–	(413.2)	–
易货贸易	1 196	–	–	–	–	–	1 196	–
	(–41.6)	–	–	–	–	–	(–41.6)	–
保税监管场所进出境货物	30 555 703	11 217 340	212 989	5 329 687	2 124 752	820 421	10 780 283	70 231
	(–6.6)	(–9.6)	(–2.0)	(–15.5)	(–3.4)	(13.0)	(0.0)	(–4.1)
海关特殊监管区域物流货物	68 053 685	10 798 486	5 458	6 649 522	21 408 615	18 561	29 170 992	2 051
	(0.4)	(9.3)	(–15.3)	(–11.2)	(–6.4)	(–40.6)	(6.2)	(–96.8)
其他	34 147 943	327 717	1 147	81 814	89 386	3 685	33 350 916	293 278
	(52.5)	(–15.9)	(7.8)	(27.1)	(–29.7)	(–0.7)	(53.0)	(1700.0)

2015年进口商品贸易方式企业性质总值表

单位：万元人民币

企业性质 贸易方式	合　计	国有企业	中外合作	中外合资	外商独资	集体企业	私营企业	其　他
	金额／±%	金额／±%	金额／±%	金额／±%	金额／±%	金额／±%	金额／±%	金额／±%
总　值	1 043 361 017	252 794 293	3 867 664	152 251 198	358 718 403	15 299 004	255 438 835	4 991 620
	(−13.2)	(−16.4)	(−27.2)	(−12.6)	(−5.1)	(−13.8)	(−7.3)	(−90.0)
一般贸易	572 735 998	196 602 358	2 260 859	73 654 010	134 336 185	12 420 807	153 136 707	325 071
	(−15.9)	(−17.4)	(−22.6)	(−14.6)	(−4.0)	(−13.6)	(−9.7)	(−99.0)
国家间、国际组织无偿援助和赠送的物资	9 377	7 203	–	–	–	2	861	1 311
	(−60.3)	(−63.7)	–	–	–	–	(−66.3)	(7.0)
其他捐赠物资	29 551	25 409	–	–	–	–	673	3 469
	(394.6)	(4117.6)	–	–	–	–	(29.0)	(−28.0)
来料加工贸易	56 859 707	13 730 522	677 340	8 146 351	27 674 484	381 273	6 239 584	10 154
	(−5.0)	(−14.4)	(−9.0)	(−2.6)	(4.2)	(−28.8)	(34.0)	(−100.0)
进料加工贸易	220 610 870	8 633 592	777 109	49 581 622	138 184 875	758 030	22 666 934	8 708
	(−15.8)	(−7.3)	(−28.1)	(−10.0)	(−9.0)	(−29.9)	(−22.6)	(−100.0)
寄售、代销贸易	–	–	–	–	–	–	–	–
	–	–	–	–	–	–	–	–
边境小额贸易	4 452 597	512 529	–	–	–	31 407	3 906 135	2 527
	(−26.6)	(−63.3)	–	–	–	(−37.3)	(−15.4)	(2.0)

续表

企业性质 贸易方式	合　计	国有企业	中外合作	中外合资	外商独资	集体企业	私营企业	其　他
	金 额 / ±%	金 额 / ±%	金 额 / ±%	金 额 / ±%	金 额 / ±%	金 额 / ±%	金 额 / ±%	金 额 / ±%
加工贸易进口设备	392 728	19 087	236	57 943	292 658	1 073	21 731	-
	(-7.0)	(-18.9)	(-95.6)	(4.5)	(-5.1)	(-88.5)	(8.1)	-
租赁贸易	5 103 669	3 325 397	-	737 066	52 112	240 867	747 627	599
	(16.5)	(28.4)	-	(-22.4)	(40.6)	(21727.8)	(-7.1)	-
外商投资企业作为投资进口的设备、物品	3 823 427	-	14 927	1 734 921	2 073 579	-	-	-
	(-31.8)	-	(69.5)	(-19.6)	(-39.7)	-	-	-
出料加工贸易	186 668	43 528	-	108 613	23 501	-	11 026	-
	(-1.1)	(-58.5)	-	(67.9)	(39.9)	-	(559.4)	-
易货贸易	2 005	1	-	-	-	-	2 004	-
	(12.5)	(-99.1)	-	-	-	-	(20.2)	-
免税外汇商品	9 071	9 071	-	-	-	-	-	-
	(-26.0)	(-26.0)	-	-	-	-	-	-
保税监管场所进出境货物	55 097 341	18 843 932	105 376	8 280 512	4 246 302	696 177	22 824 067	100 977
	(-10.1)	(-10.1)	(-80.3)	(-22.6)	(-14.3)	(-20.2)	(0.2)	(-79.0)
海关特殊监管区域物流货物	113 084 339	10 098 031	26 885	8 571 694	48 196 717	750 032	45 403 737	37 242
	(-1.4)	(-23.1)	(101.5)	(-2.6)	(-0.5)	(-7.9)	(4.7)	(-62.0)
海关特殊监管区域进口设备	4 061 657	54 866	252	981 450	2 945 086	31	79 973	-
	(29.5)	(941.6)	(-65.3)	(-25.7)	(74.2)	(-85.7)	(-31.9)	-
其他	5 896 009	116 422	4 681	196 668	659 596	19 305	397 776	4 501 561
	(241.5)	(-38.6)	(2.3)	(-33.3)	(2.6)	(43.2)	(-27.4)	(13 496.0)

2015年进出口商品经营单位所在地总值表

单位：万元人民币

经营单位所在地	进出口总值		出口		进口	
	金额	比重(%)	金额	比重(%)	金额	比重(%)
总值	2 455 029 328	100.0	1 411 668 312	100.0	1 043 361 017	100.0
北京市	198 284 849	8.1	33 950 503	2.4	164 334 346	15.8
北京新技术产业开发实验区	1 774 963	0.1	742 147	0.1	1 032 816	0.1
北京经济技术开发区	9 064 369	0.4	3 191 785	0.2	5 872 585	0.6
天津市	70 933 404	2.9	31 739 393	2.2	39 194 011	3.8
天津滨海新区	47 268 035	1.9	18 862 069	1.3	28 405 966	2.7
天津经济技术开发区	26 247 171	1.1	13 532 017	1.0	12 715 154	1.2
河北省	31 944 466	1.3	20 416 947	1.4	11 527 519	1.1
石家庄市	7 540 195	0.3	4 541 399	0.3	2 998 796	0.3
石家庄高新技术产业开发区	8 951	0.0	3 919	0.0	5 032	0.0
秦皇岛市	2 855 318	0.1	1 846 650	0.1	1 008 668	0.1
秦皇岛经济技术开发区	1 898 783	0.1	1 090 496	0.1	808 286	0.1
山西省	9 118 477	0.4	5 233 300	0.4	3 885 176	0.4
太原市	6 631 203	0.3	4 097 794	0.3	2 533 408	0.2
大同市	257 635	0.0	176 920	0.0	80 715	0.0
大同经济技术开发区	124 388	0.0	123 322	0.0	1 066	0.0
晋中市	128 360	0.0	120 073	0.0	8 286	0.0
内蒙古自治区	7 892 790	0.3	3 500 807	0.2	4 391 983	0.4
呼和浩特市	1 279 061	0.1	768 850	0.1	510 211	0.0

续表 1

经营单位所在地	进出口总值		出　口		进　口	
	金　额	比重(%)	金　额	比重(%)	金　额	比重(%)
二连浩特市	700 100	0.0	328 991	0.0	371 109	0.0
满洲里市	1 724 573	0.1	673 073	0.0	1 051 500	0.1
辽宁省	59 504 967	2.4	31 433 237	2.2	28 071 730	2.7
沈阳市	8 721 676	0.4	4 177 303	0.3	4 544 374	0.4
沈阳南湖科技开发区	934 386	0.0	590 292	0.0	344 093	0.0
大连市	34 764 567	1.4	16 349 029	1.2	18 415 539	1.8
大连经济技术开发区	11 348 626	0.5	4 195 789	0.3	7 152 837	0.7
大连市高新技术产业园区	514 046	0.0	330 044	0.0	184 003	0.0
丹东市	2 558 121	0.1	1 652 059	0.1	906 062	0.1
吉林省	11 723 180	0.5	2 861 221	0.2	8 861 959	0.8
长春市	8 678 454	0.4	1 190 095	0.1	7 488 359	0.7
长春新技术开发区	513 733	0.0	154 939	0.0	358 794	0.0
珲春市	773 637	0.0	416 498	0.0	357 139	0.0
黑龙江省	13 017 783	0.5	4 966 287	0.4	8 051 496	0.8
哈尔滨市	2 946 574	0.1	1 458 472	0.1	1 488 103	0.1
哈尔滨高技术开发区	140 257	0.0	86 721	0.0	53 537	0.0
黑河市	493 614	0.0	287 100	0.0	206 513	0.0
绥芬河市	2 190 295	0.1	397 482	0.0	1 792 814	0.2
上海市	279 076 268	11.4	121 637 720	8.6	157 438 548	15.1
上海漕河泾新兴技术开发区	1 471 791	0.1	782 826	0.1	688 965	0.1
上海经济技术开发区	2 628	0.0	905	0.0	1 723	0.0
上海浦东新区	139 790 734	5.7	44 124 605	3.1	95 666 129	9.2
江苏省	338 673 157	13.8	210 206 558	14.9	128 466 599	12.3

续表 2

经营单位所在地	进出口总值		出口		进口	
	金额	比重(%)	金额	比重(%)	金额	比重(%)
南京市	33 044 085	1.3	19 556 469	1.4	13 487 616	1.3
南京高新技术外向型开发区	775 188	0.0	571 314	0.0	203 875	0.0
苏州市	189 550 774	7.7	112 637 924	8.0	76 912 850	7.4
苏州工业园	7 960 011	0.3	4 051 210	0.3	3 908 801	0.4
南通市	19 615 689	0.8	14 180 108	1.0	5 435 581	0.5
南通经济技术开发区	3 034 560	0.1	1 702 349	0.1	1 332 212	0.1
连云港市	4 994 113	0.2	2 516 413	0.2	2 477 701	0.2
连云港经济技术开发区	1 647 633	0.1	620 005	0.0	1 027 628	0.1
浙江省	215 266 079	8.8	171 534 520	12.2	43 731 558	4.2
杭州市	41 280 853	1.7	31 049 749	2.2	10 231 104	1.0
杭州高新技术产业开发区	941 638	0.0	789 864	0.1	151 774	0.0
宁波市	62 069 028	2.5	44 206 740	3.1	17 862 288	1.7
宁波经济技术开发区	10 038 482	0.4	5 220 299	0.4	4 818 183	0.5
宁波高新技术产业开发区	720 108	0.0	491 688	0.0	228 420	0.0
温州市	9 972 777	0.4	8 706 207	0.6	1 266 569	0.1
温州经济技术开发区	747 753	0.0	721 944	0.1	25 809	0.0
金华市	6 529 699	0.3	6 225 390	0.4	304 308	0.0
金华经济技术开发区	126 214	0.0	121 687	0.0	4 528	0.0
安徽省	29 753 063	1.2	20 080 268	1.4	9 672 795	0.9
合肥市	12 630 549	0.5	8 514 658	0.6	4 115 892	0.4
合肥高新技术产业开发区	1 466 843	0.1	995 345	0.1	471 498	0.0
芜湖市	4 109 484	0.2	3 319 110	0.2	790 374	0.1
芜湖高新技术产业开发区	37 037	0.0	31 403	0.0	5 634	0.0

续表3

经营单位所在地	进出口总值		出口		进口	
	金额	比重(%)	金额	比重(%)	金额	比重(%)
蚌埠市	1 411 385	0.1	999 686	0.1	411 699	0.0
蚌埠高新技术产业开发区	103 598	0.0	74 344	0.0	29 254	0.0
马鞍山市	1 739 277	0.1	924 124	0.1	815 153	0.1
马鞍山经济技术开发区	92 457	0.0	35 312	0.0	57 145	0.0
铜陵市	2 779 434	0.1	399 258	0.0	2 380 176	0.2
铜陵经济技术开发区	79 390	0.0	45 508	0.0	33 883	0.0
安庆市	1 333 213	0.1	1 167 033	0.1	166 180	0.0
安庆经济技术开发区	60 508	0.0	47 953	0.0	12 555	0.0
滁州市	1 271 524	0.1	897 007	0.1	374 518	0.0
滁州经济技术开发区	339 777	0.0	260 433	0.0	79 344	0.0
池州市	321 067	0.0	128 908	0.0	192 159	0.0
池州经济技术开发区	83 593	0.0	14 313	0.0	69 280	0.0
福建省	104 783 887	4.3	69 917 645	5.0	34 866 242	3.3
福州市	20 448 855	0.8	12 923 918	0.9	7 524 938	0.7
福州经济技术开发区	2 371 292	0.1	1 455 209	0.1	916 083	0.1
福州市科技园区	11 953	0.0	11 914	0.0	39	0.0
厦门市	51 639 356	2.1	33 177 506	2.4	18 461 850	1.8
厦门火炬高技术产业开发区	1 455 451	0.1	636 384	0.0	819 067	0.1
平潭	180 650	0.0	43 265	0.0	137 385	0.0
平潭综合试验区	180 039	0.0	43 265	0.0	136 774	0.0
江西省	26 285 360	1.1	20 514 912	1.5	5 770 447	0.6
南昌市	7 058 403	0.3	5 270 061	0.4	1 788 342	0.2
南昌经济技术开发区	820 715	0.0	573 933	0.0	246 782	0.0

续表4

经营单位所在地	进出口总值		出口		进口	
	金额	比重(%)	金额	比重(%)	金额	比重(%)
景德镇市	501 188	0.0	484 290	0.0	16 898	0.0
景德镇高新技术产业开发区	27 741	0.0	27 279	0.0	463	0.0
萍乡市	785 733	0.0	777 858	0.1	7 875	0.0
九江市	3 445 228	0.1	2 817 743	0.2	627 486	0.1
九江经济技术开发区	90 616	0.0	71 633	0.0	18 984	0.0
新余市	1 124 088	0.0	782 880	0.1	341 209	0.0
新余高新技术产业开发区	120 059	0.0	108 206	0.0	11 853	0.0
赣州市	2 579 091	0.1	2 104 957	0.1	474 133	0.0
赣州经济技术开发区	239 615	0.0	199 785	0.0	39 830	0.0
上饶市	2 680 925	0.1	2 363 983	0.2	316 942	0.0
吉安市	2 998 398	0.1	2 589 863	0.2	408 535	0.0
井冈山经济技术开发区	331 610	0.0	324 714	0.0	6 896	0.0
山东省	149 479 758	6.1	89 447 127	6.3	60 032 631	5.8
济南市	5 663 097	0.2	3 724 378	0.3	1 938 719	0.2
济南市高技术产业开发区	1 227 430	0.0	933 216	0.1	294 213	0.0
青岛市	43 564 905	1.8	28 159 972	2.0	15 404 932	1.5
青岛经济技术开发区	5 946 532	0.2	2 906 308	0.2	3 040 225	0.3
烟台市	28 027 512	1.1	15 816 074	1.1	12 211 438	1.2
烟台经济技术开发区	9 338 963	0.4	4 343 814	0.3	4 995 148	0.5
威海市	7 597 383	0.3	5 582 518	0.4	2 014 865	0.2
威海火炬高技术产业开发区	1 097 665	0.0	971 741	0.1	125 924	0.0
河南省	45 967 154	1.9	26 837 083	1.9	19 130 071	1.8
郑州市	35 572 382	1.4	19 509 601	1.4	16 062 781	1.5

续表 5

经营单位所在地	进出口总值		出　口		进　口	
	金　额	比重(%)	金　额	比重(%)	金　额	比重(%)
郑州经济技术开发区	408 834	0.0	11 263	0.0	397 571	0.0
郑州高新技术产业开发区	354 155	0.0	308 570	0.0	45 584	0.0
湖北省	28 355 253	1.2	18 166 152	1.3	10 189 101	1.0
武汉市	17 493 157	0.7	9 443 783	0.7	8 049 373	0.8
武汉经济技术开发区	303 483	0.0	115 213	0.0	188 270	0.0
武汉吴家山经济技术开发区	0	0.0	0	0.0	0	0.0
武汉东湖新技术开发区	6 668 131	0.3	3 519 089	0.2	3 149 042	0.3
黄石市	1 868 780	0.1	1 044 977	0.1	823 803	0.1
黄石经济技术开发区	52 993	0.0	17 095	0.0	35 898	0.0
襄阳市	1 395 091	0.1	1 237 097	0.1	157 994	0.0
襄阳经济技术开发区	7 767	0.0	5 075	0.0	2 692	0.0
荆州市	1 433 496	0.1	1 312 844	0.1	120 652	0.0
荆州经济技术开发区	107 127	0.0	91 847	0.0	15 280	0.0
湖南省	18 213 414	0.7	11 877 223	0.8	6 336 191	0.6
长沙市	7 976 131	0.3	5 298 638	0.4	2 677 493	0.3
长沙高新技术产业开发区	1 571 556	0.1	937 035	0.1	634 521	0.1
岳阳市	684 982	0.0	525 007	0.0	159 975	0.0
广东省	635 306 542	25.9	399 582 615	28.3	235 723 927	22.6
广州市	83 055 621	3.4	50 346 947	3.6	32 708 674	3.1
广州经济技术开发区	9 013 655	0.4	4 255 994	0.3	4 757 661	0.5
广州天河高新技术产业开发区	8 846 451	0.4	4 064 100	0.3	4 782 351	0.5
广州南沙新区	15 257 265	0.6	10 282 415	0.7	4 974 850	0.5
深圳市	275 101 077	11.2	164 125 760	11.6	110 975 316	10.6

续表 6

经营单位所在地	进出口总值		出 口		进 口	
	金 额	比重(%)	金 额	比重(%)	金 额	比重(%)
深圳科技工业园	345 446	0.0	181 269	0.0	164 177	0.0
珠海市	29 605 586	1.2	17 932 534	1.3	11 673 052	1.1
汕头市	5 760 999	0.2	4 193 005	0.3	1 567 994	0.2
湛江市	3 190 406	0.1	1 742 994	0.1	1 447 412	0.1
湛江经济技术开发区	647 885	0.0	336 496	0.0	311 389	0.0
中山市	22 100 943	0.9	17 385 979	1.2	4 714 964	0.5
中山火炬高技术产业开发区	4 346	0.0	1 773	0.0	2 573	0.0
广西壮族自治区	31 848 640	1.3	17 393 248	1.2	14 455 391	1.4
南宁市	3 644 677	0.1	2 024 801	0.1	1 619 876	0.2
桂林市	568 249	0.0	497 795	0.0	70 454	0.0
桂林新技术产业开发区	220 458	0.0	194 336	0.0	26 122	0.0
北海市	2 362 632	0.1	1 180 800	0.1	1 181 832	0.1
凭祥市	7 461 660	0.3	4 918 827	0.3	2 542 833	0.2
东兴市	1 761 756	0.1	1 186 714	0.1	575 042	0.1
海南省	8 690 883	0.4	2 323 924	0.2	6 366 959	0.6
海口市	2 705 351	0.1	598 149	0.0	2 107 202	0.2
海南国际科技工业园	48 003	0.0	40 619	0.0	7 384	0.0
重庆市	46 148 811	1.9	34 168 356	2.4	11 980 455	1.1
重庆高新技术产业开发区	524 742	0.0	481 978	0.0	42 764	0.0
重庆两江新区	11 837 496	0.5	8 708 857	0.6	3 128 639	0.3
万州区	540 876	0.0	473 211	0.0	67 665	0.0
万州经济技术开发区	13 178	0.0	9 243	0.0	3 935	0.0
长寿区	754 938	0.0	573 016	0.0	181 923	0.0

续表7

经营单位所在地	进出口总值		出口		进口	
	金额	比重(%)	金额	比重(%)	金额	比重(%)
四川省	31 727 736	1.3	20 480 468	1.5	11 247 269	1.1
成都市	24 325 362	1.0	14 703 072	1.0	9 622 290	0.9
成都高新技术产业开发区	2 143 762	0.1	1 068 863	0.1	1 074 899	0.1
绵阳市	1 619 846	0.1	1 181 758	0.1	438 088	0.0
绵阳经济技术开发区	72 530	0.0	64 932	0.0	7 598	0.0
贵州省	7 612 872	0.3	6 185 579	0.4	1 427 293	0.1
贵阳市	5 741 732	0.2	4 927 597	0.3	814 136	0.1
云南省	15 204 727	0.6	10 304 163	0.7	4 900 565	0.5
昆明市	7 627 202	0.3	5 831 672	0.4	1 795 530	0.2
昆明经济技术开发区	3 159 094	0.1	3 056 644	0.2	102 450	0.0
畹町市	91 392	0.0	17 051	0.0	74 341	0.0
瑞丽县	2 399 672	0.1	1 203 053	0.1	1 196 620	0.1
河口县	321 179	0.0	202 776	0.0	118 402	0.0
曲靖市	348 673	0.0	338 925	0.0	9 748	0.0
曲靖经济技术开发区	15 855	0.0	15 829	0.0	26	0.0
西藏自治区	565 411	0.0	362 355	0.0	203 056	0.0
拉萨市	412 819	0.0	313 274	0.0	99 544	0.0
陕西省	18 953 259	0.8	9 185 410	0.7	9 767 849	0.9
西安市	17 616 967	0.7	8 198 816	0.6	9 418 151	0.9
西安新技术产业开发区	1 976 350	0.1	1 049 896	0.1	926 454	0.1
汉中市	55 409	0.0	43 383	0.0	12 027	0.0
甘肃省	4 939 668	0.2	3 611 754	0.3	1 327 914	0.1
兰州市	3 511 944	0.1	3 141 714	0.2	370 230	0.0

续表 8

经营单位所在地	进出口总值		出　口		进　口	
	金　额	比重(%)	金　额	比重(%)	金　额	比重(%)
兰州新技术产业开发区	14 337	0.0	12 094	0.0	2 244	0.0
青海省	1 198 646	0.0	1 017 559	0.1	181 088	0.0
西宁市	1 141 037	0.0	984 665	0.1	156 372	0.0
宁夏回族自治区	2 311 449	0.1	1 832 866	0.1	478 583	0.0
银川市	1 874 495	0.1	1 547 735	0.1	326 760	0.0
新疆维吾尔自治区	12 247 376	0.5	10 899 112	0.8	1 348 264	0.1
乌鲁木齐市	3 619 733	0.1	2 981 768	0.2	637 965	0.1
乌鲁木齐经济技术开发区	1 149 951	0.0	1 033 578	0.1	116 373	0.0
博乐市	1 363 443	0.1	1 184 571	0.1	178 872	0.0
伊宁市	2 811 454	0.1	2 732 413	0.2	79 041	0.0

2015 年进出口商品境内目的地/货源地总值表

单位：万元人民币

境内目的地/货源地	进出口总值		出　口		进　口	
	金　额	比重(%)	金　额	比重(%)	金　额	比重(%)
总　值	2 455 029 328	100.0	1 411 668 312	100.0	1 043 361 017	100.0
北京市	198 284 849	8.1	33 950 503	2.4	164 334 346	15.8
北京新技术产业开发实验区	1 774 963	0.1	742 147	0.1	1 032 816	0.1
北京经济技术开发区	9 064 369	0.4	3 191 785	0.2	5 872 585	0.6
天津市	70 933 404	2.9	31 739 393	2.2	39 194 011	3.8
天津滨海新区	47 268 035	1.9	18 862 069	1.3	28 405 966	2.7
天津经济技术开发区	26 247 171	1.1	13 532 017	1.0	12 715 154	1.2
河北省	31 944 466	1.3	20 416 947	1.4	11 527 519	1.1
石家庄市	7 540 195	0.3	4 541 399	0.3	2 998 796	0.3
石家庄高新技术产业开发区	8 951	0.0	3 919	0.0	5 032	0.0
秦皇岛市	2 855 318	0.1	1 846 650	0.1	1 008 668	0.1
秦皇岛经济技术开发区	1 898 783	0.1	1 090 496	0.1	808 286	0.1
山西省	9 118 477	0.4	5 233 300	0.4	3 885 176	0.4
太原市	6 631 203	0.3	4 097 794	0.3	2 533 408	0.2
大同市	257 635	0.0	176 920	0.0	80 715	0.0
大同经济技术开发区	124 388	0.0	123 322	0.0	1 066	0.0
晋中市	128 360	0.0	120 073	0.0	8 286	0.0
内蒙古自治区	7 892 790	0.3	3 500 807	0.2	4 391 983	0.4
呼和浩特市	1 279 061	0.1	768 850	0.1	510 211	0.0

续表 1

境内目的地/货源地	进出口总值		出口		进口	
	金额	比重(%)	金额	比重(%)	金额	比重(%)
二连浩特市	700 100	0.0	328 991	0.0	371 109	0.0
满洲里市	1 724 573	0.1	673 073	0.0	1 051 500	0.1
辽宁省	59 504 967	2.4	31 433 237	2.2	28 071 730	2.7
沈阳市	8 721 676	0.4	4 177 303	0.3	4 544 374	0.4
沈阳南湖科技开发区	934 386	0.0	590 292	0.0	344 093	0.0
大连市	34 764 567	1.4	16 349 029	1.2	18 415 539	1.8
大连经济技术开发区	11 348 626	0.5	4 195 789	0.3	7 152 837	0.7
大连市高新技术产业园区	514 046	0.0	330 044	0.0	184 003	0.0
丹东市	2 558 121	0.1	1 652 059	0.1	906 062	0.1
吉林省	11 723 180	0.5	2 861 221	0.2	8 861 959	0.8
长春市	8 678 454	0.4	1 190 095	0.1	7 488 359	0.7
长春新技术开发区	513 733	0.0	154 939	0.0	358 794	0.0
珲春市	773 637	0.0	416 498	0.0	357 139	0.0
黑龙江省	13 017 783	0.5	4 966 287	0.4	8 051 496	0.8
哈尔滨市	2 946 574	0.1	1 458 472	0.1	1 488 103	0.1
哈尔滨高技术开发区	140 257	0.0	86 721	0.0	53 537	0.0
黑河市	493 614	0.0	287 100	0.0	206 513	0.0
绥芬河市	2 190 295	0.1	397 482	0.0	1 792 814	0.2
上海市	279 076 268	11.4	121 637 720	8.6	157 438 548	15.1
上海漕河泾新兴技术开发区	1 471 791	0.1	782 826	0.1	688 965	0.1
上海经济技术开发区	2 628	0.0	905	0.0	1 723	0.0
上海浦东新区	139 790 734	5.7	44 124 605	3.1	95 666 129	9.2
江苏省	338 673 157	13.8	210 206 558	14.9	128 466 599	12.3

续表2

境内目的地/货源地	进出口总值		出口		进口	
	金额	比重(%)	金额	比重(%)	金额	比重(%)
南京市	33 044 085	1.3	19 556 469	1.4	13 487 616	1.3
南京高新技术外向型开发区	775 188	0.0	571 314	0.0	203 875	0.0
苏州市	189 550 774	7.7	112 637 924	8.0	76 912 850	7.4
南通市	19 615 689	0.8	14 180 108	1.0	5 435 581	0.5
南通经济技术开发区	3 034 560	0.1	1 702 349	0.1	1 332 212	0.1
连云港市	4 994 113	0.2	2 516 413	0.2	2 477 701	0.2
连云港经济技术开发区	1 647 633	0.1	620 005	0.0	1 027 628	0.1
浙江省	215 266 079	8.8	171 534 520	12.2	43 731 558	4.2
杭州市	41 280 853	1.7	31 049 749	2.2	10 231 104	1.0
杭州高新技术产业开发区	941 638	0.0	789 864	0.1	151 774	0.0
宁波市	62 069 028	2.5	44 206 740	3.1	17 862 288	1.7
宁波经济技术开发区	10 038 482	0.4	5 220 299	0.4	4 818 183	0.5
宁波高新技术产业开发区	720 108	0.0	491 688	0.0	228 420	0.0
温州市	9 972 777	0.4	8 706 207	0.6	1 266 569	0.1
温州经济技术开发区	747 753	0.0	721 944	0.1	25 809	0.0
金华市	6 529 699	0.3	6 225 390	0.4	304 308	0.0
金华经济技术开发区	126 214	0.0	121 687	0.0	4 528	0.0
安徽省	29 753 063	1.2	20 080 268	1.4	9 672 795	0.9
合肥市	12 630 549	0.5	8 514 658	0.6	4 115 892	0.4
合肥高新技术产业开发区	1 466 843	0.1	995 345	0.1	471 498	0.0
芜湖市	4 109 484	0.2	3 319 110	0.2	790 374	0.1
芜湖高新技术产业开发区	37 037	0.0	31 403	0.0	5 634	0.0
蚌埠市	1 411 385	0.1	999 686	0.1	411 699	0.0

续表 3

境内目的地/货源地	进出口总值		出口		进口	
	金额	比重(%)	金额	比重(%)	金额	比重(%)
蚌埠高新技术产业开发区	103 598	0.0	74 344	0.0	29 254	0.0
马鞍山市	1 739 277	0.1	924 124	0.1	815 153	0.1
马鞍山经济技术开发区	92 457	0.0	35 312	0.0	57 145	0.0
铜陵市	2 779 434	0.1	399 258	0.0	2 380 176	0.2
铜陵经济技术开发区	79 390	0.0	45 508	0.0	33 883	0.0
安庆市	1 333 213	0.1	1 167 033	0.1	166 180	0.0
安庆经济技术开发区	60 508	0.0	47 953	0.0	12 555	0.0
滁州市	1 271 524	0.1	897 007	0.1	374 518	0.0
滁州经济技术开发区	339 777	0.0	260 433	0.0	79 344	0.0
池州市	321 067	0.0	128 908	0.0	192 159	0.0
池州经济技术开发区	83 593	0.0	14 313	0.0	69 280	0.0
福建省	104 783 887	4.3	69 917 645	5.0	34 866 242	3.3
福州市	20 448 855	0.8	12 923 918	0.9	7 524 938	0.7
福州经济技术开发区	2 371 292	0.1	1 455 209	0.1	916 083	0.1
福州市科技园区	11 953	0.0	11 914	0.0	39	0.0
厦门市	51 639 356	2.1	33 177 506	2.4	18 461 850	1.8
厦门火炬高技术产业开发区	1 455 451	0.1	636 384	0.0	819 067	0.1
平潭	180 650	0.0	43 265	0.0	137 385	0.0
平潭综合试验区	180 039	0.0	43 265	0.0	136 774	0.0
江西省	26 285 360	1.1	20 514 912	1.5	5 770 447	0.6
南昌市	7 058 403	0.3	5 270 061	0.4	1 788 342	0.2
南昌经济技术开发区	820 715	0.0	573 933	0.0	246 782	0.0
景德镇市	501 188	0.0	484 290	0.0	16 898	0.0

续表4

境内目的地/货源地	进出口总值		出口		进口	
	金额	比重(%)	金额	比重(%)	金额	比重(%)
景德镇高新技术产业开发区	27 741	0.0	27 279	0.0	463	0.0
萍乡市	785 733	0.0	777 858	0.1	7 875	0.0
九江市	3 445 228	0.1	2 817 743	0.2	627 486	0.1
九江经济技术开发区	90 616	0.0	71 633	0.0	18 984	0.0
新余市	1 124 088	0.0	782 880	0.1	341 209	0.0
新余高新技术产业开发区	120 059	0.0	108 206	0.0	11 853	0.0
赣州市	2 579 091	0.1	2 104 957	0.1	474 133	0.0
赣州经济技术开发区	239 615	0.0	199 785	0.0	39 830	0.0
上饶市	2 680 925	0.1	2 363 983	0.2	316 942	0.0
吉安市	2 998 398	0.1	2 589 863	0.2	408 535	0.0
井冈山经济技术开发区	331 610	0.0	324 714	0.0	6 896	0.0
山东省	149 479 758	6.1	89 447 127	6.3	60 032 631	5.8
济南市	5 663 097	0.2	3 724 378	0.3	1 938 719	0.2
济南市高技术产业开发区	1 227 430	0.0	933 216	0.1	294 213	0.0
青岛市	43 564 905	1.8	28 159 972	2.0	15 404 932	1.5
青岛经济技术开发区	5 946 532	0.2	2 906 308	0.2	3 040 225	0.3
烟台市	28 027 512	1.1	15 816 074	1.1	12 211 438	1.2
烟台经济技术开发区	9 338 963	0.4	4 343 814	0.3	4 995 148	0.5
威海市	7 597 383	0.3	5 582 518	0.4	2 014 865	0.2
威海火炬高技术产业开发区	1 097 665	0.0	971 741	0.1	125 924	0.0
河南省	45 967 154	1.9	26 837 083	1.9	19 130 071	1.8
郑州市	35 572 382	1.4	19 509 601	1.4	16 062 781	1.5
郑州经济技术开发区	408 834	0.0	11 263	0.0	397 571	0.0

续表5

境内目的地/货源地	进出口总值		出口		进口	
	金额	比重(%)	金额	比重(%)	金额	比重(%)
郑州高新技术产业开发区	354 155	0.0	308 570	0.0	45 584	0.0
湖北省	28 355 253	1.2	18 166 152	1.3	10 189 101	1.0
武汉市	17 493 157	0.7	9 443 783	0.7	8 049 373	0.8
武汉东湖新技术开发区	6 668 131	0.3	3 519 089	0.2	3 149 042	0.3
武汉经济技术开发区	1 889 678	0.1	713 826	0.1	1 175 852	0.1
黄石市	1 868 780	0.1	1 044 977	0.1	823 803	0.1
黄石经济技术开发区	52 993	0.0	17 095	0.0	35 898	0.0
襄阳市	1 395 091	0.1	1 237 097	0.1	157 994	0.0
襄阳经济技术开发区	7 767	0.0	5 075	0.0	2 692	0.0
荆州市	1 433 496	0.1	1 312 844	0.1	120 652	0.0
荆州经济技术开发区	107 127	0.0	91 847	0.0	15 280	0.0
湖南省	18 213 414	0.7	11 877 223	0.8	6 336 191	0.6
长沙市	7 976 131	0.3	5 298 638	0.4	2 677 493	0.3
长沙高新技术产业开发区	1 571 556	0.1	937 035	0.1	634 521	0.1
岳阳市	684 982	0.0	525 007	0.0	159 975	0.0
广东省	635 306 542	25.9	399 582 615	28.3	235 723 927	22.6
广州市	83 055 621	3.4	50 346 947	3.6	32 708 674	3.1
广州经济技术开发区	9 013 655	0.4	4 255 994	0.3	4 757 661	0.5
广州天河高新技术产业开发区	8 846 451	0.4	4 064 100	0.3	4 782 351	0.5
广州南沙新区	15 257 265	0.6	10 282 415	0.7	4 974 850	0.5
深圳市	275 101 077	11.2	164 125 760	11.6	110 975 316	10.6
深圳科技工业园	345 446	0.0	181 269	0.0	164 177	0.0
珠海市	29 605 586	1.2	17 932 534	1.3	11 673 052	1.1

续表6

境内目的地/货源地	进出口总值		出　口		进　口	
	金　额	比重(%)	金　额	比重(%)	金　额	比重(%)
汕头市	5 760 999	0.2	4 193 005	0.3	1 567 994	0.2
湛江市	3 190 406	0.1	1 742 994	0.1	1 447 412	0.1
湛江经济技术开发区	647 885	0.0	336 496	0.0	311 389	0.0
中山市	22 100 943	0.9	17 385 979	1.2	4 714 964	0.5
中山火炬高技术产业开发区	4 346	0.0	1 773	0.0	2 573	0.0
广西壮族自治区	31 848 640	1.3	17 393 248	1.2	14 455 391	1.4
南宁市	3 644 677	0.1	2 024 801	0.1	1 619 876	0.2
桂林市	568 249	0.0	497 795	0.0	70 454	0.0
桂林新技术产业开发区	220 458	0.0	194 336	0.0	26 122	0.0
北海市	2 362 632	0.1	1 180 800	0.1	1 181 832	0.1
凭祥市	7 461 660	0.3	4 918 827	0.3	2 542 833	0.2
东兴市	1 761 756	0.1	1 186 714	0.1	575 042	0.1
海南省	8 690 883	0.4	2 323 924	0.2	6 366 959	0.6
海口市	2 705 351	0.1	598 149	0.0	2 107 202	0.2
海南国际科技工业园	48 003	0.0	40 619	0.0	7 384	0.0
重庆市	46 148 811	1.9	34 168 356	2.4	11 980 455	1.1
重庆高新技术产业开发区	524 742	0.0	481 978	0.0	42 764	0.0
重庆两江新区	11 837 496	0.5	8 708 857	0.6	3 128 639	0.3
万州区	540 876	0.0	473 211	0.0	67 665	0.0
万州经济技术开发区	13 178	0.0	9 243	0.0	3 935	0.0
长寿区	754 938	0.0	573 016	0.0	181 923	0.0
四川省	31 727 736	1.3	20 480 468	1.5	11 247 269	1.1
成都市	24 325 362	1.0	14 703 072	1.0	9 622 290	0.9

续表 7

境内目的地/货源地	进出口总值		出口		进口	
	金额	比重(%)	金额	比重(%)	金额	比重(%)
成都高新技术产业开发区	2 143 762	0.1	1 068 863	0.1	1 074 899	0.1
绵阳市	1 619 846	0.1	1 181 758	0.1	438 088	0.0
绵阳经济技术开发区	72 530	0.0	64 932	0.0	7 598	0.0
贵州省	7 612 872	0.3	6 185 579	0.4	1 427 293	0.1
贵阳市	5 741 732	0.2	4 927 597	0.3	814 136	0.1
云南省	15 204 727	0.6	10 304 163	0.7	4 900 565	0.5
昆明市	7 627 202	0.3	5 831 672	0.4	1 795 530	0.2
昆明经济技术开发区	3 159 094	0.1	3 056 644	0.2	102 450	0.0
畹町市	91 392	0.0	17 051	0.0	74 341	0.0
瑞丽县	2 399 672	0.1	1 203 053	0.1	1 196 620	0.1
河口县	321 179	0.0	202 776	0.0	118 402	0.0
曲靖市	348 673	0.0	338 925	0.0	9 748	0.0
曲靖经济技术开发区	15 855	0.0	15 829	0.0	26	0.0
西藏自治区	565 411	0.0	362 355	0.0	203 056	0.0
拉萨市	412 819	0.0	313 274	0.0	99 544	0.0
陕西省	18 953 259	0.8	9 185 410	0.7	9 767 849	0.9
西安市	17 616 967	0.7	8 198 816	0.6	9 418 151	0.9
西安新技术产业开发区	1 976 350	0.1	1 049 896	0.1	926 454	0.1
汉中市	55 409	0.0	43 383	0.0	12 027	0.0
甘肃省	4 939 668	0.2	3 611 754	0.3	1 327 914	0.1
兰州市	3 511 944	0.1	3 141 714	0.2	370 230	0.0
兰州新技术产业开发区	14 337	0.0	12 094	0.0	2 244	0.0
青海省	1 198 646	0.0	1 017 559	0.1	181 088	0.0

续表 8

境内目的地/货源地	进出口总值		出口		进口	
	金额	比重(%)	金额	比重(%)	金额	比重(%)
西宁市	1 141 037	0.0	984 665	0.1	156 372	0.0
宁夏回族自治区	2 311 449	0.1	1 832 866	0.1	478 583	0.0
银川市	1 874 495	0.1	1 547 735	0.1	326 760	0.0
新疆维吾尔自治区	12 247 376	0.5	10 899 112	0.8	1 348 264	0.1
乌鲁木齐市	3 619 733	0.1	2 981 768	0.2	637 965	0.1
乌鲁木齐经济技术开发区	1 149 951	0.0	1 033 578	0.1	116 373	0.0
博乐市	1 363 443	0.1	1 184 571	0.1	178 872	0.0
伊宁市	2 811 454	0.1	2 732 413	0.2	79 041	0.0

2015 年进出口商品运输方式总值表

单位：万元人民币

运输方式	进出口总值		出　口		进　口	
	金　额	比重（%）	金　额	比重（%）	金　额	比重（%）
总　值	2 455 029 328	100.0	1 411 668 312	100.0	1 043 361 017	100.0
水路运输	1 519 181 419	61.9	954 774 521	67.6	564 406 898	54.1
铁路运输	21 016 619	0.9	11 229 903	0.8	9 786 716	0.9
公路运输	426 150 078	17.4	228 270 299	16.2	197 879 779	19.0
航空运输	455 026 481	18.5	205 087 359	14.5	249 939 123	24.0
邮件运输	2 418 583	0.1	2 216 786	0.2	201 798	0.0
其他运输	31 236 148	1.3	10 089 444	0.7	21 146 704	2.0

2015年进出口商品前40位国别（地区）总值表

单位：万元人民币

最终目的国（地区）	出口额	名　次	原产国（地区）	进口额	名　次
总　值	1 411 668 312	–	总　值	1 043 361 017	–
美国	254 043 920	1	韩国	108 460 995	1
中国香港	205 652 132	2	美国	91 804 918	2
日本	84 210 781	3	中华人民共和国	89 138 353	3
韩国	62 899 921	4	中国台湾	88 976 304	4
德国	42 926 150	5	日本	88 761 760	5
越南	41 012 731	6	德国	54 486 238	6
英国	37 009 253	7	澳大利亚	45 590 460	7
荷兰	36 926 637	8	马来西亚	33 076 693	8
印度	36 115 314	9	巴西	27 357 395	9
新加坡	32 254 706	10	瑞士	25 639 662	10
中国台湾	27 850 136	11	泰国	23 082 067	11
马来西亚	27 258 366	12	俄罗斯联邦	20 646 250	12
澳大利亚	25 042 730	13	南非	18 788 949	13
泰国	23 782 515	14	越南	18 619 426	14
阿拉伯联合酋长国	22 958 752	15	沙特阿拉伯	18 596 179	15
俄罗斯联邦	21 594 931	16	新加坡	17 110 100	16
印度尼西亚	21 288 290	17	加拿大	16 270 746	17
墨西哥	20 963 945	18	法国	15 324 659	18
加拿大	18 251 812	19	印度尼西亚	12 346 498	19
意大利	17 275 676	20	菲律宾	11 774 365	20
巴西	16 962 197	21	英国	11 745 488	21
法国	16 601 417	22	智利	11 437 607	22
菲律宾	16 572 484	23	意大利	10 452 886	23
西班牙	13 560 657	24	伊朗	9 940 680	24
沙特阿拉伯	13 393 271	25	安哥拉	9 912 637	25
土耳其	11 531 727	26	阿曼	9 329 690	26
伊朗	11 014 455	27	印度	8 301 962	27
巴基斯坦	10 217 249	28	中国香港	7 953 488	28

续表

最终目的国（地区）	出口额	名　次	原产国（地区）	进口额	名　次
比利时	10 054 444	29	伊拉克	7 849 434	29
南非	9 835 243	30	阿拉伯联合酋长国	7 150 241	30
波兰	8 908 252	31	墨西哥	6 229 295	31
孟加拉国	8 624 746	32	荷兰	5 458 897	32
尼日利亚	8 499 374	33	秘鲁	4 944 249	33
智利	8 246 928	34	土库曼斯坦	4 849 338	34
埃及	7 419 044	35	科威特	4 655 319	35
缅甸	5 998 009	36	比利时	4 346 587	36
阿根廷	5 461 708	37	委内瑞拉	4 196 145	37
以色列	5 342 925	38	新西兰	4 078 837	38
巴拿马	5 286 010	39	瑞典	3 988 407	39
哈萨克斯坦	5 233 759	40	哈萨克斯坦	3 628 844	40

2015 年出口商品排序表（前 100 位）

单位：万元人民币

商品编号	商品名称	数量单位	数 量	金 额
	总 值		-	1 411 668 312
85171210	手持（包括车载）式无线电话机	台	1 343 381 745	77 106 267
84713090			136 086 083	40 128 890
85177030	手持式无线电话机的零件（天线除外）	千克	95 469 243	21 806 251
90138030	液晶显示板	个	2 293 461 264	19 228 033
		千克	511 960 473	-
85423100	处理器及控制器	个	68 966 685 976	18 853 340
		千克	14 550 880	-
84713010			162 309 795	16 035 685
84733090	品目 8471 所列其他机器的零件、附件	千克	507 000 158	15 976 139
85423200	存储器	个	14 877 936 240	13 413 668
		千克	3 282 243	-
64029929	未列名塑料制鞋面的鞋靴	千克	1 542 414 415	10 438 222
		双	3 706 497 187	-
94054090	未列名电灯及照明装置	千克	1 213 694 656	10 228 818
85423900	其他集成电路	个	92 937 729 116	8 770 214
		千克	10 269 632	-
84717010	硬盘驱动器	台	239 072 690	8 270 735
85414020	太阳能电池	个	632 494 510	8 023 299
		千克	1 727 765 139	-
71131919	其他黄金制首饰及其零件	克	235 502 927	7 695 978
64041900	其他橡胶或塑料外底，纺织材料鞋面的鞋靴	千克	1 020 087 881	7 485 284
		双	2 598 694 919	-
84715040	微型机的处理部件	台	33 260 752	7 344 869
85177090	品目 8517 所列设备用其他零件	千克	215 041 299	6 847 318
85176299	其他接收转换且发送或再生声音等数据的设备	台	395 406 580	6 837 239
61103000	化纤制针织钩编套头衫、开襟衫、外穿背心等	件	1 734 404 929	6 745 873
		千克	554 719 519	-

续表 1

商品编号	商品名称	数量单位	数　量	金　额
39269090	未列名塑料制品	千克	1 796 991 778	6 139 326
72283090	其他合金钢热轧、热拉拔或热挤压条、杆	千克	28 349 320 975	6 002 191
42021290	塑料或纺织材料作面的提箱、小手袋等	千克	1 235 407 543	5 891 631
		个	1 796 364 502	-
73089000	其他钢铁结构体；钢结构体用部件及加工钢材	千克	5 403 791 082	5 707 716
85340090	四层及以下的印刷电路	块	27 875 147 211	5 554 188
		千克	200 733 642	-
94051000	枝形吊灯及天花板或墙壁上的电气照明装置	个	868 912 598	5 345 485
		千克	732 840 645	-
62046200	棉制女裤	条	1 194 703 858	4 920 434
		千克	454 625 439	-
27101911	航空煤油，不含有生物柴油	千克	12 357 319 692	4 720 320
		升	15 397 220 536	-
85285910	其他彩色监视器	台	50 053 934	4 633 349
84439990	品目 8443 所列设备用其他零件及附件	千克	433 970 203	4 621 915
89019041	载重量≤15 万吨的机动散货船	艘	347	4 595 721
94036099	未列名木家具	件	148 231 859	4 516 818
		千克	2 283 311 372	-
40112000	客车或货运机动车辆用新的充气橡胶轮胎	千克	3 128 576 101	4 493 871
		条	79 076 360	-
85287222	液晶显示器彩色数字电视接收机	台	37 841 334	4 491 139
64039900	其他橡、塑或再生皮革外底，皮革鞋面的鞋靴	千克	358 111 765	4 403 468
		双	511 870 810	-
85437099	未列名具有独立功能的电气设备及装置	台	1 815 719 602	4 389 623
85044099	未列名静止式变流器	个	2 150 634 947	4 364 804
84433110	有打复印及传真两种及以上功能静电感光机器	台	12 879 259	4 334 836
85258013	非特种用途的其他类型电视摄像机	台	766 771 406	4 328 199
94032000	其他金属家具	件	268 735 469	4 300 600
		千克	2 320 246 585	-
95045019			40 357 492	4 254 180
61102000	棉制针织钩编的套头衫、开襟衫、外穿背心等	件	997 811 106	4 143 614
		千克	336 904 763	-
42022200	以塑料片或纺织材料作面的手提包	千克	586 894 300	4 133 466
		个	2 111 614 746	-

续表 2

商品编号	商品名称	数量单位	数　量	金　额
85414010	发光二极管	个	379 371 700 364	4 127 300
		千克	9 754 733	–
85076000	锂离子蓄电池	个	1 492 768 387	4 041 489
62034290	棉制其他男裤	条	950 617 464	4 024 677
		千克	425 300 569	–
69111019			1 766 831 990	3 720 843
95030089	其他玩具	个	28 708 030 890	3 621 430
		千克	1 115 768 214	–
85322410	片式多层瓷介电容器	千克	11 739 816	3 383 150
		千个	1 361 941 237	–
72253000	其他合金钢热轧卷材，宽≥600 毫米	千克	13 994 526 899	3 273 186
84818040	其他阀门	套	1 388 335 721	3 264 239
		千克	688 258 907	–
39241000	塑料制餐具及厨房用具	千克	1 173 338 348	3 189 421
85371090	其他电气控制或电力分配盘板台等，电压≤1 千伏	个	310 368 967	3 147 453
		千克	147 754 501	–
85340010	四层以上的印刷电路	块	2 599 129 319	3 147 061
		千克	55 863 772	–
73269090	未列名钢铁制品	千克	1 773 036 153	3 134 342
54075200	聚酯变形长丝≥85% 染色布	米	4 485 668 835	3 115 426
		千克	846 274 200	–
61099090	未列名纺材制针织或钩编 T 恤衫、汗衫、背心	件	1 619 371 191	3 043 215
		千克	253 841 918	–
40111000	机动小客车用新的充气橡胶轮胎	千克	1 719 634 637	3 038 933
		条	177 092 374	–
71131911	镶嵌钻石的黄金制首饰及其零件	克	35 718 075	3 024 389
42029200	以塑料片或纺织材料作面的其他类似容器	千克	529 342 419	3 007 441
		个	3 418 086 050	–
63079000	品目 6301 ~6307 的未列名制成品 包括服装裁剪样	千克	686 440 558	2 884 262
69089000	其他上釉的陶瓷砖、瓦、块及类似品	千克	10 367 998 675	2 860 878
		平方米	637 994 224	–
61091000	棉制针织或钩编的 T 恤衫、汗衫、背心	件	1 522 046 479	2 826 960
		千克	237 331 299	–

续表 3

商品编号	商品名称	数量单位	数　量	金　额
94035099	其他卧室用木家具	件	35 427 062	2 802 549
		千克	1 206 827 240	-
84718000	自动数据处理设备的其他部件	台	121 935 165	2 769 523
94016190	其他带软垫的木框架坐具	个	49 301 575	2 748 295
		千克	986 491 331	-
69101000	瓷制固定卫生设备	千克	1 308 118 059	2 739 274
		件	74 965 842	-
72104900	其他镀或涂锌普通钢铁板材	千克	8 214 620 065	2 711 453
85176110	移动通信基站	台	1 382 303	2 658 809
94052000	电气的台灯、床头灯或落地灯	台	230 542 451	2 647 828
		千克	334 201 138	-
84818090	龙头、旋塞及类似装置	套	650 725 174	2 646 548
		千克	353 106 466	-
94049040	化纤棉填充的其他寝具及类似用品	千克	657 654 641	2 609 479
62029390	未列名化纤女式带风帽防寒短上衣、防风衣等	件	242 996 655	2 609 069
		千克	160 530 829	-
85183000	耳机耳塞及由传声器和扬声器组成的组合机	个	1 835 358 596	2 565 238
85176239	未列名有线数字通讯设备	台	56 835 738	2 518 298
62043300	合成纤维制女式上衣	件	536 374 299	2 498 879
		千克	159 971 448	-
31021000	尿素，不论是否水溶液	千克	13 751 466 474	2 434 434
94017190	其他带软垫的金属框架坐具	个	116 983 707	2 418 755
		千克	779 960 816	-
87087091	铝合金制的未列名机动车辆用车轮及其零附件	千克	788 848 005	2 399 044
27101923			7 162 509 721	2 397 516
85176232	以太网络交换机	台	30 430 904	2 347 411
27101922	5 ~7 号燃料油，不含有生物柴油	千克	10 371 815 792	2 269 125
		升	10 526 672 664	-
85369011			57 366 040	2 267 267
31053000	磷酸氢二铵	千克	8 021 032 000	2 263 927
39264000	塑料制小雕塑品及其他装饰品	千克	617 528 082	2 251 398
95051000	圣诞节用品	千克	408 867 626	2 239 918
62121010	化纤制胸罩	件	2 256 325 548	2 206 062
		千克	136 139 255	-

续表 4

商品编号	商品名称	数量单位	数　量	金　额
27101210	车用汽油和航空汽油，不含有生物柴油	千克	5 892 915 783	2 176 837
		升	8 179 366 369	-
73239300	不锈钢制餐桌、厨房或其他家用器具及其零件	千克	471 229 200	2 165 828
85044014	其他功率 <1 千瓦直流稳压电源 精度 <1/10 000	个	561 944 230	2 142 248
84714940	系统形式的微型机	台	3 859 234	2 107 727
94039000	家具的零件	千克	960 707 278	2 094 539
62019390	未列名化纤男式带风帽防寒短上衣、防风衣等	件	229 723 300	2 074 482
		千克	173 822 884	-
87082990	车身（包括驾驶室）的未列名零件、附件	千克	349 070 325	2 072 277
39249000	塑料制其他家庭用具及卫生或盥洗用具	千克	732 709 282	2 058 310
85287221	液晶显示器彩色模拟电视接收机	台	21 891 324	2 053 840
85235110	未录制固态非易失性存储器件（闪速存储器）	个	1 047 702 173	2 050 309
		千克	7 557 574	-
61043200	棉制针织或钩编的女式上衣	件	576 784 336	2 034 287
		千克	164 011 354	-
84151021	制冷≤4 000 大卡/时分体窗式或壁式空调	台	16 937 070	2 028 149
89059090	灯船、消防船、起重船等不以航行为主的船舶	个	172	2 012 383
60063200	合成纤维制染色其他针织或钩编织物	米	2 549 074 178	2 010 293
		千克	619 888 375	

2015 年进口商品排序表（前 100 位）

单位：万元人民币

商品编号	商品名称	数量单位	数　量	金　额
	总　值		-	1 043 361 017
27090000	石油原油及从沥青矿物提取的原油	千克	335 482 810 731	83 259 738
85423100	处理器及控制器	个	91 886 371 667	67 230 365
		千克	21 104 950	-
71081200	其他未锻造金，非货币用	克	1 965 231 340	46 303 011
85423200	存储器	个	31 438 941 039	38 194 055
		千克	9 813 636	-
85423900	其他集成电路	个	166 247 297 042	30 610 046
		千克	23 653 531	-
90138030	液晶显示板	个	2 829 742 665	24 663 277
		千克	403 619 802	-
26011120	0.8 毫米 < 平均粒度 < 6.3 毫米的未烧结铁矿砂及精矿	千克	690 774 000 920	24 499 038
12019010	黄大豆，种用除外	千克	81 689 162 907	21 583 729
85177030	手持式无线电话机的零件（天线除外）	千克	45 061 542	20 471 194
74031111	未锻轧铜含量 > 99.993 5% 的精炼铜阴极	千克	3 313 902 189	11 672 211
26030000	铜矿砂及其精矿	千克	13 232 666 146	11 659 781
84717010	硬盘驱动器	台	253 344 033	9 732 768
88024010	15 000 千克 < 空载重量≤45 000 千克的飞机等航空器	架	283	8 415 077
87032362	汽油越野车（4 轮驱动）2 500 毫升 < 排量≤3 000毫升	辆	225 992	8 117 852
84733090	品目 8471 所列其他机器的零件、附件	千克	75 752 663	7 570 362
85423300	放大器	个	24 370 939 171	6 907 976
		千克	3 475 059	-
26011190	平均粒度≥6.3 毫米的未烧结铁矿砂及其精矿	千克	162 073 601 296	6 764 619
29024300	对二甲苯	千克	11 686 973 316	6 119 582
27112100	天然气	千克	24 684 117 616	6 007 745
88024020	空载重量 > 45 000 千克的飞机等航空器	架	86	5 720 092

续表 1

商品编号	商品名称	数量单位	数 量	金 额
27111100	液化天然气	千克	19 618 713 769	5 450 585
30049090	未列名混合或非混合产品构成的药品	千克	26 893 193	5 259 986
74040000	铜废碎料	千克	3 658 198 023	5 201 081
85258013	非特种用途的其他类型电视摄像机	台	779 259 792	4 761 019
85414010	发光二极管	个	152 161 532 443	4 610 470
		千克	5 289 229	-
29053100	1，2 - 乙二醇	千克	8 708 667 048	4 287 535
71023900	其他非工业用钻石	克拉	7 571 619	4 158 908
85369011			73 069 570	4 147 345
85322410	片式多层瓷介电容器	千克	17 159 712	4 137 110
		千个	2 140 470 370	-
39012000	初级形状的聚乙烯，比重≥0.94	千克	5 127 883 788	4 010 498
85340090	四层及以下的印刷电路	块	35 055 192 197	4 008 170
		千克	68 894 041	-
87084091	小轿车用自动换挡变速箱及其零件	个	285 284 777	3 979 269
		千克	350 402 054	-
38249099	未列名化学工业及相关工业化学产品及配制品	千克	1 427 773 064	3 728 690
85340010	四层以上的印刷电路	块	3 552 096 379	3 534 572
		千克	33 047 882	-
87032361	汽油小轿车 2 500 毫升 < 排量≤3 000 毫升	辆	71 954	3 358 224
85177090	品目 8517 所列设备用其他零件	千克	24 647 459	3 167 920
84439990	品目 8443 所列设备用其他零件及附件	千克	154 516 023	3 098 432
27101922	5 ~ 7 号燃料油，不含有生物柴油	千克	15 284 386 493	3 084 955
		升	15 513 652 286	-
87032341	汽油小轿车 1 500 毫升 < 排量≤2 000 毫升	辆	168 053	3 079 674
85412900	耗散功率≥1 瓦的晶体管	个	36 473 441 292	3 045 969
		千克	17 631 517	-
47032100	半漂白或漂白的针叶木烧碱木浆或硫酸盐木浆	千克	7 316 435 154	2 995 279
26011110	平均粒度 < 0.8 毫米的未烧结铁矿砂及其精矿	千克	74 957 682 856	2 984 526
47032900	半漂白或漂白非针叶木烧碱木浆或硫酸盐木浆	千克	7 906 259 139	2 939 050
71081300	其他半制的金，非货币用	克	117 614 786	2 937 019
84798999	未列名具有独立功能的机器及机械器具	台	166 129 765	2 897 953
30021000	抗血清及其他血份及修饰免疫制品	千克	7 345 817	2 798 482
39021000	初级形状的聚丙烯	千克	3 397 051 837	2 752 345

续表 2

商品编号	商品名称	数量单位	数　量	金　额
27111200	液化丙烷	千克	8 549 149 887	2 745 696
27150000	以天然沥青等为基本成分的沥青混合物	千克	13 410 999 693	2 734 206
90139020	编号 90138030 所列货品的零件、附件	千克	21 435 026	2 684 424
27075000	其他芳烃混合物，$T=25$℃，蒸馏出芳烃≥65%	千克	6 487 621 625	2 585 435
29025000	苯乙烯	千克	3 742 228 399	2 583 365
85419000	品目 8541 所列货品的零件	千克	8 854 918	2 582 255
87032342	汽油越野车（4 轮驱动）1 500 毫升＜排量≤2 000毫升	辆	96 084	2 525 809
27011290	其他烟煤	千克	65 917 977 877	2 484 154
90318090	其他未列名测量或检验仪器、器具及机器	台	1 167 106 464	2 480 184
39074000	初级形状的聚碳酸酯	千克	1 427 289 282	2 462 260
27011210	炼焦煤	千克	47 829 598 389	2 365 750
87082990	车身（包括驾驶室）的未列名零件、附件	千克	423 956 334	2 351 743
87032343	汽油小客车 1500 毫升＜排量≤2000 毫升	辆	134 731	2 348 421
84733010	大、中、小型计算机及其部件的零件、附件	千克	22 515 374	2 339 180
85411000	二极管，但光敏二极管或发光二极管除外	个	200 746 721 371	2 294 865
		千克	16 776 839	-
85389000	品目 8535、8536 或 8537 所列装置的其他零件	千克	79 888 867	2 205 525
90328990	其他自动调节或控制仪器及装置	台	46 206 980	2 163 983
27101220	石脑油，不含有生物柴油	千克	6 647 201 573	2 138 211
		升	9 206 374 194	-
85076000	锂离子蓄电池	个	1 702 797 006	2 048 778
39019020	初级形状的线型低密度聚乙烯	千克	2 559 907 729	2 043 797
75021090	其他未锻轧非合金镍	千克	274 001 152	2 020 126
90019090	未列名未装配的光学元件	千克	66 679 500	2 013 559
87084099	未列名机动车辆用变速箱及其零件	个	236 718 070	1 989 231
		千克	178 621 659	-
90012000	偏振材料制的片及板	千克	53 420 666	1 972 765
47071000	回收（废碎）的未漂白牛皮纸或瓦楞纸及纸板	千克	16 670 317 449	1 961 418
85416000	已装配的压电晶体	个	25 183 165 001	1 913 371
		千克	2 047 149	-
31042090	其他氯化钾	千克	9 423 606 757	1 849 404
85045000	其他电感器	个	179 900 433 324	1 845 097
10079000	其他食用高粱	千克	10 698 838 831	1 843 080

续表 3

商品编号	商品名称	数量单位	数　量	金　额
74020000	未精炼铜；电解精炼用的铜阳极	千克	529 741 228	1 842 627
85171210	手持（包括车载）式无线电话机	台	17 012 278	1 804 248
26060000	铝矿砂及其精矿	千克	55 321 257 778	1 802 102
76020000	铝废碎料	千克	2 086 854 677	1 782 915
40012200	技术分类天然橡胶（TSNR）	千克	1 973 413 686	1 780 818
39011000	初级形状的聚乙烯，比重<0.94	千克	2 177 775 440	1 777 282
10039000	其他大麦	千克	10 731 971 596	1 770 562
85371090	其他电气控制或电力分配盘板台等，电压≤1 千伏	个	82 041 262	1 727 464
		千克	26 323 257	–
15119010	棕榈液油（熔点 19～24℃）	千克	4 288 622 306	1 707 389
33049900	其他美容品或化妆品及护肤品	千克	73 064 797	1 691 890
		仁	816 556 540	–
85437099	未列名具有独立功能的电气设备及装置	台	387 379 024	1 678 685
84716090	其他输入或输出部件	台	323 858 553	1 661 857
39033090	其他初级形状的丙烯腈－丁二烯－苯乙烯（ABS）	千克	1 459 480 195	1 627 485
26040000	镍矿砂及其精矿	千克	35 414 601 935	1 622 870
84099199	其他点燃式活塞内燃发动机的零件	千克	166 715 862	1 618 988
98040300			1 050 211 199	1 612 749
85044099	未列名静止式变流器	个	359 653 495	1 602 125
52010000	未梳的棉花	千克	1 472 095 431	1 585 559
39206200	聚对苯二甲酸乙二酯非泡沫塑料板、片、膜等千克	272 569 911	1 563 038	
19011010			175 912 130	1 541 189
41015019	其他>16 千克的整张牛皮	千克	971 015 164	1 537 221
		张	33 597 107	–
71039910	经其他加工的翡翠	克拉	44 909 541	1 496 688
39199090	未列名塑料胶粘板、片、膜、箔等	千克	95 277 991	1 489 803
72024100	铬铁，按重量计含碳量>4%	千克	2 624 282 876	1 476 468

2015年进出口商品经营单位排序表(前100位)

单位:万元人民币

经营单位	出口额	名次	经营单位	进口额	名次
总　值	1 411 668 312	–	总　值	1 043 361 017	–
鸿富锦精密电子(郑州)有限公司	16 741 004	1	中国国际石油化工联合有限责任公司	37 425 565	1
富泰华工业(深圳)有限公司	11 650 399	2	鸿富锦精密电子(郑州)有限公司	13 112 256	2
达功(上海)电脑有限公司	11 344 925	3	中国联合石油有限责任公司	8 570 689	3
昌硕科技(上海)有限公司	8 872 044	4	中化石油有限公司	8 267 165	4
华为技术有限公司	8 271 393	5	富泰华工业(深圳)有限公司	7 896 686	5
惠州三星电子有限公司	7 290 690	6	中国银行股份有限公司	7 478 197	6
达丰(重庆)电脑有限公司	5 249 284	7	交通银行股份有限公司	6 308 005	7
名硕电脑(苏州)有限公司	5 062 628	8	三星电子(苏州)半导体有限公司	5 599 117	8
苏州得尔达国际物流有限公司	5 025 683	9	惠州三星电子有限公司	5 051 991	9
深圳市一达通企业服务有限公司	5 006 145	10	宝马(中国)汽车贸易有限公司	5 014 812	10
仁宝信息技术(昆山)有限公司	4 983 834	11	中国石油国际事业有限公司	4 997 239	11
鸿富锦精密电子(成都)有限公司	4 083 698	12	中国建设银行股份有限公司	4 596 539	12
美光半导体(西安)有限责任公司	3 513 694	13	梅赛德斯–奔驰(中国)汽车销售有限公司	4 591 415	13
中国国际石油化工联合有限责任公司	3 203 615	14	昌硕科技(上海)有限公司	4 401 298	14
中兴通讯股份有限公司	3 187 142	15	美光半导体(西安)有限责任公司	4 301 961	15
天津三星通信技术有限公司	3 175 540	16	英特尔贸易(上海)有限公司	4 134 094	16
伟创力制造(珠海)有限公司	3 157 329	17	一汽–大众汽车有限公司	3 855 985	17
鸿富锦精密工业(深圳)有限公司	3 134 266	18	英运物流(上海)有限公司	3 823 231	18
英业达(重庆)有限公司	2 854 777	19	大庆中石油国际事业有限公司	3 560 961	19

续表 1

经营单位	出口额	名　次	经营单位	进口额	名　次
仁宝资讯工业(昆山)有限公司	2 852 500	20	深圳市普路通供应链管理股份有限公司	3 356 019	20
鸿富锦精密电子(烟台)有限公司	2 722 147	21	汇丰银行(中国)有限公司	3 308 322	21
东莞三星视界有限公司	2 562 312	22	深圳嘉泓永业物流有限公司	3 099 556	22
联想信息产品(深圳)有限公司	2 527 894	23	英特尔产品(成都)有限公司	3 075 063	23
深圳中外运物流有限公司	2 429 997	24	东莞市新宁仓储有限公司	2 816 880	24
华为终端(东莞)有限公司	2 417 808	25	珠海振戎公司	2 816 669	25
富士康精密电子(太原)有限公司	2 314 009	26	鸿富锦精密工业(深圳)有限公司	2 813 454	26
北京索爱普天移动通信有限公司	2 270 901	27	中海油中石化联合国际贸易有限责任公司	2 763 271	27
达丰(上海)电脑有限公司	2 137 042	28	东北中石油国际事业有限公司	2 721 264	28
达富电脑(常熟)有限公司	2 082 400	29	兴业银行股份有限公司	2 709 983	29
英运物流(上海)有限公司	2 047 849	30	中国石化海南炼油化工有限公司	2 655 300	30
戴尔(成都)有限公司	1 932 333	31	上海洋山保税港区世天威物流有限公司	2 561 421	31
纬创资通(中山)有限公司	1 930 131	32	福建联合石油化工有限公司	2 544 979	32
旭硕科技(重庆)有限公司	1 869 405	33	中国民生银行股份有限公司	2 542 156	33
招商局保税物流有限公司	1 859 850	34	保时捷(中国)汽车销售有限公司	2 536 168	34
苏州市海晨物流有限公司	1 848 466	35	华晨宝马汽车有限公司	2 509 741	35
华为终端有限公司	1 803 322	36	深圳综合信兴物流有限公司	2 508 487	36
惠州 TCL 移动通信有限公司	1 769 094	37	中国工商银行股份有限公司	2 430 034	37
浪潮乐金数字移动通信有限公司	1 745 408	38	中国农业银行股份有限公司	2 359 698	38
江苏沙钢国际贸易有限公司	1 711 753	39	捷豹路虎汽车贸易(上海)有限公司	2 269 376	39
英特尔贸易(上海)有限公司	1 683 009	40	乐金显示(烟台)有限公司	2 213 174	40
天津三星视界移动有限公司	1 677 693	41	平安银行股份有限公司	2 176 271	41
捷普电子(广州)有限公司	1 624 543	42	中国第一汽车集团进出口有限公司	2 127 028	42
深圳中电投资股份有限公司	1 599 627	43	东方航空进出口有限公司	2 113 087	43

续表 2

经营单位	出口额	名　次	经营单位	进口额	名　次
世硕电子（昆山）有限公司	1 533 001	44	华为终端有限公司	2 075 566	44
浙江一达通企业服务有限公司	1 501 010	45	上海银行股份有限公司	2 045 215	45
东莞市对外加工装配服务公司	1 467 869	46	东莞三星视界有限公司	2 034 265	46
深圳市朗华供应链服务有限公司	1 447 692	47	华为技术有限公司	2 013 566	47
纬创资通（重庆）有限公司	1 445 080	48	东莞金鹰仓储有限公司	2 005 422	48
广州亿山贸易有限公司	1 429 133	49	名硕电脑（苏州）有限公司	1 991 047	49
联宝（合肥）电子科技有限公司	1 428 860	50	三星（中国）半导体有限公司	1 990 413	50
三星（中国）半导体有限公司	1 417 539	51	苏州三星显示有限公司	1 984 502	51
乐金显示（广州）有限公司	1 406 113	52	乐金显示（广州）有限公司	1 971 999	52
深圳市信利康供应链管理有限公司	1 383 173	53	宝山钢铁股份有限公司	1 954 224	53
鸿富锦精密电子（重庆）有限公司	1 353 104	54	世天威物流（上海外高桥保税物流园区）有限公司	1 905 904	54
深圳市金运达国际物流有限公司	1 347 331	55	瑞钢联集团有限公司	1 892 257	55
吉宝通讯（南京）有限公司	1 332 953	56	深圳市中兴康讯电子有限公司	1 869 445	56
深圳嘉泓永业物流有限公司	1 332 144	57	深圳市华富洋供应链有限公司	1 817 423	57
鸿富锦精密电子（天津）有限公司	1 324 870	58	飞力达物流（深圳）有限公司	1 805 609	58
珠海格力电器股份有限公司	1 275 878	59	中储粮油脂有限公司	1 802 107	59
深圳盐田港普洛斯物流园有限公司	1 271 069	60	北京奔驰汽车有限公司	1 786 687	60
深圳市新宁现代物流有限公司	1 266 955	61	河北钢铁集团有限公司	1 739 018	61
福建捷联电子有限公司	1 265 191	62	中国南航集团进出口贸易有限公司	1 736 586	62
上海振华重工（集团）股份有限公司	1 254 579	63	深圳市新宁现代物流有限公司	1 734 045	63
伯恩光学（惠州）有限公司	1 238 909	64	深圳市富森供应链管理有限公司	1 719 170	64
深圳市深国际华南物流有限公司	1 237 512	65	昆山飞力仓储服务有限公司	1 685 892	65
晟碟半导体（上海）有限公司	1 204 258	66	晟碟半导体（上海）有限公司	1 684 395	66

续表 3

经营单位	出口额	名　次	经营单位	进口额	名　次
鸿富锦精密工业(武汉)有限公司	1 198 405	67	天津三星视界移动有限公司	1 653 496	67
广东美的制冷设备有限公司	1 171 988	68	大连西太平洋石油化工有限公司	1 644 346	68
日产(中国)投资有限公司	1 171 473	69	丰田汽车(中国)投资有限公司	1 589 161	69
苏州佳世达电通有限公司	1 132 535	70	深圳市信利康供应链管理有限公司	1 588 906	70
冠捷显示科技(厦门)有限公司	1 125 202	71	重庆飞力达供应链管理有限公司	1 576 414	71
兴英科技(深圳)有限公司	1 099 969	72	中海石油气电集团有限责任公司	1 573 945	72
富泰京精密电子(烟台)有限公司	1 090 077	73	国航进出口有限公司	1 545 469	73
昆山正天物流有限公司	1 080 382	74	江西铜业股份有限公司	1 544 325	74
仁宝电脑(重庆)有限公司	1 070 370	75	安靠封装测试(上海)有限公司	1 537 143	75
纬创资通(昆山)有限公司	1 067 245	76	华为终端(东莞)有限公司	1 445 633	76
近铁国际物流(中国)有限公司	1 063 803	77	渣打银行(中国)有限公司	1 440 435	77
凭祥胜生商贸有限公司	1 050 120	78	全球物流(重庆)有限公司	1 437 646	78
安靠封装测试(上海)有限公司	1 043 647	79	深圳市朗华供应链服务有限公司	1 434 308	79
江苏富昌中外运物流有限公司	1 024 319	80	深圳市九立供应链有限公司	1 408 181	80
星科金朋(上海)有限公司	1 010 423	81	天津三星通信技术有限公司	1 405 852	81
苏州三星显示有限公司	994 944	82	中国原子能工业有限公司	1 392 889	82
深圳市盐田港出口货物监管仓有限公司	991 933	83	江苏沙钢国际贸易有限公司	1 391 629	83
富士施乐高科技(深圳)有限公司	989 685	84	中国光大银行股份有限公司	1 385 194	84
昆山世远物流有限公司	976 662	85	克莱斯勒(中国)汽车销售有限公司	1 353 252	85
山西太钢不锈钢股份有限公司	966 172	86	富士康精密电子(太原)有限公司	1 352 395	86
佛山裕顺福首饰钻石有限公司	960 762	87	振华石油控股有限公司	1 338 383	87
深圳嘉晟供应链股份有限公司	959 134	88	深圳市怡亚通供应链股份有限公司	1 336 744	88
三星电子(苏州)半导体有限公司	958 885	89	纬创资通(中山)有限公司	1 330 153	89
大连船舶重工集团有限公司	942 044	90	捷普电子(广州)有限公司	1 330 057	90

续表 4

经营单位	出口额	名　次	经营单位	进口额	名　次
湖北省聚鑫源珠宝有限公司	940 261	91	铜陵有色金属集团股份有限公司	1 324 592	91
英特尔产品(成都)有限公司	930 634	92	大连中联油国际贸易有限公司	1 292 838	92
东莞创机电业制品有限公司	912 640	93	大众汽车(中国)销售有限公司	1 290 782	93
飞力达物流(深圳)有限公司	904 069	94	张家港保税区长江国际港务有限公司	1 290 622	94
东莞技研新阳电子有限公司	887 623	95	海南航空股份有限公司	1 285 509	95
营口千祥贸易有限公司	877 561	96	中国烟草国际有限公司	1 275 895	96
大连西太平洋石油化工有限公司	871 474	97	北京索爱普天移动通信有限公司	1 222 930	97
龙州顺汇商贸有限公司	865 652	98	伟创力制造(珠海)有限公司	1 194 261	98
联想移动通信贸易(武汉)有限公司	854 668	99	招商局保税物流有限公司	1 191 275	99
深圳市创捷供应链有限公司	844 804	100	鸿富锦精密电子(成都)有限公司	1 180 110	100

第七篇

附录

全国对外开放口岸分地区一览表

截至 2015 年 12 月 31 日

序号	省份	数量	水运口岸		空运口岸		铁路	公路口岸	
			对中外船舶全开放	限制性	对中外飞机全开放	限制性	口岸	国际	双边
1	北京	2			北京		北京		
2	天津	3	天津、渤中		天津				
3	河北	4	秦皇岛、唐山、黄骅		石家庄				
4	山西	1			太原				
5	内蒙古	16			呼和浩特、海拉尔、满洲里、		二连浩特、满洲里	珠恩嘎达布其、满洲里、二连浩特、阿尔山	阿日哈沙特、额布都格、甘其毛都、满都拉、策克、黑山头、室韦
6	辽宁	13	大连、营口、丹东、葫芦岛、旅顺新港、庄河、锦州、长兴岛、盘锦		沈阳、大连		丹东	丹东	
7	吉林	16	(大安)		长春、延吉		集安、图们、珲春	珲春、圈河、集安	临江、开山屯、三合、南坪、长白、古城里、沙坨子
8	黑龙江	25	(哈尔滨、富锦、佳木斯、桦川、绥滨、同江、黑河、漠河、呼玛、逊克、抚远、孙吴、萝北、嘉荫 、饶河)		哈尔滨、佳木斯、齐齐哈尔、牡丹江		绥芬河、哈尔滨	绥芬河	东宁、密山、虎林
9	上海	3	上海		上海		上海		
10	江苏	25	连云港 、(张家港、南通、南京、镇江、江阴、扬州、泰州、常熟、太仓、常州、如皋、靖江)、大丰、如东、启东		南京、无锡、扬泰、盐城、淮安、徐州、常州、南通、连云港				

续表1

序号	省份	数量	水运口岸		空运口岸		铁路	公路口岸	
			对中外船舶全开放	限制性	对中外飞机全开放	限制性	口岸	国际	双边
11	浙江	9	温州、宁波、舟山、台州、嘉兴		杭州、宁波、温州、义乌				
12	安徽	7	(芜湖、铜陵、安庆、池州、马鞍山)		合肥、黄山				
13	福建	11	福州、厦门、泉州、漳州、宁德、秀屿、平潭		厦门、福州、泉州	武夷山			
14	江西	2	(九江)		南昌				
15	山东	16	青岛、烟台、威海、龙口、石臼、石岛、岚山、东营、蓬莱、莱州、龙眼、潍坊		青岛、济南、烟台、威海				
16	河南	3			郑州	洛阳	郑州		
17	湖北	4	(武汉、黄石)		武汉	宜昌			
18	湖南	3	(城陵矶)		长沙、张家界				
19	广东	58	广州、湛江、汕头、汕尾、九州、广海、蛇口、莲花山、赤湾、惠州、妈湾、东角头、盐田、水东、阳江、大亚湾、南澳、珠海、潮州、万山、南沙、潮阳、(虎门、新会)、深圳、揭阳	湾仔、梅沙、西冲、(三埠、江门、肇庆、南海、斗门、鹤山、中山、容奇、高明、新塘)	广州、深圳、揭阳	湛江、梅州	深圳、广州、佛山、肇庆、东莞	文锦渡、拱北、沙头角、皇岗、河源、横琴、深圳湾、珠澳、福田	
20	海南	7	海口、三亚、八所、洋浦、清澜		三亚、海口				
21	广西	18	防城、北海、钦州、江山、企沙	(梧州、柳州、贵港)	南宁、桂林	北海	凭祥	友谊关、东兴	水口、龙邦、平孟、爱店
22	四川	1			成都				

续表2

序号	省份	数量	水运口岸		空运口岸		铁路	公路口岸	
			对中外船舶全开放	限制性	对中外飞机全开放	限制性	口岸	国际	双边
23	重庆	2		（重庆）	重庆				
24	贵州	1			贵阳				
25	云南	17	（思茅、景洪）		昆明、西双版纳、丽江		河口	瑞丽、磨憨、打洛、天保、河口、都龙	金水河、畹町、勐康、腾冲、孟定
26	西藏	4			拉萨			吉隆	普兰、樟木
27	陕西	1			西安				
28	甘肃	3			兰州、敦煌				马鬃山
29	新疆	18			乌鲁木齐、喀什		阿拉山口、霍尔果斯	红其拉甫、霍尔果斯、巴克图、伊尔克什坦、吉木乃、卡拉苏、吐尔尕特、塔克什肯	老爷庙、红山嘴、都拉塔、乌拉斯台、木扎尔特、阿黑土别克
30	宁夏	1			银川				
31	青海	1			西宁				
合计		295	118（其中内河41）	17（其中内河14）	64	6	20	35	35
			135（其中内河55）		70		20	70	

表注：水运口岸中“（ ）”内的为内河口岸。